KB015530

海 商 法

[제 7 판]

선 장
법학박사 金 仁 顯 著

法 文 社

Maritime Law

Seventh Edition

by

Professor, In-Hyeon, Kim(Captain/Ph. D in Law)

Korea University

2023

Bobmunsa

Paju Bookcity, Korea

제7판 서문

2021년 제6판을 낸 다음 2년 만에 제7판을 준비했다. 2021년과 2022년 법원이 내린 해상관련 판결을 소개했다. 제척기간과 관련된 2개의 중요한 판결이 나왔다. 컨테이너 운송에서 반납지체료의 청구에 대한 제척기간은 운송물의 인도시점에서부터가 아니라 각 채권이 발생한 날로부터 1년이라는 내용이다. 1년의 제척기간이 지난 다음에 그 연장에 합의해도 유효하다는 내용의 판시도 소개했다. 선박충돌에서 항해방법과 관련된 영국 대법원의 판례를 포함하여 몇 가지 사례도 소개했다. 항해방법은 손해배상액수의 산정에서 과실비율을 정하는 기준이 되기 때문에 해상법에서 소개가 필요하다. 컨테이너 반납지체료 분쟁이 많이 생겨났다. 수하인의 운송물수령의무부터 불분명하다. 지체료의 법적성질은 손해배상액의 예정이라고 보아 법원은 감액을 하고 있는 것이 법원의 입장임을 소개했다. 선박을 소유만 하고 운송업을 하지 않는 선주사에 대한 내용도 추가했다.

본서는 보론이라는 형식의 서술이 있다. 본문에 넣기에는 난이도가 높아서 학부의 학생들이 꼭 알지 않아도 되는 내용이다. 그렇지만, 실무자들에게는 일독이 필요한 내용들이다. 이번에는 자율운항선박, 탈탄소가 가져오는 법적인 변화를 보론 형식으로 넣었다. 자율운항선박 3단계에서 육상의 원격조종자는 중요하고 그는 선장을 대신하는 지위로 보인다. 그는 운송인의 이행보조자이면서 선박소유자의 피용자로 그의 과실로 인한 손해는 운송인의 채무불이행책임과 선박소유자의 사용자책임을 발생시킬 것으로 본다. 입법화 작업이 필요하다. 자율운항선박이 상용화되면, 정기용선계약이 큰 변화를 불러올 것으로 판단된다. 선원에 상응하는 육상의 원격조종장치를 정기용선자 스스로가 보유하면서 활용하는 경우도 있을 것이기 때문이다. 현재의 NYPE와 같은 정기용선에서는 선박소유자가 선원을 공급하는 것이기 때문에 법률관계가 많이 달라지게 될 것이다. 탈탄소는 선박소유자와 용선자 사이에 추가되는 비용부담문제, 용선료지급중단약관, 탄소세의 부담 등의 법률문제를 동반한다. 국제사법이 2022년 개정되면서 선박가압류 등에 대한 국제재판관할에 대한 규정들이 신설되었다. 이런 내용도 보론에 담았다. 기타 선박관련 정책보험, 카보타지 제도, 폐선과 관련된 홍콩협약의 내용도 담아서 독자들이 해상법의 스펙트럼을 넓히도록 했다.

일본은 상법 해상편(해상법)과 상행위의 운송편 규정을 2018년 개정했다. 큰 개정이 있었다. 일본 해상법의 규정을 각주의 형태로 추가했다. 더 깊은 연구를 하는 분들에게 도움이 될 것이다. 일본은 국제운송에 적용되는 헤이그비스비 규칙을 국내법화한 특별법인 國際海上物品運送法(COGSA)이 있다. 국제운송에는 일본 해상법보다 COGSA가 먼저 적용된다. 따라서 일본 COGSA에 없는 내용은 국내·국외 운송을 막론하고 해상법이 적용되지만, COGSA가 있는 경우에는 해상법은 국내운송에만 적용되는 것으로 한정된다. 이번 개정에서 상행위편에 해상·육상·항공·복합운송에 모두 적용되는 일반규정을 둔 것도 큰 특징이다. 해상운송인의 책임규정은 해상편에 있는 것이 아니라 상행위편에 있는 일반규정이 적용된다. 불법행위청구시 종류를 불문하고 운송계약에는 상법의 규정이 적용되는 것으로 했다. 이행보조자도 운송인이 누리는 책임제한, 단기제척기간의 이익을 향유할 수 있게 했다. 상행위편의 화물상환증에 대한 규정은 삭제하고 선하증권을 직접 상법 해상편에 두었다. 정기용선의 개념에 대한 규정을 처음으로 두었다. 선체용선된 선박에서 선박우선특권의 채권이 발생하면 그 선박도 임의경매의 대상이 된다. 이 조문을 정기용선된 선박에도 준용한다는 규정을 두어서 선박채권자를 보호하고 법적 안정성을 가져왔다. 항해과실면책제도나 포장당 책임제한규정이 일본 상법에 존재하지 않는다. 다만 COGSA에 존재한다. 그렇기 때문에 법률상 항해과실면책이나 포장당 책임제한규정이 내항의 경우 자동으로 인정되지 않고 당사자의 약정이 있을 경우에만 가능하다. 이런 차이점에 대하여 제7판 해당분야에서 추가했다.

이 책의 출간에 도움을 준 연구실의 서혜영 조교, 손동우 조교에게 감사한다. 또한 본 개정판을 허락해주신 법문사 사장님, 편집을 해주신 김제원 이사님과 영업부 정해찬 과장님께도 감사드린다. 아무쪼록 본서 제7판이 학부와 대학원에서 학생들을 위한 교재로 널리 사용되고 실무자들에게도 사랑받는 책이 되길 바란다. 2년 뒤에는 다시 제8판으로 독자들을 만날 것을 약속한다.

2023년 10월 20일
안암동 연구실에서
선장 교수 김인현

제6판 서문

2년 6개월 만에 제6판을 개정하여 내게 되었다. 그 사이에 해양수산부 정책자문위원장으로 위촉되어 다양한 활동을 하게 되었다. 위원장으로 일하면서 해상법의 연구대상인 해상기업의 영리활동은 대부분 해상법으로 담아지지만, 경쟁법, 선박금융법, 도산법, 종합물류업과 밀접한 관련이 맺혀있음을 더 깊이 체험하게 되었다.

해상법은 손해배상의 문제를 다루지만, 적정한 운임과 관련된 경쟁법이 해상기업의 활동에 적지않은 영향을 미친다. 한국의 해상기업이 선박을 확보하는 가장 중요한 수단인 국적취득조건부 나용선(선체용선)은 선박금융을 통하여 이루어지는 것이다. 화주가 가지는 손해배상채권이나 도선사가 해상기업에 대하여 가지는 도선료채권 등은 회생절차에 들어가면 회생채권 혹은 공익채권으로 변경되어 보호의 정도가 달라진다. 이런 체험들을 제6판에 반영하려고 노력했다.

그 사이에 해양진흥공사라는 정책금융을 주목적으로 하는 공사가 생겼다. 대출기능은 없지만 보증과 투자기능을 활용하여 해상기업의 선박확보에 도움을 주고 있다. 이와 관련된 법률관계가 중요하게 되어 제6판에 다루었다.

수출업자(화주)들은 자신들의 공장에서 수입자의 창고에 이르는 상품의 흐름을 하나로 보기 시작하였다. 그래서 해상운송계약만 별개로 계약하는 것이 아니라 모든 공정을 한 사람이 처리하도록 했다. 그 자는 종합물류업자이다. 2019년 제주도 삼다수 판결이 처음으로 대법원에서 나왔다. 대법원은 종합물류업을 처음으로 정의하면서도 이의 중심은 복합운송이라고 했다. 원래 계약을 체결한 종합물류회사가 이행을 포기함으로써 발생한 추가비용을 청구하는 소송이었지만 대법원은 손해배상에 적용되는 상법 제816조를 적용했다. 종합물류업이라는 별도의 장을 상법 제2편 10장으로 마련하여 이를 규율할 필요성이 생겨났다. 이를 제6판에서 다루었다.

정기선 운항은 대형화된 컨테이너 선박에 의하여 영위되고 있다. 대형선의 입항이 모든 항구에서 가능한 것은 아니다. 허브-스포커 개념에 따라 중소형항구에는 모항에서 피드선을 보내는 전략이 필요하다. 피드선은 모선의 이행보조자 형식의 선박이라고 보아야한다. 이에 대한 법률관계도 제6판에 넣었다.

이외에 2019년 9월부터 6개월간 일본 도쿄대학에서 공부하고 연구한 것을 추가했다. 일본은 2017년 해상법을 개정했다. 이를 필요한 최소한도로 개정판에 반영했다. 정기용선자에 대한 선박우선특권을 허용하는 규정의 추가와 같은 것들이다. 기타 2년반 동안 우리 법원이 만들어낸 정기용선의 법적 성질, 선박충돌, 제척기간 등에 대한 판례를 추가했다.

본 개정판이 학부나 로스쿨에서 해상법을 공부하는 학생들과 업계에서 해상법 문제에 봉착하여 참고로 사용하는 전문가들에게 도움이 되길 바란다. 제6판 개정 작업을 허락하신 법문사 사장님, 열과 성의를 다해 작업해주신 예상현 과장님께 깊은 사의를 표한다. 판례를 정리해준 제자 윤진석 변호사에게 감사의 뜻을 전한다.

2020년 10월 25일

안암동 연구실에서 김인현

제5판 서문

제4판을 2015년 7월에 발간한 후 3년이 채 지나지 않아 제5판을 발간하게 되었다. 기록을 보니 2003년 초판을 발간 후 모두 4년 터울로 신판을 낸 것을 알 수 있었다. 1년 이상 빨리 신간을 발간하게 된 이유는 무얼까? 가장 큰 이유는 필자의 해상법의 연구영역이 넓어진 까닭이다.

필자는 2011년부터 선박건조·금융법연구회를 조직하여 현재까지 26회의 연구모임을 가졌다. 이를 바탕으로 해상법의 고유의 연구영역이 아니었던 선박건조법과 선박금융법에 대한 연구에도 박차를 가하였다. 그리고 연구회의 결과물을 선박건조·금융법연구I이라는 제목으로 발간한 바 있다. 2016년 한진해운의 회생절차 신청으로 해사도산법에 대한 연구도 나름대로 진행하여 몇 편의 논문을 발표한 바도 있다. 이렇게 해상기업이 봉착한 다양한 형태의 법률관계를 연구하다보니, 해상법 교과서의 범위도 넓어져야 함을 절감하게 되었다.

제5판은 아래와 같은 변화를 주었다.

첫째, 제6장을 마련하여 해상법의 연구영역을 넓히는 시도를 하였다. "해상법 관련 법분야"라는 제목하에 국제거래법, 선박건조 및 선박금융법, 해사도산법을 각 10페이지 정도씩 30페이지를 담았다. 해상법과 연결되는 부분을 간략하게 소개하여 참고가 되도록 하였다.

둘째, 2014년부터 2018년까지 대법원 및 하급심법원의 판례를 소개하였다. 선하증권이 서렌더화된 경우 이면약관은 효력이 있는지, 정기용선자가 채무자가 된 경우 선박우선특권이 인정되는지, 외국적 요소가 있는 경우 해상보험상 책임보험자에 대한 직접청구권 유무는 어느 나라 법에 의하여야 하는지 등 중요한 판결들이 많이 나왔는데 이를 추가하여 독자들의 이해를 돕도록 했다.

셋째, 새로운 산업의 발전도 담으려고 노력하였다. 정기선 운항에서 컨테이너의 중요성은 말할 나위도 없다. 새로운 운송환경의 변화를 수용하여 컨테이너도 해상기업의 물적 설비로 인정하고 법률관계를 규율해야 할 것으로 보았다.

넷째, 공동해손과 같이 교과서의 서술이 부족한 부분을 추가하였다. 2014년 세월호 사고와 2016년 한진해운 사태를 거치면서 해상법에 대한 일반인들의 관심도 높아졌고 이에 따른 수요도 늘어났음을 알 수 있다. 본서에 대한 독자들이 모두 전문가들이 아니라는 점도 염두에 두고 쉽게 기술하려고 하였다. 어려운 부분은 “보론”이라고 하여 별도로 다룬다. 초심자들은 굳이 보론을 읽지 않아도 된다. 판례는 본문의 내용과 연결된 것이므로 반드시 읽어내려가면 사실관계도 알 수 있고 해상법의 이해와 연구에 도움이 될 것이다.

제5판의 출간을 허락하여 주신 법문사 사장님, 예상현 과장님, 정해찬 님 등 관련자들에게 감사드린다. 자료를 제공하고 교정작업을 해준 고려대 법학박사과정의 김명화 및 장효은 조교의 도움에도 감사드린다.

2018년 3월 20일

화정동 서재에서 필자 김인현

제 4 판 서문

2011년에 제3판을 낸 다음 4년이 지나서야 제4판을 출간하게 되었다. 예상외로 터울이 길게 되었다. 1년 3개월 동안 고려대 로스쿨의 학생부원장직이라는 공무를 수행하느라 개정 작업이 지체되었다.

3판을 출간하고 난 다음 필자는 4년 동안 해상법의 국제화에 주안점을 두고 활동하게 되었다. 싱가폴 국립대학에 6개월간 방문교수로 연수를 다녀왔고, 홍콩 시립대학과 홍콩대학에서 또 여러 차례 발표를 하였다. 그리고 동아시아 해상법포럼에도 꾸준히 참석하게 되었다. 이러한 과정에서 한국의 해상법 사건이 다른 국가에서도 동일하게 문제가 되고 있음을 발견할 수 있게 되었다. 서렌더 선하증권, 운송인과 선박소유자의 책임제한채권 인정여부, 선박의 가압류허용여부, 정기용선자가 발생시킨 채권도 선박우선특권이 발생하는지 여부, 책임보험의 의무가입, 나용선등록제도 등과 같은 문제가 그러하였다. 이러한 것은 해상법의 국제성을 말하는 것이다. 이는 또한 한국의 해상법이 한반도에만 머물러있을 수는 없고 세계 속에 자리잡아야 함을 뜻하는 것이기도 하다.

2008년 이후 현재까지 장기적인 해운불황, 선박회사와 조선소의 도산, 몇 차례의 대형해난사고를 경험하면서 해상법의 기능에 대하여 생각하게 되었다. 긴 용선체인으로 인한 거품현상, 수급이 초과됨을 알면서도 발주되는 신조선의 수주현상, 감항성의 의미조차도 모르고 보험금을 타지 못하게 선박을 운항한 내항여객선사의 무지와 무모함, 이런 현상들 앞에서 해상법의 기능은 도대체 무엇인가 해상법 학자로서 자괴감을 느꼈다. 그간 우리는 관련자들 사이에 분쟁이 발생한 경우 이를 해결해주는 기능을 해상법의 주기능으로 삼아왔다. 그러나, 이제는 해상법의 연구대상인 해운·조선·항만·물류·해상보험 분야 등 관련자들이 미리 자신의 위험을 예측하고 그 위험을 줄여주는 해상법의 예측기능이 강조되어야 하고 나아가 이를 통하여 관련자들이 부를 창출할 수 있는 창조적인 해상법이 되어야 한다는 점을 필자는 인식하게 되었다. 또한 2014년 말 인천항만공사의 항만위원으로 임명되고 난 다음 항만의 관점에서 해상법을 바라보는 시각을 갖게 되어 해상관련자의 범위를 크게 확대하게 된 것도 큰 수확이었다.

이러한 인식의 바탕위에서 필자는 지난 4년 동안 새롭게 전개된 그간의 해상법의 문제를 새롭게 조명하고 추가하여 독자들의 이해를 돕도록 하였다.

첫째, 나용선등록, 서렌더 선하증권, 선박우선특권과 채무자와의 관계, 해상기업의 물적 설비로서 컨테이너부두, 책임제한채권, 항만공사 및 항만운영회사의 책임 등에 대하여 추가하였다.

둘째, 해상기업의 영리활동인 운송과 용선 그리고 해상위험을 연구대상으로 한정한 과거의 방식에서 탈피하여 선박건조계약과 선박금융계약과 같은 영리활동의 확대는 물론, 기존의 운송인과 선박소유자등 해상기업 관련자들의 범위도 항만공사, 저당권자, 선박관리업자, 수탁자 등으로 확대시켜 이러한 새로운 분야의 법적 쟁점도 제4판에 추가하게 되었다.

셋째, 2014년 말까지의 해상법 판례를 추가한 것은 물론이다. 중요한 판례임에도 누락된 것은 찾아서 추가하여 본문의 내용을 판례에서 확인이 가능하도록 배려하였다. 판례가 약 40개 정도 추가되었다. 나아가 기존의 이론전개가 부족하였던 부분-예컨대, 선박소유자책임제한이 가능한 채권의 범위에 대한 구체적 예시, 선하증권의 물권적 효력, 선박우선특권과 채무자와의 관련성, 용선계약의 선하증권에의 편입, 해상보험에서의 담보위험 등을 추가보완하였다.

넷째, 독자들의 비교법적인 접근이 가능하도록, 중국 해상법, 일본 해상법 등도 간략히 언급하였다. 그리고 필요한 부분에서는 국제조약도 언급하였다.

필자의 해상법의 연구는 강의서와 연구서로 구별된다. 본서는 대학의 학생들을 위한 강의서이다. 초학자들에게 너무 깊은 내용을 강의할 필요는 없다. 학생들로 하여금 효율적으로 개념과 대강을 익히게 하면 된다. 본서는 이러한 목적으로 출간된 것이기 때문에 다소 깊이있는 논의가 떨어지는 부분이 있다. 깊이 있는 연구는 해상법연구에서 다루게 된다. 현재 해상법연구는 제1권(2003년)과 제2권(2008년)이 출간되었다. 5년이 지난 2013년에 제3권이 출간되었어야 할 것이지만, 사정으로 아직 출간되지 못하였다. 금년 내로 출간할 예정이다. 강의서인 해상법의 내용보다 더 깊은 공부를 하고자 하는 분이나 실무자들은 해상법연구 시리즈를 참고하는 것이 더 효율적이다. 또한 영어로 된 내용이 필요한 경우는 필자의 Transport of Law (Kluwer) 제2판을 보면 된다. 필자가 발표한 논문은 한국해법학회나 한국선주상호보험조합(Korea P&I)의 홈페이지의 Legal News에 가면 볼 수 있다.

이번 2월에 30여년 봉직한 고려대 법대의 교수직으로부터 물러나신 채이식 은사님의 학은에 깊이 감사드린다. 필자의 학문적인 업적은 모두 은사이신 채이식 교수님(국제해사기구 법률위원회 위원장 역임)으로부터 비롯되었고 선생님은 언제나 당신을 뛰어넘는 진정한 학자가 될 것을 필자에게 주문하셨다. 그리고 선생님은 미천한 필자를 선생님의 고려대 법대의 후임교수로 이끌어주셨다. 제4판을 집필하면서 앞서가신 해상법의 대선배님들의 논문이나 저서도 많이 참고하게 되었다. 선배님들의 해상법에 대한 연구가 없었다면 어찌 오늘의 필자의 저술이 있겠는가? 선배님들의 노고와 헌신에 감사드린다. 채이식 은사님을 비롯한 많은 선배님들께서 척박한 한국 땅에서 해상법에 헌신하면서 남겨주신 학문적 업적위에 필자가 또 헌신하여 더 많은 것을 추가하여 후배들에게 물려줄 사명이 필자에게 있음을 제4편을 집필하면서 깊이 인식하게 되었다. 세계적인 해상법학자가 되는 것이 은사님이나 선배님들의 학은에 보답하는 길임을 재삼 확인한다.

제4판이 나오기까지 고려대학교 법대와 고려대 로스쿨을 각각 졸업한 이은정 변호사(3기)와 채정수 변호사(4기) 그리고 대학원 석사과정의 김현균 조교와 박사과정의 문슬기 조교가 본서의 내용을 꼼꼼히 교정을 보아주었다. 이들의 노고에 감사한다. 제4판의 출간을 허락하여 주신 법문사 사장님과 여러번의 추가에도 흔쾌하게 편집을 하여주신 예상현 과장께도 감사의 인사를 전하고자 한다. 부디 본서가 해상법을 처음 접하는 일반인이나 학생들에게 해상법을 쉽게 이해하고 친근함을 느끼는 수단으로서 실무자들에게는 조그마한 참고자료로라도 활용될 수 있다면 학자로서 큰 기쁨이다.

2015년 6월 15일 안암동 연구실에서

김 인 현

제 3 판 서문

2007년 개정판을 출간한 이후로 몇 가지 변화가 필자에게 있었다.

첫째, 해운물류법특화에 기여하고자 이동한 부산대 법학전문대학원에서 오래 있지 못하고 곧 고려대학교로 자리를 옮기게 된 것이다. 필자의 학문적 고향인 고려대에서 스승의 대를 이어 해상법을 연구하고 강의하고 전파하는 막중한 책임을 맡게 되었다. 둘째, 고려대학에서는 해상법을 처음 접하는 학부의 학생은 물론이고 실무경험이 있는 로스쿨 혹은 법무대학원의 학생들도 지도하여야 하는 입장이 되었다. 또한 정부나 업계에서도 자문요청을 많이 받게 되었다.

이러한 환경의 변화는 필자로 하여금 학생들에게 해상법을 쉽게 강의하면서도 또 대학원생들과 실무자들을 위하여는 해상법을 정교하게 다듬어나갈 것을 요구하게 되었다.

필자는 평소에도 강의서와 연구서는 구별되어야 한다고 생각해 왔다. 학부의 학생들을 위한 강의서로는 해상법(법문사)이 있고, 실무자들을 위하여는 해상법연구(삼우사)를 출간하여 왔다. 그런데, 해상법연구가 잘 읽히지 않는다는 것을 알게 되었다. 결국 강의서인 해상법(법문사)을 학부생들이 쉽게 이해할 수 있도록 하면서도 실무자들의 수요에도 만족시킬 수 있도록 약간의 심층적인 내용도 추가하여야 겠다는 생각을 하게 되었다.

이러한 3년의 변화에 따라 필자는 본서의 개정작업을 하면서 네 가지를 추가하였다.

첫째, 2007년 개정상법의 조문으로 완전히 변경하였다. 그러나, 아직도 1991년 개정상법의 조문이 필요한 경우도 있기 때문에 이는 부록으로 남겨두었다.

둘째, 2011년 2월까지의 중요한 대법원 판례와 하급심의 판례를 모두 보충하였다. 하급심의 판례도 학생들의 공부에 도움이 될 수 있는 것은 과감히 추가하였다.

셋째, 장 혹은 절의 뒤편에 심도있는 내용이나 최신의 이슈를 보론의 형식으로 추가하여 본서에 깊이를 더하여 보았다. 해상법을 처음으로 접하는 사람은 보론 부분은 읽지 않아도 될 것이다.

넷째, 헤이그비스비 규칙을 대체할 2008년 로테르담 규칙의 주요내용과 선박우선특권을 이용한 임의경매신청서를 부록으로 책의 말미에 추가하여 독자들의 이해를 돕고자 하였다.

아무쪼록 본서가 해상법을 공부하고자 하는 학생들은 물론 실무에서도 많이 애용되기를 희망한다. 이 제3판이 나오기까지 일독을 하시고 좋은 의견을 제시한 명지대학교 법과대학의 최세련 교수와 교정 등의 작업을 도와준 고려대 법학전문대학원의 손수호·하성재 예비 법조인, 고려대 대학원의 김태은·김영재 석사과정생에게 감사의 인사를 드린다. 법문사의 배효선 사장님과 예상현 과장님, 이선욱 과장님께도 고마움을 표한다.

2011년 2월 6일 안암동 연구실에서

김 인 현

개정판 서문

2003년에 초판을 발간한지 4년 만에 개정판을 발간하게 되었다. 4년이라는 기간동안에 필자의 해상법연구와 환경에 많은 변화가 있었다.

초판의 발간과 동시에 미국 University of Texas at Austin대학에서 법학석사과정에 들어가 1년간 강도높은 공부를 하게 되었다. 오스틴에서는 단순히 해상법에 그치는 것이 아니라 미국의 계약법, 불법행위법에 대한 공부를 동시에 진행하였다. 특히 해상법의 대가이신 로버슨 교수가 강의하신 불법행위법은 필자의 해상법이해에 큰 도움이 되었다. 스털리 교수로부터 운시트랄 운송법조약 초안에 대한 세미나 수업을 받으면서 운송계약법에 대한 이해가 깊어지게 된 것도 큰 수확이었다. 한국해법학회의 상법 해상편 개정위원으로서 이에 대한 작업을 계속하면서 우리 상법 해상편의 내용을 숙고할 수 있는 기회가 주어졌다. 2004년 미국유학을 마치고 귀국하여 철도운송인에 대한 미국연방대법원의 Kirby사건, 영국귀족원의 Starsin, Rafaela 사건 및 FIO계약의 법률문제, 운송인의 책임제한배제사유 등 우리나라 대법원의 중요 해상법 판결에 대한 평석을 하면서 연구결과가 쌓이게 되었다. 또한 IMO 법률위원회, IOPC FUND, 운시트랄 운송법회의에 한국을 대표하는 자문으로 참석하여 해상법이 지향하여야 하는 통일성과 예측가능성 그리고 선주와 운송인 모두를 위한 균형잡힌 법제도에 대하여 이해를 깊이하게 되었다. 특히 운시트랄 운송법회의에서 10인 전문가그룹에 속하게 되어 이태리의 베린제리 교수, 네덜란드의 지엘 교수, 미국의 스털리 교수 등과 토론을 하면서 큰 성장이 있었다.

무엇보다 큰 변화는 2007.7.3. 상법해상편 개정 법률이 국회를 통과하여 2008.8.부터는 새로운 해상법이 시행되게 되었다.

이러한 변화를 반영하고자 7월과 8월에 걸쳐서 개정작업을 하게 되었다. 개정작업을 함에 있어서 세 가지를 목표로 하였다. 첫째는 개정된 내용을 충실하게 반영하고자 하였다. 다행히 개정 해상편은 필자가 평소에 취하던 체계와 같이 운송과 용선을 구별하는 것이기 때문에 초판의 체제를 그대로 유지하게 되어 많은 변경은 가하지 않아도 되게 되었다. 둘째는 2007년 7월까지의 대법원의 해상법판례를 반영하고자 하였다. 셋째는 초판에서 누락되거나 잘못된 것을 교정하였다. 선박공유와 같은 것이 그 예이다. 최근 조선경기의 호황으로 선박공유의 중요성이 강조되어 설명을 추가하였다. 복합운송의 발전으로 독립계약자의 책임제한이익의 향유여부가 쟁점이 되고 있어서 여기에 대한 판례와 견해를 추가하였다.

필자의 해상법연구에 대한 결과는 본 "해상법"이라는 대학교재와 연구서인 "해상법연구"로 이루어진다. 해상법연구 제2권이 곧 발간된다. 심도있는 연구를 희망하는 분은 해상법연구 제2권도 참고하기 바란다. 원래 본서는 항해사 선장을 목표로 하는 해양대학교 학생들을 독자층으로 하여 발간된 것이기 때문에 법과대학의 학생들에게는 너무 쉬운 당연한 설명으로서 필요 없는 내용도 있다. 망설이다가 그대로 체제를 유지하기로 하였다.

최근 조선과 해운경기의 호황으로 일반국민은 물론 법조인 사이에서도 해상법에 대한 관심이 점증하고 있어서 해상법 교수인 필자도 고무되고 있다. 아무쪼록 본서가 해양대학교 학생은 물론 법과대학의 학생들에게 그리고 실무에서도 많은 사랑을 받게 되기를 고대한다. 오류가 있다면 모두 필자의 공부의 부족 탓이다. 더 연구하여 추가 개정판 등을 통하여 수정하도록 하겠다.

8년 반 동안 정들었던 목포해양대학교를 떠나 부산대학교 법과대학으로 자리를 옮기게 되었다. 필자에게 넉넉한 보금자리를 떠나는 것은 아쉽다. 그러나, 장차 로스쿨제도하에서 해상법을 특화하려는 부산대학교에서 우리나라의 해상법이 세계를 주도하도록 만들어 보겠다는 필자의 평소의 꿈을 펼쳐보고자 한다. 독자들의 변함없는 성원을 바란다.

개정판을 허락하여주신 법문사의 배효선 사장님과 전충영 상무님에게 감사드리고 편집을 맡아주신 예상현 과장님에게도 감사드린다.

2007년 8월 31일

필자 김인현

제1판 서문

목포해양대학교에서 교수 생활을 시작한지도 어언 4년 6개월이 되어 드디어 연구년을 갖게 되었다. 연구년을 떠나기에 앞서 필자는 해상법에 대한 강의서를 출간하기로 마음을 정하였고, 작년에 해양대학교 학생들을 위한 "선장을 위한 해상법강의"라는 책을 비매품으로 만들어 반응을 보기로 하였다. 몇 군데 수정만 하면 개론서로서 충분하다는 평가를 여러 군데에서 들었다. 용기를 내어 출판사들과 연락을 취하였더니 우리나라 굴지의 출판사인 法文社에서 고맙게도 출간을 허락하여 주었다.

필자의 연구분야는 해상법과 해상교통법 두분야로 압축할 수있다. 해상법에 대한 연구로는 공저인 '註釋 商法(제8권)'의 선장분야, '船員의 法的責任과 保護'라는 단행본, '海商法硏究'라는 연구서 그리고 공저인 '保險·海商法'이 있고, 해상교통법에 대한 연구로는 '船舶衝突과 航法'과 '海上交通法'이라는 두권의 단행본이 있다.

필자는 해상법에 대한 개론적인 내용은 '海商法'에서 다루고 개론보다 더 깊이있는 내용은 '海商法硏究'에서 다루고자 계획하였다. 이는 해상교통법에 있어서도 개론적인 내용은 '海上交通法'에서 다루고 더 깊이있는 내용은 '船舶衝突과 航法'에서 다루고 있는 것과 궤를 같이 한다. 그간 자비로 출간하여 제2판까지를 발간하였던 '海上交通法講義'를 서울의 三宇社에서 출간을 맡아 내용을 수정한 '海上交通法'을 금년 6월말에 출간함으로써 해상교통법에 대한 연구결과를 일단 완성하게 되었다. 이제 法文社와 손을 잡고 '海商法'을 출간함으로써 해상법에서도 연구결과를 일단락하게 된다.

필자의 이러한 연구에 대한 집착은 1991년에 있었던 해난사고의 부산물이다. 필자에게는 선장으로 책임을 맡았던 선박을 해난사고로 잃어버린 아픈 추억이 있다. 호주에서 계속된 국제소송에 2년간 선장으로서 참여도 하였다. 이를 계기로 필자는 海技와 法을 조화시키려는 결심을 하고 1년간의 독학을 거친 다음 1994년부터 高麗大學校 法科大學에서 정식으로 법학을 공부하기 시작하여 오늘에 이르고 있다.

필자는 법학공부에 대한 목표를 일차적으로 필자 본인이 선장으로서 선박운항과 관련되는 법체제에 대한 체계를 갖추고자 함에 두었고, 이차적으로는 일선의 선장들에게 해상법과 해상교통법 등 선박운항과 관련된 기초적인 법적 소양을 심어주려는 데에 두었었다.

필자는 이러한 목표를 가지고 12년 동안 쉼없이 달려왔다. 우선은 필자 자신의 공부가 필요하였다. 필자의 공부는 고려대학교 법과대학, 4년간 몸담았던 김&장 법률사무소 해상팀, 학교에 온 다음 자문을 하고 있는 법무법인 세경, 국제해사기구의 법률위원회, 해운물류 큰사전 편찬 그리고 한국해법학회 해상법개정작업반 등을 통하여 이루어졌다. 이러한 목표는 해양대학교 학생에 대한 강의, 연구논문의 발표, 각종 특강 그리고 저술활동을 통하여 달성되어 왔다. '海商法'을 출간함으로써 필자의 12년된 꿈은 부족하나마 드디어 1차 완결을 본다.

해상법은 해상기업의 영업활동에서 발생하는 법률관계를 다루는 법이다. 해상기업의 영업활동을 위하여는 해상기업이라는 주체, 물적 조직으로서의 선박 그리고 인적조직으로서의 선장 이하 선원들이 필요하다. 이러한 두 가지 설비를 가지고 해상기업은 傭船과 運送이라는 영리행위를 함으로써 수익을 극대화하고자 한다. 흔히들 해상법은 해상기업을 보호하고자 하는 법으로 이해하고 있으나, 해상법은 해상기업과 그 상대방을 동시에 보호하려고 한다. 필자는 이러한 현상에 착안하여 본서의 구성을 제1편 일반론 제2편 해상기업 및 설비 제3편 해상기업 활동 제4편 해상위험 그리고 제5편 당사자 보호수단으로 하였다. 제2편 해상기업 조직편에서는 선박소유자, 나용선자, 정기용선자 등 해상기업주체에 대한 소개를 하고, 물적 조직으로서 선박과 인적조직으로서의 선장을 기술한다. 새로이 등장한 물적 조직인 컨테이너에 대하여도 다루었다. 제3편 해상기업의 활동편에서는 용선과 운송을 준별하는 입장을 취하였다. 운송에는 개품운송과 항해용선만 포함되고, 정기용선은 용선편에서 다루고있다. 제4편 해상위험편에서는 해상법상 특수한 법률요건인 공동해손, 선박충돌 그리고 해난구조(해양사고구조)에 대하여 다루었고, 일반 해상위험인 유류오염사고에 대하여도 언급하였다. 제5편 당사자 보호수단에서는 선박소유자의 보호수단으로서의 선박보험과 상대방 보호수단으로서의 선박우선특권등 담보제도와 선주책임상호보험을 가볍게 다루었다. 당사자 보호수단편은 필자의 해상법에 대한 학문적인 체계의 일단을 나타낸 것이다.

해상법의 새로운 조류를 반영하기 위하여 複合運送과 電子式 船荷證券 그리고 海上貨物運送狀에 대하여도 언급하였다. 복합운송의 발전은 해상법으로 하여금 육상 및 항공운송과의 결합을 강요하고 있다. 서로 다른 운송구간에서의 적용 법규를 어떻게 할 것인가가 하나의 문제이고, 계약운송인과 실행운송인이 다른 경우에 이들의 책임을 어떻게 할 것인가가 다른 하나의 큰 문제이다. 전자식 선하증권은 선박회사, 화주 그리고 은행들이 상호 합의를 하여 당사자들 사이에 합의된 범위안에서 선하증권을 전자식으로 발행하고 양도성을 인정하고자 한다. 불특정 다수에 대하여는 전자적인 선하증권의 양도가 불가능하므로 사용에 제약을 받아 아직 상용화에 들어가지 못하고 있다. 선하증권이 운송물보다 늦게 도착하는 불편을 해소하기 위하여 고안된 해상화물운송장의 사용이 증대하고 있다. 이는 양도성이 없다는 점에서 선하증권과 다르다.

본서의 부록에는 나용선계약서, 정기용선계약서, 항해용선계약서, 선하증권사본, 헤이그비스비 규칙, 함부르크 규칙, 1976년 선주책임제한 조약을 첨부하여 참고하도록 하였다.

법대생들이나 고시준비생들의 이해를 돕기위하여 중요한 판례에 예제를 추가하였고 기초적인 개념에서는 실무상 벌어지는 쉬운 예를 많이 들어두었다.

필자의 연구생활에 있어서 목포해양대학교는 넉넉한 안식처이다. 목포해양대학교는 교수직이라는 자유를 필자에게 주었다. 목포해양대학교 구성원들은 필자로 하여금 폭넓은 연구활동을 하도록 필자를 환영하고 격려해 주고 있다. 법무법인 세경은 필자에게 있어서 또 다른 안식처이다. 지방대학교의 교수이면서 법대교수가 아닌 필자가 가지고 있는 불리함을 채워주는 역할을 법무법인 세경이 하였다. 법무법인 세경이 제공한 공간은 필자에게 서울에서 활동할 수있는 근거를 마련하여 주었고 그 곳의 최종현·김창준 두분 대표 변호사님을 비롯한 변호사님들, 해상법관련 서적 그리고 소송관련 자료들은 필자의 학문적인 갈증을 풀어주었다.

개론서는 모든 부분을 빠짐없이 골고루 다루어야 한다는 점에서 저술이 어렵다는 말씀을 은사님들로부터 들은 바가 있다. 참으로 그러하다고 느낀다. 필자가 연구가 충분한 부분은 분량이 많아지고 그렇지 못한 부분은 약간의 언급으로 끝나는 부분이 있다. 해상법의 통일성과 국제성의 관점에서 본다면 비교법적인 내용이 많아야겠지만, 필자는 우선은 우리 법의 기초 위에서 본서를 저술하였다. 해양대학교 학생들은 민법을 배우지 않고 해상법을 배우므로 기초이론을 첨가한 부분이 있다. 법대학생들에게는 이러한 것은 군더더기일 수도 있을 것이다. 연구년을 마치고 그 연구결과를 반영하는 개정작업을 할 때 이러한 부족 부분은 보충할 예정이다.

일단락된 목표를 뒤로하고 이제 연구의 범위를 넓혀 해상법을 넘어서 항공운송과 육상운송을 포함하는 운송법 전반에 대한 법적 체계를 세우고자 한다. 그리하여 필자는 연구년을 맞이하여, 새롭게 시작하는 자세로서 세계 해상법학계의 중진으로 자리잡은 M. Sturley 교수가 재직하고 있는 오스틴의 텍사스 주립대학교 법과대학에서 법학석사과정(LLM)을 밟게 되었다. 짧은 1년의 기간이지만 필자에게는 법학의 뿌리를 공고히 하고 그 외연을 넓히는 좋은 기회가 될 것으로 기대한다.

필자의 지도교수이신 고려대학교의 채이식 교수님을 비롯한 고려대학교 법과대학의 은사님들, 장수길 대표변호사님을 비롯한 김&장 법률사무소의 해상변호사님들, 법무법인 세경의 변호사님들 그리고 배병태 전 해운산업연구원장님에게도 학은 및 지도와 격려에 감사드린다. 같은 연구실 출신인 박영준 박사 및 법무법인 세경의 최세련 변호사의 일독에 대하여도 고마움을 전한다. 출판을 허락해 주신 법문사 배효선 사장님과 전충영 이사님 그리고 편집을 맡아주신 예상현 님에게도 감사드린다. 마지막으로, 오늘의 내가 있게 한 부모님과 여러 친지들, 화목한 가정을 꾸려가는 집사람 김남지와 세 딸 명화, 성화 그리고 일화에게도 감사드린다.

2003년 7월 13일
花井洞 서재에서
저자 김인현

차 례

제 1 편 海商法 一般論

제2편 海上企業 및 設備

제 3 편 海上企業活動

제5편　當事者 保護手段

제 1 편 海商法 一般論

제 1 장
總　　論

제1절 序　論

제1 海商法의 의의

상법의 특별법으로서 해상법은 해상기업의 영리활동을 규율하는 사법이다. 해상법은 형식적 의미의 해상법과 실질적 의미의 해상법으로 나누어 볼 수 있다. 형식적 의미의 해상법이란 상법 제5편 해상을 말하고,[1] 실질적 의미의 해상법이란 상법 제5편 및 유류오염손해배상보장법, 선박소유자책임제한절차법, 선원법 그리고 도선법 등을 포함하는 개념이다.

해상법을 표현하는 용어로서 admiralty와 maritime law가 있다. admiralty는 주로 미국에서 사용되고, maritime law는 주로 영국에서 사용되고 있다.

구별개념으로서 海事法이란 바다와 관련된 법규의 총체를 의미하는 것으로 해양법, 해상교통법, 선박법과 같은 海事公法과 해상법, 해상보험법, 유류오염손해배상보장법과 같은 海事私法을 포함하는 개념이다.

제2 海商法의 이념

상법의 일부로서 해상법 역시 (i) 기업의 유지 강화 (ii) 상거래의 신속 원활화 그리고 (iii) 거래 상대방의 보호라는 상법의 이념을 구현하고자 한다.

기업은 사회에 유익한 존재라는 전제하에서 기업이 쉽게 만들어지고 유지되고 파산되지 않도록 상법은 배려한다. 주식회사의 주주의 유한책임제도(상법 제331조)가 대표적인 것이다. 상법 해상편에서 규정하는 선박소유자 책임제한제도(상법 제

---

1) 일본 상법 제3편 해상(제684조에서 제850조까지), 중화인민공화국해상법(1992년 제정)이 이에 해당한다.

769조) 및 운송인의 책임제한제도(상법 제797조)는 해상기업의 유지 강화를 위한 가장 대표적인 제도라고 할 수 있다.

상법은 상인을 위한 법이고 상인은 상행위를 하는 자들이다. 상행위가 쉽게 자주 일어날 수 있도록 하면 상인은 더 많은 이윤을 획득하게 될 것이다. 해상법은 무역을 전제로 하므로 국제성을 갖게 되고 각국의 서로 다른 해상법은 관련자들에게 법적 예측가능성을 부여하지 못하므로 예측가능성을 갖도록 하는 국제조약이 성행하게 된다. 상행위에 예측가능성이 부여된다면 상행위는 신속하고 대량으로 행하여질 것이다. 상법은 이러한 이념을 달성하기 위하여 여러 제도를 상법전에 담고 있다. 보통거래약관에 의한 거래가 대표적인 것이다. 정형화된 보통거래약관은 상거래를 대량으로 그리고 반복적으로 할 수 있도록 하여 준다. 상법 해상편에서 사용되는 선하증권(상법 제852조 이하) 및 해상화물운송장(제863조)은 보통거래약관의 대표적인 것이다.

상법은 또한 기업과 거래하는 상대방을 보호하여 기업의 보호와 균형을 취하고자 한다. 보험계약자 불이익변경 금지의 원칙(상법 제663조)이 대표적인 것이다. 상법 해상편에는 운송인이 상법에서 정한 책임과 의무를 면제 혹은 경감하는 약정을 송하인과 체결하면 이를 무효로 한다(상법 제799조).

이와 같이 상법 해상편은 상법의 이념을 구현하는 많은 규정을 가지고 있다.

제3 海商法의 지위 및 법원

1. 법적 지위

해상법은 민법의 특별법인 상법의 특별법으로서의 지위를 갖는다.[2] 그러므로, 해상법에 규정되지 아니한 것은 상법의 규정을 적용하고 상법에 규정이 없는 것은 다시 민법의 규정을 적용하게 된다. 예컨대, 선박이 부두와 충돌한 경우는 선박충돌이 아니므로 상법의 규정을 적용할 수 없고 민법 제750조 이하의 불법행위 규정을 적용하는 것과 같다.

2) 최기원, 3면; 채이식, 224면.

2. 법 원

(1) 의 의

법원이란 법의 존재형식을 말한다. 해상법의 법원이란 해상기업의 생활관계를 규율하는 법의 존재형식을 말한다. 상법 제1조는 상사적용법규라는 제목하에 "상사에 관하여 본법에 규정이 없으면 상관습법에 의하고 상관습법이 없으면 민법의 규정에 의한다."고 함으로써 법원에 대하여 간접적으로 시사하고 있다. 해상법의 법원으로서 논의될 수 있는 것은 상법전과 같은 제정법, 상관습법 그리고 선하증권과 같은 보통거래약관이 있다.

(2) 制定法

제정법이란 법률의 형식으로 존재하는 것으로 기업의 생활관계에 적용되는 법률로서는 상법전이 있다. 그중에서도 해상기업의 생활관계를 규율하는 것은 해상편이다. 해상편에 규정되지 않은 것은 상법전의 일반규정이 적용된다.

특별법령으로서 유류오염손해배상보장법, 선박소유자의 책임제한절차에 관한 법률, 도선법, 선박법, 국제선박등록법, 선원법, 수난구호법, 해상교통안전법, 개항질서법, 항로표지법, 해양사고의 조사 및 심판에 관한 법률 등이 있다.

해상법과 관련된 국제조약으로는 1976년 선주책임제한조약(LLMC), 1992년 유류오염손해배상조약(CLC), 1992년 유류오염손해보상을 위한 국제기금(IOPC FUND)협약, 선박연료유협약(Bunker Convention), 헤이그비스비 규칙(Hague-Visby Rules), 함부르크 규칙(Hamburg Rules), 1989년 해난구조협약(Salvage Convention), 1972년 해상국제충돌예방규칙(COLREG) 등이 있다. 우리나라가 비준하여 국내법과 동일한 효력을 갖는 조약(헌법 제6조 제1항)으로는 1992년 CLC와 IOPC FUND, 1972년 COLREG가 있고 이것은 법원이 된다.

(3) 商慣習法

상법 제1조에 따르면 상사에 관하여 상법에 규정이 없는 경우에는 상관습법이 적용된다.

상관습법이란 상인들이 반복적으로 사용하여 관습화되어 상인들의 법적 확신에 의하여 법규범으로 승인된 것을 말한다. 해상분야에서 판례가 인정하는 상관습법은 아직 없는 것으로 보인다. 그러나, 특별한 약정이 없는 한, 원목선에서 甲板積을 하는 것은 상관습을 넘어 상관습법으로 되었다고 생각된다. 갑판적된 원목이 손상을 입은 경우에 화주는 갑판적을 사고의 원인으로 손해배상청구를 할 수 없다.[3] 원목선은 통상 1인의 화주만이 용선자가 되고 원목의 일부는 갑판적할 것은 예정되어 있고, 어느 화물만 갑판하에 선적하는 것은 의미가 없기 때문이다. 컨테이너 선박의 갑판적은 갑판하에 비하여 위험이 따르고 각기 다른 화주들이 많기 때문에 아직 상관습법화되었다고 보기 어렵다.[4] 정기선운항은 개품운송계약을 바탕으로 한다. 운송인인 정기선사가 컨테이너를 제공하는 것은 상관습법화된 단계에 이르렀다고 본다.

지역적으로 평택 등으로 제한되기는 하지만 대법원은 운송물인도지시서(D/O)를 수령하고 운송물을 인도할 의무가 창고업자에게 있다고 판시한 바 있다. 그 의무는 상관습법화된 것이다.

사실인 상관습이란 반복적으로 행하여지는 상관행으로서 아직 법적 확신에 의하여 승인되지 아니한 것을 말한다. 민법 제106조에 의하면 법령중의 선량한 풍속 기타 사회질서에 관계없는 규정과 다른 관습이 있는 경우에 당사자의 의사가 명확하지 아니한 때에는 그 관습에 의한다. 따라서 강행규정에 위반되지 않는 한 당사자의 의사가 명확하지 아니한 경우에는 사실인 상관습이 당사자의 의사표시의 해석 자료가 되어 계약내용을 보충하게 된다. 요크앤트워프 규칙(YAR)의 사용은 상관습화되었다고 생각된다.[5] 예컨대, 공동해손의 정산을 어떻게 할 것인지에 대한 운송인과 송하인 사이의 약정이 없었다면 상법에 규정이 없는 내용에 대하여는 요크앤트워프 규칙(YAR)을 상관습으로 볼 수 있다면 이를 적용할 수 있는 것과 같다.

우리나라 항구에서 운송인이 발행한 인도지시서(D/O)를 확인 후 창고업자가 운송물을 수하인에게 인도하는 것이 관습법인지가 문제된다.

(4) 普通去來約款

운송계약에는 선하증권이라는 이름의 약관이 사용된다. 법규범설에 의하면 보통

---

3) 컨테이너 선박에서 사용되는 선하증권에는 갑판적을 허용하는 특약이 추가되어 있다(CONLINEBILL 제19조).

4) 보증도가 상관습법화되었는지 논란이 있다. 선하증권과 상환하여 운송물을 인도하여야 하는 운송인이 은행 등이 발행한 보증장을 받고 운송물을 인도한 경우에 선하증권의 소지인이 운송물 멸실에 대하여 손해배상청구를 운송인에게 제기하게 되면 운송인은 보증장을 받고 운송물을 인도함으로써 자신의 운송물인도의무는 종료되었으므로 책임이 없다고 주장하게 된다. 보증도의 관행이 있기는 하지만, 보증도는 운송인으로서는 선하증권 소지인에 대하여 사후에 손해배상책임을 부담하고 보증인에게 구상청구를 할 수 있다는 전제하에서 운송물을 인도하는 것이다. 불법행위는 관습법화될 수 없기 때문에 운송인은 보증도가 관습법화되었으므로 자신은 위법한 행위를 하지 않았다고 주장할 수 없다고 생각한다.

5) 보통거래약관의 하나로서 보는 견해도 있다. 최종현, 26면.

거래약관도 해상법의 법원이 된다. 선하증권은 사업주인 운송인이 일방적으로 만들어 운송계약서의 대용으로 사용하는 것이고 이면에 不動文字로 된 많은 내용들이 포함되어 당사자의 권리와 의무에 영향을 미치기 때문에 중요한 의미를 갖는다.

약관이 법적 효력을 갖는지에 대하여 법규범설과 의사설의 대립이 있다. 당사자가 약관의 구체적인 내용을 모른 경우에 법규범설에 따르면 약관은 자치법규와 같이 관습법적인 효력을 가지고 있어서 당사자의 의사와 무관하게 법적 효력을 가지고 있어 적용된다는 것이다. 의사설은 당사자들이 해당 거래에 약관의 내용을 적용하기로 약정하였기 때문에 법적 효력을 가지고 적용된다는 것이다.[6] 결국 의사설에 따르면 약관내용에 대한 당사자의 의사의 합치가 없다면 약관의 내용은 적용되지 않아야 한다. 판례는 의사추정설의 입장이다(대법원 1989.11.14. 선고 88다카29177 판결). 의사추정설은 계약을 체결할 때에 약관의 내용을 추가적으로 계약의 내용으로 한다는 약속이 있었다고 추정하여 일응 약관의 효력을 인정한다.[7] 약관의 중요한 부분에 대하여 사업주가 소비자에 대하여 설명의무를 다하지 않은 경우에는 약관의 규제에 관한 법률 제3조 제4항을 적용하여 효력을 주장할 수 없도록 하여 통제를 한다.

선하증권은 국제적인 거래에 사용되는 것으로 몇 가지 중요한 사항은 약관의 규제에 관한 법률이 적용되지 않고 상법 해상편 제799조 강행규정의 적용을 받는다.

한편, 정기용선계약 표준서식(NYPE), 항해용선계약 표준서식(GENCON) 등과 같은 용선계약 표준서식은 보통거래약관이 아니므로 법원으로서의 효력은 없다.

제2절 海商法의 특수성 및 독자성

제1 특 수 성

해상법은 일반 상법과는 다른 특질을 지니고 있다. 해상법은 해상기업의 영리활동에 관한 법이다. 해상기업은 선박이라는 운송수단을 가지고 해상위험을 감수하면서 영리활동을 하고 있다. 해상에서 태풍을 만나는 경우는 육지에서 태풍을 만난 경우보다 사고를 당할 위험이 훨씬 높다.[8] 그리하여 선박소유자를 보호하기

---

6) 양승규, 70-71면; 정찬형(상), 44면; 이기수 외, 28-29면.
7) 정동윤(상), 33면.
8) 中村・箱井, 2면.

위한 여러 가지 제도들이 고안되었다. 선박소유자책임제한제도(상법 제769조) 및 항해과실면책제도(상법 제795조 제2항)가 그러한 것이다. 이러한 제도들은 일반 법리에 대하여 예외적인 것이다.

해상기업의 인적수단으로서 선장 이하 선원들은 선박에 승선하게 된다. 선박의 고립성·위험성·가족과의 격리성 등의 성격 때문에 선원들은 다른 육상의 근로자들에 비하여 열악한 환경에 처해있다. 따라서, 이들을 보호하도록 책임제한제도의 원용(상법 제798조 제2항)이나 선원법상 재해보상 제도(선원법 제90조)가 가능하도록 입법화되어 있다.

선원들이 승선하지 않는 자율운항선박에서 육상의 원격조종자를 어떻게 보호할 것인지는 이와 같은 선박에 승선하는 경우의 고립성·위험성·가족과의 격리성 등이 반영되어야 한다.

제2 독 자 성

해상법은 독자적인 연혁을 가지고 성장하였다. 해상위험에 관련되는 여러 가지 독특한 제도가 마련되었다. 선박충돌(상법 제876조 이하), 해난구조(상법 제882조 이하) 그리고 공동해손제도(상법 제865조 이하)가 그러한 예이다. 선박충돌은 불법행위와, 해난구조는 사무관리와 그리고 공동해손은 부당이득과 유사한 측면이 있으나, 이들과는 다른 특수한 법률요건으로 이해되고 있다. 해난구조에서 구조료의 인정(상법 제882조)과, 공동해손분담금 청구의 인정(상법 제865조 및 제866조) 등은 모두 독자적인 법체계를 이루고 있다.

해상법은 해상기업의 활동의 국제성 때문에 국제조약의 형태로 발전하고 있다. 우리나라의 상법 해상편도 국제조약을 대부분 수용하여 국내법화한 것이다.

제3절 海商法의 국제성

제1 序

해상법은 해상기업 활동의 국제성으로 말미암아 국제적인 성격을 갖는다. 그러므로 어떤 국가이던 고립된 해상법 체계를 가지고는 해운의 국제적 경쟁체제에 능동적으로 대처할 수 없다. 그리하여 각국은 해상법을 국제조약의 형태로 성안하고 나서 이를 국내법화하고 있다. 국제적 성격을 갖는 해상운송에 예측가능성을 부여하려는 목적에서 국제조약이 만들어진다.

해상법의 국제화 및 통일화에 주도적인 역할을 하여온 기구로서는 국제해법회(CMI)와 국제해사기구(IMO)의 법률위원회가 있다. 그리고 국제성과 관련된 기타 공적 단체로는 국제유류오염기금(IOPC Fund) 등이 있다.

제2 국제 기구

국제조약을 성안하는 대표적인 기구로서 국제해법회와 국제해사기구의 법률위원회 및 유엔의 운시트랄이 있다.

1. 국제해법회(Comité Maritime International: CMI)

국제해법회[9]는 민간단체로서 해상법을 연구하고 강의하는 교수 및 해상변호사들의 모임으로 해상법의 국제적인 통일을 목적으로 1896년 창설되었다. 국제해법회는 과거에 여러 가지 조약을 성안하는 과정에서 지대한 역할을 하였다. 국제해법회에서 여러 국제조약을 작성하고 이를 외교회의에 상정하는 형태를 띠었다. 국제해법회가 관여한 국제조약으로는 1910년 선박충돌과 해난구조협약, 1924년 헤이그 및 1968년 비스비 규칙, 1924년 및 1957년 선주책임제한조약 그리고 1952년 선박압류에 관한 협약이 있다. 2008년 로테르담 조약의 기초작업을 국제해법회가 수행하였다. 그런데 국제해사기구가 1960년에 창설되면서 국제해법회의 기능은 축소되어 국제해사기구의 자문역활로 축소되기 시작하였다. 우리나라의 한국해법학회[10]는 국제해법회의 회원이다.[11]

현재 국제해법회가 추진하고 있는 사업은 "선박소유자의 책임제한절차법"에 대한 통일화 작업, "해적으로부터의 피신 등을 위한 피난처", "북극해", "자율운항선박" 등에 대한 국제규범의 작성 등이다.

---

9) www.comitemaritime.org

10) www.kormla.or.kr

11) 우리나라에는 40~50명으로 추산되는 해상변호사가 있다. 리걸 500에 따르면 광장, 김앤장, 세경이 1등급, 세창, 율촌, 정동국제, 충정, 화우가 2등급 그리고 권앤문, 삼양, 오로라가 3등급 해상로펌으로 분류되었다(법률신문, 2010.12.2.). 한편 2014년 리걸 500에 따르면 1등급 김앤장, 광장, 세경, 세창, 선율, 2등급 지현, 지평, 청해, 정동국제, Yoon & Partners, 화우, 율촌, 3등급 오로라, 태평양, 부산국제로 분류되었다(출처: 리걸타임즈 2014.11.12.). 2023년 리걸 500에 의하면 김앤장과 광장이 1등급, 태평양, 해윤, 선율이 2등급, 세창과 율촌이 3등급, 지현, 세경, 대륙아주, 지평 그리고 화우가 4등급으로 분류되었다.

2. 국제해사기구법률위원회(International Maritime Organization Legal Committee)

국제해사기구의 법률위원회는 유엔산하 전문기관의 하나인 국제해사기구의 4개 위원회 중의 하나이다. 실질적으로 모든 해사관련 국제조약의 성안과 개정의 임무를 맡고 있다. 법률위원회가 성안한 국제조약으로는 1974년 해상여객운송에 관한 아테네협약,[12] 1976년 선박소유자책임제한조약,[13] 1969년 유류오염손해배상조약(CLC),[14] 1971년 국제기금협약, 선박연료유협약(Bunker 협약), 1976년 선박소유자책임제한조약의 1996년 의정서 등이 있다. 현재 법률위원회가 성안하여 발효되거나 발효를 기다리는 것으로는, 유해독극물(HNS)협약, 해상여객운송에 대한 아테네협약의 개정안 그리고 2007년 난파물제거협약(나이로비협약) 등이 있다.

3. 유엔국제상거래법위원회(United Nation Conference on International Trade and Law: UNCITRAL)

유엔산하의 국제상거래법위원회이다. 1978년 함부르크 규칙, 1980년 복합운송협약 그리고 1991년 터미널 운영자의 책임에 대한 유엔협약을 성안하였다. 2008년 12월 복합운송을 포함하는 새로운 해상운송법체제인 로테르담 규칙(Rotterdam Rules)을 제정하였다.

4. 유엔무역개발위원회(United Nation Conference on Trade and Development: UNCTAD)

유엔산하의 기구로서, 1974년 정기선동맹을 위한 행동강령에 대한 협약, 1993년 선박우선특권 및 저당권에 관한 협약과 1986년 선박등록협약의 성안을 주도하였다.

5. 국제유류오염기금기구(IOPC FUND)

1969년 및 1992년 유류오염손해보상을 위한 민사책임협약에서 운송인들의 배

---

12) 정식 명칭은 1974년 해상여객 및 수하물의 운송에 관한 아테네조약(Athena Convention Relating to the Carriage of Passengers and Their Luggage by Sea, 1974)이다.

13) 정식 명칭은 1976년 해사채권에 대한 책임제한조약(International Convention on Limitation of Liability for Maritime Claims, 1976)이다.

14) 정식 명칭은 1969년 유류오염손해에 대한 민사책임에 관한 국제협약(Convention on Civil Liability for Oil Pollution Damage, 1969)이다. 현재는 1992년 체제로 변경되었다.

상범위를 넘어서는 손해를 보상하기 위하여 정유회사들이 갹출한 기금을 관리하기 위하여 유류오염손해보상 기금협약을 통하여 청설된 국제기구이다. 우리나라 유류오염손해배상보장법상 피고적격을 갖는다(제21조).

제3 국제조약 기타

1. 해상법관련 국제조약

(1) 船舶所有者 責任制限 조약

선박소유자 책임제한조약으로는 1924년, 1957년, 1976년 조약이 있고 1996년 개정의정서가 2004. 5. 13 발효되었다.[15] 우리나라는 이들을 비준하지 않고 있으나 1976년 조약의 내용을 상법내에 편입하고 있다. 유류오염손해배상과 관련하여서는 1969년 및 1992년 유류오염손해에 대한 민사책임협약(CLC)과 1971년 및 1992년 국제기금협약(IOPC FUND) 그리고 추가기금협약이 있다. 현재 우리나라는 1992년 CLC와 1992년 IOPC FUND 및 추가기금협약의 가입국이다.

(2) 해상운송과 관련된 조약

선하증권과 관련한 통일조약으로서 1924년 헤이그 규칙, 1967년 헤이그비스비 규칙 그리고 1976년 함부르크 규칙이 있다. 우리나라는 어느 조약도 비준하지 않고 있으나 1967년 헤이그비스비 규칙의 내용을 상법내에 편입하고 있다. 2008년 로테르담규칙은 아직 발효되지 않고 있다.

여객운송과 관련한 통일조약으로서 1974년 아테네협약과 1990년 의정서 및 2002년 의정서가 있다. 우리나라는 아테네협약을 비준하지도 않고 상법내에 편입하지도 않고 있다.

(3) 해상위험과 관련된 조약

선박충돌과 관련하여서는 1910년 선박충돌조약이 있고, 우리나라는 이를 비준하지 않고 있으나 상법전에는 이의 내용을 편입하고 있다.

해난구조와 관련하여서는 1989년 해난구조협약이 있다. 우리나라는 이를 비준하지도 않고 상법에 반영하지도 않고 있다. 다만, 우리 상법은 1910년 해난구조에 관한 통일조약의 내용을 반영하고 있다.

선박우선특권 등과 관련하여서는 1926년 선박우선특권 및 저당권에 관한 협약

---

15) 일본은 이를 비준하였다.

(브뤼셀), 1967년 신협약(브뤼셀) 그리고 1993년 신협약(제네바)이 있다.

2. 국제조약과의 관계

우리나라는 대부분의 해상관련 국제조약을 비준하지 않고 있다. 그런데, 유류오염손해배상보장법과 같은 경우에는 국제조약을 비준하여 이를 국제적으로도 효력을 발효시키면서도 독자적인 국내법을 가지고 있다. 헌법 제6조에 의하여 국회의 동의를 얻은 국제조약은 국내법과 동일한 효력이 있으므로 이들과 국내법이 충돌하는 경우에 그 효력이 문제가 된다.

국제조약과 국내법이 충돌하는 경우에, 국제조약이 우선한다는 견해와 국내법과 국제조약은 동일한 효력을 가진다는 견해[16]가 있다. 동일효력설에 의하면, 신법우선주의 혹은 특별법 우선주의가 적용될 것이다.[17] 그리하여 우리나라가 국제조약을 비준하여 효력이 발생한 가운데 이를 국내법화하면서 국제조약과 달리 규정하게 되면 국내법이 우선한다. 이렇게 되면 국제조약을 비준한 정신과 국제적 통일성에 반하게 되는 문제가 발생한다. 그러므로, 해사안전법[18] 등에는 국제조약과 다른 규정이 있는 경우에 국제조약이 우선한다는 규정을 두어 이를 입법적으로 해결하고자 한다.[19]

국제법과 국내법이 충돌하는 경우에 대비하여 어떤 규칙 예컨대, 1924년 헤이그규칙이 모든 적용가능한 법규보다 우선한다는 규정을 선하증권에 삽입하여 두는 경우가 있는데, 이를 至上約款(paramount clause)이라고 한다.

3. 기타 통일화 방안

해상법의 국제성은 반드시 국제조약으로 나타나는 것은 아니다. 해운업계의 법률적인 문제를 해결하기 위하여 각 단체들은 자치규범을 작성하여 이들을 약관화하던가, 아니면 사건 해결에 구속되겠다는 약속을 함으로써 통일화시키고 있다.

공동해손의 정산과 관련된 요크앤트워프 규칙(YAR)이 대표적인 예이다. 운송인과 송하인은 선하증권상에 공동해손의 정산은 YAR에 의한다는 약정을 하고 있

16) 국제법 국내법 동위설이 통설이다. 박윤흔, 최신행정법강의(상)(박영사, 1996), 71면.

17) 박윤흔, 상게서, 72면; 채이식, "상법 중 해상편의 개정에 대한 새로운 고찰", 한국해법학회지 제25권 제1호(2003.4.), 301면.

18) 해상교통법 제5조는 "선박의 충돌방지 등에 관하여 조약에 다른 규정이 있는 때에는 그 규정에서 정한 바에 의한다."고 정하고 있고 여기서 말하는 조약은 1972년 국제해상충돌예방규칙으로 우리나라도 1977년 이를 비준하였다. 2012년 해사안전법으로 변경되면서 삭제되었다. 선박안전법 제5조에도 동일한 내용의 조문이 있다.

19) 채이식, 전게논문, 303면.

다. 당사자 자치의 원칙상 YAR이 상법의 임의 규정보다 앞서 적용된다. 정기용선자와 선박소유자 사이의 정산을 목적으로 마련된 인터클럽 협정(Interclub NYPE agreement)도 이러한 자치규범의 예라고 할 수 있다. 이것은 세계 유수의 선주책임상호보험조합(P&I Club)들이 협정을 체결하여 정기용선의 표준계약서인 NYPE 제8조와 관련한 선박소유자와 정기용선자의 손해배상문제를 일률적으로 해결하기 위한 약정이다. 정기용선계약서에는 이를 적용한다는 내용의 약관이 있고 이에 따라 정산된다. 선박충돌의 정산을 위한 리스본 규칙도 이러한 국제사회의 노력의 일환이다.

이 외에도 발틱해운거래소(BIMCO)는 용선계약 및 운송계약 등에 사용되는 각종 표준서식을 만들어 계약관계를 단순화시키고 통일화시키는 작업을 하고 있다. 일본의 海運集會所(JSE)[20]도 이러한 기능을 한다. 한국해법학회에서도 2006년 9월 한국해사표준계약서를 작성하여 배포한 바 있다.

제4 피해자구제

해상법의 연구대상인 선박이나 해상기업의 영리활동인 용선계약이나 운송계약은 국제성을 띄고 있다. 수출입 화물은 국제간에 거래되고 이에 따라 선박은 운송물을 적재하고 외국간을 오고간다. 송하인의 운송물을 적재한 선박도 외국 운송인의 선박이다. 따라서 운송중 피해를 입게 된 송하인 등 화주의 손해배상책임 소송과 채권실현에도 어려움이 따르게 된다.

화주는 외국에 소송을 제기해야 하는 어려움에 봉착한다. 화주에게 자신의 운송물을 적재한 선박에 대한 가압류제도나 선박우선특권제도를 이용한 채권보전수단을 충분히 마련해 줄 필요성이 증대된다.

한편 정기선운항은 개품운송계약을 바탕으로 한다. 컨테이너는 정기선운항에서 운송물을 담는 용기로서 운송인이 제공하는 중요한 운송설비이다. 이를 송하인과 수하인이 제때에 운송인에게 반납하지 않으면 운송인이 영업에 차질이 오게 된다. 해상운송의 국제성 때문에 제때에 회수하기가 쉽지 않아 운송인은 피해를 보게 된다. 이에 대한 법제도의 정비가 전세계적으로 미흡하다.

---

20) Japan Shipping Exchange의 약자이다. www.jseinc.org

제 2 장

海商法의 適用

제1절 序 論

여기서 말하는 해상법이란 상법 제5편 해상을 말한다. 해상법이 적용되는 경우란 상법 제5편의 해상편이 적용되는 것을 말하고, 해상법이 적용되지 않게 되면 상법의 다른 규정이나 민법의 규정이 적용되게 될 것이다.

만약 어떤 충돌사건에 있어서 해상법이 적용되지 않고 민법이 적용된다면, 첫째, 일반충돌사고는 불법행위이므로 소멸시효는 3년 혹은 10년이다(민법 제766조). 한편, 해상법에서 선박충돌의 제척기간은 2년이다(상법 제881조). 그러므로 사고 후 현재 2년 6개월이 경과되었다면, 상법상으로는 제척기간의 도과로 더 이상 채권행사를 하지 못한다. 그러나, 민법상으로는 아직 소멸시효기간이 많이 남았으므로 채권행사가 여전히 가능하다. 둘째, 선박소유자의 총체적 책임제한제도 및 운송인의 포장당 책임제한제도의 이익을 향유하지 못한다. 셋째, 선장의 대리권의 범위에 있어서도 차이가 있다. 민법상의 대리인이 되려면 선장은 선박소유자로부터 수권을 받아야만 재판상 행위를 할 수 있지만, 상법이 적용되면 법률의 규정에 의하여 당연히 재판상 행위를 할 수 있다.

섭외사건에서 상법 해상편의 규정이 적용되기 위하여는 한국법이 준거법으로 결정되어야 한다. 한국법이 준거법이라고 하여 우리나라 법원이 모든 해상사건에 대한 재판관할권을 갖는 것은 아니다. 외국법원이 재판관할을 갖는 경우에도 우리 상법 해상편이 준거법의 지정에 의하여 실질법으로 적용되는 경우도 있다. 각국의 실질법으로서 해상법은 선박소유자(운송인) 및 화주에게 각기 다른 법적 보호를 제공하고 있기 때문에 실질법 지정을 위한 준거법과 재판관할은 중요한 의미를 갖는다. 특히 국제성을 띠고 있는 해상법에서는 더욱 그러하다.

제2절 海商法의 적용범위

제1 序

상법 제5편 해상에 관한 규정은 원칙적으로 근대적인 의미의 선박에만 적용되고 단정이나 주로 노 또는 상앗대로 운전하는 선박에는 적용되지 않는다(상법 제741조). 그리고 이 선박은 "상행위 그 밖의 영리"를 목적으로 항해에 사용되어야 한다.

만약, 상행위법 이론대로 한다면, 상법 제46조의 상행위에는 선박과 관련하여서는 '운송의 인수' 만 이에 해당한다. 그러므로 해상법은 해상기업의 상행위인 운송의 인수에만 적용된다고 할 수 있다. 상선이 이에 해당함에는 이론의 여지가 없다. 그런데, 어선의 경우에는 어획물운반선을 제외하고는 운송의 인수에 종사하는 선박은 없으므로 문제가 발생한다. 어선은 어획물을 포획하는 선박이므로 상행위에 속하지 아니하여 해상법의 적용대상이 될 수 없다. 그러므로 상법 제740조는 '기타 영리를 목적으로 하는 선박'이라고 하여 그 적용범위를 확대시키고 있다.

따라서, 상법의 제5편 해상편은 단정이나 노 또는 상앗대선이 아닌 항해선으로서 상행위 기타 영리를 목적으로 하는 선박에 원칙적으로 모두 적용된다. 다만, 우리 상법은 각 장별로 적용범위를 달리하고 있으므로 이를 장별로 살펴본다.

한편, 2007년 개정상법은 제741조 제1항을 신설하여 항해용 선박에 대하여는 상행위 기타 영리를 목적으로 하지 아니하더라도 해상편의 규정을 준용한다고 정한다. 따라서 실습선, 어업지도선 등도 적용대상이 된다. 국공유선박이라도 실제로 영리행위를 하는 경우에는 해상편이 적용된다(개정상법 제741조 제1항 단서).

제2 구체적인 적용범위

1. 船　　舶

선박에 대한 권리의 이전에 관한 상법 제743조와 선박의 압류 및 가압류에 대한 상법 제744조는 총톤수 20톤 미만의 선박에는 적용되지 않는다(상법 제744조 제2항). 즉, 비록 상행위나 영리를 목적으로 하는 선박이라도 총톤수 20톤 미만의 선박에 대한 권리이전은 민법의 규정에 따르게 된다. 또한 출항준비완료선에 대한 압류·가압류불허규정은 총톤수 20톤 미만의 선박에는 적용이 없다.

그러나, 이들 선박소유자도 선박소유자 책임제한제도의 이익을 누릴 수 있다.

선원이 승선하지 않는 자율운항선박이라고 해도 상법 제5편 해상이 적용됨에 문제가 없다.

2. 船舶所有者, 船長 및 共同海損

제5편 제1장 제4절 상법 제769조 이하의 선박소유자 책임제한제도는 상법상의 선박개념에 포함되는 선박이면 이 선박의 소유자 등은 책임제한이 가능하다. 단정이나 노 또는 상앗대선이 아닌 한 총톤수 19톤 선박의 선박소유자라 할지라도 책임제한제도를 이용할 수 있고, 그 선박채권자는 선박을 임의경매할 수 있다.

상법 제1장 제2절의 선장규정과 상법 제3장 제1절 공동해손의 경우도 위와 같다.

3. 運　送

상법해상편 운송규정이 적용되기 위하여는 운송의 수단이 되는 선박이 단정이나 노 또는 상앗대선이 아니어야 하고, 이들 운송이 해상에서 이루어져야 한다. 호천이나 항만에서의 물건 또는 여객의 운송(항만에서만 이동하는 급수선, 통선 등이 이에 해당한다)은 육상운송이 된다(상법 제125조). 그러므로, 호천을 오가는 15톤 규모의 선박을 이용한 운송은 상법상의 해상운송이 아니라 육상운송이므로 상법 제5편 제2장 제1절~2절 운송규정이 적용되지 아니하여 운송인은 포장당책임제한을 주장할 수 없다.

4. 船舶衝突

제740조 및 제741조의 선박으로서 항해선 상호간 또는 항해선과 내수항행선간의 충돌이 있는 경우에 상법 제3장 제2절이 적용된다. 해상법은 항해선을 적용대상으로 하므로 내수항행선간의 충돌에 선박충돌의 규정이 적용되지 않고 항해선 상호간의 충돌에 적용되는 것은 당연하다. 항해선과 내수항행선간의 충돌은 입법적으로 해상법상의 충돌로 인정된다(상법 제876조).

5. 海難救助

항해선이 어떠한 수면에서 위난에 조우한 경우라도 해난구조의 규정이 적용된다(상법 제882조 이하). 항해선이라고 하므로 내수항행선의 경우는 해난구조규정의 적용을 받지 않는다.

제 3 절 裁判管轄(jurisdiction)

제1 序

해상사건의 분쟁해결에 있어서 어느 나라의 법원이 그 사건에 대한 재판을 할 수 있는지의 문제가 재판관할의 문제이다. 해상사건은 국제적인 성격상 기본적으로 2개국 이상이 사건에 관련되기도 하고 제3국에서 소송이 제기되기도 하여 어느 나라가 재판관할권을 갖는지 다툼이 많다.[1)]

어느 나라가 재판관할권을 가지는가는 소송 당사자들에게 매우 중요하다. 국제사법 사건으로서 한국 선적 선박의 선박소유자가 책임제한을 하는 경우 한국이 재판관할을 가진다면 국제사법상 책임제한은 선적국법에 따르므로(제60조), 1976년 책임제한조약(LLMC)을 국내법화한 우리나라 상법이 적용된다. 그런데, 일본국이 재판관할권을 가진다면 일본법은 책임제한은 법정지법에 따르므로 일본법이 적용된다. 일본의 책임제한법은 1996년 의정서를 채택하였기 때문에 1976년 조약의 그것보다 책임제한액수가 높게 된다. 원고들은 일본국을 선호하게 될 것이다.

운송계약과 관련하여 운송인과 송하인은 선하증권상 재판관할에 대한 합의를 하게 된다. 합의된 관할은 운송인으로 하여금 제소될 법원을 한정하고 예측가능하게 하는 장점을 제공하는 반면, 선의의 소지인에게는 부합계약의 성질상 그 내용을 모른 채로 관할합의에 구속되는 불리한 결과를 낳는다. 그러므로 관할합의가 포함된 선하증권의 소지인을 보호할 필요성이 제기된다.

---

1) 해상사건에 대하여 독자적인 국제재판관할법을 입법하여야 한다는 주장으로 정병석, "해사관련 국제재판관할입법", 한국해법학회지 제37권 제1호(2015.4.), 17면 이하; 석광현, 국제사법해설(박영사, 2013), 105면 이하를 참고 바람. 국제사법학회와 법무부는 국제사법에 국제재판관할규칙에 대한 규정을 신설하기로 하고 '국제사법 전부개정 법률안'을 성안하여 2018.1.19. 입법예고한 바 있다. 2023년부터 신국제사법이 적용되고 있다.

제2 우리나라

1. 일　반

우리나라의 경우에는 종래 국제 재판관할권에 대하여는 별도의 규정을 가지고 있지 않았지만, 2002년 개정 국제사법 제2조에서 일반규정을 두고 있다.[2] 그러나, 선하증권에 관하여는 여전히 아무런 규정을 가지고 있지 않다.[3]

"원고는 피고의 법정지를 따른다."는 원칙에 따라 송하인 등 원고는 선박소유자(혹은 운송인)의 주소지에 소를 제기하여야 하고 선박소유자 혹은 운송인이 외국인인 경우에는 그 외국에 소를 제기하여야 한다.[4] 그러나, 우리나라 원고가 자신의 주소지인 우리나라에 소를 제기한 경우에도 국제사법 제2조에 따라 당사자 혹은 분쟁 대상이 우리나라와 실질적인 관련성(연결점)이 존재하면 우리나라의 국제재판관할이 인정되는 경우가 있다.

국제사법 제2조 제1항에서 말하는 실질적인 관련성의 구체적인 예로는 (i) 피고의 주소, (ii) 계약에 따라 실제로 채무를 이행한 이행지, (iii) 불법행위지, (iv) 당해 영업소의 업무와 관련된 소송의 경우 영업소의 소재지 등이 있다.[5]

[판례소개](부산지방법원 2009.6.17. 선고 2008나3906 판결)

한국국적의 선원이 일본선주(파나마국적)의 선박에 선원으로서 승선하였고 일본선주는 영국의 P&I 보험에 가입하였다. 재해보상금을 선주의 보험자에게 청구하는 소송을 우리나라 법원에 제기하였다.

부산지법은 "원고가 대한민국국민이고 피고의 연락사무소인 The Britannia P&I Club Busan의 소재지와 주소지도 부산인 점을 고려하면, 이 사건에 관하여 대한민국이 재판관할권을 행사하는 것이 당사자간의 공평이나 재판의 적정, 신속등 조리에 반하는 특별한 사정이 없으므로 대한민국 법원은 이 사건에 관하여 국제재판관할권이 있다."고 판시하였다.

---

2) 제2조(국제재판관할) ① 법원은 당사자 또는 분쟁이 된 사안이 대한민국과 실질적 관련이 있는 경우에 국제재판관할권을 가진다. 이 경우 법원은 실질적 관련의 유무를 판단함에 있어 국제재판관할 배분의 이념에 부합하는 합리적인 원칙에 따라야 한다. ② 법원은 국내법의 관할 규정을 참작하여 국제재판관할권의 유무를 판단하되, 제1항의 규정의 취지에 비추어 국제재판관할의 특수성을 충분히 고려하여야 한다.

3) 정병석, "해상재판관할권의 문제", 한국해법학회지 제25권 제2호(2003.11.), 345면.

4) 호문혁, 민사소송법 제5판(2006), 163면. 소는 피고의 보통재판적이 있는 곳의 법원이 관할하고(민사소송법 제2조) 자연인의 경우에는 주소지가 보통재판적이다(제3조).

5) 석광현, 67면.

국제사법 제2조 제1항 1문에서 말하는 실질적 관련성의 개념에 보험영업을 한 영업소가 우리나라와 관련되고 또한 민사소송법 제5조를 참조하여 우리나라 법원이 실질적인 관련성을 가지고, 또 제2문에서 말하는 배분의 이념도 만족하므로 우리나라가 국제재판관할권을 갖는다고 부산지방법원은 본 것이다.

[판례소개](대법원 2012.12.25. 선고 2009다77754 판결)

한국의 해운회사(원고)는 한국에서 영업활동을 하는 미국 회사와 선박연료유(벙커) 공급계약을 체결하였다. 그런데, 공급받은 연료유의 하자 때문에 선박이 기관고장을 일으켰고 이 때문에 예인비용, 용선료상실 등의 손해를 입었다고 하면서 피고 벙커회사를 상대로 손해배상청구 소송을 한국법원에 제기하였다. 피고는 한국법원은 국제재판관할권을 가지지 않는다는 본안전 항변을 제기하였다. 그리고 준거법에 대한 항변도 제기하였다.

대법원은 다음과 같이 판시하였다.

국제사법 제2조에 의하면, 당사자간의 공평, 재판의 적정, 신속 및 경제를 기한다는 기본이념에 따라 국제재판관할을 결정하여야 하고, 구체적으로 소송당사자들의 공평, 편의 그리고 예측가능성과 같은 개인적 이익뿐만 아니라 재판의 적정, 신속, 효율 및 판결의 실효성 등과 같은 법원 내지 국가의 이익도 함께 고려하여야 하며, 이러한 다양한 이익 중 어떠한 이익을 보호할 필요가 있을지 여부는 개별 사건에서 법정지와 당사자의 실질적 관련성 및 법정지와 분쟁이 된 사안과의 실질적 관련성을 기준으로 삼아 합리적으로 판단하여야 한다(대법원 2008.5.29. 선고 2006다71908, 71915 판결, 대법원 2010.7.15. 선고 2010다18355 판결 등 참조).

원고는 대한민국 법에 의하여 설립된 주식회사이고, 피고는 미국 델라웨어 주법에 의하여 설립된 회사로서 대한민국 서울 중구 장교동에 영업소를 두고 있는 사실, 이 사건 연료공급계약은 대한민국 서울에서 체결된 사실, 이 사건 계약관계에 따른 원고의 이익 또는 손해가 대한민국 내에서 발생하였고 이 사건 계약 및 그 종료와 관련된 증거 역시 한국 내에 있는 원고가 소지하고 있는 사실을 알 수 있고, 원고가 이 사건 청구원인으로 이 사건 연료공급계약 이행상의 피고의 채무불이행 또는 불법행위로 인한 손해배상청구를 내세우고 있다. 따라서 대한민국에 소재하는 피고의 영업소에서 체결한 연료유 공급계약의 이행을 둘러싼 원고와 피고 사이의 이 사건 분쟁은 대한민국 법원에 민사소송법상 토지관할권이 존재할 뿐만 아니라 대한민국과 실질적 관련성도 갖추고 있으므로 대한민국 법원이 이 사건에 대하여 국제재판관할을 가진다. 원심의 판단은 정당하다.

국제재판관할을 우리 법원이 가지는지는 그간 역추지설에 따라 민사소송법상의 국내재판관할규정을 참고하여 국제사법 제2조를 적용하여 왔다. 2022년부터는 신 국제사법상규정된 국제재판관할규정을 적용하게 되어 법적안정성을 가져왔다.

대한민국에 일상거소가 있는 사람에 대한 소에 관하여 우리 법원이 국제재판관할을 갖는다(제3조 제1항). 대한민국에 사무소·영업소가 있는 사람·법인 또는 단체에 대한 대한민국에 있는 사무소 또는 영업소의 업무에 관련된 소는 우리 법원에 제기할 수 있다(제4조 제1항).

2. 전속적 합의관할 조항의 효력

통상의 선하증권에 따르면 운송인의 사무실이 있는 곳의 법원이 재판관할을 가진다는 조항이 존재한다. 이를 전속적 합의관할조항(Exclusive Jurisdiction Clause)라고 한다.[6]

외국의 운송인이 피고가 되는 경우에 우리나라의 화주가 원고로서 우리나라 법원에 손해배상청구소송을 제기하면, 피고 운송인은 전속적 관할합의에 의거하여 외국이 재판관할을 가지기 때문에 본 소송은 각하되어야 한다는 소송전 관할항변을 하게 된다.

[판례소개](대법원 2004.3.25. 선고 2001다53349 판결)

일본 운송인과 운송계약을 체결한 다음 운송된 화물이 손상을 입게 되자 한국의 수하인이 손해배상청구소송을 우리나라 법원에 제기하였다. 선하증권에는 일본 동경지방법원이 재판관할을 갖는다는 약정이 존재하였다.

대법원은 아래와 같이 판시하였다.

(1) 외국(일본) 전속관할합의를 한 사안이 우리 법원에 소송이 제기된 경우에 그 전속관할합의가 유효하여 외국법원이 재판관할권을 가지기 위하여는 (i) 당해 사건이 대한민국법원의 전속관할에 속하지 아니할 것, (ii) 지정된 외국법원이 그 외국법상 당해사건에 대하여 관할권을 가질 것, (iii) 당해사건이 그 외국법원에 대하여 합리적인 관련성을 가질 것, (iv) 전속적인 관할합의가 현저하게 불합리하고 불공정하여 공서양속에 반하지 아니할 것을 요구하고 있다.

(2) 원고가 한국인이고 중요한 증거방법이 모두 한국에 있다는 점, 그리고 비록 관할에 대한 합의가 있지만 이는 계약에 한하고, 불법행위를 원인으로 하는 손해배상청구소송에서는 불법행위지인 한국법이 준거법으로 되고, 따라서 본 사건은 준거법도 한국법이라는 점에서 합리적인 관련성이 일본국에 없고, 결론적으로 (iii)의 요건을 충족하지 못하므로, 대한민국이 재판관할권을 갖는다.

그러나, 동 판결에서 요구하는 (iii)의 전속적 관할법원과 당해사건의 합리적인 관련성을 요구하는 점에 대하여 해상운송에서 국제적으로 명망있는 준거법과 함께 준거법 소속국의 법원을 관할법원으로 합의하는 경우에는 합리적인 관련성이 존재하는 것으로 긍정하여야 한다는 비판적인 유력한 견해가 있다.[7] 이러한 견해

6) 여기에 대하여는, 김인현, "2008년 로테르담 규칙상 재판관할제도의 성립과정과 내용-전속적 합의 관할을 중심으로-", 한국해법학회지 제32권 제1호(2010.4.), 191면 이하를 참고 바람.

7) 석광현, 85면. 석광현 교수는 국제사법 제2조 제1항의 실질적 관련에는 당사자의 합의도

에 따르면 일본법 혹은 미국법을 준거법으로 하면서 재판관할을 일본국 혹은 미국으로 한다면 우리 법원은 외국전속관할을 유효한 것으로 보아 일본국이나 미국으로 사건을 이송하여 주어야 한다.[8)]

영국은 일반적으로 관할합의에 대하여 계약자유의 원칙을 인정하고, 심지어 계약의 내용이 선택된 법정과 관련이 없는 경우에도 이를 인정한다.[9)] [10)]

일본의 판례는 전속적 관할합의의 효력에 대하여 첫째, 관할에 관한 합의의 방식으로서 적어도 당사자 일방이 작성한 서면에 의한 합의가 존재하고 내용이 명확하면 되고 당사자 모두가 서명할 필요는 없다. 둘째, (i) 일본국의 전속관할에 속하지 아니하여야 하고, (ii) 지정된 외국법원이 자신의 법에 의하면 관할을 가져야 한다. 셋째, 위와 같이 일응 유효하게 성립한 것으로 인정된 합의관할이 공서양속에 반하는 경우에는 무효가 된다.[11)] 당해 사건과 지정된 외국 관할법원 사이에 합리적인 관련성을 가져야 하는 요건이 없기 때문에 우리나라보다 쉽게 전속적 합의관할의 효력이 인정된다고 할 수 있다.[12)]

2022년 개정 국제사법은 합의관할에 대한 규정을 제8조에 두게 되었다. 당사자는 일정한 법률관계로 말미암은 소에 관하여 국제재판관할의 합의를 할 수 있다(제1항). 합의는 서면으로 해야 하고(제2항), 합의로 정해진 관할은 전속적인 것으로 추정된다(제3항). 당사자 간에 일정한 법률관계로 말미암은 소에 관하여 외국법원을 선택하는 전속적 합의가 있는 경우 법원에 그 소가 제기된 때에는 법원은 해당 소를 각하하여야 한다. 그러나 합의가 무효인 경우, 변론관할이 발생한 경우, 국제재판관할을 가지는 국가의 법원이 심리하지 아니하기로 한 경우, 그리고 합의가 제대로 이행될 수 없는 명백한 사정이 있는 경우는 그러하지 않다(제5항). 따라서 해상운송계약관련 위 대법원 2004년 판결과 같은 경우 더 이상 (iii) 외국 법

포함되는 것으로 하여 위와 같은 사안에서 다른 실질적인 관련이 없는 경우에도 실질적인 관련성의 요건을 충족하는 것으로 해석하고자 한다. 상게서, 66면; 최종현, 648-649면.

8) 호주의 경우는 자국에서 입출항하는 화물과 관련된 분쟁은 모두 호주가 재판관할권을 가진다는 강행법규를 가지고 있다(호주해상물건운송법(COGSA) 제11조).

9) J. Wilson, Carriage of Goods by Sea(2004), p. 305.

10) 차파랄(Chaparral) 사건에서 휴스턴의 회사(화주)가 독일의 예인선박회사(운송인)와 오일 리그를 루이지애나에서 이태리까지 운송하는 계약을 체결하면서 런던 관할합의조항을 삽입하게 되었다. 운송인은 예인선을 이용하여 예인을 하였고 런던의 법원에 예인비용 청구소송을 화주를 상대로 제기하였다. 운송인은 독일인, 피고 화주는 미국인이고 운송의 실행은 미국에서 이태리까지 있었다. 영국법원은 런던 합의관할의 효력을 인정하였다. [1968] 2 Lloyd's Report, 158.

11) The Bulletin of the Japan Shipping Exchange, No. 9(1979, May), p. 37.

12) 同旨, 落合誠一외, 海法大系(商事法務, 2003), 630面.

원과의 합리적 관련성은 검토대상이 아닌 것으로 보인다. 법원은 개정 국제사법 제8조에 따라 외국 법원을 택한 전속적 합의가 있다면 소를 각하할 것이다.

제3 미 국

미국은 전통적으로 가능하면 많은 사건을 미국에서 처리하는 경향을 보여주었다. 그리하여 미국관련 사건이 외국과 미국에 동시에 제소된 경우 미국에서 재판을 진행하였다.13)

그런데, 선하증권에 일본중재합의관할이 있는 1995년 Sky Reefer 사건에서 미국 연방대법원은 동 합의를 유효한 것으로 인정하여 미국에서 소송을 하지 않고 사건을 일본으로 이송하였다.14)

이에 대한 반발로 미국은 함부르크 규칙과 같이 관할을 몇 개의 연결점에 한정하는 1999년 COGSA 개정안을 마련하였다(Sec.7 (i)(2)). 이에 따라 합의 관할도 원고가 선택 가능한 하나의 연결점에 지나지 않게 된다.

제4 각 조약의 입장

1. 일 반

재판관할에 대하여는 각국이 서로 다른 법리를 가지고 있기 때문에 예측가능성과 통일성을 제공하지 못하는 결과를 낳았다. 따라서 통일성과 예측가능성을 부여하기 위하여 국제사회는 여러 차례 국제적 규범을 만들려고 하였지만 실패하였다. 재판관할과 관련한 일반적인 국제조약으로는 브뤼셀조약(1968년), 루가르노조약(1989년), 2005년 헤이그 법정선택에 대한 조약이 있다. 브뤼셀조약과 루가르노조약은 유럽국가들만 체약국이다. 2005년 헤이그조약은 아직 미발효 중이다.

---

13) 피고(운송인)가 관할을 가진다고 주장하는 국가에서 재판을 받게 되면 미국에서보다 불리한 지위에 놓이고 결과적으로 운송인의 책임이 감경되므로 이러한 약정은 미국 국제해상물품운송법(COGSA) 제3조 8항에서 정하는 운송인의 책임이 경감되는 약정으로서 무효가 된다고 판시하여 왔다. Michael Sturley, "An Overview of the Consiverations involved in Handling The Cargo Case", 21 Tulane Maritime Law Journal(1997), p. 299; Indussa Corp. v. S.S. Ranborg, 377 F. 2d 200(2d Cir. 1967).

14) Vimar Seguros Y Reaseguros, S.A. v. M/V Sky Reefer, 1995 AMC 1817.

2. 전속적 관할합의

헤이그비스비 규칙에서는 관할에 대한 별다른 규정을 두지 않고 당사자 자치에 일임한다. 그러나, 함부르크 규칙(제21조)과 로테르담 규칙(제15장, 제69조 이하)에서는 관할에 대한 특별한 규정을 가지고 있다.

함부르크 규칙에서는 피고의 영업소재지(혹은 상거소), 계약체결지, 선적지, 양륙지, 합의관할지 등에서 제소가 가능하다(제21조 제1항).

로테르담 규칙에서는 함부르크 규칙과 미국 COGSA 개정안의 입장을 따르면서도, 합의관할을 독자적인 것으로 인정하지 않고, 선택가능한 하나의 연결점으로 제한한다(제69조 제6항). 이는 선하증권의 합의는 운송인이 일방적으로 작성하여 송하인이 내용을 모른 상태에서 합의가 이루어지는 점에 착안하여 상대방 및 제3자를 보호하기 위한 것이다. 이에 해운국이 반발하여 각국은 유보조항을 둘 수 있도록 합의안이 마련되었다(제70조 제3항).

제4절 準據法

제1 序

해상사건의 분쟁해결에 있어서, 먼저 관할이 결정되어 어떤 국가의 법원이 그 사건을 재판하게 되고, 다음으로 법원은 당해 사건에 대하여 어느 나라의 해상법을 적용하여야 한다. 이때 사안에서 적용되는 '어느 나라의 해상법'을 준거법(governing law)이라고 한다. 한국의 운송인과 일본의 화주가 손해배상청구의 당사자인 경우와 같이 섭외사건인 경우에는 국제사법에 따라서 준거법이 정하여진다. 한국법이 준거법으로 정하여지면 실질법으로서 상법 해상편이 적용되게 된다.

미국과 호주와 같은 국가는 자신의 국가에서 선적된 화물의 운송과 관련하여서는 자국의 법이 준거법이 된다는 강행규정을 가지고 있기도 하지만, 우리나라는 이러한 규정을 가지고 있지 않다.

제2 계약관련 사항

준거법에 대한 당사자의 약정은 당사자자치의 원칙상 인정된다(국제사법 제45조). 준거법을 영국해상운송법으로 혹은 헤이그비스비 규칙으로 하는 선하증권상의 약정은 모두 유효하다.

미국에서 출발된 화물의 경우에 당사자들이 한국법을 준거법으로 약정하였다고 하더라도, 미국법 강제적용규정(미국 해상화물운송법 COGSA, 1936, Section 1300)에 따라 미국법원은 미국법을 준거법으로 적용할 것이지만, 우리 법원은 우리 국제사법의 규정에 따라 준거법을 정할 것이다.

당사자의 약정이 없는 경우에는 준거법은 그 계약과 가장 밀접한 관련이 있는 국가의 법에 의한다(국제사법 제46조). 국제사법에 의하여 지정된 준거법이 해당 법률관계와 근소한 관련이 있을 뿐이고 그 법률관계와 가장 밀접한 관련이 있는 다른 국가의 법이 명백히 존재하는 경우에는 그 다른 국가의 법에 의한다(국제사법 제8조 제1항). 우리 법원은 파나마선적의 선박에 근무중이던 한국선원의 임금채권과 관련하여 선박우선특권의 성립여부에 적용될 준거법은 법률관계와 가장 밀접한 관련이 있는 국가는 한국이고 따라서 한국상법이 적용된다고 판시한바 있다(창원지방법원 2013.4.10. 선고 2012나5173 배당이의판결).

[판례소개](창원지방법원 2013.4.10. 선고 2012나5173 판결)

원고 선원들은 용선자와 고용관계를 맺었다. 용선자는 등록선박소유자로부터 선박을 용선한 지위에 있었다. 선박이 임의경매에 들어가자 밀린 임금을 지급받으려는 선원들은 선박우선특권에 기한 보호를 받으려고 하였다. 만약, 등록국인 파나마 법이 국제사법에 의하여 선박우선특권을 결정하는 준거법이 된다면 선원의 임금채권은 선박우선특권이 인정되지 않는다. 이에 선원들은 동 선박은 편의치적선이고 실제소유자는 용선자인 한국회사이므로, 국제사법 제8조 제1항에 따라 법률관계와 가장 밀접한 관련이 있는 국가는 한국이고 따라서 한국의 상법이 적용되고 결국 선원의 임금채권은 선박우선특권을 발생시키는 채권이라고 주장하였다.

법원은 아래와 같이 판시하였다.

선박우선특권의 준거법은 원칙적으로 선적국법(국제사법 제60조 제1호)이고 편의치적의 경우에도 동일하다. 그러나, 국제사법에 의하여 지정된 준거법이 해당법률관계와 근소한 관련이 있을 뿐인 경우 그 법률관계와 가장 밀접한 관련이 있는 다른 국가의 법이 명백히 존재하는 경우에는 그 국가의 법에 의하여야 한다(국제사법 제8조 제1항). 선박이 편의치적이 되어 있어 선적만이 그 국가와 유일한 관련이 있을 뿐이고, 항해지, 실질적인 선박 소유자, 실질적인 선박 운영회사, 실질적인 선박의 근거지,

선원의 국적, 선박의 주된 항해지 및 주된 근거지, 당해 법률분쟁이 발생한 장소 등이 선적국과 근소한 관련만 존재하는 경우에는 임금채권을 근거로 하는 선박우선특권의 준거법은 선원근로계약의 체결경위 및 내용, 국제사법 제8조와 사회 경제적인 약자인 근로자를 보호하기 위해 규정한 국제사법 제28조의 취지 등을 고려하여 결정하여야 한다.

아래와 같은 사정에 의하면 파나마국은 이 사건 선박이 편의상 선적을 둔 국가일 뿐이고 이 사건 근로계약과는 별다른 관련성이 없다.

(i) 소유자인 F는 편의치적을 목적으로 설립된 페이퍼컴퍼니에 해당하고, 파나마국과는 별다른 관련성이 없는 점

(ii) 원고들은 이 사건 선박이 선장과 기관장이고, 이 사건 선박의 선원들은 대한민국인이거나 동남아시아인들로 파나마국인은 존재하지 않는 점

(iii) 이 사건 선박이 파나마 내 항구를 거점으로 운항한 것으로 보이지 않는 점

(iv)이 사건 선박의 실질적인 소유자는 대한민국 법인이자 이 사건 선박의 용선자인 G이고 G의 대표이사와 임원진은 모두 대한민국인으로 선박법(제2조)상 대한민국 선박의 요건을 갖춘 점

(v) G는 H와 선원공급계약을 체결하고 위 계약에 기초하여 선원들을 공급받았는데 당시 G와 H 사이에 작성된 대리점계약서(선원고용계약서)에 의하면, 위 계약서 이외의 규정은 한국 선원법 및 근로기준법에 따른다고 규정되어 있으므로 이 사건에 있어서는 당사자가 준거법을 대한민국의 법으로 선택한 특별한 사정이 있는 점

(vi) G은 이 사건 선박을 이용하여 화물을 운송하였는데, 주로 대한민국에서싱가폴 등 동남아시아 지역의 항해에 사용한 것으로 보이는 점

(vii) 선박회사가 선박국적제도를 남용하여 편의치적하는 데에는 선원근로계약과 관련한 각종 규제와 부담을 회피할 의도도 포함되어 있는 반면 경제적 약자인 선원들을 보호할 필요성이 큰 점

따라서, 이 사건 선박과 관련된 법률관계와 가장 밀접한 관련이 있는 법은 대한민국 상법이라고 할 것이므로, 국제사법 제8조 제1항에 따라 선박우선특권의 성립 및 원고의 선박우선특권과 피고의 근저당권의 우선순위는 상법을 적용하여 판단하여야 한다. 원고들이 지급받지 못한 임금, 퇴직금등은 상법 제777조 제1항 제2호에서 정한 선원과 그 밖의 선박사용인의 고용계약으로 인한 채권으로 선박우선특권이 인정된다. 원고들의 채권은 피고의 저당권보다 우선한다(상법 제788조).

[판례소개](대법원 2019.4.23. 선고 2015다60689 판결)

주식회사 한진(계약운송인)은 수하인과 운송계약을 체결한 뒤, 원고 보험회사와 화물의 운송, 보관, 하역 등 한진의 업무수행 중 발생한 화물 손해에 따른 법률상 배상책임을 담보하는 것을 내용으로 하는 책임보험계약을 체결하고, 중국 해운회사인 피고(실제운송인)와 해상화물운송계약을 체결하였다. 이 사건 화물을 선적한 선박은 2010.11.13. 부산항에 입항하였으나 하역과정에서 봉인이 탈락된 사실이 확인되어 검역불합격 처분을 받고 전량 소각 처분되었다. 원고는 2011.3.17. 수하인에게 이 사건 화물의 구입가격에 해당하는 보험금을 지급한 후 2012.2.13. 피고를 상대로 구상금을 청구하였다. 원고가 행사하는 구상청구에는 불법행위에 기한 청구도 포함되었다. 피고는 해상화물운송장의 이면약관상의 준거법 및 관할조항, 제척기간조항을 근거로 소제기가 부적법하다고 주장하였다. 원심은 준거법이 중국 해상법임을 전제로 제척기간

이 경과하였다는 이유로 소를 각하하였다.

대법원은 준거법 합의가 존재하였다는 사실은 주장하는 당사자가 입증하여야 하는 요건사실인데, 원심이 설시하고 있는 사유만으로는 피고가 주장하는 준거법조항이 기재된 이면약관과 일체화된 이 사건 해상화물운송장 원본이 발행되어 그 이면약관의 내용이 이 사건 운송계약에 편입되었음을 인정하기에 부족하므로, 준거법 합의가 존재하였다는 사실을 인정할 수 없고, 그렇다면 국제사법 제32조 제1항에 의하여 불법행위에 기한 손해배상청구에 대한 준거법은 법익침해 당시 법익의 소재지인 대한민국의 법이 적용되어야 한다고 판단하였다.

제3 비계약적 사항

해상에 관한 대부분의 사항, 즉 선박의 소유권 및 저당권, 선박우선특권 그 밖의 선박에 관한 물권, 책임제한, 공동해손, 선장의 대리권 등은 선적국법에 의한다(국제사법 제94조). 영해 내에서 발생한 선박충돌에 관한 책임은 충돌지법에 의하고, 공해에서의 충돌에 관한 책임은 양 선박이 동일한 선적국일 경우에는 그 선적국법에 의하고, 선적국을 달리하는 경우에는 가해선박의 선적국법에 의한다(국제사법 제95조). 해난구조로 인한 보수청구권은 영해에서 발생한 경우에는 영해지법에 의하고, 공해에서 있은 경우에는 구조선박의 선적국법에 의한다(국제사법 제96조).[15]

2022년 개정전 국제사법에서는 불법행위에 기한 손해배상청구에 적용할 준거법은 원칙적으로 불법행위가 이루어진 곳의 법에 의했다(국제사법 제32조 제1항). 불법행위가 행하여진 곳은 손해의 결과 발생지로서 법익침해 당시 법익의 소재지도 포함된다고 보았다(대법원 1983.3.22. 선고 82다카1533 판결 등). 개정 국제사법은 불법행위는 그 행위를 하거나 그 결과가 발생하는 곳의 법에 따르게 했다(제52조).

[보론] 裁判管轄과 準據法의 중요성

1. 의 의

해상법과 관련하여 재판관할과 준거법은 중요한 의미를 가진다. 기본적으로 선

15) 구체적인 내용은 이태종, "선박우선특권의 준거법 결정에 관한 국제사법 제60조 제1, 2호에 대한 검토", 사법논집 제38집(2004), 111면 이하를 참고 바람.

박을 이용한 물건의 운송과 관련된 해상법의 문제는 국제사법적 요소를 내포한다.

해상사건에 개입되는 당사자들은 다수이고 선박이 외국항에 기항하면서 손해배상의 문제가 발생하므로, 당사자들은 자신이 노출된 위험의 정도를 정확히 알고자 한다. 예측가능성의 확보는 중요한 의미를 갖는다. 또한 국가에 따라 책임제한액이 다르다면 원고와 피고는 각기 자신에게 유리한 법정과 준거법을 선택하려고 하게 된다.

2. 책임제한절차와 관련하여

예를 들면 미국의 책임제한제도는 이를 절차법적인 것으로 이해하여 미국법을 적용한다. 이에 반하여 한국 등은 책임제한제도는 실체법적인 것으로 본다. 따라서 책임제한액은 미국이 재판관할을 가지면 절차법은 법정지법을 따르므로 미국법이 적용된다. 반면, 우리나라는 국제사법에 따라 선적국법의 책임제한제도에 따른다. 미국은 선가주의를 취하고 있다. 만약 가해선도 침몰하였다면 선박소유자의 책임제한액은 0이다. 중국은 법정지주의를 취하여 중국 해상법의 책임제한제도를 적용한다(중국 해상법 제275조). 우리나라나 중국이 재판관할권을 가지면 피해자에게는 유리하게 된다. 따라서 어느 나라에서 재판관할권을 가지는지가 중요하다고 할 수 있다.

허베이 스피리트호 오염사고의 경우에 가해자인 S중공업 측은 한국에서 책임제한절차를 개시하였다. 책임제한배제사유가 있다는 피해자들의 주장은 한국법원에서 받아 들여지지 않았다. 먼저 피해자들에게 손해배상을 하게 된 허베이 스피리트호의 선주 측과 국제유류오염손해배상기금(IOPC FUND)은 S중공업의 재산에 대한 가압류를 한 다음 중국의 닝보해사법원에 소송을 제기하였다. 따라서 S중공업이 책임제한을 주장하기 위하여는 중국에서 다시 책임제한절차를 개시하여야 한다. 선주와 국제기금의 목적은 중국에서 책임제한을 깨트리려는 것임을 알 수 있다.

준거법에 따라서 책임제한액수가 달라진다. 일본과 중국의 경우 선주책임제한의 준거법은 법정지법주의이다. 즉, 일본이나 중국에서 소송이 제기되면 일본법이 적용된다는 것이다. 반면 우리나라는 선적국법에 따른다. 예컨대, 한국선적의 선박이 가해자가 되어 책임제한을 하여야 하는 상황이라면 소송이 한국에서 제기되면 한국상법에 따라 1976년 조약과 동일한 책임제한을 할 수 있을 것이나 일본국에 제기된 경우는 일본법이 적용되어 1996년 의정서의 높은 책임제한을 하게 된다. 즉, 피해자의 입장에서는 일본국의 법정을 선호하게 된다. 예컨대, 동일한 총톤수 1만톤 선박의 선주책임제한액(물적 책임)은 일본의 경우 4,200,000SDR(약 75억원)이지만 한국법에 따르면 1,753,500SDR(약 32억원)이다.

이와 관련하여 우리나라가 1976년 선박소유자책임제한조약(LLMC)에 가입하면 책임제한절차가 개시된 국가 이외에서는 선박소유자의 재산이 압류되지 않는다고 정하고 있기 때문에, 우리나라에서 책임제한절차가 개시되었다면 다른 국가에서 다시 소를 제기당하는 일은 없어질 것이다. 현재 우리나라는 1976년 LLMC 가입 국가가 아니기 때문에 책임제한절차가 다른 국가에서도 이중으로 진행되는 사례가 나타나고 있다.

3. 포장당책임제한액수와 관련하여

미국의 COGSA는 1924년 헤이그규칙을 국내법화한 것이다. 그러므로, 운송인의 책임제한액은 포장당 미화 500달러로 되어 있고 kg당 책임제한제도가 없다. 또한 운송인의 책임제한배제사유가 법정화되어 있지 않지만 '공정한 기회의 원칙(Fair Opportunity Rule)'이 있어서 책임제한이 쉽게 배제되는 경우가 있다. 반면 우리나라 상법 해상편은 책임제한액수와 배제사유는 모두 헤이그비스비 규칙을 사용하고 있다. 따라서 미국에 비하여 운송인에게 훨씬 유리하고 화주에게 불리하다.

운송인은 한국법을 준거법으로 하려고 할 것이고 화주 측은 미국법을 선호할 것이다. 미국에 입출항하는 운송물은 강제적으로 미국 COGSA가 적용된다.

4. 2022.7.5. 발효된 개정 국제사법

개정 국제사법은 30여개의 국제재판관할규칙을 "국제사법"에 도입하게 되었다. 제3조에 일반관할규칙, 제4조에 피고의 영업소 소재지 또는 영업활동에 근거한 특별관할, 제5조에 재산소재지의 특별관할 등을 두었다. 제8조에는 합의관할, 제10조에는 전속적 국제재판관할 규정도 있다.

제10장에는 해사사건의 특별관할규정을 두었다. 선박소유자책임제한사건(제89조), 공동해손(제91조), 선박충돌(제92조), 해난구조(제93조)에 대한 국제재판관할규정이 포함되었다.

선박이 압류 등이 되면 선박 또는 항해에 관한 소(제90조), 공동해손(제91조), 해난구조(제93조), 선박충돌사건(제92조)의 경우 우리 법원이 국제재판관할을 가지는 것으로 했다.

〔보론〕 우리 법원에서 채권자는 외국 해운기업을 상대로 재판이 가능할까?

파나마 법인(원고)이 중국 법인(피고)의 선박을 상대로 인도에서 일어난 불법행위를 근거로 부산항에서 선박을 가압류하고 손해배상청구를 했다. 공탁을 하고 중국 법인의 배는 풀려났다. 원고는 "가압류가 부당하다"며 손해배상청구를 했지만 피고는 대한민국 법원이 국제재판관할이 없다며 서로 다투었다. 국제재판관할이 우리 법원에 있는지가 쟁점이다. 외국 선박에 대하여 우리나라 법원이 가압류를 할 재판관할권이 있는가? 보전처분이므로 당연히 우리나라가 가압류가 가능하다는 입장(민사집행법 제278조)과 본안에 대한 재판관할권이 없으면 가압류가 되지 않는다는 입장이 있다. 전자와 같이 보아 외국 선박에 대하여도 가압류가 쉽게 허용되는 것이 법원의 경향이다. 가압류가 허용된 경우에도 본안에 대한 소송이 제기되면 국제사법 제2조에 따라 실질적 관련성이 없다면 국제재판관할권을 갖지 못한다. 해운은 국제성이 강하다. 화주에게 운송을 제공하는 자는 외국의 운송인이 대부분이다. 채권확보를 위하여 화주는 채무자인 정기선사의 본사가 있는 외국으로 가서 재판을 해야 한다. 그래야 그 채무자의 재산을 경매처분해서 자신의 채권을 확보할 수 있다. 수입자의 경우 자국의 항구에 기항한 채무자인 운송인의 선박을 가압류하게 되면 채권확보가 아주 쉬워진다. 그래서 가압류조약에서는 선박을 빌려간 자(나용선자)가 채무자가 된 경우에도 비록 그 자가 선박의 소유자가 아니어도 그 선박에 대한 가압류가 가능하게 하여 채권자를 보호한다. 한편, 선박은 해상기업의 영업인 해상운송을 하기 위한 중요한 물적 설비이다. 그래서 선박은 또한 쉽게 가압류되어서는 아니된다. 1999년 가압류조약에서는 22가지의 해사채권에 대하여만 가압류가 가능하게 한다. 이는 해상기업인 운송인을 보호하게 한다. 가압류조약에서는 선박을 가압류하면 선박이 소재한 국가에서 본안에 대한 국제재판관할권이 만들어지는 것으로 했다. 2022년 개정 국제사법도 이런 입장을 취했다. 외국의 법인이 외국에서 발생한 채권에 대하여도 우리나라에서 제3국의 채무자의 선박에 대하여 가압류할 수 있고 가압류를 하면 재판관할이 창설되는 것이다. 전혀 실질적 관련성이 없어도 공동해손, 선박충돌, 해난구조, 선박의 항해와 관련된 채권에 대하여는 우리나라 법원이 재판관할권을 행사할 수 있게 되었다(국제사법 제90조 등).

제 3 장

海商法의 衡平性

제1절 序 論

일반적으로 해상법은 선박소유자(선주)[1]를 보호하기 위한 법으로 인식되고 있다. 해상기업은 물적 설비인 선박이 海上이라는 특수한 환경 속에서 운항되기 때문에 다른 산업과는 달리 기업이 갖는 위험이 무척 크다. 따라서 선진국은 물론이고 우리나라의 해상법도 선박소유자 혹은 운송인을 보호하기 위한 여러 제도와 규정을 마련하고 있다. 대표적인 제도로는 항해과실 등 면책제도, 책임제한제도, 단기시효제도 그리고 운송물 경매권 등이 있다.[2]

그러나, 해상법은 자신과 계약관계에 있는 운송인인 선박소유자의 상대방인 적하이해관계인(화주)이나 선원 그리고 계약관계가 없는 제3자(예컨대, 충돌사고로 피해를 입은 상대방 선박소유자, 오염사고로 피해를 입은 어민 등)(이하 "상대방 및 제3자")의 보호에 대하여도 소홀할 수 없기 때문에 선박소유자를 보호하기 위한 제도를 제한하거나 이와는 별도로 상대방 및 제3자를 보호하는 규정을 두고 있다. 예컨대, 선박소유자의 주의의무 및 책임을 가중한 상법 제794조와 상법 제809조, 선박소유자의 무과실책임을 인정한 선박충돌과 유류오염손해배상보장법의 규정, 선장의 광범위한 대리권 인정 그리고 선박우선특권제도 등이 그것이다.

결국, 상법은 선박소유자와 상대방 및 제3자를 동시에 보호하는 것이 된다.

---

1) 선주는 해상법상의 법률용어는 아니다. 선주라는 용어는 좁게는 해상법상의 선박소유자를 의미하나, 넓게는 선박소유자뿐만 아니라 선박임차인, 정기용선자 등도 포함하는 개념으로 사용되고 있다. 본서에서는 광의의 의미로 사용된다.

2) 2차적으로 선주들은 자신들이 안고 있는 이러한 위험에 대처하기 위하여 선박보험과 선주상호책임보험제도를 고안하였다. 선주들은 충돌약관(Running Down Clause)을 선박보험약관에 삽입하여 전통적인 선박손상에 대한 보상을 넘어서는 상대선박의 손상에 대하여도 그 손해의 3/4만큼 선박보험에서 보상하게 하였다. 선박 이외의 선원, 오염사고, 화물손상에 대하여도 선주들은 선주책임상호보험조합(P&I Club)에서 보상하게 함으로써 위험을 분산시키게 되었다.

제2절 船舶所有者 보호제도

제1 航海過失 등 免責제도

민법 일반이론에 의하면 운송계약 불이행이 있으면 채무자인 운송인은 손해를 배상하여야 한다. 우리 상법 제795조 제1항도 소위 商事過失에 대하여는 운송인이 손해배상채무를 부담하게 됨을 정하고 있다. 그러나 우리 상법은 선박충돌, 피항조치상의 과실, 항로선정의 잘못 등 소위 航海過失에 대하여는 운송인은 면책된다고 정하고 있다(상법 제795조 제2항). 이때 발항당시 사고와 인과관계가 있는 사항에 대하여 감항능력주의의무를 운송인이 다하였음이 면책의 전제 조건이 된다. 이는 자신의 선박에 적재된 운송물에만 해당되는 것이지 타선에 적재된 운송물에 적용되는 것은 아니다. 항해과실면책은 계약관계를 기초로 하기 때문이다. 항해과실면책 이외에 운송인이 면책되는 대표적인 것으로 화재면책(상법 제795조 제2항 후단)과 해상고유의 위험으로 인한 면책(소위 황천면책)이 있다. 운송인인 선박소유자의 손해배상책임이 면제되는 이러한 제도는 운송인을 보호하는 가장 강력한 제도이다.

제2 貨主의 무과실책임

1. 貨物에 대한 담보책임

송하인은 운송물의 종류, 중량, 용적, 포장의 종별, 개수와 기호에 대하여 통지한 사실에 대하여 이것이 선하증권에 기재되면 그 사실의 정확성에 대하여 무과실책임인 담보책임을 부담한다(상법 제853조 제3항). 이는 헤이그 규칙(제3조 제5항)을 도입한 결과이다.

선하증권에 기재된 내용은 추정적 혹은 간주적인 효력이 인정되어 송하인 및 선하증권 소지인을 보호하는 기능을 하게 된다(상법 제854조). 그러므로, 이에 대응하여 운송인을 보호하는 장치가 필요하고, 송하인이 운송물의 내용에 대하여 통지한 바가 있다면 그에 대하여 무과실의 담보책임을 송하인이 부담하는 것이 형평에 맞다.[3)]

2. 危險貨物에 대한 貨主의 무과실책임

영미법상 위험화물의 화주는 무과실책임을 부담한다. 우리 상법은 이를 분명히 하고 있지 않지만(상법 제801조), 헤이그비스비 규칙 제4조 제6항에서 송하인이 위험성을 모르고 선적한 화물에 대하여도 무과실책임을 부담한다고 정한다. 로테르담 규칙도 이를 조약의 내용으로 담고 있다(제32조).

우리 상법은 물론 헤이그비스비 규칙도 운송인은 원칙적으로 과실추정주의에 따른 책임을 부담한다. 그러므로, 운송물 사고에 대하여 손해배상청구가 제기되면 운송인 측이 운송물에 대한 주의의무위반이 없었음을 입증하지 못하면 손해배상 책임을 부담하여야 한다. 그런데, 위험화물로 인한 폭발, 화재 등의 사고에서는 운송인이 과실이 없음을 입증하는 것은 쉽지 않은 일이다. 화주가 무과실책임을 부담하게 되면 운송인은 쉽게 책임에서 벗어나게 되는 것이다. 특히, 컨테이너 운송에서 운송인이 내용물을 직접 확인하지 못하는 운송실무를 감안하면 더욱 중요한 내용이 된다. 우리 상법은 화주의 무과실책임에 대한 규정을 두고 있지 않다.

제3 損害賠償額의 제한(責任制限制度)

민법 일반이론에 따르면 채무불이행의 경우에 손해배상액은 민법 제393조 제1항에 따라 통상의 손해를 그 한도로 하고, 동 제2항에 의하여 예견가능한 경우에는 특별손해까지도 배상된다. 또한 불법행위로 인한 손해배상에서도 채무불이행의 경우가 그대로 준용되고 있다(민법 제763, 제393조).

선박의 운항과 관련한 손해배상, 예컨대 충돌사고로 인한 인명손해, 선체침몰에 따른 손해에 대하여, 책임제한 배제사유가 없는 한 선박소유자는 국제총톤수에 따른 액수를 최고금액으로 책임을 제한할 수 있다(상법 제769조). 이를 총체적 책임제한제도라고 한다. 한편 운송물에 관하여 운송인인 선박소유자는 1포장당 666.67SDR 혹은 kg당 2SDR 중 큰 금액으로 책임을 제한할 수 있다(상법 제797조 제1항). 이를 포장당 책임제한제도라고 한다. 총체적·포장당 책임제한은 선박소유자가 유리한 쪽을 선택하여 행사하면 된다(상법 제797조 제4항). 선박소유자책임제한제도는 계약에 기한 채무불이행이나 불법행위에 기한 손해배상청구권의 경우에 모두 적용된다. 유조선의 오염사고는 별도의 단행법(유류오염손해배상보장법)에

3) 이러한 취지는 세계해법회(CMI)의 1990년 해상화물운송장에 대한 통일규칙 제5조 제1항에서도 나타난다.

따른 책임제한제도가 있고, 해난구조 보수청구나 공동해손 분담금과 관련한 채무에는 상법 제773조 제2호에 기하여 그 적용이 배제된다. 이러한 책임제한제도는 손해배상액수를 일정하게 제한하는 것으로 선박소유자나 운송인을 크게 보호하는 것이라 하겠다.

제4 短期時效制度

민법일반 원칙에 따르면 채권은 10년(민법 제162조), 불법행위에 기한 손해배상청구권은 피해자나 그 법정대리인이 그 손해 및 가해자를 안 날로부터 3년, 불법행위를 한 날로부터 10년을 경과하면 소멸한다(민법 제766조). 한편 상행위로 인한 채권은 원칙적으로는 5년간 행사하지 아니하면 소멸시효가 완성된다(상법 제64조).

그러나 운송인의 채권·채무의 소멸은 청구원인 여하에 불구하고 운송인이 수하인에게 운송물을 인도한 날 또는 인도할 날부터 1년 내에 재판상 청구가 없으면 소멸한다(상법 제814조). 정기용선 계약에 관하여 발생한 당사자간의 채권은 선박이 선박소유자에게 반환된 날로부터 2년 내에 재판상 청구가 없으면 소멸한다(상법 제846조 제1항).[4] 선박충돌의 경우는 충돌이 있은 날로부터 2년 내에 재판상 청구가 없으면 손해배상 청구권이 소멸한다고 정하고 있다(상법 제881조). 해난구조에 대한 보수의 청구권은 구조가 완료한 날로부터 2년 내에 재판상 청구가 없으면 소멸한다(상법 제895조). 공동해손으로 인하여 생긴 채권은 그 계산이 종료한 날로부터 1년내에 재판상 청구가 없으면 소멸한다(상법 제875조). 선박채권자의 우선특권은 그 채권이 생긴 날로부터 1년내에 실행하지 아니하면 소멸한다(상법 제786조).[5]

상대방이나 제3자가 단기의 제척기간을 경과하게 되면 그들이 가지고 있던 손해배상청구권이나 기타 권리가 소멸되므로 운송인이나 선박소유자는 위와 같은 단기소멸제도에 따른 이익을 향유하게 된다.

제5 運送物 競賣權

유치권이란 타인의 물건 또는 유가증권을 점유한 자가 그 물건이나 유가증권에

---

4) 2007년 개정전 상법은 개품운송계약은 1년, 항해용선계약과 정기용선계약은 모두 1년으로 되어 있었다.

5) 해상법상의 단기시효제도는 소멸시효가 아니라 제척기간으로 본다.

관하여 생긴 채권이 변제기에 있는 경우에는 변제를 받을 때까지 그 물건 또는 유가증권을 유치할 수 있는 권리를 말한다(민법 제320조 제1항). 유치권자는 채권의 변제를 받기 위하여 유치물을 경매할 수 있다(민법 제322조 제1항).

운송인이 화물을 운송하면서 운임을 받지 못하게 되는 경우 운송물을 유치하는 것은 일종의 유치권의 행사이다. 운송인은 수하인이 운송물을 수령하는 때에는 운임 등을 지급받기 위하여 법원의 허가를 얻어 운송물을 경매하여 우선변제를 받을 권리가 있다(상법 제808조 제1항). 또한 선장이 수하인에게 운송물을 인도한 후에도 인도한 날로부터 30일 이내 혹은 제3자가 운송물에 점유를 취득하지 않은 때에는 운송인은 그 운송물에 대하여 경매권 및 우선변제권을 갖는다(상법 제808조 제2항).

원래 유치권은 점유를 요건으로 하므로 점유의 상실로 인하여 유치권은 소멸하여야 한다(민법 제328조). 따라서 운송인이 점유의 상실 후에도 갖는 경매 및 우선변제권은 운송인을 보호하는 규정이라고 볼 수 있다.

제3절 船舶所有者의 상대방 및 제3자 보호제도

제1 船舶所有者의 주의의무강화

1. 堪航能力主義義務

일반 운송에서는 운송인은 운송물에 대한 주의의무만 부담하나(상법 제795조 제1항), 해상운송인은 감항능력주의의무를 추가로 부담한다(상법 제794조). 감항능력주의의무 위반으로 인한 운송물사고는 책임발생의 근거가 된다.

2. 定期傭船에서 선박소유자의 의무

선박이 정기용선된 경우에 화주와 운송계약관계에 있는 자는 정기용선자이다. 그러므로, 선박소유자는 화주에 대하여 운송계약상 채무를 부담하지 않아야 한다. 그런데, 우리 상법은 정기용선자가 용선료를 약정기일에 지급하지 아니하여 선박소유자가 계약을 해제 또는 해지한 경우에 선박이 운송물을 선적한 후 항해 중일 때에는 선박소유자가 적하이해관계인에 대하여 정기용선자와 동일한 주의의무가 있다고 한다(상법 제845조 제2항).

제2 船舶所有者의 책임강화

1. 再運送에서 선박소유자의 연대책임

운송계약에서 계약당사자가 아닌 자는 계약상의 책임을 부담하지 않는 것이 원칙이다. 그런데, 우리 상법은 재운송의 경우에 선박소유자는 운송인과 함께 화주에 대하여 연대책임을 부담하도록 하고 있다(상법 제809조). 재운송인이 정기용선자인 경우는 물론 항해용선자인 경우에도 적용된다.

2. 선박소유자의 무과실책임

육상의 교통사고나 선박의 오염사고 등은 전형적인 불법행위의 하나의 예이다. 우리 민법 제750조는 "고의 또는 과실로 인한 위법행위로 타인에게 손해를 가한 자는 그 손해를 배상할 책임이 있다."고 정하고 있다. 불법행위가 성립하기 위하여는 (i) 가해자의 고의 또는 과실 및 (ii) 위법행위와 (iii) 그로 인한 손해의 발생과 (iv) 그 위법행위와 발생한 손해사이에 인과관계가 존재하여야 한다. 불법행위의 경우에 피용자는 민법 제750조, 그 사용자는 민법 제756조의 사용자책임을 진다. 우리 민법 제756조 제1항은 "타인을 사용하여 어느 사무에 종사하게 한 자는 피용자가 그 사무집행에 관하여 제3자에게 가한 손해를 배상할 책임이 있다. 그러나 사용자가 피용자의 선임 및 그 사무감독에 상당한 주의를 한 때 또는 상당한 주의를 하여도 손해가 있을 경우에는 그러하지 아니하다."고 정하고 있고, 동 제3항은 "전 2항의 경우에 사용자 또는 감독자는 피용자에 대하여 구상권을 행사할 수 있다."고 정하고 있다. 한편, 사용자는 피용자의 선임과 감독에 과실이 없으면 손해배상책임을 부담하지 않는다는 면책규정이 있다.

선박충돌로 인하여 선박에 손상이 있거나 선원이 사망하는 사고인 불법행위에 대하여는, 민법의 특별법인 상법이 적용되고, 우리 상법 제878조(일방의 과실로 인한 충돌)는 "선박의 충돌이 일방의 선원의 과실로 인하여 발생한 때에는 그 일방의 선박소유자는 피해자에 대하여 충돌로 인한 손해를 배상할 책임이 있다."고 정하고 있다. 그리고 민법 제756조와는 달리 면책규정을 두지 않음으로써, 선박소유자인 사용자는 무과실책임을 지는 것으로 되었다. 따라서 선박소유자의 상대방은 그만큼 보호된다고 하겠다. 도선사의 도선 중의 사고에 대하여도 선박소유자는 무과실의 손해배상책임을 부담한다(상법 제880조).

유류오염손해배상보장법에 따르면 유조선의 유류오염사고 및 일반선박의 선박연료유 오염사고에 대하여 선박소유자와 나용선자는 무과실책임을 부담한다(유배법 제4조 제1항 및 제43조 제1항). 가해자의 고의 혹은 과실을 입증할 필요가 없기 때문에 피해자는 보호된다.

제3 債權確保手段의 강화

1. 船舶優先特權

일반강제집행에 따르면 일반채무의 경우에는 가압류 → 본안소송 → 債務名義[집행권원] → 압류경매라는 절차를 거치게 되어 많은 시간이 소요된다. 그러나 선박충돌에 기한 채권을 갖는 자, 선원임금채권을 갖는 자 등은 그 채권이 발생된 바로 그 선박에 대하여 저당권보다 효력이 우선하며, 바로 임의경매를 신청할 수 있는 선박우선특권이라는 권리를 갖는다(상법 제777조). 선박우선특권은 추급권이 있으므로(상법 제785조), 사고 뒤 선박의 소유자가 바뀌더라도 당해 선박은 압류·경매 당하게 된다.

경매비용과 항비 등은 상법 제777조 제1항 제1호에 의하여, 선원의 임금채권은 동조 제1항 제2호에 의하여, 해양사고구조와 공동해손의 경우에는 동조 제1항 제3호 그리고 선박충돌 등 불법행위에 기한 채권과 같은 경우에는 동조 제1항 제4호에 의하여 선박우선특권이 적용된다.

선박소유자의 상대방이나 제3자는 선박소유자에 대한 강력한 채권확보수단을 갖게 되어 크게 보호된다고 하겠다. 이는 선박소유자가 갖는 여러 면책이나 책임제한제도에 대하여 제3자를 보호하기 위하여 인정되는 반대급부의 성격을 갖고 있다고 볼 수 있다.

2. 責任保險의 강제가입

상법은 해상기업에게 책임보험에의 가입을 강제화하고 있지는 않다. 그러나, 선원법(제98조)이나 유류오염손해배상보장법(제14조 제1항 및 제47조 제1항)에서는 해상기업에게 책임보험의 가입을 강제화하고 있다. 상법은 피해자에게 보험자에 대한 직접청구권을 인정하고 있으므로(상법 제724조 제2항), 선박소유자의 상대방이나 제3자는 다른 상행위에 있어서 보다 채권확보라는 측면에서 크게 보호된다.

제4 船長의 광범위한 代理權

선장은 선박소유자의 이행보조자이면서 피용자이다. 선박은 선박소유자의 영역에서 멀리 떠나 국내의 선적항외로, 국외로 항해하기 때문에 선박소유자는 신속한 업무처리를 위하여 선장에게 대리권을 부여하여 선장은 선박소유자의 임의대리인이 되나, 선박소유자가 특정범위에 대한 수권을 주지 않는다면 선장은 그 범위 내의 대리권을 갖지 못하게 된다.

상법은 선적항 외에서는 선장은 항해와 관련된 재판상·재판외의 모든 행위를 할 수 있도록 대리권의 범위를 법정하였다(상법 제749조). 따라서 이와 관련된 선장의 법률행위는 선박소유자에게 그 효과가 귀속되게 된다. 예컨대, 선장과 고용계약을 체결하거나 선장과 선용품 공급계약을 체결한 채권자는 그 법률행위의 효과가 선박소유자에게 귀속되므로 선박소유자에게 대금청구를 할 수 있게 된다. 즉, 선박소유자의 상대방과 제3자는 대리권의 범위를 확인할 필요없이 선장과의 법률행위는 그 법률행위의 효과가 선박소유자에게 귀속하게 되어 자신이 보호되게 된다. 또한 이러한 선장의 대리권에 대한 제한은 선의의 제3자에게 대항하지 못한다(상법 제751조).

결국 선장에게 광범위한 대리권을 인정하는 것은 제3자를 보호하는 의미를 갖게 된다.

제5 선박소유자의 連帶責任규정 도입

2007년 개정상법은 재운송계약에서 화주를 보호하기 위하여 운송인이 항해용선자인 경우는 물론 정기용선자인 경우에도 선박소유자에게 연대책임을 부과하게 되었다(제809조). 따라서, 항해용선자 혹은 정기용선자가 운송인이 되면 화주에 대하여 운송인이 아닌 선박소유자도 법정책임을 부담하게 된다. 이로써 화주는 채무자인 선박소유자의 선박에 대한 가압류가 가능하게 된다. 운송인인 항해용선자에 대한 채권으로서는 제3자인 선박소유자가 소유하는 당해 선박을 가압류할 수 없는 경우와 비교하면 제809조가 화주를 보호하는 기능을 하는 것을 알 수 있다.

그런데, 운송주선인이 운송에 개입하여 운송인이 되는 경우에 송하인→운송주선인→선박소유자(실제운송인)가 되면 선박소유자와 운송주선인과의 관계는 항해용선 또는 정기용선계약이 아니기 때문에 제809조의 적용이 없다. 그러므로, 송하인은 선박소유자에게 법정책임을 물을 수 없게 된다. 운송주선인은 고액의 손해배상청구를 감당할 능력이 없기 때문에 송하인의 보호가 문제된다. 함부르크 규칙의 실제운송인과 계약운송인의 연대책임의 규정(제10조)은 이러한 경우에 큰 도움이 된다. 우리 상법은 이에 대한 규정이 없기 때문에 화주의 보호에 미흡하다고 할 수 있다.

제6 船荷證券의 추정적·간주적 효력

선박소유자가 운송인인 경우에 선하증권을 발행하게 되면 송하인에 대하여 선박소유자는 기재내용에 대하여 추정적 효력을, 선의의 제3취득자에 대하여는 간주적 효력을 부담하게 된다(상법 제854조). 증권의 유통성을 보호하기 위하여 허용되는 이러한 효력 때문에 운송인은 사실과 다른 내용이 선하증권에 기재된 경우에는 스스로가 (i) 증권의 기재와 달리 선적되었다는 점을 입증하여야 하거나 (ii) 아예 반증이 허용되지 않는다. 결국 이러한 효력은 선하증권이 발행되지 않는 경우 손해의 내용을 화주 측이 입증하여야 하는 것과 비교하여 화주를 보호하는 기능을 한다.

[보론] 運送人과 貨主保護 제도

1. 선박소유자의 보호제도의 주장순서

해상법에서는 연혁적으로 선박소유자 혹은 운송인을 보호하는 제도가 마련되었다. 이것은 해상운송은 상당한 위험을 무릅쓴 사업이었기 때문이다. 선박소유자들은 선박운항과 관련한 자신들의 위험을 여러 가지 다양한 방법을 통하여 보호하여 왔다.

비계약적인 사고의 경우에는 선박소유자는 책임제한제도를 이용하고 책임을 부담하게 되는 부분에 대하여는 선박보험, 선주상호보험 등으로 처리하게 된다.

운송계약과 관련된 경우에는 운송인인 선박소유자는 항해과실면책 등으로 먼저 면책주장을 하고, 그렇지 않은 경우에는 포장당 책임제한과 총체적 책임제한제도를 이용하여 책임을 일정하게 제한한다. 이외에도 단기의 소멸시효 등의 원용이 가능하다. 책임을 부담하게 되는 부분은 선주상호보험에서 처리가 되도록 한다.

손해배상청구가 선박소유자(운송인)에게 제기되면 아래와 같은 순서대로 선박소유자는 책임을 피하기 위한 주장을 할 것이다.

(1) 관할항변 등 본안전항변

선하증권의 약정 등에 따르면 재판은 다른 국가에서 진행되어야 한다는 항변을 할 것이다. 제척기간 도과의 항변을 주장한다.

(2) 본안소송

운송인은 과실이 없음을 주장하여 책임을 면하고자 한다.

항해과실면책이나 화재면책 등을 본안소송에서 주장하여 책임을 전혀 부담하지 않으려고 한다.

운송인은 포장당책임제한을 본안소송에서 항변으로 제기할 수 있다. 책임은 인정되지만 책임이 일정한 액수로 제한되기 때문에 유리하다. 총체적책임제한제도를 활용하기 위하여는 별도의 소를 제기하여 선박소유자책임제한절차에관한법률에 따라 책임을 제한해야 한다.

(3) 보험으로 처리

책임을 부담하는 경우에도 보험으로 보상이 가능하도록 책임보험에 가입한다.

2. 貨主保護手段으로서의 가압류와 압류제도의 활용

(1) 존재의 이유

화주의 운송물을 적재하여 손상을 야기한 선박은 한국 국적이 아닐 수도 있고 선박은 항해의 스케쥴에 따라 신속히 출항을 하게 된다. 이 경우에 채무자가 외국 선주인 경우에는 외국에 가서 소송을 제기하고 집행을 하여야 하는 문제가 발생한다. 따라서 채무자와 일정한 관련을 맺고 있는 선박을 활용하는 것이 중요하다. 채무자가 선박의 소유자인 경우에만 동 선박에 대한 가압류가 가능하다. 그런데, 통상 용선이 된 경우가 많으므로 채무자인 운송인이 선박소유자가 아닌 경우가 많다. 따라서 가압류는 불가하다는 결론에 이른다. 이때 활용할 수 있는 것이 선박우선특권제도와 상법 제809조이다.

(2) 선박우선특권

우리나라는 1991년 상법개정시 운송물의 손상은 선박우선특권을 발생시키는 채권에서 제외하여 더 이상 선박에 대한 압류가 불가능하다. 그렇지만 선박충돌로 인한 화물의 손상은 여전히 선박우선특권을 발생시키는 채권이다.

(3) 상법 제809조

다만, 경우에 따라서는 제809조를 이용하여 선박소유자의 소유인 선박을 가압류할 수 있다. 선박이 선박소유자→정기용선자→화주로 용선된 경우 혹은 선박소유자→항해용선자→화주로 이어진 경우 제809조가 적용되어 선박소유자가 채무자가 되고 채무자의 선박에 대한 강제집행이 가능하게 된다. 그러나, 선박소유자→나용선자(선체용선자)→화주등 중간에 나용선자가 개입된 경우에는 우리 대법원은 이때는 나용선자가 채무자가 된다고 하여 결국 선박에 대한 가압류는 불가하다.

(4) 가압류채권의 제한과 나용선(선체용선) 선박에 대한 가압류 허용

선박의 효용을 높이기 위한 목적으로 선박가압류가 가능한 채권의 수를 줄이고, 가압류가 가능한 선박의 범위를 넓히는 국제적인 움직임이 있다. 선박가압류조약의 입장이다. 이를 반영한 중국국내법은 22가지 해사채권만으로 선박은 가압류 대상이 된다. 채무자가 선체용선한 선박도 가압류가 가능하다. 우리나라와 다른 점이다. 가압류협약에 가입한 국가에서는 이러한 제한이 있기 때문에 주의를 요한다.

제 2 편 海上企業 및 設備

제 1 장
總　　論

해운업을 위하여는 우선 해상기업이 있어야 하고, 해상기업의 영업을 위한 수단으로서 선박과 그 선박을 운항하기 위한 선원이 있어야 할 것이다. 그러므로, 해운업을 위하여는 해상기업주체, 물적 설비 그리고 인적 설비가 필요하다. 우리 상법은 해상기업 주체로서 선박소유자, 선박공유자, 선박임차인(선체용선자, 나용선자), 정기용선자 등에 대하여, 물적 설비로는 선박에 대하여, 그리고 인적 설비로서는 선장 및 도선사 등에 대하여 규정하고 있다.

해상기업 주체는 물적 설비와 인적 설비를 가지고 용선과 운송이라는 해운서비스를 제공하면서 이윤을 극대화하고자 한다. 용선과 운송이라는 해운서비스는 제3편 해상기업활동에서 논하고 본편에서는 해상기업 및 설비라는 제목 하에서 제2장 해상기업(주체) 제3장 물적 설비 그리고 제4장 인적 설비에 대하여 논하고자 한다.

1991년 상법은 해상기업주체로서 선박소유자를 제2장에서, 인적 설비로서 선장을 제3장에서, 물적 설비로서 선박을 제1장에서 기술함으로써 상법 총칙의 편제와 균형을 이루었다. 상인으로서 해상기업주체, 물적 설비, 인적 설비를 두고 다음에 상행위를 규정한 것이다(대부분의 학자들은 제1장 선박을 해상기업의 물적 설비로서, 제2장 선박소유자와 제3장 선장을 인적 설비로서 설명하고 있다).

2007년 개정상법의 개정시안은 해상기업을 제1장으로 하고 제1절 선박 제2절 선장 제3절 선박공유 제4절 책임제한 제5절 선박담보로 배치하였다. 공청회와 한국해법학회의 의견조율을 거친 다음 다만 제4절의 책임제한이라는 표제가 "선박소유자등의" 책임제한으로 변경되었다. 개정시안에 대하여 각종 해상기업주체의 원천이 되는 선박소유자에 대한 근거규정이 없다는 점이 강하게 지적되었고,[1] 이를 반영하여 책임제한에서 선박소유자라는 용어를 사용하게 되었다. 선박소유자와 유사하게 취급되는 선박임차인인 나용선자는 선체용선자라는 이름으로 용선편에 배치하게 되었다. 결국 개정상법에서도 선박소유자를 중심으로 하는 해상기업

1) 김인현, "상법(해상편)개정 공청회 자료"(법무부, 2005.9.26.), 42면.

주체, 물적 설비로서의 선박 그리고 인적 설비로서의 선장이 편제되어 있다는 점에서는 1991년 상법과 동일하다고 할 수 있다.

개정상법은 소유의 개념보다는 선박을 사용하고 이용하는 측면에 관점을 두었다고 할 수 있다. 예컨대, 항해용선계약에서 화주의 상대방은 운송인이 아니라 선박소유자로 표기되어 있다. 이때의 선박소유자는 선박의 사용이라는 측면에서 파악되어야 한다.

개정상법이 제4절에서 선박소유자의 책임제한제도를 편제하고 제5절에서 선박담보를 편제한 것은 각각 선박소유자를 보호하는 규정과 그 상대방을 보호하는 규정으로 이해할 수도 있다. 개정상법의 제1장에는 총칙적이고 물권적인 것, 제2장에는 계약법적인 것, 제3장에는 비계약적인 것을 담는다는 입장에서 선박담보는 제1장에 배치되게 되었다.[2)]

---

2) 법적인 성격에 있어서 제1장은 상법 제1편 통칙과 유사한 규정이고, 제2장은 상법 제2편 상행위와 연관된 규정이고, 제3장은 해상운송활동에 부수하는 특수한 위험에 관한 규정이다. 민법과 비교하면 제1장은 총칙적, 물권적인 성격의 규정이고, 제2장은 계약법적인 성격의 규정이며, 제3장은 부당이득 등 비계약적인 채권에 관한 규정이다. 이처럼 민상법의 체계와 연관하여 논리적인 구성을 함으로써 해상법을 체계적인 논리적인 사고의 틀 속에서 적어도 건전한 법률상식을 가진 법률가라면 누구나 용이하게 이해할 수 있도록 구성하는 데에 역점을 두었다. 채이식, 전게논문, 443면.

제 2 장
海上企業

제1절 序　　論

海上企業은 법률상의 용어가 아니라 강학상의 용어이다. 해상기업이란 물적·인적 설비를 이용하여 해상을 무대로 영리활동을 하는 자라고 정의할 수 있다. 전통적인 영리활동으로는 용선과 운송이 있지만, 최근에는 선박관리활동 및 부두운영도 여기에 포함되었다.

해상기업은 물론 선박소유자가 그 전형이다. 그러나, 선박을 소유하지 않는 자도 해상기업의 주체가 될 수 있다. 여기에는 소위 선체용선자와 같은 타선의장자가 포함된다.

해상기업이라고 말하기 위하여는 첫째, 해상을 이용한 영리활동을 하여야 할 것이다. 해상을 이용한 용선 및 운송 그리고 선박관리업 등이 영리활동의 범주에 속한다. 구조업체의 해난구조 행위, 어선의 어로행위는 전통적인 의미의 해상기업의 활동에는 포함되지 않지만, 우리 상법은 상법 제740조에서 '그 밖의 영리행위'라고 그 적용범위를 확대하고 있으므로, 이들도 해상기업의 영리활동에 포함시킬 수 있다고 본다. 둘째, 선박이라는 물적 설비가 필요할 것이다. 셋째, 선장 이하 선원이라는 인적 설비가 필요할 것이다. 넓게 본다면 물적 설비나 인적 설비 중 하나만 갖추고 해상을 이용한 영리 활동을 하여도 해상기업이라고 할 수 있을 것이다. 물적 설비를 갖추지 못한 해상기업에 대하여는 제3자의 보호문제가 대두된다.

이 장에서는 여러 가지 다양한 해상기업주체의 형태에 대하여 살펴보고, 이러한 해상기업을 보호하는 제도인 선박소유자책임제한제도에 대하여도 살펴본다.

제2절 다양한 형태의 海上企業主體

제1 序

전형적인 의미의 海上企業主體는 船舶所有者이다. 선박소유자는 자신이 선박을 소유함으로서 소유권에 기하여 선박을 사용・수익・처분할 권능을 갖는다. 이러한 사용・수익권능에 기하여 선박소유자는 선박을 직접 운송에 투입할 수도 있고 선박을 용선자에게 용선하여 줄 수도 있다. 그리고 선박임차인(선체용선자, 나용선자)은 선박소유자로부터 선박을 임대하여 자신의 선원을 사용하여 선박을 운송에 투입하거나 재용선을 하여 줄 수 있다. 이러한 전통적인 개념의 해상기업주체에 대하여 정기용선자, 항해용선자 그리고 슬로트 용선자 등의 새로운 형태의 해상기업주체들이 등장하였다. 이외에 선박의 소유와 사용, 관리가 분리되면서, 선박리스회사 및 선박관리회사들이 나타났다.

해상기업의 주체가 되어야만 선박소유자책임제한의 이익을 향유할 수 있다는 점에서 이러한 논의의 실익이 있다.

物的 設備와 人的 設備를 어느 정도 갖추어야 해상기업의 주체라고 할 수 있을 것이다. 선박소유자는 물적 설비를 갖추고 있다. 자신이 직접 선박을 운항하게 되면 인적 설비도 갖추고 있는 것이 된다. 선체용선자는 선박소유자의 선박이라는 물적 설비를 임차하지만 선원이라는 인적 설비는 자신이 직접 조달한다. 정기용선자는 선박이라는 물적 설비와 인적 설비를 모두 선박소유자로부터 조달받는 형태의 해상기업주체이다. 정기용선자는 상사사항에 대하여는 선박소유자가 선임감독하는 선장 이하 인적 설비를 자신의 지시하에 둘 수 있다는 점에서 항해용선자와 다르다. 운송인으로서 항해용선자는 물적 설비나 인적 설비에 대하여 통제권을 갖지 못하지만 물적 설비인 선박에 대한 사용권을 가지므로 해상기업의 성질을 가진다고 할 수 있다. 우리 상법은 이들도 일정한 경우에는 해상기업주체로 의제하여 선박소유자책임제한 등의 이익을 향유할 수 있도록 하고 있다.

제2 船舶所有者

1. 의 의

선박소유자는 선박을 소유하고 있으면서 선박을 직접 운송에 투입하여 운임을 획득하거나 용선하여 주어 용선료를 획득함으로써 해상활동을 하고 있는 자이다. 선원을 선박소유자 자신이 선임·고용하는 경우에는 인적 설비도 자신이 직접 공급하게 된다. 이러한 선박소유자를 독일법에서는 자선의장자라고 한다.

선박소유자가 해상기업의 주체로서 활동하는 방법은 두 가지가 있다. 하나는 선박을 용선하여 주는 것이고 다른 하나는 자신이 직접 운송하는 것이다. 운송인이 되는 경우는 선박소유자로서의 권리와 의무 이외에 별도로 운송인으로서의 권리와 의무를 추가적으로 갖게 된다.

2. 다양한 활용도를 가진 船舶所有者 개념

실무적으로는 선박소유자를 船主라고도 한다. 그런데, 선박소유자라는 용어는 어떤 경우에는 협의의 개념으로 또 다른 경우에는 광의의 개념으로 사용된다.[1)]협의의 개념의 선박소유자란 선박에 대한 소유권을 갖는 자를 말한다. 광의의 개념의 선박소유자는 나용선자 혹은 정기용선자와 같이 송하인의 상대방으로서 운송인을 말한다. 이를 관리선주(disponent owner)라고도 한다.

우리 상법상 선박소유자는 所有者로서, 占有者로서 그리고 使用者로서 각기 달리 활용된다. 소유자로서의 선박소유자는 해난구조료 지급의무자(상법 제882조), 공동해손분담의무자(상법 제868조), 선박우선특권제도에서 책임주체(상법 제777조), 선체용선자의 등기청구권 요구대상으로서의 선박소유자(상법 제849조) 그리고 유류오염손해배상보장법(이하 "유배법")상 책임주체(유배법 제4조 제1항)에서 나타난다. 점유자로서의 선박소유자는 재운송에서 연대책임을 부담하는 선박소유자(상법 제809조), 선박충돌에서 사용자 책임을 부담하는 경우(상법 제878조 및 제879조) 그리고 선원법상 재해보상의무자로서의 선박소유자(선원법 제85조)에서 나타난다. 사용자로서의 선박소유자는 운송인으로서의 선박소유자(상법 제827조)의

---

1) 법률용어는 단일 개념으로 사용되어야 할 것이지만, 해상기업주체는 선박과 관련하여 다양한 지위에 있기 때문에 이들 모두를 법규정에 나열할 수 없기 때문에 선박소유자로 표기한 것으로 보인다.

경우이다.[2] 2007년 개정상법은 용선계약에서 계약의 주체를 용선자에서 선박소유자로 변경하였다. 항해용선계약에서 선박소유자는 운송인으로서의 선박소유자이고 여기에는 선체용선자, 정기용선자, 항해용선자가 모두 포함된다.

선박소유자에는 등기상의 선박소유자와 실질상의 선박소유자가 있다. 법률상 의미를 갖는 자는 등기상의 선박소유자이다. 그리하여 특정한 선박소유자의 일반채권자는 그 선박소유자가 등기부상 소유자로 되어 있는 선박에 대하여만 강제집행을 할 수 있고, 유배법상 책임주체가 되는 자는 등기부상 선박소유자이다.

그런데, 등기부상 선박소유자가 단지 형식에 지나지 않을 때에는 채무자보호에 문제가 발생하므로, 실질상의 선박소유자에게 책임을 묻도록 하여야 할 필요성이 제기된다. 해상기업 중에서는 편의치적제도를 통하여 제3국에 형식상의 선박회사를 설립하여 그를 특정 선박의 소유자로 하고 자신은 배후에서 나타나지 않는 경우가 있다. 이러한 경우에는 法人格否認論을 이용하여 실질상의 선박소유자를 책임의 주체로 할 수 있다(대법원 1988.11.22. 선고 87다카1671 판결). 보통의 경우에는 실질상의 선박소유자는 나용선자나 관리인으로 되어 있으므로, 선체용선자와 선박소유자를 공동피고로 하면 이러한 문제를 다소간 해결할 수 있다.

선박이 리스된 경우에는 등기부상의 선박소유자는 리스회사이고 리스이용자인 선박회사는 선체용선자로서 선박소유자가 아니다. 금융리스에 있어서는 리스물건의 유지·관리·수선의무 등은 리스이용자가 부담하고, 리스회사는 이를 부담하지 않는다(여신전문금융업법 제34조). 금융리스의 경우에는 불가항력에 의한 리스물건의 멸실훼손 또는 도난의 경우에 모든 책임과 위험은 리스이용자가 부담한다고 특약이 되어 있다. 이 약정은 임대인이 위험을 부담하는 민법 제537조에 대한 중대한 예외이지만, 그 합리성이 인정된다.[3] 따라서 불법행위에 대한 책임은 리스이용자인 선박회사가 부담한다. 그러나, 유류오염손해배상법상 책임의 주체인 등록선박소유자는 리스회사가 되므로 리스회사에게 책임이 부과될 수 있으므로 주의를 요한다.

3. 船舶所有者의 권리 및 책임과 의무

(1) 권 리

선박소유자는 상법상 선박소유자 책임제한의 이익을 향유할 수 있다(상법 제769

2) 여기에 대하여는 김인현, "선박운항과 관련한 책임주체확정에 대한 연구"(고려대학교 법학박사학위논문, 1992.2.), 212면 이하를 참고 바람.

3) 정동윤(상), 317면; 이철송, 609면.

조). 운송인이 되는 경우에는 포장당책임제한권을 갖는다(상법 제797조). 해난구조의 경우에도 선박소유자는 해난구조료 청구권을 갖는다(상법 제882조). 공동해손으로 인하여 자신의 선박에 손상이 있는 경우에는 선박소유자는 화주에 대하여 공동해손분담금 청구권을 갖는다(상법 제866조).

(2) 의무와 책임

선박소유자는 자신의 피용자인 선장 이하 선원들의 과실로 인한 손해에 대하여 사용자책임을 부담하게 된다(민법 제756조). 그러한 책임을 부담하게 되는 근거는 보상책임설과 위험책임설에서 찾을 수 있다.[4] 선박소유자는 자신이 소유하고 있는 선박을 이용하여 이익을 얻고 있다. 그리고 선박이라는 위험원을 소유하고 선박운항을 하고 있다. 이러한 이익과 위험을 가지는 자가 책임을 부담하는 것이 가장 합리적이다.

정기용선에서 선박소유자가 자신의 선원을 고용하여 운항한 경우에는 선박소유자가 사용자책임을 부담한다(민법 제756조). 그러나 선체용선과 같이 선원을 선체용선자가 고용한 경우에는 선박소유자는 사용자책임을 부담하지 않는다(상법 제847조). 선박소유자가 운송인인 경우에는 상법상 감항능력주의의무(상법 제794조)와 운송물에 대한 주의의무(상법 제795조)를 부담한다. 선체용선계약이나 정기용선계약에 있어서도 선박소유자는 용선계약의 내용으로서 감항능력주의의무를 부담한다. 선박소유자는 재운송의 경우에 선장의 직무범위 내에서 상법 제794조와 제795조의 법정책임을 재운송인과 함께 부담한다.

공동해손의 경우에 선박소유자는 자신 이외의 공동해손관계인이 입은 공동해손에 대하여 공동해손분담금을 지급할 의무를 부담한다(상법 제866조). 유조선의 유류오염사고에 있어서 등기상 선박소유자는 손해배상책임을 부담한다(유배법 제4조 제1항). 즉, 비록 정기용선자가 선박을 운항하고 있었다고 하더라도 선박소유자만이 직접 손해배상책임을 부담하고, 또한 책임보험에 가입할 의무를 부담한다(유배법 제14조-제15조).

또한 선박소유자는 선박이라는 공작물의 소유자로서 공작물상의 무과실책임을 부담한다(민법 제758조).[5] [6]

---

4) 곽윤직, 416면.

5) 곽윤직, 422면.

6) 최근 선박운항 및 건조와 관련하여 공작물 책임이 다루어진 판례로는 부산지법 2014.5.15. 선고 2013가합47173 판결이 있다.

<예제 1> 선체용선된 선박에 근무하던 3등 기관사 甲은 기관실에서 주기관을 수리하던 중 주기관을 달고있던 크레인의 와이어가 끊어졌다. 그 결과로 주기관이 떨어지면서 이것에 부딪혀 甲은 사망하였다. 甲의 유족은 어떠한 책임을 선박소유자에게 물을 수 있는가?

이러한 경우 甲의 유족은 선원법에 근거한 재해보상금을 청구할 수 있다. 그런데, 선원법상의 재해보상청구와 민법의 불법행위에 기한 손해배상청구는 별개이므로 가동연한이 많이 남은 경우에는 불법행위에 기한 손해배상을 청구하는 것이 유리하다. 이때 불법행위책임을 부담하는 자는 나용선자이다. 즉, 크레인을 조작하던 선원들의 과실이 있었다면 선원들의 사용자인 나용선자가 사용자책임(민법 제756조)을 부담하게 된다. 이 두 가지 책임은 서로 별개의 것이므로 유족들은 두 가지 중에서 유리한 것을 청구원인으로 하여 손해배상청구를 하면 된다.

그런데, 선체용선자가 자력이 부족한 경우에는 유족들은 다른 책임주체에게 손해배상청구를 할 수 있다. 이때 우리 민법상 공작물상의 책임이 있다(민법 제758조). 선박의 크레인은 공작물의 일종으로 해석된다. 공작물책임상 소유자는 무과실책임을 부담하므로(민법 제758조 제1항 단서) 유족들은 사고의 사실, 손해의 사실 그리고 공작물과 손해와의 인과관계를 입증하면 선박소유자는 공작물상의 책임을 부담하게 된다.

제3 船體傭船者(船舶賃借人)

1. 의 의

선체용선이란 선박소유자가 5년 혹은 10년의 장기간 동안 선박을 선체용선자에게 제공하고 선체용선자는 그 대가로 용선료를 지급할 것을 약정하는 임대차계약의 일종이다. 선체용선자는 선박소유자로부터 선박이라는 물적 설비만을 빌린다. 그러므로 선체용선자는 항해에 필요한 보급품 및 선원들을 스스로 갖추어야 한다. 그러므로 선체용선자를 타선의장자라고도 한다. 실무에서는 선체용선 대신 나용선이라는 용어가 여전히 사용된다.

선체용선에는 單純裸傭船(simple hire purchase)과 國籍取得條件附 裸傭船(bare-boat charter in hire purchase)이 있다. 국적취득조건부 선체용선은 소유권유보부 선체용선으로도 불린다.[7] 국적취득조건부 선체용선은 일정기간이 지나면 나용선자가 당해 선박의 소유권을 취득하게 되는 선체용선으로서 총 용선료는 선박대금에 해당하게 된다. 한국인이 선체용선자이면 한국선적을 취득하게 된다. 우리나라에서 국적취득부 선체용선은 한국 국적선과 유사하게 취급한다.[8]

---

7) 자세한 내용은 이정원, "소유권 취득조건부 선체용선계약과 취득세 부담주체", 한국해법학회지 제33권 제2호(2011.11.), 297면 이하.

한편, 2007년 개정상법에서는 선박임대차는 선체용선으로 용어가 바뀌게 되었다. 그러나, 실무상 사용되는 나용선이라는 용어는 계속 사용될 전망이다. 개정상법은 선박소유자가 선원을 공급할 의무를 지는 경우에도 해원이 용선자의 관리지배하에 나용선자가 아니라 선박을 운항하는 것이 목적이면 선체용선으로 본다(상법 제847조 제2항).

2. 해상기업으로서의 선체용선자

선체용선자는 선박소유자로부터 선박을 용선하여 자신이 직접 운송을 인수할 수도 있고, 다시 그 선박을 용선하여 주기도 한다. 그리하여 선체용선자는 운임수입과 용선료차액을 영업의 수입원으로 할 수 있다.

선체용선자는 원래 해상기업들이 자신의 선복을 장기적으로 추가로 확보하기 위한 수단으로 사용한다. 실제적으로는 선체용선자가 실질선박소유자인 경우도 많다. 1997년도에 IMF의 여파로 200% BIS율을 맞추기 위하여 선박소유자가 선박을 매각하고 그 선박을 기존의 영업을 계속하기 위하여 다시 선체용선한 경우가 많다. 이를 차터백(charter back)이라고 한다.

3. 선체용선자의 권리 및 책임과 의무

(1) 대외적 관계

선체용선자가 운송인이 되는 경우는 운송인으로서 여러 가지 권리를 가지고 또 의무도 부담하게 된다. 예컨대, 운송인으로서 포장당책임제한의 이익과 항해과실면책을 향유할 수 있다. 또한 감항능력주의의무와 운송물에 대한 주의의무를 부담한다.

선체용선자도 해상기업이므로 우리 상법은 선박이용과 관련하여 선체용선자는 선박소유자와 동일한 권리와 의무가 있다는 포괄적인 규정을 두고 있다(상법 제850조).[9] 따라서 선체용선자는 선박소유자 책임제한의 이익을 누릴 수 있다(상법 제769조). 그리고 선박충돌에 있어서 책임의 주체는 선박소유자가 아니라 선체용선자가 된다(상법 제878조 내지 제879조). 선원을 고용하는 자도 선체용선자이기 때

---

8) 선원법상 각종 의무를 부담하는 자는 선박소유자이다. 그런데 선원법 제2조는 선주・선박임차인・선박관리인・용선인 등의 명칭에 불구하고 그 선원에 대하여 임금을 지급하는 자에게 이 법 중 선박소유자에 관한 규정을 적용한다고 한다. 유배법상 외국적선의 등록선박소유자와 한국국적의 선체용선자는 연대책임을 부담한다(유배법 제4조 제4항). 국제선박등록법상 국적취득조건부 선체용선자도 국제선박등록이 가능하다.

9) 일본 상법 제703조.

문에 선체용선자는 재해보상과 관련한 책임을 부담한다. 선체용선자는 선박을 직접점유하는 자이므로 공작물상의 책임을 부담한다(민법 제758조).

(2) 대내적 관계

선체용선자는 선박소유자에 대하여 선박을 인도할 것을 요구할 권리가 있고, 나용선자는 선박소유자에게 용선료를 지급할 의무가 있다. 나용선자는 일반 임대차와 달리 수선의무를 부담한다(Barecon 제12조 a항).[10] 나용선 계약에 의하여 나용선자는 선박보험에 가입할 의무를 부담한다. 나용선중인 선박에서 선박보험 계약자는 나용선자, 피보험자는 선박소유자가 된다.

4. 船體傭船者 보호수단

선체용선은 선박임대차이므로 선체용선자가 선박소유자에 대하여 가지는 권리는 채권에 지나지 않는다. 매매는 임대차를 깨뜨리므로, 선박임차인인 선체용선자는 불리한 지위에 놓인다. 이러한 불리한 지위에 있는 선체용선자를 보호하기 위하여 우리 상법은 선박소유자에 대한 등기청구권을 선체용선자에게 부여하고 있다(상법 제849조 제1항). 선체용선 등기를 하게 되면 이제는 그 등기로서 나용선자는 선박의 양수인 등에 대하여 대항력을 갖는다(상법 제849조 제2항). 선체용선자는 선박소유자와 마찬가지로 선박소유자책임제한제도 및 운송인인 경우 포장당책임제한제도 등의 이익을 향유할 수 있다.[11]

개정상법은 선체용선계약에 관하여 발생한 당사자 사이의 채권은 선박이 선박소유자에게 반환된 날부터 2년 이내에 재판상 청구가 없으면 소멸한다고 정한다(상법 제851조 제1항).

5. 제3자 보호수단

선박의 운항과 관련하여 선박채권자가 갖는 채권확보의 가장 일반적인 수단은 선박의 압류경매이므로, 우리 상법은 선체용선자에 대한 채권도 그것이 선박우선특권의 대상이 되도록 하여 당해 선박을 임의경매할 수 있도록 하고 있다(상법 제850조 제2항). 이를 통하여 제3자는 보호될 수 있다.[12] 예컨대, 선체용선자가 운항

---

10) 국제적으로 널리 사용되는 선체용선 계약서인 Barecon은 부록에서 볼 수 있다. 약관이 아니라 표준계약서이다.

11) 최기원, 42면; 최종현, 501면.

12) 이기수 외, 482면; 채이식, 243면; 최종현, 502면. 일본 해상법 제703조 제2항이 이에 해당한다.

하는 선박에서 선박충돌사고가 발생하여 상대선이 침몰하였다면, 상대선박의 소유자는 선박우선특권에 해당하는 채권을 가지고 있고(상법 제777조), 상법 제850조 제2항을 근거로 사고를 야기한 선박을 경매할 권리를 갖는다. 선박소유자와 선체용선자의 관계는 내부적으로 처리될 것이다. 그런데, 우선특권자가 그 이용이 계약에 반함을 안 때에는 상대방을 특별히 보호할 이유가 없으므로, 선박우선특권의 효력을 주장하지 못한다(상법 제850조 제2항 단서).

이러한 규정이 없다면 제3자는 선박소유자의 소유인 선박에 대하여는 어떠한 강제집행도 할 수 없게 되고, 채권자는 선체용선자의 일반재산에 대하여만 일반 강제집행절차를 할 수 있게 된다.

중국의 경우 선체용선된 선박도 채무자에 대한 해사채권을 가지고 선박가압류 신청이 가능하다.

제4 定期傭船者

1. 의　　의

정기용선계약은 선박소유자가 용선자에게 선원이 승무하고 항해장비를 갖춘 선박을 일정한 기간 동안 항해에 사용하게 할 것을 약정하고 용선자가 이에 대하여 기간으로 정한 용선료를 지급할 것을 약정하는 계약이다(상법 제842조). 이때의 용선자를 정기용선자라고 한다. 정기용선자는 선박을 다시 정기용선을 주어 용선료를 취득하거나 화주와 운송계약을 체결하여 자신이 운송인이 되어 운임을 취득하여 해상기업주체가 된다. 정기용선계약에 사용되는 대표적인 용선계약서는 NYPE이다.

2. 海上企業으로서의 定期傭船者

정기용선은 해상기업들이 부족한 선복을 확보하기 위하여 주로 이용한다. 해운경기가 좋아져서 선박에 대한 수요가 증가하게 되면 해상기업은 추가선복을 확보하여야 한다. 선박을 소유한다는 것은 거액의 자금과 건조기간을 필요로 한다. 그러므로, 해상기업은 선박을 정기용선하여 부족한 선복을 메꾸어 이를 운송에 투입한다. 현재 자신이 보유하고 있는 선복이 초과되어 있으면 그 선박을 다른 해상기업에 정기용선하여 준다.[13] 이와 같이 정기용선은 해상기업이 필요한 선복을

13) NYPE 제18조에 의하면 정기용선자는 용선한 선박의 전부 혹은 일부를 재용선하여 줄

탄력적으로 조절하는 수단으로 활용된다. 정기용선자는 용선과 운송을 통하여 용선료와 운임을 취득한다.

3. 定期傭船者의 권리, 의무 및 책임

(1) 대내적 관계

정기용선계약은 대내적으로는 선박소유자를 일방으로 하고 정기용선자를 타방으로 한다. 양자 사이의 법률문제는 정기용선 계약서상에 혹은 구두로 체결된 계약의 내용에 따라서 처리된다. 상법의 정기용선에 대한 규정은 임의규정이므로 당사자가 이와 다른 내용의 약정을 체결한 경우에는 당사자자치의 원칙상 그 약정이 우선 적용된다. 상법 제842조 이하의 정기용선 규정에 나와있지 않는 내용은 민법의 임대차규정이 준용된다.[14]

정기용선자는 선박소유자에게 선박을 인도할 것을 요구할 권리가 있고, 이에 대한 대가로 용선료를 지급할 의무가 있다. 정기용선자는 선박에 대한 수선의무를 부담하지 않는다.

정기용선계약에서는 선박소유자는 선박운항과 관련된 사항 즉, 海技事項에 대하여(NYPE 제1조, 제8조 제1문), 정기용선자는 선박의 영업적인 운항과 관련된 사항 즉, 商事事項에 대하여(NYPE 제2조, 제8조 제2문) 권리와 의무를 부담한다.[15] 예컨대, 선박소유자는 선원을 공급하고 선박을 안전하게 사용할 수 있도록 한다. 한편, 정기용선자는 선박의 운항에 필요한 도선사 및 예인선 수배 및 선박연료유의 공급에 대하여 권리와 의무를 갖는다.

(2) 대외적 관계

선박이 정기용선자에 의하여 운행중일 때 불법행위책임을 선박소유자 혹은 정기용선자가 부담하는지 논란이 되어 왔다. 선박임대차 유사설은 정기용선자를 선박임차인과 유사한 지위에 있는 것으로 보므로 상법 제850조를 이용하여 정기용선자의 책임주체성을 인정하여 왔다.[16] 그러나, 2003년 대법원의 예인선 충돌사건 판결에서 선장의 사용자인 선박소유자에게 불법행위 책임을 부과하였다(대법원 2003.8.22. 선고 2001다65977 판결). 정기용선에 있어서 정기용선자는 선장 이하 선원을 선임감독하는 자가 아니므로 사용자책임을 부담하지 않는다. 선장의 불법행위

수 있는 권리가 주어진다.

14) 동지 최기원, 49면; 채이식, 247면; 손주찬, 768면.

15) 프랑스의 용선계약 및 해상운송계약에 관한 법률 제8조 및 제9조의 태도이기도 하다.

16) 손주찬, 772면; 최기원, 49면.

에 대하여 사용자책임을 부담하여야 할 자는 선박소유자 혹은 나용선자이다.[17] 상사사항에 대하여 정기용선자는 선장에 대하여 지휘감독권이 있으므로 사용자책임을 부담한다(대법원 1994.1.28. 선고 93다18167 판결). 또한, 정기용선중인 선박의 선장이 해난구조를 하였다면, 구조료의 반액을 취하여야 할 자는 정기용선자가 될 수 있을 것이다. 선박임차인과 유사한 지위에 있는 정기용선자가 자신의 선박을 사용할 시간이 상실되었기 때문이다. 상법 제850조를 통한 상법 제889조 제1항이 그 근거규정이 될 것이다.

정기용선자가 운송인으로서 선하증권을 발행하였다면 그는 운송인으로서 화주에 대하여 손해배상책임을 부담하고 운임청구권을 갖는다. 기업형 정기용선은 정기용선자가 용선한 선박을 자신의 기업설비로서 운송에 이용하므로, 전형적인 운송인으로서 제3자인 화주에 대하여 손해배상책임을 부담하게 된다. 운송형 정기용선은 정기용선자가 자신의 화물을 운송하게 된다.[18] 그러므로 정기용선자가 제3자에 대하여 운송계약상의 책임을 부담하는 경우는 드물다.

정기용선자가 1991년 상법 제806조상의 선박소유자로서의 법정책임을 부담하여야 하는지의 문제가 있었다. 1991년 상법 제806조는 선장의 직무에 속한 범위에서 선박소유자가 책임을 부담한다고 하고, 정기용선자는 상사사항과 감항능력주의의무에 대하여 선장과 일정한 관련을 맺고 있으므로, 제806조상의 책임에 대하여 자유로울 수가 없고, 정기용선자는 해상기업으로서의 실체를 가지므로 상사사항에 대하여는 제806조상의 선박소유자로서의 책임을 부담하여야 할 것이다.[19] 이는 선박임대차유사설의 논리적 귀결이 될 것이나, 운송계약설을 취하게 되면 정기용선자는 오히려 제806조상의 용선자로서 책임을 부담하게 되고 이때 선박소유자는 정기용선자와 연대책임을 진다고 하였다.[20] 2007년 개정상법은 이러한 견해를 취하여 정기용선자가 운송인인 경우에 선박소유자도 연대책임을 부담하게 되었다(제809조).[21]

---

17) Scrutton, p. 367.

18) ‘기업형’ 정기용선이란 정기용선자가 용선한 선박을 자신의 영업(운송 혹은 용선)에 사용하는 경우이고, ‘운송형’ 정기용선이란 정기용선자가 대형 화주로서 자신의 화물을 운송하는 경우이다. 포항제철, 한국전력 등이 정기용선자가 되는 경우로서 이들은 industrial carrier라고 불린다.

19) 자세한 논의는 임동철, “재운송계약과 선박소유자의 책임”, 한국해법회지 제15권(1993.4.), 7면 이하; 김인현, “상법 제806조의 적용에 대한 법적 검토”, 한국해법학회지 제24권 제1호(2002.4.), 213면 이하를 참고 바람.

20) 채이식, 251면; 김동훈, “정기용선계약에 대한 법적 검토”, 한국해법학회지 제24권 제2호(2002.11.), 39면.

21) 이기수 외, 557면; 최종현, 491면.

<예제 2> 정기용선중인 甲 선박이 乙 선박과 충돌하였다. 乙 선박에 대하여 손해배상책임을 부담하여야 하는 자는 정기용선자인가 선박소유자인가?

우리 상법 제878조 내지 제879조는 선박충돌에 대하여는 선박소유자가 손해배상책임을 부담한다고 하고 있다. 그런데, 상법 제850조는 선박임대차의 경우에는 선박소유자가 아닌 선박임차인이 선박운항과 관련한 책임과 의무의 주체가 된다고 한다. 그러므로 정기용선의 법적 성질이 선박임대차와 유사하다고 보는 혼합계약설에 따르면 선박충돌사건에 대하는 정기용선자가 책임의 주체가 된다. 만약 정기용선을 운송계약으로 보는 입장에 따르면 선박소유자가 책임의 주체가 된다. 그런데, 해기상사구별설에 따르면 선박충돌은 해기사항이고 해기사항은 선박소유자의 담당이므로 선박소유자가 책임의 주체가 된다.

우리 상법 제878조 내지 제879조의 책임은 사용자책임이다. 그러므로 이 문제는 선박충돌을 야기한 선장과 사용자 피용자관계에 있는 자가 누구인지를 파악하는 문제라고 본다. 선박충돌은 선박조종과 관련된 사고이고 선박조종은 해기사항이므로 선박소유자가 책임을 부담하는 부분이다. 선장은 선박소유자가 선임하고 해기사항에 대하여는 선박소유자가 관리감독한다. 이 경우에 있어서 선장의 사용자는 선박소유자라고 할 것이다. 따라서 선박충돌에 대한 책임의 주체는 선박소유자가 된다고 본다.

4. 定期傭船者의 보호

정기용선자가 선박소유자 및 운송인이 누리는 이익, 예컨대 선박소유자 책임제한제도(상법 제774조 제1항 제1호)[22]와 개별적(포장당) 책임제한제도(상법 제797조의 2) 및 각종 면책제도의 이익을 향유할 수 있음은 물론이다. 운송인으로서 정기용선자는 운송물에 대한 유치권과 경매권을 갖는다(상법 제807조 및 제808조).

나아가 선박임대차 유사설의 입장에서는 정기용선자가 선박을 운항하는 경우에도 상법 제850조가 적용될 수 있다.[23] 따라서 정기용선자는 선박소유자에 대하여 임대차등기에 협력할 것을 청구할 수 있고, 임대차등기를 하여 제3자에 대하여 자신의 임차권을 보호할 수 있게 된다.

5. 제3자의 보호

정기용선된 경우라고 하더라도, 문제의 채권이 선박우선특권의 범주에 속하고, 선박임대차유사설을 취하는 입장에서는 제3자는 상법 제850조 제2항을 통하여 선박소유자의 선박을 임의경매할 수 있게 된다.[24]

---

22) 손주찬, 764면; 최기원, 49면; 이균성, 833면; 최종현, 490면.

23) 손주찬, 764면; 최기원, 49면; 정동윤(하), 825면.

24) 동지 이기수 외, 495면; 대법원 2019.7.24. 선고 2017마1442 판결. 일본 개정상법은 정기용선 규정인 제707조에서 선체용선 규정인 제703조 제2항을 준용하여 이 문제를 입법적으로 해결하였다.

정기용선자가 제3자와 운송계약을 체결하여 운송물을 선적한 후 선박의 항해 중에 선박소유자가 용선계약을 해제 또는 해지한 경우에는 선박소유자는 적하이해관계인에 대하여 정기용선자와 동일한 운송의무가 있다(상법 제845조 제2항).

운송계약설의 입장에서는 1991년 개정상법 제806조는 정기용선에도 적용되는 것으로 해석하여 운송인인 정기용선자와 선박소유자는 연대책임을 부담하게 된다고 보았다.[25] 한편, 2007년 개정상법은 항해용선자는 물론 정기용선자도 운송인에 포함하여 널리 화주를 보호하는 입법취지를 보이므로 슬로트용선자가 운송인인 경우에도 개정상법 제809조가 적용된다고 해석된다.

제5 航海傭船者

1. 의 의

航海傭船者(voyage charterer)에는 두 가지 개념이 있다. 하나는 선박소유자로부터 항해를 단위로 선박을 빌린 화주이다. 즉 선박소유자의 상대방인 화주로서의 용선자이다. 다른 하나는 선박소유자로부터 항해를 단위로 선박을 빌려서 자신이 운송인으로서 운송을 인수하는 자이다. 전자의 용선자는 화주에 지나지 않고(즉, 상법 제827조 이하의 화주에 해당한다), 따라서 해상기업의 실체를 가지지 아니하므로 논의의 대상에서 제외된다. 전자를 運送型 항해용선자 혹은 화주로서의 항해용선자, 후자를 企業型 항해용선자 혹은 運送人으로서의 항해용선자라고 부를 수 있을 것이다. 여기에서 말하는 해상기업의 주체로서 항해용선자는 선박소유자 → 항해용선자 → 화주로 이어지는 용선체인에서 항해용선자의 지위를 말하는 것이다. 즉, 이들은 상법 제809조에서 말하는 전형적인 재운송인이 된다.

航海傭船契約은 선박소유자가 용선자에 대하여 일정한 톤수의 화물을 운송하도록 한 항차동안 선박을 빌려준다는 약속을 하고, 용선자는 이에 대하여 용선료를 지급하게 되는 계약이다(GENCON 제2조와 제4조). 선원이 갖추어진 선박을 용선하는 것은 정기용선자와 동일하나, 정기용선은 선박전체(선복)를 일정기간 임차하는 것으로서 용선료의 산정의 기초는 기간임에 대하여, 항해용선은 일정량의 화물의 운송에 대한 약정으로서 운임의 산정도 화물의 수량으로 정한다. 항해용선자는 선박소유자와의 사이에 체결된 용선계약서하의 선적항과 양륙항이 이미 정하여진

---

25) 이기수 외, 557면; 채이식, 251면; 최준선, 422면.

한도 내에서만 화주와 재운송계약을 체결할 수 있다. 이러한 점이 상사사항에 대하여 완전한 사용권을 갖는 정기용선계약과는 차이가 있다. 또한 이러한 선박에 대한 사용권이 전혀 없이 완전한 도급계약인 개품운송계약과 다르다.

個品運送契約은 개개의 물품의 운송을 운송인이 인수하고 이에 대한 대가로 화주(송하인)가 운임을 지급하는 계약이다. 일정한 일의 완성을 계약의 주된 내용으로 하므로, 전형적인 도급계약이다.[26] 그런데, 항해용선계약은 화물의 운송을 위하여 선박을 빌려주는 형식의 운송계약으로서 선적항·양륙항 및 선적기간·양륙기간 등, 선행 항해용선계약의 한계 내에서는 항해용선자가 다시 운송인이 될 수 있다는 점에서 도급계약의 성질이 약화되어 있다. 그러나, 항해용선계약의 본질은 명칭은 용선이지만 어디까지나 운송계약이다.

항해용선에 있어서는 용선료가 기간이 아니라 운송되는 화물의 양에 따라 결정되므로, 선박소유자로서는 화물 적재량이 중요한 관심사항이고, 선적항이나 양륙항에서의 체선을 피하고자 한다. 정기용선에 있어서는 선박이 어떠한 영업에 사용되었는지 여부에 관계없이 선박소유자는 용선료를 수령한다. 선박이 영업을 잘하게 되면 이익을 얻는 것은 용선자이다. 항해용선은 이와 다르다. 항해가 조기에 완성되면 이익을 얻는 자는 선박소유자이다. 항차가 늦던 빠르던 용선자는 동일한 운임을 지급한다. 즉, 항차지연에 대한 위험(영업이익의 감소)을 선박소유자가 부담하면 이는 항해용선이고 용선자가 부담하면 이는 정기용선이다.[27]

2. 海上企業으로서의 航海傭船者

해상기업은 단기적으로 물동량이 많은 경우에 대량의 화주와 용선계약을 체결하였다가 자신이 운송하여야 할 선복이 갑자기 부족한 경우가 발생하게 된다. 이 경우에 다른 해상기업으로부터 선박을 한 항차동안 항해용선하여 화물을 운송하게 된다. 이때 기업형 항해용선이 나타나게 된다. 이렇게 함으로써 해상기업은 자신이 선박소유자에게 지급하여야 하는 용선료와 자신이 화주로부터 수령하는 운임과의 차액을 통하여 이윤을 얻는다.

이러한 해상기업으로서의 항해용선자와 유사한 지위에 있는 자들로서 해상운송의 브로커들이 운임차액을 목적으로 투기적으로 선박을 항해용선하여 화주와 용선계약 등을 체결하고 운임의 차액으로 이익을 취하는 경우가 있다. 이러한 브로

26) 개품운송계약에서 운송인의 상대방에 해당하는 송하인은 운송행위에 대하여 완전히 수동적이지만, 항해용선계약에서 항해용선자는 재운송이 가능하므로 능동적인 측면이 있다.

27) Thor Falkanger & Others, p. 256.

커들은 海産이 없으므로, 선의의 제3자를 보호할 필요성이 대두된다.

3. 航海傭船者의 권리, 의무와 책임

(1) 대내적 관계

선박소유자와 항해용선자 사이의 관계는 당사자 사이의 약정에 의하여 권리·의무관계가 정하여진다. 주로 GENCON 등 표준서식이 사용된다.[28] 당사자 사이의 약정이 없는 경우에는 상법 해상편의 물건운송 규정이 적용된다.

항해용선자는 선박사용권을 갖고 그 대가로 선박소유자에게 운임을 지급하여야 할 의무를 부담한다.

(2) 대외적 관계

항해용선자는 선박에 대한 점유관리권을 갖지 않으므로 민법상 공작물 책임을 부담하지 않고, 선원에 대한 고용도 선박소유자가 하므로 사용자책임을 부담하지 않는다.[29] 항해용선자는 운송인으로서 감항능력주의의무(상법 제794조) 및 운송물에 관한 주의의무(상법 제795조)를 부담하고, 운송물의 손해에 대하여 손해배상책임을 진다.

4. 航海傭船者의 보호

항해용선자도 선박소유자 책임제한제도의 이익을 향유할 수 있고(상법 제774조 제1항 제1호), 개별적 책임제한제도(상법 제797조) 등 운송인으로서의 기본적인 이익을 향유할 수 있음은 물론이다. 운송인으로서 항해용선자는 운송물에 대한 유치권과 운송물 경매권을 갖는다(상법 제807조 및 제808조). 그러나, 상법은 이외에 특별히 항해용선자를 보호하기 위한 규정을 마련하고 있지는 않다.

5. 제3자를 보호하기 위한 제도

실무적으로 아무런 해상기업의 실체를 가지지 않는 자들이 운임의 차액을 목적으로 선박소유자로부터 선박을 항해용선하여 화주와 운송계약을 체결하는 경우가 많다. 그러므로 제3자가 일반소송에서 승소한다고 하여도 항해용선자에게 효과적인 강제집행을 할 수 없게 된다. 우리 상법은 이러한 경우를 대비하여 개정전 상법에서 제806조를 두어 선장의 직무와 관련하여서는 선박소유자도 화주에 대하여

---

28) GENCON은 본서 부록에서 찾아 볼 수 있다. 이는 약관이 아니라 표준서식일 뿐이다.
29) 동지 최종현, 387면.

상법 제794조와 제795조의 규정에 위반하는 과실이 있는 경우에는 항해용선자와 함께 연대책임을 부담하도록 하고 있다.[30] 이러한 입장은 2007년 개정상법하에서도 상법 제809조로 존속되고 있다.

제6 運送人으로서 運送周旋人

1. 의 의

運送周旋人은 명칭에도 불구하고 순수한 주선인, 대리인 그리고 운송인으로서 활동한다. 여기서 말하는 운송주선인이란 운송주선인이 선하증권을 발행하여 운송인이 되어 해상기업주체가 되는 경우이다. 통상 운송주선인은 화주와 운송계약을 체결하고 소위 하우스(house) 선하증권을 발행한다(법원에서는 제1 선하증권이라고 한다). 다시 운송주선인(계약운송인)은 실제운송인인 선박소유자와 운송계약을 체결하여 소위 마스터(master) 선하증권(법원에서는 제2 선하증권이라고 한다)을 선박소유자로부터 발급받는다. 마스터 선하증권에 있어서 송하인란에는 운송주선인 자신, 수하인란에는 운송주선인의 대리점이 기재된다. 운송주선인의 대리점은 마스터 선하증권을 선박소유자(혹은 선장)에게 제시하여 화물인도지시서를 받아서 선박이나 컨테이너 야드에서 화물을 미리 수령하게 된다. 수하인은 유통되는 하우스 선하증권을 가지고 운송주선인의 대리점에 가서 운송물과 상환하게 된다.

2. 海上企業主體性

운송주선인이 운송인이 되는 경우에 선박소유자 등은 운송주선인의 이행보조자의 지위에 있게 된다. 운송주선인은 통상 물적·인적 설비를 가지고 있지 않으므로 전통적인 개념의 해상기업주체라고 하기 어려운 점이 있다. 최근 자신의 컨테이너 박스를 활용하여 영업을 하는 운송주선인이 나타나고 있으므로 법리의 변화가 예상된다.

3. 운송인으로서 運送周旋人의 보호

우리 상법상 특별히 운송주선인을 보호하는 규정은 없다. 운송주선인은 운송인으로서 포장당책임제한제도(상법 제797조)나 항해과실면책(상법 제795조 제2항)의 이

---

30) 채이식(하), 648면; 최종현, 396면.

익을 누릴 수 있다. 여기에서의 운송주선인도 운송인이므로 상법상 유치권 및 운송물경매권을 갖는다(상법 제807조 및 제808조). 선박소유자 책임제한제도의 이익을 향유하는 주체는 되지 않는다(상법 제774조 제1항 제1호).[31]

4. 제3자의 보호

운송주선인이 계약운송인이 되는 경우에 자력이 튼튼한 실제운송인에게도 손해배상 청구가 가능한지 문제된다.

수하인으로서 하우스 선하증권 소지자는 실제운송인과는 운송계약관계가 없으므로 실제운송인에게 계약상의 책임을 물을 수는 없다. 다만, 실제운송인에게 불법행위 책임을 물을 수는 있다. 상법 제809조를 운송주선인의 경우에도 적용할 수 있을지가 의문이다. 운송주선인이 운송인이 되는 경우에 있어서 운송주선인이 선박소유자와 맺는 계약은 개품운송계약일 것이므로 운송주선인은 상법 제809조에서 말하는 용선자가 될 수 없으므로 상법 제809조가 적용되지 않아야 하지만, 입법의도가 이러한지는 의문이다.[32] 운송물 손상으로 인한 손해배상청구권은 선박우선특권을 발생시키지 않으므로(제777조) 수하인은 선박을 임의 경매할 수 없다.

제7 슬로트(스페이스) 용선자

1. 의 의

슬로트(스페이스)용선(slot charter/space charter)이란,[33] 주로 정기선사들이 확정된 선박일정을 가지고 운항하는 경우, 용선자인 슬로트 용선자가 다른 운송인이 운항하는 선박의 일정한 선복을 빌려서 자신이 운송인으로서 영업활동을 하는 것이다. 슬로트 용선자는 선복을 빌려서 운송인이 된다는 점에서는 정기용선자와 비슷한 지위에 있으나, 선박의 항해스케쥴은 확정되어 있어서 용선자는 확정된 스케쥴의 한도에서만 화물을 운송할 수 있다는 점에서 용선자의 사용권이 정기용

---

31) 동지 최준선, 394면; 최종현, 86면; 서동희, 해운신문, 2007.2.12. 반대 이균성, 278면.

32) 이 경우에도 개정전 상법 제806조(제809조)가 적용되어 선박소유자가 연대책임을 부담한 사례로는 서울지법 1996.6.18. 선고 95가단 8885 판결이 있다. 개정전 상법 제806조(제809조)의 선박소유자를 실제운송인으로 이해하는 입장(손주찬, 784면; 정동윤(하), 892면)에서는 적용이 가능할 것이다.

33) 여기에 대한 자세한 논의는, 김인현, "슬로트용선의 법률관계에 대한 고찰", 한국해법학회지 제25권 제1호(2003.4.), 57면 이하를 참고 바람.

선자의 경우보다 많이 제한되어 있다. 즉, 상사사항에 있어서 항로의 지정권은 슬로트 용선자에게 있지 않고 선박소유자에게 있다는 점으로 보아 슬로트 용선은 항해용선에 가깝다고 보인다.[34)] [35)] 그러나, 슬로트 용선자는 대부분이 정기선사로서의 해상기업이라는 점이 항해용선과 다른 점이다.[36)] [37)] 얼라이언스에 가입된 정기선사들은 슬로트 용선계약을 통하여 공동운항을 하여 경쟁력을 높이고 있다.

[판례소개](서울중앙지방법원 2018.5.18. 선고 2017가합17851 판결)

원고 양밍은 한진해운과 함께 CKYHE 얼라이언스의 일원으로, 한진해운과 선복(슬로트)용선계약을 체결한 상태에 있었다. 그런데 2016.9.1. 한진해운에 대하여 회생절차가 개시되었다. 원고는 한진해운에 대하여 선복사용료의 지급을 청구하였는데, 한진해운이 선복용선으로 사용한 선박 중에는 항차가 회생절차 개시 전에 시작하여 회생절차 개시 이후에 종료된 경우도 있었다.

서울중앙지방법원은 다음과 같이 판단하였다.

선복용선계약은 운송계약의 성질을 갖는 항해용선계약과 유사한 것이고, 따라서 선복사용료는 항해용선계약의 용선료 또는 운송계약의 운송료로서의 법적 성질을 가지므로, 도급계약에 따른 보수청구권의 취급에 관한 법리가 유추적용되어야 한다. 도급계약에 따른 보수청구권은 일의 완성시에 발생하는 것이고, 선복용선계약에 있어서 선박소유자 등이 완성하여야 하는 운송의무는 원칙적으로 불가분이므로, 선복사용료는 전체 운항이 종료한 시점에 운항 전체에 대하여 발생하는 것이지 운항이 어느 정도 진행되었다고 해서 진행된 일부분에 대한 선복사용료가 발생하는 것은 아니다. 결국 회생절차 개시 전에 시작하여 회생절차 개시 이후에 종료된 항차의 선복사용료는 그 전체가 회생절차 개시 이후에 발생한 것으로서 공익채권이 된다.

2. 海上企業으로서의 슬로트 용선자

슬로트 용선을 하는 경우는 정기노선을 가지고는 있으나 선복이 부족한 경우에 다른 정기선사의 선복을 이용하기 위한 것이다. 보통은 두 정기선사가 서로 교환의 형식으로 슬로트 용선을 하게 된다.[38)]

슬로트 용선자는 용선한 선복에 정기화물을 운송하면서 자신의 선하증권을 발

---

34) 정기용선계약에서 항로의 지정 등 상사사항은 용선자의 권한에 속한다.

35) 최종현, 503면.

36) John Richardson은 슬로트 용선은 정기용선도 아니고 항해용선도 아닌 혼합형의 운송형태(hybrid type of contract)라고 한다. 정기용선은 선박을 한척 모두 용선하는 것이나 슬로트 용선은 선박의 일부만을 용선하므로 운항자로서 나서지 못하고 보통 선박에 대한 점유도 하지 못한다고 한다. John Richardson, Combined Transport Documents, LLP, 2000, p. 145.

37) 항해용선계약은 대부분 부정기선 운항에서 나타난다.

38) 한진해운, 현대상선 그리고 고려해운과 같은 정기선사에서 슬로트용선이 활용되고 있음이 확인된다.

행하게 된다. 슬로트 용선자는 해상기업에게 지급하는 용선료와 자신이 화주에게서 수령하는 운임의 차액으로서 이윤을 극대화하게 된다.

3. 슬로트 용선자의 권리, 의무 및 책임

(1) 대내관계

선박소유자와 슬로트 용선자의 관계는 용선계약에 따라 규율된다. 이들 관계에 대한 상법규정은 없다. 선박소유자는 슬로트 용선자에게 감항능력주의의무를 부담하게 될 것이고, 슬로트 용선자는 용선료를 지급할 의무와 空積運賃을 지급할 의무가 있을 것이다. 그 법적성질에 따라서 상법상 정기용선과 항해용선규정의 준용이 가능하게 된다.

(2) 대외관계

비록 운송물은 다른 운송인의 선박에 실려서 운송되지만 슬로트 용선자는 자신의 이름으로 선하증권을 발행하여 운송인이 된다. 이 경우에는 선하증권상의 운송인으로서의 책임을 슬로트 용선자가 부담한다. 그러나 선장의 사용자는 선박소유자이므로 선박충돌과 같은 불법행위책임은 선박소유자가 부담한다.

4. 슬로트 용선자의 보호

슬로트 용선자도 용선자이므로 선박소유자 책임제한제도의 이익(상법 제774조 제1항 제1호)뿐만 아니라 운송인으로서의 상법상 보호제도의 이익(상법 제797조)을 향유할 수 있다. 그런데 현행법상 슬로트 용선자가 선박소유자 책임제한을 하게 될 경우 슬로트 용선된 선박의 선복비율만큼에 해당하는 총톤수가 기준이 되는 것이 아니라, 전체 총톤수가 기준이 되므로 불리한 지위에 놓이게 된다. 장차 선박소유자 책임제한제도의 개정시 고려되어야 할 사항이다.[39] 슬로트 용선자도 운송인이므로 상법 제807조 및 제808조상의 유치권 및 운송물 경매권을 갖는다.

5. 제3자의 보호

상법 제809조를 슬로트 용선자에도 적용할 수 있는지의 문제가 있다. 즉, 슬로트 용선자가 제809조의 재운송인에 해당한다고 하면, 선박소유자도 연대책임을 부담하게 된다.

개정전 상법하에서는 선박소유자 → 슬로트 용선자 → 화주로 용선이 이어진

39) 동지 최종현, 504면.

경우에, 선박소유자와 슬로트 용선자의 용선계약을 항해용선의 일종으로 보게 되면 슬로트 용선자와 화주의 운송계약은 재운송이 되어 이론상 개정전 상법 제806조(제809조)가 적용된다고 보았다.

그러나, 2007년 개정상법은 항해용선자는 물론 정기용선자도 운송인에 포함하여 널리 화주를 보호하는 입법취지를 보이므로 슬로트 용선자가 운송인인 경우에도 상법 제809조가 적용된다고 해석된다.[40]

입법론적으로는 슬로트 용선자는 해상기업이 정기선 영업을 하면서 부족한 선복을 확보하는 수단으로 이용되므로 슬로트 용선자는 물적 · 인적 설비를 갖추고 있고,[41] 따라서 적하이해관계인이 손해배상을 받기에 충분하므로 슬로트 용선자의 경우에는 상법 제809조를 굳이 적용할 필요가 없다고 본다.

제8 運航受託者

1. 의 의

運航委託契約이란 영업의 능력이 없는 선박소유자가 자신의 선박의 운항을 수탁자에게 맡기고, 수탁자는 자신의 이름과 위탁자의 계산으로 선박을 운항하고 수탁자는 그 대가로 수수료를 받는 운항형태를 말한다.[42]

정기용선계약에서는 정액의 용선료만을 선박소유자가 정기용선자로부터 지급받으나, 운항위탁계약에서는 선박소유자가 실적이 좋은 수탁자에게 선박의 운항을 위탁하여 수수료를 제한 수입을 모두 자신이 취할 수 있으므로, 운송실적에 따라서 선박소유자는 더 많은 수입을 올릴 수 있는 장점이 있다. 수탁자는 또한 정액의 용선료를 지급하지 않고 일정한 비율의 보수를 받으므로 해운시황이 나쁜 경우에는 자신이 직접 운송인이 되고 자신의 계산으로 영업을 하는 경우보다 유리하다.

상법에 운항위탁계약에 대한 별도의 규정이 없으므로 민법의 위임규정이 준용된다.

---

40) 최종현, 505면.

41) 슬로트는 서로 교환하는 관계이므로 정기선 선사(예컨대, 한진해운, 현대상선, 고려해운)가 이용하는 것이다.

42) 최종현, 88면.

2. 海上企業主體로서의 運航受託者

수탁자는 자신의 이름으로 선박운항을 하게 되므로 해상기업으로서 인적 설비를 보유하고 있지 않으면 운항위탁계약을 체결하기가 어렵다. 남해안이나 서해안의 낙도보조 항로에 취항하는 정부소유의 여객선이 이러한 형태로 운항된다. 여객선의 운항경험이 없는 대기업이 장래의 사업을 위하여 선박을 소유하고, 다른 해상기업에게 선박의 운항을 일시 맡기는 것도 이러한 예이다.

2008년 해운경기가 하락하여 소유권자로서 은행이 선박을 회수한 경우에 정평있는 제3의 선박회사에 선박의 운항을 위탁하는 경우가 많이 생겨났다. 국내에는 한국가스공사(KOGAS)가 자신이 소유한 선박을 대형운항회사에게 운항을 위탁한 예가 있다.

3. 運航受託者의 권리와 의무 및 책임

(1) 대내관계

선박소유자와 수탁자의 내부관계는 위탁계약의 내용에 따르고, 수탁자는 선량한 관리자로서의 주의의무를 부담한다. 선박의 사용을 목적으로 하는 것이 아니므로, 위탁자인 선박소유자가 수탁자에게 감항능력주의의무를 부담하지는 않는다. 위탁자의 계산으로 운항되는 것이므로 운항으로 얻은 수익은 모두 선박소유자에게 인도되어야 하고, 수탁자는 수수료를 받는다. 선박운항과 관련하여 발생하는 비용도 모두 위탁자가 부담한다. 우리나라의 낙도보조항로에서의 운항위탁은 연안여객선사는 항상 적자이므로 정부가 보조금을 지급하는 형식이 된다.[43] 형식상으로는 적자인 영업성과를 모두 정부에 반환하고, 수탁자인 여객선사는 수수료가 포함된 보조금을 지급받는다는 이론 구성이 가능하다.

(2) 대외관계

수탁자는 자기의 이름으로 선박운항을 하므로 운송계약을 체결하거나 선하증권을 발행하여 운송계약상의 책임을 부담한다. 수탁자는 자신의 선원이 승선하고 있으므로 불법행위에 대하여 사용자책임을 부담한다.[44] [45] 사용자책임도 자신의

43) 낙도보조항로사무처리요령 제25조는 "국유선박의 관리위탁료는 제17조의 감가상각비를 제외한 운항비용에서 선박운항수입액을 공제한 결손액으로 한다."고 정하고 있다. 낙도보조항로에서는 사실상 운항수탁회사는 결손이 발생하게 되므로, 일정한 수수료를 정하지 않고 결손액만큼을 관리수수료형태로 지급하는 것으로 보인다.

44) 국유선박관리위탁계약서 제5조는 "선박에서 발생한 여객 또는 선원의 피해에 대하여는 수탁자책임으로하고 수탁자는 여객 또는 선원의 피해보상을 위하여 한국해운조합공제 또는 시

선원이 승선하고 있었다면 수탁자가 책임의 주체가 된다. 이러한 점이 단순히 선박의 관리만 하여 주는 선박관리선사의 책임과 다른 점이다. 계열관리선사(선원송출회사)의 경우에는 선박소유자는 선박소유자와 승선계약을 체결하게 되므로 관리선사는 사용자책임을 부담하지 않는다. 수탁자가 선박연료유를 공급받는 등 대외적인 거래관계에서 책임의 주체는 수탁자가 되어 자신이 먼저 대금을 지급한 다음 위탁자에게서 환급받게 된다.

4. 運航受託者의 보호

수탁자는 상법 제774조 제1항 제1호의 선박운항자로서 책임제한주체가 될 수 있다.[46] 수탁자가 운송인이 되는 경우에는 개별적 책임제한의 이익을 누릴 수 있고(상법 제797조), 상법상 운송물유치권과 운송물경매권을 갖는다(상법 제807조 및 제808조).

수수료에 비하여 손해배상책임은 고액의 것인 경우가 많으므로 내부적으로 손해보상약관(hold-harmless clause)을 두어 선박소유자가 수탁자에게 손해를 전보하여 주는 약정을 할 수 있을 것이다.[47]

제9 專門船舶管理會社

1. 의 의

專門船舶管理會社란 선박소유자와는 별도의 회사로서 선박소유자와 관리계약을 체결하고 선원의 공급, 선박의 보수관리, 나아가 영업활동에 이르기까지 선박을 관리하여주고 일정한 수수료를 수령할 것을 선박소유자와 약정한 회사를 말한다. 통상은 선원의 공급과 선박의 안전운항에 대한 관리만을 한다. 관리회사는 선박을 자신의 영업활동에 투입하지 않는다는 점 및 일정한 수수료를 수령한다는 점이 선체용선자 등 용선자와 다르다. 수수료를 수령하는 점은 운항수탁회사와 같으나 선원의 공급이나 관리업무에 치중한다는 점에서 운항수탁회사와 다르다.

중보험에 가입하여야 한다."고 정하고 있다.

45) 반대 정동윤(하), 766면. 정동윤 교수는 원칙적으로 운항작업의 책임은 운항위탁자인 선박소유자에게 있다고 한다.

46) 동지 최종현, 89면.

47) 자신의 이름과 위탁자의 계산으로 거래를 하므로 상법 제113조 준위탁매매 규정의 적용이 고려될 수 있다. 동지 최종현, 88면.

선원송출회사에 있어서 선원들은 선박소유자와 고용계약을 체결하고 선박소유자의 피용자가 되지만, 전문관리회사에 있어서는 선원들은 전문관리회사와 고용계약을 체결하고 이들의 피용자가 된다(제3자 선박관리회사).

유럽과 싱가폴, 홍콩 등에 이러한 회사들이 많다. 1984년 설립되어 영국의 맨섬(Isle of Man)에 본사를 두고 있는 V.Ships는 1,000여척의 선박을 관리하고 있고 24,000명의 선원을 확보하고 있다.[48] Anglo Eastern Shipping, Fleet Management, OSM, Thome Group 등이 있고, Barber Ship Management를 인수한 Wilhelmsen Ship Management[49](말레이지아 쿠알라룸풀에 본사를 두고 있음)도 유명하다.[50]

선박관리회사는 대형선박회사의 자회사의 형식으로 운영되는 회사와 완전히 독립하여 관리업에 종사하는 회사(third-party ship management services; 제3자 선박관리업) 그리고 양자를 모두 겸하는 회사가 있다. 우리나라 선박관리회사는 예외없이 선박회사의 자회사 형식이라서 관리하는 선원들은 선박회사의 피용자가 된다. V.Ships와 Wilhelmsen은 대표적인 제3자 선박관리회사이다.[51]

船舶管理人은 선박공유자에 의하여 선임되는 임의대리인으로서(상법 제764조 제1항) 선박의 이용에 관한 재판상 또는 재판외의 모든 행위를 할 법정 권한이 있다는 점(상법 제765조 제1항)에서 그렇지 않은 전문선박관리회사와 다르다.

2. 海上企業主體로서의 船舶管理會社

전문선박관리회사는 전통적인 개념의 해상기업의 영리활동인 용선이나 운송에 관여하지 않고 있으므로 해상기업주체라고 하기는 어렵다. 그러나, 인적 설비를 가지고 있는 이상 해상기업주체로 간주하여 해상법의 적용을 받을 수 있다고 본다. 선박소유자책임제한의 주체로서 상법 제774조 제1항이 규정하는 선박관리인에는 전문선박관리회사가 포함된다.[52]

---

48) www.vships.com

49) www.wilhelmsen.com

50) 650척의 선박을 관리하는 BSM(Bernard Schulte Management)도 유명하다. Schulte Group의 자회사이다.

51) 이외에도 일본에서는 선주사가 직접 선박관리를 행하는 경우도 있다. 이 경우 선박관리 업무는 선주사의 한 분과에 지나지 않는다.

52) 정부는 선박관리업을 발전 육성시키기 위하여 선박관리산업발전법을 제정하여 2013.3.23. 부터 시행하고 있다.

3. 법률관계

(1) 대내 관계

선박소유자와 전문선박관리회사 사이에서는 위임계약의 일종인 선박관리계약이 체결된다. 통상 사용되는 표준관리계약서로서 Shipman이라는 것이있다. 선박관리회사의 선박소유자에 대한 책임은 연간 수수료의 10배로 제한된다.

(2) 대외 관계

전문선박관리회사는 운송이나 용선 등의 해상기업활동을 하지 않으므로 송하인 등에 대하여 운송계약상의 책임을 부담하지는 않는다. 그러나, 자신의 선원이 승선하고 있었다면 사용자로서 불법행위책임을 부담하게 될 것이다.[53)]

4. 專門船舶管理會社의 보호

전문선박관리회사는 선박을 운항하는 자로서 선박소유자책임제한이 가능할 것이다(제774조 제1항 제1호). 그러나, 이들이 운송인이 되지는 않으므로 운송인으로서 누리는 이익과 의무는 없다.

제10 기타 선박관련자

1. 저당권자

선박을 건조하는 경우 선박소유자는 건조대금이 필요하기 때문에 은행으로부터 대출을 하게 된다. 대출을 한 은행은 대금에 대한 채권자가 되고 자신의 대출금을 확실하게 수령하기 위하여 선박소유자에게 담보를 요구하게 된다. 통상 건조중인 선박이 담보로 제공된다. 은행은 대출을 받은 선박소유자에 대하여 저당권자가 된다.

은행은 전혀 선박의 운항에 개입하지 않는다. 그렇지만 은행은 선박의 운항에 이해관계를 가진다. 대금을 변제하지 못하는 사정이 생기면 저당물인 선박에 대한 임의경매를 신청하여 매각대금을 취하여야 한다. 만약, 선박소유자가 회생절차

---

53) 선원법상 선박관리회사도 선원을 고용하여 사용자가 될 수 있도록 하고 있다(제2조). 선원법상 선원근로계약을 선원과 체결할 수 있는 선박소유자의 정의에 선주뿐만 아니라 선주로부터 선박의 운항에 대한 책임을 위탁받고 이 법에 따른 선박소유자의 권리 및 책임과 의무를 인수하기로 동의한 선박 관리자, 대리인, 선체용선자가 포함된다.

에 들어가면 그 선박에 대한 강제집행은 하지 못하고 자신은 회생담보권자가 된다. 선박을 운항하는 자가 아니므로 책임을 부담하지 않고 또한 책임제한을 할 수 있는 자도 아니다.

2. 조 선 소

해상법의 연구의 범위는 기본적으로 선박이 건조되어 인도된 다음부터 운항을 시작하는 때부터 시작된다. 조선소는 선박소유자와 건조계약을 체결하여 선박을 건조하는 지위에 있다. 그러므로, 조선소는 선박운항을 하는 자가 아니므로 책임을 부담하는 일도 없다.

다만, 건조중인 선박도 시운전을 해야 하므로 시운전중 발생하는 선박충돌 사고시 상대방에 대하여 불법행위책임을 부담하게 된다. 이 경우 그는 선박운항자로서 선박소유자책임제한제도의 원용도 가능하고(상법 제774조 제1항), 상법 해상편 선박충돌규정에 따라 손해배상책임을 부담한다.

3. 예인선사 등 항만사업자

선박이 부두에 안전하게 접안하기 위하여는 도선사와 예인선이 필요하다. 도선사는 도선업법, 예인업은 선박입항 및 출항 등에 관한 법률의 적용을 받는다. 도선사는 예인선의 도움을 받아 선박을 안전하게 부두에 접안하게 한다. 이들은 운송을 하는 자들은 아니지만, 운송업을 하는 해상기업을 도와주는 기능을 한다.

해상기업은 반드시 운송업에 종사하여야만 성립되는 것은 아니다. 기본적 상행위의 하나인 "운송" 혹은 "용선"이라는 영리행위를 하게 되면 당연상인이 되지만(상법 제4조, 제46조), 우리 상법 해상편은 선박을 가지고 "기타 영리행위"를 하는 자도 적용의 범위로 하고 있다(상법 제740조). 그러므로, 예인선이 운항중 충돌사고가 발생한 경우 그도 책임제한의 주체가 된다.

항만에서 선원들의 이동을 도와주는 통선업, 물을 공급하는 급수선, 기름을 공급하는 연료유공급선, 청소선을 이용하여 영리활동을 하는 자들도 예인선업자와 동일한 설명이 가능하다.[54)]

54) 항만운송사업법의 적용을 받는다.

[보론] 다양한 海上企業主體의 효용

1. 의 의

선박회사들이 자신들이 필요로 하는 모든 선박을 항상 소유할 필요는 없다. 각 선박회사들은 선박을 직접 소유하고 있기도 하고 용선하여 있기도 하다. 선박의 소유에는 많은 자본이 필요하기 때문에 소유하지 않고 필요에 따라서 다른 소유자로부터 선박을 빌려서 단기간 사용하는 것이 더 유리할 수 있다. 이러한 조합을 잘 이루어야 효율적인 해운경영이 될 것이다.

2. 구체적인 예시

다음과 같은 예를 들어보자.

(1) A 선박회사는 오랜 전통을 가지고 있는 회사로서 우수한 선원을 많이 보유하고 있다. A는 한국전력과 호주의 철광석을 10년간 운송하는 장기운송계약을 체결하였다.

(2) B 선박회사는 갑자기 중국 특수가 일어나 철광석에 대한 운송수요가 발생하여 한 항차동안 추가적인 운송을 하고자 한다.

(3) C 선박회사는 장차의 해운시황을 긍정적으로 보아 용선료가 올라갈 것으로 예상하였다. 자신은 선원은 보유하지 않고 원래부터 용선만을 전문으로 하는 회사이다.

(4) S 전자는 1주일에 한 번씩 미국으로 스마트 폰 1Box를 운송하고자 한다.

(5) D 정기선사는 오랜 거래관계에 있는 화주로부터 자신의 선박이 취항하지 않는 유럽에 소량의 화물을 운송하여 달라고 의뢰를 받았다.

(1)의 경우는 장기적인 운송계약이 필요하므로 장기적인 용선계약으로 선박을 확보하여야 한다. 자신의 선원을 활용할 수 있기 때문에 정기용선을 오랜 기간하는 것보다는 선체용선을 하는 것이 좋다. (2)의 경우는 한 항차동안의 일시적인 용선을 하는 것이 되므로 항해용선을 하는 것이 좋다. 개품운송을 생각할 수 있으나 개개의 물건에 대한 운송계약보다는 선박자체를 용선하는 것이 경제적이다. (3) 1년 정도의 정기용선계약을 체결하는 것이 유리하다. 자신이 선원이 없기 때문에 선체용선계약을 하면 선박의 수리, 선원의 채용 등에 있어 어려움이 뒤따르

기 때문이다. (4) 화주로서 S 전자는 정기적으로 운송물을 수입자에게 보내야 한다. 그러므로 정기선사를 선택하여 개품운송계약을 체결하여야 한다. 이때 개품운송인은 선박소유자일 수도, 선체용선자일 수도, 정기용선자일 수도 있을 것이다. (5)의 경우는 유럽에 항로를 가지는 E 정기선사를 활용하여야 한다. 한편으로는 자신이 운송인이 되어야 한다. 그리고 화물이 소량이기 때문에 선박 한 척을 빌리는 것은 비효율적이기 때문에 이러한 경우는 E 정기선사와 유럽을 기항하는 선박의 일부를 빌리는 형태의 계약인 슬로트 용선 혹은 스페이스 용선계약이 적합하다.

3. 해상기업주체의 지위에 따른 화주보호의 정도

해상기업의 주체가 되는 자들 특히 선박소유자, 선체용선자, 정기용선자, 항해용선자, 운송인으로서의 운송주선인은 모두 화주와 운송계약을 체결할 수 있다. 화주는 누구와 운송계약을 체결하는 것이 가장 유리할 것인가? 손해배상에 따른 채권을 확보한다는 측면에서 볼 때 선박소유자가 가장 유리하고 운송주선인이 가장 불리하다.

이는 채무자의 재산에 대하여만 가압류가 가능하기 때문이다. 정기용선자나 항해용선자는 선박을 소유하고 있는 것이 아니라 채권으로서의 선박에 대한 사용권만을 가지는 자들이다. 따라서 이들이 운송인이 되는 경우에는 운송에 제공된 선박에 대한 가압류가 불가능한 반면, 선박소유자가 운송인으로서 책임을 부담하는 경우에는 바로 선박에 대한 가압류가 가능하게 된다. 따라서, 화주로서는 선박소유자가 운송인이 되는 것이 채권확보에 가장 유리하다고 할 수 있다.

그러나 현실적으로 운송계약의 체결은 이러한 요소의 고려없이 이루어진다. 따라서, 입법자들은 화주를 보호하는 다른 방안을 고려하게 되었다. 상법 제809조(개정전 제806조)는 정기용선자와 항해용선자가 운송인이 된 경우에는 일정한 요건하에서 선박소유자도 연대책임을 부담하게 된다. 선박소유자가 운송인이 아님에도 책임을 부담하도록 법정화한 것이다. 따라서 화주는 제809조에 따른 책임을 부담하는 선박소유자가 소유하는 선박을 가압류할 수 있게 되고 이 점에서 보호된다.

운송주선인이 운송인이 된 경우에는 제809조의 적용이 없다. 따라서, 화주는 불리한 지위에 놓인다. 보통은 실제운송인인 선박소유자에게 불법행위책임을 화주들이 묻게 된다. 운송계약의 상대방인 화주를 보호하기 위하여는 운송주선인이 일정한 한도의 재산을 보유하도록 하는 행정법상의 입법기술이 필요하고 우리 법은 운송주선인(국제물류주선업자)에게 1억원 이상의 이행보증보험 혹은 1억원 이상의 화물배상책임보험에 가입하도록 하고 있다(물류정책기본법 제43조).

이러한 우리 법상의 제도는 운송계약상 화물손상에 따른 손해배상청구권에 근거한 선박우선특권이 화주에게 주어지지 않기 때문에 특별히 중요한 의미를 가진다. 특히, 2016년 9월 소위 한진해운 물류대란이 발생한 다음 화주들은 자신의 채권을 보호하기 위하여 운송인의 재정상태를 엄격히 따지게 되었다.

4. 도선법의 선박소유자의 의미와 적용?

도선법은 도선사를 보호하고 도선을 안정적으로 그리고 효율적으로 운영하기 위하여 만들어진 법률이다. 도선은 도선사와 선박소유자 사이의 도선계약으로 출발한다. 그런데, 도선사가 외국의 선박 등으로부터 도선료를 받지 못하는 경우도 있다. 이 경우 도선사는 어떤 보호를 받을 것인가? 도선사는 도선료채권을 가진 채권자이기 때문에 채무자인 도선의뢰인이 소유한 재산에 대한 가압류가 가능하다. 그런데, 통상 선박은 정기용선이 된 상태이다. 이 경우에는 도선한 선박에 대한 가압류는 불가하다. 채무자의 소유가 아니기 때문이다. 선박우선특권에 의한 임의경매가 가능하다. 다른 수단이 있다. "선박소유자와 선장은 도선료지급의무가 있다"는 규정이다(도선법 제21조 제3항과 4항).

과연 이 조문에서 선박소유자는 선박운항에 무관하게 항상 선박을 소유한 자를 의미하는지 의문이 있다. 이를 점유의 개념으로 본다면, 선박소유자는 선체용선자 혹은 정기용선자로 해석되어야 할 것이다. 즉, 선박이 정기용선된 경우에 도선을 담당하는 자는 정기용선자이기 때문에 위 규정의 선박소유자는 정기용선자로 읽혀야 한다. 이렇게 되면 정기용선자가 운송계약의 당사자이기 때문에 도선료를 지급하는 것은 당연하다. 당연한 것을 규정할 필요가 없다. 그렇다면, 이 조문은 어떠한 운항의 형태라도 선박소유자는 도선료를 지급하게 하여 도선사를 보호하려는 입법의도가 있는 것으로 보아야한다. 소유의 개념으로서 선박소유자이다. 2016년 한진해운 사태 이후에 한진해운이 정기용선자로서 회생절차에 들어갔다. 도선료채권도 제대로 받지 못하게 되었다. 한진해운이 빌려서 사용하면서 부산항 도선사들에게 도선료가 지급되지 않은 사안에서 이 조항을 근거로 선박소유자에게 청구를 했다. 해상변호사들이 위와 같이 위 조문을 해석하여 해결되었다.

5. 선주사(owner)와 운항사(opertor)의 구별

일본과 그리스 그리고 독일은 선박을 소유만 하고 운항은 하지 않는 소위 선주사가 많다. 일본의 경우 운항상선 3,300척 중에서 1,100척은 일본의 선주사로부터 빌려서 운항하는 배들이다. 두 가지 형태로 운항된다.[55]

첫 번째, 정기용선형이다. 선주사는 선박을 용선자에게 정기용선계약을 체결하여 빌려주는 것이다. 이 경우 선주사는 선장이하 선원을 직접 채용하여 승선시킨 다음 빌려준다. 따라서 선박충돌, 유류오염사고시 선주사가 상대방의 손해배상에 대하여 사용자책임을 부담한다. 정기용선자는 운송인이 되어 운송계약에 따른 책임을 부담한다. 선주사가 선박에 대한 관리경험이 많은 경우에 가능하다.

두 번째, 선체용선형이다. 선주사는 선박만을 용선자에게 빌려준다. 배를 빌려간 용선자가 선원을 직접채용한다. 따라서 선박충돌, 유류오염사고시 손해배상책임을 부담하는 자는 선체용선자이다. 은행 등이 선주사를 하는 경우에 자신은 선박관리 경험이 없기 때문에 나타나는 현상이다.

어느 경우에나 선주사가 화주와 운송계약을 체결하는 것은 아니기 때문에 운송계약위반으로 인한 손해배상책을 부담하지 않는다. 어느 경우에나 선주사는 선박소유자로서 난파물제거의무와 유류오염손해배상보장법에 따른 유류오염손해배상책임 및 보험가입의무를 부담한다.

제3절 船舶所有者 責任制限制度

제1 序

1. 의 의

채무자나 가해자는 자신들의 고의과실로 인하여 발생한 손해에 대하여 채권자나 피해자에게 전액을 배상하여 주어야 한다. 그런데, 각국의 해상법은 연혁적으로 열악한 지위에 있었던 선박소유자들을 보호하기 위하여 선박소유자들의 책임을 제한하는 제도를 창출하였다.[56] 선박소유자 등이 자신들이 부담하여야 하는 책임을 일정한 한도로 제한할 수 있는 제도를 선박소유자의 책임제한제도라고 한다.

---

55) 자세한 내용은 김인현, “일본의 선주사와 운항사 분리운영구조에 관한 연구”, 금융법연구 제16권 제3호(2019), 194면 이하가 있다.

56) 17세기~18세기 10척의 상선이 무역을 위하여 출항한 경우 6~7척만 귀항할 수 있었다고 한다.

우리 상법상 유한책임제도는 주식회사의 주주가 부담하는 책임 등에 채택되어 있다(상법 제331조 및 제553조). 이는 상법의 기업유지 이념의 구현이라고 할 수 있고 선박소유자의 책임제한제도도 동일하다.

2. 연 혁

선박소유자책임제한제도(LLMC)는 국제조약의 형태로 발전되어 왔다. 1924년, 1957년 그리고 1976년 조약(LLMC)이 있고, 현재는 1976년 조약에 대한 1996년 의정서가 발효되어 있다. 우리나라는 이들 조약을 비준하지는 않았지만, 1976년 조약을 상법에 수용하고 있다. 현재 대다수의 국가가 1976년 조약을 채택하고 있고, 남아공화국과 말레이시아는 1957년 조약을 아직도 그대로 사용하고 있다. 1996년 의정서는 2004년 발효되었고 일본은 이를 비준하여 국내법에 반영하였다.[57] 2012년 이에 따른 책임제한액의 인상이 있었다. 1957년 조약은 책임제한권자의 고의 혹은 과실(actual fault or privity)에 의한 손해에 대하여 책임제한이 인정되지 않았지만, 1976년 조약에서는 책임제한이 인정되지 않는 사유를 고의 혹은 무모한 행위로 대폭 강화하고 책임제한액을 인상한 점에서 큰 차이가 난다.

유류오염사고는 피해의 대형화 및 피해자 보호의 필요성이 일반사고와는 다르다. 유류오염 사고에 대하여 새로운 형태의 선박소유자책임제한제도(CLC)가 창설되어 일반 선박소유자 책임제한제도에서 분리되어 독자적인 제도로 운용되고 있다. 일반 선박의 선박연료유로 인한 손해배상의 문제를 다룬 선박연료유협약(Bunker Convention)에서의 선박소유자 책임제한 제도는 LLMC와 국내법에 따른다.

3. 근 거

선박소유자의 책임을 제한하는 근거에 대하여는 여러 가지 견해가 있으나 종래 유기체설과 정책설이 통설적인 입장이었다. 유기체설은 선박은 독립된 유기체이기 때문에 선박의 운항과 관련하여 발생하는 채권에 대하여 선박이 책임을 져야 하고 그 결과 법적인 책임주체인 선박소유자도 선박을 한도로 책임을 부담하는 것이라는 학설이고, 정책설은 국가안보 및 산업정책상 국가는 일정한 선박을 보유하는 것이 필요하나 해상기업은 고도의 위험을 부담하므로 국가가 이를 정책적으로 보호한다는 것이다.[58] 해상기업이 부담하는 손해액은 확정되지 않는 대규모의 것으

57) 중국은 LLMC에 가입하지는 않았으나 이를 국내법에 반영하고 있다. 일본은 1975년 "선박 소유자 등의 책임제한에 관한 법률"을 제정하였다. 2005년에는 1996년 의정서를 반영하여 개정하여 현재에 이르고 있다. 자세한 내용은 中村・箱井, 96-98면을 참고 바람.

로서 보험에 가입하기 위하여는 책임제한제도가 필요하다는 견해도 있다.[59] 상호주의적 고려에 근거를 두기도 한다.[60]

위험을 안고 있는 산업이 많고 해상위험이 통신수단의 발달로 감소하였으므로, 선박소유자의 책임제한은 필요가 없다는 주장도 많이 있다. 그러나, 바다 위라는 위험한 곳을 항해하고 육지와 바다와의 격리성에 수반되는 사고가 많은 현실을 감안하면 선박소유자 책임제한제도는 여전히 존치할 필요가 있다고 본다.[61]

제2 적용요건

1. 주 체

(1) 船舶所有者

전통적으로 선박소유자 책임제한조약은 선박소유자를 위한 것이었다. 선박을 소유하면서 운항하는 자는 물론 선박을 소유만 하는 소위 선주사도 여기에 속한다. 1976년 조약이 체결되기 전에는 선박소유자만이 책임제한의 주체가 될 수 있었다. 그리하여, 정기용선이 된 경우에 정기용선자는 책임제한의 이익을 향유할 수 없었다. 따라서 선하증권상 소위 디마이즈 클로즈(demise clause)를 삽입하여 본 운송계약에서 운송인은 선박소유자임을 천명하여 운송중의 사고에 대하여 선박소유자가 책임제한을 할 수 있도록 하였다.

선체용선자는 1991년 상법 제766조(제850조)를 근거로 책임제한의 주체가 될 수 있었다. 선박임대차 유사설을 취하는 다수설과 판례의 입장에서는 정기용선자도 상법 제766조를 준용하여 책임제한이 가능하였다. 그러나 1991년 상법은 제750조(제774조)를 두어 입법적으로 이를 해결하였다.

(2) 기타 海上企業主體

상법은 제774조 제1항 제1호에서 용선자, 선박관리인 및 선박운항자를 선박소유자의 경우와 동일하게 책임을 제한할 수 있는 부류로 정하고 있다(1976년 조약 제1조 제2항).

---

58) 채이식, 265면; 최기원, 51면; 최준선, 385면; 中村・箱井, 91면.

59) 김창준, "상법 제748조(선주유한책임의 배제)에 관한 고찰"(경희대학교 법학석사학위논문, 1999.2.), 9면.

60) 이균성, 264면.

61) 동지 정동윤(하), 781면; 최종현, 124면.

1) 傭船者

여기의 용선자에 대하여는 두 가지 해석이 가능하다. 하나는 선체용선자, 정기용선자 및 항해용선자를 모두 포함하는 개념으로 보는 것이고,[62] 다른 하나는 항해용선자만을 의미한다는 해석이다. 여기서 말하는 항해용선자란 기업형 항해용선자를 말한다. 운송형 항해용선에서 운송인의 상대방에 해당하는 항해용선자는 화주로서 선박소유자 책임제한권을 갖지 못하며 오히려 그 상대방의 지위에 있다.

사견으로는 선체용선자와 정기용선자는 상법 제850조를 이용하여 상법 제769조 및 상법 제774조 제1항의 선박소유자에 해당하여 책임제한이 가능하므로, 본항의 용선자는 항해용선자를 의미한다고 생각한다.[63] 용선자에는 슬로트 용선자도 포함된다.[64]

[판례소개](영국여왕좌부 해사법원 2008.12.9) (The "MSC Napoli")

대형 컨테이너 선박인 MSC Napoli호가 영국 남부해안에 좌초하여 책임제한절차가 개시되었다. Hapag-Lloyd사(HPL)가 MSC사로부터 동 선박의 일부를 용선하여 사용하는 슬로트 용선자의 입장에 있었다. 선결문제로서 (i) HPL이 슬로트 용선자이지만 책임제한조약 제1조에서 말하는 선박소유자의 범주에 포함되어서 책임제한권이 부여되는지, (ii) 형성된 책임제한기금은 HPL에 의하여 형성된 것으로 볼 수 있는지가 다투어졌다.

책임제한조약(LLMC) 제1조 (1)은 shipowners... as hereinafter defined might limit their liability라고 하고, 제1조 (2)은 shipowner는 "the owner, charterer, manager or operator of a seagoing ship"이라고 한다. 제9조는 책임제한은 제1조 (2)에 말하는 사람에 대하여 한 사고에서 발생한 모든 청구액의 총합에 적용된다고 한다. 제11조 (3)은 제9조에 의하여 형성된 기금은 모든 자를 위하여 형성된 것으로 간주된다고 정한다.[65]

영국 해사법원의 Teare 판사는 다음과 같이 판시하였다.

(1) 용선자 (charterer)라는 단어의 일상적인 의미 및 조약의 분명한 목적에 따르면 슬로트 용선자도 선박소유자의 정의의 범주에 속하고 따라서 그의 책임을 제한할 수 있다.

(2) 제9조에서 언급한 한 사람에 의하여 형성된 기금은 제9조에서 말하는 모든 자를 위하여 형성된 것으로 간주된다. 신청인 MSC는 선박 MSC Napoli의 선박 소유자이다. 따라서 제1조 (2) 및 제9조에 언급된 사람이다. HPL은 선박의 용선자로서 제1(2) 및 제9조에 언급된 자이다. 따라서 기금은 HPL에 의하여 형성된 것으로 간주된다.

---

62) 최종현, 132-133면.
63) 동지 이균성, 277면; 최준선, 392면.
64) 동지 최종현, 133면.
65) [2009] 1 LLoyd's Report, p. 246.

2) 船舶管理人

여기서 말하는 선박관리인이란, 상법상 선박공유에서의 선박관리인을 포함하여 새롭게 등장한 전문선박관리회사를 의미한다.[66] 전문선박관리회사는 자신이 선임감독하는 선원을 승선시켜 선박소유자의 선박에 대한 관리용역을 선박소유자에게 제공하므로, 불법행위상의 책임을 부담하는 경우가 있을 수 있다. 이 경우 전문선박관리회사는 선박소유자책임제한제도를 이용할 수 있다.

3) 船舶運航者

선박운항자란 광범위하게 사용될 수 있는 용어이다. 선박운항위탁계약의 경우에 운항수탁자는 자신의 이름으로 위탁자인 선박소유자의 계산으로 선박운항을 하므로 자신에게 청구된 불법행위상의 책임에 대하여 책임제한을 할 필요성이 있다. 신조선을 시운전하는 경우의 조선소도 여기에 해당한다.[67] 무선박운항자(NVOCC) 혹은 운송주선인이 운송인인 경우에 이들이 책임제한이 가능하다면 이들도 여기에 포함된다. 운송인으로서 선하증권을 발행한 운송주선인도 선박운항자에 포함되는 것으로 할 것인가는 다툼이 있다. 이 경우에 운송주선인은 해상기업주체로서 갖추어야 할 인적, 물적 설비가 전혀 없기 때문에 부정되어야 한다.[68]

(3) 船舶所有者(海上企業主體)들의 被用者

상법은 제774조 제1항 제3호에서 선박소유자의 피용자들을 책임제한주체로 하고 있다. 선박충돌 등과 같은 불법행위에 있어서는 선박소유자와 선원은 부진정연대책임을 부담하게 된다. 즉, 선장은 민법 제750조의 책임을, 선박소유자는 상법 제878조와 제879조의 책임을 부담한다. 그런데, 제3자가 선박소유자에게 손해배상책임을 묻는 경우에는 이들은 책임제한을 할 수 있으면서, 그 피용자인 선장이 책임제한을 할 수 없다면 이는 형평에 맞지 않을 것이다. 또한 사용자책임을 부담하는 선박소유자가 선장에게 구상청구를 하는 경우에 선장이 구상청구에 대하여 책임을 제한하지 못하면 선장은 선박소유자에 비하여 불리한 지위에 놓이게 된다. 그러므로, 개정상법에서는 이들을 책임제한주체로 하고 있다.

---

66) 동지 이기수 외, 528면. 주석상법은 선박공유에서의 선박관리인만을 포함시키고 있다. 주석상법, 79면.

67) 동지 이균성, 278면. 시운전중의 선박충돌사고로 조선소가 불법행위 책임을 부담하는 경우가 대표적인 예이다.

68) 반대, 이균성, 278면; 찬성, 최종현, 86면(그러나 입법론으로는 책임제한 주체로 인정되어야 한다고 주장한다), 서동희, 해운신문, 2007.2.12. 그러나, 최근 컨테이너를 제공하는 운송주선인이 늘어나고 있고 이를 해상기업의 물적 설비로 보는 필자의 견해에 따르면 운송주선인도 선박운항자에 포섭될 여지가 많아지고 있다.

제3호에 해당하는 도선사에는 임의도선사는 물론 강제도선사도 포함된다.

유조선의 유류오염손해의 경우 선장, 도선사, 선급협회에 대한 제3자의 직접청구는 제한되므로 주의를 요한다(유배법 제5조 제5항; CLC 제3조 제4항).

(4) 海難救助者

상법은 해난구조자도 책임제한주체가 된다고 한다. 본래의 의미의 선박소유자 책임제한은 문제의 선박을 운항하던 중 발생한 손해에 대하여 선박소유자가 책임을 제한할 수 있는 제도이다. 원칙적으로 해난구조자는 문제의 선박을 운항하던 중에 손해를 야기시킨 자가 아니므로, 책임제한을 할 수 없다. 그러나, 도조마루(Tojo Maru)호 사건의 영향으로 해난구조자에게도 선박소유자가 누리던 책임제한의 이익을 향유하게 하였다. 즉, 해난구조자가 구조작업 중에 야기한 사고로 인하여 발생한 채권을 피해자가 해난구조자에게 청구할 때, 해난구조자는 책임을 제한할 수 있다(상법 제775조 제1항). 피구조선의 선원, 여객 또는 그 밖의 사람의 사망이나 신체의 상해로 인한 손해에 관한 채권, 피구조선의 선체·운송물 등의 멸실이나 훼손으로 인한 손해에 관한 채권, 어업권의 침해로 인한 손해 등에 대하여 해난구조자는 책임을 제한할 수 있을 것이다.

(5) 責任保險者

책임보험자는 상법 제774조상의 책임제한권자가 아니다. 그러나 책임보험에서 피해자는 직접청구권을 가지고(상법 제724조 제2항) 결국 책임보험자는 피해자에게 손해배상책임을 부담하는 결과가 된다. 책임보험자는 피보험자가 피해자에게 주장할 수 있는 책임제한 항변을 원용할 수 있다. 따라서 책임보험자도 책임제한권자가 된다(대법원 2009.11.26. 선고 2009다58470 판결).[69]

유류오염손해배상보장법에서 책임보험자는 피해자로부터 직접청구를 받게 된다(유배법 제16조 제1항). 그런데, 피보험자인 선박소유자가 책임제한을 할 수 있음에도 책임보험자가 책임제한을 하지 못하게 되면 이는 형평에 맞지 않으므로 책임보험자도 책임제한주체가 되도록 하고 있다(유배법 제6조).

[판례소개](대법원 2009.11.26. 선고 2009다58470 판결)

광민호(유조선)(선주 甲)와 제1칠양호(어선)(선주 乙)의 충돌사고로 광민호는 약 5,100만원(선박수리비, 청소 및 폐유수거처리비 등)의 손해를 입고 乙은 수리비로 2,900

---

69) 동지 최종현, 136면; 최준선, 394면. 1976년 조약(LLMC)에는 책임보험자도 책임제한 주체로 명기되어 있다(제1조 제6항).

만원의 손해를 입었다(乙의 과실비율 65%). 甲에 대하여 乙은 약 2,500여만원을 지급할 의무를 부담하게 되었다. 乙은 물적 손해의 총채권액이 책임한도액 83,000SDR(약 1억1천만원)을 초과한다는 이유로 부산지방법원에 책임제한절차의 개시신청을 하자 동 법원은 개시결정을 하였다. 甲은 칠양호의 책임보험자(피고)에게 2,500여만원에 대한 손해배상청구를 서울동부지방법원에 하였다. 원고 甲은 (i) 乙의 책임이 제한되는 것은 선박소유자의 다른 채권자들에 대한 물적 손해에 관한 손해배상채권의 전체총액이 상법이 정한 책임한도액을 초과한 때문인데, 피고의 책임은 원고의 이 사건 유류운반선에 관한 물적 손해에 대한 보상책임에 한정되기 때문에 그 채무액은 상법이 정한 책임한도액을 넘지 아니한다; (ii) 피고는 상법 제774조에 규정된 책임제한절차를 신청하거나 이를 원용할 수 있는 자가 아니며 책임제한절차를 개시할 요건도 충족하지 못하였고, 따라서 그 책임보험자인 피고도 책임제한절차개시의 항변을 제기할 수 없다. 그러므로, 피고는 원고에게 책임제한절차와 무관하게 2,500여만원을 지급하여야 한다고 주장하였다. 원심법원(서울동부지방법원 2009.6.19. 선고 2009나2820 판결)은 피고는 이 사건 어선의 보험자로서 乙의 원고에 대한 손해배상채무를 병존적으로 인수하여 원고에게 이를 배상할 책임이 있지만, 피보험자인 乙의 이 사건 책임제한절차에서 확정되는 책임제한액의 범위 내로 책임이 제한된다고 할 것이고, 이 사건 책임제한절차가 아직 종료되지 아니하였으므로, 피고는 원고에게 부산지방법원 2007책1호 선박소유자책임제한절차의 폐지 또는 책임제한절차의 개시결정의 취소를 정지조건으로 2,500여 만원 등을 지급할 의무가 있다고 판시하였다.

대법원은 아래와 같이 판시하였다.

구 상법 제750조 제1항에 선박소유자의 경우와 동일하게 책임을 제한할 수 있는 자로서 선박소유자의 책임보험자가 규정되어 있지는 않으나, 동법 제724조 제2항에서 "제3자는 피보험자가 책임을 질 사고로 입은 손해에 대하여 보험금액의 한도내에서 보험자에게 직접 보상을 청구할 수 있다. 그러나, 보험자는 피보험자가 그 사고에 대하여 가지는 항변으로써 제3자에게 대항할 수 있다."고 규정하고 있을 뿐 아니라, 책임보험자는 피보험자의 책임범위 내에서만 책임을 부담하는 것이 보험법의 일반원리에도 충실하고, 같은 피해자라도 상대방이 보험에 가입하였느냐 여부 및 선박소유자 또는 보험자 어느 쪽에 대하여 청구권을 행사하느냐에 따라 그 손해전보의 범위가 달라지는 것은 합리적이지 못하며, 해상사고의 대규모성에 비추어 해상보험자에 대하여만 그 보호를 포기할 이유가 없다는 점 등을 고려하면, 책임보험자도 피보험자인 선박소유자등의 책임제한의 항변을 원용하여 책임제한을 주장할 수 있다고 할 것이다. 그리고 책임보험자가 선박소유자등의 책임제한절차 외에서 선박소유자의 책임제한 항변을 원용하는 경우 법원으로서는 책임제한절차의 폐지 또는 책임제한절차 개시결정의 취소를 조건으로 제한채권자의 청구를 인용할 수 있다고 할 것이다. 이러한 원심의 판단은 정당하다. 관여 대법관의 일치된 의견으로 상고를 기각한다.[70)]

70) 이에 대한 판례평석은 김인현, "2009년도 해상법등 중요판례평석", 한국해법학회지 제32권 제2호(2010.11.), 377면 이하를 참고 바람.

2. 대상 債權

(1) 責任制限대상이 되는 債權

책임제한대상이 되는 채권은 상법 제769조 제1호에서 제4호에 기술되어 있다.

① 선박에서 또는 선박의 운항에 직접관련하여 발생한 사람의 사망, 신체의 상해 또는 그 선박 이외의 물건의 멸실 또는 훼손으로 인하여 생긴 손해에 관한 채권(제1호)(1976년 조약 제2조 제1항 a호)

선박에서 발생하거나 선박운항에 직접 관련하여 발생한 손해여야 한다. 선박소유자의 선박건조자금·차용과 관련된 손해는 이에 해당하지 않는다. 운송물이 해상에서 운송중 발생한 손해는 여기에 포함되지만, 이미 선박에서 양륙되어 창고에 있던 중 발생한 손해는 이에 포함되지 않는다는 것이 대법원(2014.5.9.자 2014마223 결정)의 입장이다.[71] 그러나, 선하증권과 상환하지 아니하고 운송물을 창고에서 인도한 경우에도 책임제한이 가능하도록 넓게 해석하는 것이 좋다.[72]

사람 혹은 물건에 직접적인 피해가 생긴 경우를 말한다. 이를 분류하여 보면 첫째, 선박에서 발생한 인적 사상 손해이다. 선박충돌사고로 선원이 사망한 경우 유족이 갖는 손해배상청구권이 그 예이다. 둘째, 선박의 운항과 관련하여 발생한 그 선박 이외의 물적 손해이다.[73] 상대방 선박의 침몰로 인한 손해, 부두손상으로 인한 수리비 그리고 선적되어 운송되던 화물 손해 등이 이에 포함된다. 운송물이 선창덮개의 불량으로 화물이 누손을 입은 경우의 화주의 손해배상청구권이 그 예이다. 선박충돌사고로 상대선박이 침몰한 경우 그 선박의 소유자가 가지는 손해배상 청구권이 이에 포함된다. 도선 중 인천항의 도크를 파손시킨 도선사의 과실에 기인한 손해를 인천항만공사가 선박소유자에게 청구하는 경우의 채권도 여기에 해당한다.

선박 이외의 물건의 훼손이라고 하므로 선박자체의 손상에 대한 책임제한을 할 수는 없다.[74] 예컨대, 정기용선자가 위험화물을 적재하여 그 폭발로 인하여 선박이 파손된 경우에 정기용선자는 선박소유자에 대하여 책임제한을 할 수 없는 것

---

71) 찬성평석으로는 정영석, "선하증권과 상환하지 아니한 운송물 인도와 선박소유자의 책임제한", 한국해법학회지 제36권 제2호(2014.11.), 7면 이하가 있다.

72) 동지 최종현, 139면; Griggs, Limitation of Liability, pp. 19-20; 김인현, "운송물 불법인도로 인한 손해배상채권의 선박소유자 책임제한 채권 해당 여부", 사법 제29호(2014.9.15.), 109면 이하.

73) 최종현, 138면.

74) 동지 정동윤(하), 788면; 최종현, 138면; 이균성, 292면.

이 된다.[75)]

[판례소개](대법원 2014.5.9. 선고 2014마223 판결)

한국의 선박회사(운송인)는 정기용선자로서 2013.4.4. 일본의 송하인(수출자)과 철근 3,004톤(시가 20억 원 상당)에 대한 운송계약을 체결하였다. 운송인은 일본의 요코하마항에서 SS WIN이라는 선박에 운송물을 선적하고 수출자에게 지시식 선하증권을 발행하여 주었다. 동 선박은 2013.4.10. 인천항에 도착하였고, 다음 날 보세창고에 운송물이 입고되었다. 보세창고업자는 운송인에게 그가 발행하는 화물인도지시서(D/O)가 없이는 어떠한 경우에도 이 사건 화물을 반출하지 않겠다는 각서를 작성하여 운송인에게 제출하였다. 그런데 수하인(수입자)은 2013.4.13.에서 4. 25.에 걸쳐서 창고업자와 결탁하여 선하증권과 상환하지도 않고 운송물을 불법반출하여 버렸다. 은행으로부터 수리되지 않은 상태로 선하증권을 소지하고 있던 수출자는 운송인에게 운송물인도청구권을 행사하면서 손해배상청구를 하게 되었다.

운송인(신청인) 측은 한국에서 선박소유자 책임제한절차 신청을 하였다. 신청인 측은 선박의 운항에 직접관련하여 발생한 손해에 대한 채권에 대하여 상법 제769조에 따라 선박소유자책임제한 신청이 가능하다는 주장을 하였다. 피신청인 측에서는 선박에서 양륙되어 창고에 들어 있는 화물에서 발생한 손해는 선박소유자책임제한의 대상채권이 아니라고 주장하였다.

대법원은 아래와 같이 판시하였다.

상법 제769조 제1호는 선박소유자가 청구원인의 여하에 불구하고 같은 법 제770조에 따른 금액의 한도로 그 책임을 제한할 수 있는 채권의 하나로 '선박의 운항에 직접 관련하여 발생한 그 선박 외의 물건의 멸실 또는 훼손으로 인하여 생긴 손해에 관한 채권'을 규정하고 있고, 같은 법 제774조 제1호는 용선자 등도 위 규정에 따라 선박소유자의 경우와 동일하게 책임을 제한할 수 있다고 규정하고 있다.

위와 같이 선박소유자의 책임제한대상을 '선박의 운항에 직접 관련하여 발생한' 손해에 관한 채권으로 한정하고 있는 것은 1976년 해사채권에 대한 책임제한조약(Convention on Limitation of Liability for Maritime Claims) 제2조 제1항 (a)호의 'occurring in direct connection with the operation of the ship'을 수용한 것으로서, 선박소유자 책임제한 제도의 목적, 연혁 및 취지 등을 종합하면, 선박의 운항이 종료된 후에 발생한 선박소유자의 단순한 채무불이행은 선박의 운항에 직접 관련된 것이라고 할 수 없다.

원심은 판시와 같은 사실에 기초하여, (1) 화물의 해상운송을 위하여 선박을 운항한 경우 화물이 목적항에 도착하여 양륙되고 보세장치장에 반입되었다면, 그 후 보세창고에 보관 중이던 화물을 보세창고업자가 무단 반출하는 행위는 선박의 운항에 속하거나 이와 직접적 관련이 있다고 볼 수 없다고 전제한 다음, (2) 신청인이 이 사건 선박을 운항하여 운송한 이 사건 화물을 주식회사 XX이 운영하는 보세창고에 보관하던 중 주식회사 XX가 이 사건 화물을 선하증권과 상환 없이 무단 반출하여 정당한 선하증권 소지인인 YYYY에게 위 화물가액 상당의 손해를 발생시켰다 하더라도, 이는 이 사건 선박의 운항과 직접 관련하여 발생한 손해가 아니므로 위 손해에 관한 채권은 선박소유자 등의 책임제한 대상이 되는 채권이라고 볼 수 없다고 판단하였다.

75) The "Ageon Sea", [1998] 2 Lloyd's Rep., 39. 이에 대한 판례평석은 김인현(해상법연구), 106면 이하.

> 원심결정 이유를 기록에 비추어 살펴보면, 원심의 위와 같은 판단은 앞서 본 법리에 기초한 것으로서, 거기에 재항고이유 주장과 같이 상법 제769조 제1호의 해석 및 해상 운송인의 책임종료 시점에 관한 법리 등을 오해한 위법이 없다. 그러므로 재항고를 기각하기로 하여, 관여 대법관의 일치된 의견으로 주문과 같이 결정한다.

② 운송물, 여객 또는 수하물의 운송의 지연으로 인하여 생긴 손해에 관한 채권(제2호)(1976년 조약 제2조 제1항 b호)

선박운항 스케줄이 운송인의 귀책사유로 인하여 지연되어 운송물이나 여객 또는 수하물에 지연손해가 발생한 경우에 그 손해에 대한 채권을 가진 자들이 선박소유자에게 손해배상을 청구하는 경우가 그 예라고 할 수 있다.

③ 제1호 및 제2호 이외에 선박의 운항에 직접관련하여 발생한 계약상의 권리이외의 '타인의 권리'의 침해로 인하여 생긴 손해에 관한 채권(제3호)(1976년 조약 제2조 제1항 c호)

제3호에서 말하는 채권은 타인의 권리의 침해로 인한 손해에 대한 것이다. 제1호에서는 사람이나 물건에 직접적인 손해가 야기된 경우의 채권을 말한다.

일반선박의 연료유 배출로 인하여 양식장의 고기가 폐사된 경우에 양식업자가 갖는 채권은 제1호의 "그 선박 이외의 물건의 멸실 또는 훼손"으로 인한 손해에 관한 채권이 될 것이다. 이때 호텔업자는 오염사고로 호텔이용자가 격감함에 따른 손해를 입게 된다. 호텔업자의 청구권은 제1호에 해당하는 것이 아니라 제3호의 영업권의 침해가 있는 것이 된다.[76] 이러한 자의 손해에 대하여도 선박소유자는 책임을 제한할 수 있다. 컨테이너 부두에 접안중 선박이 갠트리 크레인을 파손시킨 경우에 갠트리 크레인의 소유자가 갖는 채권은 제1호의 채권이나, 부두운영자가 갖는 영업손실에 대한 채권은 본호의 채권이다.

계약상의 권리는 제외된다. 선장이 선박보존이나 항해계속의 필요에서 체결한 계약에 의한 채권은 책임제한채권이 아니다.

④ 제1호 내지 제3호의 채권의 원인이 된 손해를 방지 또는 경감하기 위한 조치에 관한 채권 또는 그 조치의 결과로 인하여 생긴 손해에 관한 채권(제4호)(1976년 조약 제2조 제1항 f호)

제1호 내지 제3호까지의 손해를 입을 우려가 있는 자 또는 그 밖의 제3자가 스스로 취한 손해방지 조치로 인한 비용에 관한 채권만이 본호의 책임제한채권이 된다. 1976년 조약 제2조 제1항 f호에 의하면 책임제한권자가 취한 손해방지 조치

---

76) 이균성, 292면.

로 인한 채권은 대상이 아님을 분명히 하고 있다.77) 또한 동조약 제2조 제2항은 책임제한권자와 계약에 따라 손해방지조치를 취한 경우 그 비용과 보수도 책임제한 대상이 아님을 분명히 하고 있다. 그러므로, 결국 책임제한권자가 되는 선박소유자가 화물 손해를 경감하기 위하여 부선을 불러 화물을 이동시키는 조치를 직접취한 경우에 발생한 비용은 제4호의 채권이 아니다. 화주가 스스로 취한 조치로 인한 비용만 이에 해당한다.78)

그 조치의 결과로 인하여 생긴 손해란 위의 예에서 간접적으로 발생한 비용을 말한다. 부선사용료 및 크레인 사용기사의 비용은 "비용에 관한 채권"이 되고, 크레인으로 이동하다가 화물에 손해를 야기한 경우의 손해 혹은 비용은 "조치의 결과로 인하여 생긴 손해"가 된다.

항해중 혹은 정박중 일반선박에서 선박연료유가 유출되어 오염사고가 발생한 경우에 이 손해를 감소시키기 위하여 선박소유자의 선원들이 직접 작업을 하면서 비용이 지출되었다면 이는 본호의 채권이 아니다. 그러나, 어민들이 직접 작업을 하면서 비용이 지출되었다면 본호의 채권이 된다. 만약 위의 예에서 좌초사고로 인한 선박연료유 유출이라면 제773조 제4호의 비제한채권이 된다. 만약 위의 예가 유조선에서 발생하였다면, 유배법에 의하여 책임제한이 되는 채권이 된다.

(2) 非制限債權

우리 상법은 제773조에서 유한책임의 배제라는 제목하에 아래 네 가지 항과 관련된 채권은 책임비제한채권으로 정하고 있다. 우리 상법은 '다음 각호의 채권에 대하여는 그 책임을 제한하지 못한다'고 하나, 조약 원문에는 '본 규칙의 적용이 없다'고 되어 있다(1976년 조약 제3조). 제3호와 제5호는 별도의 책임제한제도가 적용되기 때문에 그 적용이 배제된 것이므로, '상법의 책임제한의 적용이 없다'고 개정하는 것이 오해의 소지를 줄일 수 있다고 본다.79)

① 선장, 해원 기타의 사용인으로서 그 직무가 선박의 업무에 관련된 자 또는 그 상속인, 피부양자 기타의 이해관계인의 선박소유자에 대한 채권(제773조 제1호)(1976년 조약 제3조 e호)

선장 등 선박소유자의 피용자들은 열악한 지위에 있으므로, 이들을 보호하려는

77) 동지 최종현, 140면.

78) 선박충돌사고시 피해선박의 선원의 치료를 위하여 통선을 불러서 발생한 비용도 본 채권에 해당한다.

79) 일본은 여객의 사망, 신체의 상해에 대한 손해도 비제한 채권으로 하고 있다(선주책임제한법 제3조 제4항). 中村・箱井, 103면.

목적에서 이들 채권을 책임 비제한채권으로 하였다.[80] [81] 고용관계에 있는 선박소유자 혹은 선체용선자가 책임제한권자가 되는 경우로 국한된다. 선박충돌사고로 인하여 상대선박의 선원이 사망한 경우 그 유족이 가지는 채권은 이에 해당되지 않는다.

② 해난구조 또는 공동해손분담에 관한 채권(제773조 제2호)(1976년 조약 제3조 a호)

해난구조는 불성공 무보수의 원칙하에 행하여지므로 해난구조자는 보수를 받지 못할 위험을 안고 있다. 그러므로 어느 정도 해난구조자들을 보호하여야 할 필요가 있다. 해난구조로 인하여 좌초된 선박을 구조한 구조자의 구조료채권을 책임제한 채권으로 한다면 구조자와의 계약이나 자발적인 구조는 지연되게 된다. 그러므로, 해난구조에 관한 채권을 책임 비제한채권으로 하였다.

황천을 만나 선장이 갑판적 화물을 투하하였다면, 이는 공동해손을 구성하게 된다. 일반 책임제한 법리에 따른다면, 갑판적 화물의 소유자는 선박소유자에게 손해배상청구를 하고 선박소유자는 이에 대하여 책임제한을 주장할 것이다. 그러나, 상법상 공동해손이 발생하면 공동단체는 희생자에 대하여 희생자가 부담한 비용을 분담할 채무를 부담하게 된다. 그런데, 이러한 분담채권이 책임제한대상이 된다면 공동해손제도가 제대로 활용되지 못할 것이다. 그러므로 이러한 공동해손분담에 관한 채권은 책임 비제한채권으로 한 것이다.

해난구조에 관한 채권을 구상채권으로서 행사하는 경우에 이것 역시 비제한채권인지는 의문이다. 예컨대, 선박소유자가 해난구조채권에 대한 청구를 배상한 다음 과실이 있는 자에게 구상청구를 하는 경우에는 이 채권은 책임제한이 되는지가 의문인 것이다.[82]

③ 1969년 11월 29일 성립한 유류오염손해에 대한 민사책임에 관한 국제조약 또는 그 조약의 개정조항이 적용되는 유류오염손해에 관한 채권(제773조 제3호)(1976년 조약 제3조 6호)

유류오염손해에 관한 채권은 엄밀한 의미에서는 이것이 비제한채권이 되는 것이 아니라, 책임제한을 상법이 아닌 다른 제도를 이용하는 것이다. 유류오염은 일

---

80) 유배법에서는 이들에 대하여는 피해자의 직접청구가 봉쇄되어 있다(동법 제4조 제5항).

81) 그런데, 우리 상법상 선박사용인이라는 용어는 선박소유자의 피용자에 해당한다. 그런데 사용인이라고 함으로써 사용자와 혼동을 가져다 주고 있다. 그러므로, 선박사용인이라기보다 선박피용자라고 하는 것이 좋을 것이다.

82) 1976년 선박소유자책임제한조약에서는 구상채권에 대하여도 채무자는 책임제한이 가능하다고 정하고 있다(제2조 제2항). 그럼에도 불구하고 우리 상법은 이를 수용하지 않고 있다.

반 사고와는 달리 피해의 대형화와 피해자보호가 별도로 필요하였기 때문에 국제사회는 1969년 유류오염손해배상을 위한 민사책임협약(CLC)를 성안하였다. 이로써 유조선에 의한 오염사고 채권에 대한 선박소유자의 책임제한은 1969년 CLC의 적용을 받게 되었다. 현재는 2003년 개정의정서가 추가된 1992년 CLC의 적용을 받는다. 우리나라도 이를 국내법화한 유배법의 적용을 받는다.

④ 침몰, 파괴, 좌초, 유기 기타의 해양사고를 당한 선박 및 그 선박안에 있거나 있었던 적하 기타의 물건의 인양, 제거, 파괴 또는 무해조치에 관한 채권(제773조 제4호)(1976년 조약 제2조 제1항 d호, e호 및 제18조)

해난을 당한 선박을 인양, 제거 파괴하는 등의 작업으로 인하여 발생한 채권과 그 선박 안에 있거나 있었던 적하 기타의 물건에 대한 위의 작업으로 인하여 발생한 채권은 원칙적으로는 1976년 조약하에서 책임제한이 가능한 채권이다(제2조 제1항 d호 및 e호). 그런데, 이러한 채권까지 책임제한채권으로 한다면, 제거의무를 부담하는 자들이 작업을 미루는 경우가 있을 수 있으므로, 1976년 조약은 이를 비제한채권으로 할 수 있음을 유보하고 있다(제18조).[83]

우리 상법은 이를 비제한채권으로 하여 제거 등 작업을 장려하고 있다. 따라서, 좌초된 선박의 인양을 위한 계약과 관련하여 발생한 비용, 좌초된 일반선박으로부터 유출된 선박연료유를 제거하기 위하여 발생한 비용에 관한 채권 그리고 선박에서 유실된 컨테이너의 수거비용에 대한 채권 등은 모두 비제한 채권이 된다. 다만, 유조선의 유류유출로 인한 경우(선박 연료유 포함)는 유배법에 따라 책임제한이 가능하다(유배법 제7조 제1항 및 제1조 제7호). 좌초 등 사고를 당하지 않고 선원의 조작 잘못으로 발생한 일반선박의 연료유 제거 비용에 관한 채권은 제769조 제4호에 해당하여 책임제한이 가능한 채권이라고 판단된다.

그런데, 제거비용에 대한 청구를 받은 자가 책임제한을 하지 못한 채, 비용을 전액지급한 후 이를 과실있는 다른 자에게 구상청구하는 경우에 이것이 책임제한채권이 되는지 아니면 비제한채권인지가 의문이다. 우리나라 대법원은 이를 책임제한채권이라고 하였다(대법원 2000.8.22. 선고 99다9646 판결). 그런데, 그 상대방도 제거의무를 부담하는 경우에는 먼저 제거를 하는 자가 불리하여 지기 때문에 구상청구의 경우에도 비제한 채권으로 해석되어야 입법목적을 달성할 것이다. 따라서 비책임제한 채권설에 찬성한다.[84]

---

83) 일본 및 중국도 난파물제거 채권을 비제한 채권으로 규정하고 있다(일본 선박소유자 등의 책임제한에 관한 법률 제2조, 제4조, 중국 해상법 제207조 제4항 제2호).

84) 동지 최종현, 153면.

[판례소개](대법원 2000.8.22. 선고 99다9646 판결)

선박충돌사고에서 난파물제거가 문제되었고, 침몰선박의 소유자가 제거업자에게 비용을 지급한 후 과실이 있는 상대선박의 소유자에게 구상청구를 하자, 상대선박 측에서 이는 상법 제748조 제4호에 의한 비제한채권이 아니므로 책임제한이 가능하다고 주장하였다.

대법원은 "상법 제748조 제4호에서 '침몰, 난파, 좌초, 유기 기타의 해양사고를 당한 선박 및 그 선박 안에 있거나 있었던 적하 기타의 물건의 인양, 제거, 파괴 또는 무해조치에 관한 채권(이하 "난파물제거 채권"이라 한다)에 대하여 선박소유자가 그 책임을 제한하지 못하는 것으로 규정하고 있는바, (1) ① 먼저 이 조항의 문언에 의할 때 이 조항에서 책임제한을 주장하지 못하는 선박소유자는 침몰 등 해난을 당한 당해 선박의 소유자로 한정된다고 보는 것이 자연스럽고, ② 또한 이 조항에서는 단지 '...에 관한 채권'이라고 규정하고 있을 뿐, 상법 제746조 각 호의 규정과 같이 '...로 인하여 생긴 손해에 관한 채권'이라 규정하고 있지 아니한 점, ③ 나아가 우리나라가 1991. 12. 31. 법률 제4470호로 이 조항, 즉 상법 제748조 제4호를 개정하면서 1976년 해사채권에 대한 책임제한 조약 제2조 제1항 (d), (e)호의 적용을 배제할 수 있는 留保條項에 따라 난파물제거 채권에 대하여 책임을 제한하지 못하도록 한 것은, 이를 제한채권으로 하면 난파된 선박의 제거를 위한 代執行費用까지도 제한채권이 되어 그 선박소유자 등으로서는 자발적으로 제거하지 않는 쪽이 유리하기 때문에 그 의무 또는 책임의 원활한 이행이 저해될 우려가 있다고 하는 점에 주된 이유가 있고, ④ 1976년 조약 제1항 (d), (e)호의 규정은 난파물의 제거에 관한 법령상의 의무 또는 책임에 관하여 규정하고 있는 1957년 항해선박소유자의 책임제한에 관한 국제조약 제1조 제1항 (c)호의 규정에 연원을 두고 있는 점 등 조항의 문언내용 및 입법의 취지와 연혁에 비추어 볼 때, 이 규정의 의미는 선박소유자에게 해상에서의 안전, 위생, 환경보전 등의 공익적인 목적으로 관계 법령에 의하여 그 제거 등의 의무가 부과된 경우에 그러한 법령상의 의무를 부담하는 선박소유자에 한하여 난파물제거 채권에 대하여 책임제한을 주장할 수 없는 것으로 봄이 상당하고, ⑤ 위와 같은 법령상의 의무를 부담하는 선박소유자가 자신에게 부과된 의무나 책임을 이행함으로써 입은 손해에 관하여 그 손해발생에 원인을 제공한 가해선박 소유자에 대하여 그 손해배상을 구하는 채권은 이 조항에 규정된 난파물제거 채권에 해당한다고 할 수 없으며, 오히려 이와 같은 求償債權은 구체적인 사정에 따라 선박소유자의 유한책임을 규정하고 있는 상법 제746조 제1호 혹은 제3호나 제4호에 해당한다고 보는 것이 타당하다. ⑥ 그리고 상법 제748조 제3호의 적용을 받지 않는 散積油類를 화물로서 운송하는 선박이외의 선박이 난파 등을 당하여 유출한 기름이 상법 제748조 제4호 소정의 '...선박 안에 있거나 있었던 ... 기타의 물건'에 해당하는 것은 그 문언 자체의 해석에서뿐만 아니라 이 조항이 앞서 본 바와 같이 공익적인 목적을 달성하기 위하여 위와 같은 물건의 제거 등에 관한 채권에 대하여 선박소유자가 책임을 제한하지 못한다고 한 점에 비추어 보아도 명백하다."고 하여 상대선박의 소유자는 책임제한을 할 수 있다고 판시하였다.[85]

---

85) 여기에 대한 자세한 평석은 김인현, "난파물제거・유류오염방제로 인한 구상채권의 책임제한채권여부", 한국해법학회지 제23권 제1호(2001.4.), 105면 이하를 참고 바람; 원심판결에 대한 검토는 김창준, 전게 학위논문, 72면 이하를 참고 바람.

책임제한대상이 되는 선박 자체 및 선박 안에 있거나 있었던 기타의 물건이 대상이다. 그러므로 침몰된 선박, 그 안에 현재 있는 선박연료유, 그 선박에서 유실된 컨테이너 등의 인양, 제거 등에 관한 채권이 이에 해당한다.

[판례소개](대법원 2012.3.26.자 2011마2284 결정)

甲(채권자)은 부선에 실린 재킷을 운반하기 위하여 乙(채무자)(소유자)로부터 예인선을 정기용선하였다. 甲 운송인은 재킷을 운반 중 재킷의 상부가 진도대교에 부딪쳐 재킷이 바다에 침몰하였다. 이에 甲은 이를 바다에서 인양하는데 비용을 지출하게 되었고, 책임있는 예인선 소유자 乙에 대한 비용청구채권을 보전하기 위하여 예인선을 가압류하게 되었다. 한편, 소유자 乙은 책임제한절차개시를 신청하여 책임제한기금을 설정하였다. 소유자 乙은 가압류에 대하여 (i) 자신은 과실이 없고 (ii) 책임제한 절차에서 책임제한액수만큼의 공탁을 하였으므로 甲이 피보전 권리의 보전을 위하여 예인선을 가압류할 필요성이 없으므로 해방되어야한다고 주장하였다. 한편, 甲은 인양 비용청구채권은 책임제한이 되지 않는 채권이므로 가압류의 필요성이 있다고 주장하였다.

원심은 상법상 비제한채권은 선박소유자의 물건에게만 인정되고 예인선에 끌려오는 부선에 있던 재킷은 “선박 안에 있던 물건”에 해당하지 않는다고 보았다. 결국 이 채권은 책임제한의 대상이 되고 이미 책임제한기금이 마련되었으므로, 가압류의 필요성이 없어지게 되어 가압류결정이 취소되게 되었다. 乙의 채무가 책임제한채권인지 아니면 비제한채권인지가 쟁점이 되었다. 비제한채권이면 가압류의 필요성이 인정되게 된다.

대법원은 아래와 같이 판시하였다.

채무자는 채권자와 그 소유의 예인선인 국제1호 및 국제5호를 이용하여 이 사건 부선을 예인하여 주기로 하는 예선계약을 내용으로 한 이 사건 용선계약을 체결하였을 뿐, 이 사건 재킷(X) 또는 X가 선적된 이 사건 부선에 관한 운송계약을 체결한 것은 아니라고 할 것이다. 결국 X를 화물로 선적한 이 사건 부선이 무동력 부선이어서 사고 당시 채무자 소유의 예인선들에 의해 예인되는 예인의 목적물에 해당하기는 하지만, 그렇다고 하여 더 나아가 부선이나 부선에 선적된 X 자체가 채무자 소유 예인선들의 화물이라고 할 수는 없다. 따라서 X가 채무자 소유 예인선들의 적하 기타의 물건에 해당함을 전제로 하여 채권자가 X를 인양하는 데 들인 비용 중 채무자의 과실비율에 상당하는 금액의 손해배상채권이 구 상법 제748조 제4호가 정하고 있는 비제한채권인 난파물제거 채권에 해당한다는 채권자의 주장은 이유없고, 원심결정은 정당하다.

⑤ 원자력 손해에 관한 채권(제773조 제5호)(1976년 조약 제3조 c호)

원자력 손해의 배상에 관하여는 원자력 손해배상법에 따라 책임제한이 가능하다.

3. 배제사유가 없을 것

(1) 배제사유의 當事者

책임제한배제사유가 있기 때문에 책임제한을 할 수 없게 되는 자는 책임제한의 이익을 향유하려는 바로 그 자이다. 그러므로, 선박소유자가 책임제한을 주장하는 경우, 선장이 무모한 행위가 있었다고 하더라도 선박소유자는 책임제한이 가능하다. 법인의 경우에 법인 자신으로 인정되는 범위가 문제된다. 이에 대하여는 운송인의 포장당책임제한 제도에서 살펴본다.

[판례소개](대법원 1995.6.5.자 95마325 결정)
선박충돌사고에서 선박소유자가 책임제한을 하려고 하자, 선장의 무모한 행위가 있어서 선박소유자의 책임제한은 배제된다고 채권자가 주장하였다.
대법원은 "책임제한이 배제되기 위하여는 책임제한의 주체가 선박소유자인 경우에는 선박소유자 본인의 고의 또는 손해 발생의 염려가 있음을 인식하면서 무모하게 한 작위 또는 부작위가 있어야 하는 것이고, 선장 등과 같은 선박소유자의 피용자에게 위와 같은 고의 또는 무모한 행위가 있었다는 이유만으로 선박소유자가 같은 법 제746조 본문에 의하여 책임을 제한할 수 없다고는 할 수 없다."고 판시하였다(같은 취지의 판결로는 대법원 1995.3.24.자 94마2431 결정이 있다).

(2) 故意 혹은 無謀한 행위

책임제한을 하기 위하여는 책임제한배제사유가 없어야 한다. 책임제한제도는 어디까지나 예외적인 제도이고, 선박소유자의 고의 혹은 무모한 행위로 손해가 발생한 경우까지 그를 보호해야 할 이유가 없으므로, 상법은 배제사유를 정하고 있다.

선박소유자의 책임제한제도는 상법 제769조의 총체적 책임제한제도와 제797조의 포장당 책임제한제도 등 두 가지가 있다. 두 가지 제도 모두는 동일하게 "선박소유자(혹은 운송인) 자신의 고의 또는 그 손해가 생길 염려가 있음을 인식하면서 무모하게 한 작위 또는 부작위"로 인하여 발생한 손해에 대하여는 책임제한을 할 수 없다고 정하고 있다(상법 제769조 및 제797조). 제769조는 1976년 선주책임제한제도에 관한 국제조약을 국내법에 도입한 결과이다.

여기에서 말하는 "손해가 생길 염려가 있음을 인식하면서 무모하게 한 작위 또는 부작위"에 대하여는 고의에 준하는 중과실[86] 혹은 미필적 고의[87]로 해석하고 있다. 사견으로는 이는 인식있는 중과실을 의미한다고 본다(자세한 논의는 운송인의 포장당책임제한에서 함). 구상법과 1957년 선주책임제한조약에서는 "선박소유자 자신의 고의 또는 과실(actual fault or privity)을 책임제한 배제사유로 정하였었기 때문에 선박소유자의 책임제한이 거부되는 사례가 왕왕 있었다. 그러나, 1976년 조약에서는 책임제한액수를 대폭 증액시키면서 책임제한이 거부되는 경우가 없도록

86) 채이식(하), 669면; 최기원, 74면; 이기수 외, 534면.
87) 이균성, 304면.

하기 위하여 위와 같은 문구로 바꾸었기 때문에 선주책임제한이 조각되는 경우는 무척 어렵게 되었다고 할 수 있다.

싱가폴은 최근까지 1957년 조약을 채택하고 있던 국가이다. 그러므로, 해상사건이 있는 경우에 제한채권자(피해자)들은 가능하면 법정지를 싱가폴로 하여, 선박소유자의 책임제한을 배제하려고 하였다.[88] 1996년 의정서에서도 선박소유자의 책임제한 배제사유는 1976년 조약과 동일하다.

책임제한배제사유에 대한 입증책임은 제한채권자들이 부담한다. 그러나 책임제한절차에서는 신청자인 선박소유자가 책임제한 배제 사유가 없다는 것에 대한 소명을 하여야 한다고 대법원이 판시하였다(대법원 2012.4.17.자 2010마222 결정). 소명은 증명보다 낮은 수준의 입증이다. 제한채권자들이 개별소송을 진행하는 경우나 즉시항고의 경우에는 배제사유에 대한 입증책임을 부담한다.

[판례소개](대법원 2012.4.17.자 2010마222 결정)

2007. 12. 7. 태안반도에서 발생한 유류오염사건의 피해자들이, 손해배상청구를 공동불법행위자인 甲에게 제기하자 甲은 책임제한절차의 개시를 신청하였고, 원심(서울고법 2010. 1. 20.자 2009라1045 결정)은 甲(신청인)의 책임제한은 약 56억원 정도로 제한된다고 판시하였다. 제한채권자들은 이에 대하여 대법원에 상고하였다. 사고당시 예인선단은 乙 선박관리회사가 관리를 하고 있었다.

대법원은 아래와 같이 판시하였다.

신청인이 무모한 행위를 하였는지는 신청인의 대표기관 내지 내부적 업무분장에 따라 신청인의 대표기관에 갈음하여 이 사건 예인선단의 관리ㆍ운항에 관하여 회사의 의사결정 등의 모든 권한을 행사하는 사람의 행위를 기준으로 하여 판단할 것이고, 그 책임제한 배제사유가 없다는 점은 책임제한절차의 개시를 구하는 신청인이 주장하고 소명할 책임을 부담한다 할 것이다.

신청인이 위 선박들의 운항을 포괄적으로 관리ㆍ감독하는 지위에 있었다고 봄이 상당하므로 乙 또는 위 선박들의 선장, 선두가 신청인의 대표기관에 갈음하여 이 사건 예인선단의 관리·운항에 관하여 회사의 의사결정 등 권한을 행사하는 대표기관에 준하는 지위에 있었다고 볼 수는 없다.

책임제한이 배제되는 사유로 정한 '손해발생의 염려가 있음을 인식하면서 무모하게 한 작위 또는 부작위(무모한 행위)'라 함은, 손해발생의 개연성이 있다는 것을 알면서도 이를 무시하거나 손해가 발생하지 않을 수도 있다고 판단하였지만 그 판단 자체가 무모한 경우를 의미하는 것이므로 단지 그 선주 등의 과실이 무겁다는 정도만으로는 무모한 행위로 평가할 수는 없다. 파단된 예인줄은 관련규정에서 정한 최소파단강도 기준을 초과하는 정도의 강도는 지니고 있었던 점, 검찰은 그 직원들이 기상악화에도 불구하고 이 사건 예인선단의 출항을 지시하였다고 볼 증거가 없다고 결론을 내린 점,

88) 현재에도 남아공과 말레이지아가 1957년 조약의 체약국으로 알려져 있다.

선원 등은 필요한 자격을 보유하고 있는 점은 책임제한 배제사유의 부존재를 소명하는 자료가 된다고 할 것이다.[89]

4. 적용배제의 약정이 없을 것

우리 대법원은 최근 당사자의 약정이 있다면 선박소유자책임제한규정도 적용이 배제될 수 있다는 판결을 하였다(대법원 2015.11.17. 선고 2013다61343 판결).[90] 그러나, 포장당 책임제한제도와 달리 이 제도는 여러 이해관계자들이 책임제한의 효과를 누리는 것이므로, 약정된 당사자 사이에만 적용되고, 제3자는 여기에 구속되지 않는다고 생각된다. 예컨대, 수익채무자인 책임보험자는 여전히 책임제한제도의 원용이 가능하다.

[판례소개](대법원 2015.11.17. 선고 2013다61343 판결)

<선박소유자책임제한규정은 임의규정임>

국내카훼리를 이용한 연안운송에서 개품운송계약이 체결되었다. 이에 따르면 운송인은 화주에 대하여 모든 책임을 부담할 뿐만 아니라 손해배상의 방법에 대하여 구체적인 적시를 하고 있었다. 운송인 측은 항해과실, 포장당책임제한 그리고 선박소유자책임제한은 이 약정에 포함되지 않고 여전히 이들 제도의 원용이 가능하다고 주장하였다. 특히, 선박소유자책임제한은 임의규정으로 당사자의 약정으로 포기가 가능한지가 문제되었다.

대법원은 아래와 같이 판시하였다.

상법 제769조 본문은 그 규정 형식과 내용 및 입법취지 등에 비추어 임의규정으로 보아야 하므로 당사자 사이의 합의에 의하여 선박소유자 등의 책임제한의 적용을 배제할 수 있다. 그리고 상법 제799조 제1항에 의하면 해상운송인의 책임에 관한 당사자 사이의 특약은 상법 제794조부터 제798조까지의 규정에 반하여 운송인의 의무 또는 책임을 경감 또는 면제하는 경우가 아닌 한 유효하다.

한편, 법률행위의 해석은 당사자가 그 표시행위에 부여한 객관적인 의미를 명백하게 확정하는 것으로서, 사용된 문언에만 구애받는 것은 아니지만, 어디까지나 당사자의 내심의 의사가 어떤지에 관계없이 그 문언의 내용에 의하여 당사자가 그 표시행위에 부여한 객관적 의미를 합리적으로 해석하여야 한다.

원심판결에 의하면, 원고와 피고는 이 사건 조항을 통하여 운송 의뢰차량이 부산항에서 검수된 직후부터 제주항 야적장에서 검수되기 전까지 외적 요인에 의하여 발생된 모든 사고에 대하여 피고가 책임을 지기로 약정하고, 아울러 피고가 책임질 내용

89) 이 판결에 대한 자세한 평석은 김인현, "태안유류오염사고 관련 선박소유자책임제한 결정", 국제거래법연구 제23집 제2호(2014.12.), 111면 이하를 참고 바람.

90) 이 판결에 대한 찬성 평석으로는 정영석, "선주책임제한법은 임의법규인가", 한국해법학회지 제38권 제2호(2016.11.), 9면 이하; 반대 평석으로는 김인현, "2015년 중요해상판례", 한국해법학회지 제38권 제1호(2016.4.), 333면이 있다.

은 실제 고객 및 화주가 신조차량의 인수를 거부할 경우 새로운 차량으로 대체하여 주고, 수리가 가능할 경우에는 수리비와 감가비를 지급하며, 신조차량에 지급된 매트 등의 부속품이 분실된 경우에는 실비보상하기로 약정한 것임을 알 수 있다.

위와 같은 사실관계를 앞에서 본 법리에 따라 살펴보면, 원고와 피고는 이 사건 조항을 통하여 화재면책이나 선박소유자 등의 책임제한 또는 해상운송인의 책임제한에 관한 상법 규정의 적용을 배제하기로 합의하였다고 할 것이므로, 이러한 합의가 유효하다고 본 원심의 판단은 정당하다. 거기에 상법상 선박소유자 등과 해상운송인의 책임제한 또는 당사자의 의사해석에 관한 법리를 오해한 위법이 없다.

제3 절차와 효과

1. 責任制限額의 算定

책임한도는 계산단위(SDR)[91]를 기준으로 하고, 기준이 되는 선박톤수는 국제총톤수이다. 책임제한을 위한 기준이 되는 선박톤수는 선박법에서 규정하는 국제총톤수로 하고 그 밖의 선박의 경우에는 동법에서 규정하는 총톤수로 한다(상법 제772조).

특수한 문제로서 예인선단의 책임제한액의 산정방식을 어떻게 할 것인지 논란이 있다. (i) 예인선만의 톤수(대법원 2010.7.30.자 2010마660 결정), (ii) 예인선과 피예인선의 톤수를 합한 것, (iii) 예인선과 피예인선을 각각 따로 별개로 책임제한액 산정의 방법으로 한 다음 숫자를 합하는 방법(대법원 1998.3.25.자 97마2758 결정)이 있을 수 있다. 피예인선은 전혀 수동적인 형태로 마치 화물과 같이 이동되는 경우에는 (i)이, 예인선단 일체의 원칙에 따르면 (ii)가, 피해자를 보호하기 위하여는 (iii)이 가장 유리한 것으로 모두 나름대로의 장단점이 있는 방법이다.[92]

[판례소개](대법원 1998.3.25.자 97마2758 결정)

제201해성호(대평해운 소유)는 총톤수 90톤의 연안 예인선(tug)이고, 제202해성호(동남리스금융주식회사 소유)는 총톤수 1,195톤의 부선(barge)이다. 대평해운은 동남리스금융과 리스계약을 체결하고 제202해성호를 대여받아 예인선인 제201해성호와 한 조를 이루어 바닷모래 운송에 사용하였다. 스텔라호가 제202해성호와 부딪치는 사

---

91) 2015년 4월 21일 현재 1SDR은 미화 1.378310달러이고 한화 1,492원이었다. 2018년 5월 15일 현재 1SDR은 미화 1.428220달러이고 한화 1,523.34원이다. 2023년 9월 1일 현재 1 SDR은 미화 1.330020달러이고 한화 1,758.68이다.

92) 여기에 대하여는, 김인현(해상법), "예인선 소유자의 책임제한액수 산정기준(대법원 1998.3.25.자 97마2758 결정)", 121면 이하; 유기준, "예인선단과 책임제한", 해상보험판례연구(두남, 2002), 457면 이하를 참고 바람.

고가 발생하여 스텔라호가 침몰하였다. 제201해성호의 소유자인 대평해운이 선박소유자로서 손해배상책임을 부담하게 되는 경우에 책임제한이 가능한바, 이때 책임제한액은 얼마가 되는지 문제가 되었다. 대평해운은 예인선의 톤수만으로 계산되어야 한다고 주장하였다.

대법원은 아래와 같이 판시하였다.

예인선인 제201해성호와 그 피예인선인 제202해성호는 신청인(대평해운)의 해상기업조직에 편입되어 함께 그 기업활동을 수행하던 중에 이 사건 사고를 일으켰으며, 재항고인의 손해배상채무를 발생시킨 원인이 된 제201해성호 선장의 과실은 예인선인 제201해성호의 항해에 국한된 것이 아니라, 제201해성호가 예인하는 대로 항해할 수밖에 없는 제202해성호의 항해에도 직접 관련하여 생긴 것이며, 스텔라호의 훼손은 제201해성호와 제202해성호 두 선박 모두의 운항에 직접 관련하여 생긴 것이라고 할 수 있고, 제202해성호가 선박검사증에 명기된 운항제한에 위반하여 출항한 것 자체가 그 운항에 책임있는 재항고인의 피용자의 과실이라고 할 수 있으므로, 이 사건에서 재항고인의 책임한도액은 제201해성호와 제202해성호 두 선박에 대하여 각각 상법 제747조 제1항 제3호 본문 단서와 같은 호 (가)목, (나)목에 따라 산정한 금액을 합한 금액이 된다고 할 것이다. 그와 같이 산정한 금액은 제201해성호에 대하여 83,000계산단위가 되고, 제202해성호에 대하여 283,065계산단위(167,000계산단위+(1,195−500)×167계산단위)가 되어 합계 366,065계산단위가 된다.[93]

[판례소개](대법원 2010.7.30.자 2010마660 결정)

삼보지질은 2007년 울돌목 시험 조류발전소에 설치할 재킷을 운반하기 위하여 부선 선주로부터 무동력 부선(barge) 한 척(2,667톤)을 임차하였고, 예인 선주인 국제해운으로부터 예인선 두 척 국제1호(124톤)와 국제5호(209.91톤)를 용선하였다. 국제5호의 선장이 예인선을 지휘하여 부선을 예인하였다. 국제5호 선장의 과실로 부선이 강한 조류에 밀리면서 부선에 실린 재킷이 진도대교 상판과 충돌한 후 해상으로 추락하였고 진도대교와 부선이 파손되었다. 삼보지질과 부선선주는 국제해운에게 수리비 등을 청구하였다. 예인선주인 국제해운은 선주책임제한절차를 신청하였다. 예인선의 톤수가 300톤 미만임에 근거하여 척당 83,000SDR×2=166,000SDR을 공탁하였다.

광주고등법원은 예인선주인 국제해운이 예인작업을 하는 동안은 국제해운이 부선의 재임차인 내지 그와 유사한 지위에 있었기 때문에 예인선주인 국제해운에게 예인선의 책임한도는 물론 부선의 책임한도액에 상응하는 금전까지 합산하여 공탁할 의무가 있다고 판시하였다(광주고등법원 2009라102 결정).

대법원은 아래와 같이 판시하였다.

항법분야에서 통용되는 이른바 예선열 일체의 원칙을 적용하여 예인선과 피예인선이 일체로서 선박으로 의제할 수 없고, 다만 예인선주가 피예인선을 소유하거나 임차하는 등으로 선박소유자와 동일한 책임을 부담하고 예인선 측의 과실이 피예인선의 항해에도 관련이 있다는 등의 사정이 있는 경우에는 예인선주의 책임한도액은 예인선과 피예인선에 대하여 각각 상법에 따라 선정한 금액을 합한 금액이 된다. 이 건에서 부선은 국제해운이 소유한 예인선의 예인 목적물에 불과한 것이므로 부선에 관하여

93) 이 판결에 대한 자세한 평석은 김인현, 해상법연구(삼우사, 2003), 121면 이하를 참고 바람.

국제해운이 선박소유자와 동일한 책임을 부담한다고 볼 사정은 없다. 따라서 예인선의 톤수만으로 책임제한이 가능하다.

슬로트 용선의 경우에 용선자는 선박의 용적의 일부만을 사용함에도 불구하고 선박소유자책임제한의 계산을 하게 될 때에는 책임제한조약에 따라 선박전체의 톤수에 따른 책임제한을 하게 된다. 실제 용선하여 사용하고 있는 용적을 기준으로 한다면 훨씬 작은 금액이 될 것이다. 실제와 유리되어 있으므로 새로운 산정방안이 필요하다.94)

2. 責任制限節次

책임제한을 하고자 하는 자는 채권자로부터 책임한도액을 초과하는 청구금액을 명시한 서면에 의한 청구를 받은 날부터 1년 내에 법원에 책임제한절차개시의 신청을 하여야 한다(상법 제776조 제1항). 책임제한절차개시의 신청, 책임제한의 기금의 형식, 공고, 참가, 배당 기타 필요한 사항은 선박소유자등의책임제한절차에관한법(책임제한절차법)에 의한다(상법 제776조 제2항).

책임제한 절차는 아래와 같이 진행된다.

(1) 책임제한절차는 책임제한주체의 절차개시의 신청에 의하여 개시된다. 선박소유자, 선체용선자, 책임보험자(수익채무자의 좋은 예이다) 등이 신청하게 된다. 이 경우 신청서에는 소정의 사항을 기재하여야 한다(책임제한절차법 제9조 제2항).

(2) 법원은 신청이 상당하다고 인정하는 때에는 신청인에 대하여 상법 제770조에 의한 책임한도액에 상당하는 금전과 소정의 이자를 법원에 공탁할 것을 명하여야 한다(동법 제11조 제1항). 현금공탁 대신 P&I 클럽 등의 공탁보증서도 가능하다(제13조). 법원은 공탁이 확인되면 절차개시의 신청을 각하 또는 기각하여야 할 사유가 없는 한 책임제한절차개시의 결정을 한다. 책임제한절차는 그 개시의 결정이 있는 때로부터 그 효력이 생긴다(동법 제19조).

(3) 법원은 개시결정과 동시에 관리인을 선임하고 제한채권의 신고기간과 조사기일을 정한다(제20조). 제한채권자들은 책임제한 절차에 참가하기 위하여는 채권을 신고기간 내에 신고하여야 한다(제43조, 제45조).

(4) 관리인은 제한채권자표를 작성하여 제한채권이 확정된다. 이의있는 채권에 대하여 법원은 사정의 재판을 한다(제57조).

---

94) 선원이나 도선사의 과실로 인해 발생한 사고시 그들이 피고가 된 경우에 책임제한액도 현실화시켜서 선박소유자의 책임제한액의 1/10 정도로 제한하는 것이 좋다.

(5) 관리인은 조사기일이 종료된 후에 배당표를 작성하여 법원의 인가를 받아야 한다(제66조 제1항).

(6) 배당의 실시가 완료되어 관리인의 보고가 있으면 법원은 책임제한 절차의 종결을 결정하고 그 뜻을 공고하게 된다(제78조).

3. 責任制限節次의 效果

책임제한절차 개시신청이 있는 경우 법원은 신청인 또는 수익채무자의 신청에 의하여 개시결정이 있을 때까지 제한채권자에 의하여 신청인 또는 수익채무자의 재산에 대하여 진행중인 강제집행, 가압류, 가처분 또는 담보권실행으로서의 경매절차의 중지를 명할 수 있다(제16조 제1항).

선박소유자의 책임은 각 기금의 한도 내로 제한된다(상법 제770조 제3항). 책임제한절차가 개시된 경우 제한채권자는 공탁된 금전과 그 이자의 합계액(기금)에서 배당을 받게 된다(제27조 제1항). 제한채권자들은 관리인이 작성한 배당표에 따라 책임제한기금으로부터 배당액을 수령하게 된다(동 제66조, 제69조). 절차에 참가한 제한채권자가 기금으로부터 배당액을 수령할 수 있게 된 때에는 신청인 및 수익채무자는 책임제한절차외에서 해당 제한채권에 대하여 그 책임을 면한다(제73조).

한편, 책임제한절차가 개시되면 제한채권자는 기금 이외의 신청인의 재산 또는 수익채무자의 재산에 대하여 그 권리를 행사할 수 없다(제27조 제2항). 제한채권자가 기금으로부터 지급을 받기 위하여는 책임제한 절차에 참가하여야 하고, 이에 참가하지 않으면 절차의 종결과 동시에 실권한다(제42조 제1항).

책임제한절차에 참가할 수 있는 자는 제한채권자, 제한채권을 미리 변제한 신청인 또는 수익채무자, 장래 제한채권자를 대위하거나 신청인이나 수익채무자에 대하여 구상권을 가지는 자이다(제42조 제1, 2, 3항). 제한채권에 의하여 외국에서 강제집행을 당할 염려를 소명한 경우 신청인 또는 수익채무자는 제한채권을 가지는 것으로 보고 참가할 수 있다(제4항).

우리나라는 1976년 조약의 체약국이 아니기 때문에 일본 등 외국에서 진행되는 책임제한 절차에서의 신청인이 지급할 제한채권의 금액으로는 우리나라 책임제한 절차에 참가할 수 없다는 입장을 취하고 있다(인천지법 2013.5.24. 선고 2011가합17126 판결).

우리나라와 외국에서 동시에 책임제한절차가 진행되는 경우 선박소유자는 이중의 기금을 형성해야 하는 어려움이 있다. 1976년 조약에 가입하게 되면 제13조 제1항에 의하여 이중의 책임제한 절차는 개시되지 않게 되어 이러한 모순을 피할

수 있다.[95]

[판례소개](인천지법 2013.5.24. 선고 2011가합17126 판결)

C호와 P호가 충돌하여 P호는 침몰 중이었다. 해양경찰이 P호를 예인하여 해안가에 좌초시키게 된다. C호의 선박소유자(선주)의 소송대리인들은 책임제한절차개시 신청서를 우리나라 인천지방법원에 제출하였다. 선적국인 파나마법에 의하여 책임제한이 인정되어, 법원은 2010.9.15. 책임제한개시결정을 하였다. 책임제한의 대상이 되는 채권(제한채권)은 P호 선주의 손해배상채권, P호에 적재된 화물의 적하보험자 또는 화주의 손해배상채권, 피해어민의 손해배상채권 등이었다.

원고 겸 피고(C호의 선주, 책임제한절차의 신청인)는 장래 일본 나고야 지방재판소의 책임제한절차에 따라 P호의 선주에게 배상을 하고 이에 대한 대위권(구상권)을 취득한다고 주장하며(책임제한법 제42조 제3항 및 제4항)(즉, 장래 대위권)을 근거로 제한채권신고를 하였다.

2011.8.26.자 사정재판에서는 C호의 일본에서의 책임제한절차에서 P호의 선주에게 지급할 금원을 제한채권으로 인정하였다. 이에 대하여 P호의 화물의 보험자 및 소유자가 사정재판에 대한 이의의 소송을 제기하였다.[96]

인천지법은 아래와 같이 판시하였다.

(1) 원고 겸 피고의 참가요건 구비여부

이 사건 사정재판에서는 책임제한법 제42조 제3항에 따라 원고 겸 피고의 참가를 허용하되 책임제한법 제42조 제3항 단서에 따라 이 사건 책임제한절차에 참가한 다른 제한채권자들에 관한 대위채권 부분은 사정금액에서 제외하였는바, 피고 겸 원고들은 원고 겸 피고가 책임제한법 제42조 제3항 또는 제42조 제4항에 정한 참가의 요건을 구비하지 못하였음에도 원고 겸 피고의 제한채권액을 별지와 같이 사정한 이 사건 사정재판은 부당하다고 주장하고, 이에 대하여 원고 겸 피고는 일본에서 진행되고있는 책임제한절차에서 P호의 소유자에게 책임제한절차를 통해 변제할 계획이므로 책임제한법 제42조 제3항, 4항에 따라 이 사건 책임제한절차의 참가요건을 구비하였다고 주장한다.

(가) 책임제한법 제42조 제3항에 의한 참가

신청인 또는 수익채무자가 책임제한제도에 참가할 수 있는 경우에 대하여 책임제한법 제42조 제2항에서는 '제한채권을 변제한 경우'로, 같은 조 제4항에서는 '제한채권에 의하여 외국에서 강제집행을 당할 염려가 있음을 소명한 경우'로 특별히 한정하여 규정하고 있으므로, 같은 조 제3항이 신청인 또는 수익채무자에 대하여도 적용된다고 해석한다면 같은 조 제2항과 제4항에서 신청인 또는 수익채무자에 대하여 책임제한절차에 참가할 수 있는 경우를 한정하여 규정하고 있는 것이 무의미해진다고 할 것이다. 따라서 이 조항은 제한채권자에 대한 보험자가 장래에 보험금을 지급하고 보험자 대

95) 이에 대한 자세한 논의는 김창준 "중복적 책임제한 절차의 법률관계", 한국해법학회지 제35권 제1호(2013.4.), 53면 이하를 참고 바람.

96) 한편, 동 책임제한절차에 P의 선박소유자는 참가하지 않았고, 일본에서 C호를 압류하여 일본에서 C호의 선박소유자는 나고야 지방재판소에서 별도로 책임제한절차신청을 하여 2010.8.17. 신청이 받아들여져 개시결정을 하였다. P의 선주, C호의 선주, P호에 적재된 적하보험자등은 각각 제한채권을 신고하였다. 이후 일본 나고야 지방재판소는 C호의 선주는 제한채권자로서 참가할 수 없다는 내용의 사정재판을 하게 되었다.

위를 하는 경우나 제한채권을 변제함으로써 공동면책에 의한 구상권을 주장할 수 있는 보증인, 물상보증인, 공동불법행위자 등을 전제로 한 것으로 해석함이 타당하므로, 결국 원고 겸 피고는 책임제한법 제42조 제3항을 근거로 하여 이 사건 책임제한절차에 참가할 수 없다고 봄이 상당하다.

(나) 책임제한법 제42조 제4항에 의한 참가

신청인 또는 수익채무자가 이미 책임제한절차에 따라 기금을 조성한 상태에서 '외국에서 강제집행을 당할 염려'가 있는 경우 위 기금의 범위 안에서 부담을 지도록 하겠다는 것이 이 조항의 취지로 보이나, 그렇다고 하더라도 '외국에서 강제집행을 당할 염려'가 있는 경우를 넓게 해석하여 외국에서 책임제한절차가 진행되고있는 경우까지 포함하는 것으로 해석하는 것은 ① 강제집행절차와 책임제한절차가 법문상 엄연히 구별되는 별개의 개념이므로 문리적 해석에도 반할 뿐만 아니라 ② 책임제한절차에는 강제집행을 당할 염려가 있는 경우에 이를 방지하기 위한 제도적인 장치가 규정되어 있는 등 강제집행절차와 책임제한절차는 그 성질을 달리하는 별개의 절차인 점, 우리나라는 '1976년 책임제한조약'의 체약국이 아니고 상법, 책임제한법 체계하에서는 우리나라와 외국에서 함께 책임제한절차가 개시되어 진행되는 상황이 예정되어 있는 점 등을 고려하면 책임제한절차의 성격 및 현행 책임제한법 체계에도 부합하지 않는 해석이라 할 것이므로, 결국 원고 겸 피고는 책임제한법 제42조 제4항을 근거로 하여 이 사건 책임제한절차에 참가할 수 없다고 봄이 상당하다.

(다) 소결

따라서 원고 겸 피고는 이 사건 책임제한절차에서 제한채권을 신고할 수 있는 요건을 갖추지 못하였으므로, 이 사건 사정재판 중 원고의 제한채권을 0원으로 변경함이 타당하다.

(2) 제한채권액의 사정

(i) 원고 겸 피고의 제한채권액 : 0원

(ii) 피고 겸 원고들의 제한채권액을 앞서 인정한 과실비율(C 75%)에 따라 다음과 같이 변경한다.

1) 피고 겸 원고 xx 화재해상보험 주식회사: 97,835,396원

2) 피고 겸 원고 주식회사 xx: 32,709,743원[97]

제4 책임제한 기금의 산정

1. 세 가지 서로 다른 기금의 설치

선박소유자 책임제한 대상이 되는 채권은 사고의 종류에 따라 세 가지 다른 기금이 설치된다. 선박소유자는 손해의 종류에 따라 각각 별도로 책임한도에 이르

97) 이 판결에 대한 자세한 평석은 김용준, "선박소유자의 책임제한절차에 관한 법률 제42조 제3항 및 제4항에 대한 해석 및 적용범위에 대한 고찰", 한국해법학회지 제35권 제2호(2013.11.), 117면 이하를 참고 바람.

는 책임을 부담한다.

이때 책임제한권자가 운송인이라면 그는 포장당 책임제한의 이익도 향유할 수 있으므로(상법 제797조 제4항), 둘 중에서 유리한 것을 선택적으로 행사할 수 있다.

(1) 人的損害基金

여객 이외의 사람의 사망 혹은 신체의 상해로 인한 손해에 대한 채권에 대하여 설치되는 기금이다(상법 제770조 제1항 제2호). 선박충돌사고로 인하여 상대선이 침몰하여 선원 20명이 모두 실종된 경우 설치되는 기금이 이에 해당한다. 보통 인적손해기금은 물적손해기금보다 2배~3배 많은 액수이다. 우리 상법은 인적손해기금이 물적손해기금보다 2배 많다.

(2) 物的損害基金

여객손해기금과 인적손해기금에 해당되지 않은 채권을 위한 기금이다(상법 제770조 제1항 제3호). 선박이 부두와 충돌하여 부두소유자가 큰 손해를 입은 경우에 설치되는 기금이 이에 해당한다. 인적손해기금으로부터 보상을 받지 못한 채권도 여기의 분배에 참가할 수 있다(상법 제770조 제4항).

(3) 旅客損害基金

여객의 사망 또는 신체의 상해로 인한 손해에 관한 채권을 위한 기금이다(상법 제770조 제1항 제1호).

한편 2007년 개정상법은 1996년 의정서 제4조의 입장을 받아들여, 여객 정원 1인당 17만 5천SDR(약 3억원)로 통일하였다. 따라서 여객정원이 100명인 경우의 선박소유자의 책임제한액은 약 300억원이 된다.[98] 여객선의 운송인은 아테네협약에 따른 개별적 책임제한액(체약국이라면)과 1996년 의정서상의 총체적 책임제한액 중에서 유리한 쪽을 선택할 수 있다. 우리 상법은 개별적 책임제한제도가 도입되어 있지 않다.

낚시어선의 경우에 정원이 20명이라면 3억원을 곱한 60억원이 책임제한기금이 된다. 20명 전원이 사망했다면 책임제한문제가 발생할 수 있다.

(1)과 (2)의 기금이 동시에 설치되는 경우도 있다. 사고로 인한 여객 이외의 사람이 사망하면서 동시에 물적손해도 발생한 경우에는 인적기금손해와 물적기금손

---

98) 세월호 사고의 경우 여객정원이 950명이므로 책임제한액은 약 2,500억원 정도가 되었다. 손해배상액보다 상회하여 실제 책임제한 신청은 일어나지 않았다. 자세한 내용은 김인현, “세월호 사건에서 예상되는 손해배상책임의 제문제”, 인권과 정의 제442호(2014.6.), 36면 이하를 참고 바람.

상법상 책임제한액 계산표

	인적손해(1) (상법 제770조 제1항 제2호)	물적손해(2) (상법 제770조 제1항 제3호)	총책임 제한기금 (1+2)	여객 (제770조 제1항 제1호)
300톤 미만	167,000SDR	83,000SDR	250,000SDR	선박검사 증서에 기재된 여객정원당 17만 5천 SDR
300톤~500톤	333,000SDR	167,000SDR	500,000SDR	
500톤 ~ 3,000톤	333,000 +(T-500) ×500SDR	167,000 +(T-500) ×167SDR	500,000 +(T-500) ×667SDR	
3,000톤 ~30,000톤	1,583,000 +(T-3,000) ×333SDR		2,167,500 +(T-3,000) ×500SDR	
30,000톤 ~70,000톤	10,574,000 +(T-30,000) ×250SDR	5,093,500 +(T-30,000) ×125SDR	15,667,500 +(T-30,000) ×375SDR	
70,000톤 초과	20,574,000 +(T-70,000) ×167SDR	10,093,500 +(T-70,000) ×83SDR	30,667,500 +(T-70,000) ×250SDR	
구조채권 (구조선상이 아닌 경우)	833,000SDR		833,000SDR	

해가 설치된다(1996년 의정서와 2012년 인상액 계산표는 부록 10을 보기 바람).[99]

일반선박의 선박연료유로 인한 유류오염사고시 피해자들은 다른 채권자들과 경합하여 기금을 나누어 가지게 되어 배상액수가 유조선의 피해자보다 훨씬 적게 되는 문제가 발생하고 있다.

2. 사 고

각 책임한도액은 선박마다 동일한 사고에서 생긴 각 책임한도액에 대응하는 선박소유자에 대한 모든 채권에 미친다(상법 제770조 제2항). 이론적으로 한 航次(예컨대, 한국에서 미국까지의 철강수송 항차) 동안에 두 번의 사고가 발생할 수 있다. 이 경우에 선박이 도착할 때의 선가를 기준으로 하나의 기금을 만들 수도 있고, 각각의 사고에 대하여 두 개의 기금을 만들 수도 있을 것이다.[100] 전자는 선박소유자

99) 우리 상법의 기초가 된 1976년 조약은 1996년 의정서로 책임제한액이 인상되었다. 2012년 개정으로 책임제한액은 1996년 의정서보다 51% 인상되었다. 2015.6.8.부터 발효되었다. 일본은 1996년 의정서 국가이다.

100) 정동윤(하), 795면.

에게 유리할 것이고, 후자는 채권자에게 유리할 것이다. 전자를 항차주의, 후자를 사고주의라고 할 수 있다. 우리 상법은 1976년 조약에 따라 사고주의로 하였다. 그러므로 위의 경우에는 두 개의 책임제한기금이 설치되고 두 번의 사고에서 채권을 갖는 자는 각각의 책임제한기금에서 제한된 만큼의 분배를 받게 될 것이다.

3. 청구원인

상대방의 청구가 그 원인이 무엇이든 상관없이 책임제한을 주장할 수 있다(상법 제769조 본문). 청구의 원인이 채무불이행이건 불법행위이건 관계없이 모두 적용된다.[101] 법정책임(예컨대, 상법 제809조에 기한 선박소유자의 책임)에 의한 청구도 포함된다. 우리 대법원은 책임제한의 규정은 채무불이행의 경우에만 적용되고, 불법행위로 청구를 하는 경우에는 책임제한을 못한다고 하여 책임제한제도가 무력하게 되었었다(대법원 1987.6.9 선고 87다카34 판결; 대법원 1989.4.11. 선고 88다11428 판결; 대법원 1989.11.24 선고 88다16294 판결). 개정상법은 이를 입법적으로 해결하였다.

4. 반대채권액의 공제

선박소유자가 책임의 제한을 받는 채권자에 대하여 동일한 사고로 인하여 생긴 손해에 관한 채권을 가지는 경우에는 그 채권액을 공제한 잔액에 한하여 책임의 제한을 받는 채권으로 한다(상법 제771조).

선박충돌사고의 경우에 양 선박이 과실이 있는 경우에 각각 과실비율에 따라 계산된 손해배상액을 서로 상계하고 남은 액수가 책임제한을 받는 채권이 된다. 예컨대, 甲 선박의 책임제한액은 5억원, 乙 선박의 손해액이 30억원 그리고 甲 선박의 손해액이 20억원이라고 하자. 각각의 과실비율이 각각 50%라고 하면 甲 선박의 乙 선박에 대한 손해배상액은 15억원이 된다. 이때 甲 선박은 자신의 손해배상액 15억원을 책임제한대상으로 한다면 책임제한이 가능하여 자신은 乙 선박에게 5억원만 배상하고 乙 선박으로부터는 10억원 전액을 배상받게 된다. 결국 甲 선박은 乙 선박으로부터 5억원을 수령하게 된다. 그런데, 양 채권을 상계하여 책임제한을 적용한다면, 甲 선박은 乙 선박에게 5억원을 지급하게 된다. 甲 선박은 乙 선박으로부터 수령할 수 있는 금액이 없다. 책임제한에 걸리게 되어 결국 서로 상계처리된다. 전자보다 후자가 책임제한을 당하는 채권자에게 유리하다. 상법은 후자의 입장을 취하고 있다.

---

101) 이기수 외, 547면; 채이식, 272면; 이균성, 289면; 최종현, 137면.

5. 복수의 채무자에게 청구한 경우

동일한 사고에서 발생한 모든 채권에 대한 선박소유자 및 제774조 제1항 각호에 게기한 자에 의한 책임제한의 총액은 선박마다 제770조의 규정에 의한 책임한도액을 초과하지 못한다(상법 제774조 제2항). 선장에게 손해배상을 청구하고 또한 선박소유자에게 손해배상청구를 한 경우에 양자의 손해배상액의 총액은 책임제한 총액을 초과하지 못한다는 것이다. 선박소유자와 책임보험자가 공히 책임을 부담하는 경우도 같다. 책임제한제도의 의의를 살리기 위한 것이다.

선박소유자 또는 제770조 제1항 각 호에 기재된 자의 1인이 책임제한절차개시의 결정을 받은 때에는 책임제한을 할 수 있는 다른 자도 이를 원용할 수 있다(상법 제774조 제3항).

<예제 3> 선박이 부두를 충격하여 컨테이너 부두의 겐트리 크레인이 손상을 당하여 수리를 하는 데에 2개월이 걸리게 된 컨테이너 부두 측에서 40억원의 손해배상을 청구하였다. 본선의 국제총톤수는 10,500톤이다. 선박소유자의 책임은 얼마로 제한되는가?

물적 손해만 있으므로 물적손해기금 하나만 생각하면 된다. 물적 손해에 대한 계산식은 상법 제770조 제1항 제3호에 의하면 167,000 + (10,500 − 500) × 167 = 1,837,000 SDR이 된다.

6. 피용자 책임제한액

피용자의 과실로 선박소유자, 운항자는 손해배상책임을 부담하게 한다. 이들은 부진정연대책임을 부담한다. 선박소유자는 물론 피용자인 선장에게도 청구가 가능하다. 책임제한액수도 동일하다. 독일법과 같이 피용차인 선장, 도선사는 사용자의 1/10로 줄여주어야 한다.

제5 國際私法上의 문제

1. 法廷地 쇼핑(forum shopping)

선박소유자 책임제한제도는 어느 나라 법을 적용할 것인가에 따라서 책임제한액이 달라지므로 관할권이 중요하게 된다.

영미법계 국가에서는 선박소유자 책임제한제도를 절차법으로 이해하여 절차법은 법정지법에 따르므로 재판관할권을 갖는 국가의 선박소유자 책임제한법이 적용된다고 하기도 하고, 이를 실체법으로 이해하여 섭외사법상 어떤 나라의 선박소유자 책임제한법을 적용할 것인지 검토하여야 한다는 견해도 있다.102)

1957년 조약을 택하고 있는 국가로서 싱가폴이 있었다.103) 1957년 조약의 경우 선박소유자 책임제한액수는 1976년 조약의 경우의 1/4수준이다. 그러므로 가해자측에서는 가능하면 싱가폴에서 재판을 하여 1957년 조약의 책임제한을 인정받으려고 할 것이다. 피해자 측에서는 싱가폴이 적정한 재판관할을 갖지 않는다는 소송을 다른 국가에 제기하게 된다.

최근 일본이 1996년 의정서를 받아들였고, 선박소유자의 책임제한액은 상향조정되었으므로 우리나라 법정을 일본의 선박소유자들이 더 선호하게 될 것이다. 그러나, 관할은 원고가 주도하는 것이므로 일본 법정이 더 선호될 가능성도 있다.

2. 우리나라 國際私法

우리나라에서는 선박소유자 등이 책임제한을 주장할 수 있는지 여부 및 그 책임제한의 범위는 선적국법에 의한다고 한다(국제사법 제94조 4호).104) 그러므로, 우리나라에서 소송이 진행되는 경우, 책임제한가능여부 및 그 범위에 대하여는 국제사법의 규정에 따라 책임제한의 대상이 된 선박의 선적국법에 의하게 된다. 책임제한의 절차에 대하여는 법정지법 원칙에 따라 우리나라의 선주책임제한절차법이 적용된다.

개정전 국제사법 제60조 제4항이 위헌이라는 주장에 대하여 헌법재판소는 합헌으로 결정하였다(헌재 2009.5.28. 선고 2007헌마98).

[판례소개](헌법재판소 2009.5.28. 선고 2007헌바98 결정)
말레이시아 선적의 선박이 한국 선적의 선박과 충돌하여 한국선박이 침몰하였다. 말레이시아 선박의 소유자는 부산지방법원에 물적 손해배상에 관한 책임제한절차개시 신청을 하였다. 법원은 국제사법 제60조 제4호에 따라 선박소유자의 책임제한의 가부 및 그 범위에 관한 준거법으로 이 사건 선박의 선적국인 말레이시아 상선법을 적용하여 청구액이 책임한도액을 초과한다는 이유로 2007.1.10. 책임제한절차개시결정을 하였다. 한국선박의 선박소유자 및 수협중앙회(보험자)는 위 결정에 불복하여 부산

102) 여기에 대하여는 정영석, "선박소유자의 책임제한에 있어서 준거법의 결정", 한국해법회지 제15권 제1호(1993.12.), 249면 이하를 참고하기 바람.

103) 아직까지 1957년 조약을 채택하고 있는 국가로는 말레이시아와 남아공이 있다.

104) 그러나 일본(판례)과 중국(중국 해상법 제275조)은 선박소유자 책임제한을 법정지법에 따른다고 정하고 있어, 자국의 법률에 의하게 된다.

고등법원에 항고를 제기하고, 이 소송 계속 중 국제사법 제60조 제4호가 헌법에 위배된다고 하면서 위헌법률심판제청을 하였으나, 2007.8.13. 기각되었다. 이에 이들은 헌법소원심판을 청구하였다.

헌법재판소는 아래와 같이 결정하였다.

(1) 재산권침해여부: 청구인들의 손해배상청구권이 제한되는 것은 이 사건 법률조항 그 자체 때문이 아니라 손해배상청구권에 관하여 준거법으로 선적국법이 적용된 결과에 불과하다. 즉 이 사건에 말레이시아 상선법을 적용함으로써 선박소유자의 책임한도액이 우리 상법을 적용한 경우보다 현저하게 낮게 된다고 하더라도 이는 이 사건의 발생지, 해당선박의 선적국, 채권자들의 국적 등이 상이하여 이 사건 법률조항에 따른 준거법을 적용한 반사적인 결과에 불과하므로, 이 사건 법률조항 자체로 인하여 청구인들의 재산권이 제한된다고 보기 어렵다.

(2) 평등권침해여부: 이 사건 법률조항은 내외국 선박을 불문하고 모두에게 적용되는 법률이므로 차별적 취급이 존재한다고 할 수 없고, 이 사건 선박에 말레이시아 상선법을 적용하여 선박소유자들의 책임한도액이 우리 상법을 적용한 경우보다 현저히 낮다고 하더라도 이는 이 사건 사고의 발생지, 해당 선박의 선적국, 채권자의 국적 등이 상이하여 이 사건 법률조항에 따른 준거법을 적용한 결과에 불과하므로, 이를 들어 합리적인 근거가 없는 자의적인 차별이라고 할 수 없다.

제4절 船舶共有

제1 序

선박은 고가이므로 한 사람이 소유하기는 어려웠다. 선박공유는 여러 사람이 함께 선박을 소유하던 연혁적인 의미를 갖는다. 그런데, 현대에 들어와서 선박은 개인이 공유하지 않고 대부분 주식회사로서의 법인이 단독소유를 함으로써 선박공유는 그 효용이 떨어졌다. 주식회사가 주식을 발행하여 선박을 건조 혹은 구입할 대금을 조달하는 것이 공유보다 편리하기 때문일 것이다.

선박공유는 개인들이 여러 명 모여서 소규모로 어선을 경영하는 경우에 아직도 나타난다. 한편 선박금융이 발달하면서 선박의 소유를 금융과 이재의 수단으로 인식하면서 선박을 공유하는 현상들이 다시 나타나기 시작한다.

선박공유란, 수인이 한척의 선박을 공유하고 이를 공동의 해상기업활동에 이용하는 조직이다. 그 조직의 구성원을 선박공유자라고 한다.

고가의 선박을 수명이 투자하여 개인이 소유하는 경우 선박공유제도가 활용될 수 있다.

제2 법적 성질

1. 회사법적 성질

상법이 선박공유를 조합관계(상법 제759조), 공유에 대한 계약(상법 제756조)이라고 표현하고 있지만, 물적 회사에 가까운 사단적 성격의 특수조직으로 보는 견해가 있다.[105)]

2. 비교개념

선박공유자를 해상기업의 주체라고 부를 수는 있다. 그러나, 이 경우에 선박공유자는 선박소유자, 선체용선자, 정기용선자라는 선박운항의 관점의 용어에 포섭되어 숨겨지게 된다. 선박소유자, 선체용선자, 정기용선자 등은 모두 선박을 단독소유할 수도 있고 공유로서 소유할 수도 있다. 선박소유자의 개념은 소유, 점유, 사용 그리고 관리의 개념으로 분화하여 논할 수 있지만, 선박공유는 오로지 소유에만 관련된다.

선박에 대한 관리를 목적으로 하는 선박관리인(chip management company)은 선박전체에 대한 수리, 보수, 선원의 공급 등 선박의 운항을 전문적으로 위임받아 처리하는 것이지만, 선박공유에서의 선박관리인은 선박공유자 중에서 선박공유와 관련되는 업무를 처리하는 업무집행자이면서 대표권을 행사하는 자라는 점에서 다르다.

제3 내부관계

1. 업무집행

선박의 이용에 관한 업무집행의 의사결정은 각 공유자가 지분가격에 따라 그 과반수로 결정한다(상법 제756조).[106)] 선박공유에서는 공유자가 필연코 복수이기 때문에 업무를 효율적으로 하기 위하여 반드시 선박관리인을 두기로 하고 있다(상법 제764조).

105) 김정호, 587면; 다수설은 조합이라고 한다. 정동윤(하), 759면.
106) 일본 상법도 제692조하에서 선박공유에 대하여 정하고 있다.

2. 船舶管理人

선박관리인은 선박공유자 중에서 선임하는 것이 원칙이다. 그러나, 공유자가 아닌 자를 선박관리인으로 선임하는 경우에는 공유자 전원이 동의하여야 한다(상법 제764조 제1항).

선박관리인은 업무집행에 관한 장부를 비치하고 선박 이용에 대한 사항을 모두 기재하여야 할 의무를 부담한다(상법 제767조). 선박관리인은 매 항해의 종료 후에 지체없이 그 항해의 경과사항과 계산에 관한 서면을 작성하여 선박공유자에게 보고하고 그 승인을 얻어야 한다(상법 제768조).

3. 損益分配

선박공유에서 손익의 분배는 매 항해의 종료 후에 있어서 선박공유자의 지분의 가격에 따라서 한다.

4. 持分讓渡

공유자의 지분은 자유로이 양도할 수 있다. 선박공유자 간에 조합관계가 있어도 각 공유자는 다른 공유자의 승낙없이 그 지분을 타인에게 양도가 가능하다(상법 제759조 전단).

그러나, 원칙적으로 선박관리인은 공유자 중에서 선임하는 것이기 때문에, 공유자의 지분은 다른 공유자의 승낙이 있어야 타인에게 양도가 가능하다(상법 제759조 후단). 선박공유자의 지분의 이전 또는 국적의 상실로 인하여 대한민국의 국적을 상실할 때에는 다른 공유자가 상당한 대가로 그 지분을 매수하거나 그 경매를 법원에 청구할 수 있는 청구권이 주어진다(상법 제760조).

5. 決議反對者의 持分買受 請求權

선박공유자가 신항해를 개시하거나 선박을 대수선할 것을 결의한 때에는 그 결의에 이의가 있는 공유자는 다른 공유자에 대하여 상당한 가격으로 자기의 지분을 매수할 것을 청구할 수 있다(상법 제761조 제1항). 이 제도는 다수결의 단점을 보완하는 것이다.[107] 이 경우에 청구자는 그 결의가 있은 날로부터, 결의에 참가하지 아니한 경우에는 결의통지를 받은 날로부터 3일 내에 다른 공유자 또는 선

---

107) 김정호, 589면.

박관리인에 대하여 그 통지를 발송하여야 한다.

제4 외부관계

1. 船舶管理人의 대표권

선박관리인은 외부적으로 대표권을 행사한다. 대표권의 범위는 선박의 이용에 관한 재판상·재판외의 모든 범위에 걸친다(상법 제765조 제1항). 공유자 총회가 이를 내부적으로 제한하여도 그 제한으로 선의의 제3자에게 대항하지 못한다(상법 제765조 제2항). 선박관리인과 거래한 제3자를 보호하기 위한 제도이다. 선장의 대리권과 같은 내용이다.

선박관리인의 선임과 그 대리권 소멸은 이를 등기하여야 한다(상법 제764조 제2항).

선박관리인이 포괄적 대표권을 가지지만 선박을 양도, 임대 또는 담보에 제공하는 일, 신항해를 개시하는 일, 선박을 보험에 붙이는 일, 선박을 대수선하는 일, 차재하는 일은 하지 못한다. 즉, 이러한 예는 대표권의 범위 밖이다. 다만, 선박공유자의 서면에 의한 위임이 있으면 가능하다(상법 제766조). 이는 상법 제749조의 선장의 대리권보다 그 범위가 좁다고 할 수 있다.

2. 船舶共有者의 책임

선박공유자는 그 지분의 가격에 따라 선박의 이용에 관하여 생긴 채무를 분담한다(상법 제757조). 이는 지분가비례주의로서, 민법상의 균일분담주의(민법 제712조), 주주의 유한책임(상법 제331조)과도 다른, 상법 해상편 선박공유에 독특한 것이다.[108]

제5 定款의 변경, 해산 및 청산

1. 定款의 변경

선박공유에 대한 계약 또는 정관을 변경하는 사항은 공유자의 전원일치로 결정

108) 정찬형(하), 881-884면.

하여야 한다(상법 제756조 제2항).

2. 解散 및 淸算

선박공유의 해산 사유는 선박의 침몰, 멸실, 선박의 양도 등이다. 해산을 하면 청산단계로 접어들고 청산사무는 원칙적으로 선박관리인이 맡게 된다.109)

[보론] 허베이 스피리트호 유류오염사고에서의 책임제한제도

1. 허베이 스피리트호 사고

2007년 12월 7일 허베이 스피리트호(이하 "허베이호") 유류오염사고는 정박중인 허베이호와 삼성중공업의 예인선단이 충돌하여 발생한 것이다.110) 허베이호는 유조선이고 예인선단은 일반선박이기 때문에 적용법규가 달라진다. 유조선의 유류오염사고와 관련하여서는 유류오염손해배상보장법(이하 "유배법")을 비롯한 CLC가 적용되고 예인선단은 상법의 책임제한제도가 적용된다.

2. 책임제한절차의 개시

먼저 손해액이 약 6,000억원에 이르는 것으로 알려지자 삼성중공업은 자신의 책임을 제한하기 위하여 책임제한절차 개시 신청을 하게 되었다. 법원은 개시 신청을 허가하였다. 4척의 선박의 각각의 톤수에 대하여 책임제한액수를 정하여 합산한 액수는 56억원에 지나지 않았다(서울중앙지방법원 2009.3.23.자 2008책3 결정). 채권자들은 삼성중공업 측에 고의 혹은 무모한 행위가 있다는 점을 근거로 책임제한이 배제되어야 한다고 주장하였다. 그러나, 항소심에서도 책임제한배제사유에 해당하지 않는 점이 인정되었다(서울고등법원 2010.1.20.자 2009라1045 결정). 대법원에서도 동일한 결정이 내려졌다(대법원 2012.4.17.자 2010마222 결정).

서울고등법원은 책임제한액의 계산에 있어서 "이 사건 해상사고는 예인선 삼성 T-5호 및 삼호 T-3호가 독자적인 항행능력이 없는 삼성 1호를 예인줄로 연결하여 유기적

109) 김정호, 590면.

110) 자세한 내용은 김인현, "허베이 스피리트호 유류오염사고의 손해배상 및 보상의 쟁점과 개선방향", 경영법률, 제21권 2호(2011.1.), 593면 이하를 참고 바람.

인 일체로서의 선단을 구성하여 항해하던 중 이 사건 예인선단에 승선한 선장의 과실과 허베이호에 승선한 선장의 과실이 경합하여 발생한 것으로 신청인의 책임한도액은 구 상법 제747조 제1항 제3호에 의하여 예인선과 피예인선 각각의 책임한도액을 산정한 후 이를 합한 금액이라고 하였다.

① 삼성 T-5호, 삼호 T-3호, 삼성 A-1호는 각 83,000SDR

② 5백톤을 초과하고 3만톤 이하인 삼성 1호는 167,000SDR+11,328×167SDR=2,058,776SDR

③ ①+②를 하면 2,307,776SDR

④ 신청일인 2008.12.5. 환율로 환산하면 2,307,776×2,186.44원=5,045,813,757"

책임제한(개시일인 2009.3.23 환율로 하면 5,634,200,895원)

그런데, 허베이 측은 비록 정박선이기 때문에 과실비율이 적을지라도, 유배법에 의하여 무과실의 책임을 부담하므로 먼저 손해를 배상하게 되었다. 허베이 측 역시 책임제한절차 개시 신청을 하여 책임제한액이 유배법에 따라 1,852억원으로 제한되게 되었다(대전지방법원 서산지원 2009.2.9. 결정). 이를 초과하는 액수에 대하여는 국제기금(IOPC FUND)에서 보상하게 된다.

한편, 허베이 측의 책임보험자와 국제기금은 자신들이 피해자들에게 배상한 부분에 대하여 삼성중공업 측에 구상권을 가지게 된다. 따라서, 이들은 이미 배상을 받은 피해자들을 대신하여 책임제한절차에 참가할 수 있는 자들이다. 그런데, 한국법정에서는 책임제한이 인정될 가능성이 높고 이렇게 되면 삼성중공업 측의 책임제한액이 아주 낮으므로 자신들은 구상을 거의 하지 못하기 때문에 다른 방법을 찾게 되었다. 먼저 중국에 있는 삼성중공업의 재산에 대하여 가압류를 한 다음 구상소송을 중국 닝보해사법원에 제기하였다.[111] 중국법원의 느슨한 법적용에 대한 희망을 걸고 책임제한을 배제하여 보겠다는 의도를 가지고 있다. 만약, 우리나라에서는 책임제한이 되면서 중국에서는 책임제한이 되지 않는다면 이는 이상한 결과가 된다.

이에 대하여 삼성중공업이 관할항변을 하였지만 받아들여지지 않았다. 최종적으로는 중국법원에서 불편한 법정(forum non-convenience)의 법리를 취하여 중국법원은 재판관할권을 가지지 않는다고 보아 소를 각하하였다. 우리나라와 중국에 공통으로 적용되는 관할에 대한 조약이 없기 때문에 각국의 법원에 따라 관할이 인정된다. 해상사건에 대한 재판관할을 위한 한중일간의 국제조약을 만들어 이러한 불편함을 해소할 필요가 있다고 할 것이다. 만약, 우리나라와 중국이 모두

---

111) 2009년 3월 런던에서 개최된 제44차 집행이사회에서 삼성중공업에 대한 구상청구가 추인을 받았다. FUND/EXC 44/7.

1976년 LLMC에 가입한 국가라면 우리나라에서의 재판만이 가능하므로 이와 같은 일은 벌어지지 않을 것이다.

1976년 LLMC[제13조 제1항]

책임제한기금이 설치되면 제한 채권자는 선박소유자의 다른 재산에 대하여 권리를 행사할 수 없다(Where a limitation has been constituted in accordance with Article 11, any person having made a claim against the fund shall be barred from exercising any right in respect of such claim against any other assets of a person by or on behalf of whom the fund has been constituted).

3. 책임제한배제사유

책임제한배제사유는 우리 상법과 1976년 조약하에서는 깨뜨려진 사례가 없다. 책임제한을 주장하는 바로 그 자의 고의 혹은 무모한 행위로 인한 손해가 있어야 책임제한이 허용되지 않는다. 무모한 행위의 존재는 고려할 수 있다. 그런데, 손해가 생길 염려가 있음을 인식하면서 무모하게 한 행위이기 때문에 이것 역시 통상의 경우라면 인정되기 어렵다. 예컨대 선박소유자가 태풍이 불고 있어서 선박이 침몰할 가능성이 50% 이상 있음을 인식하면서 이를 방지하기 위한 조치를 쉽게 취할 수 있으면서도 취하지 않은 채로 선박을 출항하게 하였어야 한다. 과연 이러한 선주들이 있을 것인가? 대법원에서도 그러한 사정은 없었다고 판시하였다.112)

112) 자세한 판례평석은 김인현, "태안유류오염사고 관련 선박소유자책임제한 결정(대법원 2012.4.17.자 2010마222 결정)", 국제거래법연구 제23집 제2호(2014.12.), 111면 이하 및 해상법연구 Ⅲ(법문사, 2015), 326면 이하를 참고 바람.

제 3 장
物的 設備

제1절 序　　論

해상기업주체는 용선과 운송을 통하여 영업수익을 극대화한다. 그런데 용선과 운송을 위하여서는 운송수단이 필요한바 그중에서 가장 중요한 것이 선박이다. 선박이라는 물적 설비를 이용하여 화물은 운송되는 것이다. 선박 이외에 새롭게 등장한 것으로서 컨테이너 운송관련 설비들이 있다. 컨테이너 운송에서는 화물의 원활하고 신속한 집화와 선적 및 양륙을 위하여 육상의 컨테이너 야드가 필요하게 된다. 또한 화물을 넣어서 운송하기 위한 컨테이너라는 용기도 필요하다.

본장에서는 이러한 해상운송기업의 물적 설비인 선박과 컨테이너 관련 설비에 대하여 살펴본다. 우리 상법에서 규정하고 있는 것은 선박만이다.

제2절 船　　舶

제1 序

1. 船舶의 개념

사회통념상 선박이란 이동성이 있어야 한다.[1] 동력이든 풍력이든 불문한다. 그러므로 바다에 고정되어 있어 이동성이 없는 석유시추선은 선박이 아니다. 자항(自航)능력을 반드시 가져야 하는가? 스스로 추진력을 갖지 않고 이동하는 운송수단들이 있다. 부선(barge)과 같은 것이 그것이다. 부선(barge)도 그러한 의미에서 원칙적으로 선박은 아니다.

---

1) 선박에 대한 자세한 설명은 정해덕, 주석상법(2015), 33면 이하가 있다.

우리 상법은 "이 법에서 선박이라 함은 상행위나 그 밖의 영리를 목적으로 항해에 사용하는 선박을 이른다."고 한다(상법 제740조). 일본 상법 제684조가 이에 해당한다. 그리고 "이 편의 규정은 단정 또는 노 또는 상앗대로 운전하는 선박에 적용하지 아니한다."(상법 제741조 제2항)고 한다. 그러므로, 단정 또는 노 또는 상앗대 이외의 선박으로 상행위 기타 영리를 목적으로 항해에 사용되는 선박은 상법의 적용대상이 되는 선박이 된다.

(1) 상행위나 그 밖의 영리 목적

상선은 운송의 인수를 영업으로 하는 수단이므로 상법 제740조의 상행위를 목적으로 항해에 사용되는 선박에 포함됨은 당연하다. 어선은 운반선이 아닌 한 상행위에 포함된다고 보기는 어렵다. 그러나 제740조의 '그 밖의 영리를 목적으로' 항해에 사용되는 선박으로 볼 수 있다.

상행위 기타 영리를 목적으로 하지 않는 항해용 선박도 상법 해상편의 적용대상이 된다(상법 제741조 제1항). 영리회사인 해운회사의 실습목적의 선박이 여기에 해당한다. 국유 또는 공유의 선박도 대통령령으로 정하는 경우(군함, 경찰용 선박, 어업지도선, 밀수감시선, 그 밖에 영리행위에 사용되지 아니하는 선박으로서 비상용·인명구조용 선박 등 사실상 공용에 사용되는 선박)를 제외하고는 해상법규정이 유추적용된다(상법 제741조 제1항 단서).[2] 예컨대 국립대학인 해양대학교의 실습선 등이 여기에 해당된다.[3]

(2) 항해에 사용

해상법은 원칙적으로 항해선에만 적용된다. 그러므로 급유선, 통선(항만 내 연락선)과 같은 내수항행선에는 원칙적으로 적용되지 않는다. 상법 제125조의 육상운송의 범위에 호천, 항만이 포함되므로 여기에만 항행하는 선박은 비록 호천, 항만이 해상이라고 하여도 해상법의 적용대상이 아니다. 호천·항만의 범위는 선박안전법 시행령 제2조 제1항 가목의 평수구역의 정의에 따른다.

(3) 부선의 경우

부선은 스스로 항해하는 능력이 없으므로 원칙적으로는 선박이 아니지만 통상 예선(tug)에 의하여 끌려다니면서 이동하고 상행위와 항해에 사용되므로 우리 선박법은 부선도 선박으로 의제하고 있다(선박법 제1조의2).

---

2) 자세한 설명은 정해덕, 주석상법(2015), 77면이 있다.

3) 동지 최종현, 37면.

[판례소개](대법원 2012.4.17.자 2010마222 결정)
2007.12.7. 태안유류오염사고가 발생하여 어민들은 큰 피해를 입게 되었다. 유조선과 충동한 바지선의 운항자인 삼성중공업은 책임제한절차개시 신청을 하게 되었다. 이를 무력화시키기 위하여 제한채권자에 해당하는 피해자들은 사고 당시 예인선단의 부선은 상법상 선박이 아니므로 책임제한의 대상이 될 수 없다고 주장하였다.
대법원은 아래와 같이 판시하였다.
구 상법 제740조는 선박이라 함은 상행위 기타 영리를 목적으로 항해에 사용하는 선박을 이른다고 규정하고 있는데, 구 선박법 제1조의 2는 자력항행능력이 없어 다른 선박에 의하여 끌리거나 밀려서 항행되는 부선도 선박이라고 규정하고 있고, 제29조는 상법 제5편 해상에 관한 규정은 상행위를 목적으로 하지 아니하더라도 항행용으로 사용되는 선박(단, 국유 또는 공유의 선박은 제외)에 관하여는 이를 준용한다고 규정하고 있다. 따라서 다른 선박에 의하여 끌리거나 밀려서 항행되는 국유 또는 공유가 아닌 부선은 상행위 기타 영리를 목적으로 항행하는지 여부에 상관없이 구 상법 제5편에 규정된 선박소유자 책임제한의 대상이 되는 선박에 해당한다.

(4) 사람의 승선여부

곧 자율운항 선박이 등장한다. 상법 제740조에서 말하는 상행위 등에 사용되는 선박은 사람이 선박에 존재함을 요구하지 않는다. 무인선박이라도 상법 해상편이 적용된다.

2. 船舶의 종류

(1) 톤수에 따른 구별

상법상 선박이기만 하면 톤수에 관계없이 해상편이 적용된다. 그러나, 우리 상법은 총톤수 20톤 미만의 선박을 등기에서 제외함으로써 일반 동산과 동일하게 취급하고 있다(제744조 제2항). 그러므로 20톤 미만의 선박에 대한 물권변동은 동산에 대한 민법일반이론에 따라 행하여지나, 20톤 이상의 선박은 부동산과 유사하게 등기하고 선박국적증서에 기재하여야 제3자에게 대항할 수 있다(상법 제743조).

<예제 4> 甲 선박의 선박소유자는 15톤짜리 선박을 乙에게 매도하려고 한다. 어떠한 절차를 거쳐야 하는가?
15톤짜리의 선박은 등기가 되지 않는다. 그러므로 동산의 일반이론에 따라 물권변동이 일어난다. 물권적 합의와 목적물인 선박을 직접 인도받음으로써 소유권은 이전된다. 이외에도 관념적 인도라고 하여 간이인도, 점유개정 그리고 목적물반환청구권의 양도의 방법으로서 인도할 수 있다.

(2) 용도에 따른 분류

① 정기선과 부정기선

정기선(liner)이란 개품운송과 같이 일정한 항로에 반복하여 정기적으로 입출항하는 선박을 말한다. 컨테이너운반선이 대표적이다.

부정기선(tramper)이란 항해용선과 같이 항로가 정하여져 있지 않고 화물에 따라 규칙성 없이 입출항하는 선박을 말한다. 유조선, 원목운반선 등이 대표적이다.

② 曳引船과 被曳引船

일반 선박은 그 선박 자체에 운송물을 적재하는 공간이 있지만 예인선은 그렇지 못하다.

예인선은 상법의 적용을 받는 선박이다. 그런데, 피예인선(부선)은 스스로는 추진력을 갖지 못하므로, 상법상의 선박이 아니라고 볼 수 있다. 그러나, 추진력을 갖는 예인선이 운송을 위하여 피예인선을 예인하는 경우에는 양자를 하나의 선박으로 보아 상법을 적용한다.

[판례소개](조세심판원 2015.12.24.자 2015지0873 결정)

<고정식 플로팅 도크는 지방세법상 선박이 아님>

어떤 조선소가 선박건조용 플로팅 도크(floating dock)를 취득하였고 취득세를 납부해야 했다. 지방세법상 선박인 경우보다 산업용 건조물인 경우가 세금을 적게 납부하기 때문에 조선소로서는 더 유리하였다. 그래서 조선소는 이를 산업용건조물이라고 주장하였지만, 세무당국은 이를 선박이라고 보아 더 많은 세금을 부과하게 되었다. 조선소에서 사용하는 플로팅 도크가 과연 선박인지가 문제되었다.

조세심판원은 아래와 같이 판시하였다.

지방세법 제104조에 따른 취득세 과세대상인 선박이란 명칭여하를 막론한 모든 배를 말하고, 한편, 선박법 제1조의2 제1항에서 선박이란 수상 또는 수중에서 항행용으로 사용하거나 사용될 수 있는 배 종류를 정의하고 있으며, 선박안전법 제2조 제1호 및 선박안전법 시행규칙 제3조에 따르면 선박을 수상 또는 수중에서 항해용으로 사용하거나 사용될 수 있는 것과 이동식 시추선, 수상호텔 등 해양수산부령이 정하는 부유식 해상구조물로 보되, 이동식 시추선과 수상호텔, 수상식당 및 수상공연장 등으로서 소속 직원 외에 13명 이상을 수용할 수 있는 해상구조물 중 항구적으로 해상에 고정된 것은 선박으로 보지 않고 있어, 지방세법상 선박은 항구적으로 해상에 고정되어 있지 않은 '항해에 사용되는 배'를 의미하는 것으로 해석하는 것이 타당하다고 보인다.

(i) 쟁점시설은 고정식 플로팅 도크로서 설치된 위치에 고정되어 진수시에도 전후좌우 이동없이 일부 바닥면이 반잠수하여 선박만 바다로 진수해 나가는 방식으로 항행용으로 사용할 필요성이 없고, 쟁점시설에 설치된 발전기의 전력산출량을 볼 때 발전기 역시 침몰을 방지하기 위한 것으로 항해를 대비한 것이 아닌 것으로 보이는 점,

(ii) 쟁점시설을 고정식으로 설치하기 위해 자체 구조물의 제작비용에 추가로 수심확보를 위한 준설공사에 약 8개월간 비용이 소요된 사실을 보더라도, 이를 해체하여

선박으로 사용할 계획이나 가능성이 있다고 하기 어려워 보이는 점,
(iii) 쟁점시설이 항구적으로 해상에 고정되어 있어 선박안전법상 검사의무가 적용되지 않지만, 선주가 요구하는 선박건조설비의 안전성 확보를 위해 조선소가 임의로 선택하여 한국선급의 검사를 받았다는 청구주장이 신빙성이 있는 점,
(iv) 쟁점시설은 선박법과 선박등기법상 선박으로 등기 또는 등록의 대상이 아니고 또한 등기 또는 등록한 사실도 없는 점,
(v) 중략, 등에 비추어 쟁점시설을 항해에 사용되는 선박으로 보기 어렵다. 따라서, 처분청이 쟁점시설을 선박으로 보아 이건 취득세 등을 부과한 처분은 잘못이 있다.[4)]

제2 船舶의 國籍〔선적〕

1. 의 의

선박의 국적이란 당해 선박이 등록된 항구가 속하여져 있는 국가를 말한다.[5)] 선박법상 개항에는 외국국적의 선박이 입항할 수 있으나, 개항(무역항)이 아닌 항구에는 국적선박만 입항할 수 있다(선박법 제6조). 국적선박은 우리나라 법의 규율을 받게 된다. 그리하여 우리나라 국적의 선박은 원칙적으로 선원법과 선박직원법에 따라 외국의 해기사를 승선시킬 수 없다. 또한 당해 선박의 소유자는 선원의 재해보상을 위하여 책임보험에 가입하여야 할 의무를 부담한다(선원법 제106조).

국적을 부여하는 요건은 각 국가마다 다르다. 대개는 자국민의 소유를 요건으로 하고 있고, 당해 선박에 자국의 선원이 승선하는 것을 요건으로 하는 국가 혹은 자국에서 건조될 것을 요건으로 하는 국가도 있다.[6)]

2. 우리나라의 선적제도

(1) 원 칙

우리나라는 국유 또는 공유의 선박, 대한민국 국민이 소유하는 선박, 대한민국

---

4) 참고사항: 본 사건과 유사하게 플로팅 도크의 지방세법상 취득세부과를 다룬 대법원 2014.6.26. 선고 2014두3945판결에서 대법원은 “(본 플로팅 도크는) 선박을 건조할 때에는 물위에 떠있다가 선박이 건조되면 이를 적재하여 예인선에 끌리거나 밀려 수심이 깊은 바다로 나아간 다음 잠수함의 원리를 이용하여 가라앉는 방법으로 선박을 진수하므로 부양성, 적재성 및 이동성을 갖추고 있다는 점”을 근거로 지방세법상의 선박으로 인정하였다. 그러나, 본 사건에서는 이동되지 않는 고정식이라는 점이 인정되어 선박이 아니라 건축물로 인정받게 되었다.)

5) 우리나라 선적의 선박은 등록항구가 부산, 인천, 포항, 울산, 동해, 군산, 평택, 목포, 제주 등이다.

6) 채이식, “선박의 국적제도에 관한 연구”, 한국해법학회지 제19권(1997.4.), 32면.

법률에 의하여 설립된 상사법인이 소유하는 선박 그리고 대한민국에 주된 사무소를 둔 제3호 이외의 법인으로 그 대표자가 대한민국 국민인 경우에 그 법인이 소유하는 선박만이 대한민국 선박이다(선박법 제2조). 그러므로 외국국민이 소유하고 있는 선박에는 우리나라 국적을 부여할 수 없다.

(2) 國籍取得條件附 船體傭船制度

우리나라는 예외적으로 국적취득조건부 선체용선(국취부나용선; BBCHP)에 대하여는 현재 비록 국적이 외국이라고 하더라도 장래 우리나라 국적을 취득할 것이 조건으로 되어 있으므로 국적선과 동일한 법적 지위를 인정하고 있다.

그리하여 국취부선체용선자는 유배법(제2조 제4호), 선원법(제3조 제1항), 선박직원법(제3조), 국제선박등록법(제3조 제1항 제4호) 및 해사안전법(제3조 제1항 제1호 나목)상 선박소유자와 동일한 의무와 권리를 갖는다. 국취부나용선은 개항질서법상 개항이 아닌 항구에도 출입할 수 있다(선박법 제6조).

(3) 국제선박등록제도와 제주선박등록특구제도

우리나라는 국제선박등록제도와 제주국제자유도시특별법에 따라 기존의 국적제도와 다른 제도를 도입하고 있다.

1997년 8월 22일에 제정된 국제선박등록법에 의한 국제선박등록제도는 부가등록제도로서 우리나라 국적선 혹은 국취부선체용선에 대하여 국제선박등록을 하게 되면 선원의 승선과 약간의 세제상의 혜택을 주는 제도이다(법 제5조 및 제9조).[7] 국제선박등록법상 선박회사는 승선하는 선원에 대하여 외국선원을 일정한 숫자에 이르기까지 선원노동조합과 협의하여 승선시킬 수 있는 혜택을 갖는다(법 제5조 제2항).

제주국제자유도시 특별법(2002.4.1부터 시행) 제221조 제2항에 따라 국제선박등록법 제4조의 규정에 의하여 등록한 국제선박으로서 대한민국선박이나 국취부선체용선으로서 제주도의 개항에 등록하면, 이 선박들은 세제면에서 추가적인 혜택을 보게 된다.

3. 편의치적제도

(1) 의 의

便宜置籍(flag of convenience)이란 세금절약, 저렴한 비용이 드는 선원의 고용, 행정법상의 규제를 회피할 목적 그리고 최근에는 선박금융을 위하여 그 선박과 진정한 연계(genuine linkage)이 없는 국가에 그 선박을 등록하여 그 국가의 국적을

7) 이기수 외, 476면.

취득하는 제도를 말한다. 세계의 상선대의 60%가 편의치적되어 있다.

해운의 국제적인 성격상 경쟁력을 갖추기 위하여 선박소유자들이 편의치적을 하게 되었다. 그러나, 편의치적을 제공하는 국가들이 후진국으로서 정상적인 해사 행정을 하지 못함으로써 편의치적선은 해난사고가 많다는 점이 지적되고 있다.

편의치적을 제공하는 국가로서는 파나마, 라이베리아, 바하마, 마샬아일랜드, 온두라스, 벨리즈 등이 있다.

편의치적을 허용하는 파나마, 다이베리아, 마샬아일랜드는 선박금융채권자도 중간순위의 선박우선특권을 가지는 것으로 하고 있다. 이런 이유로 선박금융을 제공한 은행들이 선박의 국적을 이들 국가에 두기를 선호한다.

(2) 편의치적의 법률문제

① 합법성

유엔해양법은 선박의 국적은 진정한 연계(genuine linkage)를 가져야 한다고 한다(제91조 제1항).[8] 예컨대, 파나마선적의 편의치적선에 있어서 진정한 선박소유자는 일본이면서 종이회사(paper company)만 파나마에 존재한다. 그러므로 편의치적선은 진정한 연계를 가지지 못하므로 유엔해양법상 편의치적선은 위법이다. 세계 상선대의 60%가 편의치적되어 있다고 하여 편의치적선의 법률관계가 합법적이라고 할 수는 없다.

편의치적선에 대하여 가장 반발하고 있는 단체는 국제운수노동조합연맹(국제운수노련; ITF)이다. 편의치적선은 싼 노동력을 찾기 마련이므로 선원시장에서 고임금의 유럽선원들의 몰락을 가지고 왔으므로, 유럽을 중심으로 하는 국제운수노련은 이를 해소하기 위하여 편의치적을 불법으로 간주하고 이를 없애기 위한 대대적인 캠페인을 벌이고 있다. 그중의 하나가 소위 청색증명(Blue Certificate)이다. 자신들이 책정한 수준의 임금을 지급하고 있다는 증명이 바로 청색증명이다. 노동조합이 발급하는 청색증명을 소지하고 있지 않은 선박은 국제운수노련에 의하여 입항 및 하역이 거부된다.

② 法人格否認論

편의치적을 하고 있는 선박의 등록상의 소유자는 실제소유자가 아니다. 그러므로, 해난사고의 경우에 등록상의 소유자는 종이회사(paper company)에 지나지 않고, 그 선박을 포기함으로써 사건을 종결하려고 한다.

---

8) 제91조 제1항은 "모든 국가는 선박에 대한 자국 국적의 부여, 자국에서의 선박의 등록 및 자국국기를 게양할 권리에 관한 조건을 정하여야 한다. 선박은 그 국기를 게양할 수 있는 국가의 국적을 가진다. 국가와 선박간에는 진정한 연계가 존재하여야 한다."고 한다.

이러한 경우에 사고를 야기한 선박의 실제소유자를 찾아서 그 소유자에게 최종적인 책임을 부과하게 되면 피해자는 보호될 것이다. 주식회사의 경우에 주식회사의 법인만이 유한책임을 지게 되나, 편의치적선의 경우 법인은 종이회사에 지나지 않고 그 법인의 실체는 배후에 있다. 종이법인의 법인격을 깨뜨린 다음 법인격 뒤에 있는 실제소유자를 책임의 주체로 하는 것을 *法人格否認論*(theory of piercing corporate veil)이라고 한다. 우리나라 대법원도 1988년 11월 22일 이 이론을 채택하였다.9)

[판례소개](대법원 1988.11.22. 선고 87다카1671 판결)

어떤 선박이 등기부상 원고 甲의 소유로 되어 있고, 현미포(피고)가 丙과 수리계약을 체결하고 수리를 한 후 丙이 수리비를 지급하지 않자, 수리비채권을 행사하기 위하여 이 선박의 소유자가 丙이라고 주장하면서 이 건 선박을 가압류하였다. 甲은 자신이 위 선박의 소유자라고 주장하면서 제3자 이의의 소를 제기하고 가압류취소를 구하였다. 현대미포와 수리계약의 당사자는 丙인데 현대미포가 甲이 소유자로 되어 있는 이건 선박을 가압류할 수 있는가가 쟁점이 되었다. 甲은 乙과 선박관리계약을 체결하고 乙은 다시 丙과 선박관리 복대리계약을 체결하고 있었다. 이러한 쟁점이 가능하기 위하여는 법인격부인이 인정되어 甲과 丙이 동일한 회사로 취급되어야 하였다.

대법원은 "원심이 확정한 원고 甲 및 乙과 丙은 외형상 별개의 회사로 되어 있으나 원고 및 乙은 이건 선박의 실제상 소유자인 丙이 편의치적을 위하여 설립한 회사들로서 실제로는 사무실과 경영진 등이 동일하므로 이러한 지위에 있는 원고가 법률의 적용을 회피하기 위하여 별개의 법인격을 가지는 회사라는 주장을 내세우는 것은 신의성실의 원칙에 위반하거나 법인격을 남용한 것으로서 허용되어서는 아니된다 할 것이다. 원심이 이와 같은 취지에서 편의치적을 위하여 설립된 회사에 불과한 원고가 이건 선박의 소유자라고 주장하면서 이건 가압류집행의 불허를 구하는 것은 선박의 편의치적이라는 일종의 편법행위가 용인되는 한계를 넘어서 채무면탈이라는 불법목적을 달성하려고 함에 지나지 아니하여 신의칙상 허용될 수 없다고 판단한 것은 정당하다."고 판시하였다.10)

위 사건에서 대법원은 원고 甲과 乙은 이건 선박의 실질소유자인 丙이 편의치적으로 설립한 회사라는 점을 인정하고 수리계약은 피고와 丙 사이에 체결되었고, 선박의 등기부상 소유자는 비록 甲이지만, 甲과 丙은 상호혼융되어 있고 법인격을 남용하고 있으므로, 甲이 가압류집행의 취소를 구할 수 없다고 판시한 것이다.

---

9) 선박과 관련된 법인격부인론에 대한 자세한 논의는 김인현, "해상사건관련 법인격부인론에 대한 한국과 미국간 비교법적연구", 한국해법학회지 제29권 제2호(2007.11.), 37면 이하; 정해덕, 주석상법(2015), 96면 이하를 참고 바람.

10) 법원공보 제839호, 17면.

③ 해상법상의 문제

통상 편의치적이 된 선박의 실제소유자는 선체용선자나 관리자의 이름으로 선박과 실제적인 관련을 맺고 영업을 하고 있다. 위에서 본 것과 같이 편의치적선이 관련된 경우에 피해자는 채권을 완전하게 확보하지 못하게 되는 어려움이 있다.

선박운항과 관련하여 불법행위로 인한 피해를 입은 제3자는 선체용선자를 피고로 소송을 진행할 수 있고, 선박에 대한 우선특권이 인정되기 때문에 그나마 어려움이 덜하다. 그러나, 계약상 책임을 묻는 경우에 특히 상법 제809조의 선박소유자의 책임을 묻는 경우에는 편의치적상의 등록상의 소유자는 아무런 해산이 없는 경우가 많으므로 채권의 변제수단확보에 대단히 어려움이 많다.

다만, 유배법에서는 등록선박소유자에게 책임을 집중하게 하고(제4조), 강제보험에 가입하게 함으로써 채권확보에 만전을 기하려고 하고 있다(제14조, 15조). 나아가 한국국적의 선체용선자가 있으면 그 자도 선박소유자와 연대책임을 부담한다(제4조 제4항).

우리 대법원은 편의치적선이 개입된 외국적요소가 있는 사안에서 가장 밀접한 관련이 있는 국가는 한국이라는 판단하에 한국법을 적용하여 피해자를 보호하고 있다(대법원 2014.7.24. 선고 2013다34839 판결).

[판례소개](대법원 2014.7.24. 선고 2013다34839 판결)

원고 선원들은 등록선박소유자로부터 선박을 용선한 용선자에 의하여 고용되었다. 선박이 임의경매에 들어가자 선원들은 배당이의의 소를 제기하였다. 등록국인 파나마법이 국제사법에 의하여 선박우선특권을 결정하는 준거법이 되었다. 파나마법에 의하면 선원의 임금채권은 선박우선특권이 인정되지 않는다. 이에 선원들은 동 선박은 편의치적선이고 실제소유자는 용선자이고 국제사법 제8조 제1항에 따라 법률관계와 가장 밀접한 관련이 있는 국가는 한국이고 따라서 한국의 상법이 적용되고 결국 선원의 임금은 선박우선특권을 발생시키는 채권이라고 주장하였다.

대법원은 아래와 같이 판시하였다.

선박우선특권의 준거법은 원칙적으로 선적국법(국제사법 제60조 제1호)이고 편의치적의 경우에도 동일하다. 그러나, 국제사법에 의하여 지정된 준거법이 해당법률관계와 근소한 관련이 있을 뿐인 경우 그 법률관계와 가장 밀접한 관련이 있는 다른 국가의 법이 명백히 존재하는 경우에는 그 국가의 법에 의하여야 한다(국제사법 제8조 제1항). 선박이 편의치적이 되어 있어 선적만이 그 국가와 유일한 관련이 있을 뿐이고, 항해지, 실질적인 선박 소유자, 실질적인 선박 운영회사, 실질적인 선박의 근거지, 선원의 국적, 선박의 주된 항해지 및 주된 근거지, 당해 법률분쟁이 발생한 장소 등이 선적국과 근소한 관련만 존재하는 경우에는 임금채권을 근거로 하는 선박우선특권의 준거법은 선원근로계약의 체결경위 및 내용, 국제사법 제8조와 사회 경제적인 약자인 근로자를 보호하기 위해 규정한 국제사법 제28조의 취지 등을 고려하여 결정하여야 한다.

아래와 같은 사정에 의하면 파나마국은 이 사건 선박이 편의상 선적을 둔 국가일 뿐이고 이 사건 근로계약과는 별다른 관련성이 없다.

(i) 소유자인 F는 편의치적을 목적으로 설립된 페이퍼컴퍼니에 해당하고, 파나마국과는 별다른 관련성이 없는 점

(ii) 원고들은 이 사건 선박이 선장과 기관장이고, 이 사건 선박의 선원들은 대한민국인이거나 동남아시아인들로 파나마국인은 존재하지 않는 점

(iii) 이 사건 선박이 파나마 내 항구를 거점으로 운항한 것으로 보이지 않는 점

(iv) 이 사건 선박의 실질적인 소유자는 대한민국 법인이자 이 사건 선박의 용선자인 G이고 G의 대표이사와 임원진은 모두 대한민국인으로 선박법(제2조)상 대한민국 선박의 요건을 갖춘 점

(v) G는 H와 선원공급계약을 체결하고 위 계약에 기초하여 선원들을 공급받았는데 당시 G와 H 사이에 작성된 대리점계약서(선원고용계약서)에 의하면, 위 계약서 이외의 규정은 한국 선원법 및 근로기준법에 따른다고 규정되어 있으므로 이 사건에 있어서는 당사자가 준거법을 대한민국의 법으로 선택한 특별한 사정이 있는 점

(vi) G는 이 사건 선박을 이용하여 화물을 운송하였는데, 주로 대한민국에서 싱가폴 등 동남아시아 지역의 항해에 사용한 것으로 보이는 점

(vii) 선박회사가 선박국적제도를 남용하여 편의치적하는 데에는 선원근로계약과 관련한 각종 규제와 부담을 회피할 의도도 포함되어 있는 반면 경제적 약자인 선원들을 보호할 필요성이 큰 점

따라서, 이 사건 선박과 관련된 법률관계와 가장 밀접한 관련이 있는 법은 대한민국 상법이라고 할 것이므로, 국제사법 제8조 제1항에 따라 선박우선특권의 성립 및 원고의 선박우선특권과 피고의 근저당권의 우선순위는 상법을 적용하여 판단하여야 한다. 원고들이 지급받지 못한 임금, 퇴직금 등은 상법 제777조 제1항 제2호에서 정한 선원과 그 밖의 선박사용인의 고용계약으로 인한 채권으로 선박우선특권이 인정된다. 원고들의 채권은 피고의 저당권보다 우선한다(상법 제788조).

④ 형법 및 관세법상의 문제

우리나라 선박소유자가 편의치적을 하면서, 국내에 있던 자금을 신고하지 않고 외국으로 반출하였다면 외환관리법에 저촉되어 형사상의 처벌을 받게 된다(제19조, 제31조 제1항 제4호).

또한 선박소유자가 사실상 자신의 선박을 편의치적선으로서 우리나라에 가지고 들어온다면, 이는 관세법상 수입이 되어 관세를 납부하여야 한다는 것이 우리 대법원과 헌법재판소의 입장이다(헌법재판소 1998.2.5. 선고 96헌바96 결정). 그 근거로는 이것이 實質課稅의 원칙에 맞다는 것이다.[11] 그런데, 우리나라는 1997.1.1. 부터 중고선박에 대한 도입관세를 零稅率로 하였으므로 더 이상 편의치적선의 도입은 관세포탈죄(관세법 제180조제1항)에 해당되지 않게 되었다. 그러나, 중고선박을

11) 여기에 대하여는 김인현, "1998년도 중요해사법관련 판례평석", 한국해법학회지 제21권 제2호(1999.11.), 189면 이하를 참고 바람.

도입할 때에 하도록 되어 있는 신고를 할 의무(관세법 제179조 제2항 제1호)[12]는 여전히 존치되고 있다.

[판례소개](대법원 2000.5.12. 선고 2000도354 판결)

이 사건 선박이 일본에서 중국으로 항해하던 중 선박화재로 인하여 여수항에 예인되어 수리를 시도하게 되었다. 검찰은 이 선박은 편의치적선으로 실제선주는 국내 선박회사로서 선박을 사용할 목적으로 국내에 반입된 것이므로 관세법상 수입에 해당하고 수입신고를 하지 않았으므로 관세법상 처벌을 받아야 한다고 기소하였다.

대법원은 "관세법 제2조 제1항 제1호는 외국으로부터 우리나라에 도착된 물품을 우리나라에 인취하는 것을 관세부과의 대상이 되는 수입의 한가지 형태로 규정하고 있고, 인취한다고 함은 물품이 사실상 관세법에 의한 구속에서 해제되어 내국물품이 되거나 자유유통 상태에 들어가는 것을 의미한다고 할 것인바, 선박의 경우에는 그것이 우리나라와 다른 나라를 왕래하는 등의 특수성이 있으므로 선박이 우리나라의 영역에 들어온 것만으로는 그 선박이 수입되었다고 볼 것은 아니며, 다만, 우리나라에 거주하는 자가 외국에 있던 선박의 사실상 소유권 내지 처분권을 취득하고 나아가 그 선박이 우리나라에 들어와 사용에 제공된 때에는 형식적으로는 그 선박이 우리나라의 국적을 아직 취득하지 아니하였더라도, 실질적으로는 관세부과의 대상이 되는 수입에 해당한다고 보는 것이 실질과세의 원칙에 비추어 타당하고, 외국의 선박을 국내 거주자가 취득하면서 편의치적의 방법에 의하여 외국에 서류상으로만 회사를 만들어 놓고 그 회사의 소유로 선박을 등록하여 그 외국의 국적을 취득하게 한 다음 이를 국내에 반입하여 사용에 제공하게 한 때에도 위에서 말하는 관세법상의 수입에 해당하게 된는 것이다(대법원 1993.5.25. 선고 93도689 판결; 대법원 1994.4.12. 선고 93도2324 판결; 대법원 1998.4.10. 선고 97도58 판결 등 참조). (중략) 원심판결 이유에 의하면 원심은 검사가 제출한 모든 증거들에 의하여도 이 사건 선박의 사실상 소유자 또는 처분권자를 피고 선박회사로 단정할 수 없을 뿐만 아니라, 이 사건 선박이 여수항에 입항 한 것도 (중략) 이 사건 선박의 기관이 소실됨으로써 그 수리를 위하여 예인선이 이 사건 선박을 여수항에 입항시킨 것일 뿐 피고인들이 이 사건 선박을 다시 수리하여 이를 국내에서 사용할 목적으로 입항하였다고 보기 어렵다는 이유로, 피고인들의 행위가 관세법 제180조 소정의 수입에 해당한다고 할 수 없다고 판단하였는바, 이를 기록과 대조하여 살펴보면 옳다고 여겨지고, (중략) 사실오인이나 법리오해 등의 위법이 있다고 할 수 없다."고 하여 검찰의 상고를 기각하였다.[13] [14]

---

12) 관세법 제179조 제2항은 다음 각호의 1에 해당하는 자는 5년 이하의 징역 또는 관세액의 10배와 물품원가 중 높은 금액 이하에 상당하는 벌금에 처한다고 하고, 제1호에서는 제137조 제1항 및 제2항 또는 제138조의2 제1항의 규정에 의한 신고를 하지 아니하고 물품을 수입한 자로 정하고 있다. 여기에서 제137조 제1항은 물품을 수출수입하는 것이다.

13) 법률신문, 2000.6.22., 11면.

14) 여기에 대하여는 김인현, "2000년도 해사법관련 중요 판례평석", 한국해법학회지 제23권 제2호(2001.11.), 251면 이하를 참고 바람.

⑤ 선원법상의 문제

편의치적선에 승선하고 있는 우리나라 선원들은 그 선박의 국적 국가의 선원법의 적용을 받게 됨이 원칙이다. 그런데, 이러한 편의치적국가는 행정법상의 규제가 제대로 실행되고 있는지를 확인하지 않고 있음이 보통이다. 그러므로, 우리나라는 편의치적선에 근무하는 선원들도 우리나라 선원법에 위배하여서는 아니되는 특별규정을 두고 있다(선박관리업의 등록관리요령 제14조 제2항 및 제3항). 편의치적국가의 선박에 근무하기 위하여는 그 국적 국가의 해기사면허를 소지하도록 하고 있다.

(3) 대안으로서의 제2 선적제도

선진해운국들은 자신들의 선박이 외국으로 편의치적되는 현상에 대하여 유사시 제4군으로서의 상선대의 위축에 우려를 하게 되었고, 자국선대를 다시 확충하기 위하여 제2선적 제도를 고안하게 되었다.

대표적인 것이 영국의 맨섬 등록제도와 독일의 제2선적제도 등이다. 모든 국가의 선박에 등록을 개방하는 제도와, 자국의 국적을 갖는 선박에 새로운 등록을 허용하는 부가등록제도 등 두 가지가 있다. 독일과 우리나라는 부가등록제도를 두고 있다. 우리나라의 국제선박등록법에 따른 국제선박등록제도는 부가등록제도이다.

4. 선체용선 등록

(1) 의 의

甲이 소유하는, 원등록국이 A국가인 선박을 乙이 선체용선을 하면서 등록을 B국가에 하는 경우를 선체용선 등록이라고 한다. 원등록국과 선체용선 등록국이 동시에 존재하게 된다. 현재, 독일, 영국의 맨섬, 싱가포르 그리고 홍콩 등이 이 제도를 도입하여 실시하고 있다. 편의치적된 선박에 대한 기국의 선박안전관리가 허술한 점이 문제되어왔다. 편의치적선은 통상 실질 선박소유자에게 선체용선되어 운항되기 때문에 선체용선 등록을 하게 되면 그 선체용선 등록된 국가의 선박안전관련 법규의 적용을 받게 된다. 이렇게 선체용선 등록을 함으로써 선박의 안전이 확보될 수 있는 장점이 있다. 그러나, 원등록과 선체용선 등록이 동시에 존재하게 됨으로써 법률관계를 복잡하게 하는 단점이 있다.

(2) 선체용선 등록의 법률문제

선박은 해사행정관청에 해사행정의 목적으로 등록되게 된다. 등록을 허용한 국가는 선적국이 된다. 통상은 선박소유자가 등록한 국가가 등록국이 되지만 선체용선등록을 할 때 원등록국의 등록은 정지된다. 이러한 경우 원등록국을 선적국으로 볼 것인지 아니면 선체용선 등록국을 선적국으로 볼 것인지 문제된다.

국가에 따라서는 소유권을 목적으로 하는 등기와 해사행정을 목적으로 하는 등록이 존재한다. 등기는 원등록국에서 행하게 된다. 선체용선등록을 행하는 목적은 자국에 등록을 하게 하여 자국의 해사행정법상의 강화된 안전등 규제를 적용하기 위함에 있다.

우리 대법원은 2014년 외국적 요소가 있는 사안에서 선박우선특권의 준거법의 결정기준이 되는 선적국이란 선체용선 등록국이 아니라 원등록국이라고 하였다. 이보다 앞서 대법원은 2013년 판결에서 선체용선등록국이 선적국이 된다고 판시한 바 있다.[15] 영국의 경우 선체용선등록을 허용하는바, 선박의 사법적(소유권, 저당권, 물권의 순위) 법률문제는 여전히 원등록국을 따르도록 한다(1995년 상선법 제17조 제7항). 선체용선등록에 대한 국제조약도 동일한 취지이다(제12조 제3항).[16]

[판례소개](대법원 2014.11.27.자 2014마1099 결정)

이 사건 선박은 독일 법인의 소유로서 독일에 선박등기와 등록이 되어 있었다. 독일 은행인 신청인은 선박의 소유자(A)에게 금원을 대여하였다. 선박에 신청인을 저당권자로 하는 저당권이 설정되었고 독일선박등기부에 저당권설정등기가 경료되었다. 선박은 소유자(A)가 이전의 선체용선계약의 선주지위를 인수하여 마샬 아일랜드에 선체용선등록을 하게 되었다. 선체용선자가 선박연료유 공급자로부터 연료유를 보급받았고, 그 대금에 대한 채권을 선박관리업자가 가지고 있었다. 선박관리업자는 지급기한이 넘은 유류대금채권을 피담보채권으로 하여 전주지방법원 군산지원에 선박임의경매신청을 하였다. 국제사법 제60조에 따르면 선박우선특권이 인정되는지는 당해 선박의 선적국법에 의한다. 법원은 마샬 아일랜드를 선적국으로 보아 유류대금채권에 대하여 선박우선특권이 발생하는 채권으로 인정하여 개시결정을 허가하였다. 이에 신청인인 은행은 "(i) 국제사법 제60조에서 말하는 선적국법은 선박의 소유권이 등기된 국가의 법인 독일법이 되어야 한다. (ii) 독일법에 따르면 유류대금채권은 선박우선특권이 발생되는 채권이 아니다."라고 주장하면서 임의경매개시결정에 대한 이의의 소를 제기하였다. 이에 항소법원은 이러한 신청인의 주장을 받아들여 '선박임의경매개시신청'을 기각하였다. 피신청인은 다시 재항고를 하였다.

대법원은 아래와 같이 판시하였다.

선박우선특권의 성립 여부와 일정한 채권이 선박우선특권에 의하여 담보되는지 여부 및 선박우선특권이 미치는 대상의 범위는 국제사법 제60조 제1호에 따라 선적국법, 즉 선박소유자가 선박의 등기등록을 한 곳이 속한 국가의 법이 준거법이 되는 것이고, 이러한 법리는 선박이 선체용선등록제도에 따라 선적국이 아닌 국가에 선체용

---

15) 부산지법 2013.4.24.자 2012라19 결정; 대법원 2013.9.13.자 2013마816 결정.

16) Mark Davis, *op. cit.,* p. 203; 선체용선(나용선) 등록에 대한 자세한 논의는 김인현, "선박우선특권상 채무자와 선적국의 의미", 상사판례연구 제28집 제4권(2015), 52면 이하가 있다..

선등록이 되어 있는 경우에도 마찬가지이다. 이 사건선박에 관한 선박우선특권의 준거법은 이 사건 선박의 선체용선등록법인 마샬아일랜드 법이 아니라, 소유권등록국법인 독일법이고, 독일 상법에 따르면 이 사건과 같은 유류대금채권은 선박우선특권에 의하여 담보되지 않는다고 판단하여, 선박우선특권에 기초한 재항고인의 이 사건 임의 경매신청을 기각한 원심결정은 정당하다.

5. 선박등록 특구

국제적으로 인정되는 선박국적 허용의 연결요소는 소유권, 선원, 건조지이다. 우리나라에선 건조된 선박에 대하여 선박소유자가 희망하면 우리나라에 등록을 허용하도록 선박법을 개정할 수 있을 것이다. 서울 한강의 밤섬, 부산해운대, 인천 송도에 선박등록 특구를 둘 수 있다. 특구법에는 상법 제777조의 선박우선특권에서 파나마 등과 같이 선박금융채권자도 선박우선특권자로 인정할 수 있다. 외국으로 등록된 선박을 우리나라에 많이 유치할 수 있다.

제3 선박관련 物權

1. 序

선박은 해상기업의 물적 설비 중에서 가장 대표적인 것이다. 해상기업인 선박소유자는 선박을 물권적으로 지배하고 이를 용선이나 운송과 같은 상행위에 투입함으로써 이익을 극대화하고자 한다. 선박은 동산이지만 부동산 유사성이 있으므로 부동산과 같이 취급되고 있다.[17] 선박에 대한 물권은 다른 물건에 대한 물권과 같은 법리에 의하여 규율되고 있지만, 그 특수성에 비추어 상법은 몇 가지 특수한 제도를 창설하여두고 있다. 우리 상법이 선박에 대하여는 물권변동에서 의사주의를 택하고 있는 점, 채권계약관계에 지나지 않는 선박임대차(선체용선)에 있어서 임차인이나 제3자를 보호하기 위한 물권적 제도를 두고 있는 점, 선박우선특권제도라는 특이한 담보물권을 두고 있는 점 등이 그 예이다.

物權이란 어떤 물건을 배타적으로 지배하는 권리를 말한다.[18] 예컨대, 소유권은

---

17) 배병태, 60면; 채이식, 233면; 이균성, 99면; 최종현, 39면.

18) 債權이란 특정인으로부터 특정행위(급부)를 요구할 수 있는 권리로서, 대표적인 것이 청구권이다. 운송계약에서, 운송인은 물건의 운송에 대하여 그 대가로 운임지급을 화주에게 청구할 수 있다. 즉, 운송인은 운임지급청구권을 갖는다. 한편, 화주는 운송이 이루어지지 않고 있으면 운송의 이행에 대한 청구를 할 수 있는 권리가 있다. 또한 운송물이 운송 도중에 파손되었다

물건을 배타적으로 사용·수익·처분할 수 있는 권리이다. 지배한다는 것은 다른 사람의 의사가 필요없다는 취지이다. 채권은 채권자가 채무자에게 어떤 행위를 요구할 수 있는 권리이므로 채무자의 행위가 있어야 채권은 실현되지만, 물권은 이러한 타인의 개입이 필요없이 실현된다는 점에 차이가 있다. 배타적이란 하나의 물권이 하나의 물건 위에 설정되면 그 위에 동일한 다른 물권이 동시에 존재할 수 없는 것을 말한다. 우리나라는 물권법정주의를 택하고 있다.

선박관련 물권으로는 본권으로서 소유권과 제한물권이 있고, 점유권이 있다. 제한물권 중에서는 담보물권으로서 유치권, 질권, 저당권 그리고 선박우선특권이 있다.

2. 선박관련 物權의 종류

(1) 所有權

소유권은 소유자가 물건을 배타적으로 직접 지배하여 사용·수익·처분할 수 있는 권리이다(민법 제211조). 선박소유자는 소유권을 가짐으로써 사용·수익·처분 권능에 따라 선박을 운송에 이용할 수도 있고 용선을 하여 줌으로써 용선료를 얻을 수도 있고 또한 타인에게 선박을 양도할 수도 있다.

(2) 制限物權

소유권은 소유자가 물건을 배타적으로 지배할 수 있는 권리이지만, 물건에 대한 사용·수익·처분 권능 중에서 일부분의 지배가 제한되는 경우의 물권을 소유권과 비교하여 제한물권이라고 한다.[19)]

1) 擔保物權

① 留置權

유치권이란 목적물로부터 발생한 채권을 채무자가 변제할 때까지 물건을 유치하여 채무자에 대하여 심리적으로 압박을 가할 수 있는 권리로서 법정담보물권이다(민법 제320조). 유치권은 담보물이 되는 바로 그 목적물에서 채권이 발생하여야 한다. 그러나, 상사유치권은 이러한 견련관계를 반드시 필요로 하지 않는다(상법 제58조).

선박과 관련한 유치권으로는, 조선소에서 수리를 마친 경우에 조선소가 가지는 담보물권을 생각할 수 있다. 선박자체에서 수리비라는 채권이 발생하였고 선박을

면 화주는 운송인에 대하여 손해배상청구권을 갖는다. 이러한 것은 모두 상대방의 어떤 행위(급부)를 요구할 수 있는 권리로서 채권이다.

19) 곽윤직(물권법), 27면.

조선소가 유치하고 있는 한 조선소는 유치권을 갖는다. 이는 상사유치권의 일종으로 볼수 있다(상법 제58조).

해상법상의 유치권으로는 운송인이 화물에 대하여 갖는 유치권이 있다.[20] 운송인은 화물에 대한 운임을 변제받기 전에는 화물을 점유하여 화주에게 운임지급을 강요할 수 있다(상법 제807조 제2항).

특수한 것으로서 정기용선에서 선박소유자가 정기용선자로부터 운임을 수취하지 못한 경우에 선박소유자는 운송중이던 화물에 대하여 유치권을 행사할 수 있다(상법 제844조 제1항). 원래는 선박소유자와 화주는 아무런 계약관계가 없으므로 유치권을 행사할 수 없는 것이지만, 우리 상법은 선박소유자의 용선료의 회수를 위하여 법정된 유치권을 인정하게 되었다.[21]

② 質 權

질권이란 채무자(질권설정자)가 피담보채권의 담보로 동산 또는 재산권을 채권자(질권자)에게 제공하고 채권자는 그 채무의 변제가 있을 때까지 이를 유치함으로써 채무의 변제를 간접적으로 강제하는 동시에 피담보채권의 변제가 이루어지지 않으면 질권자는 그 담보목적물을 환가하여 우선변제를 받을 수 있는 권리이다(민법 제329조 및 제345조).[22]

질권의 특징은 질물이 채권자(질권자)의 수중에 이전되어야 하는 것에 있다. 그러므로 선박을 질권의 대상으로 할 수 있다고 하면, 선박은 질권자의 수중에 있게 되어 선박의 운항은 저해받게 되므로 국가경제적으로 손해가 된다. 그러므로 우리 법은 선박(정확하게는 총톤수 20톤 이상의 선박에 대하여)은 질권의 목적물로 하지 못하게 하고 있다(상법 제789조).[23]

특수한 것으로서 정기용선계약에서 선박소유자가 갖는 권리질권이 있다. 정기용선계약에서 선박소유자가 용선계약을 해제 또는 해지한 경우에는 정기용선자가 적하이해관계인에 대하여 가지는 용선료 또는 운임의 채권을 목적으로 질권을 선박소유자에게 설정한 것으로 본다(상법 제845조 제3항). 즉, 정기용선자의 화주에 대한 운임채권을 목적물로 하여 정기용선자가 선박소유자에게 질권을 설정한 것으로 보아 선박소유자는 질권자가 되고 제3자는 제3채무자가 되는 것이다.[24] 이렇게

---

20) 채이식, 322면; 최종현, 345면.

21) 최종현, 479면.

22) 곽윤직(물권법), 294면. 甲은 요트의 소유자이다. 급전이 필요하여 친구에게 1억원을 빌리게 되었다. 담보로서 요트를 친구에게 건네주었다. 친구는 채권자로서 질권자가 되고 甲은 채무자로서 질권설정자가 된다.

23) 이균성, 126면; 최종현, 219면; 일본 상법 제849조.

함으로써 선박소유자의 정기용선계약에 대한 용선료 회수가 확보되는 것이다. 이는 선박소유자가 정기용선계약을 해제 또는 해지하는 경우에도 운송을 계속하여 주어야 하는 선박소유자의 의무(상법 제845조 제2항)에 대응하는 것으로 볼 수 있다.

③ 抵當權

저당권은, 채무자가 채권의 담보로 부동산을 제공하면서 채권자(저당권자)에게 부동산에 대한 점유를 이전시키지 않은 채로 채무자(저당권설정자) 자신이 그대로 점유를 보유하는 한편, 채권의 변제가 이루어지지 않으면 채권자가 그 부동산을 환가하여 우선변제를 받는 것이다(민법 제365조).[25]

저당권의 경우는 질권과는 달리 선박이 저당권자의 수중에 있지 않으므로 채권 확보에 문제가 발생할 수 있다. 그러나, 선박등기부에 그러한 사실이 기재되어 있으므로(선박등기법 제3조; 선박등기처리규칙 제8조) 매매가 이루어지기 어렵고 새로운 매수인은 저당된 가액만큼을 제하고 선박을 구입하게 되므로 이러한 제도는 원활하게 운용되게 된다.

선박은 원래는 동산이지만 부동산 유사성을 인정하여 등기한 선박은 저당권의 목적으로만 할 수 있게 하였다(상법 제787조 제1항).[26] 선박의 저당권에는 민법의 저당권에 관한 규정을 준용하므로(상법 제787조 제3항), 物上代位의 원칙(민법 제342조, 제370조)에 따라 선박에 관한 청구권 기타의 채권에도 저당권의 효력이 미친다.[27]

2007년 7월 소형선박저당법이 국회를 통과하여 20톤 미만의 선박(모터 보트 포함)도 선박등록원부에 등록하면 저당권설정이 가능하게 되었다. 그 뒤 동법은 2009.3.25. 폐지되고 "자동차등특정동산저당법"으로 대체되었다.[28] 선박등기법이 적용되지 않는 선박이 저당권의 목적물이 된다. 저당권자는 채무자나 제3자가 점유를 이전하지 아니하고 채무의 담보로 제공한 특정동산에 대하여 다른 채권자보다 자기채권에 대하여 우선변제를 받을 권리가 있다(제4조).

2) 用益物權

용익물권이란 물건을 사용할 수 있는 권리를 배타적으로 갖는 권리로서, 지상

---

24) 최종현, 493면.

25) 곽윤직(물권법), 324면. 甲 선박회사는 현금 100억원이 필요하여 乙 은행에 가서 대출을 받으려고 하였으나, 乙 은행은 담보를 요구하였다. 그래서 甲 선박회사는 乙 은행에게 선박 한 척을 저당으로 하겠다고 하였다. 그리고 선박등기부에 그러한 사실을 명기하였다. 이때 乙 은행이 갖는 권리가 저당권이다. 甲 선박회사가 100억원을 약정기한 내에 변제하지 못하면, 乙 은행은 선박을 경매하여 우선변제받을 수 있는 것이다.

26) 일본 상법 제846조.

27) 배병태, 410면; 이균성, 170면.

28) 따라서 소형어선, 요트 등도 저당권설정이 가능하게 되었다.

권, 지역권 그리고 전세권이 있다. 지상권과 지역권은 토지와 관련되므로, 선박과 관련하여 생각할 수 있는 것은 전세권이다. 그런데 실무에서 사용되는 선체용선 제도에서 용선자가 갖는 권리는 물권인 전세권이 아니라 채권적인 임차권이다.

3) 船舶優先特權

일정한 법정채권을 위하여 그 채권자가 선박과 그 항해의 운임 등을 목적으로 하여 다른 채권자보다 우선하여 변제받을 수 있는 해상법상의 특유한 담보물권이 선박우선특권이다(상법 제777조).[29] 일정한 채권담보를 위한 권리이므로 일종의 담보권이다.[30] 선박우선특권은 등기되지 않음에도 불구하고 저당권자보다 우선하고(상법 제788조), 추급권이 인정되는(상법 제785조) 아주 강력한 권리이다. 선박우선특권은 선박소유자 책임제한제도 등으로 보호되고 있는 선박소유자의 상대방을 보호하기 위한 제도로 이해되고 있다. 이 제도는 영미법의 對物訴訟(action in rem)에서 영향을 받은 것이다. 자세한 것은 후술한다.

3. 占 有 權

점유권은 물건을 사실상 지배하고 있는 상태를 보호하기 위한 제도이다(민법 제192조). 점유권자에게는 선의점유자의 과실취득권(민법 제201조), 점유보호청구권(민법 제204조, 제205조, 제206조), 권리의 적법추정(민법 제200조), 선의취득(민법 제249조) 그리고 점유취득(민법 제245조, 제246조) 등의 법률효과가 인정된다. 점유의 법적 의미에서 가장 중요한 것은 동산물권변동의 요건으로서의 기능이다(민법 제188조 제1항). 즉, 부동산에서는 물권적 합의와 등기가 있어야 물권변동이 일어나지만, 동산에 있어서는 물권적 합의와 점유의 이전(인도)이 있어야 물권변동이 일어난다.[31] 그러므로 10톤짜리 소형선박의 매매에 있어서는 이 선박을 직접 인도받지 못하였다면 소유권이 이전되지 아니한 것이 된다. 따라서, 매도인 甲이 이를 乙에게 매도할 것을 약정하고 대금은 지급되었으나 아직 인도가 되지 아니한 상태에서 甲이 다시 이를 丙에게 매도하여 인도를 하였다면 소유권은 丙이 가지는 것이 된다. 乙은 채무불이행책임을 甲에게 물을 수 있을 뿐이다.

점유자는 적법하게 물건을 점유하고 있는 것으로 추정된다. 그러므로 자신이 정당한 권원을 갖는다고 주장하는 자가 현재의 점유자는 정당한 점유자가 아님을 입증하여야 하는 불리한 지위에 놓이게 된다. 또한 점유는 선의취득의 요건이기

29) 일본 상법 제842조.

30) 배병태, 386면; 채이식, 381면; 이균성, 140면.

31) 곽윤직(물권법), 117면.

도 하다(민법 제249조). 예컨대, 위의 등기가 되지 않는 소형선박 소유자 甲으로부터 임차하여 사용하고 있던 임차인 乙을 진정한 소유자로 알고 丙이 그 선박을 양수받은 경우에는 丙이 乙이 소유자라고 믿은 바에 과실이 없으면 그 소유권을 취득하게 된다.

선장은 선박소유자로부터 지시를 받아 선박에 대한 사실상의 지배를 하므로 선박소유자의 점유보조자이다. 점유보조자가 비록 물건에 대하여 실력을 행사하고 있더라도 점유자는 아니고 점유주만이 점유자이다(민법 제195조).

선박소유자 → 선체용선자 → 정기용선자 → 화주로 용선이 연결되어 있는 경우에 선박에 대한 점유권은 누가 갖고 있는지 알아보자. 선박소유자는 선체용선자와 임대차계약을 체결하였다. 선체용선자는 임대차에 기하여 직접 점유자가 되었다. 나용선계약에서 선장은 선체용선자가 선임·감독한다. 선체용선자는 선장이라는 점유보조자를 통하여 선박을 지배한다. 정기용선계약에서 선장은 여전히 선체용선자가 선임·감독하고 정기용선자는 선박에 대한 사용권만을 이용하는 것을 내용으로 하므로 원칙적으로 정기용선자는 선박을 점유하지 못한다. 다만, 사용약관을 통하여 상사사항에 대하여 선박사용의 지시와 통제권을 가진다.

4. 船舶 관련 物權變動

(1) 원 칙

우리나라는 물권변동에 있어서 형식주의(성립요건주의)를 취하고 있다.[32] 즉, 동산에 있어서는 물권적 합의 이외에 인도라는 절차를 거쳐야 하고(민법 제188조 제1항), 부동산에 있어서는 물권적 합의 이외에 등기라는 절차를 거쳐야(민법 제186조) 물권변동이 일어난다. 프랑스와 일본의 경우에는 의사주의를 취하여 물권적 합의만으로도 물권변동이 일어나는 것으로 하고 있다. 이에 대하여 우리나라는 물권변동에 있어서 등기가 있어야 한다는 것은 아래와 같은 결과가 된다. 즉, 甲과 乙이 甲의 부동산에 대한 물권을 乙에게 이전하려는 물권적 합의를 이루고 난 다음에 아직 등기를 하지 않은 상태에서 甲이 또 다른 사람인 丙에게 물권적 합의와 등기를 하였다면 이때 물권은 丙에게 귀속된다.

(2) 선박의 경우

그런데, 상법 743조는 선박의 물권은 당사자의 의사의 합치만으로 변동이 일어난다고 한다. 선박의 경우 우리나라는 예외적으로 의사주의를 취하여 당사자 사

32) 곽윤직(물권법), 59면.

이에는 물권 변동에 대한 의사의 합치로 물권이 변동된다고 한다.[33] 위의 예에서 비록 등기의 이전이 없었다고 하더라도 선박은 乙의 소유가 된다.

다만, 제3자에게 대항하기 위하여는 선박등기부에 등기하고 선박국적증서에 이러한 사실을 기재하여야 한다(상법 제743조 단서). 위의 예에서 甲이 다시 丙에게 선박에 대한 물권변동에 대한 의사의 합치를 이루고 등기까지 넘겨주고 선박국적증서에 그 사실을 기재하였다면, 乙은 丙에게 자신에게 소유권이 있다는 주장을 하지 못한다.[34]

상법 제743조는 단정 또는 주로 노 또는 상앗대로 운전하는 선박 및 총톤수 20톤 미만의 선박에는 적용되지 않으므로(상법 제741조 제2항 및 제744조 제2항), 이 경우의 물권 변동은 민법의 일반규정에 따른다. 민법은 현실적 인도(민법 제188조 제1항) 이외에 간이인도(민법 제188조 제2항), 점유개정(민법 제189조) 그리고 목적물반환청구권의 양도(민법 제190조)에 의한 것도 인도의 방법으로 인정한다.[35] 등기가 되지 않는 소형선박이 임대차 상태에 있었다면, 소유자 甲은 자신의 임차인 乙에 대한 목적물반환 청구권을 丙에게 양도하는 것으로 점유이전이 되어, 丙은 소유권을 취득한다.

2007년 개정상법은 제743조의 표제를 "선박에 관한 권리의 이전"에서 "선박소유권의 이전"으로 변경하여 선박에 관한 권리 중에서 소유권의 이전에만 제743조가 적용됨을 분명히 하였다.

5. 船舶의 從物

물건의 소유자가 그 물건의 상용에 공하기 위하여 자기 소유인 다른 물건을 이에 부속하게 한 때에는 그 물건을 主物이라고 하고, 주물에 부속된 다른 물건을 從物이라고 한다(민법 제100조 제1항). 노도선에서 선박과 노의 관계에 있어서 선박은 주물이고 노는 종물이다. 종물은 주물의 처분에 따른다(민법 제100조 제2항). 그런데, 민법상 종물이 되기 위하여는 주물과 종물이 모두 동일한 소유자에게 속하여야 한다.[36]

---

33) 채이식, 236면; 이균성, 122면; 최종현, 56면; 의사주의를 취한 이유에 대하여 채이식 교수는 "국제선박시장에서 영미법의 의사주의에 의해 선박거래가 많이 일어나는 상관행을 반영하고, 선박이 항해 중 매매가 많이 일어나므로 이전을 당사자에게 일임하기 위한 것으로 추측된다."고 한다.

34) 동지 채이식, 236면.

35) 곽윤직(물권법), 120면.

36) 곽윤직(민법총칙), 314면.

선박의 경우에는 견해가 갈라지나 종물이 반드시 선박소유자의 소유일 필요는 없다고 본다.[37] 선박은 하나의 합성물로서 독자적으로 경제적 가치가 있는 여러 가지의 물건이 그 구성부분을 이루고 있고, 레이더·구명정 등이 고가이면서 물건의 소유자가 서로 다를 수 있어 분쟁의 소지가 많으므로, 우리 상법은 屬具目錄에 기재되어 있는 물건은 선박의 종물로 추정한다(상법 제742조)고 정하였다.[38] 그러므로 선박을 매도하는 경우에 속구목록에 기재된 속구는 모두 소유권이 양수인에게 이전된다. 예컨대, 선체용선자가 특별히 설치한 구명정이나 항해장비 등이 속구목록에 기록되어 있는 상태에서 선박이 매도되었다면, 이들은 선박의 종물로 추정되고 선체용선자가 특별히 자신의 소유라는 점을 입증하지 않는 한, 매수인에게 넘어가게 된다.

컨테이너는 선박에 부속된 다른 물건이 아니므로 종물이 아니다.

제4 船舶의 취득

1. 의 의

해상기업은 영리활동을 위하여 물적 설비로서 선박을 확보하여야 한다. 그 방법으로서 대표적인 것은 선박에 대한 소유권 혹은 사용권을 취득하는 것이다. 소유권을 취득하는 방법으로는 기존의 선박을 매입하는 것도 있을 수 있고 신조선을 발주하여 선박을 건조하는 방법도 있다.

2. 船舶建造

(1) 선박건조의 상법 해상편상 지위

우리나라는 선박건조에서 세계 1위를 유지하면서 많은 선박을 제조하여 왔다.[39] 그런데 선박건조와 관련된 법률문제가 학술적으로는 많이 다루어져 오지 않았다. 선박건조와 관련된 법률문제가 해상법의 범주에 속할 것인가? 상법 해상편

---

37) 배병태, 66면; 이균성, 170면.

38) 배병태, 65면; 채이식, 230-231면.

39) 우리나라의 대표적인 조선소로는 현대중공업, 대우조선해양, 삼성중공업, 한진중공업, 현대미포조선, 성동조선소 등이 있다. 이들은 한국조선협회(현, 한국조선해양플랜트협회)의 회원사들이다(www.koshipa.or.kr). 중소형 조선소로는 삼원중공업(군산), 삼광조선(인천), 유일조선(목포), 동일조선(부산), 여수해양 등이 있다. 이들 80여개의 중소형 조선소는 한국중소조선공업협동조합을 구성하고 있다.

에는 건조중인 선박이 저당권의 목적이 됨을 정하고 있을 뿐이다(상법 제790조).[40] 상법 해상편은 이미 건조되어 운항이 가능한 선박을 전제로 해상기업이 운송이나 용선에 종사하는 경우를 다루고 있다. 따라서 선박건조계약은 해상편의 범주를 벗어나는 것이다.[41]

조선소는 상법 제46조의 제조라는 상행위를 영업으로 하기 때문에 건조계약에는 상법이 적용되게 된다. 따라서 한국법이 준거법이 되는 경우에 소멸시효는 상사시효인 5년이 된다. 조선소는 상사유치권을 가질 것이다. 해상편이 적용되지 않기 때문에 조선소가 책임제한 등의 이익을 누릴 수는 없다. 다만 시운전을 하는 경우에는 선박의 운항자의 지위를 가지기 때문에 조선소의 책임제한이 가능할 것이다(상법 제774조 제1항 제1호).

실무상 우리나라에서의 선박건조는 영국법을 준거법으로 하는 SAJ선박건조표준서식을 이용한 계약에 의하여 규율된다.[42]

(2) 선박건조계약의 법적 성질과 조선소의 주의의무

선박회사는 발주자가 되어 조선소와 선박건조계약을 체결하게 된다. 우리나라에서 일어나는 선박건조를 보면 선박회사가 발주자로서 대금을 지급하면 조선소가 자신이 스스로 재료를 공급하여 선박을 건조한 다음 선박회사에게 인도하게 된다. 따라서 제조물 공급계약이라고 볼 수 있다.[43] 선박건조계약은 제작의 측면에서는 도급의 성질을, 공급의 측면에서는 매매의 성질을 갖는다.[44] 재료를 발주자인 선박소유자가 제공하고 조선소는 제공받는 재료로서 발주자의 지시에 따라 선박을 제조한다면 이는 순수한 도급계약이다. 조선소가 이미 제조한 선박을 선박소유자가 매입하는 것은 순수한 매매계약이다.[45]

대법원의 판례에 따르면, 수급인이 재료의 전부 또는 주요부분을 제공한 경우

40) 일본 상법 제850조.

41) 한편, 해상기업이 선박을 건조하는 것은 해상기업의 상행위인 해상운송을 위한 보조적 상행위로도 볼 수 있을 것이다. 선박의 일생을 길게 보면 건조에서 운항 그리고 해체에 이르는 과정을 법적 관점에서 논할 수도 있다.

42) 여기에 대한 자세한 논의는 김인현, "선박건조표준계약서(SAJ)에 대한 연구", 한국해법학회지 제34권 제1호(2012.11.), 151면 이하; 이철원, "SAJ선박건조표준계약에 대한 영국판례검토" 한국해법학회지 제35권 제1호(2013.4.), 111면 이하를 참고 바람.

43) 제작물 공급계약은 물건의 제작과 제작된 물건의 공급이라는 두 요소가 포함된다.

44) 곽윤직, 채권각론(박영사, 2007), 256면. 그러나 영국에서는 매매계약으로 본다. 자세한 논의는 정선철, "국제선박매매계약에 관한 연구"(한국해양대학교 법학박사학위논문, 2005.8.), 62면을 참고 바람.

45) 영국법에서는 선박건조계약은 매매로 보아 발주자는 매수인, 건조자는 매도인으로 표시된다.

에는 소유권이 일단 수급인에게 귀속한 후 인도에 의하여 도급인에게 이전한다(대법원 1988.12.27. 선고 87다카1138 판결)는 것도 있다. 그러나, 선박건조계약에서는 선수금 형태로 필요한 재료를 도급인인 선박회사가 제공하고 있기 때문에 발주자인 선박회사가 소유권을 갖는다는 견해도 있다.[46]

조선소는 제3자에 대하여 일반불법행위상의 주의의무를 부담한다. 건조중인 선박의 시운전중 충돌사고에 대하여 사용자책임(민법 제756조)을 부담한다. 건조중인 선박을 안전하게 보관할 주의의무도 있다(부산지법 2014.5.15. 선고 2013가합47173 판결).

[판례소개](부산지법 2014.5.15. 선고 2013가합47173 판결)

甲 선박소유자(선주)는 乙 조선소와 선박건조계약을 체결하고 선박을 건조중에 있었다. 甲 선주는 2012.3.27. 이 사건 선박에 대한 소유권보존등기를 마쳤다. 4.20. 실시된 1차 시운전에서 기관실에 문제가 있어서 시운전은 불합격되었다. 4.21. 일기가 불순하여 乙 조선소에 묶여있던 선박이 떠내려가서 丙 수리조선소의 안벽을 들이받아 안벽을 사용하지 못하게 되었다. 이에 丙 수리조선소는 손해배상청구를 하게 되었다.

丙은 乙 조선소에게 보관자로서의 주의의무 위반을 이유로 손해배상청구를 하는 동시에 甲 선주에 대하여도 일반불법행위책임(민법 제750조), 사용자책임(민법 제756조)을 물었다.

부산지법은 아래와 같이 판시하였다.

(1) 조선소의 책임

피고 조선소는 이 사건 선박을 건조하여 보관하는 자로서 자신의 시설 내인 안벽에 계류 중인 선박을 안전하게 보관할 주의의무가 있음에도 이를 게을리하여 이 사건 선박이 안벽에서 벗어나 떠내려가도록 한 과실이 있다. 위와 같은 과실행위가 원인이 되어 이 사건 사고가 발생하였으므로, 피고 조선소는 원고에게 원고가 입은 손해를 배상할 책임이 있다.

(2) 선박소유자의 책임

1) 일반불법행위책임(민법 제750조)

원고는 피고 선주가 이 사건 선박의 소유자로서 시운전을 마치는 등 선박의 관리를 시작하였으므로 이 사건 선박을 안전하게 보관할 주의의무가 있음에도 불구하고 이를 위반하였으므로 손해배상책임이 있다고 주장한다.

그러나, ① 피고 선주는 피고조선소에게 이 사건 선박의 건조를 의뢰한 도급인이고 이 사건 선박은 건조되어 인도되기 전까지 수급인인 피고 조선소의 관리하에 있었던 점, ② 사고 당시 시운전이 완료되지 않았고 피고 선주가 이 사건 선박을 점유하지도 않았기 때문에, 단순히 피고 선주가 이 사건 선박의 소유자라는 사실만으로 이 사건 선박을 안전하게 보관할 주의의무가 있다고 할 수 없다.

---

46) 도급인인 주문자가 소유권을 가진다는 견해로는 김인유, "선박건조계약과 관련한 몇 가지 법률문제들", 한국해법학회지 제32권 제1호(2010.4.), 23면.

2) 사용자 책임

원고는 피고 선주가 해기사 자격증을 소지한 A를 이 사건 선박 건조현장에 파견하여 피고 조선소의 선박건조과정을 지휘감독하였고, 3.27. 피고 선주는 이 사건 선박의 소유권 보존등기를 마친바, 도급인인 피고 선주와 수급인인 피고 조선소의 관계는 실질적인 사용자 및 피용자 관계이므로 피고 선주는 사용자책임을 부담한다고 주장한다.

도급인은 도급 또는 지시에 관하여 중대한 과실이 없는 한 수급인이 그 일에 관하여 제3자에게 가한 손해를 배상할 책임이 없으나(민법 제757조), 다만, 도급인이 수급인의 일의 진행 및 방법에 관하여 구체적인 지휘 감독권을 유보한 경우에는 도급인과 수급인의 관계는 실질적으로 사용자 및 피용자의 관계와 다를 바 없으므로 수급인의 불법행위로 인한 손해에 대하여 도급인은 민법 제756조에 의한 사용자책임을 면할 수 없다(대법원 1993.5.27. 선고 92다48109 판결). 그러나, 감리는 여기에 해당하지 않는다. ① 피고 선주가 이 사건 선박 건조현장에 A를 파견하였음을 인정할 만한 객관적인 자료가 없는 점 ② 해기사는 선박건조를 관리 감독할 수 있는 자가 아니라 선박에 승무하여 선박을 운용하는 선박직원으로서 해기사 면허를 받은 사람으로서, 이 사건 선박건조과정 전체의 운영 및 시행을 직접 지도하는 등 시공자체를 관리할 수 있다고 보이지 않는 점 ③ 도급인인 피고 선주는 이 사건 선박의 소유권을 취득하였다는 사실만으로는 수급인인 피고 조선소와 사이에 바로 실질적인 사용자 관계가 생긴다고 볼 수 없는 점을 보면, 도급인인 피고 선주가 수급인인 피고 조선소의 일의 진행 및 방법에 관하여 구체적인 지휘 감독권을 유보하였음을 인정하기에 부족하다.

(3) 건조중인 선박

건조중인 선박은 소유자가 아직 없기 때문에 보존등기를 할 수 없다. 그러나 상법 제790조와 선박등기법에 따라 저당권등기는 가능하다. 저당권에 대한 것은 민법의 규정에 따른다고 하기 때문에 저당권은 물권적 합의와 등기가 있어야 효력이 발생한다.

발주자인 선박회사는 조선소에게 몇 차례에 걸쳐서 선박건조를 위한 선수금을 지급하게 된다.[47] 그런데, 조선소가 경제사정의 악화로 선박을 완성하지 못하고 도산하는 경우도 발생할 수 있다. 이를 대비하여 선박회사는 자신이 지급한 선수금을 반환받을 수 있는 장치를 마련하고자 한다. 조선소는 은행 등에게 이러한 경우 은행이 선수금 반환을 보증한다는 보증서를 발급받아 선박회사에 양도하게 된다. 이를 선수금환급보증(refund guarantee)이라고 한다. 조선소가 선수금을 반환하지 못하는 경우에는 은행은 주채무자로서 책임을 부담하게 된다.[48] 한편, 은행은

47) 계약체결후 건조자가 발주자에게 선수금 환급보증서를 교부할 때 강재절단(steel cutting), 용골설치(keel laying), 진수(launching) 그리고 인도(delivery)에 각각 20%씩 건조대금을 분할 지급한다; 무역보험공사가 2007년과 2008년 선수금환급보증을 함으로써 1조원대의 손실을 입었다는 내용의 조선일보 기사(2011.3.3.)가 있다.

48) 서영화 변호사는 "용어는 '보증'이지만 그 내용상 금융기관의 의무는 보증책임이 아니라

자신이 주채무자로서 책임을 부담할 경우의 피해에 대비하여 조선소에게 담보를 요구하게 된다.

이 경우 건조중인 선박에 대하여 담보를 설정하는 방법이 흔히 이용된다. 건조중인 선박의 저당권을 이용하는 방법이 있지만, 강제집행의 절차를 따를 필요가 없고 환가에 용이한 양도담보가 실무적으로 많이 이용된다. 은행이 담보권자가 되고 조선소가 설정자가 되어 건조중인 선박에 양도담보를 설정하는 것이다. 질권 설정은 은행이 점유를 가져야 하지만 현실성이 없고 점유개정의 방법은 실효성이 없기 때문에 활용되지 못한다.

한편, "취소될 수 없고 무조건적인" 선수금환급보증서를 개설한다는 내용의 경우 영국법하에서 이는 독립보증에 해당하므로 원인관계에 의한 항변을 보증서 발행자인 보험회사는 주장할 수 없다고 대법원은 판시하였다(2015.2.26. 선고 2012다79866 판결).

(4) 선박금융

선박회사가 선박건조를 위하여 자금을 조달하는 방법도 여러 가지가 있다. 이는 선박금융법의 연구대상이 된다. 리스를 이용하는 방법으로는 운용리스와 금융리스가 있다. 운용리스는 리스회사가 소유하는 선박을 선박회사가 임차하여 사용하는 것이다. 리스물건의 임대차라고 보면 된다. 금융리스에서도 금융회사가 선박의 소유자로서 리스제공자가 되고 선박회사는 리스이용자가 되므로 운용리스와 유사한 외형이지만, 금융리스는 선박회사가 선박매입관련 업무를 처리하고 금융회사는 단지 대금을 지급하고 리스기간이 끝나면 소유권을 선박회사가 가지기 때문에 임대차라기보다는 금융제공의 성격이 강하다.

SPC(Special Purpose Company)를 이용하여 금융을 일으키는 방법도 있다. SPC가 해외에 설치되고 SPC가 선주로서 은행으로부터 선박건조대금을 차입한다.[49] 또한 SPC는 선주로서 조선소와 선박건조계약을 체결하게 된다. 실제 선박을 건조하는 수요자로서 선박회사가 SPC를 주도하는 경우에는 선박회사가 SPC와 국취부선체용선 계약을 체결하여 선체용선자로 외부에 나타난다. 이와 달리 은행 등이 주도하는 경우에는 선박회사는 단순한 선체용선자가 된다.

선수금환급보증서에 의하여 창설된 주채무자로서 부담하는 채무라고 보아야 한다."고 주장한다. 서영화, "선박건조계약과 관련한 몇 가지 법률문제들", 한국해법학회지 제32권 제1호(2010.4.), 51면.

49) 은행은 저당권 실행이 용이한 해외에 SPC를 설치할 것을 요구하여 SPC는 해외에 등록되고 선박도 해외에 치적된다. 일종의 편의치적선이 되지만 해외치적의 설치목적이 일반 편의치적선과 다르다.

3. 중고선 매입

(1) 의 의

이미 건조된 선박을 선박회사가 매입하는 것이다. 통상 Sale & Purchase(S&P) 브로커를 통하여 거래를 하게 된다. 초창기 해상기업의 선박취득의 일반적 방법이었다.

(2) 법률관계

매도인과 매수인이 중고선박에 대한 매매계약을 체결하게 된다.50) 실무에서는 선박매매계약에 표준계약서가 사용되는데 가장 널리 사용되는 것은 노르웨이 선박매매계약서인 NSF 1987, 1993이다. 일본매매서식(Nippon Sale Form 1993)도 사용된다. 약정이 없는 경우에 한국법이 준거법이면 민법 제563조 이하의 매매에 대한 규정이 적용될 것이다. 영국법이 준거법이 되면 1979년 영국 물품매매법(Sale of Goods Act)이 적용된다. 유엔통일매매법(CISG)에서는 선박의 매매는 적용대상에서 제외하고 있다(제2조).

선박의 매매계약과 관련하여 선박회사가 손해배상책임을 부담하는 경우에 매도인으로서 선박회사는 해상기업이기 때문에 책임제한이 가능할 것인가? 이것은 불가하다고 보아야 한다. 책임제한제도는 선박운항과 관련하여 해상기업이 손해배상책임을 부담하는 경우에 책임을 완화시켜주는 제도이기 때문이다. 상법 제769조의 책임제한채권은 모두 선박운항과 관련된 것이다.

[보론] 카보타지란?

해운은 국제경쟁이 치열하다. 자국의 내항해운까지 외국상선대에게 운송을 허락하면 자국상선대를 유지하기가 어렵기 때문에 내항해운을 외국에 개방하지 않는 원칙을 카보타지(cabotage)라고 부른다. 우리나라 인천과 제주를 오가는 여객선 운항, 인천과 속초를 오가는 시멘트 운송은 우리나라 해운기업만 운송을 할 수 있다. (1) 운송인인 해운기업이 한국기업일 것 (2) 우리나라에 등록된 선박만 사용할 것을 요건으로 한다. 선박법 제6조 등에 규정되어 있다. 시대상황에 따라 약간 변경이 가해진다. 국취부선체용선의 선박도 카보타지의 범위로 넣어주거나, 자동

50) 자세한 논의는 정선철, 전게 박사학위논문, 143면 이하를 참고 바람.

차운반선의 경우 한시적으로 외국선박이 국내 두 항구를 이동하는 것도 가능하게 해주는 것이다.

미국의 경우에는 카보타지가 더 강화되어 (3) 선원 (4) 건조지까지가 미국이어야 한다. 이를 정한 법이 존스법이다. 미국의 내항은 뉴욕에서 시애틀까지의 항해도 포함한다. 굉장히 넓은 범위이다. 미국적 선원이 승선해야 하고 미국에서 건조되는 배이어야 내항운송이 가능하니까 미국의 해운이 최소한 보호된다. 우리나라는 (3)(4)까지를 보호하지 않는다. 미국의 경우 자국의 조선소가 경쟁력이 없어서 내항의 해운을 위한 선박이 비싸게 건조된다는 점을 이유로 존스법 개정 논의가 있다.

제3절 컨테이너 운송관련 設備

제1 序

1970년대 들어 컨테이너 운송이 각광을 받으면서 세계물동량의 상당수는 컨테이너로 운송되고 있다. 컨테이너 운송은 정기선사들이 정기적인 선박운항스케쥴로 운송을 할 뿐만 아니라, 소량의 제품을 하나의 컨테이너 안에 혼재하여야 하는 경우(LCL화물) 등이 있기 때문에 일반화물의 운송과는 달리 육상에서의 설비를 필요로 하게 되었다. 그중에서 대표적인 것이 적양하작업을 위한 갠트리 크레인(gantry crane)을 갖춘 전용부두의 존재이다. 그리고 화물을 적재하는 용구인 컨테이너 및 화물을 적재 혹은 분류하기 위한 컨테이너 야적장 혹은 처리장도 필요하게 되었다.

화물을 집어넣어 운송하기 위한 수단인 컨테이너, 전용부두 등과 관련된 것도 해상기업의 물적 설비라고 할 수 있다. 비록 상법에는 여기에 대한 규정이 없으나 실무에서 문제가 되는 경우가 많으므로 여기에 대하여 간단히 논하도록 한다.

정기선 운항에서 컨테이너는 대단히 중요한 물적설비이므로 이를 선박과 나란히 물적설비의 하나로 상법에 규정화할 필요가 있다.

제2 컨테이너 박스

1. 의 의

컨테이너 박스(container box)(상법 제797조 제2항에 의한 법률용어는 컨테이너이지만 컨테이너 선박과의 혼동을 피하기 위하여 컨테이너 박스라고 부른다)는 운송물을 적재하는 공간을 갖는 철제로 된 박스이다. 20피트와 40피트짜리가 있다. 20피트짜리 컨테이너 박스 하나를 싣는 공간을 TEU라고 한다. 10,000TEU짜리 컨테이너 선박이라고 하면 20피트짜리 컨테이너 10,000개를 한 번에 실을 수 있는 크기의 선박이라는 의미이다. 해상기업주체인 정기선사가 직접 컨테이너 박스를 주문 제작하여 소유하기도 하고 임차하여 이를 사용하기도 한다.[51)]

2. 법률관계

컨테이너 박스는 동산이므로 일반 동산의 규정이 적용된다. 물권변동에는 컨테이너 박스에 대한 점유의 이전이 필요하다. 선의취득의 규정에 의하여 선의의 제3자는 컨테이너 박스에 대한 선의취득도 가능하다. 예컨대 甲 선박회사의 소유인 컨테이너 박스를 乙 회사가 임차하여 사용하고 있었던바 乙 회사가 자신의 것으로 속여서 丙 회사가 이를 매입한 경우에 丙 회사가 선의이고 무과실이였다면 丙 회사는 박스를 취득하게 되는 것이다(민법 제249조).

컨테이너 박스에 대한 질권설정도 가능하다. 그런데, 선박소유자가 화물의 운송에 사용되어야 할 컨테이너 박스에 질권설정을 하게 되면 그 사용이 제한되므로 이는 사실상 담보제도로서 활동되지 못하였다. 동산에 대한 저당권설정이 가능하게 된 "동산·채권 등의 담보에 관한 법률"이 2010년 제정되어 저당권설정의 길이 열리게 되었다.[52)] 실무에서는 점유를 선박소유자가 지속적으로 하면서 소유권을 은행 등 채권자에게 넘기는 양도담보계약이 활용된다.

해상기업은 이러한 컨테이너 박스를 스스로 소유하고 있는 경우도 있고 다른 정기선사의 컨테이너를 임대하여 사용하는 경우도 있다. 임대차의 경우에는 임차

---

51) 한라컨테이너(www.hallacnt.com)는 국내시장판매부분 시장점유율 40%를 점유하고 있다(한국해운신문, 2004.8.4.).

52) 이에 대한 자세한 논의는 최세련·김인현, "선박운항과 관련된 담보제도 및 개선에 관한 연구", 금융법연구 제9권 제1호(2012), 406면 이하를 참고 바람.

인은 소유자에게 임차료를 지급하여야 한다.

임차중인 컨테이너 박스가 제대로 작동되지 않아서(예컨대, 냉동컨테이너에서 냉동장치의 고장) 화물에 손상이 생긴 경우에는 임차인인 운송인은 일단 화주에 대하여 손해배상을 한 다음 수선의무에 위반한 소유자에게 구상청구를 할 수 있을 것이다.

제3 컨테이너 터미널

1. 의 의

컨테이너 터미널(container terminal)이란, 컨테이너 화물을 운송하기 위하여 선박이 접안하는 부두에 설치된 각종 컨테이너 관련시설들이 설치된 장소를 말한다. 바다쪽으로부터 부두, 에어프런, 마샬링야드 그리고 컨테이너 야드가 있다.

국가소유의 컨테이너 터미널을 관리운영하는 공사로서 특별법인 한국컨테이너부두공단법에 의하여 설립된 한국컨테이너부두공단이 있었으나 2011년 폐지되었다. 현재는 부산항만공사(BPA), 인천항만공사(IPA), 울산항만공사(UPA), 여수광양항만공사(YGPA)가 그 기능을 대신하고 있다.

2. 법률관계

우리나라의 컨테이너 터미널은 국가의 소유로서 정기선사 혹은 하역회사는 이를 장기로 임대하여 사용하고 있다. 임차인은 운영회사로 불린다. 부산의 감만터미널은 한진, CJ대한통운, 허치슨이, 감천터미널은 한진이, 자성대터미널은 허치슨이 운영한다. 부산신항에는 2023. 6. 현재 6개의 터미널이 있다. 인천항의 컨테이너 터미널은 CJ대한통운, 선광 등이 운영한다. 컨테이너 터미널 사용과 관련한 계약에 특별한 규정이 없으면 민법의 임대차 규정이 적용될 것이다. 임대인인 국가는 임차인인 선박회사 혹은 하역회사가 터미널을 사용하게 할 의무가 있고, 임차인인 선박회사 혹은 하역회사는 임차료를 지급할 의무가 있다. 국가와 선박회사 혹은 하역회사가 맺는 컨테이너부두 임대차계약은 쌍방적 상행위이거나 일방적 상행위가 될 것이나 양자 모두 상법이 적용된다. 그리하여 상행위로 인한 법정이율인 연 6%가 적용이율이 된다(상법 제54조).

컨테이너 터미널의 임차인으로서 선박회사는 자신의 선박이 입항하는 경우에 컨테이너 하역작업을 실시하고, 여유가 있는 경우에는 다른 회사의 선박에 대한 작업을 해주면서 사용료와 하역료를 받게 된다. 컨테이너 터미널의 임차인으로서 하역회사는 선박회사들과 장기적인 하역계약을 체결하여 하역료 수입을 얻게 된다.

현대상선(HMM)은 미국, 호주 등에 자신들이 운영하는 컨테이너 터미널을 가지고 있다.[53)][54)]

임대하여 사용하고 있던 컨테이너 터미널의 갠트리 크레인(소유자가 설치한 경우)을 도선사 승선 중 선박이 파손시킨 경우에 크레인 자체에 대한 손해배상청구권자는 컨테이너 터미널의 소유자이지 임차인이 아니다. 컨테이너 터미널의 임차인인 해상기업은 영업손실 등에 대하여 선박소유자에게 손해배상청구를 할 수 있다. 이는 제3자에 의한 채권(임차권)의 침해가 될 것이다.

[판례소개](서울중앙지법 2012.9.21. 선고 2010가합97490 판결)

원고 甲 선박소유자(운송인)는 乙 피고 터미널 운영자와 터미널 이용계약을 체결하였고, 그 계약에서는 피고 측이 과실이 없음을 증명하지 않으면 운송인이 입은 손해를 배상하여야 한다는 내용이 포함되어 있다. 선박이 접안하여 하역작업을 하던 중 크레인이 무너져 원고의 선박에 떨어져 원고 선박은 상당한 손해를 입게 되었다. 원고는 乙 피고인에 대하여 터미널 이용계약위반을 근거로, 터미널을 관리운영하는 丙 공단에 대하여는 불법행위를 청구원인으로 하여 손해배상청구를 제기하였다.

서울중앙지법은 아래와 같이 판시하였다.

피고는 터미널 이용계약에 의하여 과실이 없음에 대한 입증책임을 부담하는데 이에 충분한 입증이 없었기 때문에 책임을 부담한다. 크레인의 소유자인 丙 공단은 크레인을 설치할 당시 제작자로부터 구입하여 정밀검사를 하는 등 설치에 주의의무위반이 있기 때문에 민법 제750조의 불법행위책임을 부담한다.

[보론] 선박건조계약

해상기업의 물적 설비인 선박은 건조의 과정을 거쳐야 한다. 건조된 선박이 해

53) 현대상선(HMM)은 미국의 WUT(Washington United Terminal), CUT(California United Terminal), 대만의 KHT(Kaohsiung Hyundai Terminal), 부산신항터미널(2010.6.22. 개장) 등 자영터미널을 운영하고 있었다. 2015년에는 네덜란드 로테르담에 지분 20%를 지닌 전용터미널 RWG(Rotterdam World Gateway)를 개장하였었다. 현대 로테르담 전용터미널 개장이 예정되었었다.

54) 싱가포르의 PSA, 아랍에미리트의 DPWorld 및 홍콩의 HPH(Hutchison Port Holdings)는 국제적인 컨테이너터미널 운영회사로 세계도처에서 터미널을 운영하면서 수입을 얻고 있다. 이들은 국제터미널운영자(GTO)로 불린다.

상기업의 영리활동에 투입되면서부터 해상법의 적용대상이 된다. 그렇지만, 건조중인 선박은 선박저당권의 대상이 되기도 하고, 시운전중인 선박이 상대선과 충돌사고에 연루되기도 한다. 제한적으로나마 선박건조와 관련된 법도 해상법의 연구대상이 된다.

선박건조계약은 조선소(건조자)와 선주(발주자) 사이에 체결된다. 즉, 조선소와 선주는 선박건조계약의 두 당사자이다. 그런데, 선박건조를 위한 대금은 선주가 모두 부담할 수 없기 때문에 은행으로부터 대출을 받게 된다. 대출을 해준 은행은 건조중인 선박에 대한 저당권자가 되지만, 선주로부터 선박건조계약상의 권리를 양수받은 양수인이 되기도 한다.

건조대금은 통상 5차례에 걸쳐 순차적으로 선주로부터 조선소에게 전달된다. 계약체결시, 철판절단, 용골설치, 시운전, 인도등시기에 각각 건조대금이 건네진다. 그런데, 선수금은 지급되면서도 조선소가 건조작업을 하지 않을 시 선주는 조선소로부터 대금을 돌려받아야 한다. 이를 위하여 은행으로부터 선수금환급보증서(Refund Guarantee)를 받게 된다.

RG의 법적 성질이 문제된다. 일반보증과 달리 독립보증으로서 보증계약에 적힌 사유가 발생하기만 하면 발행인은 은행은 수혜자인 발주자에게 선수금을 반납하여야 한다.

건조중인 선박의 소유권이 발주자인 선주에게 있는지 아니면 건조자인 조선소에 있는지 문제된다. 우리 법원의 입장에 따르면 선박건조는 제조물공급계약이라서 누가 재료를 공급하였는지에 따라 달라진다. 비록 선수금을 받은 것으로 철판등이 공급되지만, 재료는 조선소가 공급하는 것으로 판단된다. 통상 준거법이 영국법인 건조계약에서 선박건조계약은 매매계약으로 파악된다. 그래서 조선소는 매도인, 선주는 매수인이 된다. 선박건조계약에 의하면 조선소가 건조중인 선박에 대한 소유권을 가지고, 인도와 동시에 소유권이 발주자인 선주에게 넘어가는 것이 된다.

건조중인 선박이 화재나 충돌 등 사고로 멸실되는 경우가 있다. 이러한 경우 조선소는 손해를 입게 된다. 건조중인 선박에 대한 보험이 필요하게 된다. 선박건조보험은 피보험자를 조선소로 하고 조선소가 보험계약자가 되는 약정이 SAJ 서식 선박건조계약하에서 체결된다. 발주자가 보험계약자가 되는 경우가 있다. 시운전중에 발생한 충돌사고는 건조보험에서 약정된 대표적인 보험사고이다.

2008년 세계경제위기가 발생하면서 물동량이 줄어들고 선가도 폭락하게 되었다. 이에 발주자인 선주는 선박의 인도를 지연시키거나 아예 건조계약을 진행하지 않으면 더 유리한 상황에 놓이게 되었다. 중소조선소도 워크아웃에 들어가거나 회생절차에 들어가는 경우가 많아졌다. 이에 선박건조계약 분쟁이 발생하게 되었다.

발주자인 선주가 선수금을 지급하지 않게 되면, 약정에 따라서 조선소는 계약을 해제하게 된다(SAJ 서식 제11조). 정당한 계약해제가 되면 원상회복의무에 따라 조선소는 선수금을 반납하고, 조선소는 건조에 들어간 인건비와 자재비 등에 대한 손해배상청구를 하게 된다. 약정에 따르면 선수금은 건조자가 가지게 된다.

한편, 조선소가 인도를 지연한다든지 도산을 한 경우 발주자인 선주는 계약을 해제할 수 있다(SAJ 서식 제10조). 계약이 정당하게 해제되면 건조자는 선주에게 선수금을 반환하여야 한다. 영국법에 의하면 이행기가 도래하기 전에도 이행기 전의 법리에 따라 계약의 해제를 하고 손해배상청구도 할 수 있다. 장기간의 인도 지연이나 건조자의 도산이 좋은 예가 된다.

[보론] 자율운항선박과 탈탄소가 물적설비인 선박에 미치는 영향

해상법이 적용되기 위하여는 상인이 선박을 이용해서 영리활동을 해야 한다. 자율운항선박에서는 상인이 영리활동을 하는 점에서 변화가 없다. 다만, 운송수단인 선박이 사람이 타지 않는 것으로 변경되었다는 점에서 다르다. 선박의 등기와 등록에도 변화가 없다. 운송인의 포장당 책임제한도 화물의 단위에 의하여 좌우되므로 변화가 없다.

물적설비인 선박은 추진력과 무관할 뿐만 아니라 추진력을 얻는 선박연료를 무엇으로 하는가와도 무관하다. 이들과 무관하게 상법상 선박으로 인정된다. 화물을 실을 공간이 있고 자신의 힘으로 혹은 차자의 힘으로든 간에 무관하게 추진력을 얻으면 선박으로 인정된다. 선박의 등록과 등기도 탈탄소화는 무관하다.

탈탄소를 위해서는 메탄올, 암모니아 혹은 수소와 같은 선박연료유의 운송도 필요하다. 이런 친환경에너지를 운송하는 선박도 상법상 선박인가? 상법이 적용되는 선박은 반드시 수출품인 화물의 운송을 전제로 하지 않는다.

[보론] 폐선과 관련된 홍콩협약의 내용

선박은 조선소에서 건조되어 선박소유자에게 인도되어 25년 정도 운항에 사용된 다음 폐선되는 절차를 밟게 된다. 상법 해상편은 인도된 다음의 운항에 종사하는 선박을 적용대상으로 한다. 폐선에 대하여는 국제적인 통일을 위한 국제조약이 없다. 라이베리아가 비준함으로써 2025. 6.부터 선박재활용협약(홍콩협약)이 발효된다.

선박의 해체작업은 아주 위험성이 높은 환경 하에서 이루어지는 것이므로 작업자의 보호가 필요하다는 국제적인 인식하에서 이 조약을 입안하게 되었다. 그래서 선박은 석면과 같은 위험한 물질에 대한 리스트를 작성하고 비치해야한다. 해체를 담당하는 조선소도 작업자가 석면 등의 피해를 입지 않도록 조선소가 위치한 체약국 정부가 협약에서 정한 조건에 충족시에 허가하고 관리할 의무를 부담하게 된다. 이렇게 하여 선박의 해체 등의 작업에 종사하는 근로자들이 위험물질로부터 피해를 방지하도록 함에 이 조약의 목적이 있다. 이 조약은 헤이그비스비규칙, 선주책임제한조약(LLMC)와 같이 민사적인 손해배상과는 전혀 무관하다.

제 4 장
人的 設備

제1절 序　　論

해상기업은 선박이라는 물적 설비를 해상에서 운항하기 위하여 선장 및 도선사 등 인적 설비를 필요로 한다. 해상기업은 또한 선박을 이용한 자신의 영업을 원활히 하기 위하여 하역회사 · 창고업자 그리고 선급협회 등 독립계약자를 이용하기도 한다. 본 장에서는 이러한 인적 설비에 대하여 살펴보도록 한다.

해상기업인 선박소유자의 보조자로서는 선박운항에 관하여는 선장 기타의 선원 · 도선사 · 적하감독인 등이 있고, 상사에 관하여는 본점 · 지점 등의 영업조직(지배인 기타의 상업사용인)과 선박대리점 · 중개인 등이 있다. 후자에 대하여는 상법총칙 · 상행위법의 규정이 적용되고, 해상법은 선원 중에서도 선장에 대하여만 규정하고 있다.[1)] [2)]

제2절 船　　長

제1 序

해상기업의 인적 설비로서 船員이란 임금을 받을 목적으로 선박 안에서 근로를 제공하기 위하여 고용된 자를 말하며, 船長과 海員 그리고 豫備員(승무중이 아닌 자)으로 구분된다(선원법 제3조).

---

1) 손주찬, 773면; 이기수 외, 503면; 최준선, 366면; 최종현, 90면.

2) 선장, 기관장 등 해기사를 양성하는 학교로는 한국해양대학교, 목포해양대학교가 있다. 1년에 항해 400명, 기관 400명의 졸업생이 배출된다. 대부분의 해운국가는 국립으로 해기사를 양성하는 학교를 가지고 있다. 미국의 U.S. Merchant Marine Academy(일명 King's Point)가 대표적이다. 부산해사고등학교, 인천해사고등학교에서도 해기사가 배출된다.

선장은 선박소유자의 피용자인 특정선박의 승무원으로서 선박공동체의 책임자로서 선박을 지휘하는 한편 선박소유자의 대리인으로서 법정권한을 가진 자를 말한다. 선장은 이와 같이 공법상 지위와 사법상 지위를 동시에 갖는다.

공법상 지위에서, 선장은 선박공동체의 이익을 보호하기 위하여, 특정선박의 지휘자로서 소위 선박권력을 갖는다. 선박권력에는 선박 및 적하 등 물건에 미치는 家宅權的 지배권(선원법 제11조), 해원·여객 기타 선박에 있는 사람에 대한 명령권(선원법 제6조, 제22조, 제23조 제3항) 그리고 선박을 영토의 연장으로 하여 선장에게 부여된 一部國權의 행사(사법경찰관리의 직무를 수행할 자와 그 직무범위에 관한 법률 제7조)[3] 등이 있다.[4] 선박에서 선장은 사법경찰관의 직무를 행하므로 범죄자를 체포, 구금할 수 있다.

사법상 지위에서, 선장은 선박소유자를 떠나서 멀리 원양을 항행하는 것이므로, 선박소유자인 해상기업자의 기업거래적 이익을 보호할 뿐만 아니라 적하 이해관계인 기타 구조료채권자를 위하여 항해 중 임기응변의 독자적인 활동이 요구되기 때문에, 상법상 선박소유자·적하 이해관계인·구조료채무자의 대리인으로서의 지위를 각각 갖는다. 선원법 등 해사공법은 전자의 지위에 대하여 규율하고 상법은 선장의 후자의 지위에 대하여만 규율하고 있다.[5]

연혁적으로 보면 사법상 선장의 지위가 분화·독립된 것은 화주와 선박소유자가 일반적으로 승선하지 아니하게 된 16세기 이후이다. 그 후에도 선장은 운임의 일부를 취득하는 동시에 자신이 책임을 부담하는 공동경영자로서 취급되었으나, 기선에 의한 정기항해의 발달에 따라 단순한 피용자로 되었다. 근대의 통신기관, 지점·대리점의 발달은 선박소유자의 선장에 대한 지시 또는 지배를 용이하게 하여 선장의 독자적 행동의 필요는 감소하고, 따라서 선장의 대리권한은 사실상 축소되어 선장은 해기전문의 기업보조자로 되었다.[6]

그러나, 육지를 떠나 위험한 바다를 항해하는 선박의 고립성과 선박소유자와 선박 사이의 격리성을 완전히 극복할 수는 없기 때문에 위에서 본 공법상·사법상 선장의 지위는 여전히 존치될 필요성이 있다.[7] 선박안전법은 "누구든지 선박

---

3) 동법 제7조 제1항은 "해선(海船) 안에서 발생하는 범죄에 관하여는 선장은 사법경찰관의 직무를, 사무장 또는 갑판부, 기관부, 사무부의 해원 중 선장의 지명을 받은 자는 사법경찰관리의 직무를 수행한다."고 정하고 있다.

4) 정찬형(하), 821면; 이균성, 255면; 최준선, 369면; 최종현, 96면.

5) 선원법에 대한 자세한 설명은 권창영, 선원법해설(법문사, 2016)이 있다.

6) 서돈각·정완용, 568면; 최종현, 91면.

7) 반대 이균성, 243면; 반대 최종현, 91면. 노동조합및노동관계조정법(구 노동조합법)은 제2조 정의규정 제4호에서 사용자 또는 항상 그의 이익을 대표하여 행동하는 자의 참가를 허용하

의 안전을 위한 선장의 전문적인 판단을 방해하거나 간섭하여서는 아니된다."고 규정하고 있다(제31조).

제2 구별개념

1. 導 船 士

導船士(pilot)는 특정의 항행구역에서 특정선박에 승선하여 이 선박을 안전한 수로로 안내하는 자로서 일정한 도선구에서 도선업무를 할 수 있는 도선사면허를 받은 자를 말한다(도선법 제2조). 도선사가 선박을 도선하는 경우에도 그 선박의 안전한 운항을 위한 선장의 책임은 면제되지 않으며 그 권한을 침해받지도 않는다(도선법 제18조 제4항). 사실상 도선사가 도선행위를 하지만, 항해에 관한 최종 지휘자는 선장이고 도선사는 선장의 보조자에 지나지 아니한다고 보는 것이 우리나라 다수설의 입장이다.[8] 따라서 도선사의 과실로 선박충돌이 발생한 경우 선박소유자가 사용자책임과 유사한 손해배상책임을 부담한다(제880조). 그러나, 도선사가 민법 제750조의 책임에서 면제되는 것은 아니다. 도선사에는 제1종·제2종 도선사와 강제 도선구역에서 승선하는 도선사와 임의구역에서 도선하는 도선사가 있다.

2. 포트 캡틴

포트 캡틴(port captain)은 선박의 기항 중에 발생하는 하역작업 및 선박관리를 위하여 사용하는 선박소유자의 피용자이다. 선장과 달리 대리권의 범위가 법정된 선박소유자의 대리인이 아니다. 상법상 선장과 포트 캡틴의 대내적 법률관계는 선장이 묵시적으로 지명한 대리인의 관계에 있으므로 포트 캡틴은 선장의 복대리인으로서 선장의 직무를 보조하는 법적 지위에 선다는 견해가 있으나,[9] 오히려

는 경우에는 노동조합으로 보지 않는다고 한다. 선장은 선박소유자의 대리인의 지위에서 선박소유자의 이익을 대표하여 행동하는 사람이므로 선장의 노동조합가입은 인정되지 않고 있다. 그러나, 선장은 실제로 법정대리권을 행사하지 못하고, 노동조합법의 결격요건을 적극적으로 갖추지도 못하였고, 현실문제로 선장의 지위가 사회적으로 경제적으로 불안정한 점을 고려하여 사회정의의 관점에서 노동조합법의 보호를 받도록 하는 것이 타당하다는 견해가 있다. 박용섭(해상법론, 1994), 171면.

8) 이기수 외, 514면; 박용섭, 198면; 이균성, 259면; 최종현, 117면; NJJ Gaskell & Others, Shipping Law (London: Pitman Publishing, 1987), p. 350.

9) 황석갑, "상법상 선장의 지위와 선박소유자의 대리권의 판례에 관한 연구", 항해학회지, 통권 제41호(1993.9.), 6면.

포트캡틴이 하역작업과 선박관리 등에서 거래행위를 할 권한까지 있는 경우는 상법 제15조의 부분적 포괄대리권을 가진 상업사용인의 지위에 있다고 본다. 다만, 일부 선박회사에서 실시하고 있는 선적항 기항시 선박소유자의 임시선원이 승선하여 하역작업과 정박당직을 행하는 경우, 임시선장은 선장의 대선장(상법 제748조)으로 보아도 좋다.

3. 漁 撈 長

어선에는 선장 이외에도 어로장이 근무한다. 漁撈長은 어로작업에 대한 책임과 권한을 갖는 자이다. 선박의 조종 등 운항과 관련하여서는 선장이 책임과 권한을 갖는다. 그러므로 선박충돌의 경우 불법행위책임을 부담하는 자는 어로장이 아니라 선장이다. 어선에서는 선원의 고용에 대한 대리권은 어로장이 가지고 있다는 점도 특이한 점이다. 어로장도 이러한 한도에서 어선 선주의 임의 대리인이다. 대리권의 범위가 법정되어 있지 않은 점에서 선장과 다르다. 어로장은 해기사면허를 소지하고 있지 않다.[10]

4. 支 配 人

선장은 재판상·재판외 법정대리권한을 가지는 점에서 지배인(상법 제11조)과 유사한 지위에 있지만 특정 선박의 항해지휘자라는 점, 적하이해관계인의 대리인인 점, 선박권력이 부여되는 점, 대리권의 범위가 항해단위로 정하여지는 점, 선장의 선임과 해임은 등기사항이 아닌 점 그리고 선장의 행위에 대하여 선박소유자의 책임제한이 인정되는 점 등이 지배인과 다르다.[11] 선박소유자 등 해상기업은 선장과 별도로 지점에 지배인을 두고 있다.

5. 육상의 원격 조종자

자율운항선박 제3단계에서 육상에서 선박의 운항을 감시하고 원격으로 지시를 줄 수 있는 권한이 부여된 자이다. 선장을 대신하는 법적 효력이 부여될 것으로 보인다.

---

10) 선원법 제2조 5호, 시행령 제3조 1호가 어로장을 해원으로 규정하고 있고, 선박운항을 제외한 어로작업에 관한 책임과 권한을 가지므로 어로장은 선장이 아니라 해원으로 보는 견해로는 권창영, 62면.

11) 최기원, 102면.

제3 船長의 선임과 해임

1. 船長의 선임

선원들의 고용과 관련하여 근로계약과 승선계약은 구별되어야 한다. 예비원제도가 있는 경우 근로계약이 먼저 체결되었다가 선박소유자의 승선지시에 따라서 특정한 선박에 승무할 때 승선계약이 다시 체결된다. 선장은 고용계약인 근로계약을 체결하여 예비원으로 대기하다가 선박소유자에 의하여 선장으로 선임되고 선장과 선박소유자는 승선계약을 체결한다. 예비원제도가 없는 경우에는 고용계약과 승선계약이 동시에 이루어진다. 고용계약이 있으면 정규직이 되고 승선계약만 있으면 임시직이 된다.

선장선임계약은 고용계약 혹은 고용계약과 위임계약의 혼합계약으로 본다. 예비원제도가 있어서 고용계약이 먼저 있고 승선계약이 나중에 별도로 있게 되면 선장선임계약은 위임계약이 되고, 예비원제도가 없어서 고용계약과 승선계약이 동시에 이루어지면 선장선임계약은 고용과 위임의 혼합계약이 된다. 승선계약 때에 선장에 대한 대리권 수여가 비로소 행하여진다.

선박소유자가 직접 선박을 운항할 때에는 선박소유자가(상법 제745조), 선박리스에서는 리스이용자가, 선박임대차(선체용선)에서는 선박임차인(선체용선자)(상법 제850조), 정기용선에서나 항해용선에서는 모두 선박소유자 혹은 선박임차인(선체용선자)이 각각 선장을 선임한다. 선박공유의 경우에는 선박관리인도 선장을 선임할 수 있다(상법 제765조). 질병 기타 부득이한 경우 선장 자신도 대선장을 선임할 수 있다(상법 제748조). 선박관리회사가 독자적 권한으로 선원의 사용자가 되기도 한다. 선원송출회사(선원관리대리점)는 선박소유자를 위하여 선원관리업무를 대행하는 자일 뿐이지 그 자신이 선원의 사용자인 것은 아니다.

[판례소개](부산지법 1991.2.26. 선고 90가합21653 판결)
부산지방법원은 "선주가 선박에 감독자를 승선시켜 선원들을 감독하고, 그 해고권한도 갖고 있으며 선원들에 대한 급료지급 및 보상 등 일체의 책임을 부담하고 있는 반면, 선원관리대리점은 선주의 요구에 상응한 선원을 모집하여 선박에 승선시키고 선주로부터 수령한 급료 등을 선원들에게 전달 지불하며 선원의 요구 및 건의사항을 해결하여주는 등 선원을 위한 일반관리만 하고 그 대가로 선주로부터 수수료를 지급

받는 경우, 선원관리 대리점은 사실상으로나 객관적으로도 선박에 승선중인 선원을 지휘감독할 관계에 있지 아니하여 선원의 사용자라고 할 수 없다."고 판시하였다.

2. 船長의 해임

근로계약과 승선계약이 병존하는 경우에는 승선 중인 선장에 대한 해임으로 곧바로 선장이 해고가 되는 것은 아니고 예비원의 지위로 된다.

선장을 해임할 수 있는 자는 선박소유자이다(상법 제745조). 선박임차인(선체용선자)도 자신이 선장을 선임하므로 해임할 수 있다(상법 제850조). 정기용선자는 선장을 해임할 권한이 없고 선박소유자에게 선장을 교체할 것을 요구할 권한이 있을 뿐이다(상법 제843조에 이를 추가할 필요가 있다: NYPE 제8조).

상속 기타 포괄승계의 경우를 제외하고 선박소유자가 변경되면 승선계약이 종료한다. 선원법은 선박이 항해 중 매도되어 선박소유자가 바뀐 경우에도 새로운 선박소유자와 선장 사이에는 종전과 동일한 근로계약이 체결된 것으로 간주하여 선장을 보호한다. 그러나, 새로운 소유자 또는 선장은 72시간 이상의 예고기간을 두고 서면으로 통지함으로써 선원근로계약을 해지할 수 있도록 정하고 있다(선원법 제37조 제3항).

선박이 침몰한 뒤에는 선장의 승선계약은 종료되고 자동해임되지만, 해난보고서 제출 등의 의무는 근로계약에 존속하여 계속된다.[12] 선박이 사고로 침몰 등 멸실된 경우에도 법률적 처리가 수개월 지속되므로 선장의 승선계약은 종료되었을 지라도 사후처리를 위한 의무가 존속되고 선박소유자는 급료를 지급할 의무를 부담하도록 하는 입법이 필요하다.

선박소유자가 정당한 사유없이 선장을 해임한 때에는 선장은 이로 인하여 생긴 손해의 배상을 청구할 수 있다(상법 제746조).

[판례소개](부산고법 1998.2.13. 선고 97나1372 판결)

1997.8.22. 개정전 선원법 제38조 제1항은 선원이 지나치게 직무를 게을리하거나 직무에 관하여 중대한 과실이 있는 경우에는 선원근로계약을 해지할 수 있도록 정하고 있었다. 승선경력이 20여일에 불과한 3등 항해사에게 무중에서 당직을 맡기고 선장이 선교를 떠난 사이에 충돌사고가 발생하였고, 회사는 선장의 행위는 직무상 중과실에

12) 독일상법 제555조(선박 멸실시의 선장의 권리와 의무)는 선박의 멸실 후에도 선장은 해난보고서를 준비하고 특히 필요가 있을 때까지 선박소유자의 이익에 주의하여야 할 의무를 진다고 정하고 있다.

해당한다고 보아 그를 해고하였다. 선장은 회사를 상대로 해고무효소송과 손해배상청구를 제기하였다. 제1심에서는 선장의 행위는 직무상 과실이 아니라고 보았다. 이에 선박소유자가 항소하였다.

부산고법은 "선원법 제9조가 선장은 선박이 항구를 출입할 때 또는 선박이 좁은 수로를 지나갈 때 그 밖에 위험이 생길 염려가 있는 때에는 선박의 조종을 직접 지휘하여야 한다고 규정하고 있는바, 이는 선박이 위험한 지역을 항행할 때 선박의 총책임자이고 항해에 관한 최고의 지식, 경험을 가지고 있는 선장으로 하여금 직접 선박을 조종하도록 한 것인바, 당시는 야간이고 짙은 안개로 시계가 극히 제한된 상태에 있어 레이다에 의존하여 항해할 수밖에 없는 상태인데다가 그 항로는 항행하는 선박이 많은 곳으로 선박충돌 등 선박에 위험이 생길 염려가 충분한 상태였으므로 위 선박의 최고책임자인 원고로서는 선교에서 직접 선박을 지휘하였어야만 할 것인데, 더욱이 승선한지 20여일밖에 되지 아니한 3등 항해사에게 선박의 조종을 맡기고 자신은 선실에서 휴식을 취하고 있다가 위 선박이 위와 같은 충돌사고를 내도록 한 것은 원고에게 선원법 제9조의 선박의 직접지휘의무를 위반한 것으로서 지나치게 직무를 게을리하거나 직무에 관하여 중대한 과실이 있는 경우라고 할 것이고, 이는 선원법 제38조 소정의 선원 근로계약의 해지사유 및 피고회사 취업규칙 제96조 제3항 소정의 징계사유가 된다고 할 것이므로 피고의 원고에 대한 징계해고는 정당한 사유가 있다 할 것이다."라고 판시하였다.

항소심은 선장의 행위를 업무상 중대한 과실로 보아 선장에 대한 회사의 해고는 정당하다고 판시한 것이다.

선장의 해고소송에서 손해란 임금의 상실이나 다른 직장을 구하는 데에 소요된 비용이다. 해고가 부당한 것으로 판단되면, 선장은 근로계약에 따라서 노무를 제공하려고 하였어도 사용자인 선박소유자가 이를 거부한 것이 되므로 채권자의 수령지체가 되어(민법 제403조) 선장은 해고기간 동안의 임금을 전액청구할 수 있게 된다.

[판례소개](부산고법 1998.2.13. 선고 97나1372 판결)

위 1심판결에서 부산지방법원은 "위 해고가 무효이고 원고와 피고의 근로관계는 현재까지 유효하게 존속한다고 할 것이고, 피고가 해고의 유효를 주장하면서 현재까지 원고의 취업을 거절하여 오고 있는 사실을 인정할 수 있는바 이러한 경우에 원고 피고 사이의 근로관계에 따른 원고의 근로의무는 피고의 수령지체로 인하여 시일이 경과함과 동시에 이행할 수 없게 된 것이므로 민법 제538조의 규정에 의하여 피고의 반대급부의무인 임금의 지급을 구할 수 있다고 할 것이다. 원고의 해고 당시의 월평균임금이 금 3,411,433원이므로 1995.6.10.부터 원고를 원직에 복직시킬 때까지 금 3,411,433원의 비율에 의한 임금을 지급할 의무가 피고에게 있다."고 판시하였다.

제4 船長의 권리와 의무

1. 船舶所有者의 代理人으로서의 지위

(1) 序

선박이 외국의 항구에 있을 경우에 선박에 부식이나 연료유를 공급하는 계약을 체결할 때에는 선박소유자 자신이 직접 현지의 업자와 계약을 체결할 수 없다. 대리인을 두고 그 자가 현지의 업자와 법률행위를 하고 그 법률효과는 선박소유자에게 돌아오게 하는 제도를 대리제도라고 한다(민법 제114조).[13] 선박소유자는 영업주(본인)이 되고 선장은 대리인이 된다. 승선계약이 체결될 때 선장은 선박소유자로부터 대리권을 수여받는 任意代理人이다.[14] 그런데 대리는 정하여진 대리권의 범위 내에서만 효력이 있는 것이다. 상대방으로서는 그러한 대리권의 범위를 일일이 확인하고 법률행위를 하여야 본인과의 계약이 성립하게 되는 불편함이 있고 현지의 선장도 선박소유자에게 항상 새로운 대리권을 수여받아야 하는 불편함이 있게 된다.

우리 상법은 선장에게 포괄적인 범위의 대리권을 수여하여 이를 해결하고 있다(상법 제749조).[15] 즉, 선적항에서는 선장은 선원의 고용과 해고에 대한 대리권을 갖고, 선적항외에서는 재판상 재판외의 모든 대리권을 갖는다. 그러므로, 선장과 부식공급을 체결하는 외국의 선식업자는 선장의 대리권의 범위를 확인할 필요없이 부식공급계약을 체결하고 선박소유자에게 부식 대금을 청구할 수 있게 된다.

선장의 대리권의 범위는 선적항과 선적항외에 따라서 달라진다(상법 제749조). 선적항의 의미에 대하여 이를 등록항이라고 보는 설과 영업본거항으로 보는 설[16]로 나누어져 있다. 예컨대, 파나마 선적으로서 실제소유자가 우리나라 법인인 경우에 부산항에서 영업이 주로 이루어진다면, 등록항은 파나마이고, 영업본거항은 부산항이 된다. 우리 대법원은 本據港說을 취하고 있다(대법원 1991.12.24. 선고 91다30880 판결).[17] 선장과 거래하는 상대방의 입장에서는 영업본거항은 외부로 쉽게 나타나지 않고 등록항은 기록에 의하여 쉽게 나타나고 확인이 가능하므로 등록항

13) 상법상 상업사용인인 지배인을 두거나, 대리상제도를 이용하여도 유사한 효과를 얻을 수 있다.

14) 최기원, 103면; 손주찬, 779면; 그러나 박용섭 교수는 법정대리인으로 본다. 박용섭, 172면.

15) 일본 상법 제708조.

16) 배병태, 153면; 田中誠二, 197頁.

17) 법원공보 1992, 677면.

설이 더 편리하고 법적 안정성을 제공한다고 할 것이다. 그런데, 편의치적선의 경우에 등록항은 영업과는 무관하고 종이 상에만 존재하므로 실제를 반영하지 못한다. 영업의 실질을 반영하는 본거항설에 찬성한다.

(2) 船籍港에서의 代理權

선적항(부산항에 등록된 경우 부산) 내에서는 선박소유자가 직접 법률행위를 할 수 있고, 필요한 경우 선장이 언제든지 선박소유자의 대리권을 별도로 얻을 수 있기 때문에 선장의 대리권의 범위는 선적항 외의 경우에 비하여 제한된다.[18] 그러나, 해원의 전문성과 능력은 선장이 더 잘 판단할 수 있고, 해원에 대한 선장의 권위를 확립할 필요가 있으므로 선적항에서도 선장에게 해원의 고용과 해고를 행할 대리권을 법정하였다(상법 제749조 제2항). 어선의 경우 선장이 선원을 직접 고용하는 경우가 많다.

기타의 사항에 대하여는 특별한 수권이 있어야만 선장은 선박소유자를 대리할 수 있다. 다만, 선적항에서의 통상의 업무인 선하증권의 발행(상법 제813조 제3항), 운송물의 수령, 인도, 운임 기타 체당금의 청구 및 이를 위한 유치권의 행사(상법 제800조), 수령해태시의 운송물의 공탁(상법 제803조) 등은 반대의 의사표시가 없는 한 선장이 이를 선적항외에서는 물론 선적항내에서도 할 수 있다.[19]

(3) 船籍港外에서의 代理權

선적항외에 선박이 위치하는 경우에는 선장은 항해에 필요한 일체의 재판상 또는 재판외의 행위를 할 권한을 갖는다(상법 제749조 제1항).

'항해에 필요한 행위'라고 함은 특정 선박, 특정항해 및 항해를 위하여 필요한 것임을 요한다. 선장은 승선시에 선박소유자로부터 대리권에 대한 권한을 받는 것으로 해석되므로 첫째, 특정선박에 대한 요건은 쉽게 충족된다. 둘째, 특정항해란 선적항을 떠나서 선적항으로 되돌아올 때까지의 모든 항해과정(통상 10개월 혹은 1년)을 말하고 어느 항에서 어느 항까지의 특정의 운송항행(한 항차로서 1개월 정도 소요됨)을 말하는 것은 아니다. 셋째, 항해를 위하여 필요한 것이어야 한다. (i) 목적항까지의 항해에 필요한 선원과 도선사의 고용, 필요품의 구입, 선박수리계약의 체결 등만을 의미하고 운송계약은 항해의 계속과 안전을 위해서만 허용된다는 견해(부정설)와,[20] (ii) 이보다 넓게 해석하여 경제적, 상업적으로 필요한 사항으로

---

18) 채이식, 260-261면; 이균성, 249-250면. 반대 최종현, 105면; 일본 개정상법은 선적항 내에서의 대리권을 삭제했다.

19) 이기수 외, 260-261면; 최종현, 103면.

20) 손주찬, 781면; 배병태, 154면; 최기원, 105면.

서 운송계약, 보험계약의 체결 등 영리활동까지 포함한다고 새기는 견해(긍정설)[21]가 있다(대법원 1975.12.23. 선고 75다83 판결). 선장의 포괄적 대리권이 상법에 규정되어 상인의 영업활동을 조장하고 거래의 상대방을 보호하고자 하므로 긍정설에 찬성한다.

재판상의 행위란 소송행위를 말한다. 선장은 어떠한 심급의 소송행위에 대하여도 선박소유자의 소송대리인으로서 소송을 수행할 수 있다(민사소송법 제92조).[22] 선장이 수행한 소송의 결과는 선박소유자에게 미친다. 소송대리인을 선임하고, 소송서류를 수령할 권한도 선장이 행사할 수 있다. 실제 선장의 법률상의 대리권이 가장 많이 이용되는 예는 선적항외에서 선박에 대한 강제집행행위(가압류, 경매 등)에 있어 송달서류를 수령하는 경우이다.[23] 선장에게 송달된 서류는 곧 선박소유자에게 송달된 것과 동일한 효과가 있다.

재판외의 행위란 사법상의 법률행위 및 준법률행위를 말한다. 선장이 부식공급계약, 선박연료유공급계약을 체결하거나 선하증권을 발행하면 그 법률효과는 모두 선박소유자에게 미친다.

이와 같이 선장의 대리권의 범위는 재판상 행위도 할 수 있고 사실행위에도 대리권이 행사되는 점에서 민법상의 대리에서 인정되는 그것보다 넓게 확장되어 있다고 할 수 있다.

선적항내에서 선장이 갖는 해원의 고용과 해고할 권한을 선적항 외에서 선장이 갖는 것은 물론이다.

선장은 선하증권을 발행할 대리권을 선적항의 선박대리점에 위임하는 경우가 대부분이다. 이 경우 선박대리점은 선박소유자의 복대리인이 된다.

[판례소개](대법원 1975.12.23. 선고 75다83 판결)

사고 선박인 금해호의 선적항은 제주시로서 운송계약은 소외 손××가 피고 선장 김××로부터 권한을 위임받아 삼척항에서 체결하였다. 항해 중 선박좌초사고로 인한 운송물 손해배상청구소송에서 피고인 선박의 소유자는, 소외 손××가 원고와 체결한 화물운송약관에 삽입된 선박충돌, 좌초 등으로 인한 손해에 대하여는 운송인은 책임을 지지 않는다는 특약에 따라 자신은 손해배상책임이 없다고 주장하였다.

대법원은 "상법 제773조(개정상법 제749조) 제1항의 규정에 의하면 선적항외에서는 선장은 항해에 필요한 재판상 또는 재판외의 모든 행위를 할 권한이 있다고 규정하였는바, 이 권한 가운데에는 본건의 경우와 같은 개품운송계약에 관한 권한도 포

21) 채이식, 261면; 박용섭, 177면; 서돈각 · 정완용, 571면; 이균성, 250면; 최종현, 102면.
22) 동지 최종현, 102면.
23) 최기원, 106면; 최종현, 104면.

함된다고 봄이 상당하고 운송 도중의 사고의 발생으로 인한 화물의 피해변상책임에 관한 특약도 운송계약내용의 일부라 할 것이다."라고 판시하였다.24)

<예제 5> 미국 워싱턴 주의 포트 엔젤레스항에서 선장이 현지의 선식업자에게 부식 1만달러어치를 공급해 줄 것을 부탁하고 이를 공급받았다. 그런데, 선박회사가 부도가 나자 선식업자는 퇴사한 선장에게 대금의 지급을 청구하였다. 선장은 어떠한 항변을 할 수 있는가?

선장의 부식공급계약은 선박소유자의 대리인으로서 한 행위이다. 그러므로 계약의 효과는 모두 본인인 선박소유자에게 돌아간다. 그러므로, 채무를 부담할 자는 선장이 아니라 선박소유자이다. 선식업자는 회사에게 청구하여야 한다. 선박회사가 도산되었다면, 파산절차에 참가하여야 할 것이다.

2. 積荷 기타 利害關係人의 代理人으로서의 지위

(1) 傭船者의 임의대리인

선장은 비록 선박소유자가 선임하고 감독하지만, 정기용선의 경우에는 상사사항에 대하여 선장은 정기용선자로부터 지시를 받고 이를 이행하게 된다. 용선자의 정당한 지시를 따르지 않아서 손해가 발생하면 선박소유자는 손해배상책임을 용선자에게 부담하게 된다(상법 제843조 제2항). 이 경우 선장은 묵시적으로 정기용선자의 대리인의 지위에 있다고 해석된다. 정기용선자의 선장에 대한 선하증권 발행의 지시 혹은 정기용선계약체결시 구체적 사안에 대한 대리권이 수여된다고 본다(임의대리인). 그리하여 선장이 정기용선자를 대리하여 선하증권에 서명하기도 한다. 이 경우 "용선자를 대리하여"라는 부기를 한다. 선장의 정기용선자의 지시에 따른 선하증권의 발행은 정기용선자의 대리인의 지위에서 행하는 것이므로 그 법률효과는 정기용선자에게 귀속된다.25)

(2) 積荷利害關係人의 법정대리인

선장은 선박소유자의 대리인으로서 운송의 목적인 운송물 계약의 내용에 따라 선량한 관리자의 주의로써 목적항에까지 안전하게 운송할 의무를 부담하나, 항해 중 그 적하의 손해를 방지하거나 줄이기 위하여 적하에 대하여 긴급한 조치를 취할 필요가 있다. 그러나, 선장과 적하이해관계인 사이에는 기초적인 내부관계를 형성하는 계약에 기한 권한이 없기 때문에 상법은 제752조 제1항을 두어 선장에

24) 법원공보(1975), 528면.

25) "용선자를 대리하여"라는 문구가 없이 서명한 경우는 선박소유자를 대리하여 서명한 경우로 보는 경우도 있다.

게 적하를 처분할 수 있는 법정대리인으로서의 권한을 부여하였다.[26] 즉, 제752조 제1항은 선장이 항해 중에 적하를 처분하는 경우에는 이해관계인의 이익을 위하여 가장 적당한 방법으로 하여야 한다고 정하고 있다. 적하를 매매하거나 투하하는 등의 선장의 법률행위 및 사실행위는 적하이해관계인의 법정대리인의 자격에서 이루어지는 것이므로 그 효과는 본인인 적하이해관계인에게 귀속된다.[27]

(3) 구조료채무자의 법정대리인

해난구조가 있는 경우 구조된 선박의 선장은 구조료를 지급할 채무자에 갈음하여 그 지급에 관한 재판상 또는 재판외의 모든 행위를 할 권한이 있다(제894조 제1항). 구조료를 지급할 채무자에는 구조된 선박의 소유자 또는 적하의 소유자가 포함된다. 구조료 채무자가 다수인 경우 선장을 통하여 법률관계를 신속히 종결하게 함으로써 구조료채권자를 보호하기 위하여 이 규정을 두었다.[28]

3. 船長의 의무 및 책임

(1) 受任人으로서의 의무

선장은 선박소유자의 수임인이기 때문에 선박소유자를 위하여 선량한 관리자로서의 주의의무를 다할 의무가 있다(민법 제681조).

(2) 繼續職務執行의 책임

선장은 고용계약 혹은 위임계약의 일반적인 소멸사유인 임기만료나 상법 제745조의 선박소유자의 선장해임권의 행사에 의한 해임이 있으면 그 날로부터 계약상 의무가 종료되게 된다. 그러나, 선박이 항해 중일 때에는 선장의 교대가 불가능하고 그 공익성에 비추어 선장의 교대까지는 선장이 직무를 계속할 것이 요청된다. 따라서 우리 상법은, 선장이 항해 중에 해임 또는 임기가 만료된 경우에는 다른 선장이 업무를 처리할 수 있을 때 또는 그 선박이 선적항에 도착할 때까지 그 직무를 집행할 책임이 있다고 하며 법정의 의무를 선장에게 부가하고 있다(상법 제747조).

(3) 代船長 선임의 책임

선장의 선임은 선박소유자가 행하지만 긴급한 경우에는 이것이 불가능할 수 있다. 상법 제748조는 선장이 불가항력으로 인하여 그 직무를 집행하기가 불능한 때에 법령에 다른 규정이 있는 경우를 제외하고는 자기의 책임으로 타인을 선정하여

---

26) 주석상법, 383면; 최종현, 108면.
27) 동지 이기수 외, 509면; 최종현, 109면.
28) 최종현, 110면.

선장의 직무를 집행하게 할 수 있게 하였다. 이것은 선장의 권한이자 의무이기도 하다. 이때 선임되는 선장을 代船長이라고 한다.

代船長은 대리인인 선장이 선임한 복대리인으로서 선박소유자 등과 제3자에 대하여 선장과 동일한 권리의무가 있다(민법 제123조). 대선장이 행한 법률행위의 효력은 선장이 아니라 선박소유자에게 귀속된다.

선장은 선원법상 在船義務가 있다(선원법 제10조). 그러나 부득이한 사유로 선장이 선박을 떠날 때에는 미리 그 직무를 대행할 해원을 지정하여야 한다(동조 단서). 이때의 선장을 受任船長이라고 한다. 수임선장 규정은 한 때 삭제되었다가, 2002. 4. 19. 선원법 개정안의 국회통과로 복원되었다. 구 선원법 제22조의 선장은 대행선장이고 이는 선박직원법 제11조 제2항 제1호로 옮겨졌다.

(4) 1991년 개정전 상법 제770조 및 제771조

선장이 주의의무 위반으로 선박소유자에게 손해가 발생하면 선장은 고용계약 또는 위임계약 위반으로 인한 책임을 부담한다. 이때 선박소유자가 선장의 임무해태를 입증한다는 것은 실질적으로 매우 어려우므로,[29] 1991년 개정전 상법에서는 선장은 그 직무집행에 관하여 과실이 없음을 증명하지 아니하면 선박소유자·용선자·수하인 기타 이해관계인에 대하여 손해배상책임을 부담하고(개정전 상법 제770조), 해원의 선임·감독에 과실이 없음을 증명하지 아니하면 해원의 직무집행에 관하여 타인에게 가한 손해에 대하여 배상책임을 면하지 못한다고 규정하고 있었지만(개정전 상법 제771조), 1991년 개정상법은 이를 삭제하였다. 경제적인 약자인 선장에게 무과실의 입증책임을 지우는 것은 지나치고, 선박소유자는 각종 면책이 가능하면서 선장은 이러한 실효성 있는 면책이 불가능함에도 선장에게 과도한 책임을 부과한 점은 비판받았다.[30]

제5 船長의 損害賠償責任

1. 序

선장이 직무수행 도중에 다른 선박의 소유자와 화주 등 제3자에 대하여 부담하게 되는 책임을 대외적인 책임이라고 한다. 또한 선장은 선박소유자와는 고용계

29) 채이식, 263면.
30) 배병태, 151면; 손주찬, 785면; 채이식(하), 660면; 이기수 외, 513면.

약 혹은 위임계약을 맺고 있으므로 이를 위반하여 발생한 손해에 대하여는 선박소유자에게 책임을 부담한다. 이를 대내적인 책임이라고 부른다.

2. 대외적 책임

선장은 선박소유자의 이행보조자이면서 피용자이다. 선박소유자가 체결한 운송계약, 불법행위, 혹은 해난구조는 선박을 직접 점유・관리하고 있는 현장의 선장에 의하여 행하여진다. 따라서 선박소유자의 이행보조자로서의 지위에 있는 선장의 과실은 선박소유자에게 채무불이행상 이행보조자책임(민법 제391조)을, 한편으로 피용자의 지위에 있는 선장의 과실은 선박소유자에게 불법행위의 사용자책임(민법 제756조)을 발생시키게 된다. 우리 상법은 이와는 별도의 특별규정을 두고 있다. 운송인으로서의 선박소유자는 이행보조자인 선장의 과실로 인한 채무불이행에 대하여 손해배상책임을 부담하게 하였다(상법 제795조 제1항). 선박충돌의 경우에는 상법 제878조에서 제879조까지의 사용자책임을 선박소유자가 부담하게 된다. 그 이외의 부두와 충돌로 인한 사고 및 오염사고와 같은 불법행위에 대하여는 민법 제756조의 사용자책임을 선박소유자가 부담하게 된다. 이때 선장은 불법행위자로서 민법 제750조의 불법행위책임을 부담하므로 선장과 선박소유자는 연대책임을 부담하게 된다.[31] 보험에 가입된 선박소유자에게 손해배상책임을 묻는 것이 일반적이다.

[판례소개](대법원 1992.9.8. 선고 92다23292 판결)

유성호가 경비함에 의하여 예인되던 도중에 침몰하자 유성호에 적재되어 운송되던 운송물의 소유자가 유성호의 선장과 그 소유자를 상대로 소송을 제기하였다.

대법원은, "피예인선 유성호의 선장 이××이 침수 등 사고발생에 대비하여 경비함의 함장인 서××과 교신, 열린 문의 밀폐와 배수장치의 점검 및 기관을 가동시키고 감시원을 배치하는 등의 조치를 취하여야 하고, 위 유성호의 기관책임자인 김××도 기관실에의 침수 등에 대비한 조치 등을 취하여야 함에도 불구하고, 피고 이×× 및 김××가 그러한 조치를 전혀 취하지 아니하여 위 유성호의 추진기 검사공 등을 통하여 바닷물이 들어차는 것을 뒤늦게 발견하고서도 이를 적절한 방법으로 경비함에 알리지 못한 그들의 과실과, 위 유성호에 밀폐되지 아니한 상태로 추진기검사공을 설치하여둔 위 선박의 설치관리상의 하자로 인하여 위 유성호에 있던 원고들의 장비가 바다에 갈아앉아 유실되는 등 이 사건 사고가 발생하였고 따라서 피고 선장 이××은 불법행위자로서, 피고 최××은 위 유성호의 소유자겸 피고 선장 이××과 소외 김××의 사용자로서 각자 이 사건사고로 인하여 원고들이 입게 된 손해를 배상할 책임이 있다."고 판시하였다.[32]

---

31) 유조선의 경우에는 특별법인 유류오염손해배상보장법의 적용을 받는다. 유배법에 의하면 제3자의 선장 등에 대한 청구는 제한된다(제5조 제5항).

선장에게 직접 손해배상청구가 제기된 경우에도 선장은 선박소유자나 운송인이 갖는 이익을 향유할 수 있다(상법 제774조 제1항 제3호나 제798조의3 제2항). 즉, 선박소유자가 누리는 총체적 책임제한(상법 제769조)이나 항해과실면책(상법 제795조 제2항) 혹은 포장당 책임제한(상법 제797조의2) 등의 항변을 원용할 수 있게 된다. 그러나, 그 금액은 고액이므로 실제 선장이 보호되지는 않는다.

3. 대내적 책임

선장은 선박소유자의 수임인으로서 선량한 관리자로서의 주의의무(민법 제681조)를 부담하고 이를 위반한 경우에 손해배상책임을 진다.[33]

선박소유자가 선장의 불법행위에 대한 손해배상책임을 부담한 다음 민법 제756조 제3항에 따른 求償權을 선장에 대하여 제기할 수 있다.[34] 국가배상법 제2조에 따르면 국가는 공무원이 고의나 중과실이 아닌 한 구상청구를 하지 못한다는 규정이 참고되어야 한다. 선장의 행위가 고의나 중과실이 아닌 한 선박소유자의 선장에 대한 직접 청구나 구상청구나 모두 제한된다고 본다. 손해배상청구제한의 이론적 근거로는 위험작업론과 보상책임원리가 있다. 危險作業論은 위험작업에 종사하는 근로자의 배상책임은 경감되어야 한다는 이론이다.[35] 報償責任原理는 이익을 얻는 자가 책임을 진다는 이론이다.[36] 선장은 위험작업에 종사하고 있고 선박운항의 이익은 선박소유자가 대부분 가지는 것이므로 이 이론들은 선장에게 적용이 가능하다.

[판례소개](부산고법 1998.4.10. 선고 97나7264 판결)

연해구역 일반화물선이 광양항에 입항하면서 1항사 당직 중 선저가 천소(shallow water)에 접촉되어 수리비 등 66,261,950원의 손해가 발생하였다. 이에 선박소유자는 선장(피고)에게 손해배상청구를 하였다.

부산고법은 선박소유자의 과실을 10%로 보아 피고의 과실부분에 대한 분담액이 56,635,755원이라고 한 다음, “피고의 급료는 1994.9.1.부터 인상되어 월 금1,100,000원인데 선박소유자 회사의 대표이사는 1995.3.24. 피고의 같은 해 1월분 월급 1,020,290원, 등 이 선박에서 근무한 선원 16명에게 3개월 이상 된 체불임금, 실업수당 등 합계 금 88,080,201원(이 중 피고에 대한 것은 금 7,408,641원이다)을 같은 해 언제까지 지급

32) 법원공보(1992년), 2849면.

33) 최기원, 111면; 이기수 외, 512면; 이균성, 245면; 최종현, 111면.

34) 유배법에 의하면 선장에 고의 혹은 무모한 행위가 있었던 경우에만 허용된다(제5조 제6항).

35) 김형배(노동법, 1997), 220-225면; 김인현(선원), 84-87면.

36) 이주흥, 실무 손해배상책임법(박영사, 1996), 190-196면; 김인현(선원), 87-89면.

하겠다는 공증을 한 사실을 인정할 수 있는바, 이 선박의 규모와 선령, 피고의 월급정도, 위 선박소유자의 체불로 인한 피고 등 선원의 사기저하 정도, 이 사고 당시의 피고의 상태, 위 1항사가 광양항에 진입하여서도 피고를 깨우지 아니하고 무모하게 운항한 점, 기타 이 사건 변론과정에서 나타난 제반사정에 비추어 손해의 공평한 분담이라는 견지에서 피고의 선박소유자에 대한 손해배상책임을 금 3천만원으로 제한함이 신의칙상 상당하다고 인정되고, 그 나머지는 권리남용으로서 허용될 수 없다."고 판시하였다.

선장의 손해배상책임은 53%로 제한되었다.

제6 船長의 보호

1. 船員法에 의한 보호

선장은 근로자로서 근로기준법 및 선원법에 의한 우선변제권(선원법 제5조, 근로기준법 제38조)과 선원법에 의한 선원재해보상제도의 적용을 받는다.[37]

선원들의 임금채권은 우선변제권이 있으므로 선장은 채무자인 선박소유자의 일반재산에 대하여 다른 채권자보다 우선적으로 임금을 지급받을 수 있다. 선원이 승선중 재해를 당한 경우에는 비록 직무상의 사고가 아닐지라도 선박소유자는 재해보상금을 지급하여야 한다(선원법 제99조).[38] 선원법은 이러한 재해보상금의 지급을 보장하기 위하여 선박소유자로 하여금 책임보험에 강제로 가입하도록 하고 있다(선원법 제106조). 선장은 책임보험자에게 직접청구가 가능하다(상법 제724조 제2항). 선원법상의 재해보상청구권과 민법상의 손해배상청구권은 별개의 것으로 선장은 유리한 쪽을 선택적으로 행사할 수 있다(대법원 1987.6.23. 선고 86다카2228 판결).[39]

선장은 선원법에 의하여 1개월 승선당 6일의 유급휴가를 받을 권리가 있다(선원법 제70조 제1항). 다만, 연해구역을 항해하거나 15일 이내에 국내항에 기항하는 선박에 승무하는 선원은 1개월에 대하여 5일의 유급휴가를 받는다(제70조 제2항).

---

37) 자세한 내용은 권창영, 671면 이하; 이안의, "직업성 암에 대한 선원법상 재해보상", 한국해법학회지 제36권 제2호(2014.11.), 301면 이하를 참고 바람.

38) 선원이 직무상 사망한 경우 승선평균임금의 1천 300일분에 상당하는 금액의 유족보상을 선박소유자는 그 유족에게 하여야 한다(선원법 제99조 제1항). 선원이 승무 중 직무 외의 원인으로 사망한 경우 유족보상은 승선평균임금의 1천일분으로 줄어든다(동 제2항).

39) 선원의 재해보상에 대한 미국법과의 비교는 김인현 · 박성일, "한국과 미국의 선원재해배상 및 보상법에 대한 비교법적 연구", 한국해법학회지 제26권 제1호(2004.4.), 115면 이하를 참고 바람.

[판례소개](대법원 2018.8.30. 선고 2018두43774 판결)

어선원 및 어선재해보상보험법(어선원재해보험법) 제27조 제2항 본문은 어선원 등이 승무 중 직무 외의 원인으로 사망한 경우(제23조 제1항 및 제2항에 따른 승무 중 직무 외의 원인으로 인한 부상으로 요양하는 중에 사망한 경우 포함) 유족에게 유족보상을 지급한다고 규정하고 있다.

사망자는 어선의 선원으로 근무하던 2012.11.2. 뇌경색증이 발병하여 하선한 후 같은 날부터 치료를 받았으나 2016. 6. 5. 사망하였다. 원고는 사망자의 유족으로, 사망자가 '제23조 제1항 및 제2항에 따른 승무 중 직무 외의 원인으로 인한 부상 또는 질병으로 요양하는 중에 사망한 경우'이므로 어선원 및 어선재해보상보험법 제27조 제2항 및 제28조 제1항에 의하여 유족급여 및 장례비 지급 대상에 해당한다고 주장하며 2017.2.17. 피고 수산업협동조합중앙회에 유족급여와 장례비의 지급을 청구하였다. 요양 중 사망에 이르기까지 기간 제한이 있는지 문제되었다.

대법원은, 어선원재해보험법 제23조 제1항과 제2항은 승무 중 직무 외의 원인으로 부상을 당하거나 질병에 걸린 경우에 최초 3개월 이내의 요양비용을 지급하도록 되어 있는 규정이므로 '제23조 제1항 및 제2항에 따른 승무 중 직무 외의 원인으로 인한 부상 또는 질병으로 요양하는 중에 사망한 경우'란 위 3개월 중에 사망한 경우로 보아야 하는데, 원고는 요양개시로부터 3개월이 훨씬 경과한 2016.6.5. 사망하였으므로 유족급여의 지급대상이 아니라고 판단하였다.

이 판례는 어선원의 승무 중 직무 외의 원인으로 질병에 걸린 경우에 관한 판례이나 선원법에도 동일한 취지의 규정(제94조 제2항, 제99조)이 있으므로 일반선박의 선장이나 선원에도 적용될 것으로 보인다.

대법원 2022.4.28. 선고 2020다262229 판결에서는 퇴직한 선원이 임금채권보장보험 등의 가입기간 전에 제공한 근로의 대가에 해당하는 부분도 해당 보험 등에 따라 보장되고, 구 선원법 제56조 제2항 제2호에서 정한 '제55조에 따른 퇴직금'은 해당 퇴직 선원에 대한 '선원법 제55조 제1항 본문 또는 제5항에 따른 퇴직금'을 뜻한다고 판시하였다.

2. 商法에 의한 보호

(1) 부당해임에 대한 손해배상청구권

선박소유자가 정당한 사유없이 선장을 해임한 때에는 선장은 이로 인한 손해배상을 청구할 권리를 갖는다(상법 제746조). 일반 고용이나 위임계약상으로도 사용자나 위임인이 부당하게 피용자나 수임인을 해고한 경우에는 손해배상청구권을 행사할 수 있다(민법 제689조 제2항). 정당한 사유로 해임하였다는 입증책임을 선박소유자가 부담한다는 점에 상법 제746조의 의의가 있다.

(2) 선박우선특권

선원들의 임금채권은 선박우선특권이 발생되는 채권이므로(상법 제777조 제1항 제2호), 선원들은 승선하였던 선박에서 발생한 미불임금채권을 가지고 그 선박과 운임을 목적으로 임의경매를 신청할 수 있다.

(3) 선박소유자책임제한 및 포장당책임제한제도의 원용

선장은 선박소유자책임제한제도의 이익을 향유할 수 있다(상법 제774조 제1항 3호). 즉, 선박충돌사고 등 불법행위에 기한 손해배상청구를 피해자가 선장에게 직접 제기한 경우에 선장은 상법 제770조에서 정한 액수로 자신의 책임을 제한할 수 있다. 운송중인 화물의 손상에 대하여 선장에게 손해배상청구가 제기된 경우에도 선장은 상법 제797조 제1항의 포장당책임제한의 이익을 향유할 수 있다(상법 제797조의3 제2항). 운송계약상 선하증권이 발행된 경우 선장은 히말라야조항에 의하여 운송인과 동일한 면책이나 항변의 이익을 누릴 수 있다.

<예제 6> 선장이하 선원은 임금을 제대로 받지 못하였다. 회사에 아무리 말하여도 지급이 되지 않았다. 선장은 학교의 해상법 수업시간에 배운 선박우선특권제도라는 것을 생각해 내어 선박에 대한 임의경매신청을 하기로 하였다. 그런데, 본선이 이미 압류된 상태라서 자신들에게 얼마나 몫이 돌아올지 의문이었다.

당해 선박에 승선중 발생한 미불임금에 대하여는 선박우선특권이 발생한다. 그런데, 선박우선특권은 상법 제777조 제1항에 순위가 정하여져 있다. 이미 압류가 되어 있다면, 압류에 소요된 소송비용이나 감수보존비용 그리고 항비 등은 제1순위로서 제2순위인 선원임금보다 먼저 배당된다. 그러나, 다른 일반 채권자보다는 우선권을 갖는 지위에 있다.

제3절 導 船 士

제1 序

導船士(Pilot)란 지방수역에 관한 지식(local knowledge)을 잘 알고서 강, 水道를 통하여 선박이 항만에 출입하는 것을 안내(conducting)할 목적으로 특별히 승선하는 선원 이외의 사람을 의미한다. 우리나라 도선법에서는 "도선사라 함은 일정한 도선구에서 도선업무를 할 수 있는 도선사의 면허를 얻은 자를 말한다."고 규정하고 있다(도선법 제2조). 도선사에는 강학상 임의도선사와 강제도선사(도선사의 승선이 강제되는 구역의 도선사)가 있다. 일반적으로 도선사는 선장의 조선을 도와주는 보조자일 뿐이라고 보지만, 실제로 도선사 승선중의 선박조선은 선장이 아닌 도선사가 직접 수행하고 있는 것이 실무에서의 관행이다. 강제도선사의 법적지위에 대하여는 운항지휘자설과 운항보조자설이 있는바 우리나라의 통설은 운항보조자설이다.[40] 운항지휘자설을 취하게 되면 도선사의 과실에 대하여 선박소유자에게 사용자책임을 물을 수 없게 된다.[41]

선박소유자나 선장이 일시적으로 자신들의 보조자로서 도선사를 채용한 것이라고 하여도 선박소유자는 도선사의 과실에 대하여 그의 使用者로서 使用者責任을 부담하게 된다.[42] 우리 상법은 도선사의 과실로 인한 선박충돌시 도선사의 종류와 무관하게 선박소유자가 책임을 부담한다(상법 제880조). 任意導船의 경우에는 도선사 사용에 대한 자유로운 의사에 기한 계약관계가 있으므로 이러한 설명이 가능하다 그러나, 强制導船의 경우에는 선박소유자는 자유로운 의사없이 公法上의 의무를 면하기 위하여 도선사를 승선시키게 됨에도 불구하고 도선사의 과실에 대하여 선박소유자가 책임을 부담하게 되어 불합리하다는 지적이 있다.[43] 우리 상법은 도선사를 船舶使用人에 유사한 것으로 보고있다(상법 제788조 제2항).

제2 導船士의 종류 및 구별개념

1. 종 류

도선사 사용여부가 선박소유자(선장)의 자유에 맡겨져 있는 제도하의 도선사를 강학상 임의도선사라고 하고, 법령에 의해 선박운항의 안전을 위하여 도선사의 사용이 강제되는 경우의 도선사를 강제도선사라고 부른다.[44]

---

40) 박용섭, 208면; 채이식(하), 661면; 이균성, 260면; 최종현, 117면; 中村・箱井, 141면.

41) 藤岐道好, 「水先契約の研究」(成山堂書店, 1970), 8頁.

42) 일본에서도 동일하게 해석된다. 中村・箱井, 141면.

43) NJJ Gaskell, Chorley & Giles' Shipping Law, 8th ed. (London: Pitman Publishing, 1994), p. 352. 울산항 도선구에서 발생한 해양구조물 접촉사고에서 도선사는 울산항 방파제를 벗어나기도 전에 하선한 것이 사고와 인과관계가 있다고 판단되어 손해배상책임을 부담하게 되었다. 도선사는 도선약관에 의한 책임제한을 주장하였지만 법원은 강제도선구에서 발생한 사고이므로 도선계약관계가 존재하지 않으므로 도선약관이 적용되지 않는다고 보았다(부산지방법원 동부지원 2009.4.2. 선고 2007가합1479 판결).

44) 우리나라는 부산, 인천, 동해, 여수, 울산, 군산, 마산, 포항, 대산, 목포, 평택, 제주항 등 12개항(2023. 2. 16. 개정)을 强制導船區로 지정하고(도선법 시행규칙 제18조 제1항 별표5), 원칙적으로 대한민국 선박이 아닌 총톤수 500톤 이상의 선박과 대한민국 선박으로서 국제항해에

도선법 제4조 제2항은 도선면허를 도선경력에 따라 도선할 수 있는 선박의 톤수를 정할 목적으로 1종 도선사와 2종 도선사로 구분하고 있다(1997년 1월 13일 개정).[45] 1종 도선사는 모든 선박을 도선할 수 있으나(도선법 시행령 제1조의3 제1호), 2종 도선사는 원칙적으로 3만톤 이하의 선박만 도선할 수 있다(도선법 시행령 제1조의3 제2호). 도선사들은 자체적으로 도선업무의 원활을 위해 주도선사를 보조할 목적으로 보조도선사를 활용한다. 현재 우리나라에는 2020년 9월 30일자로 총 257명(수습생 14명 제외)의 도선사가 있다.

[판례소개](대전고등법원 2018.9.5. 선고 2018누10154 판결)

중앙해양안전심판원은 2017.12.21. 주도선사, 보조도선사, 선장이 승선해 있던 P선박의 부두 접촉사고와 관련하여 보조도선사가 도선보조업무를 소홀히 한 것도 사고의 한 원인이 되었다고 판단하여 주도선사의 1급도선사 업무를 3개월 정지하고 선장의 1급 항해사 업무를 1개월 정지함과 함께 보조도선사에게도 3급도선사 업무를 1개월 정지하는 내용의 재결을 하였다(중해심 제2017-021호). 원고는 이 사건 보조도선사로 대전고등법원에 징계재결 취소소송을 제기하였다.

대전고등법원은 "원고가 이 사건 선박을 단독으로 도선할 법적 자격도 없었고 주도선사보다 도선 경력이 현저히 적은 상황에서, 원고가 가지고 있던 지식이나 경험에 다소 맞지 않는 방식(속력)의 도선이 이루어진다는 이유로 원고가 강력하게 주도선사의 잘못을 지적하기를 기대하기는 어렵다. 따라서 원고가 이 사건 선박이 부두로부터 약 0.4마일 떨어져 있을 때 주도선사에게 이 사건 선박의 속력이 빠르다고 지적하였다면, 이로써 원고가 보조도선사로서 부담하는 지적의무를 이행하였다고 보는 것이 타당하다."라고 판시하였다.

2. 구별개념

(1) 導船士協會

도선사들의 권익보호와 업무를 지원하기 위한 모임이 도선사협회이다. 우리나라의 도선사협회는 1978년 도선법 개정 전에는 조합의 형태로 운영되어 왔으나 현재는 사단법인의 형태로 되어 있다. 인천, 부산, 평택, 포항 등지에 지회가 있다. 현행 우리나라 도선법상 도선사는 도선사협회의 회원이지만, 도선사 개인이 각자

종사하는 총톤수 500톤 이상의 선박 등은 强制導船士의 승무가 강제되어 있다(도선법 제20조 제1항 본문).

45) 법 제5조의 요건, 즉 총톤수 6천톤 이상의 선박의 선장으로 3년 이상 승무한 경력이 있고, 도선수습생 전형시험에 합격하고, 도선수습생으로 실무수습을 마치고 신체검사에 합격한 자에 대하여는 우선 2종 도선사 면허를 해양수산부장관이 발급한다(도선법 시행령 제1조의2 제2호) 그리고 2종 도선사 면허를 받은 도선사로서 3년 이상 도선업무에 종사한 자는 1종 도선사 면허를 취득한다(도선법 시행령 제1조의2 1호).

도선사면허와 개인사업자 등록증을 가지고 있으며 자기의 재량에 의하여 독립적으로 도선업무를 행하고 실질적으로 도선사협회로부터의 지휘감독을 받는 지위에 있지 아니하다. 도선사의 불법행위에 대하여 도선사협회가 使用者責任을 부담하지는 않는다.46)

영국의 경우에는 1983년 도선법의 개정시에 도선기구를 창설하였다. 도선사들은 도선기구의 피용자들로서 도선기구의 감독과 통제를 받는다. 도선기구의 민사상의 책임을 도선법이라는 단행법에서 규율하고 있다.

(2) 船渠長(dock master)(조선소운항관리자)

선거장(船渠長)은 대형 조선소에서 선거의 관리, 선박의 離岸 및 接岸, 선거를 출입하는 선박의 선장에 대한 보조업무를 담당하는 船渠部에 속하는 자이다. 선박의 선거에서의 이안과 접안을 행하는 경우에는 도선사와 유사한 직무를 행하게 된다(도선법 시행령 제10조의3, 동시행규칙 제18조 제5항). 시운전을 하는 경우 외해에서 직접 선박을 지휘하게 된다. 선거장은 대형 조선소 자신의 피용자일 뿐이지 선박소유자나 선장의 피용자가 아니다. 따라서 선거장의 과실로 손해가 발생한 경우에는 선박소유자가 민사상의 책임을 부담하는 것이 아니라 선거장의 사용자인 조선소가 책임을 부담하게 된다. 조선소의 선거장이 수리를 마치고 출항하는 선박에 승선하여 조선하다가 선거장의 판단착오로 선박이 좌초된 사건에서 선거장은 조선소의 피용자로서 조선소가 使用者責任을 부담한다고 대법원은 판시하였다(대법원 1992.10.27. 선고 91다37140 판결).47) 일정한 요건을 갖춘 선거장이 조선소에서 건조 수리한 선박에 승선하여 선박을 시운전하기 위하여 운항하는 경우에 강제도선이 면제된다는 조항(동 시행령 제10조의3 제2호)이 1997년 2월 8일 신설되었다고 하더라도, 선거장의 사용자는 조선소라는 점에는 변화가 없다.

2011년 2월 10일 울산 앞바다에서 시운전중인 선박과 항해하던 캄보디아화물선 알렉산드리아호가 충돌하였다.48) 또한 2013년 12월 28일 부산 앞바다에서 시운전 선박 그레비티 하이웨이호와 화학제품 운반선 마리타임 메이지호가 충돌하였다. 그레비티 하이웨이호는 아직 선박소유자에게 선박이 인도되기 전이었다. 선거장이 선박을 조종하고 있었다면 조선소가 선거장의 사용자로서 손해배상책임을 부담하게 된다.

---

46) 송상현・김현, 516면; 김인현(해상법), 346면.
47) 법원공보(1992), 3244면.
48) 해사신문, 2011.2.10.

(3) 船 長

선장은 선박소유자의 대리인으로 선박의 운항을 책임지고 있는 자이다. 도선사는 선박소유자의 대리인이 아니다. 도선사가 선박을 도선하는 경우에도 그 선박의 안전한 운항을 위한 선장의 책임은 면제되지 않으며 그 권한을 침해받지도 아니한다(도선법 제18조 제4항). 통상 도선사 도선 중의 사고는 도선사의 과실과 선장의 과실이 경합하게 되므로 민사상으로는 선장과 도선사의 共同不法行爲[49]를, 형사상으로는 共同正犯[50]을 성립시키게 된다.

도선사가 되기 위하여는 총톤수 6,000톤 이상의 선박에서 선장으로서의 경력이 3년 이상이 있어야 하므로(도선법 제5조), 도선사는 모두가 선장출신이며 선장(captain)으로 불리운다.

그러나 도선사는 실제 승선중인 선박의 선장이 아니므로 선원법상의 보호를 받지 못한다. 그러므로 도선사가 도선 중 사망하더라도 선원법상 재해보상제도의 혜택을 향유하지 못한다.

제3 導船士의 損害賠償責任

1. 의 의

대내적인 책임은 도선계약 당사자인 도선사와 선박소유자(선장)와의 관계이고, 대외적인 책임은 도선사가 불법행위로 인하여 제3자로부터 손해배상청구 등을 받는 경우이다. 실무상 도선사가 민사상책임을 부담하는 경우는 거의 없다.

2. 대내적 책임

(1) 도선계약위반에 의한 법적 책임

실제로는 현장의 선장이나 현지의 대리점이 선박소유자를 대리하여 도선사를 요청하고 도선사가 승선함으로써 도선계약이 체결된다. 선장은 선박소유자의 임의대리인이나 그 대리권의 범위는 광범위하게 법정되어 있으므로(상법 제749조), 선장이 도선사와 도선계약을 체결한다고 하더라도 그 효과는 선박소유자에게 귀

---

49) 민법 제760조(공동불법행위자의 책임) 제1항은 "수인이 공동의 불법행위로 타인에게 손해를 가한 때에는 연대하여 그 손해를 배상할 책임이 있다."고 정하고 있다.

50) 형법 제30조(공동정범)는 "2인 이상이 공동하여 죄를 범한 때에는 각자를 그 죄의 정범으로 처벌한다."라고 정하고 있다. 대법원은 과실범의 공동정범도 인정하고 있다.

속된다. 도선계약은 도선사와 선박소유자 사이의 계약이다. 선박이 용선된 경우 선체용선자와 정기용선자도 도선계약의 당사자가 된다.

도선계약의 법적 성질에 대하여는 위임계약, 도급계약, 고용계약 등으로 학설이 나누어지고 있다. 위임계약으로 이론구성이 되면 도선사의 과실에 대하여 선박소유자가 손해배상책임을 부담하지 않게 된다. 도급계약이라고 한다면 도선이 완성되지 않으면 도선료를 청구하지 못하게 된다. 두 가지 입장 모두 현실을 반영하지 못하는 것으로 생각된다. 상법도 도선사를 선박사용인에 유사한 것으로 보고(상법 제774조 제1항 제3호) 도선사가 승선중에서도 선장의 의무는 면제되지 않고(도선법 제18조 제4항) 또한 면제될 수도 없으므로 고용계약이 가장 그 성질에 가깝다고 생각된다.[51]

도선사는 선박소유자에 대하여 고용계약상의 선량한 관리자로서의 주의의무를 부담하므로, 도선 중 선박소유자의 손해에 대하여 손해배상책임을 부담한다. 우리나라의 대법원은 請求權競合說을 취하고 있기 때문에 도선사에 대한 손해배상청구는 계약위반을 청구원인으로 할 수도 있고 不法行爲를 청구원인으로 할 수 있다.

도선사들은 도선약관을 이용하여 자신들의 책임을 제한한다. 그러나, 도선약관은 고의나 중과실에는 적용이 없고(약관 제16조 제3항) 약관은 불법행위에는 적용되지 않는다는 대법원 판례의 입장에 따른다면 도선약관이 도선사를 완벽하게 보호하지 못한다. 최근 도선사의 중과실로 인한 사고라는 판결이 한국과 일본에서 나왔다.[52] 일본 도선사 협회는 도선사의 행위가 그의 고의 혹은 "손해 발생의 염려가 있음을 알면서도 무모하게" 한 행위로 발생한 경우에 책임제한 규정이 적용되지 않는 것으로 변경하여 도선사를 보호하고자 했다.

(2) 求償責任

불법행위의 경우에 손해배상을 한 선박소유자는 이론상 도선사에게 민법 제756조를 근거로 구상청구를 할 수 있다.

국가배상법 제2조 제2항은 국가는 공무원이 고의·중과실이 아닌 한 구상청구를 할 수 없다고 정하고 있다.[53] 그러나 민법 제756조 제3항은 이러한 제한을 하지 않고 있으므로,[54] 선박소유자의 도선사에 대한 구상청구는 이론상 가능하다.

---

51) 동지 최종현, 116면.

52) 도선사의 중과실이 인정된 사례로는 부산지방법원 동부지원 2009.4.2. 선고 2007가합1479 판결, 일본 고베지방법원 2015.9.3. 판결이 있다.

53) 국가배상법 제2조 제2항은 "제1항 본문의 경우에 공무원이 고의 또는 중대한 과실이 있는 때에는 국가 또는 지방자치단체는 그 공무원에게 구상할 수 있다."고 정하고 있다.

54) 민법 제756조 제3항은 "전 2항의 경우에 사용자 또는 감독자는 피용자에 대하여 구상권

선원에 대하여는 선원의 열악한 지위와 위험작업에의 노출 정도가 심하므로 구상청구제한 이론의 적용이 가능하나,[55] 도선사는 고액수입자로서 전문직종에 종사하는 개인사업자 등록증을 가진 자이므로 선원과 동일한 지위에 있지 않으므로 구상청구제한의 이론을 적용하기는 어려울 것으로 보인다.

3. 대외적 책임

(1) 不法行爲 責任

① 使用者責任

도선사의 도선행위 중의 사고가 불법행위를 구성하기 위하여는, (i) 도선사의 고의 과실이 있을 것 (ii) 그 행위가 위법행위일 것 (iii) 피해자에게 손해가 발생하였을 것 (iv) 행위와 손해 사이에 인과관계가 있을 것 (v) 도선사에게 책임능력이 있을 것 등이 필요하다(민법 제750조). 임의도선사는 선박소유자의 피용자에 해당하는 선박사용인이므로(상법 제788조 제2항) 임의도선사의 과실로 불법행위가 성립하면 도선사의 사용자에 해당하는 선박소유자는 사용자책임을 부담한다.[56] 도선사는 민법 제750조의 불법행위자책임을, 선박소유자는 민법 제756조의 사용자책임을 부담한다. 도선사와 선박소유자의 책임은 부진정연대책임이다. 선박충돌이나 유조선의 오염사고의 경우에는 민법 제756조의 특별규정인 상법 제880조 및 유배법 제4조 제1항이 적용된다. 이론상 민법의 경우 선박소유자의 면책이 가능하나, 상법 및 유배법의 경우 면책이 아예 불가능하다. 다만, 강제도선사의 경우에는 선박소유자가 도선사의 사용자가 아닌 것으로 해석될 여지가 있다. 그러므로 1910년 국제조약은 강제도선사의 경우에 선박소유자의 책임을 인정하고 있다.

대부분의 경우에 도선중에도 선장이 어떠한 형태로든 도선에 개입하고 있으므로 도선사고는 선장과 도선사의 共同不法行爲를 구성하게 될 것이다.[57] 共同不法行爲는 연대책임이므로(민법 제760조 제1항), 피해자는 선박소유자나 도선사 중에서 배상능력이 더 큰 선박소유자에게 배상청구를 하면, 선박소유자가 피해자에게 손해를 배상한다. 선박소유자는 도선사에게 그의 과실비율에 따른 구상을 요구하게 된다. 이 경우에 선박소유자의 도선사에 대한 구상권을 제한하기 위한 규정인 도선약관 제16조 제1항과 제3항에 따라 도선사의 사고가 도선사의 고의 또는 중과

을 행사할 수 있다."고 정하고 있다.

55) 김인현(선원), 82면.

56) 이기수 외, 515면; 채이식, 264면; 최종현, 119면.

57) 中村・箱井, 141면.

실이 아닌 한 당해 도선료만큼만 도선사가 책임을 지게 된다.

② 船舶衝突

상법 제880조(도선사의 과실로 인한 충돌)는 "선박의 충돌이 도선사의 과실로 인하여 발생한 경우에도 선박소유자는 제878조와 제879조의 규정에 의하여 손해를 배상할 책임이 있다."고 정하고 있다. 즉, 도선사의 과실로 발생한 선박충돌의 경우에도 선박소유자는 무과실의 손해배상책임을 부담한다. 독일 등의 경우와는 달리 강제도선사에도 적용된다는 명문의 규정이 없으므로 강제도선의 경우에도 임의도선과 동일하게 해석될 수 있는지가 문제되나, 우리나라의 통설은 상법 제880조에는 强制導船도 포함된다고 한다.[58]

이 경우에도 도선사의 책임이 면제되는 것은 아니고[59] 도선사는 민법 제750조의 불법행위책임을 부담하고, 선박소유자는 상법 제880조의 책임을 부담하고 양자의 책임은 부진정연대책임으로 해석된다. 선박소유자는 도선사에게 민법 제756조 제3항에 따라 도선사에게 구상청구가 가능하다.

영국에서는, 강제도선의 경우에 도선사의 과실에 대하여 衡平法하에서, 도선사는 선박소유자의 피용자가 아니므로 선박소유자가 책임을 부담하지 않는 것이 원칙이었다. 이러한 입장은 1894년 영국 상선법 제633조에 명문화되었다.[60] 1910년 브뤼셀 충돌조약 제5조에 의하면 강제도선에 있어서도 도선사 과실로 인한 충돌사고의 경우에는 선박소유자가 책임을 부담한다. 1913년 영국 도선법 제15조는 强制導船士의 사고의 경우에 있어서 선박충돌사고뿐만 아니라 다른 사고에 대하여도 대외적인 책임은 선박소유자가 부담하는 것으로 입법화되었다. 1987년 도선법 제16조도 동일한 입장이다.[61]

독일은 최근까지 강제도선사의 사고에 대하여도 선박소유자가 책임을 부담하지 아니하였다. 1986년 7월 25일 제2차 海法變更法律에 의하여 상법 제737조를 개정하여 선박충돌의 경우에 선박에 승선한 도선사의 과실은 기타 해원의 과실과 동일시한다고 정하고 있다.

---

58) 최기원, 123면; 채이식, 364면; 이균성, 260면; 최종현, 118면.

59) 동지 최기원, 123면; 이기수, 515면; 최종현, 117면.

60) 김인현, 전게 박사학위논문, 185면.

61) 1987년 영국 도선법 제16조는 "어떤 선박이 도선이 강제되는 상황에서 항행 중이었다는 사실이 그 선박에 의하여 야기된 어떠한 손해에 대하여 선박소유자나 선장의 책임에 영향을 미치지 아니한다(the fact that a ship is being navigated and in circumstances in which pilotage is compulsory for it shall not affect any liability of the owner or master of the ship for any loss or damage caused by the ship or by the manner in which it is navigated)."고 정하고 있다.

일본은 우리나라 상법 제880조와 같은 규정이 없어서 강제도선사의 선박충돌사고에 대하여 선박소유자가 책임을 부담할 것인가에 대하여 학설의 대립이 심하다.[62]

③ 유조선의 오염사고

도선사의 과실로 선박이 부두와 부딪혀 파공된 부분으로 기름이 흘러나와 해양오염이 발생한 경우에는 도선사의 불법행위책임이 문제가 된다.

유조선의 오염사고의 경우에는 상법의 특별법인 유배법이 적용되고, 유배법상 책임의 주체는 등록선박소유자(登記船主)로 집중되어 있다. 즉, 사용자책임 규정인 민법 제756조에 해당하는 유배법 제4조 제1항의 책임을 선박소유자가 부담하고, 도선사는 민법 제750조의 불법행위 책임을 부담하여야 하나, 유배법은 선원・도선사 등에 대하여는 이 법에 의한 손해배상청구를 하지 못하도록 되어 있다(법 제4조 제5항 1호 및 2호). 또한 유배법은 유류오염손해를 배상한 선박소유자는 사고와 관련된 제3자에 대하여 구상권을 행사할 수 있으나, 선원・도선사 등에 대하여는 그 손해가 선원・도선사의 고의로 인하여 발생한 경우 또는 손해발생의 염려가 있음을 인식하며서 무모하게 한 행위 또는 부작위로 인하여 발생한 경우에 한정한다고 하므로(법 제5조 제6항), 선원・도선사가 선박소유자로부터 구상청구를 당하는 경우는 생각하기 어렵다.

비유조선의 경우 혹은 부두와 충돌한 경우는 민법의 규정이 적용되어 도선사는 연대책임을 면하지 못한다.[63]

(2) 運送契約上 責任

도선사는 운송계약에서 채무자인 운송인의 이행보조자에 해당한다. 도선사의 과실로 운송 중이던 화물에 손상이 있은 경우, 민법은 이행보조자의 과실은 본인인 채무자의 과실로 본다고 하므로(민법 제391조),[64] 운송인이 화주에게 채무불이행책임을 부담한다. 항해과실에 해당하게 되면 상법 제795조 제2항에 의하여 운송인은 면책되게 된다.[65] 화주가 직접 도선사에게 손해배상청구를 하는 경우에

62) 책임인정설을 취하는 학자로서는 重田晴生 外 3人, 「海商法」(東京: 青林書院, 1994), 93-94頁, 책임부정설을 취하는 학자로는 田重誠二, 前揭書, 218頁.

63) 영국 도선법은 도선사는 1,000파운드와 당해 도선료를 합한 금액으로, 도선사를 공급하는 도선기구는 도선사수×1,000파운드로 책임이 제한되는 제도를 가지고 있다(제22조). 우리나라에서도 도선사의 손해배상책임을 제한하는 입법제안이 진행중이다.

64) 민법 제391조(이행보조자의 고의과실)는 “채무자의 법정대리인이 채무자를 위하여 이행하거나 채무자가 타인을 사용하여 이행하는 경우에는 법정대리인 또는 피용자의 고의나 과실은 채무자의 고의나 과실로 본다.”고 한다.

65) 엠씨 에메랄드호와 디에스알 아메리카호 충돌사건에서 강제도선사의 충돌로 인한 화물손상은 항해과실로서 운송인은 면책된다고 판시되었다(서울지법 1998.4.9. 선고 96가합80830 판

도선사는 히말라야 약관이나 상법 제798조 제2항을 이용하여 면책 등을 주장할 수 있다.

제4절 獨立契約者

제1 序

일반적으로 선박소유자(혹은 운송인)와 고용관계에 있지 않으면서 선박소유자(혹은 운송인)의 보조자 역할을 하고 있는 자들을 독립계약자(independent contractor)라고 한다.[66] 이들은 선박소유자(혹은 운송인)로부터 지휘감독을 받지 않고 자기의 판단에 따라 독자적으로 일을 완성하는 사람이다.[67] 독립계약자라는 용어는 우리 상법에 도입되지는 않았으나 헤이그비스비 규칙 및 선하증권에 등장하는 용어이다.

이들의 법적 지위가 문제된다. 약관이나 국제조약에서는 독립계약자도 화주로부터 보호의 대상으로 다루고 있다. 이들은 운송인의 이행보조자와 유사한 지위에 있으므로 이들의 과실로 인한 운송물 손해에 대하여는 운송인이 손해배상책임을 부담하게 된다. 그러나, 운송인과는 독립된 지위에 있으므로 사용자-피용자 관계에 있다고 보기 어렵다.

어떠한 자를 독립계약자로 볼 것인지가 문제된다. 여기에 대하여는 ① 노무를 제공하는 자가 자신의 도구를 가지고 있는지 여부, ② 자신의 보조자를 스스로 사용하고 있는지 여부, ③ 자신이 부담하는 경제적인 위험의 정도, ④ 투자 혹은 경영에 대하여 부담하는 책임의 정도, ⑤ 건전한 경영을 하는 경우에 이익을 획득할 기회가 있는지 여부와 있다면 그 정도 등이 판단의 기준으로 제시되고 있다.[68]

우리나라 판례가 인정하는 독립계약자로는 하역업자, 창고업자 그리고 실제운송인 등이 있다.[69]

결).

66) 이균성, 684면; 최종현, 118면.

67) 여기에 대한 논문으로는, 서헌제, "콘테이너 복합운송인의 책임법리", 삼지원, 1986, 76면; 조용호, "해상운송인의 감항능력주의의무", 재판자료 제52집, 해상보험법에 관한 제문제(상), 법원행정처, 345면; 落合誠一, 「運送責任の基礎理論」, 弘文堂, 1994; 郷原資亮, 港灣荷役事業者わ獨立契約者の觀念について, 「海事法硏究會誌」, 1993.10(No.116), 32頁 등이 있다.

68) 郷原資亮, "港灣荷役事業者, 獨立契約者 槪念", 海事法硏究會誌, 1993.10(No. 116), 32頁.

69) 일본에서도 동일하게 본다. 中村・箱井, 436면.

제2 종 류

1. 荷役業者

(1) 의 의

하역업자는 선박을 통하여 운송되는 화물을 선적 혹은 양륙하는 것을 업으로 하는 자들이다. CJ대한통운, (주)선광 등은 대표적인 하역회사들이다. 이들은 독립된 지위에서 하역작업을 하지 하역내용에 대하여 운송인이나 선박소유자의 지시를 받지 않는다. 그러므로 선박소유자인 운송인의 피용인이 아니다.

정기선영업에서는 하역업자는 선적과 양륙의무를 부담하는 선박소유자인 운송인과 하역작업에 대한 계약을 체결한다. 부정기선영업에서는 하역작업에 대한 권리와 의무는 용선자에게 있으므로 용선자와 하역업자가 하역작업에 대한 계약을 체결하게 된다.

하역업자는 하역작업의 잘못으로 직접 선박에 대한 사고를 야기하게 되지만, 선급협회는 자신의 행위로 선박에 대한 사고를 직접 야기하지는 않는다는 점에 차이가 있다.

(2) 대내관계

선박소유자 혹은 용선자와 하역회사 사이에 체결되는 하역작업 계약은 도급 혹은 위임계약으로 이해된다. 그러므로 하역회사는 선량한 관리인으로서 주의의무를 다하여야 한다.

(3) 대외관계

하역회사는 하역작업중의 과실로 인하여 발생한 손해에 대하여 화주에게 불법행위상의 손해배상책임을 부담한다.[70] 정기선 영업에서와 같이 하역업자가 선박소유자의 지휘감독을 받는 경우라면 선박소유자의 사용자책임이 긍정될 여지가 있다. 부정기선 영업에서는 하역업자와 계약관계에 있는 자는 용선자이므로 선박소유자는 사용자책임을 부담할 여지가 없다.

---

70) 최종현, 121면.

2. 倉庫業者

(1) 의 의

창고업자는 상행위편의 임치라는 상행위를 행하는 당연 상인이다.[71] 운송인의 운송물에 대한 의무중에서는 보관, 인도의 의무가 있다(상법 제795조 제1항). 운송인은 항구에 입항된 선박으로부터 하역을 하여 운송물을 창고업자에게 위탁하고 선박을 출항시키게 된다. 창고업자는 운송물을 보관하고 있다가 운송인의 지시를 받아 운송물을 선하증권의 소지인에게 인도하게 된다. 종종 발생하는 문제는 창고업자가 운송인의 지시없이 운송물을 오랜 거래관계가 있는 수하인에게 불법으로 인도함으로써 선의의 선하증권소지인이 손해를 입게 되는 것이다. 이때 운송인은 선하증권소지인에 대하여 불법행위책임을 부담하게 된다. 창고업자는 선하증권소지인으로부터 불법행위책임을 추궁받게 된다. 이 경우에 창고업자가 히말라야약관을 이용하여 운송인이 향유하는 이익을 원용할 수 있는지가 문제된다. 우리나라 창고업자는 대체로 영세한 편이다.

(2) 대내관계

운송인과 창고업자 사이에는 임치계약관계가 있다. 운송인은 임치인, 창고업자는 수치인이 되고 창고업자는 선량한 관리자로서 임치물인 운송물을 관리하여야 하는 주의의무를 부담한다.[72] 그런데, 우리나라는 관세법상 외국에서 수입되는 화물은 보세창고를 거쳐야 하고 관세법에 따라 창고업자는 실화주가 지명하도록 되어 있다. 그러므로, 임치인은 운송인이 아니라 실화주이다. 그럼에도 불구하고 대법원은 운송인도 임치인으로 의제하는 소위 이중임치론을 취하고 있다(자세한 논의는 제3편 제3장 제3절 제6관 제8 운송인의 운송물 인도의무에서 함). 따라서, 운송인은 창고업자의 과실로 인한 손해배상청구에서 사용자책임 등을 부담할 여지를 안게 된다.

(3) 대외관계

창고업자는 자신의 과실로 무단으로 선하증권과 상환하지 않고 운송물을 수하인 등에게 인도하게 되면 불법행위책임을 부담하게 된다. 이때 상법 제798조 제4항 혹은 선하증권상 히말라야 약관의 효력을 원용할 수 있을지가 문제된다.

---

71) 정동윤, 295면; 정찬형(상), 386면; 김정호, 412면.
72) 정동윤, 296면; 정찬형(상), 387면; 김정호, 414면.

3. 船級協會

(1) 의 의

船級協會(classification society)는 선박의 검사를 행하는 기관으로 선박소유자·화주·보험자와는 독립한 제3자적인 입장에서 선박의 안전성을 공평하게 검사하고 그 결과에 따라 정하여진 선급을 부여하며 선박에 관한 사항(선박의 크기, 톤수, 기관의 종류 등)을 협회의 원부에 등재하고 이것에 기초하여 선명록을 발행하고 선박소유자에게 선급증서를 발행하여 주는 단체이다.[73] 선급협회는 선박소유자와는 독립된 지위에 있는 자들로서 선박소유자의 피용자나 대리인의 지위에 있지 않고, 운송인의 운송에 관한 채무를 이행하는 자가 아니므로 좁은 의미의 독립계약자는 아니다. 그러나, 감항능력 주의의무의 이행을 대신한다고 본다면 독립계약자로 볼 여지도 있다. 우리나라는 1960년에 설립된 사단법인 한국선급(Korean Register of Shipping; KR)이 있다. 한국선급은 세계선급협회(IACS)의 정회원이다.[74]

선급협회의 검사는 정부검사(강제검사)와 임의검사로 나누어 볼 수 있다. 정부가 해야 하는 선박안전법 등 법령상의 검사를 선급협회가 대행하는 검사를 정부검사라고 한다. 보험의 목적으로 행하는 선급협회의 검사를 임의검사라고 하고 본 절에서 말하는 내용은 임의검사에 대한 것이다.

(2) 대내관계

선급협회는 선박소유자와 체결한 선급계약에 따라 선량한 관리자로서의 주의의무를 다하여야 한다. 각국 선급협회는 선급약관에 선박소유자에 대한 자신들의 책임을 수수료 혹은 수수료의 몇 배로 제한하는 규정을 두고 있다. 미국선급(ABS)은 당해 선박서비스에 대한 수수료의 10배 혹은 미화 10만달러 중에서 큰 것으로, 프랑스선급(BV)은 당해 서비스 수수료의 5배로, 일본선급(NK)은 당해 수수료로 책임을 제한하고 있다. 이러한 약관은 당사자 자치의 원칙상 유효하다.

(3) 대외관계

선급협회의 선급검사에 합격한 점을 신뢰하여 당해 선박에 화물을 적재하였다가 선박의 침몰로 손해를 입은 화주 혹은 선급검사증서를 신뢰하고 선박을 매수한 자들이 손해를 입은 경우에 이들은 선급협회를 상대로 불법행위책임을 묻게

73) 김인현, "선급협회의 손해배상책임에 대한 연구"(고려대학교 석사학위논문, 1996), 7면.

74) 세계적으로 유명한 선급협회로는 영국의 로이드, 미국의 ABS, 프랑스의 BV, 일본의 NK, 독일의 GL, 한국의 KR, 이태리의 RINA 등이 있고 이들은 세계선급협회(IACS)의 회원들이다.

된다.[75]

선급협회 혹은 선급협회의 검사원이 선박소유자의 피용자의 지위에 있다면 선박소유자가 이들의 과실에 대하여 사용자책임을 부담하게 될 것이다. 그러나, 위에서 본 바와 같이 선급협회 혹은 그 검사원은 독립된 지위에서 검사를 행하는 기관으로서 선박소유자의 피용자가 아니다.[76]

우리나라에서는 아직 선급협회의 대외적인 책임이 소송화된 적은 없지만, 영국의 Nicolas H호 사건에서 선급협회의 책임이 다루어졌다.[77] Prestige호 오염사고에서 스페인 정부는 미국 선급(ABS)을 상대로 손해배상청구소송을 미국에서 제기하여 현재 소송 중이다.

4. 실제운송인

(1) 의 의

계약운송인이 운송수단이 없는 경우 실제로 운송을 직접이행할 운송인과 운송계약을 체결하여 운송을 위탁하는 경우에 그 제2의 운송인을 실제운송인이라고 한다.[78] 넓게는 운송을 직접 이행하는 자를 실제운송인이라고 한다. 이 경우 화주에 대하여 직접운송계약상 책임을 부담하는 자는 계약운송인이다. 계약운송인은 화주에 대하여 운송물에 대한 주의의무를 부담한다(상법 제795조 제1항). 그 주의의무의 하나는 운송이다. 실제운송인은 계약운송인의 의무의 일부인 운송을 대신하여 이행하는 자이면서도 독립된 자이므로 독립계약자가 된다. 함부르크 규칙 제10조와 로테르담 규칙 제20조에서 실제운송인은 계약운송인과 연대책임을 부담한다.

(2) 대내관계

계약운송인과 실제운송인 사이에는 운송계약이 존재한다. 계약운송인은 송하인의 지위에 있고 실제운송인은 운송인으로서의 의무와 책임을 부담한다. 실제운송인은 운송물에 대한 주의의무를 부담하고, 포장당책임제한의 이익을 누린다.

---

75) 선급협회의 책임에 대한 자세한 논의는 김인현, "선급협회의 손해배상 책임과 국제해법회의 모델계약 조항에 대한 연구", 한국해법학회지 제27권 제1호(2005.4.).

76) 선급협회가 정부검사를 하던 중 과실로 제3자에게 손해를 야기한 경우 선급협회의 정부에 대한 책임은 50억원으로 제한된다(선박안전법 제67조 제3항, 동 시행령 15조). 자세한 내용은 박영선, 선박안전법 해설, 한국해사문제연구소(2008), 303면을 참고 바람.

77) 김인현, 상게 학위논문, 39-41면; 세계선급연합회(IACS)는 불법행위에 기한 손해배상청구에 대하여 선급협회의 책임을 일정한 한도로 제한하는 제도를 도입하고자 한다.

78) 이균성 573면; 대법원 2000.3.10. 선고 99다55052 판결. 최종현, 278면.

(3) 대외관계

화주는 계약운송인에게만 운송계약상의 책임을 추궁할 수 있다. 실제운송인과 화주 사이에는 운송계약관계가 없기 때문에 실제운송인에게 화주가 채무불이행책임을 추궁하지 못한다. 다만, 화주는 불법행위책임을 실제운송인에게 제기할 수 있다. 우리 상법은 제809조를 두었기 때문에 제809조의 적용요건을 충족하면 화주는 실제운송인으로서의 선박소유자와 계약운송인에게 법정의 연대책임을 물을 수 있다. 상법 제798조 제4항에 의하여 실제운송인은 계약운송인과 동일한 책임제한과 항변을 주장할 수 있다.[79]

제3 獨立契約者의 보호

1. 運送人의 責任制限 등 원용

하역업자는 독립계약자임에도 불구하고 화주의 손해배상청구에 대하여 히말라야약관(Himalaya clause)을 근거로 포장당책임제한을 할 수 있는지가 문제된다.

헤이그비스비 규칙에 의하면, 운송인의 피용자와 대리인은 운송인의 운송계약상의 항변이나 책임제한을 원용할 수 있음에 반하여, 독립계약자는 이러한 원용을 할 수 없다(제3조 제2항)(대법원 2004.2.13. 선고 2001다75318 판결). 우리 상법 제798조 제2항은 이를 규정하지 않고 있다. 상법 개정심의록에 의하면, 헤이그비스비 규칙에서는 대리인 다음에 ("독립계약자를 제외함")이라고 명시하고 있으나, 우리의 대리인 개념에는 독립계약자는 포함되지 않으므로 이를 굳이 괄호로 제외한다고 표시할 필요가 없다는 논의, 즉 독립계약자는 운송인이 누리는 책임제한의 이익을 향유할 수 없다는 취지의 언급이 있다.[80][81]

[판례소개](대법원 2004.2.13. 선고 2001다75318 판결)

창고업자인 대호창고는 운송인을 위하여 화물을 보관하고 있다가 선하증권과 상환 없이 운송물을 인도하였다. 선하증권을 소지한 고려무역은 대호창고에 대하여 인도받지 못한 운송물에 대한 손해배상청구를 제기하였다. 피고 대호창고는, 원고로부터의

79) 최종현, 278면.

80) 법무부, 상법개정특별분과위원회 회의록(보험・해상편Ⅱ), 1990.12., 609-611면. 선급협회는 운송인의 채무를 이행하지 않으므로 히말라야조항 이익향유의 대상자가 아니다.

81) 일본에서의 논의도 동일하다. 中村・箱井, 435면; 일본 국제해상물품운송법 제20조의2 제2항도 "운송인의 사용자"라고만 되어 있다.

소송은 운송물의 인도 후 1년이 지난 다음에 제기되었으므로 상법 제811조(개정상법 제814조)에 기하여 원고는 더 이상 손해배상청구를 할 수 없다고 항변하였다.

대법원은 "상법 제789조의3(개정상법 제798조) 제2항 소정의 '사용인 또는 대리인'이란 고용계약 또는 위임계약 등에 따라 운송인의 지휘감독을 받아 그 업무를 수행하는 자를 말하고 그러한 지휘감독 관계없이 스스로의 판단에 따라 자기 고유의 사업을 영위하는 독립적인 계약자는 포함되지 아니한다. 원심이 피고 대호창고는 독립적인 계약자로서 상법 제789조의3 제2항의 사용인이나 대리인에 해당하지 아니하므로 상법 제811조에 기한 항변을 원용할 수 없다고 판단한 것은 위 법리에 따른 것으로서 정당하고, 거기에 채증법칙 위배로 인한 사실오인의 위법 내지는 상법 제789조의3 제2항의 사용인 또는 대리인에 관한 법리를 오해한 위법이 있다고 할 수 없다."고 판시하였다.[82)]

선하증권상 히말라야 약관에 특별히 독립계약자에게도 적용한다는 취지의 내용이 있다면 당사자 자치의 원칙상 유효하다. 대법원은 상법 제798조 제2항은 강행규정이 아니므로 이러한 내용의 선하증권은 유효하다고 본다(대법원 2007.4.27. 선고 2007다4943 판결). 따라서, 독립계약자들이 운송인의 포장당책임제한권을 원용하기 위하여는 선하증권의 히말라야조항에 자신들을 포함시켜서 당사자 자치의 원칙에 따른 효과를 받도록 하여야 한다.

독립계약자가 주장할 수 있는 항변으로는 운송인이 누리는 책임제한 · 항해과실면책 · 제척기간도과 등의 항변이 있다.

[판례소개](대법원 2007.4.27. 선고 2007다4943 판결)

운송인으로부터 운송물의 보관을 위탁받은 터미널운영자가 운송물에 손해를 야기하게 되어 손해배상청구를 받게 되었다. 터미널운영자는 상법 제789조의3(개정상법 제798조) 제2항을 근거로 자신은 운송인의 피용자로서 또한 선하증권상의 히말라야약관의 내용을 근거로 계약상 책임제한 등의 이익을 향유한다고 주장하자, 원고는 터미널 운영자는 독립계약자이므로 제789조의3 제2항의 적용이 없고, 상법 제789조의3 제4항은 강행규정으로서 독립계약자에게는 허용되지 않아야 한다고 항변하였다.

대법원은 "(1) 상법 제789조의3 제2항에서 정한 운송인의 '사용인 또는 대리인'이란 고용계약 또는 위임계약 등에 따라 운송인의 지휘·감독을 받아 그 업무를 수행하는 자를 말하고 그러한 지휘·감독과 관계없이 스스로의 판단에 따라 자기 고유의 사업을 영위하는 독립적인 계약자는 포함되지 아니하므로, 그러한 독립적인 계약자는 같은 법 제811조(개정상법 제814조)에 기한 항변을 원용할 수 없다. (2) 선하증권 뒷면에 '운송물에 대한 손해배상 청구가 운송인 이외의 운송관련자(anyone participating in the performance of the Carriage other than the Carrier)에 대하여 제기된 경우, 그 운송관련자들은 운송인이 주장할 수 있는 책임제한 등의 항변을 원용할 수 있고, 이

82) 판례공보(2004), 460면.

와 같이 보호받는 운송관련자들에 하수급인(Subcontractors), 하역인부, 터미널 운영업자(terminals), 검수업자, 운송과 관련된 육상·해상·항공 운송인 및 직간접적인 하청업자가 포함되며, 여기에 열거된 자들에 한정되지 아니한다'는 취지의 이른바 '히말라야 약관'(Himalaya Clause)이 기재되어 있다면, 그 손해가 고의 또는 운송물의 멸실, 훼손 또는 연착이 생길 염려가 있음을 인식하면서 무모하게 한 작위 또는 부작위로 인하여 생긴 것인 때에 해당하지 않는 한, 독립적인 계약자인 터미널 운영업자도 위 약관조항에 따라 운송인이 주장할 수 있는 책임제한을 원용할 수 있다. (3) 상법 제789조의3 제2항은 '운송인이 주장할 수 있는 책임제한'을 원용할 수 있는 자를 '운송인의 사용인 또는 대리인'으로 제한하고 있어 운송인의 사용인 또는 대리인 이외의 운송관련자에 대하여는 적용되지 아니한다고 할 것이므로, 당사자 사이에서 운송인의 사용인 또는 대리인 이외의 운송관련자의 경우에도 운송인이 주장할 수 있는 책임제한을 원용할 수 있다고 약정하더라도 이를 가리켜 상법 제789조의3의 규정에 반하여 운송인의 의무 또는 책임을 경감하는 특약이라고는 할 수 없고, 따라서 상법 제790조 제1항에 따라 그 효력이 없다고는 할 수 없다. (4) 이른바 '히말라야 약관'(Himalaya Clause)은 운송인의 항변이나 책임제한을 원용할 수 있는 운송관련자의 범위나 책임제한의 한도 등에 관하여 그 구체적인 내용을 달리 하는 경우가 있으나, 해상운송의 위험이나 특수성과 관련하여 선하증권의 뒷면에 일반적으로 기재되어 국제적으로 통용되고 있을 뿐만 아니라, 간접적으로는 운송의뢰인이 부담할 운임과도 관련이 있는 점에 비추어 볼 때, 약관의 규제에 관한 법률 제6조 제1항에서 정하는 '신의성실의 원칙에 반하여 공정을 잃은 조항'이라거나 같은 법 제6조 제2항의 각 호에 해당하는 조항이라고 할 수 없다."고 판시하였다.

2. 船舶所有者責任制限의 원용

독립계약자는 선박소유자의 대리인 혹은 피용자가 아니므로 선박소유자책임제한의 이익을 향유할 수 없다(상법 제750조 제1항 제3호). 그러나 독립계약자라고 하더라도 선박소유자의 피용자로 인정되는 경우에는 책임제한이익을 향유할 수 있다.

[보론] 세 가지 다른 기능을 하는 運送周旋人

1. 의 의

운송주선인(Freight Forwarder)은 명칭과 무관하게 실제로는 운송주선인에 그치지 않고 운송인으로 기능하거나 혹은 대리인이 되는 경우도 있기 때문에 운송주선인은 책임주체와 관련하여 중요한 의미를 갖는다.[83]

2. 순수한 운송주선인인 경우

순수한 의미의 운송주선인은 송하인과 운송인을 연결시켜주는 역할을 한다. 운송주선인은 송하인의 의뢰를 받아 유능한 운송인을 찾아 운송계약을 체결하여 준다. 주선인이란 자신의 이름으로 위탁자의 계산으로 법률행위를 하는 자이기 때문에 운송주선인은 자신이 운송계약에서 운송인의 상대방이 되지만 그 경제적 손익관계는 송하인에게 귀속된다.[84]

운송주선인은 상법 상행위편의 운송주선인의 의무(상법 제115조)를 부담한다. 흔히 문제가 되는 것은 유능한 운송인의 선정이다. 운송인의 선정에 상당한 주의의무를 다하지 못하였고 이로 인하여 송하인이 손해를 입었다면 운송주선인은 손해배상책임을 부담한다(대법원 2003.2.14. 선고 2002나39326 판결).

[판례소개](대법원 2003.2.14. 선고 2002나39326 판결)

운송주선인은 송하인(원고)으로부터 박람회에 출품할 상품을 독일까지 운송주선하여줄 것을 의뢰받았다. 운송주선인은 양밍라인이라는 굴지의 해운회사의 선박을 수배하였다. 그런데, 양밍은 한국의 조양상선의 선박을 용선하여 운항하던 선박에 동 상품을 선적하여 운송하였다. 독일의 양륙항에 선박이 도착하였지만 마침 조양상선이 파산되어 선박의 밀린 부두사용료를 회수하기 위한 조치로 인하여 접안이 허락되지 않았다. 그 결과로 상품은 기일내에 박람회에 출품되지 못하였다. 이에 송하인은 운송주선인에게 손해배상책임을 묻게 되었다. 1심법원(서울지법 2001.11.9. 선고 2001가합22555)은 피고가 선정한 해상운송인은 신용있는 회사였고, 선박이 제때에 도착하였으나 접안료가 연체되어 항만당국으로부터 접안이 허가되지 않음으로써 하역이 이루어지지 못하여 지체되었고 이러한 경우는 쉽게 예상할 수 있는 경우가 아니며, 특정선박의 특정항만 접안료의 연체사실을 미리 확인하는 것은 용이하지 않다는 것을 이유로 피고는 운송주선인으로서 운송인이나 운송선박의 선택에 있어서 운송주선인이 부담하는 선량한 관리자로서의 주의의무를 게을리하지 아니하였다고 판시하였다. 원심(서울고법 2002.6.4. 선고 2001나73185 판결)도 1심과 같이 원고의 항소를 기각하였다.

대법원은 "원심이 그 판시와 같은 이유로 운송주선인인 피고로서는 이 사건 선박의 접안료가 연체되었다는 점을 미리 확인하거나 예견하여야 할 주의의무까지 부담한다고는 할 수 없고, 따라서 피고가 운송인이나 운송선박의 선택에 있어서 운송주선인으로서 부담하는 선량한 관리자로서의 주의의무를 게을리 하지 아니하였다고 판단한

83) 운송주선인의 법률관계에 대한 자세한 논의는 김인현, "운송주선인의 다양한 법적 지위에 따른 법률관계", 안암법학 제26호(2008.4.), 213면 이하; 해상법연구Ⅱ, 363면을 참고 바람.

84) 송하인에게 경제적 손익관계가 귀속된다는 것은 운송주선인이 운송인에게 지급하는 운임과 자신이 송하인에게 수령하는 운임은 동일하다는 것이다. 자신은 단순히 주선수수료만 수령한다. 운송주선인이 운송인으로 기능하는 경우에는 자신은 송하인으로부터 높은 운임을 받고 실제운송인(하수운송인)에게는 낮은 운임을 지급함으로써 운송계약의 차액을 얻게 된다.

> 것은 수긍이 가고, 거기에 상고 이유에서 주장하는 바와 같은 운송주선인의 손해배상 책임에 관한 법리오해 등의 위법이 있다고 할 수 없다."고 판시하였다.

위의 예에서 순수한 운송주선인은 손해배상책임을 부담하고 자신은 이제 해상운송인에게 구상청구를 하게 되면 해상운송인은 포장당 책임제한을 주장할 것이다. 결국 일련의 운송과정에서 운송주선인은 포장당 책임제한의 이익을 누리지 못하게 된 것이다. 따라서 운송주선인에게도 포장당 책임제한의 이익을 누릴 수 있도록 하는 것이 좋다(독일 상법 제461조).

> [판례소개](대법원 2018.12.13. 선고 2015다246186 판결)
>
> 원고는 복합화물운송주선업자로서 송하인들로부터 이 사건 화물들에 대한 중국 항구에서부터 인천항까지의 해상운송, 보세창고 보관, 통관작업 및 국내 배송까지 일체의 운송주선을 의뢰받았다. 이 사건 화물들이 인천항에 도착한 뒤 원고는 화물들을 창고업자가 운영하는 보세창고에 입고시켰는데, 보세창고에서 발생한 원인 불명의 화재로 화물들이 모두 전소되었다. 원고는 피고 보험회사와 화물에 대한 손해 등으로 발생하는 원고의 법률상 배상책임을 보상하는 화물배상책임보험계약을 체결한 상태였다. 원고는 피고에게 보험금을 청구하였고, 피고는 창고업자가 운영하는 창고에 화물이 입고된 뒤에 멸실되었으므로 원고에게는 송하인들에 대한 법률상 배상책임이 없고 따라서 피고의 원고에 대한 보험금 지급의무도 없다고 주장하였다. 원심은, 원고가 스스로를 '운송주선인'이라고 하므로, 창고업자가 원고의 '운송주선계약의 이행'을 보조하는 지위에 있어야만 원고의 이행보조자가 될 수 있는데, 창고업자는 원고를 위한 운송주선계약의 이행을 보조하는 지위에 있지 않다고 보아, 창고업자가 원고의 이행보조자임을 전제로 한 원고의 책임보험금 청구를 받아들이지 않았다.
>
> 그러나 대법원은 "운송주선인은 위탁자를 위하여 물건운송계약을 체결할 것 등의 위탁을 인수하는 것을 본래적인 영업 목적으로 하나, 이러한 운송주선인이 다른 사람의 운송목적의 실현에 도움을 주는 부수적 업무를 담당할 수도 있는 것이어서 상품의 통관절차, 운송물의 검수, 보관, 부보, 운송물의 수령인도 등의 업무를 담당하고 있는 것이 상례이다."라고 하면서 "원고는 이 사건 화물들 운송과정에서 운송인의 선택과 운송계약 체결뿐만 아니라 인천항 보세창고 보관, 통관절차 진행, 국내 배송(또는 그 운송계약 체결)까지 위임받았고, 위임받은 사무를 선량한 관리자의 주의로써 이행할 의무가 있다고 보아야 한다. 창고업자의 이 사건 화물들에 대한 보관은 원고의 의사 관여 아래 원고의 채무 이행행위에 속하는 행위로 볼 수 있으므로, 결국 창고업자는 원고의 이행보조자라고 봄이 타당하다."라고 판시하였다.

3. 대리인인 경우

운송주선인이 운송인의 대리인으로 운송계약에 개입하는 경우이다. 이때는 순수한 대리의 법리가 적용된다. 운송주선인이 운송계약상 책임을 부담하지는 않는다(대법원 2007.4.26. 선고 2005다5058 판결).

[판례소개](대법원 2007.4.26. 선고 2005다5058 판결)
해상운송주선인이 "단마르"를 운송인으로 선하증권에 기재하고 서울 소재 X가 자신을 단마르의 대리인으로 서명하였다. 그런데, 서울 소재 X가 운송주선인으로서 개입권을 행사하였으므로 그가 운송인으로서 책임을 부담한다고 하면서 화주가 손해배상청구를 하였다.
대법원은「해상운송주선인이 위탁자의 청구에 의하여 선하증권을 작성한 때에는 상법 제116조에서 정한 개입권을 행사하였다고 할 것이나, 해상운송주선인이 타인을 대리하여 그 명의로 작성한 선하증권은 특별한 사정이 없는 한 상법 제116조에서 정한 개입권 행사의 적법요건이 되는 운송인이 작성한 증권으로 볼 수 없다」고 판시하면서 원고의 청구를 배척하였다.

4. 운송인으로서의 운송주선인

운송주선인이라는 명칭에도 불구하고 운송주선인은 운송인으로서 활동한다(대법원 2003.10.24. 선고 2001다72296 판결 등).[85] 이는 우리 상법이 운송인이 되기 위한 어떤 요건을 구비하도록 하는 것도 아니고 상법상 개입권을 행사하면 운송인이 될 수 있고(상법 제116조) 또한 처음부터 운송인이 되면 더 많은 수입을 올릴 수 있기 때문에 나타나는 현상이다.

처음에는 운송주선인이었다가 개입권을 행사하는 경우에는 운송주선인은 주선인으로서의 지위와 운송인으로서의 지위를 동시에 가진다. 처음부터 운송인으로서 기능하는 경우에는 운송인으로서만의 지위를 갖는다.

이 경우에 운송주선인은 자신이 선박과 같은 물적 설비를 가지고 있지 않다. 선박을 소유하거나 사용할 권한도 없기 때문에 이들은 실제운송인을 찾아서 하수운송을 위탁하게 된다. 즉, 제2의 운송계약을 체결하게 된다. 제2운송계약에서 자신은 송하인의 지위에 놓이게 된다. 따라서, 송하인-(제1운송계약)-계약운송인으로서의 운송주선인(제1운송인)-(제2운송계약)-실제운송인으로 운송계약이 체결된다. 계약운송인은 송하인에게 하우스(House) 선하증권을 발행하고, 실제운송인은 제1운송인에게 마스터(Master) 선하증권을 발행하여 준다. 은행에 네고용으로 사용되는 선하증권은 하우스 선하증권이다.

운송인이기 때문에 운송주선인은 일반 운송인이 누리는 모든 면책과 항변의 이

85) 물류정책기본법에 의하면 국제물류주선업자는 자신의 이름으로 자신의 계산으로 영업을 한다고 정한다(제11조). 운송인으로서의 운송주선인에 해당한다고 볼 수 있다.

익을 누릴 수 있고 운송인으로서의 의무와 책임을 부담한다. 송하인은 실제운송인에게는 채무불이행책임을 물을 수 없다. 운송계약관계가 없기 때문이다(대법원 2000.3.10. 선고 99다55052 판결). 다만 불법행위책임을 물을 수 있다. 이때 실제운송인은 상법의 규정에 따라서 계약운송인이 누리는 책임제한 등의 이익을 주장할 수 있다.

[판례소개](대법원 2000.3.10. 선고 99다55052 판결)

소외 엘지상사(송하인, 수출자)는 태국회사와 수출계약을 체결하고 운송주선업자 태평양에게 운송을 의뢰하였다. 태평양은 다시 시랜드사에게 해상운송을 의뢰하였다. 시랜드는 선하증권에 송하인: 엘지 상사를 대리한 태평양이라고 기재된 제2선하증권(마스터 선하증권)을 발행하였다. 보험회사는 수출자에게 보험금을 지급하고 수출자 엘지상사를 대위하여 원고가 되어 시랜드에게 손해배상청구권을 행사하기에 이르렀다. 제2선하증권상 엘지상사가 송하인이 되어야만 시랜드(피고)에 대한 청구가 인정되었다. 제2선하증권에는 엘지상사가 송하인으로 기재되어 있지만, 제1선하증권이 태평양에 의하여 발행되었으므로 의문이 제기된다. 그런데 태평양이 송하인과 사이에 운송계약을 체결한 자라면, 제2선하증권에는 자신의 이름이 적혀야 한다.

대법원은 "원심은 (중략) 위 인정사실을 기초로, 엘지상사와의 사이에 이 사건 화물에 대한 운송계약을 체결한 자는 태평양이고, 피고는 엘지상사에 대한 관계에서 태평양의 이행보조자 혹은 이행대행자의 지위에 있을 뿐이라고 판단하여, 피고가 엘지상사에 대하여 운송인의 지위에 있음을 전제로 엘지상사를 대위하여 피고에게 운송계약상의 채무불이행으로 인한 손해배상책임을 묻는 원고의 청구를 기각하고 있다. 기록에 비추어 살펴보면, 원심의 위와 같은 판단은 수긍이 가고, 거기에 운송계약의 당사자에 관한 법리나 이행보조자에 관한 법리를 오해한 위법이 없다. 그리고 선하증권의 송하인란을 기재함에 있어서는 반드시 운송계약의 당사자만을 송하인으로 기재하여야 하는 것은 아니고, 넓은 의미의 하주를 송하인으로 기재할 수도 있으므로 피고가 발행한 선하증권상의 송하인 표시가 엘지상사를 대리한 태평양으로 되어 있다는 것만으로 그 선하증권에 의한 운송계약의 상대방이 태평양이 아닌 엘지상사라고 단정할 수는 없다고 할 것이다. 이 점에 관한 상고이유는 모두 받아들일 수 없다."고 하면서 원고의 상고를 기각하였다.

대법원은 본 사안에서 운송주선인인 태평양은 송하인(엘지상사)의 대리인이 아니라 운송인이라고 판시한 것이다.[86]

순수한 운송주선이었는지 운송인이었는지 판단이 곤란한 경우가 많지만, 하우스 선하증권(제1선하증권)이 자신의 이름으로 발행되었다면 그는 계약운송인으로 일응 추정된다(대법원 2017.1.25. 선고 2015다225851 판결).

---

86) 자세한 내용은 김인현, 전게 해상법연구, 696면을 참고 바람.

[판례소개](대법원 2017.1.25. 선고 2015다225851 판결)

<운송주선인이 계약운송인으로 기능한 경우 확정을 위한 표지>

운송주선인에게 송하인은 운송을 의뢰하였다. 과연 그가 운송주선인으로 활동하였는지 아니면 계약운송인이었는지 쟁점이 되었다. 운송중 화물의 손해에 대하여 운송인이 되면 송하인 측은 그에게 쉽게 손해배상청구가 가능하게 된다. 한편, 그는 하우스 선하증권을 발행하였고, 한진해운이 마스트 선하증권을 발행한 바 있다. 원심은 운송주선인이 계약운송인이었으므로 운송인으로서의 책임을 인정하였다.

원심은 "(1) 비록 이 사건 하우스 선하증권이 발행인 난에 날인이 되지 않은 사본이고 서렌더 직인이 날인되어 있어 유가증권성은 부인된다고 하더라도, 수출자와 피고가 체결한 계약내용을 추단할 수 있는 문서로서의 증명력까지 부인된다고 볼 수 없는 점 (2) 특별한 운송설비나 신용을 갖추지 못한 운송주선인이라고 하더라도 운송인으로 행위하거나 책임을 부담할 의사가 전혀 없다고 단절 할 수 없고, 오히려 상법 제116조 제2항은 그러한 운송인이라도 개입권을 행사한 경우 운송인으로 간주된다고 규정하고 있는 점 (3) 만약 피고가 운송주선인으로서의 책임만을 부담할 의사였다면 한진해운이 발행한 마스터 선하증권을 수출자에게 그래도 교부하면 되는데도, 굳이 피고의 명의로 된 하우스 선하증권을 작성하여 교부하였고, 또한 이 사건 하우스 선하증권에 "as agent for carrier"라는 문구가 부동문자로 인쇄되어 있기는 하나, 정작 피고는 하우스 선하증권상의 계약운송인이 누구인지 밝히지 못하고 있을 뿐만 아니라 누구인지 특정할 수 있는 자료도 제출하지 못한 점 (4) 피고가 수출자로부터 이 사건 화물의 운송업무를 의뢰받은 운송구간은 부산항 컨테이너 야드에서 수하인의 창고까지인 반면, 한진해운이 인수한 운송구간은 부산항 컨테이너 야드에서 인도 첸나이항의 컨테이너 야드까지이므로, 만약, 한진해운이 계약운송인이라면 인도 첸나이항에서 수하인 창고까지는 계약운송인이 존재하지 않는 결과가 되는데, 이는 송하인의 의사에 반하는 점을 종합하여 보면, 피고는 수출자에 대하여 이 사건 화물에 대한 계약운송인에 해당한다. 상고를 기각한다."라고 판시하였다.

[보론] 자율운항선박이 인적설비인 선장에 미치는 영향

자율운항선박은 인적설비인 선장이 존재하지 않기 때문에 큰 변화가 온다. 그러나 법률적으로 큰 변화는 없다. 선장은 선박소유자의 대리인으로서의 지위에 있다. 선장이 없기 때문에 누군가가 대리권을 행사해야한다. 육상의 원격조종자를 선장의 대신으로 하는 규정을 두어서 그가 선박에 대한 대리인으로 기능하도록 해야 한다. 인적설비인 선장은 운송계약상 운송인의 이행보조자이다. 그의 과실로 인한 운송물에 대한 손해는 운송인의 과실로 인한 손해가 되어 운송인이 손해배상책임을 부담하게 된다. 선장은 선박운항자와의 관계에서 피용자가 되어 손해를 야기한 선박운항자를 사용자로 만든다. 선장의 과실로 인한 불법행위에 기한 손해는 그의 불법행위책임을 생성하면서 동시에 사용자인 운항자의 사용자책임을 발생시킨다. 3단계의 경우 원격조종자는 운송인의 이행보조자로 볼 수 있는 근거가 충분하다. 원격조종자는 운항자의 피용자가 된다. 4단계의 경우 AI나 자동 프로그램은 사람이 아니므로 특별한 조문을 통해서 법적 제3단계와 같은 효력을 부여해야한다.

[보론] 자율운항선박이 용선계약에 미치는 영향

자율운항선박이 나타나면 가장 큰 영향을 받을 것으로 보이는 분야가 바로 용선계약분야이다. 특히 정기운송계약에서 큰 변화가 예상된다. 3단계에서는 선원들은 승선하지 않고 육상의 원격조종자가 육상에서 선박을 감시하고 원격으로 조종하게 된다. 선박소유자 혹은 운항자는 첨단설비를 갖춘 원격조종실을 운영할 것이다. 운항자가 정기용선자가 된다면 그는 선박소유자로부터 원격조종실과 조종자를 임차하는 것이 아니라 자신의 것을 사용하게 될 것이다. 이런 경우에는 원격조종자는 정기용선자가 갖추는 것이 된다. 기존의 NYPE와 같은 정기용선계약에서 선원은 선박소유자가 제공하던 것이 이제는 정기용선자가 스스로 제공하는 것으로 변경된다. 이에 따라 법적 책임문제도 크게 달라진다. 정기용선계약은 상사사항과 해기사항으로 나누어져서 상사사항만 정기용선자가 담당하고 해기사항은 선박소유자가 담당하던 것이 이제는 모두 정기용선자가 담당한다. 예를 들면 충돌사고가 발생한 경우에 현재는 선장의 사용자인 선박소유자가 책임을 부담하던 것이 이제는 정기용선자가 부담한다. 말하자면 정기용선계약과 선체용선(나용선)계약의 구별이 없어지게 된다. 선체용선계약의 외부관계에 적용되는 상법 제850조를 정기용선계약에 적용할 것인지 논의가 있지만, 이제는 더 긍정적으로 된다.

제 3 편 海上企業活動

제 1 장
總　　論

해상기업활동은 크게 용선과 운송으로 나누어진다. 용선을 통하여 선박소유자는 용선료를 취득하고, 운송을 통하여 운임을 취득한다. 이렇게 취득된 용선료와 운임은 선박소유자의 영업수입의 원천이 된다.

용선의 법적 성질에 따라서 해상법의 편제가 달라진다. 정기용선과 항해용선을 운송계약으로 보는 입장에서는 이를 모두 물건운송편에서 서술하게 될 것이다. 그러나, 용어 자체에서 알 수 있듯이 이들은 모두 용선이라는 단어를 사용하고 있고, 실무에서도 이들과 운송계약은 구별되는 면이 많이 있으므로 해상기업활동은 용선과 운송을 준별하는 편이 이해하기 쉽다. 필자도 이러한 입장이므로 이를 따른다. 개정전 상법은 선박소유자편에 나용선에 대한 규정을 두고, 물건운송편에 용선계약과 개품운송계약 그리고 정기용선계약에 대한 규정을 두고 있었다.

2007년 개정전 상법(1991년 상법)은 제4장 운송 제1절 물건운송에서 통칙으로 항해용선과 개품운송에 대하여 기술하고 있고(상법 제780조) 이를 구별하고 있지 않았다. 그리고 정기용선계약은 운송계약의 말미에 기술되어 있고, 나용선(선박임대차)은 선박소유자편에 기술되어 있었다. 개정전 상법에서 운송계약은 현대의 운송이 개품운송이 주가 됨에도 불구하고 항해용선계약을 위주로 기술이 되어 이해하기가 어려운 점이 많았다.

2007년 개정상법을 위한 개정시안은 운송과 용선이라는 별도의 제2장을 마련하였다. 제1절 해상운송에서 제1관 개품운송, 제2관 여객운송을 두고 제2절 용선에서 제1관 항해용선 제2관 정기용선 제3관 선체용선, 제3절에서 운송증서를 두어 선하증권 등을 규율하고자 하였다. 개정시안이 개품운송을 항해용선과 분리한 점은 높이 평가되었지만, 해상운송에 들어 있는 개품운송과 용선편에 들어 있는 항해용선은 완전히 별개로 해두어서 양자가 모두 운송계약인 것을 항해용선은 운송계약이 아닌 것으로 편제되는 오해를 낳게 되었다. 공청회를 거치면서 수정되어, 결국 개정상법은 제2장 운송과 용선이라는 표제하에 제1절 개품운송 제2절 여객운송 제3절 항해용선 제4절 정기용선 제5절 선체용선 제6절 운송증서를 두게 되었다.

개정전 상법에서의 운송계약에는 개품운송과 항해용선계약이 혼재하여 있고 모든 것이 항해용선을 중심으로 편제되어 있던 것을 2007년 개정상법에서는 각각 분리하여 규정함으로써 알기 쉬운 해상편이 되었다. 장차 개품운송에 대하여는 영국, 미국, 일본 등과 같이 별개의 단행법(COGSA)으로 갈 수 있는 기초를 마련한 것은 개정상법의 가장 큰 의의라고 할 수 있다.

선박은 해상기업의 물적 설비로서 중요한 지위를 차지한다. 해상기업은 여러 척의 선박을 이용하여 용선 혹은 운송사업을 한다. 그런데 각각의 선박에 대하여 보면, 해상기업은 그 선박을 소유하고 있는 지위에 있기도 하고 사용권만을 가지고 있는 경우도 있다.

선박은 소유자로부터 용선되어 최종적으로 운송에 이용된다. 그러므로 논리적으로 본다면 해상편도 선박소유자, 선체용선자, 정기용선자를 먼저 기술한 다음 운송계약을 기술하여야 할 것이다. 본서도 이와 같은 취지에서 상법의 편제와 무관하게 용선계약을 먼저 기술하고 이어서 운송계약을 기술한다.

참고로 우리나라 대형 해상기업의 선박운항 상태를 살펴보면 아래와 같다.

한진해운의 선박운항 상황(2016.8말 현재)

선종	소유	국취부 선체용선	단순 선체용선	정기용선	합계
컨테이너선	3척	34척	-	65척	102척
벌크	2척	16척	2척	20척	40척
케미컬		4척	-	-	4척
계	5척	54척	2척	85척	146척

태영상선의 선박운항 상황

선종	소유(2018/2023)	정기용선(2018/2023)
컨테이너 및 벌크선	9척/10척	5척/0

다음 그림에서 보는 바와 같이 선박소유자는 선박을 선체용선자, 정기용선자, 항해용선자 등에게 빌려주게 된다. 이들은 모두 화주들과 운송계약을 체결하여 운송인이 될 수 있다. 선박소유자가 모두 운송인인 것은 아니고 운송인이 모두 소유자 것도 아니다. 세로축은 용선계약을 나타내고 가로축은 운송계약을 나타낸다. 해상기업의 영업은 이와 같이 용선과 운송계약으로 크게 대별된다.

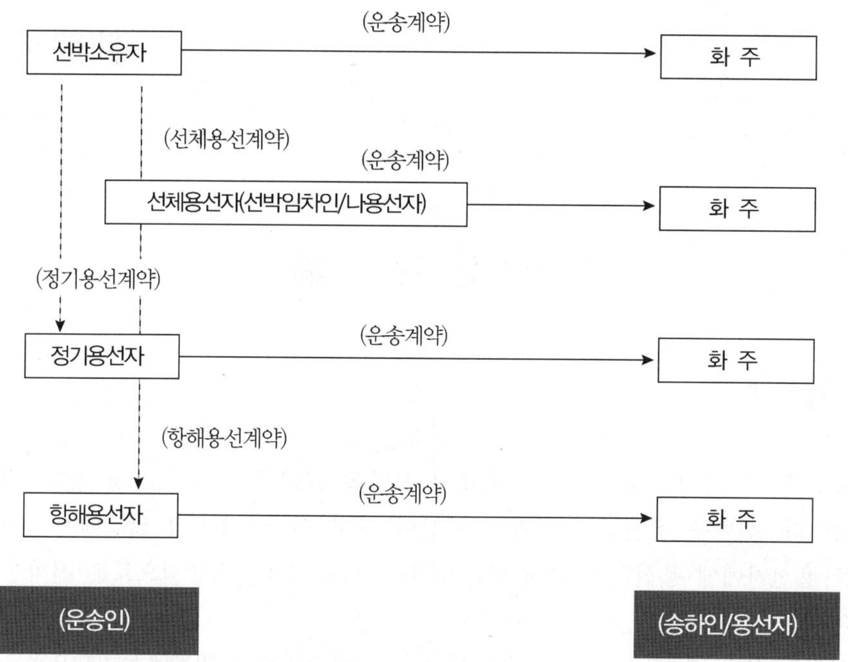

운송인이 될 수 있는 자	화　주
선박소유자, 선체용선자, 정기용선자, 항해용선자 등	개품운송: 송하인 용선계약: 용선자

제 2 장
傭船契約

제1절 序　論

제1 序

용선계약은 선박소유자가 용선자에게 선박을 빌려주는 대가로 용선료를 받는 계약이다. 선박을 용선한 용선자는 자신이 다시 선박소유자의 입장에서 선박을 다른 용선자에게 용선하여 주게 되는 과정을 밟게 된다. 최종적으로는 선박은 화물의 운송에 제공된다.

개정전 상법 제780조는 물건 운송의 종류를 傭船契約과 個品運送契約으로 나누고 있다. 여기의 용선계약은 항해용선만을 의미하는지 아니면 정기용선을 포함하는지에 대하여 견해가 나뉘고 있었다. 용선계약 이외에도, 제814조의2 이후에 정기용선계약이라는 용어를 사용하고 있고, 제780조 이하에서 정하고 있는 의무는 운송인과 화주와의 관계를 정하고 있으므로, 제780조 이하에서 말하는 용선이란 항해용선 및 이와 유사한 용선계약을 말하고 정기용선은 제외되는 것으로 해석되었다.

제2 종류 및 구별

용선에는 몇 가지 구별이 가능하다. 하나는 용선계약의 내용에 따라서 나용선(선체용선), 정기용선, 항해용선 그리고 재용선으로 나누는 것이고, 기간의 장단에 따라서 기간용선과 항해용선으로 나누는 것이다.[1]

---

1) 용선계약을 선체용선, 정기용선 그리고 항해용선으로 대별하는 것은 전 세계적 공통점이다. 일본 상법은 제3편 제1장에서 선박소유자와 선박임대차(제703조, 704조)를 규정하고, 제3장 제1절 물품운송에서 항해용선계약과 개품운송을 함께 기술한다. 중국 해상법은 제4장 화물운송계약의 일부로서 제7절에 항해용선계약을 제6장 임대차적용선계약에서 정기용선계약(제129

선체용선계약은 선체용선자가 자신이 선임한 선장을 통하여 선박에 대한 점유를 오로지 한다는 점에서 그렇지 않은 정기용선계약과 다르다. 선체용선자는 항해사항 및 상사사항 모두에 대하여 지휘권을 갖지만, 정기용선자는 상사사항에 대한 지휘권만 갖는다.

용선계약은 운송계약과 구별된다. 용선계약은 대등한 지위에 있는 해상기업사이의 계약이 대부분이므로 사적자치의 원칙이 적용되고, 용선계약서가 발행된다. 그러나, 개품운송으로 대표되는 운송계약은 운송인 측에서 미리 준비한 선하증권이 운송계약을 대신하는 부합계약의 성질을 가지고 있다. 따라서, 운송인에 비하여 송하인은 열악한 지위에 놓이게 되므로, 이들을 보호하기 위한 조치가 필요하게 된다.

용선 중에서도 항해용선은 실질이 화물의 운송이 주가 되므로, 도급의 성질이 강하다. 항해용선에서 정기용선, 선체용선으로 올라갈수록 도급성은 약화되고 선체용선은 완전한 선박임대차가 된다.

학설은 일치하여 항해용선을 운송계약으로 이해한다. 정기용선을 운송계약으로 보는 입장에서는, 정기용선자가 선박소유자에게 화물의 운송을 지시하면 선박소유자는 이를 수용하여 운송을 하여야 하므로, 결국 정기용선계약은 실질이 운송계약이라고 본다.2)

2007년 개정상법은 정기용선계약을 용선계약의 장에서 다루고 있으므로 운송계약의 성질에 대한 논란에서 조금 더 벗어나게 되었다.

제 2 절 船體傭船契約

제1 序

船體裸傭船契約은 선박임대차와 동일시하여도 문제는 없다. 일반임대차와 선체

조~143조)과 나용선계약(제144조~154조)을 규율하고 있다.

2) 그러나, 이는 두 단계로 순차적으로 일어나는 현상을 한 단계로 줄인 것으로 논리의 비약이 있다고 본다. 즉, 1차적으로 선박소유자와 정기용선자사이의 정기용선계약이 있다. 그 정기용선계약서 자체에는 항해용선과는 달리 화물량과 운송의 일자 등에 대하여는 아무런 계약 내용이 없다. 다음 2차적으로 정기용선자와 화주사이에 운송계약이 체결된다. 1차적 현상은 운송계약이 아닌 것이다. 그럼에도 이를 항해용선과 같은 운송계약으로 본다면, 정기용선자의 해상기업으로서의 실체를 부정하게 되어 정기용선자에게 책임을 부과할 수 없게 되는 경우가 발생할 수 있다.

용선계약이 다른 점은 임대차라면 임대인인 선박소유자가 선박의 수리에 대하여 책임을 부담하여야 할 것이나, 선체용선(선박임대차)에서는 선체용선자(임차인)가 이를 담당한다는 것이다. 해기사항과 상사사항 모두를 선체용선자가 부담하게 된다.

선체용선계약은 선박소유자를 일방으로 하고 선체용선자를 타방으로 한다. 선체용선자는 용선한 선박을 다시 제3자에게 용선하여 자신이 선박소유자의 입장에 서기도 하고, 자신이 직접 화주 혹은 항해용선자와 용선계약을 체결하여 운송인이 되기도 한다.

선체용선은 國籍取得조건부 선체용선과 單純선체용선이 있다. 국적취득조건부 선체용선이란 선체용선자가 선가에 해당하는 금액을 수년간 장기로 분할하여 납입하면 소유권이 우리나라 선체용선자에게 넘어오는 형태의 선체용선이다. 선체용선자가 소유권자에 근접한 자격을 갖고 선박을 지배하는 것이므로, 우리 법은 국적취득조건부 선체용선자는 국적선의 소유자에 유사한 권리와 의무를 부여하고 있다. 국적취득조건부 선체용선은 소유권유보부매매의 일종이다.[3)]

[판례소개](대법원 2011.4.14. 선고 2008두10591 판결)

한국의 D 해운회사(정기용선자)는 자신이 파나마에 설립한 L(명목회사, paper company)회사로부터 선박을 정기용선하였다. 한편 L은 甲 금융기관이 자금을 대여한 乙(명목회사) 선박소유자로부터 국적취득조건부 선체용선계약을 체결하여 선박을 용선한 지위에 있었다. L은 아무런 인적 물적 조직을 갖추지 않은 소위 페이퍼 컴퍼니에 불과하였고 D가 L에게 용선료를 지급하면 L은 이를 다시 소유자인 乙에게 지급하는 형식이었다(선박은 소유자 乙→L－D로 용선되었다).

인천광역시 중구청장은 L은 경제적 실체가 없고, 원고인 D가 직접 乙과 선체용선계약을 체결함으로써 이 사건 선박을 연부로 취득한 것이라는 점을 근거로 L이 아니라 D에게 취득세를 부과하였다. D는 취득세부과 취소소송을 제기하였다.

원심(서울고등법원 2008.5.29. 선고 2007누3383 판결)은 L의 경제적 실체를 인정하여 선박소유자 乙과 선체용선계약을 체결한 자는 L이지 원고 D가 아니므로 취득세 부과는 위법하다고 판시하였다.

대법원은 아래와 같이 판시하였다.

구 지방세법 제82조는 "지방세의 부과와 징수에 관하여 이 법 및 다른 법령에서 규정한 것을 제외하고는 국세기본법과 국세징수법을 준용한다. 한편 구 국세기본법 제14조 제1항은 "과세의 소득・수익・재산・행위 또는 거래의 귀속이 명의일 뿐이고 사실상 귀속되는 자가 따로 있는 때에는 사실상 귀속되는 자를 납세의무자로 하여 세법을 적용한다."고 한다. 따라서 취득세 과세대상이 되는 물건을 취득하는 행위 또는 거래의 명의자 외에 그 행위 또는 거래가 사실상 귀속되는 자가 따로 있는 때에는 그

---

3) 최종현, 495면; 자세한 설명은 이정원, "소유권취득 조건부 선체용선계약의 법적 성질과 관련된 몇 가지 문제에 관한 고찰", 법학연구(부산대) 제53권 제2호(2012.5.), 163면 이하가 있다.

사실상 귀속되는 자가 취득세 납세의무를 부담한다.

L은 자본금이 미화 1달러에 불과하고 아무런 인적 조직과 물적 조직을 갖추지 않은 명목회사인 사실, D가 L에게 용선료를 지급하면 그들이 이를 다시 乙에게 지급하였는데 그 업무 일체를 D가 관장한 사실을 알 수 있다. 이러한 사실관계를 본 규정과 법리에 비추어 살펴보면, L은 이 사건 각 국적취득조건부 나용선계약의 명의상 당사자일 뿐이고 D해운이 그 계약의 실질적 당사자라고 할 것임에도, 원심은 이와 달리 위 계약의 실질적인 당사자는 D가 아니라 L이라는 이유로, 피고가 D를 위 계약의 실질적인 당사자로 보고 D가 이 사건 선박에 관하여 지급한 용선료를 과세표준으로 하여 취득세 등을 부과한 이 사건 처분이 위법하다고 판단한 것은 실질과세의 원칙 등에 관한 법리를 오해한 위법이 있다. 상고이유 주장은 이유있다.

2007년 개정상법은 나용선계약을 선체용선계약으로 용어를 변경한 다음, 의의에 대한 규정을 두게 되었다. 제847조는 "① 선체용선계약은 용선자의 관리·지배하에 선박을 운항할 목적으로 선박소유자가 용선자에게 선박을 제공할 것을 약정하고 용선자가 이에 따른 용선료를 지급하기로 약정함으로써 그 효력이 생긴다. ② 선박소유자가 선장 그 밖의 해원을 공급할 의무를 지는 경우에도 용선자의 관리·지배 하에서 해원이 선박을 운항하는 것을 목적으로 하면 이를 선체용선계약으로 본다."고 정한다.[4] 제1항은 일반적인 선체용선계약을 설명한다. 제2항은 선체용선계약을 체결하면서도 선원은 선박소유자가 제공하는 경우를 말하는 것이다. 그럼에도 불구하고 선체용선자가 선박에 대한 점유권을 가지기 때문에 선체용선계약으로 간주한다는 것이다. 선원을 선박소유자가 제공하면 대체로 선박소유자가 직접 운항하므로 선박소유자가 불법행위 등에서 책임의 주체가 되고, 선체용선의 경우에는 선체용선자가 책임의 주체가 되므로 책임의 주체가 달라지게 된다. 그런데 여기서는 선원은 선박소유자가 제공하였지만 용선자가 선박을 점유관리하는 경우에는 선체용선으로 간주된다는 것이다.[5]

제2 임대차 일반론

1. 의 의

賃貸借는 임대인이 임차인으로 하여금 목적물을 사용·수익하게 하고, 임차인

---

4) 일본 상법은 선체용선에 대한 정의규정이 없다.

5) 일본 상법은 제703조와 제704조 2개 조문을 두고 있으나 중국 해상법은 제144조에서 제154조에 이르기까지 보다 상세한 규정을 두고 있다.

은 이에 대한 대가로서 임차료를 지급할 것을 약정하는 계약이다(민법 제618조). 임차인은 임대인에게 약정된 목적물을 사용·수익할 수 있도록 청구할 수 있고, 이러한 청구의 결과로 목적물을 사용·수익할 수 있는 것이지, 원래부터 목적물을 직접 배타적으로 지배할 수 있는 물권적인 권리가 주어지는 것은 아니다.

임대인의 의무 중에서 가장 중요한 것은 목적물을 사용·수익하게 하여줄 의무이다. 이러한 기본의무에서 임대인의 1) 목적물 인도의무, 2) 수선의무, 3) 방해제거의무, 4) 비용상환의무, 5) 담보책임 등이 파생된다. 목적물을 사용·수익하게 할 의무가 임대인에게 있으므로 임대인이 수선의무를 부담하고 필요비에 대하여는 이를 임차인에게 상환하여주어야 한다. 그런데, 이러한 규정은 임의규정이므로 당사자 사이의 특약으로 변경이 가능하다.

임대차는 채권이므로 물권과는 달리 임차인이 마음대로 전대차할 수 없다.

2. 債權으로서의 船體傭船契約의 내용과 민법 임의규정과의 관계

선체용선이란 선박임대차의 다른 이름이라고 보아도 무리는 없다.

선박임대차에 대하여 당사자의 의사로 특별한 계약내용이 있다면, 이러한 당사자의 의사가 먼저 적용되고, 그러한 별도의 계약이 없다면 상법의 규정과 민법의 임대차규정이 준용된다. 예컨대, 선체용선계약에 있어서 선박에 대한 수선의무는 선체용선자가 부담한다고 되어 있는 경우(Barecon 89, 제9조), 민법에서는 수선의무는 임대인에게 있다고 되어 있으므로(민법 제623조), 당사자의 의사와 민법의 내용은 서로 다르다.[6] 이 경우에는 민법의 규정은 임의규정이고 당사자의 의사가 우선하므로 수선의무는 임대인인 선체용선자에게 있다는 것이 된다. 만약 아무런 약정이 없다면 민법에 따라 임대인인 선박소유자가 수선의무를 부담하게 된다.

제3 대내관계

선체용선계약의 법률관계는 선체용선계약에 의하여 정하여진다. 표준 선체용선계약서로는 베어콘(Barecon)이 있다. 이러한 선체용선계약의 법률관계는 사적자치의 원칙상 상법의 임의규정보다 우선적으로 적용된다. 선체용선계약에서 정하지 않은 사항은 상관습법에 의하거나 아니면 민법의 임대차규정이 준용된다.

---

6) 최종현, 497면.

1. 船舶所有者의 권리와 의무

선체용선계약에 있어서는 선박소유자는 선체용선자에게 선박을 인도하여주고 이를 사용하게 할 의무를 부담한다. 이에 대한 대가로 선박소유자는 선체용선료를 지급받는다. 국적취득조건부 선체용선에서 선체용선료는 보통은 선박의 선가를 10여년 동안 나눈 것으로 용선료라기보다는 소유권유보부매매에서의 할부금과 유사한 것에 해당한다. 선박소유자는 용선료 미지급시 용선계약에 대한 해제 또는 해지권을 가진다.

2. 船體傭船者의 권리와 의무

선체용선계약에 따르면 선체용선자는 선박소유자의 선박을 일정한 기간 자유롭게 사용할 수 있다(Barecon 89, 제9조 a항).[7] 선박에 승선할 선원에 대한 선임도 선체용선자의 책임 하에 이루어진다. 이에 따라 선원에 대한 임금을 지급할 의무도 선체용선자가 부담한다. 선장은 선체용선자의 대리인이지 선박소유자의 대리인이 아니다. 그러므로 선장이 체결한 계약 등에 의하여 법률효과를 받는 자는 선박소유자가 아닌 선체용선자 자신이다.

선체용선자는 선박운항을 위한 보급품이나 연료 등을 공급하여야 할 의무를 부담한다(동 제9조 a항). 그리고 수선의무도 선체용선자가 부담한다(동 제12조 a항). 이에 따라 수선비용이나 도크 비용은 선체용선자가 부담한다. 선박소유자가 선박을 인도하여주지 않을 경우에는 선박인도청구권을 행사할 수 있다.

[판례소개](대법원 1999.2.5. 선고 97다19090 판결)

어선 101인경호가 인천항으로 귀항하던 중 해상에서 좌초하여 소유자 겸 선장인 丁이 인천수협에 구조를 요청하여 해상구난업체를 운영하는 소외 망 乙이 조합의 의뢰를 받고 예인선 금영2호를 소유자 甲으로부터 빌려서 선장 소외 丙과 선원 2명과 함께 출항하였다. 乙은 자신의 선원 등을 승선케 하여 정원초과임에도 무리하게 출항할 것을 선장에게 명하여 파도를 만난 금영2호가 침몰하여 선원들이 사망하였다. 신동아화재는 丁과의 사이에 근로자재해보장책임보험계약을 체결한 보험자로서 선원법이 정하는 바에 따라 위 금영2호의 침몰사고로 사망한 선원 3인에 대한 유족보상금등을 지급하였다. 신동아화재는 금영2호의 선주인 甲과 용선자인 망 乙의 유족들을 공동피고로 하여 보험자대위의 법리에 의하여 구상권을 행사하였다. 해난구조를 위한

7) The Vessel shall during the Charter period be in the full possession and at the absolute disposal for all purposes of the Charterers and under their complete control in every respect.

예인선 용선계약이 단순한 항해용선계약인지 아니면 임대차인지 쟁점이 되었다. 전자라면 해난구조자 乙은 불법행위책임이 없다. 항소심에서는 乙은 임차인과 유사한 지위에 있다고 하여 금영 2호 선주인 甲이 선장인 丙의 사용자로서 책임을 지지만, 乙도 선장인 丙을 지휘하여 구난작업을 위한 항해에 종사하게 한 이상 비록 일시용선이라고 하더라도 피해자에 대한 관계에서 위 丙의 사용자로서 손해를 배상할 책임이 있다고 판시하였다.

대법원은 "선박의 이용계약이 선박임대차계약인지, 항해용선계약인지 아니면 이와 유사한 성격을 가진 제3의 특수한 계약인지 여부 및 그 선박의 선장에 대한 실질적인 지휘 감독권이 이용권자에게 부여되어 있는지 여부는 그 계약의 취지·내용 특히 이용계약의 장단, 사용료의 고하, 점유관계의 유무 기타 임대차조건 등을 구체적으로 검토하여 결정하여야 할 것이다."고 하였다. 대법원은 (i) 용선료를 일당 금66만원으로 한 점 (ii) 작업 중 발생하는 사고에 관하여는 용선자가 책임을 지기로 한 점, (iii) 망인은 이 사건 선박의 정원이 총 4명임에도 자신의 직원 6명과 101인경호 선원 6명 등 총 15명이나 승선시킨 점, (iv) 자신이 시의회 의원이니 책임지겠다며 출항신고도 하지 아니한 채 출항한 점 등을 고려하면 이 사건 선박의 이용계약은 항해용선계약으로는 볼 수 없고, 선박임대차와 유사하게 선박사용권과 아울러 선장과 선원들에 대한 지휘·감독권을 가지는 노무공급계약적 요소가 수반된 특수한 계약관계로 봄이 상당하다. 그러므로 이 사건 선박이 침몰하여 그 승선자 중 선원 3명이 익사한 것은 금영2호 선주 甲과 선장 丙의 원심 판시와 같은 항해전후의 과실에 乙 자신의 고유의 과실이 경합하여 일어난 사고로서 乙로서는 丙의 사용자 겸 불법행위자로서 망 선원들이 입은 손해에 대하여 배상할 책임이 있다고 하면서 상고를 기각하였다.

선박임대차로 인정받기 위하여는 자신의 선원을 승선시키야 하지만 여전히 소유자의 선장이 선박을 운항한 점, 구조행위를 시작하기 전의 사고로서 비록 선박임대차라고 하여도 항해에 관하여는 전적으로 선박소유자의 책임이고 선장은 선박소유자의 지시감독을 받는 상황이었기 때문에 선박임대차와 유사한 것으로 볼 수 없다고 판단된다. 乙 자신의 과실은 인정된다.8)

3. 2007년 개정상법

2007년 개정상법은 당사자 자치에 맡겨져 있던 선체용선계약의 대내적인 관계에 대한 최소한의 규정을 두게 되었다.

제848조 제1항은 "선체용선계약은 그 성질에 반하지 아니하는 한 "민법"상 임대차에 관한 규정을 준용한다."고 한다.

제2항은 "용선기간이 종료된 후에 용선자가 선박을 매수 또는 인수할 권리를 가지는 경우 및 금융의 담보를 목적으로 채권자를 선박소유자로 하여 선체용선계약을 체결한 경우에도 용선기간 중에는 당사자 사이에서는 이 절의 규정에 따라

---

8) 동지 김현, "판례평석 항해용선계약", 법률신문(2000.6.28.); 정병석, "선박이용계약의 성질 결정, 상사판례연구(IV)(박영사, 2000), 543면. 이에 대한 자세한 평석은 김인현, 전게 해상법연구, 563면 이하를 참고 바람.

권리와 의무가 있다."고 정한다. 제2항 전단은 국적취득 조건부선체용선 등도 선체용선이라는 것이다. 후단은 한국의 선박회사가 금융을 일으켜 선박을 건조하고 나용선자가 되려는 경우에 금융회사는 파나마 등에 자신의 선박회사를 설립하여 선박소유자로 한 다음, 선박소유자가 채권자로서 선박을 선체용선자에게 용선을 주는 형식을 취하는 관행을 말한다. 이러한 금융상의 거래가 개입된 경우에도 선체용선이 된다는 취지로 해석된다. 국적취득조건부 선체용선이나 금융제공 목적으로 금융회사가 선박소유자인 경우나 모두 선체용선자가 불법행위 책임의 주체가 된다.

또한 개정상법은 선체용선계약상의 채권의 제척기간에 대한 규정도 신설하였다. 제851조 제1항에 따르면 선체용선계약에 관하여 발생한 당사자 사이의 채권은 선박이 선박소유자에게 반환된 날부터 2년 이내에 재판상 청구가 없으면 소멸한다. 이 기간은 당사자 사이의 합의에 의하여 연장이 가능하다. 동 기간을 단축하는 약정은 용선계약서에 명시적으로 기재하지 않으면 효력이 없다.

[판례소개](창원지방법원 항고심 2017.2.23.자 2016라308 결정)

<국취부선체용선선박은 용선기간중 용선자의 소유가 아니라는 판결>

한진해운이 회생절차에 들어가자 한진해운에게 선박연료류를 제공한 회사가 한진샤먼호에 대한 임의경매를 신청하였다. 선적국은 파나마였는데, 파나마 법에 따르면 선박연료유 공급업자가 선박우선특권을 가짐에 틀림이 없었다. 다만, 회생절차하에서는 채무자회생법이 적용되는바, 제58조에 의하면 채무자의 재산에 대하여는 강제집행이 불가능하다. 국취부선체용선하에 있었던 동 선박이 채무자의 재산인지 여부, 즉 채무자 소유인지가 문제되었다.

대법원은 아래와 같이 채무자의 소유가 아니라고 판시하였다.

회생절차개시결정이 있으면 회생채권 또는 회생담보권에 기하여 채무자의 재산에 대한 강제집행 등을 할 수 없다(채무자회생법 제58조 제1항). 강제집행 등이 금지되는 것은 채무자의 재산에 대하여 행하는 것에 한하므로 연대채무자, 보증인, 물상보증인 등 제3자의 재산에 대하여 행하는 것은 금지되지 않는다. 국취부나용선계약에서 용선자는 용선기간이 종료된 후에 약정한 용선료 등을 지급하고 선박의 소유권을 취득할 수 있는 계약상 권리를 취득할 뿐인바, 특별한 사정이 없는 한 특수목적법인에 선박을 편의치적하였다는 사정만으로 용선기간 중에도 용선자가 선박에 대한 소유권을 가진다고 할 수는 없다. 이 사건 나용선계약이 국취부나용선계약인 사실, 그 계약기간이 2019.3.12.까지인 사실은 앞서 본 바와 같은바, 용선기간이 종료되지 아니한 이상 이 선박의 소유자는 제3자인 파나마국 제2법인이라고 보아야 한다. 이 선박이 국제선박인 점, 특수목적법인의 설립 및 편의치적으로 인하여 이 선박이 누리는 제도상 및 금융상의 지위, 피신청인들과의 유류공급계약의 내용에 다가 이 선박과 관련하여 자금조달을 하여 준 위 금융기관 등의 이 선박의 법적 소유관계에 대한 신뢰 등을 고려하여 보면, 회생절차에서 이 선박을 한진해운의 소유로 취급하는 것은 국제거래에서의 채권자 등 제3자의예측가능성 및 법적 안정성을 크게 해할 우려가 있다.

제4 대외관계

선체용선자는 선박 자체만을 빌려서 자신이 자신의 선원을 선임감독하고 다른 보급품 등도 공급하는 것으로서 자신은 타선의장자가 되는 것이다. 이러한 현상을 반영하는 상법 제850조 제1항은 "선체용선자가 상행위나 그 밖의 영리를 목적으로 선박을 항해에 사용하는 경우에는 그 이용에 관한 사항에는 제삼자에 대하여 선박소유자와 동일한 권리의무가 있다."고 한다.[9)]

따라서, 선원의 불법행위로 인하여 사용자책임을 부담하여야 하는 자는 선박소유자가 아니라 선체용선자이다(대법원 1975.3.31. 선고 74다847 판결).[10)]

[판례소개](대법원 1975.3.31. 선고 74다847 판결)

Y1은 화물선 제15국진호의 선박소유자로 등기되어 있었다. 동 선박은 Y2에게 선박임대차되었고 Y2는 선장A를 고용하여 운항중에 있었다. 선장 A는 원고 X의 꿀벌상자를 선박에 선적하고 제주항을 출항하여 목포로 향하던 중 좌초되었고 권고 X의 꿀벌이 일부사멸되어 손해를 입게 되었다. 이에 원고 X는 Y1과 Y2에게 연대책임을 물었다. 원고는 Y1에게 선장의 사용자로서 불법행위책임을 묻자, Y1은 선박이 나용선되었기 때문에 Y2가 선박을 운항하고 운송계약을 체결한 운송인이고 선장도 Y2가 선임관리감독하므로 자신은 책임이 없다고 하였다. 원심은 상법 제766조(개정상법 제850조)에 따라 Y1은 책임이 없고 Y2만이 책임이 있다고 판시하였다.

대법원은 "상법 제746조에 정한 바에 따라 선박사용인이 제3자에 가한 손해를 배상할 책임을 지는 선박소유자는 그 선박을 소유할 뿐만 아니라 상행위 기타 영리를 목적으로 항해에 사용한 자를 말하며 단지 선박을 소유하는 데 그치고 그 소유 선박을 임대 등 사유에 의하여 항해에 사용하지 아니하는 자는 그 임대차 등기의 유무에 불구하고 위 제3자에 대한 손해를 배상할 책임을 지지 아니하며 선박임차인이 상행위 기타 영리를 목적으로 그 선박을 항해에 사용한 때에는 그가 위 제3자에 대한 손해를 배상할 책임이 있다 함이 상법 제766조가 정한 바로서 피고는 본건 선박을 Y2에게 임대하고 Y2가 상행위 기타 영리를 목적으로 항해에 사용중 선장의 과실로 원고들에게 손해를 가하였으므로 그 손해배상책임은 Y2에게 있고 피고에게는 그 책임이 없다."고 판시하였다.[11)]

이 판결은 책임주체의 확정에 큰 기준을 제시하였다.[12)]

---

9) 일본 상법 제703조 제1항도 이와 동일하다. 중국법에는 이러한 규정이 없다.

10) 동지 최종현, 501면.

11) 판례평석으로는 오상걸, "해상법상의 선박소유자", 법조 제25권 제2호(1976.2.), 99-106면이 있다.

12) 자세한 내용은 김인현, "해상법 판례50년의 회고와 전망", 상사판례연구 제23집 제1권(2010.3.), 226면을 참고 바람.

선체용선자 자신이 운송인이 되는 경우에는 운송인으로서 계약상의 책임을 부담한다. 다른 용선계약과 달리 자신의 선장이 선하증권에 서명을 하므로, 실제운송인과 선하증권상의 운송인이 분리되는 일은 없으므로 외부적인 책임주체의 확정도 단순하다.

제5 船體傭船者 보호수단

선체용선자는 선박소유자책임제한제도의 이익과 운송인으로서 포장당책임제한 등의 이익을 누릴 수 있다.[13]

일반 임대차에 있어서는 임차인은 제3자에 대하여 대항력이 없는 것이 원칙이다. 말하자면, 임대인 甲이 임차인 乙에게 부동산을 임대차하였다가 丙에게 매도하게 되어 丙이 부동산의 반환을 요구하면 乙은 이에 응하여야 한다. 이를 두고 "매매는 임대차를 깨트린다."고 한다.[14] 이렇게 되어서는 임대차가 불안하므로, 많은 나라에서는 임대차에 물권의 성격을 부여하고 있다. 우리나라도 임차인은 임대인에게 등기를 청구할 수 있다고 하고, 임대차가 등기된 경우에는 제3자에 대항할 수 있다고 한다(민법 제621조). 즉, 임대차가 등기되어 있으면, 매수인의 목적물 반환청구에 대하여 임차인은 대항할 수 있다.[15]

선박의 경우에는 상법 제849조 제1항은 "선박임차인은 선박소유자에 대하여 임대차등기에 협력할 것을 청구할 수 있다."고 하고 제2항은 "선박임대차를 등기한 때에는 그때로부터 제3자에 대하여 효력이 생긴다."고 하여 선박임차인을 보호하고 있다. 한편, 민법 제621조 제1항은 "부동산 임차인은 당사자간에 반대약정이 없으면 임대인에 대하여 그 임대차등기절차에 협력할 것을 청구할 수 있다."고 하고, 동 제2항은 "부동산임대차를 등기한 때에는 그때부터 제3자에 대하여 효력이 생긴다."고 한다.

민법의 경우에는 반대약정이 없는 경우에만 임차인은 임대인에 대하여 임대차등기에 협력할 것을 청구할 수 있다. 그런데, 상법의 경우에는 이러한 제한없이

---

13) 손주찬, 765면; 최종현, 501면.

14) 곽윤직(채권각론), 305면.

15) 이 경우에도 임대인이 등기에 응하지 않으면 실효성이 없으므로, 주택임대차보호법에서는 특별규정을 마련하여 주택을 인도받고 주민등록을 마치면 그 다음날부터 제3자에 대하여 대항할 수 있다고 한다(주택임대차보호법 제3조 제1항). 그리고 임차주택의 양수인은 임대인의 지위를 승계한다고 하여 "매매는 임대차를 깨트린다."는 원칙에 대한 예외를 인정하고 있다(주택임대차보호법 제3조 제3항).

선박임차인에게 임대인에 대한 등기청구권이 부여되어 있는 것이다. 그러므로, 선박임차인은 언제나 선박임대인 즉, 선박소유자에 대하여 선박임대차등기를 요구하여 등기를 할 수 있다. 등기가 되면, 이때부터는 선박임차인의 임차권은 소유자가 변경되더라도 계속 유효하다.

제6 제3자 보호수단

민사법의 일반 원칙에 의하면, 채무자의 재산에 대하여만 압류경매가 가능하다. 그러므로, 선박에 대하여는 선박소유자가 채무자인 경우에만 그 선박에 대하여 압류경매가 가능하다고 할 것이다.

선체용선의 경우에는 선원을 고용하는 자는 선체용선자이다. 그러므로 선원임금이 체불되었을 때에 임금에 대한 채무자는 선체용선자이다. 한편, 선원임금채권은 선박우선특권의 대상이 되는 피담보채권이므로(상법 제777조), 선원들은 선박을 압류경매할 수 있어야 한다. 그런데, 선박은 선체용선자의 소유가 아니라, 선박소유자의 것이므로 압류경매가 불가능하게 되는 것이 원칙이다(물론 채무자인 선체용선자의 그 선박 이외의 다른 재산에서는 강제집행이 가능하다). 이렇게 되면, 선원들이 선박소유자와 고용계약을 체결한 경우에 비하여 불리한 지위에 놓이게 된다. 따라서 우리 상법 제850조 제2항은 이러한 경우에도 그 선박에 대하여도 선박에 대한 압류경매가 가능하도록 하여 제3자를 보호하고 있다.[16] 다만, 우선특권자가 그 이용의 계약에 반함을 안 때에는 선박우선특권의 효력이 허용되지 않는다(제850조 제2항). 그 이용의 계약이란 선박소유자와 선체용선자 사이의 선체용선계약상 선박을 이용하는 내용(예컨대, 선체용선자는 선박우선특권을 발생시키는 못한다는 등)을 말한다. 선박이 선박우선특권을 발생시키지 않음을 채권자들이 알고 있었다면 보호할 필요가 없기 때문에 이 경우 채권자들은 선박에 대하여 우선특권을 행사할 수 없다.

그런데, 선박우선특권은 선박 자체를 채무자로 보는 소위 영미법상의 對物소송(action in rem)의 개념의 제도이므로, 이러한 규정이 필요한지에 대하여 의문이 생긴다. 채무자의 재산에 대하여만 압류경매가 가능하다는 우리 법의 원칙에서 벗어나 채권자를 보호하기 위하여 이러한 제도를 둘 필요가 있다고 본다.

---

16) 손주찬, 765면; 일본 상법 제703조 제2항.

第7 국취부선체용선계약

1. 의 의

선체용선 중에서도 용선기간 만료시 소유권을 용선자가 취득하는 용선계약을 국취부선체용선계약이라고 한다. 한국, 중국, 일본 등에서 발전한 것이다. 특히, 우리나라에서는 해상기업이 중고선을 도입하여 바로 선가를 모두 치르고 소유자가 될 수 없었기 때문에 이러한 제도가 생겨났다. 용선자는 한꺼번에 선가를 모두 치르는 대신으로 할부금에 해당하는 금액을 분할하여 용선료라는 이름으로 선박소유자에게 지급하게 된다.

국취부선체용선계약은 일반 선체용선계약에 비하여 몇 가지 특징이 있다. 첫째, 용선기간 만료시 용선된 선박이 소유자에게 반환되지 않는다. 둘째, 용선계약시간 만료시점에 소유권을 용선자가 취득하게 된다. 셋째, 용선료의 합계액은 선박의 선가와 동일하게 된다. 넷째, 시간이 가면 갈수록 물권적 기대권(소유권)을 용선자가 점차 더 크게 가지게 된다. 나머지는 일반 선체용선계약과 동일하다. 선원은 선체용선자가 선임, 관리감독한다. 따라서 불법행위책임을 부담하는 자는 선박소유자가 아니라 선체용선자가 된다.[17]

2. 해상법상 지위

국취부선체용선계약은 이렇듯 실제 한국선박이 되어야 할 선박이 10년 정도 늦게 한국선박이 되는 효과가 있다. 그렇지만 형식상으로는 여전히 외국적 선박이다. 실제 한국선박과 유사한 측면이 있다는 점을 근거로 단행법은 국취부선체용선 선박을 한국국적의 선박과 동일하게 취급하고 있다. 예를 들면, 선박안전법, 도선법, 국제선박등록법은 국취부선체용선 선박도 그 적용대상으로 한다. 그러므로 국취부선체용선된 선박은 파나마 등 등록국의 선박검사에 더불어 한국선박안전법의 검사를 또 받아야 한다. 그러므로, 이중검사의 문제점이 있다. 도선법에 의하면 강제도선의 면제선박은 한국국적 선박이다. 그러나, 국취부선체용선 선박도 면제선박의 대상으로 하고 있다. 국제선박등록법의 수혜선박은 한국국적을 원칙으로 하지만, 국취부선체용선 선박도 적용대상으로 한다. 이외에도 선박입출항법에 의

17) 자세한 논의는 김인현, “국적취득조건부 선체용선의 법률관계”, 한국해법학회지 제39권 제1호(2017.5.), 7면 이하를 참고 바람.

하면 예선업을 하는 자들은 국취부선체용선 선박도 소유하면서 운항할 수 있다. 원칙적으로 예선업에 사용되는 선박은 한국국적의 선박이어야 하지만, 국취부선체용선 선박도 인정하고 있다.

해상법상으로는 상법에서 동 선박은 선체용선의 일종이라고 선언하고 있기 때문에 이에 따라 각종 법률이 적용된다. 상법 제850조가 적용되어 선박소유자가 아니라 국취부선체용선자가 각종 책임의 주체가 된다.

3. 도산법과 선박금융법에서의 지위

그런데, 도산법이나 선박금융에서는 국취부선체용선의 법적 성질을 이와 달리 본다. 선박금융에서는 국취부선체용선계약을 리스계약 중 금융리스의 일종으로 본다.[18] 리스계약에는 운용리스와 금융리스가 있다. 운용리스는 임대차와 동일하다. 그러므로 소유권은 임대인인 리스회사가 가진다. 금융리스에서는 운용리스와 달리 물건을 빌려주는 것이 아니라 임차인에게 금융회사가 대출을 하는 것으로 이해한다. 그리고 대출금의 회수목적으로 리스회사가 소유권을 유보한다고 본다. 금융리스에서는 용선계약의 실질은 용선자인 선주가 선박을 매입하면서 대출을 받은 것으로 본다. 해외에 형식상 소유자인 SPC를 설립하게 되고 (i) 은행은 SPC와 대출계약을 (ii) 용선자인 실질 선주는 소유자인 SPC와 선체용선계약을 체결하게 된다. 대출대금을 회수받기 위하여 은행은 SPC가 형식상 소유하는 선박에 대한 저당권자가 된다. SPC는 형식상 대출금 회수나 절연효과를 위한 하나의 가공체에 불과하게 된다. 이런 입장에 따르면 용선자가 곧 선박을 실질적으로 소유하는 것이 된다. 따라서, 회계에서도 국취부선체용선된 선박은 자산의 항목에 잡히면서도 부채의 항목에도 잡히게 된다. 부채비율은 부채/자본이므로, 부채비율을 올리게 되는 부정적인 효과를 낳는다.

도산법에서 일반동산의 금융리스의 경우 리스회사를 회생담보권자로 보아 리스회사는 환취권을 행사하지 못하고 리스이용자(채무자)는 의제된 소유자로서 동산을 계속 보유할 수 있게 되어 영업은 지속된다.[19] 그런데, 선박의 경우 우리 법원은 이와 달리 보았다. 국취부 선체용선계약은 미이행 쌍무계약으로 보아 관리인이 해제 혹은 이행의 선

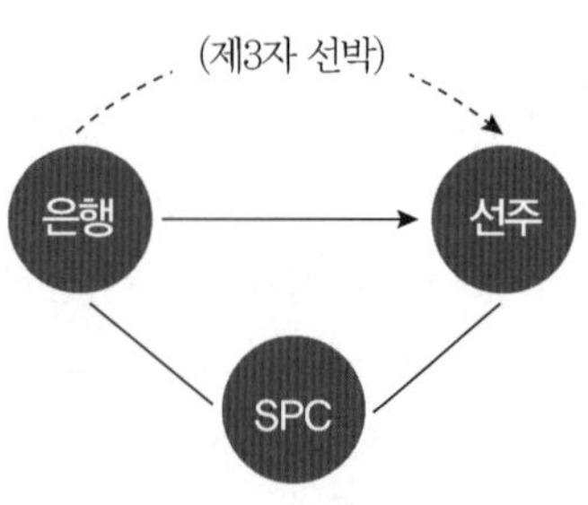

18) 자세한 내용은 김인현, 전게 논문을 참고 바람.
19) 자세한 내용은 한진해운 파산백서(Ⅱ)(2019), 86면이 있다.

택이 가능하다고 한다(창원지방법원 2017.2.23.자 2016라308 결정). 이는 용선계약을 전제로 하므로 용선자인 리스이용자는 소유권을 가지지 않는다는 것이 된다. 따라서 은행은 형식상 소유자인 SPC를 통해서 선박을 회수할 수 있게 된다.

실제운항자인 한진해운이 국취부선체용선자인 경우 동 선박은 아직 선체용선자가 소유하는 선박은 아니므로 채무자회생법 제58조의 회생절차의 대상이 아닌 것이 된다. 그러므로, 도산으로부터 절연이 된다고 하게 된다. 만약, 처음부터 한진해운이 소유권을 갖는 형식이었다면 동 선박은 회생절차의 대상이 되고 은행의 대금회수는 어렵게 된다. 은행들이 신조선을 하면서 국취부선체용선을 하게 되는 이유가 이러한 도산절연효과를 노리는 측면도 있다. 한편, 채무자의 회생을 목적으로 하면 국취부선체용선 계약의 법적 성질은 금융리스로 보게 되고, 실질적 소유권은 채무자인 한진해운이 가지는 것으로 본다. 이 경우 은행은 단지 회생담보권자가 되어 불리한 지위에 놓이게 된다.[20]

4. 해상보험상 지위

국취부선체용선자는 선박이 침몰하게 되면 그동안 자신이 선박소유자에게 지급한 선가에 대하여 손해를 입게 된다. 따라서 그는 피보험이익을 가지고, 선박보험에서 피보험자가 될 수 있다. 통상 선박보험에서는 선박소유자와 선체용선자가 공동피보험자가 된다.[21]

[판례소개](대법원 2019.12.27. 선고 2017다208232, 208249 판결)

한국회사인 원고는 파나마 법인인 피고로부터 선박을 50개월동안 국적취득조건부로 선체용선하였다. 다만 선박인도시에 인도금을 지급해야 소유권을 용선자가 취득한다. 원고는 소외 S회사에 선박관리를 위탁하였고, S회사는 선박의 훼손 또는 멸실을 보험사고로 하는 선박보험계약을 보험자 H회사와 체결하였다. 보험증권의 피보험자란에는 "소유자 피고, 관리인 S회사"로 기재되어 있었다. 해당 보험계약에 따른 보험료는 원고가 납부하였다.

이 사건 선박이 침몰하자 피고와 원고는 모두 H회사에 보험금을 청구하였고, H회사는 채권자불확지를 이유로 부산지방법원에 약 14억원을 변제공탁하였다. 원고는 원고가 영국법상 '현명되지 않은 본인 또는 노출되지 않은 본인'에 해당한다고 주장하며

---

20) 전게 한진해운 파산백서(Ⅱ), 88면; 김인현, "한진해운 회생절차에서의 해상법 및 도산법적 쟁점", 상사법연구 제36권 제2호(2017), 36면.

21) 국취부선체용선계약은 두 가지로 나누어 볼 수 있다. 용선기간중에는 일반 선체용선계약과 같이 용선료를 지급하고, 마지막 날에 남은 선가를 지급하여 소유권을 취득하는 옵션을 가지는 형태이다. 우리 법원은 이 경우는 순수한 국취부선체용선과 다르다고 본다(대법원 2019.12.27. 선고 2017다208232 판결).

선박보험금수령권 내지 공탁금출급권자의 확인을 구하는 소를 제기하였다. 원심은 원고가 용선료총액의 20%에 해당하는 선박인도금을 지급해야 소유권을 취득하는 점에 근거하여 본 용선계약은 순수한 임대차에 가깝다고 보아 원고의 물권적 기대권에 근거한 주장을 배척했다.

대법원은 "이 사건 보험계약 체결 당시 S회사가 H회사에 대하여 누군가를 대리하여 계약을 체결한다는 취지를 밝혔다거나 H회사가 그와 같은 사정을 알고 있었다고 볼 만한 자료가 없고, 나아가 S회사가 원고로부터 이 사건 보험계약을 체결할 대리권을 수여받아 계약 체결 당시 원고를 위하여 보험계약을 체결할 의도를 가지고 있었다고 보기도 어렵다. 따라서 보험증권에 피보험자로 기재되어 있지 아니한 원고가 영국법상 '현명되지 않은 본인 또는 노출되지 않은 본인의 법리'에 따라 이 사건 보험계약의 피보험자가 된다고 볼 수 없다."라고 판시하였다. 아울러 이 사건 용선계약은 임대차계약에 유사하기 때문에 원고의 물권적 기대권을 인정할 여지도 없다고 판단하였다.

제3절 定期傭船契約

제1 序

정기용선계약은 선박소유자 또는 선박임차인(선체용선자)이 용선자에게 선원이 승무하고 항해장비를 갖춘 선박을 일정한 기간 동안 항해에 사용하게 할 것을 약정하고 용선자가 이에 대하여 기간으로 정한 용선료를 지급할 것을 약정함으로써 성립하는 계약이다(상법 제842조).[22] 정기용선계약에서 일방은 선박소유자 혹은 선체용선자이다. 정기용선자는 용선한 선박을 다시 용선(정기용선 혹은 항해용선)하여 주거나 화주와 운송계약을 직접 체결하여 운송인이 되기도 한다.

2007년 개정상법은 독자적인 절을 만들어 정기용선계약을 운송계약에서 분리하였다(상법 제842조 이하).[23]

---

22) 일본 상법 제704조.

23) 일본 상법은 정기용선 계약에 대한 규정이 없다가 2018년 개정시 추가했다. 중국 해상법은 제129조에서 제143조에 이르기까지 상세한 규정을 두고 있다.

제2 법적 성질

1. 논의의 실익

정기용선계약의 법적 성질을 어떻게 이해하느냐는 해상운송법의 해석에 커다란 차이를 불러오게 한다. 정기용선계약을 운송계약의 일종으로 이해한다면, 불법행위책임과 계약책임의 주체는 선박소유자가 된다. 반면, 정기용선계약을 선박임대차와 유사한 것으로 본다면, 선박이용에 관하여 선박임차인은 선박소유자와 동일한 책임과 권리를 부담한다는 상법 제850조 규정을 정기용선자에게도 적용할 수 있으므로 정기용선자는 불법행위 및 운송계약상의 책임의 주체가 될 수 있다. 예컨대, 선박충돌과 관련하여 제3자에 대한 책임을 부담하여야 하는 자는 선박소유자로 되어 있다(상법 제878조 내지 880조). 만약 정기용선을 선박임대차와 유사하게 본다면, 정기용선자에게도 상법 제850조를 준용하여 상법 제878조 내지 제880조에 해당하는 선박소유자의 선박충돌에 대한 책임을 부과할 수 있는 것이다.24)

[판례소개](일본최고재판소 1992.4.28. 판결)

1980년 소외 선박소유자 A와 B로부터 정기용선자인 Y회사가 용선한 예인선박이 예인하던 바지선과 고베항에 계류 중이던 해상자위대 소속 소해정이 충돌하여 소해정이 손상을 입게 되었다. 일본국(원고)은 상기 충돌은 상기 두 선박의 선장의 일방적인 과실에 의한 것으로서, 일본 상법 제704조 제1항(우리 상법 제850조 제1항과 동일)을 준용하여 용선자 Y회사에게 충돌책임을 구하였다. 제1심과 2심은 원고 국가의 청구를 모두 인용하여 정기용선자의 책임을 인정하였다. 원심은 "정기용선자의 충돌책임 등의 권리의무의 범위에 대하여는 상법 등에 명문규정이 없으므로 당해 계약의 약정 혹은 계약관계의 실체적 측면에서 검토해 보아야 한다. 계약관계의 실체적 측면을 보면, Y에게는 선장임면권도 없었고 Y가 각 선박을 직접 자신의 점유 하에 두지는 않았다. 한편, 각 선박은 전적으로 Y의 운송이라는 영업에 종사하고 선박의 연돌(굴뚝)에는 Y의 마크가 표시되어 있고 운항에 대하여는 Y가 일상적이고 구체적인 지시명령을 내렸다. Y로서는 각 선박을 Y의 기업조직의 일부로서 위 계약기간 중 일상적으로 지휘감독하면서 계속적으로 배타적, 독점적으로 Y의 사업에 종사시키고 있었다."고 하면서 정기용선자의 책임을 인정하였다.

일본 최고재판소는 원심의 이러한 사실관계를 바탕으로 하여 "Y는 선박소유자와 동등한 기업주체로서의 경제적 실체를 가지고 있으므로 각 선박의 항행상의 과실에

---

24) 손주찬, 764면. 그러나, 사견으로는 선박충돌에서 책임은 사용자 책임으로 이해하므로, 정기용선자는 선박충돌사고를 야기한 선장과 사용자·피용자관계에 놓이지 않으므로 선박충돌에 대한 사용자책임을 부담하지 않는다고 본다. 동지 대법원 2003.8.22. 선고 2001다65977 판결.

의하여 국가 소유의 소해정에 끼친 손해에 대하여는, 상법 제704조 제1항에 의거하여 선박소유자와 동일한 손해배상의무를 정기용선자인 Y는 마땅히 부담한다."고 판시하였다.[25)]

또한 선박소유자가 연대책임을 부담하게 되는 재운송계약에도 정기용선자가 포함되는지에 대한 구 상법 제806조(현 제809조)의 논의도 이러한 이해에 따라 결론이 달라진다. 만약 정기용선계약을 운송계약이라고 한다면, 정기용선자가 화주와 운송계약을 체결하게 되면 이는 재운송계약이 되므로 선박소유자도 연대책임을 부담하게 된다. 만약 정기용선계약을 선박임대차와 유사한 것으로 본다면, 이는 재운송계약이 아니므로 선박소유자는 연대책임을 부담하지 않게 된다.

2007년 개정상법은 화주를 보호하기 위하여 정기용선자가 운송인인 경우에도 제809조를 적용하는 것으로 하였다.

2. 賃貸借類似說

정기용선은 선박임대차와 유사한 점이 있다는 학설이다. 선박임대차의 요소는 '임차'와 '점유'이다. 용선계약의 내용을 보면, 정기용선자는 선박소유자로부터 일정한 기간 선박을 빌려서 사용하고 여기에 따른 용선료를 정기용선자가 선박소유자에게 지급한다는 것이 정기용선계약의 주내용이다(상법 제842조). 그러므로 여기에는 물건의 운송이라는 측면이 아니라 선박을 일정기간 빌려서 사용한다는 임대차의 성격을 포함하고 있다.[26)] 그런데, 정기용선계약의 경우에 선원은 선박소유자가 선임감독한다. 그러므로, 선박에 대한 점유는 여전히 선박소유자가 갖는다.[27)] 그러나, 정기용선자는 상사사항에 대하여는 선장을 지휘할 권리가 있다(상법 제843조). 선박에 대한 점유는 누가 선장을 직접적으로 지휘하는가에 따라 결정된다.[28)] 비록 선장은 선박소유자에 의하여 선임감독되지만, 상사사항에 대하여는 정기용선자의 지휘를 받기 때문에 그러한 한도 내에서는 점유유사관계를 정기용선자가 가진다고 볼 수 있다.

요컨대, 임대차의 두 가지 요소 중 선박의 임대라는 요소는 정기용선에서 핵심적으로 존재하고, '선박의 점유'라는 요소는 제한된 형태로서 존재하므로, 정기용

25) 자세한 논의는 김인현, 전게 해상법연구, 412면 이하를 참고 바람.

26) 손주찬, 768면; 정동윤(하), 825면; 최기원, 46면.

27) 임대차의 경우에는 직접점유는 임차인이 갖고 임대인은 간접점유를 갖는다는 점에서 정기용선은 선박임대차와는 다르다.

28) 채이식, 245면.

선은 운송계약이라기보다는 선박임대차와 유사한 것으로 볼 수 있다는 것이 사견이다.29)

3. 運送契約說

선박소유자의 입장에서 보면 선박은 정기용선되었다가 결국은 항해용선 등의 운송계약으로 화물이 운송되므로, 정기용선도 운송계약이라고 보는 견해도 있다.30) 31)

선박이 정기용선되었다가 다시 항해용선 등 운송에 사용되는 점은 맞다. 그러나 논의의 대상이 되는 것은 정기용선의 법적 성질이 무엇인가에 있다. 즉, 정기용선이라는 선박을 빌리는 임대차가 있고 그 임차인이 다시 운송계약을 체결하므로, 선행의 행위인 임대차적인 성격을 간과하여서는 아니된다고 본다(그러므로, 필자의 사견으로는, 정기용선계약 자체는 해상기업의 활동 중에서 용선계약편에서 논의하여야 하고, 정기용선자와 송하인이 체결하는 화물운송에 대한 계약은 운송계약편에서 논하게 된다). 위는 기업형 정기용선(용선자가 타인과 운송계약을 체결하는 경우)에 대한 설명이다. 비록 운송형 정기용선(용선자가 자신의 화물을 운송하는 경우)일지라도, 정기용선자와 선박소유자 사이에 정기용선계약이 있고, 나아가 정기용선자는 곧 화주로서 자신의 화물을 운송하는 것이 된다. 그렇다고 하여 정기용선계약이 곧 항해용선계약(운송계약)인 것은 아니다.

운송계약설이 선박임대차유사설을 부정하는 근거의 하나가 소위 NYPE 제8조의 船舶使用約款이다. 임대차유사설에서는 선박사용약관에 나와있는 선장에 대한 해임요구권을 근거로 선장에 대한 관리감독이 가능하므로 선박임대차로 보지만, 그럼에도 불구하고 운송계약설에서는 선장을 선임하고 관리·감독하는 것은 선박소유자라고 주장한다. 정기용선계약은 상사사항(항구의 지정, 화물의 선적 등)에 대하여는 정기용선자가, 해기사항(항해, 항로의 선정)에 대하여는 선박소유자가 권리와 의무를 가지고 있으므로, 적어도 상사사항에 대하여는 정기용선자는 선장에 대하여 지휘명령권이 있으므로 이러한 한도에서는 임대차적인 성격을 갖는다는 점은 부인할 수 없다고 본다.

---

29) 대법원이 2003.8.22. 선고 2001다65977 판결에서 취한 해기상사구별설은 해기사항과 상사사항을 구별하여 전자는 선박소유자의 책임으로 후자는 정기용선자의 책임으로 구분하고 있다. 이러한 입장도 선박임대차 유사설로 포섭이 가능하다.

30) 이균성, 815-816면; 박용섭, 237면; 채이식, 245면; 최준선, 497면; 김동훈, 전게논문, 33면.

31) 정기용선은 종국적으로는 선박소유자가 자신이 고용한 선원을 통하여 운송을 하여주고 정기용선자는 송하인과 선박소유자를 연결시켜주는 대리인에 지나지 않는 것이므로, 결국 정기용선은 운송계약으로 보아도 무방하다고 설명되기도 한다.

제3 구별개념

1. 船體傭船계약과의 차이

선체용선계약에서는 선체용선자가 자신이 선임하고 감독하는 선장에 의해 선박에 대한 점유와 관리를 하는 점에 정기용선계약과 차이가 있다. 선박의 해기사항은 물론 상사사항에 대하여도 선체용선자가 권리・의무가 있다.

2. 航海傭船계약과의 차이

정기용선계약은 선박의 사용이 기간(예컨대, 1년)으로 정하여지나, 항해용선계약은 항차(부산에서 LA까지)로 정하여지므로 시간의 상실에 대한 위험을 갖는 자가 달라진다. 즉, 정기용선에서 선박소유자는 운송중의 지체와 관계없이 일정한 기간동안 일당 용선료를 용선자로부터 지급받는 한편, 정기용선자는 일정한 기간 동안 수입을 극대화하여야 하므로 운송 중의 지체가 있으면 손실을 보게 된다. 시간의 상실이 없다면 용선자는 한번 더 운송계약을 체결하여 수입을 더 올릴 수 있다.

그러나 항해용선에서는 선박소유자는 항차동안 정하여진 화물을 운송하여 주어야 하고, 그 대가로 톤당 정하여진 용선료를 수령하게 되므로, 항차가 길어지면 동일 선박을 다른 항차에 투입할 수 없으므로 그만큼 용선료 수입이 감소하게 된다.

결국, 정기용선에서는 정기용선자가, 항해용선에서는 선박소유자가 시간의 상실에 대한 위험을 부담한다고 말할 수 있다.[32] 항해용선계약은 비록 선박을 항차동안 선박소유자가 용선자에게 빌려준다는 형식이지만, 용선계약의 내용이 일정한 화물을 장소적으로 이동시킬 것을 선박소유자가 용선자에게 약속하고 용선자는 이의 대가로 운임을 지급할 것을 약정하고 있으므로 도급의 성질을 갖는 운송계약으로 본다.[33]

---

32) Thor Falkanger & Others, Introduction to Maritime Law-The Scandinavian perspective, Tano Aschehoug(1998), p.256.

33) Schoenbaum, p. 383.

제4 대내관계

1. 계약의 성립과 해석

정기용선계약은 대내적으로는 선박소유자를 일방으로 하고 정기용선자를 타방으로하여 계약이 체결된다. 여기의 선박소유자에는 선체용선자도 포함된다.[34)]

정기용선계약은 보통 NYPE나 BALTIME 등 표준약관을 사용하여 체결된다. 정기용선계약서상 혹은 구두로 체결된 계약의 내용은 당사자자치의 원칙상 임의규정보다 우선하여 적용되고 당사자를 구속한다. 상법 제842조 이하의 규정에 나와있지 않은 사항은 민법의 임대차규정이 준용된다.

2. 船舶所有者의 권리와 의무

선박소유자는 선박을 정기용선자가 사용할 수 있는 상태로 유지하여줄 의무가 있다. 이에 대한 댓가로 선박소유자는 정기용선자에게 용선료를 요구할 수 있다. 용선료를 약정기일에 지급하지 아니하면 선박소유자는 계약을 해제 또는 해지할 수 있다(상법 제845조, NYPE 제5조). 또한 선박소유자는 선원과 같은 인적 설비와 항해장비와 같은 물적 설비를 갖추어줄 의무가 있다. 즉, 선박소유자는 감항능력을 갖춘 선박을 정기용선자에게 인도하여야 한다.

선박이 용선자가 선박을 자유롭게 사용할 수 있는 상태가 아닌 상황이 발생하면 용선자는 시간의 상실에 대하여 용선료지급을 중단(off-hire)하게 된다(NYPE 제17조).

선박의 운항과 관련되는 선박연료유의 공급이나 도선사 고용은 선박소유자가 아닌 정기용선자의 부담이 된다. 그러나, 선박에 대한 수선의무는 선체용선계약과 달리 선박소유자에게 있다.

2007년 개정상법은 정기용선계약에 관하여 발생한 당사자 사이의 채권은 선박이 선박소유자에게 반환된 날부터 2년 이내에 재판상청구가 없으면 소멸하는 것으로 정하였다(제846조).

---

34) 정기용선자가 포함되는 경우도 있다.

3. 定期傭船者의 권리와 의무

정기용선자는 일정한 기간 선박을 자신의 영업에 자유자재로 사용할 권리가 있다. 선박소유자는 다른 자와 또 다른 정기용선계약을 체결할 수도 있다. 정기용선계약의 법적성질을 선박임대차와 유사하게보는 입장에서는, 상법 제849조 제2항을 근거로 정기용선자는 정기용선에 대한 등기를 하여 제3자에 대한 대항이 가능하다. 정기용선자는 별다른 약정이 없는 한 선박을 다시 제3자에게 정기용선 혹은 항해용선하여 줄 권리가 있다.

정기용선계약에서는 선박소유자는 선박운항과 관련된 사항 즉, 해기사항에 대하여 권리를 가지고 의무를 부담한다(NYPE 제1조, 제8조 제1문). 정기용선자는 선박의 영업적인 운항과 관련된 사항 즉, 상사사항에 대하여 권리를 가지고 의무를 부담한다(NYPE 제2조, 제8조 제2문).

정기용선표준계약서인 NYPE 제8조에 의하면 선박의 사용(employment)에 대하여는 정기용선자가 권리를 갖는다. 우리 상법 제843조 제1항도 동일한 취지이다.[35)]선적항과 양륙항의 지정과 특정한 화물의 운송이 그 전형적인 예이다. 즉, 정기용선자는 용선된 기간 동안 선적과 양륙항을 자유로이 지정할 수 있고 특정 화물의 운송을 선박 소유자의 간섭을 받지 않고 운송할 수 있다.

힐하모니(Hill Harmony)호 사건에서 영국귀족원은 항로의 선정권도 선박의 사용의 범주안에 속하고 정기용선자가 권리를 가지므로 정기용선자의 지정항로를 따르지 않은 선장의 과실에 대하여 선박소유자는 손해배상책임이 있다고 판시하였다(영국귀족원 2000.12.7. 판결).[36)]

[판례소개](영국귀족원 2000.12.7. Hill Harmony)
힐하모니호는 정기용선자에게 정기용선되었다. 선장은 선박소유자가 선임감독하였다. 미국 서해안과 일본을 왕복하는 항해 중 선장은 대권항해(Great Circle Sailing)를 하여 유니막 패스(Unimak Pass)를 하지 않고 항정선 항법(Rhumb Line Sailing)을 하여 더 남쪽으로 내려와서 항해를 시도하였다. 선장은 이전에도 유니막 패스를 하던 중 저기압을 만나 어려움을 겪은 적이 있어서 항해거리가 더 길지만 항정선 항법을 취하기로 결정하였다. 다음 항차에서 정기용선자는 대권항해를 하라고 하면서 오션루트(Ocean Route)를 통하여 최적의 항로를 권고하였다. 그럼에도 선장은 이를 받아들이지 않고 선장은 항정선항법을 선택하여 항해 중이었다. 공교롭게도 저기압을 만나

---

35) 중국 해상법 제136조.

36) 여기에 대한 자세한 내용은 김인현, “정기용선계약하에서 선장의 항로선정권”, 해사법연구 제13권 제1호(2001.6.), 31면 이하를 참고 바람.

예상보다 긴 항해를 하게 되었다. 이에 정기용선자는 (i) 2항차 5일에 해당하는 용선료지급중단(Off-hire)을 요구하고, (ii) 5일 동안의 선박연료유 소모에 대하여 손해배상청구를 하였다. 정기용선자의 주장은 선장이 정기용선자의 지시에 따르지 않았기 때문에 발생한 손해라는 것이었다. 선박소유자는 항로의 선정은 선장의 고유의 권한으로서 정기용선자의 지시를 따를 의무가 없다고 항변하였다.

영국의 귀족원은 항로의 선정은 선박의 사용과 관련되는 것이지 해기사항이 아니라고 보았다. 정기용선은 용선자가 선박을 자신의 영업에 이용하기 위하여 빌리는 것이므로 항로선정이 잘못되어 항차가 길어지면 용선자는 손해를 보기 때문에 항로의 선정은 항구의 지정 혹은 항구의 선택과 동일한 의미를 가진다고 하였다. 따라서 선장은 정기용선계약서 제8조 사용약관(Employment Clause)에 따라 상사사항에 대하여는 정기용선자의 지시에 따를 의무가 있고 본 사안에서는 의무위반으로 손해를 야기한 것이기 때문에 책임을 부담하게 되었다.

정기용선자는 안전항(safe port)을 지정할 의무를 부담하고, 선박사용의 대가로 용선료를 지급할 의무를 부담한다.[37)]

대법원 2019.12.27. 선고 2019다218486 판결에서는 정기용선자는 선주들에 대하여 잔존연료유 대금채권을 자동채권으로 한 상계를 할 수 없다고 보았다. 정기용선계약의 부속서상 잔존연료유 정산 규정이 정기용선계약의 중도해지에는 적용되지 않는 것으로 해석되며, 준거법인 영국법상 정기용선자가 연료유대금을 지급하지 못한 경우에는 잔존연료유에 대한 소유권이 인정되지 않기 때문이다.

제5 대외관계

선박이 정기용선되어 운항 중인 경우 제3자에 대한 책임을 선박소유자와 정기용선자 중에서 누가 부담하는지가 문제된다.

1. 불법행위책임

선박충돌과 같은 불법행위에 대하여는 정기용선자가 아닌 선박소유자 혹은 선체용선자가 선원의 사용자로서 책임을 부담한다고 보는 것이 다수 견해이다.[38)]

선박임대차유사설을 취한다면 정기용선자가 상법상 선박충돌의 책임을 부담하는 것이 될 것이다. 선박임대차유사설은 정기용선자는 선박임차인과 유사한 지위에 있으므로 상법 제850조를 준용하여 정기용선자의 책임주체성을 인정한다.[39)]

37) 손주찬, 769면.
38) 채이식(하), 647면; 임동철, 540면; 최종현, 489면.

그러나, 정기용선자는 선장이하 선원을 선임감독하는 자가 아니므로 사용자책임을 묻기 위한 근거가 원칙적으로 없다. 영국의 전통적인 견해는 선장의 불법행위에 대하여 사용자책임을 부담하는 자는 선박소유자 혹은 선체용선자라고 한다.[40] 일본에서는 선박충돌사고에 있어서 선박소유자가 아닌 정기용선자가 책임의 주체가 되어야 한다는 사례가 있다. 우리 판례도 하역작업과 관련하여 정기용선자의 대외적 책임을 인정한 사례가 있다(대법원 1994.1.28. 선고 9318167 판결). 대법원은 정기용선의 법적 성질에 근거하여 상법 제850조의 선체용선자의 책임을 정기용선자에게 유추적용하였다.

[판례소개](일본최고재판소 1992.4.28. 판결)

1980년 고베항 계류 중이던 X(국가, 원고) 소유의 공용선과 Y회사(정기용선자, 피고)의 예인선이 충돌하여 공용선이 손해를 입게 되었다. X는 Y회사의 일방과실에 의한 것으로 용선자 Y에게 일본 상법 제704조 제1항에 따른 책임을 물었다.

일본 최고법원은 "Y는 선박소유자와 동등한 기업주체로서의 경제적 실체를 가지고 있으므로 각 선박의 항행상의 과실에 의하여 X 소유의 선박에 끼친 손해에 대하여는 일본 상법 제704조 제1항을 유추적용하게 되어 동법 제690조(선박소유자의 선장 등에 관한 배상책임)에 의거하여 선박소유자와 동일한 손해배상의무를 정기용선자인 Y는 마땅히 부담한다."고 판시하였다.

사견에 따라 정기용선자가 선박의 영업적인 면에서는 선장을 통하여 제한적이나마 선박을 점유유사관계에 있다면, 입출항 항구의 선정, 하역작업 등에 관하여는 정기용선자가 선원의 과실에 의한 불법행위법상 사용자책임을 부담하고, 선박의 조종과 관련하여서는 선박소유자가 선원의 과실에 대한 불법행위책임을 부담하게 된다.[41]

[판례소개](대법원 1994.1.28. 선고 93다18167 판결)

냉동운반선인 로스토치호에서 운반중인 화물이 손상을 입게 되었다. 화주는 정기용선자를 상대로 불법행위에 기한 손해배상책임을 물었다.

대법원은 "선박의 소유자가 아닌 정기용선자라고 하여도 다른 특별한 사정이 없는

---

39) 손주찬, 772면.

40) Scrutton, p. 367.

41) 동지, 최종현, 489면; 우리 대법원은 민법 제756조 소정의 사용자와 피용자 관계는 반드시 유효한 고용관계가 있는 경우에 한하는 것이 아니고, 사실상 어떤 사람이 다른 사람을 위하여 그 지휘·감독 아래 그 의사에 따라 사무를 집행하는 관계에 있으면 족하는 것으로 보고 있다(대법원 1998.8.21. 선고 97다13702 판결). 그러므로 비록 선원은 정기용선자가 선임은 하지 않았지만 상사사항에 대한 지시는 행하므로 사용자책임을 부담할 여지가 있다.

한 대외적인 책임관계에 있어서는 선박임차인에 관한 상법 제766조(개정상법 제850조)가 유추적용되어 선박소유자와 동일한 책임을 지는 것이므로(당원 1992.2.25. 선고 91다14215 판결), 가사 피고가 위 로스토치호의 소유자가 아니라 정기용선자에 불과하다 하더라도 원심이 적법하게 확정한 바와 같이 위 삼경어업이 피고와 화물운송계약을 맺었는데, 위 로스토치호의 선원 및 선박사용인의 과실로 인하여 그 화물에 손상이 있었다면 피고(정기용선자)는 위 삼경어업 내지 그를 대위하는 원고에 대하여 불법행위책임을 부담하여야 할 것이다."라고 판시하였다.

우리 대법원은 정기용선계약하에서 선박조종과 관련된 사항은 선박소유자가 자신의 선원을 통하여 선박을 점유지배하므로 사용자 책임을 부담할 자는 정기용선자가 아닌 선박소유자가 되어야 한다고 판시하였다(대법원 2003.8.22. 선고 2001다65977 판결). 본 판결은 해기상사구별설을 취한 것으로 위와 같은 필자의 견해에 따르면 선박임대차유사설로서도 설명이 가능하다.[42) 43)] 이러한 대법원의 입장은 그 후의 판결에서도 유지되고 있다(대법원 2008.8.21. 선고 2007추80 판결; 대법원 2010.4.29. 선고 2009다99754 판결).

한편, 대법원은 상사사항에 대하여는 정기용선계약은 선박임대차의 성격을 갖는다고 보아 상법 제850조 제2항을 정기용선자의 선박우선특권에도 적용하였다[44)] (대법원 2019.7.24. 선고 2017마14442 판결).

[판례소개](대법원 2003.8.22. 선고 2001다65977 판결)

소외 정기용선자는 선박소유자인 피고로부터 이 사건 예인선(曳引船)을 부선과 함께 각 1년간 정기용선하기로 하면서 용선기간 중 피고가 선장을 포함한 선원 3명을 고용한 뒤 예인선에 승선시켜 선원의 급여 및 선박수리비 등을 부담하고, 예인선의 선원과실 및 선체결함으로 인한 사고 발생시에는 피고가 전적으로 배상책임을 지기로 약정하였다. 이 사건 예인선이 부선을 예인하던 중 야간정박하고 있던 어선과 충돌하였고 어선선원들이 사망하였다. 어선의 유족들은 피고 선주에 대하여 손해배상청구소송을 제기하였다.[45)]

---

42) 동지, 김정호, 595면; 정기용선중인 선박의 책임주체에 대한 대법원의 판례를 조화롭게 해석한 논문으로는 김인현, "정기용선중인 선박의 책임주체에 대한 대법원 판례분석", 고려대학교 법과대학 100주년 기념논문집(2005.12), 345면 이하가 있다.

43) 일본은 임대차 유사설을 취하여 해기사항에 대하여도 정기용선자의 책임으로 본다(일본 상법 제704조 제1항). 중국은 선박의 관리/통제 권한이 선박소유자에게 있으므로 선박소유자를 책임주체로 본다.

44) 자세한 내용은 김인현・이상엽, "2019년 중요해상판례소개", 한국해법학회지 제42권 제1호(2020.5), 205면 이하를 참고하기 바란다.

45) 본 판결에 대한 구체적인 판례평석으로는 김인현, "정기용선된 선박의 선박충돌에 대한 책임주체", 법률신문(2004.1.8.); 이승호, "정기용선 선장의 불법행위에 대한 선주의 책임", 한국해법학회지(2004.4.), 197면 이하가 있다.

대법원은 "(1) 타인의 선박을 빌려쓰는 용선계약에는 기본적으로 선박임대차계약, 정기용선계약 및 항해용선계약이 있는데, 이 중 정기용선계약은 선박소유자 또는 임차인(이하 통칭하여 "선주"라 한다)이 용선자에게 선원이 승무하고 항해장비를 갖춘 선박을 일정한 기간 동안 항해에 사용하게 할 것을 약정하고 용선자가 이에 대하여 기간으로 정한 용선료를 지급할 것을 약정하는 계약으로서 용선자가 선주에 의해 선임된 선장 및 선원의 행위를 통하여 선주가 제공하는 서비스를 받는 것을 요소로 하는 것이고, 선박 자체의 이용이 계약의 목적이 되어 선주로부터 인도받은 선박에 자기의 선장 및 선원을 탑승시켜 마치 그 선박을 자기 소유의 선박과 마찬가지로 이용할 수 있는 지배관리권을 가진 채 운항하는 선박임대차계약과는 본질적으로 차이가 있으며, 정기용선계약에 있어서 선박의 점유, 선장 및 선원에 대한 임면권, 그리고 선박에 대한 전반적인 지배관리권은 모두 선주에게 있고, 특히 화물의 선적, 보관 및 양하 등에 관련된 상사적인 사항과 달리 선박의 항행 및 관리에 관련된 해기적인 사항에 관한 한 선장 및 선원들에 대한 객관적인 지휘·감독권은 달리 특별한 사정이 없는 한 오로지 선주에게 있다고 할 것이다.

(2) 예인선에 대한 위 용선계약은 선박임대차계약과 구별되는 정기용선계약으로서의 기본 요건을 모두 갖추었다고 봄이 상당하고, 이처럼 정기용선된 선박의 선장이 항행상의 과실로 충돌사고를 일으켜 제3자에게 손해를 가한 경우 용선자가 아니라 선주가 선장의 사용자로서 상법 제845조 또는 제846조에 의한 배상책임을 부담하는 것이고, 따라서 상법 제766조 제1항이 유추적용될 여지는 없으며, 다만 정기용선자에게 민법상의 일반 불법행위책임 내지는 사용자책임을 부담시킬 만한 귀책사유가 인정되는 때에는 정기용선자도 그에 따른 배상책임을 별도로 부담할 수 있다 할 것이다."라고 판시하였다.46)

[판례소개](대법원 2008.8.21. 선고 2007추80 판결)

甲(원고)은 옹도의 수중공사를 홍진건설로부터 하도급받았다. 소외 1로부터 예인선인 태광호와 소외 2로부터 부선인 부국호를 각 임차하여 예인선열로 조합한 다음 위 수중공사에 투입하여 자재운반 등의 작업을 수행하였다. 태광호의 선장은 소외 3이고 부선의 선두는 소외 4이었고 소외 1과 소외 2는 원고에게 위 선박과 함께 선원들을 제공하였다.

위 두 선박은 2006.4. 작업을 마치고 태광호가 안흥항으로 귀항하기 위하여 거친 파도와 강한 조류가 흐르는 시기에 부선 부국호를 선미(선박의 뒷면)에 예인하여 옹도 선착장을 출항하던 중 파도, 조류 및 급속한 변침 등의 영향으로 심한 좌현경사를 일으킨 후 복원되지 못하고 옹도 선착장 앞 해상에서 선체가 침몰하여 선장 소외 3을 포함한 선원 2명이 실종하였다.

한편, 위 각 임대차계약에는 장비 임대차계약으로 칭하고 (i) 임대료는 선원의 식대, 수당 및 기타 소모품 비용이 포함되며, (ii) 장비에 대한 정비 검사 수리는 임대인의 책임과 비용으로 행하고, (iii) 무자격자에 의한 운전으로 발생한 사고, 음주로 인한 사고, 임차인의 지시없이 장비를 가동시켜 발생한 사고, 장비의 노후로 인하여 발생한

46) 판례공보(2003), 1912면.

사고 및 조종원의 불찰로 인한 사고에 대하여는 임대인의 비용 또는 산재보험으로 처리하며 (iv) 임대장비의 운전원은 임차인의 지시에 절대 복종하여야 하고 임차인은 불응하는 운전원의 교체를 요구할 수 있다는 등의 내용이 있다.

중앙해양안전심판원(중앙해심 2007.8.2.자 중해심 제2007-12호 재결)은 원고 甲에 대하여, 원고가 이 사건 수중공사 하수급인이자 시공자로서, 또한 태광호와 부국호를 임차하여 예인선열로 조합, 공사에 투입하여 운항관리하는 선박운항자로서 (i) 악천후 상황에서 태광호 선장 소외 3이 무리하게 출항할 당시 작업반장 소외 5가 현장에 있었는데도 출항을 강력하게 제지하지 아니하였을 뿐 아니라 (ii) 선장의 자격 적격 여부를 확인하지 아니하는 등 안전관리를 소홀히 한 과실이 인정된다는 판시하였다. 나아가 앞으로 공사에 투입하여 운항관리하는 선박에 대하여 안전관리를 철저히 하도록 해양사고의조사및심판에관한 법률(해심법) 제5조 제3항의 규정에 따라 시정을 권고하는 내용의 이 사건 재결을 하게 되었다.

甲은 시정권고가 민사의 책임에도 영향을 미칠 것을 우려하여 이러한 권고재결을 취소하는 취소소송을 제기하기에 이르렀다. 甲은 자신은 정기용선자이기 때문에 선박의 운항에 대하여는 아무런 의무가 없음에도 잘못이 있다고 하여 중앙해심이 권고재결을 내린 것은 부당하다는 취지로 주장한다.

대법원은 아래와 같이 판시하였다.

(1) 태광호에 대한 위 용선계약은 선박임대차계약과 구별되는 정기용선계약으로서의 기본 요건을 갖춘 것으로 보인다. 상법상 정기용선계약에 있어서 선박의 항행 및 관리에 관련된 해기적 사항에 관하여는 선장 및 선원들에 대한 객관적인 지휘 감독권은 특별한 사정이 없는 한 오로지 선주에게 있다 할 것이다.

(2) 태광호 선장 소외 3이 안흥항으로 돌아가기 위하여 부선 선주 소외 4에게 출항 준비를 지시하자, 소외 4와 원고의 작업반장 소외 5가 소외 3에게 당시 기상 상태 및 해상상태가 악화되어 있고, 조석도 고조기에서 저조기로 넘어가는 중간으로 강한 조류가 흐르고 있어 위험하니 3시간 정도 후에 출항하는 것이 좋겠다고 권유하였음에도 소외 3은 이들의 권유를 받아들이지 않고 출항을 강행하다고 이 사건 사고가 발생하였음은 이 사건 재결도 인정한다.

(3) 당시의 기상 및 해상 상황에서 안전운항을 할 수 있는지 여부를 판단하는 것은 해기적 사항에 속하는 것이므로 해기사나 도선사 자격도 없고 항해에 관한 전문적 지식도 없이 단순 노무 또는 작업관리자에 불과한 원고의 작업반장 소외 5에게 그와 같은 사항에 관하여 선장 소외 3에게 지휘 감독책임이 있다고 보기는 어렵고(피고는 장비운전원은 원고의 지시에 절대복종하여야 한다는 취지의 위 임대차계약서 제12조에 기하여 원고에게 선박운항에 관한 안전관리책임이 있다고 주장하나, 위 제12조의 취지는 작업내용에 대한 지시를 말하는 것일 뿐 선박의 항행에 관련된 지시까지 포함하는 것으로 해석하기는 어렵다), 따라서 소외 5가 소외 3의 출항을 제지하지 않았다 하여 원고에게 이 사건 사고에 대한 책임이 있다고 볼 수는 없다 할 것이다. 또한, 선박과 함께 선장 및 선원까지도 함께 선주로부터 용선한 원고에게 선장의 자격 적격여부까지 확인할 의무가 있다고 보기도 어려우므로 원고가 태광호 선장 소외 3의 자격 적격여부를 확인하지 아니하는 등 안전관리를 소홀히 한 과실이 있다고 볼 수도 없다. 그렇다면 이 사건 재결의 근거가 된 처분사유는 모두 위법하다고 하겠다.

그러므로 원고에 대한 이 사건 권고재결은 위법하다. 중앙해심의 재결 중 원고에 대하여 시정을 권고한다는 부분을 취소하고 이 부분을 중앙해심으로 환송한다.

[판례소개](대법원 2010.4.29. 선고 2009다99754 판결)

운송인 甲은 X와 운송계약을 체결하였다. 운송인 甲은 운송계약을 이행하기 위하여 乙과 丙으로부터 각각 바지선과 예인선을 임차하여야 하였다. 丙은 예인선에 선장 이하 선원을 선임하여 관리 감독하였다. 예인선의 선장인 丁은 운송인 甲의 지시에 따라 바지선에 운송물을 싣고 바지선을 예인하던 중 진도대교 근처에서 강한 조류를 이기지 못하고 바지선과 충돌하여 바지선에 상당한 손상을 입히게 되었다.

이에 바지선의 소유자 乙이 예인선의 소유자인 丙(피고)에게 손해배상청구를 하게 되었다. 丙은 자신은 선박을 甲에게 빌려주었기 때문에 선박을 운항하던 용선자인 甲이 책임을 부담하지 자신은 책임이 없다고 주장하였다.

대법원은 아래와 같이 판시하였다.

타인의 선박을 빌려 쓰는 용선계약에는 기본적으로 선박임대차계약, 정기용선계약 및 항해용선계약이 있는데, 이 중 정기용선계약은 선박소유자 또는 선박임차인이 용선자에게 선원이 승무하고 항해장비를 갖춘 선박을 일정한 기간 동안 항해에 사용하게 할 것을 약정하고 용선자가 이에 대하여 기간으로 정한 용선료를 지급할 것을 약정하는 계약으로서 용선자가 선박소유자에 의해 선임된 선장 및 선원의 행위를 통하여 선박소유자가 제공하는 서비스를 받는 것을 요소로 하는바, 선박의 점유, 선장 및 선원에 대한 임면권, 그리고 선박에 대한 전반적인 지배관리권이 모두 선박소유자에게 있는 점에서, 선박 자체의 이용이 계약의 목적이 되어 선박소유자로부터 인도받은 선박에 통상 자기의 선장 및 선원을 탑승시켜 마치 그 선박을 자기 소유의 선박과 마찬가지로 이용할 수 있는 지배관리권을 가진 채 운항하는 선박임대차계약과는 본질적으로 차이가 있다.

이 사건 용선계약은 피고(예인선의 소유자 丙)가 그 영업의 일환으로 위 예인선들을 운송인 甲의 재킷운반작업에 제공하고 이를 위하여 자신의 피용자인 선장을 비롯한 선원들로 하여금 위 예인선들을 운항하도록 한 정기용선계약으로 봄이 상당하다(대법원 2003.8.22. 선고 2001다65977 판결).

사안에서 선장을 선임감독하는 자는 선박소유자 丙이고, 따라서 제3자에 대하여 불법행위책임을 부담하는 자는 용선자 甲이 아니라 선박소유자 丙이라고 판시한 원심의 판단을 지지한다.

2. 계약상 책임

정기용선자도 운송을 인수하면 운송인이 된다. 정기용선하에서 선하증권이 발행되면 선박소유자와 정기용선자 중에서 누가 운송인이 되는지가 문제된다.

우리나라는 전통적으로 정기용선의 법적성질을 통하여 운송인을 확정하였다. 즉, 대법원은 선박임대차유사설을 취하여 정기용선자가 운송인이 된다고 한다(대법원 1992.2.25. 선고 91다14215).

[판례소개](대법원 1992.2.25. 선고 91다14215 판결)(폴사도스호 판결)

정기용선된 선박(폴사도스호)에서 화물손상이 발생되자, 화주가 정기용선자를 피고로 손해배상청구소송을 제기하였다. 정기용선자는 선박소유자가 피고가 되어야 하고 자신은 책임이 없다고 주장하였다.

대법원은 "당사자간에 체결된 정기용선계약이 그 계약 내용에 비추어 선박에 대한 점유권이 용선자에게 이전되는 것은 아니지만 선박임대차와 유사하게 용선자가 선박의 자유사용권을 취득하고 그에 선원의 노무공급계약적인 요소가 수반되는 것이라면 이는 해상기업활동에서 관행적으로 형성 발전된 특수한 계약관계라 할 것으로서 이 경우 정기용선자는 그 대외적인 책임관계에 있어서 선박임차인에 관한 상법 제766조의 유추적용에 의하여 선박소유자와 동일한 책임을 지는 것이라 할 것이므로 정기용선자는 선장이 발행한 선하증권상의 운송인으로서의 책임을 부담한다 할 것이다. 위 정기용선계약에 있어 그 "계약이 선박임대차로 해석되지 않는다(선박임대차가 아니므로 여전히 선박소유자가 운송인이 된다)"는 내용의 기재가 있어도 이는 용선계약의 표준약관의 일부로 포함되어 있는 것으로서 그 규정만으로 용선계약의 성질이 확정되는 것이 아니며 이는 선박소유자와 용선자 사이의 계약내용을 규율함에 있어 해석의 기준이 될 수 있을 뿐 제3자의 보호를 주안으로 하는 정기용선계약의 해석론에는 별다른 영향을 미치는 것이 아니다."라고 판시하였다.[47)]

영국에서는 선장을 위하여 대리점 혹은 정기용선자가 선하증권에 서명을 하였다면, 대리의 법리에 의하여 선장은 선박소유자의 대리인이라고 보아 선박소유자가 운송인이 된다고 하였다. 또한 운송인특정약관(당해 운송에서 정기용선자가 아닌 선박소유자가 운송인이라는 취지의 약관)이 선하증권이면에 기재되어 있으므로, 전면에 다른 기재가 있다고 하여도 그 약정의 효력을 인정하여 선박소유자가 운송인이 된다고 하였다.

우리나라에서 운송인특정약관은 무효로 보지만(1992년 폴사도스호 고등법원 판결), 일본 등에서는 유효로 본다. 2003.3.13. 영국 귀족원의 Starsin판결에서 귀족원은 선하증권 이면의 운송인특정약관보다 전면의 기재사항을 우선시하여 정기용선자를 책임의 주체로 보았다.[48)]

최근에는 선하증권이 유통성을 갖는 유가증권임을 강조하여 선하증권에 나타난 문면의 표지 등을 전체적으로 보아 운송인이 누구인지를 파악하는 입장이 유력하게 전개되고 있다.[49)] 1998년 일본 쟈스민호 판결에서는 선박소유자가 선하증권상 운송인으로 책임을 부담하게 되었다. 한편, 2003년 영국의 스타신호 판결에서는

47) 이 판결은 선하증권상의 운송인이 누구인가를 확정하여야 함에도 법적성질에 의하여 정기용선자를 책임의 주체로 한 점에서 비판을 받고 있다. 이에 대하여는 김인현, 전게 박사학위논문, 132-134면을 참고 바람.

48) 여기에 대하여는 김인현, "정기용선하에서 발행된 선하증권상의 운송인의 확정과 히말라야 약관의 적용범위에 대한 영국 귀족원의 Starsin 사건(2003.3.13.)", 한국해법학회지 제29권 제1호(2007.4.), 55면 이하를 참고 바람.

49) 여기에 대하여는 김인현, 전게 박사학위논문을 참고하기 바람; 최종현, 484, 485면.

정기용선자가 선하증권상 운송인으로 책임을 부담한다고 판시되었다.

[판례소개](일본 최고재판소 1998.3.27. 일명 쟈스민호 판결)

1986년 화물선 쟈스민호에 적재되어 인도네시아에서 한국으로 운송되던 화물에 손상이 발생하였다. 선하증권 소지인인 화주의 선하증권상의 권리를 보험자 대위에 의하여 취득한 보험자 원고 X 등은, 정기용선자 피고 Y1(간사이 쉽핑)에 대하여 선하증권상 표창된 운송계약상의 채무불이행책임을 물었다. 피고 Y1은 자신은 본건 선하증권상에 표창된 운송계약상의 운송인이 아니라고 주장하였다.[50] 본선은 피고 선박소유자 Y2로부터 NYPE 서식에 따라 Y1에게 정기용선이 되었고 본건 화물의 운송은 Y1과 소외 A(항해용선자) 사이에 체결된 항해용선계약에 따른 것이었다. 본건 화물의 운송에서 발행된 선하증권은 선적항에서 A의 대리점인 소외 B에 의해 서명되었다. 그 서명은 '선장을 대신하여(for the Master)'라는 표지가 선하증권의 서명란의 하단에 있었다. 선하증권의 최상단에는 정기용선자인 Y1을 나타내는 Kansai Steamship Company Ltd Bill of Lading(회사의 로고이다)이라는 표시가 있었다. 선하증권에 일본법이 준거법으로 지정되어 있었고 디마이즈 조항[51]이 삽입되어 있었다. 제1심법원과 제2심법원은, (i) 정기용선자의 선하증권이 사용된 것에는 의미를 부여하지 않고, (ii) 용선계약의 내용에 따라 선박소유자의 대리인인 선장이 선하증권에 서명을 하였고, (iii) 디마이스 조항의 효력을 인정하여 선박소유자가 운송계약상의 책임을 부담한다고 판시하였다.

일본최고재판소는 아래와 같이 판시하였다.

(1) 소위 NYPE 서식에 기초한 정기용선계약에 의하여 용선된 선박이 운송의 목적으로 항해에 제공되고 있는 경우에, 선박에 적재된 화물에 대하여 선장이 발행한 선하증권에 있어서 선박소유자가 선하증권에 표창된 운송계약상의 청구권에 대한 채무자로 될 수 있다고 하더라도, 선하증권을 소지하고 있는 제3자에 대하여 운송계약상의 채무를 부담하는 운송인이 누구인가 하는 문제는 선하증권상의 기재를 기초로 하여 이것을 확정하는 것이 타당하다.

(i) 상법 제704조 제1항은 "선박의 임차인이 상행위를 목적으로 그 선박을 항해에 사용하는 경우에 그 이용에 관한 사항에는 제3자에 대하여 선박소유자와 동일한 권리의무가 있다."고 규정하고 있다.

(ii) 선박임대차하에서는 선박소유자로부터 선박의 인도를 받고 선박임차인이 선박을 의장하고, 선장을 선임하고 선원을 고용하며, 이들을 지휘감독함으로써 당해 선박을 전면적으로 지배하고 점유하는 것이므로 임대인인 선박소유자가 당해 선박에 적재된 화물에 대하여 운송인으로서 운송계약의 당사자로 될 여지는 없다.

(iii) 정기용선계약하에서는 선박소유자가 선박을 의장하고 선장을 선임하며 선원을

50) 또한 선박소유자 피고 Y2에 대하여는 선하증권에 표창된 운송계약상의 채무불이행책임과 불법행위책임을 물었다.

51) "본선이 간사이 쉽핑에 의해 소유 또는 나용선되지 않은 경우에는, 본건 선하증권은 간사이 쉽핑의 대리행위에 기초하여 선박소유자 또는 나용선자를 계약당사자로 하는 계약의 효력만 갖는다. 간사이 쉽핑은 본선 선박소유자 또는 나용선자의 대리인으로서만 행위하고 상기 계약에 관한 어떠한 책임도 부담하지 않는다."고 되어 있다.

고용함과 아울러 이것을 제공하는 것이고, 정기용선자는 소위 상사사항에 속하는 일정사항에 대하여 선장에게 지시·명령할 권한을 보유하지만, 선박소유자는 선장 이하 선원에 대한 지휘·감독권을 보유함으로써 당해 선박을 여전히 계속하여 지배점유한다.

(iv) 위와 같은 차이가 있으므로 정기용선자를 선박임대차와 동일시하고, 사례와 같은 정기용선계약이 있었다는 사실로부터 직접 상법 제704조 제1항(한국상법 제850조 제1항에 해당)을 적용 혹은 유추적용하여 당해 선박에 적재된 화물에 대하여 선장이 발행한 선하증권상의 기재가 어떠한지를 고려하지 않고 항상 정기용선자만이 선하증권에 표창된 운송계약상의 청구권에 대한 채무자로 되고 선박소유자는 어떠한 책임도 지지 않는다고 해석하여서는 아니된다.

(2) 본건 선하증권에 표창된 운송계약상의 청구권에 대하여 피상고인인 간사이 쉽핑이 운송인으로서 책임을 부담함을 부인한 원심의 판단은 결론에 있어서 인정할 수 있다.52)

[판례소개](영국 귀족원 2003.3.13 판결. 일명 스타신호 판결)

선박소유자로부터 정기용선자에게 스타신(Starsin)호가 정기용선되었다. 선원들의 운송물 적부불량으로 손해가 발생하였다. 정기용선자의 서식이 사용된 선하증권이 발행되었고 서명은 정기용선자의 대리인인 X가 하였다. 그 이면에는 선박소유자가 운송인이라는 취지의 운송인특정약관이 존재하였다. 정기용선자가 도산한 상태에서 화주측은 선박소유자(피고)를 상대로 손해배상청구소송을 제기하였다.

1심법원에서는 정기용선자의 서식이 사용되면서도 정기용선자가 서명한 것이므로 정기용선자가 운송인이라고 판단하였다. 항소심에서는 선하증권 이면의 운송인특정약관의 효력이 강조되어 선박소유자가 운송인으로 판시되었다. 타이핑된 문구(정기용선자의 서명)가 프린트된 문구(운송인특정약관)보다 우선적으로 적용되어야 한다는 소수의견이 제시되었다.

귀족원은 첫째, 화주 혹은 선하증권의 소지인은 이면의 내용을 읽지 않고 전면의 운송인이 누구인지를 판단할 것이므로 이면의 운송인특정약관에 무게를 두어서는 아니된다. 둘째, UCP에서 운송인의 성명은 기재하도록 되어 있다. 셋째, 타이핑된 문구가 프린트된 문구보다 우선적인 효력이 부여되는 것이 일반 원칙이라는 점을 근거로 정기용선자의 선하증권이고 따라서 정기용선자가 손해배상책임을 부담하여야 한다고 판시하였다.53)

3. 기타책임

정기용선자가 선박을 점유하고 있다면 민법상의 공작물상의 책임을 부담하게 되겠으나, 선박을 점유하고 있는 자는 통상 나용선자나 선박소유자이다. 선체용선

52) 자세한 논의는 김인현, 전게 해상법연구, 393면을 참고 바람.

53) 자세한 내용은 김인현, 전게 "Starsin", 한국해법학회지 제29권 제1호, 55면 이하를 참고 바람.

자는 점유자로서 과실책임을 부담하고, 선박소유자는 무과실의 공작물상의 책임을 부담하게 될 것이다(민법 제758조).

정기용선중인 선박의 선장이 해난구조를 하였다면, 구조료의 반액을 취하여야 할 자는 정기용선자가 된다. 선박임차인과 유사한 지위에 있는 정기용선자가 자신의 선박을 사용할 시간이 상실되었기 때문이다. 상법 제850조를 통한 상법 제889조 제1항이 적용의 근거규정이 된다.

제6 定期傭船者 및 船舶所有者의 보호

정기용선자가 선박소유자 및 운송인이 누리는 이익, 예컨대 선박소유자 책임제한제도(상법 제774조 제1항 제1호)[54]와 개별적(포장당) 책임제한제도(제797조) 및 각종 면책제도의 이익을 향유할 수 있음은 물론이다. 운송인으로서 정기용선자는 운송물에 대한 유치권과 경매권을 갖는다(상법 제807조 및 제808조).

정기용선계약의 당사자인 선박소유자와 정기용선자는 대등한 해상기업들이므로, 사적자치의 원칙에 따르면 될 것이므로 정기용선자를 특별히 보호할 필요는 없다. 그러나, 정기용선자가 가지는 선박에 대한 권리는 선박임차권 혹은 사용권이라는 채권에 지나지 않으므로 정기용선자의 지위가 불안하다고 할 수 있다. 선박임대차 유사설에 따른다면 정기용선자는 상법 제849조 제2항을 이용하여 임대차등기를 하여 선박소유자의 2중 임대차에 대항할 수 있게 된다.

선박소유자의 영업이익의 기반은 운임과 용선료이다. 정기용선계약에서 선박소유자가 용선료를 수령하지 못하게 되는 경우에는 영업에 지장을 초래하므로, 우리 상법은 정기용선자가 선박소유자에게 용선료 등에 관한 채무를 이행하지 아니한 경우에는 선장에게 운송물에 대한 유치권을 인정하고 있다(상법 제844조 제1항). 선박소유자가 운송물을 선적 후 항해 중에 정기용선자의 용선료지급이 연체가 되어 용선계약을 해제 또는 해지한 경우에는 선박소유자는 정기용선자가 적하이해관계인에 대하여 가지는 용선료 또는 운임에 대하여 질권을 설정한 것으로 본다(상법 제845조 제3항).[55] 예컨대, 정기용선자가 송하인에 대하여 운임 채권 1000만원을 가지고 있다고 한다면, 법률의 규정에 의하여 운송계약을 해제 혹은 해지한 선박소유자는 1000만원이라는 채권을 목적으로 하는 질권자가 된다는 것이다.

---

54) 손주찬, 764면; 최기원, 49면; 최종현, 132면; 이균성, 262면.
55) 최종현, 493면.

第7 제3자의 보호

선박소유자와 직접 운송계약을 체결한 송하인에 비하여 정기용선자와 운송계약을 체결한 송하인은 불리한 지위에 놓인다고 할 수 있다. 왜냐하면 채권자인 송하인의 항구에 정박 중인 운송물을 운송한 선박에 대한 가압류는 채무자인 운송인이 그 선박의 소유자인 경우에만 강제집행이 가능하고 정기용선자인 경우는 불가하기 때문이다.

그러나, 정기용선자가 발생시킨 도선료·항비채권 등이 문제되면 선박우선특권의 행사가 가능하다. 정기용선계약을 운송계약의 일종으로 이해한다면, 정기용선계약은 선박임대차의 성격을 갖지 않으므로 상법 제850조 제2항을 준용할 수 없으나, 정기용선계약을 선박임대차와 유사한 것으로 본다면, 상법 제850조 제2항을 정기용선자에게도 적용할 수 있고 채권자는 선박우선 특권을 행사하여 채권을 발생시킨 선박에 대하여 권리를 행사할 수 있다.[56] 그러므로, 정기용선자가 도선료를 지급하지 않은 경우에도 도선료채권자는 상법 제777조의 선박우선특권을 행사하여 선박을 임의경매할 수 있게 된다.[57]

대법원은 비록 명문의 규정은 없지만 선체용선계약에 적용되는 상법 제850조 제2항을 정기용선계약에도 유추적용했다.[58] 도선이나 예선의 경우에 정기용선자가 채무자라도 선박우선특권을 채권자는 그 채권이 발생한 선박에 행사가 가능하다.

[판례소개](대법원 2019.7.24.자 2017마1442 결정)

이 사건 용선자는 선박소유자로부터 한국선적의 선박을 정기용선한 자인데, 인천항에 입항하면서 이 사건 예선회사들의 예선서비스를 이용하고는 예선료를 지급하지 않았다. 이에 예선회사들은 이 사건 예선료 채권이 상법 제777조 제1항 제1호에서 정하는 선박우선특권에 해당한다고 주장하면서 위 예선료 채권을 피담보채권으로 하여 인천지방법원에 이 사건 선박에 대한 선박임의경매신청을 하였다. 법원은 이를 받아들

---

56) 손주찬, 768면; 김인현, "정기용선자가 발생시킨 채권의 선박우선특권성립여부", 상사법연구 제37권 제2호(2018), 351면 이하가 있다.

57) 우리나라에서는 이러한 판례를 찾아보기 어렵다. 일본에서 나온 판결로서 정기용선자에게 선박연료유를 공급한 업자가 연료유 대금을 선박우선특권으로 하여 일본상법 제704조 제2항<우리 상법 제766조 제2항>을 근거로 선박을 압류하였다. 이에 대하여 선박소유자가 압류정지가처분 신청을 하였으나 기각되었다. 高松高裁 昭和 60.4.30., 金融法務事情 No. 1117 (1986.3.25), 38頁.

58) 일본 개정상법은 선체용선의 선박우선특권규정인 상법 제703조 제2항을 정기용선규정인 제707조에서 준용하여 이 문제를 입법적으로 해결했다.

여 선박임의경매개시결정을 하였다. 이에 선박소유자가 "이 사건 용선계약은 정기용선계약이므로 선체용선계약에 관한 규정인 상법 제850조 제2항, 제1항 등이 적용될 여지가 없으므로 피항고인들이 용선자에 대하여 선박우선특권을 가진다 하더라도 선박소유자에 대하여는 그 효력이 없다."라고 주장하며 경매개시결정에 대한 이의를 신청하였다. 제1심 법원은 경매이의신청을 기각하였고, 제2심법원은 경매이의신청을 인용하여 경매개시결정을 취소하였다. 예선회사들은 대법원에 재항고하였다.

대법원은 "정기용선계약은 선체용선계약과 유사하게 용선자가 선박의 자유사용권을 취득하고 그에 선원의 노무공급계약적인 요소가 수반되는 특수한 계약관계로서 정기용선자는 다른 특별한 사정이 없는 한 화물의 선적, 보관 및 양하 등에 관련된 상사적인 사항의 대외적인 책임관계에 선체용선에 관한 상법 제850조 제1항이 유추적용되어 선박소유자와 동일한 책임을 부담한다. (중략) 상법은 선박채권자를 보호하기 위하여 제850조 제2항을 두어 선박우선특권은 선박소유자에 대하여도 효력이 발생하고 그러한 채권은 선박을 담보로 우선 변제를 받을 수 있도록 하였다. 이와 같은 선박채권자 보호의 필요성은 선체용선과 정기용선이 다르지 않다."라고 판시하였다. 결국 이 사건 예선료 채권은 상법 제777조 제1항 제1호의 우선특권 있는 채권으로서, 정기용선계약인 이 사건 용선계약에 상법 제850조 제2항이 유추적용됨에 따라 예선료 채권자인 재항고인들이 이를 피담보채권으로 하여 이 사건 선박에 대하여 경매를 청구할 수 있게 되었다.

우리 상법은 정기용선중인 선박에서 운송물을 선적한 후 선박의 항해 중에 선박소유자가 계약을 해제 또는 해지한 경우에, 선박소유자는 적하이해관계인에 대하여 정기용선자와 동일한 운송의무를 부담한다(상법 제845조 제2항)고 함으로써 적하이해관계인을 보호한다. 이에 반하여, 선박소유자는 정기용선자에 대한 용선료 기타 이와 유사한 정기용선계약상의 채권을 담보하기 위하여 정기용선자가 적하이해관계인에 대하여 가지는 용선료 또는 운임의 채권을 목적으로 질권을 설정한 것으로 본다(상법 제845조 제3항)는 것은 앞에서 본 바와 같다.

정기용선계약을 운송계약으로 이해하는 입장에서는 정기용선자가 화주와 운송계약을 체결하게 되면 이는 재운송계약이 되므로 상법 제809조에 따라 선장의 직무의 범위에서 상법 제794조와 제795조의 규정에 의한 책임을 선박소유자도 정기용선자와 함께 부담하게 되므로 적하이해관계인이 보호된다고 설명한다.[59)]

59) 채이식, 251면.

[보론] 정기용선계약의 법적 성질의 유용성

1. 의 의

정기용선의 대내적 법률관계는 용선계약서 내용에 따라 처리된다. 그렇지만, 제3자에 대한 관계는 법률의 규정에 의하여 처리되어야 하는데, 불행하게도 우리 상법은 규정이 없다. 이런 경우 기존의 법률규정을 준용하거나 유추적용하는 방법이 사용된다.

상법 제850조는 선체용선계약에 적용되는 규정이다. 선체용선계약의 경우 선체용선자가 선박소유자 대신으로 권리와 의무를 부담한다. 만약, 정기용선계약의 법적 성질이 선체용선자와 유사하다면 상법 제850조가 유추적용된다.

1992년 우리 대법원은 정기용선계약의 법적 성질은 선체용선계약과 유사하다고 보아 상법 제850조를 유추적용하여 선하증권상 책임의 주체를 정기용선자로 보았다. 그런데, 2003년 예인선판결에서 선박충돌의 책임주체는 선박소유자로 판단하였다. 만약, 1992년 폴사도스 판결이 그대로 적용되었다면, 정기용선자가 책임의 주체가 되었을 것이다. 이 판결은 해기상사구별설을 취한 것으로 이해된다.

그렇다면, 대법원은 더 이상 정기용선계약의 법적 성질은 선박임대차와 유사하다고 보지 않는 것인지 하는 의문이 생겼고, 상법 제850조의 유추적용이 부인되고 법적성질론에 대한 무용론까지 대두되었다.

2. 선박임대차유사설의 활용

그렇지만, 정기용선의 법적성질은 여전히 선박임대차와 유사한 것이고 해기상사구별설도 여전히 선박임대차의 일부라고 보아야 한다는 것이 필자의 견해이다. 상사사항은 정기용선자가, 해기사항은 선박소유자가 담당하고 책임을 부담하는 것이 정기용선계약의 내용이다. 선박소유자가 선장을 선임하고 관리감독하므로 완전한 점유가 정기용선자에게 넘어오지 않는 것은 사실이다. 그렇지만, 상사사항에 대하여는 정기용선자의 지시를 선장이 수용하여야 한다. 그렇기 때문에 상사사항부분에 대하여는 정기용선자가 책임을 부담하는 것이 맞다. 결국, 정기용선계약은 선박임대차와 동일하지는 않지만 유사하여 상법 제850조를 유추적용할 수 있다고 보아야 한다.

선박임대차(선체용선) 계약에서는 용선자가 선박을 인도받아 자신의 목적으로 사용한다. 용선자는 선박에 대한 완전한 점유권과 사용권을 가진다. 운송계약에서는 반드시 선박을 빌려올 필요가 없다. 선박에 대한 사용권과 점유권을 전혀 가지지 않아도 된다. 정기용선 계약에서 항해사항은 선박소유자가 가지지만, 상사사항은 선장에 대한 지시권을 통하여 정기용선자가 가진다. 정기용선계약에서는 사용권은 용선자가 가지지만 점유권은 가지지 않는 것이 원칙이다. 그러나, 용선자의 선장지휘권이 상사사항에 미치므로 용선자는 점유권과 유사한 효력을 가진다. 그러므로, 정기용선계약의 법적성질은 운송계약과 선체용선계약의 중간보다 더 선체용선계약에 가까이 있다고 보아야 한다.

항해사항과 관련된 제3자에 대한 책임은 선박소유자가 부담하고, 상사사항이 있으므로 관련된 제3자에 대한 책임은 정기용선자가 부담하고 권리도 가진다고 해석이 되어야 한다. 전자는 선박충돌이 좋은 예가 된다. 민법 제756조가 그 근거규정이 된다. 후자는 해난구조료 청구권자가 하나의 예이다. 정기용선된 선박이 해난구조를 한 경우 구조료를 누가 취해야 하는가? 이는 선박의 시간의 사용과 관련되므로 상사사항이라고 보아야 한다. 따라서 상법 제850조를 유추적용하여 정기용선자에게 청구권이 주어진다.

정기용선자가 발생시킨 선박채권의 경우 선박우선특권이 주어지는지가 문제된다. 정기용선자에 대하여 도선사나 예인선 사용료 채권을 가지는 자가 선박우선특권을 행사할 수 있는가? 우리 상법에는 규정이 없다. 선박의 입출항이라는 상사사항에 관계되므로 선박임대차유사설의 입장에서 상법 제850조 제2항이 유추적용이 가능하여 그와 같은 선박채권자는 선박우선특권을 행사할 수 있는 지위에 있게 된다고 해석된다(대법원 2019.7.24.자 2017마1442 결정).[60)]

확실한 방법은 정기용선에 대한 대외적 책임에 대하여 상법 제850조를 준용한다는 근거규정을 두는 것이다.[61)]

---

60) 이 판결에서 대법원은 예선업자는 요청된 예선서비스를 거부할 수 없는 의무를 부담한다는 점도 보호의 근거로 삼았다. 그러므로 도선사 및 예선의 경우에 이 판결이 적용되지만 다른 경우에는 적용이 없다는 반론도 가능하다.

61) 일본 2019년 개정상법은 정기용선자가 채무자가 되는 경우에 선박우선특권을 인정하는 입법을 했다(제707조).

제 4 절 航海傭船契約

제1 序

항해용선계약은 선박소유자가 용선자에게 선박을 항차동안 사용하게 하고 그 대가로 선박소유자는 용선자로부터 용선료를 지급받기로 하는 계약이다. 항해용선계약에는 두 가지 형태가 있다. 첫째, 운송형이다. 항해용선자가 자신의 화물을 싣는 경우(운송형 항해용선; 식료품회사가 밀을 1만톤 수입하는 경우 등)에는 그 자신이 화주가 되어 더 이상의 용선관계는 없게 된다. "화주로서 항해용선자"로 표현할 수 있다.[62] 둘째, 기업형이다. 항해용선자가 자신의 선복을 이용하여 자신이 선박소유자의 입장에서 용선자와 다시 용선을 체결하게 되는 경우가 있다. 이때 항해용선자는 해상기업의 주체가 된다. 일반적인 경우는 전자의 경우이다. 즉, 화주로서의 항해용선자를 보통은 용선자라고 한다. 이때의 용선자는 개품운송계약에서 송하인에 해당하게 된다. 본장에서는 전자의 용선자만 논하고, 후자(기업형 항해용선)는 재용선에서 논하기로 한다.[63]

제2 법적 성질 및 구별개념

1. 법적 성질

항해용선의 법적 성질은 항해용선계약의 내용에서 정하여진다. 그런데, 항해용선도 일종의 용선이므로, 선박을 용선자가 빌려간다는 소위 임대차의 성질을 얼마간 가지고 있다. 그러나, GENCON과 같은 항해용선계약의 내용을 주의깊게 보면, 화물 얼마를 어디에서 어디까지 운송함에 한 항차동안 선박을 빌리고 그 대가인 운임은 화물량에 따라 계산한다고 하므로, 이는 실질에 있어서는 운송계약으로 볼 수 있다. 전형적인 운송계약인 항해용선자는 선박을 자신이 한 항차 동안 자유로이 사용할 수 있지만 개품운송계약에서 송하인은 그렇지 못하다는 점에서

---

62) "운송형"이라는 취지는 자신의 화물을 운송하기 위하여라는 뜻이다.

63) 일본 상법은 개품운송과 항해용선계약을 함께 규율하고 있으나(제3편 제3장 제1절), 중국 해상법은 이를 분리하여 규율한다(제4장 제7절, 제92조~제101조).

서로 다르다. 그러나, 화주로서의 항해용선자는 선박을 재운송에 사용하지 않으므로 이 경우의 항해용선은 운송계약으로 보아도 무리는 없다.64)

2. 구별개념

(1) 定期傭船과 航海傭船

기업형 정기용선과 기업형 항해용선, 운송형 정기용선과 운송형 항해용선을 비교하여 본다. 기업형 정기용선과 기업형 항해용선은 양자가 모두 자신이 해상기업으로서 운송인이 될 수 있다는 점에서 동일하다. 운송형 정기용선과 운송형 항해용선은 더 이상 용선계약이 체결되지않고 용선자 자신이 화주의 지위를 겸하고 있다는 점에서 동일하다.

흔히 구별개념의 대상이 되는 것은 기업형 정기용선(선박소유자→정기용선자→화주)과 운송형 항해용선(선박소유자→항해용선자)이다. 즉, 정기용선자가 선박을 선박소유자로부터 빌려서 자신이 운송인이 되는 경우와 선박소유자가 바로 화주와 운송계약(항해용선계약)을 체결한 것이다. 선원이 갖추어진 선박을 용선하는 것은 정기용선과 항해용선 모두 동일하다. 다른 점은 아래와 같다. 첫째, 항해용선계약에 있어서는 항해사항과 상사사항 모두를 선박소유자가 담당하는 점에서, 상사사항에 대한 사용지시권을 용선자가 갖는 정기용선계약과 다르다. 둘째, 적양하항에 대한 범위가 항해용선계약에는 정하여져있으나, 정기용선계약에서는 그 범위가 정하여져 있지 않다. 셋째, 정기용선계약은 선박을 일정한 기간 동안 빌려주므로 용선료지급중단(off-hire)이라는 개념이 존재하나, 항해용선계약은 한 항차동안 선박을 빌리므로 정박기간, 조출료 및 지체료의 개념이 있다. 넷째, 정기용선계약은 선박전체(선복)를 일정기간 임차하는 것으로서 용선료의 산정의 기초는 기간임에 대하여, 항해용선계약은 일정량의 화물의 운송에 대한 약정으로서 운임의 산정도 화물의 수량으로 정한다. 다섯째, 선박에 대한 점유를 통한 어떠한 지배관리권도 항해용선자는 가지지 못한다(화주로서의 용선자). 다만 자기가 이용하도록 되어 있는 선복에 해당하는 양에 대하여 다른 자와 항해용선계약을 체결하여 운송인의 지위에 있는 항해용선자가 될 수 있다(이는 기업형 항해용선이 된다). 이 점에서 완전한 도급인 개품운송계약과 다르다. 여섯째, 항해용선계약에서는 용선료가 정기용선과 달리 기간이 아니라 운송되는 화물의 양에 따라 결정되므로, 선박소유자로서는 화물 적재량이 중요한 관심사항이고, 선적항이나 양륙항에서의 체선

64) 이균성, 368면; 정찬형(하), 996면; 최종현, 82면.

을 피하고자 한다.

(2) 航海傭船과 個品運送

개품운송계약은 개개의 물품의 운송을 운송인이 인수하고 이에 대한 대가로 화주(송하인)가 운임을 지급하는 전형적인 운송계약이다. 일정한 일의 완성을 계약의 주된 내용으로 하므로, 전형적인 도급계약이다. 송하인은 운송인에 대하여 완전히 수동적인 지위에 있다. 그런데, 항해용선계약은 화물의 운송을 위하여 선박을 빌려주는 형식의 운송계약으로서 선적기간이나 양륙기간 등의 조정이나, 계약의 한계내에서는 다시 운송인이 될 수 있다는 점에서 도급계약의 성질이 약화되어 있다. 항해용선계약에서 하역작업은 용선자가 부담하나, 개품운송계약에서는 운송인이 부담한다. 개품운송계약에서는 보통거래약관인 선하증권이 사용되지만 항해용선계약에서는 표준서식이 사용된다.

3. 航海傭船契約의 성립

항해용선계약의 당사자는 선박소유자와 용선자(화주)가 된다. 선박소유자에는 선체용선자, 정기용선자 그리고 재용선자(운송인으로서의 항해용선자)가 포함된다. 여기의 용선자는 화주를 말하고 개품운송계약에서 송하인에 해당하는 자이다.[65]

선박소유자와 항해용선자와의 권리의무관계는 당사자 사이의 약정에 의하여 정하여진다. 주로 사용되는 용선계약서는 Gencon이다. 이것은 표준된 서식에 지나지 않고 보통거래약관이 아니므로 약관규제에 관한 법률의 적용을 받지 않는다고 해석된다.[66] 당사자 사이의 약정이 없는 경우에는 상법의 항해용선규정이 적용된다. 항해용선자가 다시 운송인이 되는 경우에는 선박소유자와 제1항해용선자 사이에는 이들도 항해용선계약이므로 선박소유자는 제1항해용선자에 대하여 조출료지급의무, 감항성확보의무를 각각 부담한다고 본다.[67]

대법원 2019.11.14. 선고 2017다224807 판결에서는 항해용선계약상 준거법인 영

---

65) 동지, 최종현, 381면. 이를 자세히 보면 다음과 같다. (i) 선박소유자 - 항해용선자, (ii) 선박소유자-(나용선계약)-나용선자-(항해용선계약)-항해용선자, (iii) 선박소유자-(정기용선계약)-정기용선자-(항해용선계약)-항해용선자.

66) 그러나, 이를 약관으로 보는 하급심 판례도 있고, 개별약정이 있는 것으로 보아 약관규제법의 일부규정의 적용이 배제되는 것으로 해석하는 견해도 있다. 자세한 설명은 최세련, "해상운송계약에서의 약관규제법의 적용", 한국해법학회지 제31권 제1호(2009.4.), 76면이 있다.

67) 이 경우에는 선박소유자-(항해용선계약)-제1항해용선자(운송인)-(항해용선계약)-제2항해용선자(화주)의 구조가 된다.

국법에 따라 당사자의 의사를 해석하여 선복확약서 중 용선자로 서명한 자를 계약당사자로 해석하였다.

제3 대내관계

선박소유자와 용선자의 법률관례에 대하여 우리 상법은 항해용선계약에 대한 규정을 개품운송계약 다음에 배치하고 개품운송 계약내용을 준용하는 태도를 취하고 있다.

1. 船舶所有者의 권리와 의무

선박소유자는 항해용선자에게 약정된 기간 동안 선박을 사용할 수 있게 하여주어야 할 의무를 부담한다. 선박소유자는 감항능력을 갖춘 선박을 제공하여야 함은 물론이다(제841조, 제794조). 이때 제공되는 선박의 항해사항과 상사사항은 모두 선박소유자가 부담하므로, 선박소유자는 유능한 선원을 승선시키고, 선박연료유를 보급하고, 도선사비, 기타 항비를 모두 부담하여야 한다. 선박소유자는 선박 사용을 제공한 대가로 용선료(운임)를 수령하게 된다.

선박소유자는 운송인으로서 감항능력주의의무와 상사상의 주의의무를 부담한다. 그리고, 선박이 선적준비를 완료하면 즉시 선적준비완료통지서를 용선자에게 보내야 한다(상법 제829조 제1항). 선박소유자는 운송인으로서 용선자에 대하여 운송물의 수령, 선적, 보관, 양륙 및 인도에 대하여 주의의무를 부담한다(상법 제795조 제1항, 상법 제841조).

2. 航海傭船者의 권리와 의무

항해용선자는 선박소유자에 대하여 선박을 사용하게 하여줄 것을 요구할 수 있다. 또한 항해용선자는 선박사용의 대가로 용선료(운임)를 지급할 의무가 있으며, 용선계약상 안전항(safe port)을 지정하여 줄 의무가 있다(Gencon 제1조). 항해용선자는 원용선계약의 범위내에서 재용선을 하여 자신이 운송인이 될 수 있다(기업형 항해용선). 이 경우 운송인으로서 항해용선자는 선장에게 선하증권을 발급할 것을 요구할 계약상 권리가 있다.

3. 장기항해용선계약

통상 항해용선계약은 한번으로 끝이 난다. 한 항차를 하고 나면 또 다른 항해용선계약의 이행에 선박이 투입된다. 그런데, 대량화주와 선박소유자는 동일한 선박을 동일한 화물을 실으나르는 계약을 체결한다. 이를 CVC계약이라고 한다.

일반 항해용선계약에서는 화주가 선박소유자로부터 선박을 한 항차 빌려서 운송을 하는 것이다. 선박소유자가 운송인이 되고 화주는 용선자가 된다. 장기항해용선계약에서는 일정한 량의 화물을 싣도록 화주와 선박소유자 사이에 장기적인 운송계약을 체결하는 것이다. 화주는 용선자, 선박소유자는 운송인이 된다.

이때 운임의 지급방식이 달라진다. 전자의 경우는 한 항차당 운임이 정해지는데, 후자의 경우는 10년 혹은 5년의 전체 운항비 등을 고려해서 일정한 수익을 보장해주는 선에서 운임이 매년 정해진다.

의무와 책임은 항해용선계약과 동일하다. 운송인으로서의 책임은 선박소유자가 부담하고 운임과 비용의 지급은 화주가 부담한다.

제4 대외관계

항해용선계약에서의 대외관계란 항해용선중에 발생한 운송계약상의 책임과 불법행위책임을 선박소유자와 항해용선자중 누가 부담하는가의 문제이다.

운송형 항해용선계약에서 항해용선자는 화주의 지위에 있다. 그러므로, 선원과는 사용자·피용자 관계에 있지 아니하므로, 선원의 불법행위에 대하여 항해용선자가 사용자책임을 부담하는 일은 없고 다만, 자신이 제공한 화물에 문제가 있어 다른 화물이나 선박에 손상을 야기한 경우에는 항해용선자가 불법행위책임을 부담한다. 운송형 항해용선계약에서 계약상·불법행위상의 책임을 부담하는 자는 선박소유자이다.

기업형 항해용선에서 항해용선자(재운송인)가 운송인이 되어 선하증권을 발행한 경우에는 항해용선자가 운송계약상의 책임을 부담하게 된다. 이 경우 상법 제809조의 규정에 따라 일정한 범위 내에서 선박소유자도 운송인인 항해용선자와 함께 연대책임을 부담한다.

제5 船舶所有者 보호수단

선박소유자는 운송인으로서 포장당책임제한, 선박소유자책임제한, 항해과실면책 등의 이익을 향유할 수 있다.

운송인인 선박소유자는 운송 중인 운송물에 대하여 유치권을 행사하여 항해용선자에 대하여 운임채권을 확보할 수 있다(상법 제807조, 제841조).

운송인이 아닌 선박소유자는 운송인인 정기용선자에게 청구하여야 하는 용선료를 항해용선자(화주)에게 청구할 수 없다(대법원 1998.1.23. 선고 97다31441 판결).[68] 다만, 정기용선계약의 경우에 정기용선자가 운송계약을 체결하여 정기용선료 등 채무를 이행하지 아니하는 경우에는 제807조와 제808조의 유치권과 경매권의 행사가 가능하다. 그러나 정기용선자가 발행한 선하증권을 선의로 소지한 자에게는 대항하지 못한다(상법 제844조).

항해용선자의 운송인에 대한 채권은 2년의 단기제척기간에 걸리므로(상법 제840조) 이러한 한도에서는 운송인은 보호된다. 그 외에 운송인인 선박소유자는 포장당 책임제한제도의 이익을 원용할 수 있다.

제6 航海傭船者 보호수단

화주로서의 항해용선자를 보호한다는 것은 곧 적하이해관계인을 보호한다는 의미이다. 개품운송계약에서 송하인 등 적하이해관계인을 보호하는 것과 같다. 항해용선자는 자신의 화물의 손상에 대하여는 운송인에게 손해배상청구를 할 수 있음은 당연하다.

1991년 개정전 상법에서 선하증권상의 운송인이 선박소유자인 경우에는 화물손실에 대하여 항해용선자는 선박우선특권을 발생시키는 채권을 가지는 것이 되어 선박을 임의경매할 수 있었다(1991년 개정전 상법 제861조 제1항 4호 후단; 개정상법 제777조 제1항 4호 후단). 그러나 1991년 상법개정으로 화물의 손해에 기인한 채권은 선박우선특권에서 제외되었다. 다만, 선박충돌로 인한 화물손해는 여전히 선박우선특권이 되는 채권이다.[69]

---

68) 선박소유자-(정기용선계약)-정기용선자(운송인)-(항해용선계약)-항해용선자(화주)인 경우이다.

69) 채이식, 383면.

운송인이 선체용선자인 경우에도 상법 제850조 제2항을 이용하여 선박소유자가 운송인인 경우와 마찬가지로 선박우선특권의 행사가 가능하다. 항해용선자가 발생시킨 채권으로는 운송물 손해배상채권이 있지만, 이는 우리 법상 선박우선특권을 발생시키지는 않는다. 그러나, 일본이나 파나마법으로는 가능하므로 송하인은 운송물을 적재하였던 선박에 대하여 우선특권을 행사하여 보호된다.

상사채권은 소멸시효가 5년이다. 그런데, 우리 상법은 용선계약과 운송계약에 관련된 채권과 채무의 제척기간을 공히 1년으로 하였다. 운송인의 채권이 1년의 단기 제척기간에 걸리는 것은 항해용선자에게 유리한 제도라고 할 수 있다. 그런데, 2007년 개정상법은 항해용선에서의 제척기간을 2년으로 연장하였다(개정상법 제840조).

제7 再運送契約

1. 의 의

재운송계약이란 주운송계약이 있고 주운송계약에서 주운송인의 상대방이 제2의 운송계약(재운송)을 체결하는 것을 말한다. 예컨대, 선박소유자 → (항해용선계약) → 항해용선자 → (항해용선계약)(개품운송계약) → 송하인(혹은 용선자)의 경로를 거쳐서 선박이 운송에 제공되었다면, 선박소유자와 항해용선자가 체결한 계약은 주운송계약이 되고, 항해용선자와 송하인이 맺은 계약은 제2의 운송계약 즉, 재운송이 된다. 이때 항해용선자는 재운송인이 된다(기업형 항해용선).[70]

1991년 개정상법은 '재운송계약과 선박소유자의 책임'이라는 표제하에 "용선자가 자기의 명의로 제3자와 운송계약을 체결한 경우에는 그 계약의 이행이 선장의 직무에 속한 범위안에서 선박소유자도 그 제3자에 대하여 제787조와 제788조의 규정에 의한 책임을 진다."고 정하고 있었다(상법 제806조).[71]

원래 상법 제806조는 기업형 항해용선에서 항해용선자와 운송계약을 체결한 제3자인 송하인을 보호하기 위하여 해산(海産)을 갖는 '선박소유자만'이 책임의 주체

70) 함부르크 규칙에 의하면 선박소유자는 실제운송인(actual carrier), 항해용선자는 계약운송인(contractual carrier)이 된다. 그러나, 상법 제806조에서의 재운송인의 개념은 함부르크 규칙의 계약운송인보다 좁은 개념이다.

71) 개정전 상법 제806조는 '재운송계약과 선박소유자의 책임'이라는 표제하에 "용선자가 제3자와 운송계약을 체결한 경우에도 그 계약의 이행이 선장의 직무에 속한 범위내에서는 선박소유자만이 그 제3자에 대하여 책임을 진다. 이 경우에도 선박소유자는 제746조 또는 제747조의 규정에 의한 권리를 행사할 수 있다."고 하였다.

가 되도록 한 규정이었다.72) 그런데, 1991년 상법개정에서 '선박소유자도'로 개정하면서 제806조의 용선자에 정기용선자도 포함되는지에 대하여 학설의 대립이 첨예하다.73)

2. 적용요건

(1) 1991년 개정상법

첫째, 주운송계약이 존재하여야 한다. 본조는 재운송의 경우에 주운송인에 해당하는 선박소유자에게 법정책임을 부과하는 것이므로, 주운송계약이 없으면 본조가 적용되지 않는다.

둘째, 주운송계약에서 상대방이 송하인(개품운송계약) 혹은 용선자(항해용선계약)와 최종적으로 운송계약을 체결하여야 한다. 재운송의 경우에만 본조가 적용되기 때문이다. 주운송계약에서 상대방은 이제 재운송인이 된다.

셋째, 주운송계약에서 상대방은 항해용선자 및 이와 유사한 지위에 있는 자라야 한다. 본조는 기업으로서의 물적 혹은 인적설비를 갖지 못하는 항해용선자가 운임의 차액을 목적으로 투기적으로 다시 송하인 혹은 화주로서의 용선자와 운송계약을 체결한 경우에 제3자인 적하이해관계인을 보호하기 위한 것으로 해석되기 때문이다. 이러한 사견에 따르면 주운송에서 상대방이 나용선자나 정기용선자인 경우에는 본조의 적용은 없다.74) 75) 정기선에서 최근에 나타난 슬로트(스페이스)용선의 법적 성질은 정기용선과 항해용선의 중간적인 것이다. 이는 해상기업들 사이의 선복의 이용으로서 입법 목적상 본조의 적용이 없다고 생각한다.

넷째, 용선자(재운송인)가 재운송을 체결한 경우에 그 계약의 이행이 선장의 직무에 속한 범위안에서 상법 제787조 및 제788조의 규정에 의한 책임을 선박소유자가 부담한다. '선장의 직무에 속한 범위'는 당직근무, 선박의 조종, 선하증권의 발행, 운송물의 보관 및 인도 등이 이에 해당할 것이다. 사실상 운송물과 관련한 사고에서 그 원인이 선장의 직무에 속하지 않는 범위를 찾기는 쉽지 않다.

---

72) 배병태, 261면. 반대 이균성, 834면.

73) 여기에 대한 자세한 논의는, 김인현(해상법), 493면 이하; "상법 제806조의 적용에 대한 법적 검토", 한국해법학회지 제24권 제1호(2002.4.), 193면 이하를 참고 바람.

74) 동지 서돈각·정완용, 584면; 박용섭, 303면.

75) 채이식 교수는 화주를 보호하기 위하여 정기용선자가 화주와 운송계약을 체결한 경우에도 상법 제806조를 적용하여 선박소유자가 연대책임을 부담하여야 한다고 한다. 채이식, 341면; 동일한 취지의 하급심판결로는 부산지법 1998.6.3. 선고 96가합17786 판결이 있다. 김동훈 교수는 동일한 결론을 취하면서 구상관계를 간이화하기 위하여 정기용선에도 제806조를 적용한다고 한다. 김동훈, 전게논문, 39면.

[판례소개](서울지법 2001.3.9. 선고 2000가합19750 판결)

원고 성안물산은 중국의 대외무역공사와의 사이에 조기를 수입하는 내용의 계약을 체결하였다. 대외무역공사는 위 수출계약을 이행하기 위하여 운송주선인인 소외 외리국제화운과 사이에 해상운송계약을 체결하였다. 외리국제화운은 다시 피고 고려해운과 사이에 해상운송계약을 체결하였다. 원고는 화물손상사고에 대하여 피고는 선박소유자로서 상법 제806조 및 제788조에 의하여 손해배상책임이 있다고 하면서 소를 제기하였다.

서울지법은 "원고의 주장의 상법 제806조, 제788조에 기한 손해배상책임에 관하여 보건대, 이는 적어도 원고와 피고 고려해운 사이에 직접적인 운송계약이 체결되었거나, 운송주선인인 외리 국제화운과 피고 고려해운 사이에 항해용선계약이 체결되었음을 전제로 인정될 수 있다고 할 것인데, 위와 같은 계약이 체결되었음을 인정할 아무런 증거가 없는 이 사안에 있어서 그 책임을 논할 수 없다."고 하면서 원고의 청구를 기각하였다.

(2) 2007년 개정상법

그런데, 2007년 개정상법은 제806조를 제809조로 변경하고 표제를 항해용선자 등의 재운송계약시 선박소유자의 책임이라고 한 다음, 항해용선자 또는 정기용선자가 자기의 명의로 제3자와 운송계약을 체결한 경우에는 그 계약의 이행이 선장의 직무에 속한 범위 안에서는 선박소유자도 그 제3자에 대하여 제794조 및 제795조의 규정에 의한 책임을 진다고 한다.

따라서, 적용요건은 아래와 같이 달라지게 되었다. 둘째 요건에서, 개정상법은 운송계약을 개품운송계약과 항해용선계약으로 구분하였고, 제809조는 개품운송계약의 편에 위치하고 항해용선계약편에서는 준용규정이 없기 때문에 제809조는 개품운송계약에만 적용된다. 따라서, 선박소유자 → 정기용선자 → 화주로서의 항해용선자로 용선이 이어지는 경우에는 적용이 없게 된다. 이것은 입법의 미비일 수도 있고,[76] 용선계약에서는 당사자의 자치가 보장되므로 법이 특별히 보호할 필요가 없기 때문일 수도 있다. 아래와 같이 적용범위를 정기용선에까지 확대하는 반대급부로서 그 적용범위를 줄였다고 볼 수 있다.

셋째 요건에서, 개정상법은 입법적으로 정기용선의 경우에도 제809조를 적용한다고 정하였다. 그러므로, 이론적인 다툼에도 불구하고 이제는 정기용선자가 운송인이 되는 경우에도 선박소유자는 운송인과 함께 제809조하의 법정책임을 부담하게 되었다. 따라서, 항해용선자가 운송인이 되던 아니면 정기용선자가 운송인이 되던 관계없이 제809조가 적용되어 선박소유자는 책임을 부담하게 된다.

---

76) 동지 최종현, 387면.

선체용선자가 운송인이 되는 경우에는 대법원의 판례(2004.10.27. 선고 2004다7040 판결)에 따르면 선체용선자는 오히려 선박소유자의 지위에 있으므로, 선체용선자가 운송인이 되는 경우에 제809조의 적용은 없게 된다. 슬로트 용선의 경우에도 이론적인 논란과 무관하게 선박소유자→슬로트 용선자→송하인의 경우에도 제809조가 적용되어 선박소유자가 제809조하의 책임을 부담하게 된다.

[판례소개](대법원 2004.10.27. 선고 2004다7040 판결)

문제의 선박은 선박소유자 L→제1 나용선자 C→제2 나용선자(피고)→항해용선자 C→일부항해용선자 A→ 일부항해용선자 URM으로 용선이 이어지고 화주와 항해용선계약이 체결되었다. 운송물 손상에 대하여 화주가 상법 제806조(개정상법 제809조)에 근거하여 제2나용선자를 피고로 소를 제기하자 피고는 제806조의 책임을 부담하는 자는 선박소유자이고 자신은 나용선자에 지나지 않는다고 주장하면서 책임을 부인하였다. 원심은 이를 인정하였다.

대법원은 "1. 재용선계약의 경우, 선주와 용선자 사이의 주된 용선계약과 용선자와 재용선자 사이의 재용선계약은 각각 독립된 운송계약으로서 선주와 재용선계약의 재용선자와는 아무런 직접적인 관계가 없다 할 것인바, 재용선계약 등에 의하여 복수의 해상운송 주체가 있는 경우 운송의 최종수요자인 운송의뢰인에 대한 관계에서는, 용선계약에 의하여 그로부터 운송을 인수한 자가 누구인지에 따라 운송인이 확정되는 것이고, 선하증권의 발행자가 운송인으로 인정될 개연성이 높다하겠지만, 그렇다고 하여 선하증권 발행사실만으로 당연히 운송인의 지위가 인정되는 것은 아니다. 창진교역 및 서림수산과 운송계약을 체결한 운송인은 피고가 아니라 URM이라고 본 원심의 판단은 수긍이 간다. 2. 이 사건 선박의 소유자를 L로 본 원심의 사실인정은 정당하다. 그러나, 선박의 소유자가 선박임대차계약에 의하여 선박을 임대하여주고, 선박임차인은 다른 자와 항해용선계약을 체결하여 그 항해용선자가 재용선계약에 의하여 선복을 제3자인 재용선자에게 항해용선하여 준 경우에 선장과 선원에 대한 임면 지휘권을 가지고 선박을 점유 관리하는 자는 선박의 소유자가 아니라 선박임차인이라 할 것인바, "선박임차인이 상행위 기타 영리를 목적으로 선박을 항해에 사용하게 하는 경우에는 그 이용에 관한 사항에는 제3자에 대하여 선박소유자와 동일한 권리의무가 있다."고 규정한 상법 제766조 제1항의 취지에 따라, 선박임차인은 재용선자인 제3자에 대하여 상법 제806조에 의한 책임, 즉 자신의 지휘 감독 아래에 있는 선장의 직무에 속한 범위내에서 발생한 손해에 관하여 상법 제787조 및 제788조의 규정에 의한 책임을 진다 할 것이고, 이는 재용선자가 전부 혹은 일부 선복을 제3자에게 재재용선하여 줌으로써 순차로 재재재용선계약에 이른 이 사건의 경우에도 마찬가지라 할 것이다. 그럼에도 불구하고, 원심이 피고가 이 사건 선박의 소유자가 아니라는 이유만으로 상법 제806조의 책임이 없다고 판단한 것은 상법 제766조 제1항 및 제806조의 해석을 그르쳐 판결에 영향을 미친 위법을 저지른 것이라 할 것이고 이를 지적하는 원고의 상고이유는 이유있다."고 판시하였다.[77]

---

77) 판례공보(2004), 1911면. 여기에 대한 판례평석으로는 김인현, "상법 제806조 및 제789조의2에 대한 대법원 판례 평석", 상사판례연구 제18권 제3호(2005.9.), 319면 이하가 있다.

3. 효　과

선박소유자는 재운송인과 법정연대책임을 부담한다. 선박이 선체용선된 경우나 정기용선된 경우에 선박소유자에 해당하는 자는 선체용선자나 정기용선자가 될 것이다(제809조의 해석에 있어서 2007년 개정상법하에서는 운송인인 정기용선자는 선박소유자에 해당하는 자가 아니다). 재운송인은 송하인의 상대방으로서 운송계약을 체결한 계약당사자로서 책임을 부담하는 것은 당연하다. 이 점이 선박소유자만 책임을 부담하던 1961년 상법의 입장과 다른 점이다.

선박소유자가 부담하는 책임은 상법 제794조 및 제795조의 규정에 의한 책임이다. 그러므로 운송물에 대한 주의의무 위반이나 감항능력주의의무 위반에 대하여 책임을 부담한다.

본조의 선박소유자의 책임은 제3자를 보호하기 위한 규정으로서 강행규정이므로, 선박소유자가 재운송인과의 계약으로 제809조의 책임을 배제하는 약정을 체결하였다고 하더라도 제3자는 선박소유자에게 청구가 가능하다고 해석된다.

화주는 선박소유자의 선박에 대한 가압류가 가능하게 된다. 만약 제809조가 존재하지 않는다면 선박소유자가 채무자가 아니므로 가압류가 불가할 것이다.

제809조의 선박소유자의 범위에 대하여 항해용선자와 항해용선계약을 체결한 최광의의 선박소유자를 의미한다고 하고, 선박에 대한 소유권을 가지고 이를 자신의 해상기업에 이용하는 협의의 선박소유자, 선체용선자 및 정기용선자가 항해용선자와 항해용선계약을 체결한 경우에 이들도 선박소유자로서 제3자에 대하여 법정책임을 부담할 뿐만 아니라 항해용선자가 재항해용선자인 경우에는 원항해용선자도 이러한 선박소유자에 해당한다는 견해가 있다.[78] 그러나, 제809조의 선박소유자는 선장의 직무범위 안에서 감항능력주의의무와 운송물에 관한 주의의무에 위반한 경우에만 법정책임을 부담하게 되는 것이다. 이러한 주의의무에 대하여 책임을 부담할 수 있는 자는 선박에 대한 점유권을 가지고 선원에 대한 지휘감독을 할 수 있는 자라야만 한다. 따라서, 선박소유자, 선체용선자에 국한되어야 한다. 다만, 정기용선자도 상사사항에 대하여 선장에 대한 지휘권이 있으므로 원정기용선자는 선박소유자의 범위에 속한다는 이론구성이 가능하다.

---

78) 최종현, 386면.

4. 입 법 론

본조에 대하여 1991년 개정전 상법(1961년 상법)은 선박소유자만이 책임의 주체가 된다고 하였으나, 현행규정은 계약당사자가 운송인으로서 책임을 부담함에도 선박소유자에게 법정책임을 부과하고 있어서, 운송인 중심주의에 반하고 외국의 입법례에서도 이를 찾아보기 어렵다는 입장에서 이를 삭제하여야 한다는 주장이 있다.79) 80)

2007년 개정상법은 입법적으로 정기용선자가 운송인인 경우에도 개정상법 제809조가 적용될 수 있도록 하였다. 그러나, 제809조는 개품운송에만 적용되고 항해용선에는 적용이 없다. 실무적으로 화주를 보호할 필요가 더 있는 경우는 항해용선계약이 체결된 경우이므로 실효성에 의문이 제기된다. 또한 정기용선자는 해상기업의 실질을 갖추고 있는 경우가 대부분인데 이 경우에도 선박소유자에게 연대책임을 부과하는 것은 대법원이 취하고 있는 선박임대차 유사설에도 배치된다. 화주 등 제3자를 보호하기 위하여 상법 제809조가 존재한다면, 운송주선인이 운송에 개입한 경우에도 선박소유자는 연대책임을 부담하는 것으로 하여야 할 것이다. 그러나, 이는 재운송이 아니므로 제809조가 적용되지 않는다. 그러므로 재운송의 경우와 비교하여 화주는 불리한 지위에 놓인다. 제809조를 삭제하고 함부르크 규칙상의 실제운송인과 계약운송인개념을 도입하는 것이 좋다고 본다.81)

---

79) 임동철, "재운송계약과 선박소유자의 책임", 한국해법회지 제15권 제1호(1993.3.), 24면; 윤배경, "상법 제806조의 해석과 상법 제766조 제1항과의 관계", 법률신문(2007.6.14.).

80) 일본은, 국내운송에서는 우리 상법 제809조에 대응하는 일본 상법 제759조를 계속 적용하지만, 국제운송에서는 이의 적용을 배제하고(國際海上物品運送法 제19조 제1항), 화주는 화물의 손상에 대하여 선장의 직무범위에 대하여 선박과 속구에 대하여 제5순위의 선박우선특권을 갖도록하여 재운송에서 제3자를 보호하고 있다. 중국은 한국과 유사하게 실제운송인도 계약운송인과 함께 연대책임을 부담하도록 한다(중국 해상법 제60조, 61조).

81) 구체적인 논거는 김인현(해상법), 515-517면을 참고 바람.

제 3 장
運送契約

제1절 序　　論

제1 序

우리 상법은 운송계약을 물건운송과 여객운송으로 나누어 규정하고 있다. 이는 운송의 대상에 따른 분류이다. 물건운송계약은 운송의 대상이 물건이고, 여객운송계약은 운송의 대상이 여객이다. 물건운송계약이나 여객운송계약이나 모두 개품운송과 항해용선의 형태가 된다.

운송계약은 민법상 전형계약인 都給의 일종이라고 본다(민법 제664조). 그러므로 운송이라는 일이 완성되지 않으면 운송인은 운임을 수령할 수 없다.

정기용선계약이 운송계약인지에 대한 논란이 있으나, 정기용선계약은 운송계약보다는 임대차에 가깝다고 보는 사견에 따르면 선박소유자와 정기용선자 사이의 관계는 본장에서는 논하지 않게 된다.

예항계약이 운송계약인지에 대한 논의가 있다.

2007년 개정상법은 개품운송, 여객운송 그리고 항해용선을 분리하여 각각 규정하지만, 이들이 운송계약임에는 이론이 없다.

제2 都給契約으로서의 운송계약

1. 성　　질

운송계약은 민법상 전형계약으로 규정되어 있지 않지만 전형계약의 하나인 도급의 일종이라고 보는 것에 이견이 없다. 운송인은 운송물을 송하인으로부터 수령하여 보관하고 있으므로 "임차계약"의 성격도 일부 포함된다.

2. 당 사 자

운송계약의 당사자 중에서 운송을 제공하는 자는 운송인이라고 하고, 화물의 운송을 부탁하는 자를 용선계약에서는 용선자, 개품운송계약에서는 송하인이라고 한다.[1] 용선자와 송하인을 통칭하여 화주라고 한다.

종 류	화주의 상대방	화 주
개품운송계약	운송인	송하인
항해용선계약	선박소유자	용선자

운송인이 될 수 있는 자는 선박소유자, 선박임차인(나용선자, 선체용선자), 정기용선자, 항해용선자 그리고 운송주선인 등이다. 이들이 운송을 인수하면 운송인이 된다.

용선자 혹은 송하인이 되는 자는 국제물품매매에서 수출자(매도인) 혹은 수입자(매수인)가 될 것이다. 운임·보험료 포함조건(CIF)계약에서는 매도인이 운송인의 상대방으로서 용선자 혹은 송하인이 되지만, 본선인도조건(FOB)계약에서는 매수인이 용선자 혹은 송하인이 된다. 운송계약체결의 실행행위를 하는 자가 매도인이 되는 경우라고 하더라도 FOB계약하에 있었다면 매도인은 매수인의 대리인에 지나지 않고 매수인이 운송계약의 당사자가 된다. 로테르담 규칙에서는 FOB계약에서 운송계약의 당사자인 매수인이 shipper(송하인)가 되고 매도인은 consignor(선적인)이 된다.

[판례소개](대법원 2000.8.18. 선고 99다48474 판결)

한국회사인 甲(매도인, 수출자)과 브라질 회사인 乙(매수인, 수입자)은 본선인도조건(FOB)으로 섬유원단제품을 수출하는 계약을 체결하였다. 甲은 乙이 지정하는 丙 운송회사와 운송계약을 체결하였다. 그러나 섬유원단제품은 브라질에서 수출제한품목이어서 甲은 丙과 사이에 위 화물을 아르헨티나의 부에노스 아이레스로 운송하고 그곳에서 다시 브라질의 산토스로 운송하는 계약을 체결하였다. 그런데 운송인 丙이 위 계약에 위반하여 브라질 산토스로 직접 운송하여 甲이 위 화물을 회수할 수 없게 되었다. 이에 甲은 채무불이행 또는 불법행위로 인한 손해배상으로서 운송인인 丙에게 그 물건 대금 상당액의 손해배상청구를 하였다.[2] 원심에서 매도인인 甲은 피고 운송인 丙과 운송계약을 체결한 당사자가 아니므로 채무불이행책임을 물을 수 없다고 판시하였다.

---

1) 송하인이란 운송물을 보내는 사람이 아니라 운송계약에서 운송인의 상대방으로서 계약 당사자를 말한다. 영어로는 shipper가 적절하다. 동지 최종현, 233면.

2) 甲이 원고가 된 것은 매수인인 乙이 甲을 수익자로 하여 개설한 신용장에 따른 대금지급이 이루어지지 아니하여 손해를 보게 되었기 때문이다.

대법원은 "본선인도조건과 같은 신용장상의 운송조건은 기본적으로는 수출입계약 당사자 사이의 비용 및 위험부담에 관한 약정이지만, 본선인도조건으로 체결된 수출입매매계약서에 있어서는 당사자 사이에 특별한 약정이 없는 한, 매수인이 용선계약을 체결하거나 기타 선복을 확보하여 선적할 선박을 매도인에게 통지하여 줄 의무가 있는 것이고, 매도인에게는 스스로 선복을 확보하여 화물을 선적할 의무가 없는 것이므로, 매수인이 매도인에게 자신을 대리하여 운송계약을 체결하는 권한을 부여하였다고 봄이 상당하고(대법원 1996.2.9. 선고 94다27144 판결 참조), 기록에 의하니 원고는 매도인으로서 본선인도조건으로 매수인인 을에게 수출계약을 체결하였음을 알 수 있고, 이 사건에서는 원고는 운송계약의 당사자가 아니고, 매수인인 乙이 운송계약의 당사자로서 원고는 그 대리인에 불과하다고 할 것이다. 같은 취지에서 원고는 운송계약 관계의 당사자가 아니고 乙 회사를 대리하여 운송계약을 체결하였다고 한 원심의 인정과 판단은 정당하다."고 하여 상고를 기각하였다.[3)]

3. 운 임

운송계약은 도급이므로, 운송이라는 일이 완성되어야 일에 대한 보수지급청구권이 발생하게 된다(민법 제665조 제1항). 그러므로 운송도중 선박이 침몰된 경우 등에는 운송인은 송하인에게 운임을 청구할 수없다. 그러나, 대개의 경우 운임의 95%를 선급으로 하고, 운송이 완성되지 아니한 경우에도 운임은 취득된 것으로 한다는 특약을 운송인과 송하인이 체결한다. 이러한 계약내용은 당사자자치의 원칙상 인정되고 있다.

제3 당사자의 의사해석

상법의 물건운송에 대한 규정은 임의규정이 대부분이다. 그러므로, 당사자의 의사는 임의규정보다 앞서 적용된다. 실무상 GENCON 등과 같은 표준항해용선서식을 사용하여 당사자들은 자유롭게 용선계약을 체결한다. 예컨대, 하역준비완료통지가 오후1시 이후에 있으면 정박시간의 개시는 다음 날 오전 6시부터 기산되지만(상법 제829조 제2항), 이를 당사자가 오전 8시로 변경하는 약정을 하였다면 당사자의 약정이 우선적으로 적용된다. 그런데, 이러한 당사자의 의사는 강행규정을 배제시키지는 못한다.[4)] 예컨대, 감항능력주의의무를 면제시키는 약정을 하였더라

---

3) 동 사건에서 매도인은 운송계약의 당사자는 아니기 때문에 채무불이행책임을 묻지는 못한다. 그러나, 소유자로서 불법행위책임은 물을 수 있을 것이다.

4) 이러한 임의규정의 대표적인 것으로는 상법 제656조가 있다. "보험자의 책임은 당사자간에 다른 약정이 없으면 최초의 보험료의 지급을 받은 때로부터 개시한다."는 규정이다.

도 이는 강행규정이므로(상법 제799조 제1항) 무효가 된다.

제2절 物件運送契約

제1관 序 論

제1 序

2007년 개정 전(1991년) 상법은 물건운송을 용선계약(여기서 말하는 용선계약이란 항해용선계약을 말한다)과 개품운송계약으로 나누어 대부분의 규정을 용선계약에 대하여 두면서 개품운송계약은 몇 개의 규정만 추가적으로 두고 있었다. 이는 역사적으로 항해용선계약이 먼저 생겨났고, 개품운송계약이 그 뒤에 생겨났다는 연혁적인 이유에 근거한다. 그러나 개정상법은 현대의 컨테이너 운송을 중요하게 반영하여 개품운송계약을 중심으로 기술하게 되었다.[5]

항해용선계약이나 개품운송계약은 운송계약이라는 점에서는 이론이 없다. 항해용선계약하에서도 화물의 유통성을 높이기 위하여 운송인이 선하증권을 발행하는 경우가 대부분이다. 그리고 개품운송계약에서는 운송계약에 갈음하여 선하증권을 발행하고 있다.

용선계약은 대등한 교섭력을 갖는 선박소유자와 용선자(화주)가 자유롭게 계약을 체결하므로 당사자의 보호가 문제되지 않음에 비하여 개품운송계약에 있어서 발행되는 선하증권은 부합계약의 성질을 가지므로 송하인의 보호가 특별히 문제된다.

본 절에서는 항해용선계약이나 개품운송계약 모두에 적용되는 규정을 통칙이라는 제목하에서 논하도록 하고, 항해용선계약과 개품운송계약에 특유한 규정들은 항을 별도로 하여 논의한다. 상법에서 규율하지 않고 있는 예선계약에 대하여도 실무상 중요하므로 살펴보고 마지막 항에서 선하증권에 대하여 논한다.

---

5) 2007년 개정상법은 개품운송계약과 항해용선계약을 분리하여 개품운송을 중심으로 규정한다. 일본 상법은 양자를 같이 규율하지만 국제운송에 적용하는 개품운송에 관한 특별법인 "국제해상물품운송법"을 가지고 있다. 중국 해상법은 양자를 분리하여 규정하는 기법으로 우리 개정상법과 유사한 형태이다.

제2 航海傭船契約과 個品運送契約

1. 1991년 상법 제780조

1991년 상법 제780조는 운송계약의 종류라는 표제하에 "물건의 운송계약은 다음의 2종으로 한다. 1. 선박의 전부 또는 일부를 물건의 운송에 제공함을 목적으로 하는 용선계약, 2. 개개의 물건의 운송을 목적으로 하는 계약"라고 정하고 있었다.

제2호의 개개의 물건의 운송을 목적으로 하는 계약은 실무적으로 개품운송계약이라고 하는 점에 이론이 없었다. 제1호의 "용선"계약에 항해용선이 포함된다는 점에 대하여 견해는 통일되어 있었다. 그러나, 제1호의 용선계약에 정기용선이 포함되는지에 대하여는 견해가 나뉘고 있었다.[6)]

정기용선계약하에서 정기용선자는 먼저 선박소유자로부터 선박을 운송에 제공하기 위하여 용선하고, 그 다음 정기용선자는 송하인 등과 전형계약으로서의 운송계약을 체결하게 되고, 이 계약이 바로 항해용선계약이거나 개품운송계약이 된다. 이때 정기용선자는 비로소 제780조 이하의 운송인의 권리와 의무를 갖는다. 또한 정기용선계약은 제812조의2 이하에서 별도로 규정되어 있었다. 그러므로, 정기용선계약은 제780조에 포함되지 않는다고 보았다.

2007년 개정상법은 개품운송계약, 항해용선계약 그리고 정기용선계약을 별도의 절에서 기술하여 이러한 논란을 입법적으로 해결하였다.

2. 특　　질

(1) 항해용선계약

항해용선계약은 운송물의 운송을 위하여 선박의 선복(공간)을 빌리는 것이기는 하지만, 계약의 내용은 선박소유자(운송인)는 용선자에게 화물을 A라는 곳에서 B라는 곳으로 운송하여 주겠다는 약속을 하고 용선자는 이에 대한 대가로 운임(freight)의 지급을 약속하고 있다. 그러므로 이는 운송계약이라고 보는 것이다. 한편으로는 용선자는 한 항차동안 선박의 사용권은 자신이 가지므로, 주어진 항차의 적양하항의 범위 내에서 다시 다른 용선자에게 용선을 주거나 다른 화물을 운

---

6) 정기용선불포함설로는 최기원, 129면이 있다.

송하여 운임수입의 차액을 취득할 수 있다. 선박을 한 항차 동안만 용선자에게 빌려주는 것이므로 선박소유자로서는 가능하면 선박을 빨리 자유롭게 하여야 하므로 항구에서의 사용기간을 미리 확정하여 선박 지체료를 받게 된다. 항해용선계약서가 운송계약에 대한 중요한 증거가 되지만, 선하증권이 발행되기도 한다. 운송계약 당사자 사이에서는 용선계약서의 내용이 선하증권보다 우선하지만, 선하증권이 양도되면 운송인과 제3자 사이를 규율하게 되는 것은 선하증권이다.[7]

(2) 개품운송계약

개품운송계약은 정기선영업에서 운송물의 각각에 대하여 운송인이 송하인과 개개의 운송계약을 체결하게 된다. 송하인은 선박을 용선하는 것이 아니고, 운송인에게 운송을 절대적으로 위탁하게 된다. 그러므로 한 척의 선박에는 수많은 송하인의 각각의 운송물이 적재된다. 즉, 항해용선계약과 비교하여 송하인에게는 선박에 대한 사용권이 극도로 제한되어 있다.

운송인은 수많은 송하인과 운송계약을 체결하여야 하므로 별도의 운송계약서를 작성하지 않고, 미리 정형적으로 작성된 보통거래 약관의 일종인 선하증권을 운송계약서 대용으로 사용하여, 선하증권이 운송계약을 증명하는 중요한 증거가 된다.

개품운송은 기본적으로 정기선영업에서 많이 발생하는 것이고, 정기선은 입출항시간과 기항지가 미리 정하여져 있고 운임도 정하여져 있으며, 附合契約의 성질을 가지고 있다.[8] 교섭력에 있어서도 용선계약과 달리 선박을 이용하게 되는 송하인들이 불리한 지위에 놓이게 된다. 그러므로 송하인들을 보호하여야 할 필요성이 증대된다.[9]

개품운송에서는 정기선영업의 특성상 정시성의 확보를 위하여 운송인이 하역작업에 대하여 전적인 책임을 부담하므로 조출료 및 지체료라는 개념이 있을 수 없고 선적 준비완료통지서 등의 개념도 없다. 영미법에서는 개품운송계약에서 운송인을 코먼캐리어(common carrier)라고 한다.

3. 1991년 상법

(1) 공통적으로 적용되는 규정

상법 물건운송편에는, 아래와 같이 항해용선계약과 개품운송계약에 공통적으로 적용되는 규정이 있었다. 공통적으로 적용되는 규정은 문구가 '용선자 또는 송하

7) 채이식, 331면.
8) 서돈각·정완용, 584면; 정찬형(하), 930면; 이기수 외, 556면.
9) 서돈각·정완용, 584면.

인'이 주어로 되어 있었다. 선하증권이 발행된 경우에는 제813조 이하의 규정도 적용되었다.

① 제786조(운송에 필요한 서류의 교부) ② 제787조(감항능력주의의무) ③ 제788조(운송물에 관한 주의의무) ④ 제789조(면책사유) ⑤ 제789조의2(책임의 한도) ⑥ 제789조의3(비계약적 청구에 대한 적용) ⑦ 제790조(운송인의 책임경감금지) ⑧ 제791조(위법선적물의 처분) ⑨ 제791조의2(위험물의 처분) ⑩ 제793조(일부용선과 발항전의 계약해제등) ⑪ 제794조(부대비용, 체당금 등의 지급의무) ⑫ 제795조(선적, 양륙비용의 부담) ⑬ 제797조(발항후의 계약해지) ⑭ 제800조(수하인의 의무, 선장의 유치권) ⑮ 제800조의2(운송물의 일부멸실, 훼손에 대한 통지) ⑯ 제801조(운임) ⑰ 제803조(운송물의 공탁등) ⑱ 제804조(선박소유자의 운송물경매권)(표제가 선박소유자가 아니라 운송인으로 바뀌어야 한다) ⑲ 제807조(운송계약의 종료사유) ⑳ 제808조(법정사유로 인한 해제) ㉑ 제809조(운송물의 일부에 관한 불가항력) ㉒ 제810조(선장의 적하처분과 운임) ㉓ 제811조(운송인의 채권·채무의 소멸) ㉔ 제812조(준용규정)

(2) 個品運送에만 적용되는 규정

① 제785조(개품운송과 운송물의 제공) ② 제799조(개품운송과 운송물의 수령)

(3) 航海傭船契約에만 적용되는 규정

① 제781조(용선계약과 운송계약서) ② 제782조(용선계약과 선적준비완료의 통지, 선적기간) ③ 제783조(제3자가 선적인인 경우의 통지, 선적) ④ 제784조(용선자의 발항청구권, 선장의 발항권) ⑤ 제792조(전부용선의 발항전의 계약해제등) ⑥ 제796조(선적기간내의 불선적의 효과) ⑦ 제798조(용선의 경우와 운송물의 양륙) ⑧ 제802조(운임) ⑨ 선박임대차 유사설에 의할 경우에 제806조(재운송계약과 선박소유자의 책임)

4. 개정상법의 입장

개정상법은 앞에서 본 바와 같이 제2장으로 "운송과 용선"을 두고 개품운송, 항해용선계약을 별개의 절로 나누었다. 개품운송에서 운송계약에 필요한 여러 사항을 두고 항해용선계약에서 이를 준용하는 형식을 취한다.

위 3(1)의 공통적으로 적용되는 규정과 3(2) 개품운송에만 적용되는 규정을 합하여 개품운송에 대한 규정을 한 다음, 항해용선에 독자적인 3(3) 부분만 항해용선에서 규정을 하고 나머지는 준용규정으로 처리한다.

다음의 표에서 보는 바와 같이 사견에서 공통적으로 적용되는 부분을 개품운송으로 이동시키고 이 조항들은 항해용선계약에서 준용하는 점에서 차이는 없다(제

구분	2007년 개정 전 상법(사견에 의할 때)	2007년 개정상법
개품운송	제785조(개품운송과 운송물의 제공), 제799조(개품운송과 운송물의 수령)	제791조 의의 신설 제785조 → 제792조 제799조 → 제802조 제806조 → 제809조 제816조 복합운송신설
항해용선	제781조(용선계약과 운송계약서), 제782조(용선계약과 선적준비완료통지, 선적기간), 제783조(제3자가 선적인인 경우의 통지, 선적), 제784조(용선자의 발항청구권, 선장의 발항권), 제792조(전부용선의 발항전의 계약해제등), 제796조(선적기간내의 불선적의 효과), 제798조(용선의 경우와 운송물의 양륙), 제802조(운임), 제806조(재운송계약과 선박소유자의 책임)	제781조 → 제828조 제782조 → 제829조 제783조 → 제830조 제784조 → 제831조 제792조 → 제832조 제793조 → 제833조 제794조 → 제834조 제795조 → 제835조 제796조 → 제836조 제797조 → 제837조 제798조 → 제838조 제790조 → 제839조 신설 제811조 → 제840조 제841조(준용규정)
공통적용	제786조(운송에 필요한 서류의 교부), 제787조(감항능력주의의무), 제788조(운송물에 관한 주의의무), 제789조(면책사유), 제789조의2(책임의 한도), 제789조의3(비계약적 청구에 대한 적용), 제790조(운송인의 책임경감금지), 제791조(위법선적물의 처분), 제791조의2(위험물의 처분), 제793조(일부용선과 발항전의 계약해제등), 제794조(부대비용, 체당금등의 지급의무), 제795조(선적, 양륙비용의 부담), 제797조(발항후의 계약해지), 제800조(수하인의 의무, 선장의 유치권), 제800조의2(운송물의 일부멸실, 훼손통지) 제801조(운임), 제803조(운송물의 공탁등), 제804조(선박소유자의 운송물경매권), 제807조(운송계약의 종료사유), 제808조(법정사유로 인한 해제), 제809조(운송물의 일부에 관한 불가항력) 제810조(선장의 적하처분과 운임) 제811조(운송인의 채권채무의 소멸) 제812조(준용규정)	* 개품운송으로 이동됨 제786조 → 제793조 제787조 → 제794조 제788조 → 제795조 제789조 → 제796조 제789조의2 → 제797조 제789조의3 → 제798조 제790 → 제799조 제791조 → 제800조 제791조의2 → 제801조 제800조 → 제807조 제800조의2 → 제804조 제801조 → 제805조 제803조 → 제803조 제804조 → 제808조 제807조 → 제810조 제808조 → 제811조 제809조 → 제812조 제810조 → 제813조 제811조 → 제814조 제812조 → 제815조

841조). 그런데, 1991년 상법 제790조는 개품운송에는 제799조로 항해용선계약에서는 제839조로 나누어 규정되어 준용규정이 없다. 제793조(일부용선과 발항전의 계약해제등), 제794조(부대비용, 체당금등의 지급의무), 제795조(선적, 양륙비용의 부담), 제797조(발항후의 계약해지)는 사견으로는 항해용선계약이나 개품운송에 모두 공통적으로 적용되는 것으로 보았으나 개정상법은 이를 항해용선계약에만 두고있다. 그러나, 내용에는 송하인이라는 개념이 포함되어 있으므로 개품운송에도 적용되는 것으로 보인다.

제 2 관 物件運送契約 通則

제1 序

본관에서 논하고자 하는 것은 항해용선계약이나 개품운송계약에 공통적으로 적용되는 사항이다. 예컨대, 감항능력주의의무는 항해용선계약이나 개품운송계약이나 관계없이 운송인은 누구나 부담하는 의무이다.

운송계약은 운송인이 송하인에 대하여 운송의 인수를 약정하고 송하인은 운송인의 운송에 대한 대가로 운임을 지급할 것을 약정하는 계약이다. 운송계약에서는 운송인은 운임을 청구할 권리를 가지는 한편, 송하인은 운송물운송의 이행을 청구할 수 있고 운송물에 대한 반환청구권 및 손해배상청구권을 갖는다.

제2 運送人의 의무와 책임

1. 堪航能力注義義務

(1) 의 의

해상운송은 선박이라는 수단을 통하여 바다 위를 항해하여 수행되는 것이므로, 육상의 다른 운송과는 달리 많은 위험을 수반한다. 그러므로, 국제조약[10] 및 우리 상법은 감항능력주의의무라는 특별한 의무를 운송인에게 부과하고 있다.

개품운송을 규율하는 상법 제794조는 감항능력주의의무라는 표제하에 “운송인은 자기 또는 선원 기타의 선박사용인이 발항당시 다음의 사항에 관하여 주의를

10) 헤이그비스비 규칙 제3조 제1항.

해태하지 아니하였음을 증명하지 아니하면 운송물의 멸실, 훼손 또는 연착으로 인한 손해를 배상할 책임이 있다. 1. 선박이 안전하게 항해를 할 수 있게 할 것, 2. 필요한 선원의 승선, 선박의장과 필요품의 보급, 3. 선창, 냉장실 기타 운송물을 적재할 선박의 부분을 운송물의 수령, 운송과 보존을 위하여 적합한 상태에 둘 것"이라고 정하고 있다.[11]

육상운송과는 달리 운송물에 관한 주의의무에 추가하여 운송인에게 감항능력주의의무라는 별도의 주의의무를 부과한다는 점에서 해상운송계약의 특징이 있다.

이는 제841조 준용규정에 의하여 항해용선계약에도 적용된다. 즉, 항해용선계약에서 운송인에 해당하는 선박소유자는 용선자에게 감항능력주의의무를 부담한다.

(2) 堪航能力의 내용

상법 제794조에 따르면 운송인의 감항능력주의의무는 세 가지 사항으로 나누어진다.

첫째, 船體능력이다. 선박자체가 항해를 안전하게 수행할 정도의 안전성을 갖추고 있어야 한다. 유효한 선박안전증서를 소지하고 있다면 선체능력을 갖춘 것으로 추정될 수 있을 것이다. 선박의 외판에 물이 새는 상태 혹은 선급검사에 불합격한 상태라면 선박은 선체능력을 갖추지 못한 것이 된다.[12]

둘째, 運航능력이다. 선박을 운항하기 위하여는 필요한 선원(이를 人的 감항능력이라고 한다) 및 기타 보급품이 제대로 갖추어져 있어야 할 것이다. 필요한 선원이란 단순히 해기면허를 소지하고 있으면 충분하다고 할 수 없다. 또한 해기면허를 소지하지 않았다고 하여 반드시 감항능력이 결여된 것은 아니다(대법원 1995.8.22. 선고 94다6113 판결).[13] 충분한 숫자의 선원이 승선하고 있었는지는 최소정원증서(minimum safety manning certificate)상에 나와있는 숫자에 의한다. 각국마다 유자격 해기사의 숫자는 다르다. 선장만이 승선하고 항해사가 한명도 없는 국제항해용 선박은 운항능력을 갖추었다고 할 수 없다. 보급품에는 항해에 필요한 도서, 海圖(chart), 소모품, 예비품 등이 있다. 해도 없이 어떤 항구를 입항하려는 선박은 운

11) 일본 상법 제739조; 일본 국제운송법 제5조; 중국 해상법 제47조.

12) 부산고등법원 2021.5.26. 선고 2020노151 판결에서는 선박안전법 제74조 제1항에서 규정한 감항성 결함은 선박이 특정한 항해를 안전하게 수행할 수 있는 성능이 부족하여 이를 방치할 경우 사고를 초래할 우려가 있어 일정한 수리나 보완이 필요한 경우를 의미한다고 해석하였다.

13) 선박을 운항하기 위하여는 해양수산부에서 발급하는 해기사면허를 소지하고 있어야 한다(선박직원법). 예컨대 선장은 1급 항해사면허(구, 갑종선장면허)가 필요하다. 해기사에는 선장, 1등 항해사, 2등 항해사, 3등 항해사, 기관장, 1등 기관사, 2등 기관사, 3등 기관사 그리고 통신장 등이 있다.

항능력이 없다. 입항하는 항구의 해도개정이 되어 있지 않고 다른 보충수단이 없다면 운항능력이 없다고 본다.

셋째, 堪荷능력이다. 선창이 화물을 안전하게 운송할 수 있도록 정비되어 있어야 한다. 선창검사에 합격한 증서를 발급받았다면 일응 감하능력을 갖추었다고 할 수 있다.

감항능력을 갖추었다는 입증책임은 운송인에게 있으므로 단순히 유효한 선박안전증서, 해기사면허증, 선창검사합격증 등을 갖추었고 이를 제시하는 것으로 감항능력을 갖추었다고 되는지가 의문이다. 일응은 감항능력을 갖춘 것으로 추정될 것이다.14)

[판례소개](대법원 1995.8.22. 선고 94다6113 판결)

대법원은 "원칙적으로 선박직원법에 따른 해기사면허가 없는 선원이 승선한 선박은 소위 인적 감항능력을 결여한 것으로 추정되나, 선원이 그 면허를 소지하였는지 여부만이 선박의 인적감항능력의 유무를 결정하는 절대적인 기준이 되는 것은 아니고, 비록 그 면허가 없었다고 하더라도 사실상 특정항해를 안전하게 수행할 수 있는 우수한 능력을 갖춘 선원이 승선하였다면 이러한 경우까지 선박이 인적감항능력을 결여하였다고 할 수는 없다."고 판시하였다.

<예제 7> 선장이 승선하지 아니하고 출항한 선박에서 어로장이 선박을 조종하다가 항해상의 과실로 사고가 발생하였다. 그런데, 그 어로장은 선장과 동종의 해기면허를 가지고 있었으나 보수교육을 받지 아니하여 어로장으로서의 취직공인마저 받지 못하였다. 운송인은 이러한 사실을 모르고 있었다. 운송인은 감항능력주의의무를 다하였는가?

비록 어로장이 선장과 동종의 해기면허를 소지하고 있었다고 하더라도 실제로 보수교육을 받지 않는 등 선장으로서의 실력을 갖추었다고 보기 어렵고 운송인이 이를 모르고 있었다고 하므로, 동 선박에 대하여 발항당시 운송인이 감항능력주의의무를 다하지 아니한 것으로 보인다.

(3) 過失責任主義

과거에는 운송인이 과실이 없는 경우에도 감항성을 갖추지 못하였다면 운송인이 책임을 부담하는 무과실책임주의였다. 1893년 미국의 하터법을 효시로 하여, 헤이그규칙에서는 감항능력주의의무는 과실책임주의로 전환되었다(제3조 제1항).

이러한 감항능력주의의무에 위반한 경우에는 운송인은 그와 인과관계가 있는

---

14) 미국에서는 감항능력주의의무는 위임불가의무(non-delegable obligation)으로 인정되어 선급협회의 선급검사가 있었다고 하여 선박소유자의 의무가 면제되지 않는다고 본다.

사고에 대하여 손해배상책임을 부담한다. 좌초로 인한 화물손상사고가 해도에 기재되지 않은 암초 때문에 발생되었다고 한다면 운송인이 해도를 공급하지 않은 것이 사고의 원인이 되므로 운송인의 감항능력주의의무 위반과 손해와는 인과관계가 있는 것이 된다. 이러한 인과관계있는 감항능력주의의무 위반만이 손해배상청구권을 발생시킨다. 최신의 해도를 갖추지 않았고 이것이 감항능력결여사유가 되지만 사고의 원인은 무능한 항해사의 피항조치 잘못에 있다면 해도를 갖추지 않은 것은 사고와 인과관계가 없으므로 제794조상의 감항능력주의의무위반의 책임을 발생시키지 않는다.

화주는 운송물의 훼손에 대하여 본 사고는 상법 제794조 운항능력(해도의 미비치) 결여 때문에 발생하였기 때문에 운송인은 손해배상책임을 부담한다고 주장하게 된다. 운송인은 ① 해도가 비치되었다는 점, 혹은 ② 해도 미비치는 사실이지만 운송물 사고와 인과관계가 없다는 점, 혹은 ③ 비록 해도 미비치는 사실이고 또 사고와 인과관계가 있지만 발항 당시에 해도를 비치시키려는 상당한 주의를 다하였다는 점을 입증하면 책임을 부담하지 않게 된다. 헤이그비스비 규칙과 상법하에서 인과관계의 입증부담자가 누구인가에 대한 다툼이 있었지만 로테르담 규칙에서는 제17조 제5항에서 화주가 부담하는 것으로 명확히 하였다.

(4) 행사시기

감항능력주의의무의 행사시기는 發航 당시이다.15) 그러므로, 발항 당시에는 감항성이 갖추어졌으나 항해 중 어떠한 사유로 선박이 불감항이 되었다고 하더라도 운송인이 손해배상책임을 부담하지는 않는다.

선박이 여러 항구에 기항할 경우에 최종항구에 도착할 때까지 감항능력을 발항 당시에 갖추어야 하는지에 대한 논의로서 段階의 理論(doctrine of stage)이 있다. 선박연료유(bunker)를 예로 든다면, 선적항에서 최종 양륙항에까지 도착할 수 있는 선박연료유를 미리 발항항에서 보급받고 항해를 하여야 감항성을 갖추었다고 할 수 있는지, 아니면 중간 기항지에까지 항해가능한 연료유만을 보급받고서도 충분하다고 보는지에 있다. 예컨대, 선박이 부산항을 출항하여 싱가폴, 파나마운하를 거쳐서 영국 런던으로 향하는 항해를 한다고 하자. 부산항을 출항할 당시 런던에 도착함에 필요한 전량의 벙커를 실어야 하는가 아니면 싱가폴까지의 벙커를

---

15) 함부르크 규칙에서는 감항능력주의의무에 관한 규정을 두고 있지 않은데, 이는 발항 당시에 한하지 않고 항해 중에도 운송인에게 이 의무를 계속 부담시키려는 취지이다. 주석상법, 315면. 로테르담 규칙에서는 발항 당시는 물론 항해 중에도 감항능력주의의무가 운송인에게 계속 부과된다(제14조).

싣고 싱가포르에서 다시 나머지의 벙커를 적재하여도 되는가에 있다. 실무상으로는 후자처럼 선박을 운항하고 있고 이것이 선박운항상 합리적이다.

(5) 효 과

감항능력주의의무는 항해과실 등 면책을 향유할 수 있는 우선적 의무(overriding duty)로서 기능한다. 만약 감항능력주의의무를 갖추지 않은 경우에는 운송인은 항해과실 등의 면책을 향유하지 못한다.[16] 감항능력결여의 경우에도 책임제한은 가능하다(상법 제797조 제4항).

운송인이 감항능력주의의무에 위반하고 이것이 사고의 원인이 되고 송하인이 손해를 입은 경우에는 운송인은 이에 대한 손해배상책임을 부담한다. 즉, 감항능력주의의무 위반은 운송인의 손해배상책임을 발생하게 하는 근거규정으로서 기능한다. 특히 제795조와 관련하여 보면, 운송인이 항해과실 면책을 주장할 때 감항능력결여에 의한 사고였음이 입증되면 면책이 허용되지 않으므로 감항능력주의의무는 원고인 화주에게 중요한 공격수단이 된다.

2. 運送物에 관한 注義義務

(1) 의 의

운송인은 송하인으로부터 인도받은 화물을 안전하게 운송하여 인도할 의무를 부담한다. 그리하여 우리 상법 제795조 제1항은 "운송인은 자기 또는 선원 기타의 선박사용인이 운송물의 수령, 선적, 적부, 운송, 보관, 양륙과 인도에 관하여 주의를 해태하지 아니하였음을 증명하지 아니하면 운송물의 멸실, 훼손 또는 연착으로 인한 손해를 배상할 책임이 있다."고 정하고 있다.[17] 이는 일반 채무불이행책임(민법 제390조)과 동일한 구조이다. 일반 법리에 따라 채무자가 자신에게 과실이 없음을 입증하여야 한다.[18] 원래 로마법하에서 운송인의 책임은 무과실책임이었기 때문에 운송인이 보호되는 기능을 하게 된다.[19]

헤이그비스비 규칙에서는 운송인은 선적, 적부, 운송, 보관 및 양륙에 대한 주의의무를 부담한다. 즉, 운송인에게 수령과 인도의무가 법정되어 있지 않다. 그러므로, 우리 상법은 헤이그비스비 규칙에 비하여 운송인의 책임범위가 확대되어 있

---

16) 박용섭, 686면; 채이식, 306면; 최종현, 289면.

17) 일본 상법 제575조.

18) 과실추정주의(presumed fault liability)라고 불린다.

19) 미국 보통법하에서 운송인(common carrier)은 무과실책임을 부담한다. 독일 육상운송법(제425조)도 그러하다.

다고 말할 수 있다. 이런 의미에서 헤이그비스비 규칙은 tackle to tackle라고 부르고 우리 상법과 함부르크 규칙은 port to port라고 불린다. 로테르담 규칙에서는 운송인의 책임범위는 해상구간의 범위를 벗어난 송하인·수하인의 문전까지에 이르므로 door to door라고 불린다.[20]

일반 화물선의 경우에는 약정으로 선측에서 선측까지 즉, 선박의 난간에서 난간까지만을 책임구간으로 하고 있으나, 컨테이너 운송의 경우에는 CY에서 CY까지를 운송인의 책임구간으로 하고 있다.

수령과 인도의 범위에 관하여 우리 판례는 항구의 범위로 국한하는 입장이다.

(2) 運送人 또는 船舶使用人의 故意나 過失

운송인 자신뿐만 아니라 선박사용인의 고의나 과실로 인한 사고에도 운송인은 손해배상책임을 부담한다. 선장을 포함한 선원 등은 운송인의 이행보조자이다. 이행보조자의 고의·과실은 본인의 고의·과실로 보므로(민법 제391조), 민법 일반이론과 차이가 없다. 기타의 선박사용인에는 도선사도 포함된다.

(3) 구체적인 주의의무의 내용

운송인은 수령, 선적, 적부, 운송, 보관, 양륙과 인도에 관한 주의의무를 부담한다.

① 수령의무

컨테이너 화물의 경우에 컨테이너 야드에서 운송인이 송하인의 화물을 수령하여 컨테이너 안에 적재하는 과정에서 화물에 손상이 발생하였다면 운송인은 受領의무를 다하지 못한 것이 된다.

② 선적의무

화물을 선적할 때 비가 내리기 시작하였음에도 선창 덮개를 늦게 닫아서 화물이 젖었다면, 운송인은 船積의무를 다하지 못한 것이 된다.

③ 적부의무

화물을 적부함에 있어서 두 가지의 다른 화물을 분리하지 않고 동일 선창에 적재하여 화물이 혼재되었다면 운송인은 積付상의 주의의무를 다하지 못한 것이 된다.

갑판상(on-deck)은 비바람과 해수에 노출되는 곳이기 때문에 갑판하인 선창보다 운송물 손상위험이 높은 곳이다. 특별한 약정이 없는 한 운송물은 선창 내에 적부되어야 한다(대법원 1974.8.30. 선고 74다353 판결). 선창내 적부 약정에 위반하여 갑판적을 한 결과로 운송물에 손상이 발생하면 운송인의 포장당 책임제한권도 박탈당할

---

20) 중국·일본은 헤이그비스비 규칙과 통일하게 선적~양륙으로 한정한다(일본 국제운송법 제15조 제1항, 3항, 중국 해상법 제46조).

수 있다(대법원 2006.10.26. 선고 2004다27082 판결).

[판례소개](대법원 1974.8.30. 선고 74다353 판결)
대법원은 "원심이 선박에 화물을 적재함에 있어 본건 화물과 같은 유류 등이 들어 있는 드럼통이라 하더라도 일반화물과 같이 선창내에 선적하는 것이 원칙이고 갑판상에 선적하는 것은 부적당하고 위험도가 높으므로 당사자 사이에 특별한 약정이 없는 한 운송인은 선창내에 화물을 적재할 것이고 갑판상 적재는 할 수 없다 할 것이라고 설시하였음에 잘못이 있다고 할 수 없다."고 판시하였다.

통상 운송인의 적부의무는 벌크(산적)화물의 경우 선박내에 적부하는 것을 의미한다. 그렇지만, 정기선, 특히 컨테이너 화물의 경우는 운송인이 컨테이너를 송하인에게 건네주고 이를 수령하여 직접 선적하므로 그 범위가 컨테이너 내부에 적재하는 범위까지 확대될 수 있다.

컨테이너화물의 경우 컨테이너에 운송물을 적부하는 방법은 세가지가 있다. (i) FCL화물로서 송하인이 적부하여 실(seal)한 것을 수령하는 경우이므로 전혀 내용물을 확인할 여지가 없이 인수한다. (ii) LCL화물은 소량의 화물 여러개를 운송인이 수령하여 하나의 컨테이너 박스에 같이 적부하는 작업을 운송인이 행한다. 이때에는 이미 운송인이 운송물을 수령한 다음에 적부하는 작업을 한 것으로 보아야 한다. (iii) 또 다른 하나는 CFS에 운송물을 수령하여 FCL 화물로서 운송인이 컨테이너에 넣는 경우이다. (ii)와 (iii)의 경우에는 운송인의 적부의무는 선적되기 이전의 단계에서도 이미 적용된다고 해석된다(대법원 2017.6.8. 선고 2016다13109).

[판례소개](대법원 2017.6.8. 선고 2016다13109 판결)
송하인(S)은 외국에 강판을 수출하게 되었는데 이를 20피트짜리 컨테이너 12개에 나누어서 실어서 보내게 되었다. 운송주선인(Y)이 운송을 주선하고 자신이 하우스 선하증권을 발행하였다. 실제로 운송은 J상선이 행하였다. 송하인은 원래는 자신이 컨테이너에 모두 적입하여 운송인에게 넘기다가 Y로부터 소개받은 B를 통하여 적입작업을 하였다. 운송중 강판이 손상이 발생했는데 B의 고박작업이 잘 못되었음이 판명되었고 이에 대한 다툼은 없었다. 송하인에게 보험금을 지급한 보험회사는 Y에게 고박작업을 포함하여 운송을 인수한 운송인으로서 손해배상책임을 묻게 되었다.
대법원은 아래와 같이 판시하면서 운송인의 책임을 인정하였다.
피고 Y가 운송인 본인으로서 S를 송하인으로 한 하우스 선하증권을 발행한 사정 등을 고려할 때 위 피고는 S로부터 이 사건 화물의 운송을 인수하였다고 봄이 타당하다. Y는 운송인으로서 이 사건 화물의 운송업무 중 평택항에서의 컨테이너 적입을 포함하여 평택항에서 상하이항까지의 해상운송은 J상선에 의뢰하였고(J상선은 평택항에서의 컨테이너 적입을 자신의 자회사인 K물류에 맡긴 것으로 보인다), 이 사건 화물의 고박은 피고 B에 의뢰한 것으로 보인다.

송하인과 피고 운송인 Y 사이에 운송계약이 성립하였다고 볼 수 있으므로, 운송인은 운송을 위한 이 사건 화물의 적부에 있어 하역업자로 하여금 화물이 서로 부딪치거나 선박의 동요 등으로 손해를 입지 않도록 적절한 조치를 하면서 화물을 적당하게 컨테이너 내에 배치하여야 하고, 설령 적부가 독립된 하역업자나 송하인의 지시에 의하여 이루어졌더라도 이 사건 화물의 적부나 고박 상태가 운송에 적합한지 살피고 이 사건 화물의 성질을 파악하여 그 요구에 따라 적절히 고박하는 등으로 이 사건 화물에 대한 손해 방지를 위하여 적절한 예방조치를 강구할 주의의무가 있다. 피고 B는 운송인의 이행보조자에 해당하므로, 피고 B가 이 사건 화물의 고박에 관하여 주의를 게을리 하지 아니하였음을 피고 운송인이 증명하지 아니하면 피고 운송인은 송하인에 대하여 손해배상책임을 부담하여야 한다(상법 제795조 제1항 참조).

④ 보관 혹은 운송의무

선창덮개의 틈으로 해수가 들어와서 화물이 손상을 입은 경우, 선창의 밑바닥에 있는 선박연료유 탱크를 가열함으로써 옥수수가 발아되어 손상(소위 heat damage)을 입게 되는 경우, 그리고 1등항해사가 냉동운반선의 선창온도를 잘못 조절하여 운송중이던 바나나가 조기에 익어버려서 상품가치가 떨어지는 경우 등은 운송인이 화물의 보관 혹은 운송에 대한 주의의무를 다하지 못한 것이 된다.

⑤ 양륙의무

화물을 양하하면서 크레인의 와이어가 끊어져서 화물이 파손되었다면 운송인은 양륙에 대한 주의의무를 다하지 못한 것이 된다. 정기선의 경우에는 운송인이 직접 양륙의무를 부담하지만 부정기선의 경우에는 특별한 약정(예컨대 FIO 조항)을 통하여 용선자인 화주가 양륙의무를 부담하기도 한다. 대법원은 이를 유효한 약정으로 보았다(대법원 2010.4.15. 선고 2007다50649 판결).

⑥ 인도의무

정당한 수하인이 아닌 자에게 운송물을 넘겨주었다면 운송인은 화물의 引渡에 대한 주의의무를 다하지 못한 것이 된다. 선하증권이 발행되면 선하증권과 상환하여 운송물을 인도할 의무가 추가된다(상법 제861조, 제129조)(인도의무는 선하증권편에서 상세히 본다).

(4) 효 과

운송인 또는 운송인의 선박사용인이 고의나 과실로 위의 주의의무에 위반하여 운송물에 발생한 멸실, 훼손, 연착으로 인한 손해를 운송인이 배상할 책임을 부담한다(상법 제795조). 헤이그비스비 규칙에서 연착(delay)은 운송인이 배상책임을 부담하는 손해가 아니다. 그러나, 우리 상법은 육상운송과의 형평을 고려하여 지연

손해도 배상하도록 규정하고 있다(상법 제815, 제841조, 제137조).

감항능력주의의무는 운송인의 우선적 의무이기 때문에 이에 위반하면 운송인은 항해과실이나 화재면책 등의 이익을 향유할 수 없다.[21]

3. 片面的 强行規定性

위에서 본 운송인의 주의의무 규정은 강행규정(상법 제799조 제1항, 제839조 제1항)의 대상이 된다. 그러므로 운송인이 자신의 주의의무를 감경시키는 약정을 송하인과 체결하여도 이는 무효로서 효력이 없다. 그러나, 운송인에게만 적용된다는 측면에서 이는 편면적인 것으로 운송인이 법규정보다 더욱 강한 주의의무를 부담하는 약정은 유효하다.[22] 대법원은 2007다50649 판결에서 상법 제795조의 운송인의 의무는 개별의무를 부담하기로 약정한 경우 그 의무를 주의깊게 행할 의무를 말한다고 하였다.[23] 따라서 주의깊게 행할 의무를 감경하면 그 약정은 무효가 되고, 개별의무 자체의 배제는 유효하다는 해석이 가능하다. 대법원은 선적, 적부, 양륙작업을 명시하고 있다. 그러나, 보관·운송·인도 의무에도 똑같은 결론에 이를지는 의문이다.

<예제 8> 운송인 甲과 송하인 乙은 운송계약을 체결하면서 운송인이 감항능력을 갖추지 않은 경우에도 손해배상책임을 묻지 않겠다는 특약을 하였다. 그런데, 항해 중 선창에 해수가 들어와 화물에 손상을 입었다. 송하인 乙은 운송인 甲에게 손해배상청구를 할 수 없는가?

상법 제799조에 의하면 감항능력주의의무를 경감하는 당사자의 약정은 무효가 된다. 그러므로 비록 손해배상책임을 묻지 않겠다고 약정하더라도 이러한 약정은 무효가 되므로 송하인 乙은 손해배상청구가 가능하다.

[판례소개](대법원 2010.4.15. 선고 2007다50649 판결)

운송인인 선박소유자가 발행한 선하증권에는 FIO BASIS라는 단어가 적혀있었다.

항해 중 운송물이 손상되게 되자 선하증권을 소지한 수하인(원고)이 운송인에게 손해배상청구를 제기하였다. 운송인은 FIO 약정하에서는 용선자의 비용과 책임하에서 선적 양륙뿐만 아니라 적부까지도 이루어지므로 자신은 책임이 없다고 항변하였다. 원고는 FIO 약정은 (i) 고정 작업(적부)은 포함되지 않는다. (ii) 비용만을 용선자가 부담하는 것이다. (iii) 의무와 책임을 용선자에게 전가하는 것은 상법 제795조 제1항이

21) 채이식(하), 701면; 정동윤(하), 874, 876면.

22) 채이식, 302면; 최종현, 322면.

23) 자세한 논의는 김인현 “2010년 해상법 중요 판례 소개”, 한국해법학회지 제33권 제2권(2011.11.), 341면.

정한 운송인의 의무 중의 하나인 양륙의무를 면제하는 것이 되고 이는 강행규정인 상법 제799조에 위반되어 무효라고 주장하였다.

대법원은 아래와 같이 판시하였다.

선적 양륙비용 화주부담조건(Free In and Out: FIO)은 화주가 운송물의 선적과 양륙비용을 부담하는 조건으로서, 운송계약서나 선하증권에 단순히 FIO라는 두 문자만 기재하고 선적과 양륙작업에 관한 위험과 책임을 누가 부담할 것인지를 명시적으로 정하지 아니한 경우, 우리나라의 해상운송업계에서 단순히 FIO 조건에 따라 체결된 운송계약에서도 화주가 선적 양륙작업의 비용만을 부담하는 것이 아니라 하역인부를 수배고용하고 경우에 따라서는 작업에 대한 지시감독까지 하는 것이 관행인 점 등에 비추어, 달리 특별한 사정이 없는 한, 화주가 비용뿐 아니라 자신의 위험과 책임 부담 아래 선적 양륙작업을 하기로 약정하였다고 해석함이 상당하다.

상법 제795조 제1항은, 해상운송인에게 위 조항에 열거된 모든 용역을 해야 할 의무를 부과하는 규정이 아니라 위 조항에 열거된 용역 중 일정한 범위의 용역을 인수한 경우에 그 인수한 용역에 대하여 상당한 주의를 기울여 이행할 의무를 부과하는 규정이다. 따라서 선적·적부·양륙작업에 관하여 화주가 위험과 책임을 부담하기로 하는 약정은 운송인이 인수할 용역의 범위를 한정하는 약정으로서 용선계약에 따라 선하증권이 발행된 경우 용선자 이외의 선하증권 소지인에 대하여 상법 제799조 제1항에 규정된 운송인의 의무 또는 책임을 경감 또는 면제하는 당사자 사이의 특약을 무효로 하는 상법 제799조 제1항 전문, 제3항 단서에 위반되지 아니하여 유효하다. 원심의 판시는 정당하다.

4. 不法行爲責任과의 관계

해상운송인의 손해배상책임은 운송계약상의 채무불이행에 기초하는 책임이다. 그런데, 운송물에 대한 사고는 불법행위책임을 구성하게 된다. 이 경우에 請求權競合說은 채무불이행책임과 불법행위책임을 각각 그 요건과 효과를 달리하는 것으로서 별개의 청구권으로 인정한다(대법원 1980.11.11 선고 80다1812 판결). 法條競合說은 계약법은 불법행위법과는 특별법과 일반법의 관계에 있으며, 채무불이행책임은 계약관계라는 특별한 관계에서 발생하는 책임이지만 불법행위책임은 일반적 의무위반으로 발생하는 책임이므로, 채무불이행에 기한 손해배상청구권 하나만을 인정한다. 청구권경합설에 따르면 불법행위에는 상법상 책임제한이나 면책규정이 적용되지 않으므로 운송인은 불법행위에 기한 손해배상청구에 대하여 이의 원용이 불가능하였다(대법원 1980.11.11. 선고 80다1812 판결). 그 후 대법원은 1983.3.22. 선고 92다카1533 판결에서 불법행위를 원인으로 한 손해배상청구에도 선하증권상의 면책규정이 적용된다고 판시하였다.[24] 1991년 상법 및 개정상법은 이를 입법

24) 이에 대한 자세한 설명은 서헌제 외 2인, 241-247면을 참고 바람.

적으로 해결하여 상법상 책임제한이나 면책규정은 청구원인에 관계없이 적용되는 것으로 하였다(상법 제798조 제1항, 제841조).[25]

영미법에서는 운송계약에는 임치적 성격이 포함되는데 이를 불법행위로 구성하여 운송인은 수치인(bailee)으로서 책임을 부담한다고 본다.[26]

제3 運送人의 면책

1. 의 의

운송인이 감항능력주의의무와 운송물에 대한 주의의무에 위반하여 운송물에 대한 손해가 발생하였다면 운송인은 손해배상책임을 부담하여야 하지만, 일정한 사유로 손해가 발생한 경우에는 운송인의 책임이 면제되는 경우가 있다. 이를 운송인의 면책제도라고 한다.

개품운송계약하의 면책사유는 책임의 내용을 완전히 면제하는 책임면제사유와 입증책임의 전환 기타 발생의 조건을 변경시키는 책임조건변경사유로 나눌 수 있다.[27] 전자로는 제795조 제2항의 항해과실면책과 화재면책이 있고, 후자로는 상법 제796조의 해상고유의 위험 등이 있다.

이는 제841조 준용규정에 의하여 항해용선계약에도 적용된다. 즉, 항해용선계약에서 운송인에 해당하는 선박소유자는 송하인에 해당하는 용선자에게 면책을 주장할 수 있다.

2. 航海過失免責

(1) 개 념

우리 상법 제795조 제2항은 "운송인은 선장, 해원, 도선사 기타의 선박사용인의 항해 또는 선박의 관리에 관한 행위로 인하여 생긴 운송물에 관한 손해를 배상할 책임을 면한다."고 규정하고 있다.[28]

---

25) 일본 국제운송법 제20조의2; 일본 상법 제588조; 중국 해상법 제58조; 채이식, 323면; 이균성, 764면; 최종현, 320면.

26) Stephen Girvin, Carriage of Goods by Sea.(Oxford, 2011), p. 125.

27) 채이식, 305면.

28) 헤이그비스비 규칙 제4조 제2항 a호 참조. 일본 국제운송법 제3조 제2항; 중국 해상법 제51조 1호; 2008년 로테르담 규칙에서는 항해과실면책제도는 폐지된다. 일본은 상법에 항해과실 면책 규정이 없으므로 내항운송에는 항해과실 면책이 법률상 가능하지 않다.

운송인은 운송물을 안전하게 운송하여야 할 의무를 부담하고 운송중인 화물이 손상을 입게 되면 자신에게 과실이 없음을 입증하지 못하는 한 손해를 배상하여야 한다(상법 제795조 제1항). 그런데, 우리 상법은 그러한 사고가 운송인의 피용자인 선원들의 항해상의 과실(error of navigation) 혹은 선박관리상의 과실로 인하여 발생한 경우라면, 운송인은 면책됨을 정하고 있다. 이를 항해과실면책제도라고 한다. 선박관리상의 과실을 항해과실과 분리하여 부르기도 한다.

운송인이 손해배상책임을 부담하여야 하는 제795조 제1항과 관련되는 과실을 항해과실의 반대개념으로서 商事過失이라고 한다.

(2) 관련 당사자

항해과실 등 면책제도를 원용할 수 있는 사람은 운송인과 그 이행보조자들이다. 원래는 운송인만이 그 주체이었지만, 이행보조자들과 운송인과의 형평성을 고려하여 히말라야 약관(himalaya clause)을 수용하여 이행보조자들에게도 항해과실면책제도의 원용을 인정하고 있다(상법 제798조 제2항; 제841조). 항해과실면책제도는 송하인과 운송계약관계에 있는 운송인에게 적용되는 것이므로 상대선의 송하인에 대한 관계에서는 적용이 없다.[29] 예컨대 甲 선박과 乙 선박이 충돌하여 乙 선박의 운송물이 손상을 입은 경우에 乙 선박의 화주가 甲 운송인에게 손해배상청구를 하면 甲 선박의 운송인은 항해과실면책을 주장할 수 없다.

(3) 적용요건

① 항해과실이 있어야 한다.

항해과실이란 선박의 운항과 관련하여 항해상의 과실이 발생한 경우이다. 항해상의 과실이란 선박이 항해 중 선박조종과 관련하여 선장 등 선원, 도선사 기타의 선박사용인이 부주의로 행한 행위이다. 좁은 의미로는 선박이 항해 중이어야 하고, 선박조종과 관련이 있어야만 항해과실에 해당한다고 볼 수 있다. 이러한 의미에서는 정박중의 해도개정 잘못·출항하기 전에 확정한 항로선정의 과실은 항해중에 일어난 것이 아니므로 항해과실이 아닌 것이 된다. 선박충돌, 좌초사고, 항해중 항로선정의 잘못, 황천피항의 잘못 등이 그 대표적인 예이다.

> [판례소개](서울지방법원 1998.4.9. 선고 96가합80830 판결)
> 甲호와 乙호는 각각 도선사가 승선한 가운데 부산항에서 입출항을 하다가 항내에서 조종잘못으로 충돌사고를 야기하였다. 甲호의 선창이 파손되어 화물이 손상을 입

29) 동지 채이식, 367면; 최종현, 548면.

었다. 화주의 보험회사가 원고로서 甲호의 운송인에게 손해배상소송을 제기하였다.
서울지법은 "상법 제788조 제2항(개정상법 제795조 제2항)은 선장 등의 항해상의 과실로 인하여 발생한 손해에 대하여 운송인은 그 책임을 면한다는 취지로 규정하면서, 789조의3(개정상법 제798조) 제1항에서 운송인의 불법행위로 인한 손해배상청구에도 이를 적용한다고 규정하고, 불법행위를 원인으로 한 손해배상청구에 있어서도 제788조 제2항의 항해과실면책규정이 적용되도록 하고 있는바, 위 각 화물의 손상이 이 사건 선박의 충돌로 인한 것이고, 위 선박의 충돌이 甲호 측과 乙호 측의 항해상의 과실에 의하여 발생한 것이라는 점은 앞서 본바와 같으므로 결국 선박운송인인 피고 乙은 위 상법 규정에 따라 원고에 대한 손해배상책임을 면한다."고 판시하였다.

항해과실면책이 선장의 선의에 의한 항해의 결과이어야 한다는 묵시적 요건은 인정되지 않는다는 뉴질랜드 대법원의 2010년 판례가 있다.

[판례소개](뉴질랜드 대법원 2010.4.6.)
운송인은 Tasman Pioneer호를 용선하였다. 뉴질랜드에서 부산으로 향하는 화물의 운송을 인수한 다음 운송인은 송하인에게 선하증권을 발행하여 주었다(준거법: 헤이그비스비 규칙). 송하인(원고)은 운송인에 대하여 갑판적된 화물 손상에 대한 손해배상청구를 제기하자 운송인은 항해과실면책을 주장하였다(제2조 a항).[30] 그런데, 선장은 일본 연안에서 항해시간 단축을 위하여 단거리를 택하여 항해하다가 좌초 사고가 발생하였음에도 이를 선주, 경찰에 알리지 않고 은폐하려고 시도하였다. 뉴질랜드 1심 법원은 "만약 좌초 사실을 제때에 경찰에 알렸더라면, 운송물은 손상을 입지 않았을 것"이라고 판단하였다. 나아가 법원은 "선장의 좌초 후의 행동은 항해중 혹은 선박의 관리중에 일어난 일인 것은 틀림없다. 그러나, 헤이그비스비 규칙에서는 선장의 행위가 어디에 속하든지 관계없이 그 행동은 선박, 화물 그리고 선원을 안전하게 할 중차대한 의무를 촉진시키는 방향으로 취하여진 것이어야 만한다. 즉, 선장의 행위는 선의(bona fide)로 행한 항해 혹은 선박의 관리이어야 한다는 묵시적인 요건을 충족하는 것이어야 한다. 본 사건에서 선장의 행위는 선의가 아니기 때문에 운송인은 항해과실면책을 원용할 수 없다고 판시하였다. 항소법원의 다수의견도 동일한 취지의 판단을 하였다.[31]
뉴질랜드 대법원은 "헤이그비스비 규칙의 목적은 운송인이 직접 통제가 가능한 것에만 책임을 지고 그렇지 않은 경우는 책임을 지지 않도록 함에 있다. 선장의 어떠한 작위나 부작위 혹은 고의의 행위라도 이는 항해과실면책이 되어야 한다. 항해과실면책 인정을 위하여 항소법원이 말하는 선장이 묵시적으로 선의로 행동하여야 한다는 요건은 존재하지 않는다."고 판시하면서 항소심의 판단을 파기하였다.
선장의 은폐로 인한 조치의 지연이 운송물 사고의 원인이 되었다.[32] 1심과 2심에서

30) 헤이그비스비 규칙 제4조 2항에 의하면, "2. Neither the carrier nor the ship shall be responsible for loss or damage arising from (a) *act, neglect or default of the master, mariner, pilot, or the servants of the carrier in the navigation* or in the management of the ship"라고 한다.

31) Tasman Orient Line CV v. New Zealand China Clays Ltd & Ors

32) 법원은 선장이 적절한 조치를 취하였다면 당해 운송물에는 손상이 발생하지 않았을 것이

는 항해과실면책이라는 것은 선의에서 행하여진 것에서만 적용된다고 판시하였다. 선장의 고의에 가까운 행위는 운송인의 면책사항에 포함되지 않는다고 본 것이다. 대법원은 운송인의 항해과실면책은 운송인과 송하인의 이익배분의 결과이기 때문에 다른 요소를 고려하지 않고 판단되어야 한다고 하였다. 따라서 운송인의 면책은 인정되었다.

[판례소개](대법원 2004.7.8. 선고 2004다8494 판결)

해상을 지나던 선박이 수중물체와 접촉하여 화물이 침수되어 화주가 운송인에게 손해배상청구를 하였다.

대법원은 "당시 수심이 100m 정도이고 수중물체가 있음을 짐작하게 하는 수면 위의 부유물도 발견할 수 없어 미리 사고를 예견하거나 방지할 수 없었던 점에 비추어, 본 사고는 상법 제796조 제2항 제1호, 2호에 규정된 해상고유의 위험 내지 불가항력 또는 상법 제795조 제2항 소정의 항해과실에 의한 사고이므로 운송인에게 손해배상책임을 지울 수 없다."고 판시하였다.

선박관리상의 과실이란 선박의 안전항해를 위하여 선원들이 선박에 대한 관리 중 부주의한 행위를 말한다. 밸브조작의 잘못, 선박고박용 로프조작 잘못 등이 그 예가 된다. 선박관리상의 과실은 상사과실과의 한계가 문제된다. 전적으로 화물을 위한 작업중의 과실은 상사과실로 된다.[33]

손해가 항해과실로 인한 것이었다는 사실은 운송인이 입증하여야 한다.

② 배제사유가 없을 것

항해과실면책을 주장하는 운송인에게 감항능력주의의무결여가 없어야 한다. 감항능력주의의무는 단순하게 운송인의 손해배상책임 발생원인의 하나일 뿐만 아니라 항해과실면책 등 각종 면책제도의 배제사유로서 기능하기도 한다. 감항능력주의의무는 운송인의 우선적 의무(overriding duty)이기 때문이다. 당해 사고와 인과관계가 있는 사항에 대하여 운송인이 발항당시에 이러한 감항능력을 갖추기 위하여 상당한 주의의무를 다하였음을 증명하지 아니하면 운송인은 항해과실로 인한 면책이 불가능하다. 명문의 규정은 없지만 학설과 판례상 인정되는 해상법의 원칙이다(대법원 1998.12.10. 선고 96다45054 판결).[34]

(4) 효 과

운송인들은 자신의 운송물에 대한 손해배상책임을 면한다. 이는 총체적 책임제한제도와는 달리 별도의 소송절차를 거치지 않고 소송상 항변으로 주장이 가

라고 하여 좌초 사고와 운송물의 사고를 분리시켜 보았다. 만약 좌초사고 자체를 운송물 사고의 원인이라고 보았다면 항해과실 면책이 쉽게 인정되었을 것이다.

33) 동지 주석상법, 332면.

34) 채이식(하), 701면; Wilson, p. 269.

능하다.

<예제 9> 甲 선박과 乙 선박 사이에 선박충돌사고가 발생하여, 乙 선박에 적재된 화물이 손상을 입었다. 甲 선박의 운송인이 항해과실면책임을 근거로 책임을 부인하고 있다. 가능한 주장인가?

선박충돌은 항해과실의 대표적인 예이다. 그런데, 항해과실면책은 운송계약관계가 있는 경우에 적용되는 것이다. 甲 선박과 乙 선박은 아무런 운송계약관계가 없다. 그러므로 甲 선박의 운송인이 乙 선박의 화주에 대하여 항해과실 면책을 주장할 수 없다. 다만, 甲 선박의 운송인은 자신의 선박에 적재한 화주에 대하여 항해과실 면책 주장을 할 수 있다.

<예제 10> 장기운송계약을 체결하면서 대량화주에 대하여 운송인은 항해과실의 경우에도 면책을 주장하지 아니하기로 하는 약정을 하였다. 이 약정은 유효한가?

상법 제799조 운송인의 책임경감금지 규정에 항해과실도 포함된다. 그런데 상법 제799조는 편면적 강행규정이다. 상법 제799조는 운송인이 유리한 지위에서 해상운송의 질서를 어지럽히는 행위를 하지 못하게 함에 입법취지가 있다. 그런데, 사안의 경우에는 운송인이 오히려 자신에게 불리한 약정을 한 것이다. 그러므로, 이는 상법 제799조의 강행규정에 위반되지 아니하여 유효하다.[35][36]

3. 火災免責

(1) 개 념

우리 상법 제795조 제2항은 "운송인은 선장, 해원, 도선사 기타의 선박사용인의 (중략) 화재로 인하여 생긴 운송물에 관한 손해를 배상할 책임을 면한다. 그러나 운송인의 고의 또는 과실로 인한 화재의 경우에는 그러하지 아니하다."고 정하고 있다. 운송물에 대한 주의의무를 결하여 운송물에 손해가 발생한 경우에는 운송인은 손해배상책임을 부담하여야 할 것이나, 운송인을 보호하기 위하여 운송인의 고의나 과실로 인하지 아니한 화재의 경우에는 책임을 면제하고 있다.[37]

화재면책을 인정하는 이유는 선박에서의 화재는 거액의 손해를 발생시키고 운송인이 과실이 없음을 입증할 증거를 제시하기가 곤란하기 때문이다.

---

35) 동지 최준선, 462면.

36) 이와 관련하여 로테르담 규칙에서는 화주의 의무와 책임을 정하고 법정된 의무와 책임을 감경하여 화주를 유리하게 하는 약정은 무효로하여 운송인이 부담하는 강행규정과 균형을 이루고 있다(제79조 제2항).

37) 헤이그비스비 규칙 제3 제2항 b호(Fire, unless caused by the actual fault or privity of the carrier); 로테르담 규칙에서는 단서 규정이 삭제되어(제17조 제3항 f호) 운송인 자신의 고의 과실이 있어도 운송인은 화재면책을 주장할 수 없다.

(2) 適用要件

첫째, 船上에서의 화재가 있어야 한다. 헤이그비스비 규칙은 선상에서의 화재 (fire on board)라고 정하고 있으나, 우리 상법은 단순히 '화재'라고 하여 '선상의'라는 문구가 누락되어 있다.[38] 그리하여 선상의 화재로 한정하여 해석하는 견해[39]와 한정하지 않는 견해[40]가 대립되어 왔다. 우리 대법원은 후자의 입장을 취하여 다른 선박에서 옮겨붙은 화재의 경우에도 운송인의 면책을 인정하였다(대법원 2002.12.10. 선고 2002다39364 판결).[41]

[판례소개](대법원 2002.12.10. 선고 2002다39364 판결)

사고 선박의 현측(옆)에 붙어 있던 선박에서 화재가 발생하여 이건 선박으로 화재가 옮겨 붙은 결과로 운송물이 손상을 입게 되었다. 운송인은 화재면책을 주장하였다. 대법원은, "상법 제788조(개정상법 제795조) 제1항은 "운송인은 자기 또는 선원 기타의 선박 사용인이 운송물의 수령, 선적, 적부, 운송, 보관, 양륙과 인도에 관하여 주의를 해태하지 아니하였음을 증명하지 아니하면 운송물의 멸실, 훼손 또는 연착으로 인한 손해를 배상할 책임이 있다."고 규정하고, 제2항은 "운송인은 선장, 해원, 도선사 기타의 선박사용인의 항해 또는 선박의 관리에 관한 행위 또는 화재로 인하여 생긴 운송물에 관한 손해를 배상할 책임을 면한다. 그러나 운송인의 고의 또는 과실로 인한 화재의 경우에는 그러하지 아니하다."고 규정하고 있는데, 제2항의 본문 및 단서에서의 '화재'란, 운송물의 운송에 사용된 선박안에 발화원인이 있는 화재 또는 직접 그 선박안에서 발생한 화재에만 한정되는 것이 아니고, 육상이나 인접한 다른 선박 등 외부에서 발화하여 당해 선박으로 옮겨 붙은 화재도 포함된다고 해석된다.

위 제2항 단서에 따라 화재로 인한 손해배상책임의 면제에서 제외되는 사유인 고의 또는 과실의 주체인 운송인이란, 상법이 위 제2항 본문에서는 운송인외에 선장, 해원, 도선사 기타의 선박사용인을 명시하여 규정하고, 같은 조 제1항 및 제787조(개정상법 제794조)에서도 각 자기 또는 선원 기타의 선박사용인을 명시하여 규정하고 있는 점과 화재로 인한 손해에 관한 면책제도의 존재이유에 비추어 볼 때, 그 문언대로 운송인 자신 또는 이에 준하는 정도의 직책을 가진 자만을 의미할 뿐이고, 선원 기타 선박사용인 등의 고의 또는 과실은 여기서의 면책제외사유에 해당하지 아니한다고 해석하여야 할 것이며, 위 조항이 상법 제789조의 2(개정상법 제797조) 제1항 단서처럼 운송인 자신의 고의라는 문언으로 규정되어 있지 않다고 하여 달리 해석할 것이 아니다."고 판시하였다.

둘째, 감항능력결여로 인한 사고가 아니어야 한다. 감항능력주의의무는 우선적

---

38) 일본의 國際海上物品運送法 제3조 제2항은 '선상의 화재'로 규정하고 있고, 선박자체에서 발생한 화재만 인정한다. 戸田・中村, 72面.

39) 배병태, 209면; 정동윤(하), 875면; 주석상법, 498면; Schoenbaum, p. 349.

40) 이기수 외, 603면; 손주찬, 810면; 최종현, 290면.

41) 로테르담규칙에서는 선상에서 발생한 화재로 국한한다. 그러므로 화재가 다른 곳으로부터 옮겨붙은 경우는 적용에서 제외된다.

의무이기 때문이다.

셋째, 운송인 자신의 고의나 과실로 인한 화재가 아니어야 한다(인천지법 2012.8.8. 선고 2011가합19740 판결; 대법원 2019.8.29.선고 2015다220627 판결). 선장 등 선원의 고의나 과실은 운송인의 화재면책과 관계가 없다.[42] 상법 제797조 제1항 단서 혹은 제769조 단서에서는 운송인 및 선박소유자의 책임제한 배제사유로서 운송인(혹은 선박소유자) "자신의 고의 등"으로 되어 있지만, 본조에서는 단순히 "운송인의 고의 또는 과실"로만 되어 있다. 그러므로 운송인 자신 이외의 선박사용인의 고의 또는 과실도 면책배제사유가 되는지 논란이 된다. 그러나 대법원은 "운송인 자신"으로 한정하여 해석한다(대법원 2002.12.10. 선고 2002다39364 판결). 운송인 자신의 범위에 법인의 이사 기타 회사의 기관은 물론 ISM code상의 designated person도 여기에 해당한다고 본다.

운송인 자신의 고의나 과실의 존재에 대한 입증책임은 일반 이론상 송하인 등이 운송인의 고의·과실을 입증하여야 한다는 견해[43]와 화재에 대한 면책은 예외적인 것이므로 운송인이 과실없음을 입증하여야 한다는 견해[44]로 나누어져 있다. 전자의 견해에 찬성한다.

[판례소개](인천지법 2012.8.8. 선고 2011가합19740 판결)

甲(수입자)과 乙(보험자)은 적하보험계약을 체결하였다. 戊와 甲은 수출계약을 체결하였고 戊는 丁과 항해용선계약을 체결하였는데, 丁은 丙(선박소유자)으로부터 선박을 용선한 자이다(판결에서는 丙을 운송인으로 보았다). 인도에서 운송물을 적재하였지만, 항해중 선박이 고장이 나서 조선소에 수리중에 운송물이 발화되어 화재가 발생하였다. 이에 甲은 乙 등에게 보험금을 청구하여 보험금을 지급받았다. 乙은 甲이 丙에 대하여 가지는 청구권을 대위하여 丙에게 구상소송을 제기하게 되었다.

丙은 화재면책을 주장하였다. 이에 대하여 원고는 (i) 본 사고는 丙의 감항능력결여로 인한 사고이고 이것이 화재와 인과관계가 있다고 주장하고 (ii) 그렇지 않다고 하여도, 본 사고는 운송인의 과실로 인하여 발생한 사고이기 때문에 헤이그비스비 규칙에 따르면 운송인은 면책되지 않는다고 주장하였다(준거법은 선하증권에 의하여 헤이그비스비 규칙으로 정하여졌다).

인천지법은 아래와 같이 판시하였다.

(1) 감항능력주의의무 위반 여부

운송인의 감항능력주의의무위반을 들어 화재면책을 배제하고자 하는 경우에는 운송인의 감항능력주의의무 위반 사실과 그 주의의무 위반이 화재와 인과관계가 있다는 점이 인정되어야 한다. 이 사건 선박은 발항 이전이나 출항 당시 주기관에 어떠한 문

42) 동지 주석상법, 498면, 손주찬, 810면.
43) 이균성, 704면; 채이식, 306면; 최종현, 292면.
44) 이기수 외, 603면; 배병태, 211면.

제나 특이 사항이 있다는 별도의 보고가 없었으나 출항 후 10일이 지나서야 원인을 알 수 없는 사유로 감속기에 문제가 발생한 사실, (중략), 주기관의 감속기는 정밀기계장치로서 발항 당시 그것이 손상되어 있었다면 주기관 가동이 불가능하여 항해 자체를 하지 못하였을 것으로 보이는 점, 헤이그 규칙 제3조 제1항 (a)호에 의하면 운송인은 발항 이전 및 발항 당시 선박의 감항성을 갖추면 족하고 항해기간 내내 그 감항성을 유지할 의무는 없는 점 등을 보태어 보면, 앞에서 인정한 사실만으로는 피고가 감항능력 주의의무를 위반하였다는 점 내지 피고의 감항능력주의의무 위반으로 인하여 이 사고가 발생하였다는 점을 인정하기 어렵다.

(2) 피고 운송인의 고의 또는 과실

원고들은 또한 피고는 이 사건 선박의 수리기간이 3개월 이상 소요되었음에도 그 기간 중 화물을 다른 곳에 양하하여 적절히 관리하는 등의 조치를 취하지 아니하여 이 사건 사고가 발생하였으므로 이는 피고의 고의 또는 과실에 의한 것이어서 헤이그 규칙 제4조 제2항 (b)호 단서에 의하여 면책될 수 없다고 재항변하고, 이에 대하여 피고는 이 사고는 이 사건화물의 채종박 고유의 특성에 기하여 자연발화한 것으로서 이 사고에 피고의 고의 내지 과실이 개입되지 않았다고 다툰다.

(i) 이 사건 선박의 수리는 전적으로 선주가 담당하는 것이므로 수리로 인하여 항해기간이 지연되는 동안의 화물 관리 역시 피고의 책임하에 이루어져야 하는 점 (ii) 이 사건 선박의 주기관 감속기 고장으로 인한 정박 이후 피고가 공동해손을 선포하였다면 화물 관리에 드는 비용 역시 공동해손 정산 결과에 따라 화주로부터 회수 할 수 있으므로 선주인 피고로서는 수리기간 동안 선박에 대한 조치와 함께 이 사건 화물을 양하해 놓았다가 다른 선박으로 옮겨 싣는 등 화물에 대한 적절한 관리를 해야함이 마땅한 것으로 보이는 점 (iii) 이 사건 화물 선적시 화물의 높이를 통풍구보다 낮게하거나 화물이 통풍구를 막지 않도록 분리판을 대는 등 통풍구 주변에 공기유출입이 가능하도록 공간을 확보하는 조치를 취하였다면 이 사고가 발생할 가능성이 감소하였을 것인 점, (iv) 이 사고는 정상적인 항해기간중의 사고가 아니라 수리를 위하여 정박하고 있는 동안 화물이 고온다습한 환경에 장기간 노출되면서 발생한 사고인 점, (v) 이 선박의 1등항해사는 화물이 통풍용 팬을 막고 있으면 주기적으로 화물의 균형유지를 위하여 트리밍(trimming)작업을 하여 이를 평평하게 만들어 주어야 하는 점, (vi) 설령 화주가 자신의 책임과 비용으로 화물을 적재한 경우라도 운송인은 그러한 적부가 운송에 적합한지의 여부를 살펴보고 운송을 위하여 인도받은 화물의 성질을 알고 그 화물의 성격이 요구하는 바에 따라 적부를 하는 등의 방법으로 손해를 방지하기 위한 적절한 예방조치를 강구하여야 할 주의의무가 있어 적재 후 항해기간 동안 운송인 측의 과실로 인한 화물 손상책임을 면할 수 없는 점, (vii) 이 사건 선박은 주기관 감속기에 고장이 발생하지 않았다라면 통상 15일에서 20일 정도 항해하여 2011.5.5. 전후로 인천항에 도착할 수 있었을 것인데, 수리를 위한 정박으로 인하여 원래 도착 예정일보다 3개월 이상 늦게 도착한 점(이 사건 사고 발생 전인 2011.4.21.에도 감속기의 윤활유 누유로 정선한 적이 있다). 등을 보태어 보면, 이 사건 사고는 피고가 운송인으로서 항해기간 동안 이 사건 화물의 관리상 주의의무를 다하지 못하여 발생하였다고 봄이 상당하다. 결국 피고의 화재면책 항변은 받아들일 수 없다.

(3) 效 果

운송인은 화주에 대하여 손해배상책임을 면한다. 운송인의 손해배상책임이 면제된다고 하여, 운송물의 소유자인 화주의 적하보험자에 대한 보험금청구권은 영향을 받지 않는다. 보험금을 지급한 적하보험자가 운송인에게 보험자 대위에 의한 구상청구를 하면 운송인은 화재면책을 주장하여 책임을 면하게 된다.

[판례소개](대법원 2019.8.29. 선고 2015다220627 판결)

피고는 해상운송업에 종사하는 회사이다. 피고 소유의 선박에서 화재가 발생하여 화물이 손상되었다. 화물 손상으로 인한 손해액이 한국 상법에서 인정하는 책임제한액을 넘어설 것으로 예상되자 피고는 서울중앙지방법원에 책임제한절차개시를 신청하여 책임제한절차가 개시되었다. 위 책임제한절차에서 손상된 화물의 화주, 보험자인 원고들은 자신들의 손해배상채권 또는 구상금채권을 제한채권으로 신고하였다. 그러나 피고는 원고들이 입은 손해는 화재로 인하여 생긴 손해이므로 상법 제795조 제2항에 따라 운송인이 면책된다고 주장하며 원고들의 제한채권신고에 대해 전액 이의하였다. 법원은 화재의 발생에 피고의 고의 또는 과실이 없었으므로 상법 제795조에 따라 피고의 손해배상책임은 면책되었고 따라서 원고들이 신고한 각 제한채권은 존재하지 아니한다는 결정을 하였다. 이에 원고들은 "피고가 선장 및 선원들에 대하여 화재에 대한 교육·훈련을 소홀히 하였고, 이 사건 선박은 처음부터 화재탐지장치, 소방설비 등에 구조적 결함이 있었으며, 활어운반트럭의 시동이 켜진 상태로 두는 등 이 사건 화물창의 화물 및 차량 적재가 관련 법령을 위반하여 잘못 행해졌으므로 이 사건 화재는 피고의 고의 또는 과실로 인하여 발생·확대된 것이다."라고 주장하며 책임제한절차법 제59조에 의하여 이의의 소를 제기하였다.

대법원은 "피고 소유의 선박에 적재된 활어운반트럭에서 발생한 이 사건 화재에 관하여 위 트럭의 적재나 화재의 진압 조치 등 화재의 발생이나 확대에 있어 선장 등의 과실이나 피고의 선장 등에 대한 화재 교육 등의 부족, 선박의 소방시설 등의 구조적 결함이 있다고 볼 수 없어 이 사건 화재가 피고의 고의 또는 과실로 인한 것이 아니므로, 원고들의 제한채권은 존재하지 아니한다."라고 판시한 원심판결을 수긍하였다.

4. 기타 免責權

(1) 槪 念

우리 상법 제796조는 일정한 사유로 손해가 발생하면 운송인은 원칙적으로 책임을 면하고 다만 상대방이 운송인의 과실을 입증하는 때에는 운송인이 책임을 지도록 하고 있다. 즉, 일정한 사유로 손해가 발생하면 과실에 관한 입증책임이 운송인의 상대방에게 전환되는 사유들을 열거하고 있다.[45] 이를 책임조건변경사유

45) 배병태, 213면; 채이식, 307면; 최종현, 297면; 헤이그비스비 규칙 제4조 제2항 (c)~(g); 일본 국제운송법 제4조 제2항; 중국 해상법 제51조.

라고 한다. 운송인은 원래 무과실을 입증하여야만 책임을 면하지만, 책임조건 변경 사유는 입증책임을 상대방에게 전환시키고 있으므로 운송인은 그만큼 보호된다.

(2) 적용요건

1) 면책사유

상법 제796조에 기술된 아래와 같은 사유가 있어야 한다.

① 해상 기타 항행할 수 있는 수면에서의 위험 또는 사고

海上固有의 危險으로서 폭풍·충돌·좌초 등과 같은 사고로부터 발생하는 손해를 말한다. 가장 대표적인 것으로는 荒天(Heavy Weather)면책을 들 수 있다. 예견불가능한 황천이라야 황천면책이 가능하다는 것이 미국법상의 판례의 입장이지만,46) 영국과 호주에서는 예견불가능함을 요건으로 하지 않는다.47) 우리나라에서는 황천면책이 인정되는 경우가 매우 드물다. 판례에 따르면 황천면책이 허용되는 기상상태는 뷰포스케일(Beaufort Scale)도 11은 되어야 한다.

[판례소개](호주 뉴사우스웨일즈 연방지방법원 해사부, 1993.6.30. 판결)

화주는 시드니의 보타니항에서 대만의 기룽으로 가는 알류미늄판 코일을 피고 소유인 말레이시아 선적 컨테이너선인 붕가 세로자호에 적재하였다. 이 화물은 갑판하에 적재되었고 헤이그 규칙이 삽입된 선하증권이 발행되었다. 1989.10.14. 본선은 항해 중 황천을 만났다. 갑판일지(logbook)에는 풍력계급 10/11이라고 기록되었고 피칭과 롤링(최대 35도까지)이 심하였다. 컨테이너가 파손되어 파도에 쓸려 내려갔다. 그 결과로 컨테이너 내부의 코일들이 손상을 입었다. 원고인 화주는 운송인인 피고가 헤이그 규칙 제3조 제2항을 위반하였다고 주장하면서 손해배상청구를 제기하였다. 피고는 본 사고는 해상고유의 위험에 의한 것으로 동 제4조 제2항 c호에 따라 운송인은 면책된다고 항변하였다. 피고는 부르니항을 떠날 때 본선은 예상되는 기상상태를 염두에 두고 계획된 항해에 모든 면에서 적합하도록 준비를 하였으며, 원고의 화물에 생긴 손상의 근인은 항해 중 과도한 기상상태 때문에 야기된 특별하고도 우연한 황천이었다고 주장하였다. 원고는 선장의 지시와 합치하는 GM 감소조치가 취하여 지지 않았고 좀 더 작은 GM을 갖지 못한 것이 사고의 원인이며(선장은 GM 0.8-0.9M를 요구하였지만 육상의 플래너들이 1.27미터를 만들었다),48) 선장은 속력을 줄이거나 침로를

46) The "Tuxpan", [1991]AMC 2432.

47) The "Bunga Seroja", [1994] Lloyd's Rep., p. 470; 김인현(해상법), 641 및 643면.

48) GM은 메터센터높이라고 하는 것으로 G는 전체무게의 중심이고 M은 경심(傾心)이다. 선박이 외력의 작용으로 소각도 경사하였을 때, 부심(浮心)은 이동하게 된다. 이 이동된 부심에서 세운 수선과 선박의 중심선이 만나는 점을 경심(Meta center)라고 한다. 통상 G가 M보다 아래에 있다. GM이 너무 크면 원상태로 돌아오려는 힘이 크고, 작으면 반대이다. 따라서 GM이 너무 크면 선박이 옆에서 파도를 맞았을 때 쉽게 제자리로 돌아오지만 물체들이 많이 흔들리게 되어 파손의 위험이 커지게 된다. 보통 적당한 GM은 선박의 폭의 5%라고 한다. 양시권·김순갑, 선박적화(다솜출판사, 2001), 191면.

조정하지 않았고 이것은 피고가 면책항변을 못하게 하는 것이라고 주장하였다.

법원은 (1) GM은 선장이 지시한 것과 다르기는 하였지만 용인할 수 있는 범주에 있었다. 선장은 본선과 화물의 안전을 위하여 황천에서 속력과 침로를 조정하였다. (2) 피고는 화물의 손상이 해상고유의 위험으로 인하여 발생하였음을 충분히 입증하였다. (3) 호주법에서는 화물에 손상을 입힌 폭풍이 예견가능하였다는 단순한 사실 때문에 해상고유의 위험 면책적용이 저절로 배척되는 것은 아니다. (4)부르니를 출항할 때 본선은 모든 면에서 항해에 적합하였다. 그리고 선장 혹은 피고의 사용인이 선박과 화물을 관리함에 있어서 어떠한 태만이나 과실도 없었다. 황천으로 인하여 선박이 요동치게 되었고 이것이 컨테이너안에 적부된 코일들을 움직이게 하여 화물에 손상이 발생하게 되었다는 점에서 본 사고는 해상고유의 위험으로 인한 것이다.[49)]

② 불가항력

불가항력(act of god)으로 운송물에 손상이 생긴 경우란 자연력에 의하여 생긴 재해로서 아무리 주의를 하여도 방지할 수 없는 것으로서 해상고유의 위험으로 볼 수 없는 결빙, 낙뢰, 지진, 해일 등이 있다. 2011.3.11. 발생한 일본 동해의 지진으로 인한 해일(쓰나미)이 대표적이다.

③ 전쟁, 폭동 또는 내란

전쟁 중 군함과의 충돌, 폭도에 의한 운송물 투척, 내란시 선박의 강제침탈 등으로 운송물이 파손된 경우가 여기에 해당한다.

④ 해적행위 기타 이에 준한 행위

헤이그비스비 규칙에서는 act of public enemies로 표현되고 있다(제4조 제2항 f호). 선박이 해적을 당하여 장기간 행방불명이 된 경우가 그 예가 된다. 선원에 의한 절도행위는 여기에 해당하지 않는다. 해적을 당하여 장기간 항해기간이 소요되어 운송중인 화물이 손상(예컨대 바나나)된 경우도 그 예이다.

⑤ 재판상의 압류, 검역상의 제한 기타 공권에 의한 제한

운송인의 귀책사유 없이 선박이 압류를 당하여 운송인이 운송물을 인도할 수 없거나, 운송물이 검역법상 문제가 있어서 압수당한 경우가 그 예이다. 공권에 의한 제한으로는 어떤 국가가 취한 수출입금지조치(embargo)가 있다. 운송 중인 화물이 중간 항구에 기항 중 수출입금지조치로 압류당한 경우 그 손해에 대하여 운송인은 본호의 면책을 주장할 수 있다.

⑥ 송하인 또는 운송물의 소유자나 그 사용인의 행위

송하인의 화물관리에 대한 잘못된 지시 혹은 운송물의 성질에 대한 허위보고로

---

49) The Bunga Seroja, [1994] 1 Lloyd's Report, p.455; 이에 대한 자세한 평석은 김인현, 전게 해상법연구, 630면 이하를 참고 바람.

운송물에 손해가 발생한 경우가 그 예이다. 송하인이 고용한 하역인부의 과실로 운송물이 손상을 입게 되면, 운송인은 본항을 이용하여 쉽게 책임을 면할 수 있다. 그렇지 않다면 운송인 자신이 과실이 없음을 입증하여야 한다.

⑦ **동맹파업 기타의 쟁의행위 또는 선박폐쇄**

운송인의 귀책사유가 없는 선원들의 동맹파업 혹은 부두노동자의 파업으로 화물이 손상된 경우가 그 예가 될 것이다.

⑧ **해상에서의 인명이나 재산의 구조행위 또는 이로 인한 離路 기타 정당한 이유로 인한 이로(항로이탈)**

영미법하에서 이로(deviation)는 중대한 계약위반으로 운송인의 면책권이 박탈되는 사항이다. 그러나, 인명구조를 위한 이로는 오히려 운송인의 면책사유로 인정된다. 기타 정당한 이유로 인한 이로에는 나포를 피하기 위한 이로가 있다. 2007년 개정상법은 이로를 항로이탈로 변경하였다.

[판례소개](미국 제2항소법원 1997.4.2. 판결-Newark Bay)

미국의 컨테이너 운송회사인 Sealand 서비스와 송하인은 37피트짜리 요트를 플로리다의 에버글래이드에서 프랑스의 마르세이유까지 운송하는 계약을 체결하였다. 요트는 시랜드사의 Newark Bay호에 1990년 11월 25일경 양호한 상태로 선적되어 영국 펠릭스토웨이까지 운송되었다. 여기에서 시랜드의 피드선에 환적되어 프랑스의 마르세이유로 향하였다. 당시 시랜드사는 미국정부의 요청에 따라 이라크의 쿠웨이트 침공에 대응할 미국의 페르시아만 작전인 '사막의 여우'작전을 지원하기 위하여 배선 스케쥴을 수정하고 있던 중이었다. 그 수정의 결과 요트를 리스본에서 별도의 피드선에 환적하도록 명하였다. 시랜드는 포르투칼의 리스본에 가까운 스페인의 알제시라스항(지브랄타의 이웃항)을 피더항으로 사용하고 있었고, 리스본은 전혀 이용되지 않고 있었다. 그 때문에 리스본에는 시랜드의 하역시설은 전혀 없었다. 1991년 1월 3일 리스본에서 요트를 환적하던 중 요트가 낙하되어 요트에 손해가 발생하였다.

요트의 소유자에게 보험금을 지급한 보험자가 구상청구를 시랜드에 제기하였다. 청구이유는 피더선이 (리스본에서 요트를 양하한 것으로 인하여) 운송계약에서 부당한 이로를 행한 것이 되었고, 따라서 피고는 요트의 손상에 대하여 엄격책임을 부담한다는 것이었다. 피고 운송인은 운송계약상 부당한 이로를 한 점을 부인하고, 피고가 책임이 있다고 하더라도 피고의 책임은 선하증권의 규정에서 합의한 혹은 미국 COGSA의 규정에 따라 1포장당 최고 500달러로 책임이 제한된다고 주장하였다. 1심법원은 부당한 이로였기 때문에 책임제한의 이익을 상실하게 된다고 판시하였다.

제2항소법원은 아래와 같이 판시하였다.

(1) COGSA하에서의 부당한 이로의 효과

일반해사법에서 선박이 그 예정하였던 혹은 통상의 코스를 떠난 경우 즉 항로를 이탈한 것을 이로라고 표현한다. 이로에 관한 일반해사법원칙은 미국의회가 제정한 1936년 COGSA에 부분적으로 규정되게 되었다. 제4조 제4항은 "해상에서의 인명이나 재산을 구조하거나 또는 구조하기 위하여 행한 이로 또는 상당한 이유가 있는 이로는 이 규칙이나 운송계약에 대한 위반으로 보지 않으며, 운송인은 그 결과로 인하여 생기는 멸실 또는 훼손에 대하여 책임을 부담하지 않는다. 그러나, 이로가 화물을 선적하거나 양륙하거나 또는 승객을 승선 혹은 하선시키는 목적인 경우에는 일응 부당한 것으로 본다."고 규정되어 있다. 부당한 이로에 관한 일반해사법이 COGSA 성립 후에도 존속되고 있는지는 불확실하기 때문에 판결에 의하여 해결되어 왔다. 1953년 Jones v. The Flying Clipper(1954, AMC 264)사건에서 에드워드 위엔헬드 판사는 법문 중에 혹은 그 입법과정에서 이로의 법리를 배제한다는 의회의 명확한 의사표시가 없었으므로 COGSA는 "해사법에 깊이 뿌리내리고 있는 이로의 법리를 배제한다고 해석할 수 없다."고 판시하였다. 그 이후 대다수의 법원은 위 판례에 따라 부당한 이로는 "계약의 중요한 요소를 파괴하는 것과 같은 변경을 한 것이다."고 판시하여 이것에 의하여 운송인은 COGSA 혹은 운송계약에 규정된 1포장당 500달러 책임제한을 향유할 권리가 박탈되어 원고는 모든 손해를 배상받을 수 있다고 판시하였다.

(2) 부당한 이로가 있었는지 여부

부당한 이로가 되기 위하여는 첫째, 이로를 정당화하는 중요한 사정이 없고, 둘째, 이로를 하지 않은 경우에 피할 수 있다고 볼 수 있는 예견가능한 위험에 화물이 처하여진 경우(예견가능하였음에도 이를 알고 이로하였고 그 예견가능한 위험이 발생하여 손해가 생긴 경우)이어야 한다. 제1심 법원에서는 리스본이 하역작업에 문제가 있는 항이고 리스본 항이 요트환적에 위험하다는 것을 시랜드 측이 알고 있었다는 시랜드 담당자의 진술을 근거로 삼아 부당한 이로라고 보았다. 그러나, 리스본은 환적이 가능한 항으로서 알제시라스항에서 환적하는 경우와 하역에 차이가 없고, 리스본에서의 환적 중에 발생한 사고는 시랜드에게는 예견가능한 위험이 아니었기 때문에 부당한 이로가 아니었다.

따라서 시랜드는 책임제한이 가능하다고 법원은 판시하였다.[50)]

⑨ 운송물의 포장의 불충분 또는 기호의 표시의 불완전

이는 6호의 송하인 또는 그 사용인의 행위에 속하는 사항이지만, 포장 또는 기호표시의 불완전이 누구의 행위에 의한 것인가를 입증할 필요없이 표시 등의 불완전만 입증되면 면책되기 때문에 달리 규정하고 있다.[51)] 운송물의 포장이 잘못되어서 화물에 손상이 발생하거나 잘못 인도된 경우가 그 예이다.

⑩ 운송물의 특수한 성질 또는 숨은 하자

특수한 성질이란 다른 화물과 비교하여 특이한 성격을 말하고, 숨은 하자란 그 운송물에만 있는 특유한 조건 때문에 갖게 된 결함이 보통의 방법으로 발견할 수 없는 것을 말한다(대법원 2006.5.12. 선고 2005다21593 판결). 과일의 자연부패, 액체화물의 자연감량 그리고 어분의 자연발화 등이 그 예이다.[52)]

---

50) 자세한 내용은 김인현, 전게 해상법연구, 673면 이하를 참고 바람.
51) 배병태, 223면.
52) 배병태, 224면; 주석상법, 337면.

[판례소개](대법원 2006.5.12. 선고 2005다21593 판결)

수입자 甲은 일본으로부터 수입하는 색상 최대허용치 20인 페놀을 미국 휴스턴에서 부산항까지 운송하기 위하여 운송인과 운송계약을 체결하였다. 선적시 하자없음이라고 기재된 선하증권이 발행되었지만, 부산항에 도착한 다음 색상 허용치가 26으로 밝혀졌고, 헐값에 이를 매각하는 등 甲회사는 손해를 입게 되었고, 보험금을 지급한 원고는 손해배상청구를 운송인에게 제기하였다. 피고는 원고가 입은 손해는 운송물인 페놀 자체의 하자에 의한 것이므로 이러한 경우 상법에 따라 자신은 면책이 된다고 주장하였다.

대법원은 "운송물인 페놀의 변색이 그 자체의 특수한 성질이나 제조과정에서 생성된 부산물의 존재 등 숨은 하자로 인하여 생긴 것이고, 그와 같은 변색은 그 특수한 성질이나 숨은 하자로 인하여 보통 생길 수 있는 것이라고 봄이 상당하므로, 상법 제789조(개정상법 제796조) 제2항의 규정에 의하여 해상운송인의 책임이 면책된다."고 판시하면서 피고 운송인의 면책을 인정하였다.[53]

⑪ 선박의 숨은 하자

선박자체의 숨은 하자로 운송물에 손상이나 지연이 발생한 경우가 그 예이다. 운송인은 감항능력주의의무를 부담하므로 운송인이 면책이 되는 선박자체의 숨은 하자는 극히 제한적으로 해석하여야 할 것이다.

2) 운송인이 입증할 사실

운송인은 위 각호의 사실이 있었다는 것과 운송물에 관한 손해가 그 사실로 인하여 보통 생길수 있는 것임을 증명하여야 한다.

3) 면책배제사유

상법 제794조 감항능력주의의무나 제795조 운송물에 관한 주의의무에 대하여 운송인에게 과실이 있고 이것으로 인하여 운송물에 손상이 발생하였음을 화주가 입증하게 되면 운송인은 면책되지 못한다(상법 제796조 단서).

(3) 효 과

운송인은 화주에 대하여 운송물에 대한 손해배상책임을 면한다. 예컨대, 소말리아 해적에 의하여 선박의 사용이 불가능하게 된 경우 지연된 손해에 대하여 운송인은 본조에 의하여 면책되게 된다. 운송인이 책임을 면하더라도 화주의 보험금 청구권에 영향을 미치지 아니한다. 과실추정주의 하에서 운송인은 운송물손상에 대하여 자신의 과실이 없음을 입증하여야 하는 불리함을 부담하지만, 위와 같이 제796조에 의하여 입증책임이 화주에게 전가되는 결과가 되었다. 한편, 헤이그비스비 규칙하에서는 제796조의 경우에도 제795조 제2항과 같이 면책사유만 입증하

53) 판례공보 2006, 1027면.

면 책임을 면하도록 되어 있다.

5. 免責 등을 향유하는 자

(1) 운송인 이외의 자의 존재와 필요성

운송인은 스스로가 모든 운송계약을 이행할 수 없다. 실제 운송은 선장 이하 선원들이 행한다. 운송물의 선적과 양륙은 선원 혹은 하역업자들이 실행할 것이다. 또한 창고에서의 운송물 보관은 창고업자들이 행할 것이다. 이와 같이 운송계약의 실행을 위하여 운송인은 이행보조자들을 필요로 한다.

선장은 운송인이 직접 채용하여 관리 감독하는 자이다. 도선사는 개인 사업자 등록증을 가진 독립된 자이다. 그러나, 선장과 함께 선박을 조종하는 측면이 있고 사용자 책임을 선박소유자에게 부과하기 위하여 입법적으로 운항보조자로 보기도 한다. 하역업자는 하역계약을 체결한 일방당사자에 지나지 않고 운송인의 관리 감독을 할 수 없다. 이를 독립계약자(independent contractor)라고 부르는 이유도 여기에 있다.

운송인 자신에게 손해배상책임이 있는 경우에는 상법이 허용하는 면책 혹은 책임제한 등의 이익을 누릴 수 있다. 그런데, 이들 이행보조자 혹은 이행대행자의 과실로 인한 사고의 경우에 피해자들은 불법행위책임을 이들에게 물을 수 있고 이들이 과연 운송인이 누리는 책임제한 등의 이익을 누릴 수 있는지가 문제된다.

(2) 히말라야조항

1) 의 의

운송인의 운송과 관련된 의무의 일부를 행하기 위하여 운송인이 하역업자와 하역계약을 체결한 경우 하역업자의 과실로 운송물이 파손되면 화주는 하역업자에게 불법행위에 기한 손해배상청구를 하게 된다. 운송인에 대하여는 운송계약위반에 따른 채무불이행책임을 물을 수 있다. 운송인은 포장당 책임제한이 가능하다. 그런데, 하역업자는 화주와 운송계약관계가 없기 때문에 책임제한을 주장할 수 없다. 이렇게 되면 운송과 관련한 운임의 일부로서 하역료를 수령하는 하역업자는 전액 손해배상을 하면서 운송인은 소액의 손해배상을 하게 되는 불균형이 발생한다. 따라서 운송인과 송하인은 운송계약체결시 운송인이 향유하는 이익을 운송인의 이행보조자 등도 누릴 수 있도록 허용한다는 내용의 약정을 체결하게 된다. 이를 히말라야 약관(Himalaya Clause)이라고 한다.[54]

---

54) 이기수 외, 595면; 최종현, 427면; 이균성, 766-767면.

2) 약관과 법률의 규정

이러한 약관의 내용이 입법화되는 단계를 거치게 되었다. 히말라야 약관은 약정이 있는 경우에만 적용된다. 약정이 없는 경우에는 이행보조자 등은 불리한 지위에 놓인다. 당사자 사이에 약정이 없는 경우에도 적용되는 법률에 동일한 내용이 임의규정으로서 포함되어 있다면 이행보조자 등은 보호받게 될 것이다. 이러한 취지에서 히말라야조항은 1968년 비스비의정서 제3항을 통하여 헤이그비스비규칙 제4조의2로 처음으로 입법화되었다. 헤이그비스비 규칙의 내용을 우리 상법도 1991년 받아들이게 되었다(개정전 상법 제789조의3 제2항, 제798조 제2항).[55]

그런데, 독립계약자의 취급에서 선하증권의 약정내용과 법률의 규정에 차이가 있기 때문에 주의를 요한다. 약정의 내용에서는 하역업자와 창고업자와 같은 독립계약자도 수익자에 속한다. 그런데, 조약과 상법에서는 이러한 내용이 없다.

연혁적으로 히말라야 약정이 유효한지 그 효력이 많이 다투어졌다. 영미법에서는 엄격한 직접계약당사자(privity of contract)의 원칙이 있다. 직접계약당사자가 아니면 채무자에게 계약과 관련된 권리를 주장할 수 없다. 위의 예에서 하역업자가 운송인과 송하인과의 운송계약의 약정내용을 근거로 화주에게 책임제한주장을 할 수 없다는 것이다. 영국에서는 운송인은 오히려 하역업자의 대리인으로서 그러한 계약을 체결한 것으로 이론 구성을 하여 왔다. 그러다가, 제3자 권리법이 제정되어 이를 입법적으로 해결하였다. 미국에서는 제3수익자(third party beneficiary) 이론을 개발하였다. 우리나라에서는 민법의 제3자를 위한 계약(민법 제539조)으로 이론구성이 가능하다.

3) 수익자의 범위-독립계약자를 중심으로

선하증권상의 히말라야약관에 따르면 선장 등 선박사용인은 물론 독립계약자도 수익자에 포함된다. 독립계약자에는 창고업자, 하역업자 그리고 실제운송인 등이 있다.[56]

우리 상법이 허용하는 수익자의 범위는 선장 등 선박사용인과 대리인 그리고 실제운송인만이다(상법 제798조 제2항 및 제4항). 독립계약자는 수익자의 범위에 포함되지 않는다. 명문의 규정은 없지만 학설과 판례가 모두 인정한다(대법원 2007.4.27. 선고 2007다4943 판결; 대법원 2009.8.20. 선고 2007다82530 판결). 이는 헤이그

---

55) 일본 국제운송법 제20조의2 제2항 및 제3항; 중국 해상법 제58조. 일본 상법 개정으로 제588조가 추가되어 운송인의 피용자도 운송인과 같은 책임제한 등 혜택을 받게 되었다.

56) 창고업자가 독립계약자로 판시된 것으로는 대법원 2004.2.13. 선고 2001다75318 판결; 하역업자가 독립계약자로 판시된 것으로는 대법원 2007.4.27. 선고 2007다4943 판결이 있다.

비스비규칙에서 이를 명문으로 제외하고 있기 때문이다(제4조의2 제2항).[57]

<예제 11> 선장에게 채무불이행을 원인으로 손해배상청구가 제기되었다. 선장은 포장당 책임제한의 이익을 주장할 수 있는가?

선장은 계약의 당사자인 운송인의 이행보조자이다. 우리 상법상 운송인의 이행보조자도 운송인이 향유하는 책임제한의 이익을 향유할 수 있다(상법 제798조 제1항).

<예제 12> 위의 예에서 하역업자에게 손해배상청구가 제기된 경우는?

하역업자가 운송인의 이행보조자인지에 대하여는 견해의 대립이 있다. 영미법에서는 하역업자는 독립계약자라고 한다. 헤이그비스비 규칙은 독립계약자를 제외한다고 하여(동규칙 제4조의 2 제2항), 독립계약자는 운송인의 이행보조자가 아닌 입장을 취하고 있다. 그런데, 우리 상법은 이러한 부분을 명기하지 않고 있으므로, 독립계약자도 책임제한의 이익을 누릴 수 있는 것으로 보는 견해도 있다. 그런데, 이 부분은 임의규정이므로 선하증권 등을 통하여 책임제한권을 부여할 수 있다.

화주 → 계약운송인 → 실제운송인으로 운송계약이 체결된 경우에 화주가 실제운송인에게 불법행위책임을 물어도 실제운송인은 계약운송인과 동일하게 상법이 허용하는 면책, 책임제한 그리고 제척기간의 이익을 원용할 수 있다.

선하증권상 수익자를 운송인 혹은 실제운송인의 이행보조자(이행대행자 포함)라고 하였을 때, 그 범위가 문제된다. 예컨대 복합운송이 개입되어 해상운송인이 육상운송인을 사용하고 그 육상운송인이 다시 하수 육상운송인을 사용한 경우, 운송인의 이행대행자인 하역업자의 이행보조자도 히말라야약관의 수익자가 되는지 다투어진다.[58]

[판례소개](대법원 2009.8.20. 선고 2007다82530 판결)

부산항내에서 컨테이너에 적입작업을 하는 하역업자의 운전기사가 지게차를 이용하여 작업하던 중 화물에 손상을 입혔다. 수출자에게 보험금을 지급한 보험자는 운전기사의 사용자인 하역업자에게 손해배상청구를 하였다. 상법의 히말라야조항이 적용 가능한지가 쟁점이 되었다.

대법원은 "구 상법 제789조의3 제2항(개정상법 제798조 제2항)에서 운송인이 주장할 수 있는 항변과 책임제한을 원용할 수 있는 '사용인 또는 대리인'이란 고용계약 또

57) 중국 해상법 제58조와 일본 국제해상물품운송법 제20조의2 제2항도 우리 법과 같이 독립계약자를 제외한다는 명문의 규정을 두고 있지 않다.

58) 이에 대한 자세한 논의는 김인현, 전게 해상법연구Ⅱ, 384면 이하; 김인현, "철도운송인의 히말라야 약관상 책임제한 규정원용가능성-미국연방대법원 2004.11.9. Kirby 판결을 중심으로", 상사판례연구 제19권 제3호(2006.9.), 315면 이하.

는 위임계약 등에 따라 운송인의 지휘감독을 받아 그 업무를 수행하는 자를 말하고 그러한 지휘감독과 관계없이 스스로의 판단에 따라 자기 고유의 사업을 영위하는 독립적 계약자는 포함되지 아니하므로, 그러한 독립계약자는 구상법 제789조의2에 기한 운송인의 책임제한항변을 원용할 수 없다."고 판시하였다.[59)]

4) 주장 가능한 항변사유

제3자가 주장할 수 있는 항변으로는 (i) 각종 면책, (ii) 포장당 책임제한, (iii) 제척기간, (iv) 중재약정 등이다. 중재 혹은 관할항변은 상법에 주어지지 않았기 때문에 선하증권 등에서 약정된 경우에만 주장이 가능할 것이다.

[판례소개](부산지법 2008.10.8. 선고 2007가합20559 판결)

선박소유자로부터 선박을 용선한 운송인과 용선자(화주) 사이에서 발행된 선하증권에는 일본해운거래소의 중재로서 분쟁을 해결한다는 조항이 있었음에도 선하증권 소지인인 수입자는 한국의 부산지방법원에 소를 제기하면서 선박소유자에게 불법행위책임을 물었다. 이에 선박소유자는 선하증권상의 히말라야조항에 따라 중재약정위반의 본안전 항변을 하게 되었다.

부산지법은 "소송에 있어서 관할합의와는 달리 중재지는 당사자 또는 사안과 합리적인 또는 기타 어떠한 합리적인 관련성이 있을 필요가 없다고 봄이 상당하고, 또한 준거법이 일본법이고 사고의 원인이 된 선적작업이 일본의 하역업자에 의하여 행하여 짐 등을 고려하면, 충분히 관련성이 있다. 선하증권의 소지인은 선하증권의 채권적 효력에 의하여 당사자들 사이에 합의에 의하여 중재절차로 제한된 채권을 인수한 것이다. 선박소유자도 히말라야 약관의 효력에 따라 중재합의에 위반되어 각하됨을 원용할 수 있다."고 판시하였다.[60)]

[판례소개](부산고법 2008.4.29. 선고 2007나22453 판결)

원고는 피고 甲 운송인과 운송계약을 체결하였다. 甲은 피고 乙에게 부산항에서 취급하는 선박에 대한 컨테이너조작과 관련된 제반작업에 대한 업무를, 피고 乙은 피고 A에게 다시 컨테이너 본선 셔틀운송과 내륙운송에 관한 업무를 위임하였다. 乙의 컨테이너 화물조작상(CFS)에 화물이 적입되어 컨테이너를 트랙터에 싣고 화물조작장에서 1km 떨어진 부산항 제7부두 제72번 선석에 접안한 피고 甲의 선박까지 운반하였지만 중량초과로 선적이 취소되자 다시 트랙터를 이용하여 화물조작장으로 돌아가는 중에 화물이 넘어져 파손되었다.

화주원고는 운송인 甲과 항만하역업자인 乙 및 A에게 손해배상청구를 제기하였다. 乙 및 A는 선하증권상의 히말라야약관에 따라 자신들은 운송인이 누리는 단기제척기간의 이익을 누릴 수 있다고 주장하면서 제척기간 도과의 항변을 하였다. 이에 화주

59) 이 판결에 대한 자세한 평석으로는 김인현, "2009년도 해상법 등 중요판례평석", 한국해법학회지 제32권 제2호(2010.11.), 355면 이하가 있음.

60) 각급법원 판결공보(2008), 1859면.

측은 사고가 선적전의 항구 내에서 발생한 것이므로 해상편이 적용되지 않는다고 주장하였다.

부산고등법원은 아래와 같이 판시하였다.

(1) 복합운송여부

첫째, 상법 제788조에 비추어 반드시 지리적 개념상의 해상에서 현실적으로 운송을 실행하는 자만을 해상운송인으로 해석하여야 할 근거는 없다. 둘째, 컨테이너 화물장치장까지 운송되었기 때문에 이미 육상운송은 종료되었다. 이후 선박에 선적할 목적으로 컨테이너에 적입되었고, 화물조작장에서 제7부두까지는 1km에 불과하고 운행구간도 부산항 구내인 점, 그리고 운전자 등이 모두 해상운송인인 피고의 부산항에서의 선적보관 등의 업무를 위하여 재위임을 받은 자에 불과한 점으로 비추어 해상운송계약에 해당한다. 부산항 내에서 트랙터가 실제운송수단으로 일부 이용되었다는 사정으로는 육상운송으로 보기에는 부족하다.

(2) 피고 운전자에 대한 제척기간도과에 따른 소외 적법 여부

상법 제789조의3 제2항의 내용은 독립계약자는 주장할 수 없지만, 선하증권상의 히말라야조항에 독립계약자도 운송인이 누리는 이익을 향유할 수 있다는 기재가 있다면 그도 운송인이 주장할 수 있는 항변을 원용할 수 있다(대법원 2007.4.27. 선고 2007다4943 판결). 따라서, 제척기간도과의 항변을 할 수 있다. 무모한 행위 등이 운전자 등에 있었음을 원고 측이 입증하여야 하지만 무모한 행위가 있었다는 증거는 없다.

5) 강행규정위반 여부

현행상법 제798조 제2항에서 운송인의 책임제한 등의 이익을 누리게 하는 자는 운송인의 사용인 또는 대리인으로 되어 있고, 독립계약자에게는 허용되지 않으므로 상법에서 허용되지 않는 독립계약자에게 이를 인정하는 것은 상법 제799조에 따라 운송인의 책임을 경감하는 것이 아닌가 의문이 제기되었다.

[판례소개](대법원 2007.4.27. 선고 2007다4943 판결)

국내 터미널업자가 히말라야 약정안에 포함된 독립계약자로 인정받게 되자, 원고는 상법 제789조의3에서 운송인의 책임제한의 이익을 누릴 수 있는 자는 운송인의 사용인 또는 대리인으로 되어 있고 독립계약자에게는 허용되지 않으므로 독립계약자에게 책임제한을 인정하는 것은 상법 제790조의 강행규정위반으로 무효라고 주장하였다.

대법원은 "상법 제789조의3(개정상법 제798조) 제2항은 운송인이 주장할 수 있는 책임제한을 원용할 수 있는 자를 운송인의 사용인 또는 대리인으로 제한하고 있어, 운송인의 사용인 또는 대리인 이외의 운송관련자에 대하여는 적용되지 아니한다고 할 것이므로 당사자 사이에서 운송인의 사용인 또는 대리인 이외의 운송관련자의 경우에도 운송인이 주장할 수 있는 책임제한을 원용할 수 있다고 약정하더라도 이를 가리켜 상법 제789조의3의 규정에 반하여 상법 제790조(개정상법 제799조) 제1항에 따라 그 효력이 없다고 할 수 없다."고 판시하였다.[61)]

61) 본 판결에 대한 상세한 판례평석으로는 최세련, "운송주선인의 법적 지위 및 히말라야약

제4 包裝當 責任制限權

1. 의 의

포장당 책임제한권(package limitation)이란 송하인과 운송계약관계에 있는 운송인이 운송을 인수한 화물의 사고에 대하여 자신의 책임을 포장당 혹은 kg당 일정한 액수로 제한할 수 있는 제도를 말한다(상법 제797조 제1항, 제841조). 이는 자신이 운송중이던 운송물에 대하여 운송인 자신이 책임을 제한하는 제도로서 선박소유자가 광범위하게 책임을 제한할 수 있는 총체적 책임제한제도(global limitation)와는 별개의 것이다.

항해용선계약에서도 운송인에 해당하는 선박소유자는 용선자에 대하여 포장당 책임제한권을 행사할 수 있다(상법 제841조).

2. 주 체

포장당 책임제한을 할 수 있는 주체는 운송인이다. 그러므로 운송인이 아닌 선박소유자는 원칙적으로 포장당 책임제한을 할 수 없다. 계약운송인과 실제운송인이 있을 경우에 실제운송인도 이를 원용할 수 있다(상법 제798조 제4항).

우리 상법은 운송인의 이행보조자들도 운송인이 향유하는 책임제한이익을 원용할 수 있도록 하고 있다(이러한 내용의 약관을 히말라야약관이라고 한다). 선장이나 도선사 등은 운송인의 이행보조자로서 이의 원용이 가능하지만(상법 제798조 제2항), 하역업자들도 여기에 포함되는지는 다툼이 있다. 이들은 독립계약당사자로서 이행보조자와는 다른 취급을 받기 때문이다(앞에서 설명한 히말라야조항을 볼 것).

관의 적용범위", 한국해법학회지 제30권 제1호(2008.4.), 115면 이하가 있음. 찬성 평석으로는 김인현, "2007년 해상법등 판례평석", 한국해법학회지 제30권 제2호(2008.11.), 274면; 이에 대한 반대 평석으로는 이광후, "화주의 운송인 등에 대한 배상청구", 인권과 정의 제377호(2008.1.), 216면 이하가 있다. 이광후 변호사는 상법 제790조 제1항은 운송인이 자신의 책임을 경감하는 것이 아니라 할지라도 화주에게 불리한 조항을 추가하는 것을 금지하는 것으로서 제3자의 책임을 경감하는 것이 화주의 책임을 가중시키는 결과를 초래하는 경우 상법 제790조 제1항의 취지에 반하는 것으로 해석하여야 한다고 주장한다.

3. 적용요건

(1) 책임제한 배제사유의 부존재

① 운송인 자신

운송인 자신의 운송물사고에 대한 고의 혹은 인식있는 중과실이 없어야 한다. 운송인의 이행보조자들의 고의 등은 운송인의 책임제한에 영향을 미치지 않는 점은 선박소유자의 책임제한에서와 동일하다(대법원 2001.4.27. 선고 99다72528 판결). 이 점에서 항공운송인의 이행보조자의 고의 혹은 인식있는 무모한 행위도 책임배제사유로 되어 있는 헤이그 의정서 제25조의 입장과 다르다.[62)]

[판례소개](대법원 2001.4.27. 선고 99다71528 판결)

운송인이 창고업자에게 운송물을 보관시킨 가운데에 창고업자가 선하증권과 상환하지 아니하고 운송물을 인도하여버렸다. 운송인이 책임제한을 주장하자 원고는 창고업자의 행위는 고의 혹은 인식있는 무모한 행위로서 책임제한배제사유에 해당한다고 항변하였다.

대법원은, "상법 제789조의2(개정상법 제797조) 제1항 단서에 의하여 운송인의 책임제한이 배제되기 위하여는 운송인 본인의 고의 또는 손해발생의 염려가 있음을 인식하면서 무모하게 한 작위 또는 부작위(이하 "고의 또는 무모한 행위"라고 한다)가 있어야 하는 것이고, 운송인의 피용자인 선원 기타 선박사용인에게 고의 또는 무모한 행위가 있다 하더라도 운송인 본인에게 그와 같은 고의나 무모한 행위가 없는 이상, 운송인은 상법 제789조의2 제1항 본문에 의하여 책임을 제한할 수 있으며(대법원 1996.12.6. 선고 96다31611 판결 참조), 이는 운송인의 운송이 해상운송의 성질을 가지는 한, 해상에서의 피용자뿐만 아니라 보세창고업자와 같은 육상에서의 피용자에게 고의 또는 무모한 행위가 있었다 하더라도 마찬가지로 보아야 할 것이다."라고 하여, 원심에서 책임제한배제주장을 배척한 조치는 정당하다고 판시하였다.

[판례소개](서울고등법원 2008.12.4. 선고 2008나21626 판결)

송하인이 운송인 甲과 운송계약을 체결하였다. 甲은 선박운항자인 乙과 해상운송계약을 체결하였다. 乙은 선박 A를 丙에게서 정기용선한 자이다. 운송물은 일기에 민감한 제품으로서 박스의 위와 옆이 열려져 있는 컨테이너이다. 그런데, 선박 A의 선장이 이를 갑판적하기로 결정하여 선적하였다. 운송도중 갑판적한 운송물만 손상을 입고 갑판하에 선적한 운송물은 손상이 없었다. 화주는 甲과 乙에게 손해배상청구를 하였다. 乙은 자신은 정기용선자로서 책임이 없다고 주장하였다. 또 甲과 乙은 포장당 책임제한의 이익을 주장하자 화주는 운송인 측에 운송물 손상에 대한 고의 혹은 무모한 행위가 있었으므로 책임제한이 배제된다고 주장하였다.

62) 몬트리얼협약에서 항공화물 운송과 관련하여서 책임제한 배제사유가 삭제되었다(제22조).

1심법원에서는 화주의 이러한 주장이 받아들여져 甲과 乙은 책임제한을 할 수 없게 되었다. 서울고등법원은 아래와 같이 판시하였다.

책임제한배제사유로서의 무모한 행위는 책임제한을 주장하는 그 자인 바로 운송인 자신의 것이어야 한다. 갑판적에 대한 결정은 A선박의 선장이 내린 결정으로서, 이에 대하여 甲 운송인이 어떠한 지시를 선장에게 주지도 않았고, 乙 운송인 측이 개입되지도 않았다. 따라서 甲과 乙은 포장당 책임제한을 할 수 있다.

운송인의 책임제한배제사유에 대하여 대법원은 2006.10.26. 판결에서 운송인 자신의 범위에 대표기관은 사실상 회사의 의사결정 등 모든 권한을 행사하는 자라면 관리직 담당직원도 포함한다고 판시하였다.

② 고의 혹은 무모한 행위

운송물에 관한 손해가 운송인 자신의 "고의 또는 손해발생의 염려가 있음을 인식하면서 무모하게 한 작위 또는 부작위"로 인하여 생긴 때에는 운송인은 책임제한을 할 수 없다. 고의 행위에 대하여는 논란이 없다. 고의에는 미필적 고의도 포함한다. 손해발생의 염려가 있음을 인식하면서 무모하게 한 행위는 영미법의 고의적인 악행(willful misconduct)에 해당하고 이는 우리 법상 인식있는 중과실 이상이라는 것이 유력하다. 사고발생의 개연성을 50%라고 믿으면서도 무모하게 이를 받아들이고 행위를 계속하여야 한다.[63] 따라서, 고의, 미필적 고의는 물론 포함하고 이보다 낮은 단계이지만 중과실이면서도 인식있는 운송인의 행위도 책임제한배제사유가 된다. 동 주관적 배제사유는 선박소유자(유조선 선주포함)의 책임제한배제사유, 항공운송인의 책임제한배제사유에도 공히 적용된다.[64] 이러한 주관적 요건은 굉장히 엄격하여 입증하기 어렵기 때문에 운송인의 포장당책임제한이 배제된 사건의 예는 국제적으로도 찾아보기 어렵다. 이런 점에서 대법원 2006.10.26 판결은 극히 예외적이다. 동 판결에서 차장은 갑판적을 결정할 때 파도 등 영향으로 갑판적된 운송물에 사고가 발생할 개연성이 50% 이상됨을 인식하면서도 실행에 옮겼어야 한다. 과연 운송인이 책임을 부담할 것을 알면서도 이렇게 판단한다는 것은

63) 김인현, "운송인의 포장당책임제한권이 부인된 해상사건", 인권과 정의 제370호(2007.6.), 168면 이하; 김창준, "운송인의 책임제한 배제사유", 한국해법학회지 제29권 제2호(2007.11.) 7면 이하가 있다.

64) 미국 COGSA는 헤이그 규칙을 도입하였기 때문에 책임제한 배제사유가 없다. 그 대신 "공평한 기회의 원칙"(fair opportunity rule)이라는 것이 있다. General Elec. Co. v. M/V Nedlloyd, 817 F. 2d 1022, 1028(2d Cir. 1987); Nippon Fire Marine Ins. Co. v. M/V Tourcoing, 167 F. 3d 99, 1999 AMC 913(2d Cir. 1999), 운송인이 송하인에게 책임제한을 당하지 않으려면 고가의 운임을 지급하면 된다는 기회를 주어야 하고, 이런 기회가 없었다면 책임제한을 할 수 없다는 것이다.

이해하기 어렵다.

[판례소개](대법원 2006.10.26. 선고 2004다27082 판결)

갑판하에 적재하여 운송되어야 할 포장된 기계류를 갑판상에 싣고 운송하기로 운송인 甲회사의 차장과 대리가 결정하였다. 한국에서 대만으로 운송중 화물은 손상을 입게 되었다. 운송인이 포장당책임제한을 주장하자 원고는 이는 책임제한배제사유에 해당한다고 주장하였다.

서울고등법원(2003나481765)은 "상법 제789조의2(개정상법 제797조) 운송인의 포장당책임제한 적용에 대하여, 운송인이 갑판적을 한 행위는 상법의 책임제한배제사유가 되는 손해가 생길 염려가 있음을 인식하면서 무모하게 한 행위에 해당한다. 운송인 甲회사의 대리 및 차장이 갑판적에 대한 결정을 하였고, 비록 차장의 행위라고 하더라도 그가 실질적으로 결정권을 가지고 있다면 운송인 자신의 행위로 인정할 수 있다. 따라서 운송인인 甲회사의 행위는 회사자신의 무모한 행위로서 상법 제789조의2 제1항 본문에 따라 운송인은 책임제한을 할 수 없다."고 판시하였다.

대법원은 "위 조항의 문언 및 입법연혁에 비추어, 단서에서 말하는 운송인 자신은 운송인 본인을 말하고 운송인의 피용자나 대리인 등의 이행보조자에게 귀책사유가 있는 경우에는 위 단서가 적용되지 않는다고 하겠으나, 법인 운송인의 경우에 있어, 그 대표기관의 고의 또는 무모한 행위만을 법인의 고의 또는 무모한 행위로 한정하게 된다면, 법인의 규모가 클수록 운송에 관한 실질적 권한이 하부의 기관으로 이양된다는 점을 감안할 때 위 단서조항의 배제사유는 사실상 사문화되고 당해 법인이 책임제한의 이익을 부당하게 향유할 염려가 있다. 따라서 법인의 대표기관뿐 아니라 적어도 법인의 내부적 업무분장에 따라 당해 법원의 관리 업무의 전부 또는 특정 부분에 관하여 대표기관에 갈음하여 사실상 회사의 의사결정 등 모든 권한을 행사하는 자가 있다면, 비록 그가 이사회의 구성원 또는 임원이 아니더라도 그의 행위를 운송인인 회사 자신의 행위로 봄이 상당하다. 같은 취지에서 원심이 이 사건 수출화물을 원고와의 합의없이 임의로 갑판에 선적하도록 지시한 피고의 관리직 담당직원은 대외적으로 대표권을 갖는 甲의 대표기관은 아니더라도 이 사건 운송계약의 체결과 그 이행과정에 있어서 甲의 직무분장에 따라 회사의 의사결정 등 모든 권한을 행사하는 대표기관에 준하는 지위에 있었던 것으로 보아 이 사건 화물을 갑판에 선적한 행위는 운송인 자신의 행위에 해당한다고 판단한 조치는 기록에 비추어 정당한 것으로 수긍된다. 따라서 상고를 기각한다."[65]

(2) 종류와 가액고지가 없을 것

송하인이 운송인에게 운송물을 인도할 때에 그 종류와 가액을 고지하고 선하증권 그 밖에 운송계약을 증명하는 문서에 이를 기재하지 않았어야 한다(제797조 제3항). 실무적으로는 이러한 고지와 기재를 하는 경우는 찾아보기 어렵다. 가액고지와 기재가 있는 경우에도 운송인은 정액배상주의의 이익은 누릴 수 있다.[66]

65) 판례공보(2006), 1966면.

66) 동지 최종현, 319면.

4. 효 과

(1) 국제조약

운송인의 책임을 제한하는 국제조약으로는 헤이그 규칙, 헤이그비스비 규칙, 함부르크 규칙 등이 있다. 우리나라는 어느 조약도 비준하지 않았으나, 국내법은 헤이그비스비 규칙을 참고로 하였다. 헤이그비스비 규칙은 운송인의 포장당 책임제한은 매 포장당 또는 선적단위당 666.67SDR과 1kg당 2SDR의 무게당 책임제한 중에서 큰 금액으로 한다(제5조 a항). 함부르크 규칙에서는 책임의 한도를 1 선적단위당 835SDR, 총중량 1kg당 2.5SDR, 지연손해는 운임의 2배반으로 하고 있다(제6조 제1항). 로테르담 규칙에서는 매포장당 875SDR 또는 kg당 3SDR 중 큰 금액으로 인상되었다(제59조 제1항).[67]

헤이그 규칙이 준거법으로 사용된 경우 책임제한액은 영국화 100파운드(한화 약 50만원)가 아니라 금화 100파운드(한화 약 2,000만원)이라고 대법원은 2014.6.12. 판시하였다.

[판례소개](대법원 2014.6.12. 선고 2012다106058 판결)

소외 A는 화물을 한국에서 인도네시아로 수출하기로 하고, 피고운송인과 사이에 해상화물운송계약을 체결하였다. 운송도중 화물 4포장이 손상되었다. 원고는 인도네시아의 적하보험자로서 소외 A에게 보험금을 지급하고, 구상금을 운송인에게 청구하게 되었다. 운송인은 선하증권을 발행하게 되었는데, 선하증권에 헤이그 규칙을 적용한다는 조항이 들어가 있었다.

운송인이, 용선자는 선하증권소지인의 손해배상청구에 대하여 헤이그 규칙 제4조에 따라 영국화 100파운드로 책임이 제한된다고 하자, 화주 측은 제9조와 함께 읽으면 금화 100파운드가 된다고 주장하였다.

하급심은 운송인 측을 지지하면서, 결국 이러한 약정의 내용은 준거법인 한국상법의 책임제한액보다 낮은 것으로서 제799조 강행규정에 위반하여 무효라고 판시하였다. 이에 원고는 대법원에 상고하기에 이르렀다.

대법원은 "헤이그규칙 제4조 제5호 및 제9조의 규정, 두 차례에 걸친 헤이그규칙의 수정경위 및 수정내용, 그리고 헤이그규칙상 책임제한조항의 해석에 관한 영국(Rosa S 판결)을 비롯한 외국 판례의 태도 등을 종합하면, 헤이그규칙 제4조 제5항에서 해상운송인의 포장당 책임제한액으로 정하고 있는 '100파운드(100 pounds sterling)'는 금화 100파운드의 가치를 의미하는 것으로 봄이 타당하다."고 판시하였다.[68]

---

67) 중국 및 일본도 우리나라와 같이 헤이그비스비 규칙을 따라 포장당 666.67SDR 또는 kg당 2SDR 중 화주에게 유리한 금액으로 하고 있다(일본 국제운송법 제13조, 중국 해상법 제56조). 일본 상법에는 포장당책임제한규정이 없다. 따라서 법률상 포장당 책임제한을 할 수 없고, 다만, 약정으로는 가능할 것이다.

68) 찬성 평석으로는 허창하, "헤이그 규칙상 금화조항의 해석", 법률신문(2014.7.21.); 반대평

(2) 우리 상법

1991년 상법은 운송인의 손해배상책임은 매포장당 또는 선적 단위당 500SDR로 한다고 정하고 있었다(상법 제789조의2 제1항). 이는 타협의 산물로서 상법 개정시 헤이그비스비 규칙의 666.67SDR과 미국법의 미화 500달러의 중간점을 택한 것으로 보인다. 헤이그비스비 규칙은 무게당 책임제한제도를 도입하고 있으나 우리나라는 이를 채택하지 않고 있었다. 헤이그비스비 규칙은 포장과 무게를 비교하여 큰 것을 책임제한액으로 하고 있으나 우리 상법은 이를 도입하지 아니하여 중량화물의 화주에게 불리한 결과를 가져오고 있었다.

2007년 개정상법은 헤이그비스비 규칙에 맞추어 kg당 2SDR제도를 추가하였고 포장당 책임제한액도 666.67SDR로 인상하였다. 따라서 운송인은 포장당 666.67 SDR이나 Kg당 2SDR중에서 큰 금액으로 책임제한이 가능하게 되었다. 이는 운송인에게 책임제한액이 증액되는 결과가 된다. 우리나라의 중소형선사들이 핫 코일 등 철제를 운송하는 경우가 많고 이는 인근 경쟁국가 선박과의 경쟁력의 문제가 있기 때문에 국회법사위에서 심사를 하는 과정에서 그 적용이 공포한 날로부터 (2007.8.3) 3년간 유예되었다(부칙 제1조).

청구권경합을 인정하고 있는 우리나라와 같은 경우에 불법행위에는 책임제한제도가 적용되지 않는다는 견해가 있어왔으나, 국제조약에서는 불법행위나 계약상 채무불이행의 경우에도 모두 적용된다고 하여 왔다. 우리 상법도 1991년 상법부터 이를 명문화하여 논란의 여지를 없앴다(상법 제798조, 제841조).

(3) 포장 또는 선적단위 개념

우리 상법은 매포장당 또는 선적 단위당 666.67SDR의 금액을 한도로 책임을 제한할 수 있도록 하고 있다. 여기에서 문제가 되는 것은 컨테이너 운송의 경우에 있어서 과연 무엇을 포장으로 보느냐에 있다. 어떤 물건을 하나의 포장으로 보는 것과 여러 개의 포장으로 보는 것은 책임제한액수에서 많은 차이가 나므로 운송인은 가능하면 포장의 개수를 작게 하려 할 것이고, 송하인은 많게 할 것이다.[69]

컨테이너 한 개 안에도 작은 포장이 여러 개 들어 있을 수 있다. 이 경우에 운송용기에 내장된 운송물의 포장의 수를 선하증권 등의 문서에 기재한 때에는 그 각 포장을 하나의 포장으로 본다고 한다(상법 제797조 제2항). 그러므로, 컨테이너

석으로는 김인현, "2014년 중요해상판례평석", 한국해법학회지 제37권 1호(2015.4.), 339면 이하가 있다.

69) 자세한 내용은 이현균 · 이상협, "포장당 책임제한제도에 있어 선적단위의 해석", 비교사법 제27헌 3호(2020.8.), 597면 이하를 참고 바람.

안에 작은 포장이 10개 들어 있고 이를 선하증권에 기재하였다면 책임제한의 기준이 되는 포장의 개수는 10개가 된다. 그런데, 이러한 기재가 선하증권 전면의 어느 부분에 기재되어야 하는가가 다툼이 된다. 선하증권 전면에 "운송물의 성질"을 나타내는 난이 있고 "운송물의 숫자"를 나타내는 난이 있는바, 운송물의 성질난에 "작은 포장 10개"가 기재되어 있는 경우를 상법 제797조 제2항 1호의 기재로 인정할 수 있는가가 문제이다. 이는 당사자의 의사해석의 문제이다. 일률적으로 처리할 것이 아니라 여러 제반사정을 고려하여 결정하여야 할 것이지만, 굳이 "운송물의 성질"란에 기재되어 있다는 것은 기재하는 자의 입장에서는 책임제한 개수로 하겠다는 인식이 없었다고 보아야 한다.70)

대법원은 2004.7.2 2002다44267 판결에서 선하증권 전면에 있는 포장의 개수란이 아니라 포장의 성질란에 기재된 포장의 숫자를 책임제한산정의 기초로 삼았다. 이것이 당사자의 의사라는 것이다. 대법원은 선하증권의 기재중에서 최소포장단위를 우선적으로 적용한다는 취지이다. 이 판결은 우리나라 상법상의 책임제한액수가 낮기 때문에 포장의 숫자가 많은 것을 인정하려는 법원의 경향을 보여준다.

[판례소개](대법원 2004.7.2 선고 2002다44267 판결)

운송인인 피고는 소외 삼보컴퓨터의 개인용 컴퓨터를 운송하는 계약을 체결하고 삼보가 제시한 선적의뢰서에 기재된 대로 "컨테이너 또는 포장의 수"란에 40×4(104 plts)(40피트짜리 4개의 컨테이너 안에 총 104개의 팰리트가 들어 있음을 의미함. 즉, 1개의 컨테이너에 26개의 팰리트가 있음), "포장의 종류 및 화물의 내역"란에 Shipper Load Stowage & Count, Said to be: 104 plts(2,496 units)(송하인이 적입하고 수량을 셈, 104팔레트 2,496유니트가 들어 있다고 말하여짐. 즉, 1개의 팰리트는 24개의 유니트가 있음)이라고 기재하여 선하증권을 발행하였다. 운송 도중 한 개의 컨테이너 안에 든 화물 전체(26팰리트=624상자)가 침수되었다. 원고인 적하보험자는 화주에게 적하보험금을 지급하고, 구상청구를 운송인에게 제기하였다. 운송인인 피고는 포장당책임제한을 주장하면서 선하증권의 전면의 숫자란에 적힌 컨테이너 1개당 26팰리트를 포장당 책임제한의 계산단위가 되어야 한다고 주장하였으나, 원고는 오히려 624상자가 되어야 한다고 주장하였다.

대법원은 "1. 상법 제789조의2에 의한 해상운송인의 손해배상책임 기준이 되는 포장이란 운송물의 보호 내지는 취급을 용이하게 하기 위하여 고안된 것으로서 반드시 운송물을 완전히 감싸고 있어야 하는 것도 아니며 구체적으로 무엇이 포장에 해당하는지 여부는 운송업계의 관습 내지는 사회 통념에 비추어 판단하여야 할 것이다. 2. 선하증권의 해석상 무엇이 책임제한의 계산단위가 되는 포장인지의 여부를 판단함에 있어서는 선하증권에 표시된 당사자의 의사를 최우선적인 기준으로 삼아야 할 것이며, 그러한 관점에서 선하증권에 대포장과 그 속의 소포장이 모두 기재된 경우에는

70) 반대 최종현, 315면.

달리 특별한 사정이 없는 한 최소포장단위에 해당하는 소포장을 책임제한의 계산단위가 되는 포장으로 보아야 할 것인바, 비록 '포장의 수'란에 최소포장단위가 기재되어 있지 아니하는 경우라 할지라도 거기에 기재된 숫자를 결정적인 것으로 본다는 명시적인 의사표시가 없는 한 선하증권의 다른 난의 기재까지 모두 살펴 그중 최소포장단위에 해당하는 것을 당사자가 합의한 책임제한의 계산단위로 봄이 상당하다.[71] 3. 포장의 수와 관련하여 선하증권에 "said to contain" 또는 "said to be"와 같은 유보문구가 기재되었다는 사정은 포장당 책임제한조항의 해석에 있어서 아무런 영향이 없다." 고 판시하였다.[72]

포장당 책임제한액수는 정확하게는 매포장당 선적단위당으로 계산되는데 포장되지 않은 운송물의 선적단위가 무엇인지 문제된다. 박스에 포장이 된 것과 달리 기계류, 트랙트, 요트 등은 그대로 선박에 고박되어 운송된다. 1톤당 $100로 운임을 수령했다면 10톤이면 10선적단위가 된다는 주장이 가능하지만, 미국 COGSA와 달리 우리 법은 "운임단위"가 아닌 "선적단위"로 정하고 있으므로 법원은 부정적이다. 물리적으로 구분할 수 있는 화물의 개수가 "선적단위"가 될 것이다(서울고법 2004.4.7.선고 2002나75621 판결). 당사자의 의사도 산정기준에 고려될 것이므로 선하증권 등에 기재된 단위도 중요하다.

[판례소개](서울고등법원 2004.4.7. 선고 2002나75621 판결)

원고는 운송인에게 총 중량 77,560kg인 중고 성형사출기 1대의 운송을 의뢰했다. 운송인은 이를 운송하기 위하여 7개의 부분으로 분리, 6개는 2대의 컨테이너에 적입하였고. 58,000kg 상당의 나머지 한 부분은 별다른 포장없이 그대로 이동식 받침대에 강철 로프로 고정한 채 선박에 선적했다. 선하증권에 기재된 포장의 수란에는 "2 Containers & 1 Bare/only"라고 기재되었다. 58,000kg은 운임이 톤수로 산정되었다. 운송과정에서 58,000kg 비포장 부분의 이동식 받침대가 좌우로 요동하면서 손상되어 수리비 1억원 상당의 손해가 발생하였다. 피고 운송인은 포장당 책임 제한의 기초가 되는 '선적 단위'란 선하 증권에 기재된 것("1 Bare")을 1개의 단위로 보아야 한다고 주장했다. 원고는 운임산정 단위인 톤수를 기준으로 판단해야 한다는 전제하에 이 사건에서는 58개의 선적 단위가 된다고 주장하였다.

서울고등법원은 아래와 같이 판시하였다.

"해당 목적물은 이동식 받침대와 강철로프 외에는 부가된 것이 없고, 선하증권에도 "Bare"라고 기재되어 있기 때문에 포장당 책임제한제도에서의 '포장'에는 해당하지 않는다."

---

71) 결론적으로 대법원에 따르면 624유니트가 계산단위가 되어 624×500SDR=312,000SDR로 책임제한이 되었지만, 손해액이 이 보다 작아서 운송인은 책임제한을 하지 못하는 결과가 되었다.

72) 판례공보(2004), 1428면. 여기에 대한 판례평석으로는 장상균, "해상운송인의 포장당 책임제한", 한국해법학회지 제26권 제2호(2004.11.), 167면 이하; 김인현, "상법 제806조 및 제789조의 2에 대한 대법원 판례평석", 상사판례연구 제18권 3호(2005.9.), 329면 이하가 있다.

1991년 상법 개정 당시 헤이그비스비 규칙의 운송인의 책임제한에 관한 규정을 신설하면서 한국선주협회 등 해운 업계의 반대로 포장중량병행방식을 포기하고 포장단일방식을 채택하였다는 점을 고려하면 '선적단위'를 '운임산정단위'로 해석하여 사실상 중량당책임 제한과 비슷한 해석을 하는 것은 입법자들의 의사에 반한다.

상법 제789조의2 제1항의 '선적단위'란(벌크화물 또는 액체화물의 경우는 별론으로 하고), 물리적으로 개수를 산정할 수 있는 개별화물인 경우, 운임을 계산하는 단위로 안 되고, 개별적으로 산정가능한 물리적인 단위로 해석해야 한다. 해당 목적물의 선적단위는 58개가 아닌 1개이다.

(4) kg당 책임제한의 효과

2007년 상법개정으로 원고인 화주는 포장당 책임제한액수와 kg당 액수를 산정하여 유리한 것을 책임제한액이라고 주장할 수 있다. 30톤짜리 핫코일 1개를 적재한 경우 1선적단위로 되면 666.67SDR로 책임제한이 되었지만 이제는 화주는 30×1,000×2SDR=6만SDR로 책임제한을 선택하여 주장할 수 있게 되었다. 옥수수 1만 톤을 적재한 경우, 전손이 되었다면 1만×1,000kg×2SDR로 계산된 액수만큼의 포장당 책임제한이 될 것이다. 운송인은 이 경우 선주책임제한제도를 먼저 활용할 수 있다.

제5 損害賠償範圍

1. 損害賠償의 대상

우리 상법은 운송물의 멸실, 훼손 및 연착을 운송인의 손해배상의 대상으로 하고 있다(상법 제795조). 멸실이나 훼손은 헤이그비스비 규칙에서도 인정되고 있는 것이나, 우리 상법은 헤이그비스비 규칙에서 인정하지 않고 있는 연착에 대한 손해까지도 배상의 범위에 넣고 있는 점이 다른 점이다.

2. 損害賠償의 기준

우리 상법 해상편은 손해배상의 액에 대하여는 별도의 규정을 가지고 있지 않고, 육상운송에서 적용되는 제136조와 제137조를 준용하고 있다(상법 제815조, 제841조). 그러므로, 전부멸실 또는 연착된 경우의 손해배상액은 인도할 날의 도착지의 가격이 되고(상법 제137조 제1항), 일부멸실 또는 훼손된 경우에는 인도한 날의 도착지의 가격이 된다(동조 제2항). 이를 定額賠償主義라고 한다. 이는 민법 제393

조 제2항의 특별손해를 배제하는 규정으로서 채무자인 운송인이 보호되게 된다.[73] 예컨대, 매도인인 송하인이 매수인과 특별한 관계에 있어서 시가보다 높게 가격을 책정하여 매매계약이 체결되어 있었고, 이를 운송인이 알 수 있었던 상황이라도 운송물의 멸실에 대하여 매도인은 인도할 날의 도착지의 가격으로만 손해배상을 청구할 수 있다. '인도할 날'이란 운송물이 목적지에 도착하여 수하인에게 교부할 날을 말하고, 선하증권이 발행된 경우는 증권소지인이 현실로 증권을 제시한 날이 아니라 운송물이 통상 양륙함에 도착하여 증권소지인이 증권을 제시하면 운송물의 인도가 행하여질 날을 가리킨다.[74]

다만, 운송인이 고의와 중대한 과실이 있을 경우에는 모든 손해를 배상하여야 한다(동조 제3항). 한편, 운송물의 멸실 또는 훼손으로 인하여 지급을 면하게 된 운임기타 비용은 배상액에서 공제하여야 한다(동조 제4항).

화폐·유가증권 기타의 고가물에 대하여는 송하인이 운송물을 위탁할 때에 그 종류와 가액을 명시한 경우에 한하여 운송인이 손해를 배상할 책임이 있다(상법 제815조 및 제136조). 명시한 경우에만 운송인의 손해를 배상할 책임을 부담한다.

지연(연착)으로 인한 손해는 (i) 지연으로 인하여 운송물자체가 손상이 있는 경우 (ii) 지연으로 인하여 경제적 손실이 발생한 경우로 나눌 수 있다. 전자는 지연으로 인하여 바나나가 썩어서 시장가격이 하락한 경우이다. 후자는 기계부품의 늦은 도착으로 송하인이 공장가동을 하지 못함으로 인하여 입은 손해이다. 전자의 경우는 상법 제795조 및 제137조의 연착으로 인한 손해에 해당하여(서울지법 2002.8.28 선고 2002가단121261 판결) 운송물의 멸실, 훼손으로 취급하여도 문제는 없을 것이다. 후자는 상법 제795조의 연착으로 인한 손해가 아니고 상법 제137조가 적용되지 않는 특별손해이므로 민법의 규정에 따라 예견가능하였다면 배상이 가능한 손해이다. 우리 법은 연착에 의한 손해는 배상이 가능하게 하면서 헤이그비스비규칙(제5조 제1항 b호; 운임의 2.5배)과 달리 책임제한권이 주어지지 않는 점이 다른 점이다.

정액배상주의와 운송인의 포장당 책임제한 제도는 별개의 것으로 운송인은 양자 중에서 유리한 것을 선택하여 주장할 수 있다.[75]

73) 최종현, 310면; 일본의 경우 상법 제576조에서 인정한다.
74) 주석상법, 518면.
75) 동지 최종현, 319면.

[판례소개](대법원 2010.12.9. 선고 2010다82417 판결)
수출업자(피고)와 원고 운송주선인은 운송계약을 체결하였다. 자카르타 향 제1화물은 인도 첸나이로 운송되고, 첸나이 향 제2화물은 자카르타로 운송되었다(원고 직원의 기재 잘못). 피고는 인도지연으로 인하여 매수인이 입은 손해를 배상하였다. 원고는 운임을 받지 못한 관계로 피고에게 운임을 구하는 소를 제기하였다. 한편, 피고는 원고가 이 사건 각 화물의 운송을 지연함에 따라 선하증권 소지인인 각 매수인들이 손해를 입었고, 피고는 위 선하증권 소지인들이 운송인에 대하여 가지던 손해배상청구권을 대위취득(민법 제481조)한 자의 지위에서 원고에게 반소를 제기하였다.
1심법원은 본소는 이유있다고 판시하였다. 반소에 대하여 인도지연이 있음을 인정한 다음, 제1화물 매수인의 공장생산 라인 정지로 인한 손해는 특별손해이지만 운송인이 특별한 사정을 인식하거나 예견가능성이 있었다고 볼 여지가 없다고 하면서 운송인에게 청구가 불가한 손해라고 판단하였다. 항소심에서 피고는 위 손해는 통상의 손해이고 특별손해라고 하더라도 예견가능하였기 때문에 운송인이 손해를 배상하여야 한다고 주장하였다.
원심(서울중앙지법 2010.8.20. 선고 2010나6078 판결)은 (i) 공장의 생산라인 정지에 따른 손해배상금, (ii) 제2화물의 매수인에게 지출한 항공운송료 중 피고가 배상한 금원은 원고로서는 피고가 운송을 위탁한 화물의 품목 자체에 대하여는 알 수 있었지만 그것이 어떠한 용도에 쓰이는지는 정확히 알기 어려운 입장에 있었기 때문에 운송이 지연되면 제조업자인 수하인들이 거래상대방과의 관계에서 손해배상책임을 지게 될 것인지 알기 어려웠다. 따라서 이는 통상의 손해가 아니라 특별손해라고 판시하였다. 그렇지만, 원고가 제조업자인 제1화물의 매수인이 어느 정도의 원료를 보유하고 있었는지, 제1화물의 운송지연으로 인하여 제1화물의 매수인이 운용하는 공장이 가동될 상황에 있었는지 등의 사정을 알았다고 볼 수 없기 때문에 특별손해라고 하여도 운송인은 배상할 필요가 없다. 결론적으로 원고의 본소청구는 이유있어 이를 인용하고, 피고의 반소청구는 이유없어 기각한다.
대법원에서는 상고이유에 관한 주장이 상고심절차에 관한 특례법 제4조에 해당하여 이유가 없다고 인정되어 상고를 기각한다고 판시하였다.

서울중앙지방법원 2021.5.28. 선고 2020가합540450 판결에서는 정액배상주의를 채택한 상법 제137조를 임의규정으로 파악하여, 계약당사자 사이에 위 규정의 적용을 배제하는 합의가 있었으므로 정액배상주의가 적용되지 않는다고 판단하였다.

제6 運送人의 권리

1. 運賃請求權

(1) 일반원칙

운송인의 주된 영업수입은 운임이다. 運賃이란 운송의 대가로 운송인에게 지급되는 보수이다. 운송인은 운송의 대가로 송하인에 대하여 운임을 청구할 권리가 있다. 운송계약은 도급계약의 일종이므로 운송이라는 일의 완성이 있어야 운임을 요구할 수 있음이 원칙이다.76)

(2) 상 법

운송물의 전부 또는 일부가 송하인의 책임없는 사유로 인하여 멸실한 때에는 운송인은 그 운임을 청구하지 못한다. 이때 운송인이 이미 그 운임의 전부 또는 일부를 받은 때에는 이를 반환하여야 한다(상법 제815조, 제134조 제1항). 운송물의 전부 또는 일부가 그 성질이나 하자 또는 송하인의 과실로 인하여 멸실한 때에는 운송인은 운임의 전액을 청구할 수 있다(상법 제815조, 제134조 제2항).

실무적으로는 운송계약에서 운임은 90% 선급으로 하고, 운송중 사고가 있었다고 하더라도 운임은 기취득한 것으로 한다는 내용의 약정이 운송인과 송하인 사이에 맺어진다. 이러한 약정은 사적자치의 원칙상 유효하게 인정된다.

운임은 원래 운송계약의 당사자인 송하인이 지급하여야 한다. 그런데, 운임이 지급되지 아니한 사실을 알고 운송물을 수령한 수하인도 운임을 지급할 의무가 있다(상법 제807조). 선하증권이 발행된 경우에 선하증권 소지인은 선하증권에 기재된 운임을 지급할 의무가 있다. 수하인 또는 선하증권 소지인이 운임지급책임을 부담한다고 하더라도 원래 계약당사자인 송하인이 운임지급의무를 면하는 것은 아니다.77)

[판례소개](대법원 2011.5.26. 선고 2001다14473 판결)

한국의 수출자(피고)는 외국의 수입자와 물품매매계약을 체결하였다. 매매계약이 본선인도(FOB)조건이었기 때문에 수입자는 한국의 운송주선인(원고)에게 운송주선을 의뢰하였다. 이에 원고는 자신이 계약운송인이 되었다. 운송주선인은 하우스 선하증권을 발행하면서 송하인란에 수출자를 기재하고 수하인란에는 수입자를 적었다.

원고 운송주선인은 운임대금을 피고 수출자에게 요구하게 되었다. 근거는 (i) 선하증권상 송하인으로 기재될 것을 송하인이 요구하여 그렇게 기재되었고, (ii) 선하증권 이면에 따르면 선하증권 소지인이 운임을 지급할 의무가 있다는 것이었다. 수출자는 운송계약의 당사자인 수입자가 운임지급의무가 있고, 운송계약의 당사자가 아닌 소지인에게 운임지급의무를 부과하는 선하증권의 약관내용은 약관규제에 관한 법률 제6조의 적용을 받아 무효라고 주장하였다.

항소법원(서울민사지법 2011.1.13. 선고 2010나3623 판결)은 아래와 같이 판시하였다.

원고가 송하인을 피고로 기재한 이 사건 선하증권을 발행하여 교부하였다는 사실만으로는 원고와 피고 사이에 해상운송계약이 체결된 것이라고 볼 수 없다. 오히려

76) 채이식(상), 301면.

77) 채이식(상), 303면; 최종현, 343면.

본선인도(FOB)조건으로 수출입매매계약을 체결한 것이므로 특별한 약정이 없는 한 매수인이 선복을 확보하여 화물을 선적할 선박을 매도인에게 통지하여 줄 의무가 있는 것인 바 운송계약의 당사자는 피고가 아니라 매수인이다.

피고가 이 사건 화물의 송하인으로 원고에게 선하증권의 발행을 요구하여 운송인이 원고, 송하인이 피고로 기재된 이 사건 선하증권을 발행받아 이를 정당하게 소지하고 있는 이상 특별한 사정이 없는 한 피고는 이 사건 선하증권에 기재된 약관의 내용에 따라 송하인이자 화주로서 운송인에 대하여 권리 및 의무를 갖는다. 약관 Ⅲ-32항 혹은 제7항에 따라 송하인으로서 또는 선하증권 소지인(화주)으로서 운송인인 원고에게 이 사건 화물에 관한 운임을 지급할 의무가 있다는 규정은, (i) 거래상 일반적이고 공통된 것이어서 피고가 설명없이도 충분히 예상할 수 있는 경우이므로 원고는 약관규제에관한법률상 명시설명의무가 없다. (ii) 한국복합운송협회 복합운송증권(KIFFA)은 국제적으로 통용되는 약관이 아니므로 동법 제15조 동 시행령 제3조에 따른 적용배제대상이 아니다. (iii) 동법 제6조의 적용을 받지만, 피고와 같은 화주는 운송계약의 당사자가 아니면서도 약관에서 정한 바에 따라 운송인에게 손해배상청구권을 가지는 점과의 형평상 화주에게 운임지급의무를 부담하게 하는 것은 공정성을 잃은 조항이 아니다. 따라서 위 조항은 유효하다.

대법원 2011.5.26. 선고 2011다14473판결에서 대법원은 소액사건심판법 제3조에서 정한 상고사유가 없기 때문에 상고를 기각하였다.

2. 運送物留置權 및 競賣權

(1) 일반원칙

留置權이란 타인의 물건 또는 유가증권을 점유한 자가 그 물건이나 유가증권에 관하여 생긴 채권이 변제기에 있는 경우에는 변제를 받을 때까지 그 물건 또는 유가증권을 유치할 수 있는 권리를 말한다(민법 제320조 제1항). 유치권자는 채권의 변제를 받기 위하여 유치물을 경매할 수 있다(민법 제322조 제1항).

(2) 상법 제807조

운송인이 운송물을 운송하면서 운임이나 부수비용 등을 받지 못하게 되는 경우 운송물을 유치하는 것은 일종의 유치권의 행사이다(상법 제807조 제1항). 운임채권 등은 운송에 관하여 생긴 채권이므로 유치권의 피담보채권이 되고 운송물은 피담보물이 된다. 운송인은 수하인이 운송물을 수령하는 때에는 운임 등을 지급받기 위하여 법원의 허가를 얻어 운송물을 경매하여 우선변제를 받을 권리가 있다(상법 제808조 제1항). 또한 선장이 수하인에게 운송물을 인도한 후에도 인도한 날로부터 30일 이내 혹은 제3자가 운송물에 대한 점유를 취득하지 않은 때에는 운송인은 그 운송물에 대하여 경매권 및 우선변제권을 갖는다(상법 제808조 제2항).

원래 유치권은 점유를 요건으로 하므로 점유의 상실로 인하여 유치권은 소멸하여야 한다(민법 제328조). 그런데, 우리 상법은 선장이 운송물을 인도하여 운송인이 운송물을 점유하지 않고 있는 경우에도 운송인을 보호하기 위하여 경매권 및 우선변제권을 부여하고 있다. 그러나, 제3자가 점유를 취득한 경우 운송인은 경매권을 갖지 못한다.

운송인은 이외에도 상사일반유치권과 민사유치권을 갖는다.78)

3. 運送物 供託權 및 引渡看做

(1) 일반원칙

채권자가 변제를 받지 아니하거나 받을 수 없는 때에는 변제자는 채권자를 위하여 변제의 목적물을 공탁하여 그 채무를 면할 수 있다. 변제자가 과실없이 채권자를 알 수 없는 경우에도 같다(민법 제487조). 이러한 변제공탁의 실익은 채무자가 채권자의 협력없이 채무를 면하는 데 있다. 수령지체 등의 경우에 채무자는 채무불이행을 면하기는 하지만 채무는 여전히 존속하는바(민법 제461조), 이때 채무자는 변제의 목적물을 공탁함으로써 채무까지 면할 수 있다.79)

상법 제142조도 운송인에게 이러한 공탁권을 인정하고 있다.

(2) 상법 제803조

해상운송에 있어서 위 일반원칙에서의 채권자는 수하인 등이고 채무자는 운송인이다. 운송인이 운송물 인도의무를 다하기 위하여 약정된 장소와 시간에 변제의 제공을 하였음에도 수하인이 나타나지 않는 경우에도 운송인의 인도 채무는 여전히 존재한다. 운송인은 마냥 수하인을 기다릴 수 없고 채무를 조기에 종결시킬 필요가 있다. 이에 우리 상법은 수하인이 운송물의 수령을 해태하거나(상법 제803조 제1항), 수하인을 확지할 수 없거나 수하인이 운송물의 수령을 거부한 때에는(상법 제803조 제2항) 운송인이 운송물을 공탁하거나 세관 기타 관청의 허가를 받은 곳에 인도하고 지체없이 수하인(제1항의 경우) 혹은 용선자 또는 송하인 및 알고 있는 수하인(제2항의 경우)에게 통지를 발송하면 공탁하거나 인도한 때에 선하증권소지인 기타 수하인에게 운송물을 인도한 것으로 간주된다(제803조 제3항). 운송물을 공탁함으로써 채무자인 운송인의 채무가 면제되는 효과가 있다. 그러나, 대량화물등의 공탁장소의 불비로 공탁이 쉽지 않은 것이 현실이다.

---

78) 채이식(상), 305면; 최종현, 345면.

79) 곽윤직(채권총론), 276면; 김준호(2000년), 923면.

4. 相 計 權

(1) 일반원칙

쌍방이 서로 같은 종류를 목적으로 한 채무를 부담한 경우에 그 쌍방의 채무의 이행기가 도래한 때에는 각 채무자는 대등액에 대하여 相計할 수 있다(민법 제492조 제1항).[80] 항해용선계약상 선박소유자와 용선자(화주) 사이에 서로 채무가 있는 경우, 예컨대, 운송인은 조출료지급채무가 있고 용선자는 용선료지급채무가 있는 경우에 이들이 상계적상에 있으면 용선자가 자신의 채권(자동채권)인 조출료채권을 가지고 운송인의 채권인 용선료채권을 상계할 수 있느냐가 문제된다. 민법 제492조를 적용하면 상계가 가능하여야 할 것이다.

(2) 상 법

영국 해상법에서는 해상운송인의 수입원에 대하여는 해상운송인을 보호하기 위하여 판례법상 송하인 등이 갖는 손해배상청구권을 가지고 운송인이 갖는 운임청구권을 상계(set-off)할 수 없다.[81] 그러나 우리나라 법원은 일반법리(민법 제492조)를 해상운송에도 그대로 적용하여 상계를 긍정하고 있다(대법원 1966.4.26. 선고 66다28 판결). 즉, 송하인이나 용선자 등 선박소유자의 운송계약의 상대방은 운송물의 훼손 또는 연착을 이유로 한 손해배상청구권을 자동채권으로 하여 운임청구권과 상계할 수 있다.[82] 그러므로 운임의 상계가 인정되지 않는 영국과 비교하면 우리나라에서는 운송인인 선박소유자는 불리한 지위에 있다고 하겠다.

5. 短期消滅制度

(1) 일반원칙

단기소멸제도에는 消滅時效制度와 除斥期間이 있다. 소멸시효제도란 일정한 사실상태가 일정한 기간 계속됨으로써 법률상의 권리가 소멸되는 법률요건을 말한다. 이와 비슷한 것으로 제척기간이 있다. 제척기간이란 일정한 권리에 대하여 법

80) 민법 제492조(상계의 요건)는 "① 쌍방이 서로 같은 종류를 목적으로 한 채무를 부담한 경우에 그 쌍방의 채무의 이행기가 도래한 때에는 각 채무자는 대등액에 관하여 상계할 수 있다. 그러나 채무의 성질이 상계를 허용하지 아니할 때에는 그러하지 아니하다 ② 전항의 규정은 당사자가 다른 의사를 표시한 경우에는 적용하지 아니한다. 그러나 그 의사표시로써 선의의 제3자에게 대항하지 못한다."고 정하고 있다.

81) 심재두, 509면; Wilson, p. 277; Cooke, p. 227.

82) 다만, 채이식 교수는 여기에 반대한다. 그 이유는 그렇지 않으면 많은 양의 운송물을 운송하는 운송인이 효율적으로 운송사업을 영위 할 수 없게 되기 때문이라고 한다. 채이식(하), 717면.

률이 예정하는 존속기간이다. 법률관계를 조속히 확정하는 데 목적이 있으므로 중단이라는 제도가 없다는 점이 시효제도와 다른 점이다.[83)]

민법일반 원칙에 따르면 채권은 10년(민법 제162조), 불법행위에 기한 손해배상 청구권은 피해자나 그 법정대리인이 그 손해 및 가해자를 안 날로 부터 3년, 불법행위를 한 날로부터 10년을 경과하면 소멸한다(민법 제766조). 한편 상행위로 인한 채권은 원칙적으로는 5년간 행사하지 아니하면 소멸시효가 완성한다(상법 제64조). 해상법상의 단기소멸제도는 소멸시효가 아니라 제척기간으로 본다.[84)]

(2) 상법 제814조 제1항－운송인의 채권 채무에 대한 제척기간

운송인의 송하인 또는 수하인에 대한 채권 및 채무는 그 청구원인의 여하에 불구하고 운송인이 수하인에게 운송물을 인도한 날 또는 인도할 날부터 1년 이내에 재판상 청구가 없으면 소멸한다. 다만, 이 기간은 당사자의 합의에 의하여 연장할 수 있다(제1항). 제척기간의 기산점은 "권리를 행사할 수 있는 때"로부터이다(민법 제166조 제1항).[85)]

[판례소개](대법원 2019.6.13. 선고 2019다205947 판결)

이 사건 송하인은 대한민국 인천항에서 터키 메르신과 이스켄데룬을 거쳐 시리아로 중고차 총274대를 운송하고자 하였다. 피고와 원고는 모두 운송인들인데, 피고는 원고에게 송하인의 화물 중 일부는 터키 메르신(Mersin)까지, 나머지는 터키 이스켄데룬(Iskenderun)까지 각 운송할 것을 위탁하였다. 그런데 터키 당국에서 시리아의 정국 불안을 이유로 시리아를 최종 목적지로 하는 화물의 환승을 위한 터키 내 입항을 거부하여, 2013.12. 인천항을 떠난 화물은 2014.5.경에야 터키 내 항구인 메르신과 이스켄데룬에 입항할 수 있었다. 터키 당국은 이 사건 운송물이 터키 내 항구에 입항한 후에도 자국을 경유하여 시리아로 들어가는 것을 허용하지 않아 통관을 불허하였다. 이에 원고와 피고는 이 사건 운송물에 대한 통관이 이루어질 때까지 잠정적으로 터키 내 보관장소에 운송물을 임치하고 해결책을 찾기로 하였다. 그러나 결국 통관이 이루어지지 않았고 이 사건 운송물은 시리아로 운송되지 못하였다. 피고는 일련의 사태로 발생한 추가비용을 부담하기로 원고와 약정하였다. 피고가 약속한 비용을 지급하지 않자 원고는 2017.9.5. 소를 제기하였다. 원심은 "2014.5.경 자동차가 터키 내 항구에 입항하여 원고의 운송이 종료된 사실은 앞서 본 바와 같고, 이 사건 소는 그로부터 1년이 지난 2017.9.5. 제기된 사실은 기록상 명백한바, 따라서 이 사건 소는 제척기간을 도과하여 제기된 것이어서 부적법하다."라고 판시하며 소를 각하하였다.

대법원은 "이 사건 운송계약에 따른 이 사건 운송물의 목적지는 메르신과 이스켄데룬으로 보아야 한다. 그러나 원고의 인도의무는 운송계약에서 정한 양륙항에 입항

83) 곽윤직, 민법총칙(박영사, 1990), 49면.
84) 채이식(하), 709면; 최종현, 347면; 이균성, 532면.
85) 일본 상법 제585조 제1항에서 1년의 제척기간을 두고 있다.

한 시점에 종료되는 것이 아니라, 정당한 수하인에게 인도하여야 완료되는 것이다. 따라서 원심으로서는 원고가 이 사건 운송물을 정당한 수하인에게 인도한 날을 기준으로 제척기간을 계산하거나, 만약 운송물의 인도가 불가능하게 된 경우에는 운송물을 인도할 날을 기준으로 제척기간 도과 여부를 판단하여야 한다. 그런데도 원심은 이 사건 운송물이 터키 내 항구에 입항한 시점에 원고의 운송이 종료되었다고 판단한 다음 그 날로부터 제척기간을 계산하였다. 원심 판단에는 제척기간 기산점에 관한 법리를 오해하고 필요한 심리를 다하지 아니함으로써 판결에 영향을 미친 잘못이 있다." 라고 판시하였다.

대법원 2022.12.1. 선고 2020다280685 판결에서는 운송물의 인도가 행하여져야 했던 날 이후에 발생하는 화물의 보관료 및 컨테이너 초과사용료 상당의 손해배상청구권의 제척기간은 채권이 발생하는 때부터 기산한다고 판시하였다.

[판례소개](대법원 2022.12.1. 선고 2020다280685 판결)

원고(운송인)는 2017. 1.경 복합운송주선업을 영위하는 피고와 피고가 운송을 의뢰하는 화물을 대한민국 광양항에서 베트남 호치민항까지 운송하는 계약을 체결하였다. 위 화물은 폐기물이었다. 원고는 위 운송계약에 따라 원고의 컨테이너에 적입된 화물을 호치민항까지 운송하였으나, 피고 및 피고가 지정한 수하인이 도착한 화물을 수령하지 않았다. 이에 화물은 원고의 컨테이너에 적입된 채 호치민항 컨테이너 터미널에 보관되었다. 그 결과 초과사용료 및 터미널보관비 등이 발생하자, 원고는 위 화물이 호치민항에 도착한 후 약 2년이 경과된 시점에 피고를 상대로 운송계약에 따른 손해배상을 청구하였다. 원심(부산고법 2020. 10. 15. 선고 2020나50624 판결)은 위 운송계약에 따라 호치민항에 도착한 화물을 수령하지 않아 발생한 컨테이너 초과사용료 및 터미널 보관료까지도 전부 상법 제814조 제1항의 제척기간 적용대상으로 보고, 화물의 인도가 행하여져야 했던 날로부터 1년이 훨씬 지나 제기된 운송계약에 기한 청구는 모두 제척기간이 도과하여 부적법하다고 판단하였다.

대법원은 아래와 같이 판시하였다.

(1) 제척기간은 일반적으로 권리자로 하여금 자신의 권리를 신속하게 행사하도록 함으로써 법률관계를 조속히 확정하려는데 그 제도의 취지가 있고, 그 제척기간의 경과로 권리가 소멸한다. 따라서 제척기간은 적어도 권리가 발생하였음을 전제하는 것이고, 아직 발생하지 않은 권리에까지 그 제척기간에 관한 규정을 적용하여 권리가 소멸하였다고 볼 수는 없다.

(2) 호치민항에 도착한 화물을 수하인이 수령하지 않아 화물이 원고의 컨테이너에 적입된 상태로 호치민항 터미널에 보관되어 있기 때문에 컨테이너 초과사용료 및 터미널 보관료 상당의 손해는 날마다 계속 발생하여 나날이 새로운 채무불이행에 기한 손해가 발생하고 있다. 원고와 피고가 호치민항에서의 컨테이너 초과사용료 등에 관하여 1일당 일정 금액을 피고가 지급하기로 합의하였다면 이는 손해배상액의 예정이다.

(3) 위와 같은 원고의 손해배상채권은 '화물의 인도가 행하여져야 했던 날'을 지나서도 발생할 수 있는데, 상법 제814조 제1항 제척기간의 기산점으로서 '화물의 인도가 행하여져야 했던 날'을 지나서 발생하는 위 손해배상채권의 제척기간 기산일은 그 채

권의 발생일이라고 해석함이 타당하고, 그 날부터 상법 제814조 제1항에 정해진 권리의 존속기간인 1년의 제척기간이 적용된다. 상법 제814조 제1항의 취지를 고려하더라도, '인도한 날 또는 인도할 날'로부터 1년이 넘어 발생하는 채권의 경우에는 발생하기도 전에 그 행사기간이 경과하여 소멸한 것이 되어 권리자가 권리를 잃게 되는 결과는 불합리하고 나아가 헌법을 최상위규범으로 하는 법질서 전체의 이념에도 부합하지 않기 때문이다.

(4) 원심은 판시와 같은 사정만을 내세워 호지민항에 도착한 화물을 수하인이 수령하지 않아 발생한 컨테이너 초과사용료 및 터미널 보관료 손해배상청구 중 이 사건 소 제기 1년 안에 발생한 부분까지도 제척기간을 도과하여 부적법하다고 판단하였으니, 그와 같은 판단에는 제척기간에 관한 법리를 오해한 잘못이 있다. 이를 지적하는 원고의 상고이유 주장은 이유 있다. 원심판결의 원고 패소부분 중 호지민항 컨테이너 초과사용료, 호지민항 터미널 보관료 손해배상청구 부분을 파기하고, 이 부분 사건을 부산고등법원에 환송한다.

제814조 제1항 재판상 청구에는 소송, 중재, 지급명령의 신청, 중재인 선정의 통지, 민사조정의 신청, 파산선고의 신청, 민사집행법에 의한 배당요구, 소송의 고지, 선주책임제한 절차의 참가가 모두 포함된다. 나아가 채권자인 원고의 가압류 신청 및 결정도 이에 포함된다(서울고법 2012.4.3. 선고 2011나37553 판결).

[판례소개](서울고법 2012.4.3. 선고 2011나37553 판결)

원고 운송인(임대인) 甲은 소외 회사(임차인)에게 컨테이너에 대한 리스계약을 체결하여 리스료 채권을 가지고 있고, 소외회사는 피고에게 운송계약에 따른 운송료채권을 가지고 있었다. 원고 甲은, 자신의 소외회사에 대한 미지급 리스료 채권을 피보전채권으로 하여 소외 회사가 피고에 대하여 가지는 위 운송료채권에 대하여 채권가압류신청을 2009.3.17.하여 3.19. 채권가압류결정이 내려졌다. 한편, 소외 회사와 피고 사이의 운송계약에서 운송료채권이 발생한 운송물의 인도는 2008.10경에 이루어졌다. 그 후 원고는 소외 회사의 피고에 대한 운송료채권을 근거로 2010.9.14. 비로소 운송료채권 추심소송을 제기하였다. 이에 피고는 상법 제814조의 1년 제척기간이 넘어서 제기한 소송이기 때문에 제척기간도과로 소는 각하되어야 한다고 주장하였다.

원고는 채권가압류도 제814조의 '재판상 청구'에 포함되고 운송물의 인도일인 2008.10에서 1년이 경과되지 않은 2009.3.에 이것이 이루어졌기 때문에 제척기간은 완성되지 않았다고 주장하였다.

서울고법은 아래와 같이 판시하였다.

(i) 헤이그비스비 규칙 및 이를 수용한 상법 제814조 제1항의 '재판상 청구'의 해석과 관련, 일반적으로 이를 좁은 의미의 소송만을 의미하는 것이 아니라 넓은 의미의 재판상의 신청 내지 청구를 포괄하는 것으로 해석되고 있고, 따라서 소송, 중재, 지급명령의 신청, 중재인 선정의 통지, 민사조정의 신청, 파산신고의 신청, 민사집행법에 의한 배당요구, 소송의 고지, 선주책임제한절차의 참가 등이 모두 해석상 상법 제814조 제1항에서 정한 재판상 청구에 해당한다고 해석되는 점, (ii) 이와 같이 재판상 청

구의 범위를 넓게 해석하는 이상 재판상 청구에는 소 제기 이외에 채권자가 채무자인 운송인에 대하여 재판상 또는 재판에 준하는 절차에 의하여 명확히 권리를 행사하는 의사를 표시한 것까지도 포함되는 것으로 봄이 상당하고 이러한 의사표시가 있는 경우에는 제척기간이 준수된 것으로 보는 것이 타당한 점, (iii) 상법 제814조 제1항 소정의 제척기간은 1년으로 상대적으로 매우 단기간으로 보이는 점 등을 종합하여 보면, 상법 제814조 제1항의 재판상 청구에는 이 사건과 같이 채권자인 원고의 가압류 신청 및 결정도 포함된다고 해석함이 상당하고 그렇다면 원고의 운송료 채권에 대한 제척기간의 완성여부는 원고가 소외 회사의 피고에 대한 운송료채권에 대하여 가압류를 신청한 2009.3.17. 무렵을 기준으로 결정되어야 한다고 봄이 타당하다.

운송인의 송하인 또는 수하인에 대한 채권으로는 운임채권이 대표적이다. 운송인의 이들에 대한 채무로는 운송계약에 대한 채무불이행으로서 운송물의 손상에 따른 손해배상청구권이 대표적이다. 운송인의 송하인 또는 수하인에 대한 채무는 송하인 또는 수하인의 운송인에 대한 채권이다.

실제 인도된 운송물의 경우에는 인도한 날로부터 기산하고, 전손되어 인도되지 아니한 경우에는 인도할 날로부터 기산하여 1년 이내에 재판상 청구가 없었다면 소멸한다.

소멸한다는 것은 권리가 소멸한다는 것으로서 단순히 청구할 수 없는 것과는 다르다. 우리나라의 소멸시효와 제척기간은 모두 전자의 효력을 가지는 것이지만, 외국에서는 청구할 수 있는 권리가 제한되는 것으로 해석되는 경우도 있다.[86] 후자의 경우에는 상계가 가능할 것이다.

청구원인의 여하에 불구하고 적용되기 때문에 청구권의 기초가 채무불이행이건 불법행위이건 혹은 법정책임에 기한 것이건 모두 적용된다. 청구원인을 불법행위로 하여도 제척기간은 1년이다.[87] 제809조에 기하여 선박소유자에게 손해배상청구를 하는 경우에도 선박소유자의 책임은 운송계약에 기초한 책임이므로 제814조의 적용대상이 된다.[88] 계약운송인과 실제운송인 사이의 운임청구권도 본 조가 적용된다.

운송인이 고의 혹은 중과실이 있는 경우에는 어떻게 될 것인가? 상법 제121조 제3항에 따르면 육상운송에서 운송인 혹은 그 사용인이 악의인 경우에는 제1항의 1년 소멸시효기간의 규정이 적용되지 않는다. 그런데, 제814조에서는 제121조 제3

---

86) 소멸시효와 제척기간은 prescription period, 청구할 수 있는 권리가 제한되는 것은 limitation period라고 불린다. W. Tetley, Marine Caigo Clams(2008), p. 1624.

87) 이기수 외, 609면; 최종현, 338면.

88) 최종현, 341면.

항 준용규정이 없기 때문에 이를 배제하는지가 문제된다. 즉, 운송인이 악의인 경우에도 본 조가 적용되게 되는지가 문제된다. 운송물을 인도한 다음 1년이 지나서 재판상 청구가 있고 운송인이 악의인 경우에도 제814조에 따라서 송하인 또는 수하인의 청구는 인정되지 않는가? 다수설은 이렇게 해석한다.[89] 그런데, 악의의 개념을 운송물손상을 안다는 경우와 운송물의 손상을 악의로 야기한 경우로 나누어서 본다면, 적어도 후자의 경우에는 운송인은 책임제한을 할 수 없는 사유가 됨에도 손해배상에서 면책이 되는 결과가 되기 때문에 본조의 적용이 없어야 형평에 맞을 것이다.[90] 전자의 경우에도 운송물의 손상을 알고서 통지한 경우에는 본조의 적용이 있지만 그렇지 않고 손상을 알고서도 통지하지 않은 경우에는 본조의 적용이 없다고 하여야 할 것이다.

[판례소개](대법원 1997.4.11. 선고 96다42246 판결)
상법 제789조의3 제1항은 운송인의 책임에 관한 상법의 규정은 운송인의 불법행위로 인한 손해배상의 책임에도 적용하도록 되어 있고, 같은 법 제811조는 '그 청구원인의 여하에 불구하고' 운송인의 수하인 등에 대한 채권 및 채무에 대하여 적용하도록 되어 있으므로 운송인의 악의로 인한 불법행위 채무 역시 운송인이 수하인에게 운송물을 인도한 날 또는 인도할 날부터 1년 내에 재판상 청구가 없으면 소멸한다.

본 조는 송하인 또는 수하인을 협상력에서 열위에 있는 자로 보기 때문에 강행규정으로 이해된다. 따라서 송하인 또는 수하인에게 불리하게 제척기간을 1년보다 단축하는 당사자의 약정은 무효가 된다. 대법원은 복합운송증권과 관련하여 9개월 단기제척기간은 제811조에 위반하여 무효가 된다고 판시한 바 있다(대법원 1997.11.28. 선고 97다28490 판결).[91] 1년보다 기간을 연장하는 것은 송하인 또는 수하인에게 유리하므로 유효하다. 이 규정은 운송인의 책임경감금지를 정한 제799조 제1항의 범위에는 포함되지 않았지만 해석상 동일한 취지로 이해하여야 한다.[92] 입법론적으로는 제799조 제1항에 제814조도 포함하는 것이 좋다.

2007년 개정상법은 항해용선의 경우에는 제척기간을 2년으로 연장하게 되었다(제840조).

---

89) 서헌제 외 2인, 265면.

90) 동지, 최종현, 336면.

91) 대법원 2009.8.20. 선고 2008다58978 판결에서 9개월 제소기간 약정은 육상에서 사고가 발생한 경우 우리 상법 제147조 및 제121조에 따라 그 성질은 소멸시효로서 단축은 가능하므로(민법 제184조 제2항) 유효하다고 판시하였다.

92) 이주홍, 112-113면.

(3) 상법 제814조 제2항－운송위탁의 경우

운송인이 제3자에게 운송을 위탁한 경우에 화주가 손해배상청구를 운송인에게 제기하면 운송인은 다시 제3자에게 구상청구를 하게 된다. 이때 운송인에 대한 청구가 제척기간인 1년에 임박하여 제기된 경우에 위탁된 운송에도 인도한 날은 동일하므로 운송인은 제811조를 적용하는 경우에는 제3자에게 구상청구를 할 기간이 얼마 남지 않게 된다. 2007년 개정전 상법하에서는 이러한 문제점이 제기되었고, 대법원 2001.10.30. 선고 2000다62490 판결에서 대법원도 구상청구에서는 상법 제811조가 적용되지 않는다고 하였을 뿐이지 이때 제척기간이 얼마인지는 말하지 않고 있다.

개정상법 제814조는 이러한 문제점을 해결하기 위하여 함부르크 규칙의 내용을 도입하여 운송을 위탁한 경우에 운송인의 제3자에 대한 구상청구는 1년 제척기간에서 3개월 연장되는 것으로 하였다.[93] 즉, 제2항에 의하면 운송인이 인수한 운송을 다시 제3자에게 위탁한 경우에 송하인 또는 수하인이 제1항의 기간 이내에 운송인과 배상 합의를 하거나 운송인에게 재판상 청구를 하였다면, 그 합의 또는 청구가 있은 날부터 3개월이 경과하기 이전에는 그 제3자에 대한 운송인의 채권·채무는 제1항의 규정에 불구하고 소멸하지 아니한다.[94] 제814조 제1항 단서규정에 의하여 합의로 제척기간이 연장된 경우에도 적용된다(대법원 2018.12.13. 선고 2018다244761 판결).

예컨대, 운송주선인이 계약운송인이고, 해상운송인이 실제운송인인 경우에 송하인이 계약운송인에게 손해배상청구를 운송물을 인도한 날로부터 11개월 만에 제기하였다면, 그 11개월로부터 3개월이 되는 인도한 날부터 14개월까지는 제척기간에 걸리지 않으므로 계약운송인은 실제운송인에 대한 구상청구가 가능하게 된다.

송하인 ——→ 계약운송인 ——→ 실제운송인

(인도후 11개월 만에 소 제기함) (그로부터 3개월이 연장됨)

[판례소개](대법원 2018.12.13. 선고 2018다244761 판결)

이 사건 제1운송인은 송하인과 이 사건 화물에 대한 해상운송계약을 체결하고, 다시 제2운송인인 피고에게 해당 화물의 해상운송을 위탁하는 내용의 복합운송계약을

93) 동지 최종현, 340면.

94) 상게서.

피고와 체결하였다. 그런데 2013.5.21. 이 사건 화물에 손상이 발견되었고, 송하인과 제1운송인은 합의로 손해배상청구의 제척기간을 여러 차례에 걸쳐 연장하여 2016.2.20.까지 연장하였다. 송하인과 제1운송인은 2015.9.11. 손해배상에 관한 합의를 하였고, 원고 보험사는 2015.11.13. 제1운송인을 대위하여 피고에게 구상금 청구의 소를 제기하였다. 피고는, 상법 제814조 제2항의 3개월 연장은 송하인 또는 수하인이 동조 제1항 본문의 기간 이내에 운송인과 배상 합의를 하거나 운송인에게 재판상 청구를 한 경우에 적용되는 것이고 동조 제1항 단서에 의하여 제척기간이 연장되는 경우에까지 적용되는 것은 아니라고 주장하였다.

대법원은 "상법 제814조 제1항에서 정한 제척기간은 '운송물을 인도한 날 또는 인도할 날부터 1년의 기간'(본문)과 '당사자의 합의에 의하여 연장된 기간'(단서)이다. 상법 제814조 제2항 전단은 '제1항 단서'라고 규정한 같은 항 후단과 달리 '제1항의 기간'이라고만 규정하여 상법 제814조 제1항의 본문과 단서를 구분하거나 적용 범위를 제한하고 있지 않다. 따라서 위 '제1항의 기간' 부분을 그 문언의 통상적 의미로 충실하게 해석하면 상법 제814조 제1항 본문과 단서에 정해진 기간을 모두 의미한다고 해석할 수 있다. 따라서 상법 제814조 제2항 전단에서 규정한 '제1항의 기간'이란 상법 제814조 제1항 본문에서 정한 운송물을 인도한 날 또는 인도할 날부터 1년의 기간은 물론, 상법 제814조 제1항 단서에 따라 당사자의 합의에 의하여 연장된 기간을 포함한다고 보아야 한다."라고 판시하였다.

(4) 제814조 제3항－소송고지

한편, 제814조 제3항에 의하면 재판상 청구를 받은 운송인은 제3자에 대하여 반드시 재판상 청구를 다시 하지 않아도 자신이 재판상 청구를 받은 날로부터 3개월 이내에 제3자에 대하여 소송고지를 하면 제2항의 3개월의 기간은 그 재판이 확정 그 밖에 종료된 때부터 기산하게 된다. 예컨대, 위의 예에서 계약운송인은 소송고지를 실제운송인에게 하여두고 소송에서 패소하면 그때부터 3개월 내에 실제운송인에게 소를 제기하면 된다. 이러한 규정이 없이 제1항이 적용된다면 계약운송인은 더 이상 제3자에게 구상청구를 할 수 없는 경우가 있으므로 보호된다. 이 규정은 무의미한 재판청구를 하는 대신 소송고지를 하게 하여 계약 운송인을 보호하는 취지로 이해된다.

(5) 기 타

제814조 제1항과 제2항의 기간은 당사자의 합의에 의하여 연장이 가능하다.

대법원 2022.6.9. 선고 2017다247848 판결에서는 상법 제814조 제1항에서 정한 제척기간이 지난 후에 그 기간의 경과로 인한 법적 이익을 받는 당사자가 이를 포기한 경우에는 민법 제184조 제1항을 유추적용하여 제척기간의 경과에 따라 권리가 소멸함에 따른 이익을 포기하였다고 판시하였다.

[판례소개](대법원 2022.6.9. 선고 2017다247848 판결)

A회사는 대우조선해양과 냉각기를 수입하는 계약을 체결하였다. A회사는 피고 운송인과 화물에 관한 운송계약을 체결하였다. 수하인 A회사는 2013.12.4. 손상된 화물을 인도받았다. A회사는 인도일로부터 1년이 지난 2014.12.15. 피고에게 화물손상에 대하여 time bar(구상시효)의 연장을 요청하였다. 피고는 2014.12.18. A회사에 대하여 "시효를 2015년까지 연장하는 데 동의한다."고 회신하였다. 적하보험자인 원고는 피보험자인 A회사에게 화물 손해액을 보험금으로 지급하였다. 원고는 A회사의 피고에 대한 손해배상채권을 대위취득하여, 화물이 인도된 날로부터 1년이 경과한 후인 2015.12.28. 소를 제기하였다. 피고는 상법 제814조 제1항의 제척기간인 '운송물을 인도한 날부터 1년'이 지난 뒤에 소가 제기되었으므로 부적법한 소라고 주장하였다.

원심(서울중앙지법 2017.6.29. 선고 2017나7452 판결)은 "상법 제814조 제1항에서 정한 기간은 제척기간이고, 그 기간이 지나면 운송인의 채무는 확정적으로 소멸하며 그 이후에 당사자 사이에 제소기간 연장의 합의를 하더라도 이미 소멸한 권리가 다시 살아날 수 없다. 제척기간이 지난 권리는 당사자의 원용 여부와 상관없이 당연히 소멸하므로, 소멸시효 완성 후 이익의 포기와 같은 경우를 생각할 수 없다. 이 사건 소는 제소기간이 지난 뒤에 제기된 것으로 부적법하고, 피고가 이 사건 화물 인도일부터 1년이 지난 뒤인 2014.12.18. 제소기간 연장에 동의하였더라도 달리 볼 수 없다."고 소를 각하하였다.

대법원은 아래와 같이 판시하였다.

상법 제814조 제1항에서 정한 제척기간이 지난 뒤에 그 기간 경과의 이익을 받는 당사자가 기간이 지난 사실을 알면서도 기간 경과로 인한 법적 이익을 받지 않겠다는 의사를 명확히 표시한 경우에는, 소멸시효 완성 후 이익의 포기에 관한 민법 제184조 제1항을 유추적용하여 제척기간 경과로 인한 권리소멸의 이익을 포기하였다고 인정할 수 있다. 그 이유는 다음과 같다.

(1) 법적 규율이 없는 사안에 대하여 그와 유사한 사안에 관한 법규범을 적용하기 위해서는 양 사안 사이에 공통점 또는 유사점이 있어야 하고 법규범의 체계, 입법의도와 목적 등에 비추어 유추적용이 정당하다고 평가되어야 한다(대법원 2020.4.29. 선고 2019다226135 판결 참조). 상법 제814조 제1항에서 정한 제척기간은 청구권에 관한 것으로서 그 권리가 행사되지 않은 채 일정한 기간이 지나면 권리가 소멸하거나 효력을 잃게 된다는 점에서 소멸시효와 비슷하다. 소멸시효가 완성된 후 시효이익을 받을 채무자는 시효 완성으로 인한 법적 이익을 받지 않겠다는 의사표시를 하여 시효이익을 포기할 수 있다(민법 제184조 제1항). 한편 어떠한 권리에 대하여 제척기간이 적용되는 경우에 그 기간이 지나면 권리가 소멸하고 의무자는 채무이행을 면하는 법적 이익을 얻게 된다. 제척기간을 정한 규정의 취지와 목적, 권리의 종류·성질 등에 비추어, 당사자들이 합의하여 그 기간을 연장할 수 있는 경우와 같이 기간 경과로 인한 이익 포기를 허용해도 특별히 불합리한 결과가 발생하지 않는 경우라면, 시효이익 포기에 관한 민법 제184조 제1항을 유추적용하여 당사자에게 그 기간 경과의 이익을 포기할 수 있도록 하여 법률관계에 관한 구체적인 사정과 형평에 맞는 해결을 가능하게 하는 것이 가능하다.

(2) 제척기간은 일반적으로 권리자로 하여금 자신의 권리를 신속하게 행사하도록 함으로써 법률관계를 조속히 확정하려는 데 그 제도의 취지가 있으나 법률관계를 조속히 확정할 필요성의 정도는 개별 법률에서 정한 제척기간마다 다를 수 있다. 상법

제814조 제1항은 해상운송과 관련한 법률관계에서 발생한 청구권의 행사기간을 1년의 제소기간으로 정하면서도 위 기간을 당사자의 합의에 의하여 연장할 수 있도록 하고 있다. 운송인과 송하인 또는 수하인 사이의 해상운송을 둘러싼 법률관계를 조속히 확정할 필요가 있으나, 해상운송에 관한 분쟁 가운데는 단기간 내에 책임소재를 밝히기 어려워 분쟁 협의에 오랜 시간이 걸리는 경우가 있다. 이 조항은 이러한 사정을 감안하여, 당사자들에게 제소기간에 구애받지 않고 분쟁에 대한 적정한 해결을 도모할 기회를 부여하고자 당사자들이 기간 연장을 합의할 수 있도록 한 것이다. 상법 제814조 제1항에서 정한 제척기간은 해상운송과 관련하여 발생하는 채권·채무에 적용되는데 해상운송인을 보호하고 시간의 경과에 따른 증명곤란의 구제를 도모하기 위한 것이지만, 당사자들이 합의하여 제척기간을 연장할 수 있도록 하였다는 점에서 일반적인 제척기간과는 구별되는 특성이 있다.

그런데도 원심은 상법 제814조 제1항에서 정한 제척기간에 대해서는 그 기간의 경과로 인한 이익의 포기를 인정할 수 없다고 보아 위와 같은 사정을 제대로 살피지 않은 채 이 사건 소가 부적법하다고 판단하였다. 원심판결에는 상법 제814조 제1항에서 정한 제척기간경과 이익의 포기에 관한 법리를 오해하여 필요한 심리를 다하지 않아 판결에 영향을 미친 잘못이 있다. 이를 지적하는 상고이유 주장은 정당하다.

우리 대법원은 구상청구의 경우에는 상법 제811조의 단기제척기간이 적용되지 않는다고만 하고 그 기간에 대하여는 판결이 없는 상태이다. 그런데, 이번 입법으로 제3자에게 운송인이 운송을 위탁한 경우에 구상채권의 제척기간이 제811조의 1년보다 3개월 늘어나는 것이 되었다.[95] 구상청구 중에서도 운송위탁이 아닌 경우 여전히 대법원 2001.10.30. 판결에 따르게 된다.

[판례소개](대법원 2001.10.30. 선고 2000다62490 판결)

운송주선인이 계약운송인으로서 제1선하증권을 발행하였고 다시 운송주선인은 실제운송인에게 운송을 의뢰하였다. 화물의 인도불능에 대하여 운송주선인이 화주에게 손해배상을 하고 난 다음, 연대채무자인 실제운송인에게 구상청구를 하게 되었다. 이에 상법 제811조의 1년 단기제척기간이 구상청구에도 적용되는지가 쟁점이 되었다.

대법원은 "해상물건운송계약에 있어서 계약운송인과 실제운송인과의 관계와 같이 복수의 주체가 운송물의 멸실·훼손으로 인하여 선하증권소지인에 대하여 "연대하여 손해배상책임을 부담하는 경우", 어느 일방이 선하증권소지인에 대하여 먼저 손해액을 배상한 후 다른 일방에 대하여 그 배상금액을 구상하는 경우에는, 운송인의 채권·채무의 소멸을 규정하고 있는 상법 제811조 소정의 단기제척기간에 관한 규정은 적용되지 않는다고 할 것이다."라고 판시하였다.

95) 그런데, 미국과 같은 경우에는 구상채권의 제척기간은 계약에서의 제척기간인 6년으로 되어 있다.

제7 傭船者(送荷人) 및 受荷人의 권리

1. 送荷人의 권리

송하인은 운송인과 운송계약을 체결한 자이므로 운송인에게 운송이라는 급부를 이행할 것을 요구할 채권을 갖는다. 송하인은 운송계약에 기하여 운송인에게 손해배상청구권을 행사할 수 있다. 또한 송하인은 운송계약 당사자로서 운송계약을 해제 혹은 해지할 권리를 갖는다.

송하인은 운송의 중지, 운송물의 반환 기타의 처분을 청구할 수 있다(상법 제815조, 제139조 제1항). 이 권리는 운송물이 도착지에 도착한 후 수하인이 그 인도를 청구한 때에 수하인의 권리가 송하인의 권리보다 우선한다(상법 제815조, 제140조 제2항).

2. 受荷人의 권리

운송계약에 의해 도착지에서 운송물을 수령할 자로 지정된 자를 수하인이라고 한다. 선하증권이 발행된 경우에는 선하증권의 정당한 소지자가 수하인이 된다. 송하인과 운송인은 수하인을 위하여 제3자를 위한 계약(민법 제539조)을 체결하고 수하인은 수익자로서 운송계약에 기해 권리를 취득한다.[96]

수하인은 운송계약의 당사자는 아니지만 운송물의 지리적 이전과 의사실현의 정도에 따라 그 지위가 점차 발전되고 강화된다.[97] 첫째, 운송물이 도착지에 도착하기 전에는 수하인은 운송물에 관해 운송계약상 아무런 권리가 없다(상법 제815조, 제139조 제2항). 운송도중 선박이 침몰한 경우에 해당한다.[98] 둘째, 운송물이 도착지에 도착한 때에는 수하인은 송하인과 동일한 권리를 갖는다(상법 제815조, 제140조 제1항). 이때에는 아직 송하인의 권리가 소멸하지 않으므로 송하인과 수하인의 권리는 경합한다. 셋째, 운송물이 도착한 후 수하인이 그 인도를 청구한 때에는 수하인의 운송물에 대한 권리가 우선한다(상법 제815조, 제140조 제2항).[99] 선하

---

96) 채이식(상), 309면; 김정호, 289면; 최종현, 237면.

97) 주석상법, 574면.

98) 세월호사고와 같이 운송도중 선박이 침몰한 경우 수하인은 상법상 운송물인도청구권을 가지지 못하므로 운송계약상 채무불이행의 소를 운송인에게 제기할 수 없다. 이미 운송물에 대한 소유권을 취득한 경우 불법행위에 기한 손해배상청구만 제기할 수 있어 불리하다. 2019년 일본 개정상법은 이러한 경우에도 수하인이 인도청구권을 갖는다고 입법했다(제581조 제1항).

증권이 발행된 경우에는 선하증권의 효력에 의하여 선하증권소지인은 송하인으로부터 운송물인도 청구권을 양도받은 것과 동일한 효력을 갖는다.

제8 送荷人 및 受荷人의 의무

1. 運送物의 일부 멸실·훼손에 관한 受荷人의 통지의무

운송인으로부터 운송물을 인도받게 되면 수하인은 운송물에 손상이 있는지를 곧 알게 된다. 이상이 있는 경우에는 이를 곧 운송인에게 통지하여 주어야 운송인은 사고의 원인을 파악하고 과실있는 자에게 구상청구를 준비하는 등 자신을 보호할 조치를 취할 수 있게 된다.

우리 상법은 제804조에서 수하인이 운송물의 일부 멸실 또는 훼손을 발견한 때에는 수령 후 지체없이 그 개요에 관하여 운송인에게 서면에 의한 통지를 발송하여야 한다고 정한다(제1항 본문). 다만, 그 멸실 또는 훼손이 즉시 발견할 수 없는 것인 때에는 수령한 날로부터 3일 내에 그 통지를 발송하여야 한다(제1항 단서). 이러한 통지의무를 게을리 한 법률효과에 대하여 상법은 제1항의 통지가 없는 경우에는 운송물이 멸실 또는 훼손 없이 수하인에게 인도된 것으로 추정한다고 정한다(제2항). 그런데, 운송물의 손상에 대하여 수하인이 운송인에게 손해배상청구를 할 경우에 수하인은 어차피 운송물을 선적할 때 양호한 상태에 있었고 수령할 때에 손상이 있었음을 입증하여야 하므로 제2항은 수하인에게 어떠한 불리함을 부과하는 것도 아니다. 의미있는 규정이 되기 위하여는 항공운송에 관한 헤이그의정서 혹은 몬트리올 협약과 같이 소제기권을 박탈하여야 하지만(제31조 제4항) 이렇게 되어서는 지나치게 수하인의 권리를 해할 우려가 있다.

제1항 및 제2항은 운송인 또는 그 사용인이 악의인 경우에는 적용하지 아니한다(제3항). 운송물에 멸실 또는 훼손이 발생하였거나 그 의심이 있는 경우에는 운송인과 수하인은 서로 운송물의 검사를 위하여 필요한 편의를 제공하여야 한다(제4항). 제1항부터 제4항까지의 규정에 반하여 수하인에게 불리한 당사자 사이의 특약은 효력이 없다(제5항). 예컨대, 제1항의 기간을 2일로 하는 약정은 수하인에게 불리하기 때문에 효력이 없다. 그러나, 이러한 규정들은 위에서 보았듯이 통지의무를 위반한 수하인에 대한 제제수단이 없는 것과 동일한 것이기 때문에 무의

99) 채이식(상), 310면; 주석상법, 548면; 최종현, 265면.

미하다고 생각된다.

제1항부터 제4항까지는 항해용선계약에도 준용된다(제841조). 항해용선계약에서 제5항이 제외된 것은 용선계약에서는 선박소유자와 용선자 사이는 대등한 협상력을 가지고 있어서 구태여 회수를 보호할 필요가 없기 때문이다.

2. 운송물 수령의무

(1) 일반원칙

매도인과 매수인 사이에는 매매 목적물에 대한 매매계약이 체결된다. 매도인과 매수인 사이에 운임・보험료 포함조건(CIF)계약이 있고 매도인이 운송인과 운송계약을 체결하게 된다. 그런데, 소유권을 취득한 매수인이 운송물을 수령할 의무까지 부담하는지가 문제이다. 본선인도조건(FOB) 계약에서는 수하인이 운송계약의 당사자로서 송하인의 지위를 겸하므로 이러한 문제는 발생하지 않는다.

(2) 상 법

바나나 가격의 폭락으로 바나나를 수령하는 것이 오히려 손해가 나는 경우에 수하인은 자신에게는 화물을 수령할 의무가 없다고 주장한다.

운송계약은 용선자 혹은 송하인과 선박소유자(운송인) 사이에 맺은 계약으로서, 수하인은 운송계약의 당사자가 아니므로 운송물을 수령하기 전까지는 전혀 운송계약상의 채무를 부담하지 않는다.[100]

우리 상법은 개품운송의 경우에 운송물의 도착통지를 받은 수하인은 당사자간의 합의 또는 양륙항의 관습에 의한 때와 곳에서 지체없이 운송물을 수령할 의무를 수하인에게 부과하고 있으나(상법 제802조),[101] 이에 대하여 제한적으로 해석하는 법원의 입장이 유력하다. 서울고등법원 2015.12.4. 선고 2015나9860 판결에서는 수령의 의사표시가 나타난 경우에만 수하인에게 운송물 수령의무가 있다고 보았다. 선하증권 소지인으로서 은행은 담보로 운송물을 가지고 있을 뿐이다. 그러므로 도착통지를 받았어도 수령의무가 없다.[102]

항해용선의 경우에는 상법 제802조와 같은 규정을 두고 있지않다. 수하인이 운송물을 수령하는 때에는 운송계약 또는 선하증권의 취지에 따라 운임, 부수비용, 체당금, 정박료, 운송물의 가액에 따른 공동해손 또는 해난구조로 인한 부담액을

---

100) 채이식(상), 311면.

101) 1991년 개정시에 추가된 것이다.

102) 자세한 내용은 김인현, “수하인의 운송물 수령의무와 컨테이너 반납지체료의 법리”, 한국해법학회지 제45권 제1호(2023.4.), 150면 이하가 있다.

지급하여야 한다는 상법 제807조 제1항이 수하인에게 항해용선의 경우에 운송물의 수령의무를 부과시키고 있는 규정으로 보기는 어렵다.

우리 상법 제140조는 제1항에서 운송물이 도착지에 도착한 때에는 수하인은 송하인과 동일한 권리를 취득한다고 하고 이를 제810조에서 준용하고 있지만, 상법 제140조는 운송물에 대한 수하인의 권리에 대한 규정이지 의무에 대한 규정은 아니다.

서울고등법원 2021.11.17. 선고 2021누33915 판결에서는 환적 화물을 안전운임의 대상으로 포함시킨 고시는 법률유보 원칙에 위반하여 무효라고 판단하였다.

3. 운임 등 지급의무

(1) 일반원칙

운임을 지급할 의무를 부담하는 자는 원칙적으로 운송계약의 당사자인 송하인이 될 것이다. 우리 상법은 예외적으로 수하인이 운송물을 “수령하였을 때에는” 이것과 상환하여 수하인은 운임 기타 운송에 관한 비용과 체당금을 지급할 의무를 부담한다고 정한다(제141조).

(2) 상법 제807조

운임·보험료포함조건(CIF) 계약에서 용선자나 송하인은 운송계약의 일방 당사자로서 운송인에 대하여 운임 및 체선료를 지급하여야 할 의무를 부담한다. 그런데, 본선인도조건(FOB)인 경우에는 운송계약은 운송인과 수입자 사이에 체결되는 것이므로, 운임 등을 지급하여야 할 자는 수하인이 된다.

CIF 계약에서 운임후불인 경우에 수하인이 운송물을 수령한 때에는 계약당사자가 아닌 수하인에게 운임 등 지급의무가 있는지 의문이다. 상법은 제807조에서 수하인이 운송물을 수령하는 때에만 운임 등 지급의무를 부과하고 있다.[103] 이러한 경우에도 용선자 혹은 송하인의 운임지급의무는 소멸되지 않고 존속하여 양자의 의무는 부진정연대채무가 된다.[104]

(3) 責任中斷約款

CIF계약에서 송하인이 양륙항에서의 체선여부를 알기가 곤란하고 화물은 수하인의 수중에 있으므로 운송물에 대한 통제가 어려우므로 실무적으로는 용선계약이나 선하증권에 責任中斷約款(cesser clause)이라는 조항을 둔다.[105] 책임중단약관

103) 육상운송에 관한 제141조와 유사한 내용이다.
104) 채이식(상), 311면; 주석 상법, 548면.

은 "양륙항에서의 체선료는 운송인이 유치권을 행사하지 못하는 특별한 사정이 있는 경우를 제외하고는 용선자(송하인)가 책임을 지지 않는다."는 취지의 약관이다. 이 약관은 양륙항에서의 체선료 등에 대하여는 운송인이 운송물을 유치할 수 있는 한은 송하인의 책임은 면제되고, 운송인은 운송물을 유치하여 매수인인 수하인에게서 체선료를 수령하라는 취지이다.

운송인이 화물을 양하한 후에 정산을 한 다음 체선료를 수하인에게 청구하면 수하인은 운송계약의 당사자로서 연대채무자인 송하인에게 체선료를 수령하라고 할 것이다. 이때 운송인은 화물을 유치하여야 하는바, 운송인은 이미 화물에 대한 점유를 하고 있지 않으므로 유치권을 행사할 수 없고, 송하인에게 체선료를 청구하게 된다. 그러면 송하인은 책임중단약관을 들면서, 유치권을 행사하지 않은 운송인의 잘못이라고 항변하게 된다. 그러면 운송인은 유치권을 행사하지 못할 특별한 사유가 있었음을 입증하여야 한다.

실무적으로 운송인이 운송물을 모두 양륙한 다음에야 체선료의 정산이 완료되어 운송인의 유치권행사는 사실상 불가능하므로 이 조항의 유효성이 문제되었다. 그리하여 상법은 상법 제805조를 삭제하였고 젠콘서식(1994년)에서도 책임중단약관을 삭제하였다. 그러므로 상법과 젠콘(1994년)에서 운송인이 운송물에 대한 유치권을 행사하지 아니하여도 용선자에 대한 체선료 등의 청구권을 상실하지 않게 되었다.

4. 위험물에 대한 의무

(1) 危險物에 의한 사고

폭발성이 있거나 기타 위험성이 있는 화물은 선박 자체뿐만 아니라 다른 화물에도 위해를 미치게 된다. 항해중 이러한 사실을 알게 되는 선장은 위험물을 자의적으로 처리하여야 할 것이다. 경우에 따라서는 위험물로 인한 폭발사고 등으로 선박이나 기타 화물에 직접 손해가 발생하기도 한다.106) 우리 상법이 규율하고 있는 것은 전자의 경우이다.

위험물의 선적과 관련한 사고는 첫째, 송하인이 위험사실을 알고서도 운송인에게 고지하지 아니한 경우, 둘째, 송하인이 위험사실을 모르고서 운송인에게 고지

---

105) 여기에 대하여는 The "Sinoe", [1972] 1 Lloyd's Rep., 201 이하; 김인현(해상법연구), 537면 이하를 참고 바람.

106) 2006.3.21. 발생한 현대 포춘호 사고가 대표적이다. 최근의 컨테이너 선박의 폭발사고로는 M/V Hanjin Pennsylvania, CMA Djakarta, Sea Land Mariner 그리고 M/V DG Harmony 등이 있다.

하지 못한 경우, 셋째, 송하인이 위험사실을 운송인에게 고지하여 운송인이 알고 선적한 경우의 세 가지가 있을 수 있다.

첫번째와 두번째의 것은 송하인에게 귀책의 여지가 있는 경우이고 세번째의 것은 송하인에게 귀책의 여지가 없는 경우이다.[107]

(2) 선장의 자의적인 위험물 처분

우리 상법은 1991년 상법 개정시에 제791조의2를 신설하여 제1항에서 "인화성, 폭발성, 기타의 위험성이 있는 운송물은 운송인이 그 성질을 알고 선적한 경우에도 그 운송물이 선박이나 운송물에 위해를 미칠 위험이 있는 때에는 선장은 언제든지 이를 양륙, 파괴 또는 무해처분할 수 있다."고 하고, 제2항에서 "운송인은 제1항의 처분에 의하여 그 운송물에 발생한 손해에 대하여는 공동해손분담책임을 제외하고 그 배상책임을 면한다."고 하였다.[108] 상법 제791조의 2는 위 세 번째의 경우이다.

운송인이 위험을 모르고 선적한 경우는 상법에서 규정하지 않고 있는 것으로 보이나, 우리 상법은 '그 성질을 알고 선적한 경우에도'라고 규정하여 제791조의 2에 이를 포함하고 있다.[109] 개정상법도 이를 그대로 존치하고 있다(상법 제801조).

(3) 위험물에 기인한 직접손해

위험화물 자체의 손상에 대하여 운송인에게 손해배상청구를 제기하면 운송인은 본 손해가 현행 상법상 상법 제796조 6호의 "송하인 또는 운송물의 소유자나 그 사용인의 행위"의 면책사유로 발생한 것임을 입증하면 면책될 것이다.

우리 상법은 위험물에 기인하여 발생한 직접손해(다른 화물 혹은 선박자체의 손상)의 처리에 대하여는 규정하지 않고 있다. 민사법 일반원칙에 따르면, 송하인에게 고의 혹은 과실이 있는 경우에만 운송인은 송하인에게 책임을 추궁할 수 있을 것이다.[110] 그러므로 우리 법상으로는 두번째 경우에 송하인이 위험사실을 모르고

---

107) 일본 개정상법은 송하인에게 운송물이 위험성을 가지는 경우 그 인도전에 운송인에게 운송물의 이름, 성질 등 안전에 관한 정보를 통지할 의무를 부과하고 있다(제572조).

108) 이는 헤이그비스비 규칙 제4조 제6항의 후문에 해당하는 것이다.

109) 동 제4조 제6항은 "연소성, 폭발성 또는 위험성이 있는 화물로서 운송인, 선장 또는 운송인의 대리인이 그 성질과 특성을 알았으면 그 선적을 승낙하지 않았을 화물은 운송인이 송하인에게 배상하지 아니하고 그 양륙전 언제든지 이를 임의의 장소에 양륙하거나 파괴 또는 무해하게 할 수 있으며 그 화물의 송하인은 선적에서 직접 또는 간접으로 생기는 모든 손해와 비용에 대하여 책임을 진다. 운송인이 그 화물의 성질과 특성을 알고 선적에 동의하여 선적된 화물은, 그 후 그것이 선박 및 적하를 위험하게 하면, 운송인은 공동해손으로 인한 책임 외에 그 책임을지지 아니하고 위와 같이 이를 양륙, 파괴 또는 무해하게 할 수 있다."고 한다.

110) 위험화물의 폭발사고로 다른 화물이 손상을 입게 되면 운송인은 채무불이행책임을 부

서 고지 못한 것에 과실이 있는 경우에만 손해배상책임을 부담하게 될 것이다. 세 번째 경우는 우리 법상으로는 송하인은 무과실이므로 책임을 물을 수 없으나, 영국법상으로는 송하인은 무과실책임을 부담한다.111)

[판례소개](영국귀족원 1998.1.22. 판결, The Giannis NK)

원고의 선박인 기아니스호는 토고 등에서 밀을 적재한 다음 세네갈에서 제4번 선창에 땅콩을 선적하였다. 적재 후 선창소독이 행하여졌고 검사증서가 발급되었다. 도미니카 항구에서 검역이 실시되었지만 소독에도 불구하고 투구풍뎅이가 발견되어 도미니카 정부로부터 선박과 화물의 출항명령이 내려졌고 해상투기가 명하여졌다. 운송인은 감염되지 않은 다른 선창의 밀을 포함하여 모든 화물을 해상에 투기하지 않을 수 없었다. 수하인으로부터 소송을 제기당한 선박소유자는 송하인에게 소송을 제기하였다. 선박소유자는, 땅콩은 투구풍뎅이를 포함하고 있었다는 점에서 위험화물이었고, 본 화물의 선적에 사용된 선하증권에 편입된 헤이그규칙 제4조 제6항에 터잡아 혹은 송하인은 위험화물을 적재하여서는 아니된다는 묵시담보에 터잡아 송하인은 손해배상책임을 부담한다고 주장하였다. 송하인은 자신도 그 화물에 해충이 발생하고 있다는 것을 모른 채, 알 수단도 없이 선적한 것이므로 무제한의 책임을 부담하는 것은 아니고 제4조 제3항112)의 면책이 적용된다고 주장하였다. 준거법은 영국법이었다.

귀족원은 아래와 같이 판시하였다.

(1) 헤이그규칙 제4조 제6항에서 말하는 위험화물은 광의의 해석을 하여야 한다. 위험화물은 가연성이나 폭발성 등의 직접적 물리적 손해를 야기하는 성질의 화물뿐만 아니라 선박자체에 위험을 야기하지 않아도 주위에 있는 다른 화물을 투기하도록 하는 위험성이 있는 화물(간접적으로 위험한 화물)을 포함한다. 제4조 6항에서 말하는 '그러한 선적에서 직접 또는 간접으로 생기는 모든 손해와 비용'이라는 문구는 이를 가리킨다. 따라서 본건 화물은 위험화물이었다. 선박소유자는 그 위험성을 알았다면 운송을 인수하지 않았을 것이므로, 송하인은 운송인이 입은 모든 손해와 비용에 대하여 일응의 책임을 부담한다. (2) 제4조 제3항에는 다른 것을 제한한다는 명확한 문언은 없다. 일반조항은 특정조항을 반드시 제한하지 않는다는 원칙에 따라서 제3항은 제6항을 제한하지 않는다. 제6항은 제1문에서 선박소유자가 그 위험성을 알지 못한 화물을 처분할 수 있도록 하고 있지만, 그 권리는 분명히 송하인이 그 위험을 알았는가 몰랐는가에 관계하지 않는다. 그래서 제1문은 계속하여 송하인이 그러한 화물에 의한 손해에 대하여 책임을 부담한다고 한다. 동 제6항은 위험화물의 선적에 대하여 송하인에게 엄격책임을 부과하고 있고, 송하인의 과실없는 행위였는가는 관계가 없다. 그 책임은 제3항에 의하여 면책이 되는 것은 아니다. (3) Brass v. Maitland(1856) 사

담한 다음 과실있는 위험화물의 화주에게 구상청구를 제기할 것이다.

111) The "Giannis NK", [1998] 1 Lloyd's Rep., 345; Wilson, p. 33; 로테르담 규칙도 위험성을 고지하지 않은 경우와 규정에 따른 표기를 화물에 하지 않은 경우에 무과실책임을 송하인이 부담한다(제32조). 중국 해상법도 무과실책임을 지우고 있으며(제68조) 일본은 우리와 같이 과실(추정)주의를 취하고 있다.

112) 제4조 제3항 "송하인은 운송인 또는 선박이 입은 멸실 손해로서 송하인, 그 대리인 또는 사용인의 고의과실 또는 해태로 인하지 않은 모든 원인으로 인하여 발생한 것에 대하여 그 책임을 지지 않는다".

건에서 송하인의 엄격책임이 인정되었다. 보통법에서 묵시적으로 송하인은 화물이 위험성이 있다는 것을 알았든 몰랐든 관계없이 위험화물을 선적한 사실에 대하여 손해배상책임을 부담한다. Brass 사건에서 원고는 일반잡화선의 선주였고 화주는 표백제를 원고의 선박에 선적하였다. 표백제는 누출되는 경우에 다른 화물에 손상을 주는 부식성 물질이었다. 원고인 선주는 동 화물의 위험성을 알지 못하였다. 피고 화주는 이미 포장된 상태의 화물을 제3자로부터 구입하였고, 포장의 불량여부를 알지 못하였고 알 수 있는 방법도 없었으므로 과실이 없다고 주장하였다. 송하인은 화물이 수송에 적합하도록 할 절대적인 담보책임을 부담한다. 따라서 송하인은 보통법하에서도 무과실책임을 부담한다."113)

2007년 개정상법도 아무런 규정을 두고 있지 않다. 위험화물의 선적에 대하여 송하인은 헤이그비스비 규칙이나 영국 보통법상으로도 무과실책임을 부담하므로 우리 상법도 이에 맞추어 개정되어야 할 것이다.114) 컨테이너 화물 중에서 FCL (Full Container loaded Cargo)의 경우에 운송인은 내용물을 확인할 수 없는 수동적인 지위에 있다는 점이 고려되어야 한다.115)

제 3 관 航海傭船契約의 특유사항

제1 序

항해용선계약은 개품운송과 다른 특유한 면을 가지고 있다. 예컨대, 항해용선계약은 시간의 상실에 대한 위험을 선박소유자(운송인)가 갖는다. 부연하면, 한 항차당 선박을 용선자에게 빌려주지만, 그 항차의 장단은 정하여져 있지 않으므로 선박소유자는 가능하면 항차를 줄여서 자신의 선박을 다른 용선자와의 운송에 투입하려고 한다. 그리하여 정박기간(lay times)이라는 개념이 있으며, 이의 출발점으로서 선적준비완료통지서(Notice of readiness)라는 것이 있게 된다. 이에 부수한 것으로서 조출료와 체선료가 있다. 또한 운임의 지급은 적재한 화물의 양에 따라 정하여지는 것이므로, 선박소유자로서는 화물을 만재하는 것이 최고의 운임수입을 얻는 것이 되므로, 만재하지 못한 경우에는 공적운임(dead freight)이라는 것을 용선자로부터 받도록 하고 있다.

---

113) 이에 대한 자세한 논의는 김인현, 전게 547면 이하를 참고하기 바람.

114) 로테르담규칙도 송하인의 무과실책임을 도입하고 있다(제32조).

115) 이에 대한 자세한 논의는 김인현, "로테르담 규칙하의 송하인의 의무", 한국해법학회지 제35권 제1호(2013.4.), 199면 이하를 참고 바람.

개품운송계약은, 운송인이 미리 정한 일정표에 따라 선박을 운항하고, 송하인은 수동적으로 그 정하여진 선박동정에 따른 순수한 운송만을 운송인에게 요구하는 것이므로, 위와 같은 개념이 존재하지 않는다.

제2 船舶所有者(運送人)의 권리와 의무

1. 荷役準備完了通知

운송인은 하역준비가 완료되었음을 알리는 통지서(notice of readiness)를 용선자에게 발송하여야 한다(선적에 대하여는 상법 제829조, 양륙에 대하여는 상법 제838조). 이러한 하역준비완료통지서가 발행된 시점을 기준으로 정박기간이 개시되므로 이것은 항해용선에서 중요한 개념이 된다.

운송물을 선적할 기간의 약정이 있는 경우에는 그 기간은 위의 통지가 오전에 있은 때에는 그날의 오후 1시부터 기산하고, 오후에 있은 때에는 다음날 오전 6시부터 기산한다(상법 제829조 제2항; Gencon 제6조 c항).[116] 선박은 통상 입항과 동시에 위의 통지서를 발행한다. 그러나 선창청소에 대한 검사는 통지서의 발행뒤에 이루어지고, 이러한 선창청소검사에 불합격하게 되면 위 통지의 효력은 정지되고 위의 기산점보다 통과가 늦게 되면, 선창청소가 합격하는 시점부터 정박기간이 개시된다. 위 통지서를 다시 발송하여야 하는 것은 아니다. 동일한 취지의 영국법원의 판결로는 피터슈미트호 사건[117]이 있다.

개품운송 중에서 대부분을 차지하는 정기운송에 있어서는 선적과 양하를 운송인이 담당하므로 선적준비완료통지와 같은 것은 필요하지 않고, 운송인으로부터 일정표가 제시된다.

2. 早出料支給義務와 滯船料請求權

항해용선계약은 한 항차당 용선료를 지급하도록 되어 있다. 항차는 선적의 시작과 양하의 종료로 정하여지는 것이므로, 항차가 길어지면 선박소유자(운송인)로서는 손해가 된다. 선박소유자는 일정한 정박기간을 허용하여 하역기간이 무한히 길어지는 것을 막고자 한다. 일정한 정박기간보다 빨리 작업을 마치고 선박소유

---

116) 이 규정은 대표적인 임의규정이다. 용선계약에서 기산시간을 오전 8시로 하였다면 이 시간이 적용된다.

117) The "Petr Schmidt", [1997] 1 Lloyd's Rep., 284.

자에게 반선되면 선박소유자로서는 유리하다.

그러므로 선박소유자는 이 경우에 용선자에게 早出料(despatch money)라는 일종의 보너스를 지급하게 된다. 조출료는 통상 체선료의 1/2이며, 항해용선계약내용으로 미리 정하여진다(Gencon 제7조). 반대로 선박이 정하여진 정박기간을 넘어서 지체가 발생하게 되면 선박소유자는 이에 대한 손해배상금 혹은 특별보수로서 滯船料(demurrage)라는 일정금액을 수령하게 된다(상법 제829조 제3항). 이 액수 또한 항해용선계약서의 내용으로 미리 약정된다. 허용되는 지체기간을 별도로 정하지 않는 경우도 있으나, 별도로 허용지체기간을 정하고 그 자체기간을 초과하면 지체배상금(damage for detention)이라는 배상금을 지급하도록 하는 경우도 있다.

체선료의 법적 성질을 손해배상으로 보는 견해[118]와 특별한 보수라고 보는 견해[119]로 나누어져 있다. 특별보수로 이해하면 과실상계를 할 수 없게 된다(대법원 1994.6.14. 선고 93다58547 판결; 대법원 2005.7.28. 선고 2003다12083 판결). 전자는 용선자는 선적과 양륙의무를 부담하고 그 의무의 불이행은 채무불이행이 되어 체선료는 손해배상액의 예정이 된다고 한다. 후자는 용선자의 선적의무는 진정한 의무가 아니고, 체선료의 지급은 손해의 발생을 조건으로 하지 않으므로 손해배상이 아니고 법정보수라고 한다. 체선은 용선자의 과실유무에 관계없이 발생하는 것이므로 법정보수라고 하는 후설에 찬성한다. 다만, 지체배상금은 손해배상으로 생각한다.

[판례소개](대법원 1994.6.14. 선고 93다58547 판결)
대법원은 "선박소유자가 약정양륙기간을 초과한 기간에 대하여 용선자에게 청구할 수 있는 소위 정박료 또는 체선료는 체선기간 중 선박소유자가 입는 선원료, 식비, 체선비용, 선박이용을 방해받음으로 인하여 상실한 이익 등의 손실을 전보하기 위한 법정의 특별보수이므로 선박소유자의 과실을 참작하여 약정 정박료 또는 체선료를 감액하거나 과실상계를 할 수 없다."고 판시하였다.

개품운송은 운송을 인수하는 것이고 선박의 사용과 관련되는 것이 아니므로 정박기간이나 조출료 및 체선료의 개념이 없다.[120]

지체료나 조출료의 법적 성질이 영미법에서는 계약위반에 따른 손해배상액의 예정(liquidated damages)이라고 본다.

---

118) 송상현·김현, 456면; 채이식(하), 682면; 심재두, 186면; Scrutton, p. 305.
119) 배병태, 180면; 정동윤(하), 834면; 이기수 외, 480면; 최종현, 379면; 이균성, 528면.
120) 배병태, 180면.

3. 空積運賃請求權

항해용선계약에 있어서 당사자는 일정한 화물량의 선적을 약정하고, 운임도 그 선적한 화물의 양으로서 결정하기로 한다. 그런데, 약정된 화물을 모두 싣지 못하게 되면 운임액이 작아지게 된다. 그러면 결과적으로 선박소유자는 만재한 경우에 비하여 손해를 보게 된다. 그러므로 이러한 경우에 용선자가 선박소유자에게 싣지 못한 화물량 만큼의 운임액을 선박소유자에게 지급하게 된다. 이를 공적운임(dead freight)이라고 한다.

우리 상법도 제831조 제3항에서 공적운임에 대하여 정하고 있다.

4. 계약해제권 등

용선자가 선적기간내에 운송물의 선적을 하지 아니한 때에는 계약을 해제 또는 해지한 것으로 본다(상법 제836조). 선적기간내에 용선자가 선적을 하지 아니하면, 선박소유자의 다른 스케줄이 지연되므로 우리 상법은 이를 법정 계약해제 또는 해지 사유로 하여 선박소유자를 보호한다. 선박소유자는 용선자에 대하여 계약해제 또는 해지의 의사표시를 하지 않아도 된다.

5. 船長의 發航權

선적기간의 경과 후에는 용선자가 운송물의 전부를 선적하지 아니한 경우도 선장은 즉시 발항할 수 있다(상법 제831조 제2항). 제831조 제2항은 강행규정이 아니므로 당사자 자치가 우선하여 적용될 것이고, 실무적으로 항해용선계약에 지체료에 대한 약정이 있으므로, 허용된 기간 동안의 선적지체에 대하여 운송인은 受忍의무가 있다고 생각된다.

제3 傭船者의 권리와 의무

1. 運送物 船積義務

용선자는 용선한 선박에 약정된 화물을 선적할 의무를 부담한다. 약정된 화물을 전량 선적하지 못하면 空積運賃(deadfreight)을 지급하여야 한다. 용선기간내에 운송물의 선적을 하지 아니한 때에는 계약을 해제 또는 해지한 것으로 본다(상법 제836조).

2. 傭船者의 發航請求權

용선자는 운송물의 전부를 선적하지 아니한 경우에도 선장에게 발항을 청구할 수 있다(상법 제831조 제1항). 이 경우에 용선자는 운임의 전액과 운송물의 전부를 선적하지 아니함으로 인하여 생긴 비용을 지급하고 또 운송인의 청구가 있는 때에는 상당한 담보를 제공하여야 한다(상법 제831조 제3항).

3. 傭船解除權

(1) 全部傭船의 경우

발항전의 해제권은 상법 제832조에서 세 가지 상황을 나누어서 정하고 있다.

발항전에는 전부용선자는 운임의 반액을 지급하고 계약을 해제할 수 있다(상법 제832조 제1항). 發港에서 港이란 선적항(loading port)을 의미한다. 발(發)은 선적항에서 항해가 시작되는 경우이다. 제832조 제3항과의 관계상 타항에서 선적항으로 항해하지 않고 그 항구에서 다른 항차를 마치고 당해 용선계약을 시작하는 경우로 해석된다. 계약의 해제로 인하여 원상회복의 의무가 발생하므로(민법 제548조), 전부용선자는 선적된 화물을 양륙할 의무가 있고, 이에 대하여 선박소유자가 입은 손해에 대하여는 용선자가 손해를 배상하여야 한다. 운송계약이 해제되었으므로 선박소유자는 운임을 청구할 권리가 없지만, 상법은 선박소유자가 지출한 비용과 시간의 상실에 대한 보상으로 운임의 반액을 운송인이 청구할 수 있도록 하였다.

왕복항해의 용선계약인 경우에 전부용선자가 그 회항전에 계약을 해지하는 때에는 운임의 3분의 2를 지급하여야 한다(상법 제832조 제2항). 선박이 왕복항해를 하던 중 양륙항에서 양륙을 마치고 다시 선적항으로 돌아오던 중(A항에서 B항으로 왕복하여 항해해야 하는 경우 회항전 즉, B항을 떠나기전)에 용선자가 계약을 해지하는 경우에는, 단순항해의 경우에 비하여 선박소유자는 선박연료유의 소비와 해상에서 잃게 되는 시간의 상실이 제1항에 비하여 크므로 운임의 3분의 2를 지급하도록 하였다.

선박이 타항에서 선적항에 항행하여야 할 경우(B항에서 선적을 위하여 먼저 A항에서 출발)에 전부용선자가 선적항에서 발항하기 전에 계약을 해지하는 때에도 운임의 3분의 2를 지급하여야 한다(상법 제832조의 제3항). 제2항과 마찬가지로 3항의 경우에도 선박연효유, 선원비 등이 1항보다 더 소요되기 때문에 운임의 2/3를 지급하게 하였다.

발항 후에는 운임의 전액 체당금, 체선료, 공동해손분담금, 해난구조료를 지급할 것을 조건으로 용선자는 용선계약을 해제할 수 있다(상법 제837조).

(2) 一部傭船의 경우

일부용선자나 송하인은 다른 용선자와 송하인 전원과 공동으로 하는 경우에 한하여 전부용선과 같이 용선계약을 해제 또는 해지할 수 있다(상법 제833조 제1항). 제1항의 경우 외에는 일부용선자나 송하인이 발항전에 계약을 해제 또는 해지를 한 때에도 운임의 전액을 지급하여야 한다(동 제2항).

일부용선자나 송하인도 발항전에 계약을 해제 또는 해지할 수 있으나, 다른 용선자와 송하인 전원과 공동으로 하지 않는 경우에는 운임의 전액을 지급하여야 하고, 공동으로 하는 경우에는 제832조와 같이 운임의 1/2, 2/3를 지급할 수 있다.

(3) 선적기간 내 불선적의 효과

용선자가 선적기간 내에 운송물의 선적을 하지 아니한 때에는 계약을 해제 또는 해지한 것으로 본다. 해제가 의제되는 경우 상법 제832조에 따른 운임에 대한 청구권을 선박소유자가 가진다고 해석된다.121)

4. 安全港 指定義務

상법에는 규정되어 있지 않지만, 용선자는 안전항을 선적항 혹은 양륙항으로서 지정할 용선계약상의 권리와 의무를 갖는다(Gencon 제1조). 그러므로, 용선자가 통보한 수심보다 얕은 항구 혹은 약간의 강풍에도 선박이 견디지 못하는 항구이기 때문에 선박에 손상이 발생하였다면 용선자는 선박소유자에 대하여 손해배상책임을 부담한다. 용선계약서에 안전항 지정의무가 명기되어 있지 않다면 상법상 임의규정으로서 안전항 지정의무가 존재하지 않으므로 용선자는 선박소유자에 대하여 이에 대한 손해배상책임을 부담하지 않게 된다.122)

5. 荷役作業 권리와 의무

항해용선계약에 있어서 하역작업은 주로 FIO(Free In and Out; 선적·양륙작업 비용을 용선자가 부담함)123)계약으로 이루어지므로 용선자가 자신의 비용으로 하역작

---

121) 배병태, 240면.

122) 일본 가시마항이 안전항이 아니기 때문에 M/V Ocean Victory의 용선자는 선주에게 책임을 부담하는지가 문제되었다. 영국 항소법원은 2015.1.22. 가시마항은 안전항이라고 판단하였다([2013] EWHC 2199(comm)).

123) 이와 반대로 선박소유자가 선적·양륙작업비용을 부담하는 계약조건을 Gross term 혹은 Liners term이라고 한다.

업을 한다(Gencon 제5조 a항).

항해용선에서 용선자가 하역작업에 대한 책임을 부담하고, 선원들이 하역작업에 조력하는 경우에는 선원들은 용선자의 피용자로 된다는 하급심 판례가 있다.

[판례소개](서울지법 1996.9.24. 선고 93가단10222 판결)
항해용선계약에서 선원들이 선창덮개를 닫는 일을 소홀히 하여 선창의 화물이 비에 젖게 되었다는 점을 이유로 화주가 선박소유자에게 손해배상청구를 하자 서울지방법원은 "FIO 조건하에서는 송하인인 화주가 자신의 비용과 책임으로 하역업자 등을 선정하여 선적작업을 하므로, 설사 선원들이 선적작업의 일부를 담당하였다고 하더라도 선적작업을 하는 한에 있어서는 그 선원들은 화주 측의 피용자라고 할 것이다. (중략) 그렇다면 피고들의 피용자로서의 선박사용인들에게 과실이 있음을 전제로 한 원고의 피고에 대한 청구는 이유없어 기각한다."고 판시하였다.

FIO계약에서 하역인부는 용선자의 이행보조자이지, 운송인(선박소유자)의 이행보조자가 아니므로 이들이 소위 히말라야약관을 이용하여 책임제한을 하지 못한다.

FIO계약이 하역 비용뿐만 아니라 책임도 용선자에게 전가시키는가에 대하여 각국마다 다툼이 있었다. 우리 대법원은 FIO계약은 용선자의 비용과 책임으로 선적과 양륙작업이 이루어지는 것이라고 판시하였다(대법원 2010.4.15. 선고 2007다50649 판결). 그러므로 하역작업 중 발생한 손해에 대하여 책임을 부담하는 자는 선박소유자가 아니라 용선자이다.

[판례소개](대법원 2010.4.15. 선고 2007다50649 판결)
선적양륙비용 화주부담(Free In and Out, F.I.O.조건은 화주가 운송물의 선적과 양륙비용을 부담하는 조건으로서, 운송계약서나 선하증권에 단순히 FIO라는 두문자만을 기재하고 선적과 양륙작업에 관한 위험과 책임을 누가 부담할 것인지를 명시적으로 정하지 아니한 경우, 우리나라의 해상운송업계에서 단순히 FIO조건에 따라 체결된 운송계약에서도 화주가 선적 양륙작업의 비용만을 부담하는 것이 아니라 하역인부를 수배 고용하고 경우에 따라서는 작업에 대한 지시 감독까지 하는 것이 관행인 점 등에 비추어, 달리 특별한 사정이 없는 한, 화주가 비용뿐 아니라 자신의 위험과 책임부담 아래 선적 양륙작업을 하기로 약정하였다고 해석함이 상당하다.

제4관 個品運送契約의 특유사항

제1 序

컨테이너운송을 중심으로 하는 개품운송에 있어서는 운송인은 미리 정하여진 입출항 스케쥴과 운임율을 공표하고 이에 송하인이 응하면 운송계약을 체결하고 선하증권을 발행하게 된다. 이러한 정시성을 유지하기 위하여 하역작업은 운송인이 하게 된다. 또한 컨테이너 화물의 신속한 처리를 위하여 컨테이너 야드에 송하인의 화물을 수령하여 정리할 필요가 있으므로, 운송인의 책임구간도 선적항의 컨테이너 야드(CY)에서 양륙항의 CY로 확장된다.

제2 運送契約書와 船荷證券과의 관계

개품운송계약에서는 선하증권이 대부분 발행된다. 선하증권 자체가 운송계약서는 아니다. 운송계약서가 발행되지 않은 경우에는 선하증권의 내용이 운송계약의 내용의 일부를 구성하게 된다. 운송계약서도 존재하고 선하증권도 별도로 발행되었다면 각각의 내용이 충돌할 경우에 효력이 문제된다. 운송계약서와 선하증권이 동시에 존재하는 경우에는 운송계약의 당사자 사이에서는 특단의 사정이 없는 한 운송계약서의 내용이 우선하고, 선의의 선하증권 소지자와 운송인 사이에는 선하증권의 내용이 우선한다.

최근에 물류업이 발달하여 물류업자들이 운송업무 이외에 다른 업무까지 위탁받아 종합물류계약을 체결하면서 운송을 행할 경우에는 선하증권을 다시 발행하는 일들이 생겨나고 있다. 또한 대량 화주들과 운송인이 장기대량운송계약을 체결하는 경우에도 이러한 현상이 나타난다.

이러한 경우에 운송계약서에 따르면 운송인이 오히려 상법의 규정보다 불리한 내용의 약정을 제결하고 있다. 이것이 상법 제799조와 관련하여 유효한지도 쟁점이 된다.

[판례소개](대법원 2007.10.12. 선고 2006다80667 판결)
(서울고법 2008.7.3. 선고 2007나108809 판결)
피고 운송인은 2003.1.28. 수입자 甲과 사이에 甲이 도입하는 제반수입화물을 피고가 독점적으로 해상운송하기로 하는 해상운송계약을 다음과 같이 체결하였다.

(i) 선하증권의 어떠한 규정에도 불구하고 본 계약의 규정이 우선한다(12조). (ii) 피고가 甲의 공급자로부터 화물 인수 후 도착지까지 화물을 취급하는 과정에서 화물의 손망실(파손, 도난, 변질, 인멸, 감량) 및 선적지연등 운송업무 수행 중 발생하는 제반 사고로 甲 또는 제3자에게 직접 간접 손해를 주는 경우에는 지체없이 관련 증빙서류를 첨부하여 甲에게 통보하여야 하며, 甲이 산정하는 배상방법에 의하여 지정된 기일내 甲 또는 기타 피해자에게 배상하여야 한다. 단, 천재지변, 기타 불가항력에 기인한 사고로써 甲이 인정하는 경우에는 이를 면제할 수 있다(제16조 제1항).

(iii) 본 계약은 대한민국법률에 따라 해석되며 본 계약에 관한 분쟁의 관할법원은 甲이 지정하는 법원으로 한다(제26조).

피고 운송인은 이 사건 운송계약에 따라 甲이 수입하는 화물의 의뢰를 받고 무고장 선하증권을 발행하였다. 이 사건 제2화물은 앤트워프항에서 부산항까지 운송되었는데 손상을 입자 피보험자인 송하인에게 적하보험금을 지급한 보험자가 구상청구를 운송인에게 제기하였다. 피고 운송인은 상법 제789조의2에 따라 자신의 책임은 포장당 500계산단위로 제한된다고 주장하였다. 원고는 운송계약 제16조 제1항에 따라 운송인은 손해의 전액을 배상하여야 한다고 주장하자, 피고 운송인은 동 운송계약은 약관규제법 제6조 제2항 1호에 위반되어 무효라고 주장하였다.[124]

원심(2006.11.9. 선고 2005나89157판결)에서는 "운송계약서는 甲이 미리 마련한 것이지만 상법상 운송인의 책임제한을 배제하는 약정은 유효하고 약관규제법에서 말하는 약관이라고 할 수 없다."고 판시하여 원고는 승소하였다. 대법원은 "이 사건 해상운송계약 제16조의 규정이 약관에 해당하지 아니한다는 본 원심의 판단은 정당하여 수긍이 가고 거기에 상고이유와 같은 위법이 없다."고 판시하였다. (다른 보험자대위의 문제로 파기환송되었다)

파기환송심에서 서울고등법원(서울고법 2008.7.3. 선고 2007나108809 판결)은 "설사 수입자 甲과 운송인 피고 사이에 체결된 이 사건 해상운송계약이 甲에 의하여 미리 마련된 해상운송계약서에 의하여 피고를 포함한 여러 운송업체와 동일한 내용으로 체결되었다고 하더라도, 앞서 본 사실관계에서 본 다음과 같은 사정 즉 (i) 수입자 甲이 피고와 사이에 이 사건 해상운송계약 제16조를 위 계약의 내용으로 삼은 것은 甲의 수입화물이 플랜트 기자재들로 고가의 제품임에도 하나의 단위로 포장되는 경우가 많아 선하증권이나 법률에 정한 책임제한규정이 적용되면 손상사고 발생시 막대한 손해를 입게 되는 점, (ii) 반면 피고 운송인은 甲과 사이에 연단위의 독점운송계약을 체결함으로써 안정적인 화물운송 업무위탁을 보장받을 수 있으므로 이 사건 해상운송계약이 피고 운송인에게 특별히 불리한 내용으로 보기 어렵다는 점, (iii) 피고가 甲에게 계약의 개개조항의 내용의 수정이나 변경을 요구할 수 없다고는 보이지 아니하는 점 등을 종합하여 보면, 선하증권 또는 법률에 의한 운송인의 책임제한을 배제하기로 한

---

124) 약관의 규제에 관한 법률 제6조(일반원칙)

① 신의성실의 원칙을 위반하여 공정성을 잃은 약관 조항은 무효이다.

② 약관의 내용중 다음 각호의 어느 하나에 해당하는 내용을 정하고 있는 조항은 공정성을 잃은 것으로 추정된다.

1. 고객에게 부당하게 불리한 조항
2. 고객이 계약의 거래형태 등 관련된 모든 사정에 비추어 예상하기 어려운 조항
3. 계약의 목적을 달성할 수 없을 정도로 계약에 따르는 본질적 권리를 제한하는 조항

위 계약서 제16조의 규정이 약관의규제에관한법률에서 말하는 약관이라고 할 수 없다고 할 것이므로, 위 계약서 제16조의 규정이 약관에 해당함을 전제로 하는 피고의 위 주장은 이유없다."고 판시하였다.

위 판결에서 선하증권의 책임제한규정, 운송계약서의 무제한책임규정 그리고 상법의 책임제한규정 사이의 적용이 문제되었지만, 대법원은 운송인과 송하인 사이의 법률관계이므로 운송계약서의 내용을 우선하였고 이것과 상법의 강행규정과의 관계를 검토하였고 나아가 약관규제법과의 관계도 검토한 것이다. 운송인은 결국 선하증권상의 포장당 책임제한권을 행사하지 못하게 되었다.[125][126]

제3 運送人의 권리와 의무

1. 運送人의 發航權

운송인은 정하여진 시간에 입항과 출항을 하도록 되어 있으므로 정하여진 시간에는 송하인의 화물의 선적과 관계없이 발항할 수 있다(CONLINEBILL 제8조).

2. 甲板積 권리

컨테이너 운송은 공간을 충분히 이용하기 위하여 갑판적을 하지 않을 수 없다. 그러므로, 운송인은 송하인과 선하증권계약을 체결함에 있어서 갑판적을 하여도 좋다는 특약을 체결하게 된다(CONLINEBILL 제19조). 컨테이너 운송에서 갑판적은 관습법화되었다고 할 수 있다. 그러므로 특약으로 컨테이너의 갑판적을 약정하지 않아도 운송인은 갑판적 권리를 가진다고 볼 수 있다.

대법원은 갑판적 자유약관이 삽입된 선하증권이 발행된 컨테이너 운송에서 갑판에 적재하였다고 운송인에게 과실이 있다고 할 수 없다고 판시하였다(대법원 2017.10.26. 선고 2016다227663 판결).

[판례소개](대법원 2017.10.26. 선고 2016다227663 판결)
한국의 S엔진은 독일의 회사로부터 엔진을 수입하기로 했다. 독일회사로부터 운송

---

125) 자세한 판례평석은 김인현, "2008년 해상법등 중요 판례 소개", 한국해법학회지 제31권 제2호(2009.11.), 387면 이하를 참고 바람.

126) 대법원 2015.11.17. 선고 2013다61343 판결도 이와 유사한 사례로 운송인은 항해과실 면책과 선박소유자 책임제한권을 행사하지 못하게 되었다. 자세한 내용은 김인현, "2015년 중요해상판례", 한국해법학회지 제38권 1호(2016.4), 330면 이하를 참고 바람.

을 의뢰받은 운송주선인은 M라인을 운송인으로 선택하였다. 운송주선인(계약운송인)은 선하증권을 발행하여 송하인에게 주었고, M라인은 해상화물운송장을 발행하여 운송주선인(계약운송인)에게 주었다. 엔진은 갑판상에 실려서 운송되다가 파손되었다. 수입자는 보험자로부터 보험금을 지급받았다. 보험자는 수입자가 가지는 권리를 대위하여 M라인에게 손해배상청구를 하게 되었는데, 불법행위청구를 하게 되었다.

대법원은 운송인은 갑판적에 과실이 없었기 때문에 불법행위책임을 부담하지 않는다고 아래와 같이 판시하였다.

원심은, 운송인에게 불법행위로 인한 손해배상책임을 묻기 위해서는 청구인이 운송인에게 귀책 사유있음을 증명하여야 한다는 법리를 설시한 다음, 이 사건 화물운송장에 적용되는 피고의 운송약관에는 '운송인의 재량에 따라 화물을 갑판에 적재하여 운송할 수 있다'는 취지의 소위 '갑판적 자유약관'이 규정되어 있는 점, 이 사건 화물의 특성상 반드시 갑판이 아닌 선창 내에 적재되어야 할 필요가 있었다고 단정하기 어려운 점, 송하인 측이 피고에게 이 사건 화물을 선창 내에 적재할 것을 특별히 지시하였거나 선창 내 적재를 전제로 한 추가운임을 지급하지도 않은 점 등에 비추어 볼 때, 피고가 이 사건 화물을 갑판에 적재하여 운송한 것 자체를 피고의 과실이라고 볼 수 없고, 이 사건 화물은 송하인 측에 의해 방수포로 완전히 포장된 상태에서 선적되었고, 이 사건 선하증권에는 'SHIPPER'S LOAD, STOWAGE, COUNT AND SEAL'이라고 기재되어 있으며, 이 사건 화물이 훼손된 것은 방수포를 묶은 로프 일부가 끊어져 방수포가 벗겨짐으로써 운송 도중 빗물 등에 노출된 것이 원인이 되었다고 보이는데, 로프가 끊어진 것이 피고의 과실 때문이라고 인정할 증거가 부족하다고 판단하면서, 이 사건 화물 훼손에 관하여 피고의 귀책사유가 있었음을 전제로 하는 원고의 주장을 배척하였다. 원심의 판단은 잘못이 있다고 볼 수 없다.

3. 확장된 운송구간에 따른 보관의무

개품운송 중에서 컨테이너 운송은 컨테이너 야드(CY)에서부터 운송인의 책임기간이 개시된다. 그러므로 선측에서부터 시작되는 항해용선계약과 달리 컨테이너 야드에서부터 운송인은 화물에 대한 보관의무를 부담한다.

FCL(Full Container Loaded Cargo)화물의 경우에는 송하인의 창고에서 운송인의 이행보조자인 트럭업자 등이 이를 육상운송하므로, 운송인은 이행보조자책임을 부담하게 되는 경우도 있다.

4. 運送人의 荷役作業權利

개품운송하에서는 특별한 약정이 없는 한 선적과 양륙작업은 운송인의 책임하에 이루어진다.

5. 컨테이너 제공의무와 지체료 수령권

상법에 규정은 없지만 정기선사는 개품운송인으로서 송하인에게 컨테이너를 제공해야 한다. 송하인은 이 수령한 컨테이너에 운송물을 적입하여 운송인에게 보내게 된다(FCL의 경우). 수하인은 컨테이너를 수령후 자신의 운송물을 컨테이너로부터 빼어낸 다음 컨테이너를 운송인에게 반납하여야 한다. 반납이 지체되면 운송인은 지체료를 받을 권리가 주어진다. 통상 약정으로 정해진다.

제4 送荷人 및 受荷人의 권리와 의무

1. 送荷人의 運送物 제공의무

개품운송에서는 송하인은 당사자간의 합의 또는 선적항의 관습에 의한 때와 곳에서 운송인에게 운송물을 제공하여야 한다(상법 제792조 제1항). 제1항의 규정에 의한 때와 곳에서 송하인이 운송물을 제공하지 아니한 경우에는 계약을 해제한 것으로 본다. 이 경우에는 선장은 즉시 발항할 수 있고, 송하인은 운임의 전액을 지급하여야 한다(상법 제792조 제2항).

운송인이 아니라 선장에게 발항권이 주어져 있다. 운송계약의 당사자는 운송인이므로 발항권을 운송인이 갖는 것은 당연할 것이다. 그러나, 현장에 있는 자는 선장이고 발항이라는 것은 최대한 운송인에게 이익을 보는 것이어야 하므로, 현장에 있는 선장이 발항권을 갖도록 한 것으로 생각된다. 발항권은 사실행위이므로 운송인에게서 대리권을 받을 수도 없다.

2. 受荷人의 運送物 수령의무

개품운송에서 운송물의 도착통지를 받은 수하인은 당사자간의 합의 또는 양륙항의 관습에 의한 때와 곳에서 지체없이 운송물을 수령하여야 한다(상법 제802조). 개품운송에서 선하증권이 발행된 경우에는 선하증권의 정당한 소지인이, 선하증권이 발행되지 아니한 경우에는 수하인이 지체없이 운송물을 수령할 의무를 부담한다.

개품운송의 경우에는 용선계약과는 달리 수하인에게 운송물의 수령의무를 부과하였다. 이 조문이 용선계약에서 수하인에게도 운송물의 수령의무를 부과한 것으로 볼 수 있는지는 의문이다.

3. 컨테이너 반납의무

정기선운항에서 수하인은 컨테이너를 수령후 자신의 운송물을 빼어낸 다음 컨테이너를 약정된 시간 내에 운송인에게 반납해 주어야 할 의무를 부담한다. 이를 위반하면 지체료를 운송인에게 납부해야 한다. 상법에 명시적 규정은 없지만 개품운송에서 운송인이 컨테이너를 제공하므로 소유자로서 반납받을 권리가 있고, 그 의무는 관습법화 되었거나 약정이 된 것으로 보아야 한다.

컨테이너는 15일 정도의 프리타임이 있고 이 기간을 경과하면 하루에 얼마씩 반납자체료를 납부해야 한다. 그 액수가 약정된 것으로 인정되어도 그 약정된 액수는 손해배상액의 예정으로 본다(부산고법 2016.1.13. 선고 2015나52893 판결). 법원에 의한 감액이 허용된다. 위 사건에서 20억원의 자체료 청구가 있었지만 법원은 6억원으로 감액했다.[127]

4. 送荷人의 處分權

(1) 의 의

송하인은 수하인과의 운송물 매매계약을 체결하고, 운송물을 수하인이 있는 장소에까지 이동시키기 위하여 운송인과 운송계약을 체결한다. 운송계약의 내용으로서 수하인 및 운송물의 인도 장소가 특정이 될 것이다. 그런데, 운송계약을 체결하고 운송물에 대한 운송이 시작되고 난 다음에 송하인으로서는 여러 가지 사정에 의하여 수하인이 바뀌게 되어 인도 장소가 변경될 수도 있고, 매매계약이 취소되어 운송물을 자신이 회수하여야 하는 경우도 있을 수 있다. 이러한 경우 운송인과 송하인과의 계약내용에 변경이 있는 것이므로 운송인은 송하인과 새로운 운송계약을 체결하여야 할 것이다.

상법 제139조 제1항은 “송하인 또는 화물상환증이 발행된 때에는 그 소지인이 운송인에 대하여 운송의 중지, 운송물의 반환 기타의 처분을 청구할 수 있다. 이 경우에 운송인은 이미 운송한 비율에 따른 운임, 체당금과 처분으로 인한 비용의 지급을 청구할 수 있다.”고 하여 운송물의 처분권에 대하여 정하고 있다. 본 규정에 따라서 송하인은 운송인과 새로운 계약을 체결할 필요가 없어진다. 우리 상법은 이를 해상운송에도 준용하고 있다(상법 제815조). 개정상법은 개품운송에서만 이를 인정하고, 항해용선에서는 준용규정을 삭제함으로써 용선자가 가지는 처분

127) 김인현, 전게 수하인의 운송물 수령의무, 158면.

권은 더 이상 허용되지 않게 되었다. 그러나 반드시 개품운송에만 허용할 이유는 없을 것으로 본다.128)

(2) 법적 성질

상법 규정에 따르면 송하인 등은 운송의 중지 등을 운송인에게 청구할 수 있다고 하므로 일방적 의사표시에 의하여 효력이 발생하는 형성권으로 이해된다.129) 일방적 의사표시에 의하여 효력이 발생하는 것이므로 제한적으로 해석되지 않으면 운송인의 권리를 해하게 된다. 형성권으로 이해되므로 제척기간은 10년이다.

동 규정이 강행규정인지 여부가 의문이다. 송하인과 운송인이 특약으로서 처분권을 인정하지 않는다고 약정한 경우, 운송물에 대한 운송이 중단되어야 할 경우에 혹은 다른 양륙지에 양륙되어야 할 경우에도 특약 때문에 그렇게 하지 못하는 점이 부당히 송하인을 해하지는지에 따라 달라질 것이다. 만약 이를 임의규정이라고 한다면, 특약은 유효하므로 송하인은 운송인에게 운송계약을 해지하고 다른 계약을 체결하여야 할 것이다. 육상운송의 경우에는 송하인이 특별히 불리하지 않으므로 임의규정이라고 보아도 무리는 없다고 본다.

(3) 내 용

처분권자는 송하인 혹은 선하증권이 발행된 경우에는 증권의 소지인이다.

처분권의 내용은 운송의 중지, 운송물의 반환 기타의 처분이다. 운송의 중지란 송하인 등이 목적지를 향하는 운송물의 운송을 운송인에게 중지할 것을 요구하는 것이다. 송하인은 매수인과의 정산이 종료되지 않은 경우에 매수인의 수중에 운송물이 들어가는 것을 방지하기 위하여 운송물의 중지를 희망할 수있을 것이다. 운송물의 반환은 송하인이 자신에게 운송물을 다시 가지고 올 것을 요구하는 것이다. 운송인이 운송물을 상당한 정도까지 운송하여 목적지에 가까이 간 경우에도 다시 송하인에게 운송물을 되돌려주어야 한다. 기타의 처분으로 대표적인 것으로는 목적지가 변경되는 경우이다. 수하인이 주소를 변경하여 수하인의 새로운 주소로 운송물을 운송하여 줄 것을 요구하거나 수하인이 바뀌어 새로운 목적지로 운송물이 향하여야 하는 경우가 있을 것이다.

그런데, 여러 이해당사자가 개입된 컨테이너 운송에서 운송을 중지하고 마냥 송하인의 지시를 기다리고 있을 수는 없다. 또한 선장에게는 직항의무가 있다. 그러므로, 육상운송과는 달리 해상운송에서는 운송의 중지란 가능하지 않다고 본다.

---

128) 동지 최종현, 369면.

129) 손주찬, 347면; 이균성, 413면; 최종현, 369면.

현대의 컨테이너 운송에서는 운송의 중지, 운송물의 반환은 영업에 지장을 초래하는 것이므로, "운송계약의 본질을 해하지 않는 합리적인 범위 내에서만" 인정되어야 할 것이다. 입법론적으로는 육상운송과 해상운송은 그 특질이 다르므로 육상운송규정을 준용하는 태도를 버리고 로테르담 규칙의 예에 따라 독자적인 균형잡힌 규정을 갖는 것이 좋다고 본다.[130]

5. 제809조

제809조는 2007년 개정상법하에서 개품운송에만 적용되는 것으로 변경되었지만 이는 입법상 과오로 보이므로 개정될 필요가 있다. 즉, 개정 전 제806조와 같이 선박소유자로부터 선박을 용선한 용선자가 개품운송계약을 체결하든 항해용선계약을 체결하든 모두 적용되어야 한다. 제841조 준용규정에 제809조를 추가하여야 한다.[131]

[보론] 종합물류계약

1. 의 의

개품운송계약에서 복합운송 그리고 종합물류계약으로 나아가는 것이 운송의 큰 흐름이다. 종합물류에서도 운송이 그 중심에 있기 때문에 이렇게 보아도 무방할 것이다.

종합물류란 수출자의 공장에서 수입자의 공장에 이르기까지 모든 물류의 흐름을 말한다. 여기에는 라벨링(상표부착), 포장, 창고에의 보관, 육상운송, 통관, 하역작업, 해상운송 그리고 수입지에서의 하역작업, 창고에의 보관, 통관, 철도운송, 택배 등의 개별절차들이 따로 이행되게 된다. 이런 작업 모두를 한 사람이 하는 것이 종합물류계약이다. 수출자는 과거에는 모든 계약을 각각 체결하다보니, 하나의 상품의 수출에도 10여개의 개별 계약이 필요했다. 이제는 한 사람에게 모든 흐름을 일임하게 되니 훨씬 편리하고 효율적이다.

---

130) 처분권에 대한 자세한 논의는 김인현, 전게 해상법 연구Ⅱ, 876면 이하를 참고 바람.

131) 동지 최종현, "개정해상법 하에서의 해상운송인의 지위", 한국해법학회지 제30권 제1호(2008.4.), 81면.

2. 법적 지위

종합물류회사는 자신이 인수한 계약을 자신이 할 수 있는 것은 직접 행하고 나머지는 전문 업체에게 하청을 주게 된다. 일반적으로 10여개의 하부계약이 체결되게 된다. NYK와 같은 해상운송회사도 자회사를 두어 이런 종합물류계약의 당사자가 된다. 해상운송은 NYK가 직접 행하지만, 하역작업은 A전문업체가, 통관은 B업체가 하도록 한다.

종합물류계약에는 해상운송을 포함하여 종합물류회사가 해야 할 개별 업무가 모두 망라된다. 대량화주와 종합물류회사 사이에 맺어진 계약에는 해상운송이 포함되어 있다. 이런 점에서 종합물류회사는 계약운송인이 된다. 그는 다시 HMM과 같은 해상운송인과 제2의 운송계약을 체결하게 된다. HMM은 실제운송인이 된다. 종합물류회사가 발행하는 선하증권은 House 선하증권이고, 해상운송인이 발생하는 선하증권은 Master 선하증권이다. 신용장거래가 개입된 경우 은행에 네고용으로 사용되는 것은 종합물류회사가 발생하는 선하증권이다.

종합물류업은 다양한 성격의 상인들이 행한다. 상법상 운송주선인이면서 물류정책기본법상 국제물류주선인이 종합물류계약의 당사자가 된다. 물적 수단이 없기 때문에 운송의 경우에는 운송수단을 보유한 해상운송인에게 하청을 주게 된다. 대량화주의 자회사의 형태로 만들어진 2자물류회사도 종합물류계약의 주체가 된다. 이들은 모회사인 대량화주(수출자)와 종합물류계약을 체결하게 된다. 운송주선인 등 경쟁사들과 비하면 모회사가 있기 때문에 계약 물량의 확보에 유리하다. 다른 형태로는 개별의 운송관련 업무를 이미 행하던 자들이 종합물류계약의 당사자로 진출하는 경우이다. 우리나라에는 현대글로비스, CJ대한통운이 대표적이다. 자신들이 직접 행할 수 있는 개별업무인 해상운송, 하역작업은 직접 행하고 나머지는 다른 전문업체에 하청을 주게 된다.

3. 법적 책임

하청을 준 상태에서 손해가 발생한 경우에도 하청업자는 종합물류회사의 이행보조자이기 때문에 종합물류계약상 채무불이행책임을 종합물류회사가 부담하게 된다. 손해를 야기한 하청업자(해상운송인, 창고업자)는 불법행위책임을 부담한다. 해상운송인은 상법상 포장당 책임제한이 가능하지만, 창고업자, 하역업자. 통관업무를 수행하는 운송주선인 등은 포장당 책임제한이 불가하다. 동일한 종합물류계약을 이행하는 중에 개별 이행작업의 성격에 따라서 이행보조자 중 누구는 책임제한이 가능하고 다른 자는 그렇지 않은 문제가 발생한다. 달리 보면, 종합물류회사에 운송의 구간에서 손해가 발생하면 책임제한이 가능하지만, 다른 구간(포장, 하역등)에서 발생하면 책임제한이 불가한 차별의 문제가 발생한다. 현재 우리 상법은 이렇게 이론 구성을 해도 될 것이다. 종합물류계약이 대세를 이루고 있어도 우리 상법의 규정으로도 해상운송의 문제는 처리가 가능하다.

4. 상법개정의 필요성

그런데, 상법은 운송 중에 발생하는 손해의 문제를 다룬다. 그런데, 운송을 시작하기 전에 종합물류계약 자체의 이행을 하지 않는 경우는 상법 해상편의 적용 이전의 문제이다. 민법의 일반론에 따라야 할 것이다. 또한 어느 개별 이행의 단계에서 손해가 발생했는지 모르는 경우이다. 이런 경우에도 적용할 법률이 없다. 따라서 종합물류계약을 별개의 하나의 상행위로 보아서 상법 제2편 상행위 제9장 운송에 뒤이어서 제10장에 규율할 필요가 있다. 종합물류업자가 포장당 책임제한이 가능하게 할 필요가 있다.

[보론] 피드선의 법률관계

1. 의 의

우리나라를 중심으로 하는 해상운송에서는 피드선이 많이 이용된다. 부산항의 컨테이너 박스 처리량 중에서 50% 가까이는 피드화물이라고 한다.

예를 들면, 중국의 위해라는 작은 항구에서 미국의 LA로 화물을 보내는 경우 현대상선(HMM)이 운송계약을 체결하게 된다. 그런데, 현대상선은 부산항에서 미국 LA항으로 일주일에 3척씩의 선박을 보낸다. 그 3척의 선박의 한척을 위해까지 보낼 수는 없다. 우선 선박이 입출항할 정도의 수심도 되지않고, 경제성이 맞지 않다.

그래서, 위해에서 부산항까지는 작은 선박을 가지고 영업을 하는 중소형 정기선사에게 위탁을 하게 된다. 즉 이 정기선사(피드선사)는 현대상선의 이행보조자가 된다. 이때 "작은 선박"을 피드(feeder)선이라고 한다.

이 선사들이 가져온 1개 혹은 2개의 컨테이너를 부산항에 모아서 한배가 되도록 한 다음 현대상선은 1주일에 세 차례씩 선박을 출항시키게 된다.

2. 운송계약관계

현대상선은 위해에서 미국의 LA항까지의 전 구간에 걸치는 운송의 인수를 송하인과 약정한다. 비록 위해에서 부산항까지는 중소형 정기선사(피드선사)가 운송하고 부산항에서 LA항까지는 자신이 운송하지만, 전구간에 대한 운송을 인수한 자는 현대상선이 된다. 위해에서 부산항까지의 운송에서 손해배상이 발생하여도 현대상선은 자신이 운송인으로서 손해배상책임을 부담하게 된다. 피드선사는 현대상선의 이행보조자이고 이행보조자의 과실은 곧 자신의 과실이 되기 때문이다. 그런 다음, 현대상선은 중소형 정기선사(피드선사)에 대하여 구상청구를 하게 된다.

3. 불법행위책임

위해에서 부산항구간 사이에 발생한 선박충돌이나 유류오염과 관련한 불법행위책임은 중소형 정기선사(피드선사)가 사용자로서 부담하게 된다.

만약 중소정기선사(피드선사)에 실려서 운송되던 화물이 선박충돌로 인하여 손해가 발생한 경우 현대상선이 항해과실면책을 주장할 수 있을지가 문제된다. 비록 다른 선박에 실린 경우라고 하더라도 운송인은 여전히 현대상선이므로 항해과실면책이 가능하다고 해석된다.

4. 책임제한 등 권리의 주장

피드선사는 계약운송인인 현대상선의 이행보조자이면서 실제운송인에 해당한다. 따라서, 피드선이 불법행위책임을 부담하는 경우에도 상법 제798조 4항에 따라 계약운송인인 현대상선이 누리는 책임제한 등 이익의 향유가 가능하다.

계약운송인인 현대상선이 발행하는 선하증권상 히말라야조항이 있고 이 안에 독립계약자가 포함되어 있다면 피드선사도 그 선하증권의 내용에 따라 책임제한이 가능할 것이다. 피드선사는 실제운송인으로 해석되어 화주로부터 불법행위 책임을 추궁당하는 경우 상법 제798조 제4항에 따라 운송인이 누리는 책임제한의 이익을 향유할 수 있다.

제 5 관 曳航運送契約

제1 序

예항계약은 항만예선계약과 예항운송계약으로 크게 나누어 볼 수 있다.

항만예선계약은 항만에서 대형선박 등의 접안에 필요한 소형예인선(tug boat)을 사용할 때 나타나는 계약이다. 이때에는 일의 성격상 피예인되는 대형선박 등이 예인선에 대한 지휘 명령권을 갖는다. 항만예선계약의 법적 성질은 고용계약으로 해석된다. 항만예선계약에서는 피예인되는 대형선박 등이 추진력과 조종성을 가지는 점이 특징이다.

이와는 달리 예인선이 추진력과 조종성을 갖지 않는 피예인물을 예인하는 경우의 예항계약이 있다. 이는 피예인물을 운송하여 주는 운송계약이다. 본관에서 논하고자 하는 것은 운송계약의 성질을 갖는 예항운송계약이다.

우리나라 조선업이 번창하면서 예항운송계약도 늘어나게 되었다. 블록공법을 이용하면서 블록화된 선체의 일부를 조선소로 운송할 필요성이 증대되었고 남해안 등에서는 블록을 싣고 운송하는 예인선단을 많이 보게 된다. 최근 판례에 나타난 예인선단 관련 사건으로서는 공사용 대형 크레인을 운송하던 예인선단과 충돌한 허베이 스피리트호 사건(2007.12.7.)이 있다.

제2 運送契約과의 차이

예항운송계약이 일반 운송계약과 다른 것은, 예항운송계약에서는 예인선이 자신의 선박안에 화물을 보관하는 공간을 갖지 못하고, 별개의 용기(통상 barge로 불린다)에 담겨진 화물을 운송한다는 점이다. 이러한 운송의 차이에서 여러 가지 다른 법률관계가 형성된다. 예컨대, 화물에 대한 감항능력을 운송인인 예선 측이 부담하는 것이 아니라 피예인물을 제공하는 용선자 혹은 송하인이 부담하여야 한다.

그러므로, 상법 물건운송의 규정이 당연히 예항운송계약에 적용되지는 않는다. 일차적으로는 예항운송계약의 내용이 적용되고, 예항운송계약에서 정하지 않은 부분에 대하여는 그 특성에 반하지 않는 한도에서 상법의 규정이 준용될 수 있을 것이다(서울고법 2000.1.19. 선고 98나31792 판결).

[판례소개](서울고법 2000.1.19. 선고 98나31792 판결)

JEP-II라는 장비를 플로팅 바지(모두 화주인 원고가 제공함) 위에 올린 상태로 운송인이 예인하던 중 화물이 전복되었다. 이에 화주(원고)는 운송인에게 선장의 운항상의 과실이라고 하면서 손해배상청구를 제기하였다.

서울고등법원은 아래와 같이 판시하였다.

이 사건 사고의 계약은 비록 명칭이 해상운송계약으로 되어 있으나, 운송의 방법, 화주의 비용과 책임에 의한 상승인의 승선의무, 화주의 주의의무, 특히 피예인선인 화물의 감항능력 구비의무 등 통상의 해상물건운송계약과는 다른 내용을 규정하고 있으므로 통상의 해상물건운송계약이 아니라 예선계약이라 할 것이고, 이러한 예선계약과 관련된 당사자 사이의 권리의무의 존부 및 내용 등은 특별한 사정이 없는 한 원칙적으로 당사자가 임의로 약정한 예선계약의 내용에 따라야 할 것이다. 다만, 예인계약의 특성에 반하지 않는 범위 내에서 상법 중 해상물건운송에 관한 조항이 적용 또는 준용될 수 있을 것이다.

이 사건 계약상 화물을 운항에 적합한 상태에 두고 레그(LEG) 등을 황천과 운항에 견딜 수 있도록 하여야 할 의무는 원고에게 있는 점, (중략) 화물의 전복 및 침몰은 그 구조상 전체 조립상태로는 감항능력을 결여한 화물을 자체적으로 감항능력을 갖추고있는 정상선박 또는 일반선형의 부선과 같은 예인조건 아래 이를 예선하게 함으로 인하여 발생한 것이기 때문에 원고의 주장은 이유 없다.132)

우리 상법 해상편은 '상행위 기타 영리를 목적으로 하는 항해에 사용하는 선박'에 적용되므로, 예항을 업으로 하는 경우도 해상기업의 주체성을 인정할 수 있다고 본다. 그리하여 예선의 선박소유자도 선박소유자의 책임제한이익과 운송인으로서의 개별적 책임제한이익 등을 누릴 수 있다. 그런데, 감항능력주의의무 중에서 감하능력에 대하여는 예항의 성격상 적용되지 않고, 운송인이 아니라 화주가 부담한다고 해석된다.133)

제3 曳航運送契約內容

1. 표준계약서

영국 BIMCO의 TOWCON이 예항운송계약의 표준계약서식으로 사용된다. 우리나라의 원양예항운송계약도 TOWCON을 기본으로 한다.134)

---

132) 자세한 판례평석은 김인현, 전게 해상법연구, 749면 이하를 참고 바람.

133) 중국 해상법은 제7장(제155조~164조)에서 해상예인계약에 대한 상세한 규정을 두고 있다.

134) 예인계약에 명시되지 않은 사항은 BIMCO TOWCON을 준용한다고 규정한다.

2. 堪航能力

화물에 대한 감항능력, 즉 감하능력은 화주(용선자 혹은 송하인)가 부담한다(TOWCON 제12조). 운송인은 감하능력을 갖춘 바지나 물체를 단순히 끌고 예항할 따름이다. 보통은 운송인은 화주에게 피예인물(화물)에 대한 감항능력 증서를 발급받고 이를 본선에 제출하도록하고 있다.

운송인은 선박(예선)에 대한 감항능력을 갖추어야 한다(TOWCON 제13조).

3. 自損自負擔(Knock for knock)원칙

1985년 9월에 제정된 예선용 운송계약 표준서식인 TOWCON에서 사용되는 자손자부담원칙이란 영국의 자동차보험 분야에서 채용된 것으로, 가맹보험회사의 자동차끼리 충돌사고가 발생한 경우에 각각의 보험회사가 사고 당사자의 법률상의 배상책임의 유무를 묻지 않고 자사가 인수한 자동차의 손해를 전보하여주고 보험자 상호간에는 구상권을 행사하지 않을 것을 약속하는 임의협정이다.

TOWCON 제18조는 아래와 같다. 즉, 예인선의 물적손해, 예인선의 관리하에 있는 선원 등의 인적손해, 혹은 예인선에서 기인하는 제3자의 손해는 예인선의 과실유무에 관계없이 전부 예인선의 소유자가 책임을 부담하고(제1항), 피예인선의 물적 손해, 피예인선의 관리하에 있는 선원 등의 인적손해, 혹은 피예인선에서 기인하는 제3자의 손해는 피예인선의 과실유무에 관계없이 전부 피예인선의 소유자가 책임을 부담하는 것으로 한다(제2항). 이러한 양자가 부담하는 책임은 최종적인 것으로 하고, 상대방에 대한 구상은 하지 않는 것으로 한다(제3항).[135] 그러나, 서로 감항능력을 갖추지 않은 경우에는 상대방의 손해에 대하여 배상하여야 한다.

제6관 船荷證券

제1 序

1. 의 의

船荷證券은 선하증권소지인으로 하여금 운송인에 대하여 운송물인도를 청구할 수 있는 권리를 표창하고 있는 유가증권이다.

---

135) 松本雅信, "遠洋曳航契約의 比較", 海事法研究會誌 第92号(1989.12.), 26-27頁.

선하증권은 지시증권이다. 기명식 선하증권이라고 하더라도 배서금지의 표시가 없는 한, 선하증권은 배서에 의하여 양도할 수 있는 지시증권이다(상법 제861조, 제130조). 또한 선하증권은 상환증권이다.[136] 대법원은 선하증권의 상환증권성에 대하여, 상법 제861조(개정전 상법 제820조) 및 제129조의 규정은 운송인에게 선하증권의 제시가 없는 운송물 인도청구를 거절할 수 있는 권리와 함께 운송물의 인도를 거절하여야 할 의무가 운송인에게 있음을 규정하고 있다고 한다(대법원 1991.12.10. 선고 91다14123 판결). 선하증권은 처분증권성을 갖고(상법 제861조, 제132조), 채권적 효력(상법 제854조, 제855조) 및 물권적 효력을 갖는다(상법 제861조, 제133조).[137][138]

2. 船荷證券의 기능

船荷證券은 권리증권(document of title)으로서의 기능, 화물수령증으로서의 기능 및 운송계약에 대한 증명서로서의 기능을 갖는다. 즉, 선하증권은 권리를 표창하고 있는 권리증권이다.[139] 선하증권을 소지하게 되면 물건을 인도받은 것과 동일한 효력이 있다. 개품운송계약에서는 운송계약서가 별도로 작성되지 않으므로, 선하증권은 비록 운송계약서는 아니지만, 운송계약을 증명하는 가장 강력한 증거이다.[140] 선하증권에는 수령한 화물의 수량과 상태가 기재되므로, 화물수령증으로서의 기능을 한다.

용선계약은 선하증권 발행을 전제로 하지 않는다. 항해용선계약에서 운송인과 용선자 사이의 관계는 용선계약에 따라 규율된다. 용선계약에서 선하증권이 발급된 경우에도 운송인과 용선자 사이를 규율하는 것은 용선계약서이고, 운송인과 제3자와의 관계를 규율하게 되는 것은 선하증권이다.[141] 개품운송계약에서는 운송계약서가 별도로 작성 발행되지 않고 선하증권을 발행하여 이것이 운송계약을 증명하는 서류가 된다. 운송인과 송하인 및 제3자 사이의 관계를 실질상 규율하는 것은 선하증권의 내용이 된다.

---

136) 일본 상법 제764조.

137) 선하증권의 채권적 효력은 한·중·일의 법률이 모두 인정하고 있다(중국 해상법 제78조, 일본 상법 제771조). 물권적 효력은 한국과 일본의 법률은 인정하고 있으나(일본 상법 제776조, 제575조) 중국은 해상법의 규정은 없이 실무가 일부 물권적 효력을 수용하고 있다.

138) 일본 개정상법은 화물상환증에 대한 규정을 삭제하고, 상업 해상편에 그 규정들을 모두 이전했다. 선하증권의 물권적 효력, 상환성 등은 해상편에 직접 규정되었다(제757조 이하).

139) 권리증권은 영미법상의 개념이다.

140) Scrutton, p. 55; 최종현, 405면.

141) Scrutton, p. 59; 최종현, 403면.

3. 국제조약

선하증권은 부합계약하에서 발행되는 것으로서 화주를 보호할 필요가 있을 뿐만 아니라 권원증권이므로 엄격한 규율이 필요하다. 해상운송의 국제성에 비추어 이러한 목적을 달성하기 위한 노력의 결과 1924년 헤이그 규칙, 1967년 비스비 개정의정서(이를 헤이그 규칙과 합하여 헤이그비스비 규칙이라 한다) 그리고 1978년 함부르크 규칙이 성안되었다. 이들 조약은 기본적으로 선하증권이 발행된 경우를 적용대상으로 한다. 2008년 로테르담 규칙이 또한 선하증권이 발행된 운송계약을 규율하고 있다.

제2 船荷證券의 종류

1. 指示式 船荷證券, 記名式 船荷證券 그리고 白地式 船荷證券

(1) 개 념

이는 권리자 지정방식에 따른 구별이다. 지시식 선하증권(Order B/L)이란 선하증권의 수하인란에 기재된 자의 지시에 따라서 선하증권이 양도될 수 있는 선하증권을 말한다. 보통은 to order of xx bank라고 되어 있다. 기명식 선하증권은 선하증권의 수하인란에 기재된 그 자만이 수하인이 되는 선하증권이다.

수하인(Consignee) 난의 다양한 기재는 아래와 같다.

(i) 甲, 서울시 종로구 당주동
(ii) 공란
(iii) To order, To the order of Shipper
(iv) To the order of ABC Bank
(v) To the order of DEF Trading Co. Ltd

(i)은 기명식 선하증권이다. 甲이 정당한 수하인이다. 우리 법하에서는 배서금지의 문구가 없는 한 배서양도가 가능하다. (ii)는 무기명식(백지식) 선하증권으로 소지인이 정당한 수하인이다. (iii)은 지시식 선하증권으로서 모두 송하인이 배서양도한 선하증권의 소지인이 정당한 수하인이 된다. (iv)와 (v)도 지시식 선하증권이다. ABC은행과 DEF무역회사로부터 배서양도받은 자가 정당한 수하인이 된다.[142]

기명식 선하증권도 법률상 당연한 지시증권으로서(상법 제861조, 제130조 본문) 배서에 의하여 양도할 수 있다(대법원 2003.1.10. 선고 2000다70064 판결).143)

[판례소개](대법원 2003.1.10. 선고 2000다70064 판결)

피고 운송인은 운송물을 선박에 선적한 다음 송하인에 포항스틸아메리카, 수하인에 조흥은행, 그리고 통지처에 포스트레이드로 기재된 기명식 선하증권을 발행하였다. 포스트레이드가 실수입자이지만 금융의 편의를 위하여 신용장 개설은행인 조흥은행이 선하증권상 수하인으로 되었다. 포스트레이드는 조흥은행에게 신용장대금을 지급하고 이 선하증권을 조흥은행의 배서없이 소지하고 있었다. 운송물 수령후 손상이 발견되어 보험금을 포스트레이드에 지급한 보험자가 운송인에게 구상청구를 하였다. 원고는 선하증권 소지인으로서 정당한 권리를 취득하지 못하였다고 피고 운송인이 주장하였다. 대법원은 아래와 같이 판시하였다.

선하증권은 해상운송인이 운송물을 수령한 것을 증명하고 양륙항에서 정당한 소지인에게 운송물을 인도할 채무를 부담하는 유가증권으로서, 운송인과 그 증권소지인 사이에는 증권 기재에 따라 운송계약상의 채권관계가 성립하는 채권적 효력이 발생하고, 운송물을 처분하는 당사자 사이에는 운송물에 관한 처분은 증권으로서 하여야 하며, 운송물을 받을 수 있는 자에게 증권을 교부한 때에는 운송물 위에 행사하는 권리의 취득에 관하여 운송물을 인도한 것과 동일한 물권적 효력이 발생하므로 운송물의 권리를 양수한 수하인 또는 그 이후의 자는 선하증권을 교부받음으로써 그 채권적 효력으로 운송계약상의 권리를 취득함과 동시에 물권적 효력으로 양도 목적물의 점유를 인도받은 것이 되어 그 운송물의 소유권을 취득한다(대법원 1998.9.4. 선고 96다6240 판결, 대법원 1997.7.25. 선고 97다19656 판결 각 참조).

이 사건의 경우와 같이 선하증권상에 특정인이 수하인으로 기재된 기명식 선하증권의 경우 그 증권상에 양도불능의 뜻 또는 배서를 금지한다는 취지의 기재가 없는 한 법률상 당연한 지시증권으로서 배서에 의하여 양도가 가능하다고 할 것이고, 그 증권의 소지인이 배서에 의하지 아니하고 권리를 취득한 경우에는 배서의 연속에 의하여 그 자격을 증명할 수 없으므로 다른 증거방법에 의하여 실질적 권리를 취득하였음을 입증하여 그 증권상의 권리를 행사할 수 있다고 할 것이며(위 대법원 1998.9.4. 선고 96다624 판결), 이러한 경우 운송물의 멸실이나 훼손 등으로 인하여 발생한 채무불이행으로 인한 손해배상청구권은 물론 불법행위로 인한 손해배상청구권도 선하증권에 화체되어 선하증권이 양도됨에 따라 선하증권 소지인에게 이전된다고 할 것이다(대법원 1991.4.26. 선고 90다카8098 판결). 기록에 의하면 원심이 이와 같은 취지에서 포스트레이드가 선하증권의 소지인으로서 정당한 권리를 취득하였다고 판단한 조치는 수긍이 가고, 거기에 상고이유에서 주장하는 바와 같은 기명식 선하증권의 권리양도 방법과 효력에 관한 법리오해의 위법이 없다.

미국법에서 말하는 straight B/L은 우리 법의 배서금지 기명식 선하증권에 해당한다.144)

---

142) 엄윤대, 선하증권론(신대종, 2000), 159-160면.

143) 정찬형(하), 1019면; 최종현, 410면.

<예제 13> 운송인이 배서양도금지(non-negotiable)이라는 단어를 선하증권의 전면에 기재한 지시식 선하증권을 발행하였다. 수하인란에 기재된 자가 나타나 운송물의 인도를 요구하였다. 선장은 선하증권원본을 회수하지 않았다. 동 선하증권을 담보로서 소지하고 있던 은행이 운송인에게 운송물에 대한 인도를 요구하였다. 법률적으로 가능한 주장인가?

배서양도금지 선하증권은 미국법에서는 straight B/L이라고 불리는 것이다. 배서양도가 금지되어 있으므로 유통성이 없는 점은 각국이 모두 인정한다. 그런데, 상환성이 있는지에 대하여는 각국의 입장이 나누어진다. 미국의 경우에는 상환성이 없다고 한다. 우리나라에서도 학설의 다툼이 있다. 담보로서의 기능이 있기 때문에 상환성을 요구하는 것이 다수설의 입장이다. 아직 법원의 판결은 없다.[145)]

(2) Straight 선하증권의 상환성

미국법에 따르면 모든 기명식 선하증권은 배서금지의 문구가 있어야 한다. 그러므로 우리나라의 기명식 선하증권과 다르다. 미국에서는 straight B/L에 대하여 상환성을 인정하지 않는다. 싱가폴에서는 Voss v. APL 사건[146)]에서 동 증권은 상환성이 있기 때문에 이와 상환하지 않은 운송인은 불법행위 책임을 부담한다고 판시되었다. 영국의 Rafaela S 사건에서 동 증권은 비록 유통성은 없지만, 권원증권이기 때문에 선하증권을 소지하게 되는 수하인을 보호하여야 하고 대금지급을 위한 수단으로 사용되므로 매도인을 보호하기 위하여도 상환증권성이 필요하다고 영국 귀족원은 판시하였다.[147)] 우리나라에서도 상환성이 없다는 주장[148)]과 여전히 상환성이 필요하다는 입장[149)]이 대립되고 있다.[150)]

[판례소개](홍콩 대법원 2009.5.12.)

운송인(피고)은 복합운송주선인으로서 송하인(원고)으로부터 홍콩에서 미국으로 향하는 의류의 운송을 인수하고 선하증권을 발행하였다. 동 선하증권은 기명식(straight) B/L이었다. 즉, 수하인이 지명되어 있고 지시식(to order)라는 단어가 보이지 않았다. 따라서, 선하증권은 양도성이 없는 증권이었다. 원본 선하증권의 제시와 회수없이 수

---

144) 동지 김창준, "배서가 금지된 기명식 선하증권의 법적 성질", 한국해법회지 제25권 제1호(2003.4.), 280면.

145) 김창준, 상게논문 298면; The Rafaela S, [2005] 1 Lloyd's Rep. 347; 반대견해로는 최준선, "배서금지의 기명식 선하증권이 상환증권인지 여부", 법률신문(1999.7.26.).

146) Voss v. APL, [2002] 2 Lloyd's Rep. 707.

147) Rafaela S. [2005] 1 Lloyd's Rep. 347.

148) 최준선, "배서금지의 기명식 선하증권이 상환증권인지 여부", 법률신문(1999.7.26.).

149) 김창준, "배서가 금지된 기명식 선하증권의 법적 성질", 한국해법학회지 제25권 제1호(2003.4.), 280면.

150) 자세한 논의는 김인현, 해상법 연구 II(삼우사, 2008), 902면 이하를 참고 바람.

하인에게 운송물이 인도되어졌다. 인도가 일어난 직후 운송물은 미국에서 상표법 위반으로 압수당하여졌고, 수하인은 원고에게 상품대금을 지급하지 않았다. 원고는 운송인에게 운송물 불법인도를 이유로 손해배상청구를 홍콩법원에 제기하였다. 피고는 straight B/L은 권원증권(document of title)이 아니기 때문에 운송인이 수하인에게 이와 상환하여 운송물을 인도할 의무가 없고, 운송인은 이미 수하인의 정체를 알고 있는 것이고 따라서 원본 선하증권의 회수는 필요하지 않다고 주장하였다.151)

홍콩의 대법원은 Straight B/L도 아래와 같이 상환성이 있다고 판시하였다.

"Straight B/L이 유통성이 없다고 하여 원본 선하증권과 상환하여야 함을 단순한 형식에 지나지 않는다고 생각하는 것은 잘못이다. 송하인이 대금을 지급받지 못하는 경우에는 선하증권을 그대로 가지고 있는 경우가 많은 것이 실무이다. 상환증권성(presentation rule)은 straight B/L에서도 유통선하증권의 경우와 똑같이 적용된다. 선하증권의 선언조항(attestation clause)에 따르면 운송인은 대리인을 통하여 3통의 원본 선하증권을 발행하였고 하나가 제출되면 다른 두 장은 무효가 된다고 한다. 이것은 당사자가 운송물의 인도를 위하여 운송인에게 증권이 제출될 것을 전제하고 있음을 의미한다. 당사자들이 원본 선하증권의 제출을 필요로 하지 않았다면 해상화물운송장(sea waybill)을 대신 사용하였을 것이다. 해상화물운송장에서는 단순히 수하인이 자신의 신분을 밝히기만 하면 인도가 이루어진다."

위 판결은 영국의 Rafaela S 판결과 싱가폴, 호주와 같은 입장으로서 이전의 홍통의 Brij 판결을 폐기한 것에 의미가 있다는 평석이 나오고 있다.152) 만약 상환성을 필요로 하지 않는다면 당사자들은 해상화물운송장을 사용하였을 것이기 때문에 당사자의 의사는 상환성을 필요로 하였다고 보인다. 따라서 배서금지 기명식 선하증권에도 상환성을 인정하여야 할 것으로 본다.

2. 船積船荷證券과 受領船荷證券

이는 선하증권의 발행시기가 운송물의 선적 후인가 아니면 선적 전인가에 따른 구별이다.

선적선하증권(Shipped B/L)은 운송인이 실제로 운송물을 수령하여 본선에 선적한 다음에 발행한 선하증권이다(상법 제852조 제2항).

수령선하증권(Received B/L)이란 운송인이 화물을 수령하기만 하고 아직 본선에 선적하지 않은 상태에서 발행한 선하증권이다(상법 제852조 제1항). 운송인은 선하증권소지인에 대하여는 선하증권에 기재된 대로 화물을 인도할 의무를 부담하므로, 선하증권 소지인의 인도청구에 대하여 책임을 부담하게 된다. 그러므로, 신용

151) Carewins Development (China) Limited v Bright Fortune Shipping Limited FACV No. 13 of 2008.

152) HFW News Letter(May 2009).

장의 네고 등을 위하여 수령선하증권을 발행하는 경우에는 운송인이 위험을 스스로 부담하게 된다. 따라서 이때에는 송하인은 L/I(Letter of Indemnity)라는 보증장을 운송인에게 제공하나, L/I의 존재가 운송인의 선하증권소지인에 대한 책임을 면제시키는 것은 아니다.

3. 無瑕疵船荷證券과 瑕疵船荷證券

이는 선하증권상 운송물에 대한 하자의 기재유무에 따른 구별이다.

무하자 선하증권(Clean B/L)이란 선하증권상에 아무런 유보가 없는 완전한 선하증권을 말한다. 반면, 하자선하증권(Foul B/L)이란 화물의 상태 등에 대하여 유보가 있는 선하증권이다. 신용장거래에서 수익자는 반대의 조건이 없는 한 무하자 선하증권을 개설은행에 제시하여야 한다(상업신용장통일규칙 제34조).

4. 先日字 船荷證券

수출업자와 수입업자 사이의 매매계약에 있어서 최후의 선적일이 정하여지는 경우가 있다. 이 기일을 초과하면 계약위반이 되므로, 수출업자는 운송인에게 실제 선적일보다 빨리 선적되었다는 기재를 선하증권에 하여 달라고 부탁하는 경우가 있다. 이렇게 실제 선적일보다 선하증권 기재일자가 빠르게 된 선하증권을 先日字 선하증권(Back-dating B/L)이라고 한다.[153] 실제대로라면 최후의 선적일이 지난 다음에 선적되었기 때문에 수입업자는 계약위반으로 매매계약을 취소할 수 있었을 것이다. 운송인이 사실과 다르게 기재하여 계약을 취소하지 못하였고 이로 인하여 수입업자가 손해를 입었다면, 운송인은 수입업자에 대하여 불법행위책임을 부담하게 될 수도 있다.

5. 交換船荷證券

교환선하증권(Switched B/L)은 원선하증권을 교체하는 선하증권이다. 교환선하증권은 여러 상황하에서 발행될 수 있다. 교체되는 내용은 송하인의 이름과 주소, 선하증권의 발행일자 그리고 선적항 등이다. 진정한 송하인(수출업자)의 정체가 최종 수입업자(end-buyer)에게 알려지지 않도록 하기 위한 목적으로 발행되기도 한다. 교환선하증권이 발행되면 원선하증권은 모두 회수되어야 한다.[154] 원선하증권이 회수되지 않으면 두 개의 선하증권이 유통되어 사기의 대상이 되고, 운송인은

153) 어음수표이론에 따른다면 후일자 선하증권이라고 불려야 될 것이다.
154) John F. Wilson, pp. 172-173.

이로 인한 책임을 부담하여야 한다.

대법원 2020.6.11. 선고 2018다249018 판결에서는 운송인이 아닌 자가 발행한 스위치 선하증권이 적법한 선하증권이 아니라서 유가증권으로서 효력이 없으며, 발행인은 이를 선의로 취득한 자에 대하여도 책임을 부담하지 않는다고 판시하였다.

[판례소개](대법원 2020.6.11. 선고 2018다249018 판결)

C는 중개무역자인데 중국의 수출자와 코일 21개를 수입하는 계약을 체결하고 이 코일을 다시 태국의 K에게 매도하였다. 이러한 중개무역을 실행하는 과정에서 선하증권이 두 개가 발행되었다. 중국의 수출자는 H와 운송계약을 체결하고 H는 제1선하증권을 발행하였다. 송하인: 중국의 수출자, 수하인: 우리은행의 지시인, 통지처: C, 선박 X, 선적항:상해, 인도항:태국 방콕으로 되어 있었다. 그런데, 제1선하증권을 수령한 C는 태국의 수입자로부터 대금을 받기 위하여 피고에게 제2의 선하증권을 발행하도록 지시했다. 피고는 송하인: 중국의 수출자, 수하인: 타이은행의 지시인, 통지처: K, 선박 X, 선적항:상해, 인도항: 태국 방콕으로 기재된 제2 선하증권을 발행하고 자신을 운송인란에 서명했다. 피고는 서류발급비용으로 250달러를 수령했다. 한편, 원고는 C와 적하보험을 체결한 보험자이다. 태국의 수입자는 녹이 슨 화물을 발견하고 3개만 인수하고 18개는 수령하지 않았다. 검사결과 비를 맞은 것이 판명되어 원고 보험자는 피보험자인 수입자에게 손해를 배상해주었다. 원고 보험자는 제2선하증권을 발행한 피고에게 손해배상 구상청구를 하게 되었다.

1심법원은 피고는 송하인과 운송계약을 체결한 당사자가 아니라는 이유로 원고의 청구를 기각했다. 그러나, 원심(서울중앙지법 2018.6.21.선고 2017나41605판결)은 피고는 (i) 원선하증권인 제1선하증권을 대체하는 스위치 선하증권(제2선하증권)을 발행함으로써 이 사건 화물에 대한 운송을 인수하여 스스로 운송인이 되었다. (ii) 상법 제854조 제2항은 선하증권을 선의로 취득한 소지인에 대하여 운송인은 선하증권에 기재된 대로 운송물을 수령한 것으로 보고 선하증권에 기대된 바에 따라 운송인으로서 책임을 진다고 규정하고 있는바, 피고는 제2선하증권의 발행인으로서 선하증권의 문언증권성에 따라 제2선하증권을 선의로 취득한 수입자 K에 대하여 운송인으로서 책임을 부담한다.

대법원은 아래와 같이 판시하였다.

피고가 중개무역업자인 C의 요청에 따라 발행 교부한 이 사건 제2의 선하증권은 중계무역의 거래 구조상 원 선하증권의 내용을 변경시킬 필요가 있어서 이를 대체하기 위하여 발행한 스위치 선하증권이다. 그런데, 피고는 위 중개무역에서 최종수입자인 K와의 관계에서 송하인의 지위에 있는 C와 운송계약을 체결한 적이 없고, 이 사건 화물의 운송인으로서 원선하증권인 이 사건 제1선하증권을 발행한 H로부터 원 선하증권을 대체하는 스위치 선하증권의 발행에 관하여 위임을 받은 적도 없다. 따라서 운송인이 아닌 자가 발행한 이 사건 제2선하증권은 선하증권으로서의 발행요건을 제대로 갖추지 못하여 적법한 선하증권으로 볼 수 없다. 또한 앞서 본 바와 같이 C 또는 피고가 이사건 화물을 실제로 수령하지 않고 이 사건 제1선하증권을 교부받았다고 하여 이 사건 화물을 인도받았다고 볼 수 없고, 운송인의 지위에 있지 아니한 피고가 이 사건 제2선하증권을 발행하였다고 하여 새롭게 이 사건 화물에 대한 운송을 인수하였다고 볼 수 있는 것도 아니다. 그렇다면 피고는 이 사건 화물에 대한 운송계약을 체결한 운송인이 아니므로 이 사건 화물을 운송하는 과정에서 발생한 손해에 대한 책임을 지지 아니한다. 나아가 운송인이 아닌 자가 발행한 이 사건 제2선하증권이 적법한 선하증권이 아니라서 유가증권으로서 효력이 없는 이상, 이를 선의로 취득한 자에 대하여 발행인으로서의 책임을 부담한다고 볼 수 없다. 그럼에도 원심은 피고가 이 사건 제1선하증권을 대체하여 스위치 선하증권인 이 사건 제2선하증권을 발행함으로써 스스로 운송인이 되었고, 설령 그렇지 않아도 이 사건 제2선하증권의 발행인으로서 이를 선의로 취득한 K에 대하여 운송인으로서의 책임이 있다고 보아, 피고의 손해배상책임을 인정하였다. 이러한 원심의 판단에는 선하증권을 발행 할 수 있는 운송인의 개념과 선하증권의 선의취득 등에 관한 법리를 오해하여 판결에 영향을 미친 잘못이 있다. 이 점을 지적하는 취지의 피고의 상고이유 주장은 이유 있다. 원심법원에 환송한다.

6. 하우스 船荷證券과 마스터 船荷證券

운송주선인이 선하증권을 발행하여 스스로 운송인이 되는 경우에 운송주선인이 발행하는 선하증권을 하우스 선하증권(House B/L)이라고 한다. 운송주선인은 자신은 운송수단이 없으므로 선박회사(실제 운송인)를 이행보조자로 하여 자신이 송하인과 수하인이 되는 선하증권을 선박회사로부터 발급받게 된다. 이를 마스터 선하증권(Master B/L)이라고 한다. 유통성이 있는 선하증권은 하우스 선하증권이다.[155] 송하인과 직접적인 계약관계에 있는 자는 운송주선인이다. 그러므로 송하인은 운송주선인에게 운송계약상 책임을 물을 수 있지만, 실제운송인에게는 운송계약상 책임을 물을 수는 없다. 다만, 실제운송인에게 불법행위책임을 물을 수는 있을 것이다.[156] 함부르크 규칙에 따르면 실제운송인과 계약운송인은 모두 연대책임을 부담하게 된다(함부르크 규칙 제10조 제4항).

유통에 사용되는 선하증권은 하우스선하증권이고 이것이 은행의 nego용으로 사용된다. 운송인은 하우스 선하증권과 상환하여 운송물을 인도하여야 하고 인도지시서(D/O)를 발행하여야 한다(대법원 2010.9.30. 선고 2010다41386 판결).

<예제 14> 송하인은 甲 운송주선인에게 운송물의 운송을 부탁하자 甲은 자신이 운송인으로서 하우스 선하증권을 발행하였다. 甲 자신은 운송수단이 없으므로 乙 해상운송인에게 다시 운송을 의뢰하였다. 해상운송 중에 운송물이 손상을 입게 되었다. 甲은 자산이 없기 때문에 송하인은 자력이 탄탄한 乙을 피고로 하고자 한다. 송하인

155) 동지 최종현, 412면.

156) 이에 대한 자세한 논의는 김창준, "복합운송주선업자의 법적 지위에 관한 연구"(경희대학교 법학박사학위논문, 2004.2.), 176면 이하.

은 乙에게 채무불이행책임을 추궁할 수있는가?

송하인과 운송계약관계에 있는 자는 乙이 아니라 甲이다. 그러므로 송하인은 乙에게 운송계약위반에 기초한 채무불이행책임을 물을 수 없다. 다만, 불법행위책임을 물을 수는 있다. 乙은 실제운송인으로서 甲이 누리는 책임제한의 이익 등을 향유할 수 있다(상법 제798조 제4항).

[판례소개](대법원 2010.9.30. 선고 2010다41386 판결)

X는 수입자로서 중국의 Y로부터 냉동갈치를 수입, 약정하였다. 수협은 X의 의로로 신용장 개설은행이 되었다. Y는 甲과 운송계약을 체결하였다. 甲(계약운송인)은 실제운송인 乙과 하수운송계약을 체결하여 실제로는 乙(실제운송인)이 운송을 이행하게 되었다.

甲은 송하인 란에는 Y를, 수하인란에는 수협이 지시하는 자, 통지처에는 수입자 X를 기재한 하우스 선하증권(House B/L)을 발행하였다. 한편, 실제운송인 乙은 송하인란에 甲을, 수하인란에는 甲의 현지대리점에 해당하는 丙을 기재한 마스터 선하증권(Master B/L)을 발행하였다.

창고업자는 X의 대표이사로부터 수입한 수산물의 입고를 의뢰받고 丙에게 수입화물배정요청서를 보내 수산물을 자신의 냉동창고에 입고하였다. 한편, X는 수입한 수산물의 대금결재를 하지 않았고, 이에 수협은 수입자 X를 대신하여 중국의 신용장매입은행에게 수입대금을 지급하고 하우스 선하증권을 소지하게 되었다. X의 대표이사는 丙의 부산지사장에게 선하증권을 교부하지 않은 채 수산물에 대한 화물인도지시서(D/O)를 팩스의 방식으로 송부하여 줄 것을 부탁하였다. 이에 丙의 부산지사장은 화물인도지시서(Delivery Order)를 X의 대표이사에게 발급하였다.

창고업자는 X로부터 화물인도지시서를 제시받고 X의 대표이사에게 화주의 이름을 X로 한 물품보관증을 발급하여 주었다. X는 이를 금융기관인 J 금고에게 교부하여 점유개정의 방법으로 수입물에 대한 양도담보계약을 체결하고 대출을 받았다.

선하증권을 소지한 신용장개설은행인 수협이 수입물 인도소송에서 승소하여 수입물을 회수하여 갔다. 이에 담보목적물을 잃어버리게 된 J 금고는 손해를 입게 되자, 丙의 부산지사장이 선하증권을 제시받지 않은 상태에서 D/O를 발급한 때문에 자신이 손해를 입게 되었다고 하면서 丙에게 사용자책임을 묻는 소송을 제기하였다.

丙은 (i) 화물인도지시서를 발급한 것만으로 부산지점장의 행위는 수입자와 공동불법행위를 구성하지 아니한다. 부산지점장은 X의 대표이사의 불법행위까지 예상하여 이를 방지할 주의의무가 없다. 원고는 창고업자가 작성해준 물품보관증을 근거로 대출을 하였을 뿐이므로 화물인도지시서의 발행과 원고의 손해 발생 사이에 인과관계가 없다. (ii) 부산지점장의 행위가 설사 불법행위를 구성한다고 하여도, 자신은 감독에 상당한 주의를 하였고 상당한 주의를 다하였어도 불법행위를 막기는 불가능하였으므로 사용자 책임을 부담하지 않는다고 항변하였다.

원심(부산고법 2010.5.4. 선고 2010나3179 판결)은 丙의 (i)(ii)의 주장을 배척하고 丙에게 사용자 책임을 인정하였다. 손해배상액은 대출금 상당액에 회수금을 차감한 액수라고 하였다. 이에 丙은 대법원에 상고하였다.

대법원은 "하우스 선하증권을 제시하는 자에게 D/O를 교부하여야 함에도 이를 제시받지 않고도 D/O를 발급하여준 점, 원고는 수입업자가 수산물을 처분할 정당한 권한이 있는 것으로 믿고 수산물을 점유개정에 의한 방법으로 양도담보로 제공받고 수입업자에게 대출을 실행하였던 점을 감안하면 피고의 부산지점장이 불법행위를 저지른 것이고 피고 丙은 지점장의 선임 및 그 사무감독에 상당한 주의의무를 하였거나 하였어도 손해가 발생하였으리라고 볼 증거는 없으므로 부산지점장은 공동불법행위자로서(수입업자와 함께) 피고 丙은 부산지점장의 사용자로서 특별한 사정이 없는 한 각자 원고에게 이 사건 대출로 인하여 원고가 입은 손해를 배상할 책임이 있다."고 한 원심의 판단을 지지하였다(그러나, 손해액부분에서는 파기환송되었다).

7. 반납후 발행된(Surrendered) 선하증권

서렌더 선하증권은 표면에 surrendered 표시가 기재된 선하증권을 말한다.157) 유가증권인 선하증권이 갖는 권리증권성이나 상환증권성의 속성을 활용할 필요가 없는 경우(대법원 2006.10.26. 선고 2004다27082 판결)158) 혹은 운송거리가 짧아서 선하증권을 발행할 필요가 없는 경우에 주로 활용된다.159) 매도인인 송하인이 운송물을 선적한 후 해상운송인에게 선하증권 원본발행 청구의 권리를 포기한다고 하면 운송인은 선하증권에 surrendered라는 기재를 한 후 서명없이 송하인에게 선하증권을 교부한다(혹은 운송인이 선하증권을 발행하여 송하인에게 제시하면 송하인은 이를 곧 운송인에게 반납한다). 해상운송인은 양륙지의 자신의 대리점에게 이러한 사실을 통지한다. 수하인은 동 선하증권을 팩스 등으로 전달받아 해상운송인에게 제출하여 화물인도지시서를 교부받아 운송물을 수령한다.

서렌더 선하증권은 정식의 선하증권은 아니다. 따라서 권리증권성, 문언증권성, 상환증권성을 가지지 않는다. 다만, 운송물 수령증으로서 그리고 운송계약관계를 증명하는 서류가 된다. 상환증권성이 없기 때문에 소지인에게 운송물을 인도하여야 하는 것이 아니라 동 선하증권에 수하인으로 표시된 자에게 인도되어야 한다(서울고등법원 2006.6.13. 선고 2005나54366 판결; 대법원 2019.4.11. 선고 2016다276719 판결).

[판례소개](대법원 2019.4.11. 선고 2016다276719 판결)

수입업자는 중국의 수출업자와 매매계약을 체결하고 원고은행에 신용장의 개설을 의뢰하여 신용장이 발행되었다. 그런데 수입업자는 이 사건 신용장 개설 이후 원고에

157) 자세한 내용은 김인현, "실무에서 나타나는 다양한 선하증권과 그 대용물", 국제거래법연구 제22집 제1호(2013.7.), 272면 이하; 권창영, "서렌더 선하증권에서 이면약관의 효력", 한국해법학회지 제38권 제2호(2016.11.), 115면 이하를 참고 바람.

158) 제2 선하증권(마스터 선하증권)이 발행되는 경우에 나타난다.

159) 중국과 한국 사이의 짧은 거리의 운송에 많이 사용되는 것으로 파악되었다(위동항운의 예).

게 알리지 않은 채 수출업자와 합의하여 이 사건 매매계약의 결제방식을 신용장 거래에서 전신환송금 거래로 변경하였다. 수출업자는 이 사건 각 화물 선적 무렵 운송인에게 서렌더 의사를 표시하였다.

피고는 국제물류주선업을 하는 회사로서 운송인으로부터 이 사건 화물의 국내 인도업무를 위임받았다. 피고는 운송인과 선박회사의 통보나 지시를 믿고 그에 따라 수입업자에 화물인도지시서를 발행하였고, 수입업자는 이 사건 피고로부터 교부받은 화물인도지시서를 이용하여 이 사건 각 화물을 반출하였다. 그러나 수입업자는 수출업자에게 이 사건 매매대금을 지급하지 못하고 부도가 났다. 원고은행은 신용장 매입은행에 신용장 대금을 지급하고 선하증권을 교부받았다. 원고는 피고가 수입업자로부터 선하증권 원본을 제시받지 않았는데도 화물인도지시서를 발행해주어 수입업자로 하여금 이 사건 화물을 반출하도록 함으로써 선하증권 소지인인 원고의 인도청구권을 침해하였다고 주장하면서 손해배상을 청구하였다.

대법원은 "무역실무상 필요에 따라 출발지에서 선하증권 원본을 이미 회수된 것으로 처리함으로써 선하증권의 상환증권성을 소멸시켜 수하인이 양륙항에서 선하증권 원본 없이 즉시 운송품을 인도받을 수 있도록 하는 경우가 있다. 이 경우 송하인은 운송인으로부터 선하증권 원본을 발행받은 후 운송인에게 선하증권에 의한 상환청구 포기(영문으로 'surrender'이며, 이하 '서렌더'라 한다)를 요청하고, 운송인은 선하증권 원본을 회수하여 그 위에 '서렌더(SURRENDERED)' 스탬프를 찍고 선박대리점 등에 전신으로 선하증권 원본의 회수 없이 운송품을 수하인에게 인도하라는 서렌더 통지(surrender notice)를 보내게 된다. 이처럼 서렌더 선하증권(Surrender B/L)이 발행된 경우 선박대리점은 다른 특별한 사정이 없는 한 선하증권 원본의 회수 없이 운송인의 지시에 따라 운송계약상의 수하인에게 화물인도지시서(Delivery Order)를 발행하여 수하인이 이를 이용하여 화물을 반출하도록 할 수 있다."라고 판시하였다. 이어서 대법원은 "피고가 운송인의 직원에게 직접 서렌더 선하증권이 발행된 사안인지 그리고 결제방식이 전신환송금거래인지 확인한 사실 등을 고려하면 피고는 사회통념상 요구되는 주의의무를 다하였고 이에 더 나아가 운송인이 선하증권을 위조하였거나 이 사건 매매계약의 거래방식을 허위로 고지하였는지 조사할 의무가 있다고 볼 수는 없으므로 불법행위는 성립하지 않는다."고 판단하였다.

포장당 책임제한 등이 포함된 이면약관의 구속력의 효력이 문제된다. 원선하증권이 발행되어 송하인이 수취한 다음 반납한 경우에 그 목적이 상환증권성을 없애는 것에 있고 다른 부분은 발행시의 의사대로 남아있으므로 이면약관의 내용은 그대로 적용된다(대법원 2016.9.28. 선고 2016다213237 판결). 원선하증권이 아예 발행되지 않은 경우에는 당사자들은 정식 선하증권을 사용하지 않으려는 의사에서 서렌더 선하증권을 발행한 것이므로 이면약관도 적용하지 않으려는 의사가 있었다고 보아야 할 것이다(대법원 2006.10.26. 선고 2004다27082 판결). 다만, 이면약관의 내용을 사용하겠다는 합의가 나타난 경우에는 약관의 내용에 효력을 인정하여야 할 것이다.[160] 만약 이면약관의 책임제한이 적용이 되지 않는 경우라도 준거법이 한국법이면 상법 해상편의 책임제한이 적용될 것이다.

[판례소개](대법원 2006.10.26. 선고 2004다27082 판결)

화주와 복합운송주선인(계약운송인, 제1 운송인) 사이에 제1운송계약이 체결되었다. 하우스 선하증권이 발행되어 은행의 네고용으로 사용되었다. 계약운송인이 제1운송계약을 실행하기 위하여 해상운송인과 제2운송계약을 체결하였다. 송하인이 되는 제1운송인은 양륙항에서 제2운송인으로부터 운송물을 인도받아서 제1선하증권상 수하인 혹은 선의의 소지인에게 운송물을 인도하여야 한다. 제2운송인이 제1운송인에게 운송물을 적절히 인도할 수단이 확보되면 충분하고 굳이 은행에 네고용으로 사용되는 하우스 선하증권을 다시 발행할 이유가 없다. 따라서 제2운송인과 송하인(제1운송인)은 선하증권이 발행되지 않도록 (즉, 서렌더 선하증권을 발행하도록) 약정을 체결하였다. 제2운송인의 판단 잘못으로 갑판적을 하여 항해중 운송중인 화물에 손상이 발생하였다. 이에 손해를 입은 화주가 계약의 당사자인 제1운송인에게 손해배상청구를 하였다. 손해를 배상한 제1운송인이 제2운송인에게 구상청구를 제기하자 제2운송인은 자신이 발행한 서렌더 선하증권의 뒷면에 기재된 미화 500달러 책임제한 약정을 근거로 자신의 책임은 미화 500달러로 제한된다고 주장하였다.

대법원은 “기록에 비추어 살펴보면 원심이 이 사건 제2운송계약 당시 이 사건 수출화물에 대하여 선하증권을 발행하지 않는 이른바 서렌더(surrender) 화물로 처리하기로 합의가 이루어져 선하증권이 발행되지 않았다고 보아, 선하증권의 발행을 전제로 그 주장의 선하증권 이면약관 제24조에 따라 피고의 손해배상책임이 미화 500달러로 제한된다는 주장을 배척한 조치는 정당하다. 원심판결에 상고이유의 주장과 같은 채증법칙 위반으로 인한 사실오인 내지는 심리미진 등의 위법이 없다.”고 판시하였다.161)

[판례소개](대법원 2016.9.28. 선고 2016다213237판결)

<서렌더 선하증권의 이면의 효력을 인정한 사례>

이미 발행된 원본 선하증권을 반납한 다음 앞면만 발행하면서 Surrendered라는 명기를 한 증권이 발행되었다. 송하인은 이 증권의 앞면만을 수하인에게 팩스로 송부하였다. 운송중 운송물에 손상이 있었고, 운송인은 손해배상청구에 대하여 포장당책임제한을 주장하고자 하였다. 원본선하증권의 이면에는 포장당책임제한에 대한 규정이 있었다. 화주 측은 선하증권 이면은 선하증권이 서렌더된 이상 효력이 없다고 주장하였다.

대법원은 “이 사건 선하증권이 비록 발행 후 다시 운송인인 E에게 회수되어 서렌더 선하증권이 되었지만, 그 밖의 합의가 이루어졌다는 특별한 사정이 없는 한 이 사건 선하증권 발행 당시 유효하였던 운송책임에 관한 이면 약관의 내용은 여전히 효력

---

160) 일본의 판례에는 이와 같이 판시한 경우도 있다. 동경고등법원 2008.8.27. 판결에서 법원은 원선하증권이 발행되지 않았지만 “본건 화물운송은 전면과 이면의 조건에 따른다는 문구가 전면에 있었다.”는 점을 근거로 이면약관의 중재약정의 효력을 인정하였다.

161) 자세한 평석은 김인현, “2006년 중요 해상법 판례 평석”, 한국해법학회지 제29권 제2호(2007.11.), 435면 이하를 참고 바람.

이 있으므로 피고는 송하인 A를 상대로 이 사건 히말라야 약관에 따른 책임제한을 주장할 수 있다."고 판시하였다.

제3 貿易去來와 船荷證券의 역할

1. 의 의

무역거래는 보통 서로 다른 국가 사이에서 일어난다. 그러므로 수출자와 수입자는 상대방을 알지 못하는 상태에서(즉, 상대방의 신용상태를 모르는 상태에서) 무역거래를 하게 되므로 수출자는 대금의 회수가 걱정된다. 수입자는 화물이 자신의 수중에 들어오고 난 다음에야 대금을 지급하기를 원할 것이다. 이에 반하여 수출자는 조기에 대금을 환수하고자 할 것이다. 전자를 위하여는 신용장제도가 마련되었고, 후자를 위하여는 환어음이 고안되었다.

신용장을 개설하여 주는 은행은 수입자가 수입함에 있어서 신용장상에 기재된 대로 서류가 제시되면 대금을 지급할 것을 수출자에게 약속하는 것이다. 한편, 신용장 개설은행은 자신의 대금지급을 위한 담보로서 화물을 갖기를 원하므로, 선하증권의 상환증권성과 권리증권성을 이용하여 화물을 통제하게 된다.

2. 荷換去來에서의 船荷證券

선하증권은 무역거래에 있어서 결제수단을 담보하는 중요한 기능을 한다. 예를 들어보자.

(1) 상품매매계약의 체결

미국의 甲회사(수입자)가 삼성전자로부터 물건을 구입하고자 한다. 그리하여 삼성전자(수출자)와 甲회사 사이에 매매계약이 체결되었다.

(2) 신용장의 발행

그런데, 삼성전자는 甲회사의 신용을 알지 못하고 있으므로, 甲회사에게 물건대금을 확인시켜주는 신용장을 보내라고 한다. 甲회사는 거래은행 갑은행으로부터 신용장을 개설하여 이를 삼성전자에게 보낸다. 한편, 거래은행의 입장에서는 자신들이 물건대금에 대한 지급보증을 한 것이므로 만약 甲회사가 자기들에게 대금을 되갚지 않을 경우를 걱정하게 된다. 그런데, 갑은행은 선하증권은 권리증권이고 상환증권성이 있으므로 자신을 수하인으로 하는 선하증권을 발행하면 선하증권은 자신의 수중에 들어오므로 이것으로 화물을 담보로 할 수 있다는 생각을 하고 안심하였다.

(3) 운송계약의 체결

수출자인 삼성전자는 계약조건에 따라 현대상선과 운송계약을 체결하였다.

(4) 선하증권의 발행

운송물이 선적된 후 갑은행이 수하인으로(혹은 갑은행이 지시하는 자를 수하인으로) 기재된 선하증권을 운송인인 현대상선이 발행하여 송하인인 삼성전자에게 주었다.

(5) 화환어음

송하인인 수출자는 대금을 하루 빨리 회수하기 위하여 수입자 甲이 지급인으로 된 환어음을 발행하였다. 이것에 선하증권과 보험증권을 첨부하였다(이렇게 하여 이른바 화환어음이 발행되었다).

(6) 수출자의 대금회수

수출자인 삼성전자는 화환어음을 갑은행의 한국 거래은행인 을은행에 가지고 가서 어음을 할인하여 대금을 회수하였다. 한국의 거래은행은 미국의 갑은행에 서류를 송부하고 대금을 상환받았다.

(7) 담보의 기능으로서의 선하증권

갑은행은 화환어음을 소지하고 지급인인 수입자 甲이 어음 금액을 지급하기를 기다리고 있다. 갑은행은 비록 수입자 甲이 어음 금액을 지급하지 않는다고 하더라도, 자신이 수하인으로 된 선하증권을 수중에 넣고 있으므로, 최악의 경우에 화물을 운송인으로부터 인도받아 매각하면 대금을 회수할 수 있다.

(8) 수입자의 대금지급과 선하증권 양수

화물의 도착통지를 받은 수입자 甲은 당장 화물을 수중에 넣어서 판매에 들어가고 싶어한다. 그래서 화환어음에 해당하는 대금을 가지고 갑은행에 가서 대금을 지급하고 선하증권을 배서받았다. 이제는 수입자 甲은 선하증권의 정당한 소지인이 되었다.

(9) 수입자의 화물인수

수입자 갑은 선박회사에 선하증권을 가지고 가서 화물인도지시서(delivery order: D/O)[162]를 수령받는다. 선박회사 담당자는 수입자 甲이 정당한 선하증권의 소지인인지를 확인한 다음 화물인도지시서를 발급하여 주었다.

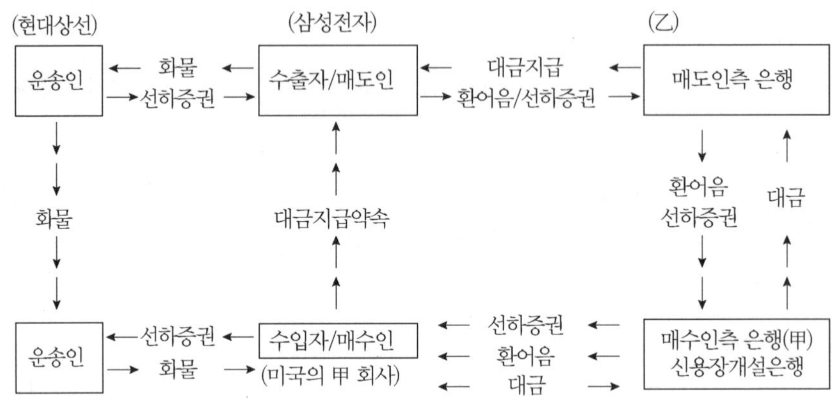

(10) 선장의 화물인도

본선의 선장은 수입자가 제시한 D/O를 확인하고 화물을 수입자에게 인도하였다. 선장은 일정이 바쁜 경우에는 부두에 화물을 양륙하거나 보세창고에 화물이 입고된 다음 출항한다.

(11) 보세창고에서의 인도

운송인은 선하증권과 상환하여 운송물을 인도할 의무가 있다. 우리나라 대법원은 화물이 비록 보세창고에 있다고 하더라도 이것이 자가보세장치장이 아닌 일반보세창고인 경우에는 여전히 운송인이 화물을 점유하고 있다고 본다. 운송인의 이행보조자로서 창고업자는 선하증권이나 선박회사의 D/O를 확인하고 수입자에게 화물을 인도하게 된다.

제4 船荷證券의 발행

1. 船荷證券 발행의무

운송인은 운송물을 수령한 후 용선자 또는 송하인의 청구에 의하여 1통 또는 수통의 선하증권을 교부하여야 한다(상법 제852조 제1항). 이는 수령선하증권을 말

---

162) 화물인도지시서(D/O)란 해상운송인이 선장 또는 자기가 지정한 양륙항의 대리점 또는 운송물을 보관하고 있는 창고업자로 하여금 소지인에게 운송물을 인도하도록 지시하는 서류이다.

한다. 운송인은 운송물을 선적한 후 용선자 또는 송하인의 청구에 의하여 1통 또는 수통의 (선적) 선하증권을 교부하거나 제1항의 선하증권에 선적의 뜻을 표시하여야 한다(상법 제852조 제2항). 이는 선적선하증권을 의미한다. 원칙적으로 은행에 네고가 되는 선하증권은 선적선하증권이다.

운송인은 선장 또는 기타의 대리인에게 선하증권의 교부 또는 제2항의 표시를 위임할 수 있다(상법 제852조 제3항). 원칙적으로 선하증권을 발행하는 자는 운송인이다. 선장 또는 대리인이 운송인을 대리하여 선하증권을 발행한다. 실무적으로는 운송인의 대리인인 선장이 현지의 대리점에게 선하증권에 서명할 권한을 위임하고 출항하게 된다. 대리점은 복대리인이라고 할 수 있다.

2. 船荷證券의 기재사항

선하증권은 유가증권이고, 유가증권 법정주의에 의하여 엄격한 법정기재사항을 필요로 한다(상법 제853조 제1항).

선하증권에는 다음의 사항을 기재하고 운송인이 기명날인하여야 한다.

1. 선박의 명칭, 국적과 톤수 2. 송하인이 서면으로 통지한 운송물의 종류, 중량 또는 용적, 포장의 종별, 개수와 기호 3. 운송물의 외관 상태 4. 용선자 또는 송하인의 성명 또는 상호 5. 수하인 또는 통지수령인의 성명 또는 상호 6. 선적항 7. 양륙항 8. 운임 9. 발행지와 그 발행년월일 10. 수통의 선하증권을 발행한 때에는 그 수 11. 운송인의 성명 또는 상호 12. 운송인의 주된 영업소 소재지

헤이그비스비 규칙에서는 운송인의 성명이 기재되도록 되어 있으나 우리 상법에서는 운송인의 성명은 법정 기재사항이 아니었다. 2007년 개정상법은 운송인의 성명 또는 상호를 법정기재사항으로 하였다(제853조 제1항 11호 및 12호).

[판례소개](대판 2013.10.31. 선고 2001다16431 판결)

미국의 수하인(수입자)은 한국의 송하인(수출자)을 위하여 신용장을 개설하였다. 신용장개설은행은 선하증권에는 운송인의 서명이 있어야 한다는 조건을 달았다. 송하인은 한국의 운송주선인에게 운송주선을 의뢰하였고, 운송인은 운송물을 선적한 다음 운송인의 한국 대리점이 선하증권을 발행하였다. 운송인 회사 자신의 로고가 있는 선하증권에 현지의 대리인이 서명(xxx as agent)하였다. 한국의 외환은행이 매입은행이 되어 대금을 수출자에게 지급하였지만, 미국의 신용장개설은행은 이것이 신용장 조건과 일치하지 않는 것이라고 판단하여 매입은행에게 대금을 지급하지 않았다. 이에 매입은행은 신용장 대금의 반환을 청구하여 수출자는 이를 반납하고, 미국에 입항한 운송물을 별도의 방법으로 인도받아 창고에 보관하고 있다. 수출자는 자신이 입은 손해에 대하여 이는 운송주선인(피고)과 현지 대리점(피고)이 운송인이 서명한 선하증권

을 발행할 의무를 위반한 것으로 인하여 발생한 것이라고 주장하면서, 이들에게 손해를 구하는 소를 제기하였다.

대법원은 아래와 같이 판시하였다.

제6차 개정 신용장통일규칙은 제14조 a항에서 "지정에 따라 행동하는 지정은행, 확인은행이 있는 경우의 확인은행 그리고 개설은행은 서류에 대하여 문면상 일치하는 제기가 있는지 여부를 단지 서류만에 의해서 심사하여야 한다."고 규정하고, 같은 조 d항에서 "신용장, 서류 그 자체 그리고 국제표준은행관행의 문맥에 따라 읽을 때의 서류상의 정보는 그 서류나 다른 적시된 서류 또는 신용장상의 정보와 반드시 일치될 필요는 없으나, 그들과 저촉되어서는 안 된다."고 규정하고 있다. 따라서 신용장조건이 운송인의 서명이 있는 선하증권을 운송서류로 요구하고 있는 경우, 신용장개설은행은 앞서 본 신용장통일규칙 제20조 a항 I호 및 국제표준은행 관행 제94조의 규정에서 정한 요건을 충족하는 서류만을 신용장조건에 합치하는 서류로서 수리하여야 하고, 선하증권이 위와 같은 요건을 충족하고 있는지는 신용장 관련 다른 서류의 기재를 참고하지 아니하고 해당 선하증권의 문언만을 기준으로 하여 형식적으로 엄격하게 판단하여야 한다. 그런데 신용장의 요구서류로 제시된 선하증권에 운송인 본인을 나타내는 명칭이 기재되어 있고, 대리인이 그 본인을 실제로 대리하여 선하증권에 대리인으로서 서명하였더라도, 선하증권의 문면에 그 본인이 운송인의 지위에 있음이 명시적으로 표시되지 아니한 경우에는, 신용장개설은행의 입장에서는 신용장 관련 다른 서류의 기재를 참고하지 아니하고 해당 선하증권의 문언만을 기준으로 하여 형식적으로 엄격하게 판단하여야 하므로, 그 본인이 운송인의 지위에 있다고 단정하기 어렵다. 따라서 이러한 선하증권은 제6차 개정 신용장통일규칙(UCP 600) 제20조 a항 I호 및 국제표준은행관행 제94조의 규정에 따른 서명 요건을 형식적으로 엄격하게 갖추었다고 보기 어렵다.[163]

제5 船荷證券의 효력

1. 채권적 효력

(1) 개 념

운송인과 송하인 사이에서는 운송계약에 따라서 양 당사자의 권리의무가 결정되고 이에 따라서 채권채무관계가 발생한다.

그러나 운송인이 선하증권을 발행하게 되면 운송인과 송하인 및 소지인 사이에는 선하증권에 의하여 증명이 되는 운송계약상의 권리를 취득하고 의무를 부담하

---

163) 선하증권의 기재사항이 신용장 조건과 일치하여야 하지만, 어디까지나 운송계약과는 별개인 송하인과 신용장개설은행간의 신용장 거래에서 요구되는 준수사항이다. 따라서 선하증권의 서명부분이 신용자통일규칙 및 국제표준은행관행에 부합하는지 여부는 원칙적으로 신용장 거래의 당사자인 송하인이 스스로의 책임하에 점검하고, 불일치하는 사항이 있으면 운송인에게 그 보정을 요구하는 등의 조치를 취하여야 한다.

게 된다.

특히, 운송인과 선하증권을 소지하게 되는 제3자는 아무런 계약관계가 없음에도 불구하고, 제3자와 운송인은 선하증권에 기재된 바에 따라 권리와 의무를 가지게 된다. 이러한 선하증권의 효력을 선하증권의 채권적 효력이라고 한다. 채권적 효력에 기하여 제3자는 운송인에 대하여 운송물인도청구권, 손해배상청구권을 갖는다. 그리고 선하증권소지인은 선하증권에 기재된 채무도 인수한다. 이러한 권리와 의무는 채권과 관계되므로 물권적 효력과 구별하여 채권적 효력이라고 한다.164)

[판례소개](대법원 1991.4.26. 선고 90다카8098 판결)

운송인은 선하증권을 회수하지 않고 은행이 제공한 화물선취보증장(L/I)를 받고 실화주에게 운송물을 인도하였다. 이러한 보증도로 인하여 정당한 선하증권의 소지인은 운송물을 멸실하게 되고 운송인에게 손해배상청구를 하게 된다. 원고은행은 보증도 후에 정당한 선하증권소지인 甲으로부터 선하증권을 배서양도받았다. 원고는 갑이 가지던 손해배상청구권을 양도 받았다고 주장하였다.

대법원은 "보증도 등으로 운송물이 멸실된 경우 채무불이행으로 인한 손해배상청구권은 물론 불법행위로 인한 손해배상 청구권도 선하증권에 화체되어 선하증권이 양도됨에 따라 선하증권소지인에게 이전되고, 가사 선하증권의 취득자가 운송물이 선하증권과 상환하지 아니하고 인도된 사실을 알고 있었다고 하더라도 손해배상청구권의 취득에 지장이 없다고 할 것이다. 원심의 판단도 이와 같다."고 판시하였다.

(2) 추정적 효력과 간주적 효력

1) 법규정

개정전 상법 제814조의2(선하증권기재의 효력)는 "제814조 제1항의 규정에 따라서 선하증권이 발행된 경우에는 운송인이 그 증권에 기재된 대로 운송물을 수령 또는 선적한 것으로 추정한다. 그러나 운송인은 선하증권을 선의로 취득한 제3자에게 대항하지 못한다."고 하였다. 이는 각각 선하증권의 추정적 효력과 간주적 효력을 말한다.

2007년 개정상법은 제854조(선하증권 기재의 효력)에서 "① 제853조 제1항의 규정에 따라 선하증권이 발행된 경우 운송인과 송하인 사이에 선하증권에 기재된 대로 개품운송계약이 체결되고 운송물을 수령 또는 선적한 것으로 추정한다. ② 제1항의 선하증권을 선의로 취득한 소지인에 대하여 운송인은 선하증권에 기재된 대로 운송물을 수령 혹은 선적한 것으로 보고 선하증권에 기재된 바에 따라 운송

164) 정찬형교수는 선하증권의 배서의 효력을 채권적 효력과 구별한다. 정찬형(하), 1023면.

인으로서 책임을 진다."고 하여 개정전 상법보다 알기 쉽게 설명하였다.[165]

2) 추정적 효력

선하증권은 운송인과 송하인 사이에는 추정적 효력을 갖는다(제1항). 즉, 운송인은 그 증권에 기재된 대로 운송물을 수령 또는 선적한 것으로 추정한다. 이것은 송하인을 보호하는 기능을 한다. 운송물이 양륙항에서 기재와 달리 인도된 경우에 송하인은 기재와 달리 인도받았다는 사실만 입증하면 된다. 원고가 손해배상청구를 위하여는 손해를 입증하여야 하고, 일반적인 경우라면 선적시의 내용도 함께 입증하여야 한다. 그러나, 선하증권에 기재가 있음으로서 이를 입증할 필요가 없어진다. 따라서 운송인은 선적시에 기재와 달리 선적되었음을 입증하여야 한다. 결국, 선하증권의 기재는 송하인을 보호하는 기능을 하게 된다. 이러한 추정적 효력은 개품운송에서 선하증권이 발행된 경우에만 적용된다. 용선계약하에서 용선계약이 있고 다시 선하증권이 발행된 경우에 운송인과 용선자(개품운송에서 송하인에 해당) 사이에는 용선계약의 내용이 우선한다(대법원 2007.10.12. 선고 2006다80667 판결).

<예제 15> 1,000톤의 운송물이 적재되었다고 선하증권에 기재되어 있고 선박이 침몰하였다면 운송인은 송하인에 대하여는 1,000톤에 대한 손해배상을 하여야 하는가?

제854조 제1항에 따르면 선하증권에 기재된 사항은 추정됨에 지나지 않으므로 운송인은 다른 증거, 예컨대 본선수령증(mate's receipt)이나 흘수계산서(draft survey) 등에 있는 다른 기재를 가지고 실제로는 990톤이 적재되었음을 주장할 수 있다. 그러나, 그러한 내용을 알지 못하고 취득한 선의의 선하증권 소지인에게는 990톤이 적재되었음을 주장하지 못하고 1,000톤에 대한 손해배상을 하여야 한다(제854조 제2항).

3) 간주적 효력

운송인과 선하증권의 소지인 사이에는 간주적인 효력이 있다(제2항). 운송인은 선하증권의 기재의 내용에 대하여 선의의 선하증권 취득자에게 대항하지 못한다. 이는 헤이그비스비 규칙의 내용에서 기원한다. 선의의 선하증권 소지인에게만 적용되기 때문에 악의의 선하증권 소지인에게는 이러한 효력이 적용되지 않는다.

4) 적용범위-인도청구권과의 관계

선하증권 소지인은 운송물인도청구권을 가진다.

그런데 운송계약관계가 없는 제3자인 소지인이 운송물인도청구권을 가지는 법

165) 중국 해상법 제77조; 일본 국제해상물품운송법 제9조; 일본 상법 제706조.

적 근거가 제854조에서 도출되는가? 상행위편의 화물상환증의 문언성 관련 규정(개정전 제131조)은 "운송에 관한 사항은" 운송인과 소지인간에는 화물상환증에 기재된 바에 의한다고 하였다. 이때에는 채권적 효력을 넓게 보아 운송물인도청구권도 제131조의 범위에 속한다고 볼 수 있었다. 그런데 제854조는 제853조 제1항의 규정에 따라 효력이 주어지는 것이고 "운송물인도청구권"에 대한 것은 법정기재사항이 아니다. 그러므로 더 이상 제854조에서 근거를 구할 수 없고 유가증권인 선하증권의 배서양도의 효력에서 근거를 구하여야 한다. 송하인이 운송계약상 운송인에 대하여 가지던 운송물인도 청구권이라는 권리가 선하증권에 표창되어 배서의 권리이전적 효력에 의하여 양수인에게 이전된다(상법 제65조, 민법 제508조, 제523조).

선하증권 소지인이 운송인과 송하인이 체결한 운송계약상 선하증권에 기재된 중재관할합의에 구속되는가에 대하여 부산지방법원은 "선하증권의 소지인은 선하증권의 채권적 효력에 의하여 당사자 사이의 합의에 의하여 중재절차로 제한된 채권을 인수한 것이라고 판시하였다(부산지법 2008.10.8. 선고 2007가합20559 판결).

[판례소개](대법원 2015.12.10. 선고 2013다3170 판결)

<운송물인도후 발행된 선하증권은 인도청구권이 없음>

발행된 해상화물운송장(sea waybill)에 의하여 운송물이 인도된 다음 다시 선하증권이 발행되고 이에 근거하여 운송물의 인도를 구하였다.

대법원은 아래와 같이 판시하였다.

"선하증권은 운송물의 인도청구권을 표창하는 유가증권으로서, 운송계약에 기하여 작성되는 요인증권이므로 상법은 운송인이 송하인으로부터 실제로 운송물을 수령 또는 선적하고 있을 것을 유효한 선하증권 성립의 전제조건으로 삼고 있다. 따라서 운송물을 수령 또는 선적하지 아니하였음에도 발행된 선하증권은 원인과 요건을 구비하지 못하여 목적물의 흠결이 있는 것으로서 무효이고, 이러한 법리는 운송물이 이미 수하인에게 적법하게 인도된 후에 발행된 선하증권의 경우에도 마찬가지이다. (중략) 선하증권이 발행되지 아니한 해상운송에서, 수하인은 운송물이 목적지에 도착하기 전에는 송하인의 권리가 우선되어 운송물에 대하여 아무런 권리가 없지만(상법 제815조, 제139조), 운송물이 목적지에 도착한 후 수하인이 그 인도를 청구한 때에는 수하인의 권리가 송하인에 우선한다(상법 제815조, 제140조 제2항). 위와 같은 법리들을 종합하면, 수하인이 목적지에 도착한 화물에 대하여 운송인에게 인도청구를 한 다음에는 비록 그 후 운송계약에 기하여 선하증권이 송하인에게 발행되었다고 하더라도 선하증권을 소지한 송하인이 운송인에 대하여 새로 운송물에 대한 인도청구권 등의 권리를 갖는다고 할 수 없다.

이 사건 선박의 증권은 이 사건 화물이 목적지에 도착하여 운송계약상의 정당한 수하인에게 인도된 후에 비로소 발행되었으므로 무효이고, 이 사건 운송계약의 당사자인 원고는 상법 제854조 제2항에서 정한 "선하증권을 선의로 취득한 소지인"에 해당하지 않으므로, 원고가 이 사건 선하증권을 소지하고 있다 하더라도 피고는 원고에게 무효인 이 사건 선하증권에 따라 화물을 인도할 의무를 지지 아니한다."

(3) 제한문구(부지문구)

내용물을 확인할 수 없는 경우, 예컨대, 화물의 양을 육상의 검량계를 통하여 선하증권에 기재하는 경우, 혹은 컨테이너 안에 내용물을 모르고 수령한 경우 등에 운송인은 "얼마라고 말하여짐(said to contain: STC)" 등의 기재를 하게 된다(정기선운송에 있어서는 LCL cargo를 제외하고 FCL cargo는 모두 송하인이 적취하게 된다. 그러므로 운송인은 그 내용물을 모르게 된다). 이를 不知約款(Unknown clause) 혹은 不知文句라고 한다.[166] 이러한 기재의 효력이 어떻게 되는지가 의문이다.[167] 우리 상법 제853조 제2항도 "제1항 제2호의 기재사항 중 운송물의 중량, 용적, 개수 또는 기호가 운송인이 실제로 수령한 운송물을 정확하게 표시하고 있지 아니하다고 의심할 만한 상당한 이유가 있는 때 또는 이를 확인할 적당한 방법이 없을 때에는 그 기재를 생략할 수 있다."고 한다. 그러므로, 기재된 운송물의 개수 등에 대하여 의심사유가 있거나 적당한 확인방법이 없을 때에는 중량 등과 기재를 생략할 수 있다는 것이고 이의 대용으로써 부지문구는 그 기재의 효력이 인정된다는 것이다.

즉, LCL 화물의 경우는 운송인이 직접 적입을 하므로 부지약관의 효력은 인정되기 어려울 것이다. 그러나, FCL 화물의 경우에는 운송인이 직접 적입하지 않고 송하인이 적입하여 세관의 봉인을 하므로 운송인이 무게를 제외한 내용물에 대하여 확인할 적당한 방법이 없는 경우에 해당하고, 따라서 부지약관은 효력이 있다. 그러므로, 운송물은 유보된 상태로 선적된 것으로 추정되므로, 송하인 등이 선적시의 화물상태가 양호하였음을 입증하여야 운송인에게 화물손상에 대한 손해배상책임을 물을 수 있을 것이다. 이와 같이 부지문구는 운송인이 선하증권의 채권적 효력을 부정하는 목적으로 사용하여 자신을 보호하는 수단으로 사용된다.

컨테이너에 약정된 운송물을 적취하지도 않고 빈 컨테이너를 송하인이 운송인에게 인도하였고, 운송인은 송하인이 신고한 대로 그 중량을 20톤이라고 선하증권에 기재하였다. 매수인이 콘테이너를 개장하고 사기수출임을 알게 되었다. 이때 선하증권에 아무런 부기없이 20톤이라고 되어 있다면, 운송인은 선하증권의 채권적 효력에 의하여 손해배상책임을 부담하여야 할 것이다. 만약 STC문구를 기재

166) 최종현, 323면; 이균성, 739면.
167) 영국법에서는 이를 무효로 본 판결도 있다.

하였다면, 무게에 대한 정당한 확인방법의 여부가 관건이 될 것이다. 운송인이 크레인으로 선적하였다면 이를 쉽게 알 수 있었을 수도 있고, 컨테이너 무게를 확인하는 기계장치가 마련되어 있는 곳을 통과하도록 되어 있는 부두에서 화물이 적재되었다면, 운송인에게는 적당한 확인방법이 있었다는 주장이 가능하여 STC 문구의 효력은 부인될 수 있을 것이다.

우리 대법원은 부지문구의 효력을 인정하여 화주가 선적시의 운송물의 양호한 선적 상태를 입증하여야 한다는 판시를 한 바 있다(대법원 2008.6.26. 선고 2008다10105 판결).

최근 컨테이너화물의 무게를 송하인이 반드시 측정하도록 의무화되고 장비가 갖추어지게 되었다. 그러므로 더 이상 "운송물의 무게를 확인할 적당한 방법"이 없었다는 운송인의 주장을 법원이 수용하기 어려울 것으로 보이므로 "운송물의 중량"에 대하여는 부지문구의 효력은 부인될 여지가 많아 보인다.

[판례소개](대법원 2001.2.9. 선고 98다49074 판결)

FCL화물의 컨테이너 운송에서 운송인은 부지문구를 기재한 선하증권을 발행하였으나, 양륙항에서 컨네이너를 개봉하다가 화물의 일부가 손상된 것을 발견하자, 화주에게 보험금을 지급한 보험회사가 운송인에게 손해배상청구의 소를 제기하였다. 운송인은 부지약관이 기재되어 있으므로 이 사건 화물의 손상에 대한 입증책임은 원고 측에 있다고 주장하였다.

대법원은 "상법 제814조의2(2007년 개정상법 제854조)의 규정에 의하면, 운송인은 선하증권에 기재된 대로 운송물을 수령 또는 선적한 것으로 추정되므로, 선하증권에 운송물이 외관상 양호한 상태로 선적되었다는 기재가 있는 무고장선하증권이 발행된 경우에는 특별한 사정이 없는 한 운송인은 그 운송물을 양호한 상태로 수령 또는 선적한 것으로 추정된다고 할 것이고, 따라서 무고장선하증권의 소지인이 운송물의 훼손으로 인한 손해를 입증함에 있어서는 운송인으로부터 운송물을 수령할 당시의 화물의 손괴 사실만 입증하면 된다. 선하증권을 발행할 당시 운송인으로서 그 컨테이너 안의 내용물 상태에 대하여 검사, 확인할 수 있는 합리적이고도 적당한 방법이 없는 경우 등 상법 제814조 제2항(개정상법 제853조 제2항)에서 말하는 특별한 사정이 있는 경우에는 이러한 부지문구는 유효하고, 위 부지문구의 효력은 운송인이 확인할 수 없는 운송물의 내부상태에 대하여도 미친다고 할 것이다. 따라서 선하증권에 위와 같은 부지문구가 기재되어 있다면, 이와 별도로 외관상 양호한 상태로 선적되었다는 취지의 기재가 있다고 하여 이에 의하여 컨테이너안의 내용물의 상태에 관하여까지 양호한 상태로 수령 또는 선적된 것으로 추정할 수 없다고 할 것이고, 이러한 경우 선하증권소지인은 송하인이 운송인에게 운송물을 양호한 상태로 인도하였다는 점을 입증하여야 할 것이다."고 판시하였다.[168] 원고는 입증책임을 다하지 못하여 패소하였다.

168) 법원공보(2002), 589면.

[판례소개](대법원 2008.6.26. 선고 2008다10105 판결)

송하인 甲은 수하인에게 냉동게살 수출 계약을 체결하였다. 송하인은 부산하에서 동경항까지 동 운송물을 운송하기 위하여 운송인 피고와 운송계약을 체결하였다. 운송계약의 내용에는 이 사건 화물을 -25도로 유지되는 컨테이너 1개로 운송하되, 화물의 적입 검수는 송하인이 하기로(Shipper's Load & Count) 약정하였다. 운송계약에 따라 피고 운송인은 송하인 측에 온도가 -25도로 설정된 냉동컨테이너를 제공하였고 송하인 측은 냉동 창고에 보관하였던 이 사건 화물을 창고 바깥에 세워둔 컨테이너에 적입한 다음 그 컨테이너를 봉인하였다.

운송인은 송하인 측으로부터 화물적입이 완료되고 봉인된 컨테이너를 넘겨받아 선적하고 송하인 측에 운송계약상의 운송조건이 기재되면서 "송하인이 적입하고 수량을 셈(Shipper's Load & Count)"이라는 문구를 추가한 선하증권을 발행하여 주었다. 수하인이 이 사건 화물을 수령한 다음 화물이 탈수 변색된 상태로 손상이 된 것으로 판명되었다.

보험금을 지급한 보험사는 수하인의 청구권을 대위하여 이 사건 소를 제기하였다. 피고가 이 사건 화물이 적입된 컨테이너를 인수한 이후인 2003.10.11. 컨테이너에 5시간 가량 전원 공급이 차단되는 사태가 발생하였기 때문에 컨테이너의 내부온도가 -10.6도까지 상승하였고 그로 인하여 컨테이너에 실린 이 사건 화물이 해동에 따른 손상을 입었다고 원고는 주장하였다. 피고는 피고의 운송계약상 운송구간은 한국 부산항의 컨테이너 야드에서 일본 도쿄항의 컨테이너 야드까지인데 이 사건 손상사고는 피고가 책임을 부담하는 위 운송구간에서 발생한 것이 아니고 또한 피고의 귀책사유에 의한 것도 아니라는 취지로 주장하였다.

대법원은 아래와 같이 판시하였다.

운송인에 대하여 운송물에 관한 손해배상을 청구하려면 운송계약에 따른 운송 중에 손해가 발생한 사실을 증명하여야 하고, 이러한 운송 중에 손해가 발생한 점을 증명하는 방법으로서 운송인의 책임 운송구간 중 손해발생의 원인사실을 직접적으로 증명하는 것 외에도 운송인이 운송물을 양하할 때 그 운송물이 멸실 훼손되어 있는 사실이 이미 밝혀져 있다면 운송물이 하자없는 양호한 상태로 운송인에게 인도되었음을 증명하는 것으로도 충분하다고 할 것이나, 선하증권상에 "송하인이 적입하고 수량을 셈(Shipper;s Load and Count)" 혹은 "…이 들어 있다고 함(Said to contain …)" 등의 이른바 부지문구가 기재되어 있다면 송하인이 운송인에게 운송물을 양호한 상태로 인도하였다는 점은 운송인에 대하여 손해를 주장하는 측에서 증명하여야 한다(대법원 2001.2.9. 선고 98다49074 판결).

원심은, 이 사건 운송계약은 선하증권의 부지문구 기재와 같이 송하인이 컨테이너에 화물을 적입하고 검수 봉인한 다음 그 컨테이너를 피고에게 인도하는 내용의 계약이어서 이 사건 화물이 피고에게 인수될 당시 양호한 상태였는지 여부에 관하여는 수하인 내지 원고가 이를 주장 증명하여야 하는데, 원고가 제출한 증거만으로는 이 점에 관한 증명이 부족할뿐더러 오히려 그 판시와 같은 사정에서 이 사건 화물의 일부가 보관 장소에서의 반출 및 컨테이너 적입 작업 도중에 해동으로 인한 손상이 발생하였을 개연성이 높다고 판단하여 이 사건 화물이 양호한 상태로 피고에게 인수되었다는 원고의 주장을 배척하였다. 나아가 원심은 이 사건 컨테이너가 피고에게 인수된 이후 발생한 전원 공급의 일시 중단으로 인한 화물의 손상 여부에 관해서도 그와 같은 전원 공급의 일시 중단 재개로 나타난 온도기록의 변화가 컨테이너 성에 제거작업의 경우에 냉각장치에 공급되는 열기가 컨테이너 화물 적입 공간의 온도변화에 미치는 영향이 미미한 점 등을 들어 원고가 주장하는 컨테이너 전원 공급의 일시중단이 컨테이너 화물 적입 공간의 온도 변화에 미친 영향도 미미하였을 것으로 판단하였으며, 그 밖에 이 사건 화물이 수하인에게 인도된 이후 발생한 사정도 감안하여, 결국 이 사건 화물의 손상이 피고에게 책임이 따르는 운송구간 내에서 피고가 화물을 지배관리하고 있는 동안에 발생하였다는 점의 증명이 부족하다는 이유로 원고의 청구를 배척하였다.

위 법리 및 기록에 비추어 원심의 위와 같은 판단은 수긍할 수 있고, 상고이유에서 주장하는 부지문구의 효력에 관한 법리오해 및 인과관계 법리의 판단 잘못이나 증명책임의 주체를 오인한 위법이 있다고 할 수 없다.

(4) 기타 구별개념

1) 貨物相換證 및 海上貨物運送狀과의 차이

구 상법 제131조는 "화물상환증의 문언증권성"이라는 표제 하에 "화물상환증을 작성한 경우에는 운송에 관한 사항은 운송인과 소지인간에 있어서는 화물상환증에 기재된 바에 의한다."고 정하고 있었다. 화물상환증은 소지인에 대한 간주적인 효력을 인정하지 않고 있는 점에서 선하증권과 차이가 있었다. 그런데 2010년 개정상법은 제131조를 상법 해상편 제854조와 동일하게 개정하였다.

2007년 개정상법에는 해상화물운송장제도를 입법화하면서 제864조는 "제863조 제1항의 규정에 따라 해상화물운송장이 발행된 경우 운송인이 그 운송장에 기재된 대로 운송물을 수령 또는 선적한 것으로 추정한다."고 정하였다. 해상화물운송장도 간주적인 효력을 갖지 못하는 점에서 선하증권과 차이가 있다.

2) 송하인이 부담하는 담보책임

상법 제853조 제3항은 "송하인은 제1항 제2호에서 기재사항이 정확함을 운송인에게 담보한 것으로 본다."고 한다. 제1항 2호는 송하인이 서면으로 통지한 운송물의 종류, 중량 또는 용적, 포장의 종별, 개수와 기호로서 선하증권에 기재된 것을 말한다. 따라서 송하인은 서면으로 통지한 운송물이 위험물임에도 이를 서면으로 잘못 기재한 경우에는 무과실책임을 부담하게 된다.

이는 송하인이 운송인에게 대하여 부담하는 무과실의 담보책임이라고 할 수 있을 것이다.

(5) 空船荷證券

운송인이 운송물을 수령한 다음 송하인이 신고한 바에 따라 선하증권을 발행하게 되지만 수하인이 운송물을 인도받은 다음 내용물이 선하증권에 기재된 바와 다른 경우가 있다. 중량이나 수량이 조금 다른 경우를 운송물이 상위(相違)한 경우라고 한다.169) 운송물이 전혀 없는 경우를 공선하증권(공권)이 발행되었다고 부른다. 공선하증권에는 실무적으로 두 가지 형태가 있다. 운송인이 전혀 그러한 사실을 모르고 선하증권을 발행한 경우이다. 이 경우 운송인은 송하인으로부터 기망을 당한 것이다. 다른 하나는 운송인이 송하인과 결탁하여 사기적으로 운송물이 실렸다고 기재를 하고 선하증권을 발행하는 것이다. 전자의 경우에는 운송계약은 존재하지만 후자의 경우에는 운송계약이 아예 존재하지 않거나 취소가 가능한 경우이다. 이러한 경우에 운송인이 채권적 효력에 따라서 채무불이행책임을 부담하는지 아니면 불법행위책임을 부담하는지가 문제된다. 종래 이에 대하여는 문언설과 요인설이 대립하여 왔다. 선하증권의 문언증권성이 강조되면 채무불이행책임을 부담하고, 요인증권성이 강조되면 불법행위책임을 부담하게 된다.

운송물 상위의 경우에는 상법 제853조에 따라서 운송인은 기재된 사항에 대하여 추정적 효력 혹은 간주적 효력에 의한 채무불이행책임을 부담하게 된다.170) 그런데, 공선하증권의 경우에 대법원은 선하증권은 운송물을 수령한 다음 혹은 선적한 다음에 발행하는 것이므로(상법 제852조 제1항 및 제2항) 운송인이 운송물을 수령하지도 않았는데 발행한 공선하증권은 무효가 되어 운송인은 불법행위책임을 부담한다고 한다(대법원 2005.3.24. 선고 2003다5535 판결). 대법원의 취지는 요인증권설에 기초한다. 그런데, 이에 대하여는 모두 제853조를 적용하여야 한다는 비판적인 견해도 있다.171)

생각건대, 선하증권은 "운송물을 수령한 다음 혹은 선적한 후 발행하여야 하므로(제852조)" 요인증권성을 가짐을 부인할 수 없기 때문에 전혀 수령하거나 선적하지 않은 선하증권을 발행하였다면 그 선하증권은 무효가 되어야 한다.172) 상법 제853조는 선하증권자체가 유효함이 전제가 되어야 한다.

결과적으로는 운송물이 선적되지 않았을지라도 그 사실을 모른 경우는 정상적으로 선하증권이 발행된 경우로 보아야 한다. 운송인은 불법행위책임을 부담하게 되면 이는 상법 해상편이 적용되지 않기 때문에 운송인은 포장당 책임제한제도를 주장할 수 없다. 따라서 공선하증권의 경우라도 운송인이 기망을 당한 경우는 채무불이행책임으로 이론 구성을 하여 포장당책임제한을 원용할 수 있도록 하여야

169) 정동윤, 266면.

170) 동지, 정완용, "운송물 수령없이 발행된 선하증권의 효력", 상사판례연구Ⅱ, 박영사, 1996, 414면.

171) 최종현, '공선하증권의 효력', 법률신문(2007.7.9.); 최종현, 438면.

172) 동지, 채이식, 334면; 정완용, 414면.

한다. 한편, 운송인이 송하인의 사기행위에 가담한 경우는 불법행위로 이론 구성을 하여 포장당책임제한을 원용할 수 없게 하여야 한다.173) 채무불이행책임으로 이론 구성을 하면 운송인이 포장당책임제한을 원용하는 경우 수하인이 운송인의 책임제한 주장을 배제시키기 위하여 운송인에게 고의 혹은 무모한 행위가 있었음을 입증하여야 하는 부담을 안게 된다. 불법행위로 이론 구성을 하면 아예 포장당책임제한이 적용되지 않기 때문에 그만큼 수하인이 보호된다(대법원 2008.2.14. 선고 2006다47585 판결).174)

대법원의 판례를 분석하여 보면 양자를 구별하지 않고 불법행위를 적용하고 있지만 이와 같이 구별하여 적용하는 것이 좋다고 본다.175) 필자의 사견에 따르면 운송물 상위의 경우와 운송인이 고의없이 공권을 발행한 경우에만 제853조가 적용되고 고의인 경우에는 적용이 없게 된다.

[판례소개](대법원 2005.3.24. 선고 2003다5535 판결)

甲 해운항공이 컨테이너를 선적하였다는 선하증권을 2000년 6월 9일에 발행하였지만, 실제로 동 컨테이너는 박모씨의 공장에서 6월 14일 출고되어 24일 선적되었다. 그런데, 갑으로부터 수출환어음과 함께 동 선하증권을 매입한 소외 은행이 나중에 수출환어음을 제시하였으나 지급이 거절되었다. 이에 은행(원고는 은행에게 보험금을 지급하고 대위권을 취득한 한국수출보험공사)이 甲이 발행한 공선하증권 때문에 손해를 보았다고 하면서, 선하증권 매입금액상당에 대한 손해배상을 甲에게 청구하는 소송을 제기하였다.

대법원은 "선하증권은 운송물의 인도청구권을 표창하는 유가증권인바, 이는 운송계약에 기하여 작성되는 유인증권으로 상법은 운송인이 송하인으로부터 실제로 운송물을 수령 또는 선적하고 있는 것을 유효한 선하증권 성립의 전제조건으로 삼고 있으므로 운송물을 수령 또는 선적하지 않고 발행된 선하증권은 원인과 요건을 구비하지 못하여 목적물의 흠결이 있으므로 무효라고 봄이 상당하고, 이러한 경우 선하증권의 소지인은 운송물을 수령하지 않고 선하증권을 발행한 운송인에 대하여 불법행위로 인한 손해배상청구를 할 수 있다."고 하면서, 원심이 선하증권을 발행할 때 운송물을 인도받았는지 심리하지 않은 것은 채증법칙에 위배하여 사실을 오인하여 판결결과에 영향을 미친 위법이 있다고 판시하였다.

대법원은 나아가 "소외은행이 비록 수출환어음과 함께 이 사건 선하증권을 매입하였다고 하더라도 이 사건 선하증권의 소지인으로서 입은 손해는 반드시 수출환어음의 지급거절로 인하여 발생한 것이 아니라, 경우에 따라서는 선하증권이 담보로서의 가

173) 동지, 채이식, 334면.

174) 자세한 내용은 김인현, 해상법연구II, 485면; 김인현, "실무에서 나타나는 다양한 선하증권과 그 대용물", 국제거래법연구 제22권 제1호(2013.8.), 268면 이하가 있다.

175) 최준선 교수는 "우리 판례는 처음부터 선하증권의 기초적 사실이 없었던 공권의 경우에는 요인증권성의 지배를 받아 선하증권 자체가 무효가 된다고 해석한다."고 소개한다. 최준선, 519면.

치가 없는 것으로 됨으로써 발생할 수도 있다 할 것이다. 원고도 이 사건 선하증권으로서 입은 손해는 운송물을 수령하지 않고 발행된 선하증권이라면 소외 은행이 수출환어음과 함께 매입하지는 않았을 것이어서 그 매입대금이라고 주장하고 있으므로, 원심은 운송품을 수령하지 아니하고 발행된 선하증권을 취득한 소지인의 손해에 대하여도 더 심리판단하였어야 함에도 이를 하지 않았고", 원고의 손해가 선하증권의 발행과 인과관계가 없다고 한 잘못이 있으므로, 원심을 파기하고, 이 사건을 다시 심리판단하기 위하여 원심법원에 환송한다고 판시하였다.176)

[판례소개](대법원 2008.2.14. 선고 2006다47585 판결)

甲 수출자는 브라질의 수입자 乙과 수출계약을 체결하였다. 甲은 운송인 丙과 운송계약을 체결하였고 甲과 丙은 공모하여 선적되지도 않은 운송물을 선적되었다고 기재한 선하증권을 발행하였다. 甲은 선하증권과 함께 환어음을 발행하여 국민은행에게 환매입 신청을 하였다. 운송물을 받지 못할 것을 알게 된 乙은 어음금을 지급하지 않았다. 수출에 대한 신용보증을 한 수출보험공사(원고)는 국민은행에게 대위변제를 하여 손해(환어음매입금액 상당인 약 2억)를 보게 되었다.

이에 원고는 운송인 丙(피고)에게 불법행위에 기한 손해배상청구를 제기하였다. 운송인 丙은 허위선하증권을 발행한 사실은 인정하였다. 그러나, 원고가 손해를 입은 것은 허위의 선하증권 발행 때문이 아니라 수입자가 이 사건 환어음을 정상적으로 인수하여 어음금 채무를 부담하면서도 재정난으로 어음금 지급을 하지 않은 때문이라고 운송인 丙은 주장하였다.

원심(서울고법 2006.7.6. 선고 2005나99987 판결)은 운송인 丙의 행위는 불법행위를 구성하고 선하증권 소지인인 원고의 손해와 그 행위는 인과관계가 단절되지 않는다고 판시하면서 피고 운송인 丙은 원고가 대위변제한 전액에 대한 손해를 배상하라는 판결을 내렸다. 이에 피고는 대법원에 상고하였다.

대법원은 아래와 같이 판시하면서 피고의 상고를 기각하였다.

(1) 운송인이 불법행위책임을 부담하는지 여부

선하증권은 운송물의 인도청구권을 표창하는 유가증권인 바, 이는 운송계약에 기하여 작성되는 유인증권으로 상법은 운송인이 송하인으로부터 실제로 운송물을 수령 또는 선적하고 있는 것을 유효한 선하증권 성립의 전제조건으로 삼고 있으므로 운송물을 수령 또는 선적하지 않았음에도 발행된 선하증권은 원인과 요건을 구비하지 못하여 목적물의 흠결이 있는 것으로서 무효이다. 이처럼 무효이어서 담보로서의 가치가 없는 선하증권을 담보로서의 가치가 있는 유효한 것으로 기망을 당한 나머지 그 소지인으로부터 수출환어음과 함께 매입한 은행으로서는 운송물을 수령하지 않고 선하증권을 발행함으로써 위와 같은 기망행위에 가담한 운송인에 대하여 달리 특별한 사정이 없는 한 수출환어음의 매입 대금액 상당의 손해배상을 청구할 수 있다.

(2) 인과관계의 존부

설사 함께 매입되었던 수출환어음의 지급인이 사후에 이를 인수하였다고 하더라도 위 불법행위와 그로 인한 손해의 발생과 사이의 인과관계가 단절된다고 할 수는 없고,

176) 판례공보(2005), 634면; 판례평석은 김인현, 전게 해상법연구Ⅱ, 485면 이하를 참고 바람.

또한 현실적으로 위 수출환어음의 지급이 이루어지지 아니하는 한 위 불법행위로 인한 은행의 손해가 전보되어 소멸하게 되는 것도 아니라고 할 것이다.

2. 물권적 효력

(1) 개 념

운송물은 매도인이나 매수인의 수중을 떠나 선박을 통하여 운송된다. 즉, 소유권을 갖는 자가 운송물을 직접 점유하지 못하고 운송인이 점유하므로 물권변동에 있어서 현실적 인도가 일어나지 않는 어려움에 봉착하게 된다. 따라서 상인들은 운송중인 화물에 대한 점유를 나타내는 징표로서의 기능을 선하증권에 부여하게 되었다.

그러므로 선하증권을 소지하게 되면 소지자는 운송물을 점유하게 되는 것과 같은 효력이 있게 된다. 이는 한편으로는 선하증권의 인도는 운송물의 인도와 같은 효력이 있다는 의미가 된다. 그리하여 우리 상법은 제133조에서 화물상환증 교부의 물권적 효력에 대하여 "화물상환증에 의하여 운송물을 받을 수 있는 자에게 화물상환증을 교부한 때에는 운송물 위에 행사하는 권리의 취득에 관하여 운송물을 인도한 것과 동일한 효력이 있다."고 정하고 있다. 한편 상법 제861조는 이를 선하증권에도 준용하고 있다.[177)]

이와 같이 운송물 자체가 아닌 선하증권을 인도하면 운송물의 인도와 같이 되어, 물권변동의 요건의 하나인 인도요건을 충족하게 되므로 이를 선하증권이 갖는 물권적 효력이라고 한다.[178)] 부동산이나 동산의 물권변동에는 매매 등에 대한 당사자의 의사의 합치 이외에 각각 등기(민법 제186조)와 현실적 인도(민법 제188조 제1항)를 필요로 하는 것이 원칙이다. 운송물은 동산이므로 인도가 필요하고, 민법은 현실적 인도 이외에 목적물반환청구권의 양도(민법 제190조) 등을 인정하고 있다. 우리 상법은 제133조에서 선하증권의 교부를 현실적 인도의 특별한 방법으로 인정하고 있는 것이다. 즉, 상법 제861조 및 제133조에 의하여 동산의 현실적인 인도가 없더라도 선하증권의 교부만으로 동산물권변동의 한 요건인 인도가 충족되는 것이다.

예컨대, 현대상사에서 운송물을 한국에서 미국으로 수출하면서 이를 한진해운에 적재하고 선하증권을 발행하였다면, 운송물을 현재 점유하고 있는 자는 운송인인 한진해운이다. 현대상사는 현금이 필요하여 이를 롯데상사에 양도하려 한다

177) 일본 상법 제763조.
178) 정동윤(하), 907면; 주석상법, 714면; 최종현, 441면.

고 하자. 육상에서 동산의 소유권을 이전하려면 가격 등에 대한 협의를 거쳐 먼저 매매계약을 체결하게 될 것이다. 이를 소유권이전에 대한 물권적 합의라고 한다. 다음으로는 매수인은 현금을 지급하고 동산을 현실적으로 인도받고서 완전한 소유권을 취득하게 될 것이다. 그런데 해상에서 운송되고 있는 운송물에 대하여는 이러한 정상적인 절차를 밟을 수가 없다. 그래서, 물권적 합의와 더불어, 현대상사는 대금을 지급받음과 동시에 선하증권을 롯데상사에게 건네주게 된다. 상법에서 선하증권의 교부에 대하여 인도와 동일한 효력을 인정하고 있으므로 이렇게 하여 롯데상사는 운송물에 대한 소유권을 완전히 취득하게 되는 것이다.[179]

이때 선장이 선하증권의 소지인이 아닌 다른 자에게 운송물을 인도하게 되면 이러한 시스템이 작동을 하지 못하게 되므로, 상법은 다시 제129조(화물상환증의 상환증권성)에서 "화물상환증을 작성한 경우에는 이와 상환하지 아니하면 운송물의 인도를 청구할 수 없다."고 정하여, 선장은 반드시 선하증권과 상환하여서만 운송물을 인도하도록 하여 이러한 구도를 작동되도록 하고 있다.

만약, 선하증권이 발행되지 않고 운송계약서로만 운송물이 운송되고 있다면, 운송물의 매매에 대한 당사자의 물권적 합의와 인도가 필요하다. 인도에 대하여는 민법 제190조(목적물반환청구권의 양도) "제3자가 점유하고 있는 동산에 관한 물권을 양도하는 경우에는 양도인이 그 제3자에 대한 반환청구권을 양수인에게 양도함으로써 동산을 인도한 것으로 본다."는 규정에 따라야 할 것이다. 이때는 민법 제450조(지명채권양도의 대항요건)의 요건을 갖추기 위하여 채권자인 현대상사가 한진해운에 대하여 이러한 사실을 통지하거나 채무자인 한진해운이 승낙하여야 한다.

[판례소개](대법원 2003.10.24. 선고 2001다72296 판결)

선하증권이 발행되지 아니한 해상운송에 있어 수하인은 운송물이 목적지에 도착하기 전에는 송하인의 권리가 우선되어 운송물에 대하여 아무런 권리가 없지만(상법 제815조, 제139조), 운송물이 목적지에 도착한 때에는 송하인과 동일한 권리를 보유하고(상법 제815조, 제140조 제1항), 운송물이 목적지에 도착한 후 수하인이 그 인도를 청구한 때에는 수하인의 권리가 송하인에 우선하게 되는바(상법 제815조, 제140조 제2항), 그와 같이 이미 수하인이 도착한 화물에 대하여 운송인에게 인도청구를 한 다음에는 비록 그 운송계약에 기한 선하증권이 뒤늦게 발행되었다고 하더라도 그 선하증권의 소지인이 운송인에 대하여 새로이 운송물에 대한 인도청구에 대한 권리를 갖게 된다고 할 수 없다(중략) 이 사건 선하증권은 이 사건 화물이 목적지에 도착한 후 운

179) 선하증권취득자가 이렇게 물권적 효력을 가짐에 따라 화물이 멸실 또는 훼손된 경우에는 운송인에 대하여 소유권침해를 원인으로 한 불법행위책임도 물을 수 있다(대법원 1983.3.22 선고 82다카1533 판결). 주석상법, 714면.

> 송계약상의 정당한 수하인에 의한 화물의 인도요청과 이에 따른 인도가 있은 후에 발행된 것이어서 원고가 이를 소지하게 되었다고 하더라도 원고로서는 이미 위 화물에 대한 소유권 혹은 인도청구권을 취득할 수 없다 할 것이므로, 원고가 이 사건 상고이유로 문제삼는 배서금지 기명식 선하증권의 상환증권성 여부와는 무관하게 원고의 피고에 대한 이 사건 청구는 모두 이유가 없다고 할 것이다.

(2) 물권적 효력에 대한 학설대립

선하증권은 요인증권이므로 운송인이 처음부터 운송물을 수령하지 않고 선하증권을 발행한 경우 물권적 효력은 발생하지 않는다.

운송계약에서 운송인과 채권자인 송하인 사이에는 운송물반환청구권이라는 채권을 송하인이 가지게 된다(민법 제190조). 이러한 채권은 송하인이 특정되어 있으므로 지명채권이 된다. 지명채권은 양도인이 채무자(운송인)에게 그러한 사실을 통지하거나 채무자가 이를 승낙하여야 효력이 있다(민법 제450조).

그런데 선하증권의 물권적 효력과 관련된 상법 제133조가 선하증권의 교부는 운송물의 인도와 동일한 효력이 있다고 하므로(상법 제861조) 민법 제190조와의 관계가 논란이 된다.180)

① 목적물반환청구권

엄정상대설은, 선하증권의 교부는 목적물반환청구권의 양도의 예시규정으로 이해한다. 그러므로 운송물이 존재하여야 함은 물론이고 운송인이 운송물을 직접 점유하여야 하고 민법 제450조에 의한 지명채권양도의 대항요건 또한 갖추어야 한다. 그러므로, 양도에 대한 통지를 하지 않았다면, 반환청구권은 유효하게 양도된 것이 아닌 것이 된다. 송하인 甲이 乙에게 선하증권을 양도한 다음에도 이를 운송인에게 통지하지 않았다면, 운송인은 甲에게만 여전히 의무를 부담하고 있는 것이 된다. 즉, 乙은 자신이 채권에 대하여 권리를 주장하지 못한다. 엄정상대설은 유가증권으로서 선하증권의 유통성의 확보를 부인하는 것이므로 찬성하기 어렵다.181)

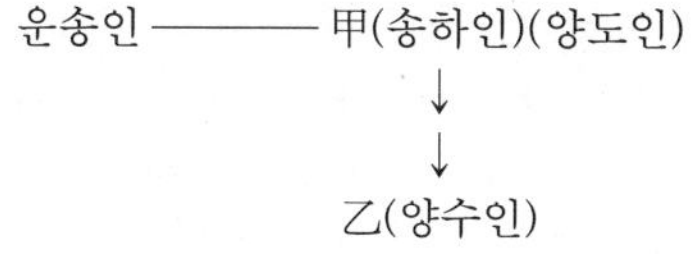

---

180) 자세한 논의는 정동윤(상), 270면; 김정호, 356면 이하를 참고 바람.

181) 정찬형(상), 364면; 정동윤(상), 273면; 김정호, 359면.

그런데, 절대설은 선하증권의 인도는 민법이 규정하고 있는 네 가지 동산물권 변동방법 이외에 또 다른 점유취득원인이라고 하고, 따라서 목적물반환청구권의 양도와는 별개의 관념이므로 당연히 지명채권양도의 대항요건을 갖출 필요가 없고 운송물이 존재하는 한 운송인이 운송물을 점유하고 있는지 여부에 관계없이 증권소지인은 증권의 취득시 운송물의 점유를 취득한다고 한다. 절대설은 이와 같이 선하증권에 절대적인 효력을 부여한다.

대표설도 상법 제133조는 민법 제190조의 목적물반환청구권의 양도규정의 특칙이라고 한다. 선하증권은 운송물을 대표하므로(증권의 소지는 운송물의 간접점유를 대표한다), 민법 제450조의 대항요건을 갖출 필요가 없다고 한다. 운송인이 운송물을 직접 점유할 것을 요구하지만 운송인이 점유회수청구권(민법 제204조)을 가진다면 운송물을 점유하는 것으로 본다.[182)]

절충설은 상법 제133조는 운송물반환청구권을 유가증권법적으로 양도하는 특별한 방식을 정한 것으로 한다. 증권의 교부를 운송물의 인도로 본다. 그러므로, 양도통지가 필요 없는 것이 된다. 운송인의 운송물의 점유는 타주점유 이외에 자주점유도 좋다고 한다.

이러한 학설의 대립은 운송물에 대한 물권의 취득시기와 관련된다. 엄정상대설은 통지가 있어야 비로소 그때 양수인은 운송물에 대한 물권(소유권 혹은 담보권)을 취득하게 된다. 그 이외에는 선하증권을 교부받는 시점에 물권을 취득하는 것이 된다. 대법원 1997.7.25. 선고 97다19656 판결에서 크게 다루어졌다.[183)]

[판례소개](대법원 1997.7.25. 선고 97다19656 판결)

원고 서울은행은 1993.12.17.소외 동해철강과 수입거래약정을 체결하면서 원고는 수입대금결재를 위한 대출을 하여 주었다. 이 대출대금 채무를 담보하기 위하여 동해철강은 수입하는 운송물을 원고에게 양도하여 주었다. 원고는 1994.5.19. 위 약정과 별도로 동해철강의 수입물품에 대하여 양도담보설정계약을 체결하였다. 원고는 1994.5.20. 자신이 수취인으로 된 동해철강의 이 사건 화물에 대한 선하증권을 교부받았다. 피고 대한민국은 이 사건 운송물에 대하여 법정기일이 1994.8.24.인 국제채권이 있었는데 동해철강이 이를 체납하자 이 화물을 공매하여 자신의 채권에 충당하였다.

원고는 이 사건 화물에 대한 원고의 양도담보권은 피고의 국제채권보다 먼저 성립하였고 따라서 자신은 물적 납세의무를 부담하지 않기 때문에 피고가 공매처분을 통해 자신의 채권에 충당하였고 그 결과 피고가 법률상 원인없이 이득을 얻은 것이 되었으므로 부당이득반환청구를 구한다고 주장한다. 피고는 원고는 이사건 화물에 대하

182) 이철송, 555면; 김정호, 359면.

183) 여기에 대하여는 유기준, 전게 해상보험판례연구, 345면 이하를 참고 바람.

여 양도담보권을 취득하지 못한 것이거나 적어도 제3자에 대한 대항요건을 갖추지 못하였으므로 원고는 국제기본법 제42조 본문에 따라 물적 납세의무를 부담한다고 주장하였다.

대법원은 아래와 같이 판단하였다.

선하증권은 해상운송인이 운송물을 수령한 것을 증명하고 지정된 양륙항에서 정당한 소지인에게 운송물을 인도할 채무를 부담하는 유가증권으로서, 운송인과 그 증권소지인 간에는 증권기재에 따라 운송계약상의 채권관계가 성립하는 채권적 효력이 발생하고, 운송물을 처분하는 당사자간에는 운송물에 관한 처분은 증권으로서 하여야 하며 운송물을 받을 수 있는 자에게 증권을 교부한 때에는 운송물 위에 행사하는 권리의 취득에 관하여 운송물을 인도한 것과 동일한 물권적 효력이 발생하므로 운송물의 권리를 양수한 수하인 또는 그 이후의 자는 선하증권을 교부받음으로써 그 채권적 효력으로 운송계약상의 권리를 취득함과 동시에 그 물권적 효력으로 양도 목적물의 점유를 인도받은 것이 되어 그 운송물의 소유권을 취득한다고 할 것이고(대법원 1983.3.22. 선고 82다카1533 판결), 한편, 양도담보는 그 설정을 목적으로 하는 양도담보계약과 그 목적 권리의 이전에 필요한 공시방법을 갖춤으로써 성립하고, 동산 양도담보에 있어서는 그 공시방법으로 인도가 있어야 할 것이다.

원고가 자신이 수취인으로 된 위 물품들에 대한 선하증권을 같은 해 1994.5.20. 취득함으로써 그날에 위 물품들에 대한 양도담보권을 취득하였다고 할 것이고 따라서 위 물품들은 이 사건 국제의 법정기일인 1994.8.24. 전에 담보의 목적이 된 양도담보재산에 해당하므로 원고는 국세기본법 제42조 단서(국세의 법정기일 전에 담보의 목적이 된 양도담보재산에 대하여는 납세자가 체납한 경우에도 물적 납세의 대상이 아니다)에 의하여 양도담보재산에 대하여 물적 납세의무를 부담하지 아니한다고 판단한 원심의 결정은 옳다.

이 사건 수입물품에 대한 동산양도담보는 위에서 본 바와 같이 원고가 이 사건 물품의 인도를 받은 것과 동일한 효력이 있는 선하증권을 취득한 날에 성립된 것으로볼 것이고, 이 경우 제3자에게 대항하기 위하여 따라 확정일자에 의한 대항요건을 갖출 필요 없는 것이므로 이 사건 양도담보권자의 물적 납세의무는 양도담보권자가 국세의 법정기일 전에 이 사건 물품에 대한 선하증권을 취득하였는지를 기준으로 하여 그 성립여부를 가려야 할 것이다(확정일자의 선후에 의할 것이 아니다).

대법원 1997.7.25. 선고 97다 19656판결은 선하증권의 물권적 효력을 잘 나타내준 판결이다. 물권적 효력이 언제 발생하여 소지인이 운송물에 대한 점유와 동일한 효력을 가지게 되어 운송물의 소유권을 취득하게 되었는지가 중요한 쟁점이 된 사안에서 대법원은 상법 제133조에 의하여 선하증권을 소지하게 되는 순간에 소지인은 물권적 효력에 의하여 소유권을 이미 취득한 것이지 민법 제450조의 대항요건으로서의 확정일자 등을 받을 필요가 없다고 한 것이다. 선하증권을 취득하는 순간 점유의 이전이 있는 것으로 간주되어 소유권을 취득하게 되는 것은 법률의 규정에 의한 효력 때문이다. 그런데 굳이 이를 학설에 맞추어 설명하고자 하면, 별도의 대항요건이 필요하다는 엄정상대설은 대법원이 취하지 않은 것이 되고 별도의 대항요건이 필요없다는 절대설이나 대표설을 대법원이 취한 것으로 보아야 한다.

② 운송물 점유

운송인이 운송물에 대한 점유를 반드시 하여야 선하증권의 양수인이 유효하게 운송물에 대한 권리를 취득하는지도 문제된다.

(i) 사기적으로 전혀 운송물이 없는 화물을 선적한 경우(공권의 발행)에는 운송물에 대한 점유가 없기 때문에 요인증권인 선하증권의 물권적 효력은 발생하지 않는다.[184]

(ii) 운송인은 송하인으로부터 운송물을 인도받아 선장을 통하여 운송물을 운송하게 된다. 이러한 경우는 운송인은 자신의 대리인인 선장을 점유보조자로 하여 운송물을 직접점유하고 있다고 보아야한다.

(iii) 인도를 위하여 창고업자에게 운송물이 점유되고 있는 경우도 있다. 학설에 의하면 이러한 경우도 운송인이 운송물을 직접 점유한다고 보아야한다, 그렇지만 창고업자는 운송인의 대리인이 아니라 임치계약을 체결한 자이고 운송인은 운송물 반환청구권을 갖는 관계에 있으므로 운송물을 간접점유하고 있다고 보아야 한다. 창고업자는 운송인을 위하여 타주점유를 하고 있다. 이러한 경우에도 선하증권이 이전되면 양수인은 제133조에 따라 유효하게 권리를 취득한다고 보아야한다.

(iv) 창고업자가 수하인과 결탁하여 운송물이 반출되고 없는 경우에도 이를 모르는 제3자가 은행 등 소지인으로부터 선하증권을 양수받는 경우가 있다. 이러한 경우에 현재 운송물은 자주 점유되고 있고 운송인의 점유에서 이탈한 상태이다. 선하증권의 유통성을 보장하기 위하여는 이러한 경우에도 물권적 효력을 인정하여 선의의 양수인은 물권적 효력을 취득하여 불법행위자에 대하여도 손해배상청구권을 가진다고 볼 것인지, 아니면 이를 인정하지 않을지가 문제된다. 만약 후자의 견해를 취한다면, 양수인은 물권적 효력을 가지지 못하므로 소유권을 취득하지 못한 것이 된다. 손해를 입은 자는 양수인이지만 소유권을 가지고 불법행위청구가 가능한 자는 양도인만이다. 후자를 취하면 채무불이행에 기한 손해배상청구권만을 양수인이 가지지만 전자를 취하면 이에 더하여 불법행위청구권도 양수인이 가지므로 선하증권의 소지인은 더 보호된다.

(v) (iv)의 경우에 제3자가 운송물을 매수하여 선의취득을 한 경우 선하증권의 양수인도 물권적 효력을 가지는가? 선의취득자가 우선하므로 논의의 실익이 없다.

---

184) 정동윤(상), 267면; 최종현, 441면.

(vi) 선박이 침몰하여 운송물이 멸실한 이후에 선하증권을 선의로 취득하였다면 요인증권이므로 물권적 효력이 없다고 하여야 할 것이지만, 이러한 경우에도 선의의 취득자를 보호하여 불법행위에 기한 손해배상청구권을 인정하기 위하여 물권적 효력을 인정할 필요가 있다.

이와 같이 해석하면, 인도시에 공권을 받는 경우는 아예 요인증권인 선하증권에 물권적 효력이 인정되지 않지만, 그 이외의 경우에는 물권적 효력을 인정하게 된다. 상법 제133조는 제190조의 특별한 규정으로 이해되어 제450조의 지명채권의 대항요건을 갖출 필요가 없고, 운송인이 직접점유를 하지 않고 간접점유를 하고있거나 제3자가 점유하고 있어도 물권적 효력은 인정된다. 운송인이 점유 후에 정상적인 운송과정에서 멸실이 된 경우에도 선의의 취득자는 물권적 권리를 취득한다고 해석된다(이를 부인한다면, 영국 및 미국과 같이 불법행위에 기한 청구가 가능하도록 하는 입법이 필요하다). 결국 위와 같이 현실에 적합한 해석이 되기 위하여는 운송인이 항상 직접점유를 하고 있어야 한다는 절충설이나 대표설은 약간의 이론적인 변경이 불가피할 것으로 보인다.

(3) 물권적 효력의 내용

선하증권 소지인은 선하증권을 소지하게 됨으로써 운송물의 점유이전과 동일한 효력을 가지게 됨으로써 운송물의 소유권이나 담보권 등의 물권을 취득하게 된다. 그러므로, 운송물이 멸실되면 소유권자 혹은 담보권자로서 불법행위에 기한 손해배상청구권이 주어진다. 채권적 효력에 기한 채무불이행책임을 운송인에게 추궁하는 것에 더하여 이러한 청구권이 추가되므로 선하증권 소지인이 더 보호된다.

제6 船荷證券約款

1. 일 반 론

(1) 운송인확정을 위한 표지

운송계약을 체결함에 있어서 일방 당사자인 송하인은 운송인의 개성을 중요하게 생각하지 않는다. 그리하여 운송인이 선박소유자인지 아니면 나용선자인지 또는 정기용선자인지에 대하여 관심이 없다. 그러므로 선박을 소유 혹은 용선하여 운송을 인수하는 자는 선박소유자를 포함하여 선체용선자, 정기용선자, 항해용선자 및 운송주선인에까지 이른다. 그런데, 선박을 운항하는 선장은 선박소유자 혹은 선체용선자가 선임 관리하므로 운송인이 누구인지에 대한 의문이 제기된다. 특히, 정기용선된 선박에 운송물이 적재된 경우에는 정기용선자가 운송인인지 아니면 선박소유자가 운송인이 되는지가 문제이다.

이러한 경우에 선하증권에 기재된 여러 표지를 통하여 운송인을 확정할 수 있게 된다. 정기용선자의 선하증권서식이 사용되고 정기용선자가 운송인이라는 표기를 하였다면 운송인은 정기용선자가 된다. 한편, 정기용선자의 서식을 사용하였으나 선장이 혹은 선장을 대리한 자가 서명을 하였다면, 선하증권은 선박소유자의 대리인인 선장이 서명한 것이므로 선박소유자가 운송인이라는 주장이 가능하여진다. 또한 선하증권이면에 있는 運送人特定約款(identity of carrier clause)이 존재하는 경우는 더욱 그러하다.

(2) 면책약관의 효력

선하증권 이면에 나와 있는 기재 중에서 가장 중요한 것들로는 항해과실 등의 면책약관과 포장당책임제한규정 등이 있다. 선하증권의 기재는 양 당사자가 합의한 것으로 간주된다. 계약자유(사적자치)원칙에 따라 우리 법은 당사자가 자유로이 합의한 내용에 대하여는 합의대로의 효력을 인정한다. 그리하여 약관에 별도의 약정이 있으면 이것이 강행법규에 위반되지 않는 한 이를 우선적으로 적용한다. 이러한 합의내용이 없는 경우에는 상법의 규정이 적용된다. 우리 상법에도 항해과실면책 등의 내용이 있으나(상법 제795조 제2항), 선하증권에 항해과실면책의 내용이 있으면 이것이 우선 적용된다.

한편, 정기선운송과 같은 경우는 附合契約의 일종이라고 한다.[185] 부합계약은 서로 다른 교섭력(bargaining power)을 가진 당사자 사이의 계약으로서 우월한 지위에 있는 자가 자신에게 유리한 약관을 만들어 제시하면 열악한 지위에 있는 이용자는 이를 따를 수밖에 없는 계약이다. 부합계약에서는 열악한 지위에 있는 자를 보호하기 위하여 강행규정을 마련하여 이를 규제하고 있다. 약관의규제에관한법률이 그 예이다. 그러나, 이 법은 국제운송에는 적용되지 않는다(동법 제15조 및 시행령 제3조). 상법은 제799조(운송인의책임경감금지) 제1항에서 "제794조 내지 제798조의 규정에 반하여 운송인의 의무 또는 책임을 경감 또는 면제하는 당사자간의 특약은 효력이 없다."고 정하고 있다. 예컨대, 선하증권이면에 포장당 책임제한액을 66SDR로 하였다면 이는 상법 제799조의 666.67SDR의 1/10에 지나지 않으므로 이것이 제799조에 저촉되는지가 문제된다. 만약 법원에서 이는 제799조 위

185) 채이식, 278면.

반으로 무효가 된다고 판시하면, 상법상 666.67SDR을 적용하게 될 것이다. 운송인의 절대적 의무인 감항능력을 배제하는 내용의 약관은 무효라고 하여야 할 것이다. 항해과실면책이 삭제된 경우에는 이는 상법 제799조의 문제가 아니다. 이는 운송인의 권리가 삭제되어 운송인의 책임이 오히려 강화된 것이기 때문이다.

2. 주요 내용

(1) 準據法約款

전속적 관할합의 및 해상운송은 각기 다른 국가의 상인들 사이에 체결되는 계약이므로, 각 당사자들은 자신에게 유리한 국가에서 사법절차를 진행하거나 혹은 자신에게 유리한 국가의 법률이나 조약을 적용하려고 할 것이다. 전자는 앞에서 본 전속적 관할합의의 약정이다. 후자는 준거법 약정이다. 사전에 어느 나라의 상법을 적용할 것인지를 확정하여 두지 않으면 분쟁의 소지가 많으므로 선하증권에 미리 적용될 법에 대한 약정을 한다. 이를 準據法約款(governing law clause)이라고 한다. 준거법약관은 선하증권 이면에 존재하며, 보통은 헤이그비스비 규칙이 준거법으로 지정되어 있는 경우가 많고, 영국법 혹은 미국법이 준거법이 되어 있는 경우도 있다. 준거법이 정하여져 있지 않은 경우에는 법정지의 섭외사법(국제사법)에 따라서 준거법이 정하여질 것이다.

[판례소개](대법원 2004.3.25. 선고 2001다53349 판결)

피고인 일본의 가와사끼 기선이 발행한 선하증권에는 일본의 도쿄 지방법원을 전속관할로 하는 합의의 내용이 기재되어 있었다. 운송물의 손해에 대하여 원고가 한국법원에 소송을 제기하자 피고는 위의 합의내용을 근거로 도쿄 지방법원이 관할임을 주장하는 항변을 하였다.

대법원은 "대한민국 법원의 관할을 배제하고 외국의 법원을 관할법원으로 하는 전속적인 국제관할의 합의가 유효하기 위하여는, 당해 사건이 대한민국 법원의 전속관할에 속하지 아니하고, 지정된 외국법원이 그 외국법상 당해 사건에 대하여 관할권을 가져야 하는 외에, 당해 사건이 그 외국법원에 대하여 합리적인 관련성을 가질 것이 요구된다고 할 것이고, 한편 전속적인 관할 합의가 현저하게 불합리하고 불공정한 경우에는 그 관할 합의는 공서양속에 반하는 법률행위에 해당하는 점에서도 무효라고 할 것이다(대법원 1997.9.9. 선고 96다20093 판결). 원심이 설시한 바와, 여기에서 보는 이 사건의 준거법이 일본국법이 아니라 대한민국법이라는 점까지 고려하면, 원심의 단은 정당하고 전속적 국제관할 합의요건 및 효력에 관한 법리오해 등의 위법이 없다. 원심은 이 사건 선하증권 이면약관에 선하증권에 의하여 입증되는 계약에 적용될 준거법이 규정되어 있더라도 이 규정이 운송계약상의 채무불이행이 아니라 불법행위를 원인으로 한 손해배상청구에 있어서까지 그 준거법을 배타적으로 적용키로 한 취지라고 해석되지 않는다고 하면서, 원고의 이 사건 청구는 피고가 선하증권과 상환함이 화물을 인도함으로 인하여 선하증권 소지인의 이 사건 화물에 대한 소유권 등을 침해한 불법행위를 원인으로 한 손해배상청구이므로, 그 준거법은 구 섭외사법 제13조 제1항에 의하여 불법행위지(양륙항인 울산항)인 대한민국법이 된다고 하였는 바, 원심의 판단은 정당하다."[186]

대법원은 외국 전속관할합의가 유효하기 위한 요건으로, 본 판결에서는 (1) 당해사건이 대한민국법원의 전속관할에 속하지 아니할 것, (2) 지정된 외국법원이 그 외국법상 당해사건에 대하여 관할권을 가질 것, (3) 당해사건이 그 외국법원에 대하여 합리적인 관련성을 가질 것, (4) 전속적인 관할합의가 현저하게 불합리하고 불공정하여 공서양속에 반하지 아니할 것을 요구하고 있다.[187]

(2) 運送人 特定約款

정기용선자가 아닌 선박소유자가 당해 운송에 있어서 운송인이라는 취지의 약관을 운송인 특정약관이라고 한다(identity of carrier clause). 이 계약은 임대차가 아니라는 취지의 약관(demise clause)도 동일한 내용이다. 이 약관은 영국법상 선박소유자만이 선박소유자 책임제한의 주체가 되었던 상황에서 정기용선자가 운송인이 된 경우에는 운송인이 책임제한의 이익을 누리지 못하였기 때문에, 선박소유자를 운송인으로 하여 책임제한이 가능하도록 한 것에서 유래한다.[188] 그런데, 정기용선자가 자신의 이름으로 선하증권을 발행한 경우에도 다시 선박소유자가 운송인이라는 약관이 존재하므로 과연 누가 운송인인지에 대한 논란이 야기되게 된다.

정기용선자가 자신이 운송인이면서 책임을 회피하기 위하여 선박소유자를 운송인으로 한 것이고 이는 헤이그비스비 규칙 제3조 제8항(상법 제799조 제1항) 운송인의 책임경감금지 규정의 위반으로 프랑스·미국과 같이 무효라는 입장을 취하는 국가도 있지만, 영국과 같이 이를 유효한 것으로 그 효력을 인정하는 국가도 있다.[189]

이러한 논란은 영국에서는 정기용선계약을 운송계약으로 보는 전통적인 견해가 있기 때문이다. 정기용선자는 선박소유자의 대리인으로서 운송계약을 체결한다고 보는 것이다. 최근에는 영국에 있어서도 이러한 법적성질에 따라서 운송인을 확

---

186) 판례공보(2004), 683면.

187) 동 판결에서 요구하는 (3)의 전속적 관할법원과 당해사건의 합리적인 관련성을 요구하는 점에 대하여 해상운송에서 국제적으로 명망있는 준거법과 함께 준거법소속국의 법원을 관할법원으로 합의하는 경우에는 합리적인 관련성이 존재하는 것으로 긍정하여야 한다는 비판적인 유력한 견해가 있다. 석광현, 국제사법해설(지산, 2003), 65면. 석광현 교수는 국제사법 제2조 제1항의 실질적 관련에는 당사자의 합의도 포함되는 것으로 하여 위와 같은 사안에서 다른 실질적인 관련이 없는 경우에도 실질적인 관련성의 요건을 충족하는 것으로 해석하고자 한다. 상게서, 66면.

188) 우리나라도 폴사도스호 판결에서 제3자와의 사이에서는 무효라고 보았다.

189) 이에 대하여는 김인현, 전게 박사학위논문, 122-125면을 참고 바람.

정하기 보다는 선하증권의 기재사항이나 주변상황을 고려하여 운송인을 확정하는 경향을 보이고 있다.190)

사견으로는 운송인특정약관은 정기용선자가 운송중의 책임을 회피하기 위한 수단으로 사용하고 있으므로 상법 제799조 제1항 위반으로 이는 무효이고,191) 정기용선계약은 운송계약과 다른 면이 있기 때문에 이를 일률적으로 선박소유자가 운송인이라고 할 것이 아니라, 당사자의 의사를 충분히 고려하여 운송인을 정하는 것이 올바른 방법이라고 보므로, 선하증권상의 기재는 매우 중요한 표지라고 생각한다.192)

(3) 甲板積 約款

원래 화물은 甲板下(under deck)에서 운송되는 것이 원칙이다. 甲板上(on deck)에서 운송되는 화물은 갑판하의 화물에 비하여 운송중 풍파에 노출되기 쉬우므로 더 큰 손상의 위험에 처하게 된다. 그리하여 우리 상법도 제799조 제2항에서 운송인의 책임경감금지규정은 갑판적인 경우에는 적용하지 않는 것으로 하고 있다. 그러므로, 운송인은 송하인과 갑판적을 하여도 좋다는 내용의 갑판적약관을 선하증권에 삽입하여 갑판적운송을 하고 있다.

<예제 16> 송하인 甲은 컨테이너 운송을 乙 선박회사에 부탁하였는 데, 운송중 파도를 만나 컨테이너에 손상이 생겼다. 甲은 운송인이 이를 갑판적하였기 때문에 손상을 입었다고 생각하게 되었다. 그래서 운송인에게 항의하였더니 운송인은 선하증권계약서상 갑판적을 하여도 갑판하 운송을 하는 것과 동일한 효과가 있다는 갑판적 약관에 甲이 동의한 것이므로 아무런 문제가 없다고 하였다. 甲은 상법 제795조 제1항이 강행규정의 대상이 되고 갑판적 약관은 무효라고 주장하였다. 가능한 주장인가?

상법 제799조 제2항에 따라 상법 제795조 등의 강행규정은 산 동물의 운송이나 갑판적을 문서화한 경우에는 적용되지 않는다고 한다. 그러므로 甲의 주장은 잘못이다.

(4) 至上約款

어떠한 법규나 약정보다는 해당 약정이 최우선적으로 적용된다는 조항을 지상약관이라고 한다. 보통은 헤이그비스비 규칙이나 미국해상운송법 등을 당해 선하증권의 준거법으로 하기 위하여 이러한 내용의 至上約款(paramount clause)을 선하

---

190) The “Hector”, [1998]2 Lloyd's Rep., pp. 287-300.

191) 동지 최종현, 486면.

192) 김인현, “정기용선하에서 발행된 선하증권상의 운송인의 확정과 히말라야약관의 적용범위에 대한 영국귀족원 Starsin사건(2003.3.13.)”, 한국해법학회지 제29권 제1호(2007.4.), 55면 이하.

증권에 삽입하여둔다. 한편 선하증권상 모든 법률관계를 헤이그비스비 규칙으로 하는 약정이 체결되는 것이 아니고 일부에 대하여만 이를 적용하는 약정을 두는 경우도 있다(대법원 1999.12.10. 선고 98다9038 판결).[193] 경우에 따라서는 별도로 준거법을 지정하면서도 "선하증권에 의하여 증명되는 계약에 적용되는 국내법의 강행규정에 위반되어서는 아니된다."는 내용을 갖는 경우도 있다(대법원 2009.8.20. 선고 2008다58978 판결).

지상약관을 준거법의 부분지정으로 보는 입장과 실질법적 지정으로 보는 입장의 대립이 있다. 전자에서는 준거법의 분할이 일어나 독립적 관계가 되지만, 후자에서는 일반적 준거법하에 지상약관상 지정된 법률이 편입되는 것과 같아서 강행규정의 적용을 받게 된다. 우리 대법원은 영국법 준거법이 있고 여기에 미국 COGSA가 지상약관으로 지정된 경우 이는 준거법의 부분지정이라고 보았다(대법원 2018.3.29. 선고 2014다41469 판결).

[판례소개](대법원 1999.12.10. 선고 98다9038 판결)

소외 매도인(수출자)은 멕시코의 소외 회사에게 컨테이너에 적재된 인조견사를 수출하면서 피고 선박회사와의 사이에 부산항에서 멕시코 시티까지 운송하는 운송계약을 체결하였다. 멕시코에서 내륙 운송되던 중 운송물이 강도에게 강탈당하였다. 적하보험자인 원고는 하주들에게 보험금(약 2억3천만원)을 지급하고 해상운송인을 상대로 채무불이행책임을 물었다. 운송인이 발행한 선하증권에는 지상(至上)약관(paramount clause)과 멕시코 책임조항이 들어 있었다. 지상약관은, 미국의 1936년 해상물건운송법과 함께 위 이면약관상 합의로부터 파생되는 분쟁에 관하여 관할권을 가지고 재판을 할 법원의 소재국에서 효력을 가지는 헤이그규칙을 이 사건 운송계약에 따른 화물의 수령, 보관, 운송 그리고 인도에 관한 준거법으로 지정하고 있다. 멕시코 책임조항은, 멕시코에서 운송물이 철도운송이나 자동차 운송인의 관리하에 일어나는 멸실, 훼손 및 운송지연 등과 관련한 피고(운송인)의 손해배상책임은 멕시코 국내법과 당해운송인의 운송규정과 선하증권에 따라 판정한다고 정하고 있다. 원고는 지상약관에 따라 한국 상법이 적용되어야 한다고 주장하였다. 원심 법원은 비록 선하증권에 위 멕시코 책임조항과 다른 내용의 운송인의 손해배상책임에 대한 규정이 기재되어 있더라도 운송인의 손해배상책임의 유무와 범위에 관한 문제는 먼저 멕시코 국내법에 따라 판단되어야 하고, 멕시코 국내법인 연방도로교량자동차운송법 제66조 제5항에 따르면 운송인의 손해배상책임은 694,181원이 된다고 판시하였다.

대법원은 아래와 같이 판시하였다.

1) 지상약관에 따라 우리 상법이 준거법이 되어야 하는지 여부: 재판을 할 법원의

193) 이러한 경우는 실질법적지정이 있게 된다. 자세한 내용은 석광현, "해사국제사법의 몇 가지 문제점-중거법을 중심으로", 한국해법학회지 제31권 제2호(2009.11.), 94면 이하가 있다. 경우에 따라서는 선하증권상 준거법을 지정하지 않고 지상약관만 가지고 있는 경우도 있다(대법원 2003.1.10. 선고 2000다70064 판결).

소재국에서 "효력을 가지는" 헤이그 규칙을 이 사건 운송계약에 따른 화물의 수령, 보관, 운송 그리고 인도에 관한 준거법으로 지정하고 있지만, 헤이그 규칙이 그 자체로서 소재국에서 법규범으로서 효력을 가지는 것을 의미한다. 우리나라는 헤이그 규칙에 당사자로 가입하지 않았기 때문에 법규범으로서 효력을 가지지 못한다. 우리 상법이 헤이그 규칙을 대부분 수용하고 있지만 그러한 사정만으로 제2조에 의하여 우리 상법이 곧바로 이 사건 운송계약에 따른 법률관계의 준거법으로 된다고 할 수 없다.

2) 멕시코법상의 책임제한액수가 너무 소액이라서 무효인지여부: 섭외법률관계에 있어서 당사자가 준거법으로 정한 외국법의 규정이나 그 적용의 결과가 우리 법의 강행규정들에 위반된다고 하더라도 그것이 섭외사법 제5조가 규정하는 "선량한 풍속 기타 사회질서"에 관한 것이 아닌 한 이를 이유로 곧바로 당사자 사이의 섭외 법률관계에 그 외국법의 규정을 적용하지 않을 수 없다. 이 사건 멕시코 조항은 당사자가 멕시코 국내의 공로 및 고속도로 등에서 화물이 무장강탈 사건등 불법행위가 빈번하게 발생하는 사정을 감안하여 당초의 선하증권상의 약관과는 별도로 특약사항으로서 첨부하게 된 것임을 고려하면 섭외사법 제5조가 규정하는 "선량한 풍속 기타 사회질서"에 반하는 것이 되어 그 적용을 배제하여야 한다고 할 수 없다.[194]

[판례소개](대법원 2009.8.20. 선고 2008다58978 판결)

복합운송인이 발행한 선하증권상 9개월 제소기간 약정이 들어 있고 운송물에 대한 사고가 육상에서 발생한 것이 분명한 경우, 화주인 원고가 9개월이 지나서 소를 제기하자, 피고 운송인은 제소기간 도과의 본안전항변을 하게 되었다. 원고는 9개월 제소기간 약정은 무효라고 주장하였다.

대법원은, 해상운송과 육상운송이 결합된 복합운송에서 육상사고임이 명백한 경우에는 육상운송법 규정인 상법 제147조와 제121조가 적용되고, 동 규정에서 1년 기간은 소멸시효이기 때문에 단축이 가능하므로 본 선하증권의 9개월 제소기간은 유효하다고 판시하였다.

대법원은 나아가, 한국법이 준거법으로 지정되면서도 선하증권에 의하여 증명되는 계약에 적용되는 국내법의 강행규정에 위반되어서는 아니된다는 내용의 지상약관(제7조 제1항)에 대하여, "위 조항의 내국법의 강행규정이라 함은 그러한 국내법이 이 사건 운송계약에 적용되는 것을 전제로 하고 있으므로 계약상 준거법이 되는 국가의 법률을 의미하는 것이지 손해가 발생한 국가(이라크)의 법률의 의미하는 것으로 할 수 없다. 같은 취지에서 원심이 실제 손해가 발생한 국가인 이라크 법에 의하여 제소약관의 유효성을 판단할 수 없다고 본 것은 정당하다."고 판시하였다. 따라서 한국법상

194) 운송계약도 사적 자치(私的 自治)의 원칙에 따라서 당사자가 상호 합의한 내용이 강행규정에 위반하지 않는 한 유효하다. 예컨대 약관에 포장당 300SDR로 운송인이 책임을 제한할 수 있다는 규정이 있다면 만약 한국법이 준거법이면 강행규정인 666.67SDR에 위반하여 무효가 되는 것이다. 본 사안에서는 운송인의 도로운송 중의 책임은 멕시코 국내법에 의한다고 하면서 한편 헤이그 규칙에 의한다는 지상약관이 존재하여 문제가 되었다. 여기서 말하는 헤이그 규칙은 소재국에서 법규범으로서 효력을 가지는 것을 말하므로 우리나라 상법은 헤이그 규칙을 일부 수용하였을 뿐이지 헤이그 규칙자체가 우리나라에서 법규범인 것은 아니다. 그러므로, 헤이그규칙을 우선한다는 지상약관은 본 사건에 해당되지 않고 멕시코 조항이 적용된다고 보아야 한다.

상법의 육상운송규정은 강행규정이 아니므로 당사자의 약정은 유효한 결과가 되었다.[195]

[판례소개](대법원 2018.3.29. 선고 2014다41469 판결)

피고는 이 사건 선하증권을 발행한 운송인이다. 해당 선하증권의 전문(前文)에는 해상운송계약의 준거법(영국법) 규정을 선하증권에 편입하는 규정이 기재되어 있었고, 후문(後文)에는 운송인의 책임범위를 미국 해상화물운송법(COGSA)에 의하도록 규정한 지상(至上)약관이 기재되어 있었다. 미국 해상화물운송법에 의하면 운송인이나 선박은 포장당 또는 관행상의 운임단위당 500달러 또는 기타 통화로 동등한 가액을 초과하여 책임을 지지 아니한다. 그런데 이 사건 선하증권의 일반적·전체적 준거법인 영국법은 포장당 666.67SDR(약 1000달러) 또는 킬로그램당 2SDR 중 높은 금액 이하로 책임제한범위를 정하는 것을 무효로 하고 있다. 만약 영국법이 적용되면 미국 COGSA약정은 무효가 된다.

대법원은 "선하증권에 일반적인 준거법에 대한 규정이 있음에도 운송인의 책임범위에 관하여 국제협약이나 그 국제협약을 입법화한 특정 국가의 법을 우선 적용하기로 하는 이른바 '지상약관(Clause Paramount)'이 준거법의 부분지정(분할)인지 해당 국제협약이나 외국 법률규정의 계약 내용으로의 편입인지는 기본적으로 당사자의 의사표시 해석의 문제이다. 일반적 준거법 조항이 있음에도 운송인의 책임범위에 관하여 국제협약을 입법화한 특정 국가의 법을 따르도록 규정하고, 그것이 해당 국가 법률의 적용요건을 구비하였다면, 특별한 사정이 없는 한 운송인의 책임제한에는 그 국가의 법을 준거법으로 우선적으로 적용하는 것이 당사자의 의사에 부합한다."라고 판시하였다. 대법원은 준거법의 분할지정을 인정한 것이다.

(5) 航海過失免責條項

항해과실의 경우에는 운송인은 화물의 손상에 대하여 책임이 면제된다는 내용의 약관이다. 통상 선박관리상의 과실도 항해과실의 개념에 포함된다. 선하증권에 항해과실면책조항이 없다고 하더라도, 대부분의 국가는 항해과실면책을 상법 혹은 해상운송법에서 인정하고 있으므로 준거법으로 지정되는 국가의 상법 혹은 해상운송법에 따라 운송인이 항해과실면책을 주장할 수 있다.

(6) 제이슨조항

공동해손은 희생이 야기된 위험의 발생원인에 관계없이 성립하는 것이 우리 법의 입장이다. 즉, 선장 이하 선원들의 과실로 위험이 발생된 경우에도 공동해손이 성립하므로 화주도 선박소유자의 손실에 대하여 그 분담에 응하여야 한다. 그런데, 미국에서는 이와는 달리 선원들의 과실로 선체가 입은 손해에 대하여 화주에

195) 이에 대한 자세한 내용은 김인현, "복합운송상 9개월 제소기간 및 지상약관의 효력", 인권과 정의 Vol. 405(2010.5.), 102면 이하를 참고 바람.

게는 분담책임이 없다고 해석하여왔다. 이에 대하여 선박소유자 측은 항해과실로 인하여 선박소유자가 면책되는 경우에는 선체에 가하여진 손해에 대하여 화주에게 그 분담을 청구할 수 있다는 내용의 약관을 선하증권에 삽입하여 왔는데 이를 제이슨약관(Jason Clause)이라고 한다.[196] 이 약관은 선박소유자가 미국해상물건운송법 또는 기타 법령에 의하여 면책되는 한 자신에게 과실이 있어도 화주에게 공동해손분담금을 청구할 수 있다는 뉴제이슨 약관(New Jason Clause)으로 발전하였다.[197] 즉, 미국은 원칙적으로 과실있는 자는 공동해손분담 청구권이 없으나, 뉴제이슨약관을 통하여 운송인이 면책이 되는 경우에는 화주에 대하여 선체손상에 대한 분담청구가 가능하도록 하고 있다.

(7) 히말라야조항

운송인은 자신이 인수한 운송에 대한 모든 의무를 직접 행할 수는 없다. 그러므로 실제해상운송은 선장 이하 선원들이 행하고, 하역작업은 하역업자들이 한다. 그런데, 운송인은 포장당책임제한의 이익을 향유할 수 있다. 하역업자 혹은 선원들이 불법행위책임을 운송인과 함께 추궁받게 되면 운송인은 포장당책임제한으로 이익을 향유하면서 선원들은 이익을 향유할 수 없다면 형평에 어긋난다. 또한 보통의 경우 선원이 사용자인 운송인의 직무집행을 하다가 손해를 입은 경우에는 운송인은 선원에게 보상을 하여 주는 약정을 체결하기도 한다. 따라서, 운송인과 송하인은 선하증권을 발행하면서 운송인이 누리는 여러 가지 이익을 그 이행보조자 혹은 독립계약자도 원용가능하도록 하는 약정을 체결한다. 이에 따라 선원, 하역업자, 도로운송업자 등이 책임제한의 이익을 누릴 수 있게 된다. 이러한 내용의 약정을 히말라야(Himalaya)조항이라고 한다.

이러한 히말라야조항은 처음에는 약관을 통한 당사자 자치에 의하여 인정되었지만, 헤이그비스비 규칙을 거치면서 각국은 국내법으로 이를 입법화하여 효력을 인정하게 되었다.

선하증권에 제3자의 범위를 명확히 기입하여야 한다. 단순히 피용자라고 하면 독립계약자는 포함되지 않는다고 본다(상법 제798조 제2항). 독립계약자는 헤이그비스비 규칙이나 우리 상법에서는 법정된 자가 아니므로 반드시 선하증권에 기재되어야 이익을 원용할 수있다. 단순한 독립계약자라고 하는 경우에 육상의 도로운송인도 포함되는지가 논란이 된다.[198] 계약운송인이 발행한 선하증권의 히말라야

196) 해운・물류 큰사전(해사문제연구소, 2002), 1025면.

197) 송상현・김현, 531면.

198) 미국연방대법원의 Kirby사건(2004.11.9.)에서 해상운송인의 선하증권에 기한 도로운송

약관의 내용을 실제운송인도 원용이 가능하다(상법 제798조 제4항). 반드시 운송인의 책임제한뿐만 아니라, 1년 제척기간, 합의관할 등의 이익도 향유할 수 있다.

(8) 용선계약의 선하증권에의 편입

항해용선계약이나 정기용선계약하에서 선하증권이 선박소유자에 의하여 발행되는 경우에 용선계약의 내용을 선하증권에 편입하여 용선계약의 내용을 선하증권상의 당사자사이에도 적용하도록 하는 것이 일반적이다. 예컨대, 항해용선계약에서 분쟁을 런던의 해사중재에서 해결한다는 규정을 둔 경우 선하증권을 발행하면서 분쟁해결은 용선계약의 내용을 따른다는 문구를 선하증권에 삽입하게 되는 경우, 과연 선박소유자(운송인)과 선하증권소지인 사이에는 항해용선계약에 따른 분쟁해결절차에 의하여야 하는지가 문제된다.[199] 이는 선하증권에 편입된 중재조항의 유효성이라는 제목으로 많이 다루어진다.

우리 대법원은 2003.1.10. 선고 2000다70064 판결에서 유효하기 위한 요건으로 아래와 같이 특정편입조항(special incorporation)과 일반편입조항(general incorporation clause)을 구분하고 있다.

(i) 일반적으로 용선계약상의 중재조항이 선하증권에 편입되기 위하여는 용선계약상의 중재조항이 선하증권에 편입된다는 규정이 선하증권상에 기재되어 있어야 하고, 그 기재상에서 용선계약의 일자와 당사자 등으로 해당 용선계약이 특정되어야 한다. 이와 같은 방법으로 특정되지 않았어도 선하증권상의 소지인이 해당 용선계약의 존재와 중재조항의 내용을 알았으면 이도 인정한다.(특정편입의 경우)

(ii) 편입문구의 기재가 중재조항을 특정하지 아니하고 용선계약상의 일반 조항 모두를 편입한다는 취지로 기재되어 있어 그 기재만으로는 용선계약상의 중재조항이 편입대상에 포함되는지 여부가 분명하지 아니한 경우는 선하증권의 양수인(소지인)이 그와 같이 편입의 대상이 되는 중재조항의 존재를 알았거나 알 수 있었어야 하고, 중재조항이 선하증권에 편입됨으로 인하여 해당 조항이 선하증권의 다른 규정과 모순되지 않아야 하며, 용선계약상의 중재조항은 그 중재약정에 구속되는 당사자의 범위가 선박소유자와 용선자 사이의 분쟁뿐만 아니라 제3자 즉 선하증권의 소지인에게도 적용됨을 전제로 광범위하게 규정되어 있어야 한다.(일

인의 책임제한이 인정되었다. 김인현, "철도운송인의 히말라야 약관상 책임제한규정원용가능성", 상사판례연구 제19권 제3호(2006.3.), 315면 이하.

199) 선박소유자와 용선자 사이에는 선하증권의 존재에도 불구하고 항해용선계약의 규정이 적용된다. 선하증권이 선박소유자에 의하여 발행되었고 이를 소지하게 된 수하인이나 은행 등은 용선계약상의 당사자가 아니므로 용선계약에 구속되지 않는 것이 원칙이다. 그렇지만 선하증권을 소지하게 되면 선하증권의 내용에 소지인은 구속되게 된다.

반편입의 경우)[200][201]

第7 船荷證券과 船長의 역할

1. 本船受領證과 埠頭受領證

일반화물의 경우 특히, 항해용선인 경우에는 용선자가 운송물을 선박에까지 가지고 와서 선적을 하게 된다. 이를 수령하였다는 증거로서 선박의 1등항해사가 本船受領證(Mate's Receipt: M/R)을 용선자에게 발급하여준다. 선장은 이러한 본선수령증을 근거로 선하증권을 발급한다.[202]

최근의 정기선 운항에 있어서 컨테이너 화물은 운송인이 화물의 적양하를 담당하므로, 송하인은 이를 본선에 직접 인도하지 않고 도크나 컨테이너 야드 등에서 운송인의 이행보조자들에게 인도하게 된다. 이때 운송인 측에서는 화물의 수령을 증명하는 서류로서 부두수령증(Dock Receipt: D/R)를 발급하여준다. 이를 근거로 선박회사에서는 선하증권을 발급한다. 위의 두 가지 서류는 모두 유통성이 없을 뿐만 아니라, 권원증권도 아니다. 또한 그 기재한 내용에 대하여도 선하증권과 같은 추정적 효력도 인정되지 않는다. 다만, 운송계약을 증명하는 서류로서의 기능은 할 수 있다.

2. 발행시 선장의 역할

선장은 선하증권을 발행하게 되는 경우에, 만약 정기용선자가 운송인으로서 계약을 체결하게 되면 서명란에 정기용선자의 대리인으로서 선장이 서명한다는 취지의 부기를 하여야 할 것이고, 정기용선자의 서식을 사용하여야 할 것임은 물론이다. 내용물을 정확히 알지 못하고 의심의 소지가 있으면 선하증권에 STC 등

200) 이에 대한 자세한 내용은 석광현, "용선계약상 중재조항의 선하증권에의 편입", 국제사법과 국제소송 제4권(박영사, 2007), 457-501면; 최종현, 659면을 참고 바람.

201) 중재법 제8조 제2항은 중재합의는 서면에 의할 것을 요구하므로 과연 중재조항을 포함한 다른 문서(또는 약관)을 인용하는 경우에도 서면성을 인정할 것인지가 쟁점이 된다. 용선계약에 있는 중재조항이 선하증권에 편입된 경우 서면성을 인정하기 어렵지만 현실적으로는 이를 부인하기 어렵다는 지적이 있다. 석광현, 상게서, 483-485.

202) 본선수령증(M/R)은 선장이 발급하는 선하증권의 기재내용의 기초가 되기 때문에 1등항해사는 수령된 화물의 상태를 잘 확인하여 기재하여야 한다. 하자가 있음에도 이를 기재하지 않고 본선수령증을 발급하여, 선장이 이를 기초로 선하증권도 무하자선하증권으로 발행하였다면, 선하증권의 문언성에 따라서 화물은 하자없이 양호한 상태로 선적된 것이므로 양륙항에서 발견된 하자에 대하여는 운송인이 책임을 부담하여야 할 것이다.

不知文句의 기재를 하거나, 검정인을 붙여 내용물을 확인하는 것이 좋다.

3. 인도시 선장의 역할

양륙항에서 수통의 선하증권 중 1통을 소지한 자가 운송물의 인도를 청구하는 경우에도 선장은 그 인도를 거부하지 못한다(제857조 제1항). 이 경우 다른 선하증권은 그 효력을 잃게 되므로 선장은 주의를 요한다. 만약, 이것이 양륙항외라면 선장은 발행된 선하증권의 각통의 반환을 모두 받고 운송물을 인도하여야 한다(제858조). 또한 2인 이상의 선하증권 소지인이 운송물의 인도를 청구하면 선장은 지체없이 운송물을 공탁하고 각 청구자에게 그 통지를 발송해야 한다(제859조 제1항).

흔히 발생하는 문제로서 보증도의 문제가 있다. 운송인은 선하증권과 상환하지 않고는 운송물을 인도할 의무가 없다. 그런데, 일본에서 운송물이 수입되는 경우와 같이 선하증권보다 운송물이 먼저 목적항에 도착하게 되면, 수하인은 은행으로부터 발급받은 보증장(L/I)을 운송인에게 제출한다. 오랜 고객관계에 있는 사이라면 운송인은 화물인도를 선장에게 명하게 된다. 그러나 이러한 행위는 선하증권의 소지인이 나중에 나타나게 되면 운송인과 선장은 선하증권의 소지인에 대하여 불법행위를 행한 것이 되고 이에 대한 손해배상을 선하증권 소지인에게 하여야 한다. 재력이 부족한 수입자로서 수하인은, 먼저 은행에 가서 대금을 지급하고 선하증권을 수령하여야 하지만, 대금이 없는 경우에 먼저 운송인으로부터 화물을 인도받은 다음 매각하여 매각 대금으로 은행에 가서 선하증권을 회수할 의도를 가지게 되면 불법인도의 문제가 발생한다. 물론 선박회사는 보증장의 보증인에게 구상을 할 수 있다.

제8 運送人의 運送物 引渡義務와 不法引渡

1. 運送人의 運送物 引渡義務

(1) 의 의

수령과 선적으로 시작되는 운송인의 의무는 인도로서 종료된다. 인도는 채무의 소멸사유의 하나로서 채무자인 운송인의 변제의 제공과 채권자인 수하인의 운송물 수령이라는 두 가지 사실의 합체에 의하여 이루어진다. 인도가 이루어지기 위하여는 운송인이 운송물을 수하인이 수령할 수 있는 상태로 두고(변제의 제공),[203]

---

203) 해상운송에서 변제의 제공이란 선박을 항구에 입항시키고 하역작업의 준비를 완료하여

운송물 수령에 대한 통지를 수하인에게 하여야 한다(상법 제802조). 그런 다음 수하인이 운송물을 수령함으로써 인도가 이루어진다. 수하인이 운송물을 수령하지 않으면 수령지체가 되어 채권자지체의 문제가 발생한다. 변제의 제공만으로 운송물에 대한 인도가 이루어졌다고 할 수 없다.[204] 수하인의 운송물 수령이라는 사실이 있는 경우에 인도는 완성된다고 할 수 있다. 그런데, 상법 제802조에 따르면, 개품운송의 경우 운송물의 도착통지를 받은 수하인은 당사자 사이의 합의 또는 양륙항의 관습에 의한 때와 곳에서 지체없이 운송물을 수령하여야 한다고 하므로 개품운송에 있어서 인도의 시기는 당사자 사이에 합의한 때 또는 양륙항에 관습이 있다면 그때라고 해석된다.

인도는 사법상의 개념으로서 그 운송물에 대한 사실상의 지배의 이전(사실상의 점유의 이전)이라는 사실관계에 터잡아 판단되어야 한다고 대법원은 판시하고 있다(대법원 1996.3.12. 선고 94다55057 판결).

수령지체가 되면 운송인의 의무와 책임은 감경되지만 의무를 완전히 면하는 것은 아니다. 우리 상법은 1991년 개정시 공탁이외에 세관 기타 법령이 정하는 관청의 허가를 받은 곳에 인도할 수 있고, 이 경우 지체없이 수하인에게 그 통지를 발송하여야 하고 이러한 인도를 하면 선하증권 소지인이나 수하인에게 운송물을 인도한 것으로 간주하는 규정을 두게 되었다(제803조). 2007년 개정상법에도 이는 그대로 유지되었다.

운송인은 두 개의 인도의무를 부담한다. 하나는 운송계약에 따라 운송물을 인도할 의무이고 다른 하나는 선하증권이 발행되면 이와 상환하여 운송물을 인도할 의무이다.

(2) 운송계약에 따른 인도의무

상법 제795조 제1항은 운송인에게 운송물의 인도의무를 부과하고 있다. 운송인은 양륙항의 지정된 장소에서 수하인에게 운송물을 인도하여야 한다.

항해용선계약의 경우 FIO약정에 따라 수하인이 선임한 하역업체가 선박에서 운송물을 하역하여 부두에 내려 놓을 때 운송물의 인도가 이루어지는 것이 일반적이다. 그런데, 화물은 여러 상황에 따라서 현실적인 인도가 일어나지 않는 경우

주는 것이다. 정기선의 경우에는 운송인이 하역작업을 행하므로 하역작업을 마친 다음 수하인이 운송물을 수령하도록 준비하여 주는 것이다.

204) 특정물 인도채무의 경우에는 채권자지체가 있다고 하여 채무자의 인도의무가 면하여지는 것은 아니다. 그러므로 운송인이 점유하고 있는 특정물인 운송물의 인도자체의 의무가 면제되는 것은 아니다. 곽윤직, 전게 채권총론, 277면; 채이식, 전게논문, 768면.

가 있다. 수하인이 나타나지 아니하고, 선박은 다음 스케쥴이 예정되어 있는 경우에 선장은 화물을 부두에 내려두고 출항할 수밖에 없다. 그리고, 현실적으로는 관세법상 수입화물은 보세창고에 입고되는 것이 대부분이다. 이러한 경우에 운송인의 인도의무가 어느 시점에서 종료되었다고 보아야 하는지가 문제된다. 수하인이 나타나지도 않았음에도, 화물을 선측에 양륙하여 부두에 두었다고 하여 화물의 인도가 종료되었고 따라서 운송인은 상법 제795조 제1항의 주의의무를 다하였다고 말할 수는 없다.

(3) 선하증권이 발행된 경우

다음 개품운송의 경우를 포함하여 선하증권이 발행된 경우를 본다. 선하증권이 발행되면 운송인은 선하증권의 상환증권성과 관련하여 선하증권과 상환하여서만 운송물을 인도할 의무와 권리가 있다(상법 제129조, 제861조). 만약 선하증권상 운송인의 책임기간을 CY/CY로 한 경우에 운송인이 운송물을 단순히 CY에 양륙하였다고 하여 운송인의 인도에 대한 책임이 종료되는지가 문제된다. 그런데 상법 제795조(운송물에 대한 주의의무)는 강행규정이다. 즉, 상법 제799조 제1항은 상법 제794조 내지 제798조의 규정에 반하여 운송인의 의무 또는 책임을 경감 또는 면제하는 당사자간의 특약은 효력이 없다고 한다. 그러므로, 운송인이 부담하는 인도의무는 CY에 운송물을 내려둔다고 종료되는 것이 아니라 정당한 선하증권의 소지인에게 화물을 인도할 때 비로소 종료되는 것으로 해석된다.

헤이그비스비 규칙에 의하면 운송인의 운송물에 대한 주의의무에 인도의무는 포함되지 않는다(헤이그비스비 규칙 제3조 제2항).

2. 運送物 不法引渡

(1) 상법상 運送物引渡의 정상적인 절차

운송물이 수하인에게 인도되지 않은 경우에 운송인이 이를 보세창고에 입고하고 출항하는 경우를 살펴본다. 운송인은 창고업자와 임치계약을 체결하게 되고 창고업자는 수치인으로서, 운송인은 임치인으로서의 의무와 권리를 각각 가지게 된다. 이때 원칙적으로는 창고업자는 운송인에게 창고증권을 발행하여 준다(상법 제156조). 이 창고증권은 목적물반환청구권을 표창하고 있는 유가증권의 일종이다(상법 제157조). 그러므로 운송인은 송하인의 대리인으로서 창고증권을 소지하고 있다가 정당한 수하인에게 이를 인도하면 수하인은 창고증권을 가지고 창고에서 운송물을 찾아가게 될 것이다. 운송인의 인도의무도 창고증권을 수하인에게 교부할 때에 종료하게 된다.

선하증권이 발행된 경우에는 운송인은 선하증권과 상환하여 창고증권을 선하증권소지인에게 교부하게 되고 이때 운송인의 운송물 인도의무는 종료하게 될 것이고, 선하증권의 소지인은 이를 창고에 제출하고 운송물을 찾아가게 된다. 창고증권이 발행되지 아니한 경우에는 운송인이 선하증권과 상환하여 인도지시서를 발행하여 수입자에 교부하여 보세창고에 대한 운송물반환청구권을 양도하는 때에 운송물의 인도가 이루어진다.[205]

(2) 관세법상 운송물인도절차

관세법상 수입화물이 보세창고에 입고되어지는 경우, 창고에 대한 배정권은 수하인이 갖는다(보세화물관리에관한고시 제4조 제1항). 상법상 정당한 수하인이란 선하증권이 발행된 경우에는 선하증권의 정당한 소지자이지만, 여기에서 말하는 수하인이란 實貨主로서 선하증권에 통지처로 기록되는 자이다. 선박의 대리점은 실화주가 배정한 창고에 화물을 입고하는 절차를 밟게 된다. 그러므로, 창고업자와 任置契約을 체결하는 자는 사실상 실화주가 된다. 그리고 실화주가 창고사용료도 지급한다. 그러므로, 창고업자는 실화주의 통제하에 놓이게 된다고 볼 수 있다.

세관은 실화주가 통관의 절차를 마치고 화물을 반출하겠다고 하면, 간소화된 서류를 확인하고 화물 반출을 허가한다. 현재 이러한 세관의 확인 서류에는 화물인도지시서(D/O)가 포함되어 있지 않다.

(3) 運送物 不法引渡에 이르는 경위

운송물불법인도사고에 있어서 통상 신용장개설은행이 원고가 된다. 수입자의 부탁으로 신용장을 발행한 은행은 지시식 선하증권상 수하인으로 지정된다. 그리고 실화주인 수입업자는 통지처로 표시된다. 무역실무상, 화물이 양륙항에 도착하게 되면, 화물은 통관을 위하여 보세창고에 대기하게 된다. 화물의 도착통지를 받은 수입업자는 화주로서 보세창고에 화물을 입고한다. 선하증권이 발행된 경우에는 선하증권과 상환하여 운송물을 인도하여야 하는 운송인의 의무는 계속 존재하게 된다.

보세창고가 없을 때에는 自家보세장치장에 화물을 보관하게 되는바, 이때 자가보세장치장은 수하인인 실수요자가 지정하도록 보세장치장 시행세칙에서 정하고

205) 이진홍, "보세구역에서 무단반출된 수입화물과 관련된 법률관계", 국제거래법연구 제8집(1999), 315면. 그런데, 이중임치론에 따르면 운송인은 창고업자를 이행보조자로 하여 운송물을 여전히 점유하고 있으므로 인도는 창고업자로부터 운송물을 수입자가 실제로 인도받을 때 일어난다고 볼 여지도 있다.

있다. 이때 선하증권은 수출자 측에 존재하는 신용장개설은행의 거래은행을 거쳐서 화환의 형태로 신용장 개설은행의 수중에 있게 된다. 즉, 수출자 측으로부터 화환어음의 제시를 받은 거래은행은 선하증권과 상환하여 대금을 지급하였고, 이를 그대로 신용장 개설은행에게 릴레이하고 자신은 다시 대금을 회수하여 간 것이다. 신용장 개설은행은, 수입업자가 선하증권없이는 화물의 인도를 받지 못하므로 자신에게 대금을 지급하고 선하증권을 찾아가리라고 기대하고 있다. 즉, 선하증권이 대금에 대한 담보로서 기능하고 있는 것이다.

창고업자와 사실상 임치계약을 체결하고 있는 자는 실화주이고 실화주가 창고사용료를 지급하고 이들 양자는 오랜 교류가 있었기 때문에, 창고업자는 실화주의 영향력하에 놓이게 된다. 이때 실화주가 선박회사의 화물인도지시서가 없어도 세관에서 화물을 인도하여주는 사정을 이용하여, 자신과 임치계약관계에 있는 창고업자로부터 화물을 반출하게 된다. 타소장치장 등 보세창고의 업자들은 운송인과 계약관계에 있는 것이 아니라 수하인과 임치계약의 관계에 있게 된다. 그러므로 수하인이 화물을 반출하겠다고 하면 별다른 저항감없이 화물을 내어주게 된다. 신용장 개설은행은 뒤늦게서야 자신의 화물이 반출되었음을 알게 되고, 실화주인 수입업자를 찾게 되나, 수입업자는 보통 행방을 감춘 다음이다. 이제 은행은 운송인과 창고업자를 상대로 소를 제기하게 된다.

이와 같이 실화주가 정당한 선하증권의 소지자가 아닌 경우에 문제가 발생하게 된다. 즉, 선하증권이 발행된 경우에 은행이 여전히 선하증권을 소지하고 있으면서 실화주가 대금을 지급하고 선하증권을 찾아가기를 기다리고 있는 상황에서, 실화주가 운송물을 창고업자로부터 반출하게 되면 선하증권의 소지자는 자신의 운송물을 잃어버리게 된다.[206] [207]

(4) 大法院의 입장

위와 같은 운송물불법인도사고에 대하여 대법원은 운송인과 창고업자에게 책임을 부과하고 있다. 대법원은 창고업자와 운송인 사이에도 임치계약이 있다고 이

206) 정당한 상법상의 절차가 작동되게 하려면, 세관이 화물을 반출할 때에 운송인으로부터의 화물인도지시서가 있는지를 확인하여야 할 것이다. 인도지시서가 첨부되었다는 것은 실화주인 수입자가 수입품인 통관물건에 대한 대금을 선하증권과 상환하여 은행에게 지급하고 이 선하증권을 선하증권의 발행인이면서 운송물의 직접점유자인 선박회사에게 제출하였다는 것을 의미하는 것이다. 그런데, 관세법상 이러한 의무를 세관이 부담하지 않는다. 이러한 제도상의 미비점을 실화주가 악용하여 많은 운송물 불법반출사건이 발생하고 있다.

207) 최근의 운송물불법인도 사건으로는 대법원 2014.5.9. 선고 2014마223 결정이 있다. 운송인의 운송물불법인도책임을 전제로 운송인의 책임제한 가능여부가 다투어졌다.

론 구성을 하고 있다. 비록 창고업자와 실화주 사이에 임치계약이 있다고 하더라도, 이와는 별도로 운송인과 창고업자 사이에 또 다른 임치계약이 있다는 것이다. 소위 二重任置理論이다.[208]

[판례소개](대법원 2009.10.15. 선고 2009다39820 판결)

한국의 수입자가 중국의 수출업자로부터 수산물을 수입하게 되었다. 운송물이 보세창고에 보관되어 있던 중에 실수입자가 보세창고업자에게 마스터 인도지시서를 제기하고 운송물의 인도를 요구하에 이에 응하여 창고업자는 운송물을 인도하였다. 대금을 지급받지 못한 수출자는 선하증권(하우스)의 소지자로서 불법행위책임을 보세창고업자에게 제기하였다.

대법원은 "해상운송화물이 통관을 위하여 보세창고에 입고된 경우에는 운송인과 보세창고업자 사이에 해상운송화물에 관하여 묵시적 임치계약이 성립한다고 할 것이고, 따라서 보세창고업자는 운송인과의 임치계약에 따라 운송인 또는 그가 지정하는 자에게 화물을 인도할 의무가 있고, 한편, 운송인은 선하증권의 수하인이나 그가 지정하는 자에게 화물을 인도할 의무가 있으므로, 보세창고업자로서는 운송인의 이행보조자로서 해상운송의 정당한 수령인인 수하인 또는 수하인이 지정하는 자에게 화물을 인도할 의무를 부담하게 되는바, 보세창고업자가 화물을 인도함에 있어서 운송인의 지시없이 수하인이 아닌 사람에게 인도함으로써 수하인의 화물인도청구권을 침해한 경우에 그로 인한 손해를 배상할 책임이 있다. 또한 보세창고업자가 해상운송화물의 실수입업자와의 임치계약에 의하여 화물을 보관하게 되는 경우, 운송인 또는 그 국내 선박대리점의 입장에서는 해상운송화물이 자신들의 지배를 떠나 수하인에게 인도된 것은 아니고 보세창고업자를 통하여 화물에 대한 지배를 계속하고 있다고 볼 수 있으므로, 보세창고업자는 해상운송화물에 대한 통관절차가 끝날 때까지 화물을 보관하고 적법한 수령인에게 화물을 인도하여야 하는 운송인 또는 그 국내 선박대리점의 의무이행을 보조하는 지위에 있다고 할 것이다."라고 판시하였다.

대법원은, 창고업자가 선하증권과 상환하지 않고 실화주에게 운송물을 인도한 것은 선하증권 소지인의 권리를 침해하는 중과실로서 창고업자는 불법행위책임을 부담하게 되고(대법원 1991.8.27. 선고 91다8012 판결; 대법원 2000.11.14. 선고 2000다30950 판결), 창고업자를 이행보조자로 하고 있는 운송인은 그 본인으로서 선하증권소지인에게 운송계약불이행으로 인한 손해배상책임을 부담하여야 하고, 또한

208) 대법원 2004.1.27. 선고 2000다63639 판결(판례공보 2004, 378면)에서 대법원은 항공운송을 통한 수입화물이 통관을 위하여 보세창고에 입고되는 경우에는 운송인과 보세창고업자 사이에 묵시적 임치계약이 성립한다고 판시하였다. 하나의 수입화물에 대하여 실수입자와 보세창고업자 사이의 명시적 임치계약 이외에 운송인과 보세창고업자 사이의 묵시적 임치계약이라는 두 가지 임치계약이 성립한다는 것이다. 이것이 이중적 임치이론으로 불린다. 이에 대한 자세한 논의는 최종현, "보세창고업자의 화물 불법인도에 대한 운송인의 채무불이행책임", 한국해법학회지 제27권 제2호(2005.11.), 282면을 참고 바람. 대법원 2007.6.28. 선고 2005다22404 판결에서도 이중적 임치이론이 인정되었다; 최종현, 263면.

운송인은 선하증권 소지인의 권리를 침해한 것이므로 불법행위로 인한 손해배상 책임을 부담한다고 한다. 용선된 선박의 경우에 운송인이 아닌 선박소유자가 자신의 선장에게 선하증권과 상환 없는 운송물 인도를 지시한 경우에는 선박소유자도 선하증권소지인에 대하여 불법행위 책임을 부담한다(대법원 1999.4.23. 선고 98다13211 판결).

[판례소개](대법원 1999.4.23. 선고 98다13211 판결)

순차적으로 정기용선이 된 선박에서 선하증권의 회수없는 운송물의 인도에 대하여 정기용선자가 책임을 부담하겠다는 각서가 작성되었다. 선박소유자는 선장에게 이러한 사정을 근거로 선하증권과 상환없는 화물의 인도를 허락하였다. 실화주의 타소장치장에 있던 화물을 실화주가 임의로 처분하였다. 선하증권의 정당한 소지인인 은행이 선박소유자를 상대로 불법행위책임을 물었다.

대법원은 "해상운송인 또는 선박대리점이 선하증권과 상환하지 아니하고 운송물을 선하증권소지인이 아닌 자에게 인도하는 것은 그로 인한 손해의 배상을 전제로 하는 것이어서 그 결과 선하증권소지인에게 운송물을 인도하지 못하게 되어 운송물에 대한 그의 권리를 침해하였을 때에는 고의 또는 중대한 과실에 의한 불법행위가 성립되는 것이므로(대법원 1992.2.14. 선고 91다4249 판결; 대법원 1989.3.14. 선고 97다카1791 판결 등 참조),(중략) 선박소유자가 선박대리점을 통하여 선장에게 선하증권과 상환하지 않고 화물을 인도할 것을 지시하여, 이에 따라 선장이 선하증권 소지인이 아닌 사람에게 화물을 인도함으로써 그 화물이 멸실된 이상, 선박소유자로서는 선하증권의 정당한 소지인에 대하여 화물을 멸실하게 한 불법행위로 인한 손해배상의 책임을 져야 하고, 또 그러한 선박소유자의 인도지시가 수하인의 요청에 의한 것인지, 정기용선자의 요청에 의한 것인지에 따라 영향을 받을 것도 아니다."라고 하면서 선박소유자의 상고를 기각하였다.[209]

[판례소개](대법원 2000.11.14. 선고 2000다30950 판결)

창고업자가 선하증권을 회수하지 않고 선하증권상 통지처로 기재된 실화주에게 화물을 인도하였다. 이에 선하증권소지인이 창고업자에 대하여 손해배상을 제기하였다.

대법원은 "해상운송화물은 선하증권과 상환으로 그 소지인에게 인도되어야 하는 것이고 선하증권없이 화물이 적법하게 반출될 수는 없는 것이므로, 선하증권을 제출하지 못하여 운송인으로부터 화물인도지시서를 발급받지 못한 통지처의 요구에 따라 운송물을 인도하면 이 화물이 무단반출되어 선하증권의 소지인이 운송물을 인도받지 못하게 될 수있음을 예견할 수 있음에도 불구하고, 보세장치장 설영자가 화물인도지시서나 운송인의 동의를 받지 않고 화물을 인도함으로 말미암아 선하증권의 소지인이 입은 손해에 대하여 불법행위에 기한 손해배상책임을 진다고 할 것이다."라고 판시하였다.[210]

209) 판례공보(1999), 989면.
210) 판례공보(2001), 33면.

3. 運送物의 引渡時點

(1) 일 반

우리나라에 수입되는 화물은 모두 보세창고에 입고되게 된다. 대법원은 보세창고의 종류에 따라 운송물의 인도에 대하여 다른 입장을 취하고 있다.

보세창고는 두 가지가 있다. 하나는 자가용보세장치장(自家장치장)이고,[211] 하나는 일반보세창고이다.

(2) 자가보세장치장

자가보세장치장은 실화주가 세관에 허락을 얻어서 장치하는 곳이다. 자가보세장치장은 통상 수입자의 공장구내에 있고 창고의 관리도 보세사 자격을 가진 수입자의 직원이 하므로 운송인은 자가장치장에 입고된 운송물에 대하여 아무런 통제권을 가지지 못한다. 그러므로, 자가보세장치장에 화물이 입고되면 그 순간에 화물에 대한 현실적인 인도는 이루어지는 것으로 해석된다(대법원 1988.9.27. 선고 84다카1639 판결; 대법원 1990.2.13. 선고 88다카23735 판결; 대법원 1996.3.12. 선고 94다55057 판결).[212] 그런데, 선하증권이 발행된 경우에는 선하증권과 상환하여 화물을 인도할 운송인의 의무는 여전히 존재하므로, 운송인은 선하증권을 소지하지 않은 실화주의 자가보세장치장에 화물을 입고한 순간에 선하증권 소지인의 권리를 침해한 것이 된다.

컨테이너 화물의 경우 컨테이너 야드에서 운송물이 자가보세장치장으로의 보세운송을 위하여 운송물이 반출될 때 인도가 일어난다(대법원 1995.9.15. 선고 94다61120 판결; 대법원 1996.3.12. 선고 94다55057 판결).

(3) 일반보세장치장

일반보세장치장에 입고되는 경우에는 운송인이 여전히 화물에 대한 점유를 하고 있다고 대법원은 판시하고 있다(대법원 1992.2.14. 선고 91다4249 판결; 대법원 1992.9.18.자 92모22 결정; 대법원 2005.1.27. 선고 2004다12394 판결; 대법원 2006.12.21. 선고 2003다47362 판결). 즉, 대법원은 “선하증권 소지인이 아닌 선하증권상의 통지처의 의뢰를 받은 하역회사가 양하작업을 완료하고 화물을 하역회사의 일반보세창고에 입고시킨 사실만으로는 화물이 운송인의 지배를 떠난 것이라고 볼 수 없고, 이러한 경우 화물의 인도시점은 운송인 등의 화물인도지시서에 의하여 화물이 하

---

211) 자가용보세장치장의 일종으로서 보세구역이 아닌 장소를 他所장치장이라고 한다.

212) 이진홍, 전게논문, 316면; 김갑유, “해상운송에 있어서의 화물의 인도시점”, 사법행정 제34권 제7호(1993.7.), 55면.

역회사의 보세장치장에서 출고된 때라고 할 것이다."고 한다(대법원 2000.11.14 선고 2000다30950 판결).[213] 그러므로, 보세장치장에 화물이 있던 중에 불법반출된 경우에는 운송인이 인도의무를 다하지 못한 것이 된다.

<예제 17> 甲 선박의 선장은 화물을 회사의 지시에 따라 乙 보세창고에 입고시켰다. 그런데, 乙 보세창고업자는 실화주 丙과 공탁하여 화물을 빼돌렸다. 선하증권의 소지자인 丁 은행은 나중에야 이를 알고 운송인에게 손해배상청구를 하였다. 운송인은 손해배상책임을 부담하는가?

운송인은 운송물을 인도하여야 할 상법상 주의의무를 부담할 뿐만 아니라, 운송물을 선하증권과 상환하여서 인도할 의무를 부담한다. 우선 선장의 입장에서는 보세창고에 입고하면 보세창고에서 선하증권과 상환하여 운송물을 선하증권소지인에게 지급할 것으로 생각하였을 수 있다. 운송인의 입장에서는 운송의 인도의무를 다하기 위하여 창고업자를 자신의 이행보조자로 이용하고 있고, 창고업자가 선하증권과 상환하지 못하고 운송물을 내어주었으므로 이는 중과실이고, 운송인은 이행보조자의 과실에 대하여 본인으로서 계약상의 책임을 부담하여야 한다. 또한 운송인은 피용자인 창고업자의 고의과실로 인한 불법행위에 대하여 자신이 사용자로서 책임을 부담할 수 있다.

(4) FIO 약정의 경우

FIO(Free In and Out)의 특약이 있고 자가용보세장치장에 입고된 경우 운송물의 인도는 선상에서 발생한다. 이때 운송인은 선하증권의 소지인과 증권을 상환하여서 운송물을 인도하여야 할 의무가 있다(대법원 2004.10.15. 선고 2004다2137 판결).[214] 그런데 FIO약정에 따른 하역작업을 수하인 측에 하더라도 자가보세장치장이 아닌 영업용 보세창고에 입고되는 경우에도 인도가 선상에서 일어나는지에 대하여는 의문이 있었다. 그런데, 대법원은 FIO약정이 있어도 영업용 보세창고에 입고된 경우에는 운송인 등의 화물인도지시서에 의하여 화물이 영업용 보세창고에서 출고된 때에 인도가 일어난다고 보았다(대법원 2015.4.23. 선고 2012다115847 판결).

[판례소개](대법원 2004.10.15. 선고 2004다2137 판결)

FIO 계약과 관련된 사안에서 수하인의 하역업자에 의하여 운송물이 양륙되어 자가보세장치장에 입고된 경우에 선하증권과 상환하지 않았다면 이때 이미 불법행위가 선상에서 일어나 그 뒤에 창고업자의 무단화물방출은 또다른 불법행위가 성립되는지 혹은 성립되지 않는지가 쟁점이 되었다. 선하증권 소지인에게 손해배상을 한 운송인이

---

213) 판례공보(2001), 32면.

214) 여기에 대한 판례평석으로는 김인현, "FIO계약조건과 그 유효성 및 선상도의 법률관계", 상사판례연구 제19집 제1권(2006), 157면 이하; 문광명, "FIO특약과 선상도", 한국해법학회지 제29권 제1호(2007.4.), 83면 이하가 있다.

원고가 되어 구상청구를 창고업자에게 제기한 사안이다.

대법원은 "해상운송에 있어서 선하증권이 발행된 경우 운송인은 수하인, 즉 선하증권의 정당한 소지인에게 운송물을 인도함으로써 그 계약상의 의무이행을 다하는 것이 되고, 그와 같은 인도의무의 이행방법 및 시기에 대하여는 당사자간의 약정으로 이를 정할 수 있음은 물론이며, 만약 수하인이 스스로의 비용으로 하역업자를 고용한 다음 운송물을 수령하여 양륙하는 방식(이른바 '船上渡')에 따라 인도하기로 약정한 경우에는 수하인의 의뢰를 받은 하역업자가 운송물을 수령하는 때에 그 인도의무의 이행을 다하는 것이 되고, 이때 운송인이 선하증권 또는 그에 갈음하는 수하인의 화물선취보증서 등(이하 "선하증권 등"이라고 함)과 상환으로 인도하지 아니하고 임의로 선하증권상의 통지처에 불과한 실수입업자의 의뢰를 받은 하역업자로 하여금 양하작업을 하도록 하여 운송물을 인도하였다면 이로써 선하증권의 정당한 소지인에 대한 불법행위는 이미 성립하는 것이고, 달리 특별한 사정이 없는 한 위 하역업자가 운송인의 이행보조자 내지 피용자가 된다거나 그 이후 하역업자가 실수입업자에게 운송물을 전달함에 있어서 선하증권 등을 교부받지 아니하였다 할지라도 별도로 선하증권의 정당한 소지인에 대한 불법행위가 성립하는 것은 아니라고 할 것이다.

원심이 적법하게 확정한 바와 같이, 이 사건 해상운송계약이 운송물의 인도시기 및 방법과 관련하여 수출자가 운임을 부담하되 운임이외의 운송과 관련된 비용과 하역비용은 수하인이 부담하는 소위 C&F, FO(Cost and Freight, Free Out)조건으로 체결된 것이라면 운송물을 하역하는 것은 운송인의 의무가 아니라 수하인의 의무라 할 것이다. 피고(창고업자)가 실수입업자인 K와의 보세운송계약에 따라 피고의 출자회사 중 하나인 S로 하여금 이 사건 운송물을 하역하게 하였다면 피고는 수하인의 이행보조자로서 양하시점에 원고로부터 이사건 운송물을 수령한 것에 불과하고, 원고(운송인)의 이행보조자 내지 피용자에 해당한다고 볼 수 없다. 이처럼 원고가 선하증권을 상환받을 때까지 운송물의 양륙작업을 거절하지 아니하고 실수입업자인 K의 편의를 위하여 이 사건 운송물을 K의 이행보조자인 피고에게 인도한 때에 선하증권의 정당한 소지인의 권리를 침해한 불법행위가 성립하는 것으로 보아야 하고, 달리 (생략) 피고가 선하증권과 상환하지 아니하고 이 사건 화물을 수하인의 자가 보세장치장까지 보세운송한 것이 선하증권소지인에 대한 관계에서 별도로 불법행위가 된다고 할 수 없다.

피고가 불법행위책임을 부담함을 전제로 원고에 대한 관계에서 구상책임을 인정한 원심의 판단에는 해상운송계약에 있어서 운송물의 인도시점에 관한 법리를 오해한 위법이 있고, 이는 판결결과에 영향을 미쳤으므로 이 점을 지적하는 상고이유의 주장은 이유있고, 따라서 원심을 파기환송한다."고 판시하였다.[215)]

[판례소개](대법원 2015.4.23. 선고 2012다115847판결)

<영업용보세장치장에 입고된 운송물은 FO약정이 있어도 창고에서 인도됨>

FO약정이 있는 경우 선상에서 인도가 일어나므로 이때 선하증권과 상환할 의무가 운송인에게 부과되게 된다는 판결이 있었다. 그런데, 본 사안에서는 영업용보세창고에 운송물이 입고된 경우였다. 운송물이 창고에서 불법인도되자 화주는 창고업자에게

215) 판례공보(2004), 1821면.

손해배상책임을 묻게 되었다. 만약, 위 대법원 판결대로라면 인도는 선상에서 발생한 것이므로 더 이상 창고업자가 책임을 부담하지 않게 되었다.

대법원은 아래와 같이 판시하였다.

운송인은 화물을 선하증권 소지인에게 선하증권과 상환하여 인도함으로써 그 의무의 이행을 다하는 것이므로 선하증권 소지인이 아닌 선하증권상의 통지처의 의뢰를 받은 하역회사가 양하작업을 완료하고 화물을 영업용 보세창고에 입고시킨 사실만으로는 화물이 운송인의 지배를 떠난 것이라고 볼 수 없다. 이러한 경우 화물의 인도시점은 운송인 등의 화물인도지시서에 의하여 화물이 영업용 보세창고에서 출고된 때라고 할 것이다.

(중략) 그렇다면 보세창고업자인 피고가 선하증권의 소지인이 아닌 통지처의 의뢰를 받아 이 사건 화물을 양하하여 자신의 영업용 보세창고에 입고한 이 사건에서, 이 사건 운송계약이 FO조건으로 체결되어 수입자 乙의 의뢰와 비용부담으로 양하작업이 이루어졌다고 하더라도 이로써 이 사건화물이 양하되는 즉시 운송인의 지배를 떠났다고 볼 수 없다.

그런데도 이와 달리 원심이 운송계약의 FO조건이 곧 선상도 약정에 해당하고, 이 사건 화물이 영업용 보세창고에 보관되었다고 하더라도 평택항에서는 화물인도지시서 등을 받아야 화물이 출고되는 관행이 존재한다고 볼 수 없으므로 운송인이 피고에게 이 사건 화물을 인도한 때에 그 인도의무를 다하였다는 이유로 피고의 불법행위가 성립하지 않는다고 판단하였으니, 결국 원심판결에는 FO조건의 해상운송화물의 인도에 관한 법리를 오해하여 필요한 심리를 다하지 아니함으로써 판결에 영향을 미친 위법이 있고, 이를 지적하는 취지의 상고이유 주장은 이유 있다.

원심이 인용한 대법원 2004.10.15. 선고 2004다2137 판결은 화물이 실수입업자의 의뢰를 받은 하역업자에 의하여 양하 및 보세 운송되어 자가보세장치장에 입고된 사안에서 FO조건에 따라 선상도가 이루어졌다고 판단한 것으로, 이 사건과 사안을 달리하여 이 사건에 원용하기에 적절하지 아니하다.

(5) 액체화물의 경우

액체화물의 경우에는 실수입자들이 액체화물 창고를 임대하여 사실상 지배하고 있기 때문에 마치 자가보세장치장과 같은 지위에 있다고 본다.[216] 따라서 창고에 입고될 때 인도가 일어나는 것이 되고 이때 운송인은 선하증권과 상환하여야 한다. 유류화물 운송의 경우 약정에 따라 유조선 갑판구의 영구 호스 연결점을 지날 때 인도가 일어난다(대법원 2009.10.15. 선고 2008다33818 판결).

[판례소개](대법원 2009.10.15. 선고 2008다33818 판결)

甲(수입자)은 홍콩의 乙(수출자)로부터 가스오일을 수입하였다. 원고 은행은 甲을 수익자로 하여 신용장을 발행하였다. 피고 운송인 丙은 甲과 항해용선계약을 체결하였다. 한편, 항해용선계약서 제10조에 따르면, “화물은 용선자의 비용, 위험 및 책임하

216) 동지 신현탁, 보세창고업자의 법률관계(고려대학교 법학석사학위논문, 2004.12.), 103면.

에 본선에로 펌프로 선적되고, 본선의 비용으로 펌프를 이용하여 양륙된다. 다만, 본선의 위험과 책임은 용선자 혹은 그 수하인이 화물인도를 받아야 하는 본선에 영구적으로 부속된 호스의 연결점까지만 미친다."고 정하였다. 온산항에 도착한 가스오일은 창고업자 丁이 소유하는 탱커 터미널에 입고되어졌다. 통관절차를 마친 후 甲은 피고 丁에게 화물의 반출을 요청하자, 丁은 甲으로부터 면책각서를 수령한 다음 B/L과 상환없이 화물을 반출하여 주었다. B/L 소지인인 원고 은행은 손해배상청구를 창고업자 丁(피고)에게 제기하였다.[217] 丁은 액체화물의 경우 운송물의 인도는 선상(船上)에서 이루어지므로 선상에서 운송물을 인도할 때 운송인이 B/L과 상환할 의무가 있으므로 이때 B/L을 회수하지 못한 운송인이 그 당시에 이미 불법행위를 하여 원고에 대하여 불법행위상의 책임을 부담하는 것이고, 그 이후에 자신의 행위가 다시 불법행위를 구성하는 것은 아니라고 주장하였다.

대법원은 아래와 같이 판시하였다.

유류화물은 일반 컨테이너 화물과 달리 운송인이 수입업자인 용선자(수입업자)와 사이에 국제적으로 표준화된 용선계약 양식에 따라 항해용선계약을 체결하고, 유조선이 도착항에 도착한 후 유조선의 파이프 라인과 육상 저장탱크의 파이프 라인을 연결하는 유조선 갑판 위의 영구 연결점에서 유류화물을 인도하는 것으로 약정하는 것이 일반적이다. 따라서 이와 같은 약정에 따라 운송인이 유조선 도착후 갑판 위의 영구 호스 연결점을 통하여 수입업자가 미리 확보한 육상의 저장탱크에 연결된 파이프 라인으로 유류화물을 보낸 경우에,(중략) 창고업자는 운송인의 유류화물 운송 내지 보관을 위한 이행보조자의 지위에 있다고 할 수 없으므로, 유류화물이 위 영구호스 연결점을 지나는 때에 운송인의 점유를 떠나 창고업자를 통하여 수입업자에게 인도된 것으로 보아야 한다(대법원 2004.10.15. 선고 2004다2137판결 참조).[218]

4. 船舶代理店과 倉庫業者와의 관련성

선박대리점은 선박회사의 위임을 받아 선박기항시 필요한 업무를 대행하는 자이다. 선적항에서 선하증권의 발급을 하고 양륙항에서 선하증권과 상환하여 운송물을 인도할 때 인도지시서를 발급하기도 한다. 특히, 양륙항에서 선하증권을 인도할 때 운송인의 피용자로 인정되는 창고업자의 감독과 관련하여 법적 분쟁에 놓이게 된다. 대법원은 선박대리점과 창고업자와의 관계에 대하여 전자는 후자의 사용자의 지위에 있지 않다고 판결하였다(대법원 2005.1.27. 선고 2004다12394 판결). 영업용 보세창고(일반 보세장치장)업자는 독립된 사업자로서 자신의 책임과 판단에 따라 화물을 보관하고 인도업무를 수행하기 때문이다.

---

217) 운송인 C에게도 소가 제기되었고, 운송인은 구 상법 제811조(현행 상법 제814조 제1항)의 제척기간의 도과의 항변을 주장하였다. 이에 대하여는 지면 관계상 생략한다.

218) 이 판결에 대한 평석으로는 윤기창, "해상화물의 인도시기에 관한 고찰", 한국해법학회지 제32권 제1호(2010.4.), 79면 이하; 김인현, "2009년도 해상법 등 중요 판례 평석", 한국해법학회지 제32권 제2호(2010.11.), 359면 이하를 참고 바람.

[판례소개](대법원 2005.1.27. 선고 2004다12394 판결)

운송인의 선박대리점은, 실수입자인 G의 요청에 따라 이 사건 화물을 K가 운영하는 보세창고에 입고시켰다. G는 영업용 보세창고인 K와 공모하여 위 보세창고에서 이를 무단 반출하여 화물이 멸실되었다. 이에 이 화물에 대한 선하증권을 소지하고 있던 우리 은행이 선박대리점과 운송인인 해운회사(원고)에게 불법행위책임을 묻는 소를 제기하였다.[219] 원고들은 선박대리점(피고)이 영업용보세창고로부터 자신들 발행의 화물인도지시서가 없이는 화물을 출고하지 않겠다는 내용의 각서가 있다는 점을 불법행위청구의 근거로 하였다.

대법원은 2005.1.27. (1) 불법행위책임의 성립에 대하여 "해상화물운송에서 선하증권이 발행된 경우 그 화물은 선하증권과 상환으로 선하증권의 소지인에게 인도되어야 하는 것이므로 운송인 또는 그 국내 선박대리점이 선하증권의 소지인이 아닌 자에게 화물을 인도함으로써 멸실케한 경우에는 선하증권의 소지인에 대하여 불법행위에 기한 손해배상책임을 진다고 할 것이지만, 운송인의 국내선박대리점이 실수입업자의 요청에 의하여 그가 지정하는 영업용 보세창고에 화물을 입고시킨 경우에는 보세창고업자를 통하여 화물에 대한 지배권을 계속하고 있다고 할 것이어서 운송인의 국내선박대리점이 선하증권의 소지인이 아닌 자에게 화물을 인도한 것이라거나, 선하증권의 소지인에게 인도되어야 할 화물을 무단반출할 위험이 현저한 장소에 보관시킨 것이라고 할 수는 없으므로, 영업용 보세창고업자가 실수입자와 공모하여 보세창고에 입고된 화물을 무단반출함으로써 화물이 멸실되었다고 하더라도 선박대리점의 중대한 과실에 의하여 선하증권 소지인의 운송물에 대한 소유권이 침해된 것이라고는 할 수 없다."고 판시하였다. 사용자책임에 대하여, 대법원은 "영업용 보세창고업자가 수입화물의 실수입자와의 임치계약에 의하여 수입화물을 보관하게 되는 경우, 운송인 또는 그 선박대리점의 입장에서는 수입화물이 자신들의 지배를 떠나 인도된 것은 아니고 보세창고업자를 통하여 수입화물에 대한 지배를 계속하고 있다고 볼 수 있으므로, 보세창고업자는 수입화물에 대한 통관절차가 끝날 때까지 수입화물을 보관하고 적법한 수령인에게 수입화물을 인도하여야 하는 운송인 또는 그 선박대리점의 이행의무를 보조하는 지위에 있다고 할 수 있으나, 영업용 보세창고업자는 일반적으로 독립된 사업자로서 자신의 책임과 판단에 따라 화물을 보관하고 인도하는 업무를 수행하고, 운송인 또는 그 선박대리점의 지휘감독을 받아 수입화물의 보관 및 인도 업무를 수행하는 것이라고는 할 수 없으므로, 특별한 사정이 없는 한 운송인 및 그 선박대리점이 영업용 보세창고업자에 대하여 민법상 사용자의 지위에 있다고 볼 수는 없다."고 하면서 원심법원의 판결을 파기 환송하였다.

대법원은 무단방출을 방지하기 위한 위 각서에 대하여도 이는 불법행위책임이 있다는 주의를 촉구한 것에 지나지 않는다고 보았다.

5. 입 법 론

관세법상 보완책으로는 운송인이 보세창고를 배정하도록 하는 것이다. 이렇게 하면 보세창고는 운송인의 관리하에 놓이게 될 것이고, 선하증권과 상환없는 화

219) 법원공보(2005), 305면.

물인도는 하지 않게 될 것이다. 그러나, 현실적으로는 운송인보다는 실화주가 창고배정을 하는 것이 경제적으로 효율적이라고 생각되어지므로 이러한 관세법의 개정은 쉽지않을 전망이다. 다음으로는 관세법상 화물인도지시서를 받은 다음에야 화물을 인도할 의무를 보세창고에 부과하고, 화물반출에 있어서도 세관은 이를 확인하도록 하는 것이다.

상법상으로는 운송인의 운송물에 대한 인도종료간주 규정을 두는 것이다. 예컨대, 관계법령이 정하는 보세창고 등에 화물을 입고하면 그 순간 운송물을 정당한 수하인에게 인도한 것으로 간주한다는 규정을 상법에 두는 것이다. 이렇게 되면 선하증권 소지인의 권리가 침해될 소지가 있게 되는 문제점이 있다. 그러므로, 사고를 이원화하여, 첫째, 수하인 측에 귀책사유가 있는 경우 예컨대, 수하인의 수령해태(상법 제803조 제1항), 수하인 확지불가능이나 수하인의 수령거부(동 제2항)에는 관계법령에 따른 보세창고에 운송물을 입고하고 그러한 사실을 송하인 등에게 통지함으로써 운송인의 인도의무는 종료하는 것으로 하고, 둘째, 정상적인 인도절차에서는 운송인은 보세창고에 입고하고 감수보존조치를 취하고 그러한 사실을 송하인에게 통지함으로써 운송인의 인도의무는 종료하는 것으로 하는 것이다.

제9 保證渡와 引渡指示書

1. 의 의

운송인은 선하증권을 발행함으로써 선하증권과 운송물을 상환하여 인도하여야 할 의무를 추가적으로 부담하게 된다. 그러나 현실적으로 선하증권과 상환은 쉽지 않기 때문에 대용수단으로서 운송물 인도지시서와 화물 선취보증장이 사용되고 있다. 이 두 가지는 모두 선하증권과 동일한 효력은 있지 않다.

2. 保 證 度

(1) 개 념

한국과 일본 사이의 해상운송에 있어서와 같이 운송기간이 짧은 경우에는 선하증권보다도 운송물이 먼저 도착한다. 이 경우에 선하증권의 상환증권성으로 인하여 수하인은 화물을 인도받지 못하게 되어 경제적으로 손실을 입게 된다. 이러한 단점을 보완하기 위하여 만들어진 것이 貨物先取保證狀(Letter of Guarantee: L/G, 혹은 Letter of Indemnity: L/I)이다.[220] 선하증권과 상환함이 없이 운송인이 화물을 인도하여도 문제가 발생하면 은행이 운송인이 입게 되는 손해를 배상하여 주겠다는 것을 보증하는 내용이다. 운송인이 선하증권과 상환하지 않고, 은행이 발급한 화물선취보증장만을 수령하고 수입업자(실화주)에게 화물을 인도하는 것을 보증도라고 한다.[221] 그런데, 보증장이 위조되어 선박에 제출되고 이를 근거로 화물이 인도되었다거나, 정당한 선하증권 소지인이 운송물인도를 요구하면 운송인은 불법행위 책임을 부담하는 문제가 발생한다.

(2) 법적 효과

운송인이 보증도를 한 경우에, 정당한 선하증권 소지인과의 관계에서 운송인은 운송계약의 불이행으로 인한 채무불이행책임과, 운송물을 권리자 아닌 제3자에게 인도한 불법행위책임을 면하지 못한다(대법원 2009.10.15. 선고 2008다33818 판결).[222] 단거리 운송의 경우 운송물이 먼저 도착한 상황에 비추어 운송인이 가도 혹은 보증도를 하는 상관행이 있고 이 상관행에 의하여 채무불이행이 성립되지 아니하고 위법성이 조각된다는 주장이 있었지만,[223] 영업상 필요와 위법한 행위를 이용한 것 뿐이고 선하증권 소지인과의 관계에서는 이를 달리 정당화할 아무런 상관행도 찾아볼 수 없다고 생각한다.[224]

[판례소개](대법원 2009.10.15. 선고 2008다33818 판결)

액체화물을 운송한 운송인이 화물선취보증장(L/I)을 받고 운송물을 실화주에게 인도하였지만 선하증권의 소지인이 손해배상청구를 하자, 운송인은 L/I를 받고 운송물을 인도하였으므로 책임이 없다고 주장하였다.

대법원은 아래와 같이 판시하였다.

유류화물에 관하여 선하증권을 발행한 경우에 운송인은 다른 일반 화물의 경우와 마찬가지로 선하증권 소지인에게 유류화물을 인도하여야 한다. 그런데, 수입업자가 선하증권을 취득하기 전에 유류화물이 먼저 도착항에 도착하게 되면 운송인은 수입업자가 선하증권을 취득하여 제시할 때까지 유류화물을 인도할 수 없어 상당한 금액의 체선료가 발생되므로, 수입업자의 요청에 따라 운송인이 수입업자로부터 인도와 관련하여 운송인이 부담할 수 있는 모든 책임에 대하여 운송인을 면책시킨다는 내용의 면

---

220) 대법원은 면책각서라고 부르기도 한다(대법원 2009.10.15. 선고 2008다33818 판결).

221) 채이식, 292면. 보증도에 대한 자세한 내용은 김인현, "인도지시서와 화물선취보증장을 이용한 인도에 대한 소고", 한국해법학회지 제33권 제1호(2011.4), 71면 이하를 참고 바람.

222) 주석상법, 447면.

223) 이기수 교수는 보증도는 판례도 그 유효성을 인정하여 대표적인 상관습법으로 자리잡고 있다고 한다. 이기수 외, 512면.

224) 정동윤 교수는 보증도의 유효성은 인정하나, 운송인의 선하증권소지인에 대한 책임은 면제되지 않는다고 한다. 정동윤(하), 856면; 채이식, 292면; 최종현, "운송물의 인도와 관련된 제문제", 제3회 해상보험법에 관한 세미나(김&장 법률사무소)(1993. 3.5.), 3면.

책각서(Letter of Indemnity)만을 교부받은 채 선하증권과 상환하지 아니하고 수입업자가 정한 창고업자에 대하여 인도하는 때에 수입업자에 대한 인도가 종료되어 운송인은 유류화물에 대한 점유를 비롯한 사실상의 지배를 상실하게 되고, 운송인을 통하여 간접적으로 유류화물에 대한 점유를 하고 있던 선하증권 소지인 역시 유류화물에 관한 사실상의 지배를 잃게 되어 운송물에 대한 권리가 침해된다. 따라서 선하증권 소지인이 유류화물의 인도에 동의하였다는 등의 다른 사정이 없는 이상 운송인은 면책각서의 효력을 선하증권 소지인에게 주장할 수 없으므로, 운송인이 선하증권과 상환없이 수입업자로부터 위임받은 창고업자에게 유류화물을 인도함으로써 선하증권의 정당한 소지인이 유류화물에 대한 지배를 상실하는 등 운송물에 대한 권리를 침해당하는 손해를 입게 되어 선하증권 소지인에 대한 불법행위가 성립한다고 할 것이다.

운송물보다 늦게 도착한 선하증권이 은행의 수중에 들어가고 수입업자가 은행에게 대금을 지급하고 수령한 다음 이를 운송인에게 제출하면 아무런 문제없이 무역거래가 종료된다. 그런데, 보증장이 위조되었거나 수입업자가 은행에 가서 대금을 지급하여 선하증권을 회수하지 않게 되면 운송인은 정당한 선하증권의 소지자인 진정한 수입업자나 혹은 은행에 대하여 운송물을 인도할 의무를 부담하게 된다. 이러한 보증도 사고는 운송인에게 고의 또는 중과실이 있는 것으로 판시되고 있다(대법원 1992.2.14. 선고 91다4249 판결). 그러므로 운송인은 포장당 책임제한의 이익을 향유할 수 없다.[225] 선장은 보증도 요청이 있으면, 본사에 반드시 확인하여 그 진위를 확인하여야 할 것이다.

[판례소개](대법원 1992.2.25. 선고 91다30026 판결)

대법원은 "운송인 또는 운송취급인이 보증도를 하는 경우에는 그 화물선취보증장이 진정하게 성립된 것인지의 여부를 확인할 책임이 있다고 보아야 할 것이고, 이를 게을리하여 화물선취보증장의 위조사실을 제대로 발견하지 못한 채 선하증권과의 상환없이 운송물을 인도한 경우라면 운송인 등은 보증장 없이 선하증권과 상환하지 아니하고 화물을 인도한 결과가 되어 특별한 사정이 없는 한 고의 또는 중과실에 따른 책임을 진다. 이때 화물선취보증장으로서의 형식과 외관을 갖추고 있었다고 하여 확인을 할 책임이 없다거나 위법성이 조각된다고 할 수 없다."고 하였다(동지 대법원 1989.3.14. 선고 87다카1791 판결).

이 경우 운송인이 송하인에 대하여 배상하여야 할 손해액은 그 운송물의 멸실 당시의 가액과 이에 대한 지연 손해금 상당의 금액이다(대법원 2009.5.28. 선고 2007다24008 판결).

---

225) 채이식, 293면.

[판례소개](대법원 2009.5.28. 선고 2007다24008 판결)

원고 운송인 甲은 수출자 乙과 운송계약을 체결하였다. 선하증권을 아직 소지하지 못한 상태에서 운송물을 인도받기 위하여 은행은 연대하여 화물선취보증장(이하 "보증장")을 발행하여 甲에게 주었다. 甲은 보증장과 상환하여 운송물을 인도하여 주었다. 수출대금을 수입자로부터 지급받지 못하여 선하증권을 그대로 소지하고 있던 乙에게 甲은 운송물인도를 하여 주지 못하여 손해배상책임을 부담하게 되었다. 그런데 실제 매매대금 및 세관수출신고 서류상의 화물금액은 42,500달러이지만, 신용장에는 12,500달러로, 그리고 보증장의 상업송장 가액란에는 미화 12,500달러로 기재되어 있다. 甲은 보증장 발행자들에게 자신이 B/L 소지인에게 배상하여준 금액인 42,500달러를 구상 청구하였다.

원심(서울고등법원 2007.3.8. 선고 2005나64677 판결)은 발행자들이 지급하여야 할 금액은 상업송장 가액란의 12,500달러라고 판시하였다.

대법원은 아래와 같이 판시하였다.

피고가 소외2주식회사를 통하여 원고에게 교부한 이 사건 화물선취보증서에는 "피고의 요청으로 원고가 화물을 인도함으로써 입게 된 손해 등에 관하여 면책을 보증한다."라는 취지로 기재되어 있을 뿐 달리 피고의 보증책임의 범위를 상업송장 가액(invoice value)의 한도로 제한하는 내용의 명시적 기재는 없는 점, 보증도의 방법에 의하여 운송물의 회수가 사회통념상 불가능하게 됨으로써 그것이 멸실된 후에 운송인이 송하인에 대하여 배상하여야 할 손해액은 그 운송물의 멸실 당시의 가액 및 이에 대한 지연손해금 상당의 금액이라 할 것인데(대법원 1993.10.8. 선고 92다12674 판결; 대법원 2007.6.28. 선고 2007나16113 판결), 비록 원고에게 제시된 상업송장에 이 사건 화물의 가액이 미화 12,500달러로 기재되어 있고, 피고가 발행한 이 사건 화물선취보증서에 상업송장 가액이 미화 12,500달러로 기재되어 있다고 하더라도, 그러한 사정만으로는 장차 이 사건 화물의 회수가 사회통념상 불가능하여 멸실된 것으로 보게 될 경우 그 멸실 당시 이 사건 화물의 가액 및 이에 대한 지연손해금이 미화 12,500달러를 넘지 않을 것이라고 단정할 수 없는 점, 피고가 보증책임을 상업송장 사본 및 선화증권 사본에 이 사건 화물의 가액으로 기재된 금액인 미화 12,500달러의 범위 내에서 보증책임을 부담하고자하는 의사로 이 사건 화물선취보증서를 발행하였더라도 이는 내심 의사에 불과하여 그러한 사정을 알고 있었다고 볼 수 없는 원고에 대하여는 아무런 효력이 미칠 수 없다. 원심은 보증도에 있어서 화물선취보증서에 관한 의사표시의 해석을 그르친 잘못으로 판결결과에 영향을 미친 위법이 있다.

3. 引渡指示書

(1) 개 념

인도지시서(Delivery order; D/O)는 운송인이 선장 혹은 창고업자에게 인도지시서의 소지인에게 운송물을 인도할 것을 지시하는 내용의 서면이다.[226]

운송물은 운송인이 직접 점유하고 있는 것이 아니라 현장의 선장이 점유를 하

226) 인도지시서에 대하여는 김인현, "인도지시서와 화물선취보증장을 이용한 인도에 대한 소고", 한국해법학회지 제33권 제1호(2011.4.), 69면 이하를 참고 바람; 최종현, 262면.

고 있다. 운송인은 직접 선하증권의 회수를 통제하고자 한다. 그래서 선하증권의 소지인은 운송인에게 선하증권을 먼저 제출하면 운송인은 선장에 대하여 운송물을 소지인에게 인도할 것을 지시하게 된다.

경우에 따라서는 운송인은 운송물을 먼저 양륙한 다음 운송물을 창고에 입고시킨 다음 출항하게 된다. 선하증권소지인은 운송인에게 운송물인도를 요구하면 운송인은 선하증권을 회수한 다음 인도지시서를 창고업자 앞으로 발행하게 된다. 선장과 창고업자는 인도지시서를 회수한 다음 운송물을 인도하여 주면 운송물인도에 대한 절차는 원만하게 종료된다.

(2) 효 과

인도지시서가 운송물인도청구권을 표창하는 유가증권인가? 운송인이 발행하는 유가증권을 갖는 선하증권은 인도지시서를 발행하는 순간에 그 일생을 마감하였다. 더 이상 선하증권과 동등한 효력을 갖는 유가증권이 존재하지 않는다.[227] 인도지시서가 배서양도에 의하여 제3자에게 양도되어도 그 양수인에게 운송물을 인도할 의무가 선장이나 창고업자에게 없다. 양도를 하려면 지명채권 양도 방식에 의하여야 할 것이다(민법 제450조). 다만, 인도지시서는 면책증권으로서의 효력을 갖는다. 인도지시서에 기재된 자에게 운송물을 인도한 창고업자는 면책된다.

인도지시서를 받고 운송물을 인도할 의무가 있는 창고업자가 이를 받지 않고 운송물을 인도하면 창고업자는 선하증권소지인에 대하여 불법행위 책임을 부담하게 된다. 손해배상책임을 부담한 운송인에 대하여도 창고업자는 구상당하게 된다.

실제운송인과 계약운송인이 존재하는 경우에는 창고업자는 계약운송인이 발행한 하우스 인도지시서(House D/O)를 받고 운송물을 인도하여야 한다. 실제운송인이 발행하는 마스터 인도지시서(Master D/O)는 수입업자(수하인)에 대한 화물인도지시서가 될 수 없다(대법원 2009.10.15. 선고 2009다39820 판결).

[판례소개](대법원 2009.10.15. 선고 2009다39820 판결)

운송물이 보세창고에 보관되어 있는 가운데에, 실수입업자가 보세창고업자에게 가서 마스터 인도지시서를 제시하고 운송물의 인도를 요구하자 보세창고업자는 운송물을 인도하였다. 대금을 지급받지 못한 수출자는 선하증권 소지인으로서 불법행위책임을 보세창고업자에게 제기하였다. 보세창고업자는 마스터 인도지시서를 확인하고 운송물을 인도하는 것으로 자신의 의무는 다한 것이라고 항변하였다.

---

227) 정동윤, 857면; 최준선, 443면; 최종현, 262면은 인도지시서를 유가증권으로 본다, 유가증권으로 보지 않는 견해로는 이균성, 516면이 있다. 인도지시서를 유가증권으로 보는 경우에도 물권적 효력은 부인한다. 최종현, 262면.

대법원은 아래와 같이 판시하였다. "마스터 화물인도지시서(Master D/O)는 운임을 지급받은 실제운송선사가 운송주선인에게 발행하는 화물인도지시서로서 운송주선인이 선박내 창고에서 화물을 반출할 수 있는 근거서류가 되고, 하우스 화물인도지시서(House D/O)는 수입업자에 의한 대금결제까지 모두 이루어진 후 운송주선인이 수입업자에게 발행하는 화물인도지시서로서 수입업자가 보세창고업자로부터 화물을 인도받을 수 있는 근거서류가 된다. 이 사건 Master D/O는 실제운송선사가 선박 내 창고에서 화물을 반출할 수 있는 근거서류로 발행한 것이고, 따라서 이 사건 Master D/O의 수하인, 통지처가 모두 운송주선인인 소외 주식회사로 기재되어 있으므로, 이 사건 Master D/O는 수입업자에 대한 화물인도지시서가 될 수 없다. 따라서 피고회사가 운송선사 발행의 Master D/O만을 확인한 채 이 사건 수산물을 ○○ 물산에게 인도해줌으로써 그 회수를 사실상 불가능하게 한 행위는 하우스 선하증권을 소지한 원고들의 이 사건 수산물에 대한 인도청구권을 위법하게 침해한 것이어서 불법행위를 구성한다고 할 것임에도, 원심이 판시와 같은 사정을 들어 원고들의 예비적 청구를 기각한 데에는 Master D/O의 성격과 보세창고업자의 주의의무에 관한 법리를 오해함으로써 판결결과에 영향을 미친 위법이 있다. 원심을 파기한다."

서렌더 선하증권이 발행된 경우 양륙항의 운송인 혹은 선박대리점은 선하증권과 무관하게 정당한 수하인에게 인도지시서를 발행해 주면 된다(대법원 2019.4.11. 선고 2016마276719 판결).

제10 船荷證券 대체수단

1. 電子船荷證券

전자선하증권은 전자통신을 통하여 순식간에 선하증권을 전자적으로 양도하게 되므로 화물보다 늦게 선하증권이 도착하게 되는 일은 발생하지 않게 된다. 이러한 점에 착안하여 전자선하증권이 개발되어 왔다.[228] 현재 Bolero 전자선하증권[229]의 움직임이 가장 활발하지만 상용화단계에 이르지는 못하였다.

전자선하증권은 기존의 선하증권과는 달리 서면이 아니기 때문에 배서의 효력 및 적법한 권리의 양도가 있다고 볼 수 있는지에 대하여 의문이 제기되고 있다.

---

228) 이러한 노력은 1990년 6월 29일 세계해법학회(CMI)의 전자식 전하증권에 관한 규칙(CMI Rules for Electronic Bills of Lading) 및 1996년 12월 16일 유엔상거래법위원회(UNCITRAL)의 전자상거래에 관한 모델법(Model Law on Electronic Commerce)로 나타났다.

229) Bolero란 Bill of Lading Electronic Registry Organization의 약자이다. 1998년 4월에 SWIFT와 TT Club이 50:50 합작투자방식으로 설립하였으며 1999년 9월 28일부터 본격적인 상용서비스를 개시하였다.

볼레로 전자선하증권은 계약(rulebook)에 의한 당사자의 합의를 바탕으로 이러한 법률적인 단점을 보완하고자 한다. 볼레로 가입자들은 볼레로 전자선하증권은 서면 선하증권과 동일한 효력을 갖는다는 소위 書面同價性의 합의를 한다. 룰북에 가입한 자들 사이에서는 종이 선하증권과 동일한 효력을 인정하는 약정을 하고 있는 것이다.230)

볼레로 전자선하증권은 볼레로 룰북에 가입하고 있지 않은 당사자 사이에서는 전자선하증권은 예정된 기능이 작동하게 되지 않음으로써 상용화가 어렵게 된다는 문제점을 가지고 있다.

2007년 개정상법은 최소한의 규정을 추가하여 장차 전자 선하증권의 사용에 이바지하고자 하였다. 제862조 제1항에서 종이 선하증권을 발행하는 대신으로 송하인의 동의를 얻으면 법무부장관이 지정하는 등록기관에 등록을 하는 방식으로 전자선하증권을 발행할 수 있도록 하였다. 이렇게 발행된 전자선하증권은 종이 선하증권과 동일한 법적 효력을 갖는다(제1항). 전자선하증권이 유효하기 위하여는 종이 선하증권에 요구되는 것과 동일한 내용의 정보가 포함되고 운송인이 서명하여야 한다(제2항). 배서된 전자선하증권을 작성하여 등록기관을 통하여 상대방에게 송신하여 권리를 양도할 수 있고(제3항), 상대방이 수신하면 종이 선하증권과 동일한 권리를 취득한다(제4항).

개정상법의 전자선하증권제도는 실무적으로 국제적인 사용이 가능하도록 되어야 함에도 등록기관이 우리나라에 존재하는 등 국제적 범용성이 떨어지는 점에 문제점이 있다.

---

230) 선하증권의 채권적 효력은 우리 상법에 의하면, 상법 제854조에 의하여 양도인인 송하인이 갖는 운송물에 대한 청구권이 양수인에게 이전된다고 보지만, 볼레로 전자선하증권에서는 更改契約의 효력으로서 운송물에 대한 인도청구권이 발생한다고 해석된다. 즉, 운송인은 양수인과 채권자 변경에 의한 更改契約을 체결하여, 양수인은 운송물에 대한 인도청구권 등 채권적 효력을 갖게 된다. 구채권자인 양도인이 운송인에 대하여 가지고 있던 권리 및 의무와 동일한 내용의 계약이 신채권자인 양수인과 운송인 사이에 체결된다.

볼레로 전자선하증권에서는 한번의 양수인에 대한 지명으로 점유의 이전과 更改契約이 동시에 발생한다. 새로운 소지인에 대한 지명이 있으면 그 시점부터 운송인은 그 지명자(양도인)에 의하여 지명된 자(양수인)을 위하여 운송물을 점유하게 된다(규칙 3.4.1.(2)). 운송인과 양수인 사이에 새로운 운송계약이 체결되면서 양도인과 양수인 사이의 운송물에 대한 소유권 변동에 대한 물권적 변동도 동시에 이루어진다. 김인현, "디지털시대의 해상법-볼레로 전자선하증권을 중심으로-", 상사법연구 제19권 2호(2000.10.), 68면 이하를 참고하기 바람.

2. 海上貨物運送狀

(1) 효용과 개념

운송물이 선하증권보다 먼저 도착한 경우에도, 선하증권의 제시없이 정당한 수하인인 것만 확인되면 운송인으로부터 화물의 인도를 받을 수 있고, 또한 운송인도 선하증권의 정당한 소지인이 추후에 나타나는 염려없이 화물을 인도할 수 있는 방법을 상인들이 고안하였다.231) 선하증권에서 유통성과 상환증권성을 빼어내게 되면 이러한 목적을 달성할 수 있게 된다. 오랜 거래관계에 있는 수출자와 수입업자와의 사이의 무역거래, 물건을 수령한 다음 대금을 지급하는 현금거래 그리고 다국적기업에서 본사와 지사와의 거래 등에서는, 신용장거래에서 필수적인 은행의 개입이 필요없으므로, 굳이 유통성이 있는 선하증권이 발행될 이유가 없다.

해상화물운송장(Sea Waybill)은 해상운송인이 송하인에게 발급하는 해상운송관련증권으로서 운송계약의 증거, 화물 수령증으로서의 기능을 가지고 있다는 점에서 선하증권과 동일하지만, 운송물의 인도청구권을 체화하는 유가증권이 아니고 따라서 유통성이 없다는 점에서 선하증권과 다르다.232)

선하증권은 화물인도를 위하여는 선하증권원본과 상환할 필요가 있지만, 해상화물운송장은 상환증권성이 없으므로 화물상환증과 상환할 필요가 없다. 수하인의 기재방법은 선하증권에서는 지시식 혹은 기명식이나 해상화물운송장에서는 기명식만이다. 정당한 수하인은 선하증권에서는 정당한 선하증권소지인이지만 해상화물운송장에서는 운송계약에서 수하인으로 약정한 자(해상운송장상 기명수하인)이다. 선하증권에서는 선하증권의 정당한 양수인이 운송물에 대한 권리를 취득하지만 해상화물운송장에서는 운송계약상 송하인이 지정하는 자만이 권리를 취득하며 해상화물운송장의 교부로 권리가 이전되지는 않는다.233)

<예제 18> 해상화물운송장의 소지인이 운송물의 인도청구권이 있는가?

해상화물운송장의 소지인이 운송계약에서의 수하인으로 지정된 경우에만, 인도청구권이 있는지가 논의의 대상이 될 것이다. 운송계약상 수하인으로 지정된 자가 아닌 경

---

231) 해상화물운송장에 대한 입법으로는 1990년 8월의 국제해법학회(CMI)의 해상운송장에 대한 통일규칙(Uniform Rules for Sea waybill), 1992년 영국해상운송법, 1978년 함부르크 규칙 등이 있다.

232) 동지 최종현, 449면; 최준선, 524면.

233) 선하증권과 해상화물운송장의 이동에 대하여는 최준선, “해상화물운송장의 법적 성질”, 한국해법학회지 제18권 제2호(1996.10.), 61면 이하를 참고 바람.

우에는 비록 해상화물운송장을 소지하고 있다고 하더라도 해상화물운송장은 유통성이 없는 비권리증권이므로 양수인은 양도인이 갖는 권리와 의무를 승계하지 못한다.

해상화물운송장이 발행된 경우에 수하인이 인도청구권을 가져야 채무불이행책임을 운송인에게 물을 수 있다. 운송주선인이 수출자 혹은 수입자와 운송계약을 체결하여 하우스 선하증권을 발행한 경우, 실제로 운송을 하게 되는 자가 해상화물운송장을 발행하는 경우가 있다. 실제운송인과 운송계약을 체결한자는 운송주선인이 되고 송하인 수하인에 운송주선인의 대리점이 기재된다. 그러므로, 채무불이행책임을 수출자 혹은 수입자가 실제운송인에게 물을 수 없다(대법원 2017.10.26. 선고 2016다227663 판결).

[판례소개](대법원 2017.10.26. 선고 2016다227663 판결)

한국의 회사(수입자)는 독일의 회사(송하인)로부터 엔진을 수입하기로 했다. 독일 회사로부터 운송을 의뢰받은 운송주선인은 M라인을 운송인으로 선택하였다. 운송주선인은 선하증권을 발행하여 송하인에게 주었고, M라인은 해상화물운송장을 발행하여 운송주선인에게 주었다. 운송물은 갑판상에 실려서 운송되다가 파손되었다. 보험금을 수입자에게 지급한 다음 보험자는 수입자의 권리를 대위하여 M라인에게 손해배상청구를 하게 되었다. M라인에게 채무불이행책임을 묻기 위하여는 M라인과 운송계약관계가 필요했다. M라인이 발행한 해상화물운송장상 수하인이 자신으로 변경되었다거나 혹은 나중에 선하증권이 발행되어 자신이 이를 소지하게 되어 청구권을 가진다는 등의 주장을 하였다.

대법원은 아래와 같이 판시하였다.

원심은, 피고(M라인)가 발행한 이 사건 화물운송장은 상법 제863조가 규정하는 해상화물운송장에 해당하고, 피고와 운송계약을 체결한 송하인 혹은 수하인은 수입자가 아니므로 피고를 상대로 운송계약에 따른 채무불이행 책임을 물을 수 없다고 판단하고, 나아가 이 사건 화물운송장에는 수하인 변경에 관하여 '송하인이 운송인에게 서면으로 통지할 것'을 요건으로 규정하고 있는데, 송하인이 피고에게 서면으로 '수하인을 수입자로 변경한다'는 통지를 하였다고 볼 증거가 없다.

만일 원고의 주장대로 송하인이 수입자를 수하인으로 기재한 선하증권을 발행하였다는 점을 근거로 운송계약상 수하인이 수입자로 변경되었다고 본다면, 송하인은 선하증권을 발행함으로써 운송인에 대한 별도의 통지 없이 화물 인도 전에 일방적으로 수하인을 변경할 수 있게 되는데, 이는 선하증권의 상환증권성과 지시증권성을 배제함으로써 화물인도 상대방에 관한 운송인의 부담을 경감시키려는 해상화물운송장제도의 본질에 반하고, 서면통지를 통하여 변경된 수하인을 명확히 하려는 이 사건 화물운송장 규정의 취지를 몰각시킨다는 이유로, 원고의 위 주장을 배척하였다. 원심의 위와 같은 판단은 정당하다.

1991년 상법은 선하증권에 대하여만 규율하고 있었을 뿐이지 해상화물운송장에 대하여는 규정을 가지고 있지 않았다. 그러므로, 이들의 이면약관에 화주에게 불리한 내용을 운송인이 삽입하여 둔 경우에 이를 규율할 수 있는지 의문이 제기되었다. 일반 약관이라면 약관의규제에관한법률의 적용을 받아야 할 것이나, 이들은 국제운송에 사용되는 것이므로 적용이 일부 배제된다. 상법 제799조에서 운송인의 책임을 면하는 규정은 무효로 한다는 규정이 비단 선하증권에만 적용되는 것은 아니라 할지라도, 해상화물운송장에도 적용될 것인지는 불확실하므로, 경우에 따라서는 현행법상 적용법규가 없다는 결론에 이를 수 있었다.

그러므로, 해상화물운송장에 대하여도 상법의 일부규정을 준용 혹은 적용하는 규정을 둘 필요가 있다는 주장이 제기되었다.[234)]

(2) 2007년 개정상법

개정상법은 제863조에서 해상화물운송장의 발행에 대하여 규정을 두었다. 제1항에 의하면 운송인은 용선자 또는 송하인의 청구가 있으면 제852조 또는 제855조의 선하증권을 발행하는 대신 해상화물운송장을 발행할 수 있다. 또한 해상화물운송장은 당사자 사이의 합의에 따라 전자식으로도 발행할 수 있다.

개정상법 제864조는 제1항에서 "제863조 제1항의 규정에 따라 해상화물운송장이 발행된 경우 운송인이 그 운송장에 기재된 대로 운송물을 수령 또는 선적한 것으로 추정한다."고 정한다. 즉, 운송인과 송하인 사이에는 추정력을 인정하였다.[235)] 따라서, 해상화물운송장도 운송증권으로서의 최소한의 채권적 효력을 가지게 되었다. 예컨대, 해상화물운송장에 선적된 수량이 100개로 된 경우에 양륙시에 95개가 되었다면, 원고인 송하인은 선하증권에 기재된 내용이 100개이고 양륙시에 수령한 수량이 95개임을 입증하면 될 것이다. 그렇지 않다면, 원고인 화주는 선적시에 실었던 수량이 100개임도 입증하여야 한다. 이는 운송인과 해상화물운송장을 발급받은 송하인 사이의 관계를 말하는 것이다. 그 효력은 선하증권에서의 추정적 효력과 같다. 유통증권이 아니므로 화물상환증의 제3자에 대한 특별한 효력은 없다. 해상화물운송장은 유통성이 없기 때문에, 개정상법은 제3자와의 관계는 규정을 두지 않고, 운송인과 송하인과의 관계만을 규율한다.

제2항은 운송인이 운송물을 인도하면서 수령인이 해상화물운송장에 기재된 수

---

234) 우리 상법에 해상화물운송장에 대한 규정을 두어야 한다는 입법론에 대하여는 엄윤대, "SEA WAYBILL의 활용을 위한 입법방향", 한국해법학회지 제23권 제2호(2001.11.), 179면 이하; 정완용, "해상화물운송상의 입법방안에 관한 고찰", 한국해법학회지 제26권 제2호(2004.11.), 71면 이하를 참고 바람.

235) 이는 중국 해상법(제80조)도 마찬가지이다. 일본 법에는 명문의 규정이 없다.

하인 또는 그 대리인이라고 믿을 만한 정당한 이유가 있으면, 운송물의 수령인이 권리자가 아니어도 면책되도록 하였다. 이는 세계해법회의 1990년 해상화물운송장 통일규칙 제7조의 입장을 따른 것이다.236)

개정상법은 선하증권기재의 담보적 효력규정인 제853조 제3항에 대한 준용규정이 없으므로 국제적인 규범과 달리 되어 있다. 개정상법 제854조에서 해상화물운송장이 발행된 경우에는 운송인과 송하인 사이의 기재에 대한 추정적 효력을 부여하여 화주를 보호하고 있으므로, 제853조 제3항도 준용하여 송하인이 서면으로 통보하여 해상화물상환증에 기재된 중량, 내용 등 기재사항에 대하여는 송하인이 그 정확성에 대하여 무과실의 담보책임을 부담하여 운송인을 보호하는 것이 형평에 맞다고 생각된다.237)

개정상법 제863조 제3항은 제853조 제2항을 준용하고 있다. 따라서, 해상화물운송장의 기재사항 중에서 운송물의 중량 등이 의심될 경우 또는 확인할 적당한 방법이 없는 경우에 그 기재를 생략할 수 있게 된다. 결국, 부지문구의 효력도 이에 근거하여 유효하게 될 수 있다.

해상화물운송장에 운송인의 의무와 책임을 감경하거나 면제하는 약정(예컨대, 운송인은 감항능력주의 의무가 없다는 내용이나 책임제한액수가 포장당 100SDR이라는 내용의 약정)은 상법 제799조의 규정에 따라 무효가 될 것이다.

제7관 複合運送

제1 序

1. 의 의

서울에 있는 수출자가 미국 텍사스주의 오스틴까지 휴대용 전화기 수천대를 수출하고자 한다. 수출자는 자신의 화물을 서울에서 부산항까지는 철도로, 부산항에서 휴스턴까지는 선박으로, 그리고 휴스턴에서 오스틴까지는 트럭으로 운송하는 방법을 택하게 된다. 수출자는 甲 복합운송인과 복합운송계약을 체결한다. 甲은

---

236) 최준선, 525면; 최종현, 450면.

237) CMI Uniform Rules for Sea Waybills(1990), 제5조 제1항도 이러한 취지의 규정을 가지고 있다. The shipper warrants the accuracy of the particulars furnished by him relating to the goods.

수출자의 컨테이너를 인수하여 복합운송증권을 발행하고 자신은 乙 해상운송인과 해상운송계약(하수운송계약)을 체결한다. 육상구간에 대하여 甲은 丙 육상운송인과 운송계약을 체결한다. 그리하여, 전체운송에 대하여는 甲 복합운송인이 운송을 인수하면서, 하수운송으로 乙과 丙이 직접운송을 실행하는 관계가 형성된다. 甲 복합운송인이 발행한 복합운송증권이 전체 운송의 법률관계를 지배하는 유통선하증권이 된다.

이와 같이 해상운송을 포함하면서 육상운송 혹은 항공운송을 이용하게 되는 운송을 複合運送(Combined transport/Multimodal transport)이라고 한다. 전통적인 단일 해상운송에 비하여 복합운송은 다른 종류의 운송수단이 추가된다는 점에 특징이 있다. 이는 문전에서 문전까지(door to door)라는 용어가 말하듯이 운송인의 책임구간을 선측에서 문전으로 확대하는 결과를 가져온다. 전 운송과정을 통하여 여러 운송수단을 사용하는 각기 다른 운송인이 개입되므로, 책임의 주체가 누구인지가 이슈가 된다.

복합운송을 이용하는 화주의 입장에서는 다른 운송수단을 갖는 운송인 즉, 육상운송인 혹은 해상운송인과 별도로 여러 번에 걸친 운송계약을 체결하는 번거로움을 피할 수 있다는 장점이 있다. 그러나, 기존의 해상운송에서는 운송인의 책임제한이 인정되지만, 육상운송에서는 책임제한이 인정되지 않는 우리나라와 같은 국가도 있다. 그러므로, 사고가 발생한 경우에 별도로 각각의 법제도를 적용하여야 하는 문제가 발생한다(독일에서는 1998년 7월 1일 시행 상법에서 육상운송에서도 운송물 1킬로그램당 8.33SDR로 책임제한이 가능하다).

국제적으로 발효된 복합운송관련 조약이 없기 때문에 당사자 자치에 의한 복합운송증권(FIATA)에 의한 법적 규율이 이루어지고 있다.[238][239]

2. 구별개념

(1) 일반 해상운송

일반 해상운송은 운송인의 책임범위가 해상운송구간이고 운송수단으로서 선박만이 사용된다는 점에서 해상을 포함한 육상 혹은 항공운송을 포함하는 복합운송과 다르다.

---

238) 우리 상법은 복합운송에 대한 별도의 규정을 가지고 있지 않았다. 그러므로, 복합운송증권의 효력인정 여부, 복합운송선하증권상 운송인의 책임제한 규정에 대한 규제 등에서 문제가 발생하였다. 그러나, 복합운송선하증권은 해상운송이 포함된 경우에는 해상운송을 위한 선하증권과 다를 바가 없고 실무적으로도 유통성이 인정되는 유가증권으로 보았다.

239) 일본 상법은 제578조 이하에서 복합운송인의 책임에 대해 규정한다.

일반해상운송에서는 선하증권에 관한 통일조약인 헤이그비스비 규칙이 적용되나, 복합운송에 대하여는 별도의 조약인 1980년 유엔협약이 제정되어 있다. 복합운송인은 국제화물운송주선인협회(FIATA) 혹은 한국국제물류협회(KIFFA)약관을 사용한다.240)

(2) 運送周旋人이 海上運送人이 되는 경우

운송주선인이 송하인으로부터 운송을 인수하고 자신이 선하증권을 발행하는 경우에는 계약운송인과 실제운송인이 존재하는 점에서 복합운송과 유사한 점이 있다. 운송주선인은 선박을 소유 혹은 운항하는 자들이 아니므로, 자신이 인수한 운송을 실행하기 위하여는 선박소유자와 다시 운송계약을 체결하여야 한다. 이때 선박소유자는 송하인과의 관계에서는 본인인 운송주선인의 이행보조자가 된다. 이때 운송주선인이 발행하는 선하증권을 하우스 선하증권(또는 제1 선하증권)이라고 하고 선박소유자가 발행하는 선하증권을 마스터 선하증권(또는 제2 선하증권)이라고 한다. 유통성이 있는 선하증권은 하우스 선하증권이다.

이와 같이 단순히 운송주선인이 운송인이 되는 경우에, 운송주선인이 인수한 운송구간은 해상운송구간이며 전 운송에 있어서 사용되는 운송수단은 선박만이다. 이 점에서 복합운송인으로서 운송주선인이 해상운송뿐만 아니라 육상운송 등도 인수하여 복합운송증권을 발행하는 복합운송과 다르다.

(3) 通運送

하나의 운송계약에 수인의 운송인이 관여하는 경우의 운송계약을 통운송계약이라고 한다.

통운송에는 '동종의 운송수단에 의한 통운송'과 '2종류 이상의 운송수단을 사용하는 통운송'으로 대별되고, 전자를 단순통운송, 후자를 복합운송이라고 한다.241) 통상 통운송이라면 단순통운송을 말한다.

단순통운송에는 下手運送, 同一運送, 部分運送 그리고 順次運送이 있다.

하수운송은 한 운송인이 전 구간의 운송을 인수하고, 인수한 운송인이 그중의 일부구간의 운송을 다른 운송인에게 위탁하는 방식의 통운송이다. 원운송인만이 운송계약의 당사자로서 전 구간에 대한 운송책임을 진다.

순차운송은 각 운송인이 독자적인 운송구간을 갖지만, 영업적으로 조직적인 협

---

240) 한국국제물류협회(www.kiffa.or.kr)는 한국복합운송주선인협회의 새로운 명칭이다. 760여개 국제물류업체가 회원이다.

241) 서헌제, 16면.

력을 하면서 하는 운송이다. 수인의 운송인 사이의 권리의무관계가 불분명하므로 상법은 각 운송인이 운송물의 멸실, 훼손 또는 연착으로 인한 손해를 연대하여 배상할 책임을 지고 각 운송인이 손해의 원인을 제공한 운송인에게 내부적으로 구상할 수 있게 하였다(상법 제815조, 제138조).

그러나 복합운송은 2종류 이상의 운송수단을 사용하는 것이므로 동종의 운송수단에 적용되는 상법 제138조는 복합운송에 적용되지 않는다고 생각된다.

제2 商法海商篇의 규정

1. 의 의

1991년 상법은 복합운송에 대한 특별한 규정을 가지고 있지 않았다. 복합운송 규정의 필요성에 따라 2007년 개정상법은 복합운송에 대한 한 개의 조문을 두게 되었다. 해상편의 규정만 개정작업을 하였기 때문에 모든 복합운송에 대한 규정을 두지 못하고 해상운송이 반드시 포함된 복합운송인의 책임에 대하여만 규정을 둔 점에서 한계가 있다.[242]

2. 複合運送人의 책임

상법 제816조(복합운송인의 책임)는 제1항에서 "운송인이 인수한 운송에 해상이외의 운송구간이 포함된 경우 운송인은 손해가 발생한 운송구간에 적용될 법에 따라 책임을 진다."고 하고, 제2항에서 "어느 운송구간에서 손해가 발생하였는지 불분명한 경우 또는 손해의 발생이 성질상 특정한 지역으로 한정되지 아니하는 경우에는 운송인은 운송거리가 가장 긴 구간에 적용되는 법에 따라 책임을 진다. 다만, 운송거리가 같거나 가장 긴 구간을 정할 수 없는 경우에는 운임이 가장 비싼 구간에 적용되는 법에 따라 책임을 진다."고 정한다.

(1) 조문의 성격

본 조문은 복합운송인의 책임제도를 직접적으로 규정한 것이 아니라 복합운송인의 책임문제에 적용할 적용법규를 지정하여 주는 성격을 갖는다. 복합운송인의 책임에 대한 포괄적인 단일의 책임제도를 규정하는 것도 한 가지 방법이지만, 이

242) 2007년 개정상법의 복합운송에 대한 개정경위와 구체적인 내용은 김인현, "2007년 상법 해상편의 편제 및 복합운송에 대한 개정 경위와 그 내용", 한국해법학회지 제30권 제1호(2008.1.), 7면 이하를 참고 바람.

러할 경우 복잡한 입법을 거쳐야 하는 점에서 어려움이 뒤따른다.

여기서 말하는 '책임'에는 복합운송과 관련하여 책임의 주체가 누구인지, 책임의 원칙은 무엇인지, 책임제한제도, 면책제도, 소멸시효 혹은 제척기간 액수 등이 모두 포함된다.

(2) 손해구간이 확인된 경우

손해구간이 확인된 경우는 손해가 발생한 그 운송구간에 적용될 법에 따라서 책임을 복합운송인이 부담한다(제1항). 항공구간에서 발생한 경우에는 항공운송과 관련한 몬트리얼 협약 혹은 헤이그 의정서가 적용될 것이다. 따라서, 운송인의 책임제한액수가 문제가 된다면 Kg당 19SDR이 될 것이다. 또한 계약운송인이 실제운송인과 함께 연대책임을 부담하는지가 문제된다면 역시 몬트리얼 협약에 따라 긍정될 것이다. 해상구간에서 손해가 발생하였음이 밝혀진 경우에는 해상편의 규정이 적용되어 운송인의 책임제한액은 포장당 666.67SDR과 Kg당 2SDR 중에서 큰 금액이 될 것이다. 만약 손해가 육상구간에서 발생하였다면 상법 상행위편의 운송규정이 적용될 것이다. 그런데, 육상구간에는 운송인에게 허용되는 책임제한제도는 없는 것이 되어 약관의 내용이 적용될 것이다.

[판례소개](대법원 2019.10.17. 선고 2019다14998 판결)

휴대전화 산업에 종사하는 원고는 해외국제운송업에 종사하는 피고에게 중국 광동성 선전시로 휴대전화 액정의 운송을 의뢰하였다. 피고는 중국 청도행 항공편으로 이 사건 휴대전화 액정을 발송하였다. 중국 청도세관은 이 사건 화물의 통관을 보류하고 피고에게 사용용도 확인을 위한 자료를 요청하였는데 피고가 자료를 제출하지 않자 화물을 폐기하였다. 원고는 피고에게 손해배상을 청구하였다. 원심은 이 사건 운송계약에 대하여 육상운송에 관한 상법 상행위 편(제2편)의 규정이 적용된다는 전제 하에 피고의 책임을 인정하였다.

대법원은 "항공운송에 있어서 운송인은 운송물의 멸실 또는 훼손으로 인한 손해에 대하여 그 손해가 항공운송 중(운송인이 운송물을 관리하고 있는 기간을 포함함)에 발생한 경우 책임을 진다. 다만, 운송물의 멸실 또는 훼손이 운송물의 출입국, 검역 또는 통관과 관련한 공공기관의 행위로 발생하였음을 증명하였을 경우에는 그 책임을 면한다(상법 제913조 제1항 제4호). 이 사건 휴대전화 액정은 중국 청도세관에 의하여 통관 보류 후 폐기된 것으로 항공운송인의 운송물 멸실·훼손 책임에 대한 면책사유에 해당한다고 볼 여지가 있다. 피고는 상법 제796조 제5호를 인용하며 '이 사건 운송물이 폐기처분된 것은 국가행위 즉, 공공기관의 행위로서 운송인에게 책임을 물을 수 없는 사유'라고 주장하였는데, 이러한 피고의 주장에는 항공운송인인 피고에게 면책사유가 있다는 취지가 포함되어 있다고 보아야 하므로 상법 제913조 제1항 제4호에 따른 면책사유의 존부를 살펴보아야 한다."라고 판시하고 원심판결을 파기환송하였다.

(3) 손해구간이 밝혀지지 않은 경우

손해구간이 어디인지 불분명하거나 손해의 발생이 성질상 특정한 지역으로 한정되지 아니한 경우에는 운송거리가 가장 긴 구간에 적용되는 법에 따라 복합운송인은 책임을 부담하게 된다(제2항). 예컨대, 쓰시마에서 부산을 거쳐서 서울로 운송 중 손해가 발생하였지만 손해구간이 해상운송구간인지 육상운송구간인지 불분명한 경우에는 육상운송구간의 거리가 해상운송구간의 거리보다 길기 때문에 제2항에 따라 육상운송구간에 적용되는 법인 상법 상행위편 운송규정이 적용될 것이다.

2007년 개정상법의 개정시안에서는 법원이 거리와 운임 등을 기초로 사후적으로 정한다고 하였지만, 개정상법은 1차적으로 운송거리가 긴 구간에 적용되는 법을 정하도록 하여 상법의 이념인 예측가능성을 부여하게 되었다. 제2항 단서에 의하면 운송거리가 동일하거나 가장 긴 구간을 정할 수 없는 경우에는 운임으로 정한다.

운송에 걸리는 시간을 기준으로 할 수도 있겠으나, 운송시간은 일기불순으로 인한 항해의 지연 혹은 선박의 항구에서의 대기 등으로 불확정적인 반면 운송거리는 확정된 개념으로서 운송계약의 당사자에게 법적 안정성과 예측가능성을 부여할 수 있다는 면에서 운송거리를 기준으로 택한 개정상법의 입장을 지지한다.

[판례소개](대법원 2019.7.10. 선고 2019다213009 판결)

원고와 피고들은 원고가 생산한 삼다수 물을 피고들이 제주도에서 내륙까지 운송하고 이와 관련한 물류 제반업무도 수행하기로 하는 내용의 물류운영용역계약을 체결하였다. 피고들 중 (A)는 원고가 생산한 제품을 인천항 또는 평택항을 통하여 강원권과 수도권 일부 지역에 운송하는 업무를 인수한 한편, (B) 피고는 제주도에서 완도항과 녹동항을 통하여 호남권과 수도권 일부 지역으로 제품을 운송하는 업무를 인수하였다. 그런데 피고들이 계약을 2014.1~6 사이에 이행하지 못하자 원고는 제3자를 찾아서 제품을 운송하도록 하고, 그 과정에서 발생한 비용을 피고들에게 청구하였다. 피고들은 이 사건 복합운송계약에는 상법 제814조가 적용되므로 원고의 청구는 제척기간을 도과한 부적법한 청구라고 주장하였다. 원심은 상법 제816조 제2항을 적용하여 (A) 피고에게는 해상편의 제척기간을, (B) 피고에게는 육상운송편의 소멸시효기간을 적용했다. (B) 피고는 소멸시효 완성의 항변을 하지 않아서 원고의 청구가 인정되었다. (B) 피고는 상고하였다.

대법원은, 피고들이 계약을 불이행하여 발생한 손해는 '손해가 발생한 운송구간이 불분명하거나 성질상 특정한 지역으로 한정되지 아니하는 경우'에 해당함을 전제로, 상법 제816조 제2항에 의하여 피고들은 운송거리가 가장 긴 구간에 적용되는 법에 따라 책임을 져야 하는데, (A) 피고의 경우 제주항에서 도착항까지의 해상운송 거리가 인천항 또는 평택항에서 물류센터까지의 육상운송 거리를 현저하게 초과하므로 해상운송을 규율하는 법이 적용되어야 하고, (B) 피고의 경우 각 항구에서 가장 가까운 물류센터를 제외하고는 육상운송 거리가 해상운송 거리를 초과하므로 육상운송을 규율하는 법이 적용되어야 한다고 판단하였다. 상고는 기각되었다.[243)]

(4) 입증책임

손해구간의 확정여부는 이를 주장하는 자가 입증책임을 부담한다.

(5) 강행규정성 여부

제1항과 제2항의 내용을 당사자의 합의로서 변경이 가능한지 문제된다. 즉, 육상운송구간에서 사고가 발생한 경우에도 해상운송구간의 법을 적용한다거나 항공운송구간에서 사고가 발생한 경우에도 해상운송구간의 법을 적용한다는 합의를 한 경우이다. 법규의 적용은 강행적인 의미를 갖기 때문에 전면적으로 허용되지 않아야 한다는 주장도 있을 수 있다. 그리고 복합운송증권의 발행으로 야기되는 부합계약성을 고려하면 어느 정도의 강행성은 필요할 것으로 생각된다.[244] 그러나, 책임제한액수가 오히려 증액되어 운송인에게 불리한 내용으로 약정한 경우도 있을 수 있기 때문에 이러한 경우까지 무효로 할 필요는 없을 것이다.[245] 또한 사후적으로 제1항과 제2항의 내용과 다른 약정을 체결한 경우에는 당사자의 진정한 합의가 있었다고 볼 수 있기 때문에 유효하다고 보아야 할 것이다.

약관의 규정에서 책임제한액수가 다른 경우에는 제816조를 통하여 지정된 각 운송구간의 법규에 포함된 규정에 따라서 그 유효성이 결정될 것이다. 예컨대, 당사자가 합의로서 해상운송구간에서 사고가 발생한 경우에 책임제한액수를 100SDR로 한 경우에는 제816조의 따라 상법 해상편 제799조가 적용되어 이는 제797조 제1항 위반으로 무효가 되는 것이다.

(6) 문제점

우리 상법 상행위편의 육상운송에는 운송인의 책임제한제도가 없고, 피용자등의 책임제한원용권(히말라야조항)이 존재하지 않는 등 차이점이 있다. 독일법과 같이 육상운송에도 이러한 규정을 도입할 필요성이 있다.

3. 複合運送人의 책임 이외의 것

제816조는 복합운송인의 책임에 대하여 정한다. 그러면 책임 이외의 것에 대하여는 어떠한 규정이 적용되는 것인가? 예컨대, 운임의 지급의무, 처분권의 존재여부 등은 책임과 관련이 없는 내용이다. 또한 복합운송선하증권의 효력도 마찬가지이다. 이것은 입법이 되지 않았기 때문에 현재 규정을 가지고 있는 해상편의 규

---

243) 자세한 내용은 김인현・백지수, "종합물류계약과 복합운송의 구별", 상사판례연구 제33집 제1권(2020.3.1.), 47면 이하가 있다.

244) 정찬형(하), 937면.

245) 동지 최종현, 401면.

정을 준용할 수밖에 없다고 생각된다.

[판례소개](대법원 2009.8.20. 선고 2007다87016 판결)

해상과 육상을 이동하는 운송물을 복합운송하던 중 운송물에 손상이 발생하였다(2007년 개정상법 적용이 되지 않는 사안임). 그런데, 어느 구간에서 사고가 발생하였는지 분명하지 않았다. 수하인은 유보없이 운송물을 수령하고 운임을 지급하였다. 수하인의 손해배상청구에 대하여 운송인 측은 수하인이 유보없이 운송물을 수령하였기 때문에 상법 제146조의 규정(운송인의 책임은 수하인 등이 유보없이 운송물을 수령하고 운임기타의 비용을 지급한 때에는 소멸한다)이 적용되어서 운송인은 책임을 면한다고 주장하였다. 이에 대하여 수하인은 상법 해상편 제800조의2(개정상법 제804조) 제1항과 제2항이 적용되어 여전히 수하인에게 훼손없이 인도된 것을 번복할 수 있다고 주장하였다.246)

대법원은 아래와 같이 판시하였다. "복합운송의 경우에는 일반적으로 해상운송을 주로 하여 육상운송이나 항공운송이 결합되어 운송이 이루어지고 있는데, 만일 복합운송에서 발생한 운송인의 손해배상책임에 대하여, 손해발생구간이 명확히 육상운송 구간임이 밝혀진 경우에는 별론으로 하더라도 적어도 그 손해발생구간이 어느 구간인지 불분명한 경우에도 불구하고 상법 제146조 제1항이 적용된다고 하면, 실질적으로 손해발생이 해상운송구간에서 발생되었을 가능성이 있음에도 강행규정인 구 상법 제800조의2 제1항과 제2항의 적용이 배제되어 수하인으로서는 운송인에게 귀책이 있는 사유로 하자가 발생한 것을 증명하여 운송물이 멸실 또는 훼손없이 수하인에게 인도되었다는 추정을 번복할 수 있는 기회를 박탈당하고 운송인의 책임을 추궁할 수 없게 되어 불합리하므로 손해발생구간이 불분명한 경우에는 상법 제146조 제1항은 적용되지 않는 것으로 해석하여야 할 것이다."247)

제3 2010년 複合運送法 제정안

1. 의 의

(1) 경 과

2007년 개정상법은 복합운송과 관련하여 제816조를 상법에 두기는 하였지만 이

246) 개정전 상법 제800조의2(개정상법 제804조) 제2항은 "제1항의 통지가 없는 경우에는 운송물이 멸실 또는 훼손 없이 수하인에게 인도된 것으로 추정한다."고 되어 있어서 반증이 가능하다.

247) 판례공보(2009), 1511면. 충격에 대한 기록을 근거로 육상운송 중에 사고가 발생한 것으로 원심법원은 판단하면서도, 제146조의 규정은 단지 육상운송만 하는 경우에 적용되는 규정이고, 해상운송에 대한 제800조의2가 적용된다고 보았다(서울고법 2007.11.1. 선고 206나65301 판결). 개정상법하에서라면 제816조에 따라 책임문제에 대하여 발생한 구간이 밝혀진 경우이므로 육상운송법을 적용하여야 할 것이다. 한편, 대법원은 사고발생지가 불분명한 것으로 보았고 강행규정으로서 화주보호의 취지를 갖는 제800조의2를 적용하였다.

는 위에서 본바와 같이 해상운송이 반드시 포함된 복합운송에 적용되는 것이기 때문에 일정한 한계를 가지고 있었다. 이에 법무부는 모든 복합운송에 적용되는 법을 제정하기 위하여 2010년 제정위원회를 구성하여 작업을 하게 되었다.

(2) 복합운송법의 위치

복합운송법은 모든 복합운송에 적용되기 때문에 상법 제2편 상행위의 제9장 운송규정에 두기로 하였다.

(3) 전체적인 체제

복합운송증권, 복합운송인의 책임에 대한 규정을 두게 되었다. 복합운송인의 책임은 손해구간이 확인된 경우에는 사고발생구간에 적용되는 법규를 적용하는 이종책임제한제도를 취하였다. 그러나, 손해구간이 불명인 경우에는 운송거리가 가장 긴 구간에 적용되는 법을 적용하면서도 책임제한, 제척기간, 통지 등에 대하여는 별도의 규정을 두는 혼합적인 방법을 취하였다.

2. 複合運送法의 적용범위

복합운송이 되기 위하여는 (i) 단일의 운송인이 운송을 인수할 것 (ii) 운송인은 두 가지 이상의 서로 다른 운송수단을 이용할 것 (iii) 운송인은 단일의 운임을 받을 것 등의 요건을 갖추어야 한다. 복합운송증권의 발행은 요건이 아니다(안 제150조의2 제1항).

해상운송을 하는 중에 이에 부수하여 부두에서 트럭 등을 이용하는 경우에 선박과 트럭을 이용하기 때문에 복합운송인지가 문제된다. 상법은 이러한 경우에는 다른 운송수단으로 보지 않기로 하였다(안 제150조의2 제1항 단서). 이는 주된 운송에 부수하는 것이기 때문이다. 트럭과 철도를 이용하는 운송은 복합운송이 될 것인가? 우리나라의 상행위편의 운송규정은 둘을 구별하지 않고 있다. 따라서 이러한 경우는 복합운송이 아닌 것이 된다. 복합운송법은 이를 반영한 정의규정을 두게 되었다(안 제150조의2 제2항).

복합운송법이 적용되기 위하여는 반드시 서면의 운송계약이 존재하여야 하는 것은 아니다. 또한 반드시 복합운송증권이 발행되어야 하는 것도 아니다. 구두 혹은 서면의 복합운송계약이 당사자 사이에 체결되면 된다.

복합운송 중에 발생한 손해에 대하여 손해배상청구를 하는 경우에 피고가 반드시 복합운송인인 경우에만 적용되는지 아니면 실제운송인 혹은 피용자 혹은 독립계약자에게도 적용되는지 문제된다.

본 복합운송법은 한국법이 준거법이 된 경우에 적용된다. 따라서 준거법을 외국의 법으로 정한 경우에는 당사자 자치의 원칙상 외국법이 적용될 것이다. 우리나라는 미국의 COGSA와 달리 우리 운송법을 강제로 적용하는 규정이 없기 때문이다.

3. 複合運送人의 책임

제정 복합운송법도 상법 제816조의 입법례에 따라서 복합운송인의 책임에 대하여 단일책임제도를 취하는 것이 아니라 이종책임제도를 취하여 손해구간이 확인된 경우에는 그 운송구간에 적용되는 법규를 적용하도록 하고, 불명인 경우에는 운송구간의 거리가 가장 긴 구간의 법규를 적용하도록 하는 한편, 몇 가지 사항에 대하여는 실체법적인 변경을 가하는 형식을 취하게 되었다.

(1) 손해구간이 확인된 경우

손해구간이 확인된 경우에는 그 운송구간에 적용되는 법규를 적용한다(안 제150조의4 제1항). 예컨대, 항공구간에서 손해가 발생하였다면 몬트리얼협약을 적용하고, 해상운송구간에서 손해가 발생하였다면 상법해상편의 규정을 적용한다. 여기에서 말하는 '책임'은 운송인의 의무, 책임, 면책, 제척기간 등이 모두 포함되는 개념이다. 따라서, 해상구간의 법이 적용된다면, 운송인은 과실추정주의하의 책임을 부담하고 그 책임은 포장당 666.67SDR 혹은 Kg당 2SDR 중에서 큰 것으로 제한된다. 운송인이 수하인에 대하여 주장할 수 있는 제척기간의 항변은 1년이 된다. 실제운송인에게 불법행위를 청구원인으로 손해배상청구가 제기된 경우에 실제운송인은 상법 제798조 제4항에 따라 책임제한이 가능하다. 본조는 상법 해상편이 적용될 수 있도록 하는 연결규정으로서 기능을 하는 것이다.

(2) 손해구간이 불명인 경우

손해구간을 확인할 수 없는 경우에는 운송구간의 거리가 가장 긴 구간에 적용되는 법규를 적용하는 것을 원칙으로 정하였다(안 제150조의6 제2항). 이 경우에는 여러 가지 방안이 가능할 것이다. 국제운송에서 해상운송이 가장 많이 사용되기 때문에 해상운송법을 적용하는 것도 하나의 방안이 될 것이다. 운송기간도 유력한 지표가 될 수 있다. 그러나, 운송기간은 사후적으로 결정되지만 운송거리는 사전적으로 확정이 가능하기 때문에 운송계약의 당사자들에게 예측가능성을 쉽게 부여한다는 측면에서 운송거리가 더 합리적인 지표가 된다.248)

---

248) 중국은 손해구간이 불명인 경우 무조건 해상법에 의하도록 하고 있어(중국 해상법 제

손해구간이 불명인 경우에도 해상운송과 항공운송 그리고 육상운송에서 책임제한액의 차이가 너무 나기 때문에 이를 합리적으로 조절할 것이 필요하다. 제정상법안은 항공운송의 거리가 가장 긴 경우에는 항공운송의 책임제한액이 고액인 점을 고려하여 해상운송의 2SDR과 항공운송의 19SDR의 중간선인 Kg당 8.33SDR로 하기로 하였다(안 제150조의7 제1항).

제척기간에 있어서도 합리적인 조정이 필요하였다. 해상운송과 항공운송에서의 제소기한은 제척기간으로 이해된다. 그러나, 육상운송의 경우에는 소멸시효라서 단축은 가능하지만 연장은 불가하다는 것이 대법원의 입장이다. 9개월의 제소기한을 가진 FIATA 복합운송규정은 해상에서 사고가 발생한 경우는 무효가 되지만 육상에서 사고가 발생한 경우에는 유효한 결과가 되었다(대법원 2009.8.20. 선고 2008다58978 판결). 동일하게 부합계약의 성질을 갖는 복합운송증권에서 단순히 사고가 육상에서 발생하였다고 하여 유효하다는 해석은 화주의 보호에 미흡하다고 판단된다. 따라서, 개정안은 손해구간이 불명인 경우에 제소기한은 1년으로 하면서 이를 제척기간으로 하였다(안 제150조의10).

운송물의 멸실 훼손에 대한 통지에 대하여도 육상운송에서는 송하인은 유보없이 운송물을 수령하고 운임을 지급하면 청구권이 소멸하는 조항(상법 제146조)은 해상운송의 경우에는 추정하는 것(상법 제804조)과 비교하여 지나친 점이 있기 때문에 조정이 필요하였다(안 제150조의 9).

손해구간이 불명인 경우에 피용자인 선장 등에게 불법행위책임이 제기된 경우에 히말라야조항을 원용할 수 있을지가 문제된다. 안 제150조의6 제1항 및 2항에서 정한 운송인의 책임에 부수하는 것으로 보아 본조항에서 결정되는 구간의 법률에 따라 책임관계가 결정된다. 만약, 항공운송구간으로 결정된다면 몬트리얼협약 제41조 제2항에 의하여 이들은 책임제한이 가능하다. 창고업자 및 하역업자 등에게 불법행위책임을 묻는 경우에도 동일한 구조가 된다. 해상운송법에서 독립계약자는 히말라야조항의 적용에서 배제되므로 책임제한을 할 수 없다(상법 제798조 제2항). 실제운송인(actual carrier)에게 법정책임을 묻는 경우에는 항공운송법이 적용되면 계약운송인은 실제운송인과 함께 연대책임을 부담하게 된다. 그러나, 해상운송과 육상운송에서는 연대책임을 부담하지 않는다.

106조) 예측가능성 측면에서는 가장 우수하다고 할 수 있다. 일본의 경우는 별도의 규정이 없어 약관에 의하여 규율된다.

(3) 강행규정성

복합운송인의 책임에 적용될 법규를 지정하는 안 제159조의6 제3항 규정에 어느 정도 강행적인 성격을 부여할 것인지가 문제된다. 적용법규는 어느 정도 강행성을 가지고 있어야 할 것이지만, 그렇다고 하여 지나치게 당사자 자치의 원칙을 훼손하여서는 아니된다. 복합운송증권은 복합운송인이 작성하는 부동문자로 된 부합계약의 성질을 가지기 때문에 송하인의 보호가 중요하다. 따라서, 운송인이 자신의 의무와 책임을 무겁게 하는 것은 유효하다고 해석하여야 할 것이다. 또 손해발생 후 당사자의 합의하에 적용법규를 변경하는 것도 마찬가지이다.

손해가 불명인 경우에 실체법적인 규정을 변경한 사항에 대하여는 운송인의 의무와 책임을 감경하거나 면제하는 것은 무효로 하여야 할 것이다(안 제159조의11). 손해가 불명인 경우에 책임제한액을 항상 2SDR로 한다는 규정은 무효가 된다는 취지이다.

4. 運送證券

복합운송법 제정안은 복합운송증권에 대한 규정을 가지고 일반 선하증권이 가지는 효력을 부여하게 되었다(안 제150조의3). 실무에서도 복합운송인이 발행한 복합운송증권의 유통성이 부인되는 적은 없었지만, 유가증권 법정주의에 따라 이를 명확히 하였다.

복합운송증권은 운송인과 송하인 사이에는 기재사항에 대하여 추정적 효력이 인정되고 운송인과 선의의 제3자 사이에는 간주적 효력이 인정된다(안 제150조의3 제3항). 상환성이 인정됨은 물론이다. 물권적 효력도 인정되어 복합운송증권을 소지하면 동산 점유의 이전과 동일한 효과가 인정된다.

해상운송인이 발행하는 선하증권은 원래 유통성이 있다. 그러나 항공운송인이 발행하는 항공운송증서는 유통성이 없는 것이었지만, 이제는 항공운송인이 복합운송인으로서 복합운송증권을 발행하면 유통성이 있고 상환성도 있기 때문에 항공운송인은 복합운송증권과 상환하여서만 운송물을 인도하여야 하는 의무를 부담하게 되었다.[249)]

복합운송에서는 해상화물운송장과 전자선하증권과 동일한 기능을 가지는 복합해상화물운송장과 복합전자선하증권을 발행할 수 있다(안 제150조의4, 제150조의5).

---

249) 일본 상법도 제769조에서 복합운송증권에 대해 규정하고 있다.

5. 기타의 경우

손해불명의 경우에 처분권, 손해배상의 액 등에 대하여도 특별한 준용규정을 가지게 되었다.

제4 複合運送證券의 주요내용

현재 전세계적으로 가장 많이 사용되고 있는 FIATA의 복합운송증권 및 KIFFA의 증권도 1992년 UNCTAD/ICC 제정 복합운송증권에 관한 ICC 통일규칙을 근간으로 하고 있다.[250] 한국법이 준거법으로 지정되면 제816조의 규정이 적용된다. 당사자 자치의 원칙에 따라서 복합운송증권의 내용이 강행규정에 위반되지 않는 한 우선적으로 적용될 것이다.

1. 과실추정의 원칙

복합운송인은 물품의 멸실이나 손상뿐만 아니라 인도지연에 대하여 그러한 멸실, 손상 및 지연이 복합운송인의 관리하에서 발생한 경우에는 복합운송인 자기 자신, 또는 그 사용인 또는 기타 피용자의 과실 또는 태만으로 그러한 멸실, 손상 및 지연이 발생한 것이 아님을 증명하지 않는 한 그 멸실, 손상 및 지연에 대하여 책임을 부담한다(ICC통일규칙 제5조 제1항).

과실책임주의와 운송인의 과실에 대한 입증책임을 규정하고 있다.

2. 면책사항

복합운송인은 해상 또는 내수로 운송된 화물에 관하여 그 멸실, 손상 및 인도지연이 운송 중 ① 선장, 해원, 도선사 또는 기타 운송인의 피용자에 의한 항해 또는 관리에 관한 행위, 태만 또는 부주의, ② 운송인의 고의 또는 과실로 인하여 발생한 것이 아닌 화재로 발생한 경우에는 화물의 멸실, 손상 또는 지연에 대하여 책임을 부담하지 아니한다(규칙 제5조 제4항).

이는 전통적인 항해과실면책조항이다.

---

250) 한국복합운송주선업협회, 복합운송실무, 1998, 137면.

3. 책임제한제도

물품을 인수하기 전에 송하인이 물품의 종류와 가액을 통고하고 또한 증권에 기재한 경우를 제외하고, 복합운송인은 어떠한 경우에도 매 포장당 또는 매 단위당 666.67SDR 또는 멸실이나 손상된 물품의 총중량에 대하여 Kg당 2SDR중에서 큰 금액을 초과하지 않은 범위내에서만 책임을 진다(규칙 제6조 제1항).[251] 계약에 따라 복합운송에 해상 또는 내수운송이 포함되지 아니하는 경우, 복합운송인의 책임은 멸실 또는 손상된 물품의 매 Kg당 8.33SDR을 초과하지 아니하는 금액으로 한다(규칙 제6조 제3항). 화물의 멸실 또는 손상이 복합운송 중의 어느 한 특정구간에서 발생한 경우 그 운송구간에 관하여 국제협약이나 국내의 강행법에서 그 구간에 대하여만 별도로 운송계약을 체결하였더라면 적용할 수 있는 다른 책임의 한도를 규정하고 있는 때에는 화물의 멸실이나 손상에 대한 복합운송인의 책임한도는 그 국제협약 또는 국내 강행법의 규정에 의하여 결정한다(규칙 제6항 제4항).

원칙적으로 운송인의 책임제한액은 헤이그비스비 규칙과 동일하다(규칙 제6조 제1항). 별도의 약정으로 해상구간이 포함되지 않은 경우에는 책임제한액은 8.33SDR로 인상된다(동 제3항). 제4항에 의하여 사고발생구간이 판명된 경우에 그 구간에 제1항보다 큰 액수의 책임제한액을 정하고 있는 강행규정이 존재한다면 그 규정을 적용한다(동 제4항). 제3항과 제4항은 변형단일책임체제의 구현이다.

4. 기　　타

운송인의 책임제한배제사유는 헤이그비스비 규칙이나 상법과 같이 운송인 자신의 고의 혹은 무모한 과실이다(규칙 제7조). 복합운송인의 채무에 대한 제척기간은 9개월이다(규칙 제10조). 대법원은 해상에서 사고가 발생한 경우에는 무효이지만 육상에서 발생한 경우에는 유효라고 판시하였다(대법원 2009.8.20. 선고 2008다58978 판결). 복합운송인의 피용자는 복합운송인이 행사할 수 있는 면책항변을 원용할 수있다(규칙 제12조). 복합운송인의 면책 등의 항변은 불법행위로 인한 청구에도 적용된다(규칙 제11조).

[판례소개](대법원 2009.8.20. 선고 2008다58978 판결)
복합운송업체(피고)는 운송인으로서 원고로부터 화물을 인수하고 하우스 선하증권

---

251) 국제도로물건운송조약(CMR)은 책임제한액이 해당운송물 kg당 8.33SDR이다. 항공운송에 관한 몬트리얼 협약에서는 kg당 19SDR이다.

을 발행하였다. 증권에는 9개월 제소기간(제17조) 및 운송인의 주된 사무소가 있는 국가의 법이 준거법이 된다는 약정(제19조)이 있었다. 운송물이 트럭으로 옮겨져 운송되는 도중 이라크에서 도난당하는 사고가 발생하였다. 피고는 선하증권의 이면약관은 제소기간을 9개월로 정하고 있는데 이 사건 소는 사고 후 9개월이 지나 제기되었으므로 부적법하다고 주장하였다. 한편, 원고는 우리나라는 복합운송을 규율하는 법규가 없고, 단지 해상운송인에 대한 제척기간 1년과 육상운송인에 대한 소멸시효 1년 또는 상사소멸시효 5년, 불법행위에 대한 소멸시효 3년 등의 규정이 있으므로 이러한 규정의 취지를 유추하여 볼 때 적어도 1년 미만의 제소기간 약정은 무효이고, 또한 해상운송이 포함된 복합운송에서는 해상운송법이 적용되어야 한다고 주장하였다. 원심(서울고법 2008.7.10. 선고 2007나83733 판결)에서는 육상운송법(상행위법)이 적용되어 9개월 제소기간은 유효하다고 판시되었다.

대법원은 아래와 같이 판시하였다. "복합운송인이 국제연합무역개발회의/ 국제상업회의소(UNCTAD/ICC) 복합운송증권 규칙에 따라 발행한 유통선하증권에 운송인의 책임에 대하여 '물품인도 후 또는 물품이 인도되어야 할 날 또는 물품이 인도되지 않아 수하인이 물품이 멸실된 것으로 간주할 수 있는 권한을 갖는 날로부터 9개월 이내에 소송이 제기되지 아니하면 복합운송인은 모든 책임으로부터 면제된다'는 제척기간 규정을 두고 있는 경우, 복합운송은 운송물을 육상운송, 해상운송, 항공운송 중 적어도 두 가지 이상의 서로 다른 운송수단을 결합하여 운송을 수행하는 것인데, 이러한 복합운송에 전체적으로 적용될 법규가 존재하지 않는 이상 손해발생구간에 따라 적용되는 개별적인 강행법규의 구속을 받는 것으로 해석하는 것이 합리적이고, 계약관계의 당사자들 또한 선하증권에 정한 9개월의 제소기간을 원칙으로 계약관계를 파악할 것이기 때문에 손해발생 구간에 적용되는 강행법규에 반하지 않는 한 선하증권의 제척기간 규정을 적용하더라도 당사자들의 예측가능성을 해하는 등의 불이익은 존재하지 않으므로, 복합운송에서 손해발생구간이 명백한 경우에는 그 구간에 적용되는 강행법규에 반하지 않는 한 선하증권에서 정하고 있는 제소기간은 유효하다고 보아야 할 것이다.

2007년 개정된 현행 상법은 이러한 고려에서, 복합운송인의 책임에 대하여 제816조 제1항에 '운송인이 인수한 운송에 해상외의 운송구간이 포함된 경우 운송인은 손해가 발생한 운송구간에 적용될 법에 따라 책임을 진다'는 규정을 신설하였다.

특히 해상운송의 경우에는 구 상법 제811조에서 운송인의 송하인 또는 수하인에 대한 채무는 운송인이 수하인에게 운송물을 인도한 날 등으로부터 1년 내에 재판상 청구가 없으면 소멸하도록 하고 이를 당사자의 합의에 의하여 연장할 수 있으나 단축할 수는 없도록 규정하고 있는 반면에, 육상운송의 경우에는 구 상법 제147조, 제121조에 따라 운송인의 책임은 수하인이 운송물을 수령한 날로부터 1년을 경과하면 소멸시효가 완성하고, 이는 당사자의 합의에 의하여 연장하거나 단축할 수 있다고 볼 것인 점, 복합운송의 손해발생구간이 육상운송구간임이 명백한 경우에도 해상운송에 관한 규정을 적용하면, 복합운송인이 그 구간에 대하여 하수급운송인으로 하여금 운송하게 한 경우에 하수급운송인과 복합운송인 사이에는 육상운송에 관한 법률이 적용되는 것과 균형이 맞지 않게 되는 점 등을 고려하면, 복합운송에서 손해발생구간이 육상운송구간임이 명백한 경우에는 복합운송증권에서 정하고 있는 9개월의 제소기간은 강행법규에 저촉되지 아니하는 것으로서 유효하다고 보아야 할 것이다."

제3절 旅客運送

제1 序 論

1. 의 의

旅客運送이란 여객을 운송의 대상으로 하는 것을 말한다. 여객운송은 운송수단에 따라서 해상여객운송, 육상여객운송 및 항공여객운송으로 나누어 볼 수 있다. 본 절에서 다루는 것은 해상여객운송이다. 우리 상법 제817조에서 제826조가 해상여객운송을 규율하는 법규정이다. 우리 상법은 상행위편의 여객운송에 대한 통칙적인 규정을 해상여객운송에도 준용하고 있다. 운송인의 책임은 여객에 대한 직접책임, 위탁받은 여객의 수하물, 위탁받지 않은 수하물 등으로 나누어져서 기술되고 있다.

상법 해상편에서 국제해상여객운송인의 손해배상책임을 규율하고 있는 조약으로 1974년 해상여객 및 수하물운송에 관한 아테네협약(이하 "아테네 협약")이 있다. 1990년 의정서는 발효되지 못하였고, 2002년 11월 1일 개정 의정서가 채택되었다.[252] 우리나라는 1974년 아테네협약을 비준하지도 않고 그 내용을 상법에 편입시키고 있지도 않다.[253]

2007년 개정상법은 내용의 변경없이 제2장 제2절에 해상여객운송을 배치하게 되었다. 개정상법 제817조는 해상여객운송계약의 의의를 신설하여 "해상여객운송계약은 운송인이 특정한 여객을 출발지에서 도착지까지 해상에서 선박으로 운송할 것을 인수하고, 이에 대하여 상대방이 운임을 지급하기로 약정함으로써 그 효력이 생긴다."고 정하였다.[254]

---

252) 해상여객운송에 대한 아테네협약과 상법규정의 비교에 대하여는 김인현(해상법), 91면 이하를 참고 바람.

253) 해상여객운송에 관한 연구논문으로는 이균성, "해상여객운송인의 손해배상책임", 해법학회지 제12권 제1호(1991.2.), 14면 이하; 박용섭, "해상여객운송에관한 아테네협약의 비교연구", 해양한국, 1997년 10월호, 154면 이하; 김인현, "해상여객 및 수하물운송에 관한 2002년 개정 아테네 협약", 상사법 연구 제22권 1호(2003.5.), 525면 이하가 있다.

254) 일본 상법은 제589조에서부터 여객운송을 규율한다.

2. 구별개념

여객운송은 국내운송(cabotage)과 국외운송이 있다. 우리 상법은 이를 구별하지 않고 있다. 우리 상법은 육상 또는 호천, 항만에서 물건 또는 여객의 운송을 영업으로 하는 자를 운송인이라고 한다(상법 제125조). 그러므로 호천과 항만에서 여객을 운송하는 자는 해상여객운송인인 것이 아니라 육상여객운송인이 된다. 따라서 항구에서 통선업을 하는 자 등은 해상운송인으로서가 아니라 육상운송인으로서의 지위에 있고, 해상운송인이 누리는 책임제한의 이익 등을 향유하지 못하게 된다.

우리나라의 해상여객운송은 국내여객운송과 국제여객운송으로 나누어 볼 수 있다. 한중항로, 한일항로 및 한러항로 등 12개 선사가 국제여객운송업을 행하고 있다. 1974년 아테네협약은 국제여객운송을 적용대상으로 하지만, 우리 상법은 그러한 구별없이 국내여객운송이나 국제여객운송에 모두 적용된다.

제2 旅客運送 一般論

1. 계약당사자

여객운송계약의 당사자는 운송인과 여객이 된다. 운송인은 선박소유자일 수도 있고 용선자일 수도 있다.

2. 당사자의 법률관계

운송인은 여객에게 운송을 제공하여야 할 의무를 부담하고, 여객은 운임을 지급하여야 할 의무를 부담한다. 여객의 항해 중의 식사는 다른 약정이 없으면 운송인의 부담으로 한다(상법 제819조). 여객이 계약에 의하여 선내에서 휴대할 수 있는 수하물에 대하여는 운송인은 다른 약정이 없으면 따로 운임을 청구하지 못한다(상법 제820조). 여객이 승선시기까지 승선하지 아니한 때에는 선장은 즉시 발항할 수 있다. 항해도중의 정박항에서도 이와 같다(상법 제821조 제1항). 이 경우에 여객은 운임의 전액을 지급하여야 한다(상법 제821조 제2항). 여객이 발항전에 계약을 해제하는 경우에는 운임의 반액을 지급하고 발항 후에 계약을 해제하는 경우에는 운임의 전액을 지급하여야 한다(상법 제822조).

3. 船 票

선표는 우리나라 연안여객운송에서는 승선권이라고도 한다. 기명식의 선표는 이를 타인에게 양도하지 못한다(상법 제818조). 기명식의 선표는 지시증권이 아니다.

제3 旅客運送人의 책임

1. 旅客에 대한 人事事故

(1) 우리 상법

해상여객운송인은 여객에 대하여 감항능력주의의무(상법 제826조 제1항, 제794조)와 운송에 대한 주의의무(상법 제826조 제1항, 제148조)를 부담한다.[255]

상법 제148조 제1항은 운송인은 자기 또는 사용인이 운송에 관한 주의를 해태하지 아니하였음을 증명하지 아니하면 여객이 운송으로 인하여 받은 손해를 배상할 책임을 면하지 못한다고 하여 과실책임주의에 입각하고 있다. 여객에 대한 인적손해에 대한 고의과실의 입증책임은 채무자인 운송인에게 있다.[256]

(2) 아테네협약

아테네협약도 책임의 근거로는 과실책임주의원칙을 채택하고 있다(1974년 협약 제3조 제1항). 그런데, 영미법의 입장을 채택한 아테네협약은 여객운송에 대한 책임을 기본적으로 불법행위로 구성하여 입증책임은 원칙적으로 청구권자인 여객에 있다고 본다(협약 제3조 제3항). 이를 straight burden of proof라고 한다.

아테네협약은 인사사고를 선박운항관련사고와 비선박운항관련사고로 구분하여 충돌·좌초·화재 등과 같은 선박운항관련사고에 기인하는 인사사고는 운송인이 입증책임을 부담하고(reversed burden of proof), 수영장·무도장에서의 사고와 같은 비선박운항관련사고에 대하여는 여객이 입증책임을 부담한다.

2002년 의정서는 선박운항관련사고에 기인한 인사사고에서 25만SDR까지는 여객운송인의 무과실책임(엄격책임)으로 책임체제를 변경하였다.

---

255) 최종현, 458면. 세월호 사고의 법적 쟁점에 대하여는 김인현, "세월호 사건에서 예상되는 손해배상책임의 제문제", 인권과 정의 제442호(2014.6.), 25면 이하가 있다.

256) 최종현, 460면.

2. 委託手荷物

(1) 우리 상법

운송인은 위탁수하물에 대하여도 해상물건운송인의 경우와 같이 감항능력주의의무(상법 제826조 제2항, 제794조)와 운송물에 대한 주의의무(상법 제826조 제2항, 제795조 제1항)을 부담한다.

과실책임주의이며 고의과실에 대한 입증책임은 채무자인 운송인에게 있다.

(2) 아테네협약

위탁수하물사고는 과실책임주의를 택하고 있으며, 사고성질에 관계없이 운송인이 입증책임을 부담한다(협약 제3조 제3항).

3. 携帶手荷物

(1) 우리 상법

휴대수하물에 대하여 우리 상법은 운송인이 운송을 인수한 것으로 볼 수 없기 때문에 물건운송에 대한 규정을 준용하지 않고 있다. 운송인은 감항능력주의의무를 부담하지 않고, 상법 제150조의 규정에 따른 주의의무만을 부담한다. 상법 제150조는 과실책임주의 원칙이 적용된다.

휴대수하물에 대하여는 해상여객운송인의 과실이 추정되지 않으므로 청구인인 여객이 운송인의 고의과실이 있음을 입증하여야 한다(상법 제150조, 제826조 제3항).[257]

(2) 아테네협약

휴대수하물의 사고에 대하여도 과실책임주의를 택하고 있다. 선박운항관련사고에 기인한 경우는 입증책임을 운송인이 부담하고, 비선박운항관련사고는 여객이 입증책임을 부담한다(협약 제3조 제3항).

제4 旅客運送人의 보호

1. 旅　　客

(1) 우리 상법

해상여객운송인을 보호하기 위하여 운송인은 선박소유자(선주)책임제한제도를

257) 동지 최종현, 462면.

이용할 수 있다. 우리 상법은 아테네협약과는 달리 개별적 책임제한제도를 도입하지 않고 선박소유자 책임제한제도의 원용만 가능하도록 하고 있다(상법 제770조). 개정전 상법 제747조 제1항에 의하면 선박소유자의 책임제한액은 증서상 여객 1인당 46,666SDR로 하고 최고액을 2,500만SDR로 하였다. 이는 525명의 여객에 해당하는 액수이다. 그러므로 우리 상법으로는 소수의 여객이 사상당하는 경우에 운송인은 책임제한을 할 수 없고, 여객의 입장에서도 525명 이상의 여객정원을 갖는 선박이 침몰하는 경우에는 책임이 약 7천만원 이하로 제한되게 된다. 불합리를 개선하기 위하여 2007년 개정상법은 1976년 선박소유자책임제한조약에 대한 1996년 의정서처럼 1인당 책임제한액을 175,000 SDR(약 3억원)로 하고 최고한도는 철폐하였다. 이 규정은 2010년 8월 4일부터 적용되기 시작하였다. 여객 정원이 500명이라면, 500명×3억=1,500억원으로 책임이 제한된다. 100명이 사망했고 1인당 10억원의 청구 금액이 인정된다면, 전체 손해배상청구액은 1,000억원이므로 책임제한을 할 수 없고 배상청구한 전액을 지급해야 한다.

(2) 아테네협약

운송인은 여객 1인당 46,666SDR(90년 의정서는 175,000SDR)으로 책임을 제한할 수 있다(협약 제7조). 2002년 의정서는 개별적 책임제한 액수를 400,000SDR로 상향조정하였다(의정서 제6조 제1항). 운송인은 선박소유자책임제한제도의 이익도 함께 누릴 수 있다(협약 제19조).

2. 委託手荷物

(1) 우리 상법

위탁수하물에 대하여는 우리 상법은 해상물건운송의 경우와 유사한 규정을 가지고 있다. 그리하여, 여객운송인은 항해과실면책, 화재면책, 기타 상법 제796조의 면책, 포장당 책임제한의 이익(상법 제826조 제2항, 제795조, 제796조, 제797조의2, 제798조의3)을 누릴 수 있다. 그리고 위법 선적물의 처분(상법 제826조 제2항, 800조 및 제801조의 2)도 할 수 있다. 또한 선장에게 운송물에 대한 유치권이 주어진다(상법 제826조 제2항, 제807조). 불가항력 등으로 계약의 목적을 달할 수 없게 된 때에는 여객운송인은 운송계약을 해제할 수 있다(상법 제826조 제2항, 제811조). 여객운송인은 1년의 단기제척기간의 이익을 누릴 수 있다(상법 제826조 제2항, 제814조).

해상여객운송인은 해상기업주체로서 선박소유자 책임제한제도를 이용할 수 있다.

(2) 아테네협약

아테네협약에서는 여객운송인은 위탁수하물에 대하여, 자동차 1대당 3,333 SDR (1990년 의정서는 10,000SDR) 및 기타 1,200 SDR(1990년 의정서는 2,700SDR)(협약 제4조)로 개별적 책임제한을 할 수 있다. 2002년 의정서는 이들을 각각 12,700 SDR과 3,375SDR로 상향조정하였다(의정서 제7조).

3. 携帶手荷物

(1) 우리 상법

휴대수하물에 대하여는 우리 상법은, 운송인이 이를 인수하지 않고 있다는 점을 감안하여, 해상물건운송규정을 제한적으로 준용하고 있다. 여객운송인은 포장당 책임제한의 이익(상법 제826조 제3항, 제797조) 및 1년의 단기제척기간의 이익(상법 제830조 제3항, 제814조)을 누릴 수 있다.

(2) 아테네협약

여객운송인은 휴대수하물에 대하여 1인당 833SDR(1990년 의정서는 1,800SDR)로 개별적 책임제한을 할 수 있다. 2002년 의정서는 2,250SDR로 상향조정하였다(의정서 제7조).

제5 旅客의 보호

1. 旅 客

(1) 우리 상법

여객운송인은 여객에 대하여 감항능력주의의무를 면제하는 약정을 할 수 없다(상법 제826조 제1항, 제799조 제1항). 여객운송인이 재운송인인 경우에는 선장의 직무에 속한 범위 안에서 선박소유자도 여객운송인과 함께 상법 제794조와 제148조의 규정에 의한 연대책임을 부담한다(상법 제826조, 제809조). 우리 상법상 여객의 사상으로 인한 채권은 선박우선특권의 대상이 된다(상법 제777조 제1항 제4호).

우리 상법은 아테네협약과 달리 1인당 책임제한제도가 없다. 그러므로 민법이나 선원법에 따른 최대한 청구가 가능하다. 해운조합은 해운법의 강행규정에 따라 여객운송인이 가입한 선주책임보험상 책임보험자로서 여객 1인당 5억원까지 보상책임을 부담한다(해운조합 선주책임 공제약관). 만약 여객 1인이 10억원의 손해배상청구를 하면 운송인은 추가보험에 가입해야 한다.

(2) 아테네협약

아테네협약에서는 실제운송인과 계약운송인의 개념을 도입하여 이들은 연대책임을 부담하게 되었다(협약 제4조 제4항). 2002년 의정서는 여객의 인사사고의 경우에 여객을 보호하기 위하여 운송인으로 하여금 250,000SDR까지 강제보험에 가입하게 하고 여객에게 보험자에 대한 직접청구권을 인정하고 있다(의정서 제5조).

2. 委託手荷物

(1) 우리 상법

우리 상법은 위탁수하물에 대하여는 물건운송의 경우와 유사한 규정을 두고 있다. 따라서, 여객운송인은 여객의 위탁수하물에 대하여 감항능력주의의무를 면제하는 약정을 할 수 없다(상법 제826조 제2항, 제799조 제1항). 여객운송인이 재운송인인 경우에는 일정한 조건하에서 선박소유자도 운송인과 함께 연대책임을 부담한다(상법 제826조 제2항, 제809조).

(2) 아테네협약

아테네협약에서는 실제운송인의 개념이 도입되어 있어서, 계약운송인과 실제운송인은 연대책임을 부담한다. 위탁수하물에 대하여 여객은 그만큼 보호된다.

3. 携帶手荷物

(1) 우리 상법

여객운송인은 여객의 휴대수하물에 대하여 감항능력주의의무를 면제하는 약정을 할 수 없다(상법 제826조 제3항, 제799조 제1항). 상법 제809조도 적용된다. 여객운송인이 재운송인인 경우에는 선박소유자도 운송인과 함께 연대책임을 부담한다(상법 제826조 제3항, 제809조).

(2) 아테네협약

실제운송인과 계약운송인이 연대책임을 부담하는 규정은 휴대수하물에도 적용되어 여객은 그만큼 보호된다.

[보론] 상법 해상편의 적용한계에 대한 논의

1. 의 의

상법 해상편이 적용되는 사안인지는 중요한 의미를 갖는다. 상법 해상편은 상행위편의 육상운송규정보다 운송인에게 유리한 제도가 많이 도입되어 있다. 상법 해상편의 적용범위가 아니라면 상법 해상편의 각종 운송인을 위한 면책제도, 책임제한제도 등이 적용되지 않는다. 그러므로, 소송에서는 해상편의 적용범위가 문제된다.

2. 해상운송과 육상운송의 한계

운송인의 주의의무와 책임의 범위는 운송물의 수령에서부터 인도에까지 이른다. 우리 법에서 말하는 수령은 port to port(항구에서 항구까지)의 개념으로 이해된다. 따라서, 선박에 선적하기 이전의 어느 지점에서부터 운송인의 책임범위에 들어가는지가 문제된다. 부두의 범위를 벗어나는 지점에서 사고가 발생하였다면 해상운송이 아닌 것이 된다. 부두에서 상당히 벗어난 지점에서부터 운송이 시작되었다면 이것은 육상운송인 것이고 결국 해상운송과 육상운송이 결합된 복합운송이 되는 것이다. 우리 법원은 반드시 해상구간이 아니어도 해상운송에 부수되는 구간에 대하여는 해상운송의 일부를 구성하는 것으로 보아 해상편을 적용하는 경향을 보여주고 있다.

[판례소개](부산고법 2008.4.29. 선고 2007나22453 판결)

원고는 피고 甲 운송인과 운송계약을 체결하였다. 甲은 피고 항만하역업자 乙에게 부산항에서 취급하는 선박에 대한 컨테이너 조작과 관련된 제반작업에 대한 업무를, 피고 乙은 피고 A에게 다시 컨테이너 본선 셔틀운송과 내륙운송에 관한 업무를 위임하였다. 乙의 컨테이너 화물조작장(CFS)에 화물이 적입되어 컨테이너를 트랙터에 싣고 화물조작장까지 1km 떨어진 부산항 제7부두 제72번 선적에 접안한 피고 甲의 선박까지 운반하였지만 중량초과로 선적이 취소되자 다시 트랙터를 이용하여 화물조작장으로 돌아가는 중에 화물이 넘어져 파손되었다. 원고(화주)는 운송인 甲과 乙 및 A에게 손해배상청구를 제기하였다. 乙 및 A는 선하증권상의 히말라야 약관에 따라 자신들은 운송인이 누리는 단기제척기간의 이익을 누릴 수 있다고 주장하면서 제척기간도과의 항변을 하였다. 이에 화주 측은 사고가 선적 전인 항구내에서 발생한 것으로 상법 해상편이 적용되지 않는다고 주장하였다.

부산고등법원은 “첫째, 상법 제788조(개정상법 제795조)에 비추어 반드시 지리적 개념상의 해상에서 현실적으로 운송을 실행하는 자만을 해상운송인으로 해석하여야 할 근거는 없다. 둘째, 컨테이너 화물장치장까지 운송되었기 때문에 이미 육상운송은 종료되었다. 이후 선박에 선적할 목적으로 컨테이너에 적입되었고, 화물 조작장에서 제7부두까지는 1km에 불과하고 운행기간도 부산항 구내인 점, 그리고 운전자 등이 모두 해상운송인인 피고의 부산항에서의 선적보관 등의 업무를 위하여 재위임을 받은 자에 불과한 점으로 비추어 해상운송계약에 해당한다. 부산항내에서 트랙터가 실제운송수단으로 일부 이용되었다는 사정으로는 육상운송으로 보기에는 부족하다.”고 판시하였다.[258]

3. 항만 내에서의 사고

상법 상행위편의 운송업규정에 따르면 항만에서의 운송은 육상운송법의 적용을 받는다(상법 제125조).[259] 여기서 말하는 항만에서의 운송은 항만내에서 항해하는 선박으로 한정하여 보아야 할 것이다. 통선, 급수선, 급유선, 도선선 등 항만내에서만 운항하는 선박이 있다. 원양을 항해하는 선박이 항만내에서 하역작업 중 운송물 손상사고를 야기한 경우에 동 규정에 따라서 육상운송법이 적용된다면 운송인은 책임제한의 이익을 누리지 못한다. 이는 불합리한 것이고 입법목적을 벗어난 것으로 생각된다.

4. 공선하증권으로 인한 사고

수출자가 수입자와 결탁하고 여기에 운송인이 가담하여 컨테이너에는 아무런 운송물이 실리지 않은 채로 운송이 되는 경우가 왕왕 발생한다. 이때 무역결재를 위하여 선하증권이 발행된다. 선하증권을 담보로서 취득한 은행은 손해배상책임을 운송인에게 물을 수 있다. 이때 운송인이 부담하는 책임이 채무불이행책임인지 아니면 불법행위책임인지 논란이 된다.

운송인은 선하증권에 운송물의 수량과 무게를 기재하게 된다. 선하증권의 채권적 효력 혹은 문언적 효력에 따라 운송인은 선의의 제3자에게는 그 기재에 대하여 대항할 수 없다(상법 제854조). 수량 등이 차이가 나는 경우에는 동조가 적용되어 운송인은 채무불이행책임을 부담하는 것에 이론이 없다. 그런데, 운송인이 사기에 가담하여 불법으로 선하증권을 발행하였다면, 운송인은 운송물을 수령한 다

258) 자세한 판례평석은 김인현, “2008년 해상법등 중요 판례소개”, 한국해법학회지 제31권 제2호(2009.11.), 408면 이하를 참고 바람.

259) 상법 제125조(의의) 육상 또는 호천, 항만에서 물건 또는 여객의 운송을 영업으로 하는 자를 운송인이라 한다.

음 선하증권을 발행하여야 하는 것이고(상법 제852조) 선하증권의 요인성에 따라 본 선하증권은 무효이다. 더구나 선하증권 발행의 기초가 되는 운송계약 자체가 무효 혹은 취소될 수 있기 때문에 선하증권은 무효가 되어야 한다. 따라서 운송인이 부담하는 책임은 불법행위책임이 될 수밖에 없다고 생각한다.[260]

이러한 입장에 따르면 운송인의 책임에는 상법 해상편의 규정이 적용되지 않기 때문에 포장당책임제한 등의 이익을 주장할 수 없다. 한편, 채무불이행책임을 적용한다고 할 때 운송인은 포장당책임제한의 주장이 허용되고, 화주 측에서 책임제한배제사유가 있음을 입증하여야 한다. 아예 처음부터 책임제한이 허용되지 않는 것과 비교하여 화주 측에 불리하다. 이러한 경우 운송인을 보호할 필요가 없기 때문에 불법행위책임을 부담하는 것이 좋다고 생각한다.

[보론] 복합운송과 종합물류계약의 차이점

2019년 삼다수 판결(대법원 2019.7.10. 선고2019다213009 판결)은 복합운송과 종합물류계약을 구별하는 중요한 판결이다. 복합운송계약은 한사람의 운송인이 두 개이상의 구간을 모두 인수하여 운송을 해주겠다는 약속을 송하인과 체결한 계약이다. 해상운송인은 통상 해상운송만 인수하다가 이제는 항공 혹은 육상운송도 인수하게 되었다. 해상, 항공, 육상운송 중에서 해상운송의 경우가 손해배상이 가장 유리하다. 그래서 복합운송 중에 발생한 손해를 어떤 법률에 의할 것인지 논란이 많았다. 손해구간이 해상이라면 상법 제5편 해상(해상법)을, 육상이라면 상법 제2편 육상운송을 적용하자는 내용을 상법 제816조 제1항에 담았다. 손해발생구간이 어디인지 불분명한 경우에는 운송거리가 가장 긴 구간의 법을 적용한다(제2항).

삼다수 판결에서 우리 대법원은 복합운송에서 발생한 손해배상의 문제에 처음으로 제816조를 적용했다. 현행법 하에서는 이렇게 하는 것이 최선이다. 그렇지만 이 사건은 현재 업계에서 널리 활용되는 종합물류계약의 문제였다. 삼다수는 제주도에서 생산한 삼다수를 서울, 경기 등에 판매하여 보내고자 했다. A종합물류회사가 포장, 하역, 운송 등을 모두 포함한 종합물류계약을 체결했다가 이를 이행하지 못했다. 이에 삼다수는 B종합물류회사에 제2의 종합물류계약을 A의 경우보다 높은 가격에 체결하게 된 것이다. 그 차액을 A에게 구한 것이다. 대법원은 종

260) 대법원 2005.3.24. 선고 2003다5535 판결.

합물류계약이라고 인정하면서도 그 핵심은 복합운송에 있다고 했다. 제주에서 완도항 혹은 인천항까지의 선박을 이용한 해상운송 그리고 서울, 경기까지의 육상운송이 있다. 그래서 제816조를 적용했다. 그러나 그 손해는 운송물에 발생한 손해가 아니고 계약의 불이행으로 인한 손해이다. 복합운송보다 더 발전하고 범위가 넓은 종합물류계약에서 발생한 손해이므로 입법의 불비이다. 하루속히 종합물류계약을 규율하는 법제도를 두어야겠다. 세계적으로도 아직 조약이 없다. CJ대한통운, LX판토스, 삼성SDS 등이 대표적인 종합물류회사들이다. 이들은 포장, 통관, 하역, 운송 등 물류흐름 전체의 서비스를 화주에게 약속한다. 자신이 직접이행하고 나머지는 해상기업 등을 이행보조자로 하여 하부계약을 체결하여 이행하게 된다. 해상운송을 위탁받은 해상기업은 불법행위책임을 부담하고 화주로부터 직접 채무불이행책임을 부담하지 않는다.

[보론] 자율운항선박이 운송계약에 미치는 영향

자율운항선박의 경우에도 운송인이 운송계약의 당사자로서 운송계약을 이행할 주체이다. 그는 바다에서 선박을 이용해 운송물을 안전하게 운송할 의무가 있다. 그 선박이 사람이 승선하던 것에서 사람이 승선하지 않는 것으로 변경된 것이다. 손해의 원인이 사람에 의하였건 자동프로그램에 의하였건 운송인은 손해배상을 부담하게 된다. 책임을 부담하게 되는 법적 근거를 어떻게 연결시킬 것인지 문제가 된다. 운송인에게는 상법 제795조의 운송물에 대한 주의의무가 부과된다. 운송인은 그 혹은 그의 이행보조자가 운송물에 대한 주의의무를 다 했음을 입증하지 못하면 손해배상책임을 부담한다. 제3단계에서 육상의 원격조종자는 운송인의 이행보조자로 볼 수 있다. 육상의 원격조종자가 냉동컨테이너의 온도조절을 잘 못해서 운송물에 손해가 발생했다면, 현행 상법 제795조에 의한 책임을 운송인이 부담한다. 선박에 설치된 AI, 혹은 자동프로그램의 오작동으로 인한 경우에는 어떻게 될 것인가? 선원 등 이행보조자의 과실은 운송인의 과실이 되어 운송인이 책임을 부담하는 것이 상법 제795조 및 민법 제391조의 입장이다. 이 둘은 사람이 아니므로 이 조항의 적용이 없다. 그렇지만 운송인은 손해배상책임을 부담하지 않을 수 없다. 따라서 제795조에 제2항을 마련하여 “자율운항선박의 경우 AI, 자동프로그램은 이행보조자로 본다”고 규정하면 될 것이다.

항해과실면책을 인정할 것인지 문제된다. 항해과실면책은 운송계약관계에 있는 화주에 대하여 바다에서 선원들에 의하여 야기된 손해배상책임을 면하게 하는 제도이다. 3단계의 경우나 4단계의 경우 바다에 승선 중인 선원들에 의하여 발생된 손해가 아니다. 그러므로 항해과실면책을 인정하지 않아야 한다는 주장도 있다. 그러나 항해과실면책은 바다에서 항해 중 발생한 운송인의 책임을 감해주어서 해운산업을 보호하는 측면이 있기 때문에 여전히 인정해도 좋다고 본다.

[보론] 탈탄소가 운송계약 혹은 용선계약에 미치는 영향

탈탄소는 운송계약에 영향을 미치게 된다. 선박연료유의 공급을 제때에 받지못해서 인도지연이 발생하게 되면 운송인은 손해배상책임을 부담하게 된다. 화주는 운송계약관계가 없는 선박연료유 공급자나 선박소유자에게 운송계약에 기한 손해배상책임을 물을 수 없다. 운송인은 운송계약상의 책임을 먼저 부담하고 이어서 공급자나 선박소유자에게 구상을 하게 될 것이다.

용선계약 중 탈탄소를 위해서 기관을 개조할 경우 정기용선 하에서라면 용선료 지급중단사유가 될 것이다. 용선자는 용선료를 지급하지 않아도 된다. 선박연료유 관련 기관의 고장으로 선박이 정선하게 되어도 그 잃어버린 시간 동안은 용선료 지급이 중단된다. 탈탄소에 대응을 제대로 하지 못해서 방문하는 국가에서 입항이 허가되지 않은 경우 잃어버린 시간에 대하여도 역시 용선료지급중단사유가 된다.

선박소유자와 정기용선자 사이에 탈탄소 개조 비용에 대해 특별한 약정이 없는 한 정기용선자가 부담하지는 않는다. 그러나 장기항해용선계약이 체결된 경우, 특히 운항비를 전보해주는 형식의 장기항해용선계약의 경우 용선자도 비용을 부담하는 경우도 있다.

탄소세가 곧 부과될 예정이다. 탄소의 배출을 막기 위한 것이다. 선박소유자가 직접운항하는 경우는 선박소유자가 모두 부담할 사항이다. 선박이 정기용선된 경우 선박연료의 공급은 정기용선자의 부담이므로 정기용선자가 탄소세의 부과대상이 될 것이다. 그러나 정기용선계약을 모두 파악하기 어렵고 등록되는 것이 아니라서, 각국 정부는 등록된 선박소유자에게 탄소세를 먼저 부과하게 될 것이다. 선박소유자는 정기용선자에게 구상을 하는 계약을 체결하여 해결할 것으로 본다.

제 4 편 海上危險

제 1 장
總 論

해상위험은 해상에서 선박에 발생하게 되는 위험과 관련되는 공동해손, 선박충돌 그리고 해난구조를 총칭하는 강학상의 용어이다. 이들은 비계약적 청구권이 발생한다는 점에서 공통점을 갖는다. 공동해손은 민법의 부당이득과, 해난구조는 사무관리와 그리고 선박충돌은 불법행위와 유사한 측면을 갖는다. 그러나, 공동해손은 선박과 적하의 공동의 위험이 있고, 선장의 의도적인 처분이 있어야 하는 점에서 부당이득과 다르다. 해난구조는 구조료 청구권이 발생한다는 점에서 사무관리와 다르다. 그리고 선박충돌은 법률효과가 다르게 규정되어 있다는 점에서 민법상의 불법행위와 다르다.

상법 해상편에서 규정하고 있는 것은 위의 공동해손, 선박충돌 그리고 해난구조 등 세가지이다. 이는 이들이 일반 민법상의 제도와 다른 측면이 있기 때문일 것이다. 그러나, 선박운항에 있어서 이들 이외에도 유류오염사고와 난파물제거문제는 빈번하게 발생하면서 별도의 법률에 의하여 규율되고 있으므로 이를 해상법의 범주에 넣어서 강의할 필요가 있다. 이 두 가지는 일반 불법행위에 의한 손해배상청구권이 발생하는 것이므로 일반 해상위험이라고 이름한다.

2007년 개정상법은 제3장 해상위험이라는 표제하에 제1절 공동해손, 제2절 선박충돌 그리고 제3절 해난구조를 배치하고 있다.

본편에서는 특수한 법률요건을 제1장으로하여, 공동해손, 선박충돌, 해난구조를 각각 별도의 절에서 살펴보고, 일반 해상위험을 제2장으로 하여 유류오염사고와 난파물제거 문제를 이어서 살펴본다.

제 2 장 특수한 法律要件

제 1 절 共同海損

제1 序 論

1. 意 義

공동해손(general average)이란 선박과 적하의 공동의 위험과 관련된 손해를 말하고, 선박자체 혹은 적하자체의 개별적인 손해는 단독해손(particular average)라고 한다.

겨울철에 原木(log) 운반선은 미국서부에서 출발할 당시부터 GM(선박의 복원성을 나타내는 단위로서 G는 무게중심 M은 傾心이다. 통상 M이 G보다 위에 있다.)이 크게 좋지 않은 상태인 경우가 많다.[1] 알라스카북단의 유니막 패스(unimak pass)를 하여 항해를 계속하면 선박에 갑판적한 원목의 위에 해수가 누적되어 무게중심이 위로 올라가 GM은 더욱 나빠진다. 이러한 상태에서 횡파(선박의 길이 방향에서 보았을 때 옆으로부터 오는 파도)를 만나게 되면 선박은 경사되어 위험한 상황에 빠지게 된다. 선박이 10도 기울어진 상태에서 항해를 계속할 수 없으므로 선장은 선박이 기울어진 쪽의 원목을 투하하라는 명령을 내리게 된다. 이렇게 되면 선박은 다시 정위치로 오고 GM도 좋아져서 선박은 안전하게 입항항구에 도착하게 된다.

결국 투하된 원목을 희생하여 나머지 화물과 선박 및 선원들은 안전한 항해를 할 수 있게 되었다는 결론에 이른다. 그러므로, 투하된 원목의 소유자에 대하여 이들이 비용을 분담하여주는 것이 형평에 맞을 것이다. 그리하여, 우리 상법은 투하된 원목의 소유자로 하여금 위험을 피한 선박소유자와 화주에게 그 비율에 따

---

1) 보통 이상적인 GM은 선박의 폭의 약 5%(일반 화물선)으로 알려져 있다. 예컨대 길이 30미터의 일반 화물선의 이상적인 GM은 1.5미터가 된다. 양시권 · 김순갑, 선박적화(다솜출판사, 2001), 207면.

른 공동해손분담금을 청구할 수 있는 권리를 인정하고 있다. 이러한 제도를 공동해손(general average)제도라고 한다.2)

만약 이러한 경우를 공동해손으로 처리하여주지 않는다면, 투하된 화물의 소유자는 운송계약불이행으로 인한 손해배상청구를 운송인인 선박소유자에게 청구할 것이지만, 상황에 따라서 운송인은 무과실인 경우도 있을 것이고, 선박소유자로서는 공동해손행위는 모두의 이익을 위한 것이었으므로 자신이 책임을 부담하는 것은 부당하다는 주장을 하게 될 것이다.

2. 구별개념으로서의 不當利得

不當利得(unjust enrichment)이란 법률상의 원인없이 타인의 재산 또는 노무로 인하여 이익을 얻고 이로 인하여 타인에게 손해를 가하는 것이다. 이러한 부당이득은 손해를 입은 자에게 반환하여야 한다(민법 제741조). 예컨대, 부동산매매에 대한 계약이 무효인 경우라면, 매도인과 매수인은 아무런 급부를 하지 않아도 된다. 그런데, 매수인이 이미 대금을 매도인에게 지급하였다고 하면, 매도인은 그 대금을 매수인에게 반환하여야 할 것이다.

부당이득이 성립하기 위하여는 첫째, 법률상의 원인이 없어야 하고, 둘째, 손실자가 손해를 입고 있어야 한다.

부당이득제도는 이득자에게 이익을 반환하여야 할 채무를 부과하고 있다(민법 제741조). 반환의 범위는 원물반환이 원칙이다. 즉, 목적물을 가지고 있다면 목적물을 그대로 반환하면 된다. 그러나, 매수인이 그 목적물을 이미 처분하였다면, 그 가액을 반환하여야 한다(민법 제747조). 이때 선의의 수익자는 그 받은 이익이 현존한 한도에서 책임이 있고(민법 제748조 제1항), 악의의 수익자는 그 받은 이익에 이자를 붙여 반환하고 손해가 있으면 이를 배상하여야 한다(민법 제748조 제2항). 예컨대, 수익자인 매수인이 계약이 유효하다고 믿고 이를 다시 매도하여 대금의 일부를 가지고 있고, 일부는 대학교 등록금으로 일부는 생활비로 사용하였다면, 잔존대금과 등록금에 해당하는 금액은 이를 매도인에게 반환하여야 한다. 만약

---

2) "화물선이 풍랑을 만나 (침몰)위기에 처하면 일부 화물을 바다에 던져 배의 무게를 줄입니다. 그런 다음, 위기를 벗어나게 되면 나머지 화물의 주인들이 바다에 던져진 화물의 주인에게 십시일반으로 짐 값을 보상해주죠". 윤증현 기획재정부장관은 2010.10.25. '토론토와 서울을 넘어' 콘퍼런스에서 "지난 23일 폐막된 경주 G20재무장관·중앙은행총재회의에서 환율과 국제통화기금개혁방안을 확정하는 중요한 성과를 거뒀다."면서 "G20은 이런 십시일반의 양보하는 정신을 발휘해 환율합의 등을 거둘 수 있었다."고 말했다(조선일보, 2010.10.26. A6). 윤장관이 언급한 것은 바로 공동해손제도이다.

자신이 계약이 무효인 줄 알면서도 이러한 행위를 하였다면 그는 이제는 악의의 수익자로서 대금에 대한 이자까지를 반환하여야 한다.

부당이득에서 손실자는 직접적으로 손실을 입고 이득자는 그로 인하여 이익을 보고 있으나 공동해손에서 이득자는 간접적으로 이익을 보고 있을 뿐이다. 공동해손에서 손실을 발생시킨 자가 이득자가 아니라 선장인 점 따라서 이득자가 선의·악의로 나누어질 수 없다는 점에서 부당이득제도와 다르다.

3. 1994년 요크앤트워프 규칙(YAR)

공동해손의 성립과 비용정산을 위하여 세계해법학회는 YAR이라는 자치규범을 작성하였다. 여러 번의 개정을 거쳐 현재는 1994년 규칙이 주로 사용되고 있다. 이는 국제조약의 형태가 아니므로 원래 규범성은 없지만, 용선계약서 및 선하증권 등에 공동해손의 처리는 YAR에 따른다는 점을 당사자들이 약정함으로써 구속력을 갖게 된다.[3] 7개의 문자규정과 22개의 숫자규정이 있다. 세계해법회는 1994년 YAR을 2004년 개정하였다. 현재 2016년 YAR을 개정하는 작업이 진행중이다.

상법의 공동해손규정은 임의 규정이기 때문에 당사자 자치의 원칙상 계약내용의 일부가 되는 YAR이 상법규정보다 우선적으로 적용된다. 통상 선하증권 이면에는 YAR을 적용한다는 아래와 같은 내용이 포함되어 있다.

> 공동해손은 운송인이 선정하는 항이나 장소에서 1994년 YAR에 따라 정산한다. 운송인은 사고, 위험, 손해 또는 재해가 항해개시전 또는 후에 발생한 것이라면, 어떠한 원인에 의한 것이든 관계없이, 과실여부에 불문하고, 그 자체 또는 그 결과에 대하여 실정법이나 계약 등에 의하여 책임지지 아니하고, 화주는 진행 중이거나 발생된 공동해손의 성질을 띤 모든 희생이나 손실 또는 비용의 지급에 관하여 공동해손으로서 운송인과 연대하여 분담하여야 하며, 운송물과 관련하여 발생한 해난구조료 및 특별비용을 지급하여야 한다(BIMCO의 1978 CONLINEBILL 제12조).

제2 共同海損의 성립

1. 共同海損 當事者

선장의 공동해손행위로 인하여 피해를 입은 자가 공동해손분담금 청구권자가

3) 동지 최종현, 523면; 서동희 집필, 주석상법(해상), 777면.

되고, 선박소유자 및 적하이해관계자 등이 분담금지급의무자가 된다.

2. 성립요건

상법 제865조(공동해손의 요건)는 "선박과 적하의 공동위험을 면하기 위한 선장의 선박 또는 적하에 대한 처분으로 인하여 생긴 손해 또는 비용은 공동해손으로 한다."고 하므로, 공동해손이 성립하기 위하여는 공동위험, 선장의 처분행위, 손해 또는 비용의 발생 그리고 물건이 잔존할 것 등의 요건이 필요하게 된다.[4)]

성립요건과 관련하여 YAR이 운송계약에 추가되어 있다면 당사자의 약정인 YAR의 내용이 제865조보다 우선한다.

(1) 공동위험요건

① 선박과 적하

공동해손에서 해손을 입게 되는 대상, 즉 처분의 객체는 선박과 적하이어야 한다. 선박과 적하는 동일한 이해관계에 있어야 할 것이다. 즉, 적하는 사고 선박에 적재 중이었던 것이어야 한다.

선장이 태풍을 피하기 위하여 선박을 모래사장에 비칭시키거나, 갑판적된 화물을 투하하는 경우에 선박과 적하는 각각 공동해손 성립의 대상이 된다.

② 공동위험

선박과 적하가 동시에 관련되는 공동의 위험을 피하기 위한 것이어야 한다. 그러므로, 적하만의 위험을 피하기 위한 것은 공동해손이 될 수 없다. 예컨대, 컨테이너의 화물이 부식되어서 폐기처분하여야 하였다면 컨테이너는 격리가 가능하므로 화물과 선박의 공동의 위험이 있다고 할 수 없다.[5)] 컨테이너 선박에 화재가 발생한 경우 소화를 하느라 운송물 모두가 물에 젖게 되어 손해가 발생한다. 이는 선박과 적하 모두의 공동위험을 피하기 위한 것이다.

공동위험을 공동안전(common safety)만으로 한정할 것인지 아니면 공동이익(common benefit)도 포함할 것인지 논란이 있다. 선박충돌후 수리를 한 경우에, 충돌로 인하여 발생한 화재진압비용 및 수리항까지 입항함에 소요된 연료유 비용은 공동안전을 위한 것으로 인정되지만 수리기간 동안 소요된 연료비용 및 수리를 위한 환적비용은 공동이익을 위한 것이므로 전자의 입장에서는 인정되지 않는다.

---

4) 일본 상법 제808조.

5) 공동위험을 공동안전(common safety)과 공동이익(common benefit)으로 구분하여 공동안전을 위한 경우에만 공동해손으로 인정하자는 논의가 세계해법학회에서 논의되어 2004 YAR에 반영되었다.

1994년 YAR은 공동안전주의를 원칙으로 하면서(A조, 제2조, 제5조, 제9조 등) 예외적으로 공동이익주의를 택한 것으로(제11조 6항) 해석된다.[6)]

우리나라는 공동안전 또는 공동이익과는 무관하게 선장의 처분과 상당인과관계가 있는 희생손실만을 공동해손으로 인정하는 희생주의이다.

(2) 처분행위요건

① 선장의 의도적인 처분

선장의 처분은 의도적인 것이어야 한다. 선장이 공동의 위험을 피하기 위하여 의도적으로 갑판적된 적하를 투하하거나, 좌초를 시켜야한다. 그렇지 않고 우연히 파도에 의하여 갑판적된 적하가 유실된 경우에는 공동해손이 성립될 수 없다. 이러한 경우에도 공동해손을 인정하면 부당하게 선박소유자가가 자신의 과실로 인한 손해를 다른 관계자들에게 부당하게 청구를 하는 결과가 된다.

기존의 교과서에서 YAR상의 intentionally를 고의로 번역하여 '船長의 故意'가 있어야 한다고 표현하고 있으나, 고의보다는 '의도적인' 이라는 표현이 더 적절한 것으로 생각된다.

<예제 19> 甲 선박은 미국의 워싱턴주의 포트 앤젤레스에서 원목을 가득 적재하고 알라스카의 유니막 패스를 하던 중 강풍을 만나서 선박이 우현으로 기울어졌다. 다행히 파도가 쳐서 갑판적한 원목을 묶어둔 고박장치가 터져서 우현 측의 원목 두 다발이 바다로 사라져 선박은 직립하게 되었고, 선박은 무사히 부산항으로 입항하였다. 원목의 소유자는 선박소유자와 다른 화주에 대하여 공동해손분담금을 청구할 수 있는가?

공동해손이 성립하기 위하여는 선장의 공동위험을 피하기 위한 의도적인 공동해손행위가 있어야 한다. 만약 선장이 우현으로 기운 선박의 위급함을 탈피하기 위하여 우현갑판에 적재된 원목을 투하하였다면 이는 공동의 위험을 피하기 위한 선장의 행위가 있었으므로 공동해손이 성립되어, 위험을 면한 선박소유자와 기타 화주들이 공동해손 분담금을 피해화주에게 지급하여주어야 한다.

그러나, 사례에서는 선장의 의도가 아니라 자연력에 의하여 원목이 유실된 것이므로 공동해손이 성립되지 않는다. 따라서, 화주는 보험으로 처리를 하던가 아니면 운송계약불이행으로 운송인에게 손해배상청구를 할 것이다. 운송인의 황천면책이 될 가능성도 있고 책임제한이 가능하므로, 공동해손의 경우보다 화주는 불리한 지위에 놓이게 된다.

② 선 장

우리 상법은 선장의 의도적인 처분을 하나의 요건으로 하고 있다. 선장의 처분

6) 서동희, 793면.

만을 공동해손으로 인정하는지에 대하여는 두 가지 입법례가 있다. 하나는 선장주의이고 다른 하나는 선원처분주의이다. 한국, 일본, 프랑스 및 미국은 엄격한 선장주의에 따르고 있다. 영국 해상법에서는 선원처분주의를 택하고 있다.[7]

해상법은 형식상 선장주의라고 하겠으나,[8] 실질적으로 선장이 자기의 공동해손 처분권을 해원 또는 제3자에게 위임한 때에는 공동해손이 성립한다고 해석하는 것이 옳겠다고 보는 견해가 있다.[9] 이와 반대로 선장에 국한시킨다는 견해도 있다. 선장의 동의없이 항만당국의 일방적인 명령에 의하여 소화작업을 실시함으로써 발생한 손해는 공동해손으로 인정할 수 없다고 본다.[10]

입법례를 보면, 1) 1994년 YAR 제A조는 "공동해손행위는 공동의 해상사업 단체에 속하는 재산을 위험으로부터 보존할 목적으로 공동의 안전을 위하여 의도적으로 또한 정당하게 비정상적인 희생을 일으키거나 또는 비용을 지출한 경우에 한하여 성립한다."고 하여 선장의 처분을 요건으로 하지 않고 있다. 중국 해상법도 이와 같다(제193조). 일본 상법 제788조는 우리나라 상법과 같이 선장의 처분을 요건으로 한다.

자율운항선박이 도입되면 선박에 승선중인 선장은 존재하지 않는다. 공동해손의 성립요건에서 선장요건은 변경이 불가피하다. 선장을 대신하는 육상의 원격조종자의 의도적 처분도 선장의 처분요건을 충족한다고 보아야 한다.

③ 선박 또는 적하에 대한 처분

선박 또는 적하가 선장의 행위로 인하여 처분되어야 한다. 침몰을 피하기 위하여 적하를 투하하는 것과 같이 직접적인 처분도 있지만 기관고장난 선박을 구하기 위한 조치를 취하는 것도 간접적인 처분으로 볼 수 있다.

1994년 YAR에서 언급하는 구체적인 공동해손 행위는 아래와 같다.

적하에 대한 것으로는 (i) 투하(제1조), (ii) 공동안전을 위한 해손처분으로 인한 멸실 또는 훼손(제2조), (iii) 선박화재에 대한 소화(제3조), (iv) 양륙 등의 경우에 발생한 적하의 손해(제12조)가 있다. 선박에 대한 것으로는 (i) 난파물의 제거(제4조)(불인정), (ii) 임의 좌초(제5조), (iii) 기계 및 기관의 손해(제7조), (iv) 연료로서 사용된 적하 및 선박용품(제9조).

---

7) 박용섭, 765면.

8) 최기원, 284면; 최종현, 526면; 이균성, 935면.

9) 村田, 235頁; 박용섭, 765면; 급박한 경우에는 선장의 지휘하에 있는 다른 사람이 결정하여 처분하여도 족하다고 하는 견해도 같은 취지라고 생각된다. 채이식, 355면; 손주찬, 867면.

10) 박용섭, 765면.

(3) 손해 또는 비용발생 요건

선장의 의도적인 처분행위로 인하여 손해 또는 비용이 발생하여야 한다. 공동해손 발생손해는 두 가지 유형으로 나누어 볼 수 있다. 하나는 원목투하와 같이 선장의 공동해손행위로 직접손해가 발생하는 경우이고, 다른 하나는 기관고장으로 선박을 예인하게 되는 경우에 발생되는 예인비용과 같은 간접손해(비용)이다.

1994년 YAR가 규정하는 공동해손비용은 아래와 같다.11)

(i) 구조보수(제6조), (ii) 좌초선박의 부양에 소요된 비용 및 결과손해(제8조), (iii) 피난항비용(제10조, 제11조), (iv) 가수선비(제14조)

(4) 물건의 잔존 요건

공동해손은 해상위험을 면하게 된 선박 또는 적하이해관계인이 희생자의 손해를 분담하는 것이므로 선박이나 적하가 위험을 면하고 잔존하여야 한다(상법 제866조).

의용상법은 제789조에서 "공동해손은 이로 인하여 보존하게 된 선박 또는 적하"라고 하여 인과주의를 택하였으나, 현행 상법은 제866조에서 "공동해손은 그 위험을 면한 선박 또는 적하"라고 규정하여 잔존주의를 택한 것으로 평가된다.12)

인과주의는 선장의 처분행위와 선박이나 적하의 잔존 사이에 인과관계가 존재해야 공동해손이 성립한다. 잔존주의는 그러한 인과관계 없이도 잔존하기만 하면 공동해손이 성립한다. 예컨대, 투하를 하였지만 투하 때문이 아니라 바로 바다가 잔잔해져서 선박이나 적하가 잔존하게 된 경우 인과주의에 의하면 공동해손이 불성립하나, 잔존주의에 의하면 공동해손이 성립된다.

선박과 적하가 동시에 잔존할 필요가 없다. 둘 중 하나만 잔존해도 된다. 1994년 YAR 17조도 동일하다.

(5) 선박소유자(선장)의 과실여부

선박소유자 혹은 그의 피용자에게 과실이 있는 경우에도 공동해손이 성립하는지에 대한 논란이 있다. 예컨대, 선박소유자의 피용자인 선장의 과실로 선박이 침몰위기에 처하여 선박을 좌초시킨 경우에 선박소유자가 공동해손분담금 청구권을 갖는가하는 문제가 발생한다. 우리 상법에서는 위험의 발생원인은 불문한다고 하므로(상법 제870조), 선박 또는 적하의 하자나 기타 과실있는 행위로 인한 경우라도 무방하다.13) 위험을 야기한 책임자에 대한 구상이 가능하다(상법 제870조).14)

---

11) 자세한 설명은 서동희 집필, 주석상법(해상) 802면 이하를 참고 바람.

12) 서동희 집필, 주석상법(해상), 813면.

이러한 입장을 취하게 되는 것은 공동해손에 해당하는 사고가 발생한 경우에 항해를 신속히 재개하여 완수하기 위한 것이다. 만약 일방의 과실을 이유로 공동해손이 성립되지 않는다고 하면, 이해당사자들과의 협의에 많은 시간이 소요될 것이다. 그리하여 일단은 공동해손으로 인정하여 이해당사자들 사이에서 원만하게 손해와 비용을 처리하고, 다음 단계에서 과실있는 자에게 구상청구를 하여 문제를 종결하게 된다.

이를 부정하면 공동해손처분으로 손해를 입은 자만이 과실자에 대하여 구상권을 행사해야 하고, 과실자의 변제 위험을 혼자 모두 부담하게 되어 불공평하게 된다.15)

제3 共同海損의 효과

1. 請求權者와 分擔權者

공동해손분담금의 청구권자는 해손자이고, 지급의무자는 다른 공동단체를 구성하는 자이다. 적하나 선박의 소유자 기타 물권자가 원칙적으로 이해관계를 갖는 해손자 혹은 분담자가 된다. 상법은 이들을 이해관계인이라고 부른다(제866조).

공동해손의 분담자는 선박이 도달하거나 적하를 인도한 때에 현존하는 가액을 한도로 책임을 부담한다(상법 제868조).

2. 共同海損分擔金 請求權의 발생

공동해손이 성립되면 공동해손으로 손해를 입은 자(해손자)는 다른 공동단체(분담자)에 대하여 공동해손분담금을 청구할 수 있는 청구권이 발생하게 된다(제866조). 공동해손 분담자는 공동위험을 야기함에 책임있는 자에 대하여 구상권을 갖는다(상법 제870조).

3. 분담방법

공동해손은 잔존액과 해손액의 비율에 따라 각 이해관계인이 분담한다(상법 제866조).

---

13) 주석상법, 781면; 村田, 233頁; 최종현, 524면.
14) YAR D조에서도 동일한 입장이다.
15) 동지, 서동희 집필, 주석상법(해상), 834면.

잔존액(공동해손채무)은 공동해손 위험을 면한 아래의 것으로 한다(상법 제866조). 첫째, 선박 또는 적하의 가액이다. 선박은 도달한 때와 곳의 가액으로 하고 적하는 양륙한 때와 곳의 가액으로 한다. 적하에 관하여는 그 가액중에서 멸실로 인하여 지급을 면하게 된 운임 기타의 비용을 공제한다(상법 제867조). 둘째, 운임의 반액이다(상법 제866조).

해손액(공동해손채권액)은 해손행위로 인하여 선박이나 적하에 발생한 손해나 비용의 금액이 된다. 선박좌초사고로 인하여 선저에 파공이 생긴 경우에 선장이 공동해손행위로서 선저수리를 조선소에서 행하였다고 하더라도, 선저손상수리비는 해손액에 포함되지 않는다. 이는 공동해손을 가져오게 한 원인이 될 뿐이다. 선장의 공동해손행위로 발생하는 수리항까지의 예인비용이나 화물환적비용 등이 해손액이 될 것이다. 손해를 계산함에 있어 선박은 도달한 때와 곳의 가격으로 하고, 적하는 양륙한 때와 곳의 가격으로 한다(상법 제869조 본문). 적하에 관하여는 그 손실로 인하여 지급을 면하게 된 모든 비용을 공제하여야 한다(상법 제869조 단서).

선박에 비치한 무기, 선원의 급료, 선원과 여객의 식량 또는 의류는 보존된 경우에도 그 가액을 공동해손의 잔존액에 산입하지 않고 손실된 경우에는 해손액에 산입한다(상법 제871조). 공익상목적으로 이들은 보호된다. 속구목록에 기재하지 않은 속구, 선하증권 등 서류없이 선적한 화물 또는 종류와 가액을 명시하지 않은 화폐나 유가증권 기타의 고가물이 보존된 경우에는 그 가액을 공동해손의 잔존액에 산입하고 손실된 경우에는 해손액에 산입하지 않는다(상법 제872조 제1항). 갑판에 적재한 화물도 제872조 제1항과 같다(동조 제2항 전단). 2007년 개정상법은 갑판에 선적하는 것이 관습상 허용되는 경우에는 정상적인 공동해손의 정산이 되도록 하였다(제872조 제2항 단서). 연안항해시의 갑판적재화물은 보통의 분담방법으로 한다(제872조 제2항 후단). 그 연안항해의 범위는 상법 시행령 제20조에서 정한다.

선하증권 기타 적하의 가격을 정할 수 있는 서류에 적하의 실가보다 고액을 기재한 경우에 그 화물이 보존된 때에는 그 기재액에 의하여 공동해손의 잔존액으로 하고 실가보다 저액을 기재한 경우에 그 화물이 손실된 때에는 그 기재액을 해손액으로 한다(상법 제873조 제1항).

공동해손은 이해관계인이 잔존액과 해손액의 비율에 따라 분담하므로(상법 제866조), 공동해손자도 분담금을 부담하는 것이 된다. 이는 공평의 원칙상 당연하다.

4. 제척기간

공동해손으로 인하여 발생한 채권 및 책임있는 자에 대한 구상채권은 그 계산이 종료한 날부터 1년내에 재판상 청구가 없으면 소멸한다. 그러나 당사자의 합의로 연장이 가능하다(상법 제875조). 이는 소멸시효가 아니라 제척기간이다. 2004 YAR은 공동해손 정산이 공표된 일자로부터 1년 내에 분담금청구의 소를 제기하지 않으면 더 이상 청구할 수 없다고 한다(제23조).

5. 책임제한

공동해손 분담금은 선박소유자 책임제한대상 채권에서 제외된다(상법 제773조 제2호). 이는 공동해손 분담자는 선박이 도달한 때에 현존하는 가액의 한도에서 책임을 부담하므로(상법 제868조), 책임제한을 이중으로 선박소유자에게 허용하지 않기 위함이다.[16] 또한 선박소유자와 적하이해관계인이 동등한 취급을 받아야 하기 때문이기도 하다.

제4 기 타

1. 海損의 정산

공동해손의 경우에는 이해관계인이 많고 가액의 평가도 쉽지않으므로 전문 정산인이 이를 행한다. 제3종 손해사정인이 해상손해를 정산하는 업무를 담당한다.[17]

2. 船長의 역할

선장은 통상 정산자가 된다. 선장은 이해관계인을 대리하여 분담금을 청구할 수 있고 분담금을 지급받을 때까지 운송물을 유치할 수 있다(상법 제807조). 실제로는 보험자가 보증장을 선장에게 제출하고 운송물을 수령하여 간다.

3. 保 險 者

공동해손이 보험사고로 인한 경우에는 보험자는 공동해손 분담금의 지급의무자인 선박소유자 혹은 적하이해관계자에게 보험금을 지급할 의무가 있다(상법 제694조). 보험금을 지급한 보험자는 피보험자인 선박소유자 혹은 적하이해관계자를 대

---

16) 주석상법, 219면.

17) 우리나라에서 공동해손 정산업무를 제공하는 회사로는 한리해상손해사정(www.korhi.co.kr) 등이 있다.

위하여 분담금청구권을 행사한다.

1906년 영국해상보험법(MIA) 제66조 제4항에서도 공동해손비용손해와 희생손해에 대한 보험자의 보상책임이 규정되어 있다.[18)]

제 2 절 船舶衝突

제1 序

1. 의 의

船舶衝突은 민법 제750조의 불법행위의 성립요건을 충족하는 불법행위의 대표적인 예이다.

쌍방과실에 의한 선박충돌은 민법의 공동불법행위를 구성한다(민법 제756조). 그러므로, 각 선박의 소유자는 상대방의 손해에 대하여 연대책임을 부담하는 것이 원칙일 것이다. 그런데, 상법 해상편에서는 인적손해에 대하여는 연대책임이나 물적손해에 대하여는 분할책임으로 하여 원칙을 변경하고 있다(상법 제879조). 일반 불법행위에서의 소멸시효는 3년 혹은 10년이 적용될 것이나, 상법 해상편에서는 2년의 제척기간을 선박충돌에 적용하고 있다(상법 제881조).

우리나라 영해 내에서 혹은 우리나라 국적선이 개입된 충돌사고는 상당히 많이 발생한다. 골든로즈호충돌사건(2007.5.12), 허베이 스피리트 오염사고(2007.12.7), 퍼시픽캐리어·현대컨피던스 충돌사고(2011.12.14), 그레비티하이웨이·마리타임메이지 충돌사고(2014.12.29)가 있다.

이하에서는 일반 불법행위에 대하여 먼저 살펴보고 특수한 경우인 선박충돌에 대하여 살펴본다.

2. 일반 불법행위이론

不法行爲는 손해배상청구권이라는 법률효과를 발생시키는 하나의 법률사실로서 법률요건이다. 불법행위가 성립하기 위하여는 가해자의 고의과실이 있어야 하고, 그 행위가 위법한 행위라야 하고, 그 행위로 피해자가 손해를 입었어야 한다.

---

18) 선박보험약관인 ITC(Hull)(1983년) 제11조 적하보험약관인 ICC(1982) 제2도도 동일하다.

그 고의과실과 손해사이에는 인과관계가 있어야 한다(민법 제750조).19)

불법행위가 성립하면, 가해자는 손해를 배상하여야 할 채무를 부담하게 되고, 피해자는 손해배상을 청구할 수 있는 채권을 가지게 된다. 민법은 피해자의 보호를 두텁게 하기 위하여 使用者責任이라는 제도를 마련하였다. 그리하여 사용자가 피용자의 선임감독에 상당한 주의의무를 다하였음을 입증하지 못하는 한 사용자는 피해자에게 그 손해를 배상하여야 한다(민법 제756조). 민법 제750조상의 가해자인 피용자의 책임과 민법 제756조상의 사용자의 책임은 不眞正連帶責任이다.

불법행위에 있어서 손해배상의 범위, 과실상계제도는 채무불이행의 경우와 동일하다(민법 제763조, 제393조, 제396조). 그러므로, 피해자가 청구할 수 있는 피해의 범위는 통상손해이고, 특별손해의 경우는 가해자가 그러한 손해를 알았거나 알 수 있었을 경우로 제한된다. 또한 피해자에게도 그 손해에 대하여 과실이 있다면 과실비율만큼 상계를 당하게 된다. 소멸시효는 피해자들이 그 손해 및 가해자를 안 날로부터 3년, 불법행위를 한 날로부터 10년이다(민법 제766조).

특수한 불법행위로서 共同不法行爲가 있다. 수인이 공동의 불법행위로 인하여 타인에게 손해를 가한 것을 공동불법행위라고 하고 이 때에는 수인은 연대하여 그 손해를 배상할 책임이 있다(민법 제760조 제1항). 양자가 과실이 있는 경우에는 공동불법행위를 구성한다. 공동불법행위에 의한 채무는 연대채무이기 때문에 피해자는 공동불법행위자의 누구에게나 자신의 손해액을 전액청구할 수 있다. 어느 연대채무자가 변제 기타의 출재로 공동면책이 된 때에는 다른 연대채무자의 부담부분에 대하여 구상권을 행사할 수 있다(민법 제425조 제1항). 연대채무자의 부담부분은 균등한 것으로 추정한다(민법 제424조).

제2 船舶衝突의 성립

1. 성립요건

(1) 선 박

우리 상법은 항해선 상호간 또는 항해선과 內水航行船간의 충돌로 선박충돌의

19) 고의란 일정한 결과가 발생하리라는 것을 알면서 감히 이를 행하는 심리상태를 말한다. 과실이란 일정한 결과가 발생한다는 것을 알고 있었어야 함에도 불구하고 부주의 즉, 주의를 게을리하여 그것을 알지 못하고 어떤 행위를 하는 심리상태를 말한다. 형사법은 고의범만 처벌하는 것이 원칙이나 민사에서는 가해자의 고의나 과실이 모두 불법행위를 성립함에 아무런 지장이 없다. 고의과실의 입증책임은 원고인 피해자가 부담한다; 곽윤직(채권각론), 630면.

대상을 제한하고 있다. 즉, 상법 제876조는 "항해선 상호간 또는 항해선과 내수항행선간의 충돌이 있은 경우에 선박 또는 선박내에 있는 물건이나 사람에 관하여 생긴 손해의 배상에 대하여는 어떠한 수면에서 충돌한 때라도 이 장의 규정을 적용한다."고 하여 이에 대하여 규정하고 있다(1910년 국제선박충돌조약 제1조도 동일하다).

그러므로 첫째, 항해선 상호간의 충돌 둘째, 항해선과 내수항행선간의 충돌이 있는 경우에 상법의 충돌규정이 적용된다. 그러나, 내수항행선 상호간의 충돌은 상법의 충돌의 범주에 속하지 아니한다. 예컨대, 한강유람선 사이의 충돌에서는 상법의 충돌규정이 적용되지 않는다.[20] 교각과 충돌한 경우는 상법상 충돌이 아니다.[21]

해상법의 적용을 받는 선박은 연해구역이상을 항해구역으로 하기 때문에(상법 제125조[22]), 이들 선박을 항해선이라고 하고, 호수와 강 등 평수구역안에서만 항해하는 선박을 내수항행선이라 하고, 이들 내수선은 해상법의 적용을 받지 않는다(대법원 1991.1.15. 선고 90다5641 판결). 평수구역이 항만의 범위를 넘어서도록 확장되었기 때문에 내수선이라도 항만의 항계를 벗어나 항해한다면 충돌 규정 적용의 대상이 되어야 할 것이다.

<예제 20> 부산항내를 운항하는 급수선과 통선사이에 충돌사고가 발생하여 통선에 타고 있던 선원 10명이 사망하였고, 운반중이던 선식업자의 부식이 멸실되었다. 급수선의 선박소유자는 선주책임제한을 하려고 한다. 선식업자는 급수선의 선박소유자에게 자신들의 손해 전액을 청구할 수 있는가?

내수항행선 상호간의 충돌은 상법상의 충돌이 아니다. 그러므로 상법의 선박충돌규정이 적용되지 않고 상법총칙의 규정이 적용될 것이다. 이 경우는 공동불법행위 규정에 따라서 연대책임이므로 선식업자는 손해액 전액을 청구할 수 있다. 만약 상법이 적용된다면, 물적손해에 대하여는 분할책임이므로 과실비율에 따른 책임만을 부담하게 된다. 이 선박이 단정이나 노도선을 이용하는 선박이 아니고 상행위를 위한 선박이고, 선박의 운항과 관련된 사고이므로 선박소유자의 책임제한은 가능하다.

---

20) 서돈각・정완용, 659면; 채이식, 361면.

21) 서울중앙지방법원 2022.3.28. 선고 2021가단5174339 판결에서는 공무원이 대교의 교각에 등을 점등하여 대교 밑을 지나는 선박이 교각에 충돌하지 않도록 할 주의의무가 있음에도 이를 위반함으로 인하여 낚시어선이 다리를 충격하는 충돌 사고가 발생하였다. 대법원은 국가가 피해자 유족에 대한 손해배상책임을 부담한다고 판시하였다.

22) 상법 제125조(운송업의 의의) "육상 또는 호천, 항만에서 물건 또는 여객의 운송을 영업으로 하는 자를 운송인이라 한다."고 한다. 그러므로 호천, 항만에서의 물건 운송은 육상운송이다.

(2) 발생장소

항해선과 항해선 사이 혹은 항해선과 내수항행선 사이의 충돌이라면 충돌사고 발생 수역의 여하를 막론하고 상법의 충돌규정이 적용된다. 항해선과 항해선이 항구내에서 충돌사고를 야기하였다고 하더라도, 항구가 비록 평수구역이지만 상법 제843조에 의하여 상법상 충돌이 된다. 항해선과 내수항행선의 경우도 마찬가지이다. 우리나라 영해내에서 발생한 외국적 선박 사이의 충돌에도 우리 상법이 적용된다.

(3) 충돌의 범위

선박사이의 직접 접촉의 결과로 인하여 손해가 발생한 것이어야 상법의 충돌규정이 적용된다. 그러나, 두 선박이 모두 항행중일 필요는 없다. 그러므로 한 척은 항행중이고 한척은 닻을 놓고 있는 경우라도 상법상 충돌이 된다.

선박에서 연결되어 나온 닻이나 그물에 다른 선박이 부딪친 경우를 어떻게 처리할 것인지의 문제가 있다. 선박과의 직접 접촉이 없더라도, 상대선박에 피해가 발생한 경우를 충돌로 인정할 것인가의 문제도 있다. 이는 소위 간접충돌의 문제이다. 예컨대, 정선하고 있는 선박의 옆을 과속으로 지나감으로써 파도의 영향으로 다른 소형선박이 전복된 경우와 같은 경우가 그 예이다. 1910년 국제충돌조약 제13조는 "선박이 그 운용상의 작위나 부작위 또는 법령의 위반으로 인하여 다른 선박 또는 일방의 선박내에 있는 물건 또는 사람에게 입힌 손해의 배상에 관하여는 실제로 충돌이 발생하지 아니한 경우에도 본 조약을 적용한다."고 한다. 즉, 1910년 선박충돌조약 제13조는 간접충돌도 충돌의 범위에 포함한다. 그러나, 명문의 규정이 없는 우리 상법에서 간접충돌은 인정되지 않았다.[23)] [24)] 2007년 개정상법은 간접충돌도 상법상의 충돌에 포함시키게 되었다(상법 제876조 제2항).

부두와 선박 사이의 접촉은 간접충돌에도 해당하지 않고, 결국 이 경우에는 민법의 불법행위 이론이 그대로 적용된다. 그러나, 이 경우에도 선박의 소유자는 상법의 규정에 따라 책임제한이 가능하다.

상법 해상편의 선박충돌의 범위에 속하는지는 상당한 중요한 의미를 갖는다.

---

23) 동지 채이식, 362면.

24) 중국 해상법 제170조는 1910년 조약 제13조와 동일하다. 즉, 실제 충돌이 발생하지 않은 경우에도, 다른 선박에 손해를 야기한 경우에는 상법의 규정이 적용된다고 한다. Where a ship has caused damage to another ship and persons, goods or other property on board that ship, either by the execution or non-execution of a maneuver or by the non-observance of navigation regulations, even if no collision has actually occurred, the provisions of this Chapter shall apply. 독일 상법 제738조도 동일한 입장이다.

상법상의 선박충돌만이 상법해상편 충돌규정이 적용되기 때문이다. 선박충돌은 선박과 선박 사이의 접촉을 말한다. 갑 선박과 을 선박이 항해중 부딪쳐 충돌한 경우가 그 예이다.

<예제 21> 甲 선박은 乙 부두를 충돌하여 부두의 크래인이 기울어지면서 손해가 10억이 발생하였다. 그런데, 乙 부두 측에서 손해배상청구를 하지 않고 2년이 지나자 甲 선박 측은 상법의 선박충돌은 채권의 제척기간이 2년이라고 주장하면서 더 이상 손해배상청구를 할 수 없다고 한다. 타당한 주장인가?

부두와의 충돌이 상법상의 충돌이라면 제척기간 2년 규정이 적용될 것이다. 그러나, 위에서 본 바와 같이 이는 상법상의 선박충돌이 아니다. 그러므로, 일반 불법행위의 소멸시효 기간인 안 날로부터 3년 혹은 불법행위가 있은 날로부터 10년이 적용될 것이고, 乙 부두 측은 여전히 손해배상청구가 가능하다.

(4) 일반 불법행위의 요건

불법행위가 성립하려면, 행위자의 고의 혹은 과실, 행위의 위법성, 피해자의 손해 그리고 그 행위와 손해사이의 인과관계가 필요하다. 그리고 행위자가 책임능력도 있어야 한다. 그런데, 선박충돌사고는 흔히 항법의 위반으로 발생한다. 해상교통법에서 정한 항법은 해기사들에게 선박충돌사고를 피하기 위한 주의의무를 부과하고 있으므로 항법에 위반한 것은 주의의무위반으로 과실이 있는 것이 된다. 그리고 상대 선박의 침몰 혹은 손상은 상대 선박소유자의 재산권을 손상시킨 것이므로 위법한 것이다. 상대 선박의 손상과 행위자의 과실은 인과관계가 있는 것이 된다. 해기사들이 책임능력이 없는 경우는 거의 없으므로 더 이상 논하지 않아도 될 것이다.

(5) 損害의 발생

선박충돌로 인하여 손해가 발생하여야 한다. 손해는 '선박 또는 선박내에 있는 물건이나 사람에 관하여 생긴 손해'로 제한된다. 그러므로, 선박충돌로 항구시설이 파괴되거나 유류오염이 생긴 경우에는 선박내에 있는 물건이나 사람에 관하여 생긴 손해가 아니므로 선박충돌규정이 적용되지 않는다.[25)]

(6) 과실 등에 대한 입증책임

선박충돌은 바다에서 발생하는 것이기 때문에 육상의 일반충돌사고와 달리 증거를 확보하기가 곤란하다. 우리나라에서는 해상충돌예방규칙을 위반하면 그 선

---

25) 채이식, 362면; 최종현, 542면.

박의 과실은 추정되는 것으로 본다는 판례(대법원 1970.9.22. 선고 70다1448 판결)와 이론만 있다.[26] 그러나, 미국에서는 보다 정교한 이론이 발달되어 있다. 당연과실(negligence per se)과 펜실베니아 원칙(Pennsylvania Rule)이 바로 그것이다. 미국도 우리나라와 같이 선박충돌과 같은 불법행위에서 원고가 성립요건에 대한 입증책임을 부담한다.[27] 불법행위가 성립하려면, 주의의무의 존재(duty), 주의의무의 위반(breach), 사실상의 인과관계(cause in fact), 법적 인과관계(legal cause) 그리고 손해의 존재(damages)를 원고가 입증하여야 한다.[28]

① 당연과실

한편, 미국에서 안전 등에 대한 법규를 위반한 경우는 법률상 추정과실(혹은 당연과실)(negligence per se)이라고 하여 위반한 자를 불리하게 처리하는 판례법이 형성되어 있다. 즉, 피고의 법규위반이 관련된 소송을 제기하는 경우에 (i) 그 법규정이 원고와 같은 부류의 사람을 보호하기 위하여 존재하고, (ii) 원고가 입은 손해가 그 법규정이 보호하려는 것임을 입증하면, 피고의 주의의무와 주의의무위반 즉 과실은 추정되게 된다.[29] 예컨대, 등화를 켜지 않은 경우, 등화를 켜지 않은 사실을 입증하고, 해상교통안전법의 동 규정이 피해선박을 보호하기 위한 것이고 수리비 등의 발생이 충돌사고를 방지하기 위한 것임을 입증하면, 원고의 주의의무위반을 입증하지 않아도 된다는 것이다. 그렇지 않은 일반 사건에 비하면 원고는 훨씬 수월하게 피고의 주의의무위반을 입증하게 된다. 그러나, 이 경우에도 원고는 피고의 의무위반과 사고와의 인과관계를 입증하여야 하는 점은 변함이 없다.

② 펜실베니아 원칙

피고가 법령에 위반한 경우에 한걸음 더 나아가 사실상의 인과관계에 대하여도 입증책임을 완화하여 준다는 것이 바로 펜실베니아 원칙의 요체이다.[30]

1869년 영국의 상선(펜실베니아)과 범선이 무중(霧中)에서 충돌을 하였다. 상선의 과속이 사고의 주원인임에는 의문의 여지가 없었으나, 범선이 어느 정도의 과실이 있는지가 문제였다. 범선은 항행중에 울려야 하는 무중신호를 잘못 울린 사실이 밝혀졌다.

26) 손주찬, 877면; 채이식(하), 758면; 이기수 외, 600면.

27) 입증책임을 부담한다는 것은 부담하는 자가 불리한 것이다. 어떠한 사실에 대한 입증은 쉽지 않은 것이기 때문에 입법자들은 입증이 되지 않을 경우에는 입증책임을 부담하는 자가 패소하도록 하는 제도를 만들었다.

28) Dobbs, Torts(West Group, 2000), p. 269. 이를 prima facie case라고 한다.

29) Dobbs, *op. cit.*, p. 316.

30) Healy & Sweeny, The Law of Marine Collision(1998), p. 45.

법원은 범선의 잘못된 신호가 사고와 어떠한 인과관계가 있는지는 "그 원인으로 사고가 발생할 수 있다."는 정도로 입증하기만 하면 된다고 판시하여 소위 펜실베니아 원칙을 만들어 낸 것이다. 일반론에 따른다면, 원고가 되는 펜실베니아는 범선의 잘못된 신호가 충돌에 영향을 미쳤음을 우월하게(preponderance) 증명하여야 하지만, "할 수 있다."는 정도로 입증을 하여도 되므로 인과관계의 입증은 아주 쉽게 된 것이다.[31] 이 원칙은 현재에도 유효하며, 법령에 위반한 피고에 대하여는 사실상의 인과관계에 대한 입증이 필요없는 것으로까지 해석되기도 한다.[32] 이 원칙은 인과관계의 존재를 엄격히 요구하는 우리나라(대법원 1984.1.17. 선고 83도2746 판결)와는 상당한 차이가 있는 것이다.

[판례소개](대법원 1984.1.17. 선고 83도2746)

대법원은 "어로작업중인 항행유지선과 이를 피항할 의무가 있는 피항선이 서로 충돌한 경우에 피항선의 조선자가 항행유지선의 존재와 위치를 정확히 알고 있으면서 이를 피항하려다가 조선상의 과실로 충돌한 것이라면, 항행유지선의 조선자가 위험신호를 미리 발하여 그 위치를 알리지 아니한 잘못이 있더라도 이것이 사고발생의 원인이 되었다고 보기는 어렵고, 다만 항행유지선으로서도 피항선이 피항하지 아니함으로써 사고를 미리 막을 수있다면 그와 같은 조치를 취할 주의의무는 있으나 그러한 조치를 취할 도리도 없는 상황에 있었다면 항행유지선의 조선자가 견시의무를 소홀히 한 과실은 위 사고발생과 상당인과관계가 없다."고 판시하였다.

[판례소개](서울중앙지법 2017.9.15. 선고 2015가합529336 판결)

<선박충돌사고에서 최후순간 고통의 항변(agony of moment)의 적용여부>

선박충돌법에서 마지막 순간의 고통(agony of the moment)의 법리가 있다. 최종순간에는 당황하여 당사자들이 제대로 피항조치를 취하지 못하므로 마지막 순간에 잘못한 조타 동작은 선박충돌과실비율에 산정하지 않는다는 입장을 말한다. 영국의 판례에서는 많이 인용되고 있고, 우리나라에서도 이를 인용하고 지지하는 학자들이 많다.

법원은 "원고선박에게 그러한 행동의 회피가능성이 없었으므로, 이를 원고 선박의 과실로 평가할 수 없다고 주장하나, 급박한 순간의 잘못된 행동이 회피가능성이 없었다는 이유로 면책되기 위해서는 적어도 행위자에게 그러한 급박한 순간을 초래한 데에 과실이 없어야 할 것인데, 위에서 본 바와 같이 원고 선박은 경계의무, 충돌을 피하기 위한 조치의무 등을 위반하여 피고 선박과 충돌 위험이 있는 근접상태에 이르게 된 점, 원고 선박은 피고 선박과 근접상태에 이른 04:51경 피고 선박과 좌현 대 좌현으로 통과하기로 약속하기도 한 점 등에 비추어 보면, 원고 선박이 좌현변침을 한 행위가 이른바 '최종순간의 고통'에 의한 것이라는 이유로 원고 선박에 과실이 없다고 볼 수 없다."고 하면서 그 인용을 부정하는 판시를 내렸다.

---

31) 86 U.S. 125(U.S. Supreme court, 1874).

32) Healy & Sweeney, *op. cit.*, 46; David W. Robertson & Others, Admiralty and Maritime Law in the United States(2001) 384.

2. 過失의 전제로서의 주의의무

(1) 개 념

선박충돌사고가 발생하면 선원이나 그 사용자 등은 민사상·형사상 그리고 행정법상의 책임을 각각 부담하게 된다. 선박을 운항중이던 행위자에게 책임을 귀속시키기 위하여는 행위자에게 故意 혹은 過失이라는 귀책사유가 존재하여야 한다. 과실은 주의의무위반이다. 선박충돌을 예방하기 위하여 수명자인 선원이나 도선사 등이 준수하여야 하는 항해의 원칙을 船舶航法이라고 하고, 이 항법에 위반하면 과실이 있는 것으로 추정된다. 선박충돌에 있어서 물적손해는 양 선박의 과실비율에 따라서 손해가 정산된다(상법 제879조). 비록 인적손해에 있어서는 양 선박소유자가 연대책임을 부담하지만, 종국적으로는 과실비율에 따른 구상이 이루어진다(민법 제424조). 과실비율산정의 기초가 되는 것은 선박항법의 위반 정도, 즉 선박항법상 규정된 주의의무에 대한 위반의 정도이다. 접근하는 상대선박을 피하여야 할 피항선의 주의의무는 침로와 속력을 유지하여야 할 유지선의 주의의무보다 크고, 충돌이 발생한 경우 과실비율이 크게 결정된다.

(2) 주의의무를 부과하는 법규

船舶航法은 각종 해상교통법에 규정되어 있다. 海上交通法에는 1972년 국제해상충돌예방규칙(이하 "국제규칙"), 해사안전법, 선박의 입항 및 출항에 관한 법률, 유선 및 도선사업법 그리고 수상레저안전법 등이 있다.[33] 해기사(선원들 중에서 고급사관을 말함)들에게 항해상의 주의의무를 부과하고 있는 규정은 해상교통법만 있는 것이 아니다. 해상교통법 이외의 것 중에서 국내법으로는 선원법이나 해양오염방지법의 규정들이 있고, 국제법규로는 1978년 선원의 훈련·자격증명 및 당직근무의 기준에 관한 국제협약(1978년 STCW 협약)가 있다.

주의의무는 반드시 법령상에 규정되어 있는 것만으로 한정되는 것은 아니다. 대부분은 실정법 규정이지만 그 밖에 판례, 생활경험 등도 그 근거가 될 수 있다.[34] 그러므로, 船員의 常務도 주의의무의 근거가 될 수 있다고 본다.

① 1978년 선원의 훈련·자격증명 및 당직근무의 기준에 관한 국제협약(1978년 STCW 협약)

우리나라도 STCW 협약(이하 "협약")을 1985년에 비준 가입하였다. 그러므로 헌

---

33) 여기에 대하여는 김인현(교통법), 1-21면을 참고 바람.

34) 김일수, 한국형법 III(박영사, 1994), 221면.

법 제6조 제1항에 따라 동 협약은 우리나라에서도 국내법과 동일한 효력을 가지게 되었다.[35]

항해당직을 담당하는 해기사가 항상 적절한 경계가 유지되고 있는지를 확인하는 것은 매우 중요하다. 해도실이 분리된 선박에서는, 항해당직을 담당하는 해기사는 꼭 필요한 경우에 한하여 항해상 필요한 임무수행을 위해 잠시동안 해도실에 들어갈 수 있다. 그러나, 그렇게 하는 것이 안전하고 적절한 경계가 이루어지고 있음을 우선 확인하여야 한다(동 협약 제32조). 해도실에 들어가서 해도개정작업을 하느라고 경계를 게을리 하였다면, 역시 협약 제32조상의 주의의무를 위반하였다고 할 것이다.

제한된 시정(안개로 시야가 흐려진 상태)에서는 항해당직사관의 일차적인 책임은 1972년 국제규칙의 관계규정을 준수하는 것이며 특히 霧中신호의 취명에 주의하면서 안전한 속력으로 항행하고, 즉각적인 조선을 위하여 기관을 준비하여야 한다. 이에 부가하여 항해당직을 담당하는 해기사는 첫째, 선장에게 보고 할 것 둘째, 적절한 경계자를 배치할 것 셋째, 항해등을 켤 것 그리고 넷째, 레이다를 작동하여 사용할 것 등의 조치를 취하여야 한다(동 협약 제45조). 당직사관이 무중신호를 울리지 않았다면 협약 제45조상의 주의의무에 위반한 과실이 인정되게 된다.

② 1972년 國際海上衝突豫防規則(COLREG)(이하 "국제규칙")

1972년 국제규칙은 비록 명칭은 규칙으로 되어 있으나 국제조약이다. 국제적으로 항해사들이 지켜야 할 국제규범으로 많은 국가들은 이 조약을 비준하였고 이를 국내법으로 한 자국의 해상교통법을 가지고 있다.[36] 우리나라도 1977년 이를 비준하였으므로 국제규칙은 국내법과 동일한 효력을 가지고 있다. 1972년 국제규칙은 항법을 시계상태에 따라 모든 시계, 상호시계 그리고 제한시계로 나누어 각각 정하고 있다. 항법의 대원칙은 좌현(선박의 왼쪽 측면) 대 좌현 통과와 조종성능 우수선박의 피항의무 부담 등이다.

Evergreen Marine (UK) Limited v. Nautical Challenge Ltd 판결([2021] UKSC6)에서 영국 대법원은 2021.2.9. 좁은 수로에서 항행 중인 출항하는 선박(Ever Smart)과 좁은 수로에 접근하며 입항하려는 선박(Alexandral)이 횡단하는 상태에 있는 경우에 횡단하는 상태의 항법이 적용될 수 있다고 판시하였다.[37] 협수로(좁은 수로)

35) 우리 헌법 제6조 제1항은 "헌법에 의하여 체결·공포된 조약과 일반적으로 승인된 국제법규는 국내법과 동일한 효력을 가진다."고 한다.

36) 중국·일본 또한 COLREG를 비준하고 있다.

37) 1심과 항소심에서는 출항선이 항로를 따라 항해하고 입항선도 항로의 입구에 근접해 있어 횡단항법의 적용이 없다고 판시하였다. 출항선의 과속을 이유로 출항선에게 80%의 과실비

에서 진행 방향에서 보아 수로의 우측에 붙어서 항해하지 아니하였다면 항법상 주의의무위반이 있게 된다(국제규칙 제9조).

대법원 2020.1.16. 선고 2019두54092 판결 및 그 하급심 판결인 대전고등법원 2019.9.18. 선고 2019누10342 판결에서는 어떤 수로가 좁은 수로에 해당하는지 여부는, 해당 수로의 지리적 조건, 통항 선박, 자연적 조건 등을 감안하여 결정하여야 하고, 어떤 수로가 좁은 수로로 판단된다면, "사고 선박의 크기"나 "항행 방향"과 무관하게 좁은 수로에서의 항법이 적용되어야 한다고 판단하였다.

③ 船員法

선원법에 의하면 선장은 직접지휘의무가 있다. 즉, 선원법 제9조 제1항은 선장은 선박이 항구를 출입할 때, 선박이 좁은 수로를 지나갈 때 그리고 그 밖에 위험이 생길 염려가 있는 때에는 선박의 조종을 직접하여야 한다고 정한다. 따라서, 霧中이거나, 좁은 수로를 지나면서 선장이 선교에서 직접 지휘하지 않았고 그것을 원인으로 사고가 발생한 경우 선장의 주의의무위반이 인정된다.

④ 해사안전법

해상교통안전법은 1986년 제정된 것으로 우리나라 영해와 내수에 있는 모든 선박과 대한민국의 영해나 내수가 아닌 곳에 있는 대한민국 선박에게 적용하기 위한 국내법이다. 해상교통안전법에 규정된 항법은 원칙적으로 1972년 국제규칙과 동일한 내용이지만, 해상교통안전특정해역 등의 항법을 추가하고 있으며 처벌조항이 있다는 점이 국제규칙과 다르다.

해상교통안전법 제3장의 해상교통관리가 항해사 등에게 선박충돌과 관련된 주의의무를 부과한 선박항법에 해당한다. 국제규칙과 마찬가지로 항법을 시계상태에 따라 구분하고, 좌현 대 좌현 통과, 조종성능우수선박에의 피항의무부과 등을 대원칙으로 하고 있다.[38)]

그 후 해상교통안전법은 현 해사안전법으로 변경되었다.

중해심 제2022-010호에서는 항행선과 물돛을 끌어올리고 있던 선박이 충돌한 사안에 대하여 국제해상충돌예방규칙 제2조(선원의 상무)를 적용하여 상대적으로 조종성능이 우수한 대수속력을 가지고 항행 중인 선박이 대수속력이 없이 항행 중인 물돛을 끌어올리고 있던 선박을 피하여야 한다고 판단하였다.

율을 부여했다. 대법원은 횡단항법이 적용될 수 있다고 보아 과실비율의 재산정을 고등법원에게 명하였다.

38) 해상교통법의 자세한 내용은 김인현, 해상교통법 제3판(삼우사, 2011)을 참고 바람.

⑤ 선박의 입항 및 출항에 관한 법률

개항질서법은 우리나라의 28개 개항에 적용하기 위하여 1961년에 제정된 법이다. 선박입출항법으로 변경되었다. 동법은 해사안전법에 대하여 특별법적인 성격을 갖는다. 제3장은 선박의 항법에 해당한다. 무역항의 항로 안에서는 추월(선박입출항법 제13조) 및 어로작업(동법 제37조) 등이 금지된다.

⑥ 遊船 및 渡船 事業法

국제규칙과 해사안전법은 해상항행선박이 항행을 계속할 수 없는 하천이나 호소에는 적용되지 않는다. 이러한 경우에 적용되는 선박항법은 유선 및 도선사업법 제31조 및 시행령 제25조의 운항규칙이다. 그러므로, 한강, 충주호 및 목포의 영산호의 유선이나 도선은 유선 및 도선사업법상의 항법을 지켜야 한다.

⑦ 水上레저安全法

수상레저안전법은 수상레저활동의 안전과 질서를 확보하기 위하여 2000년 2월 8일부터 시행되고 있는 법이다. 모터 보트, 수상스키 등으로 수상레저활동을 하는 자에게 적용되는 법이다. 동법 시행령 제12조의 운항규칙은 선박 항법에 대하여 정하고 있다.

⑧ 船員의 常務

해상에서 선박이 운항될 때에는 선박은 여러 가지 다양한 상황에 처하게 되지만, 이러한 모든 상황에 대비한 법규범을 만들기는 어렵다. 해상교통법에 규정되지 않은 내용이라도 선원들은 각 상황에 따라 충돌을 방지하기 위한 최선의 노력을 다하여야 한다(선원의 상무 원칙). 선원의 상무는 '통상의 선원이라면 당연히 알고 있어야 할 지식, 경험, 관행'[39]으로서 해상에서 선원이 행하도록 기대되는 일반적인 행동원칙, 즉 條理의 일종이라고 할 수 있다. 해상교통법은 원래 '선원의 상무' 가운데 기본적인 것을 명문화한 법률이라고 말하여진다. 국제규칙은 이를 제2조((a)항에서 정하고 있다.[40]

닻을 내리고 정박중인 선박, 즉 錨泊船 자체 혹은 묘박선과의 항법에 대하여는 해상교통법에 규정된 바가 없다. 항행중인 선박은 묘박선에 대하여 국제규칙 제2조 선원의 상무상의 피항의무를 부담한다.[41] 묘박선은 조종능력이 제로에 가까우

39) 海上交通法令研究會,「海上衝突豫防法の解說」(海文堂, 1999), 145頁.

40) 동 제2조 a항은 "이 규칙의 어떠한 규정도 본 규칙을 준수하지 않거나, 선원의 상무 혹은 특별한 상황에 따라 요구되는 주의를 해태한 결과에 대하여 선박, 선박소유자 그리고 선원들의 책임을 면제하지 아니한다."고 한다. 우리나라 해상교통안전법은 이에 대한 구체적인 규정을 두지 않고 있었지만, 2009년 개정에서 이를 추가하였다(제39조의2). 반면, 일본은 海上衝突豫防法 제39조에 船員의 常務 규정을 두고 있다.

므로 조종능력이 우수한 항행중인 선박이 이를 피하는 것은 일반적인 원칙이다. 묘박선은 자신의 주위를 지나는 선박에 위험을 야기하여서는 아니되는 선원의 상무상 주의의무를 부담한다. 즉, 다른 선박에 너무 가까이 접근하여 묘박하여서는 아니된다. 강한 바람이나 조류가 있을 때에는 묘박하려는 선박은 이미 묘박중인 선박의 선수를 지나지 아니할 주의의무가 있다.[42)]

제3 船舶衝突效果

1. 責任主體

船舶衝突은 不法行爲이므로 가해자는 민법 제750조의 책임을 부담하고 그 사용자는 민법 제756조의 사용자 책임을 부담하게 된다. 그런데, 우리 상법은 민법 제756조에 해당하는 특별규정을 두고 있으므로 선박충돌에 대한 책임의 주체는 민법 제750조의 가해자인 선장 이하 선원과 상법 제878조 내지 제880조의 선박소유자가 된다. 상법 제878조 내지 제880조는 선박충돌로 인한 손해배상책임은 선박소유자가 부담하도록 규정되어 있다. 그러나, 선박의 운항은 선박소유자가 직접 운항하는 경우를 비롯하여, 선체용선자가 운항하거나 정기용선자가 운항하는 등 다양한 형태에 이른다. 그러므로 누구를 손해배상청구의 상대방으로 할 것인지 문제된다.

선박소유자가 선박을 직접 운항하면 선장이하 선원은 자신이 선임감독하므로 상법상 사용자 책임을 부담하는 자는 선박소유자가 된다. 선체용선자가 선박을 운항하는 경우에는 선장 이하 선원의 선임감독권은 선박소유자가 아니라 선체용선자가 가지므로, 상법상 사용자 책임을 부담하는 자는 선체용선자가 된다(대법원 1975.3.31. 선고 74다847 판결).

[판례소개](동경지방법원 1974.6.17.)
일본의 선박회사가 라이베리아선적인 풀문(Full Moon)호를 정기용선하여 운항하다가 어선과 충돌하여 어선선원이 사망하였다. 선원 유족이 정기용선자에게 손해배상을 청구하였다. 동경지방법원은 정기용선계약의 법적 성질을 설명한 다음 "정기용선자인 피고의 선장에 대한 지휘명령권은 그 범위나 실효성의 면에 있어서 실질적으로

---

41) 동지 A.N. Cockcraft & J.N.F. Lameijer, A GUIDE TO THE COLLISION AVOIDANCE RULES(Heinemann Newnes, 1990), p. 22.
42) 福井淡, 「圖說 海上衝突豫防法」(海文堂, 1999), 168頁.

사용자에 버금가는 실체를 갖추고 있으므로 정기용선자는 선박임차인과 유사한 지위에 있다." 따라서 일본 상법 제704조 제1항(우리 상법 제850조 제1항)을 유추적용하여 정기용선자에게 책임을 인정하였다.

일본최고재판소는 그 후 1992.4.8. 이러한 입장을 받아들여 정기용선자에게 선박충돌로 인한 손해배상책임을 인정하였다.

정기용선자가 선박을 운항하는 경우에 선박충돌은 海技事項이고 海技事項에 대한 관리는 선박소유자가 자신이 선임한 선장을 통하여 하는 것이고 또한 선장의 사용자는 선박소유자이므로, 책임의 주체는 선박소유자가 된다고 판시하여(대법원 2003.8.22. 선고 2002다65977 판결) 일본과 다른 입장을 취하고 있다.[43] 선원 송출회사가 선원을 공급한 경우에 송출회사는 선박소유자의 대리인에 지나지 않고 선장이하 선원과 사용자 관계에 있는 것은 선박소유자이므로 책임의 주체는 선박소유자가 된다.

2. 상황에 따른 충돌효과

(1) 원인불명 혹은 불가항력으로 인한 충돌

선박의 충돌이 불가항력으로 인하여 발생하거나 충돌의 원인이 명백하지 아니한 때에는 피해자는 충돌로 인한 손해의 배상을 청구하지 못한다(상법 제877조). 충돌의 원인이 명백하지 아니하다함은 민사소송의 일반원칙에 따라 선원의 과실로 인하여 선박충돌이 발생하였음을 입증하지 못한 것을 의미한다.[44] 선박충돌로 양 선박의 선원과 선체가 함께 침몰한 경우가 그러할 것이다.

(2) 일방과실로 인한 충돌

선박충돌이 일방의 선원의 과실로 인하여 발생한 때에는 그 일방의 선박소유자는 피해자에 대하여 충돌로 인한 손해를 배상할 책임이 있다(상법 제878조). 실무적으로 일방과실로 판시되는 경우는 매우 드물다. 부두에 계류중인 선박과 충돌하게 되면 일방과실이 될 것이고, 묘박중인 선박과 충돌한 경우에도 일방과실이 되는 경우도 있다.[45]

---

43) 동지, 채이식(하), 647면; 임동철, 540면; 김창준, "Demise Clause와 정기용선자의 제3자에 대한 책임", 인권과 정의(1994.11.), 109면; 대법원 2003.8.22. 선고 2001다65977 판결(이에 대한 판례평석으로 김인현, "정기용선된 선박의 선박충돌에 대한 책임주체", 법률신문(2004.1.8.). 반대 견해로는 손주찬, 764면; 日本最高裁 平成四年四月二日宣告 昭和六三年第一七三七号判決이 있다.

44) 채이식, 363면.

45) 대법원 1987.9.8. 선고 86다카530 판결(만승호사건); 중앙해심 1998.3.6 재결 제98-8호(칭

(3) 쌍방과실로 인한 충돌

충돌이 쌍방의 선원의 과실로 인하여 발생한 경우를 쌍방과실로 인한 충돌이라고 한다. 쌍방의 선원의 과실로 인한 충돌은 공동불법행위를 구성하게 되어 양선박의 소유자는 연대책임을 부담하게 된다. 그런데, 우리 상법은 1910년 선박충돌조약의 입장을 받아들여 물적손해에 대하여는 과실비율에 따른 분할책임으로 하고 있다.

우리 상법은 쌍방의 과실의 경중에 따라 각 선박소유자가 손해배상의 책임을 분담한다고 한다(상법 제879조 제1항 전단). 제2항이 인적 손해를 언급하고 있으므로 제1항은 물적 손해를 말한다. 일반불법행위 책임으로 한다면, 쌍방과실로 인한 충돌은 공동불법행위를 구성하므로 양 선박은 부진정연대책임을 부담하여야 할 것이다. 그러므로, 사정에 따라서는 배상능력이 큰 자가 모든 손해를 먼저 배상하고 공동불법행위자에게 구상청구를 하여야 하나, 그 자가 배상능력이 없으면 자신은 손해를 전액 부담하여야 할 경우도 생기게 된다. 그러나 상법 제879조 규정에 따른다면, 피해자는 각 가해자에게 과실비율 만큼만을 청구할 수 있으므로 피해자는 민법의 입장에 비하여 불리하다. 그 과실의 경중을 판정할 수 없는 때에는 손해배상의 책임을 균분한다(상법 제879조 제1항 단서). 여기에서 말하는 물적손해는 상대선박 자체의 손해, 상대선박에 있던 물건 등에 대한 손해뿐만 아니라 침몰된 선박의 제거비용, 선박에 있던 연료유의 유출[46]로 인한 손해 등이 여기에 포함된다.

우리 상법은 제3자의 사상에 대한 손해배상은 쌍방의 선박소유자가 연대하여 그 책임을 진다고 한다(상법 제879조 제2항). 즉, 人的 損害에 대하여는 우리 상법은 피해자들을 보호하기 위하여 민법 일반원칙을 변경함이 없이 連帶責任으로 정하고 있다.[47]

과실비율은 실무상 海洋安全審判院에서 내린 재결을 분석하여 결정한다.

따오 익스프레스호·후아쿤호 충돌사건).

46) 선박충돌로 인하여 유출된 연료유가 인근 어장을 황폐화시킨 경우에 피해자인 어민은 연료유를 유출한 선박의 과실비율에 해당하는 만큼만 손해배상청구를 할 수 있을 뿐이므로, 피해자의 구제에 소홀하게 되는 문제가 발생할 것으로 생각된다. 제876조 제1항에서 항해선 상호간 또는 항해선과 내수항행선 간의 충돌이 있은 경우에 "선박 또는 선박 내에 있는 물건이나 사람에 관하여" 생긴 손해의 배상에 대하여 (중략) 이 절의 규정을 적용한다고 하므로, 제879조 제1항의 물적 손해에 유류유출로 인한 제3자의 손해는 포함되지 않는다고 보는 견해도 유력하다. 최종현, 542면.

47) 일본 상법 제788조.

[판례소개](대법원 1972.6.13. 선고 70다213 판결)

대법원은 "상법 제846조(개정상법 제879조)는 통일조약 제4조에 따라 명문으로서 제3자의 사상으로 생긴 손해에 한하여 연대책임을 인정하고 재산상 손해에 대하여는 각 선주의 과실 정도에 의한 분할책임을 규정하고 있으므로, 상법 제843조에 의하여 선박충돌로 인하여 생긴 손해에 대해 위 상법규정만이 적용되고 민법상의 공동불법행위에 관한 규정은 그 적용이 배제된다고 할 것이다."고 판시하였다.

<예제 22> 甲 선박과 乙 선박 사이에 충돌사고가 발생하여 乙 선박이 침몰하였다(과실비율은 각각 50%임). 이때 乙 선박의 선박의 선가는 10억, 선원들의 유족보상금이 10억 그리고 화물이 10억이었다고 하자. 손해의 정산은 어떻게 될 것인가?

乙 선박의 선박소유자는 甲 선박의 선박소유자에 대하여 자신의 물적손해인 10억에 대하여 상법 제879조 제1항에 근거한 과실비율에 따른 손해배상금인 5억을 甲 선박의 선박소유자에게 청구가 가능하다. 다음 선원들의 유족은 인적손해에 대하여 상법 제879조 제2항에 따라 손해배상금의 전액인 10억을 甲 선박의 선박소유자에게 청구가 가능하다. 乙 선박의 화주는 乙 선박의 선박소유자에 대하여는 손해배상청구를 하여도 乙 선박소유자는 항해과실면책을 주장하게 된다. 乙 선박의 화주는 甲 선박에 대하여는 5억 만큼의 손해배상청구를 할 수 있다. 甲 선박의 선박소유자는 계약관계가 없는 乙 선박의 화주에 대하여는 항해과실면책을 주장할 수 없다.

3. 强制導船

우리 상법은 제880조(도선사의 과실로 인한 충돌)에서 "선박의 충돌이 도선사의 과실로 인하여 발생한 경우에도 선박소유자는 제878조와 제879조의 규정에 의하여 손해를 배상할 책임이 있다."고 하여 도선사 승선중의 충돌사고에 대하여도 선장이 조선중의 사고와 동일하게 선박소유자가 손해배상책임을 부담한다고 정하고 있다.

그런데, 도선사에는 강학상 强制導船士와 任意導船士가 있다. 강제도선사란 도선사의 승선이 강제되는 구역에서 선박에 승선하여 도선하는 자를 말하고, 임의도선사란 도선사의 승선이 자유인 구역에서 도선하는 자를 말한다. 임의도선사의 경우에는 선박소유자 혹은 선장의 요청에 의하여 도선사가 승선하여 도선하므로 도선사는 선박소유자의 피용자의 지위에 있다고 보아 선박소유자가 민법 제756조의 사용자책임을 부담한다는 이론구성이 가능하다. 그런데, 강제도선사의 경우에는 선박소유자와 도선사사이에 이러한 이론구성이 쉽지가 않다. 그러므로 1910년 선박충돌조약에서는 강제도선사 승선중의 충돌사고에 대하여도 선박소유자가 제3자에 대하여 손해배상책임을 진다고 명시하여(동 제5조) 선박소유자에게 사용자책임을 의제하고 있다. 독일법은 1986년 7월 25일 상법을 개정하여 강제도선사의 과실은 선원의 과실과 동일시한다고 규정하여 선박소유자의 책임을 인정하고 있다.[48] 영국 1987년 도선법 제16조는 "어떤 선박이 도선이 강제되는 상황에서 항행중이었다는 사실이 그 선박에 의하여 야기된 어떠한 손해에 대하여 선박소유자나 선장의 책임에 영향을 미치지 아니한다."고 되어 있다.[49]

우리 상법은 단순히 '도선사'라고만 규정하여 선박충돌조약 및 영국·독일법과는 다른 용어를 사용하고 있지만, 통설은 본조의 도선사에는 강제도선사도 포함된다고 해석한다.[50] 논란의 소지를 없애기 위하여 현행 제880조는 제880조 제1항으로 하고 상법 제880조 제2항을 신설하여 '도선사의 승선이 강제되는 경우에도 전항과 동일하다'는 추가규정을 두는 것이 좋다고 본다.

4. 貨主와의 관계

운송중인 화물에 대한 손해에 대하여 선박충돌은 항해과실을 구성하므로 운송인은 항해과실면책이 가능하다(상법 제795조 제2항). 실무상으로는 적하보험자는 화주에게 보험금을 지급하고 보험자는 피보험자가 갖는 손해배상청구권을 대위하여 운송인에게 손해배상청구를 할 것이다. 운송인에게 운송계약상의 책임을 묻는 경우에는 운송인은 상법 제795조 제2항에 의하여 항해과실면책으로 될 것이고,[51] 운송인에게 불법행위책임을 묻는 경우에는 상법 제798조 제1항에 의하여 항해과실면책은 청구원인이 불법행위인 경우에도 적용되므로 운송인은 역시 면책이 될 것이다. 선박소유자에게 선원의 과실로 인한 불법행위책임을 묻는 경우에는 상법 제798조 제4항에 의하여 선박소유자는 실제운송인 혹은 운송인의 대리인으로 되어 면책이 가능하다고 생각된다.[52]

쌍방과실로 인한 충돌사고에서 甲 선박의 항해과실면책 규정을 乙 선박의 운송

---

48) 최기원, 123면.

49) 중국 해상법 제39조는 "선장이 선박을 관리하고 운항하는 책임은 도선사가 승선하여 도선함으로 하여 해제되지 않는다."고 한다. 즉, 중국 해상법은 도선사라고만 하고 있다(중국에서는 도선사를 引航員이라 함) 대만 해상법 제98조는 "앞의 두 조항에 규정된 책임은 선박충돌이 도선사의 과실로 인하여 발생하였다고 하여도 해제되지 않는다."고 규정하고 있다. 즉, 대만도 우리나라와 같이 도선사라고만 하고 있다(대만에서는 도선사를 引水員이라 함) . 일본상법은 제797조 쌍방과실로 인한 충돌의 분할책임에 관한 규정(우리 상법 제846조)밖에 없다.

50) 최기원, 123면; 박용섭, 837면; 서돈각·정완용; 662면; 채이식, 364면; 최종현, 544면.

51) 손주찬, 878면.

52) 원고선박은 70%의 과실비율을 부담했다. 원고선박의 화주가 선박충돌로 입은 손해를 피고선박에 청구하여 배상을 받았다. 피고선박이 손해배상액의 70%를 원고선박에게 구상청구하자 법원은 항해과실면책의 적용을 인정해주어 원고선박은 면책되었다(서울중앙지법 2017.9.15. 선고 2015가합529336 판결).

인이 甲 선박의 화주에게 원용하는 것은 불가능하다.[53] 항해과실면책은 자신의 선박에 운송중인 화물에 대하여 주장할 수 있는 면책제도이기 때문이다. 다수견해는 그 원용을 긍정하고 있고,[54] 그 근거로 민법상의 연대책임에 관한 책임면제의 절대적 효력규정의 유추적용을 든다(민법 제419조).[55] 그러나, 우리 상법은 물적손해에 대하여 분할책임을 채택하고 있으므로 각 선박의 운송인은 자신의 과실부분에 해당하는 만큼의 책임을 부담하면 된다. 예컨대, 甲 선박과 乙 선박의 과실비율이 각각 50%라고 하면, 乙 선박의 운송인은 甲 선박의 화주에 대하여 자신의 과실에 해당하는 50%에 상당하는 분할책임만을 부담하므로, 연대채무자에 대한 규정을 논할 필요가 없다.[56] 일본 상법은 선박충돌에 대한 별도의 규정을 가지고 있지 않으므로 민법의 공동불법행위의 법리가 적용되고, 물적손해도 연대책임을 부담하므로 甲 선박의 화주는 乙 선박의 운송인에게 손해액 전액을 청구할 수 있으므로, 다수설과 같은 논의가 필요할 것이다. 그러나 2019년 일본 상법개정에서 1910년 충돌조약을 받아들여 연대책임에서 분할책임을 채택하였고(제788조) 더 이상 논의가 필요없게 되었다.

5. 除斥期間

상법은 선박충돌로 인하여 생긴 손해배상의 청구권은 2년내에 재판상 청구가 없으면 소멸한다고 한다(상법 제881조). 이는 소멸시효가 아니라 제척기간이다. 따라서 재판상 청구를 2년간 하지 않았다면, 채권자는 더 이상 소구를 할 수 없게 된다.[57] 그러나 당사자의 합의에 의한 연장이 가능하다(상법 제881조 단서).[58]

6. 責任制限制度와의 관련성

쌍방과실의 경우에 손해액의 정산과 관련하여 單一責任說과 交叉責任說의 대립이 있다. 단일책임설은 선박충돌을 하나의 요건사실로 보고 당사자 일방이 상대방에 대하여 잔액에 관하여 단일한 권리를 취득한다고 하고, 교차책임설은 당사자는 각자 상대방에 대하여 자기의 손해에 관해 일정한 금액을 청구할 권리를 갖

53) 동지 채이식, 367면; 배병태, 358면; 최종현, 548면.

54) 주석상법, 878면; 손주찬, 880면; 서돈각・정완용, 662면.

55) 민법 제419조(면제의 절대적 효력) "어느 연대채무자에 대한 채무면제는 그 채무자의 부담부분에 한하여 다른 연대채무자의 이익을 위하여 효력이 있다."

56) 동지 최준선, 542면; 최종현, 548면.

57) 2019년 일본 상법개정으로 재산상 손해의 소멸시효는 1년으로(제789조), 인명사상손해는 민법의 일반규정에 따라 5년이 된다.

58) 일본 상법 제789조.

는 것이지만, 다만 계산의 편의상 상계후 잔액에 대하여 지급을 청구하는 것이라고 한다.[59] 선박보험 등에서는 교차책임설에 따라서 정산을 한다.

상법은 선박소유자 책임제한을 적용함에 있어서는 단일책임주의를 택하여 상대방에 대하여 동일한 사고로 인하여 채권을 가지는 경우 그 채권액을 공제한 잔액이 책임제한 대상채권이 된다고 정하고 있다(상법 제771조).

예컨대, 선박충돌의 경우에 甲의 과실비율 60%, 乙의 과실비율 40%, 각각의 손해액 10억, 甲의 선박소유자 책임제한액 2억이고 乙의 그것은 10억이라고 하자. 甲은 乙에게 6억을 지급할 채무가 있고, 乙은 甲에게 4억을 지급할 의무가 있다. 甲의 책임제한액은 2억이므로 甲은 2억만을 지급하고 다시 乙로부터 4억 전액을 수령하면 되는지 의문이 제기된다. 交叉責任說을 취하면, 이는 긍정되고, 이때 甲은 乙로부터 4억을 받게 된다. 결국 甲으로서는 자신이 지급하였어야 할 6억을 책임제한제도를 이용하여 2억만 지급하고 자신은 4억을 전부 지급받는 결과가 되었다. 그러나, 상법의 單一責任說에 따르면 甲은 자신이 乙에 대하여 가지는 채권액 4억을 자신의 채무인 6억에서 상계하고 남은 2억이 책임제한채권이 되게 된다는 것이다. 그러므로 甲은 乙로부터 4억을 수령하지 못하므로, 甲은 단일책임설의 경우가 교차책임설보다 불리하게 되고 乙의 입장에서는 유리하게 된다.

7. 曳引船團과의 충돌

예인선과 피예인선이 일체를 이루어 충돌한 경우 충돌의 책임주체와 책임제한액 산정에 있어서 논란이 있다. 운송형 예인의 경우에는 피예인선은 완전히 수동적인 화물자체에 지나지 않고 불법행위를 야기한 자는 예인선의 선장이다. 그러므로, 불법행위책임에서 사용자 책임을 부담하는 자는 예인선 선장의 사용자인 선박소유자 혹은 나용선자가 된다. 그러나 피예인선(부선)에 선원이 승선 중이었고 주의의무위반이 있다면 피예인선의 선원과 그 사용자는 불법행위책임을 부담한다(대법원 2010.1.28, 2008다65686).

> [판례소개](부산고등법원 2007.4.4. 선고 2006나8641 판결)
> 예인선이 독자적인 항해능력이 없는 부선(예인선)을 예인줄로 연결하여 유기적인 일체로서의 예인선열을 구성하여 항해하던 중 예인선 선장의 과실로 가두리 양식장을 충돌하였다.
> 부산고등법원은 부선 소유자는 책임이 없다고 판시하였다.

59) 채이식, 370면; 최준선, 541면; 최종현, 545면.

[판례소개](대법원 2010.1.28. 선고 2008다65686 판결)

예인선과 피예인선(바지선)으로 구성된 예인선단과 충돌을 하여 피해를 입은 피해자가 바지선의 소유자(피고)를 상대로 불법행위에 기한 손해배상청구소송을 제기하였다.

선박의 조종은 모두 예인선에 의하여 이루어지므로 피고는 책임이 없다고 항변하였다. 이에 대하여 원고는 사고 당시 선두 2명이 바지선에 승선 중이었고 규정된 등화를 켰더라면 사고가 발생하지 않았을 것이므로 피고는 책임이 있다고 주장하였다.

원심(부산고등법원 2008.8.13. 선고 2008나6373 판결)은 피예인선은 동력이 없기 때문에 실제로 예인선의 동작에 수동적으로 따르게 되므로 예인선과 피예인선은 일체로서 하나의 물체로 보아야 하는 점, 해상교통안전법 제1조의2 제3호에서 선박의 안전관리체제를 수립하여야 하는 선박에서 부선을 제외하고 있는 점 등을 종합하면 동력이 없는 피예인선이 다른 선박 또는 물체와 충돌할 경우 특별한 사정이 없는 한 예인선이 전적인 책임을 져야 한다. 충돌사고 당시 짙은 안개로 시계가 극도로 제한된 상태였으므로 바지선에 등화를 하였더라도 충돌 사고를 피할 수 있었다고 보이지 않는 점 등을 종합하면, 충돌사고에 대하여 바지선의 과실이 없다고 하면서 원고 청구를 기각하였다.

대법원은 아래와 같이 판시하였다.

해상교통안전법 제28조 및 제31조 제3항은 끌려가고 있는 선박은 현등 1쌍, 선미등 1개를 표시하여야 한다고 규정하고, 제42조 제1항 제4호는 "시계가 제한된 수역을 항행하는 경우 끌려가고 있는 선박은 승무원이 있을 경우에는 2분을 넘지 아니하는 간격으로 연속된 4회의 기적을 울려야 한다."고 규정하고 있는바, 피예인선(바지선)이 자력항행이 불가능한 부선이라거나 피예인선의 승무원에게 예인선의 항해를 지휘 감독할 권한 또는 의무가 없다는 사정만으로는 피예인선의 승무원의 위 음향신호 및 등화신호를 할 의무가 면제된다고 할 수 없고, 해상교통안전법이 선박의 안전관리체제를 수립하여야 하는 선박에서 부선을 포함하고 있지 않다고 하여 피예인선인 부선이 다른 선박과 충돌한 경우 부선의 소유자나 승무원등의 과실 유무와 무관하게 예인선 측만이 책임을 부담한다고 할 수 없다. 안개로 인하여 시계가 극히 불량하였지만 음향신호 및 등화신호를 제대로 하였더라면 피해자 측에서 바지선의 존재를 알아차리고 사전에 감속하거나 방향을 변경하여 이 사건 충돌사고를 방지하였을 개연성이 상당하였다고 인정된다.

따라서 바지선의 음향신호 및 등화신호를 하지 아니한 과실도 충돌사고의 발생의 한 원인이 되었다고 보아야 마땅하다. 원심판결은 음향신호 및 등화신호의무에 관한 법리를 오해하거나 과실에 관한 법리를 오해함으로써 판결에 영향을 미친 위법이 있다 할 것이고 이를 지적하는 상고이유는 이유있다.

예인선열이 가해선이 될 경우에 책임제한산정의 기준을 예인선만의 톤수로 할지 예인선과 피예인선의 톤수를 합하여 계산할지는 선박소유자의 편에서 보았다.

제4 기타 실무상의 문제

1. 충돌사고조사

충돌사고가 발생하게 되면, 민사상으로는 과실비율에 따른 손해배상이 이루어지므로 과실비율이 얼마인지를 사고 조사를 통하여 예상하는 것이 중요하다. 해상교통법상 각 선박에 부여된 주의의무의 정도가 과실비율산정의 기준이 되므로, 과실비율의 산정을 위하여는 해상교통법상 어느 선박이 피항선 혹은 유지선의 지위에 있었는지 확인하여야 한다.

또한 손해액수가 크게 되면 선박소유자책임제한의 문제가 발생하므로, 책임제한의 배제사유가 있는지도 알아보아야 한다. 선적된 화물이 있었다면 항해과실면책이 가능하므로, 항해과실면책의 전제인 감항성을 선박이 갖추고 있었는지도 확인하여야 한다. 1976년 책임제한제도를 채택하고 있는 우리 상법의 입장에서 책임제한이 배제되는 사유란 극히 찾을 수없다. 선박소유자 자신이 사고를 고의로 조장하거나 사고의 원인된 사실을 무모하게 행한 사유가있어야 책임제한이 배제되는바, 선장이 음주중독자로서 이전 항차에도 음주로서 문제가 되었고 선박소유자가 이를 알고도 교체를 시키지 않고, 이러한 선장의 음주가 사고의 원인이 된 경우에는 배제사유가 될 것이다. 충돌사고가 레이다의 고장이 원인이었고, 레이다가 출항시부터 이상이 있었으나 수리를 하지 않고 출항하였다면 이 선박은 감항성이 없는 것이 되어, 항해과실면책이 불가능할 수 있을 것이다.

2. 과실비율의 산정

선박충돌에 대한 과실비율은 최종적으로는 법원에서 판단되어진다. 실무적으로는 海洋安全審判院의 재결을 많이 이용한다. 법원에서는 전문심리위원을 이용하거나 전문가의 감정을 통하기도 한다.

해양안전심판원의 원인재결, 영국의 해사법원의 판결과 우리 법원의 그간의 판례를 중심으로 분석하면 각 항법 상황에 따른 기본적인 과실비율을 유추할 수 있다.

霧中항해에서의 충돌이라면 해상교통법상 양 선박이 모두 피항선이 되므로(국제규칙 제19조, 해사안전법 제77조) 과실비율은 50:50에서 출발하게 된다. 반면 상호시계에서의 횡단항법에서는 상대선을 자신의 우현에 두고 있는 선박은 피항선이 되고 상대선은 유지선이 되므로(국제규칙 제15조, 해사안전법 제73조) 각각 65%와

35% 정도의 과실비율을 부담한다고 본다. 정면상태에서는 양 선박이 모두 우현전타하여 피항할 의무를 부담하므로(국제규칙 제14조, 해사안전법 제72조) 역시 50:50에서 과실비율은 출발한다. 추월상태에서는 추월선이 절대적인 피항의무를 부담하므로(국제규칙 제13조, 해사안전법 제71조) 과실비율은 추월선이 85% 정도의 과실을 부담한다. 묘박중인 선박과의 충돌에서는 묘박선은 조종능력이 없으므로 항해선이 피항의무를 부담하고, 항해선은 90% 정도의 과실비율을 부담한다.[60] 이러한 원칙적인 과실비율의 대략적인 기준을 시발점으로 하여 다른 의무위반사항과 그것이 사고에 미친 인과관계를 고려하여 구체적인 과실비율이 산정된다.[61]

[판례소개](부산지법 1998.2.1. 선고 97가합7786 판결)

예인선인 서린 201호(총톤수 110톤)가 피예인선인 서린202호(총톤수 813톤)를 200미터의 예인삭으로 선미예인하면서 자신의 우현에 일반 동력선인 아이다호를 보고 서로 진로를 횡단하는 관계에 있다가 충돌이 발생하였다. 이 관계에서 횡단규정이 적용되면 서린호 측이 피항선이 된다. 서린호 측은 자신은 조종성능이 제한되는 선박이므로 아이다호가 피항의무선이라고 주장하였고, 아이다호 측은 서린호 측은 조종성능제한선박이 아니므로 일반항법에 따라 서린호 측이 피항선이고 자신들은 유지선이라고 주장하였다. 중앙해심(중해심 1997.11.4.재결 제97-26호)은 "이 충돌사건은 서로 진로를 횡단하는 상태에서 피항선인 서린호측이 상대선의 진로를 피하지 아니한 것으로 인하여 발생한 것이나, 아이다호 측이 경계소홀로 서린 201호의 피예인부선 서린 202호를 발견하지 못함으로써 충돌을 피하기 위한 협력동작을 취하지 아니한 것도 원인이 된다."고 하여 일반항법을 적용하여 예인선단인 서린호측이 피항의무선이라고 보았다.

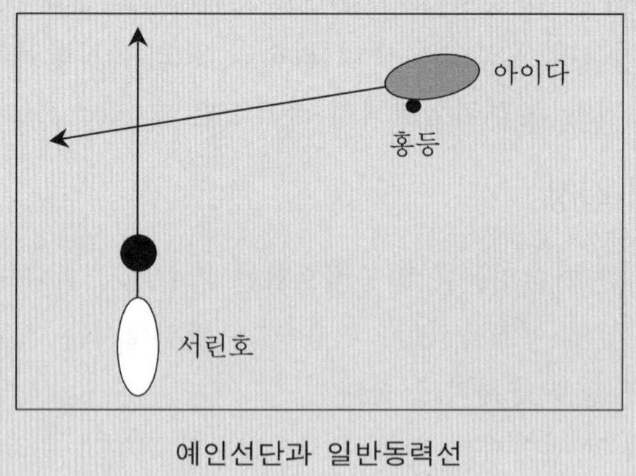

예인선단과 일반동력선

60) 여기에 대하여는 김인현(선박충돌), 10면 이하를 참고 바람.

61) 자세한 내용은 김인현, "선박충돌에서 과실비율과 해양안전심판재결과의 관련성에 대한 고찰", 법조 2003년 7월호, 91면 이하 및 전게 해상법연구II, 555면 이하; Henry V. Brandon, "Apportionment of liability in British Courts under the Maritime Conventions Act of 1911", Tulane Law Review(June 1977), p. 1025 이하를 참고하기 바람.

부산지방법원은 "해상교통안전법 제23조(개정법 제35조)에 따라 서린호 측이 피항의무선의 지위에 있었고 이 사고는 적극적인 피항조치를 취하지 아니한 서린 201호의 선원들의 과실과, 주위를 운항하는 선박의 경계를 소홀히 하여 피예인부선인 서린 202호를 발견하지 못한 아이다호 선원들의 과실이 경합하여 발생한 것으로 보이고 각 선원들의 과실비율은 6 : 4로 봄이 상당하다."고 판시하였다.

3. 船舶優先特權의 행사

선박충돌사고로 인한 채권은 선박우선특권의 대상이 된다(상법 제777조 제1항 제4호). 그러므로 선박충돌사고가 발생하면 상대선을 임의경매하려는 시도를 하게 된다. 선박이 압류되어서는 영업에 지장이 많으므로, 선박소유자는 자신의 P&I Club으로부터 보증장을 제시하여 선박압류를 피한다.

선박충돌사고로 인한 채무를 피하기 위하여 선박소유자가 자신의 선박에 대한 소유자를 바꾼다고 하여도 선박우선특권은 추급권이 있으므로(상법 제785조) 선박은 임의경매당하게 된다.

4. 海洋安全審判

(1) 기능과 조직

해양안전심판원은 해양사고의 원인을 판단하고 해기면허를 소지한 해기사와 도선사에게 행정청을 대신하여 징계를 가하는 기능을 한다(해양사고의 조사 및 심판에 관한 법률<이하 "해심법"> 제4조 및 제5조). 해양안전심판은 중앙해양안전심판원(이하 "해심원")과 4개의 지방해심원(부산, 목포, 동해, 인천)으로 구성된다. 사고에 대한 조사를 조사관들이 한 것을 합의부인 심판(지방은 3인의 심판관, 중앙은 5인의 심판관)을 통하여 원인을 확정한다.

해심원이 내리는 재결에는 원인재결, 징계재결 및 권고재결이 있다. 이러한 재결은 행정법상의 효력을 가지는 것에 지나지 않는다. 그러나, 사실상 원인재결에 나타난 선박충돌 사건에서의 원인제공비율은 민사의 과실비율로 인정될 수 있기 때문에 민사의 손해배상의 문제와도 밀접한 관계를 가진다.

(2) 재결의 민사소송에의 활용과 취소소송

통상 손해배상을 위하여는 합의 혹은 손해배상청구소송을 민사법원에 제기하게 된다. 민사법원은 독자적인 심리를 통하여 선박충돌의 사실관계를 확정하고 과실비율도 산정하게 되지만 전문기관인 해심원의 재결내용을 적극적으로 활용하는 경향을 보인다. 따라서, 이해당사자들은 해심원에서 가능한 유리한 판단을 받으려고 노력한다. 지방해심원과 중앙해심원을 거친 다음 이에 불복하는 자는 대법원에 취소소송을 제기하여, 선박충돌의 과실비율과 관련된 사실관계를 변경하거나 원인제공정도를 수정하려고 한다. 대법원은 원인재결에 대한 취소소송은 허용하지 않고 징계재결에 대한 취소소송만을 허용하였다.[62] 징계재결을 다루기 위하여는 사실관계와 관련되는 원인재결을 다시 다루지 않을 수 없기 때문에 징계재결에 대한 취소소송이 대법원에 왕왕 계류되었다(대법원 2005.9.28. 선고 2004추65 판결). 2014년 개정으로 중앙해심원의 재결에 불복하는 자는 대전고등법원에 취소소송을 제기한다.

[판례소개](대법원 2000.6.9. 선고 99추16 판결)

폐기물운반선인 A호가 해상에서 어선(안국 2호)와 충돌할 당시 원고 갑은 A호의 선장이었다. 중앙해심원에서 이 사건 해난에 대하여 1998.12.28. "이 충돌사건은 항로상에서 안국 2호가 경계를 소홀히 하여 B호를 뒤늦게 발견하고 가까운 거리에서 피항동작을 취하던 중 조타장치의 작동불량으로 상대선의 진로로 진입하여 발생한 것이나, B호 측이 등화설비규정에 적합하지 아니한 것도 하나의 원인이 된다. 수심인 원고의 3급 항해사 업무를 2월 정지한다."는 내용의 재결을 하였다. 이에 원고는 중앙해심의 재결을 취소하고 관여조사관의 청구를 기각하여 달라는 해난심판재결취소소송을 대법원에 제기하였다.

대법원은, "해심법 제74조 제1항에서 규정한 중해심의 재결에 대한 소는 행정처분에 대한 취소소송의 성질을 가지는 것으로서 소의 대상이 되는 재결의 내용도 행정청의 공권력의 행사와 같이 국민의 권리의무를 형성하고 제한하는 효력을 갖는 것이어야 하는데, 그 재결중 단지 해난의 원인이라는 사실관계를 규명하는 데 그치는 원인구명재결부분은 해난관련자에 대한 징계재결이나 권고재결과는 달리 그 자체로는 국민의 권리의무를 형성 또는 확정하는 효력을 가지지 아니하여 행정처분에 해당한다고 할 수 없으므로 이는 위 법률조항에 따른 재결취소소송의 대상이 될 수 없다. 따라서 이 사건 재결중 이 사건 해난의 원인규명부분의 취소를 구하는 부분은 취소소송의 대상이 되지 아니하는 사항에 관하여 제기된 취소소송으로서 부적법하다. 3월의 업무정지를 명한 이 사건 징계재결이 원고에게 지나치게 가혹하여 형평을 잃은 것이라고 할 수 없으므로 이에 반한 주장을 기초로 한 이 사건 징계재결의 취소 청구는 결국 받아들일 수 없다."고 판시하였다.[63]

62) 행정소송법 제12조(원고적격) 취소소송은 처분 등의 취소를 구할 법률상 이익이 있는 자가 제기할 수 있다. 대법원 2000.6.9. 선고 96추16 판결.

63) 자세한 평석은 김인현, "해상법 판례 50년의 회고와 전망", 상사판례연구 제23집 제1권(2010.3.31.), 267면 이하를 참고 바람.

[판례소개](대법원 2006.10.26. 선고 2004추58 판결)

부산항에서 준설작업에 종사하던 선박의 닻의 위치를 알리는 닻 부표가 항로 밖으로 나와 항해하던 다른 선박의 추진기와 접촉하는 사고가 발생하였다. 해양사고의 원인을 판단하는 중앙해심원은 2004.2.24.자 중해심 제2004-1호 재결에서 위 사항이 잘못이므로 개선조치하라는 권고재결을 준설선 선박소유자에게 하였다. 소유자는 대법원에 권고재결취소소송을 제기하였다.64) 권고재결에서 대하여도 취소소송을 제기할 소의 이익이 있는가 그리고 과연 권고재결은 정당한지가 쟁점이 되었다.65)

대법원은 "해기사 또는 도선사 외의 자로서 해양사고의 원인에 관계있는 자에 대하여 해심법 제5조 제3항의 시정등 권고재결을 한 때에도 그 내용이 관보에 공고되는 등 개선조치의 권고를 받은 자의 명예와 신용에 영향을 미치고, 개선조치의 권고를 받은 자는 그 취지에 따라 필요한 조치를 취한 다음 조치내용을 지체없이 통보하여야 하며, 개선조치의 권고를 한 사항에 대한 조치가 미흡하다고 인정될 때에는 그 이행을 요구받을 수 있는 등의 법률상 의무를 지게 되므로, 비록 개선조치에 따를 의무를 이행하지 아니할 경우 제재가 따르는 것은 아닐지라도 위 시정 등 권고재결은 그 상대방의 권리의무를 형성 또는 제한하는 효력을 가지는 것으로서 그 처분을 받은 상대방은 같은 법 제74조 제1항에 의하여 그 권고재결의 취소를 구할 법률상 이익과 원고적격이 있다."고 판시하였다. 대법원은 나아가 "닻 부표는 대부분 직경 약 1미터 길이 약 1미터의 소형원통이면서 침수율이 약 50%에 달하므로 작은 파랑에 의하여 부침을 반복하면 항로를 항해하는 선박이 레이다나 육안으로 이를 발견하기 어려워 항해에 위험을 초래할 우려가 많아 이의 개선조치가 필요한 사실을 인정할 수 있다."고 판시하여 취소청구를 기각하였다.

[판례소개](대법원 2011.1.13. 선고 2009추220 판결)

신성3호(원고)와 부선포스500호 사이의 충돌사고에 대하여 중앙해양안전심판원(중해심 2009.11.12.자 제2009-27호 재결)은 2009.11.12. 이 사건 해양사고에 대하여 "이 충돌사고는 항해 중인 신성3호가 경계소홀로 정박중인 부선 포스5000호를 발견하지 못하여 발생한 것이나, 항내 정박 중인 포스500호가 야간에 정박 중임을 나타내는 등화를 표시하지 아니한 것도 일인이 된다. 해양사고관련자인 원고와 B를 견책하고 J 주식회사에 대하여 시정할 것을 권고"하였다. 그런데, 원인재결에서 충돌사고의 원인제공 정도를 경계의무를 다하지 못한 신성 3호 측에 55%, 법정등화를 밝히지 않은 포스 5000호 측에게 45%를 부과하였다. 이에 대하여 원고는 무과실임을 주장하면서 원인재결 및 그 징계재결의 취소를 구하였다.

대법원은 아래와 같이 판시하였다.

(1) 원인재결

원인규명재결은 해양사고 관련자에 대한 징계재결이나 권고재결과는 달리 그 자체로는 국민의 권리의무를 형성 또는 확정하는 효력을 가지지 아니하므로 행정처분에

---

64) 자세한 판례평석은, 김인현, "2006년도 중요 해상법 판례평석", 한국해법학회지 제29권 제2호(2007.11.) 444면을 참고 바람.

65) 유사한 내용의 판례로는 대법원 2004.4.16. 선고 2003추20 판결이 있다.

해당한다고 할 수 없으므로 이는 재결취소소송의 대상이 될 수 없다(대법원 2000.6.9. 선고 99추16 판결, 대법원 2008.10.9. 선고 2006추21 판결 등). 이 부분은 부적법하다.

(2) 징계재결

이 충돌사고는 포스 5000호가 등화표시를 하지 아니한 잘못과 원고가 적절한 경계를 하지 않고 감속없이 운항한 잘못이 경합하여 발생한 것이다. 이러한 사정을 모두 고려하여 양측의 원인제공비율을 정하고 그에 따라 원고에게 징계를 한 이 사건 재결이 잘못이라고 할 수없다. 이 부분의 원고의 주장은 이유없다.

(3) 해심원의 충돌사고 원인제공비율 산정 지침

해심원의 재결내용을 충돌의 과실비율로 활용하는 경향이 우리나라에 있어 왔는데 실무에서는 한걸음 더 나아가서 정확한 수치로 표시된 과실비율을 적시하여 줄 것을 해심원에 요구하였고 해심원도 자신의 업무영역의 일환으로서 이를 받아들여 1999년 개정 해심법에서는 구체적으로 원인제공비율을 적시할 수 있다는 조항을 추가하게 되었다(제4조 제3항).[66]

[판례소개]제1부림호 · 예인선 현대7호의 피예인부선 현대 8호충돌사건(중해심 2004.4.20., 2004-004호 재결)

사고해역은 가항 폭이 2마일 내외로 제한되어 있고 사고해역과 연결되어 있는 횡간수도의 폭이 약 1.5마일이 되므로 좁은 수로 항법이 적용될 수 있는 수역이다. 이 충돌사건은 양선박이 좁은 수로에서 현대 7호 측이 수로의 좌측을 따라 항해한데다,[67] 레이더 판독의 잘못으로 조기에 충돌피항 동작을 취하지 아니하여 발생한 것이나, 제1부림호 측이 경계를 소홀히 하여 충분한 거리에서 충돌피항 동작을 취하지 아니한 것도 그 일인이 된다. 현대 8호의 항해사의 어선 4급항해사 업무를 2월 정지한다. 제1부림호의 선장을 견책한다. 해심법 제4조 제2항의 규정에 따라 사고 발생원인 제공정도를 비율로 표시하면 현대7호 예인선열이 약 65%, 제1부림호가 약 35% 정도가 될 것이다.[68] [69]

이후 해심원은 양 당사자가 희망하는 경우에만 원인제공비율을 적시하는 단계를 거치게 되었다. 2007.1.1.부터 시행되는 "충돌사고원인제공 비율산정지침"은 아래와 같다. 중앙해심원은 일단 기본적인 조건을 제시하고 여기에 부합하는 경우

66) 심판원은 해양사고의 원인을 규명함에 있어서 해양사고의 발생에 2인 이상이 관련되어 있는 경우에는 각 관련자에 대하여 원인의 제공 정도를 밝힐 수 있다.

67) 좁은 수로에서는 우측통항을 하여 양선박이 서로 좌현(左舷) 통과가 가능하도록 하여야 한다.

68) 해양안전심판사례집(2006), 635면.

69) 대법원의 취소소송에서도 중앙해심의 재결의 내용이 그대로 유지되었다. 대법원 2005.9.28. 선고 2005추65 판결. 해양안전심판사례집(2006), 631면.

에 원인제공비율이 얼마인지 기준을 정하였다.

제4조 원인제공비율 기준에 열거된 기본적인 경우에 해당되지 않는다고 판단되는 때에는 이 지침을 적용하지 아니한다(제2조 제2항). 그 산정방법은 제4조의 원인 제공 비율 기준에 열거된 기본적인 경우를 전제로 하여 여기에 다른 항법위반 및 기타의 여러 사항을 고려하여 가감하기로 하였다(제3조 제1항). 그리고 원인제공비율을 가감 산정함에 있어서 고려할 사항은 당해 충돌사고와 인과관계가 있는 것에 한한다(제3조 제2항).

제4조(원인제공비율 기준) 원인제공비율 기준은 아래 【별표】와 같다. "이 지침은 중앙해심이 재결과정에서 참고하는 기준일 뿐이고 민사소송에서 과실비율을 산정하는 데에 법적 구속력을 가지는 것도 아니다."라고 판시되었다(광주고법 2018.8.10. 선고 2017나15873 판결).

구 분	선 박	
	원인제공비율(%)	원인제공비율(%)
1. 모든 시계에서의 항법		
가. 좁은 수로(협수로)		
○ 다른 항로에 진입한 경우	진입선박	항로 항행선박
	85	15
○ 갑작스런 전타를 한 경우	전타 선박	항로 항행선박
	100	0
나. 통항분리수역		
○ 다른 항로에 진입한 경우	진입선박	항로 항행선박
	85	15
○ 갑작스런 전타를 한 경우	전타 선박	항로 항행선박
	100	0
다. 개항의 항계내		
○ 항로에 진입한 경우	진입선박	항로 항행선박
	80	20
2. 상호시계 내의 항법		
가. 횡단상태		
○ 양선박 모두 동작을 취하지 않은 경우	피항선	유지선
	65	35
나. 정면상태		
○ 양선박 모두 동작을 취하지 않은 경우	일방	일방
	50	50
다. 추월상태		
○ 양선박 모두 동작을 취하지 않은 경우	추월선	피추월선
	85	15

라. 조종성능의 우열		
○ 일반 동력선과 운전부자유선	일반 동력선	운전부자유선
	90	10
3. 제한시계 내의 항법		
가. 아무런 조치를 취하지 않은 경우	일방	일방
	50	50
4. 선원의 상무		
가. 부두 접안중 선박	항행중인 선박	접안 선박
	100	0
나. 묘박중인 선박	항행중인 선박	묘박선
	95	5

(4) 과실비율관련 사례

대다수의 충돌사건은 해양안전심판에서의 원인제공비율과 민사재판에서의 과실비율이 대체로 유사하게 나타난다.

① 베라호 충돌사건(중해심 1995.1.27. 재결 제95-1호; 서울지법 1997.1.24. 선고 95가73446 판결)에서 중앙해심원은 베라호가 주인을 제공하였고 예인선 서해5호는 일인을 제공하였다고 보았고, 법원은 70 : 30으로 과실비율을 판단하였다.

② 태영썬호 충돌사건(중해심 2000.5.10. 재결 제2000-3호; 광주지법 2002.11.15. 선고 2000가합5758 판결; 대법원 2000.11.28. 선고 2000추43 판결)에서 선박의 책무규정이 적용되어, 어로에 종사중인 대어호에 대하여 진로를 피할 의무를 부담하는 일반 동력선인 태영썬호는 80%의 과실책임을 부담하게 되었다.

③ 한포호 충돌사건(중해심 2002.1.8. 재결 제2002-1호; 부산지법 2002.8.14. 선고 2001가합10307 판결)에서 횡단항법이 적용되어 유지선인 한포호의 과실비율이 40%로 인정되었다.

④ 두쿰호 충돌사건(중해심 2014.10.17. 재결 제2014-013호)에서 중앙해심과 광주고등법원은 광양항 제1항로를 선회하면서 진입한 두쿰호가 개항질서법 제13조 제1항의 항로를 따라 항해하던 포춘 미라클호를 피해야 한다고 판시하였다. 두쿰호의 과실 비율은 60%로 정해졌다(광주고법 2018.8.10. 선고 2017나15873 판결).

그러나, 해양안전심판의 재결과 민사법원에서의 판단이 서로 다른 경우도 있다.

① 천일호 충돌사건에서 중앙해심원은 사고에 대하여 천일호 측이 일인이 있다고 인정하였지만(중해심 1997.12.11. 재결 제97-13호), 민사법원(서울고등법원 1999.8.17. 선고 98나46145 판결; 대법원 2000.11.28. 선고 99다55557 판결)에서는 갑작스런 경비정의 움직임을 예상할 수 없었다는 것을 이유로 천일호에는 과실이 없다고 판시하였다.

② 화물선 101태룡호와 유조선 제9남성호 충돌사건에서 중앙해심(중해심 재결

제92-6호)은 주인과 일인으로 재결하였지만, 대법원은 제9남성호의 일방과실로 판단하였다(대법원 판결 92추55, 93추205판결).

③ 모닝 익스프레스호와 포스 브레이버리호 충돌사건에서 중앙해심원(중해심재결 2005.5.17. 재결 제2005-006호)은 정침하고 대기하는 과정에서 일어난 사건이기 때문에 횡단항법을 적용하지 않고 선원의 상무규정을 적용한다고 하여 원인제공비율을 50 : 50 정도로 보았지만, 서울중앙지방법원(서울중앙지법 2008.10.24. 선고 2007가합1531339 판결)은 횡단항법을 적용하여 피항선의 지위에 있던 포스 브레이버리호가 65%, 유지선의 지위에 있던 모닝 익스프레스호가 35%의 과실을 부담한다고 판시하였다.

④ 여객선 한림페리9호와 어선 민호호 충돌사건에서 중앙해심원(중해심 제2018-022호)은 여수시 돌산도와 화태도 사이의 수역을 좁은 수로로 보지 않았고 횡단항법의 적용요건인 정침요소를 갖추지 않았다고 보아 선원의 상무규정을 적용했다. 막 출항한 한림페리9호가 70%의 원인제공을 했다고 보았다. 대법원은 2020.1.16. 선고 2019두54092 판결에서 동 수역을 좁은 수로로 보았다. 항로의 좌측을 통행한 민호호가 중대한 과실이 있다고 판시했다.

[판례소개](광주고등법원 2018.8.10. 선고 2017나15873 판결)

광양항 제1항로에서 원고 선박(유조선 Duqm, 두쿰호)은 출항, 피고 선박(Fortune Miracle)은 항로를 따라 북으로 항해하고 있었다. 피고 선박이 항로를 따라 진행중인데도 원고 선박은 출항 후 선회하면서 항로의 좌측에 진입하였고 마침 피고 선박도 항로의 좌측으로 치우치고 말았다. 모두 도선사가 승선중이었음에도 충돌사고가 발생하였다. 중앙해심은 개항질서법 제13조 제1항 제1호 "항로에 진입하는 선박은 항로를 따라 항해하는 선박을 피하여야 한다."는 규정을 적용하였다. 원고선박은 항로에 진입하는 선박, 피고선박은 항로를 따라 항해하는 선박으로 본 것이다. 중앙해심(2014.10.17.)은 위 규정을 위반 한 것을 사고의 주원인으로 보았다. 원고 선박이 60%, 피고 선박이 40%의 원인제공비율을 부담한다고 재결하였다.

민사소송이 제기되었다. 1심법원에서 원고는 본 사건에는 개항질서법 제13조 제1항 3호가 적용되어 피고선박은 항로의 우측을 항해했어야 한다고 주장했다. 한편 피고는 이와 같은 경우 중해심의 원인제공비율지침에는 항로에 갑자기 진입하는 선박의 과실비율이 80%라고 되어 있으므로 이에 따라야 한다고 주장하였다. 과실비율은 중앙해심과 같이 60%(원고):40%가 유지되었다.

2심법원은 이 사건은 제13조 제1항 1호의 적용이 배제되고 제1항 3호가 우선적용되어야 하는 사례가 아니라고 보았다. 1심 법원의 과실비율이 그대로 유지되었다. 중앙해심의 원인제공산정지침은 "중앙해심이 재결을 하는 과정에서 구체적인 원인제공비율을 산정하기 위해 참고하는 기준에 해당할 뿐, 반드시 위와 같은 지침에 따라 재결을 하는 것은 아니고 민사소송에서 과실비율을 산정하는 데에 법적 구속력을 가지는 것도 아니다."고 판시하였다.

제 3 절 海難救助

제1 序 論

1. 의 의

항해선 또는 그 적하 기타의 물건이 어떠한 수면에서 위난에 조우한 경우에 의무없이 이를 구조하는 것을 海難救助라고 한다(상법 제882조).

1998년 12월 해난심판법개정시 해난이라는 용어를 용어순화차원에서 해양사고로 고치면서, 부칙 제6조에 의하여 개항질서법, 도선법 및 상법 등에서 사용되고 있는 해난이라는 용어는 모두 해양사고로 수정되었다. 그런데, 해심법의 정의규정에 따르면, 해양사고에는 오염사고, 인사사고도 포함되나, 화물자체의 사고는 포함되지 않는다.[70] 한편으로 해양사고는 해양사고구조에서 사용되는 해난보다도 넓은 개념으로 해심법의 정의규정에 따르면 오염사고를 구조하는 격이 되었다. 또 한편으로는 화물사고는 해심법상 해양사고의 범주에 속하지 않으므로 화물사고에 대하여는 해양사고구조가 되지 않는다는 결과가 되었다. 개정전 해양사고구조에서의 해양사고는 해심법에서의 해양사고와는 별개의 개념으로서 상법상 해양사고구조는 해난구조로 환원되어야 한다는 견해가 있었다. 이를 반영하여 2007년 개정상법은 해양사고구조를 해난구조로 수정하였다(제882조).

2. 事務管理와의 관련성

의무없이 타인의 사무를 관리하는 것을 事務管理라고 한다(민법 제734조). 타인의 사무를 관리할 의무도 없이 그 사무를 관리한 경우에는 본인의 의사에 합치하지 않는 한 비용을 청구할 수 없을 것이다. 그러나, 사회 전체의 입장에서는 이러한 경우에 사무관리자에게 일정한 의무를 부과하고, 비용을 청구할 수 있도록 하

70) 이 법에서 말하는 용어의 정의는 다음과 같다. 해양사고라 함은 해양 및 내수면에서 발생한 다음 각목의 1에 해당하는 사고를 말한다. 가. 선박의 구조설비 또는 운용과 관련하여 사람이 사망 또는 실종되거나 부상을 입은 사고 나. 선박의 운용과 관련하여 선박 또는 육상해상시설에 손상이 생긴 사고 다. 선박이 멸실유기되거나 행방불명된 사고 라. 선박의 충돌좌초전복침몰이 있거나 조종이 불가능하게 된 사고 마. 선박의 운용과 관련하여 해양오염손해가 발생한 사고.(해양사고의조사및심판에관한법률 제2조 제1항).

는 것이 바람직하다. 그리하여 우리 민법은 사무관리자에게 비용상환청구권을 인정하고 있다(민법 제739조). 사무관리가 성립하기 위하여는, 첫째, 타인의 사무를 관리할 것 둘째, 타인을 위하여 하는 의사(사무관리의사)가 있을 것 셋째, 법률상의 의무가 없을 것 넷째, 본인에게 불리하거나 또는 본인의 의사에 반하는 것이 명백하지 않을 것 등의 요건이 필요하다. 사무관리제도의 의의는 사무관리자에게 비용상환청구권이라는 채권을 발생시키는 것에 있다고 할 수 있다.

해난구조는 사무관리의 일종이라고 볼 수 있지만, 사무관리는 보수청구권은 발생하지 않고 비용상환청구권만 발생하게 되나(민법 제739조), 해난구조에서는 보수청구권이 발생한다(상법 제882조)는 점에서 다르다. 또한 사무관리에서의 사무에는 제한이 없으나, 해난구조에서 사무는 '해상에서의 항해선 또는 적하가 위난에 조우한 경우에만 해당되므로, 적용범위가 사무관리보다 좁다. 따라서 해상법상의 특별한 법률요건으로 보는 것이 통설이다.[71] 상법상의 해난구조 이외에 수난구호법에 의한 구조도 있다.

제2 海難救助의 성립요건

1. 목적물요건

구조의 목적물은 항해선 또는 그 선상 적하 기타 물건이다(상법 제882조). 인명에 대한 구조는 해난구조의 대상이 아니다.[72][73] 구조의 목적물은 항해선이므로, 내수항행선의 구조는 상법상의 해난구조가 아니다.

해상법에서 전통적으로 고려대상으로 삼는 해난구조의 예로는 조난선, 난파선이나 침몰선을 구조자가 구조한 다음 보수를 소유자에게 청구하는 경우이다. 예컨대, 침몰직전의 선박에는 선장도 퇴선하고 없는 상태이다. 이때 구조자가 위험을 무릅쓰고 선박에 대한 구조에 나서는 경우가 있다. 이러한 예는 미국의 판례법에서 많이 나타난다. 1994년 11월 미국 우주왕복선의 연료탱크를 바지에 싣고 가

---

71) 최종현, 551면.

72) STX팬오션의 차상근 선장 외 1인이 국제해사기구(IMO)가 수여하는 '바다의 의인'에 선정되었다. 차선장은 베트남국적 '빈딘리버'호가 침몰 중이라는 구조요청 메시지를 받고 구조에 착수해 12시간의 사투 끝에 15명의 선원을 구조했다(인터넷 조선일보, 2009.7.2.). 그런데 이러한 구조는 상법상의 해난구조의 요건을 갖추지 못하고 있다.

73) 대법원 2021.6.10. 선고 2017다286874 판결에서는 해양수산부 어업관리단 공무원의 구조의무 위반과 피해자 사망 사이에 상당인과관계가 없어 국가배상책임이 인정되지 않는다고 판단하였다.

던 선박이 위험에 빠지자 예인선의 선장은 구조를 요청하였고, 구조의무가 없이 지나가던 유조선이 이를 성공적으로 구조하였다. 유조선 선박소유자의 구조료청구에 대하여 법원은 미국역사상 가장 많은 50억원(미화 4.125백만불)을 미국정부가 지급하라는 판결을 내렸다.[74]

2. 사고요건

구조의 전제로서 '어떠한 수면에서 위난에 조우한 해난'이 존재하여야 한다. 항해선과 적하가 수면에서 위난에 조우하여야 한다. 수면은 어떠한 수면이던 상관없다. 그러므로 내수면에서 발생한 것이라도 가능하다. 위난에 조우한다는 것은 선박이나 적하가 멸실될 위험이 있고, 선박이 이를 자력으로 극복할 수 없는 것을 말한다.

3. 구조요건

위난에 조우한 선박이나 적하를 '구조할 의무없이' 구조하여야 한다. 따라서 구조계약을 체결하고 계약상의무로서 행하는 구조는 상법상의 구조가 아니다.[75]

해난구조는 의무없이 행한 것이어야 한다는 것이 통설이다.[76] 이러한 견해는 해난구조를 사무관리와 유사한 것으로 이해하는 입장이다. 그러므로, 해난사고후 전문구조업자와 선장 혹은 선박소유자 사이에 체결된 해난구조계약은 상법상의 해난구조에 속하지 아니하게 된다.[77] 그런데, 여기에서의 의무를 '해난전의 계약상의 의무'로 한정하여 해석하는 견해가 있다.[78] 즉, 이 견해에 따르면, 해난의 발생전에 선박회사와 구조회사간에 장래의 구조계약을 체결한 경우는 의무가 존재하는 것이 되지만, 해양사고 발생후 선박회사와 구조회사에 구조계약을 체결한 경우는 계약상의 의무가 없는 것이 된다. 그리하여, 대다수의 해난구조계약의 경우에도 상법을 적용할 수 있게 된다.

1989년 해난구조조약 제6조 제1항[79]은 계약에서 명시적 또는 묵시적으로 달리 정한 경우를 제외하고는 계약구조에도 동 협약을 적용한다고 규정하고있어, 당사

74) Margate Shipping Co. v. M/V Ja Orgeron, 1998 AMC 2383(5th Cir).

75) 최종현, 556-557면.

76) 채이식, 375면; 송상현 · 김현, 561면; 손주찬, 884면; 서돈각 · 정완용, 667면; 박용섭, 901면; 최기원, 298면; 정동윤(하), 611면. 村田, 269頁.

77) 채이식, 375면.

78) 주석상법, 904면.

79) This Convention shall apply to any salvage operations save to the extent that a contract otherwise provides expressly or by implication.

자의 의사에 반하지 않는 한 계약구조의 경우에도 1989년 조약이 적용됨을 간접적으로 표현한 것으로 해석된다.80) 81) 82)

비록 상법 해상편의 해난구조규정이 임의구조에 적용된다고 하더라도, 적용범위를 넓히기 위하여 계약구조에서 특별히 정하지 않은 사항에 대하여는 적용되어도 좋다고 본다. 2007년 개정상법도 이러한 취지의 규정을 추가하였다(상법 제887조 제1항).83)

4. 결과요건

해양사고구조가 성립되기 위하여는 반드시 구조에 성공하여야 한다. 일부의 성공이라도 좋다. 계약구조에 있어서도 不成功無報酬의 원칙(no cure, no pay)이 있다.

제3 海難救助의 효과

1. 救助料 受領權者 및 支給義務者

(1) 청구권자

구조료청구권자는 구조자이다. 구조선박이 선체용선된 경우에는 선체용선자가 구조료청구권가 될 것이다. 선박임대차 유사설에서는 정기용선된 경우에 정기용선자가 구조료청구권자가 된다고 볼 수 있다.

(2) 지급의무자

구조료지급의무자는 구조된 목적물의 이해관계자이다. 구조된 선박의 소유자, 적하의 소유자는 물론 질권자, 저당권자도 지급의무자가 된다.84) 피구조선박이 비록 나용선이 되어 있다고 하더라도 구조료지급의무자는 선박소유자가 될 것이다.

---

80) 박성일, "해난구조법에 대한 연구"(한국해양대학교 법학박사학위논문, 1997.8.), 189면; 윤효영, "해난구조법에 관한 연구"(고려대학교 법학석사학위논문, 1994.12.), 41면.

81) 일본 상법 제800조는 "선박 또는 적하의 전부 또는 일부가 해난에 조우한 경우에 의무없이 구조를 행한 자는 그 결과에 대하여 상당한 구조료를 청구할 수 있다."고 하여 의무없이 구조한 경우에만 상법의 규정이 적용됨을 정하고 있다.

82) 그러나, 중국 해상법 제171조는 해양사고구조에서 '의무없이 구조할 것'을 요건으로 하지 않고 있다(The provisions of this Chapter shall apply to salvage operations rendered at sea or any other navigable waters adjacent thereto to ships and other property in distress). 더구나 제175조는 해난구조계약은 구조자와 피구조자사이의 행하여질 구조활동에 대한 합의에 의하여 성립한다고 정하고 있어서 이를 뒷받침하고 있다.

83) 최종현, 553면.

84) 채이식, 377면; 최종현, 563면.

왜냐하면 선박의 소유권을 갖는 자가 자신의 재산을 구조받은 대가를 지급하여야 하는 것이기 때문이다.

2. 報酬請求權의 발생

해난구조를 민법의 사무관리로 이론 구성을 한다면, 해난구조에서는 보수를 청구하지 못한다. 그러나, 상법에서는 해난구조를 장려하기 위하여 보수를 청구할 수 있도록 하였다. 보수액은 당사자의 약정이 없으면 법원이 정하도록 하고 있다(상법 제883조).[85]

3. 救助料의 결정

구조료는 상당한 보수이다(상법 제882조). 우리 상법 제883조(구조료의 결정)는 "구조의 보수에 관한 약정이 없는 경우에 그 액에 대하여 당사자간에 합의가 성립하지 아니한 때에는 법원은 당사자의 청구에 의하여 위난의 정도, 구조의 노력, 환경손해방지를 위한 노력 기타 제반사정을 참작하여 그 액을 정한다."고 한다.[86] 구조료보수결정의 기준으로 1989년 해난구조협약은 제13조 중에서 구조된 선박 및 다른 재산의 가액 등 10개항을 나열하고 있다.[87] 우리 상법상 구조료 산정에 가장 중요한 "구조된 선박 및 다른 재산의 가액"이 고려요소로 명시되어 있지 않은 것은 문제였다. 2007년 개정상법은 구조된 선박·재산의 가액, 구조자나 그 장비가 조우했던 위험의 정도를 추가하게 되었다(제883조).

구조료는 다른 약정이 없으면 구조된 목적물의 가액을 초과하지 못한다(상법 제884조). 당사자 사이에 구조료에 대한 약정이 있는 경우에도 그 액이 현저하게 부당

85) 일본 상법 제792조.

86) 일본 상법 제793조.

87) 1989년 해난구조협약 제13조 제1항은 (a) the salved value of the vessel and other property; (b) the skill and efforts of the salvors in presenting or minimizing damage to the environment; (c) the measure of success obtained by the salvor; (d) the nature and degree of the danger; (e) the skill and efforts of the salvors in salving the vessel, other property and life; (f) the time used and expenses and loses incurred by the salvors; (g) the risk of liability and other risks run by the salvors or their equipment; (h) the promptness of the services rendered; (i) the availability and use of vessels or other equipment intended for salvage operations; (j) the state of readiness and efficiency of the salvor's equipment and the value thereof. 1. 피구조물의 가액 2. 환경손해를 방지하거나 경감하기 위하여 제공한 구조자의 기술과 노력 3. 구조자가 달성한 성공의 정도 4. 위난의 성질과 정도 5. 선박과 다른 인명 재산을 구조하는 데에 사용된 구조자의 기술과 노력 6. 구조자가 소비한 시간, 비용 및 입은 손해 7. 구조자 또는 구조자의 장비가 부담한 손해배상 및 기타 위험 8. 제공된 구조작업의 신속성 9. 구조작업을 목적으로 하였던 선박 또는 기타 장비의 가용성과 사용 10. 구조 장비의 준비 상태와 효율성 그리고 그 가액이라고 정하고 있다.

한 때에는 법원은 이와 같은 사정을 참작하여 감액할 수 있다(상법 제887조 제2항).

2007년 개정상법은 환경손해방지를 위한 특별보상규정을 신설하여 구조가 쉽게 이루어질 수 있도록 하였다. 상법 제885조 제1항은 선박 또는 그 적하로 인하여 환경손해가 발생할 우려가 있는 경우에 손해의 경감 또는 방지의 효과를 수반하는 구조작업에 종사한 구조자는 구조의 성공 여부 및 제884조의 규정과 상관없이 구조에 소요된 비용을 특별보상으로 청구할 수 있다. 여기서 말하는 "비용"이라 함은 구조작업에 실제로 지출한 합리적인 비용 및 사용된 장비와 인원에 대한 정당한 보수를 말한다(제2항). 또한 구조자는 발생할 환경손해가 구조작업으로 인하여 실제로 감경 또는 방지된 때에는 보상의 증액을 청구할 수 있고, 법원은 제883조의 사정을 참작하여 증액 여부 및 그 금액을 정한다. 이 경우 증액된다 하더라도 구조료는 제1항의 비용의 배액을 초과할 수 없다(제3항). 구조자의 고의 또는 과실로 인하여 손해의 감경 또는 방지에 지장을 가져 온 경우 법원은 제1항 및 제3항에서 정한 금액을 감액 혹은 부인할 수 있다(제4항). 하나의 구조작업을 시행한 구조자가 제1항 내지 제4항에서 정한 특별보상을 청구하는 것 외에 제882조에서 정한 보수도 청구할 수 있는 경우 그중 큰 금액을 구조료로 청구할 수 있다(제5항). 1989년 해난구조협약 제14조의 특별보상제도를 상법에 수용한 것이다. 환경오염의 위험이 있는 경우에 불성공무보수 원칙이 적용되면 구조작업이 지연되므로 환경손해방지작업을 장려화하기 위하여 도입되었다.[88]

4. 救助料의 분배

선박이 해난구조에 종사하여 보수를 받은 경우에는 먼저 선박의 손해액과 구조에 요한 비용을 소유자에게 지급하고 잔액을 절반하여 선장과 해원에게 지급한다(상법 제889조 제1항). 선원에게 지급할 보수액의 분배는 선장이 각 해원의 노력, 그 결과와 사정을 참작하여 그 항해의 종료전에 분배안을 작성하여 선원에게 고시하여야 한다(상법 제889조 제2항). 구조료 중에서 비용을 제한 액을 소유자와 선원이 반반씩 배분하는 것이 된다.

선체용선의 경우에는 상법 제850조 제1항을 이용하여 선체용선자가 구조료 취득자가 된다. 정기용선중에 구조가 성공하였다면, 구조료를 정기용선자와 선박소유자 사이에 어떻게 분배하여야 하는가? 이는 기본적으로 정기용선계약의 내용에 따라 정하여 질 것이다. 표준정기용선계약서식에 따르면 구조료는 선박소유자와

88) 김인현, "상법 해상편 해상위험분야의 개정시안에 대한 고찰", 한국해법학회지 제25권 제1호(2003.4.), 341면.

정기용선자 사이에 반분하는 것으로 되어 있다(NYPE 제19조). 이러한 약정이 없을 때에는 상법의 규정을 적용하여야 할 것이나, 우리 상법은 법문상 선박소유자가 구조료를 취득하는 것으로 되어 있다(상법 제889조). 그런데, 정기용선계약을 선박임대차와 유사하게 파악하는 입장에서는 정기용선자가 구조료 취득자가 된다. 중국 해상법은 정기용선자를 구조료 취득자로 정하고 있다(중국 해상법 제139조).

5. 권리의 행사

(1) 선장의 권한

① 法定代理權

선장은 보수를 지급할 채무자에 갈음하여 그 지급에 관한 재판상 또는 재판외의 모든 행위를 할 권한이 있다(상법 제894조 제1항). 선장은 선박소유자의 임의대리인으로서 포괄적인 대리권을 가진다. 그런데, 해난구조료의 지급의무자는 선박소유자를 포함하여 적하 이해관계인도 될 수 있다. 이들은 자유로이 대리인을 선임할 수 있을 것이다. 우리 상법은 적하소유자 등 구조료 채무자가 다수인 경우에 소유자를 일일이 확인하기가 어렵고 구조자가 이들을 상대로 각지에서 소송을 제기하기가 곤란하므로 선장을 구조료채무자의 법정대리인으로 하여 구조료 채무자를 위한 대리권의 범위를 법정하였다(상법 제894조 제1항).[89]

그러므로, 구조료 채권자가 구조료채권과 관련하여 선장과 체결한 제척기간연장에 대한 합의는 모든 구조료 채무자에 대하여도 효력이 있다.

② 法定訴訟擔當者

실체법상 법률관계의 당사자가 아닌 제3자가 정당한 당사자가 되어 소송수행권을 가지는 경우를 제3자의 소송담당(소송신탁)이라고 한다. 이에는 법률의 규정에 의하여 소송담당이 되는 법정소송담당과 법률관계의 당사자의 의사표시에 의하여 소송물에 관한 관리처분권을 제3자에게 넘겨주어 소송담당이 되는 임의적 소송담당이 있다. 해난구조료청구에서 선장의 경우가 법정소송담당의 한 예이다.[90] 소송담당에 의하여 제3자가 소송수행권을 행사하여 확정판결을 받으면 그 기판력은 소송의 당사자, 즉 소송담당자뿐만 아니라 법률관계의 당사자에게도 미친다(민사소송법 제204조).

선장은 구조료보수에 관한 소송의 당사자가 될 수 있고, 그 확정판결은 구조료의 보수액의 채무자에 대하여도 효력이 있다(상법 제894조 제2항). 즉, 선장은 법정

89) 손주찬, 888면; 최종현, 564-565면.
90) 호문혁, 188면.

소송담당자로서, 선장이 소송당사자가 되어 판결이 확정되면 그 판결은 구조료지급의무자에 대하여도 효력이 발생하게 된다.[91] 구조료 채권자가 선장을 소송당사자로 하여 구조료 채무지급소송을 진행하여 승소하였다면, 선박소유자 이외에 지급의무자에게도 기판력이 미쳐서 지급의무자는 동일한 내용의 소를 제기할 수 없고, 채무를 변제하여야 한다.

(2) 優先特權 및 책임제한

구조자는 구조료에 관하여 구조된 선박, 그 속구, 그 채권이 생긴 항해의 운임, 그 선박과 운임에 부수한 채권에 대하여 우선특권이 있다(상법 제777조 제3호). 구조된 적하에 대하여도 우선특권이 있다(상법 제893조 제1항 전단). 그러나, 채무자가 그 적하를 제3취득자에게 인도한 후에는 그 적하에 대하여 이 권리를 행사하지 못한다(상법 제893조 제1항 후단). 이 점이 추급권이 있는 선박우선특권과 다른 점이다.

구조료채권은 비책임제한 채권이므로 선박소유자는 책임제한을 할 수 없다(상법 제773조 제2호). 이는 해난구조를 장려하기 위함이다. 그런데, 여러 지급채무자 중 1인이 구조료채권을 먼저 지급하고 분담 부분이 있는 제3자에게 구상청구를 하는 경우에도 이는 비책임제한 채권인지에 대한 다툼이 있다.

(3) 除斥期間

구조료청구권은 구조가 완료된 날로부터 2년내에 재판상 청구가 없으면 소멸하고, 당사자는 합의에 의하여 이 기간을 연장할 수 있다(상법 제895조, 제814조). 이 기간은 제척기간이다.

제4 契約救助

1. 의 의

구조자와 피구조자 사이에 구조계약을 체결하여 항해선이나 적하를 구조하는 것을 말한다. 계약구조는 법률상의 의무가 있는 구조이므로 원칙적으로 상법의 해양사고구조 규정이 적용되지 않고 도급계약의 적용을 받는다.[92] 계약구조는 영국의 로이드 오픈서식(LOF: Lloyd's Open Form)라는 표준계약서를 사용한다.[93]

---

91) 채이식, 379면; 주석상법, 949면.

92) 동지 최종현, 551면; 최준선, 544면.

93) ① HYUNDAI FORTUNE호는 2006.3.21. 싱가폴을 출항하여 인도양의 아덴만 부근을 항해하던 중 선미에서 화재가 발생하여 자력항해가 불가하여 SVITEER Salvage와 구조계약 체

세계적으로 구조회사는 그렇게 많지 않다. 우리나라의 코리아쌀베지(Korea Salvage co. Ltd)(www.korsal.com)가 있고 국제해난구조회사로는 SMIT Salvage BV.(네덜란드), SVITZER Salvage BV.(네덜란드), 그리고 Nippon Salvage Co., Ltd.(일본)가 있다.

2. 로이드 오픈서식의 主要內容

(1) 표준약관의 사용

① 不成功 無報酬의 원칙

해난구조계약은 성공이 있어야 보수를 지급하는 것이 원칙이다. 그런데, 구조를 장려하기 위하여 환경손해를 방지한 경우에는 일정한 비용을 지급하도록 하고 있다(safety net)(LOF 95 제1조 a 및 b항).

② 仲裁에서의 報酬決定

해양사고구조의 보수는 영국의 중재에서 결정하도록하고 있다(LOF 95 제1조c항 및 8조). 이는 해난구조계약의 체결이 급박한 상황에서 체결되기 때문에 구조료로 인하여 구조가 지연되고 피구조자가 급박한 상황에서 대등한 계약이 이루어지지 못함을 막기 위한 것이다.

보통의 중재는 단심으로 종결되나 영국의 해양사고구조에 관한 중재는 항소심까지 가능하도록 하고 있다(LOF 95 제13 및 제14조).

(2) 1989년 해난구조협약의 적용

로이드 오픈 서식에서는 1989년 해난구조협약을 약관의 내용으로 편입하여 사용한다. 그러므로, 구조료보수를 산정함에 있어서는 협약 제13조 제1항의 10가지 요소를 고려하여 중재인들은 구조료를 산정하여야 한다.

3. 상법의 적용여부

계약구조는 당사자자치의 원칙상 계약의 내용이 상법의 임의규정보다 우선적으로 적용된다.

결후 구조에 성공하였고 약 2500만 달러의 구조비를 받았다. ② 패시픽캐리어 · 현대컨피던스 충돌사고시(2011.12.14) Nippon Salvage가 구조계약을 체결하였다. ③ 울산 앞바다에서 발생한 그레비티 하이웨이와 마리타임 에이지 충돌사고에서도 선주와 Nippon Salvage 사이에 구조계약이 체결되었다.

[판례소개](서울지법 1999.7.29. 선고 97가합990292 판결)

우리 상법은 제851조에서 해난구조 당시에 구조의 보수액에 관한 약정을 한 경우에도 금액이 현저하게 부당한 때에는 법원은 제850조의 사정을 참작하여 그 액을 증감할 수 있다고 한다. 구조업자 甲은 해난사고를 당한 선박의 소유자 乙과 LOF를 이용하여 구조계약을 체결하였다. 당사자들은 (1) 특약사항은 LOF의 어떠한 조항보다도 우선적 효력이 있는 것으로 약정을 하면서, (2) 피고의 보험자가 선정하는 정산인이 조사·산정한 결과에 따라 구조료를 결정하되, (3) 그 최고한도를 22억원으로 하기로 하였다. 위에 따른 정산결과 구조료는 약 17억원이 되었다. 구조자는 위 (2)는 가능한 한 정산인의 정산결과를 수용하겠다는 의미일 뿐 법적 구속력이 없고, 구조료 산정기준은 LOF 및 1989년 구조협약에 따르게 되고, 이에 따르면 구조료는 약 24억원이지만 최고한도는 22억원이므로 22억원이 구조료가 되어야 한다고 주장하였다.

서울지방법원은 "원고와 피고가, 보험자인 삼성화재가 선정하는 구조료 정산인의 정산결과에 의하여 구조료를 산정하기로 합의한 계약조항은 당사자 사이에 구속력을 갖는 약정이라고 봄이 상당하므로, 삼성화재로부터 구조료 정산인으로 선정된 한국손해사정의 구조료 정산결과가 위난의 정도, 구조의 노력, 비용과 구조의 효과, 환경손해방지를 위한 노력 기타 제반사정에 비추어 현저하게 부당하다고 인정되는 경우 이외에는 약정된 구조료의 증액을 청구할 수 없다고 할 것이다. 그런데, 한국손해사정의 구조료 산정의 기초가 된 한리손해사정의 선정결과는 구조작업현장에 임하여 작업에 투입된 장비와 인원을 일일이 조사하여 구조작업에 소요된 비용을 산정하여 나온 것이고, 한국손해사정은 한리손해사정의 검정보고서를 검토하여 구조에 소요된 비용을 다시 책정한 다음 여기에 이윤에 해당하는 15%의 관리비 외에 15%의 구조장려금까지 가산하여 구조료를 산정한 점 등을 종합하여 볼 때, 한국손해사정이 산정한 구조료가 현저하게 부당한 것이라고 인정하기에 부족하고, 달리 이를 인정할 증거가 없다. 따라서 원고는 한국손해사정에 의하여 산정된 구조료의 증액을 청구할 수없다 할 것이므로 원고의 이 사건 청구는 이유없다."고 하면서 원고의 청구를 기각하였다.[94]

그런데 당사자 사이에 약정이 없는 경우에 우리 상법이 적용될 수 있는지의 문제가 있다. 상법 제883조 구조료의 결정에 대한 규정 등은 계약구조에서도 준용이 가능하다고 보는 견해가 유력하다.[95] 2007년 개정상법은 "당사자가 미리 구조계약을 하고 그 계약에 따라 구조가 이루어진 경우에도 그 성질에 반하지 아니하는 한 구조계약에서 정하지 아니한 사항은 해난구조의 절에서 정한 바에 따른다."는 내용의 상법 제887조 제1항을 추가하여 이를 입법적으로 해결하였다.

94) 자세한 것은 김인현(해상법), 745면 이하를 참고 바람.
95) 채이식, 380면.

[보론] 낚시어선과 관련된 법률문제

국가는 어민들의 수입향상을 위하여 어선을 가진 분들이 낚시 어선을 하도록 허가했다. 낚시어선을 즐기는 사람들은 연간 500만명에 이른다. 낚시어선은 총톤수 10톤 미만의 선령 20년 이하의 목선이거나 25년 이하의 강선알류미늄 선박이다(동록된 어선 수는 2021년 기준 4,422척). 낚시관리 및 육성법(낚시어선법)이 이를 관리한다. 낚시어선법은 낚시어선업자가 책임보험에 가입하도록 하고 있다(제48조). 승객의 사망시 배상하는 금액을 자동차손해배상보장법과 동일하게 1억5천만원으로 하고 있는데 너무 낮다. 의무보험액수를 넘어서는 액수는 낚시어선업자가 스스로 부담해야 하므로 별도로 책임보험에 가입해야 안심이 된다. 수협중앙회가 이 보험을 운영한다.

낚시어선업자의 주의의무는 특별히 법률에서 정하고 있다. 낚시어선도 선박이기 때문에 해사안전법상의 규정을 적용받는다. 항법에 대하여 특별규정을 두고 있다(제29조의2). 낚시어선업자가 알기 쉽지 않은 해상교통법상 주의의무를 꼭 필요한 것을 포함시키고 있다(제29조의2). (i) 횡단시에 우측에 접근하는 선박이 피항선이 된다. (ii) 출항하는 선박을 입항하는 선박이 피해야 한다는 등 이다. 이 규정만 적용되는 것은 아니고 피항시는 대각도로 변침해야 한다는 등 해사안전법의 항법규정도 그대로 적용된다.

제 3 장
一般海上危險

제 1 절　海洋汚染事故

제1　序

해양오염사고는 비교적 새로이 생겨난 불법행위의 유형이다. 해양오염사고는 주로 선박의 사고를 통하여 발생한다. 선박의 좌초, 충돌 혹은 조작상의 과오로 인한 유류 혹은 독극물의 유출은 심각한 피해를 야기한다. 해양오염사고 중에서 유류로 인한 오염사고를 유류오염사고라고 부른다.

油類汚染事故는 불법행위의 하나이다. 우리 상법전이 상법상 선박충돌이외에 유류오염사고라는 불법행위에 대한 특별규정을 가지고 있지는 않다. 다만, 油類汚染損害賠償保障法(이하 "유배법")이란 단행법이 제정되어 있으므로 이에 대한 연구가 필요하다.

유류오염사고에서 법률적으로 가장 문제가 되는 것은 피해자를 어떻게 충분히 보상하는가에 있다. 이는 손해배상체제를 어떻게 구성하는가의 문제이다.

본 절에서는 유류오염사고의 법적 처리에 대한 기초이론으로서, 불법행위기초, 여러 다양한 형태의 유류오염사고, 피해자보호제도, 선박소유자의 보호제도 등에 대하여 논하도록 한다.

제2　不法行爲로서의 油類汚染事故

1. 의　　의

불법행위가 성립하기 위하여는 행위자의 행위에 고의 혹은 과실이 있어야 하고, 그 행위는 위법하여야 하고, 피해자에게 손해가 발생하여야 하고, 그 행위와 손해 사이에는 인과관계가 있어야 한다(민법 제750조). 행위자가 책임능력도 갖추고 있어야 하지만, 선장이나 선원의 책임능력은 문제되지 않을 것이다. 선장 혹은 선원이 부주의로 유류를 바다에 유출하는 행위는 해양환경관리법에서 금지하고 있는 사항이다. 그러므로 선박에서 좌초사고로 유출된 유류로 인하여 어민들이 양식 중이던 고기가 죽었다면 선장 등의 과실이 인정되고 어민들의 재산을 손상시켰으므로 그 행위는 위법한 것이 된다. 유류유출행위와 양식중이던 고기의 폐사는 인과관계가 있다고 보여진다.

불법행위가 성립하면 민법 제750조에 의하여 행위자인 선장이나 선원은 피해자에게 손해배상책임을 부담하게 된다. 한편, 선원 등의 사용자는 민법 제756조의 사용자책임을 부담하나, 유조선의 경우는 유배법이 적용되어 사용자는 법 제4조 제1항의 무과실책임을 부담하게 된다.

2. 油類汚染事故의 유형에 따른 적용법규

유류오염사고는 오염원에 따라서 일반 선박과 유류운반선(소위 탱커)으로 나누어진다. 일반 선박에서의 오염사고는 선박연료류에 의한 사고이다. 유류운반선에서의 오염사고는 화물로서의 원유(지속성유)에 의한 사고와 선박의 연료유에 의한 사고 등 두 가지가 있다.

우리나라는 국제조약의 영향을 받아 유배법을 제정하였다. 그 적용대상은 유조선이 운송하던 원유에 의한 오염사고였다. 따라서, 일반 선박에 의한 유류오염사고는 적용대상이 아니었다. 그런데, 2009년 개정으로 일반선박의 선박연료유에 의한 사고도 유배법의 적용을 받게 되었다. 유배법의 적용대상이 아닌 경우에는 일반법인 민법과 상법의 규정들이 적용되게 될 것이다.

유배법의 적용대상 사고는 (i) 유조선이 운송하던 화물로서의 원유(지속성유)로 인한 유류오염사고 (ii) 유조선의 선박연료유로 인한 유류오염사고 (iii) 일반선박의 선박연료유로 인한 유류오염사고 (iv) 유류저장부선에 적재 중이던 유류로 인한 유류오염사고이다. 지속성유가 아닌 원유, 유해 독극물(HNS화물) 등은 유배법의 적용대상이 아니다.

유배법의 적용대상 선박은 기본적으로 선박의 톤수와 관계없지만, 강제보험의 가입은 선박의 톤수에 따라 달라진다. 유조선의 경우에는 200톤 이상의 유류를 적재하는 선박, 일반 선박의 선박연료유에 의한 경우에는 총톤수 1000톤 이상의 선박만이 강제책임보험에 가입하여야 한다.

유배법에서 정하고 있는 내용은 (i) 손해배상책임, (ii) 선주 책임제한제도, (iii)

소멸시효 등이다. 위자료 청구가능성 여부는 유배법에서 정하고 있지 않으므로 민법이 적용된다(대법원 2004.4.28. 선고 2001다36733 판결).

[판례소개](대법원 2004.4.28. 선고 2001다36733 판결)

1993년 9월 광양만에서 발생한 제5 금동호의 오염사고로 중유 1,228리터가 유출되었다. 유류오염손해를 입었다고 주장하는 원고 신촌어촌계는 국제기금을 피고로 하여 우리 법원에 정신적 손해배상을 청구하였다. 동 사건이 유배법의 적용을 받고 국제기금이 피고가 될 수있다는 점에 대하여는 다툼이 없었다. 서울 고등법원(서울고법 2001.5.8. 선고99나14633 판결)은 유배법상 오염손해에는 그 규정이 열거하고 있는 바와 같은 경제적, 재산상 손해만이 포함되고, 손해를 입은 자는 이에 한정하여 피고에게 배상을 구할 수 있으며, 피고가 국제기금으로서 배상할 수있는 유류오염손해의 개념에는 정신적 고통으로 인한 손해는 포함되지 않는 것으로 해석하는 것이 상당하다고 판시하였다.

대법원은 "1969년 민사협약에서는 제1조 제6호에서 유류오염손해를 "유출 또는 배출의 발생장소에 관계없이 선박으로부터의 유류의 유출 또는 배출로 인한 오염에 의하여 유류를 운송하는 선박의 외부에서 발생한 손실 및 손해를 말하며, 예방조치의 비용 및 예방조치에 의하여 야기된 그 밖의 손실 및 손해를 포함한다."고 정의하고 있으나 유류오염손해의 배상범위에 관하여는 따로 규정하지 않고, 1971년 국제기금협약에서는 유류오염손해에 관한 정의나 그 배상범위에 관한 규정을 두지 않고, 위 민사책임협약상의 유류오염손해를 원용하여 제4조 제1항에서 "유류오염손해를 입은 자가 다음의 사유로 인하여 손해에 대하여 충분하고 적절한 보상을 받을 수 없는 경우에는 기금은 그 오염손해의 피해자에게 보상금을 지급할 의무를 부담한다."고 규정하고 있을 뿐이므로, 위 조약상 유류오염손해와 배상범위에 관하여는 법정지법인 우리나라의 일반 손해배상법리에 따를 수밖에 없다할 것인데, 우리 민법은 제751조와 제752조에서 정신적 손해를 규정하고 있으나, 위 조항에 열거된 사항에 한하지 않고 정신적 손해가 있는 경우에는 민법 제750조에 의하여 위자료청구권이 발생한다고 보는 것이 일반적 법리이므로 위 협약 및 유배법에 규정된 유류오염손해를 경제적, 재산상 손해로 제한하여 해석할 이유는 없다."고 판시하였다. 그러나, 정신적인 손해가 있다고 보기 어려우므로 위자료청구는 인정하지 않는다.1)

제3 油賠法의 주요내용

1. 의 의

유배법은 1969년 유류오염손해에 대한 민사책임에 관한 국제협약(이하 "CLC") 및 1971년 유류오염손해보상을 위한 국제기금의 설치에 관한 국제협약(이하

1) 판례공보(2004), 894면.

"FUND")을 1992년 국내법화 한 것이다. 이후 1992년 민사책임협약과 1992년 국제기금협약이 채택되어 이를 바탕으로 유배법은 1999년 개정되었다. 그 후 2003년과 2009년 추가로 개정되었다.

유조선의 유류오염사고에 대하여는 피해자를 보호하기 위하여 무과실책임주의, 제2차적인 보상제도, 등록선박소유자에게로의 책임집중, 강제보험가입, 직접청구권의 인정 등의 제도가 도입되어 있다. 이러한 점은 일반법리에 대하여 피해자를 보호하기 위하여 특별히 마련된 제도라고 할 것이다(자세한 것은 제4에서 논한다).

유조선의 오염사고 이외에 선박 연료유로 인한 피해보상제도로서 소위 벙커 협약(bunker convention)이 2001년 3월 22일 채택되어 2008년 11월 21일 발효되었다. 우리나라도 이를 비준하였고, 2009년 개정 유배법에 이를 반영하였다.

선박연료유협약은, CLC 및 HNS협약과 같이 선박소유자가 무과실의 책임을 부담하고 강제보험에 가입하며 피해자에게 직접청구권을 인정하는 점에서는 동일하지만, 독자적인 책임제한제도가 없고 2차보상제도가 없는 점에서 CLC 및 HNS협약과 다르고 이 점에서 피해자의 보호에 만전을 기하지 못하고 있다고 할 수 있다. 특히, 국내법과 동일한 책임제한제도를 이용하게 됨으로써 선박연료유에 의한 피해를 입은 채권자는 다른 일반 채권자(예컨대 선박충돌에서 피해를 입은 상대방 선박소유자)와 경합하여 책임제한기금에서 배상을 받아야 하므로 유류로 인한 피해자보다 작은 금액만 배상받게 될 위험이 높다.

2. 적용범위

(1) 공간적 범위

유배법은 적용장소를 대한민국영역(영해를 포함) 및 배타적 경제수역으로 하고 있다(법 제3조). 대한민국의 내수면은 물론 영해를 포함한다. 그러나 공해에서 발생된 사건에 대하여는 적용되지 않는다.

(2) 대상선박

① 유조선의 경우

유배법의 적용대상 선박은 散積油類를 화물로서 운송하기 위하여 건조되거나 개조된 모든 형의 선박(부선 포함)이다(법 제12조 1호). 겸용선은 산적 유류를 화물로서 운송하거나 선박내 그 산적유류의 잔유물이 있는 경우 유배법의 적용대상이 된다. 그러므로, 광석/유류 운반선이 광석을 현재 운송중이라면 유배법의 적용이 없다.

② 일반 선박의 경우

2009년 개정시 일반선박도 적용범위에 포함되게 되었다(제2조 제2호 및 제43조).

(3) 대상유류

① 유조선의 경우

이 법에서의 유류란 원유, 연료유 등 지속성 탄화수소 광물성 유이므로(법 제2조 3호), 휘발유, 항공류, 경디젤유 및 등유, 동물기름이나 식물기름 등 비지속성유를 운송하는 선박은 이 법의 적용대상이 아니다.[2] 선박의 연료유 중에서 디젤오일(D.O)은 비지속성 유류이므로 유배법의 적용대상이 아니다.

② 일반 선박의 경우

2009년 개정시 선박연료유도 적용대상이 되게 되었다(제2조 제6호 및 제43조).

<예제 23> 일반화물선 甲의 선박 연료유에 기인한 오염사고와 유조선의 선박 연료유에 기인한 오염사고가 유배법의 적용대상이 되는가?

유배법은 기본적으로 유조선을 적용대상 선박으로 하고 있었다. 그러므로 일반화물선의 오염사고는 유배법의 대상이 아니고 일반 민·상법의 규제를 받았다. 또한 유배법은 기본적으로 지속성 유류의 오염사고에 적용되었다. 그러나 1992년 유배법의 개정으로 유조선의 경우에는 선박 연료유로 인한 오염사고도 유배법의 적용대상으로 하였다. 또한 2009년 개정으로 일반 선박의 선박연료유로 인한 사고도 유배법의 적용대상이 되었다.

3. 책임주체

(1) 유조선의 경우

유배법의 모법이 된 1992년 CLC는 등록 선박소유자에게만 책임을 집중시키고 있다. 유배법은 대한민국 국민이 외국국적 선박을 선체용선한 경우에는 선체용선자와 선박소유자가 연대책임을 부담하도록 하고 있다(법 제4조 제4항).[3]

책임집중제도의 도입으로, 피해자는 선박소유자의 사용인, 대리인, 용선자, 구조자 및 방제 조치자 등에게는 손해배상을 청구하지 못하도록 되어 있다(법 제4조 제5항). 손해를 배상한 선박소유자는 사고와 관련된 제3자에 대하여 구상권을 행사 할 수 있으나 선박소유자의 사용인, 용선자 등에게는 고의 혹은 무모한 과실이

---

2) 목진용·최동현, 선박연료유 오염손해배상협약 대책연구, 한국해양수산개발원(2000.11.), 19면.

3) 국제조약에서는 선박소유자에게 책임이 집중되어 있지만 유배법에서는 나용선자에게도 책임을 부과하는 것은 이중의 보험가입 등 부담을 주는 것으로 재고 되어야 한다. 동지, 최종현, 576면.

있는 경우에만 청구가 가능하다(법 제4조 제6항).

(2) 일반선박의 경우

한편 선박연료유협약은 등록선박소유자, 선체용선자, 관리자 및 운항자 등도 책임의 주체로 하고 있다(제1조 제3호 및 제3조 제1항). 그러나 유배법은 유조선의 경우와 동일하다(제43조, 제5조 제4항). 즉, 관리자 및 운항자는 책임의 주체가 아니다.

<예제 24> 어민 甲은 오염사고로 피해를 입었는바, 선박소유자가 도산되어서 사고 당시 선박을 도선 중이던 도선사를 상대로 손해배상청구를 하려고 한다. 이것이 가능한지?

도선 중이던 선박의 사고는 선장과 도선사의 공동불법행위를 성립시키게 됨이 보통이다. 도선사는 자신의 불법행위에 대하여 민법 제750조상의 책임을 부담하게 된다. 그런데, 유배법에서는 이러한 제3자의 도선사 등 선박소유자의 사용자에 대한 청구를 금지하고 있으므로, 어민 甲은 도선사에게는 직접청구를 할 수 없게 된다(법 제4조 제1항 단서).

4. 책임의 성질

유배법은 피해자를 보호하기 위하여 無過失責任主義를 채택하고 있다(법 제4조 제1항). 그러므로, 피해자가 손해사실만 입증하면 오염사고를 야기한 선박의 등록선박소유자 등은 손해를 배상하여야 한다.[4] 단, 전쟁, 내란 등 불가항력의 경우, 선박소유자 및 그 사용인이 아닌 제3자의 고의만으로 인하여 발생한 경우 및 국가 및 공공단체의 항로표지 또는 항행 보조시설의 관리의 하자로 인하여 발생한 경우에는 선박소유자는 면책된다(법 제4조 제1항 단서).

일반 선박의 선박연료유로 인한 사고에서도 선박소유자는 무과실책임을 부담한다(제43조 제1항).

<예제 25> 어민 甲은 乙 선박의 좌초로 인하여 양식 중이던 고기가 폐사하여 1억원의 손해를 보았다. 甲은 乙 선박의 과실을 입증하여야 하는가?

오염사고는 불법행위이고 불법행위 일반이론에 따르면 가해자의 고의과실은 피해자인 원고가 입증책임을 부담한다. 그런데, 유배법은 선박소유자의 무과실책임주의를 채택하고 있으므로 甲은 손해를 입었다는 사실만 입증하면 된다.

---

4) 2007.12.8. 우리나라 서해안에서 발생한 허베이 스피리트호 사고에서 정박선이었던 허베이 스피리트호는 무과실일 가능성도 있지만, 이를 주장하지 않고 즉각 손해배상조치를 취하였다. 이는 유배법상 무과실책임주의 도입의 순기능이라고 할 수 있다.

5. 손해배상의 범위

유배법은 유류오염손해에 대하여 "첫째, 유출 또는 배출된 장소에 불구하고 선박으로부터 유류가 유출 또는 배출되어 초래된 오염에 의하여 선박외부에서 발생한 손실 또는 손해. 이 경우 환경손상으로 인한 이익상실 외의 환경손상에 대한 손실 또는 손해는 그 회복을 위하여 취하였거나 취하여야 할 상당한 조치에 따르는 비용에 한한다. 둘째, 방제조치의 비용 및 방제조치로 인한 추가적 손실 또는 손해"라고 규정하고 있다(법 제2조 제4호). 이는 1992년 CLC 및 FUND과 동일한 것이다.

우리 법상 손해배상의 범위는 通常損害와 特別損害로 나누어진다. 통상손해는 가해자의 예견가능성을 요건으로 하지 않지만, 특별손해는 가해자의 예견가능성을 요건으로 한다(민법 제763조, 제393조). 오염사고로 어민들이 입은 어장의 손실은 통상손해로서 배상이 가능하다. 유류 오염으로 호텔업자가 입은 손실은 이른바 순경제적 손실(pure economic loss)이지만, 통상의 손해로서 상당인과관계가 있는 한 배상이 된다.[5)]

소형선박으로 낚시유람업에 종사하는 사업자의 경우에 오염사고로 첫째, 유류가 선박의 선외기에 달라붙어서 세척작업이 필요하여 수리를 하여 발생한 비용, 둘째, 수리기간에 수입을 올리지 못한 기회수익의 상실, 셋째, 주위환경의 파괴로 낚시유람객이 감소함으로써 입은 손해가 있다고 하자. 첫번째 것은 직접손해이고 두번째 것은 간접손해 혹은 경제적 손실이며 세번째 것은 순경제적 손실이다.

[판례소개](서울중앙지법 2013.11.21. 선고 2011가합98377 판결)
2008년 유조선과 일반선박의 충돌사고로 기름이 유출되었고 그 결과 인근의 리조트에 객실을 이용하는 사람들이 줄어들자, 리조트의 소유자와 운영자는 손해배상청구를 하기에 이르렀다. 유조선에는 (i) 소유자, (ii) 용선자, (iii) 용선자의 선주상호보험책임자가 있었다. 원고는 이 3자에 대하여 연대책임을 묻게 되었다. 그 근거로는 소유자에게는 유류오염손해배상보장법을, 용선자에 대하여는 민법의 사용자책임을, 책임보험자에게는 용선자와 체결한 각 공제계약을 (상법의 규정을) 근거로 하였다. 원고는 객실취소 등에 대한 감정보고서를 제출하였다.
서울중앙지방법원은 아래와 같이 판시하였다.
(1) 피고 용선자, 용선자의 선주상호보험책임자에 대한 판단
구 유류오염손해배상 보장법 제4조 제5항 제3호, 제2조 제2호 단서에 의하면, 설령

5) 배상의 범위에 대하여는 최종현, "선박에 의한 오염손해의 전보에 관한 연구"(서울대학교 법학박사학위논문, 2001.2.), 195면.

원고들이 이 사건 사고로 인하여 손해를 입었다 하더라도, 선박 용선자에게는 손해배상을 직접 청구할 수 없다. 선박 용선자가 배상책임을 부담하지 아니하는 이상 용선자의 선주상호보험책임자에 대한 청구 역시 받아들일 수 없다.

(2) 피고 소유자에 대한 판단

(가) 예약 취소로 인한 손해

이 사건 사고로 인하여 2008. 8. 이 사건 리조트 예약 63건이 취소되어 18,774,630원의 손해가 발생하였으며 이는 상당인과관계가 있는 손해라고 판단된다.

(나) 부대영업장 매출손해

부대영업장 매출이 오로지 객실매출에 연동한다고 보기 어렵고 객실매출대비 부대영업장 매출 비율이 65%라고 인정할 증거가 부족한 점, 2008.8. 부대영업장 매출증가율이 전년 동월 대비 매출증가율보다 높은 점 등에 비추어보면 이 부분 청구는 받아들이기 어렵다.

[판례소개](광주지법 순천지원 2001.12.28. 선고 99가합343 판결)

1995.7.23. 여수 앞바다에서 유조선 Sea Prince호가 좌초하여 오염사고가 발생하였다. 원고 여수수산업협동조합(이하 "원고 여수수협"이라 한다)은 사고 당시 수산물 위탁판매액의 3.5%를 위판수수료로 징수하여 왔는데 이 사고로 인한 위탁판매량 감소로 금 1,425,653,975원의 위판수수료가 감소하였고, 주식회사 고려검정공사에 대한 피해조사 검정료 및 출장비로 금 239,985,200원, 유류오염 및 피해상황에 관한 원활한 조사활동을 위하여 선박을 임차하는 데 금 3,300,000원, 전문잠수부 및 나잠해녀를 고용하는 데 금 5,200,000원, 여수수대 교수연구팀 및 기타 수산전문가들을 참여하게 하는 데 금 19,909,600원을 각 지출하여 이 사건 사고로 인하여 합계 금 1,694,048,775원의 손해를 입었다고 주장하면서 손해배상청구를 하게 되었다.

법원은 아래와 같이 판시하였다.

피고가 보상할 의무가 있는 유류오염손해는 선박으로부터 유류가 유출 또는 배출되어 초래된 오염에 의하여 선박 외부에서 발생한 손실 또는 손해(이 경우 환경손상으로 인한 이익상실 외의 환경손상에 대한 손실 또는 손해는 그 회복을 위하여 취하였거나 취하여야 할 상당한 조치에 따르는 비용에 한함) 이외에 방제조치의 비용 및 방제조치로 인한 추가적 손실 또는 손해를 포함하고, 여기에서 방제조치라 함은 사고가 발생한 후에 유류오염손해를 방지 또는 경감하기 위하여 당사자 또는 제3자에 의하여 취하여진 모든 합리적 조치를 말하는바, 원고가 주장하는 위판수수료 감소분과 유류오염 및 피해상황 조사활동을 위하여 지출된 비용 등은 이 사건 사고와 인과관계 있는 것이라고 보기 어려울 뿐 아니라 위 유류오염손해에 해당한다고 볼 수도 없으므로 위 원고의 주장은 이유 없다.

위 판결에서 말하는 피해조사비, 전문가 비용은 국제기금에서 원칙적으로 보상가능한 손해이다(국제기금 보상편람, 11면). 위탁수수료의 감소분도 인과관계가 있기 때문에 국제기금에서 보상되는 손해로 보인다. 위 하급심 판례는 재검토되어야 한다.[6)]

일반선박의 선박연료유에 의한 오염사고의 경우에서도 동일하다.

6. 피해자를 위한 보호수단

(1) 强制保險에의 가입

① 유조선의 경우

일반법 체계상 불법행위의 피해자를 위한 강제보험제도를 도입하고 있는 것은 자동차손해배상보장법과 선원법상의 재해보상제도 정도로서, 이는 극히 예외적인 것이다. 유배법은 200톤 이상의 유류를 적재하는 선박의 소유자는 기름오염손해에 대한 배상책임의 이행을 담보할 수 있는 보장계약을 체결하도록 요구하고 있다(법 제14-15조). 선박소유자가 강제보험에 가입되어 있으면 피해자는 보다 확실한 손해배상 수단을 갖는 것이 된다. CLC에서는 2,000톤 이상이 강제보험 가입대상이다.

② 일반 선박의 경우

일반 선박의 선박연료유에 의한 경우는 총톤수 1000톤 이상의 선박소유자만 강제보험에 가입하여야 한다(법 제47조).

(2) 直接請求權의 인정

계약법 원칙으로서는 계약상 직접당사자원칙이라는 것이 있다. 피보험자(보험계약자)와 보험자만이 보험계약의 당사자이므로 원칙적으로는 피해자는 보험자에게 보험금을 청구할 수 없는 것이다. 그러나, 제3자를 보호하기 위하여 각국의 법제는 책임보험의 경우에 제3자가 보험자에게 직접청구가 가능하도록 하고 있다. 유배법도 선박소유자의 손해배상책임이 발생한 경우에 피해자는 보험자 등에 대하여도 직접 손해배상의 지급을 청구할 수 있도록 하고 있다. 다만, 선박소유자의 고의에 의하여 손해가 발생한 경우에는 직접청구가 허용되지 않고(제16조 제1항 단서), 보험자 등은 선박소유자가 피해자에 대하여 주장할 수 있는 항변만으로 피해자에게 대항 할 수 있다(법 제16조 제2항).[7]

일반 선박의 경우에도 동일하다(법 제48조).

(3) 責任集中制度

선박은 다양한 운항자에 의하여 운항되고 있으므로, 불법행위책임을 부담하게

6) 동지, 문광명, "유류오염손해배상범위 및 태안사고 특별법에 대한 고찰", 한국해법학회지 제30권 제2호(2008.11.), 50면, 52면.

7) 보험자는 책임제한을 할 수 있다(제16조 제3항).

되는 자도 반드시 선박소유자만이 되는 것은 아니다. 그런데, 선박소유자가 아닌 사람들이 자력이 없는 경우에는 피해자들은 청구에 어려움을 겪을 수 있다. 이러한 피해자들의 보상을 보장하기 위하여 유배법은 등기상의 선박소유자에게 책임을 집중시키고 있다. 등기상의 선박소유자에게 책임을 집중시키면서 강제보험에의 가입의무를 부과하고 있으므로 피해자에 대한 배상은 보장되는 것이다.

일반 선박의 경우에도 동일하다.

(4) 제2차 보상제도(two tier system)

① 유조선의 경우

유조선의 오염사고의 경우도 선박소유자는 책임제한을 할 수 있다(법 제6조). 그런데, 선박소유자가 책임제한을 하면 피해자는 실제 손해액과 책임제한액과의 차액에 대하여는 보상을 받지 못하는 결과가 생기므로, 국제사회는 이러한 차액을 줄이기 위하여 유조선의 이용자인 정유사들로 하여금 기금을 마련하게 하여 이를 선박소유자의 책임제한액을 넘어서는 일정한 액수까지 배상할 수 있도록 하고 있다.

유류를 수령하는 자가 형성한 기금인 1992년 국제기금에 의하여 피해자는 2003년 11월 1일부터 2억 300만 SDR까지 보상받는다. 국제기금의 책임이 발생하는 경우는, 위에서 예시한 (1) 오염손해가 1992년 CLC상의 선박소유자의 책임한도를 초과하는 경우뿐만 아니라 (2) 1992년 CLC에 따라 선박소유자의 손해배상책임이 발생하지 않는 경우 (3) 1992년 CLC에 의하여 책임 있는 선박소유자나 제정보증자가 전액보상하지 못하는 경우 등이다.[8] 예컨대, 적용대상선박이 강제보험에 가입하지 않고 있는 경우이다.

우리 유배법도 국제기금에 대한 피해자의 보상청구권을 인정하고 있다(법 제23조).

② 일반 선박의 경우

일반 선박의 선박연료유로 인한 오염사고의 경우 기금을 각출 받을 마땅한 정유사들이 없기 때문에 기금제도를 마련하지 못하였다.

(5) 船舶優先特權의 인정

상법 제777조에 의하면 유류오염사고로 인한 채권은 선박우선특권이 인정되는 채권이 아니다. 그런데 유배법은 유류오염사고로 인한 채권에 대하여 선박 우선

---

8) 최종현, 전게 박사학위논문, 60-62면.

특권을 인정하여 제5위의 순서를 부여하고 있다(법 제43조 제1항). 따라서, 유류오염 피해자는 선박을 압류하여 임의경매를 할 수 있는 권리가 주어지므로 대단히 유리한 입장에 선다. CLC뿐만 아니라 선박연료유협약에도 없는 제도이다.

일반 선박의 선박연료유 오염사고에서도 동일하다.

<예제 26> 甲 선박의 오염 사고로 인한 손해의 총액이 100억원에 달하였다. 그런데 甲 선박의 선박소유자는 자신의 책임을 유배법상 50억원으로 제한하는 책임제한신청을 하여 이것이 받아들여졌다. 나머지 50억원에 대한 손해를 피해자들은 어디에서 보상받는가?

우리나라 유배법은 국제기금제도를 받아들여 선박소유자의 책임이 제한되는 경우이거나 선박소유자가 도산되는 경우 등에 피해자를 보호하기 위하여 국제기금에서 이를 보상하도록 하고 있다. 그러므로 피해자들은 국제기금에 나머지 액수에 대한 청구를 하고 이것이 받아들여지지 않으면, 국제기금을 상대로 우리나라 법원에 소송을 제기할 수 있다.

7. 船舶所有者를 보호하기 위한 수단

(1) 責任制限制度

① 유조선의 경우

선박소유자를 보호하기 위한 정책적인 목적에서 유조선의 오염사고에 대하여도 책임제한제도가 마련되어 있다. 원래는 일반 선박소유자책임제한제도가 적용되었으나, 유조선의 오염사고는 피해액이 일반 선박의 경우보다 크므로, 별도의 책임제한제도를 마련하여 책임제도액수를 높여 두었다. 즉, 유배법은 선박소유자가 자신의 고의 또는 손해발생의 염려가 있음을 인식하면서 무모하게 한 작위 또는 부작위로 인하여 손해가 발생한 경우를 제외하고는 일정 한도액으로 책임을 제한할 권리를 부여하고 있다(법 제6조). 그 액수를 보면, 2003년 개정으로 선박소유자는 총톤수 5천톤 이하의 선박일 경우에는 일률적으로 451만 SDR로, 총톤수 5천톤을 초과하는 선박은 451만 SDR에 초과된 톤당 631을 곱한 금액을 더한 총액(최대 8,977만 SDR)을 한도로 책임을 제한할 수 있다(법 제7조). 제한대상이 되는 손해는 유류오염으로 인한 물적 손해뿐만 아니라 환경손해 및 방제비용도 포함된다.

② 일반 선박의 경우

독자적인 책임제한 제도를 가진 유조선의 경우와는 달리 일반 선박의 선박연료유에 의한 경우는 일반 선박소유자 책임제한 제도를 이용하게 되어 있다. 유배법은 상법의 책임제한제도를 준용한다고 정하고 있다. 책임제한액수는 물적 손해에 대한 책임제한 기금으로 제한된다(법 제45조). 유류오염으로 인한 채권뿐만 아니라 다른 채권이 모두 동일한 책임제한 기금에서 배상되어야 하므로 유조선의 경우보다 피해자는 불리한 지위에 놓인다. 선박연료유로 인한 방제 비용은 유조선의 경우와는 달리 비제한 채권이다.9)

[판례소개](부산고법 2012.10.29.자 2012라61 결정)

일반선박인 경성호로부터 선박연료유(bunker) 유출사고가 있었고 이를 해양환경관리공단이 방제를 한 다음 방제비용청구를 선박소유자에게 제기하자 선박소유자(신청인)는 책임제한절차를 개시신청을 하였고, 법원은 이를 책임제한채권으로 인정하여 책임제한절차 개시결정을 내렸다. 이에 동 공단은 이 결정이 위법하므로 취소하라는 항고를 부산고등법원에 제기하게 되었다.

부산고등법원은 "유류오염배상과 관련하여 상법의 특별법인 유류오염손해배상보장법(이하 "유배법")이 적용되는바, 동법 제2조 제7호는 "유류오염손해란 유조선, 일반선박 및 유류저장부선에 의한 다음 각 목의 손해 또는 비용을 말한다. …나. 방제비용…이라고 규정하고 있고, 동법 제45조는 일반선박소유자의 책임제한이 인정되는 유류오염손해배상 채권에 방제조치비용을 포함시키고 있다.

기록에 의하면 유류오염사고를 일으킨 이 사건 경성호는 일반선박으로서 그 유류오염사고 방제비용은 위와 같은 유배법 조항에 의하여 선주책임제한채권에 해당하므로, 제1심의 이 사건 책임제한절차 개시결정은 적법하다고 할 것이다. 제1심 결정은 정당하므로 항고는 기각한다."라고 판시하였다. <현재는 비제한 채권으로 개정되었다.>

(2) 短期消滅制度

불법행위로 인한 손해배상의 청구권은 불법행위를 한 날로부터 10년, 불법행위에 의한 손해 및 가해자를 안 날로부터 3년간 행사하지 않으면 시효로 인하여 소멸한다(민법 제766조). 그러나, 유배법에서는 제척기간으로 유류오염 손해가 발생한 날부터 3년 이내에, 유류오염 손해의 원인이 되었던 최초의 사고가 발생한 날부터 6년 이내에 재판상 청구가 없으면 손해배상청구권은 소멸한다(법 제11조). 그러므로, 유조선의 선박소유자 등은 단기소멸제도의 이익을 향유할 수 있다.

---

9) 선박연료유협약은 책임제한에 대한 별개의 제도가 없기 때문에 국내상법을 적용할 수 있도록 하고 있는 입장에 따라 유배법 제45조가 입법되었지만 상법 제769조 및 제770조 제1항을 적용한다고 하여 제773조 제4호를 누락하고 있다. 이는 입법상의 오류이고, 상법의 태도와 같이 일반 선박의 연료유 유출로 인한 방제비는 비제한채권으로 하여 방제작업을 독려하여야 한다. 이에 대한 자세한 논의는 김인현, "2009년 개정 유류오염손해배상보장법", 안암법학 통권 제34호(2011.1.), 668면 이하를 참고 바람. 그 후 유배법 제45조의 개정으로 비제한채권으로 명문화되었다. 제45조는 "일반선박의 연료유로 발생한 유류오염손해의 배상책임이 있는 일반선박소유자의 책임제한에 관하여는 제9조 및 제10조를 준용하고 상법 제769조, 제770조 제1항, 제771조, 제773조 제4호 및 제774조부터 제776조까지의 규정을 적용한다."로 개정되어 2013.7.6.부터 시행되고 있다.

일반 선박의 선박연료유로 인한 오염사고에도 동일하다(법 제43조 제3항).

제4 油類汚染損害賠償制度에 대한 국제조약

1. 의 의

유조선의 오염사고는 그 피해액수가 크고, 피해자인 어민 등이 보험으로 위험을 분산시키지 못하고 있다는 점에서 일반적인 선박소유자 책임제한 제도로는 만족스러운 피해보상이 되지 못한다. 이러한 문제점을 해결하기 위하여 국제사회는 두 가지 제도를 도입하였다. 선박소유자책임제한제도(LLMC)에서 유조선에 의한 오염사고를 분리시켜 CLC라는 새로운 조약을 탄생시켰다. 이 조약은 첫째, 일반 선박소유자책임제한제도에 비하여 선박소유자의 책임제한액을 증액시켰다. 둘째, 선박소유자로 하여금 오염사고 배상액에 대하여 강제보험에 가입시키고 피해자에게 보험자에 대한 직접청구권을 부여하였다.

피해자들을 더욱 두텁게 보호하기 위하여, 피해자의 피해액이 거액임에도 선박소유자책임제한제도에 의하여 배상액이 제한되는 경우에 이를 넘어서는 일정한 액수에 대하여 까지는 유조선을 이용하여 유류를 수입하는 정유사들이 별도의 기금을 마련하게 되었다. 이를 IOPC FUND(이하 "FUND")라고 한다. 유조선 선박소유자가 보험에 가입하지 않아서 배상능력이 없는 경우에도 FUND에서 보상한다.

이러한 CLC와 FUND체제는 1970년 1980년대 그리고 1990년 초반까지는 잘 운영되어 왔다. 한국의 시프린스호 사고, 일본의 나호도카호 사고 등에서 양 체제는 효력을 발휘하였다. 특히 우리나라 연안에서 발생한 소형유조선들의 사고에서 이들 선박이 보험에 가입되어 있지 않은 경우에 FUND가 개입하여 적절한 보상이 이루어졌다.10)

그러나, 1990년대 말과 2000년대에 들어와서 에리카호 및 프레스티지호 사고를 거치면서 두 가지 문제점이 노정되었다. 첫째는 책임제한액이 사고의 크기에 비하여 너무 낮아서 피해자는 책임제한 때문에 보상을 받을 수없다는 것이고, 둘째는 사고의 대형화는 FUND의 보상을 빈번하게 하여 FUND에 기금을 갹출하는 정유사들의 부담액이 높아짐으로써 선주의 사고에 대하여 정유사들이 지나치게 부담을 많이 하게 되었다는 점이다.

---

10) 1997.4.3. 통영에서 발생한 제3보성호(786톤), 2003.9.12. 남해에서 발생한 경원호(144톤), 2005.11.24. 부산에서 발생한 제7광민호(139톤)가 대표적이다.

첫 번째의 것은 2000년 10월의 책임제한액의 증액에도 불구하고(2003년 11월 발효), 완전하지 않아 추가기금협약(supplementary fund)의 도입을 가져왔다. 두 번째의 내용은 협약자체의 개정논의, STOPIA 및 TOPIA 제안 그리고 유류운송을 위한 질적인 해운 작업반 구성 논의로 이어지고 있다.11)

2. 유류오염손해배상을 위한 민사책임협약(CLC)

1992년 CLC의 특징은 아래와 같다.

(1) 선박소유자는 무과실 책임을 부담한다. 일반적인 책임원칙인 과실책임과는 달리, 무과실책임을 등록선박소유자에게 부과함으로써, 피해자는 선박소유자의 과실을 입증할 필요가 없으므로 손해배상청구에서 유리하게 된다. 책임의 주체는 등록선박소유자이다.

(2) 책임제한 액수는 2003년 11월 부터는 5천톤 이하의 선박은 451만SDR(약 6백만달러=약 60억원)이다. 그 이상의 선박은 톤당 631SDR을 여기에 가산한다. 그러나 최대배상액수는 8977만7천SDR(약 1억2천만달러=약 1200억원)이다.

(3) 2,000톤 이상의 선박소유자는 강제보험에 가입하여야 하고, 피해자에게는 직접 청구권이 주어진다. 실무상 피해자에 대한 보상은 선박소유자의 책임보험자인 P&I CLUB에서 지급하게 된다. 보험의 가입은 원칙적으로 자유이지만, CLC는 선박소유자로 하여금 강제보험에 가입하게 한다. 유조선 선박소유자가 제3자인 피해자에게 배상하여야 하는 손해배상책임을 보험으로 가입하게 되면 이는 책임보험이 되고 제3자를 보호하기 위하여 직접청구권을 인정하는 입법을 하는 것이 일반적이다. 보험금을 청구할 수 있는 자는 원칙적으로 피보험자인 선박소유자이어야 하나, 피해자에게도 청구가 가능한 권리를 인정하여 피해자를 보호하게 된다.

앞에서 본바와 같이 우리나라도 이에 발맞추어 유배법을 만들어 시행하고있다. 우리 법의 큰 특징은 ① 외국선박인 경우 우리나라 선체용선자도 등록선박소유자와 같이 연대책임을 부담하고 ② 강제보험가입자의 범위가 200톤 이상의 선박소유자로 확대되어 있다는 점은 앞에서 보았다.

3. 국제유류오염보상기금(IOPC FUND) 협약

유조선 선박소유자가 CLC사고에 의한 책임제한을 한 다음에 피해자의 청구액과 책임제한액의 차액중 일정액수까지를 정유사가 기금을 마련하여 지급하는 보

11) 한 · 중 · 일은 모두 1992년 CLC에 가입하고 있으나, 한국과 일본은 IOPC FUND와 추가기금협약에 가입한 반면 중국은 IOPC FUND에는 가입하지 않고 있다.

상체제를 IOPC FUND협약체제라고 한다. FUND협약은 CLC의 보충협약이라고 할 수 있다. 1971년 기금은 현재 청산중이고 1992년 기금은 발효되어 작동중이다.

FUND협약의 특징은 아래와 같다.

(1) 정유사는 원유 수입량에 따라 국가별로 할당되는 기금을 갹출하여야 한다.

(2) 가해자인 선주가 배상을 하지 못하는 상황이거나, 선박소유자책임제한액을 넘어서는 손해가 있는 경우, 배상책임을 부담하는 자가 없게 되는 경우에 최고 2억3백만SDR(약 2억6천만달러=약 2600억)까지 FUND가 보상한다.

(3) 피해자는 FUND에 대하여 직접청구권을 갖는다. 국제기금이 피고가 될 수 있다.

우리나라도 이러한 내용을 유배법에 반영하고 있다.

사무국은 런던에 있고 1년에 3차례 정도 회의가 개최된다. 우리나라도 3~4위의 기금납부국이다.[12)]

4. 追加基金協約

상당히 높은 것으로 보았던 1992년 FUND협약의 책임제한액도도 대형사고의 경우에는 넘어설 수 있다는 우려감이 팽배해지자, FUND협약을 개정하여 제한액을 높이는 문제가 제기되었다. 그러나 현행 한계치는 유럽국가 등을 제외하고는 발생할 수 없는 액수로 평가되자, 유럽국가를 제외한 국가는 이 문제를 방어적이고 소극적으로 보게 되었다. 선주의 책임제한액이 높아지면 각국의 분담액이 많아지기 때문이다. 이에 한국 등은 유럽국가들끼리만 별도로 추가 기금을 협약을 만들어 희망국가만 가입하여 운영할 것을 제안하게 되었다. 이렇게 하여 탄생한 것이 추가기금협약(supplementary fund)이다.

추가기금협약의 특징은 아래와 같다.

(1) 1992년 기금 가입 국가 중에서 희망하는 국가만 별도로 추가기금에 가입한다.

(2) 유럽 및 일본등 13개국이 가입하여 2005년 3월에 발효되었다.

(3) 추가기금은 CLC와 국제기금의 보상액을 포함하여 최고 7억5천만 SDR(약

---

12) 2008년 기금납부기준으로 일본은 전체의 17%, 이태리 8.7%, 인도 8.5%, 한국 8%, 네덜란드 7.4%, 프랑스 6.6%, 싱가폴 6.2%, 영국 4.9%, 캐나다 4.7%, 스페인 4.3%, 독일 2.6%를 구성하였다. 우리나라는 1993년에 펀드에 가입한 이래 2007년까지 총 670억원의 분담금을 납부하였다(2001년 64억, 2002년 50억, 2003년 62억, 2004년 103억, 2005년 53억, 2007년 4억). 그리고 904억원의 피해보상액을 수령한 바 있다. SK, GS-Caltex, S-oil, SK인천정유, 현대오일뱅크, 한국전력공사, 한국석유공사 등이 분담 주체이다. 2013년 기금납부기준으로 일본 16%, 인도 13%, 한국 9%, 네덜란드 8%, 이태리/싱가로프 각 7%, 프랑스/스페인 5%, 영국 4%, 캐나다 4%이다.

10억달러=약 1조원)까지 보상이 가능하다.[13)]

추가기금이 적용되는 사고는 2023.6. 현재까지 발생되지 않았기 때문에 보상이 이루어진 적이 없고 각국이 기금을 갹출하지도 않았다.

5. STOPIA와 TOPIA

(1) 설립이유

국제기금이 운영되면서 정유사들은 유조 선사들이 야기한 유조선의 오염사고에 대하여 자신들이 지나치게 많은 액수의 책임을 분담한다는 점에 불만을 가지게 되었다. 먼저 정유사들의 협회인 OCIMF는 CLC와 FUND협약의 전면적 개편을 요구하였고, 이에 따라 국제기금회의에서 2000년에 작업반이 구성되어 활동하게 되었다.[14)]

이에 대한 대처방안으로 국제 P&I Club은 정유사가 부담하는 국제기금의 보상액의 일정부분을 선박소유자 측이 전보하여 준다는 자발적인 제안을 하게 되었으니 소위 STOPIA(Small Tanker Oil Pollution Indemnification Agreement: 소형유조선유류오염보상협정)와 TOPIA(Tanker Oil Pollution Indemnification Agreement: 유조선유류오염보상협정)이다. 이를 계기로 펀드협약의 개편을 위한 작업반 논의는 중단되었다.

(2) 2005년 STOPIA 및 TOPIA

STOPIA는 소형유조선만 적용 대상이다. 29,548톤 이하의 유조선 사고가 추가협약에 가입한 국가에서 발생한 경우에 3차적으로(CLC → FUND → Supplementary FUND)으로 추가기금협약에서 보상하게 되는 액수 중에서 2,000만SDR(약 2,600만달러=약 260억원)까지는 국제P&I Club에서 국제기금에게 전보하여 준다는 자발적인 약속을 국제 P&I Club이 한 것이다.[15)]

---

13) 우리나라의 가입여부가 큰 이슈였다. 가입하게 되면 우리나라는 상당한 부담금을 납부하여야 한다. 이에 상당하는 만큼의 배상을 받을 수 있을지가 문제되었다. 추가기금협약은 상당히 높은 액수로 생각되는 액수 이상의 사고가 발생할 경우에만 작동을 하게 되므로, 우리나라의 사고에 있어서는 유럽국가와 달리 배상을 받는 경우는 거의 없을 것이라는 점이 고민이었다. 그런데 2007년 12월 7일 허베이 스피리트호 사건을 계기로 2010년 5월 6일 가입하게 되었다. 2010년 8월 6일부터 우리나라에 발효되었다.

14) Annual Report(2006), 10pc FUND, p. 44. CLC와 FUND협약의 개편논의는 선박소유자들에게 부담을 주는 것으로 귀결된다. 왜냐하면 기금협약은 원래 선박소유자가 배상하여야 하는 책임부분의 일정액을 정유사가 대신하여 부담하는 것으로 볼 수 있고, 개편논의는 필연코 현행체제로부터 선박소유자에게 부담이 되는 방향으로 개편이 진행될 것이고 이는 전체적으로 선박소유자에게 추가적인 부담으로 돌아올 것이기 때문이었다.

15) 전게 Annual Report, p. 45.

TOPIA는 모든 크기의 유조선을 대상으로, 추가기금협약의 가입국에서 발생한 사고로서 추가기금협약이 배상한 액수의 50%를 P&I가 지급한다는 내용이다. 국제 P&I Club은 STOPIA 와 TOPIA를 장래 선택적으로 적용한다는 입장이었다.

국제 P&I와 국제기금은 이러한 내용을 담은 약정서를 체결하면서, P&I는 국제기금에게 약정한 액수의 금액을 자신에게 직접 청구할 수 있는 법적권리가 있음을 인정하였다. 이러한 2005년 STOPIA는 추가기금협약의 발효일인 2005년 3월부터 시행되었다.

(3) 2006년 STOPIA 및 TOPIA

2006년 2월 국제 P&I Club은 STOPIA를 추가기금협약국가에서 92FUND 가입국가로 확대시키는 개편안(첫 갱신논의는 2016년)을 국제기금에 제시하였고, 합의가 이루어져 2월 20일부터 시행되게 되었다. 2006년 3월 국제기금회의에서 CLC국가에게 확대적용하는 문제가 제기되었다(예컨대, 중국은 CLC국가이지만 FUND국가는 아니다). 그러나, 펀드가입에 부정적인 영향을 준다는 이유로 이러한 논의는 부결되었다.

2006 TOPIA는 2005년과 변화가 없다. 2006년 부터는 TOPIA와 STOPIA는 별도로 존재하는 것이 되었다.

2006년 STOPIA는 우리나라와도 일정한 관련을 맺게 되었다. 우리나라도 92FUND 가입국가이므로 우리나라에서 발생한 오염사고에 대하여는 국제기금이 보상한 액수 중 일정액까지는 국제 P&I Club으로부터 회수를 하게 되어 정유사의 부담이 줄어들게 되었다.

6. 선박연료유협약16)

유류오염사고는 유조선이 운송 중이던 화물에서 유출되는 사고와 선박의 연료유에 의한 오염 사고로 크게 대별할 수 있다. 유조선에 의한 유류오염사고(선박연료유를 포함함)는 CLC 협약과 IOPC FUND 협약으로 규율되어왔다. 그러나, 일반선박의 연료유로 인한 사고는 CLC에 포함되지 않았기 때문에 낮은 선박소유자의 책임제한액이 적용되고, 피해자의 보호에 미흡하다는 점이 비판의 대상이 되어왔다. 그리하여 국제사회는 선박연료유협약을 체결하여 조약의 발효를 기다리게 되었다. 동 협약은 2008.11.21. 국제적으로 발효하게 되었다. 한편, 우리나라도 유배법을 개정하여(2009.11.28.발효) 선박연료유에 의한 오염사고의 법제도를 선박연료

16) 한・중・일은 모두 선박연료유협약의 체약국이다.

유협약과 동일하게 하였다.

주요 내용은 아래와 같다.[17][18]

(1) CLC와 마찬가지로 피해자를 보호하기 위하여 선박소유자는 무과실책임을 부담한다.

(2) 1,000톤 이상의 선박소유자는 강제책임보험에 가입하고 피해자는 책임보험자에게는 직접청구권이 주어진다.

(3) CLC와는 달리 선박소유자의 책임제한을 넘어서는 부분을 추가적으로 보상하기 위한 기금제도를 마련하지 못하고 책임제한은 LLMC 및 이를 반영한 국내법에 따르도록 하였다. 별도의 기금제도가 없기 때문에 피해자들은 다른 채권자와 경합하여 손해배상을 받아야 하기 때문에 CLC와 국제기금체제에 비하여 불리한 입장이다.

제5 허베이 스피리트 오염사고

1. 허베이 스피리트호 사고와 특별법

2007년 12월 7일 유조선 허베이 스피리트호(Hebei Spirit)가 삼성중공업의 예인선단과 부딪혀 원유가 바다로 유출되었다. 유조선 선주의 책임제한액은 약 1천300억으로 제한되고, 1992년 국제기금의 책임은 약 3천 200억으로 제한된다. 국제기금의 공식견해에 따르면 총 피해액은 약 6,000억원에 가까웠다.[19]

우리 정부는 신속하고 충분한 보상을 위하여 "허베이 스피리트호 유류오염사고 피해주민의 지원 및 해양환경의 복원등에 관한 특별법"(법률 제8898호, 2008.3.14.)을 제정하였다. 유배법에 따라 손해배상 또는 보상을 청구한 자가 손해배상금 또는 보상금을 받기 전에 손해배상청구권 또는 보상청구권의 대위행사를 전제로 일정 범위의 금액을 국가가 먼저 지급할 수 있다(제8조 제1항) 이렇게 지급되는 금원을 대지급금이라고 한다. 또한 유배법에 따른 손해배상 또는 보상의 청구일부터 6개월 이내에 손해액의 사정이 이루어지지 않으면 해당자에게 국가 또는 지방자치

17) 자세한 내용은 목진용·최동현, 선박연료유 오염손해배상협약대책연구(KMI, 2000)를 참고 바람.

18) 2020.7.25. 모리셔스 오염사고는 일반 선박의 연료유 유출로 인한 사고였다. 김인현, "모리셔스 유류오염사고의 시사점", 매일신문(2020.8.25.).

19) IOPC FUND 2008년 3월 회의에서는 피해액이 최대 4,240억원으로 2008년 6월 회의에서는 최대 5,735억 정도로 추정되었다. 92FUND/EXC.41/9/Add.2

단체는 대부지원이 가능하다(제8조 제5항). 선박소유자의 책임제한액과 국제기금의 보상한도액을 넘어서기 때문에 손해액의 일부만 지급받는 자는 대통령령으로 정하는 자에 따라 지급받지 못한 금액의 전부 또는 일부를 지급받을 수있다(제9조). 제9조에 따라 지급받는 금원은 한도초과 보상금이라고 불린다.

그러나, 이 법은 허베이 스피리트 사건에만 적용되는 한시적인 것이다.[20]

2. 경　　과

허베이 스피리트호 오염사고로 인한 피해자의 청구에 대하여 손해배상을 해야 하는 자는 (i) 허베이 스피리트호의 선박소유자 (ii) 삼성중공업 (iii) 국제기금이었다.

약 5,000억원의 손해에 대하여 (i)은 유배법에 따른 선박소유자 책임제한절차를 통하여 책임이 약 1,868억원으로 제한되었고 (iii)은 (i)의 배상액을 상회하는 손해에서 약 3,210억원까지 보상을 하였다. 그리고 (ii)는 상법에 따른 선박소유자 책임제한 절차를 거쳐서 책임이 약 56억원으로 제한되었다.

이러한 제한된 손해는 동 사고로 인하여 배상 및 보상이 가능한 것만이 인정되는 것인데, 최종적으로는 대전지방법원 서산지원의 책임제한절차에서 결정되었다. 보상가능한 주민의 피해액은 총 3,808억원으로 사정되었다(정부가 청구가능한 피해액까지 포함하면 총 4,324억원임). 3,210억원을 넘는 금액은 허베이 스피리트 특별법에서 보상된다.

3. 보완이 필요한 제도

우리나라는 추가기금협약의 가입으로 충분한 보상은 가능하게 되었으므로 더 이상 특별법에 의존하지 않아도 되게 되었다. 그러나 신속한 보상은 여전히 요원한 일이다. 동 오염사고의 정산과 처리가 10년이 걸렸다. 국내 유류오염기금제도를 만들어 피해자는 국내기금에 대한 직접 청구권을 가지게 하고, 보상을 한 국내기금은 피해자의 권리를 대위하여 국제기금에 청구하도록 하는 것이다.[21]

20) 허베이 스피리트호 유류오염사고의 다양한 법률문제에 대하여는 김인현, "허베이 스피리트호 유류오염사고의 손해배상 및 보상의 쟁점과 개선방향", 경영과 법률, 제21권 2호(2011.1.), 593면 이하를 참고 바람.

21) 김인현, "유류오염손해보상기금 필요하다.", 한국경제(2017.12.30.).

제6 유해독극물(HNS)협약[22] 및 의정서

1. 의 의

LNG, 유황, 질산등 위험독극물도 선박을 통하여 국제적으로 많이 운송되고 있다. 이러한 화물이 오염 손해를 야기한 경우에 선박소유자의 책임제한을 정하고 피해자를 보호하기 위한 제도를 추가한 1996년 HNS 협약이 제정되어 발효를 기다리고 있다. HNS 물질관련 사고가 국제적으로 1995년에 6건이던 것이 2002년 31건, 2006년 36건으로 증가추세에 있다. 우리나라에서도 2005.10.10. 벤젠을 운송중이던 이스턴 브라이트호가 여수 앞바다에서 침몰하여 사회문제가 되었다.[23]

2. HNS 협약의 주요내용

(1) 적용범위

모든 선박이 대상선박(제1조)이다. 영해내에서 발생한 HNS 화물로 인한 모든 손해와 배타적 경제수역에서 발생한 환경손해 그리고 이와 관련된 방제비용에 대하여 적용한다(제3조). 재산상의 손해뿐만 아니라 인명손해에도 적용한다(제1조 6항) 200톤 이하의 선박에 대하여는 체약국이 적용을 유보할 수 있다.

(2) 책임주체

등록 선박소유자에게 책임이 집중되어 있다(제7조 제1항). 선장, 도선사, 용선자 등에게는 피해자들이 직접 손해배상청구를 할 수 없다(제7조 제5항).

(3) 책임의 성질

유류오염손해와 같이 선박소유자는 무과실책임을 부담한다(제7조 제1항). 피해자를 보호하기 위한 목적이다.

(4) 책임제한제도

선박소유자는 책임을 일정한 한도로 제한할 수 있다. 일반 LLMC와는 다른 독자적인 책임제한제도를 갖는다. 2000톤까지는 1000만 SDR이고 최대 책임은 1억 SDR이다(제9조).

---

22) International Convention on Liability and Compensation for Damage in Connection with the Carriage of Hazardous and Noxious Substances by Sea, 1996.

23) 자세한 내용은 채이식 · 김인현, "1996년 유해 독극물(HNS) 협약 및 2010년 의정서에 대한 연구", 경영법률 제21집 제1호(2010.10.), 291면 이하를 참고 바람.

(5) 강제보험의 가입과 직접청구권의 허용

선박소유자의 책임제한액수만큼 강제책임보험에 가입하여야 한다(제12조). 피해자에게는 직접청구권이 인정된다(제12조 제8항).

(6) 국제기금의 운용

선박소유자의 책임제한액 이상 일정액 혹은 선박소유자가 면책되거나 재정적으로 배상능력이 없는 경우에 국제기금이 보상을 하게 된다(제14조). 국제기금의 최대보상한도는 한 사고당 2억 5천만 SDR이다(제14조 제5항).

기금은 2개의 일반계정과 3개의 독립계정(유류, LNG, LPG)으로 구성된다(제16조). 일정량 이상의 화물의 수령인이 분담금을 납부하여야 한다. 2개의 일반계정은 건화물(solid bulk)와 기타 다른 물질(포장 HNS 물질 및 다른 HNS 벌크)로 구성된다.

(7) 제척기간

손해를 안 날로부터 3년, 사고발생일로부터 10년 내에 소를 제기하지 않으면 더 이상 선박소유자에게 손해배상청구를 제기할 수 없다(제37조).

3. 2010년 HNS 협약 의정서의 주요내용

그런데, 몇 가지 사항 때문에 그 발효가 지연이 되고 있음이 밝혀지자, 국제사회는 현재의 협약을 개정하는 방안을 검토하여 개정안을 제출하게 되었다. 이에 2010년 4월 26일~30일 런던의 IMO에서 외교회의가 개최되어 2010년 HNS협약 개정의정서가 통과되었다.

주요 개정내용은 아래와 같다.

(1) LNG의 분담금 납부의무자를 수출자에서 수입자로 원칙적으로 변경하였다(의정서 제11조, 협약 제19조의2). 다만, 당사자 사이의 약정이 있으면 수출자도 부담할수 있도록 하였다. 이것은 LNG 최대 수입국인 우리나라와 일본에 부정적인 영향을 미칠 것으로 예상된다.

(2) 포장 HNS화물을 분담금 납부 화물에서 제외하게 되었다(의정서 제3조, 협약 제1조 제10항). 이것은 포장 HNS화물의 숫자가 너무 많아 각 국가가 그 물동량을 파악하고 분담금을 부과하는 것이 행정에 큰 부담을 준다는 이유 때문이다. 그럼에도 불구하고 포장 HNS 화물로 인하여 손해가 발생한 경우에도 피해자는 HNS 기금의 일반계정으로부터 보상을 받게 된다.

(3) 일반 HNS 화주들이 과중한 부담을 들어주기 위하여 선박소유자 측에서 책

임제한액수를 인상하여 화주들의 부담을 들어주도록 합의가 이루어졌다(의정서 제7조, 협약 제9조 제1항).[24)]

제 2 절 難破物의 처리

제1 序

難破物(wreck)이란 침몰, 침수, 화재, 고장 등의 이유로 선박이 기동력을 상실한 상태 혹은 선박에 실렸던 화물들이 바다에 표류하는 것을 말한다. 난파물은 선박의 항해에 지장을 초래하므로 적절한 표시와 제거가 문제된다.[25)]

난파물은 선박의 안전 항행에 위험을 초래한다. 그러므로 신속한 처리가 필요하다. 일단 난파물이 발생하게 되면, 항행에 위험함을 다른 선박에게 알리기 위하여 난파물에 부위(buoy) 등을 설치할 필요도 있고, 난파물을 제거할 필요도 있다. 이러한 조치가 취하여지지 않게 되면, 항해하던 선박이 이들과 부딪쳐서 선저 손상을 입는 등의 사고가 발생한다. 난파물은 선박소유자에게 난파물 처리비용을 부담하게 하므로, 선박소유자들은 대개 제거에 소극적이기 때문에 처리가 문제된다.

우리 법은 이를 일괄적으로 처리하는 특별법을 가지고 있지 않고, 여러 법률에서 단편적으로 규율하고 있다. 상법에서 규율하고 있는 것은 난파물 제거비용의 책임제한여부만이다. 국제적으로는 난파물제거협약(Wreck Removal Convention)이 제정되어 있다.

제2 難破物과 관련한 소유자 등의 의무

1. 의 의

난파물에 대한 의무를 부과하고 있는 법으로서는 국내법으로는 항로표지법, 개항질서법, 해양환경관리법(구 해양오염방지법) 그리고 해상교통안전법 등이 있다.

---

24) 이에 대한 자세한 논의는 채이식·김인현, 전게논문, 291면 이하를 참고 바람.

25) 대법원 2021.5.7. 선고 2017도9982 판결에서는 외국 선박을 이용하여 영해에서 난파물을 수거·매각한 행위는 영해 및 접속수역법을 위반한 것으로 판단하였다.

해양환경관리법(구 해양오염방지법)은 모든 선박으로서 유류등 오염사고와 오염사고의 우려가 있는 경우에만 적용되지만, 개항질서법과 해상교통안전법은 항해의 안전에 위험한 일반 난파물의 경우에도 적용되므로 대상선박의 범위가 넓다. 개항질서법은 개항의 항계 안에서 적용되고, 해상교통안전법은 우리나라의 영해 내에서 적용되나, 해양환경관리법은 배타적 경제수역에도 적용되므로 그 지리적인 적용범위가 가장 넓다.

난파물에 대한 의무를 부과하고 있는 국제조약은 현재 발효된 것은 없으나 난파물제거협약이 국제해사기구에 의하여 성립되었다. 다만, 유류오염사고에 대한 개입협약(Intervention Convention)에 따르면, 심각한 유류오염피해를 야기할 우려가 있는 유조선이 공해에 있는 경우에 연안국은 그 선박을 처리할 수 있는 권리를 갖는다(개입협약 제1조 제1항).

2. 난파물 표시의무

난파물의 존재는 선박의 안전항해를 해하게 된다. 그러므로 선박소유자는 난파물이 존재함을 표시하여야 할 것이다. 우리나라의 航路標識法은 "항로 등의 수역에서 선박이 침몰되거나 구조물 설치등의 공사를 하는 경우 당해 선박의 소유자 또는 공사의 시행자는 제3조 제1항의 규정에 불구하고 대통령령이 정하는 바에 따라 항로표지를 설치·관리하여야 한다."고 한다(법 제3조의2). 항로 이외의 개항이나 영해 등에서는 선박소유자에게 법령상 난파물표시의무가 부과되어 있지 않다.

3. 난파물 제거의무

(1) 국내법

① 선박입출항법

선박입출항법에서는 난파물의 소유자와 점유자가 제거의무자이다(법 제26조). 그러므로 선박이 선체용선중이었다면, 선체용선자는 점유자로서 선박소유자는 소유자로서 난파물 제거의무를 부담한다.

② 해양환경관리법

해양오염방지법에서는 기름등 오염물질이 배출되는 경우에 제거의무자는 적재선박의 선장과 원인제공자이다(법 제64조 제1항). 그러므로 쌍방과실로 인한 선박충돌사고의 경우에는 침몰선의 선장 또는 소유자뿐만 아니라 상대선의 선박소유자 또는 선장도 의무자가 된다. 기름등 폐기물이 배출될 우려가 있는 경우에 제거의무자는 선박의 소유자 또는 선장이다(법 제65조 제1항).

③ 해사안전법

해사안전법상 난파물 등 항행장애물의 제거의무자는 선장, 선박소유자 또는 선박운항자이다(법 제9조 제1항). 선박소유자 혹은 선박운항자라고 하므로 선박이 나용선된 경우 제거의무자가 누구인지 불명확하다.

④ 공유수면관리법

공유수면관리법 제13조 제1항에 의하면 방치물건 등의 소유자 혹은 점유자가 제거의무를 부담한다. 선박에 실려 있던 운송물이 난파물이 된 경우에는 운송물 자체의 소유자 혹은 선박의 점유자가 운송물의 점유자로서 제거의무자가 될 것이다. 공유수면관리법의 적용범위는 배타적 경제수역까지 확대되어 있다(제4조).

[판례소개](서울고등법원 2008.1.31. 선고 2007나23274 판결)

러시아 선적의 튜멘(Tyumen)호의 등록선박소유자는 甲이고 나용선자는 乙이다. 선박을 운항하던 나용선자 乙은 러시아의 끄라그 항에서 원목 16,000개를 싣고 동해를 거쳐 중국의 따이산 항까지 운송하게 되었다. 한국의 배타적경제수역내인 강원도 묵호항 동쪽 37마일 근처에서 튜멘호는 높은 파도를 만나 甲板上에 적재되어 있던 원목의 고박장치가 풀리면서 원목 중 약 2,000개가 해상으로 유출되는 사고가 발생하였다. 한국 정부는 선박의 항행에 지장을 준다고 판단하여 공유수면관리법 제13조 제1항에 근거하여 선박소유자에게 제거명령을 내리게 되었다. 선박소유자가 이를 이행하지 않자 한국 정부는 약 6억원을 들여 원목의 수거작업에 나섰다.

한국정부가 6억원에 대한 비용지급에 거부의사를 표명한 튜멘호의 선박소유자의 선박을 채권확보의 목적으로 가압류하고 선박소유자 甲에 대하여 비용상환청구의 소를 제기하게 되었다. 甲은 한국정부는 배타적 경제수역에 있는 외국 국적의 난파물에 대하여 관할권을 가지지 않으며, 나아가 자신은 제거의무가 없으므로 자신이 소유하는 선박을 한국정부가 가압류한 것은 잘못이라는 항변을 하면서 손해배상에 대한 반소청구를 하게 되었다.26)

서울고등법원은 아래와 같이 판시하였다.

공유수면관리법 제13조 제1항은 "관리청은 전복 침몰 방치 또는 계류된 선박, 방치된 폐자재 그 밖의 물건이 다음 각 호의 어느 하나에 해당하는 경우에는 해양수산부령이 정하는 바에 따라 그 소유자 또는 점유자에게 제거를 명할 수 있다."고 규정하고 있고, 이 사건 사고에 따라 유출된 원목이 위 조항에서 말하는 방치된 물건에 해당함은 명백하나, 그 수거의무자는 방치된 물건인 원목의 소유자 또는 점유자에 해당하여야 하는데, 이 사건 선박을 乙에게 나용선하여 준 피고는 이 사건 선박의 소유자에 불과할 뿐 위 방치된 물건인 원목의 소유자 또는 점유자에 해당하지는 않으므로, 피고가 위 조항에 따라 이 사건 사고에 따른 원목 수거의무를 부담한다고 할 수 없다. 따라서 피고가 이 사건 사고에 따른 손해배상책임을 부담하여야 한다는 원고의 위 주장은 이유 없다. 원고의 항소를 기각한다.27)

26) 법인격부인론도 논의되었지만 생략한다.

27) 대법원 2008.5.29. 선고 2008다22627 판결에서도 다투어졌지만 원고의 상고는 기각되었다.

(2) 국제조약

난파물제거협약에 따르면 보고의무자는 운항자이지만(제5조) 난파물 제거의무를 부담하는 자는 1차적으로는 선박소유자이고 2차적으로는 연안국이다(제9조). 이 점이 우리 법과 다르다. 난파물의 소유자는 제거에 소요된 비용을 부담한다(제9조).

제3 難破物과 관련한 민사상 책임

1. 의　　의

난파물 제거의무는 원칙적으로 난파물의 소유자가 부담하나, 연안국도 안전 항행에 대한 의무가 있다. 항로에 침몰선이 있다면 국가는 제거의무를 부담한다. 그러므로 국가도 國家賠償法상 營造物 責任(국가배상법 제5조)의 주체가 된다. 여기에서는 행정법상의 문제는 생략하고 난파물의 소유자와 피해자와의 관계에 대하여만 살피도록 한다.[28]

2. 불법행위로 인한 손해배상청구

난파물을 제거하지 않음으로 인하여 발생한 선저 손상사고에 대하여는 난파물의 선박소유자가 피해자에게 불법행위를 야기한 것이 된다(민법 제750조). 즉, 난파물의 소유자는 위에서 본 것과 같이 국내법상 난파물의 제거의무를 부담하나, 이를 제거하지 않음으로써, 즉 부작위의 과실로서, 다른 항행선의 선저를 손상시키게 되었고, 그러한 부작위의 과실은 사고와 인과관계가 있으므로, 난파물소유자의 행위는 불법행위를 구성하는 것이 된다고 본다.

동해항의 항로상에 침몰된 어선을 방치하였다가 다른 상선이 출항시에 선저에 손상을 당하여 항만청을 상대로 상선의 선박소유자가 손해배상을 청구한 소양호 사건에서 법원은 국가배상법 제5조 공공시설 등의 하자로 인한 책임을 근거로 국가의 관리책임을 일부 인정하였다(서울지법 민사제22부 1996.2.9. 판결).

[판례소개](서울중앙지법 2010.5.20. 선고 2008가단449855 판결)
독일선적의 선박이 부산항에 도착하여 2008.8.6. 부산지방해양항만청 산하 해상교통관제센터의 관제지시에 따라 닻을 내렸다. 그 후 닻을 올리기 시작하였으나 해저

28) 자세한 내용은 In Hyeon Kim, “Recent Developments of oil Pollution and Wreck Removal Law in Korea”, The Asian Business Lawyer Vol.2 Fall 2008, pp. 40-47.

바닥에 있던 다른 선박의 유실된 닻과 닻줄에 자신의 닻이 엉켜져 있어 닻을 완전히 올릴 수 없었다. 닻을 푸는 작업으로 인하여 동 선박의 소유자인 원고는 비용이 발생하게 되었다. 원고는 이에 대하여 정박지는 항만법상 국토해양부장관이 지정 고시하는 항만시설로서 국가배상법의 공공의 영조물에 해당하는데, 이 사건사고는 이 사건 정박지 내에 다른 선박에서 떨어져 나온 닻이 방치되어 있는 등 이 사건 정박지로서 통상 갖추어야 할 안전성을 갖추지 못하였기 때문에 발생하였고, 따라서 피고 대한민국은 국가배상법 제5조에 따라, 피고 부산항만공사는 항만법 등에 따라 피고 대한민국으로부터 항만시설의 개축, 유지, 보수 등 항만의 관리, 운영에 관한 사업을 위임받았으므로, 피고들은 연대하여 원고에게 이 사건 정박지의 설치, 관리상의 하자로 인하여 원고가 입은 손해인 미화 52,706.25달러(크레인 바지선 등 작업비용 미화 24,225달러+용선료 손실액 미화 223,481.25달러+이 사건 선박 수리비용 미화 5,000달러)를 배상할 책임이 있다고 주장하였다.

서울중앙지방법원(2010.5.20. 선고 2008가단449855 판결)은 아래와 같이 판단하였다.

국가배상법 제5조 제1항 소정의 영조물의 설치 또는 관리의 하자라 함은 영조물이 그 용도에 따라 통상 갖추어야 할 안전성을 갖추지 못한 상태에 있음을 말하는 것으로서, 영조물이 완전무결한 상태에 있지 아니하고 그 기능상 어떠한 결함이 있다는 것만으로 영조물의 설치 또는 관리에 하자가 있다고 할 수 없고, (중략) 객관적으로 보아 시간적 장소적으로 영조물의 기능상 결함으로 인한 손해발생의 예견가능성과 회피가능성이 없는 경우 즉 그 영조물의 결함이 영조물의 설치 관리자의 관리행위가 미칠 수 없는 상황아래에 있는 경우에는 영조물의 설치 관리상의 하자를 인정할 수 없다(대법원 2005다62235 판결 등 참조).

이 사건 사고의 경우, 정박지 설치 관리의 특수성과 다음과 같은 사정, 즉 부산항은 1일 약 500척 이상의 선박이 입출항하는데 이 사건 사고전까지 이 사건 정박지에서 해저 바닥에 방치된 닻으로 인한 사고가 접수되지 아니한 점, 피고들이 이 사건 사고와 같이 해저바닥에 닻이 방치되어 있고 그로 인하여 유발될 가능성이 있는 사고에 대해서가지 미리 예측하고 이를 방지하거나 회피한다는 것은 사실상 불가능해 보이는 점, 이 사건 사고 직전에 이 사건 정박지에서 선박이 침몰되거나 해저의 자해물이 발견되어 이 사건 정박지를 시급히 정비하여야 할 특별한 사정은 없었던 점 등을 종합하여 보면, 비록 이 사건 정박지의 해저 바닥에 다른 선박의 닻이 방치되어 있었다고 하더라도 이는 설치 관리자의 관리행위가 미칠 수 없는 상황에서 발견된 것으로서, 피고들에게 시간적, 장소적으로 손해발생의 예견가능성과 회피가능성이 있었다고 보이지는 아니하므로, 이 사건 정박지의 설치관리상의 하자가 있다고 볼 수 없다. 따라서 피고들에게 이 사건 정박지의 설치 관리상의 하자가 있음을 전제로 하는 원고의 위 주장은 이유없다. 원고들의 청구는 이유없어 이를 모두 기각한다.

3. 난파물 제거비용

난파물에 대한 제거의무를 부담하는 자는 난파물의 소유자이다. 소유자는 자신의 비용으로 이를 제거하여야 함에도 이를 제거하지 않는 경우에는 안전항행에 대한 최종적인 의무를 부담하는 국가가 대집행을 하거나 아니면 원인제공자가 이를 제거하게 된다.

국가의 대집행의 경우에 발생한 비용은 원래는 난파물의 소유자가 부담하여야 하는 것이다. 그러므로 국가는 사무관리를 한 것으로서 대집행으로 인한 비용상환청구권을 갖는다고 해석된다. 해양환경관리법은 이를 명문화하여 그 비용을 소유자에게 청구할 수 있다고 하므로(법 제68조 제2항), 사무관리상의 비용상환청구권이 법정비용상환청구권으로 화한 것으로 해석할 수 있다.

원인제공자가 난파물에 대한 처리를 하고(제 64조 제1항 및 제63조 제1항) 그 과실비율 만큼의 비용을 난파물의 소유자에게 청구하는 경우는 원래 제거의무자는 소유자와 원인제공자 모두에게 있었고 의무자의 한 사람이 다른 의무자에게 그 비율만큼의 비용을 상환 받는 것이므로, 구상청구가 될 것이다.

대법원 2020.7.9. 선고 2017다56455 판결에서는 선박소유자가 수심 약 90미터에 침몰하여 방치되어 있는 선박에 대하여 자신에게 내려진 제거 및 구난명령과 관련하여, 선체인양비용 상당의 손해가 현실적・확정적으로 발생하였다고 볼 수 없다고 보아 가해선박 선주의 선체인양비용 상당의 손해배상책임을 부정하였다.

4. 난파물 표시비용

난파물이 항행에 위험이 있으면 선박소유자는 위험을 알리는 표지를 부착하여야 할 것이다. 航路標識法은 이를 명문화하고 있다(법 제3조의 2). 그러므로 그 비용을 부담하여야 할 자도 선박소유자이다. 선박소유자가 이를 설치하지 않을 경우에는 국가가 이를 표시하여야 할 것이고, 이 비용은 국가가 대집행한 것으로 국가는 법정비용상환청구권을 갖는다고 생각된다.

5. 관련비용의 처리

(1) 선주책임제한제도와의 관련성

우리 상법은 난파물 제거비용은 선박소유자책임제한에서 비제한채권으로 하고 있다(상법 제748조 제2호). 이는 난파물 제거를 장려하고 국가의 대집행을 용이하게 하도록 하기 위함이다. 모법이 되는 1976년 LLMC는 난파물 제거비용도 책임제한채권으로 정하고있으면서(동 조약 제2조 제1항 e호), 이를 각 국가가 유보할 수 있도록 하고 있다(제15조 제3항). 그러므로, 각국에 따라서는 난파물 제거비용이 책임제한채권인 경우도 있고 비제한채권일 경우도 있게 된다.

우리 대법원은 난파물채권이 구상채권으로 되는 경우에는 책임제한채권이 된다고 함은 앞에서 본바와 같다. 그러므로, 원인제공자와 과실이 있는 난파선의 소유자가 제거의무를 각각 부담하는 경우에 원인제공자가 제거업자와 계약을 통하여 먼저 난파물을 제거하게 되면, 이는 비제한채권으로 책임제한이 불가하므로 원인제공자는 전액을 지급하게 된다. 그 다음 원인제공자가 다시 과실비율에 상당하는 금액을 난파선의 소유자에게 청구하면 이는 책임제한채권이 되어 자신은 전액 구상을 받지 못하게 된다. 결국 먼저 제거하는 자가 불리한 결과가 된다. 입법론으로는 난파물 제거채권과 관련된 구상채권도 비제한채권으로 하여야 형평에 맞을 것이다.

(2) 난파물제거비용과 강제책임보험

선박보험에서는 보험에 부보된 선박의 제거등 비용을 담보위험으로 하고 있다. 보험부보선박의 과실로 상대선박이 난파물이 된 경우 난파물의 제거 등과 관련된 비용에 대하여는 선박보험의 선박충돌약관(RDC)에서는 보상이 제외되어 있다. 이러한 비용은 선주책임상호보험(P&I)에서 비용 등을 담보한다.[29] 한국상호보험조합(Korea P&I Club)의 보험계약규정 제25조 제3항은 가입선박의 잔해, 연료, 적하 및 기타 재물의 인양, 이동, 철거(이하 생략)(가입선박 이외의 선박 등에 부담하는 같은 종류의 책임이 포함된다) 등에 관한 법령등에 의해 부담한 책임을 보상의 범위로 정하고 있다.[30] 그런데, 선박소유자가 도산하여 보험계약자로서의 의무를 이행하지 아니하여 보험자가 의무를 부담하지 않거나, 선박소유자가 보험에 가입하지도 않고 있는 경우에는 국가가 비용을 최종적으로 부담하여야 하는 어려움에 봉착하게 된다. 이러한 어려움을 제거하기 위한 노력이 난파물 제거협약이다. 난파물제거협약은 선박소유자로 하여금 비용처리를 위한 책임보험에의 가입을 강제화시켰다.

일본은 국내법으로 일본에 기항하는 선박에 대하여 제거비용을 담보하는 보험에 강제적으로 가입하도록 규정하고 있다.[31] 우리나라의 해사안전법은 아직 강제책임보험을 도입하지 않고 있다.[32]

---

29) 잔해물에 대한 책임이 선박보험에서 커버될 경우에는 당연히 P&I에서 제외된다. 영국충돌약관이나 미국충돌책임약관에서는 난파된 선박이 가입선이라도 그 제거 또는 처분에 대한 책임은 제외되어 있으나, 노르웨이에서는 충돌로 난파된 상대선의 제거에 대한 책임을 선박보험자가 부담한다. 윤민현, P&I 보험과 실무(도서출판사 여울, 1988), 166면.

30) 한국선주상호보험조합 보험계약규정, 2000, 18면.

31) 일본 유배법 제39조의5 제1항 제2호.

32) 자세한 내용은 김인현 · 채이식 "해사안전법상 난파물제거제도와 그 개선방안", 경영법률 제22권 제2호(2012.1), 317면 이하.

[판례소개](대법원 2013.9.13. 선고 2011다81190 판결)

한국의 해상보험회사(보험자)는 한국의 선박회사(선주)의 선박을 보험의 목적으로 하는 선체(선박)보험계약을 체결하였다. 협회기간약관(선체)(ITC Hull)을 사용한 보험계약에서는 구조에서 발생하는 비용도 보험자가 부담하도록 약정되어 있다. 준거법은 영국법이었다. 동 선박은 중국에서 침몰선과 접촉하여 침몰에 이르자 중국정부가 이의 제거를 지시하였다. 보험자는 구조작업을 진행하였다. 한편, 선주는 Korea P&I(한국선주상호보험조합)와 책임보험에 가입한 상태였다. 난파물제거비용은 클럽에서 보상하는 손해이다. 선주는 사고 후 8개월 동안 구조작업이 완료되지 않자 2006.11.13. 보험자에게 이 사건 선박에 대한 위부통지를 하면서 전손보험금을 청구하였지만, 동부화재는 위부를 구두로 거절하고 대위권행사 및 구조진행의 의사만을 통지하였다. 구조작업이 제대로 진행되지 않자 중국정부는 보증금납부를 요구하여 Korea P&I는 이를 납부하였다. Korea P&I는, 보험자가 선주에게 선박에 대한 전손보험금을 지급하면서 소유권을 양도받고, 오로지 보험자 자신의 이익을 위하여 이 사건 선박에 대한 구조작업을 진행한 것은 영국법상 위부의 묵시적 승인으로 간주되므로, 사고발생 당시로 소급하여 이 선박에 대한 소유권을 취득함으로써 난파물제거의무 역시 보험자에게 이전되었기 때문에, 자신이 지급한 보증금을 부당이득/사무관리에 기한 비용청구권으로 돌려받아야 한다고 주장하였다.

이에 대하여 보험자는 원고로서 채무부존재확인의 소를 제기하였다. 원고는, 선주의 위부통지에 대하여 구두로 거절한 상태에서 추정전손이 발생한 것으로 인정하여 선주에게 전손 보험금을 지급한 다음 이 사건 선박의 잔존물에 대한 선주의 권리를 대위하여 구조작업을 계속 진행한 것일 뿐 이 사건 선박에 대한 선주의 위부를 승인한 바 없으므로 원고가 피고 Korea P&I에게 구상금기타 일체의 금전을 지급할 의무가 없다고 주장하였다.

대법원은 아래와 같이 판시하였다.

이 사건 보험 증권상의 준거법 약관에 의하여 이 사건 보험계약에 적용될 영국 해상보험법(Marine Insurance Act, 1906)은 보험위부와 관련하여, 제61조에서 "추정전손의 경우 피보험자는 손실을 분손으로 처리하거나, 또는 보험자에게 부보된 보험의 목적을 위부하고 그 손해를 현실전손으로 처리할 수 있다."고 규정하고, 제62조 제5항에서 "위부의 승인은 명시적으로 또는 보험자의 행위에 의하여 묵시적으로 할 수 있다. 그러나 위부의 통지 후의 보험자의 단순한 침묵은 승인이 아니다."라고 규정한다. 제63조 제1항에서 "유효한 위부가 있는 때에는 보험자는 보험목적의 잔존물에 대한 피보험자의 이익과 그에 부수하는 소유권에 기인한 일체의 권리를 승계할 권리를 가진다."고 규정하고 있다. 그리고 보험자 대위와 관련하여 제79조 제1항에서 "보험자가 보험목적의 전부에 대한 전손보험금을 지급하였거나, 화물의 경우에는 기 가분적 부분에 대한 전손보험금을 지급한 경우에는 보험자는 그때부터 보험목적의 잔존물에 대하여 피보험자의 이익을 승계할 권리를 갖는다. 그리고 보험자는 손해를 야기한 사고가 발생한 때부터 보험목적에 대한 그리고 보험목적과 관련된 피보험자의 모든 권리와 구제수단에 대위한다."고 규정하고 있다.

(중략) 원심은, 위와 같은 사실관계를 토대로 하여, 원고가 이 사건 선박의 위부승인에 대하여 명백히 거절의사를 표시한 점등은, 원고가 선주의 위부통지를 거절한 후 선주에게 전손보험금을 지급하고 선주를 대위하여 이 사건 선박에 대한 구조작업을 진행한 것이 영국 해상보험법상 위부의 묵시적 승인으로 간주될 수 없다고 판단하였다. 위 판단은 정당하다.

제4 難破物除去協約

1. 의 의

영해내의 난파물은 국내법으로 처리가 가능하다. 네덜란드 등 북구나 싱가폴 해협등 수심이 얕은 국가들은 영해이원의 배타적 경제수역에서 난파물이 발생하여 선박의 통항에 지장을 초래하는 경험을 가지고 있었다. 이러한 배타적 경제수역에서의 난파물 처리를 위한 국제적인 통일된 법체제를 만들기 위하여 국제해사기구 법률위원회에서 2007년 5월 23일 나이로비 난파물제거협약을 성립시켰다.[33] 난파물제거에 대한 선박소유자의 책임은 P&I에서 부보되는 사항이다. 그런데, 선박소유자는 법령상 제거의무 등을 부담하여야 보험금이 지급된다(한국 P&I 보험계약규정 제25조 제3항). 이 협약은 선박소유자로 하여금 법령상 제거의무를 부과함으로써 P&I의 책임을 발생시키게 한다. 2015년 4월 15일 발효된다.

2. 주요내용

(1) 적용범위

적용범위는 원칙적으로 배타적 경제수역이다(제3조 제1항 및 제1조 제1항). 영해내의 난파물의 문제는 국내법에서 처리되기 때문이다. 그러나, 국제적인 통일성을 기하기 위하여 영해 내에서도 원칙적으로 적용하자는 주장이 받아들여져 체약국은 선택적으로 영해 내에서도 난파물 제거협약을 적용할 수 있다(제3조 제3항). 영해적용을 선택하면 증서소지의무와 직접청구권 등이 적용되게 된다.

(2) 强制保險의 도입

난파물 제거비용 등의 처리를 확보하기 위하여 선박소유자로 하여금 강제보험에 가입하도록 하고 있다(제12조 제1항). 그리고 피해자나 비용청구권자는 보험자에 대하여 직접청구가 가능하도록 하고 있다(제12조 제10항). 보장 보험금액은 선주 책임제한액을 최소금액으로 한다. 각 국가는 이 금액보다 고액을 보험금액으로 할 수 있다.

(3) 연안국의 권리와 의무

난파물의 존재로 인하여 가장 크게 이해관계를 갖는 연안국은, 난파물을 항해

33) 당시 법률위원회 의장은 고려대학교 채이식 교수였다.

사들에게 고지하고(제7조), 위험물임을 알리는 표시를 하고(제8조) 소유자가 제거하지 않을 경우에는 난파물을 제거하여야 한다(제9조). 그 비용에 대한 부담은 난파물의 소유자가 하도록 되어 있다(제10조). 원칙적으로 배타적 경제수역에 있는 외국국적의 선박에 대한 제거권리는 선적국이 갖는다. 그런데, 연안국에게 제거의 필요성이 있는 경우가 있다. 연안국에게 그러한 권리를 입법적으로 부여하고 있다는 점에 본 협약의 의의가 있다.

(4) 責任制限制度

난파물협약은 선박연료유 협약의 전통을 이어받아 별도의 책임제한제도를 마련하지 않고, 각 국가의 책임제한제도를 적용하도록 하고 있다(제10조 제2항). 그러므로 각국별로 난파물제거비용에 대한 책임제한채권 여부가 달라지는 문제가 있다.

난파물제거비용채권을 제한채권으로 할지 아니면 비제한 채권으로 할지는 국가마다 다르게 된다. 우리나라는 비제한 채권으로 하고 있다.

제 5 편 當事者 保護手段

제 1 장
總　　論

제1절 序　論

법의 이념은 正義, 法的 安定性 그리고 合目的性이다. 해상법이 해상기업을 위한 법이라고는 하지만, 해상법은 선박소유자의 상대방 보호에 소홀할 수 없다. 해상법에서 선박소유자 및 제3자를 보호하는 제도에 대하여는 제1편에서 이미 살펴본 바있다. 제5편에서는 전체로서의 私法제도 중에서 선박소유자와 제3자가 적극적으로 혹은 소극적으로 자신들을 보호하기 위하여 이용할 수 있는 제도들을 살펴본다. 제2장에서는 다양한 해상기업활동관련자들의 종류와 특성, 이들을 보호하는 법적 수단을 개관한다. 제3장에서는 선박소유자의 채권자를 보호하는 담보제도, 강제집행제도, 제2차보상제도 그리고 책임보험제도에 대하여 살펴본다. 제4장에서는 선박소유자가 이용할 수 있는 선박보험제도와 선주책임상호보험에 대하여 살펴본다. 선박소유자책임제한제도 및 각종 면책제도는 이미 자세히 보았으므로 생략한다.

제 2 절　海上企業活動 關聯者

1. 선박소유자 및 운송인

선박소유자는 전형적인 해상기업이다. 선박소유자는 선박을 소유하는 자로서 직접 운송계약을 화주와 체결하기도 한다. 선복의 여유가 있거나 선박운항에 대한 노하우가 없이 단지 소유만을 목적으로 하는 회사인 경우에는 선박을 용선자들에게 용선을 주고 자신은 용선료를 수령하여 영업이익을 취한다. 선체용선자, 정기용선자들도 선박소유자와 유사한 지위에 있다.

선박소유자는 화주에 대하여 운임수령권을 가진다. 운임이 지급되지 않거나 화주의 화물이 선박에 손해를 야기하면 화주의 화물에 대하여 유치권을 행사할 수 있다. 선박과 달리 화물에 대하여는 우선특권이 허용되지 않기 때문에 유치권과 질권을 행사할 수밖에 없다. 화주의 일반재산에 대한 강제집행이 가능한 것은 당연하다.

선박소유자는 용선료미지급에 대한 수단으로서 선박을 철수시키는 등 소극적인 조치만 용선자에 대하여 취할 수 있지 선박자체를 담보로 할 수 없기 때문에 주의를 요한다. 특히 용선자가 선박을 소유하지 않는 브로커의 경우 그가 용선료지급을 해태할 경우에 선박소유자는 마땅한 제제수단이 없다. 용선자가 이행보증보험에 가입하거나 용선자보험에 가입하도록 하는 것도 보호수단의 하나이다. 선박소유자는 용선자의 화주에 대한 운임청구권에 대하여 강제집행이 가능하다(채권가압류).

선박소유자가 아닌 자가 운송인인 경우에도 대체로 위와 같은 논의가 가능하다.[1]

선박소유자의 채권자는 선박우선특권제도를 통하여 보호되지만, 선박소유자는 화물에 대하여 우선특권을 가지지 못하기 때문에 이 점에서 선박소유자가 불리한 지위에 있다.

2. 화 주

화주는 운송계약에서 운송인의 상대방이다. 화물의 손상에 대하여 손해배상청구권을 가지는 화주는 운송인의 재산에 대하여 가압류가 가능하다. 선박소유자가 적재선박을 직접 운송에 투입한 경우라면 그 선박은 바로 가압류의 대상이 된다. 그러나, 선체용선자 혹은 정기용선자가 운송 중이었다면 그 선박에 대한 가압류는 원칙적으로 불가하다. 채무자의 재산이 아니기 때문이다. 우리 상법 제809조는 이러한 경우에 선박소유자를 법정채무자로 하여 연대책임을 부과한 결과 선박은 쉽게 가압류되게 된다.

그러나, 화주는 화물손상에 대하여 선박우선특권을 가지지 못한다. 1991년 상법 개정의 결과 운송물로 인하여 발생한 채권은 선박우선특권의 대상이 아닌 것이 되었다. 이 점에서 상법상 화주는 일본이나 파나마 등에 비하여 덜 보호된다. 화주는 통상 운송중의 화물의 손해에 대하여 적하보험에 가입하고, 선박소유자는 선주상호책임보험(P&I) 보험에 가입하는 것이 통상적이다. 화물손해는 P&I보험에

---

1) 선체용선자, 정기용선자, 항해용선자가 운송인이 되는 경우이다.

서 부보되는 손해이다.[2)]

화주는 선하증권상 약정이나 상법을 통하여 공동의 위험을 피하기 위한 공동해손시 자신이 입은 손해의 일정한 부분을 다른 화주나 선박소유자에게 분담을 청구할 권리가 주어진다.

3. 항만공사

항만공사는 항구의 건설과 관리를 맡는 공공기관이다. 선박을 이용한 운송물의 이동은 항만을 매개로 하여 이루어진다. 항만은 선박이 정박하거나 접안할 부두를 제공하고 운송물이 선적되거나 양륙되는 공간과 설비를 또한 제공한다. 우리나라에는 부산(BPA), 인천(IPA), 광양, 울산에 각각 항만공사가 있다.

선박소유자는 항만공사에게 항만시설사용료 납부의무를 부담한다.[3)] 항만공사는 안전한 항구와 설비를 제공할 의무를 부담한다. 항만사용료를 납부하지 않는 선박에 대하여 항만공사는 한국 상법상 선박우선특권제도(777조)를 활용하여 선박에 대한 임의경매가 가능하다. 상법 제777조 제1항 1호의 "항해에 관하여 선박에 과한 제세금"에 해당하기 때문이다. 동 선박에 대한 선박우선특권 이외에 가압류는 허용되지 않는다는 것이 대법원의 입장이다. 그러나, 채무자인 선박소유자의 다른 재산에 대하여는 가압류 및 강제집행이 가능하다.[4)]

항만공사는 컨테이너부두를 소유하는 지위에 있다. 경우에 따라서는 하역설비도 소유한다. 항만공사는 항만운영회사와 부두에 대한 임대차계약을 체결하여 임대료를 수령하게 된다. 이 임대차계약은 상행위이기 때문에 상법이 적용된다. 운영회사는 선박회사인 경우도 있고 제3자 물류회사인 경우도 있다.

이들 사이의 임대료채권은 선박을 매개로 한 해상활동이 아니기 때문에 해상법이 적용되지 않고 상법이나 민법의 일반이론이 적용된다. 항만운영회사는 항만공사에 대하여 선박소유자책임제한을 주장할 수 없고, 항만공사의 운영회사에 대한 채권은 선박우선특권을 발생시키지 않고, 그 채권은 상사시효에 걸린다.[5)]

---

2) 그리하여 화물에 손해를 입은 화주는 먼저 적하보험자에게 보험금을 청구하고 운송인 적하보험자가 운송인의 P&I 보험자에게 구상청구하는 형식으로 클레임이 진행된다.

3) 대법원 2021.12.16. 선고 2018다204114 판결에서는 항만시설 사용료 대납경비를 인정하는 구 항만공사법 시행령 제13조 제3항은 항만공사에게 대납경비 지급 여부에 대한 재량을 부여하는 규정이 아니고 법률유보원칙에 반하지 않아 무효로 볼 수도 없다고 판단하였다.

4) 대법원 2020.2.27. 선고 2017두37215 판결에서는 해양수산부 고시인 '무역항의 항만시설 사용 및 사용료에 관한 규정'의 화물입출항료 징수대상시설 중 수역시설에 관한 부분이 위임입법의 한계를 벗어나지 않았다고 판시하였다.

5) 항만공사가 가해자 혹은 피고가 되는 경우도 있다. 항만공사 소유의 컨테이너 터미널의

4. 항만운영회사

컨테이너 선박회사는 정기선사이기 때문에 선박운항의 정시성이 매우 중요하다. 정시성을 확보하기 위하여는 자신의 부두(터미널)가 있어야 한다. 그리하여 컨테이너 선박회사들은 대개 자신의 부두를 소유하거나 임차하게 된다. 나아가 항만운영업을 독자적인 영업으로 하는 기업도 있다.

항만운영회사로는 인천항의 선광, 부산항의 자성대 터미널의 한국허치슨 터미널(주), 부산항 신선대부두의 씨제이대한통운부산컨테이너터미널(주) 등이 있다.

이들은 자신의 선박의 하역작업을 위한 공간으로서 부두를 제공하기도 하지만, 다른 선박회사들에게 부두를 제공하고 임대료 혹은 사용료를 받게 된다. 부두를 제공한 대가를 제 때에 받지 못한 경우 이들은 채무자인 운송인에게 강제집행이 가능하다. 이들 부두운영회사는 부두사용료에 대하여 선박에 대한 선박우선특권을 가지지 못한다. 상법 제777조 제1항 1호의 "항해에 관하여 선박에 과한 제세금"에 해당하지 않기 때문이다. 일반 가압류만 가능하다.

5. 선박금융제공자

은행 등은 선박소유자나 항만공사, 항만운영회사 등에게 자금을 공급하게 된다. 선박소유자 등이 물적 수단인 선박, 컨테이너 부두, 컨테이너 박스 등을 소유하기 위하여는 자금이 필요하다. 이는 모두 선박금융제공자들이 제공하게 된다.

선박금융 제공자들은 대금채권을 제대로 회수하기 위하여 채무자들의 재산에 대하여 저당권을 설정하게 된다. 선박소유자에게 차금을 하여 주면서 금융제공자인 은행은 선박 등 선박소유자의 재산에 대하여 저당권자가 된다. 저당권의 원활한 실행을 위하여 SPC(Special Purpose Company)를 설립하고 SPC는 은행으로부터 자금을 대여받는 채무자가 된다. 대금채권에 대하여 은행은 채권자가 되고 동시에 자신의 채권을 확보하기 위하여 선박을 저당목적물로 한 저당권자가 된다.[6] 또 은행은 선박소유자의 선박이 운항 중 침몰하는 경우에 자신의 채권을 확보하기 위하여 보험금에 대하여 질권을 설정하여 질권자가 된다.

은행이 가지는 위와 같은 채권은 선박운항과 직접관련이 없는 것이기 때문에

하역장비가 떨어져 선박에 손상을 입힌 경우에 항만공사는 채무불이행 책임 또는 불법행위상의 책임을 부담하게 된다. 이러한 경우에 대비하여 항만공사는 책임보험에 가입하여 자신의 위험을 분산하여야 할 것이다.

6) 부산고등법원 2021.6.17. 선고 2020나58147 판결에서는 선박금융을 제공한 은행은 선박에 대한 저당권자에 불과하여 항만시설 사용료를 지급할 책임을 부담하지 않는다고 판단하였다.

선박우선특권의 대상이 되지 못한다. 이들은 일반채권자로서 채무자인 선박소유자의 일반자산에 대하여 가압류 등 강제집행이 가능할 것이다. 은행은 저당목적물인 선박에 선박우선특권이 행사되면 자신의 채권에 대한 변제는 후순위가 되기 때문에 유의하여야 한다. 은행은 선박을 담보로 제공할 경우 LTV의 70%를 대출하여주지만, 다른 추가적인 담보가 없다면 저당의 목적물에서 전혀 채권을 회수하지 못하는 최악의 경우도 고려하여야 한다. 그 부분은 저당권자 보험으로 위험을 분산시켜야 한다.

은행들이 직접 소유자로 나서는 경우도 있다.[7] 이들은 선박등기부상 등록소유자가 된다. 선박투자회사의 경우라면 선박운용회사가 선박을 운용하게 된다. 이들 은행은 선박용선자들과 직접 장기적인 운항계약을 체결하게 되는 것이 통상이다. 이들로부터 임차료인 용선료를 수령하지 못하게 되면, 선박을 철수할 권한이 있으므로 이를 활용하기도 한다. 그러나, 이와 같이 은행이 선박소유자가 되는 경우 화주와 달리 가장 강력한 수단인 선박을 강제집행의 대상으로 활용할 수 없기 때문에 어려움이 있다. 이행보증보험등의 가입을 조건으로 용선자들과 운용계약이나 용선계약을 체결하는 것이 중요하다.

6. 도 선 사

도선사는 입항하는 선박을 안전하게 부두에 접안시켜 주는 역할을 수행한다. 도선사와 도선선(船)은 도선 서비스를 제공한 대가로 도선료를 청구할 권리가 주어진다. 이 채권은 우리 상법상 선박우선특권을 발생시키는 채권이다(상법 제777조). 선박소유자가 직접 운항하는 경우는 선박소유자가, 선체용선의 경우에는 선체용선자가, 그리고 정기용선된 경우에는 정기용선자가 각각 도선료 납부를 부담하는 채무자가 된다. 우리 상법은 선박소유자는 물론 선체용선자가 채무자인 경우에도 선박우선특권이 발생한다고 한다(상법 제850조 제2항). 그리고 학설은 정기용선자에 대해서도 선박우선특권을 인정한다.[8]

도선사가 승선 중 신체에 사상을 입은 경우 도선사는 불법행위에 기한 손해배상청구권을 행사할 수 있다.[9] 도선사는 선박소유자를 상대로 손해배상청구를 할

---

7) 금융제공자인 은행이 2008년 리먼 브라더스 사태 이후 채권자에서 담보물인 선박을 인수하여 소유자가 된 경우도 있다. 신한캐피털이 그러한 좋은 예이다.

8) 그러나, 1996년 선박우선특권 및 저당권 조약에서는 정기용선자 혹은 항해용선자가 발생시킨 채권은 선박우선특권의 범위에서 제외하여 저당권자를 보호하게 되었다. 2019년 대법원 판결로 정기용선의 경우에도 우선특권이 인정되게 되었다.

9) 도선사가 승하선 중 사망하거나 다치는 사고가 종종 발생한다.

수 있고, 선박소유자의 재산에 대한 가압류도 가능하다.10) 그러나, 도선사의 손해배상청구권은 선박우선특권을 발생시키지 않는다. 상법상 선박우선특권은 선원만이 보호의 대상이기 때문이다(상법 제777조). 도선사도 일시적이지만 선박소유자의 피용자의 지위에 있다고 보고, 상당한 위험이 따르므로 보호의 대상이 되어야 할 필요가 있다.

도선 중의 사고에 대비하여 도선사들은 상해보험 등에 가입하는 것이 좋다. 도선사종합보험 상품의 개발도 가능할 것이다.11)

7. 하역회사

하역회사는 운송인과 운송계약을 체결하여 하역작업을 하게 된다. 하역회사는 하역작업의 대가로서 하역료 청구권을 가진다. 하역회사는 하역료채권을 가지고 채무자인 운송인의 자산에 대하여 가압류가 가능하다. 선박소유자가 운송인이 아닌 한 하역회사는 운송물이 적재된 선박에 대한 가압류가 불가하다. 그 선박은 채무자소유의 재산이 아니기 때문이다. 상법 제809조를 근거로 선박소유자에게 운송인과 동일한 연대책임을 물을 수 없다. 하역회사는 제809조의 보호대상인 화주가 아니기 때문이다.

하역회사는 자신이 여전히 점유하고 있는 운송물에 대하여 유치권을 행사하여 운송인이나 화주에 대하여 하역비의 지급을 압박할 수 있다. 하역회사는 자신이 하역하였지만 그대로 점유하고 있는 채무자인 선박회사의 컨테이너박스를 유치할 수도 있다.12)

8. 선 원

선원은 선박소유자와 고용계약을 체결하여 노무를 제공한다. 노무제공의 대가로 임금을 수령하게 된다. 임금채권은 선박우선특권을 발생시킨다. 반드시 당해 선박에서 발생된 채권에 대하여만 당해 선박에 대한 우선특권 행사가 가능하다. 다른 선박에 대한 선박우선특권의 행사는 불가하다. 선원법상 선원과 고용계약을 체결할 수 있는 자로는 선주, 선박관리인, 대리인, 선체용선자가 있다. 상법상 우선특권이 허용되는 경우는 선주(선박소유자)와 선체용선자가 고용주가 되는 경우

---

10) 선박소유자의 이러한 책임은 모두 P&I 보험에서 보상된다.

11) 도선사 종합보험은 (i) 도선사의 제3자에 대한 손해배상책임 (ii) 도선 중 사상으로 인한 사망보험 (iii) 치료비를 포함하게 될 것이다.

12) STX 팬오션이 회생절차를 신청할 당시 하역회사들이 이러한 문제에 직면하였다.

만이다. 선박관리인이 직접 고용계약을 체결하여 고용주가 된 경우 임금체불 등의 경우 선원들은 선박우선특권은 물론 가압류 수단도 마땅하지 않은 점이 있다.

다만, 임금이나 퇴직금에 대하여는 선원법상 우선 변제권을 가진다(제152조의2).

선원의 재해보상은 선원법에 따라 처리된다(제94조 이하). 우리 대법원은 선원법상의 재해보상청구권과 불법행위에 기한 손해배상청구권이 경합하는 경우에 피해자는 둘 중 하나를 선택적으로 행사할 수 있다는 입장이다.

9. 선박연료유 공급자 등

선박연료유 공급자는 선박소유자 등 매수인에 대하여 대금청구권을 가진다. 그런데 우리 상법은 1991년 상법개정시 선박연료유 채권을 선박우선특권의 피담보채권에서 삭제했다. 다만, 상법 제777조 제1항의 "입항 후의 선박의 보존" 비용에 특별히 해당하는 경우에는 선박우선특권을 발생시키는 채권이 된다. 선체용선자가 운항하는 경우에 선체용선자가 선박연료유 매수인이 된다. 이 경우도 제850조 제2항에 의하여 선박우선특권이 발생한다. 정기용선중인 선박의 경우 정기용선자가 선박연료유의 매수인이다. 다수설에 따르면 이 경우에도 선박우선특권이 발생한다. 그러나 외국적 요소가 있을 때 국제사법 제60조에 의해 일본법이 준거법이 되면 선박연료유 공급채권으로 우선특권행사가 가능하다.

선박연료유 공급자들이 매수인인 선박회사 등 채무자의 일반재산에 대하여 강제집행이 가능하다. 그러나, 정기용선자에게 공급한 선박연료유 대금을 가지고 그 당시 선박의 소유자의 다른 재산에 대하여 가압류를 할 수는 없다. 만약, 정기용선자가 단지 대리인의 지위에서 선박연료유를 공급받았다면 본인(영업주)으로서 선박소유자가 채무자가 되고 따라서 당해 선박에 대한 가압류가 가능하게 된다.

10. 선박대리점

선박대리점은 상법상 대리상이다(상법 제87조). 선박회사의 대리인의 지위에 있다. 이들이 행한 거래행위의 법률효과는 선박회사에게 귀속된다. 대리점이 발행한 선하증권은 선박회사가 발행한 것이 된다. 이들이 회수한 선하증권은 운송인이 회수한 것과 동일한 효과가 있게 된다. 선박대리점은 영업주인 선박회사로부터 수수료를 수령하게 된다. 수수료를 받지 못한 경우에 영업주의 선박에 대하여 강제집행이 가능하다. 이는 선박우선특권을 발생시키는 채권이 아니다. 그러나, 선박대리점이 항비 등을 대납한 경우 항만당국에 대한 영업주인 선박회사의 채무를 대신 변제한 것이기 때문에 법정대위변제자로서 항만당국을 대신한 지위에서 당해선박에 대한 선박우선특권의 행사가 가능할 것이다.

11. 조 선 소

선박을 건조하는 조선소는 발주자인 선박소유자에 대하여 선박건조대금에 대한 청구권을 가진다. 조선소는 4~5차례에 걸친 선수금을 수령하게 된다. 조선소는 선박 건조중 선수금 등 선박건조비를 미납한 선박소유자에 대하여 건조중인 선박에 대한 유치권을 행사할 수 있다.

수리조선소는 수리비채권을 피담보채권으로 하여 선박을 유치할 수 있다. 우리법하에서는 조선소의 수리비채권은 선박우선특권의 대상이 아니다.

12. 보 험 자

보험회사는 보험계약을 체결한 보험계약자인 선박소유자, 송하인, 해상기업 관련자에게 보험료 청구권을 갖는다. 보험료를 받지 못하게 되면 보험계약을 해지하는 수단을 가진다.

피보험자에게 보험금을 지급한 보험자는 피보험자를 대위하게 되므로 가해자인 운송인, 선박소유자, 해상기업 관련자들에게 구상권을 가진다(상법 제682조). 선박충돌사고에서 일방 선박소유자는 타방소유자의 책임보험자에게 보험금에 대한 직접청구권을 가지는 결과(제724조 제2항), 책임보험자는 피해자에게 보험금을 지급할 책임이 있다.

제 2 장

船舶所有者의 債權者를 위한 保護手段

제1절 序 論

일반적으로 채권자를 보호하는 수단으로는 연대채무, 보증채무 등의 人的擔保制度와 저당권이나 질권 등과 같은 物的擔保制度가 있다. 우리 상법은 선박우선특권이라는 특별한 담보제도를 마련하여 선박채권자를 보호하고 있다.

선박소유자의 채권자가 스스로 자신의 위험을 분산시키기 위하여 가입하는 적하보험도 채권자보호수단이 된다고 볼 수 있다. 책임보험제도와 피해자에 대한 직접청구권의 인정은 선박소유자의 채권자를 보호하는 또 다른 수단이 된다. 이하에서 선박우선특권제도를 포함하는 물적담보제도와 보험제도 그리고 제2차 보상제도 등에 대하여 절을 달리하여 살펴본다.

제2절 物的 擔保制度

제1 序

船舶債權이란 선박에 의하여 담보되는 채권을 말한다. 그리고 그 채권자를 선박채권자라고 한다.[1] 선박채권자는 선박에 의하여 담보되는 자이므로 일반채권자보다 좁은 개념이다. 우리 상법은 제1장 제5절에서 선박담보라는 제목 하에 선박우선특권, 저당권 및 질권에 대한 규정을 가지고 있다.

선박은 부동산 유사성에 의하여 저당권의 목적이 된다. 선박은 동산이므로 질권의 대상이 되어야 한다. 그러나, 국가산업에 미치는 영향을 고려하여 우리 상법은 등기한 선박은 질권의 목적으로 하지 못한다고 하고 있다(상법 제789조). 다만,

1) 채이식, 388-389면.

등기되지 않는 선박은 질권의 대상이 된다. 전통적인 저당권 이외에 우리 상법은 선박우선특권이라는 특수한 담보물권을 인정하고 있다.

제2 質權과 留置權

1. 質 權

(1) 개 념

질권자가 채권의 담보로 채무자 또는 제3자가 제공한 동산을 점유하고 그 동산에 대하여 다른 채권자보다 자기 채권의 우선변제를 받을 권리가 있는 약정담보물권이 質權이다(민법 제329조). 질권에는 동산질권과 권리질권이 있다.

우리 상법 해상편은 선박 질권에 대하여 특별한 규정을 가지고 있지 않으므로 상법 상행위편과 민법의 질권규정이 적용법규가 된다.

(2) 船舶과 質權

선박을 질권의 대상으로 하게 되면 선박은 질권자의 수중에 있게 되므로 질권설정자는 선박을 사용할 수 없게 된다. 대부분의 질권자가 금융기관들이므로 이들이 해상기업으로서 선박을 운항하지도 않는다. 따라서 국가산업전체로 보아서 선박은 사장되게 되는 셈이 된다. 그러므로, 우리 상법은 선박은 원칙적으로 질권의 대상으로 하지 못하게 하고 저당권의 목적으로 할 수 있도록 하여 선박등기제도를 마련하였다. 다만, 20톤 미만의 소형선박은 질권의 대상이 된다. 부선(barge)은 스스로 운항할 능력이 없어서 일반 선박과는 달리 취급되어 등기를 할 수 없었으므로 저당권의 목적으로 할 수 없고 질권의 목적으로만 할 수 있었다. 그 후 부선 소유자의 재산권행사를 가능하게 하기 위하여 1999년 선박법을 개정하여 100톤 이상의 부선(선박계류용 · 저장용으로 사용하기 위하여 수상에 고정하여 설치하는 부선은 제외됨)은 등기가 가능해졌다. 그러므로 현재는 일정한 부선은 저당권의 목적이 될 수 있다.[2)]

20톤 미만의 선박을 질권으로 하는 경우에는, 질권설정에 대한 합의만으로 질권이 성립하는 것이 아니라 질권의 대상이 되는 선박을 질권자에게 인도하여야 비로소 질권이 성립된다. 20톤 미만의 선박은 동산으로서 등기의 대상이 아니므로 선의취득의 대상이 된다(민법 제343조, 제249조). 즉, 채무자가 채권자로부터 대

2) 여기에 대하여는 김인현(해상법연구), 223면을 참고 바람.

금을 차용하면서, 자신이 다른 선박소유자로부터 임차한 선박에 질권을 설정한 경우에 채권자인 질권자가 공연, 평온하고 선의·무과실이었다면 질권자는 유효한 질권을 취득하는 것이 된다.

2. 留 置 權

(1) 개 념

타인의 물건이나 유가증권을 점유한 자는 그 물건이나 유가증권에 관하여 생긴 채권이 변제기에 있는 경우에는 변제를 받을 때까지 그 물건 또는 유가증권을 유치할 수 있는바 이러한 권리를 *留置權*이라 하고 이는 법정담보물권이다(민법 제320조). 상인간의 상행위로 인한 채권이 변제기에 있는 때에는 채권자는 변제를 받을 때까지 그 채무자에 대한 상행위로 인하여 자기가 점유하고 있는 채무자 소유의 물건 또는 유가증권을 유치할 수 있는 상사유치권을 갖는다(상법 제58조).

(2) 船舶과 留置權

선박유치권은 선박자체에 관하여 발생한 채권이 변제기에 있는 경우에는 채권자가 채무를 변제받을 때까지 선박을 유치할 수 있는 권리이다. 조선소에서 수리를 마친 선박소유자가 수리비를 조선소에 변제하지 않을 경우에 수리비 채권을 갖는 조선소가 선박을 유치하는 경우가 대표적인 예이다. 선박유치권은 담보채권과의 견련성을 요한다는 점에서 상법상의 상사유치권과 다르다.

제3 抵 當 權

1. 의 의

抵當權이란 저당권자가 채무자 또는 제3자가 점유를 이전하지 아니하고 채무의 담보로 제공한 부동산에 대하여 다른 채권자보다 자기 채권의 우선변제를 받을 수 있는 권리로서 담보물권이다(민법 제356조). 예컨대, 선박회사 甲이 선박운항을 위하여 10억원이라는 대금이 필요하여 은행 乙에게서 차입하려고 한다. 은행 乙은 대금회수에 대한 확실한 담보를 요구하게 된다. 甲은 자신의 선박 한 척을 담보로서 제공하고 대금 10억을 빌리게 되었다. 소비대차계약에서 甲은 채무자이고 乙은 채권자이다. 선박은 저당의 목적물이고 甲은 저당권설정자가 되고 乙은 저당권자이다. 甲이 변제기일까지 대금을 상환하지 못하면 乙은 선박을 임의경매하여 다른 채권자보다 우선하여 변제를 받게 된다.

2. 일반 저당권이론

(1) 물권변동

저당권에 대한 물권변동은 저당권설정에 대한 합의가 있고 등기를 하여야 저당권이 성립한다. 등기소의 선박등기부에 저당사실을 기록하여야 한다.

(2) 대상 목적물

저당권은 부동산에 대하여만 인정되고 동산에 대하여는 인정되지 아니한다. 저당권은 점유를 저당권자에게 이전하지 않는 점에 특질이 있다. 선박은 저당권의 목적물이 된다.

(3) 효 력

저당권자에게 우선변제권이 주어진다. 저당권은 담보물권이므로 부종성, 수반성, 불가분성 및 물상대위성이 있다.

3. 船舶抵當權

(1) 물권변동

선박저당권에 대한 물권변동에 관하여는 상법에 특별히 정한 바가 없으므로 민법의 일반원칙에 따르게 된다. 즉, 저당권설정에 대한 합의가 있고 설정등기가 완료되었을 때에 저당권이 성립한다고 본다. 이 점에서 일반 담보물권과 다르지 않다.

(2) 대상 목적물

등기한 선박은 저당권의 목적으로 할 수 있다(상법 제787조 제1항). 선박저당권은 등기한 선박만 저당권의 목적이 될 수 있다.

선박은 원래는 그 성질이 동산이지만, 부동산 유사성이 있으므로 이를 부동산과 같이 취급하여 저당권의 목적으로 한 것이다. 등기가 되지 않는 선박은 저당권의 목적이 될 수 없고 이들은 질권의 목적만이 될 수 있다. 선박법과 선박등기법에 따르면 총톤수 20톤 미만의 소형선박, 단주, 노도만으로 운전하는 선박은 등기가 되지 않는다. 모든 종류의 부선은 등기가 되지 아니하여 재산권의 행사에 어려움이 많았지만, 1999년 선박법과 선박등기법의 개정으로 100톤 이상의 부선(계류용·저장용 등으로 사용하기 위하여 수상에 고정하여 설치하는 부선은 제외)은 등기가 가능하게 되었다(선박법 제1조의 2, 제26조). 20톤 미만이지만 고가의 선박(요트 포함)에 대한 금융이 가능하도록 정부는 소형선박 저당법을 공포하였다(2007.8). 선박등록원부에 등록함으로써 저당이 가능하도록 하였다.

건조중인 선박도 저당권설정이 가능하다.

(3) 효 력

선박의 저당권은 그 속구에 미친다(제787조 제2항). 민법상의 저당권의 효력은 종물에도 미치므로 이와 다르지 않다. 저당권의 효력이나 순위등은 민법상의 저당권의 규정에 의한다(상법 제787조 제3항).

선박채권자의 선박우선특권은 저당권에 우선한다(상법 제788조).

제4 船舶優先特權

1. 의 의

(1) 개 념

상법은 저당권보다 우선하는 특수한 물권인 선박우선특권을 선박소유자의 상대방에게 부여하고 있다. 선박우선특권이란 선박과 관련하여 발생한 일정한 채권을 가진 채권자가 그 선박, 운임 및 부수채권에 대하여 다른 채권자보다 우선하여 변제를 받을 수 있는 권리이다(상법 제777조).[3)]

선박우선특권은 영미법의 對物訴訟(action in rem)의 영향을 받은 것으로서, 선박자체를 의인화하여 선박이 사고를 야기한 주체로서 직접적인 책임을 부담한다는 관념에서 인정되는 제도이다.

선박우선특권의 존재이유는 첫째, 선박채권자를 두텁게 보호하고, 둘째, 선박금융을 원활히 하기 위함에 있다고 본다.[4)] 그러나, 적하 및 수하물에 대한 손해배상채권에 대하여는 1991년 상법개정으로 제777조 제1항 제4호 후단이 삭제되었으므로,[5)] 운송 중이던 운송물이 손상을 입게 되어 운송인인 선박소유자에 대하여 채

---

3) 선박우선특권이 발생한 피담보채권에 관하여 당사자 사이에 중재약정이 있는 경우 대법원은 중재절차를 거치지 아니하고 선박우선특권에 기해 선박에 대한 경매를 신청한 것은 부적법하다고 판시한 바 있다(대법원 1993.10.5.자 93마621 결정).

4) 村田, 283頁.

5) 삭제 이유에 대하여 채이식 교수는 “대부분의 적하소유자가 우선특권을 갖게 되어 우선특권자보다 후순위자인 저당권자의 지위가 현저히 불안한 점을 고려하여 선박충돌로 인한 것이 아닌한 적하 및 수하물에 대한 손해배상채권을 본항에서 제외하였다.”고 설명한다. 채이식(하), 797면.

권을 갖는 송하인은 더 이상 선박우선특권을 이용할 수 없다. 이러한 선박우선특권의 피담보채권범위가 좁아진 한도에서 선박소유자는 유리한 입장에 있다.[6)]

국제사법에 따르면 선박우선특권은 선적국법에 따른다(국제사법 제60조 제1호). 선박우선특권의 목적물인 선박의 선적국이 외국인 경우 국제사법에 의하여 준거법을 정한다. 파나마와 일본과 같은 국가는 아직도 운송 중인 화물의 손상에 대한 채권 및 선박연료유 공급채권이 선박우선특권의 대상이 된다.[7)]

선박우선특권에 대하여는 1926년 선박우선특권 및 저당권에 대한 통일조약이 채택되었다. 그 후 1967년 및 1993년에 새로운 협약이 채택되었다. 우리나라 상법은 1926년 통일조약의 내용을 수용하여 규정하고 있다가, 1991년 개정시에는 1967년 협약의 내용을 대폭 수용하였다. 우리나라는 두 조약에 모두 가입하지 않았다.

(2) 성질 및 구별개념

1) 성 질

선박우선특권자는 그 목적물에 대하여 직접적인 지배권을 갖는다는 점에서 물권적인 성질을 가지며, 사용권이 없이 우선변제권만 있는 권리이므로 담보물권적 성질을 갖는 것이라고 본다.[8)] 그리하여 우리 상법은 선박우선특권에 규정이 없는 경우에는 그 성질에 반하지 아니하는 한 민법의 저당권에 관한 규정을 준용하도록 하고 있다(상법 제777조 제2항).

2) 抵當權과의 異同

일반 담보물권으로서의 효력인 *優先辨濟權*, *追及力*, *附從性* 등을 선박우선특권이 갖는 것은 저당권과 동일하다.

저당권은 물권변동의 요건으로서 등기가 되어야 한다. 그러나, 선박우선특권은 등기라는 공시를 요구하지 않는다. 저당권은 피담보채권과 분리되어 소멸시효에 걸리는 일은 없지만, 선박우선특권은 1년간의 제척기간에 걸린다(상법 제786조 제1항). 저당권은 성립순위에 따라서 우선권을 갖지만, 선박우선특권은 오히려 후에 발생한 채권이 우선권을 갖는다. 저당권은 약정담보물권이므로 피담보채권에 제한이 없지만, 선박우선특권은 법정담보물권으로서 피담보채권이 법정되어 있다.

---

6) 이는 1967년 해상우선특권 및 저당권에 대한 통일조약의 태도를 국내법화한 것이지만, 아직도 파나마와 같은 국가는 이를 존치시키고 있다. 국내 화주나 그 보험자는 파나마 선적의 선박이 우선특권의 대상이 될 경우 파나마법을 적용하게 된다면 화물손상에 대하여 선박우선특권의 행사가 가능하다.

7) 일본의 경우 선박소유자책임제한 채권은 모두 선박우선특권을 발생시키는 피담보채권이 된다(동법 제95조 제1항). 中村・箱井, 393면.

8) 채이식, 381면; 이균성, 140면; 최종현, 194면.

또한 선박우선특권에는 물상대위성이 제한되어 있다.

2. 성립요건

(1) 船舶優先特權의 대상이 되는 채권(被擔保債權)

선박우선특권의 대상이 되는 채권은 상법 제777조에서 규정하고 있다.[9] [10]

1) 제1순위 유익비채권

채권자의 공동이익을 위한 소송비용, 선박과 속구의 경매비용, 항해에 관하여 선박에 과한 제세금, 도선료와 예선료, 최후 입항후의 선박과 그 속구의 보존비와 검사비 등이다(상법 제777조 제1항 제1호).

선박이 임의경매를 위하여 감수보존을 하고 있다면, 감수보존비용이 경매비용에 속하게 된다. 선박이 항만에 대기하면서 부담하는 부두사용료 등이 선박에 관한 제세금이다. 항만공사는 항만사용료 채권을 가지고 당해 선박에 대하여 선박우선특권을 행사할 수 있다. 입항 후 선박 연료유가 필요하여 보급받은 경우의 연료유 대금도 보존비에 속한다. 이전 항차의 연료유 대금이나 다음 항차를 위한 연료유 대금은 여기에 속하지 않는다.[11] 도선서비스를 제공한 도선사는 당해 선박에 대하여 도선료 채권에 기한 선박우선 특권을 가진다. 항해를 위하여 선박과 속구의 상태 및 기능을 유지하기 위하여 지출한 선박의 수리공사비와 검사비도 보존비에 포함된다(대법원 1980.3.25. 선고 79다2032 판결).

한편, 하역료채권을 갖는 하역회사나 수리비채권을 갖는 조선소는 우리 법상 선박우선특권을 가지지 못한다.

[판례소개](대법원 1996.5.14. 선고 96다3609 판결)
대법원은 "상법 제861조 제1항 제1호(개정상법 제777조 제1항 제1호)가 최후 입항

---

9) 일본의 경우 (i) 상법 제842조, (ii) 선주책임제한법, (iii) 국제해상물품운송법의 순서로 선박우선특권이 효력을 갖는다. 상법 제842조에 따르면 선박경매비용 및 보존비, 최후 항해의 선박의 보존비, 항해관련세금, 도선료 및 예선료, 구조료 및 공동해손분담금, 항해계속의 필요로 인한 채권, 고용계약으로 인한 선장·해원의 채권 등이다. 선원의 임금채권이 구조료 및 공동해손 분담금 채권보다 후순위인 점이 우리나라와 다르다.

10) 중국의 경우 (i) 선원의 임금채권·송환비용, (ii) 선박의 운항중 발생한 인명의 손상 등에 대한 손해, (iii) 선박톤세, 도선료, 항만사용료, (iv) 해난구조료청구권, (v) 선박의 운항중 불법행위로 인한 손해배상의 순서로 우선특권의 효력이 있다. 선원의 임금채권이 제1순위라는 점이 우리나라와 다르다.

11) 1991년 상법 개정시 제861조 제1항 제5호 "선박의 보존 또는 항해계속의 필요로 인하여 선장이 선적항 외에서 그 권한에 의하여 체결한 계약 또는 그 이행으로 인한 채권", 제6호 "최후의 항해준비에 요한 선박의 장비, 양식과 연료에 관한 채권"을 삭제하였다.

후의 선박보존비 등에 대하여 선박우선특권을 부여하고 있는 것은 이러한 채권이 없으면 다른 채권자들도 선박경매대금으로부터 변제를 받기가 불가능하게 될 것이라는 점에서 이러한 비용은 경매에 관한 비용에 준하는 성질을 가지기 때문이고, 따라서 최후 입항 후라는 의미는 목적하는 항해가 종료되어 돌아온 항뿐만 아니라 선박이 항해 도중에 경매 또는 양도처분으로 항해가 중지되어 경매되는 경우의 선박보존비용도 달리 보아야 할 필요가 없으므로 항해를 폐지한 시기에 있어서 선박이 존재하는 항도 포함하는 것으로 해석함이 상당하다고 할 것이다. 피고들의 선박수리채권이 위 선박의 마지막 조업을 위한 출항 전의 선박수리비 채권이라면 이는 상법에서 선박우선특권을 가지는 채권으로 규정하고 있는 최후 입항 후의 선박과 그 속구의 보존비라고 할 수 없으며, 가사 위 선박이 연안조업어선으로서 항해기간이 단기간이라고 하여 달리 볼 것은 아니다."라고 판시하였다.

[판례소개](대법원 2012.7.16.자 2009마461 결정)

러시아선적인 선박 X호를 정기용선한 정기용선자(채무자 乙)의 선박대리점(甲)은, 대리상계약상 이행약정에 따라 X호의 입항과 관련된 乙의 채무인 항비 등을 부산항만공사(BPA)에 납부하였다. 자신이 납부한 대금을 乙이 변제하지 않자 甲은 항비는 선박우선특권(maritime lien)을 발생시키는 채권이고 자신은 부산항만공사의 채권을 대위하는 자의 지위에 있기 때문에 선박우선특권자가 된다고 주장하면서 선박 X호에 대한 임의경매신청을 하였고 법원은 이를 받아들였다. 이에 러시아 선주는 甲은 선박우선특권을 행사할 수 있는 지위에 있지 않다고 하면서 선박임의경매허가의 취소를 구하였다. 원심은 이를 인용하였다. 선박대리점 甲이 민법 제481조의 법정대위권자이기 때문에 선박우선특권을 행사할 수 있는지가 대법원에서 쟁점이 되었다.

대법원은 아래와 같이 판시하였다.

외국의 선주 등과 선박대리점계약을 체결한 경우 동 계약에서 발생하는 채권채무 등에 대한 준거법을 따로 선택하지 않았다면 국제사법 제26조 제2항 단서에 의하여 계약과 가장 밀접한 관련이 있는 것으로 추정되는 선박대리점의 영업소가 있는 우리나라의 법이 준거법이 된다.

선박대리점이 이행인수약정에 따라 자신의 재산을 출연하여 한 변제는 민법 제469조에서 정하는 제3자의 변제에 해당한다. 민법 제481조에 의하여 법정대위를 할 수 있는 '변제할 정당한 이익이 있는 자'는 변제함으로써 당연히 대위의 보호를 받아야 할 법률상의 이익을 가지는 자를 말한다. 선박대리점이 이행인수약정에 따라 자신의 재산을 출연하여 채권자에게 변제한 경우에는 선박대리점은 "변제할 정당한 이익이 있는 자"로서 채권자가 선주에 대하여 가지는 채권을 당연히 대위한다(이행하지 아니하면 채무자에 대하여 채무불이행책임을 지게 되므로).

2007년 개정상법은 선박과 속구의 경매비용을 피담보채권에서 삭제하게 되었다. 선박우선특권과 관련된 경매비용은 이는 경매비용의 일부로서 절차법에 의하여,[12] 당연히 우선적으로 공제될 절차비용이므로 이를 우선특권을 가진 채권으로

12) 예컨대 인지대, 송달료, 감수보존비 등은 민사집행법 제53조에 따라 상법의 우선특권이

열거할 필요가 없기 때문에 상법 제777조 제1항에서 삭제되었다.[13]

제1호를 삭제하게 되어 선박경매에 관한 비용의 채권자는 더 이상 상법상의 우선특권자가 아닌 것이 되었다. 예컨대, 채권자에 의하여 선박이 압류되어 감수보전조치를 하여 비용이 발생하였지만, 실제 경매를 하지 못한 경우에 채권자/감수보전회사는 현행 상법하에서는 “선박과 속구의 경매에 관한 비용”에 해당하는 우선특권을 가지게 되지만, 삭제를 하게 되면 경매가 되지 않은 경우에는 이들은 선박우선특권상 권리를 갖지 못하게 되는 불합리가 발생할 수 있다. 채권자/감수보전회사는 자신이 갖는 우선특권을 양도하는 경우도 있을 것이지만, 삭제를 하게 되면 이러한 권리를 잃어버리는 것이 된다.[14]

2) 제2순위 임금채권

선원 기타 선박사용인의 고용계약으로 인한 채권이다(상법 제777조 제1항 제2호). 체불임금, 손해배상청구권, 보합금 및 어업장려금 등이 포함된다. 이 임금은 바로 그 선박에서 발생한 것에 한한다. 그러므로, 이전에 승선한 선박에서 발생한 임금채권을 가지고 현재 승선 중인 선박에 대하여 선박우선특권을 행사하지 못한다. 반드시 승선 중에 발생하지 않더라도 승선의 과정에서 발생한 재해보상금 등은 이에 포함될 수 있을 것이다. 고용 계약 존속 중의 모든 항해로 인한 운임의 전부에 대하여 우선특권이 있다(상법 제781조). 선박소유자가 고용주가 된 경우는 물론 선체용선자가 고용주가 된 경우도 우선특권이 발생된다(상법 제850조 제2항).

선박채권자를 보호하기 위하여 상법은 선박우선특권이라는 제도를 두고 있다. 그런데, 우선특권을 발생시킨 선박의 소유자가 일반근로자에게 근로기준법에 기한 임금우선특권을 부담하게 되는 경우도 있다. 이렇게 되면 배당의 순서를 정하기 위하여 상법상의 선박우선특권과 근로기준법에 기한 임금우선특권 사이의 우선순위가 다투어진다. 선박우선특권도 상법 제777조 제2항에 따라 “이 법 기타의 법률의 규정에 따라 다른 채권자보다 자기채권의 우선변제를 받을 권리가 있고”, 임금우선특권도 근로기준법 제38조에 따라 “질권 또는 저당권에 의하여 담보된 채권, 조세 공과금 및 다른 채권에 우선하여 변제되어야 한다.”고 하므로, 양자 모

되는 채권보다 우선하여 채권자가 회수하게 될 것이다.

13) 해법학회의 논의에서 “선박과 속구의 경매에 관한 비용”은 1967년 선박우선특권조약 제11조 제2항과 1993년 선박우선특권조약 제12조 제2항 및 주요해운국의 입법례에 따르고, 민사집행법 제53조에서 경매절차상 경락대금에서 우선변제를 인정하는 채권이기 때문에 선박우선특권을 인정할 채권이 아니라고 한다. 따라서 삭제하자는 것이다. 전게 해상법개정문제연구보고서, 39면; 정완용, “선박우선특권의 피담보채권”, 한국해법학회지 제21권 제2호(1999.11.), 231-237면.

14) 동지, 이태종, 전게 공청회자료, 79면.

두 우선변제권을 가진다. 대법원은 후자가 우선한다고 판시하고 있다.

[판례소개](대법원 2005.10.13. 선고 2004다26799 판결)

장영해운 소유의 제8 장영호와 원고 신우쉬핑 소유 선박 솔레치니호가 충돌하여 솔레치니호가 좌초되는 사고가 발생하였다. 이에 신우쉬핑은 위 사고로 인한 손해배상청구권이 상법 제861조 제1항 제4호 소정의 선박우선특권에 해당됨을 이유로 제8 장영호에 대한 임의경매를 신청하였다. 그런데 피고(선원은 아니지만 장영해운의 근로자임)는 자신의 재해보상금채권이 근로기준법 제37조 제2항에 의한 우선임금채권자에 해당됨을 이유로 한 배당요구를 하였다. 부산지방법원은 원고와 피고를 모두 동일한 제2순위 채권자로 보아 배당표를 작성하였다(제1순위로는 접안료, 감수보존비등 집행비용을 청구한 부산지방해양수산청장과 대일 썬 주식회사로 결정함). 이에 원고는 선박우선특권은 당해 선박과 관련하여 발생한 특정채권에 대해 당해 선박에 한해 인정되는 법정담보권으로서 우선임금채권보다 우선한다고 보아야 할 것이므로 피고들에게 배당하는 것으로 작성된 금액은 선순위자인 원고에게 먼저 배당되어야 한다고 주장하면서 배당이의의 소를 제기하였다.[15]

대법원은, "선박우선특권과 임금우선특권의 순위에 대한 규정이 없음을 인정한 다음, 선박우선특권제도는 원래 해상기업에 수반되는 위험성으로 인하여 해사채권자에게 확실한 담보를 제공할 필요성과 선박소유자에게 책임제한을 인정하는 대신 해사채권자를 두텁게 보호해야 한다는 형평상의 요구에 의하여 생긴 제도임에 반하여, 임금우선특권제도는 근로자의 생활안정, 특히 사용자가 파산하거나 사용자의 재산이 다른 채권자에 의하여 압류되었을 경우에 사회경제적 약자인 근로자의 최저생활보장을 확보하기 위한 사회정책적 고려에서 일반 담보물권자등의 희생 아래 인정되어진 제도로서 그 공익적 성격이 매우 강하므로, 양 우선특권제도의 입법취지를 비교하면 임금우선특권제도를 더 강하게 보호할 수밖에 없다. (중략) 임금우선특권을 선박우선특권보다 우선시키는 것이 합리적인 해석이다. 양 채권을 동일순위로 배당한 점에서 잘못이지만, 선박우선특권을 임금우선특권보다 우선시켜야 함을 전제로 하는 원고의 주장을 배척한 결론에 있어서는 정당하다. 그러므로, 원고의 상고를 기각한다."고 판시하였다.

3) 제3순위 위급채권

선박의 구조에 대한 보수와 공동해손 분담에 대한 채권이다(상법 제777조 제1항 제3호). 구조료채권과 공동해손분담금에 대한 채권이 여기에 해당한다. 구조자가 선박소유자에 대하여 가지는 구조료채권에는 임의구조나 계약구조나 모두 포함된다.[16] 공동해손을 당한 화물의 소유자가 선박소유자에 대하여 가지는 공동해손분담채권이 여기에 속한다. 공익의 목적에서 구조에 종사한 자를 보호하고 구조를 장려하기 위하며 해손을 입은 화주를 보호하기 위하여 이들을 피담보채권으로 하

15) 법원공보(2005), 1784면.

16) 선박소유자가 화주에 대하여 가지는 공동해손분담채권은 이에 해당하지 않음은 성질상 당연하다.

였다.

4) 제4순위 사고채권

"선박의 충돌과 그 밖의 항해사고로 인한 손해, 항해시설 · 항만시설 및 항로에 대한 손해와 선원이나 여객의 생명 · 신체에 대한 손해의 배상채권"이다.[17)]

1991년 상법 제860조 제4호에서 말하는 "선박의 충돌로 인한 손해 기타의 항해사고로 인한 항해시설, 항만시설 및 항로에 대한 손해와 선원이나 여객의 생명 신체에 대한 손해의 배상채권이다."(상법 제777조 제1항 제4호)를 2007년 개정시 수정한 것이다.

본호는 첫째, 선박충돌로 인한 손해, 둘째, 항해사고로 인한 항해시설, 항만시설 및 항로에 대한 손해, 셋째, 선원이나 여객의 생명, 신체에 대한 손해의 배상책임이다. 선박충돌로 인한 손해라고 하므로 사고의 원인이 선박충돌인 경우라면 모든 경우의 손해가 포함된다. 선박충돌로 인한 부두의 손상, 선박충돌의 결과로 발생한 오염사고에 대한 손해배상채권, 선박충돌로 인한 운송 중인 화물의 손상에 기한 손해배상채권 등이 모두 여기에 포함된다. 선박이 묘박 중 태풍에 밀려서 외항 방파제 혹은 부표를 파손시킨 경우나 선박이 접안 중 도선사의 과실로 부두 혹은 컨테이너 터미널의 하역설비가 손상을 입은 경우가 두 번째의 예이다. 선박침몰로 인하여 선원이 사망한 경우, 여객선의 침몰로 여객이 사망하거나 다친 경우가 세 번째 예이다.

1991년 상법개정시 운송 중인 화물의 손상에 기한 채권은 선박우선특권에서 제외되게 되었다. 이는 국제조약의 입장을 반영한 것이나, 선박소유자에게는 유리하고 화주에게는 불리한 조치이다. 그러나, 선박충돌로 인한 운송물의 손상은 아직

---

17) 1967년 조약 제4조 제1항은 제3호에서 "선박의 운송과 직접 관련되어, 육상 혹은 해상을 불문하고, 발생한 것으로 인명의 손상과 관련된 소유자에 대한 손해배상청구권(claims against the owner in respect of loss of life or personal injury occurring, whether on land or on water, in direct connection with the operation of the vessel) 그리고 제4호에서 선박의 운항과 직접 관련되어, 육상 혹은 해상을 불문하고, 발생한 선박소유자에 대한 손해배상청구권으로서 불법행위를 청구권의 기초로 하고 계약에 기초하여 청구되지 않는 것(claims against the owner, based on tort and not capable of being based on contract, in respect of loss of or damage to property occurring, whether on land or on water, in direct connection with the operation of the vessel)을 선박우선특권의 대상으로 한다. 그러므로, 선박충돌에서 적재선박에 대하여 발생한 운송물 손해는 선박우선특권의 대상이 아님이 명백하고, 다만 상대선박에 대하여는 우선특권이 인정된다. 1993년 조약은, 선박에 운송 중인 화물의 손해에 대한 채권에 대한 것을 제외한 선박운항에 기하여 발생한 불법행위를 청구원인으로 하는 채권을 선박우선특권의 대상으로 한다(제4조 제1항 (e)호: claims based on tort arising out of physical loss or damage caused by the operation of the vessel other than loss of or damage to cargo, containers and passengers' effects carried on the vessel).

도 제4순위의 피담보채권으로 해석된다.[18)]

5) 제5순위 유배법상의 우선특권

유배법에 의하면 유류오염 손해로 인한 채권을 갖는 자는 상법 제777조의 제5순위 우선특권자가 된다(법 제43조 제1항).[19)]

일본 國際海上物品運送法은 재용선(재운송)의 경우에 화주는 선박에 대하여 제5순위의 선박우선특권을 갖는다고 한다.

(2) 채권이 선박소유자 혹은 선체용선자가 발생시킨 것일 것

선박우선특권의 대상이 되는 채권은 선박소유자, 선체용선자인 혹은 정기용선자가 발생시킨 것이어야 한다(상법 제850조). 항해용선자 혹은 재운송인이 발생시킨 공동해손분담금 지급청구권을 가지고 선박을 임의경매할 수 없다.

선박우선특권은 대물소송으로서 선박자체를 의인화하여 책임을 추궁하는 것이므로 선박의 운항과 관련되는 한 선박채권을 발생시킨 자가 누구이든 상관이 없어야 한다. 그런데, 우리 상법은 제850조 제2항을 특별히 두어 선체용선의 경우에 선박우선특권을 인정하고 있다.

선박우선특권은 선박소유자가 피담보채권의 채무자인 경우에 허용된다. 다만, 선체용선자인 경우에는 상법 제850조 제1항에 의하여 선박채권자는 선박우선특권을 갖는다. 이때 그 선박우선특권은 선박소유자에 대하여도 그 효력이 있다(상법 제850조 제2항).

정기용선자가 발생시킨 피담보채권에 대하여는 학설에 따라 이론 구성이 달라진다. 상법 제777조 제1항 제1호의 항비채권, 도선료채권이나 선박연료유 공급비용채권은 선박이 정기용선중인 경우에는 정기용선자가 채무자가 된다. 그러므로 도선료채권이나 선박연료유 공급비용채권을 근거로 선박우선특권을 행사할 수 있는지의 문제가 발생한다. 선박임대차 유사설을 취하면 상법 제850조를 유추적용하여 선박우선특권의 행사가 가능하다.[20)] 정기용선의 법적 성질을 선박임대차와 유사하다고 보는 필

---

18) 중국 역시 한국법과 같이 화물 손상의 경우 그것이 선박충돌로 인한 경우 외에는 선박우선특권을 인정하지 않고 있다(중국 해상법 제22조). 그러나 일본의 경우는 화물손상에 대해서도 선박우선특권을 인정한다(일본 선박소유자 등의 책임제한에 관한 법률 제95조).
선박에 대하여는 우선특권이 인정된다고 해석된다.

19) 유배법 제43조(선박우선특권)은 "① 제한채권자는 그 제한채권에 관하여 사고선박, 그 속구 및 수령하지 아니한 운임에 대하여 우선특권이 있다 ② 제1항의 규정에 의한 우선특권은 상법 제861조 제1항 제4호의 다음 순위로 한다 ③ 제1항의 규정에 의한 우선특권에 관하여는 상법 제861조 내지 제870조의 규정을 준용한다."고 정하고 있다.

20) 일본에서 나온 판결로서 정기용선자에게 선박 연료유를 공급한 업자가 연료유 대금을 선박우선채권으로 하여, 일본 상법 제704조 제2항(우리 상법 제766조 제2항)을 근거로 선박을 압류하였다. 이에 대하여 선박 소유자가 압류정지가처분 신청을 하였으나, 기각되었다(高松高

자는 이를 지지한다.[21] 한편, 운송계약설을 취하면 상법 제850조를 준용할 수 없으므로 선박우선특권의 행사가 불가능하다. 인천지법 2017.10.17.자 2015라838 결정은 부정설의 입장이다.[22] 이후 대법원은 2019.7.24.자 2017마1442 결정에서 상사사항에 대하여 정기용선 계약의 선박임대차성을 인정하여 상법 제850조 제2항을 정기용선계약에도 인정할 수 있다고 판시하였다.[23] 항해용선자가 발생시킨 피담보채권도 상법 제850조 제2항을 이용할 수 없으므로 선박우선특권의 행사는 불가능하다.

1993년 조약에서는 1967년 조약과 달리 정기용선자와 항해용선자가 발생시킨 채권은 선박우선특권의 피담보채권이 되지 않는다(제4조 제1항).

[판례소개](대법원 2014.10.2.자 2013마1518 결정)

부산항에서 러시아 정기용선자와 선박대리점 계약을 체결하고 항비를 대신하여 부산항만공사에 지급하였다. 하급심 판결에서 지급된 금액은 선박대리점이 대리인으로서 지급한 것이 아니기 때문에 채권자 부산항만공사를 법정대위한다고 하였다. 채무자인 정기용선자가 발생시킨 항비채권 등이 선박우선특권을 발생시키는 채권인지가 문제되었다. 문제의 선박은 러시아 선박이었다. 외국적 요소가 개입된 사건이므로 국제사법에 따라서 선적국법이 준거법이 되었다.

러시아는 1993년 선박우선특권 및 저당권조약에 가입하였고 이 협약은 2004년 발효하였다. 정기용선자가 채무자인 경우에도 선박우선특권이 인정되는지가 큰 쟁점이 되었다.

대법원은 아래와 같이 판시하였다.

1967년 국제협약 제7조 제1항은 선박우선특권이 발생하는 채권의 채무자로 선박소유자, 선체용선자 내지 다른 용선자(demise or other charterer), 선박관리인(manager), 선박운항자(operator)를 인정하였다가, 1993년 협약은 제4조 제1항에서 1967년 협약을 개정하여 위 채무자들 중 다른 용선자를 삭제함으로써 선박소유자, 선체용선자(demise charterer), 선박관리인, 선박운항자로 채무자를 한정하고 있다. 이처럼 1967년 협약에서 인정하던 다른 용선자에 대한 채권에 관한 선박우선특권을 1993년 협약에서 삭제한 것은, 선박우선특권의 경우 선박에 저당권이 이미 설정된 경우에도 저당권에 우선하여 변제받을 수 있어 선박저당권자의 권리가 침해될 수 있으므로, 선박우선특권으로 담보되는 채권을 합리적으로 축소 조정하여 선박저당권자의 지위를 강화하고 선박금융을 원활하게 하기 위하여 대외적으로 선박소유자와 같은 책임을 부담하는 선체용

裁 昭和 60.4.30.), 「金融法務事情」 No. 1117, 1986.3.25., 38頁.

21) 동지, 최종현, 491면; 송상현 · 김현, 187면; 자세한 논의는 김인현, "선박우선특권상 채무자와 선적국의 의미", 상사판례연구 제28집 제4권(2015), 505면 이하가 있다.

22) 찬성 평석으로 권성원 "선박우선특권의 실행방식 변경 및 피담보채무자의 범위 제한에 관한 고찰", 한국해법학회지 제39권 제2호(2017.11.), 42면 이하; 부정 평석으로는 김인현, "정기용선자가 발생시킨 채권의 선박우선특권 성립여부", 상사법연구 제37권 제2호(2018), 1면 이하가 있다.

23) 찬성 평석으로 김인현 · 이상협, "2019년 중요해상판례소개", 한국해법학회지 제42권 1호(2020.5.), 205면 이하가 있다.

선자를 제외한 나머지 용선자들, 즉 정기용선자와 항해용선자에 대한 채권을 선박우선특권의 피담보채권의 범위에서 제외한 것으로 봄이 타당하다.

그리고 협약이 선박운항자와 용선자가 서로 구별되는 개념임을 전제로, 용선자 중 선체용선자만을 선박운항자와 나란히 선박우선특권의 피담보채무자로 열거하고 있는 점 등에 비추어 일정기간 동안 선박을 용선하여 이용하는 정기용선자는 1993년 협약 제4조 제1항 소정의 선박운항자에 해당되지 않는다고 봄이 타당하다. 원심이 정기용선자에 대한 채권인 이 사건 항비등 채권에 대하여는 1993년 협약상 선박우선특권이 인정되지 않는다고 보아 재항고인의 이 사건 경매신청을 기각한 것은 정당하다. 재항고를 기각한다.

[판례소개](인천지법 2017.10.17.자 2015라838 결정)

<정기용선자가 선박우선특권을 발생시킬 수 없다는 사례>

인천항의 예인회사는 정기용선자에게 선박 X(한국선적)가 접안시 예인서비스를 제공하고 대금채권을 가지고 있었다. 대금을 지급하지 않자 예인회사는 상법 제777조의 선박우선특권을 근거로 선박에 대한 임의경매를 신청하였다. 과연 정기용선자가 상법상의 선박우선특권을 가지는지가 문제되었다.

인천고등법원은 아래와 같이 판시하였다.

그러나, 현행 상법은 2007 개정으로 종전의 선박임대차계약 대신 그에 대응되는 개념으로 선체용선계약에 관한 규정을 새롭게 도입하면서 제5편 제2장에서 '제4절 정기용선'에 정기용선계약과 관련된 규정을, '제5절 선체용선'에 선체용선계약과 관련된 규정을 각각 별도의 절로 나누어 규정함으로써 '정기용선계약'과 '선박임대차계약(선체용선계약)은 명확하게 구별되는 것으로 규정하였다. 제3자에 대한 법률관계를 정한 것으로서 1991년 개정전 상법 제766조 및 2007년 개정전 상법 제766조에 일응 각 대응되는 것으로 볼 수 있는 규정인 현행 상법 제850조는 그 문언상 선체용선자가 상행위나 그 밖의 영리를 목적으로 선박을 항해에 사용하는 경우에는 그 이용에 관한 사항에는 제3자에 대하여 선박소유자와 동일한 권리의무가 있고(제1항), 제1항의 경우에 선박의 이용에 관하여 생긴 우선특권은 선박소유자에 대하여도 그 효력이 있다. 다만, 우선특권자가 그 이용의 계약에 반함을 안 때에는 그러하지 아니하다고 규정하여 제3자에 대한 법률관계에 관한 제850조가 선체용선자의 경우에 한하여 적용되는 규정임을 명확하게 하고 있을 뿐만 아니라 편제상으로도 제5절 선체용선에 속하는 규정임이 명백하고, 제4절 정기용선에서는 상법 제850조와 유사한 규정 또는 준용규정을 두고 있지 아니하다.

결국 1993년 협약의 해석상 정기용선자에 대한 채권에 대하여는 선박우선특권이 인정되지 않는다고 보아야 한다(대법원 2014.10.2.자 2013마1518 결정). 이는 법문에서 정기용선자에 대한 채권의 경우에도 선박우선특권을 인정하는 것으로 해석할 수 있는 여지가 있도록 규정되었다가 이후 해당규정이 정기용선자에 대한 채권은 선박우선특권 인정 대상에서 제외하는 취지로 개정된 경우 그러한 개정은 선박우선특권으로 담보되는 채권을 합리적으로 축소 조정하여 선박저당권자의 지위를 강화하고 선박금융을 원활하게 하기 위한 조정이라고 봄이 상당하다고 본 판례로써, 이러한 판례의 법리 내지 취지는 현행 상법 제850조의 해석에 있어서도 고려될 여지가 충분히 있는 것으로 보인다.

> 위와 같은 상법 규정체계 및 상법 개정의 연혁, 선박우선특권에 대한 대법원의 판시 법리 등에 비추어 보면, 앞서 본 바와 같이 정기용선계약이 선박소유자가 여전히 선박에 대한 전반적인 지배관리권을 가지는 반면 용선자는 그러한 지배관리권을 가지지 아니하는 계약으로서 선박임대차계약이나 선체용선계약과는 본질적으로 구분되는 계약일 뿐 아니라, 현행 상법 제850조 제2항, 제1항의 규정체계나 문언상 위 각 규정은 선체용선계약에 한하여 적용되는 규정임이 명백하므로, 위 각 규정은 정기용선계약에 대하여 유추적용될 여지가 없다고 보아야 할 것이고, 오히려 위 각 규정의 반대해석상 정기용선계약에 있어서는 선박의 이용에 관하여 생긴 우선특권이라 하더라도 선박소유자에 대하여는 그 효력이 없다고 해석함이 상당하다.
>
> 결국 이 사건 예선료 채권은 피항고인들이 정기용선자에 불과한 채무자에 대하여 가지는 채권인 이상, 그 채권이 선박의 이용에 관하여 생긴 예선료 등 우선특권으로서 상법 제777조 제1항 제1호에 따라 담보되는 선박우선특권이라 하더라도 피항고인들로서는 그러한 채권으로 선박소유자인 항고인에 대하여 대항할 수 없어 그에 기하여 항고인 소유의 이 사건 선박에 대한 경매를 신청할 수 없다고 할 것이다.

3. 대상목적물

선박, 그 속구, 그 채권이 생긴 항해의 운임 그리고 그 선박과 운임에 부수한 채권이 선박우선특권의 대상목적물이다(상법 제777조 제1항 본문).

(1) 선박 및 그 속구

선박이란 피담보채권이 발생하게 된 원인이 되는 바로 그 선박을 말하고 속구는 속구목록에 기재한 것을 말한다. 우선특권이 성립하게 된 이상 선박이 침몰한 경우에도 그 선박의 잔존물에 대하여 우선특권이 존속한다. 선박소유자의 다른 선박에 대하여는 일반 강제집행절차를 취하여야 한다.

(2) 운 임

운임은 피담보채권이 생긴 항해의 운임으로 제한된다. 다만, 고용계약으로 인한 채권은 고용계약존속 중의 모든 항해로 인한 운임이 모두 우선특권의 목적물이 된다(상법 제779조).

(3) 부수채권

부수채권이란 그 채권이 생긴 항해에서 발생한 운임과 그 선박에 부수한 채권을 말한다.

첫째, 선박 또는 운임의 손실로 인하여 선박소유자에게 지급할 손해배상금이다(상법 제778조 제1호). 선박이 선박충돌로 인하여 손상을 입었을 때 선박소유자가 상대방으로부터 수령하게 될 손해배상금 등을 말한다. 둘째, 공동해손으로 인한 선박 또는 운임의 손실에 대하여 선박소유자에게 지급할 보상금이다(동조 제2호). 공동해손으로 인하여 선박소유자가 손해를 입었을 경우에 선박소유자는 자신의 손실에 대하여 적하이해관계자 등에게 공동해손분담금채권자가 된다. 이 경우에 선박소유자가 수령할 금액을 말한다. 셋째, 해난구조로 인하여 선박소유자에게 지급할 보수이다(동조 제3호). 임의구조뿐만 아니라 계약구조의 경우도 포함된다. 선박소유자가 사고항차 중 해난구조를 하여 구조료채권을 가지고 있는 경우 피구조자가 지급하여야 할 금액이다. 다만, 보험계약에 의하여 선박소유자에게 지급할 보험금과 기타의 장려금이나 보조금은 제외된다(상법 제780조). 이들은 선박의 직접적인 대가가 아니고 선박소유자가 보험료를 지급한 대가이기 때문이다.[24)]

4. 효　과

(1) 擔保物權으로서의 일반적 효력

1) 우선변제권

우선특권을 가지는 채권자는 상법 기타의 법률에 따라 다른 채권자보다 자기 채권의 우선변제를 받을 권리가 있다(상법 제777조 제2항 전단). 그리고 성질에 반하지 않는 한 민법의 저당권에 관한 규정이 준용된다(상법 제777조 제2항 후단). 따라서 우선특권을 가진 채권자는 선박을 압류경매하여 그 경락대금 중 일반채권자보다 우선하여 변제를 받을 수 있다.

2) 추급력

선박채권자의 우선특권은 그 선박소유권의 이전으로 인하여 영향을 받지 아니한다. 이를 선박우선특권의 追及力이라고 한다(상법 제785조). 즉, 소유자가 바뀌어 현재의 소유자가 채권발생 당시의 채무자가 아니라도 선박우선특권자는 그 선박에 대한 경매가 가능하다. 이는 선박우선특권이 갖는 담보적 효력의 표현이다.[25)]

<예제 27> 甲 선박과 乙 선박 사이에 선박충돌사고가 발생하였다. 그런데, 甲선박의 일방과실로 판명되자 甲 선박의 소유자는 자신의 유일한 재산인 甲 선박의 소유권을 자신의 동생 丙에게 넘겨주면서, 더 이상 자신은 책임을 질 재산이 없다고 생각하고는 안심하였다. 甲의 의도대로 될 것인지?

---

24) 최종현, 210면; 일본과 중국은 이에 대하여도 선박우선특권이 인정된다(일본 상법과 중국 해상법은 우리 법과 달리 보험금 제외 규정이 없다).

25) 일본의 경우 선박 양도시 1개월 내에 양수인에게 선박우선특권을 신고해야 하며(일본 상법 제846조), 중국은 선박 양수인의 신청에 의해 법원이 선박양도의 공시를 한 날로부터 60일 이내에 선박우선특권을 행사하도록(중국 상법 제26조 후단)하며, 추급력을 다소 제한하고 선박양수인을 보호하고 있다.

강제집행은 채무자 자신의 재산에 대하여만 가능한 것이 원칙이다. 본 사례에서 채무자는 甲 선박의 소유자이다. 그런데, 사고 후에 甲 선박의 소유권이 丙에게 넘어갔고 등기부에 등기도 丙으로 되어 있다. 그러므로, 더 이상 피해자 乙 선박의 소유자는 甲 선박을 압류경매할 수 없다. 그러나, 선박우선특권은 일반 담보물권과 같이 추급력이 있으므로 소유자가 변경되어도 압류가 가능하게 된다. 甲의 의도는 빗나간 것이다.

3) 임의경매

선박우선특권자는 우선특권자라는 사실만 입증하면 채무명의(집행권원)없이도 선박 등 담보물을 임의경매할 수 있다. 일반채권자들은 경매를 위하여는 채무명의를 얻어야 하는 점과 비교하여 선박우선특권자에게 유리하다.

[판례소개](대법원 1994.6.28.자 93마1474 결정)
대법원은 "민사소송법 제733조 제1항은 채권 기타 재산권을 목적으로 하는 담보권의 실행에 있어서는 채무명의가 없더라도 그 담보권의 존재를 증명하는 서류만 제출하면 집행을 허용하도록 규정하고 있고, 운임채권을 그 대상으로 하는 선박우선특권도 위 조항 소정의 담보권에 해당한다고 해석함이 상당하므로 이와 같은 경우에는 선박우선특권을 가진 자는 위 조항에 근거하여 채무명의없이도 운임채권을 압류할 수 있다."고 판시하였다.

(2) 특수한 효력

1) 抵當權보다 우선하는 효력

선박우선특권은 그 성립시기에 관계없이 언제나 저당권보다도 우선한다(상법 제788조). 그리하여 은행 등이 선박을 저당목적물로 하고 있어도 그 후 선박충돌사고로 이 선박에 대하여 우선특권을 갖는 자는 저당권자보다 우선적으로 자신의 채권을 회수할 수 있다. 공시도 되지 않는 선박우선특권이 공시가 되는 저당권보다 우선한다는 것은 선박금융을 저해하게 된다는 비판이 있다.[26]

2) 短期除斥期間

일반 저당권은 피담보채권과 별도로 소멸시효에 걸리지 않는다. 그러나, 선박우선 특권은 그 채권이 생긴 날로부터 1년간 행사하지 아니하면 소멸하므로(상법 제786조) 피담보채권보다 일찍 소멸하기도 한다. 1년의 기간은 제척기간으로 본다.[27]

---

26) 서돈각 · 정완용, 672면. 파나마는 저당권이 붙은 채권도 선박우선특권의 피담보채권으로 하고 있으므로 금융제공자인 은행이 유리한 입장에 있다. 자세한 내용은 손점열, "선박우선특권에 의한 선박채권자의 보호"(고려대학교 법학박사학위논문, 2017.12.), 58면.

27) 이균성, 161면.

[판례소개](대법원 2011.10.13. 선고 2009다96625 판결)

<외국적 요소가 있는 경우 선박우선특권기간은 절차적으로 한국법적용>

국제사법 제60조 제1호는 해상에 관한 '선박의 소유권 및 저당권, 선박우선특권 그 밖의 선박에 관한 물권'은 선적국법에 의한다고 규정하고 있으므로 선박우선특권의 성립여부는 선적국법에 의하여야 할 것이나, 선박우선특권이 우리나라에서 실행되는 경우에 그 실행기간을 포함한 실행방법은 우리나라의 절차법에 의하여야 한다. 원심이 같은 취지에서 선박우선특권의 제척기간을 규정한 우리나라 상법 제786조를 적용하여 피고의 선박우선특권은 2007.11.18. 울산지방법원에 그 실행을 위한 경매를 신청하기 전에 이미 소멸하였다는 이유로 원고의 선박우선특권 부존재확인 청구를 인용한 것은 정당하다. 상고를 기각한다.

(3) 회생절차에서의 효력

선박우선특권의 피담보채권자는 회생절차에서 회생담보권자가 된다. 다만, 채무자인 해상기업의 재산에 대하여만 집행이 가능하므로 선박소유자가 채무자인 경우에만 회생담보권자로 인정된다.

실무상 회생절차 개시된 다음에는 관련 피담보채권(예컨대 도선료채권)은 공익채권으로 분류되어 채권자는 더 유리한 지위에 놓인다.

(4) 優先特權의 순위

1) 동일한 항해로 인한 채권

동일한 항해로 인한 채권의 우선특권이 경합하는 때에는 그 우선 순위는 제777조 제1항 각호의 순서에 의한다(상법 제782조). 즉, 선원의 임금체불로 인한 우선특권과 선박충돌로 인한 우선특권이 경합하는 경우에는 선원의 임금에 관한 우선특권은 제2순위이고 선박충돌로 인한 우선특권은 제4순위이므로 선원의 임금에 관한 우선특권이 우선하여 배당된다.

제777조 제1항 제3호의 규정에 의한 채권의 우선특권이 경합하는 경우에는 후에 생긴 채권이 전에 생긴 채권에 우선한다. 동일한 사고로 인한 채권은 동시에 생긴 것으로 본다(제782조 제2항). 해난구조료 채권과 공동해손분담금청구권에 대하여는 시간적으로 뒤에 생긴 채권이 우선하는 것으로 본다는 것이다. 동일한 항해에서 두 번의 공동해손이 있었다면 뒤의 공동해손분담금채권이 우선하여 배당받게 된다. 동일한 항해에서 동일한 사고로 공동해손분담금과 해난구조료에 대한 채권이 동시에 발생한 경우에는 동시에 생긴 것으로 보므로 균등하게 배분되게 된다.

2) 수회의 항해로 인한 채권

수회의 항해에 관한 채권의 우선특권이 경합하는 때에는 후의 항해에 관한 채권이 전의 항해에 관한 채권에 우선한다(제867조 제1항, 개정상법 제783조 제1항). 제781조의 규정에 의한 우선특권(선박사용인의 고용계약으로 인한 채권)은 그 최후의 항해에 관한 다른 채권과 동일한 순위로 한다(제783조 제2항). 예컨대, 도선료 채권은 제42항차에 발생하였고, 선원임금채권은 최후 항차인 제43항차에 발생하였다면 선원임금채권이 우선하여 변제된다. 다만, 선원임금에 대한 채권은 언제나 최후의 항해에 관한 다른 채권과 동일한 순위로 한다는 것이다. 즉, 선원임금채권이 비록 제40항차에 발생한 것이라도 최후의 항차인 제43항차에 발생한 것으로 하므로 도선료 채권보다 우선하여 배당받게 된다.

3) 동일순위

제781조 내지 제783조의 규정에 의한 동일순위의 우선 특권이 경합하는 때에는 각 채권액의 비율에 따라 변제한다(상법 제784조). 예컨대, 선박이 부두에 정박하고 있으면서 제공과금을 체납하고, 감수보존비용도 지출되었고, 도선료도 미납하였다면, 모든 채권은 제777조 제1항 제1호의 선박우선특권있는 채권이므로 모두 동일한 순위에 있고, 환가액이 전 채권액에 미달하게 되면 채권액의 비율에 따라 분배하게 된다.

<예제 28> 甲 선박의 선박소유자는 제43항차 동안에 선원임금 2억원을 체불하였고 선원들이 선박우선특권에 기하여 선박을 압류하여 임의 경매하였다. 감수보존비용으로 1억원이라는 비용이 발생하였다. 선박을 경매하여 환가하니 2억원이 되었다. 채권자의 배당은 어떻게 되는가?

선원의 임금채권은 제2순위이고 감수보존비용은 제1순위의 채권이다. 그러므로 상법 제781조에 따라 감수보존비용 1억원을 먼저 배당하고 나머지 1억원을 가지고 선원의 임금체불에 대한 배당을 하게 된다. 선원들은 채권액의 비율에 따라 분배받게 된다.

5. 기 타

(1) 유치권과의 관계

선박 등을 유치하고 있는 자는 유치권만 있고 우선변제권은 없다(민법 제320조). 그러나 유치권자는 유치할 권리로서 선박우선특권자에게 대항할 수 있으므로 사실상 우선특권자에게 우선하여 변제받게 된다.[28] 예컨대, 선박충돌로 인한 우선특

28) 손주찬, 894면.

권자 甲이 있고, 선박은 乙 조선소에서 수리를 마친 후 아직 수리비를 지급하지 않고 있다고 하자. 甲은 선박우선특권을 가지고 있지만, 乙은 유치권을 가지고 있다. 乙은 채권의 변제를 받을 때까지 목적물인 선박을 유치할 수있다. 현실적으로 乙이 유치권을 행사하면 甲은 선박을 임의경매하기 위하여는 우선적으로 乙에게 수리비를 지급하여 유치권을 소멸시켜야 할 것이다.

(2) 優先特權 붙은 선박을 양수받은 자의 지위

선박채권자의 우선특권은 그 선박소유권의 이전으로 인하여 영향을 받지 아니한다(상법 제785조). 그러므로 선박채권자는 이전된 선박에 대하여도 선박우선특권에 기하여 임의경매를 할 수 있게 된다. 양수인은 채무가 없으면서도 책임을 부담하는 관계에 있게 된다. 즉, 物上保證人과 유사한 지위에 있게 된다. 선박채권자는 양수인에게 채무의 변제를 청구할 수는 없다(대법원 1974.12.10. 선고 74다176 판결).[29] 이것은 선박자체가 채무자로 인정되는 대물소송의 산물이기 때문이다. 이와 관련하여 일본과 중국은 양수인을 보호하는 규정을 두고 있다.[30]

(3) 선박우선특권만의 양도

선박우선특권자가 우선특권만을 독립하여 제3자에게 양도할 수 있는가의 문제가 있다. 이에 대하여 상법은 명문의 규정을 두고있지는 않다. 다만, 선박우선특권에 대하여는 저당권에 관한 규정을 준용한다(상법 제787조 제3항)고 하고 있다. 저당권은 그 담보한 채권과 분리하여 타인에게 양도하거나 다른 채권의 담보로 하지 못한다(민법 제361조). 담보물권이 갖는 附從性 때문이다. 그러므로, 우선특권만을 별도로 제3자에게 양도할 수는 없다고 보아야 한다.[31] 다만, 이를 피담보채권과 함께 양도할 수 있다.[32] 즉, 1억원의 도선료채권을 가진 자는 이 채권을 양도하면서 함께 우선특권을 양도할 수 있다는 것이다.

(4) 가압류와의 관계

우리나라 대법원은 채무명의 없이도 경매청구권을 행사하여 경매대금으로부터 피담보채권의 우선변제를 선박우선 특권자가 받을 수 있으므로 특단의 사정이 없

29) 채이식, 384면.

30) 일본 상법 제846조, 중국 상법 제26조 후단. 일본의 경우 양수인에 대한 선박우선특권자의 특권에 대한 신고가 1개월 내에 이루어지지 않으면 더 이상 양수인에 대한 우선특권행사는 불가하다. 중국의 경우 양수인의 신청에 의하여 법원이 선박양도의 공시를 한 날로부터 60일 이내에 우선특권을 행사하지 아니하면 우선특권은 소멸된다.

31) 동지 이균성, 149면.

32) 최종현, 215면.

는 한 그 채권을 보전하기 위하여 선박을 가압류할 수 없다고 판시한 바 있다(대법원 1976.6.24. 선고 76마195 판결; 1982.7.13. 선고 80다2318 판결; 1988.11.22. 선고 87다카1671판결). 그러나, 국제사법상 외국선박의 경우 준거법은 그 선박의 선적국법이고 편의치적 등은 그 내용을 쉽게 알기 어려우므로 가압류의 필요성이 여전히 상존한다.[33]

[보론] 장기운송계약상 운임채권을 담보로 활용

1. 사 례

제철소 혹은 발전소는 장기적으로 또는 정기적으로 석탄이나 철광석을 수입하여와야 한다. 안정적인 공급을 위하여 제철소 등은 선박회사와 10년 혹은 20년 동안의 장기운송계약을 체결하게 된다. 장기간의 운송계약(COA)에 따르면 선박회사는 수백억원 어치의 장래의 운임채권을 가지고 있게 된다.[34] 이러한 장래의 운임채권을 담보로 선박회사는 선박건조를 위하여 금융을 일으키기도 한다. 은행으로부터 차금을 하면서 장래의 운임채권(용선료채권)을 담보로서 제공하는 것이 가능할 것이다. 채무자인 선박회사는 담보권설정자가 되고 채권자인 은행은 담보권자가 되어 변제기에 변제가 되지 않으면 은행은 담보권으로서의 운임채권을 환가하는 구조가 될 것이다.

2. 담보권의 법적 성질

화주(제철소)-선박회사-금융기관 사이에 활용되는 운임채권에 대한 담보권의 법적 성질은 무엇인지 살펴본다. 선박회사는 화주에 대하여 장래의 채권을 권리로서 가진다. 선박회사는 이에 권리질권을 설정하여 금융기관으로부터 차금을 하게 된다(민법 제345조). 선박회사는 금융기관으로부터 차금하면서 담보로서 장래의 운임채권을 금융기관에게 제공한 것이 된다. 따라서 채권자인 금융기관은 권리질권자가 되고 채무자인 선박회사는 질권설정자가 된다. 화주는 제3채무자가 된다. 대금반환이 변제기에 이루어지지 않는 경우에 선박회사가 화주에 대하여 가지는

33) 동지 정해덕, 선박집행에 관한 연구(경희대학교 법학박사학위논문, 2000.2.), 97면.

34) STX팬오션은 한국남동발전과 연간 100만톤, 10년간 총 1,000만톤의 발전용 연료탄을 수송하는 장기운송계약을 체결하였다. 매출규모는 약 1,200억원에 달할 것으로 예상된다. 한국선주협회 협회소식의 회원사소식(2010.8.10.).

담보로 설정된 장래의 운임채권을 금융기관이 집행하면 될 것이며, 또한 장기운송계약에 기한 운임을 제3채무자가 선박회사에게 지급하지 못하도록 하는 장치를 금융기관이 마련하면 될 것이다.

장기운송계약상 운임채권을 담보로 설정하는 것은 "장래의 채권을 이용한 권리질권"으로 법적 성질을 이해하면 될 것이다.35)

제3절 强制執行과 보전처분

제1 序

채권의 효력으로서 채권자는 재판청구권과 집행청구권을 갖는다. 집행청구권이란 국가에 대하여 강제집행의 실시를 청구하는 권리이다. 채무자가 법원의 이행판결에 복종하지 않는 경우에 채권자는 집행청구권을 행사하여 국가권력으로 채무자의 급부의무를 강제적으로 실현할 수 있다. 이와 같이 채무자의 급부의무를 국가권력으로써 강제적으로 실현하는 법률적인 절차를 강제집행이라고 한다.36)

가압류는 보전처분의 일종으로서 채권자가 집행권원(채무명의)를 받기 전에 일단 채무자의 재산을 현재 상태로 유지하도록 하는 명령을 법원으로부터 구하는 절차이다. 우리 법제도 하에서는 채무자의 재산에 대하여만 강제집행이 가능하기 때문에 소송진행 중 채무자가 자신의 재산에 대한 소유권을 제3자에게 이전하면 승소해도 채권에 대한 만족을 얻을 수 없다. 가압류요건을 갖추면 법원은 채권자의 신청에 의하여 가압류를 허가하게 된다.

가압류는 금전채권이나 금전으로 환산할 수 있는 채권에 대하여 동산 또는 부동산에 대한 강제집행을 보전하기 위하여 할 수 있다(민사집행법 제276조 제1항).

강제집행 및 가압류를 위한 법률로서 民事强制執行法이 민사소송법으로부터 분리되어 2002년 7월부터 실시되고 있다.

제2 船舶에 대한 强制執行

등기할 수 있는 선박에 대한 강제집행은 부동산의 강제경매에 관한 규정에 따

35) 김형배, 민법학강의(신조사, 2011), 753면.
36) 곽윤직(채권총론, 1995), 26면.

른다(민사집행법 제172조).

선박에 대한 강제집행은 두 가지로 나누어서 볼 수 있다. 하나는 債務名義(집행권원)로써 하는 일반경매절차(강제경매)이고 다른 하나는 저당권이나 선박우선특권을 이용하는 임의경매절차이다. 강제경매절차는 본안소송을 하여 채권자가 승소한 경우 집행권원를 얻은 다음 이를 집행관에게 제출하고 선박을 압류하여 경매절차를 개시하는 것을 말한다. 임의경매절차는 집행권원을 필요로 하지 않고 우선특권이 있음을 증명하는 서류를 제출하면서 任意競賣를 법원에 신청한다(민사집행법 제269조).

채권자가 특별한 긴급의 조치를 취하지 아니하면 판결을 집행할 수 없거나 판결을 집행하는 것이 매우 곤란한 염려가 있는 경우에, 금전채권이나 금전으로 환산할 수 있는 채권에 대하여 동산이나 부동산에 대한 강제집행을 보전하기 위하여 하는 것이 가압류이다(민사집행법 제276조 및 제277조). 임의경매의 경우에는 채권자는 채권을 보전하기 위하여 구태여 선박을 가압류할 필요가 없어 보전의 필요성이 인정되지 아니하기 때문에 선박우선특권자가 선박을 가압류할 수는 없다(대법원 1988.11. 22. 선고 87다카1671 판결).

제3 선박에 대한 가압류

가압류는 이를 하지 아니하면 판결을 집행할 수 없거나 판결을 집행하는 것이 매우 곤란할 염려가 있을 경우에 할 수 있다(제277조). 통상 가압류 대상인 선박은 외국항으로 떠나고 채무자인 운송인이 외국회사인 경우 민사집행법 제277조의 보전의 필요성이 쉽게 인정된다. 우리나라에서는 선박에 대한 가압류를 위하여 피담보채권이 반드시 선박운항에 기인할 필요가 없다. 그러나 채무자가 소유하는 선박이어야 가압류가 가능하다. 따라서 선체용선자가 운항하던 선박에서 발생한 피담보채권으로 채무자인 선체용선자에 대한 채권으로 그 용선선박을 가압류할 수 없다. 가압류신청에 대하여 법원은 변론없이 가압류명령을 내릴 수 있다. 채무자는 가압류결정에 대하여 이의를 신청할 수 있다(제283조). 가압류사실은 선박등기부에 기록되어 채무자 선박의 처분은 제한된다(제295조).[37] 구 민사소송법상 선박가압류 집행방법으로 선박에 대한 정박명령과 감수보존처분만 규정되어 있었

37) 채권자에게 어떠한 우선권도 주어지지 않는다. 본안에서 승소하면 강제집행을 신청하게 된다. 김인현, “선박압류/가압류에 대한 비교법적 연구”, 한국해법학회지 제36권 제2호(2014.11.), 71면 이하.

다. 2002년 개정민사집행법은 국내선박의 경우 가압류등기, 외국선박의 경우 등기가 불가하므로 선박국적증서수취의 방법으로 하고, 정박명령은 삭제하는 대신 필요하면 선박에 대한 강제집행의 조문을 준용하여 감수·처분을 발령할 수 있다.

제4 기 타

1. 强制執行의 제한

상법 제744조는 "항해의 준비를 완료한 선박과 그 속구는 압류 또는 가압류를 하지 못한다. 그러나 항해를 준비하기 위하여 생긴 채무에 대하여는 그러하지 아니하다."고 한다. 그러므로, 항해의 준비를 완료한 선박은 압류나 가압류를 당하지 않게 된다. 이것은 항해준비를 완료하고 있는 경우에는 압류를 희망하는 자 이외에 화주 등 여러 당사자가 이해관계를 가지기 때문에 이들을 보호하기 위한 것이다.[38] 연혁적으로 영미법에는 이러한 규정이 없고 대륙법계에서 발달한 규정이다.[39] 1952년 선박가압류조약에서는 항해준비완료선에 대하여도 압류 또는 가압류를 허용하고 있었다(동 조약 제3조). 1999년 개정 가압류조약에서는 이 조항은 삭제되었다.[40] 그러므로 국제조약에서는 오히려 제744조의 지위는 더 강화되었다.

통상 항해준비의 완료란 하역작업을 완료하고, 도선사의 승선을 기다리는 단계라고 할 수 있다. 2007년 상법개정시 제744조를 삭제하려는 움직임이 있었다. 그러나, 본조는 항해준비가 완료된 경우에 여러 당사자를 보호하기 위하여 필요한 규정이므로 존치되어야 한다.

[판례소개](창원지방법원 2017.2.23.자 2016라308 결정)

한진해운은 2016.9.1. 회생절차가 시작되었다. 한진 샤먼호는 파나마에 등기 및 등록된 선박으로 국적취득조건부 선체용선이 된 선박이었다. 선박연료유를 공급했던 연료유공급업자가 선박우선특권에 기한 임의경매신청을 하자, 창원지방법원은 2016.10.7. 이를 인정하였다. 한진해운은 경매개시결정에 대한 이의신청을 제기하였다. 한진해운은 동 선박은 부산신항을 중간항으로 기항하여 중국 상하이로 가는 중이었고 최종 목적지까지의 항해준비를 완료한 상태로서 상법 제744조 제1항의 규정에 따라 압류할 수 없다고 주장하였다.

---

38) 中村·箱井, 400면; 채이식, 238면; 정해덕, "선박집행에 관한 연구"(경희대학교 법학박사학위논문, 2000), 52-53면.

39) 정완용, "해상법 개정방향에 관한 고찰", 한국해법학회지 제23권 제2호(2001.11.), 278면.

40) 정완용, 상게논문, 279면.

창원지방법원은 "항해의 준비를 완료한 선박과 속구는 압류하지 못한다(상법 제744조 제1항). 항해준비를 완료했다는 것은 일반적으로 즉시 출발을 가능하게 하는 사실상, 법률상의 전제조건을 충족할 때, 즉 선원이 모두 승선하고 선박의장 및 운송물의 선적을 마친 다음 발항에 필요한 서류를 구비한 때를 말한다. 이 선박이 항해의 준비를 완료하였다는 점을 인정할 아무런 자료가 없다. 오히려 기록에 의하면 이 선박은 이 사건 경매개시 결정이 내려진 2016.10.6. 이후 중국 닝보 및 상하이로 가는 화물을 선적할 예정이던 사실을 엿볼 수 있다. 신청인의 주장을 받아들이지 아니한다."고 판시하였다.

2. 監守保存措置

압류당한 선박을 관리하지 않으면 사고의 가능성이 존재하고 선원들이 출항을 시도할 우려도 있다. 통상 선박을 압류한 채권자는 법원에 감수보존 신청을 한다.

선박의 감수보존조치란 채권자의 신청에 따라 법원이 압류당한 선박을 감수보전회사로 하여금 감수보존하도록 하는 처분을 말한다(민사집행법 제178조 제1항). 감수보존비용은 채권자가 부담하고, 감수보전에 소요되는 비용은 선박우선특권에 해당하는 채권이다(상법 제777조 제1항 제1호).

3. 선장의 역할

선장에 대한 판결로 선박채권자를 위하여 선박을 압류하면 그 압류는 소유자에 대하여도 효력이 미친다(민사집행법 제179조 제1항). 선박채권자는 선박의 소유자의 상세를 모를 경우가 있고, 선장은 선박소유자의 대리인으로서 포괄적인 대리권을 가지고 있으므로 선박채권자를 위하여 이러한 규정을 두었다.

법원은 경매개시결정을 한 때에는 집행관에게 선박국적증서 등을 선장으로부터 받아 법원에 제출하여야 한다(민사집행법 제174조 제1항).

압류(가압류)의 효력은 원칙적으로 채무자에게 그 결정이 송달된 때 또는 가압류등기가 된 때에 생기나(민사집행법 제291조, 제172조, 제83조 제4항, 제94조), 그 외에 집행관이 선박국적증서 등을 받은 때(제291조, 제174조) 또는 감수보전처분을 하였을 때에도(제291조, 제178조 제2항) 가압류의 효력이 생긴다. 위 각 시각들이 경합하는 경우에는 가장 빠른 때에 압류(가압류)의 효력이 생긴다.[41] 즉, 경매개시결정이 송달 또는 등기되기 전에 집행관이 선장으로부터 선박국적증서 등을 받은 경우에는 그때에 압류(가압류)의 효력이 발생하므로(민사집행법 제174조 제2항), 선장의 선

41) 법원행정처, 법원실무제요임시판 민사집행(하), 774면.

박국적증서의 제시는 신중하게 처리되어야 한다.

유의할 것은 새로운 民事執行法하에서는 선박의 가압류를 이유로 선박에 대한 정박명령을 법원이 내려주지 않게 되었으므로, 선박국적증서의 회수 혹은 감수보존조치로 선박에 대한 가압류를 실행할 수밖에 없게 되었다. 따라서 집행관이 선장으로부터 선박국적증서를 회수하면서 마찰이 생길 우려가 있다. 현재까지는 법원이 정박명령을 내려주었기 때문에 가압류실행을 위하여 굳이 선박국적증서를 회수하지 않았었다. 선장이 집행관의 선박국적증서의 회수를 실력으로 저지하게 되면 공무집행방해죄의 처벌대상이 된다.

[판례소개](대법원 2011.9.8. 선고 2009다49896 판결)

피고는 외국선박소유자의 선박에 대한 근저당권자로서 그 실행을 위한 경매신청을 2006.8.11. 하여 동 선박에 대한 경매절차가 개시되었고, 배당요구종기가 2006.11.27로 결정되었다. 한편, 원고는 채무자 회사에 대한 선박수리비채권을 보전하기 위하여 이 사건 선박에 대한 가압류신청을 하였다. 가압류결정을 받고 2006.8.28. 이 사건 선박 경매법원에 가압류결정을 첨부하여 그 채권에 대한 배당요구를 하였다. 경매법원은 2007.9.14. 피고에 대하여 23억원을 배당하고 원고에 대하여는 아무런 배당도 하지 않은 내용의 배당표를 작성하였으며 원고는 같은 날 열린 배당기일에 피고의 배당액 중 약 5억원에 대하여 이의하였다.

원심(부산고등법원 2009.6.16. 선고 2008나13289 판결)은 배당이의의 소에서 원고적격이 있는 자는 배당기일에 출석하여 배당표에 대한 실체상의 이의를 신청한 채권자 또는 채무자에 한한다. 실체법상 집행채무자에 대한 채권자라는 것 만으로는 부족하고 배당요구의 종기까지 적법하게 배당요구를 하였어야 배당기일에 출석하여 배당표에 대한 이의를 제기할 원고적격이 있다(대법원 2002.9.4. 선고 2001다63155 판결)고 하였다. 원고의 경우는 배당요구종기로 결정된 2006.11.27까지 선박에 대한 가압류가 집행이 되지 않았기 때문에 원고적격이 없으므로 이 사건 소는 부적법하여 각하한다고 판시하였다. 집행관이 가압류집행을 위하여 선박국적증서와 항해에 필요한 문서를 수취하려고 하였지만 집행이 불능으로 되었다. 정박중인 선박에 송달하려고 하였으나 선박은 감수보전조치 중이라서 선장이 이미 러시아로 귀국한 다음이라 송달이 불능하였다. 원고는 이미 다른 사건의 경매개시결정에 의하여 선박국적증서 등이 집행법원에 제출되어 있을 때에는 별도의 선박국적증서의 제출없이도 압류의 효력이 발생한다고 주장하였다. 원심은 이것은 집행권원이 있는 본압류의 경우에만 적용되고 가압류의 경우에는 적용이 없다고 판시하였다.

대법원은 아래와 같이 판시하였다.

외국 선박에 대한 가압류결정을 받은 가압류권자는 가압류집행을 마쳐야 배당요구를 할 수 있으므로, 가압류대상인 선박에 대하여 이미 경매신청채권자 등에 의하여 선행 감수보존처분이 되어 있다고 하더라도 별도로 가압류집행을 하여야 하고, 그러한 집행을 하지 아니한 채 선행 감수 보존처분을 원용하거나 가압류결정만으로 적법한 배당요구가 있었다고 할 수는 없다.

같은 취지에서 원심이, 원고는 이 사건 외국선박에 대한 가압류결정을 받았을 뿐 배당요구의 종기 전에 그 가압류가 집행되는 등으로 가압류의 효력이 발생하였다고 할 수 없으므로 원고가 이 사건 경매절차에서 가압류채권자로서 한 배당요구는 부적법하다고 판단한 것은 정당하고, 거기에 상고이유의 주장과 같이 외국선박의 가압류 집행에 관한 법리를 오해한 위법은 없다.

제4절 保險制度

제1 序

선박소유자의 채권자가 될 가능성이 있는 자들은 선박과 관련하여 자신이 입게 될 손해에 대하여 보험에 가입하여 위험을 분산시킬 수 있다. 대표적인 것으로 화주가 가입하는 적하보험이 있다. 근로자인 선원들을 보호하기 위한 산재보험도 이러한 취지로 이해할 수 있다. 물적담보제도는 선박채권자들만이 이용할 수 있는 제도이지만, 보험제도는 선박을 이용하는 모든 자들이 자신의 위험을 분산시킬 수 있는 일반적인 제도이다.

제2 積荷保險

화주는 해상운송 중 입게 되는 화물의 손해에 대하여 적하보험에 가입하여 손해를 보상받고자 한다. 운송중인 화물이 손상을 당하게 되면 우선 적하보험자가 보험금을 피보험자인 화주에게 지급하고, 保險者代位의 법리에 따라 손해배상청구권을 대위한 보험회사가 운송인을 상대로 구상권을 행사하게 된다(상법 제682조). 이때 운송인의 이러한 위험은 선주책임상호보험조합(P&I Club)의 담보사항이므로 운송인에게 구상청구가 제기되면 선주책임상호보험조합이 개입하게 된다.

적하의 소유자는 공동위험단체를 이루는 선박의 소유자나 다른 적하소유자로부터 공동해손분담청구를 받게 된다. 이는 적하보험의 부보대상이다.

제3 責任保險

1. 船 員 法

선원법상 선박소유자는 재해보상을 완전히 이행할 수 있도록 대통령령이 정하는 바에 따라 보험에 가입하여야 한다(선원법 제98조). 위 보험은 선원을 피보험자로 하여 가입되어야 한다(시행령 제32조 제1항). 이러한 책임보험은 피해자에게 직접청구권이 인정되므로(상법 제724조 제2항), 선원 등 피해자는 보호된다.

2. 油類汚染損害賠償保障法

대한민국 국적을 가진 선박으로 200톤 이상의 산적유류를 화물로서 운송하는 선박소유자는 제15조의 규정에 의한 유류오염손해배상보장계약을 체결하여야 한다(유배법 제14조 제1항). 이러한 유류오염손해배상보장계약에는 책임보험계약 또는 배상의무의 이행을 담보하는 계약이 있다(유배법 제15조 제1항). 동법 제4조 제1항 또는 제2항의 규정에 의한 선박소유자의 손해배상책임이 발생한 때에는 보험계약관계가 없음에도 피해자는 보험자 등에 대하여도 직접 손해배상의 지급을 청구할 수 있다(유배법 제16조 제1항, 상법 제724조 제2항).

따라서 피해자는 책임보험에서 피해를 보상받을 수 있으므로 다른 경우에 비하여 보호된다.

제5절 2차 補償制度

제1 序

유류오염손해에 대하여도 선박소유자의 책임은 책임제한제도에 의하여 일정한 한도로 제한되게 된다. 유류오염손해는 그 손해액이 대규모의 것임에도 피해자는 선박소유자의 책임제한으로 충분히 배상받지 못하게 된다. 국제사회는 유조선을 이용하여 영업이익을 얻고있는 정유회사들이 기금을 갹출하여 선박소유자책임제한액을 넘어서는 일정액수를 보상하도록 하는 국제기금(IOPC FUND)을 창설하여 이 기금에서 유류오염손해보상을 추가적으로 하고 있다. 이러한 제도를 2차 보상제도(two tier system)라고 한다.

이러한 제도에 의하여 피해자는 일반선박의 사고에 비하여 보호된다.

동일한 유류오염사고라고 하더라도 선박연료유에 의한 경우에는 제2차 보상제도가 존재하지 않는다.

제2 2차 補償制度가 도입되어 있는 경우

1. 油類汚染損害賠償保障法

유배법에 의하면 피해자는 선박소유자 또는 보험자 등으로부터 배상을 받지 못한 유류오염손해금액에 관하여 국제기금협약이 정하는 바에 따라 국제기금에 대하여 국제기금협약 제4조 제1항의 규정에 의한 보상을 청구할 수 있다(유배법 제23조). 보상을 청구할 수 있는 경우는 ① 오염손해가 1992년 민사책임협약의 선박소유자의 책임한도를 초과하는 경우, ② 1992년 민사책임협약에 따라 선박소유자의 손해배상책임이 발생하지 않는 경우, ③ 1992년 민사책임협약에 의하여 책임 있는 선박소유자나 재정보증자가 전액보상하지 못하는 경우이다. 그 기금은 원유를 수입하는 정유사가 납부하는 금액으로 한다.

2. 기 타

유해독극물협약(HNS)에서도 2차보상제도가 마련되어 있다. 이 협약은 2020년 9월 현재 아직 발효되지 않고 있다.

제3 특별법에 의하여 선지급제도가 있는 경우

대형해상사고가 발생한 경우에 국가가 특별법을 마련하여 피해자에게 선지급을 하는 경우가 있다. 2007년 12월 발생한 허베이스피리트호 오염사고에서 가해자인 선주의 책임제한 때문에 완전하고 조속한 배상이 어렵다고 판단한 정부는 “허베이 스피리트호 유류오염사고 피해주민의 지원 및 해양환경의 복원 등에 관한 특별법”을 2008.3.14. 제정하여 피해자를 보호하였다. 2014년 4월 발생한 세월호 사고에서 여객의 유족과 운송물의 화주를 보호하기 위하여 “4·16 세월호 참사 피해구제 및 지원 등을 위한 특별법”을 2015.1.12. 제정하여, 피해자들을 보호하고자 하였다. 이러한 특별법에 의하면 정부는 피해자에게 선지급을 하고 피해자들이 선주 혹은 운송인에 대하여 가지는 손해배상청구권을 정부가 대위하여 행사하는 구조를 가진다.

제 3 장

船舶所有者 保護手段으로서의 保險制度

제1절 序 論

제1 序

선박소유자를 보호하는 상법상의 수단으로서 각종 책임제한제도 및 면책제도가 있다. 선박소유자 등은 선박소유자책임제한제도를 이용하여 자신의 책임을 제한할 수 있고, 운송인이 되는 경우에는 항해과실면책제도 및 포장당 책임제한제도 등을 이용할 수 있다.

선박소유자는 자신의 선박운항과 관련한 책임이 위와 같이 제한 혹은 면책되지 않는 경우에 대비하여 선박보험이나 선주책임상호보험에 가입한다. 또한 해상기업의 상대방도 보험제도를 통하여 보호될 수도 있다.[1)]

선박보험은 선박 자체의 우연한 손상에 대하여 보험자가 피보험자인 선박소유자에게 보상을 약속하는 것이고, 선주책임상호보험은 선박보험에서 부보하지 아니하는 선박운항상의 위험에 대하여 상호보험조합이 보상을 약속하는 것이다.[2)]

제2 保險一般論

1. 保險의 의의

보험계약이란, 당사자 일방이 약정한 보험료를 지급하고 상대방이 재산 또는

1) 이에 대해서는 김인현, "보험제도를 이용한 해상기업 상대방 보호", 상사법연구 제31권 제4호(2013.2.), 115면 이하가 있다.

2) 해상보험의 개괄적 소개는 김인현, "우리나라 해상보험법 판례 회고와 시사점", 보험법연구 4권 1호(2010.6.), 167면 이하; "상법 보험편 해상보험규정의 의의와 개선방향", 상사법연구 제28권 제2호(2009.8.), 275면 이하를 참고 바람.

생명이나 신체에 관하여 불확정한 사고가 생길 경우에 일정한 보험금액 기타의 급여를 지급할 것을 약정한 계약이다(상법 제638조).

상법은 보험을 損害保險과 人保險으로 나누고 있다. 손해보험은 재산상의 손해를 보상할 책임에 관한 보험(상법 제665조)이다. 상법은 손해보험으로 화재보험(제2절), 운송보험(제3절), 해상보험(제4절), 책임보험(제5절) 그리고 자동차보험(제6절)을 두고 있다. 인보험은 생명·신체에 관하여 보험계약이 정하는 바에 따라 보험금액 기타 급여를 지급할 책임을 인수하는 보험이다(상법 제727조). 상법은 인보험과 관련하여 생명보험(제2절)과 상해보험(제3절)을 두고 있다. 상법 제4편 보험에 관한 규정은 그 성질이 상반되지 않는 한도에서 상호보험에도 준용한다(상법 제664조).

2. 보험계약의 당사자

위험을 인수하는 보험회사를 보험자라고 하고, 보험회사와 자기명의로 보험계약을 체결하는 상대방을 보험계약자라고 한다. 피보험자는 손해보험에서는 보험의 대상이 되는 물건이나 권리의 소유자 기타 이익의 주체이고, 사고가 발생하면 보상을 받을 주체임에 반하여, 인보험에서는 보험의 대상이 되는 생명·신체의 주체이며, 그의 생명·신체가 보험의 목적인 사람이다. 보험수익자는 인보험에만 있는 용어로서 보험사고가 발생한 때에 보험금을 수령할 자이다.[3)]

선박보험에서 보험계약의 당사자는 선박보험회사와 선박소유자가 된다. 선박이 선체용선이 된 경우 선체용선자가 보험계약자가 되고 피보험자는 선박소유자가 된다. 보험의 목적은 선박이다. 선박소유자는 선박의 우연한 사고에 대하여 보험금을 수령할 피보험이익을 갖는다. 선체용선자는 선박의 소유자가 아니지만 선박충돌약관에 의하여 피해선박에 대한 손해배상책임을 부담하고, 국적취득조건부선체용선자인 경우 선가의 상당부분을 선박소유자에게 납입한 상태이므로 용선된 선박에 대하여 경제적 이해관계를 가진다. 따라서 피보험자로 될 수 있다.[4)]

3. 告知義務 및 교부설명의무

보험계약자 및 피보험자는 보험계약을 체결함에 있어 보험자에게 중요한 사항에 관하여 고지를 하고 부실고지를 하지 아니할 의무가 있다. 보험계약자 또는 피보험자가 고의나 중대한 과실로 고지의무를 위반하면 보험자는 보험계약을 해지

3) 양승규, 95면; 채이식, 9면; 이기수 외, 75면; 정찬형(하), 569면.
4) 자세한 내용은 김인현·권오정(해상보험법), 42면.

할 수 있다(상법 제651조). 보험자가 해지를 통지한 때 해지의 효력이 생긴다. 보험계약을 해지한 경우 비록 해지의 효력은 장래에 향하여 발생하지만 법률의 규정에 의하여 보험자는 보험금 지급 책임을 면한다(상법 제655조).

고지의무는 보험계약이 체결되기 이전 단계에서 보험계약자와 피보험자가 보험금청구를 위하여 이행하여야 하는 부수적 의무이다.[5)]

한편, 보험자는 보험계약을 체결할 때에 보험계약자에게 보험약관을 교부하고 그 약관의 중요한 내용을 알려주어야 한다(제638조의3 제1항). 보험자가 제1항의 규정에 위반한 때에는 보험계약자는 보험계약이 성립한 날로부터 3월 내에 그 계약을 취소할 수 있다(동조 제2항). 또한 보험자가 교부명시의무를 다하지 않은 사항에 대하여는 그 효력을 주장할 수 없다(약관규제에관한법률 제3조 제4항). 보험계약자가 고지의무에 위반한 사항이라도 교부명시의무를 보험자가 다하지 않았다면 계약을 해지할 수 없다(대법원 1992.3.10. 선고 91다31883 판결; 대법원 1996.4.12. 선고 96다4893 판결).[6)] 상법상 교부명시의무와 약관규제법상 설명의무는 중첩적으로 행시가 가능하다(대법원 1998.11.27. 선고 98다32564 판결). 실무상 보험사고가 발생하면 이미 보험계약의 성립일 부터 3개월이 지난 경우가 많으므로 피보험자는 상법 제638조의3 제1항은 적용할 수가 없기 때문에 약관 규제법 제3조 제4항이 많이 활용된다.

4. 보험계약자(피보험자)의 의무와 권리

(1) 보험료지급의무

보험계약자는 계약체결후 지체없이 보험료의 전부 또는 제1회의 보험료를 지급하여야 하며, 보험계약자가 이를 지급하지 아니하는 경우에는 다른 약정이 없는 한 계약성립 후 2개월이 경과하면 그 계약은 해제된 것으로 본다(상법 제650조 제1항).

(2) 위험변경 · 증가통지의무

보험기간중에 보험계약자 또는 피보험자가 보험사고의 발생의 위험이 현저하게 변경 또는 증가된 사실을 안 때에는 지체없이 보험자에게 이를 통지하여야 한다(상법 제652조). 선박의 구조변경이 대표적 예이다.

---

5) 양승규, 116면; 채이식, 51면.
6) 이기수 외, 104면.

(3) 보험사고발생통지의무 및 보험금청구권

보험계약자나 피보험자는 보험사고가 발생하면 그 보험사고의 발생을 지체없이 보험자에게 통지하여야 한다(상법 제657조 제1항). 피보험자는 보험금을 지급받을 권리를 갖는다.

5. 보험자의 의무와 권리

(1) 보험금 지급의무

보험자는 보험금액의 지급에 관하여 약정기간이 있는 경우에는 그 기간내에, 약정기간이 없는 경우에는 제657조 제1항의 보험사고발생통지를 받은 후 지체없이 지급할 보험금액을 정하고 그 정하여진 날부터 10일내에 피보험자 또는 보험수익자에게 보험금액을 지급하여야 한다(상법 제658조). 타인을 위한 보험에서는 그 타인이 보험금 수령권을 갖는다(상법 제639조). 선체용선중인 선박의 선체보험에서 선박소유자가 보험금 수령권을 갖는다.

(2) 기 타

이외에도 보험자는 보험증권교부의무(상법 제640조), 보험료반환의무(상법 제648조, 제649조 제2항)를 부담한다.

(3) 면책권

보험사고가 보험계약자 또는 피보험자나 보험수익자의 고의 또는 중대한 과실로 인하여 생긴 때에는 보험자는 보험금액을 지급할 책임이 없다(상법 제659조).[7] 이 외에도 해상보험에서는 선박의 불감항으로 인한 보험사고에 대하여 보험자는 면책이 된다(상법 제706조).

6. 보험자대위

보험금을 피보험자에게 지급한 보험자는 가해자에 대한 피보험자의 권리를 대위행사할 권리를 취득한다(상법 제682조). 채권양도의 절차없이 법률의 효력으로 보험자는 피보험자의 권리를 취득하게 된다.[8]

선박충돌사고에서 침몰된 선박의 보험자가 보험금을 지급한 다음 가해선박에 대하여 구상하는 경우 및 운송 중 운송물(적하)에 손해를 입은 화주에게 보험금을 지급한 적하보험자가 과실 있는 운송인에게 구상하는 경우가 그 예이다.

---

7) 일본 상법 제826조.
8) 정찬형(하), 682-683면; 박세민, 452면.

다만, 영국법상으로 보험금을 지급한 보험자는 직접 자신의 이름으로 피보험자의 권리를 행사하지 못하고 피보험자의 이름으로 그 권리를 행사하여야 하는 제한이 있다(서울고등법원 1985.5.15. 선고 88나44126 판결).9)

7. 보험목적의 양도

선박보험에서 보험의 목적은 선박이다. 선박의 소유자가 변경되면 피보험자가 변경되므로 선박보험은 무효가 된다. 이렇게 보험목적이 양도되어 보험계약이 이론상 무효가 되는 것을 방지하기 위하여 우리 상법은 "양수인은 보험계약상의 권리와 의무를 승계한 것으로 추정한다."고 하여 보험계약이 영속될 수 있는 길을 마련하여 두었다(상법 제679조). 양수인과 보험자가 특별한 의사표시를 하지 않으면 보험계약은 존속하게 된다. 그런데, 선박보험에서 원칙적으로 선박이 양도되면 보험계약은 종료되지만, 보험자의 동의가 있다면 그렇지 않다(상법 제703조의2).

8. 일부보험과 초과보험

실제 보험의 목적인 선박의 가치를 보험가액이라고 하고 보험계약을 통하여 피보험자가 수령할 금원을 보험금액이라고 한다. 보험금액이 보험가액보다 큰 경우는 초과보험이 되고 보험금액이 보험가액보다 작은 경우는 일부보험이 된다.

보험가액의 일부를 보험에 붙인 경우에는 보험자는 보험금액의 보험가액에 대한 비율에 따라 보상할 책임을 진다(상법 제674조). 보험금액이 1억원, 보험가액은 2억원이라면 1/2만 보험에 가입한 일부 보험이 된다. 선박이 침몰하여 전손이 된 경우 피보험자는 1억원을 수령하고 5천만원 분손이 나면, 2천5백만원만 수령한다.10) 보험금액이 보험가액보다 큰 경우는 실손보상원칙에 따라 보험가액만큼만 보험금으로 지급된다.11)

9. 보험법과 강행규정

상법 제663조에 의하면 보험법의 규정보다 보험계약자나 피보험자를 불리하게 하는 약정은 무효가 된다. 이 규정은 가계보험의 경우에만 적용되고(제663조 본문),

---

9) 동지 최종현, 634면; 김인현 · 권오정, 33면; 심재두, 425면.

10) 김인현 · 권오정, 20면.

11) 보험의 목적의 가액이 하락한 경우에 초과보험의 문제가 발생한다. 보험금액과 가액이 같이 1억이었지만, 선박의 시장가가 하락하여 5천만원이 된 경우와 같다. 협정가액을 보험금액과 동일하게 1억원으로 정해두면 선가가 하락해도 계약체결시의 1억원으로 보험가액이 확정된다. 김인현 · 권오정, 21면.

재보험이나 해상보험과 같은 기업보험에는 적용되지 않는다(제663조 단서). 그러므로 상법 해상보험규정은 모두 임의 규정이므로 당사자들이 자유로이 약정으로 변경이 가능하다. 다만, 우리 대법원은 수협공제에서 선박소유자와 보험자 사이는 오히려 제663조 본문의 보험계약자 불이익 변경금지의 원칙이 적용된다고 판시한 바 있다(대법원 1996.12.20. 선고 96다23818 판결).

제 2 절 船舶保險

제1 序

1. 의 의

선박보험은 해상보험의 일종이고, 또한 해상보험은 손해보험의 일종이다. 해상보험은 해상기업이나 무역업자들이 해상위험을 극복하기 위하여 이용하는 보험으로서 기업보험으로서의 성질을 갖는다. 따라서 이러한 해상보험에서는 당사자간의 사적 자치의 원칙이 존중되어, 상법상의 보험계약자 등의 不利益變更禁止의 原則이 적용되지 않는다(상법 제663조 단서).[12) 13)]

[판례소개](대법원 1996.12.20. 선고 96다23818 판결)

원고는 어선(총톤수 89톤)의 소유자로서 수협과 어선보통공제계약을 체결하였다. 제2회 이후의 분납공제료에 대하여는 약정 납입기일의 다음날부터 기산하여 14일간의 납입유예기간을 두고, 원고가 그 유예기간의 말일까지 분납공제료를 납입하지 않으면, 유예기간이 종료되는 날의 다음 날부터 공제계약은 효력을 상실한다(나머지는 중략)는 내용의 약정의 실효약관이 들어 있었다. 원고는 1회 공제료를 납입하였으나 2회 분납공제료를 납입유예기간이 경과한 뒤에도 납입하지 않았다(1994.3.1. 제2회 공제료 납입시기). 1994.5.15.에 선박이 폭풍으로 선박이 침몰하였다. 피고는 실효약관을 근거로 보험금지급을 거절하게 되었다. 상법 제650조 제2항과 제663조의 적용이 문제되었다.

대법원은 "상법 제663조 단서가 해상보험에 같은 법조 본문 소정의 보험계약자 등

12) 수산업협동조합중앙회에서 실시하는 어선공제사업은 공제계약 당사자들이 영세한 어민들로서 계약교섭력이 약하므로, 기업보험적인 성격을 지니고 있다고 보기 어려우므로 불이익변경금지원칙의 적용이 배제되지 않는다고 하였다(대법원 1995.11.16. 선고 94다56852 판결; 대법원 1996.12.20. 선고 96다223818 판결 참조). 정찬형(하), 669면; 박세민, 508면; 최종현, 597면.

13) 중국법 및 일본법에서도 해상보험에는 보험계약과 불이익변경금지 원칙이 적용되지 않는다.

의 불이익변경금지의 원칙이 적용되지 아니하기로 규정한 취지는 해상보험이 보험계약자와 보험자가 서로 대등한 경제적 지위에서 계약조건을 정하는 이른바 기업보험의 일종으로 보험계약의 체결에 있어서 보험계약자의 이익보호를 위한 법의 후견적 배려는 필요하지 않고 오히려 어느 정도 당사자 사이의 사적 자치에 맡겨 특약에 의하여 개별적인 이익조정을 꾀할 수 있도록 할 필요가 있고, 또한 해상보험에 있어서는 그 보험의 성격상 국제적인 유대가 강하고 보험실무상으로도 영국법 준거조항을 둔 영문보험약관이 이용되고있는 실정이므로 불이익변경금지원칙을 일률적으로 적용하여 규제하는 것이 반드시 옳다고 할 수도 없다(당원 1991.5.14. 선고 90다카25314 판결 참조). 그런데, 이 사건 어선공제는 항해에 수반되는 해상위험으로 인하여 피공제자의 어선에 생긴 손해를 담보하는 것인 점에서 해상보험에 유사한 것이라고 할 수 있으나, 기록에 의하면 위 어선공제는 피고 수협이 실시하는 비영리공제사업의 하나로 소형어선을 소유하며 연안어업 또는 근해어업에 종사하는 다수의 영세어민들을 주된 가입대상자로 하고 있는 사실을 알 수 있는바, 사정이 이와 같다면 이 사건 어선 공제는 공제계약 당사자들의 계약 교섭력이 대등한 기업보험적인 성격을 지니고 있다고 보기는 어렵고, 오히려 공제가입자들이 경제력이 미약하여 공제계약체결에 있어서 공제가입자들의 이익보호를 위한 법적 배려가 여전히 요구된다 할 것이므로, 위에서 본 상법 제663조 단서의 입법취지에 비추어 이 사건 어선 공제에는 불이익변경금지원칙의 적용을 배제하지 아니함이 상당하다 할 것이다. 그렇다면 분납공제료가 소정의 시기에 납입되지 아니하였음을 이유로 상법 제650조 제2항 소정의 절차를 거치지 아니하고 곧바로 공제계약이 실효됨을 규정한 이 사건 실효약관은 상법 제663조의 규정에 위배되어 무효라고 하여야 할 것이다."라고 판시하였다.[14)]

선박보험에 대하여는 우리 상법의 보험편의 규정이 적용되지만 대부분의 규정은 임의규정으로서 보험약관이 우선하여 적용된다. 우리나라에서 선박보험사업을 영위하는 기업들은 보험증권에 영국법을 준거법으로 하고 있다. 그러므로, 그 법적 해석은 영국해상보험법을 기초로 하게 된다. 우리 대법원도 이러한 준거법약관의 효력을 인정하고 있다(대법원 1977.1.11. 선고 71다2116 판결).

선박보험은 손해보험의 일종이므로, 상법 제4편 제2장 손해보험의 통칙 규정이 적용된다. 우리 해상보험규정은 상법 제4편에 편재되어 있지만, 일본은 해상편의 일부로 해상보험규정이 있다(제815조 이하).

선박보험 중에서 상대 선박이 입은 충돌손해의 3/4까지를 보상하여 주는 약정은 책임보험의 성격을 가지므로 상법 제724조의 직접청구권 규정이 적용될 수 있다.

---

14) 판례평석으로는 정진세 "수산업협동조합 공제료 납입지체와 실효약관", 법률신문 2605호(1997.6.); 서영화, "보험법상 불이익변경금지원칙의 적용배제 범위", 인권과 정의 259호(1998.3.), 56면 이하가 있다.

2. 당사자와 피보험자

선박보험에서 보험계약의 당사자는 보험계약자인 선박소유자와 보험자인 손해보험회사이다. 선박소유자는 또한 피보험자가 된다. 선체용선자가 보험계약자가 되는 경우 피보험자인 선박소유자는 보험계약자는 아니지만 보험금청구권을 가진다. 선체용선자도 피보험이익을 가지는 경우도 있다. 선박소유자, 선체용선자 그리고 관리인이 공동피보험자로 보험증권에 기재되기도 한다.

[판례소개](서울고법 2017.1.10. 선고 2015나2029365 판결, 2029372 판결)

<국취부선체용선의 보험금수령권이 거부된 사례>

선체용선자는 선박을 40개월 용선하였다. 90% 정도 용선계약이 진행된 상태에서 선박이 침몰하였다. 선체용선자는 선박보험자에게 보험금을 청구하였다. 보험자는 보험금 지급을 거절하고 공탁을 하게 되었다. 선체용선자는 보험금지급청구권이 자신에게 있음을 구하는 확인의 소를 제기하였다. 보험증권에는 피보험자로는 선박소유자와 선박관리회사가 기재되어 있었다.

서울고등법원은 아래와 같이 판시하였다.

이 사건 선체용선계약은 원고가 피고에게 약정 용선료 등(50개월간 1일당 130,000엔의 용선료+선박인도금 38,000,000엔)을 모두 지급하면 피고가 원고에게 이 사건 선박의 소유권을 이전한다는 내용으로서 실질적으로 소유권 유보부 매매와 유사한 성격이 내포되어 있는 것은 사실이다. 이 사건 선체용선계약에서는 용선기간에 따른 용선료 외에 선박인도금 38,000,000엔을 지급하도록 규정하고 있으므로, 원고로서는 용선기간 종료 후 용선료 총액 197,730,000엔의 약 20%에 이르는 선박인도금을 추가로 지급하여야만 이 사건 선박의 소유권을 취득할 수 있다.

일반적인 소유권취득조건부 선체용선계약의 경우 용선료 외에 추가적인 인도금이 없거나 형식적 수준의 금액으로 책정된다는 점을 고려하면, 이 사건 선체용선계약은 일반적인 소유권취득조건부 선체용선계약의 경우보다 더욱 임대차계약에 가깝다(용선기간 종료후 소유권취득 조건이 부가된 선박임대차라고 봄이 타당하다). 따라서 이 사건 선체용선계약이 소유권유보부 매매임을 전제로 원고가 이 사건 선박에 대하여 물권적 기대권(피보험이익)을 가진다는 원고의 주장은 이유없다.

이 사건 선체용선계약 제9조, 제15조가 이 사건 선박에 관한 보험은 용선자인 원고의 부담으로 가입하여야 한다는 취지로 규정하고 있는 사실, 이 사건보험계약은 원고로부터 이 사건 선박의 관리를 위탁받은 선박관리회사인 S가 H와 체결한 사실, 그 보험료는 원고가 납입한 사실 등이 있다. 2012.7.자 보험계약의 보험증권상 피보험자는 "소유자 원고, 관리자 S"로 되어 있었다가 이 사건 보험계약의 체결로 "소유자 피고, 관리자 S"로 변경되었는데, 이는 S의 착오가 아니라 원고와 S의 담당직원 사이의 협의를 거쳐서 이루어진 것이다. 위와 같이 피보험자란의 소유자를 원고에서 피고로 변경한 것은 이 사건 선박의 소유자인 피고의 피보험 이익을 보호해주기 위한 것으로 보인다.

결국 이 사건 공탁금출급청구권은 이 사건 보험증권상 피보험자이자 이 사건 선박의 소유자인 피고에게 귀속되어야 한다.

3. 종 류

선박보험은 기간보험과 항해보험으로 나누어진다. 기간보험이란 일정한 기간동안을 보험의 단위로 하는 것이고, 항해보험이란 한 항차 동안을 보험의 단위로 하는 것이다. 기간보험은 보험기간이 개시되는 시점에도 선박이 항해중인 경우가 대부분이므로, 선박소유자가 보험기간이 개시되는 시점에 감항성을 갖추기가 어렵다. 그러므로 영국해상보험법하에서 항해보험에서 감항성을 갖출 것이 묵시적 담보이지만, 기간보험은 그렇지 않고, 피보험자인 선박소유자가 감항성이 없다는 사실을 인식하였다면 보험자는 면책이 된다(1906 영국해상보험법 MIA 제39조 제5항). 우리 상법하에서는 항해보험에서는 항차 시작 시에 감항성을 갖출 수 있으므로, 감항성을 갖추지 못한 경우에는 보험자의 면책사유가 된다(상법 제706조 제1호). 기간보험에 대하여는 규정이 없다.[15]

제2 船舶保險約款(ITC Hull(1983))

1. 준거법약관

선박보험의 경우에는 실무상 흔히 준거법을 영국법으로 하는 약관이 있다. 우리 법원은 이의 효력을 인정하고 있다.[16] 선박보험에서 영국준거법약관은 저촉법적 약정이다.

[판례소개](대법원 1996.3.8. 선고 95다28779 판결)
대법원은 "해상보험증권 아래에서 야기되는 일체의 책임문제는 영국의 법률 및 관습에 의하여야한다는 영국법 준거법약관은 오랜 기간 동안에 걸쳐 해상보험업계의 중심이 되어온 영국의 법률과 관습에 따라 당사자간의 거래관계를 명확하게 하려는 것으로서 우리나라의 공익규정 또는 공서양속에 반하는 것이라거나 보험계약자의 이익

---

15) 김인현, "상법 보험편 해상보험규정의 의의와 개선방안", 상사법연구 제28권 제2호(2009), 294면.

16) 우리 대법원은 여러 차례에 걸쳐서 영국준거법약관은 유효하다고 판시하였다(대법원 1977.1.11. 선고 71다2116 판결; 대법원 1991.5.14. 선고 90다카25314 판결; 대법원 1996.3.8. 선고 95다28779 판결; 대법원 2005.11.25. 선고 2002다59528 판결). 최종현, 598면; 박세민, 509면.

을 부당하게 침해하는 것이라고 볼 수 없으므로 유효하고, 따라서 이 사건 선박보험계약에 있어서 고지의무 위반을 이유로 한 보험계약의 해지에 관하여는 영국해상보험법 제18조, 제17조가 적용되고 동법 소정의 고지의무위반을 이유로 한 보험계약의 해지는 우리 상법 제651조 소정의 그것과는 그 요건과 효과를 달리하고 있어 이에 대하여 상법 제655조의 인과관계에 관한 규정은 적용될 여지가 없다."고 판시하였다.

2. 보험사고

보험약관에서 정한 보험사고로 인한 경우에만 보험자는 보험금을 지급하게 된다. ITC Hull(1983)에 의하면 전통적인 해상고유의 위험으로 인한 사고인 SSBC (Sinking, Stranding, Burning, Collision; 침몰, 좌초, 화재 및 충돌)를 비롯하여 절도, 해적행위, 지진 등이 보험사고이다(제6조 제1항). 이외에 적하 등의 이동시의 사고, 보일러의 파열, 선체의 잠재적 하자, 선장 등의 과실, 선장 등의 악행 등도 보험금이 지급되는 사고이다(제6조 제2항). 전자는 피보험자의 주의의무위반과 무관하지만, 후자는 피보험자의 주의의무 결여가 없어야 보험금이 지급된다(서울중앙지법 2014.4.3. 선고 2013가합14274 판결).[17]

[판례소개](서울중앙지법 2014.4.3. 선고 2013가합14274 판결)

선박소유자(피보험자)는 모래말뚝을 해저에 박는 작업을 하는 바지선에 대하여 영국협회 선박기간보험약관(ITC Hull, 1983)을 이용한 선박보험을 체결하였다. 준거법은 영국법이었다. 선박소유자는 전문가의 안전진단없이 갑판위에 500톤 이상의 무게를 추가하는 장치를 설치하였다. 울산 해상에서 작업중 지지대가 부러져져 중장비가 선미 갑판으로 넘어졌고 무게중심이 뒷부분에 가하여져 선미가 침수되어 바지선이 선박에 침몰하였다. 원고 보험자는 보험금지급 채무부존재확인의 소를 제기하게 되었다.

약관 제6조의 담보위험에는 "호수 또는 항해가능한 기타 수역에서의 고유위험" 혹은 "선장등의 과실"로 인한 보험사고가 포함되어 있고, 피고는 이에 의한 사고라고 주장하였다.

서울중앙지방법원은 아래와 같이 판시하였다.

이 사건 보험계약에 의하여 보험금 지급채무의 발생 여부는 이 사건 침몰사고가 이 사건 보험계약에 의하여 담보되지 않는 미부보위험인 "이 사건 선박에 대한 대대적인 구조변경 및 그에 따른 타설장비의 지지력 결여"의 의하여 일어났을 개연성 보다 해상고유의 위험 즉, "높은 파도와 강한 바람등 예상치 못한 기상악화"라는 원인에 의하여 일어났을 개연성이 우월하다고 볼 수 있는지 여부에 따라 판단하여야 한다. (중략) 오히려 이 사건 선박에 대한 대대적인 구조변경 및 그에 따른 타설장비의 지

17) 이재복, 선박보험약관론(보험연수원, 1999), 94면; 심재두, 해상보험법(길안사, 1995), 187-223면; 최종현, 613면; 김인현・권오정, 54면.

지력 결여 등의 원인이 이 사건에서 추측할 수 있는 해상고유의 위험이라는 요인과 비교할 때 적어도 동등한 정도 이상으로 이 사건 선박침몰에 영향을 주었다고 판단된다. 따라서 이 사건 침몰사고는 이 사건 보험계약에서 규정하는 부보위험인 "해상고유의 위험"으로 인하여 발생하였다고 볼 수 없다.

피고는 선장 및 선원 등의 업무상 주의의무 위반 역시 이 사건 침몰사고의 근인이 되었다고 주장한다. 그러나 이는 "피보험자, 선박소유자 또는 선박관리인이 상당한 주의를 결여하고 있지 않았을 것"을 조건으로 담보되는 위험인데, 앞서 본 바와 같이 피보험자인 피고의 대표이사와 현장소장에게 '붕괴위험이 있는 시설물의 안정성 평가의무 및 공사를 위한 장치가 적합한 강도와 내력을 유지하도록 조치할 의무를 각 위반하여 이 사건 침몰사고를 발생하게 했다'라는 공소사실이 유죄로 인정되어 그 판결이 확정되는 등 피보험자 측이 이 사건 선박의 구조상 하자나 그로 인한 사고발생가능성에 관하여 상당한 주의를 결여하였다고 볼 수 있다. 따라서 이 사건 침몰사고의 발생에 선장 및 선원 등의 업무상 주의의무 위반이 하나의 원인이 되었다하더라도 이 사건 침몰사고는 이 사건 보험약관에서 규정하는 부보위험에 해당한다고 할 수 없다.

3. 담보되는 손해

(1) 선박자체의 손해

선박자체의 손해는 선박보험에서 담보되는 가장 전형적인 위험이다. 가입선박의 선박 전손으로 인한 손해, 일부손상으로 인한 수리비 등이 이의 범주에 속한다. 선체(hull) 및 기관(machinery)에 대한 손상도 여기에 속한다.

(2) 상대선박이 입은 충돌손해의 3/4

선박보험이란 보험에 가입된 선박 자체의 손해에 대하여 보험자가 보험금을 지급하는 것이다. 그런데, 선박의 운항 중 선박충돌사고가 발생한 경우에는 상대선의 손해에 대하여 배상해야 한다. 이러한 경우를 대비하여 보험자는 가입선이 배상하여야 하는 선박충돌로 인한 상대선 손해의 3/4까지도 보상한다는 약관을 두고 있다. 이를 충돌약관(running down clause)이라고 한다(ITC Hull 제8조). 책임보험의 성질을 갖는다.[18)]

(3) 해난구조료

보험자는 피보험자가 보험사고로 인하여 발생하는 손해를 방지하기 위하여 지급할 구조료를 보험가액을 한도로 보상할 책임이 있다(상법 제694조의2).

위 상법규정은 임의규정으로 당사자의 특약이 우선하나, 해난구조료는 선박보험약관상 보험부보사항이다(ITC Hull 제11조).

---

18) 김인현・권오정, 56면.

(4) 共同海損分擔金

보험자는 피보험자가 지급할 공동해손의 분담액을 보험가액을 한도로 보상할 책임이 있다(상법 제694조)(ITC Hull 제11조).

(5) 손해방지 비용

피보험자는 손해방지의무를 부담한다(ITC Hull 1983, 제13조 제1항). 손해방지를 위하여 지출된 비용은 선박보험에서 보험자가 분담한다(제13조 제2항).

4. 최대선의의무, 고지의무 및 교부설명의무

(1) 최대선의의무와 고지의무

보험은 선의성을 갖는다. 보험계약자가 제시하는 정보를 근거로 보험자는 사고율 등을 기초로 대수의 법칙에 따라 산정한 보험료를 보험계약자에게 부과한다. 이렇게 산정된 보험료의 기초가 무너지면 보험은 유지되지 못한다. 따라서 보험계약자는 신의성실로써 보험계약에 임하여야 한다. 이를 구현하는 것이 우리 상법의 고지의무이다. 영국 해상보험법에서 이와 가장 유사한 개념은 최대선의의 원칙(제17조)이다.[19] 제17조는 "해상보험계약은 최대선의에 기초한 계약이며, 만일 일방당사자가 최대선의를 준수하지 않았을 경우 상대방은 그 계약을 취소할 수 있다."고 한다.[20] 제17조의 최대선의의 원칙이 (i) 계약체결전은 물론 계약체결 후에도 적용되는지? (ii) 의무의 주체가 보험계약자만인가 아니면 보험자도 포함되는가? (iii) 그 내용에서 사기적인 것도 포함되는지가 논란이 되어왔다. 우리 대법원은 (i)과 (iii)에 대하여 모두 긍정적으로 판시하였다.

[판례소개](대법원 2005.3.25. 선고 2004다22711 판결)

제917 재덕호 선주는 삼성화재와 영국협회 선박보험약관에 따라 보험계약을 체결하였는데 준거법은 영국법이었다. 보험가액은 실제매수가격이 7500만원이었음에도 보험계약체결시 매수가격이 1억 8천만원 등이라는 선주의 진술을 토대로 미화 60만불로 정하였다. 선박이 침몰하자 선주는 보험자에게 보험금 청구를 하면서 위조된 선박검사증서를 제시하였고 또한 보험금지급여부를 조사하는 과정에서도 매수가격을 1억8천만으로 허위진술하였고 법정에서도 이를 계속 주장하였다. 매도인의 진술로 매수가격이 7500만원임이 밝혀졌다. 보험자는 선박의 진정한 매수가격을 알게 되자 준거법인 영국해상보험법 제17조 최대선의의무위반을 근거로 계약을 취소하고 채무부존재

---

19) 심재두, 전게서, 106면.

20) Section 17 (Insurance is uberrimae fidei) A contract of marine insurance is a contract based upon the utmost good faith, and, if the utmost good faith be not observed by either party, the contract may be avoided by the other party.

확인의 소를 제기하였다. 서울고등법원은 보험자의 계약취소는 유효하다고 하면서 채무부존재확인을 하여주었다. 피고 선주는 선박의 매수가격은 보험계약체결시에 적용되는 고지의무에 해당하는 것으로 보험계약체결 후에는 적용되지 않는다고 주장하면서 대법원에 상고하였다.

대법원은 "영국해상보험법 제17조에 규정된 최대선의의무는 동법 제18조 및 제20조에 규정된 피보험자의 고지의무 및 부실표시금지의무보다 넓은 개념의 것으로서 보험계약이 체결된 이후 또는 사고발생 이후라도 적용되는 것이며, 따라서 영국협회 선박기간 보험약관이 적용되는 선박보험계약의 피보험자가 사고발생 이후 사기적인 방법으로 보험금을 청구하는 경우에 있어서도 보험자는 최대선의의 의무위반을 이유로 보험계약을 취소할 수 있다."고 판시하였다. 나아가 대법원은 "보험계약의 체결과정에서 피보험자가 선박의 매수가격 등 선박의 실제가치에 관한 정보를 제대로 고지하지 아니하였을 뿐만 아니라 사고발생 이후 보험금을 청구함에 있어서 선박의 매수가액에 관한 사실을 허위로 주장하고 나아가 위조된 선박검사증서를 행사함으로써 영국해상보험법상의 고지의무 내지 최대선의 의무를 위반하였으므로 보험자인 원고는 이와 같은 고지의무 내지 최대선의의 의무위반을 이유로 이 사건 보험계약을 취소할 수 있다."고 하면서 피고의 상고를 기각하였다.21)

[판례소개](대법원 2018.10.25. 선고 2017다272103 판결)

원고는 수출업자로, 크레인 자재를 브라질에 수출하기 위하여 운송인과 해상화물운송계약을 체결하였다. 운송인은 원고를 대리하여 손해보험회사인 피고와 이 사건 화물에 관하여 원고를 피보험자로 하는 각 해상적하보험계약을 체결하였고, 피고는 보험증권을 발행하였다. 보험계약의 체결 전, 운송인이 선임한 검정인에 의하여 이 사건 화물 일부를 포장한 나무상자가 손상되었다는 내용의 1차 검정보고서가 발행되었으나, 파손이 지적된 화물은 반송 후 재포장되어 선적되었다. 한편 운송인은 피고에게 '보상장이 발행되지 않고 무사고 선하증권이 발행될 수 있게 선박회사와 이야기하겠다'라는 내용의 이메일을 보내고 "선적 전까지 이 사건 화물 상태가 양호 또는 정상으로 화물에 이상이 없고, 고장 선하증권이나 보상장이 발행되었거나 그러한 사정이 없다."고 알리며 대위권 포기 특약을 추가해 줄 것을 요구하여, 피고는 대위권 포기 특약을 추가하는 것으로 이 사건 보험계약을 변경하였다. 그러나 실제로는 보상장이 발행되었다.

화물을 실은 선박이 목적항에 도착하여 하역작업을 개시하려고 할 때 화물이 손상된 사실이 확인되었다. 원고는 손상된 화물의 수리작업을 스스로의 비용으로 진행하고 피고에게 보험금을 청구하였다. 피고는, 원고가 1차 검정보고서에 선적 전 포장불량이 기재되었다는 사실을 알리지 않은 채 보험계약을 체결하고, 실제로는 보상장이 발행되었음에도 불구하고 운송인이 이 사건 화물에 관하여 보상장 발행 없이 무사고 선하증권이 발행될 것이라고 하며 대위권 포기 특약을 추가해 줄 것을 요구하여 보험계약을 변경하였는데, 이는 영국 해상보험법(MIA 1906)상 최대선의의무의 위반이 되

21) 이에 대한 판례평석으로는 김인현, 전게 해상법연구Ⅱ(삼우사, 2008), 703면 이하; 박영준, "영국해상보험법상 최대선의의무의 인정에 관한 대법원 판례평석", 한국해법학회지 제29권 제2호(2007.11.), 89면 이하를 참고 바람.

므로 동법에 따라 보험계약은 취소가 가능하다고 주장하였다.

대법원은 "1차 검정보고서는 선적작업 개시 전 화물의 상태와 선적할 선박의 상황을 조사한 결과를 기재한 보고서에 불과하고, 포장 불량이 지적된 화물은 반송 후 재포장되어 선박에 선적되었으므로 이러한 사정이 보험사고 발생 가능성에 영향을 미치는 등으로 최대선의의무에 따라 고지하여야 할 대상인 중요한 사항으로 볼 수 없다."라고 판시하고, "영국 해상보험법상 최대선의의무가 보험계약의 전과정에서 요구된다 하더라도 계약 체결 이후 그 의무의 강도와 내용은 완화될 뿐만 아니라 계약의 변경과 관련해서는 변경되는 내용과 관련한 중요한 사정에 관하여만 고지하면 되는데, 피고는 이 사건 보험계약 변경 이전에 고장문언이 기재된 본선수취증을 전달받아 그 내용을 알고 있었고, 이 사건 보상장은 해상운송 실무에서 일반적으로 통용되는 의미의 보상장도 아니며, 보상장의 발행은 보험사고의 발생 가능성과도 아무런 관련이 없을 뿐더러, 피고가 본선수취증을 전달받은 이후에도 이 사건 화물 중 일부에 관하여 종전에 체결한 보험계약과 동일한 내용과 조건의 보험계약을 추가로 체결한 사실 등으로 미루어 볼 때 이 사건 보상장이 발행된 일련의 경위가 이 사건 보험계약에서 변경된 사항에 관하여 중요한 사항이라고 보기 어렵다."고 판단하였다. 결국 최대선의의무의 위반은 인정되지 않았다.

(2) 교부설명의무

영국법이 준거법이 되는 경우에 우리나라와 달리 영국해상보험법은 교부설명의무를 보험자에게 부과하고 있지 않다.[22] 영국준거법인 경우에도 대법원은 약관규제에 관한 법률을 적용하여 교부설명의무를 보험자에게 적용하여 중요한 사항을 보험자가 설명하지 않았다면 그 내용을 보험자가 주장할 수 없고 따라서 피보험자는 보험금을 청구할 수 있다는 입장을 취하고 있다(대법원 2001.7.27. 선고 99다55533 판결; 대법원 2010.9.9. 선고 2009다105383 판결). 이에 대하여 준거법이 영국법인 경우에 영국해상보험법을 적용하면 보험자에게 교부설명의무가 없기 때문에 보험자는 담보특약 위반을 이유로 보험계약을 취소할 수 있다고 하면서 대법원의 이러한 입장을 비판하는 견해가 있다.[23] 그 후 우리 법원은 지정된 준거법 합의 외에 모든 요소가 오로지 대한민국과 관련된 경우 국제사법 제25조 제4항에 따라 우리나라의 강행규정인 약관규제법이 적용된다는 기준을 제시하였다(서울고법 2012.10.25. 선고 2012나7207 판결).

[판례소개](서울고법 2012.10.25. 선고 2012나7207 판결)

원고(해상보험회사)와 피고(선주)는 선박보험을 체결하였다. 영국법을 준거법으로

---

22) 최종현, "해상보험에 있어서 보험자의 보험약관설명의무", 한국해법학회지 제28권 제2호(2006.11.), 86면.

23) 상게논문, 95면.

하면서 인도양의 일정해역 안에서만 항해하여야 한다는 항해구역 담보특약이 보험약관에 포함되어 있었다. 위 허용된 항해구역을 벗어난 지점에서 냉동화물 운반선이 침몰하고 어획물도 멸실되었다. 보험자는 담보특약위반이기 때문에 선박이 항해구역을 벗어난 시점으로부터 보험계약은 종료되었다고 주장하면서 보험금 지급을 거절하였다. 피고는 담보특약은 약관의규제에관한법률의 설명의무의 대상이 되는 중요한 사실임에도 보험자가 이를 이행하지 않았기 때문에 보험자는 담보특약의 효력을 주장할 수 없다고 항변하였다.

서울고법은 아래와 같이 판시하였다.

외국적인 요소가 있는지 여부는 거래당사자의 국적뿐만 아니라 주소, 물건소재지, 행위지, 사실발생지 등이 외국과 밀접하게 관련되어 있는지 등을 종합적으로 고려하여야 한다. 보험의 당사자는 모두 대한민국 법인이기는 하나 (중략) 선박은 조업을 위하여 인도양 등을 항해하는 선박이고, 이 사건 사고는 역시 남빙양에서 발생하였으므로 물건의 소재지나 보험사고의 발생지가 대한민국의 영해가 아니라는 점, 이 사건 각 보험증권, 그 약관 등도 모두 영어로 작성된 점, 보험금도 미화로 정해진 점, 준거법도 영국법으로 정해진 점을 종합하여 보면 이 사건은 외국적 요소가 있다고 보이고, 따라서 국제사법을 적용하여 준거법을 정하는 것이 더 합리적이다.

특별한 사정이 없는 한 영국법 준거약관은 오랜 기간 동안에 걸쳐 해상보험업계의 중심이 되어 온 영국의 법률과 관습에 따라 당사자 간의 거래관계를 명확하게 하려는 것으로서 우리나라의 공익규정 또는 공서양속에 반하는 것이라거나 보험계약자의 이익을 부당하게 침해하는 것이라고 볼 수 없어 유효하므로(대판 1996.3.8. 선고 95다28779 판결), 이 사건 선박보험의 성립과 효력, 그로 인한 원고의 보험금 지급의무의 발생 여부 등 모든 법률관계에는 원칙적으로 당사자가 정한 바에 따라 영국의 법률과 관습이 적용된다(피고는 이 사건 선박보험이 내국인 사이에 체결되는 등 모든 요소가 오로지 대한민국과 관련되므로 위 준거법 합의에도 불구하고 국제사법 제25조 제4항에 따라 이 사건 선박보험에는 대한민국의 강행법규가 적용되어야 한다고 하나, 이 사건 선박보험에 외국적 요소가 있다).

5. 보험자 면책사유

(1) 不堪航性

항해보험에서는 선박이 발항시에 불감항 상태에 있었고 이것이 보험사고의 원인이었다면 보험자의 보험금지급의무는 없다(상법 제706조 제1호). 영국보험법은 이를 묵시적 담보로 해석한다(영국해상보험법 제39조 제1항).

영국해상보험법하에서 선박보험이 기간보험인 경우에 보험계약자인 선박소유자는 사고의 원인이 된 일정사유가 선박을 불감항으로 한다는 사실을 인식(privity)하고 있었을 때에 보험자는 보험금지급의무를 면하게 된다(영국해상보험법 제39조 제5항) 예컨대, 선박소유자가 3척의 선박을 소유하고 있고 동일한 보험회사에 선박보험을 가입하였고, 2척의 선박에서 화재사고가 발생하였던 바, 손해확대의 원인이 선장이 CO_2 사용방법을 모른 것에 있었고 이를 선박회사에 보고하였다면, 선박소유자는 사고의 원인을 어느 정도는 인식하고 있었다고 보인다. 선장이 소화방법을 모른다면 선장은 인적 불감항 상태에 있는 것이고, 선박소유자가 이러한 사실을 알고 있었는지에 대한 것이 쟁점이 된다. 영국법원은 인식의 정도에 대하여, "적극적으로 알고 있는 사실뿐만 아니라 보고도 모른 체하는 정도(turning blind eye)의 인식도 포함된다."고 하였다.[24] 우리 대법원도 동일취지의 판결을 하였다(대법원 2002.6.28. 선고 2000다21062 판결; 대법원 2005.11.25. 선고 2002다59528 판결).

[판례소개](대법원 2005.11.10. 선고 2003다 31299 판결)

피보험자는 원양트롤 어선을 구입하여 동생으로 하여금 관리하게 하였고, 영국보험법을 준거법으로 하여 원고와 선박기간보험을 체결하였다. 말레이시아 해역으로 항해 중 산호초에 좌초한 다음 화재가 발생하여 선박은 전손되었다. 피보험자가 보험금을 청구하자 원고인 보험회사는 보험금지급채무부존재 확인의 소를 제기하였다. 원고는 이 사고는 고의로 인한 사고이며, 피고의 선박은 해도가 없는 가운데 위치를 구하기에 부적당한 GPS라는 장치를 이용하여 항해하였고 피보험자의 동생이 이전에 동일해역에서 동일한 사고를 경험한 적이 있으므로 감항성이 없었다는 점을 알고 있었다고 볼 수 있으므로 영국해상보험법에 의하여 면책된다고 주장하였다. 피고는 이 사고는 단순한 항해상의 과실일 뿐이고 선장은 면허를 소유하고 있었으므로 감항성을 갖추고 있었다고 주장하였다. 부산고등법원(2003.5.15., 2002나10912)은 이는 고의 사고는 아니지만, 선박은 불감항상태에 있었고 동생은 선주의 분신으로 볼 수있고, 불감항상태에 대하여 동생은 알고 있는 상태로서 불감항 사실이 사고와 인과관계가 있다고 하면서 원고의 면책을 인정하였다. 이에 피보험자인 선주는 대법원에 상고하였다.[25]

대법원은, 먼저 쟁점이 된 영국해상보험법 제39조 제5항에 대하여 "선박기간보험에서 감항능력결여로 인하여 보험자가 면책되기 위하여는 손해가 감항능력이 없음으로 인하여 발생한 것이어야 하며, 피보험자가 감항능력이 없음을 알고 있어야 하고, 이러한 감항능력의 결여와 보험사고 사이에 인과관계, 즉 손해의 일부나 전부가 감항능력이 없음으로 인하여 발생한 것이라는 점이 인정되어야 하며, 선박기간보험에 있어 감항능력결여로 인한 보험자의 면책요건으로서 피보험자의 악의(안다는 것)는 영미법상의 개념으로서 피보험자가 선박의 감항능력결여의 원인이 된 사실뿐 아니라 그 원인된 사실로 인하여 해당선박이 통상적인 해상위험을 견디어 낼 수 없게 된 사실, 즉 감항능력이 결여된 사실을 알고있는 것을 의미하는 것으로서 감항능력이 없다는 것을 적극적으로 아는 것 뿐 아니라 감항능력이 없을 수도 있다는 것을 알면서도 이를 갖

24) The "Eurysthenes", [1976] Lloyd's Rep., p. 171; Star Sea호 사고에서 보험자의 면책이 인정되었다(영국항소원 1996.12.20. 판결). 여기에 대하여는 김인현, "해상보험에 있어서 인적감항성결여와 피보험자의 인식", 해양한국 1997년 9월호 67면 및 10월호 140면 이하를 참고 바람. 그러나, 귀족원 판결(2001.1.18.)에서는 동일한 사건을 경험한 점이 있으므로 알 수 있었을 것이라는 것보다 더 높은 정도의 지적 인식을 요구하여 보험자의 면책은 부인되었다. The "Star Sea", Lloyd's Rep. [2001] 1, p. 389.

25) 법원공보에 발표되지 않은 것임.

추기 위한 조치를 취하지 않고 그대로 내버려두는 것까지 포함하는 개념이고(대법원 2002.6.28. 선고 2000다21062 판결), 여기에는 피보험자 자신의 악의뿐만 아니라 그의 분신(alter ago)으로 간주될 수 있는 자의 악의도 포함된다."고 하였다.

대법원은 나아가, "원심에서 스카브루 산호초 등 필리핀 해역의 위험물이 표시된 최신해도가 비치되지 않은 것이 이 사건 항해에 있어서의 물적 감항능력을 갖추지 못한 것에 해당하고, 또한 피고의 동생으로서 이 사건 선박의 운항 및 관리에 관한 제반 업무를 담당하였을 뿐만 아니라 이 사건의 출항업무도 도맡아 처리하여 피고의 분신이라 할 수 있는 동생이 이 사건 선박에 물적 감항능력이 없다는 것을 적극적으로 알았거나 감항능력이 없을 수도 있다는 것을 알면서도 이를 갖추기 위한 조치를 하지 않고 그대로 내버려두었다고 봄이 상당하다고 하여 이 사건 사고로 인한 원고의 피고에 대한 보험금지급의무는 면책되었다."고 판단하면서 피고의 상고를 기각하였다.

[판례소개](서울중앙지법 2017.11.3. 선고 2016가합549207 판결)

<선박보험에서 감항성 결여로 인한 보험자 면책>

청해진은 세월호의 침몰 등 사고에 대하여 손해를 전보받기 위하여 국내보험자와 선박보험계약을 체결하였다. 준거법은 영국법이고 ITC(Hull) 표준 보험약관을 사용하였다. 2014.4.17. 세월호가 전복되어 침몰되자 청해진 측에서 보험자에게 보험금을 청구하였다. 제6조에 의하면 전복으로 인한 침몰도 보험사고에 해당하기는 하였지만, 보험자 측에서 불감항을 이유로 한 사고에 대하여 면책되는지가 쟁점이 되었다.

서울중앙지법은 아래와 같이 판시하였다.

선박기간보험에서 감항능력결여로 인하여 보험자가 면책되기 위하여는 손해가 감항능력없음으로 인하여 발생한 것이어야 하고, 피보험자와 감항능력이 없음을 알고 있어야 하고, 이러한 감항능력의 결여와 보험사고 사이에 인과관계, 즉 손해의 일부나 전부가 감항능력이 없음으로 인하여 발생한 것이라는 점이 인정되어야 하되, 이러한 요건에 대한 입증책임은 보험자가 부담한다. 그리고 면책요건으로서 피보험자의 악의(privity)는 영미법상의 개념으로서 피보험자가 선박의 감항능력 결여의 원인이 된 사실뿐 아니라, 그 원인된 사실로 인하여 해당 선박이 통상적인 해상위험을 견디어 낼 수 없게 된 사실, 즉 감항능력이 결여된 사실을 알고 있는 것을 의미하는 것으로서, 감항능력이 없다는 것을 적극적으로 아는 것(positive knowledge of unseaworthiness)뿐 아니라, 감항능력이 없을 수도 있다는 것을 알면서도 이를 갖추기 위한 조치를 하지 않고 그대로 내버려두는 것(turning the blind eyes to unseaworthiness)까지 포함하는 개념이다(대법원 2002.6.28. 선고 2000다21062 판결 참조).

[판례소개](서울고등법원 2018.11.16. 선고 2017나2071933 판결)

2014년 4월 16일 인천에서 제주로 향하던 세월호가 항해 중 침몰함에 따라 300여 명의 인명사상이 발생한 초유의 해양사고가 발생하였다. 세월호의 선박소유자이자 운송인이었던 청해진해운은 피보험자로서 H조합 및 M화재보험회사와 선박보험(공제) 계약을 체결하였다. 기간보험이었다.

위 보험계약의 보험금청구권을 담보로 청해진해운에 대출을 해 준 원고 은행은 위 H조합과 M화재보험회사를 상대로 선박보험(공제)금의 지급을 청구하였다. 피고들은 세월호가 감항성이 없는 상태로 출항하였고 이를 청해진해운의 대표이사 등이 알고서 용인하였기 때문에 영국 해상보험법 제39조 제5항에 따라 면책된다고 주장하였다.

서울고등법원은 세월호의 감항능력, 사고와의 인과관계, 선박소유자 청해진해운의 악의여부에 관하여, 세월호는 증·개축, 화물과적 및 고박부실 등으로 인하여 복원성에 관한 감항능력이 결여되어 있었고, 감항능력 결여와 사고 사이에 상당인과관계가 인정되며, 청해진해운의 대표이사, 상무이사 및 해무총괄이사가 감항능력 결여에 대하여 알고 있었으므로 선박소유자의 악의도 인정된다고 판단하였다. 결국 피고들의 보험금지급의무는 영국 해상보험법 제39조 제5항에 의하여 면책되었다.

(2) 離路(항로이탈)

이로란 원래 예정된 항로에서 벗어나는 것을 말한다. 어느 정도 벗어난 것을 이로라고 할 것인지 문제된다. 이로는 보험계약시에 보험료산정의 기초가 되었던 보험위험을 증대시키므로 우리 법은 보험자에게 면책권을 인정한다.

선박이 정당한 사유없이 보험계약에서 정하여진 항로를 이탈한 경우에는 보험자는 그때부터 책임을 지지 아니한다. 선박이 손해 발생전에 원항로로 돌아온 경우에도 같다(상법 제701조의2; 영국해상보험법 제46조 제1항). 상법의 이로의 규정은, 이로와 보험사고가 인과관계가 없는 경우에도 보험자가 책임을 면하도록 되어 있다는 점에서 인과주의를 취하고 있는 우리나라의 일반 법원칙과 다른 태도이다.[26)]

정당한 이로란 조난자를 구하기 위한 이로 등을 말한다.

<예제 29> 한국에서 유럽으로 가는 甲 선박의 선장은, 케이프 타운을 돌아서 가도록 되어 있는 항해보험에서 항해거리를 단축하기 위하여 수에즈운하를 통과하기로 하고 수에즈운하에 진입하던 중 선박충돌사고를 만났다. 수리비를 보험자로부터 수령할 수 있는가?

甲 선박은 정당한 이유없는 이로를 하였다. 그런데, 일반 법리와 달리 이로의 효과 중 특이한 것은 인과관계를 필요로 하지 않는다는 점을 유의하여야 한다. 사안에서의 선박충돌사고와 이로는 상당인과관계가 없는 것으로 볼 수 있다. 그러나 이로의 법리에 의하여 甲 선박의 이로의 순간부터 보험자는 보험사고에 대하여 면책이 되어 있었다. 이러한 경우에 선장은 선사에 자신의 이러한 의도를 알려 보험회사에 추가보험료를 납입하여 특별한 부보를 하도록 하여야 한다.

(3) 담보특약조건위반

擔保特約이란 보험계약시에 피보험자(보험계약자)와 보험자가 어떠한 사항을 준

26) 인과관계를 요구하는 견해로는 양승규, 329면.

수할 것을 약속하고 이것이 지켜지지 않을 때에는 보험자는 보험금을 지급할 의무를 면하는 특수한 조건을 의미한다. 담보특약조건은 담보특약의 위반이 있는 순간부터 보험자의 보험금지급의무가 자동적으로 면제된다는 점에서, 인과관계를 필요로 하는 우리 법과는 다른 것으로 영국법에 특이한 것이다.[27) 28)]

우리 법이 적용된다면 담보특약의 효력이 문제될 수 있으나, 영국법이 준거법으로 되어 있는 보험계약에서는 담보특약조건의 효력은 유효하다고 할 수 있다. 우리 대법원도 동일한 입장이다.

[판례소개](대법원 1996.10.11. 선고 94다60332 판결)

선박보험계약을 체결하면서 약관 및 특약으로 영국의 법률과 관습에 따르기로 하고, 부보위험의 내용은 선박의 충돌, 좌초 등의 보험사고로 인한 보험계약자의 선박 자체의 손해 및 상대선에 대한 손해배상책임으로 하였다. 로이드 대리점의 검정인이나 한국선급협회의 검정인으로부터 감항증명서를 발급받을 것을 담보한다(warranted seaworthiness certificate issued by Lloyd's agent surveyor or KR surveyor)는 내용의 특약을 하였다. 이 사건 선박은 감항증명서를 발급받지 아니하고 항해하다가 충돌사고가 발생하였다. 보험자는 담보특약위반을 근거로 보험금지급을 거절하였다.

대법원은 "영국해상보험법상의 담보특약위반이 있는 경우, 설사 보험사고가 담보특약위반과 아무런 관계없이 발생하였다고 하더라도 보험자는 보험증권에 명시적 규정이 있는 경우를 제외하고는 자동적으로 그 담보특약위반일에 소급하여 그 보험계약상의 일체의 책임을 면한다."고 하면서 보험자의 면책을 인정하였다.[29)]

실무적으로 자주 문제가 되는 것은 선급유지담보특약이다. 선박보험은 선박이 소위 아약스(IACS)멤버인 우수한 선급협회(classification society)에 入級되어 있을 것을 담보특약조건으로 한다. 그런데, 보험계약시에는 선급에 입급되어 있다가 사고시에는 탈급되어 있었다면, 이는 담보특약위반으로 보험자는 면책된다.

---

27) 담보제도의 문제점에 관한 영국의 단행본으로서 B. Soyer, Warranties in Marine Insurance, Cavendish Publishing 2006이 있다. 우리나라의 논문으로는 한창희, "영국해상보험법상 담보특약원칙의 현황과 과제", 보험법연구 4(보험법연구회, 2002), 127면 이하; 박세민, "해상보험법상 담보의 개념과 영국협회적하보험약관 제5조 및 상법 제706조 제1호에 관한 고찰", 한국해법학회지 제27권 제2호(2005.11.), 107면; 김인현, "해상보험법에서 담보특약제도의 수정에 관한 고찰", 법학연구 제48권 1호(2007.8.), 1043면 이하가 있다.

28) 일본법도 우리와 같이 담보특약에 관한 규정을 가지고 있지 않으나, 중국법에는 이에 관한 규정이 존재한다(중국 해상법 제235조).

29) 판례공보(1996하), 3279면. 여기에 대한 평석은 서기석, "영국해상보험법상의 담보특약위반의 효과와 그 포기", 인권과 정의(1996.12.), 109면; 최종현, "영국 해상보험법상 담보특약 위반에 대한 권리의 포기", 보험법 연구2(삼지원, 1998), 43면 등이 있다.

<예제 30> 甲 선박과 乙 선박이 충돌하였고 그 결과로 乙 선박이 침몰하였다. 과실비율은 각각 50% 정도로 추정된다. 甲 선박 측의 변호사는 乙 선박의 선박소유자가 자산상태가 좋지 않으나 乙 선박의 선박보험금에 주목하여 乙의 채무자인 보험회사에 대한 채권을 압류하면 채권확보가 되리라고 생각하고 다른 수단을 강구하지 않고 있다. 편의치적국인 乙 선박의 선급증서를 甲 측의 변호사는 확인하여 보지도 않았다. 올바른 조치인가?

예외적이기는 하지만 선급에서 탈급된 경우가 있을 수 있다. 그러면 乙 선박의 보험자는 보험금을 지급할 의무가 없다. 따라서 제3 채무자의 채권압류로서 자신의 채권을 확보할 수 없는 것이다. 甲 측의 변호사는 좀 더 신중하게 이 건을 처리하였어야 한다.

[판례소개](대법원 1998.5.15. 선고 96다2773 판결)

선박보험계약을 체결하면서 선박이 한국선급협회의 선급을 유지하는 것을 담보로 한다는 특약을 하고 이를 보험증권에 명기하고서도 한국선급의 승인없이 격벽을 제거한 다음 항해 중 선박충돌사고로 침수되어 문제의 선박은 침몰되었다.

대법원은 "보험증권과 약관에 그 준거법을 영국의 법률과 관습에 따르기로 하는 규정과 아울러 선급을 유지하기로 하는 내용의 명시적 규정이 있는 경우, 이는 영국 해상보험법 제33조 소정의 명시적 담보에 관한 규정에 해당하고, 명시적 담보는 위험의 발생과 관련하여 중요한 것이든 아니든 불문하고 정확하게 충족되어야 하는 조건으로서 엄격히 지켜져야만 하며, 일단 담보위반이 있는 경우, 설사 보험사고가 담보위반과 아무런 관계없이 발생하였다고 하더라도, 보험자는 보험증권에 별도의 명시적 규정이 있는 경우를 제외하고는 자동적으로 그 담보특약 위반일에 소급하여 그 보험계약상의 일체의 책임을 면한다(대법원 1996.10.11. 선고 94다60332 판결 참조). 그러므로 보험자가 담보특약에 관한 사항을 알든 모르든 피보험자로서는 담보특약은 정확히 지켜야만하고, 이를 위반하게 되면 그 사유와 시기에 관계없이 보험자는 바로 그 시점부터 보험계약상의 일체의 책임을 면하게 되므로, 보험자로서는 담보특약에 관한 사항을 구태여 알아야 할 필요가 없고, 피보험자는 보험자에게 담보특약에 관한 사항을 고지할 의무도 없는 것이다."라고 판시하였다.[30]

대법원 2020.6.4. 선고 2020다204049 판결에서는 영국 해상보험법 제39조 제5항에 따라 예인선의 선주가 부적절한 예인방식을 취함으로써 발생한 손해에 대하여 보험자들의 면책을 인정하였다.

2015년 영국보험법 개정으로 해상보험법상 담보특약은 두 가지 개정이 있었다.[31] 첫째, 위반사항이 치유되면 그 후의 사고는 여전히 보험부보대상이 된다. 둘째, 담보특약이 특정손해발생의 가능성을 감소하기 위해 도입된 경우 피보험자가 실제 발생한 손해의 발생위험이 그 위반으로 증가하지 않았음을 증명하면 보

30) 판례공보(1998), 1621면.

31) 자세한 논의는 김찬영, "해상보험에 있어 담보특약 법리의 변화와 그 시사점에 관한 연구", 한국해법학회지 제37권 제2호(2015.11.), 323면 이하; 김인현·권오정, 36면.

험자는 보험금을 지급해야 한다.

제 3 절 船主責任相互保險

제1 序

1. 의 의

선주책임상호보험이란 선박소유자들이 선박보험에서 부보되지 않는 선박운항상의 위험을 담보하기 위하여 조합을 결성하여 기금을 갹출하고 담보위험으로 인한 사고가 발생한 경우에 보험금을 지급하도록 하는 보험제도이다. 이러한 선주책임상호보험을 목적으로 하는 조합을 선주책임상호보험조합(Protection and Indemnity Club; P&I)이라고 한다. 대부분의 조합은 영국을 근거지로 하고 있으며, 영국의 브리타니아 · UK클럽 · 스탠다드, 노르웨이의 Gard · Skuld 그리고 일본의 Japan P&I 클럽 등이 유명하다. 2023.2.20.부터 North of England와 스탠다드가 합병되어 North Standard라는 하나의 클럽이 되었다. 우리나라도 2000년 한국 P&I 조합이 창설되어 영업을 하고 있다.32) 한국해운조합에서 인수하는 선주배상책임공제도 이의 일종이라고 보아야 한다.33)

2. 기 능

선주책임상호보험의 기능은 아래와 같다.

첫째, 선박소유자가 선박을 운항하는 중 부담하는 위험으로부터 선박소유자를 보호하는 기능을 한다. 이를 영어로는 Protection이라고 한다. 여기에는 선박충돌사고에 있어서 상대선박의 손해의 1/4, 오염손해배상, 선원의 사망, 치료비, 송환비용 등이 있다.

---

32) 선주책임상호보험에 관한 논문으로는 윤민현, “한국선주책임상호보험조합의 설립에 관한 연구”(한국해양대학교 경영학박사학위논문, 1999.1.); 박영준, “선주책임상호보험에 관한 연구”(고려대학교 법학박사학위논문, 2003.2.); 김인현, “한국과 미국의 선주책임상호보험에서의 직접청구권에 대한 비교법적 연구”, 한국해법학회지 제28권 제1호(2006.4.), 7면 이하가 있다.

33) 이들 P&I Club들은 International Group of P&I Clubs를 유지하고 있다. Amerrica, Britannia, Gard, Japan, North Standard, London Steam-Ship, Shipowners, Skuld, Steamship, Swedish, West of England, United Kingdom 등 12개 회원사가 있다(www.igpandi.org).

둘째, 선박소유자가 운항자로서 제3자에 대하여 배상하여야 하는 손해를 보상하는 기능을 한다. 이를 Indemnity라고 한다. 여기에는 운송계약 위반으로 인한 운송물손해배상책임 등이 있다.

셋째, 保證狀을 발행하는 기능을 한다. 예컨대, 선박충돌사고의 경우에 상대선박의 피해는 선박우선특권을 발생시키고, 선박은 임의경매의 대상이 된다. 그러므로, 충분한 보상을 하여준다는 보증장을 선박채권자에게 제시하지 않는 한 선박은 장기간 압류되어 있게 된다. 유수의 P&I 클럽의 재산상태는 양호한 것이므로 세계 각국에서 이들의 보증장은 유효하다.

3. 법적 지위

위에서 본 바와 같이 P&I는 영리를 목적으로 하는 보험회사가 아니고, 비영리 사단으로서의 성격을 갖는다. P&I가 상법의 적용을 받는 상인인지가 문제된다. 만약, 상인성을 인정받는다면, P&I는 책임보험의 성격을 띄고 있으므로 상법의 책임보험에 관련된 규정이 적용될 수 있고,[34] 나아가 상법 제724조의 제3자의 보험자에 대한 직접청구권 규정이 적용된다.

P&I 보험에서 선박소유자는 보험자로서 책임보험자의 회원이며 또 피보험자인 지위에 있다. 따라서 P&I 보험은 상호보험이라고 할 수 있다.[35] 따라서 상법 제664조에 의하여 상법보험편의 규정이 적용된다.[36]

상법 제663조(보험계약자 등의 불이익변경)는 "이 편(상법 4편 보험)의 규정은 당사자간의 특약으로 보험계약자 또는 피보험자나 보험수익자의 불이익으로 변경하지 못한다. 그러나 재보험 및 해상보험기타 이와 유사한 보험의 경우에는 그러하지 아니하다."고 한다. 이와 관련하여 P&I가 해상보험인지에 대한 의문이 있다. 우리 상법은 이에 대한 규정을 두지 않고 있으며, 해상보험으로는 선박보험, 적하보험을 해상보험으로 인정하고 있다.[37] 상법 제693조(해상보험자의 책임)에 의하면 "해상보험계약의 보험자는 해상사업에 관한 사고로 인하여 생길 손해를 보상할 책임이 있다."고 한다. P&I의 담보위험은 해상사업에 관한 사고로 인한 손해인 점에는 의문의 여지가 없다. 따라서 해상보험으로 볼 수 있고, 다만 P&I가 영리를 목적으로 하지 않는 점에서는 일반선박보험회사와 다르다. 보험계약자의 불이익변경금

---

34) 김인현・권오정, 114면.

35) 심재두, 전게서, 457면; 박세민, 15면.

36) 2014년 상법개정으로 유사보험인 공제관계에서도 상법 보험편이 준용된다(제644조).

37) 중국 해상법은 제3자에 대한 책임도 보험의 목적으로 한다(제218조).

지규정은 적용되지 않는다.

제2 擔保危險

한국 P&I 클럽의 담보위험을 중심으로 살펴본다. P&I 클럽의 담보위험은 전통적인 선박(선체)보험의 담보위험에서 제외되는 선박소유자의 선박운항과 관련된 거의 모든 위험으로까지 확대되어 있다.

1. 船員에 대한 책임 및 비용

선원의 송환비용, 선원의 사망, 상해 및 질병으로 인한 책임 및 비용 등을 지급한다(한국 P&I 클럽 보험계약규정 제20조).

2. 旅客에 대한 책임 및 비용

여객의 사상 등에 관한 책임과 비용, 해난으로 인한 여객의 이송비용, 여객의 수화물의 손해에 대한 비용을 보상한다(동 규정 제21조).

3. 船舶衝突에서 상대선 손해 및 물체와의 접촉손해

선박충돌사고에 있어서 상대선박의 손해의 1/4에 대하여 P&I가 보상한다(동 규정 제24조). 3/4에 대하여는 선박보험에서 부보된다. 경우에 따라서는 선박회사가 3/4을, 혹은 P&I가 1/4을 담보하기도 한다.

항만설비 등을 접촉함으로써 발생한 손해, 선체가입선박의 잔해 등의 철거비용에 대하여 보상한다(동 규정 제25조).

4. 污染損害

유류오염사고로 인하여 어민 등 제3자가 입은 손해 및 청소비용 등에 대하여 P&I가 보상한다(동 규정 제26조). P&I가 보상하는 액수는 선박소유자의 책임제한액까지이다.[38]

5. 曳引契約上의 책임

가입선박이 다른 선박 등의 피예인물을 예인하면서 피예인물에 발생시킨 손해

38) 김인현·권오정, 117면.

및 가입선박이 예인되면서 입은 손해에 대하여 보상한다(동 규정 제27조).

6. 積荷의 손해

운송 중이던 화물에 대한 손해배상청구에 의해 선박소유자(운송인)가 받게 되는 손해, 예컨대 운송 중의 오손으로 인한 손해 및 선박충돌사고에서 상대선의 선박에 적재된 운송물 손해 등에 대하여 P&I가 담보한다(동 규정 제30조). 선하증권과 상환없는 인도에 기인한 화물손해에 대하여는 부보되지 않는 것이 원칙이다.

실무상 운송 중이던 화물에 손해가 발생하면 화주는 자신의 적하보험자에게 보험금을 청구하게 된다. 보험자는 화주가 운송인에 대하여 가지는 손해배상청구권을 대위행사하게 된다(상법 682조). 이때 운송인들이 부담하게 되는 손해배상책임을 P&I보험이 지급하게 된다.[39]

7. 벌금 및 과태료

선박운항과 관련하여 선박소유자에게 부과된 벌금에 대하여 P&I는 이를 담보한다(동 규정 제32조). 선원에 대한 과태료는 조합원이 법률상 부담할 의무가 있는 경우 또는 부담하는 것이 합리적이라고 조합이 승인하는 경우에 한한다.

<예제 31> 甲 선박의 선장은 불행히도 오염사고를 야기하였고, 이에 대하여 해양오염방지법위반으로 벌금이 최고액인 3,000만원이 부과되었다. 선장은 이를 선박소유자에게 P&I를 통하여 지급하라고 할 수 있는가?

각 P&I Club의 규정을 보면, 첫째, 선박소유자가 법률상 벌금을 부담할 의무를 갖는 경우 혹은 부담하는 것이 정당하다고 조합이 인정하여야 한다. 선박소유자가 법률상 벌금을 부담할 의무를 갖는 경우란 선박소유자가 선원과의 고용계약에서 벌금을 자신이 대납하겠다는 계약상의 책임을 부담하는 것과 같은 경우라고 생각된다. 둘째, 벌금이 부과된 사안이 규정에 의하여 보상되는 사항이어야 한다. 예컨대, 해상교통안전법상 항법위반이나 해양오염방지법 위반으로 인한 기름유출에 대한 벌금은 모두 보상되는 사항이다. 셋째, 소(小)손해 공제액을 초과하는 것이어야 한다.

8. 책임방어비용

담보위험과 관련하여 조합원이 그 책임을 방어 혹은 경감하기 위해 필요한 변호사, 감정인 등의 비용 및 소송비용을 P&I가 지급한다(동 규정 제33조).

---

39) 김인현 · 권오정, 116면.

제3 直接請求權

1. 의 의

責任保險에서 피해자인 제3자는 보험자와 아무런 관계가 없다. 책임보험계약관계에 있는 자는 보험자와 피보험자이다. 책임보험에서 피보험자가 제3자에게 손해를 야기하게 되어 보험사고가 발생하게 되면, 피보험자는 제3자에게 손해를 배상하게 되고 보험자는 피보험자에게 보험금을 지급하게 된다. 그런데, 가해자인 피보험자가 파산된 경우에는 제3자는 피보험자에게서 손해를 배상받지 못하게 된다. 그러나, 이 경우 보험자는 이미 피보험자로부터 보험료를 수령하고 보험금을 지급할 것이 예정되어 있었다.[40] 그러므로, 이 경우에 보험자가 제3자에게 보험금을 직접 지급한다고 하여도 피보험자에게 보험금을 지급하는 경우와 비교하여 불리할 것은 없다. 따라서, 우리 상법은 피해자를 보호하기 위하여 제3자에게 보험자에 대한 直接請求權(direct action)을 인정하고 있다.[41]

해운과 관련하여 제공되는 책임보험(혹은 배상보험)은 영리법인인 일반 선박보험회사, 상호보험형태인 선주책임상호보험조합(소위 P&I club)·한국해운조합·수협공제 등으로 주체별로 나누어 볼 수 있다. 또한 책임보험은 선박충돌사고에서 상대방 선박의 손해를 보상하여주는 임의보험과 선원에 대한 선주의 재해보상·유류오염사고에서 선주의 피해자에 대한 손해를 보상하는 강제보험 등으로 성격에 따라 나누어진다.

우리나라의 중대형 외항상선은 영국계 P&I club 혹은 한국 P&I club에, 소형외항상선 및 내항상선은 한국해운조합의 공제에 그리고 어선은 수협공제에 가입하고 있다.

2. 일 반 론

(1) 상법 제724조 제2항

상법 제724조 제2항은 "제3자는 피보험자가 책임을 질 사고로 입은 손해에 대하여 보험금액의 한도내에서 보험자에게 직접 보상을 청구할 수 있다. 그러나 보

40) 동일 취지의 설명으로는 양승규, 374면; Steven. J. Hazelwood, P&I Clubs - Law and Practice, LLP 1994, p. 275.

41) 정찬형(하), 754-755면; 박세민, 604면.

험자는 피보험자가 그 사고에 관하여 가지는 항변으로써 제3자에게 대항할 수 있다."라고 하여 책임보험에서 직접청구권을 인정한다. 이 규정은 피해자를 두텁게 보호하기 위한 목적을 갖는 것으로 강행규정으로서의 성격을 갖는다.[42)] [43)]

그런데, 원래 제3자는 보험자에게 직접청구가 불가능함에도 입법정책적으로 제3자에게 직접청구권을 인정하는 것이므로, 보험자와 피보험자 사이의 항변사유 혹은 피보험자와 제3자 사이의 항변사유를 가지고 원칙적으로 보험자는 항변이 가능하여야 할 것이다. 우리 상법의 보험자는 피보험자가 제3자에 대하여 사고에 관하여 가지는 항변으로써 제3자에게 대항할 수 있다는 규정만 가지고 있다. 이것은, 예컨대 피보험자가 피해자인 제3자에게 손해배상금의 일부를 지급하였다는 항변 혹은 피보험자가 책임의 제한이 가능하다면 그러한 항변을 보험자가 원용할 수 있다는 것이다. 그 이외의 항변에 대하여는 우리 법은 침묵하고 있다. 이는 직접청구권의 법적 성질을 어떻게 보는가에 따라서 항변의 인정여부가 달라진다.

(2) 직접청구권의 법적 성질

직접청구권의 법적 성질에 대하여는 保險金請求權說과 損害賠償請求權說 두 가지로 나뉜다. 보험금청구권설은 직접청구권은 법률의 규정에 의하여 피해자에게 인정된 보험금 청구권이라고 하거나,[44)] 피보험자가 보험자에 대하여 갖는 보험금청구권을 피해자가 대위행사하는 것으로 본다.[45)] 그러므로, 제척기간의 기산점도 보험금지급의무 발생시점이 될 것이다. 손해배상청구권설은 보험자와 피보험자가 피해자에 대한 배상을 병존적으로 인수한 것으로 본다.[46)] 그러므로, 제척기간의 기산점도 손해발생시점이 된다. 우리 대법원은 손해배상청구권설을 취하고 있다 (대법원 1998.7.10. 선고 97다17544 판결).

그런데, 보험금청구권설에 의하면 피해자는 피보험자가 보험자에게 대하여 갖는 보험금청구권을 대위하므로 보험자가 피보험자에게 대항가능한 항변사유를 그대로 갖는다. 그러므로, 보험료를 지급하지 않았다던가 감항능력결여 혹은 담보위반으로 면책되었다는 항변을 보험자는 피해자에 대하여도 할 수 있다. 직접청구

---

42) 영국법은 피보험자의 도산의 경우에만 1930년 제3자권리법에 의하여 한정적으로 직접청구권을 인정하는 점에서 우리 법의 입장과 다르다. 서영화, "해상의 책임보험과 제3자의 직접청구권", 부산지방변호사회지(1996), 80면.

43) 중국・일본 법에는 이러한 규정이 없다.

44) 양승규, 374면.

45) 채이식, 193면; 고평석, 책임보험계약법론(삼지원, 1990), 236면; 이광복, "책임보험에 있어서 피해자의 직접청구권"(고려대학교 법학석사학위논문, 1995.12.), 64면.

46) 정동윤(하), 657면; 정찬형(하), 757면; 김성태, 622면; 박세민, 607면; 박영준, 전게 박사학위논문, 236면.

권은 피해자를 두텁게 보호하기 위한 제도임에도 피해자는 보호받지 못하는 결과가 된다. 그러나, 이론상으로는 피보험자가 갖는 권리 이상을 피해자가 가질 수는 없어야 한다. 보험자의 입장에서는 피보험자에게는 보험금을 지급할 필요가 없음에도 피해자에게는 보험금을 지급하게 되는 불리한 입장에 서게 된다. 한편, 손해배상청구권설에 따르면 책임보험은 제3자에게 손해를 야기한 경우에 그 손해를 보험자와 피보험자가 병존적으로 지급하기로 하는 보험으로 이해하므로,[47] 보험계약상의 여러 항변을 피해자에게 주장할 수 없다. 피해자를 두텁게 보호할 수 있는 이론이다.

3. 船主責任相互保險組合과 直接請求權과의 관계

선박운항과 관련하여 논의를 전개하면, 선박소유자는 피보험자이고 P&I club은 보험자 그리고 제3자가 존재한다. 제3자인 선원이나 오염사고의 피해자 혹은 화주가 P&I club에게 보험금지급청구를 할 수 있는지가 문제이다.

(1) 영 국

영국법에서는 補償保險(indemnity insurance)과 責任保險(liability insurance)을 구별한다. 그래서 보상보험은 피보험자가 피해자에게 보험금을 지급한 다음에야 비로소 보험자의 보험금지급의무가 발생한다는 점이 책임보험과 다르다.[48] 보상보험의 대표적인 것으로는 선주책임상호보험이 있다. 그리하여 선주책임상호보험은 피보험자가 피해자에게 손해를 배상한 그 날로부터 시효가 시작되고, 그 날로부터 청구권이 발생한다고 해석한다. 피해자인 제3자가 갖는 보험자에 대한 권리는 停止條件附權利가 된다. 그러므로, 피보험자인 선박소유자가 도산이 된 경우에는 피해자는 '피보험자의 피해자에 대한 배상'이라는 정지조건이 성취되지 아니하였으므로, 보험자에 대한 권리를 가지고 있지 못한 것이 된다. P&I club은 이러한 취지의 내용을 각자의 P&I club 계약규정에 두고 있으며 이를 先支給原則 혹은 先支給規定(pay to be paid rule or first pay rule)이라고 한다.[49] 이는 조합원이 손해 혹은 비용을 먼저 피해자에게 배상한 다음에야 비로소 조합은 그 손해 혹은 비용을 피보험자에게 전보하여 준다는 취지의 내용이다.[50] 영국법에서는 이러한 선지

---

47) 이기수 외, 303면; 정찬형(하), 757면; 박세민, 611면.

48) Steven J. Hazelwood, *op. cit.*, p. 323; 미국법의 입장에 대하여는 김인현, 전게 직접청구권에 대한 비교법적 연구, 12면 이하를 참고 바람.

49) Hazelwood, *Ibid.*

50) 1988년 영국 브리타니아 조합규정 제5조에 의하면, 조합원이 먼저 손해를 배상할 것이 조합의 기금으로부터 손해를 전보받을 선행조건이 된다(Provided always that, unless the

급원칙은 제3자법에 위반되지 아니하여 유효하므로 피해자는 P&I club에게 직접 청구를 할 수 없다고 한다.[51)]

[판례소개](대법원 2009.11.12. 선고 2009다54553 판결; 부산지방법원 2009.6.17. 선고 2008나3906 판결)

한국 선원이 일본 선주(파나마 국적)의 선박에 갑판수로서 승선하였다. 일본 선주는 영국의 Britannia Steamship P&I Club에 선주책임상호보험을 가입한 상태였다. 약관(Rule Book)에는 소위 先支給항변이 포함되어 있고, 선원이 승선근무 중 상해를 입게 되면 그 보상금도 보상내용에 포함되어 있다.

승선근무 중 상해를 입은 선원이 우리나라 법원에 영국의 Britannia를 상대로 보상금지급을 구하였다. 원고는 ① 주위적으로, 선주와 피고 사이의 계약상의 선원보상 규정에 의하여 피고는 원고에게 이 사건 사고로 인한 원고의 손해를 직접 보상할 책임이 있고, ② 예비적으로, 원고는 선주의 피고에 대한 보험금 지급청구권을 대위행사할 권한이 있으므로 결국 피고는 원고에게 이 사건 사고로 인한 보상금을 지급할 의무가 있다고 주장하였다. 이에 대하여 피고는 영국 관할항변 및 준거법이 되는 영국법에 따르면 제3자인 선원은 직접청구권이 없다고 주장하였다.[52)]

직접청구권을 원고가 가지는가에 대하여 원심(부산지방법원 2009.6.17. 선고 2008나3906 판결)은 아래와 같이 판시하였다.

(i) 상호보험약관 제46조 제1항의 영국법 준거약관은 유효하여(대법원 1996.3.8. 선고 95다28779 판결) 이 사건 청구에는 영국법이 준거법으로 적용된다.

(ii) 영국의 보험자에 대한 제3자 권리법 제1조에 의하면 "파산 또는 청산 등 피보험자의 지불이 불능이 된 경우 제3자는 보험자에게 보험자에 대한 피보험자의 권리를 직접 청구할 수 있다."고 규정하고 있고, 약관에 의하면 "위원회가 그 고유권한으로

---

committee in its discretion otherwise determines, it shall be a condition precedent of a Member's to recover from the funds of the Association in respect of any liability, costs or expenses that the Member shall first have discharged or paid them).

51) 영국은 1930년 보험자에 대한 제3자 권리법(Third Parties<Right's against Insurers> Act 1930)의 제1조 제1항과 제2항에서 피보험자가 파산 또는 지급불능 또는 회사의 해산 등의 특수한 경우에만 직접청구권을 인정하고 있다. 그런데, 직접청구권이 인정되는 경우라고 하더라도 P&I club의 선지급 규정이 유효하다면 제3자는 보호받지 못하게 되므로, 이 선지급규정이 제3자 권리법에 위반되는지가 영국 귀족원에서 다루어졌다. 동 제1조 제1항은 직접청구권의 행사로 피보험자의 보험금청구권이 피보험자로부터 피해자에게 이전귀속된다고 한다(...be transferred to and vest in the third party...). 영국귀족원은 선지급규정에 의한 피보험자의 정지조건부 권리는 피해자에게도 그대로 대위되어 선주가 도산되어 먼저 피해자에게 손해를 보상하지 않았으므로 조건은 성취되지 아니하였고 따라서 피해자의 직접청구는 인정되지 않는다고 판시하였다. The Fanti and The Padre Island, [1990] 2 Lloyd's Reports, 191; Steven J. Hazelwood, *op. cit.,* p. 329.

52) 재판관할권이 없다는 본안전 항변에 대하여 원심은 "원고가 대한민국 국민이고, 피고의 연락사무소인 The Britannia P&I Club Busan의 소재지와 그 소장의 주소지도 부산인 점을 고려하면, 이 사건에 관하여 대한민국이 재판관할권을 행사하는 것이 당사자간의 공평이나 재판의 적정, 신속 등 조리에 반하는 특별한 사정이 없으므로 대한민국은 이 사건에 관하여 국제재판관할권이 있다."고 판시하였다.

달리 결정하지 않은 한, 책임이나 비용과 관련하여 조합의 기금으로부터 회수할 수 있는 회원의 권리는 회원이 먼저 책임을 이행하거나 비용 등을 지출할 것을 전제조건으로 한다."고 규정하고 있다.

(iii) 따라서, 원고가 피고에게 직접 또는 피보험자인 선주를 대위하여 이 사건 청구를 하기 위하여는 이 사건 선박의 소유자이자 피보험자인 선주가 파산 또는 청산으로 인하여 원고에 대한 손해배상의 지급이 불능으로 되었다는 점 또는 선주가 원고에게 손해배상책임을 이행하거나 그 비용 등을 지출하였다는 점을 입증하여야 할 것인데,[53] 이에 관한 아무런 주장 입증이 없으므로 원고의 위 주장은 이유없다.

대법원(2009.11.12. 선고 2009다54553 판결)은 상고심절차에 관한 특례법 제4조 및 제5조에 따라 상고를 기각하였다.

(2) 우리나라

한국 P&I club의 보험계약규정은 "조합은 조합원이 손해배상금 및 비용을 전부 지급하고 당해 사건을 종료한 때에 보험금을 지급한다."고 정하고 있다(제44조 제4항).[54]

우리 법에서는 보상보험과 책임보험의 구별은 없고 모두 책임보험으로 보아야 하고 보험사고가 발생한 시점에 보험금지급의무가 발생하며 선지급규정은 보험자와 피보험자 사이의 항변사유라는 견해가 있다.[55] 이런 견해에 따르면 직접청구권의 인정여부는 상법 제724조 제2항 단서에 대한 해석론에 따라 달라질 것이다.

보험자와 피보험자 사이의 항변에 대하여는 우리 상법에 규정된 바가 없다. 손해배상청구권설에 의하면 보험자는 피해자에 대한 손해를 배상할 것을 피보험자와 같이 병존적으로 인수한 것이므로 피해자에 대한 항변은 불가능하다. 보험금청구권설에 의하면 P&I club은 정지조건부 권리를 피보험자가 가지고 있는바, 아직 피보험자가 피해자에게 손해배상을 하지 않았으므로 정지조건이 성취되지 아니하여 보험자는 보험금지급의무를 부담하지 않고, 환원하면 피보험자는 보험금청구권을 갖지 않으므로 피해자도 대위받을 권리가 없다는 항변을 하게 된다는 것이다. 즉, 한국 P&I club은 보험금청구권설에 의하면 선지급규정을 가지고 피해자에게 항변이 가능하게 될 것이다.

---

53) 영국 귀족원은 파산 등이 되었다고 하더라도 보험자의 선지급항변은 여전히 유효하여 피해자는 보험자에게 직접청구를 할 수 없다고 한다.

54) LG 화재해상보험회사 등이 사용하는 협회선박기간보험약관(Institute Time Clauses-Hull) 제8항은 3/4충돌배상약관이다. 동 제1항은 "보험자는 피보험선박이 타선박과 충돌하여 그 결과 피보험자가 다음의 손해에 대하여 법적 배상책임을 지고 그 손해배상금조로 일정금액을 타인에게 지급한 경우에는 그 금액의 3/4을 피보험자에게 보상할 것을 동의함"이라고 규정한다. 이것도 일종의 선지급규정이다.

55) 박영준, 전게 박사학위논문, 84면.

다만, 유류오염손해배상보장법에 의하면 유조선의 유류오염사고에 있어서는 보험자의 제3자에 대한 항변은 법규정에 의하여 불가능하도록 되어 있으므로(제16조 제1항),[56] 한국 P&I club은 선지급규정의 항변을 할 수 없고, 피해자의 직접청구의 대상이 된다.

(3) 直接請求인정 여부

우리나라 선주가 영국법을 준거법으로 하는 영국계 P&I club에 가입하고 있는 경우 P&I club에 대한 청구는 선지급규정의 효력을 인정하고 있는 영국법원의 태도로 보아 불가능할 것이다. 다만, 우리나라가 법정지가 되는 경우에는 개정된 국제사법 제7조(대한민국법의 강행적 적용)에 따라서 우리 법이 적용되어 피해자에게 외국 P&I에 대한 직접청구권이 인정되는 경우도 있을 수 있을 것이다.[57]

한국 P&I club에 가입하고 있는 경우 피해자의 직접청구가 가능한지가 문제된다. 한국 P&I club의 준거법은 한국법이다(규정 제48조). 한국 P&I보험을 영국과 같이 보상보험의 성격을 갖는 것으로 보는 경우와 이를 책임보험으로 보는 경우에 따라 논의가 달라질 것이다. 전자의 경우에 피해자는 피보험자로부터 성취되지 않은 정지조건부권리를 대위받는 것이 되어 직접청구권이 부인될 것이고, 후자의 경우는 상법 제724조 제2항의 항변사유에 대한 해석론에 따라 결론이 달라질 것이다. 한국 P&I club이 우리나라에서 별도로 자생적으로 발생한 것이 아니고 그간 영국의 P&I club제도를 2000년 한국에 도입한 것에 불과하고 가입조합원들도 영국의 P&I제도와 유사하게 생각하고 있다. 그러므로 직접청구가 가능한지 여부는 이러한 연혁적인 이유와 P&I club은 비영리로서 선주들이 자신들을 보호하기 위하여 만든 단체임을 염두에 두어야 한다고 생각한다. 아래와 같은 이유로 P&I club에 대한 직접청구는 원칙적으로 인정되지 않아야 한다고 본다.[58]

첫째, P&I club은 상호보험으로서 일방 조합원이 지급하지 않은 손해를 다른

---

56) 제16조 제1항은 "제4조 제1항 또는 제2항의 규정에 의한 선박소유자의 손해배상책임이 발생한 때에는 피해자는 보험자 등에 대하여도 직접 손해배상의 지급을 청구할 수 있다. 다만, 선박소유자의 고의에 의하여 손해가 생긴 때에는 그러하지 아니하다."하고, 제2항은 "제1항 본문의 경우에 보험자 등은 선박소유자가 피해자에 대하여 주장할 수 있는 항변만으로 피해자에게 대항할 수 있다."고 한다. 제2항은 피보험자와 제3자에 대한 사유에 관계되는 것이므로, 제1항 단서규정은 보험자와 피보험자에 대한 사유에 대한 규정으로 이해하여야 한다. 따라서 제1항 단서규정은 선박소유자의 고의에 의한 사고를 제외하고는 보험자와 피보험자 사이의 사유로서 제3자에게 항변하지 못한다는 취지로 해석된다. 반대 취지로는 박영준, 전게 박사학위논문, 268면.

57) 제7조는 "입법목적에 비추어 준거법에 관계없이 해당 법률관계에 적용되어야 하는 대한민국의 강행규정은 이 법에 의하여 외국법이 준거법으로 지정되는 경우에도 이를 적용한다."고 정하고 있다. 동지 박영준, 전게 박사학위논문, 277면.

58) 반대 견해로는 박영준, 전게 박사학위논문, 271면.

조합원이 지급하려고 하지 않는다.[59] P&I club은 조합원들의 클레임을 처리하기 위한 가장 소규모의 조직으로 출발하였기 때문에, 일단 조합원들이 각자의 손해배상문제를 처리하고 난 다음 조합이 조합원들에게 전보를 해주겠다는 취지로 선지급규정을 두었다. 이런 관점에서 선주책임상호보험은 보상보험으로서 책임보험과 약간 다른 점이 있다.

둘째, 적하에 대한 손해는 화주에게 보험금을 지급한 보험회사가 대위권을 행사하여 청구권자가 된다. 직접청구권을 인정하여 일반 영리보험회사를 특별히 보호할 필요가 있는지를 검토하여야 한다. 만약 직접청구가 인정된다면 P&I club은 여기저기서 피고가 되어 소송을 진행하여야 할 것이다.

셋째, 영국계 P&I club에 대한 직접청구가 인정되지 않는 상황에서 한국 P&I club에게만 직접청구권이 인정되면 해운의 국제경쟁력이 떨어지게 된다.[60]

사견으로는 선주의 책임보험에의 가입이 국내적으로나 국제적으로 강제되어 있는 선원법(제98조), 유류오염손해배상보장법(제14조), 1974년 아테네협약을 위한 2002년개정 의정서(의정서 제5조, 개정협약 제4조의2 제1항) 등의 경우에만 영세하거나 열악한 환경의 사람을 보호하기 위하여 선지급규정 항변을 부인함으로써 제한적으로 직접청구를 인정하는 것이 좋다고 본다.[61] 이러한 해석은 국제적인 추세에 따르는 것이기도 하다. 최근의 유류오염손해배상을 위한 민사책임협약(CLC), 선박연료유협약(Bunker Convention), 1974년 여객운송을 위한 아테네협약에 대한 2002년 개정의정서, 2007년 난파물제거협약 등에서 피해자를 위한 책임보험의 가입을 강제화하고 피해자의 보험자에 대한 직접청구를 인정하고 있는바,[62] 이 경우에 고의보험사고를 제외하고는 보험자는 피보험자에 대한 항변을 가지고 제3자

---

59) P&I club이 회원에게 부과하는 보험료(call)는 징수시기에 따라 계약 당해연도에 납부하는 advanced call과 3~4년 후에 계약년도의 claim record여하에 따라 추징하는 추가보험료(supplementary call)로 나누어진다. 윤민현, P&I 보험과 실무(도서출판사 여울, 1988), 29면. 직접청구가 문제되는 경우에는 도산된 조합원이 납부하여야 하는 보험료를 추가보험료의 형태로 현존 조합원이 부담하는 격이 된다.

60) 이와는 달리 영리회사인 선박보험회사에서 인수하는 상대선박의 충돌손해의 3/4에 대한 상대선박 측의 직접청구는 쉽게 인정될 수 있다. 이러한 판결로는 서울지방법원 2002.7.5. 선고 2001가합36981 판결이 있다. 동 판결에서 "영리선박보험회사의 선지급 규정에 대하여 법원은 위 규정은 보험자와 피보험자 사이의 보험금 지급절차에 관한 것일 뿐 보험금 지급채무의 존부에 관한 것은 아니므로 이를 가지고 보험자가 직접청구권자인 제3자에게 대항할 수 없다고 할 것이다"라고 판시하였다.

61) 이러한 사견에 따르면 보험금청구권설에 따르면서도 항변을 인정하기도 하고 인정하지 않는 결과가 될 것이지만, 구체적인 타당성을 위하여는 불가피하다고 본다.

62) 여기에 대하여는 김인현, "해상여객 및 수하물운송에 관한 2002년 개정아테네협약", 상사법연구 제12권 제1호(2003.5.), 536면을 참고 바람.

에게 대항하지 못한다는 명문의 규정을 둠으로써 제한적으로 직접청구권을 인정하고 있다는 점도 참고해야 할 사항이다.

4. 직접청구권의 준거법결정

(1) 의 의

영국법이 적용되면 피해자의 보험자에 대한 직접청구권은 극히 제한적으로 인정된다. 이에 반하여 우리 법이 적용되면 상법 제724조 제2항에 의하여 제한없이 직접청구권을 피해자가 행사할 수 있다. 그러므로 외국적 요소가 개입된 경우 어느나라 법을 준거법으로 할지가 문제되고, 우리 법원에 소가 제기된 경우 피해자는 우리 법의 적용을 주장하게 된다.

(2) 국제사법과 법원의 판결

우리 국제사법은 당사자 자치의 원칙을 인정한다. 통상 책임보험계약에서 준거법으로 영국법이 지정된다. 이는 보험자와 피보험자의 법률관계를 다룰 뿐이지 직접청구권을 행사하는 제3자와 보험자와의 관계에 적용될 수 없다. 피해자가 책임 보험자에 대하여 직접청구권을 갖는지 여부를 외국적 요소가 있는 보험에서 어느 나라 법을 적용하여 결정할 것인가의 문제이다. 우리 대법원은 가장 밀접한 관련성이 있는 국가의 법이 직접청구권의 준거법이 되어야 한다고 하면서 계약의 준거법인 영국법을 적용하였다(대법원 2017.10.26. 선고 2015다42599 판결).

[판례소개](대법원 2017.10.26. 선고 2015다42599 판결)
<책임보험에서 직접청구권의 준거법>

운송인은 갑판적 화물이 멸실되었음에도 선주상호책임보험(P&I)에서 담보되지 않는 경우 보상을 받기 위한 보험(SOL)에 가입하였다. 운송 중 갑판적 화물에 손해가 발생하자, 피해자인 화주 측은 책임보험자에게 직접청구권을 행사하였다. 위 SOL보험의 준거법은 영국법으로 되어 있었다. 운송인과 책임보험자는 한국회사였지만, 화주는 태국회사였다. 준거법이 한국법으로 되면 우리나라 상법 제724조 제2항이 적용되지만, 영국법이 적용되면 제3자법에 의하여 반드시 운송인이 파산이나 회생절차에 들어간 경우에만 피해자에게 직접청구권이 허용되었다. 피해자로서는 한국법이 준거법으로 적용되어야 유리한 사항이었다.

대법원은 아래와 같이 판시하였다.

제3자가 외국의 법률이 준거법인 책임보험계약의 피보험자에 대하여 대한민국 법률에 의하여 손해배상청구권을 갖게 되어 우리나라에서 보험자에 대한 직접청구권을 행사할 경우의 준거법을 정하는 기준에 관하여 국제사법에는 직접적인 규정이 없다. 책임보험계약에서 보험자와 제3자 사이의 직접청구권에 관한 법률관계는 그 법적 성질이 법률에 의하여 보험자가 피보험자의 제3자인 피해자에 대한 손해배상채무를 병존적으로 인수한 관계에 해당한다(대법원 1994.5.27. 선고 94다6819 판결 등 참조).

국제사법 제34조는 채권양도 및 채무인수의 법률관계를 동일하게 취급하여 채권의 양도가능성, 채무자 및 제3자에 대한 채권양도의 효력은 양도되는 채권의 준거법에 의하도록 규정하고(제1항), 채무인수에 대하여도 이를 준용하고 있다(제2항). 또한 국제사법 제35조는 법률에 의한 채권의 이전에 관하여, 그 이전의 원인이 된 구채권자와 신채권자 사이의 법률관계의 준거법에 의하지만, 만약 이러한 법률관계가 존재하지 아니하는 경우에는 채권양도 및 채무인수의 경우와 마찬가지로 이전되는 채권의 준거법에 의하도록 규정하고 있다. 이에 비추어보면, 채무인수 및 법률에 의한 채권의 이전에 관하여 이전되는 채무 채권의 준거법에 의하도록 한 국제사법 제34조 및 제35조의 기준은 법률에 의한 채무의 인수의 경우에도 참작함이 타당하다.

그런데, 보험자가 피보험자의 손해배상채무를 병존적으로 인수하게 되는 원인은 피보험자가 제3자에 대하여 손해배상채무를 부담하는 것과는 별개로, 그 기초가 되는 보험자와 피보험자 사이의 법률관계인 책임보험계약에 관하여 제3자의 보험자에 대한 직접청구권을 인정하는 법규정이 존재하기 때문이다. 그리고 제3자 직접청구권이 인정되는 경우에 보험자가 제3자에 대하여 부담하는 구체적인 책임의 범위와 내용은 책임보험계약에 따라 정해질 수밖에 없고, 책임보험계약에 따라 보험자와 피보험자가 부담하는 권리의무도 변경된다.

위와 같은 사정들을 종합하여 보면, 외국적 요소가 있는 책임보험계약에서 제3자 직접청구권의 행사에 관한 법률관계에 대하여는 그 기초가 되는 책임보험계약에 적용되는 국가의 법이 가장 밀접한 관련이 있다고 보이므로, 그 국가의 법이 준거법으로 된다고 해석함이 타당하다(대법원 2016.12.29. 선고 2013므4133 판결).

원심은 판시와 같은 이유로 (1) 이 사건에서 피보험자인 브라이트 해운과 보험자인 피고가 체결한 해상적하보험 계약에 보험자인 피고의 책임에 관하여 영국법을 적용하기로 하는 영국법 준거조항이 포함되어 있으므로, 이 사건 보험계약에 따른 보험자의 책임에 관한 준거법으로 적용된다고 인정한 다음, (2) 피해자의 보험자에 대한 직접청구권의 행사는 보험계약의 준거법에 따라야 하므로, 이 사건 피해자인 주위적 원고의 보험자인 피고에 대한 직접청구권의 행사에는 이 사건 보험계약의 준거법인 영국법이 적용된다는 취지로 판단하였다.

원심판결 이유를 적법하게 채택된 증거들에 비추어 살펴보면, 위와 같은 원심의 판단은 앞에서 본 법리와 같은 취지로 보이고, 거기에 상고이유 주장과 같이 국제사법 준거법 결정원칙, 제3자 직접청구권의 준거법, 국제사법 제7조의 강행규정 등에 관한 법리를 오해한 위법이 없다.

대법원은 채권자 대위에 대하여 원심이 판단하지 않은 점을 지적하면서 원심을 파기 환송하였다.

[판례소개](서울남부지법 2013.6.5. 선고 2012가합7046 판결)

A선박과 B선박이 충돌하여 A선박이 손해를 보았다. 이에 A선박의 소유자(원고)는 B선박의 책임보험자에게 직접청구권을 행사하였다. B선박은 우리나라의 삼성화재와 해운조합이 선체보험자였다. 영국법을 준거법으로 하는 선체(선박)보험계약에는 책임보험의 성격을 갖는 선박충돌 손해배생책임 특별약관이 포함되어 있었다.[63)]

---

63) <특약사항>

보험자는 영국법이 적용되어 피보험자인 선주가 피해자에게 먼저 지급하지 않은 사항이므로 청구할 수 없다고 주장하였다.

서울남부지법은 아래와 같이 판시하였다.

(1) 준거법

원고의 위 주장은 (i) 우리 상법에 따라 보험자에 대한 직접청구권이 인정되는 경우 그 직접청구권의 법적 성질이 손해배상청구권이라는 것에 불과하므로, 준거법에 따라 직접청구권의 인정여부 자체가 문제가 되는 이 사건에 있어서는 이를 근거로 삼기에 적절하지 않은 점, (ii) 우리 국제사법은 연결점이라는 개념을 중심으로 준거법을 정하고 그러한 연결점을 정하는 여러 기준을 제시하되 그와 별도로 당사자 사이에서 국제사법이 정한 준거법과 다른 준거법을 정하는 것의 효력을 인정하고 있어 이러한 점에서 당사자의 의사합치가 준거법에 있어서는 가장 중요한 요소로 작용하는 것을 허용하고 있다고 볼 수 있는데, 불법행위에 따른 채권관계와 계약에 따른 채권관계가 중첩 내지 대립할 경우 둘 사이에는 당사자의 의사 합치가 사전에 존재하는 계약에 따른 채권관계보다는 중요한 의미를 지니고 있다고 볼 수 있는 점, (iii) 특히 이 사건과 같이 불법행위에 따른 준거법 합의가 불법행위 이후에 이루어진 경우(국제사법 제33조에 따라 유효하다)에 직접청구권에 대한 준거법까지 불법행위에 따른 준거법을 따르게 될 경우, 불법행위의 당사자 사이의 사후합의로써 보험계약에서의 준거법 합의를 무력화시킬 수 있게 되는 점 등을 종합할 때, 피해자가 보험자에 대하여 직접청구권을 행사하는 경우에는 '보험계약에 따른 준거법'에 의하는 것이 상당하다. 결국 이 사건에 있어서는 영국법이 준거법이 된다.

(2) 영국법에 따라 직접청구권이 인정되는지 여부

영국법(제3자 권리법)은 우리 상법과 달리 피해자의 보험자에 대한 직접청구권을 일반적으로 허용하지 아니하고 예외적인 경우에만 허용하고 있으며, 이에 관한 규정이 제3자 권리법인바, 현행 제3자 권리법 제1조에는 직접청구권이 허용되는 경우에 관하여 '피보험자가 개인인 경우는 파산하였거나 채권자들과의 화의가 이루어진 경우', '피보험자가 법인인 경우에는 해산명령이 이미 내려졌거나, 임의해산에 대한 승인이 이루어졌거나, 파산관재인 등이 적법하게 임명되는 등 도산절차가 개시된 경우'에 한하여 직접청구권이 인정된다고 규정하고 있다(제한적, 열거적). 피고 진로해운은 다만 폐업한 상태이므로 이에 해당하지 아니한다.

(3) 선지급 항변 인정 여부

선지급 항변(피보험자가 피해자에게 먼저 손해배상을 한 경우에 한하여 보험자가 피보험자에게 보험금을 지급한다는 보험계약의 내용)의 유효성도 준거법인 영국법에 의하여 판단되어야 한다. 영국 대법원은 선주상호보험의 보험자가 선지급항변을 한

협회기관약관(ITC 1983)을 적용하되, 좌초, 침몰, 화재, 폭발 및 충돌로 인하여 발생한 손해가 아닌 타 위험으로 발생된 분손에 대하여는 보상하지 아니한다.

<충돌손해배상책임 특별약관>

조합은 공제가입선박이 타선박과 충돌하여 그 결과 공제계약자가 다음의 손해에 대하여 법적배상책임을 지고 그 손해배상금조로 일정금액을 타인에게 지급한 경우에는 그 금액의 3/4비율로 공제계약자에게 보상한다. 다만, 공제계약에서 4/4비율로 정하였을 경우에는 이에 따라 보상한다.

1.1. 타 선박 혹은 타 선박에 있는 재산의 멸실 또는 손상

1.2. 타 선박 혹은 그 재산의 지연 또는 사용이익의 상실

1.3. 타 선박 혹은 그 재산의 공동해손, 구조 또는 계약에 의한 구조

사안에서 "선지급 항변을 포함한 보험계약에 있어 피보험자의 보험자에 대한 권리는 보험계약에 정해진 피보험자의 손해배상의무를 먼저 제3자에게 이행하였을 것을 조건으로 하는 조건적 권리로서 위와 같은 조건적 권리가 제3자 권리법에 의하여 제3자에게 이전되었다고 하더라도 제3자가 피보험자보다 더 좋은 지위를 얻거나 더 많은 권리를 획득하는 것은 아니므로 위와 같은 조건을 충족시키지 못하는 이상 보험자를 상대로 이를 청구할 수 없으므로, 결국 보험자의 이러한 선지급항변은 유효하다."는 취지로 판시하고 있고, 제3자가 피보험자보다 더 유리한 지위를 갖는 것이 아니라는 논거는 이 사건 보험계약과 같은 일반책임보험에도 그대로 적용될 수 있다고 할 것이다.

(4) 국제사법 제10조상의 공서양속에 위반하는가?

(i) 전 세계적으로 이와 같은 선지급항변을 인정하는 영국법이 해상보험업계에서 널리 활용되고 있는 점, (ii) 이 사건 보험계약과 같은 책임보험은 피해자에게 직접 그 손해를 배상한다는 것에 주된 목적이 있는 것이 아니라 피보험자의 불법행위 등으로 인하여 피보험자가 피해자에게 손해를 배상함으로써 경제적 손실이 발생한 경우 그 손실을 전보하여 줌으로써 피보험자의 불측의 손실과 위험을 부보하고자 함에 그 목적이 있는 점, (iii) 피해자에 대한 직접청구권의 인정여부는 책임보험의 본질에 기인하는 것이 아니라 피해자 보호라는 입법정책적인 결단의 문제에 가깝다고 볼 수 있는데 선박충돌에 있어 피해선박과 가해 선박의 소유자는 통상적으로 자력이 충분할 것임을 예상할 수 있으므로 이러한 경우에 직접청구권을 인정하지 아니한다고 하여 공서양속에 반한다고 하기 어려운 점을 종합할 때, 영국법을 준거법으로 하는 약정이 대한민국의 선량한 풍속 그 밖의 사회질서에 명백히 위반된다고 할 수 없다.

5. 직접청구권의 국제사법상 강행규정성

또한 대법원은 우리 상법의 직접청구권을 적용하지 못하는 것이 국제사법 제10조의 선량한 풍속 그 밖의 사회질서에 명백히 위반되는 것은 아니라고 판시하였다(대법원 2014.9.25. 선고 2014다37620 판결).

[판례소개](대법원 2014.9.25. 선고 2014다37620 판결)

선박충돌사고로 인하여 중국선박이 인천항 항로에 침몰하여 있자, 항만당국이 이를 제거하게 되었다. 제거비용을 선박회사의 P&I 보험자에게 청구하자, 영국법이 준거법으로 되어 있기 때문에 직접청구는 피보험자인 선박회사가 도산 등이 된 경우에만 허용된다는 항변을 하게 되었다.

이에 원고는, 대법원은 직접청구권을 손해배상청구권이라고 하므로 한국법이 준거법이 되어야 한다고 주장하였다. 1심법원은 보험계약의 준거법이 적용되어야 한다고 판시하자, 이번에는 원고가 상법 제724조 제2항의 직접청구권은 국제사법상 약정에 관계없이 한국법이 적용되어야 하는 강행규정이라고 주장하였다.

1. 고등법원의 판시내용(서울고법 2014.5.12. 선고 2013나73560 판결)

원고는 위와 같이 영국법에 따라 원고의 피고에 대한 직접청구권을 인정하지 않으면 피해자를 보호하기 위한 우리 상법 제724조 제2항과 다른 결론으로, 외국법을 준거법으로 함으로써 직접청구권이 배제되어 국제사법 제10조의 대한민국의 선량한 풍속 그 밖의 사회질서에 명백히 위반되므로, 영국법을 적용하여서는 아니되고, 대한민국 상법 제724조 제2항은 국제사법 제7조에서 말하는 '준거법에 관계없이 적용되어야 하는 강행규정'에 해당하므로, 이 사건에는 준거법과 관계없이 상법 제724조 제2항이 적용되어야 한다는 취지로 주장한다.

살피건대,

① 전 세계적으로 이와 같은 영국법이 해상보험업계에 널리 활용되고 있는 점,

② 이 사건 보험계약과 같은 책임보험은 피해자에게 직접 그 손해를 배상한다는 것에 주된 목적이 있는 것이 아니라 피보험자의 불법행위 등으로 인하여 피보험자가 피해자에게 손해를 배상함으로써 경제적 손실이 발생한 경우 그 손실을 전보하여 줌으로써 피보험자의 불측의 손실과 위험을 부보하고자 함에 그 목적이 있는 점,

③ 피해자에 대한 직접청구권의 인정여부는 책임보험의 본질에서 기인하는 것이 아니라 피해자보호라는 입법정책적인 결단의 문제에 가깝다고 볼 수 있는데 선박의 소유자는 통상적으로 자력이 충분할 것임을 예상할 수 있으므로 이러한 경우에 직접청구권을 인정하지 아니한다고 하여 공서양속에 반한다고 하기 어려운 점 등을 종합할 때, 영국법을 준거법으로 하는 약정이 대한민국의 선량한 풍속 그 밖의 사회질서에 명백히 위반된다거나, 대한민국 상법 제724조 제2항이 준거법에 관계없이 적용되어야 하는 강행규정에 해당한다고 볼 수 없다.

2. 대법원의 판시내용(대법원 2014.9.25. 선고 2014다37620 판결)

이 사건 기록과 원심판결 및 상고이유서를 모두 살펴보았으나, 상고인의 상고이유에 관한 주장은 상고심절차에 관한 특례법 제4조 제1항 각호에 정한 사유를 포함하지 아니하거나 이유가 없다고 인정되므로, 위 법 제5조에 의하여 상고를 기각하기로 하여 관여 대법관의 일치된 의견으로 주문과 같이 판결한다.

[보론] 선박관련 정책보험

1. 의 의

보험은 사기업이 경영하는 영리보험과 국가가 일정한 보험료를 지급하는 등 관리하는 정책보험으로 나누어 볼 수 있다. 영리보험은 사기업이 보험자가 되어 보험상품을 개발하고 보험계약자를 모집하여 보험료를 수령한다. 그리고 보험사고가 발생하면 보험금을 지급하게 된다. 이에 반하여 정책보험은 국가가 특정한 집단을 대상으로 보험사업을 경영하게 된다. 특정 단체에게 이를 위탁한다. 예를 들면 어선원보험에 대하여 국가가 사업을 만들어 수협중앙회가 관리하게 하고 보험료를 정부가 지급하는 형식을 취한다.

2. 일반 정책보험

정책보험으로는 풍수해보험과 같은 것이 대표적이다. 풍수해보험법에 의하면 태풍, 홍수, 호우, 강풍, 대설, 지진 등에 의하여 피해를 입은 가입자에게 보험자인 정부가 보험금을 지급한다. 보험료의 70-90%를 정부가 지원한다. 주택, 비닐하우스 등 온실, 소상공인의 상가 및 공장이 보험가입 대상이 되는 시설물이다. 행정안전부가 관장하고 DB손해보험 등이 위탁받아서 운영한다. 비닐하우스나 상가가 갑자기 홍수가 나서 피해를 입었다면 손해를 보상받을 수 있다. 농어업재해보험법에 의하여 운영되는 농작물재해보험도 정책보험의 일종이다. 농어업재해보험에는 (i) 농작물재해보험, (ii) 임산물재해보험, (iii) 가축재해보험, (iv) 양식수산물재해보험이 있다. 농작물, 임산물, 양식수산물의 피해뿐만 아니라 시설물의 피해도 보상한다. 농작물재해보험은 태풍, 우박 등 자연재해로 농작물의 피해를 입은 경우 보험금을 지급하는 제도로 2001년부터 시행하고 있다. NH농협손해보험만이 단독으로 취급한다. 사과 등 과수 12종, 벼 등 식량 10종, 양파 등 채소 12종, 감등 임산물 7종, 버섯작물 3종, 수박 등 시설작물 23종 등이 적용대상이다. 제정을 추진 중인 농업재해보상법은 보험에 가입하지 않아도 재해로 인하여 피해를 입은 피해자에게 보상을 하는 제도라는 점에서 농어업재해보험법과 차이가 난다. 현재에는 자연재해대책법과 농어업재해대책법에 따라 재해로 인한 농가의 시설복구비 등이 지급된다.

3. 어선원 및 어선재해보상보험법

"어선원 및 어선재해보상보험법"에 의한 보험도 정책보험의 일종이다. 3톤 이상의 어선과 어선원이 가입대상이다. 보험료의 70%-15%까지 톤수에 따라 정부가 지원한다.

어선원 재해보험은 선박이 등록을 하면 자동 가입이 되는 것으로 간주된다. 3톤 미만은 임의가입대상이다. 이는 선주가 부담하는 선원법상 재해배상의 책임을 이행하기 위해서 가입되어야 하는 보험을 정책보험으로 운영하는 것이다. 이러한 한도에서 산업재해보상보험법이 적용되지 않는다. 산재법에 의하면 직무 중의 사망에 대하여만 유족보상이 된다. 이 보험에 의하면 승선중이기만 하면 비직무 중이라도 유족보상이 주어진다. 어선보험은 임의가입이다. 선주들이 선박의 침몰, 좌초시 수리 등에 대비하기 위한 보험이다.

이러한 정책보험의 경우에도 상법 보험편의 내용이 적용된다. 정부가 보험자가 되고 어선원이나 어선선주가 피보험자가 된다. 고지의무, 설명의무, 보험자 대위, 직접청구권 등의 규정이 그래도 적용된다. 상법 제663조에 의하여 보험자가 보험법에서보다 보험계약자나 피보험자를 불리하게 하는 규정은 무효가 된다. 보험료의 70%를 국가가 지급한다고 해도, 선박보험에서 침몰한 선박에 대한 보험금은 전액 피보험자인 선주가 가질 권리가 있는 것이지 70%를 국가가 가져가는 것이 아니다.

제 6 편 海商과 관련된 法分野

제 1 절 國際去來法

제1 의 의

국제거래법은 매도인과 매수인의 국제간의 거래를 다루는 법이다. 한국의 매도인이 미국의 매수인에게 상품을 판매하는 것이 대표적인 국제거래이다. 국제거래 중에서 상품의 거래가 관계되면 항공 혹은 해상을 이용한 운송이 개입되게 된다. 매도인 혹은 매수인이 운송인과 운송계약을 체결하게 된다. 매도인은 자신의 상품대금을 확실하게 회수하기 위하여 신용장을 매수인의 은행으로부터 발급받는다. 상품의 국제거래를 확실하고 신속하게 처리하기 위하여 선하증권, 환어음이 추가로 활용된다.

상품의 국가간의 거래와 관련된 법률관계를 다루는 국제거래법은 해상운송을 규율하는 해상법과 밀접한 관계를 가진다. 그렇지만, 국제거래는 해상법의 일부이면서도 해상법의 모든 것을 포함하고 있지 않다. 선박소유자책임제한제도, 선박충돌이나 유류오염과 같은 경우는 국제거래의 범위에 속하지 않고, 해상법에 특유한 것이다.

제2 국제매매와 운송계약과 해상보험

상품에 대한 국제매매에서는 다양한 거래조건이 있다. FOB거래조건에서는 매수인이 운송계약과 보험계약을 체결할 의무를 부담한다. 이에 반하여 CIF거래조건에서는 매도인이 운송계약과 보험계약을 체결할 의무를 부담한다. 따라서, FOB 거래조건에서는 매수인이 송하인이 되고, CIF 거래조건에서는 매도인이 송하인이 된다.

우리 대법원에 의하면 비록 매도인이 운송인과 운송계약을 체결하였어도 FOB 거래 조건이었다면, 운송계약의 당사자는 매수인과 운송인이 된다고 본다.[1] 이때 매도인은 운송인의 대리인의 지위에 있다고 보는 것이다. 그러므로 운임을 지급

---

1) 대법원 1996.2.9. 선고 94다27144 판결; 대법원 2000.8.18. 선고 99다48474 판결.

해야 할 당사자는 매도인이 아니라 매수인이 된다.

제3 신용장거래와 선하증권

1. 신용장 거래

(1) 일 반

매도인은 상품을 외국의 매수인(수입자)에게 보내면서 동시에 상품에 대한 대금을 지급받기를 원한다. 한편, 매수인은 상품을 수령한 다음에야 비로소 상품대금을 지급하길 원한다. 양자의 요구를 모두 충족하기 어렵다. 매도인은 매수인에게 은행으로 하여금 상품대금을 지급한다는 확약을 받아서 자신에게 제출하기를 요구하여 이것이 받아들여진 것이 신용장거래이다.[2)]

(2) 신용장

상품의 국제매매 계약이 체결되면, 매수인은 개설은행으로부터 신용장을 발급받아 매도인에게 건네준다. 신용장에는 상품의 거래에 있어서 신용장에 기재된 대로 서류가 제시되면 개설은행이 상품대금을 매도인에게 지급하겠다는 약속이 포함되어 있다. 선적서류인 선하증권, 상업송장, 환어음 등을 갖추어서 매도인이 개설은행의 한국 파트너 은행에 가면 대금을 수령하게 된다.

(3) 선하증권

한편, 신용장 개설은행 등은 대금을 먼저 지급하는 입장이기 때문에 자신을 보호하는 각종 장치가 필요하게 된다. 신용장에서 필요로 하는 서류로서 선하증권이 있다. 선하증권은 양도가 가능하면서 운송물인도청구권을 표창하고 있다. 그리고 상환성이 있다. 그러므로 운송물을 수령하려면 반드시 선하증권과 상환하여야 한다. 매수인은 반드시 운송물을 운송인으로부터 수령해 와야 하므로, 선하증권을 소지하고있는 개설은행에게 대금을 들고 나타나야 한다. 선하증권은 상품대금의 담보로서 기능한다. 그러므로, 선하증권을 소지하기만 하면, 개설은행이 상품에 대한 대금을 매도인에게 지급하여도 문제는 없는 것이다.

(4) 화환어음

매도인은 대금을 회수하기 위하여 매수인(수입자)을 지급인으로 하는 환어음을

---

2) 이기수 · 신창섭, 국제거래법(세창출판사, 2005), 342면.

발행한다. 여기에 선하증권과 적하보험증권이 결합된 것을 화환어음이라고 한다.[3)]

매도인은 상품을 운송인에게 넘기고 수령 혹은 선적된 다음 선하증권을 운송인으로부터 발행받는다. 그리고 화환어음을 발행하여 이들 서류를 가지고 개설은행의 한국 파트너 은행에 가서 할인된 금액으로 상품대금을 수령하게 되면 자신의 수출거래의 목적을 달성하게 된다.

(5) 매수인(수입자)

한국파트너 은행은 동일한 서류를 개설은행에 넘기면 대금을 수령하게 된다. 선하증권등 서류가 개설은행에 도착한 것을 확인한 매수인은 개설은행에 상품대금을 지급하고(실제로는 환어음에 기재된 금액을 지급하는 형식이 있다) 선하증권을 수령한다.

선하증권을 수령한 매수인은 운송인 측을 찾아가서 선하증권과 상환하여 상품을 수령하게 된다. 이렇게 하여 국제간의 상품거래가 원만하게 종료된다.

2. 선하증권의 기능

(1) 선하증권의 담보적 기능

선하증권은 상환성이 있기 때문에 선하증권을 소지하고 있으면 매수인으로부터 대금을 받기 전에는 운송물이 인도되지 않으므로 소지인인 은행은 보호된다. 만약 운송인이 선하증권과 상환하지 않고 운송물을 인도하게 되면 손해배상 청구권을 소지인이 가지므로 은행은 또 보호된다.

만약, 운송중인 상품이 멸실된 경우, 선하증권을 소지하고있는 은행은 질권자 혹은 양도담보권자의 지위에 있으므로, 적하보험자로부터 대금을 수령하여 보호된다.

이와 같이 해상법에 규정된 선하증권은 국제거래에서 신용장발행은행에게 담보로 제공되어 상품거래가 원활하게 이루어지도록 하는 기능을 한다.

(2) 운송중 매도가 가능하게 하는 기능

한편, 선하증권은 통상 양도가능한 것으로 발행되므로, 운송중인 상품이 제3자에게 매도될 수 있도록 하는 기능도 한다. 선하증권에는 상법 제133조 및 제861조에 의하여 물권적 효력이 있기 때문에 상품에 대한 매매계약을 체결하고 대금을 지급한 다음 선하증권을 인도하면 물권변동의 요소인 점유의 이전이 일어나므로 매수인은 상품에 대한 온전한 소유권을 취득하게 된다.

---

3) 이기수·신창섭, 전게서, 338면.

3. 신 용 장

(1) 당사자

신용장에는 신용장을 발행하는 개설은행(issuing bank), 개설의뢰인(수입자) 그리고 수익자(수출자)가 존재한다.

(2) 신용장의 법률관계

신용장에는 국제매매계약인 기본계약(underlying contract), 개설의뢰인과 개설은행 사이의 상환계약(reimbursement contract) 그리고 개설은행과 수익자 사이의 신용장관계로 이루어진다.[4] 기본계약과 신용장관계는 서로 독립된 지위에 있다. 신용장관계에서 개설은행은 수익자에게 지급, 환어음의 인수 또는 그에 대한 지급의 의무를 부담한다.

(3) 독립성의 원칙

신용장의 원인이 된 기본계약과 신용장거래는 상호독립된 것으로 기본계약에 관련한 당사자 사이의 분쟁은 신용장 관계에 영향을 미치지 않는다는 원칙을 독립성의 원칙이라고 한다.[5]

(4) 추상성의 원칙

독립성의 원칙에 바탕한 것으로서 개설은행의 의무는 서류에 의하는 것이므로 서류가 신용장상의 조건에 일치하는 한, 개설은행은 계약위반의 사실을 근거로 지급의무의 이행을 거절할 수 없다는 원칙을 추상성의 원칙이라고 한다.[6]

(5) 엄격일치의 원칙

수익자가 제시한 서류가 신용장조건에 엄격히 일치하지 않는 경우 개설은행은 대금의 지급을 거절할 수 있는 원칙을 엄격일치의 원칙(strict compliance rule)이라고 한다. 운송인이 송하인(수익자)에게 발행한 선하증권이 신용장조건과 엄격히 일치하지 않으면 개설은행은 대금지급을 거절하게 된다.

---

4) 이기수 · 신창섭, 364면.
5) 이기수 · 신창섭, 369면.
6) 이기수 · 신창섭, 369면.

제4 국제거래와 적하보험

1. 의 의

국제간의 상품거래에서 운송이 필수적으로 수반된다. 바다를 통하여 운송이 이루어지게 되면 운송중 상품이 멸실될 우려가 상존한다. 매도인과 매수인은 상품이 멸실되면 손해를 보게 된다. 이러한 손해를 전보받기 위한 보험이 적하보험이다.

2. 적하보험

적하보험은 매도인 혹은 매수인이 보험계약자가 된다. CIF조건에서는 수출자인 매도인이 적하보험계약자가 된다. FOB조건에서는 수입자인 매수인이 보험계약자가 된다.

CIF 혹은 FOB 조건에서 선적과 동시에 위험은 매수인에게 넘어간다. 즉, 양당사자의 과실없이 불가항력으로 운송물이 멸실되면 매수인은 상품대금을 지급해야 한다. 매수인은 손해를 보게 되므로 피보험이익을 가지게 되어 피보험자의 자격을 얻게 된다.

통상 매도인의 창고에서부터 상품은 멸실의 위험이 있으므로, 적하보험은 매도인의 창고에서 출발할 때부터 보험기간이 시작된다. CIF조건에서 매도인은 자신을 피보험자로 하는 적하보험을 체결한다. 그런데, 선박의 난간을 지나면서는 위험이 매수인에게 이전되고 상품에 대한 소유권도 매수인에게 넘어간 경우 매도인은 더 이상 피보험이익이 없다. 따라서, 피보험자를 매수인으로 하는 보험계약을 새롭게 발행하여야 한다. 실무상 보험계약을 매도인이 매수인에게 양도하는 형식으로 처리하게 된다.

다른 방법으로는 위의 예에서 소유권 혹은 위험을 가지는 매수인이 적하보험의 피보험자가 되고 창고에 이르기까지는 소급보험으로 처리하는 것이다.

3. 적하보험금에 대한 질권설정

상품은 가치를 가지는 것이므로 담보로서 활용될 수 있다. 적하의 소유자인 매도인이나 매수인은 은행으로부터 대출을 받고 이를 은행에 담보로서 제공한다.

은행은 적하보험금 수령권이라는 권리에 대하여 질권자가 되거나, 약정기일에 대금을 지급하지 못하면 상품에 대하여 소유권을 취득하게 되는 양도담보권자가 된다.

제2절 船舶建造法과 船舶金融法

제1 의 의

해상법은 해상기업의 영리활동을 규율한다. 해상기업은 영리활동에 선박을 이용하게 되는데, 선박을 직접 소유하기도 하고 선박소유자의 선박을 빌린 경우도 있다. 그렇기 때문에 선박이야 말로 해상법 적용의 필수요소이다.

그런데, 선박에 집중해서 보면 선박의 일생은 여러 단계를 거치게 된다. 건조과정을 거쳐서 선박소유자에게 인도된 다음부터 해상법의 적용대상이 된다. 그렇지만, 선박건조는 그 후의 선박의 운항에도 영향을 미치기 때문에 해상법의 연구의 대상이 되기에 충분하다.[7] [8]

제2 선박건조 계약

1. 의 의

선박에 대한 수요자인 선박소유자가 발주자가 되어 선박의 건조를 조선소에게 의뢰하고 발주자는 그 대가로 대금을 지급할 것을 약속하는 계약을 말한다.

2. 당사자 및 관련자

선박건조계약의 당사자는 건조자인 조선소와 발주자인 선박소유자이다. 발주자는 현금이 부족하기 때문에 은행으로부터 선박건조자금을 빌리게 된다. 은행은 발주자가 선박에 대하여 가지는 권리를 인수하는 등 자신의 채권회수에 대한 다양한 방법을 취한다.

조선소도 발주자로부터 대금을 받아서 선박을 건조하는 것이 통상이다. 선수금

---

7) 선박건조법과 선박금융법에 대한 논문을 편집한 저서로는 편집대표 김인현, 선박건조·금융법연구 I (법문사, 2016)이 있다.

8) 조선소에서는 작업중 근로자들이 다치는 경우가 많아서 형사사건이 되기도 한다. 대법원 2021.9.30. 선고 2020도3996 판결에서는 조선소 내에서 복수의 크레인이 작업에 투입될 경우 사업주가 크레인들이 서로 충돌하지 않도록 조치를 취하여야 할 산업안전보건법상 안전보건조치 의무를 부담한다고 판단하였다.

을 지급한 발주자는 유사시 선수금을 환급받기 위한 조치를 취하게 된다. 발주자를 수혜자로 하는 선수금환급 보증서를 발급하게 된다.

은행은 원칙적으로 선박건조계약의 당사자는 아니다. 경우에 따라서는 이들 은행들이 계약상의 권리를 양도받아서 계약의 당사자가 되기도 한다.

3. 선박건조계약의 주요내용

(1) 법 원

준거법이 우리나라 법인 경우에도 선박건조에 대한 특별한 규정을 상법은 가지고 있지 않다. 선박건조계약은 도급 혹은 매매이므로 상법 제46조의 기본적 상행위에 속한다. 선박건조계약을 영업으로 하는 조선소는 당연상인이 된다. 따라서, 선박건조계약의 법률관계에는 상법의 규정이 적용된다.

선박건조계약에 사용되는 표준계약서는 약관의 일종인지가 문제된다. 조선소가 미리 작성한 것이지만, 양 당사자가 자유의사로 결정한 내용이므로 약관규제법이 적용되는 사항은 아니다.[9)]

(2) 선박건조대금의 지급

우리나라에서는 선박건조대금은 통상 5차례에 걸쳐서 나누어서 발주자에 의하여 건조자에게 지급된다. (i) 건조계약 체결시, (ii) 건조에 사용될 철판을 처음으로 자를 때, (iii) Keel을 놓을 때, (iv) 시운전시, (v) 인도시 각각 20%씩 지급한다. 경기가 좋지 않을 때에는 인도시의 지급액을 많이 하는 Heavy tail 방식으로 하는 경우도 있다. 인도시에 전체 건조가의 80%를 지급받는 형식이다. 조선소가 경영에 압박을 받게 된다.

그런데 SAJ 서식에서는 (i) 수출면장의 발급시, (ii) 용골설치시, (iii) 시운전시, (iv) 인도시 등 4번으로 정하고 있다(제2조).

(3) 소유권

선박의 소유권자는 약정으로 정하여질 수 있다. SAJ서식에 의하면 통상 당사자는 인도시에 발주자에게 소유권을 넘기는 것으로 한다(제7조). 건조중인 선박에 대한 소유권은 건조자인 조선소에 있다.[10)] 그러므로 선박건조보험에서 피보험자도 건조자가 된다.

---

9) 자세한 내용은 김인현, “선박건조계약서(SAJ)에 대한 연구”, 한국해법학회지 제34권 제2호(2012.11.), 151면 이하가 있다.

10) Curtis, Shipbuilding Contracts, LLP, 2002, p. 121.

(4) 시운전

건조중인 선박이 계약의 내용과 동일하게 건조되었는지 확인하기 위하여 시운전(sea trial)을 하게 된다(제6조). 시운전은 인도이전의 문제이므로 시운전중 선박은 여전히 건조자의 소유 및 점유하에 있다. 그러므로, 시운전중 충돌사고가 발생하면 상대방 선박의 피해에 대하여 건조자인 조선소가 사용자책임을 부담한다.

(5) 건조중인 선박에 대한 보험

SAJ 선박건조계약에 의하면 보험은 건조자가 가입하도록 되어 있다(제12조). 즉, 선박건조보험에서 계약의 당사자는 건조자와 보험사이다. 건조중인 선박이 화재나 시운전중 충돌사고로 전손 혹은 분손이 난 경우 건조자가 입은 손해를 피보험자인 건조자가 보험자로부터 보상받는다. 피보험자는 건조자가 되는 것이 원칙이지만, 발주자를 피보험자로 할 수 있다. 실무에서는 발주자와 건조자를 공동피보험자로 한다. 건조중인 선박이 분손이 되면 건조자는 수리를 해서 선박을 인도해주어야 한다(SAJ 제12조 제2항(a)). 그런데 전손이 되면 건조자는 수령한 선수금을 모두 발주자에게 반납하고 건조계약이 취소된 것으로 처리할 수 있다(동 제2항(b)). 통상 런던 보험협회의 건조자 위험 약관이 사용된다.

(6) 건조계약의 해제 사유

선박건조계약은 당사자들이 계약에서 정한 해제사유가 발생하면 건조자 혹은 발주자에 의하여 해제된다(제10조 및 제11조). 예컨대, 선수금의 미납은 건조자가 가지는 계약의 해제사유가 된다. 인도의 지연, 건조자의 도산, 건조중 선박의 전손은 발주자가 가지는 계약의 해제사유가 된다. 건조계약이 해제되면 원상회복의무가 발생한다. 발주자가 해제하게 되면 건조자는 수령한 선금을 발주자에게 반환하여야 한다(제10조 제2항). 건조자가 해제하게 되면 발주자가 제공한 것은 모두 건조자의 소유가 되고 선수금도 보유할 수 있다. 건조중인 선박은 건조자가 매각하여 비용에 충당하고 잔금은 발주자에게 반납한다(제3항 및 4항).

(7) 건조의 지연

선박건조계약은 큰 공사이기 때문에 지연이 발생할 수 있다. 210일까지는 아무런 손해배상 등이 발생하지 않는 허용된 지연이다(제8조 제4항). 이보다 더 넘어서는 지연이 발생할 경우 발주자에게는 계약해제권이 주어진다.

(8) 분쟁해결

선박건조계약과 관련하여 분쟁이 발생하면, 기술적인 부분은 선급협회에서, 법률적인 부분은 통상 중재로 해결한다(제13조). 우리나라에서 체결되는 선박건조계약에서는 영국해사중재(LMAA)에서 영국법을 준거법으로 하는 경우가 대부분이었다.

4. 선수금환급보증서(Refunnd Guarantee)

(1) 의 의

선수금환급보증서는 선수금을 납부받은 건조자에게 건조상의 문제가 발생하여 선수금을 발주자에게 반환하게 되는 경우 그 반환을 보증한다는 취지의 보증서로서 은행이 발주자를 수익자로 하여 발행한다.[11] 보험회사나 서울보증에서도 발급한다.

(2) 법적 성질

R/G는 일반 보증과 달리 독립적 보증에 해당한다. 그리하여 보증인은 발주자가 선수금 반환을 요구하면 최고검색의 항변을 할 수 없을뿐더러 원인행위가 취소되어도 서면에서 약정한 사항이 발생하기만 하면 보증금을 지급해야 할 의무를 부담한다.

(3) 법적 쟁점

건조자의 귀책사유로 선박건조계약이 해제된 경우에 건조자는 선수금을 반환하여야 한다. 건조자가 파산이나 회생절차에 들어간 경우는 R/G상 소위 보증금 지급을 요구할 수 있는 사유가 된다. 그리고 건조계약이 해제된 경우도 동일하다.

조선 경기가 나빠서 건조자가 건조를 계속할 여력이 없을 때 발주자가 선금을 계속하여 지급하지 않자, 이를 기화로 건조자가 계약을 해제하게 된다. 이에 응하여 발주자도 계약을 해제하면서 기 지급된 선수금반환을 보증인인 은행에게 구하는 경우 그 효력이 문제된다.[12]

제3 선박건조보험

1. 의　　의

선박이 건조중 발생하는 건조자의 위험을 보험사고로 하여 보험자와 체결하는

---

11) Curtis, *op. cit.*, p. 251.

12) 김인현, 독립적 “보증으로서의 선수금 환급보증과 권리남용”, 국제거래법연구 제24집 제2호(2015), 대법원 2015.7.9. 선고 2014다6442 판결에서 크게 다루어졌다.

보험이다. 건조자나 발주자가 보험계약자가 되고 건조자가 피보험자가 된다.13)

2. 보험계약의 당사자

건조중인 선박의 소유권은 건조자에게 있기 때문에 피보험이익은 건조자에게 있다. 그러므로 피보험자는 건조자가 된다. 그러나, 건조계약이 해제된 경우 발주자는 선수금을 반납받아야 하므로 피보험이익이 있다. 보험계약자는 약정에 따라서 건조자와 발주자가 공동피보험자가 되기도 한다.

3. 보험이 담보되는 기간

선박건조보험은 선박이 건조되는 동안에만 적용되는 보험이다. 선박이 인도되고 나면 이때부터는 선박보험 ITC(Hull)가 손해를 담보하게 된다. 시운전중도 여전히 선박은 건조중이므로 적용기간 내에 있는 것이 된다.

4. 담보되는 손해

화재가 발생하여 건조중인 선박이 멸실된 경우 건조자는 다시 선박을 건조해야 한다. 발생하는 비용은 건조보험에서 커버하는 손해가 된다. 시운전중 선박충돌로 건조중인 선박이 전손되거나 손해가 발생하게 된다. 수리비등은 건조보험에서 커버하는 손해이다. 시운전중 충돌사고로 인하여 피해를 입은 상대 선박의 손해의 일정부분을 본 보험에서 지급하게 된다. 마치 ITC(Hull)의 선박충돌약관(RDC)와 유사한 취지의 책임보험의 성격도 가진다.

5. 준거법과 분쟁해결

통상 준거법은 영국법이다. 우리나라 발주자와 우리나라 건조자 사이에서는 한국법을 준거법으로 변경하여 사용할 필요가 있다. 통상 영국 런던 해사중재(LMAA)에서 중재로서 분쟁을 해결한다는 조항을 두고 있다. 최근 우리 법원에서 처리되는 선박건조계약관련 사건수가 늘어나고 있다.

---

13) 선박건조보험에 대한 자세한 내용은 김인현·권오정(해상보험법)을 참고 바람.

제4 선박금융

1. 선박금융의 의의

선박금융이란 선박을 건조하거나 구매함에 있어서 금융기관이 선박소유자에게 금융을 제공하는 것을 말한다. 선박금융은 금융의 규모가 크고, 금융의 대상이 되는 선박을 담보로 활용한다는 점이 일반금융과 차이점이다.[14] 선박금융을 제공하는 자는 신한은행, 하나은행, 수협은행, 부산은행과 같은 시중은행과 산업은행, 수출입은행과 같은 국책은행이 있다. 선박금융의 가장 큰 기능은 대출이다. 보증과 투자를 주 기능으로 하는 해양진흥공사는 2018년 발족되었다.

2. 선박금융의 구조

(1) 신조선의 경우

선박을 신조선하는 경우, 건조대금의 70%는 대출을 받아야 한다. 발주자는 금융회사와 접촉하여 대출계약을 체결하고 조선소와 건조계약을 체결한다. 발주자는 자신이 소유자가 되는 것이 아니라 해외에 SPC를 세우고 이들이 형식상으로 선박에 대한 소유자로서 각종 계약체결의 당사자가 되도록 한다. SPC가 건조계약의 당사자이고, 대출계약의 당사자가 된다.

금융회사는 SPC에게 대출을 한다. SPC는 건조되는 선박을 발주자와 20년 국적취득조건부 선체용선계약을 체결하게 된다. 선체용선자가 SPC에게 용선료를 지급하게 되고 이 용선료가 금융회사에 대한 대출금 상환금액이 된다.

대출금을 수령하는 SPC는 선수금 형식으로 차례대로 조선소에게 납부하게 된다. 금융회사는 자신이 대출한 대금을 확실하게 수령할 다양한 수단을 강구하게 된다.

금융회사는 대출자로서 SPC에 대한 채권자이다. 인도된 선박에 대하여 저당권자의 지위에 있다.

(2) 중고선의 경우

중고선 도입의 경우에도 조선소만 없을 뿐이지 동일한 구조를 밟게 된다. 해외

---

14) 선박금융과 관련된 간략한 설명으로는 정우영, "선박금융의 실무소개", BFL 제19호(2006. 9.), 93면 이하; 정우영·현용석·이승철 공저, 해양금융의 이해와 실무(한국금융연수원, 2014) 이 있다.

에 SPC를 세우고 대출계약은 SPC와 금융회사 사이에 체결된다. 진정한 소유자는 국취부 선체용선자로서 존재한다.

3. 선박투자회사를 이용한 선박금융

선박금융을 이용한 경우에도 선박건조대금의 30%는 발주자가 마련하여야 한다. 선박투자회사 제도는 건조자금이 없는 해상기업의 어려움을 덜어주기 위하여 만들어진 제도이다. 선박투자회사는 일반대중으로부터 기금을 마련하여 선박을 소유하게 된다. 이렇게 마련된 선박을 해상기업에게 용선하여 주고 선박투자회사는 선박의 운항에 관여하지 않는 제도이다.

선박투자회사는 서류상의 회사이고, 실제로는 운영회사가 업무를 처리한다. 운영회사는 선박 한척당 하나의 선박투자회사를 설립한다. 선박투자회사는 해외나 국내에 SPC 형태로 설립된다. 선박건조계약을 체결하는 당사자는 SPC이다. 전체 선박건조대금중 70%는 일반 금융회사에서 조달되고, 후순위인 30%만 선박투자회사에서 조달한다.

선박투자자들을 보호하기 위하여 선박투자회사는 선박의 소유외의 운항에는 관여하지 못한다. 따라서, 모든 선박은 선체용선으로 용선되는 것이 원칙이다.

비록 선박투자회사가 선박을 운항하지는 않지만 여러 가지 책임을 부담하게 되는 경우도 있다. 유류오염손해배상보장법이나 CLC에 의하면 유류오염 손해배상책임을 부담하는 자는 등록상 선박소유자이다. 선체용선자가 책임의 주체가 아니다. 그러므로, SPC가 책임의 주체가 되는바 결국 선박투자회사가 책임을 지는 것이 된다. 실제로는 선박투자회사의 운영사가 책임을 지게 된다.15)

4. 선박금융제공자의 보호수단

위와 같이 선박건조를 위하여 금융을 제공한 대주는 자신을 보호하기 위한 수단을 강구하게 된다. 이는 선박금융법의 연구대상이다. 일반적으로 대주보호수단은 건조중과 건조후의 수단으로 나누어서 검토된다.16)

---

15) 김인현, “선박투자회사 선박의 운항관련 책임주체와 그 채권자 보호”, 상사법연구 제35권 4호(2017.2.), 103면 이하.

16) 자세한 내용은 배유진, “선박금융에서 대주보호제도에 관한 연구”, 한국해법학회지 제40권 제1호(2018.5.), 187면 이하가 있다.

(1) 건조중의 수단

① 선수금환급보증의 양도

선주에게 금융을 제공한 대주가 선수금환급보증서의 수혜자가 되는 방법이 유용하다. 선수금 환급보증서는 조선소가 발주자인 선주에게 선수금지급을 보증한다는 약속을 은행으로부터 수령하여 선주에게 제공하는 것이다. 조선소가 파산이 되거나 건조를 계속하지 못하게 되는 사정이 있게 되더라도, 선수금을 지급한 선주는 이를 환급받으면 되므로 손해를 보지않게 된다. 선수금은 대주인 금융회사로부터 나온 것이므로 금융회사도 이해관계를 가진다. 금융회사로서는 선주가 선수금을 환급받아 자신에게 먼저 지급한다는 보장이 없으므로, 이를 확실하게 하고자 한다. 대주인 금융회사는 선수금을 환급받을 권리를 자신이 가지도록 한다. 이는 채권양도의 방법을 통하여 실현이 가능하다. 선주는 선수금환급보증서를 발행한 은행(채무자)에게 채권을 금융회사에게 양도한다는 통지를 하면된다.

② 선박건조계약상의 권리

선박건조계약상의 당사자의 권리를 대주가 가지는 방법이 있다. 선박건조계약에서 당사자는 발주자인 선주와 건조자인 조선소이다. 발주자인 선주는 자신의 채권자인 은행에게 건조 계약상 지위를 넘겨주는 것이다. 결국 대주는 건조중인 선박을 인도받을 자격을 취득하기 때문에 이 방법은 담보로서 큰 기능을 하게 된다.

③ 건조중인 선박에 대한 저당권설정

건조중인 선박에 대한 저당권의 설정도 대주 보호수단의 하나의 방법이 된다. 현재 SAJ서식에 의하면 건조중인 선박의 소유권은 건조자가 가지는 것으로 된다. 그러므로, 특별히 대주가 선주에 대하여 건조중인 선박에 대한 저당권자가 될 수 없다. 그렇지만, 국내소형선박의 건조의 경우 건조중인 선박의 소유권을 선박소유자가 가지는 경우 대출을 한 금융회사는 그 선박에 대하여 저당권자가 될 수 있다.

(2) 인도후의 수단

① 선박에 대한 저당권설정

선박에 대한 저당권의 설정은 선박 인도후 대주가 자신을 보호할 수 있는 가장 강력한 수단이다. 건조중인 선박은 인도를 통하여 건조자인 선주가 그 소유권을 가지게 된다. 대주의 채무자는 바로 선주(실무상 SPC가 된다)이다. 선주의 재산인 선박에 대하여 저당권을 설정하면 변제기가 도래하면 바로 그 선박에 대하여 임의경매가 가능하므로 금융회사에게 아주 좋은 채권회수 수단이 된다. 선박등기부에 저당권을 설정하면 된다. 실무상 해외의 SPC가 선주가 되고 SPC가 선박의 소유권과 저당권을 설정한 해외의 국가의 법률이 적용되는 경우가 많다.

② 장래운임채권에 대한 질권설정

장래의 운임채권에 대하여 질권을 설정하는 것도 좋은 담보수단이 된다. 선주(여기서는 실제운항자인 선체용선자)는 건조된 선박을 선박의 운항에 투입하여 운임을 얻게 된다. 만약 선주가 장기운송수송권을 따 낸 경우라면 지속적인 운임수입이 있게 된다. 이를 유동화하거나 아니면 채권을 질권으로 하여 대주인 은행에게 제공하면 된다. 대주는 질권자가 된다. 변제기에 대금을 선주가 변제하지 못하면 질권자로서 권리를 실행하면 된다.

③ 보험수령권에 대한 질권설정

선박이 침몰한 경우를 대비하여 금융회사가 보험금을 수령하도록 하는 방법도 있다. 선박의 침몰에 대하여 피보험이익을 가지는 자는 선주와 선체용선자이다. 선주와 선체용선자는 피보험자로서 보험금을 수령하게 된다. 선주나 선체용선자가 수령한 보험금을 저당권자인 금융회사에게 먼저 지급한다는 보장이 없으므로, 금융회사는 자신을 선체보험에서 공동피보험자로 하거나, 혹은 Loss Payable Clause를 두어서 자신이 먼저 보험금을 수령받도록 한다.

④ 저당권자 이익보험

위의 선체보험에서 보험자가 면책이 되는 경우가 있다. 이러한 경우 대주인 저당권자는 손해를 보게 된다. 이러한 점에서 저당권자도 피보험이익을 가진다. 피보험자인 선주 혹은 선체용선자가 감항성결여, 담보위반 등으로 보험금을 지급받지 못하는 경우 저당권자가 자신의 손해를 담보받기 위한 보험으로 저당권자보험에 가입하게 된다. 보험계약자로서 선주가 보험계약을 체결하고 대주를 피보험자로 하는 것도 가능하다.

⑤ 저당권자 추가이익 보험

현실적으로 실무에서 활용되지 않지만, 대주가 선박우선특권의 존재 때문에 손해를 보는 경우에 이를 담보하기 위한 보험상품을 개발할 필요가 있다. 우리나라 상법에 의하면 선박우선특권자는 저당권자보다 우선변제권을 가진다. 그러므로, 저당권자는 저당물의 매각대금으로부터 전혀 채권을 회수하지 못하는 경우도 있을 수 있다. 이 경우 저당권자인 대주를 피보험자로 하는 이행보증보험을 선주가 가입하면 대주는 보호될 수 있을 것이다.

⑥ 선박우선특권

우리나라에서는 대출을 하여준 금융회사가 가지는 채권은 선박우선특권을 발생시키는 채권이 아니다. 또한 위의 예에서 저당권자가 된 금융회사는 우선특권자보다 후순위가 되어 불리하다. 그러나, 파나마법에서는 저당권자도 선박우선특권을 가지므로 상당부분 보호된다.

(3) 회생절차에서의 보호

채무자인 선주가 회생절차에 들어가면 대출을 선주에게 하여준 대주는 채권자가 된다. 회생절차개시 전의 채권은 단순한 회생채권이 된다.

실무상 SPC와 국취부 선체용선자는 용선계약이 체결되어 있고 관리인이 이행을 선택하면 용선료채권은 공익채권이 되지만, 해지를 선택할 수도 있다. 해지가 선택되면 SPC는 선박을 회수하게 된다. SPC와 대주 사이에 맺어진 대출계약도 해지되어 금융회사는 저당권자로서 권리를 행사한다. 건조계약시부터 SPC의 권리가 대주에게 양도된 경우 대주는 양도담보권자로서 권리를 행사할 수 있다.

대출계약과 용선계약 Ipso Facto 조항을 두어 대주는 회생절차개시시 선박을 회수할 권리를 가진다.

5. 금융회사의 해상법상 책임

금융회사는 선박의 등기부상 소유자(SPC) 혹은 저당권자의 지위에 놓인다. 선박의 운항에는 전혀 개입하지 않기 때문에 운송계약 혹은 불법행위상 책임을 부담하지 않는다. 그러나, 유류오염손해배상법이나 난파물제거법상 등기부상 소유자가 책임의 주체가 되므로 유의해야 한다. 즉, 이 경우에는 금융회사가 손해배상책임을 부담하게 된다.

선박을 정기용선을 주면서 선박의 관리는 관리회사에 위탁하는 경우라고 하더라도 금융회사는 선박관리회사의 선원을 자신들이 선임 관리한다고 해석되므로 불법행위 책임까지 부담하게 된다.

6. 한국해양진흥공사

2008년 리먼 브라더스 사태 이후 해상기업은 경기역행적인 해운전문금융기관의 발족을 희망했다. 불경기에 은행은 대출을 오히려 꺼리지만, 불경기는 선박의 가격이 저가이므로 투자를 할 적기라서 대출이 더 필요하기도 하다. 일반 시중은행과 달리 경기역행적인 기능을 하기 위하여 2018.7.5. 한국해양진흥공사(이하 “공사”)가 발족되었다.

경기역행적인 선박금융기관이기 위하여는 대출과 보증, 그리고 선박은행(tonnage bank)의 기능을 해야 한다. 공사가 대출을 하게 되면 기존의 시중은행과 기능이 중복되므로 대출기능은 없지만, 보증과 투자기능은 가지고 있다.[17] 이런 기능을 하기 위한 공사의 자본금은 5조원이다. 공사는 사채를 발행할 수 있는데(14조) 사채발행액은 공사의 자본금과 적립금을 합한 금액의 4배를 초과하지 못한다.

(1) 보증 기능

보증기능은 공사의 주된 기능이다(제11조 제1항). '한국해양보증보험'을 흡수하여 설립된 것이니만큼 당연한 것이다. 해상기업이 시중은행으로부터 선박건조대금을 대출받을 때 담보제공을 요구하면 공사가 보증을 서주는 것이다. 이는 선사의 대출을 도와주는 유효한 기능이다.

해상기업은 신조발주시 자기자본 10%, 시중은행 자금 60% 대출(선순위), 30%를 후순위로 대출받는 것이 통상이다. 선순위는 자체 건조중인 선박을 담보로 한다. 그런데 30% 추가대출을 더 받아야 하는데 선박 자체로는 담보가 되지 않아서 해상기업이 추가대출을 받기가 쉽지 않다. 이때 공사가 후순위 대출금 상환에 대한 보증을 해주게 된다. 대출은행과 공사는 보증계약을 체결한다. 공사는 보증을 영업으로 제공하는 상인에 해당하므로 상법상 연대보증인이 된다(상법 57조 제2항). 연대보증의 경우 변제기일이 되면 채권자는 채무자 혹은 보증인 누구에게나 지급을 구할 권리가 주어진다는 점에서 민사보증과 다르다. 민사보증의 경우는 채권자는 우선 채무자에게 변제를 받도록 노력해야 하고 그것이 불가할 때 비로소 보증인에게 변제를 구하게 된다(이를 보증인이 가지는 최고검색의 항변이라고 한다. 민법 제437조). 이러한 연대보증을 받게 되면 시중은행이 30%의 후순위 건조자금 대출을 마다할 이유가 없다. 공사는 신용이 높기 때문이다. 대출금을 갚지 못한 경우 이를 대신 은행(채권자)에게 지급한 공사는 해상기업에게 구상청구를 할 것이다. 선사가 지급능력이 없는 경우에 대비하여 공사는 보증금 지급을 보험사고로, 대출금 지급으로 입은 손해액을 보험금으로 하는 보험에 가입할 필요가 있다.

(2) 투자 기능

공사는 선박은행(tonnage bank)로서의 기능도 가진다. 공사법에 의하면 투자의 기능을 공사가 가진다고 명시하고 있다(제11조 제1항). 투자를 전문으로 했던 '한국선박해양'을 흡수한 것이니만큼 선박에 대한 투자는 공사의 큰 기능이다. 해상기업이 운영자금을 마련하기 위하여 자신이 소유하는 선박을 매각하고 다시 이를

---

17) 공사의 업무는 아래를 포함하여 12가지가 기술되어 있다(법 제7조).
1. 선박, 항만터미널 등 해운항만업 관련 자산에 대한 투자 2. 선박, 항만터미널 등 해운항만업 관련 자산의 취득을 위하여 해운항만사업자가 차입하는 자금에 대한 채무보증 3. 해운항만업 관련 채권·주식의 매입 및 중개 4. 선박의 취득·관리 및 처분의 수탁

용선해서 사용하려고하는 경우 공사는 매수인으로 기능한다. 선박에 대한 매각대금은 시장가격으로 하지만, 장부가격과 시장가격만큼의 차액은 공사가 유상증자를 해줌으로써 선사가 매각함으로써 손실을 피하게 한다.

예컨대, A해상기업은 운영자금이 절대적으로 부족하여 어쩔 수 없이 선박을 매각하여 당장의 운영자금을 마련하기로 하였다. 그렇지만, 영업은 지속되어야 하므로 그 선박을 다시 용선하여 사용하기로 한다. 이런 A선사의 의뢰에 공사는 매수인이 된다. 공사는 A선사와 선박에 대한 매매계약을 체결하여 매수인이 되고 동시에 A선사와 용선계약도 체결하게 된다. 선원 등은 그대로이면서 등기부상 소유자만 변경되게 된다. 이때 통상 국적취득조건부 선체용선(BBCHP)계약이 체결된다.

시장가가 1,000억인데, 장부가가 2,000억원인 경우 매각으로 A해상기업은 1,000억의 손실을 보게 되고, 자본이 줄고 부채비율도 올라가게 된다. 이에 공사는 1,000억에 대하여 유상증자의 형식으로 자신이 주주로서 투자를 하게 된다. A해상기업은 자본이 다시 1,000억이 유입되게 되므로 부채비율의 변화는 없게 된다.

(3) 공사의 책임

Sale & Lease Back을 통하여 특정 선박에 대한 매수인이 된 공사는 선박에 대한 소유자로서 다양한 책임을 부담한다. 우리나라 유류오염손해배상보장법 혹은 민사책임조약(CLC)상 등기부상 소유자로서 공사는 유류오염손해배상책임을 부담한다. 또한 난파물 발생시 소유자로서 제거의무를 부담한다. 물론, 해외나 국내에 특수목적회사(SPC)를 설립시켜 직접책임을 회피할 수는 있지만, 종국적으로 공사 자신이 지급을 부담해야 한다. 공사는 해상기업이므로 선주책임제한권을 가진다.

공사는 자신이 선박을 직접 운항하지 않기 때문에 용선을 주어야 한다. 공사가 선택할 수 있는 용선은 선체용선이나 정기용선이다. 정기용선을 해주게 되면 선박소유자가 선원을 공급해주어야 한다(상법 제842조). 공사는 선원을 고용하지는 않지만, 선박관리회사에게 위탁하면 선원공급은 가능할 것이다. 선박관리회사가 선원의 사용자가 되는 것이 아니라 공사가 사용자가 된다. 그러면 공사는 선원의 사용자로서 여러 가지 손해배상책임을 부담하게 된다. 공사로서는 큰 부담을 안게 된다. 선체용선을 해주면 용선자가 선원을 공급하고 선원의 사용자로서 용선자가 책임을 부담하게 된다.

선박우선특권을 채권자가 행사하면 선박이 임의경매에 들어가므로(상법 제777조) 종국적으로는 공사가 손해를 보게 되므로 공사는 이에 대한 보험가입 등 준비가 필요하다. 예를 들면 공사가 소유하는 선박(파나마 선적인 경우)이 선박연료유대금을 지급하지 않았다면, 우리 항구에서 채권자인 공급업자가 선박에 대하여 임의경매를 신청하면, 비록 공사는 연료유 공급계약을 체결하지 않았을 지라도 선박이 팔리게 되므로 전혀 모르는 공급자에게 공급대금을 먼저 지급해야 할 것이다. 그런 다음, 용선자에게 회수를 시도하겠지만 실패할 경우도 있을 것이다. 이런 경우를 대비하여 보험으로 위험을 분산시켜야 한다.

제 3 절 海事到産法

1. 의 의

해상기업이 재무상태가 나빠지면 운항을 더 이상 할 수 없는 상태가 된다. 회사가 청산을 하고 파산으로 가는 방법도 있지만, 해상기업은 기존의 채무를 줄여서 다시 한번 회생하는 방법을 택하게 된다.

우리나라에서는 “채무자회생 및 파산에 관한 법률(채무자회생법)”을 만들어 채무자인 해상기업이 자신의 채무를 상당부분 줄여서 회생을 하도록 하는 제도를 운영하고 있다. 이것은 채권자들에게도 채무자가 파산되어 회사가 없어지는 것 보다는 회생하는 것이 더 낫기 때문이다. 상법의 이념인 한번 생성된 기업을 유지시키어 국민경제에 긍정적인 기능을 부여하기 위함도 그 목적이 된다.

2. 채무자회생제도

(1) 목 적

채무자회생법의 목적은 두 가지이다. 하나는 채무자를 회생시켜서 기업이 영업을 계속하도록 하는 것이다. 두 번째는 채권자를 균등하게 처리하는 것이다. 2008년 이래로 대우로지틱스, 대한해운, STX 팬오션 등 10여개 해상기업이 채무자회생제도의 혜택을 보아 살아났다.[18][19]

18) 김인현, “한진해운 회생절차에서의 해상법 및 도산법적 쟁점”, 상사법연구 제36권 제2호(2017.8.), 9면 이하.

19) 한진해운의 회생절차와 파산과 관련한 도산법적 쟁점은, 고려대 해상법연구센터, “한진해운 파산백서(Ⅱ)”, 2019.8.을 참고 바람.

(2) 절차의 개관

① 개시신청

채무자가 되는 해상기업은 회생절차 개시의 신청을 해당 회생법원에 제기해야 한다.

② 포괄적 금지명령(법 제45조)

법원은 채무자의 회생절차개시신청을 받아들이기 전에 포괄적 금지명령을 내리게 된다. 신청의 소식이 전해지면 채권자들이 채무자의 재산에 대한 가압류등 강제집행을 행하게 되기 때문에 이를 방지하기 위함이다.

일시적 조치로서 회생절차개시결정이 내려지기까지 유용하게 사용된다. 한진해운 사태에서는 하루 만에 개시결정이 내려져서 상대적으로 큰 기능을 하지 못했다.

③ 회생절차개시결정

법원은 개시결정을 내리게 된다. 개시결정을 하게 되면 채무자회생법 제58조에 따라 채권자들은 채무자의 재산에 대한 강제집행을 하지 못하고, 강제집행하의 재산도 절차를 중단하여야 한다. 채권자들은 회생절차 내에서만 자신의 채권에 대한 권리를 행사해야 한다.

원칙적으로 한 국가에서 내려진 개시결정의 효력은 다른 국가에서는 효력이 없다. 운시트랄모델법 국가들은 타국에서 내려진 개시 결정의 효력도 인정한다. 그리하여 외국의 채권자는 자신의 국가에서도 더 이상 채무자에 대한 권리를 행사하지 못한다. 개시결정시 법원은 관리인을 지정하고, 채권신고기일, 조사인의 지정 등을 행한다.

④ 압류금지명령

채무자들은 외국에 있는 자신의 재산(특히 선박)이 강제집행당하지 않도록 소위 압류금지명령(stay order)을 신청하게 된다. 모델법 국가에서는 이 신청이 쉽게 받아들여져서 외국에서도 한국의 도산절차의 효력이 그대로 인정되게 된다. 미국, 일본, 영국이 대표적인 국가이다.

⑤ 채권신고

채무자의 재산은 한정되어 있고 채권자의 채권액은 채무자의 총자산을 넘어서게 된다. 그러므로, 채권자의 채권을 안분할 필요가 있다. 그리고 회생절차의 목적상 우선권을 가지는 공익채권 등이 있기 때문에 채권 신고를 받아서 처리할 필요가 있다. 채권자들은 정해진 기간 내에 채권신고를 법원에 해야 한다.

⑥ 관리인의 이행의 선택 혹은 해지

해상기업인 채무자는 영업을 위하여 용선계약, 운송계약, 선박금융계약 혹은 컨테이너박스 임대차계약 등 많은 계약을 체결하고 있다. 이 계약들은 쌍방 미이행 쌍무계약으로 인정된다. 관리인은 이 계약을 이행할 것인지 아니면 해지 할 것인지 선택권이 주어진다(법 제119조). 이행을 선택하면 그 후의 이행으로 인한 채권은 공익채권이 된다. 해지를 하게 되면 해지이후의 손해배상채권은 회생채권이 되어 채무자는 원래의 채무보다 줄어드는 효과가 있다.

⑦ 조사인의 보고

조사인은 청산가치와 계속기업가치를 비교하여 법원에 보고를 하게 된다. 청산가치가 계속기업가치보다 큰 경우에 법원은 청산으로 가게 된다. 대한해운과 STX 팬오션의 경우 후자가 전자보다 커서 두 기업은 회생되었지만, 한진해운의 경우 전자가 후자보다 커서 파산으로 가게 되었다.

⑧ 회생계획과 채권자집회

관리인은 회생계획을 세워서 법원에 제출한다(법 제220조). 법원은 채권자들에게 제시된 회생계획에 따를 것인지 절차를 진행한다. 통상 일반회생채권의 30% 정도만 변제하는 계획안을 제시하고 채권자들이 이를 받아들이면 회생계획을 법원이 인가하게 된다(법 제242조).

⑨ 회생 혹은 회생절차의 폐지

채무자는 법원의 관리하에 영업을 계속하여 회생계획안에 따른 채무변제를 완료하면 법정관리를 종결하고 회생절차를 마치게 된다(법 제283조). 반면, 회생가능성이 낮으면 절차에 따라 법원은 회생절차 폐지결정을 내리고(법 제286조 제4항) 채무자는 파산으로 가기 위하여 청산절차를 밟게 된다.

(3) 회생절차에서의 채권의 종류

① 회생채권(법 제118조)

회생절차개시전에 발생한 채권은 원칙적으로 회생채권이 된다. 회생채권은 아무런 우선권이 인정되지 않고 회생계획에 따라 감액처리 된다. 회생절차개시전에 채무자인 운송인이 화주에 대하여 부담하는 손해배상채권, 용선한 경우에 미지급 용선료채권, 미지급 하역비 등이 이에 해당한다. 채무자인 해상기업이 선식으로부터 구입한 부식비나 선박연료유 채권과 같은 경우 한국법이 적용된다면 일반회생채권이 된다.

② 회생담보채권(법 제141조)

채무자가 부담하는 채권에 담보가 붙은 경우의 채권이다. 예를 들면 금융사로부터 차금을 하면서 채무자인 해상기업이 자신이 소유하는 선박을 저당물로 제공한 경우이다. 금융사가 가지는 금융채권은 저당권이 붙은 채권으로 회생담보채권이 된다. 하역료를 지급받지 못한 하역회사가 하역한 컨테이너를 유치하고 있는 경우 그의 채권은 회생담보채권이 된다. 도선사가 도선서비스를 제공하고 도선료를 수령하지 못한 경우 도선사는 상법 제777조에 의하여 선박우선특권을 가진다. 그러므로, 도선사의 도선료채권도 회생담보채권이 된다. 급료채권을 가지는 선원도 선박우선특권자가 되므로 여기에 속한다.

그런데, 우리 채무자회생법상 채무자의 재산에만 회생담보권이 인정되므로 선체용선선박에 붙은 선박우선특권은 행사할 수 없으므로 일반회생채권으로 순위가 하락하게 된다.

③ 공익채권(법 제179조)

채무자를 회생시키기 위하여는 영업을 계속할 필요가 있다. 회생절차가 개시된 이후에 발생하는 채권은 모두 공익채권으로 인정한다. 회생절차 개시 후 선박운항을 위하여 보급받은 물품의 대금 채권, 용선료채권, 도선료채권 등은 모두 공익채권이 된다. 공익채권은 회생절차에 의하지 아니하고 수시로 변제가 가능하고 회생채권과 회생담보권에 우선하여 변제된다(법 제180조). 공익채권에 대하여는 채무자의 재산에 대한 강제집행도 가능하다.

채무자회생법의 2016년 개정으로 회생절차개시 신청 20일 전에 발생한 상거래채권은 공익채권으로 인정받는다. 개시신청 20일 전에 선박연료유를 공급한 자나 부식을 공급한 자는 공익채권자가 된다. 그러나, 서비스를 제공한 도선사나 예선업자는 여기에 해당하지 않는다.

[판례소개](서울중앙지방법원 2018.1.12. 선고 2017가합521596 판결)

원고는 복합운송주선업 등을 하는 회사로서 한진해운과 운송계약을 체결하였는데 2016.9.1. 한진해운이 회생절차개시결정을 받아 정상적인 영업이 불가능하게 되었다. 이에 원고는 한진해운이 하역비, 운송비 등을 미지급하여 압류 또는 유치된 화물을 직접 찾기 위하여 미지급된 하역비 등을 자신의 비용으로 지급하였다. 이후 2017.2.17. 한진해운이 파산선고를 받고, 한진해운의 파산관재인이 원고에게 운송계약상 운송비의 지급을 청구하자, 원고는 잔여 운송비와 부당이득반환채권이 상계되어 소멸하였다는 이유로 채무부존재확인소송을 제기하였다.

서울중앙지방법원은, 위 부당이득반환채권은 채무자회생법 제179조 제1항 제6호의 '사무관리 또는 부당이득으로 인하여 회생절차개시 이후 채무자에 대하여 생긴 청구권'이므로 공익채권에 해당하여 상계가 허용된다고 판단하였다.

(4) 파 산

계속기업가치가 청산가치보다 작으면 채무자를 살리는 것이 더 불리하기 때문에 회생법원은 채무자에 대한 회생절차를 중단하고 파산절차에 들어가게 된다.

3. 국제도산법

(1) 속지주의와 보편주의

다른 국가에서의 회생절차의 효력을 자국에서 전혀 인정하지 않는 입장을 속지주의라고 한다. 한국에서 회생절차가 개시되어 채무자의 재산인 선박에 대한 압류등 강제집행이 허용되지 않는 경우라고 해도 자국의 채권자가 채무자의 선박에 대한 압류를 신청하면 법원이 이를 인정하는 주의를 말한다.[20] 그렇기 때문에 채무자의 선박은 외국에서 강제집행의 대상이 되고 채무자의 영업은 지장을 받게 된다. 이것을 피하기 위하여는 각국에서 회생절차를 개시해야 하는 어려움이 발생하게 된다. 중국과 파나마, 이태리, 인도네시아가 대표적인 국가이다.

반면, 한 국가에서의 회생절차의 효력을 자국에서 인정하는 입장을 보편주의(universalism)라고 한다. UNCITRAL의 모델법을 채택한 국가의 입장이다. 미국, 일본, 영국, 호주, 한국이 대표적이다. 한국에서 회생절차가 진행되면 자국의 채권자가 채무자의 재산인 선박에 대한 압류를 신청하여도 법원은 이를 받아들이지 않게 된다.[21] 따라서, 채무자의 선박은 외국에서도 안심하고 운항이 가능하게 된다. 먼저 회생절차가 진행된 국가에서 모든 절차를 진행하라는 취지이다. 회생절차가 개시된 국가의 모든 효력을 자동적으로 인정하지는 않고 상호주의하에서 법원의 승인 등이 필요한 것이 통상이다. 이를 수정된 보편주의(modified universalism)라고 한다.[22][23]

(2) 압류금지명령의 인정범위

보편주의하에서는 한 국가에서의 회생절차의 효력을 바탕으로 동일한 범위의 효력이 자국에서도 인정되어야 할 것이다. 그렇지만, 실무에서는 그렇지 않다. 한진해운사태에서 우리나라 법원은 한진해운이 물권적으로 소유한 선박에 대하여서

---

20) 김인현, 전게논문, 41면.

21) 2009.3. 서울중앙지법의 삼선로직스 회생절차개시결정(2008회합24)에 대하여 호주, 영국, 싱가포르, 미국, 벨기에에서 한국에서의 개시결정의 효력을 인정했다(법률신문, 2009.8.12.).

22) 오수근 외 3인, 도산법(새로문화, 2011), 337면; 김인현, "한진해운 회생절차상 선박압류금지명령의 범위", 상사판례연구 제30집 제1권(2017), 157면 이하.

23) 우리나라는 2006년 채무자회생법 개정시 모델법을 수용, 제5편 제628조 이하에 국제도산편을 신설하면서 보편주의를 택하였다.

만 압류금지명령의 대상으로 보았지만, 싱가포르와 미국 등에서는 이보다 범위를 넓혀서 선체용선하거나 정기용선한 선박에까지 압류금지 명령의 대상으로 하였다.

압류금지명령은 채무자의 재산인 선박, 컨테이너 등에 대하여 내려진다. 그렇지만 사람들이 행하는 서비스에는 내려지지 못한다. 예컨대 하역작업을 하라는 명령은 법원이 내리지 못한다. 한진해운 사태에서 미국의 하역회사들이 밀린 대금의 지급이 없이는 하역 작업을 하지 않겠다고 하여 하역작업이 크게 지연되었다.

4. 파산 선고 및 청산절차

(1) 회생절차의 폐지

회생법원은 채무자가 회생할 가망이 없으면 회생절차를 폐지하고 파산을 선고하게 된다. 파산이 선고되면 그때부터는 청산절차에 들어간다. 회생을 시도하는 것보다 채무자의 재산으로 채권자의 채권을 안분변제하는 것이 더 낫다는 판단에서 채무자는 더 이상 영업활동을 하지 않고 현재의 자산으로 채권자의 빚을 갚아나가는 작업을 하게 된다.

(2) 파산채권과 재단채권

채권자의 채권은 파산채권과 재단채권으로 나누어진다. 회생절차에서의 회생채권은 파산채권에 상당하고 공익채권은 재단채권에 상응한다(법 제423조, 제424조, 제473조, 제475조). 재단채권은 파산채권보다 우선하여 변제된다. 채무자의 재산은 재단채권에 먼저 변제되고(법 제476조) 남는 것으로 파산채권으로 변제된다. 그러므로 재단채권에 변제하고 남는 것이 없다면 파산채권자들은 한푼도 변제받지 못한다.

회생담보채권자는 담보물에 대하여 압류하여 경매가 가능하다.

5. 도산법과 해상법의 상호작용

(1) 선박우선특권

해상법에서 선박우선특권은 특별한 채권자를 보호하기 위하여 운영되고 있다. 선원들에게 임금채권의 실현을 위하여 자신이 승선하던 선박에 대한 임의 경매신청권을 준다. 해상사고로 사망한 여객의 유족에게도 선박우선특권이 인정된다. 이러한 상법 제777조의 선박우선특권제도와 채무자회생법 제58조의 규정의 효력의 순위가 문제된다.

일반채권자가 채무자회생법 제58조의 적용을 받아 더 이상 자신의 채권의 실현을 하기 위하여 강제집행을 하지 못하는 것은 쉽게 이해가 된다. 그러나, 특별한 보호를 위한 선박우선특권제도는 달리 취급될 필요가 있다. 현재 우리 법원이나 학설은 선박우선특권자도 채무자회생법 제58조의 적용 하에 놓이고, 회생담보권자로 만족하는 것으로 본다.

(2) 선박소유자 책임 제한 절차

채무자는 자신의 채무를 회생절차와 별개로 선박소유자책임제한 제도를 이용하여 더 감축할 수 있는지가 문제된다.

6. 도산법과 국제사법의 상호관계

해상기업이 회생절차에 들어가면 그 국제성의 특질 때문에 외국적 요소가 회생절차에 개입된다. 한국 법원에서 한국 해상기업을 위한 회생절차가 개시되지만, 채권자는 미국인, 영국인, 일본인인 경우 외국적 요소가 개입된다.

이 경우 어느 나라 법을 준거법으로 할 것인지 문제된다. 어떤 채권자의 채권이 선박우선특권에 해당하여 회생담보권으로 볼 것인지와 관련하여 선박우선특권여부는 우리 국제사법 제60조에 의하여 선적국법에 따라야 한다. 선박우선특권을 가진 자는 회생담보권자로 볼 것인지는 우리 법에 따른다는 것이 일반적이다.

부 록

- 1. 2007년 개정상법 해상편
- 2. 표준 나용선 계약서(Barecon)
- 3. 표준 정기용선 계약서(NYPE)
- 4. 표준 항해용선 계약서(Gencon)
- 5. 표준 선하증권
- 6. 선하증권에 관한 통일조약
- 7. 선주책임제한조약
- 8. 2008년 로테르담 규칙의 주요내용
- 9. 선박우선특권을 이용한 임의경매신청
- 10. 1996년 의정서에 따른 책임제한액
- 11. 선하증권과 해상화물운송장 샘플

* 부록 3~부록 6은 John F. Wilson, Carriage of Goods by Sea, Longman, 2001에서, 부록 7~부록 8은 CMI, Handbook of Maritime Conventions, LexisNexis, 2001에서 인용하였음을 밝힌다.

부록1: 2007년 개정상법 해상편

(1) 주요 개정내용

제1장 해상기업 — 제1절 선박, 제2절 선장, 제3절 선박공유, 제4절 선박 소유자등의 책임제한, 제5절 선박담보

1) 비영리선박 및 국공유선박 준용 규정(제741조)
2) 선박소유권 이전의 명확화(제743조)
3) 선박소유자의 여객손해에 대한 책임한도액 상향 조정(제770조)
4) 구조자의 책임제한 채권의 구체화(제775조 신설)
5) 선박우선특권 있는 채권에서 경매비용 삭제(제777조 제1항 제1호)

제2장 운송과 용선 — 제1절 개품운송, 제2절 여객운송, 제3절 항해용선, 제4절 정기용선, 제5절 선체용선, 제6절 운송증서

1) 개품운송계약의 의의(제791조)
2) 운송인 책임한도의 상향 조정 666.67SDR 및 2SDR/kg 중량기준 도입(제797조 제1항)
3) 운송인이 정기용선자인 경우도 선박소유자는 연대책임부담 (제809조)
4) 운송인의 채권(구상채권) 보호규정 신설(제814조 제2항 및 제3항)
5) 복합운송인의 책임, 이종책임제도 및 손해구간불명의 경우 거리의 장단에 따라 적용법규를 정함(제816조)
6) 해상여객운송계약의 의의 규정(제817조 신설)
7) 항해용선계약의 의의규정(제827조 신설)
8) 항해용선에서 선박소유자의 책임경감금지(제839조 신설)
9) 선박소유자의 채권・채무의 소멸기간 2년으로 연장(제840조)
10) 항해용선의 준용규정(제841조)
11) 정기용선계약상의 채권의 소멸기간 2년으로 연장(제846조 제1항)
12) 나용선은 선체용선으로 용어변경됨, 선체용선 계약의 법적 성질(제847조 및 848조 신설)
13) 선체용선계약상의 채권에 대한 2년의 제척기간(제851조 신설)
14) 선하증권의 기재사항에 운송인의 성명 추가(제853조)
15) 선하증권 기재의 효력, 추정적 효력과 간주적 효력인정(제854조)
16) 용선계약과 선하증권(제855조 신설)
17) 전자선하증권(제862조 신설)
18) 해상화물운송장의 발행(제863조 신설)
19) 해상화물운송장의 효력, 추정적 효력 포함(제864조 신설)

제3장 해상위험 — 제1절 공동해손, 제2절 선박충돌, 제3절 해난구조

1) 갑판적 화물의 공동해손분담청구 포함(제872조 제2항 단서 전문)
2) 선박충돌에의 적용법규에서 간접충돌을 포함함(제876조 제2항 신설)
3) 해양사고구조는 해난구조로 용어변경, 해난구조 보수의 결정기준에 위험의 정도 등 포함 (제883조)
4) 환경손해방지작업에 대한 특별보상규정 (제885조 신설)
5) 구조료의 지급의무(제886조 신설)
6) 계약구조에도 성질에 반하지 않는 한 해난구조규정을 적용(제887조 제1항 신설)

(2) 2007.7.3.국회통과 상법해상편 개정법률대비표 법률 제8581호 (2007.8.3.공포)

개 정 법 률	현 행 법	비 고
제126조(화물명세서) ① 송하인은 운송인의 청구에 의하여 화물명세서를 교부하여야 한다. ② 화물명세서에는 다음의 사항을 기재하고 송하인이 기명날인 또는 서명하여야 한다. 1. 운송물의 종류·중량 또는 용적, 포장의 종별·갯수와 기호 2. 도착지 3. 수하인과 운송인의 성명 또는 상호, 영업소 또는 주소 4. 운임과 그 선급 또는 착급의 구별 5. 화물명세서의 작성지와 작성연월일	제126조(운송장) ① 송하인은 운송인의 청구에 의하여 운송장을 교부하여야 한다. ② 운송장에는 다음의 사항을 기재하고 송하인이 기명날인 또는 서명하여야 한다. 1. 운송물의 종류·중량 또는 용적, 포장의 종별·갯수와 기호 2. 도착지 3. 수하인과 운송인의 성명 또는 상호, 영업소 또는 주소 4. 운임과 그 선급 또는 착급의 구별 5. 운송장의 작성지와 작성연월일	
제127조(화물명세서의 허위기재에 대한 책임) ① 송하인이 화물명세서에 허위 또는 부정확한 기재를 한 때에는 운송인에 대하여 이로 인한 손해를 배상할 책임이 있다. ② 전항의 규정은 운송인이 악의인 경우에는 적용하지 아니한다.	제127조(운송장의 허위기재에 대한 책임) ① 송하인의 운송장에 허위 또는 부정확한 기재를 한 때에는 운송인에 대하여 이로 인한 손해를 배상할 책임이 있다. ② 전항의 규정은 운송인이 악의인 경우에는 적용하지 아니한다.	
제5편 해상	제5편 해상	
제1장 해상기업	제1장 선박	○ 전체조문체계 변경, 제목수정

제1절 선박		○ 전체조문체계 변경, 제목수정
第740조(선박의 의의) 이 법에서 선박이란 상행위나 그 밖의 영리를 목적으로 항해에 사용하는 선박을 말한다.	第740조(선박의 의의) 이 법에서 선박이라 함은 상행위 기타 영리를 목적으로 항해에 사용하는 선박을 이른다.	○ 현행과 같음.
第741조(적용범위) ① 항해용 선박에 대하여는 상행위 기타 영리를 목적으로 하지 아니하더라도 이 편의 규정을 준용한다. 다만, 국유 또는 공유의 선박에 대하여는 「선박법」 제29조 단서에도 불구하고 항해의 목적·성질 등을 고려하여 이 편의 규정을 준용하는 것이 적합하지 아니한 경우로서 대통령령이 정하는 경우에는 그러하지 아니하다. ② 이 편의 규정은 단정 또는 주로 노 또는 상앗대로 운전하는 선박에는 적용하지 아니한다.	신설 第741조(단정 또는 노도선) 이 편의 규정은 단정 또는 노도로 운전하는 선박에 적용하지 아니한다.	
第742조(선박의 종물) 선박의 속구목록에 기재한 물건은 선박의 종물로 추정한다.	第742조(선박의 종물) 선박의 속구목록에 기재한 물건은 선박의 종물로 추정한다.	
第743조(선박소유권의 이전) 등기 및 등록할 수 있는 선박의 경우, 그 소유권의 이전은 당사자 사이의 합의만으로 그 효력이 생긴다. 다만, 이를 등기하고 선박국적증서에 기재하지 아니하면 제3자에게 대항하지 못한다.	第743조(선박에 관한 권리의 이전) 선박에 관한 권리의 이전은 당사자간의 합의만으로써 효력이 생긴다. 그러나 이를 등기하고 선박국적증서에 기재하지 아니하면 제3자에게 대항하지 못한다.	
第744조(선박의 압류·가압류) ① 항해의 준비를 완료한 선박과 그 속구는 압류 또는 가압류를 하지 못한다. 그러나 항해를 준비하기 위하여 생긴 채무에 대하여는 그러하지 아니하다. ② 제1항은 총톤수 20톤 미만의 선박에는 적용하지 아니한다.	第744조(선박의 압류·가압류) 항해의 준비를 완료한 선박과 그 속구는 압류 또는 가압류를 하지 못한다. 그러나 항해를 준비하기 위하여 생긴 채무에 대하여는 그러하지 아니하다.	국회심사에서 변경됨
(삭제)	第745조(소형선박) 제743조와 제744	제744조 제2항으로

	조의 규정은 총톤수 20톤 미만의 선박에 적용하지 아니한다.	조문을 이동하고, 소유권의 이전은 선박법에 의하여 규율됨
제2절 선장	제2장 선박소유자	○ 전체조문체계 변경에 따라 제목 수정
제745조(선장의 선임·해임) 선장은 선박소유자가 선임 또는 해임한다.	제767조(선장의 선임·해임) 선장은 선박소유자가 선임 또는 해임한다.	○ 조문위치변경
제746조(선장의 부당한 해임에 대한 손해배상청구권) 선박소유자가 정당한 사유 없이 선장을 해임한 때에는 선장은 이로 인하여 생긴 손해의 배상을 청구할 수 있다.	제768조(선장의 부당한 해임에 대한 손해배상청구권) ① 선박소유자가 정당한 사유 없이 선장을 해임한 때에는 선장은 이로 인하여 생긴 손해의 배상을 청구할 수 있다. ② 선장이 선박공유자인 경우에 그 의사에 반하여 해임된 때에는 다른 공유자에 대하여 상당한 가액으로 그 지분을 매수할 것을 청구할 수 있다. ③ 선장이 제2항의 청구를 하고자 하는 때에는 지체없이 다른 공유자 또는 선박관리인에 대하여 그 통지를 발송하여야 한다.	○ 조문위치변경 ○ 단, 현행 제768조 제2항 및 제3항의 내용은 체제변경에 따라 개정안 제762조 제1항 및 제2항으로 위치변경
제747조(선장의 계속직무집행의 책임) 선장이 항해중에 해임 또는 임기가 만료된 경우에도 다른 선장이 그 업무를 처리할 수 있는 때, 또는 그 선박이 선적항에 도착할 때까지 그 직무를 집행할 책임이 있다.	제769조(선장의 계속직무집행의 책임) 선장이 항해중에 해임 또는 임기가 만료된 경우에는 다른 선장이 그 업무를 처리할 수 있는 때, 또는 그 선박이 선적항에 도착할 때까지 그 직무를 집행할 책임이 있다.	○ 조문위치변경
제748조(선장의 대선장의 선임의 권한 및 책임) 선장이 불가항력으로 인하여 그 직무를 집행하기가 불능한 때에 법령에 다른 규정이 있는 경우를 제외하고는 자기의 책임으로 타인을 선정하여 선장의 직무를 집행하게 할 수 있다.	제772조(대선장의 선임의 책임) 선장이 불가항력으로 인하여 그 직무를 집행하기가 불능한 때에 법령에 다른 규정이 있는 경우를 제외하고는 자기의 책임으로 타인을 선정하여 선장의 직무를 집행하게 할 수 있다.	○ 조문위치변경 및 표제변경
제749조(대리권의 범위) ① 선적항 외에서는 선장은 항해에 필요한 재	제773조(대리권의 범위) ① 선적항 외에서는 선장은 항해에 필요한 재	○ 조문위치변경

판상 또는 재판 외의 모든 행위를 할 권한이 있다. ② 선적항에서는 선장은 특히 위임을 받은 경우 외에는 해원의 고용과 해고를 할 권한만을 가진다.	판상 또는 재판 외의 모든 행위를 할 권한이 있다. ② 선적항에서는 선장은 특히 위임을 받은 경우 외에는 해원의 고용과 해고를 할 권한만을 가진다.	
제750조(특수한 행위에 대한 권한) ① 선장은 선박수선료, 해난구조료, 그 밖에 기타 항해의 계속에 필요한 비용을 지급하여야 할 경우 외에는 다음의 행위를 하지 못한다. 1. 선박 또는 속구를 담보에 제공하는 일 2. 차재(借財)하는 일 3. 적하의 전부나 일부를 처분하는 일 ② 적하를 처분할 경우의 손해배상액은 그 적하가 도달할 시기의 양륙항의 가격에 의하여 이를 정한다. 그러나 그 가격 중에서 지급을 요하지 아니하는 비용을 공제하여야 한다.	제774조(특수한 행위에 대한 권한) ① 선장은 선박수선료, 해양사고구조료 기타 항해의 계속에 필요한 비용을 지급하여야 할 경우 외에는 다음의 행위를 하지 못한다. 1. 선박 또는 속구를 담보에 제공하는 일 2. 차재하는 일 3. 적하의 전부나 일부를 처분하는 일 ② 적하를 처분할 경우의 손해배상액은 그 적하가 도달할 시기의 양륙항의 가격에 의하여 이를 정한다. 그러나 그 가격 중에서 지급을 요하지 아니하는 비용을 공제하여야 한다.	○ 조문위치변경 ○ 현행조문상 '해양사고구조'를 '해난구조'로 용어수정함에 따라 '해양사고구조료'를 '해난구조료'로 수정함.
제751조(대리권에 대한 제한) 선장의 대리권에 대한 제한은 선의의 제3자에게 대항하지 못한다.	제775조(대리권에 대한 제한) 선장의 대리권에 대한 제한은 선의의 제3자에게 대항하지 못한다.	○ 조문위치변경
제752조(이해관계인을 위한 적하의 처분) ① 선장이 항해중에 적하를 처분하는 경우에는 이해관계인의 이익을 위하여 가장 적당한 방법으로 하여야 한다. ② 제1항의 경우에 이해관계인은 선장의 처분으로 인하여 생긴 채권자에게 적하의 가액을 한도로 하여 그 책임을 진다. 다만, 그 이해관계인에게 과실이 있는 때에는 그러하지 아니하다.	제776조(이해관계인을 위한 적하의 처분) ① 선장이 항해중에 적하를 처분하는 경우에는 이해관계인의 이익을 위하여 가장 적당한 방법으로 하여야 한다. ② 제1항의 경우에 이해관계인은 선장의 처분으로 인하여 생긴 채권자에게 적하의 가액을 한도로 하여 책임을 진다. 그러나 그 이해관계인에게 과실이 있는 때에는 그러하지 아니하다.	○ 조문위치변경
제753조(선박경매권) 선적항 외에서 선박이 수선하기 불능하게 된 때에는 선장은 해무관청의 인가를 얻어 이를 경매할 수 있다.	제777조(선박경매권) 선적항 외에서 선박이 수선하기 불능하게 된 때에는 선장은 해무관청의 인가를 얻어 이를 경매할 수 있다.	○ 조문위치변경

第754조(선박의 수선불능) ① 다음 각호의 경우에는 선박은 수선하기 불능하게 된 것으로 본다. 1. 선박이 그 현재지에서 수선을 받을 수 없으며, 또 그 수선을 할 수 있는 곳에 도달하기 불가능한 때 2. 수선비가 선박의 가액의 4분의 3을 초과할 때 ② 제1항 제2호의 가액은 선박이 항해중 훼손된 경우에는 그 발항한 때의 가액으로 하고 기타의 경우에는 그 훼손 전의 가액으로 한다.	第778조(선박의 수선불능) ① 다음의 경우에는 선박은 수선하기 불능하게 된 것으로 본다. 1. 선박이 그 현재지에서 수선을 받을 수 없으며, 또 그 수선을 할 수 있는 곳에 도달하기 불능한 때 2. 수선비가 선박의 가액의 4분의 3을 초과할 때 ② 제1항 제2호의 가액은 선박이 항해중 훼손된 경우에는 그 발항한 때의 가액으로 하고, 기타의 경우에는 그 훼손 전의 가액으로 한다.	○ 조문위치변경
第755조(보고·계산의 의무) ① 선장은 항해에 관한 중요한 사항을 지체없이 선박소유자에게 보고하여야 한다. ② 선장은 매 항해를 종료한 때에는 그 항해에 관한 계산서를 지체없이 선박소유자에게 제출하여 그 승인을 얻어야 한다. ③ 선장은 선박소유자의 청구가 있을 때에는 언제든지 항해에 관한 사항과 계산의 보고를 하여야 한다.	第779조(보고·계산의 의무) ① 선장은 항해에 관한 중요한 사항을 지체없이 선박소유자에게 보고하여야 한다. ② 선장은 매 항해를 종료한 때에는 그 항해에 관한 계산서를 지체없이 선박소유자에게 제출하여 그 승인을 얻어야 한다. ③ 선장은 선박소유자의 청구가 있을 때에는 언제든지 항해에 관한 사항과 계산의 보고를 하여야 한다.	○ 조문위치변경
제3절 선박공유		○ 전체조문체계 변경, 제목신설
第756조(선박공유자의 업무결정) ① 공유선박의 이용에 관한 사항은 공유자의 지분의 가격에 따라 그 과반수로 결정한다. ② 선박공유에 관한 계약을 변경하는 사항은 공유자의 전원일치로 결정하여야 한다.	第753조(선박공유자의 업무결정) ① 공유선박의 이용에 관한 사항은 공유자의 지분의 가격에 따라 그 과반수로 결정한다. ② 선박공유에 관한 계약을 변경하는 사항은 공유자의 전원일치로 결정하여야 한다.	○ 조문위치변경
第757조(선박공유와 비용의 부담) 선박공유자는 그 지분의 가격에 따라 선박의 이용에 관한 비용과 이용에 관하여 생긴 채무를 부담한다.	第754조(선박공유와 비용의 부담) 선박공유자는 그 지분의 가격에 따라 선박의 이용에 관한 비용과 이용에 관하여 생긴 채무를 부담한다.	○ 조문위치변경

第758조(손익분배) 손익의 분배는 매 항해의 종료 후에 있어서 선박공유자의 지분의 가격에 따라서 한다.	第755조(손익분배) 손익의 분배는 매 항해의 종료 후에 있어서 선박공유자의 지분의 가액에 따라서 한다.	○ 조문위치변경
第759조(지분의 양도) 선박공유자 사이에 조합관계가 있는 경우에도 각 공유자는 다른 공유자의 승낙 없이 그 지분을 타인에게 양도할 수 있다. 그러나 선박관리인의 경우에는 그러하지 아니하다.	第756조(지분의 양도) 선박공유자간에 조합관계가 있는 경우에도 각 공유자는 다른 공유자의 승낙 없이 그 지분을 타인에게 양도할 수 있다. 그러나 선박관리인의 경우에는 그러하지 아니하다.	○ 조문위치변경
第760조(공유선박의 국적상실과 지분의 매수 또는 경매청구) 선박공유자의 지분의 이전 또는 국적상실로 인하여 선박이 대한민국의 국적을 상실할 때에는 다른 공유자는 상당한 대가로 그 지분을 매수하거나 그 경매를 법원에 청구할 수 있다.	第757조(공유선박의 국적상실과 지분의 매수 또는 경매청구) ① 선박공유자의 지분의 이전 또는 그 국적상실로 인하여 선박이 대한민국의 국적을 상실할 때에는 다른 공유자는 상당한 대가로 그 지분을 매수하거나 그 경매를 법원에 청구할 수 있다. ② 사원의 지분의 이전으로 회사의 소유에 속하는 선박이 대한민국의 국적을 상실할 때에는 합명회사에 있어서는 다른 사원, 합자회사에 있어서는 다른 무한책임사원이 상당한 대가로 그 지분을 매수할 수 있다.	○ 조문위치변경 ○ 단, 현행 第757조 제2항은 삭제
第761조(결의반대자의 지분매수청구권) ① 선박공유자가 신항해를 개시하거나 선박을 대수선할 것을 결의한 때에는 그 결의에 이의가 있는 공유자는 다른 공유자에 대하여 상당한 가액으로 자기의 지분을 매수할 것을 청구할 수 있다. ② 제1항의 청구를 하고자 하는 자는 그 결의가 있은 날로부터, 결의에 참가하지 아니한 경우에는 결의통지를 받은 날로부터 3일 내에 다른 공유자 또는 선박관리인에 대하여 그 통지를 발송하여야 한다.	第758조(결의반대자의 지분매수청구권) ① 선박공유자가 신항해를 개시하거나 선박을 대수선할 것을 결의한 때에는 그 결의에 이의가 있는 공유자는 다른 공유자에 대하여 상당한 가액으로 자기의 지분을 매수할 것을 청구할 수 있다. ② 제1항의 청구를 하고자 하는 자는 그 결의가 있은 날로부터, 결의에 참가하지 아니한 경우에는 결의통지를 받은 날로부터 3일 내에 다른 공유자 또는 선박관리인에 대하여 그 통지를 발송하여야 한다.	○ 조문위치변경
第762조(해임선장의 지분매수청구권)	第768조(선장의 부당한 해임에 대한	○ 조문위치변경

① 선박공유자인 선장이 그 의사에 반하여 해임된 때에는 다른 공유자에 대하여 상당한 가액으로 그 지분을 매수할 것을 청구할 수 있다. ② 선박공유자가 제1항의 청구를 하고자 하는 때에는 지체없이 다른 공유자 또는 선박관리인에 대하여 그 통지를 발송하여야 한다.	손해배상청구권) ① 선박소유자가 정당한 사유 없이 선장을 해임한 때에는 선장은 이로 인하여 생긴 손해의 배상을 청구할 수 있다. ② 선장이 선박공유자인 경우에 그 의사에 반하여 해임된 때에는 다른 공유자에 대하여 상당한 가액으로 그 지분을 매수할 것을 청구할 수 있다. ③ 선장이 제2항의 청구를 하고자 하는 때에는 지체없이 다른 공유자 또는 선박관리인에 대하여 그 통지를 발송하여야 한다.	○ 현행 제768조 제2항 및 제3항의 내용을 체계에 맞추어 자구수정 후에 규정 ○ 현행 제768조 제1항의 내용은 개정안 제746조에 규정
제763조(항해중 선박 등의 양도) 항해중에 있는 선박이나 그 지분을 양도한 경우에 당사자 사이에 다른 약정이 없으면 양수인이 그 항해로부터 생긴 이익을 얻고 손실을 부담한다.	제759조(항해중 선박 등의 양도) 항해중에 있는 선박이나 그 지분을 양도한 경우에 당사자간에 다른 약정이 없으면 양수인이 그 항해로부터 생긴 이익을 얻고 손실을 부담한다.	○ 조문위치변경
제764조(선박관리인의 선임·등기) ① 선박공유자는 선박관리인을 선임하여야 한다. 이 경우 선박공유자가 아닌 자를 선박관리인으로 선임함에는 공유자 전원의 동의가 있어야 한다. ② 선박관리인의 선임과 그 대리권의 소멸은 이를 등기하여야 한다.	제760조(선박관리인의 선임·등기) ① 선박공유자는 선박관리인을 선임하여야 한다. 선박공유자가 아닌 자를 선박관리인으로 선임함에는 공유자 전원의 동의가 있어야 한다. ② 선박관리인의 선임과 그 대리권의 소멸은 이를 등기하여야 한다.	○ 조문위치변경
제765조(선박관리인의 권한) ① 선박관리인은 선박의 이용에 관한 재판상 또는 재판 외의 모든 행위를 할 권한이 있다. ② 선박관리인의 대리권에 대한 제한은 선의의 제3자에게 대항하지 못한다.	제761조(선박관리인의 권한) ① 선박관리인은 선박의 이용에 관한 재판상 또는 재판 외의 모든 행위를 할 권한이 있다. ② 선박관리인의 대리권에 대한 제한은 선의의 제3자에게 대항하지 못한다.	○ 조문위치변경
제766조(선박관리인의 권한의 제한) 선박관리인은 선박공유자의 서면에 의한 위임이 없으면 다음의 행위를 하지 못한다. 1. 선박을 양도·임대 또는 담보에	제762조(선박관리인의 권한의 제한) 선박관리인은 선박공유자의 서면에 의한 위임이 없으면 다음의 행위를 하지 못한다. 1. 선박을 양도, 임대 또는 담보에	○ 조문위치변경

제공하는 일 2. 신항해를 개시하는 일 3. 선박을 보험에 붙이는 일 4. 선박을 대수선하는 일 5. 차재하는 일	제공하는 일 2. 신항해를 개시하는 일 3. 선박을 보험에 붙이는 일 4. 선박을 대수선하는 일 5. 차재하는 일	
제767조(장부의 기재·비치) 선박관리인은 업무집행에 관한 장부를 비치하고, 그 선박의 이용에 관한 모든 사항을 기재하여야 한다.	제763조(장부의 기재·비치) 선박관리인은 특히 업무집행에 관한 장부를 비치하고, 그 선박의 이용에 관한 모든 사항을 기재하여야 한다.	○ 조문위치변경
제768조(선박관리인의 보고·승인) 선박관리인은 매 항해의 종료 후에 지체없이 그 항해의 경과상황과 계산에 관한 서면을 작성하여 선박공유자에게 보고하고 그 승인을 얻어야 한다.	제764조(선박관리인의 보고·승인) 선박관리인은 매 항해의 종료 후에 지체없이 그 항해의 경과상황과 계산에 관한 서면을 작성하여 선박공유자에게 보고하고, 그 승인을 얻어야 한다.	○ 조문위치변경
제4절 선박소유자 등의 책임제한		○ 전체조문체계 변경, 제목신설
제769조(선박소유자의 유한책임) 선박소유자는 청구원인의 여하에 불구하고 다음 각 호의 채권에 대하여 제770조에 따른 금액의 한도로 그 책임을 제한할 수 있다. 다만, 그 채권이 선박소유자 자신의 고의 또는 손해발생의 염려가 있음을 인식하면서 무모하게 한 작위 또는 부작위로 인하여 생긴 손해에 관한 것인 때에는 그러하지 아니하다. 1. 선박에서 또는 선박의 운항에 직접 관련하여 발생한 사람의 사망, 신체의 상해 또는 그 선박 이외의 물건의 멸실 또는 훼손으로 인하여 생긴 손해에 관한 채권 2. 운송물, 여객 또는 수하물의 운송의 지연으로 인하여 생긴 손해에 관한 채권 3. 제1호 및 제2호 이외에 선박의 운항에 직접 관련하여 발생한 계약상의 권리 외의 타인의 권리의	제746조(선박소유자의 유한책임) 선박소유자는 청구원인의 여하에 불구하고 다음 각 호의 채권에 대하여 제747조의 규정에 의한 금액의 한도로 그 책임을 제한할 수 있다. 그러나 그 채권이 선박소유자 자신의 고의 또는 손해발생의 염려가 있음을 인식하면서 무모하게 한 작위 또는 부작위로 인하여 생긴 손해에 관한 것인 때에는 그러하지 아니하다. 1. 선박에서 또는 선박의 운항에 직접 관련하여 발생한 사람의 사망, 신체의 상해 또는 그 선박이외의 물건의 멸실 또는 훼손으로 인하여 생긴 손해에 관한 채권 2. 운송물, 여객 또는 수하물의 운송의 지연으로 인하여 생긴 손해에 관한 채권 3. 제1호 및 제2호 이외에 선박의 운항에 직접 관련하여 발생한 계약상의 권리 이외의 타인의 권리	○ 조문위치변경

침해로 인하여 생긴 손해에 관한 채권 4. 제1호 내지 제3호의 채권의 원인이 된 손해를 방지 또는 경감하기 위한 조치에 관한 채권 또는 그 조치의 결과로 인하여 생긴 손해에 관한 채권	의 침해로 인하여 생긴 손해에 관한 채권 4. 제1호 내지 제3호의 채권의 원인이 된 손해를 방지 또는 경감하기 위한 조치에 관한 채권 또는 그 조치의 결과로 인하여 생긴 손해에 관한 채권	
제770조(책임의 한도액) ① 선박소유자가 제한할 수 있는 책임의 한도액은 다음 각 호의 금액으로 한다. 1. 여객의 사망 또는 신체의 상해로 인한 손해에 관한 채권에 대한 책임의 한도액은 그 선박의 선박검사증서에 기재된 여객의 정원에 17만5천 계산단위(국제통화기금의 1 특별인출권에 상당하는 금액을 말한다. 이하 같다)를 곱하여 얻은 금액으로 한다. 2. 여객 이외의 사람의 사망 또는 신체의 상해로 인한 손해에 관한 채권에 대한 책임의 한도액은 그 선박의 톤수에 따라서 다음 각목에 정하는 바에 의하여 계산된 금액으로 한다. 그러나 300톤 미만의 선박의 경우에는 16만7천 계산단위에 상당하는 금액으로 한다. 가. 500톤 이하의 선박의 경우에는 33만3천 계산단위에 상당하는 금액 나. 500톤을 초과하는 선박의 경우에는 가목의 금액에 500톤을 초과하여 3천톤까지의 부분에 대하여는 매 톤당 500 계산단위, 3천톤을 초과하여 3만톤까지의 부분에 대하여는 매 톤당 333 계산단위, 3만	제747조(책임의 한도액) ① 선박소유자가 제한할 수 있는 책임의 한도액은 다음 각 호의 금액으로 한다. 1. 여객의 사망 또는 신체의 상해로 인한 손해에 관한 채권에 대한 책임의 한도액은 그 선박의 선박검사증서에 기재된 여객의 정원에 4만6천6백6십6 계산단위를 곱하여 얻은 금액과 2천5백만 계산단위에 상당하는 금액 중 적은 금액으로 한다. 2. 여객 이외의 사람의 사망 또는 신체의 상해로 인한 손해에 관한 채권에 대한 책임의 한도액은 그 선박의 톤수에 따라서 다음 각목에 정하는 바에 의하여 계산된 금액으로 한다. 그러나 3백톤 미만의 선박의 경우에는 1십6만7천 계산단위에 상당하는 금액으로 한다. 가. 5백톤 이하의 선박의 경우에는 3십3만3천 계산단위에 상당하는 금액 나. 5백톤을 초과하는 선박의 경우에는 가목의 금액에 5백톤을 초과하여 3천톤까지의 부분에 대하여는 매 톤당 5백 계산단위, 3천톤을 초과하여 3만톤까지의 부분에 대하여는 매 톤당 3백3십3 계산단위, 3만톤을 초과하여 7만톤	○ 조문위치변경 ○ 여객사망에 대한 책임제한액을 국제조약에 맞추어 상향조정함. ○ 제5항은 국회심사과정에서 제1항 1호에 추가되어 삭제됨

톤을 초과하여 7만톤까지의 부분에 대하여는 매 톤당 250 계산단위 및 7만톤을 초과한 부분에 대하여는 매 톤당 167 계산단위를 각 곱하여 얻은 금액을 순차로 가산한 금액	까지의 부분에 대하여는 매 톤당 2백5십 계산단위 및 7만톤을 초과한 부분에 대하여는 매 톤당 1백6십7 계산단위를 각 곱하여 얻은 금액을 순차로 가산한 금액
3. 제1호 및 제2호 이외의 채권에 대한 책임의 한도액은 그 선박의 톤수에 따라서 다음 각목에 정하는 바에 의하여 계산된 금액으로 한다. 그러나 300톤 미만의 선박의 경우에는 8만3천 계산단위에 상당하는 금액으로 한다.	3. 제1호 및 제2호 이외의 채권에 대한 책임의 한도액은 그 선박의 톤수에 따라서 다음 각목에 정하는 바에 의하여 계산된 금액으로 한다. 그러나 3백톤 미만의 선박의 경우에는 8만3천 계산단위에 상당하는 금액으로 한다.
가. 500톤 이하의 선박의 경우에는 16만7천 계산단위에 상당하는 금액	가. 5백톤 이하의 선박의 경우에는 1십6만7천 계산단위에 상당하는 금액
나. 500톤을 초과하는 선박의 경우에는 가목의 금액에 500톤을 초과하여 3만톤까지의 부분에 대하여는 매 톤당 167 계산단위, 3만톤을 초과하여 7만톤까지의 부분에 대하여는 매 톤당 125 계산단위 및 7만톤을 초과한 부분에 대하여는 매 톤당 83 계산단위를 각 곱하여 얻은 금액을 순차로 가산한 금액	나. 5백톤을 초과하는 선박의 경우에는 가목의 금액에 5백톤을 초과하여 3만톤까지의 부분에 대하여는 매 톤당 1백6십7 계산단위, 3만톤을 초과하여 7만톤까지의 부분에 대하여는 매 톤당 1백2십5 계산단위 및 7만톤을 초과한 부분에 대하여는 매 톤당 8십3 계산단위를 각 곱하여 얻은 금액을 순차로 가산한 금액
② 제1항 각 호에 따른 각 책임한도액은 선박마다 동일한 사고에서 생긴 각 책임한도액에 대응하는 선박소유자에 대한 모든 채권에 미친다.	② 제1항 각 호의 규정에 의한 각 책임한도액은 선박마다 동일한 사고에서 생긴 각 책임한도액에 대응하는 선박소유자에 대한 모든 채권에 미친다.
③ 제769조에 따라 책임이 제한되는 채권은 제1항 각 호에 따른 각 책임한도액에 대하여 각 채권액의 비율로 경합한다.	③ 제746조의 규정에 의하여 책임이 제한되는 채권은 제1항 각 호의 규정에 의한 각 책임한도액에 대하여 각 채권액의 비율로 경합한다.

④ 제1항 제2호에 따른 책임한도액이 동호의 채권의 변제에 부족한 때에는 제3호에 따른 책임한도액을 그 잔액채권의 변제에 충당한다. 이 경우에 동일한 사고에서 제3호의 채권도 발생한 때에는 이 채권과 제2호의 잔액채권은 제3호에 의한 책임한도액에 대하여 각 채권액의 비율로 경합한다. (삭제)	④ 제1항 제2호에 의한 책임한도액이 동호의 채권의 변제에 부족한 때에는 제3호에 의한 책임한도액을 그 잔액채권의 변제에 충당한다. 이 경우에 동일한 사고에서 제3호의 채권도 발생한 때에는 이 채권과 제2호의 잔액채권은 제3호에 의한 책임한도액에 대하여 각 채권액의 비율로 경합한다. ⑤ 제1항에서 "계산단위"라 함은 국제통화기금의 1특별인출권에 상당하는 금액을 이른다.	
제771조(동일한 사고로 인한 반대채권액의 공제) 선박소유자가 책임의 제한을 받는 채권자에 대하여 동일한 사고로 인하여 생긴 손해에 관한 채권을 가지는 경우에는 그 채권액을 공제한 잔액에 한하여 책임의 제한을 받는 채권으로 한다.	제749조(동일한 사고로 인한 반대채권액의 공제) 선박소유자가 책임의 제한을 받는 채권자에 대하여 동일한 사고로 인하여 생긴 손해에 관한 채권을 가지는 경우에는 그 채권액을 공제한 잔액에 한하여 책임의 제한을 받는 채권으로 한다.	○ 조문위치변경
제772조(책임제한을 위한 선박톤수) 제770조 제1항에서 규정하는 선박의 톤수는 국제항해에 종사하는 선박의 경우에는 「선박법」에서 규정하는 국제총톤수로 하고 그 밖의 선박의 경우에는 동법에서 규정하는 총톤수로 한다.	제751조(책임제한을 위한 선박톤수) 제747조 제1항에서 규정하는 선박의 톤수는 국제항해에 종사하는 선박의 경우에는 선박법에서 규정하는 국제총톤수로 하고, 그 밖의 선박의 경우에는 동법에서 규정하는 총톤수로 한다.	○ 조문위치변경
제773조(유한책임의 배제) 선박소유자는 다음 각 호의 채권에 대하여는 그 책임을 제한하지 못한다. 1. 선장·해원 기타의 사용인으로서 그 직무가 선박의 업무에 관련된 자 또는 그 상속인·피부양자 기타의 이해관계인의 선박소유자에 대한 채권 2. 해난구조로 인한 구조료 채권 및 공동해손의 분담에 관한 채권 3. 1969년 11월 29일 성립한 「유류오염손해에 대한 민사책임에 관한 국제조약」 또는 그 조약	제748조(유한책임의 배제) 선박소유자는 다음 각 호의 채권에 대하여는 그 책임을 제한하지 못한다. 1. 선장·해원 기타의 사용인으로서 그 직무가 선박의 업무에 관련된 자 또는 그 상속인·피부양자 기타의 이해관계인의 선박소유자에 대한 채권 2. 해양사고구조 또는 공동해손분담에 관한 채권 3. 1969년 11월 29일 성립한 유류오염손해에 대한 민사책임에 관한 국제조약 또는 그 조약의 개	○ 조문위치변경 ○ '해양사고구조'를 '해난구조'로 용어 변경함에 따라 용어 수정하고, 책임제한 배제 채권이 해난구조로 인한 '구조료' 채권임을 분명히 표시함.

의 개정조항이 적용되는 유류오염손해에 관한 채권 4. 침몰·난파·좌초·유기 그 밖의 해양사고를 당한 선박 및 그 선박 안에 있거나 있었던 적하 기타의 물건의 인양·제거·파괴 또는 무해조치에 관한 채권 5. 원자력손해에 관한 채권	정조항이 적용되는 유류오염손해에 관한 채권 4. 침몰·난파·좌초·유기 기타의 해양사고를 당한 선박 및 그 선박 안에 있거나 있었던 적하 기타의 물건의 인양·제거·파괴 또는 무해조치에 관한 채권 5. 원자력손해에 관한 채권	
제774조(책임제한을 할 수 있는 자의 범위) ① 다음 각 호에 어느 하나에 해당하는 자는 이 절의 규정에 따라 선박 소유자의 경우와 동일하게 책임을 제한할 수 있다. 1. 용선자·선박관리인 및 선박운항자 2. 법인인 선박소유자 및 제1호에 게기한 자의 무한책임사원 3. 자기의 행위로 인하여 선박소유자 또는 제1호에 규정된 자에 대하여 제769조 각 호에 따른 채권이 성립하게 한 선장·해원·도선사, 그 밖의 선박소유자 또는 제1호에 규정된 자의 사용인 또는 대리인 ② 동일한 사고에서 발생한 모든 채권에 대한 선박소유자 및 제1항에 규정된 자에 의한 책임제한의 총액은 선박마다 제770조에 따른 책임한도액을 초과하지 못한다. ③ 선박소유자 또는 제1항 각 호에 규정한 자의 1인이 책임제한절차개시의 결정을 받은 때에는 책임제한을 할 수 있는 다른 자도 이를 원용할 수 있다.	제750조(책임제한을 할 수 있는 자의 범위) ① 다음 각 호에 게기한 자는 이 장의 규정에 의하여 선박소유자의 경우와 동일하게 책임을 제한할 수 있다. 1. 용선자·선박관리인 및 선박운항자 2. 법인인 선박소유자 및 제1호에 게기한 자의 무한책임사원 3. 자기의 행위로 인하여 선박소유자 또는 제1호에 게기한 자에 대하여 제746조 각 호의 규정에 의한 채권이 성립하게 한 선장·해원·도선사 기타 선박소유자 또는 제1호에 게기한 자의 사용인 또는 대리인 ② 동일한 사고에서 발생한 모든 채권에 대한 선박소유자 및 제1항에 게기한 자에 의한 책임제한의 총액은 선박마다 제747조의 규정에 의한 책임한도액을 초과하지 못한다. ③ 선박소유자 또는 제1항 각 호에 게기한 자의 1인이 책임제한절차개시의 결정을 받은 때에는 책임제한을 할 수 있는 다른 자도 이를 원용할 수 있다.	○ 조문위치변경
제775조(구조자의 책임제한) ① 구조자 또는 그 피용자의 구조활동과 직접 관련하여 발생한 사람의 사망, 신체의 상해 또는 재산의 멸실이나	제752조의 2(해양사고구조자의 유한책임) ① 제746조 내지 제752조의 규정은 해양사고구조자의 구조활동에 직접 관련하여 발생한 채권에	○ 조문위치변경 ○ 국제조약에 충실하게 제1항과 제4항의 조문을

훼손, 또는 계약상 권리 이외의 타인의 권리의 침해로 인하여 생긴 손해에 관한 채권 및 그러한 손해를 방지 혹은 경감하기 위한 조치에 관한 채권 또는 그 조치의 결과로 인하여 생긴 손해에 관한 채권에 대하여는 제769조 내지 제774조(제769조 제2호 및 제770조 제1항 제1호를 제외한다)의 규정에 따라 구조자도 책임을 제한할 수 있다. ② 구조활동을 선박으로부터 행하지 아니한 구조자 또는 구조를 받는 선박에서만 행한 구조자는 제770조에 따른 책임의 한도액에 관하여 1천500톤의 선박에 의한 구조자로 본다. ③ 구조자의 책임의 한도액은 구조선마다 또는 제2항의 경우에는 구조자마다 동일한 사고로 인하여 생긴 모든 채권에 미친다. ④ 제1항에서 "구조자"란 구조활동에 직접 관련된 용역을 제공한 자를 말하며, "구조활동"이란 해난구조시의 구조활동은 물론 침몰·난파·좌초 또는 유기, 그 밖의 해양사고를 당한 선박 및 그 선박 안에 있거나 있었던 적하 기타 물건의 인양·제거·파괴 또는 무해조치 및 이와 관련된 손해를 방지 또는 경감하기 위한 모든 조치를 말한다.	대한 책임의 제한에 준용한다. ② 구조활동을 선박으로부터 행하지 아니한 구조자 또는 구조를 받는 선박에서만 행한 구조자는 제747조의 규정에 의한 책임의 한도액에 관하여 1천5백톤의 선박에 의한 구조자로 본다. ③ 구조자의 책임의 한도액은 구조선마다 또는 제2항의 경우에는 구조자마다 동일한 사고로 인하여 생긴 모든 채권에 미친다.	정리함.
제776조(책임제한의 절차) ① 이 절의 규정에 따라 책임을 제한하고자 하는 자는 채권자로부터 책임한도액을 초과하는 청구금액을 명시한 서면에 의한 청구를 받은 날부터 1년 내에 법원에 책임제한절차개시의 신청을 하여야 한다.	제752조(책임제한의 절차) ① 이 장의 규정에 의하여 책임을 제한하고자 하는 자는 채권자로부터 책임한도액을 초과하는 청구금액을 명시한 서면에 의한 청구를 받은 날부터 1년내에 법원에 책임제한절차개시의 신청을 하여야 한다.	○ 조문위치변경

② 책임제한절차개시의 신청, 책임제한의 기금의 형성·공고·참가·배당, 기타 필요한 사항은 따로 법률로 정한다.	② 책임제한절차개시의 신청, 책임제한의 기금의 형성, 공고, 참가, 배당 기타 필요한 사항은 따로 법률로 정한다.	
제5절 선박담보	제8장 선박채권	전체조문체계 변경, 제목신설
第777조(선박우선특권 있는 채권) ① 다음의 채권을 가진 자는 선박·그 속구, 그 채권이 생긴 항해의 운임, 그 선박과 운임에 부수한 채권에 대하여 우선특권이 있다. 1. 채권자의 공동이익을 위한 소송비용, 항해에 관하여 선박에 과한 제세금, 도선료와 예선료, 최후입항 후의 선박과 그 속구의 보존비와 검사비 2. 선원 기타의 선박사용인의 고용계약으로 인한 채권 3. 선박에 대한 해난구조로 인한 구조료채권과 공동해손의 분담에 대한 채권 4. 선박의 충돌 그 밖의 항해사고로 인한 손해, 항해시설·항만시설 및 항로에 대한 손해와 선원이나 여객의 생명·신체에 대한 손해의 배상채권 ② 제1항의 우선특권을 가진 선박채권자는 이 법 기타의 법률의 규정에 따라 전항의 재산에 대하여 다른 채권자보다 자기채권의 우선변제를 받을 권리가 있다. 이 경우에는 그 성질에 반하지 아니하는 한 민법의 저당권에 관한 규정을 준용한다.	第861조(선박우선특권 있는 채권) ① 다음의 채권을 가진 자는 선박, 그 속구, 그 채권이 생긴 항해의 운임, 그 선박과 운임에 부수한 채권에 대하여 우선특권이 있다. 1. 채권자의 공동이익을 위한 소송비용, 선박과 속구의 경매에 관한 비용, 항해에 관하여 선박에 과한 제세금, 도선료와 예선료, 최후입항 후의 선박과 그 속구의 보존비와 검사비 2. 선원 기타의 선박사용인의 고용계약으로 인한 채권 3. 선박의 구조에 대한 보수와 공동해손의 분담에 대한 채권 4. 선박의 충돌로 인한 손해 기타의 항해사고로 인한 항해시설, 항만시설 및 항로에 대한 손해와 선원이나 여객의 생명·신체에 대한 손해의 배상채권 ② 제1항의 우선특권을 가진 선박채권자는 이 법 기타의 법률의 규정에 따라 제1항의 재산에 대하여 다른 채권자보다 자기채권의 우선변제를 받을 권리가 있다. 이 경우에는 그 성질에 반하지 아니하는 한 민법의 저당권에 관한 규정을 준용한다.	○ 조문위치변경 ○ 제1항 제1호, 3호 및 제4호의 변경 있음.
第778조(선박·운임에 부수한 채권) 제777조에 따른 선박과 운임에 부수한 채권은 다음과 같다. 1. 선박 또는 운임의 손실로 인하여	第862조(선박·운임에 부수한 채권) 제861조의 규정에 의한 선박과 운임에 부수한 채권은 다음과 같다. 1. 선박 또는 운임의 손실로 인하여	○ 조문위치변경 ○ '해양사고구조'를 '해난구조'로 용어변경함에 따

선박소유자에게 지급할 손해배상 2. 공동해손으로 인한 선박 또는 운임의 손실에 대하여 선박소유자에게 지급할 상금 3. 해난구조로 인하여 선박소유자에게 지급할 구조료	선박소유자에게 지급할 손해배상 2. 공동해손으로 인한 선박 또는 운임의 손실에 대하여 선박소유자에게 지급할 상금 3. 해양사고 구조로 인하여 선박소유자에게 지급할 보수	라 용어수정하고, 책임제한 배제채권이 해난구조로 인한 '구조료' 채권임을 분명히 표시함.
제779조(운임에 대한 우선특권) 운임에 대한 우선특권은 지급을 받지 아니한 운임 및 지급을 받은 운임 중 선박소유자나 그 대리인이 소지한 금액에 한하여 이를 행사할 수 있다.	제863조(운임에 대한 우선특권) 운임에 대한 우선특권은 지급을 받지 아니한 운임, 지급을 받은 운임으로 선박소유자나 그 대리인이 소지한 금액에 한하여 이를 행사할 수 있다.	○ 조문위치변경 ○ 의미를 분명히 하기 위하여 자구 수정
제780조(보험금 등의 제외) 보험계약에 의하여 선박소유자에게 지급할 보험금과 그 밖의 장려금이나 보조금에 대하여는 제778조의 규정을 적용하지 아니한다.	제864조(보험금 등의 제외) 보험계약에 의하여 선박소유자에게 지급할 보험금과 기타의 장려금이나 보조금에 대하여는 제862조의 규정을 적용하지 아니한다.	○ 조문위치변경
제781조(선박사용인의 고용계약으로 인한 채권) 제777조 제1항 제2호에 따른 채권은 고용계약 존속 중의 모든 항해로 인한 운임의 전부에 대하여 우선특권이 있다.	제865조(선박사용인의 고용계약으로 인한 채권) 제861조 제1항 제2호의 규정에 의한 채권은 고용계약존속중의 모든 항해로 인한 운임의 전부에 대하여 우선특권이 있다.	○ 조문위치변경
제782조(동일항해로 인한 채권에 대한 우선특권의 순위) ① 동일항해로 인한 채권의 우선특권이 경합하는 때에는 그 우선의 순위는 제777조 제1항 각 호의 순서에 의한다. ② 제777조 제1항 제3호에 따른 채권의 우선특권이 경합하는 때에는 후에 생긴 채권이 전에 생긴 채권에 우선한다. 동일한 사고로 인한 채권은 동시에 생긴 것으로 본다.	제866조(우선특권의 순위) ① 동일항해로 인한 채권의 우선특권이 경합하는 때에는 그 우선의 순위는 제861조 제1항 각 호의 순서에 의한다. ② 제861조 제1항 제3호의 규정에 의한 채권의 우선특권이 경합하는 때에는 후에 생긴 채권이 전에 생긴 채권에 우선한다. 동일한 사고로 인한 채권은 동시에 생긴 것으로 본다.	○ 조문위치변경
제783조(수회항해에 관한 채권에 대한 우선특권의 순위) ① 수회의 항해에 관한 채권의 우선특권이 경합하는 때에는 후의 항해에 관한 채권	제867조(동전) ① 수회의 항해에 관한 채권의 우선특권이 경합하는 때에는 후의 항해에 관한 채권이 전의 항해에 관한 채권에 우선한다.	○ 조문위치변경

이 전의 항해에 관한 채권에 우선한다. ② 제781조에 따른 우선특권은 그 최후의 항해에 관한 다른 채권과 동일한 순위로 한다.	② 제865조의 규정에 의한 우선특권은 그 최후의 항해에 관한 다른 채권과 동일한 순위로 한다.	
제784조(동일순위의 우선특권이 경합한 경우) 제781조 내지 제783조의 규정에 따른 동일순위의 우선특권이 경합하는 때에는 각 채권액의 비율에 따라 변제한다.	제868조(동일순위의 우선특권이 경합한 경우) 제865조 내지 제867조의 규정에 의한 동일순위의 우선특권이 경합하는 때에는 각 채권액의 비율에 따라 변제한다.	○ 조문위치변경
제785조(우선특권의 추급권) 선박채권자의 우선특권은 그 선박소유권의 이전으로 인하여 영향을 받지 아니한다.	제869조(우선특권의 추급권) 선박채권자의 우선특권은 그 선박소유권의 이전으로 인하여 영향을 받지 아니한다.	○ 조문위치변경
제786조(우선특권의 소멸) 선박채권자의 우선특권은 그 채권이 생긴 날부터 1년 이내에 실행하지 아니하면 소멸한다.	제870조(우선특권의 소멸) ① 선박채권자의 우선특권은 그 채권이 생긴 날로부터 1년 내에 실행하지 아니하면 소멸한다. ② 삭제 <1991. 12. 31>	○ 조문위치변경
제787조(선박저당권) ① 등기한 선박은 저당권의 목적으로 할 수 있다. ② 선박의 저당권은 그 속구에 미친다. ③ 선박의 저당권에는 「민법」의 저당권에 관한 규정을 준용한다.	제871조(선박저당권) ① 등기한 선박은 저당권의 목적으로 할 수 있다. ② 선박의 저당권은 그 속구에 미친다. ③ 선박의 저당권에는 민법의 저당권에 관한 규정을 준용한다.	○ 조문위치변경
제788조(선박저당권 등과 우선특권의 경합) 선박채권자의 우선특권은 질권과 저당권에 우선한다.	제872조(선박저당권 등과 우선특권의 경합) 선박채권자의 우선특권은 질권과 저당권에 우선한다.	○ 조문위치변경
제789조(등기선박의 입질불허) 등기한 선박은 질권의 목적으로 하지 못한다.	제873조(등기선박의 입질불허) 등기한 선박은 질권의 목적으로 하지 못한다.	○ 조문위치변경
제790조(건조중의 선박에의 준용) 이 절의 규정은 건조중의 선박에 준용한다.	제874조(건조중의 선박에의 준용) 이 장의 규정은 건조중의 선박에 준용한다.	○ 조문위치변경
제 2 장 운송과 용선	제 4 장 운송	○ 전체조문체계 변경에 따른 제목변경
제 1 절 개품운송	제 1 절 물건운송 제 1 관 통칙	

삭제	제780조(운송계약의 종류) 물건의 운송계약은 다음의 2종으로 한다. 1. 선박의 전부 또는 일부를 물건의 운송에 제공함을 목적으로 하는 용선계약 2. 개개의 물건의 운송을 목적으로 하는 계약	○ 조문 전체의 체제변경에 따라 불필요한 조문이므로 삭제
제791조(개품운송계약의 의의) 개품운송계약은 운송인이 개개의 물건을 해상에서 선박으로 운송할 것을 인수하고, 송하인이 이에 대하여 운임을 지급하기로 약정함으로써 그 효력이 생긴다.	신설	
제792조(운송물의 제공) ① 송하인은 당사자 사이의 합의 또는 선적항의 관습에 의한 때와 곳에서 운송인에게 운송물을 제공하여야 한다. ② 제1항의 규정에 의한 때와 곳에서 송하인이 운송물을 제공하지 아니한 경우에는 계약을 해제한 것으로 본다. 이 경우 선장은 즉시 발항할 수 있고, 송하인은 운임의 전액을 지급하여야 한다.	제785조(개품운송과 운송물의 제공) ① 개개의 물건을 운송계약의 목적으로 한 경우에는 송하인은 당사자간의 합의 또는 선적항의 관습에 의한 때와 곳에서 운송인에게 운송물을 제공하여야 한다. ② 제1항의 규정에 의한 때와 곳에서 송하인이 운송물을 제공하지 아니한 경우에는 계약을 해제한 것으로 본다. 이 경우에는 선장은 즉시 발항할 수 있고, 송하인은 운임의 전액을 지급하여야 한다.	○ 조문위치변경 ○ 제2장 제1절에 속하는 규정은 모두 개품운송에 관한 것이므로 중복을 피하기 위해 제1항 제목 및 내용에서 개품운송계약을 표시하는 용어를 삭제
제793조(운송에 필요한 서류의 교부) 송하인은 선적기간 내에 운송에 필요한 서류를 선장에게 교부하여야 한다.	제786조(운송에 필요한 서류의 교부) 용선자 또는 송하인은 선적기간 내에 운송에 필요한 서류를 선장에게 교부하여야 한다.	○ 조문위치변경 ○ 제2장제1절은 개품운송에 관한 것, 항해용선에서의 "용선자" 삭제
제794조(감항능력주의의무) 운송인은 자기 또는 선원 기타의 선박사용인이 발항 당시 다음의 사항에 관하여 주의를 해태하지 아니하였음을 증명하지 아니하면 운송물의 멸실·훼손 또는 연착으로 인한 손해를 배상할 책임이 있다. 1. 선박이 안전하게 항해를 할 수 있게 할 것	제787조(감항능력주의의무) 운송인은 자기 또는 선원 기타의 선박사용인이 발항 당시 다음의 사항에 관하여 주의를 해태하지 아니하였음을 증명하지 아니하면 운송물의 멸실·훼손 또는 연착으로 인한 손해를 배상할 책임이 있다. 1. 선박이 안전하게 항해를 할 수 있게 할 것	○ 조문위치변경

2. 필요한 선원의 승선, 선박의장(艤裝)과 필요품의 보급 3. 선창, 냉장실 기타 운송물을 적재할 선박의 부분을 운송물의 수령·운송과 보존을 위하여 적합한 상태에 둘 것	2. 필요한 선원의 승선, 선박의장과 필요품의 보급 3. 선창, 냉장실 기타 운송물을 적재할 선박의 부분을 운송물의 수령·운송과 보존을 위하여 적합한 상태에 둘 것	
제795조(운송물에 관한 주의의무) ① 운송인은 자기 또는 선원 기타의 선박사용인이 운송물의 수령·선적·적부(積付)·운송·보관·양륙과 인도에 관하여 주의를 해태하지 아니하였음을 증명하지 아니하면, 운송물의 멸실·훼손 또는 연착으로 인한 손해를 배상할 책임이 있다. ② 운송인은 선장·해원·도선사 기타의 선박사용인의 항해 또는 선박의 관리에 관한 행위 또는 화재로 인하여 생긴 운송물에 관한 손해를 배상할 책임을 면한다. 그러나 운송인의 고의 또는 과실로 인한 화재의 경우에는 그러하지 아니하다.	제788조(운송물에 관한 주의의무) ① 운송인은 자기 또는 선원 기타의 선박사용인이 운송물의 수령·선적·적부·운송·보관·양륙과 인도에 관하여 주의를 해태하지 아니하였음을 증명하지 아니하면, 운송물의 멸실·훼손 또는 연착으로 인한 손해를 배상할 책임이 있다. ② 운송인은 선장·해원·도선사 기타의 선박사용인의 항해 또는 선박의 관리에 관한 행위 또는 화재로 인하여 생긴 운송물에 관한 손해를 배상할 책임을 면한다. 그러나 운송인의 고의 또는 과실로 인한 화재의 경우에는 그러하지 아니하다.	○ 조문위치변경
제796조(동전-면책사유) 운송인은 다음 각 호의 사실이 있었다는 것과 운송물에 관한 손해가 그 사실로 인하여 보통 생길 수 있는 것임을 증명한 때에는 이를 배상할 책임을 면한다. <u>다만, 제794조 및 제795조 제1항에</u> 따른 주의를 다하였더라면 그 손해를 피할 수 있었음에도 불구하고 그 주의를 다하지 아니하였음을 증명한 때에는 그러하지 아니하다. 1. 해상 <u>그 밖에</u> 항행할 수 있는 수면에서의 위험 또는 사고 2. 불가항력 3. 전쟁, 폭동 또는 내란 4. 해적행위 <u>그 밖에</u> 이에 준한 행	제789조(동전-면책사유) ① 삭제 <1991. 12. 31> ② 운송인은 다음 각 호의 사실이 있었다는 것과 운송물에 관한 손해가 그 사실로 인하여 보통 생길 수 있는 것임을 증명한 때에는 이를 배상할 책임을 면한다. 그러나 제787조와 제788조 제1항의 규정에 의한 주의를 다하였더라면, 그 손해를 피할 수 있었음에도 불구하고 그 주의를 다하지 아니하였음을 증명한 때에는 그러하지 아니하다. 1. 해상 <u>기타</u> 항행할 수 있는 수면에서의 위험 또는 사고 2. 불가항력 3. 전쟁, 폭동 또는 내란 4. 해적행위 <u>기타</u> 이에 준한 행위	○ 조문위치변경 ○ 이로는 항로이탈로 용어가 변경됨

위 5. 재판상의 압류, 검역상의 제한 기타 공권에 의한 제한 6. 송하인 또는 운송물의 소유자나 그 사용인의 행위 7. 동맹파업 기타의 쟁의행위 또는 선박폐쇄 8. 해상에서의 인명이나 재산의 구조행위 또는 이로 인한 항로이탈 기타 정당한 이유로 인한 항로이탈 9. 운송물의 포장의 불충분 또는 기호의 표시의 불완전 10. 운송물의 특수한 성질 또는 숨은 하자 11. 선박의 숨은 하자	5. 재판상의 압류, 검역상의 제한 기타 공권에 의한 제한 6. 송하인 또는 운송물의 소유자나 그 사용인의 행위 7. 동맹파업 기타의 쟁의행위 또는 선박폐쇄 8. 해상에서의 인명이나 재산의 구조행위 또는 이로 인한 이로 기타 정당한 이유로 인한 이로 9. 운송물의 포장의 불충분 또는 기호의 표시의 불완전 10. 운송물의 특수한 성질 또는 숨은 하자 11. 선박의 숨은 하자	
제797조(책임의 한도) ① 제794조 부터 제796조까지의 규정에 의한 운송인의 손해배상의 책임은 당해 운송물의 매 포장당 또는 선적단위당 666과 100분의 67 계산단위의 금액과 중량 1킬로그램당 2 계산단위의 금액 중 큰 금액을 한도로 이를 제한할 수 있다. 다만, 운송물에 관한 손해가 운송인 자신의 고의 또는 손해발생의 염려가 있음을 인식하면서 무모하게 한 작위 또는 부작위로 인하여 생긴 것인 때에는 그러하지 아니하다. ② 제1항의 적용에 있어서 운송물의 포장 또는 선적단위의 수는 다음과 같이 정한다. 1. 컨테이너 그 밖에 이와 유사한 운송용기가 운송물을 통합하기 위하여 사용되는 경우에 그러한 운송용기에 내장된 운송물의 포장 또는 선적단위의 수를 선하증권 그 밖에 운송계약을 증명하는 문서에 기재한 때에는 그 각 포	제789조의 2(책임의 한도) ① 제787조 내지 제789조의 규정에 의한 운송인의 손해배상의 책임은 당해 운송물의 매 포장당 또는 선적단위당 500 계산단위의 금액을 한도로 이를 제한할 수 있다. 그러나 운송물에 관한 손해가 운송인 자신의 고의 또는 그 손해가 생길 염려가 있음을 인식하면서 무모하게 한 작위 또는 부작위로 인하여 생긴 것인 때에는 그러하지 아니하다. ② 제1항의 적용에 있어서 운송물의 포장 또는 선적단위의 수는 다음과 같이 정한다. 1. 컨테이너 기타 이와 유사한 운송용기가 운송물을 통합하기 위하여 사용되는 경우에 그러한 운송용기에 내장된 운송물의 포장 또는 선적단위의 수를 선하증권 기타 운송계약을 증명하는 문서에 기재한 때에는 그 각 포장 또는	○ 조문위치변경

장 또는 선적단위를 하나의 포장 또는 선적단위로 본다. 이 경우를 제외하고는 이러한 운송용기 내의 운송물 전부를 하나의 포장 또는 선적단위로 본다. 2. 운송인이 아닌 자가 공급한 운송용기 자체가 멸실 또는 훼손된 경우에는 그 용기를 별개의 포장 또는 선적단위로 본다. ③ 제1항과 제2항의 규정은 송하인이 운송인에게 운송물을 인도할 때에 그 종류와 가액을 고지하고 선하증권 그 밖에 운송계약을 증명하는 문서에 이를 기재한 경우에는 적용하지 아니한다. 다만, 송하인이 운송물의 종류 또는 가액을 고의로 현저하게 부실의 고지를 한 때에는 운송인은 자기 또는 그 사용인이 악의인 경우를 제외하고 운송물의 손해에 대하여 책임을 면한다. ④ 제1항부터 제3항까지의 규정은 제769조 부터 제774조 까지 및 제776조의 적용에 영향을 미치지 아니한다. (삭제)	선적단위를 하나의 포장 또는 선적단위로 본다. 이 경우를 제외하고는 이러한 운송용기 내의 운송물 전부를 하나의 포장 또는 선적단위로 본다. 2. 운송인이 아닌 자가 공급한 운송용기 자체가 멸실 또는 훼손된 경우에는 그 용기를 별개의 포장 또는 선적단위로 본다. ③ 제1항과 제2항의 규정은 송하인이 운송인에게 운송물을 인도할 때에 그 종류와 가액을 고지하고, 선하증권 기타 운송계약을 증명하는 문서에 이를 기재한 경우에는 적용하지 아니한다. 그러나 송하인이 운송물의 종류 또는 가액을 고의로 현저하게 부실의 고지를 한 때에는 운송인은 자기 또는 그 사용인이 악의인 경우를 제외하고 운송물의 손해에 대하여 책임을 면한다. ④ 제1항 내지 제3항의 규정은 제746조 내지 제752조의 규정의 적용에 영향을 미치지 아니한다. ⑤ 제1항의 계산단위는 제747조 제5항의 규정에 의한 계산단위를 이른다.	
第798조(비계약적 청구에 대한 적용) ① 이 절의 운송인의 책임에 관한 규정은 운송인의 불법행위로 인한 손해배상의 책임에도 적용한다. ② 운송물에 관한 손해배상청구가 운송인의 사용인 또는 대리인에 대하여 제기된 경우에 그 손해가 그 사용인 또는 대리인의 직무집행에 관하여 생긴 것인 때에는 그 사용인 또는 대리인은 운송인이 주장할 수 있는 항변과 책임제한을 원용할	第789조의 3(비계약적 청구에 대한 적용) ① 이 장의 운송인의 책임에 관한 규정은 운송인의 불법행위로 인한 손해배상의 책임에도 이를 적용한다. ② 운송물에 관한 손해배상청구가 운송인의 사용인 또는 대리인에 대하여 제기된 경우에 그 손해가 그 사용인 또는 대리인의 직무집행에 관하여 생긴 것인 때에는 그 사용인 또는 대리인은 운송인이 주장할	○ 조문위치변경

수 있다. 다만, 그 손해가 그 사용인 또는 대리인의 고의 또는 운송물의 멸실·훼손 또는 연착이 생길 염려가 있음을 인식하면서 무모하게 한 작위 또는 부작위로 인하여 생긴 것인 때에는 그러하지 아니하다. ③ 제2항 본문의 경우에 운송인과 그 사용인 또는 대리인의 운송물에 대한 책임제한금액의 총액은 제797조 제1항의 규정에 의한 한도를 초과하지 못한다. ④ 제1항 부터 제3항까지의 규정은 운송물에 관한 손해배상청구가 운송인 외의 실제운송인 또는 그 사용인이나 대리인에 대하여 제기된 경우에도 이를 적용한다.	수 있는 항변과 책임제한을 원용할 수 있다. 그러나 그 손해가 그 사용인 또는 대리인의 고의 또는 운송물의 멸실·훼손 또는 연착이 생길 염려가 있음을 인식하면서 무모하게 한 작위 또는 부작위로 인하여 생긴 것인 때에는 그러하지 아니한다. ③ 제2항 본문의 경우에 운송인과 그 사용인 또는 대리인의 운송물에 대한 책임제한 금액의 총액은 제789조의 2 제1항의 규정에 의한 한도를 초과하지 못한다. ④ 제1항 내지 제3항의 규정은 운송물에 관한 손해배상청구가 운송인 이외의 실제운송인 또는 그 사용인이나 대리인에 대하여 제기된 경우에도 이를 적용한다.	
제799조(운송인의 책임경감금지) ① 제794조 내지 제798조의 규정에 반하여 운송인의 의무 또는 책임을 경감 또는 면제하는 당사자 사이의 특약은 효력이 없다. 운송물에 관한 보험의 이익을 운송인에게 양도하는 약정 또는 이와 유사한 약정도 또한 같다. ② 제1항은 산 동물의 운송 및 선하증권 기타 운송계약을 증명하는 문서의 표면에 갑판적으로 운송할 취지를 기재하여 갑판적으로 행하는 운송에 대하여는 적용하지 아니한다. <삭제>	제790조(운송인의 책임경감금지) ① 제787조 내지 제789조의 3의 규정에 반하여 운송인의 의무 또는 책임을 경감 또는 면제하는 당사자간의 특약은 효력이 없다. 운송물에 관한 보험의 이익을 운송인에게 양도하는 약정 또는 이와 유사한 약정도 또한 같다. ② 제1항의 규정은 산 동물의 운송 및 선하증권 기타 운송계약을 증명하는 문서의 표면에 갑판적으로 운송할 취지를 기재하여 갑판적으로 행하는 운송에 대하여는 적용하지 아니한다. ③ 제1항의 규정은 제787조의 규정에 반하는 경우를 제외하고 용선계약에는 이를 적용하지 아니한다. 그러나 용선계약에 따라 선하증권이 발행된 경우에 용선자 이외의 선하증권소지인에 대한 운송인의 의무 또는 책임에 관하여는 그러하	○ 조문위치변경 ○ 제2장 제1절에 속하는 규정은 모두 개품운송에 관한 것인바, 현행 제3항은 항해용선계약 및 항해용선계약에서 선하증권이 발행된 경우에 관한 것으로 삭제하고, 그 내용을 제839조 및 제855조 제5항에서 규정

	지 아니하다.	
제800조(위법선적물의 처분) ① 선장은 법령 또는 계약에 위반하여 선적한 운송물은 언제든지 이를 양륙할 수 있고, 그 운송물이 선박 또는 다른 운송물에 위해를 미칠 염려가 있는 때에는 이를 포기할 수 있다. ② 선장이 제1항의 물건을 운송하는 때에는 선적한 때와 곳에서의 동종 운송물의 최고운임의 지급을 청구할 수 있다. ③ 제1항 및 제2항의 규정은 운송인과 그 밖의 이해관계인의 손해배상청구에 영향을 미치지 아니한다.	제791조(위법선적물의 처분) ① 법령 또는 계약에 위반하여 선적한 운송물은 선장은 언제든지 이를 양륙할 수 있고, 그 운송물이 선박 또는 다른 운송물에 위해를 미칠염려가 있는 때에는 이를 포기할 수 있다. ② 선장이 제1항의 물건을 운송하는 때에는 선적한 때와 곳에서의 동종운송물의 최고운임의 지급을 청구할 수 있다. ③ 제1항과 제2항의 규정은 운송인 기타의 이해관계인의 손해배상청구에 영향을 미치지 아니한다.	○ 조문위치변경
제801조(위험물의 처분) ① 인화성·폭발성 그 밖의 위험성이 있는 운송물은 운송인이 그 성질을 알고 선적한 경우에도 그 운송물이 선박이나 다른 운송물에 위해를 미칠 위험이 있는 때에는 선장은 언제든지 이를 양륙·파괴 또는 무해조치할 수 있다. ② 운송인은 제1항의 처분에 의하여 그 운송물에 발생한 손해에 대하여는 공동해손분담책임을 제외하고 그 배상책임을 면한다.	제791조의 2(위험물의 처분) ① 인화성·폭발성 기타의 위험성이 있는 운송물은 운송인이 그 성질을 알고 선적한 경우에도 그 운송물이 선박이나 다른 운송물에 위해를 미칠 위험이 있는 때에는 선장은 언제든지 이를 양륙, 파괴 또는 무해조치할 수 있다. ② 운송인은 제1항의 처분에 의하여 그 운송물에 발생한 손해에 대하여는 공동해손분담책임을 제외하고 그 배상책임을 면한다.	○ 조문위치변경
제802조(운송물의 수령) 운송물의 도착통지를 받은 수하인은 당사자 사이의 합의 또는 양륙항의 관습에 의한 때와 곳에서 지체없이 운송물을 수령하여야 한다.	제799조(개품운송과 운송물의 수령) 개개의 물건의 운송을 계약의 목적으로 한 경우에 운송물의 도착통지를 받은 수하인은 당사자간의 합의 또는 양륙항의 관습에 의한 때와 곳에서 지체없이 운송물을 수령하여야 한다.	○ 제2장 제1절은 모두 개품운송에 관한 것, 중복을 피하기 위해 제목 및 내용에서 개품운송계약을 표시하는 용어를 삭제
제803조(운송물의 공탁 등) ① 수하인이 운송물의 수령을 게을리한 때에는 선장은 이를 공탁하거나 세관 그 밖에 법령이 정한 관청의 허가	제803조(운송물의 공탁 등) ① 수하인이 운송물의 수령을 해태한 때에는 선장은 이를 공탁하거나 세관 기타 법령이 정하는 관청의 허가를	○ 현행과 동일

를 받은 곳에 인도할 수 있다. 이 경우 지체없이 수하인에게 그 통지를 발송하여야 한다. ② 수하인을 확실히 알 수 없거나 수하인이 운송물의 수령을 거부한 때에는 선장은 이를 공탁하거나 세관 그 밖의 관청의 허가를 받은 곳에 인도하고 지체없이 용선자 또는 송하인 및 알고 있는 수하인에게 그 통지를 발송하여야 한다. ③ 제1항 및 제2에 따라 운송물을 공탁하거나 세관 기타 관청의 허가를 받은 곳에 인도한 때에는 선하증권소지인 그 밖의 수하인에게 운송물을 인도한 것으로 본다.	받은 곳에 인도할 수 있다. 이 경우에는 지체없이 수하인에게 그 통지를 발송하여야 한다. ② 수하인을 확지할 수 없거나 수하인이 운송물의 수령을 거부한 때에는 선장은 이를 공탁하거나 세관 기타 관청의 허가를 받은 곳에 인도하고, 지체없이 용선자 또는 송하인 및 알고 있는 수하인에게 그 통지를 발송하여야 한다. ③ 제1항과 제2항의 규정에 의하여 운송물을 공탁하거나 세관 기타 관청의 허가를 받은 곳에 인도한 때에는 선하증권소지인 기타 수하인에게 운송물을 인도한 것으로 본다.	
제804조(운송물의 일부 멸실·훼손에 관한 통지) ① 수하인이 운송물의 일부 멸실 또는 훼손을 발견한 때에는 수령 후 지체없이 그 개요에 관하여 운송인에게 서면에 의한 통지를 발송하여야 한다. 다만, 그 멸실 또는 훼손이 즉시 발견할 수 없는 것인 때에는 수령한 날부터 3일 내에 그 통지를 발송하여야 한다. ② 제1항의 통지가 없는 경우에는 운송물이 멸실 또는 훼손 없이 수하인에게 인도된 것으로 추정한다. ③ 제1항 및 제2항은 운송인 또는 그 사용인이 악의인 경우에는 적용하지 아니한다. ④ 운송물에 멸실 또는 훼손이 발생하였거나 그 의심이 있는 경우에는 운송인과 수하인은 서로 운송물의 검사를 위하여 필요한 편의를 제공하여야 한다. ⑤ 제1항 부터 제4항까지의 규정에 반하여 수하인에게 불리한 당사자	제800조의 2(운송물의 일부 멸실·훼손에 관한 통지) ① 수하인이 운송물의 일부 멸실 또는 훼손을 발견한 때에는 수령 후 지체없이 그 개요에 관하여 운송인에게 서면에 의한 통지를 발송하여야 한다. 그러나 그 멸실 또는 훼손이 즉시 발견할 수 없는 것인 때에는 수령한 날부터 3일 내에 그 통지를 발송하여야 한다. ② 제1항의 통지가 없는 경우에는 운송물이 멸실 또는 훼손 없이 수하인에게 인도된 것으로 추정한다. ③ 제1항과 제2항의 규정은 운송인 또는 그 사용인이 악의인 경우에는 적용하지 아니한다. ④ 운송물에 멸실 또는 훼손이 발생하였거나 그 의심이 있는 경우에는 운송인과 수하인은 서로 운송물의 검사를 위하여 필요한 편의를 제공하여야 한다. ⑤ 제1항 내지 제4항의 규정에 반하여 수하인에게 불리한 당사자	○ 조문위치변경

사이의 특약은 효력이 없다.	간의 특약은 효력이 없다.	
제805조(운송물의 중량·용적에 따른 운임) 운송물의 중량 또는 용적으로 운임을 정한 때에는 운송물을 인도하는 때의 중량 또는 용적에 의하여 그 액을 정한다.	제801조(운임) 운송물의 중량 또는 용적으로 운임을 정한 때에는 운송물을 인도하는 때의 중량 또는 용적에 의하여 그 액을 정한다.	○ 조문위치변경
제806조(운송기간에 따른 운임) ① 기간으로 운임을 정한 때에는 운송물의 선적을 개시한 날로부터 그 양륙을 종료한 날까지의 기간에 의하여 그 액을 정한다. ② 제1항의 기간에는 불가항력으로 인하여 선박이 선적항이나 항해도중에서 정박한 기간 또는 항해도중에서 선박을 수선한 기간을 산입하지 아니한다. <후단 삭제>	제802조(동전) ① 기간으로 운임을 정한 때에는 운송물의 선적을 개시한 날로부터 그 양륙을 종료한 날까지의 기간에 의하여 그 액을 정한다. ② 제1항의 기간에는 불가항력으로 인하여 선박이 선적항이나 항해도중에서 정박한 기간 또는 항해도중에서 선박을 수선한 기간을 산입하지 아니한다. 제782조 제2항 또는 제798조 제2항의 경우에 선적기간 또는 양륙기간이 경과한 후 운송물을 선적 또는 양륙한 일수도 이와 같다.	○ 조문위치변경 ○ 제2장 제1절에 속하는 규정은 모두 개품운송에 관한 것인바, 현행 제2항 말미 규정은 항해용선계약에 관한 것으로 이를 삭제하고 그 대신 제841조에 제2항에서 규정함.
제807조(수하인의 의무, 선장의 유치권) ① 수하인이 운송물을 수령하는 때에는 운송계약 또는 선하증권의 취지에 따라 운임·부수비용·체당금·체선료, 운송물의 가액에 따른 공동해손 또는 해난구조로 인한 부담액을 지급하여야 한다. ② 선장은 제1항에 따른 금액의 지급과 상환하지 아니하면 운송물을 인도할 의무가 없다.	제800조(수하인의 의무, 선장의 유치권) ① 수하인이 운송물을 수령하는 때에는 운송계약 또는 선하증권의 취지에 따라 운임, 부수비용, 체당금, 정박료, 운송물의 가액에 따른 공동해손 또는 해양사고 구조로 인한 부담액을 지급하여야 한다. ② 선장은 제1항의 규정에 의한 금액의 지급과 상환하지 아니하면 운송물을 인도할 의무가 없다.	○ 조문위치변경
제808조(운송인의 운송물경매권) ① 운송인은 제807조 제1항에 따른 금액의 지급을 받기 위하여 법원의 허가를 얻어 운송물을 경매하여 우선변제를 받을 권리가 있다. ② 선장이 수하인에게 운송물을 인도한 후에도 운송인은 그 운송물에 대하여 제1항의 권리를 행사할 수 있다. 다만, 인도한 날로부터 30일	제804조(선박소유자의 운송물경매권) ① 운송인은 제800조 제1항의 규정에 의한 금액의 지급을 받기 위하여 법원의 허가를 얻어 운송물을 경매하여 우선변제를 받을 권리가 있다. ② 선장이 수하인에게 운송물을 인도한 후에도 운송인은 그 운송물에 대하여 제1항의 권리를 행사할 수	○ 조문위치변경

을 경과하거나 제3자가 그 운송물에 점유를 취득한 때에는 그러하지 아니하다.	있다. 그러나 인도한 날로부터 30일을 경과하거나 제3자가 그 운송물에 점유를 취득한 때에는 그러하지 아니하다.	
제809조(항해용선자 등의 재운송계약시 선박소유자의 책임) 항해용선자 또는 정기용선자가 자기의 명의로 제3자와 운송계약을 체결한 경우에는 그 계약의 이행이 선장의 직무에 속한 범위 안에서는 선박소유자도 그 제3자에 대하여 제794조와 제795조의 규정에 의한 책임을 진다.	제806조(재운송계약과 선박소유자의 책임) 용선자가 자기의 명의로 제3자와 운송계약을 체결한 경우에는 그 계약의 이행이 선장의 직무에 속한 범위 안에서 선박소유자도 그 제3자에 대하여 제787조와 제788조의 규정에 의한 책임을 진다.	○ 조문위치변경 ○ 표제가 변경됨. ○ 항해용선자는 물론 정기용선자가 운송인인 경우에도 제809조가 적용됨. ○ 항해용선에는 준용규정이 없음
제810조(운송계약의 종료사유) ① 운송계약은 다음의 사유로 인하여 종료한다. 1. 선박이 침몰 또는 멸실한 때 2. 선박이 수선할 수 없게 된 때 3. 선박이 포획된 때 4. 운송물이 불가항력으로 인하여 멸실된 때 ② 제1항 제1호 내지 제3호의 사유가 항해도중에 생긴 때에는 송하인은 운송의 비율에 따라 현존하는 운송물의 가액의 한도에서 운임을 지급하여야 한다.	제807조(운송계약의 종료사유) ① 운송계약은 다음의 사유로 인하여 종료한다. 1. 선박이 침몰 또는 멸실한 때 2. 선박이 수선할 수 없게 된 때 3. 선박이 포획된 때 4. 운송물이 불가항력으로 인하여 멸실된 때 ② 제1항 제1호 내지 제3호의 사유가 항해도중에 생긴 때에는 용선자 또는 송하인은 운송의 비율에 따라 현존하는 운송물의 가액의 한도에서 운임을 지급하여야 한다.	○ 조문위치변경 ○ 제2장 제1절에 속하는 규정은 모두 개품운송에 관한 것이므로 제2항에서 "용선자" 표시 삭제
제811조(법정사유로 인한 해제 등) ① 항해 또는 운송이 법령에 위반하게 되거나 기타 불가항력으로 인하여 계약의 목적을 달할 수 없게 된 때에는 각 당사자는 계약을 해제할 수 있다. ② 제1항의 사유가 항해도중에 생긴 경우에 계약을 해지한 때에는 송하인은 운송의 비율에 따라 운임을 지급하여야 한다.	제808조(법정사유로 인한 해제) ① 항해 또는 운송이 법령에 위반하게 되거나 기타 불가항력으로 인하여 계약의 목적을 달할 수 없게 된 때에는 각 당사자는 계약을 해제할 수 있다. ② 제1항의 사유가 항해도중에 생긴 경우에 계약을 해지한 때에는 용선자 또는 송하인은 운송의 비율에 따른 운임을 지급하여야 한다.	○ 조문위치변경 ○ 제2장 제1절에 속하는 규정은 모두 개품운송에 관한 것이므로 제2항에서 "용선자" 표시 삭제
제812조(운송물의 일부에 관한 불가항력) ① 제810조 제1항 제4호와	제809조(운송물의 일부에 관한 불가항력) ① 제807조 제1항 제4호와	○ 조문위치변경 ○ 제2장 제1절

제811조 제 1 항의 사유가 운송물의 일부에 대하여 생긴 때에는 송하인은 운송인의 책임이 가중되지 아니하는 범위 안에서 다른 운송물을 선적할 수 있다. ② 송하인이 제 1 항의 권리를 행사하고자 하는 때에는 지체없이 운송물의 양륙 또는 선적을 하여야 한다. 그 양륙 또는 선적을 게을리한 때에는 운임의 전액을 지급하여야 한다.	제808조 제 1 항의 사유가 운송물의 일부에 대하여 생긴 때에는 용선자 또는 송하인은 운송인의 책임이 가중되지 아니하는 범위 내에서 다른 운송물을 선적할 수 있다. ② 용선자 또는 송하인이 제 1 항의 권리를 행사하고자 하는 때에는 지체없이 운송물의 양륙 또는 선적을 하여야 한다. 그 양륙 또는 선적을 해태한 때에는 운임의 전액을 지급하여야 한다.	에 속하는 규정은 모두 개품운송에 관한 것이므로 제 2 항에서 "용선자" 표시 삭제
第813조(선장의 적하처분과 운임) 운송인은 다음 각호의 어느 하나에 해당하는 경우에는 운임의 전액을 청구할 수 있다. 1. 선장이 제750조 제1항에 따라의 하여 적하를 처분하였을 때 2. 선장이 제865조에 따라 적하를 처분하였을 때	第810조(선장의 적하처분과 운임) 운송인은 다음의 경우에는 운임의 전액을 청구할 수 있다. 1. 선장이 제744조 제 1 항의 규정에 의하여 적하를 처분하였을 때 2. 선장이 제832조의 규정에 의하여 적하를 처분하였을 때	○ 조문위치변경
第814조(운송인의 채권·채무의 소멸) ① 운송인의 송하인 또는 수하인에 대한 채권 및 채무는 그 청구원인의 여하에 불구하고 운송인이 수하인에게 운송물을 인도한 날 또는 인도할 날부터 1년 이내에 재판상 청구가 없으면 소멸한다. 다만, 이 기간은 당사자의 합의에 의하여 연장할 수 있다. ② 운송인이 인수한 운송을 다시 제 3 자에게 위탁한 경우에 송하인 또는 수하인이 제 1 항의 기간 이 내에 운송인과 배상 합의를 하거나 운송인에게 재판상 청구를 하였다면, 그 합의 또는 청구가 있은 날로부터 3월이 경과하기 이전에는 그 제3자에 대한 운송인의 채권·채무는 제 1 항의 규정에도 불구하고 소멸하지 아니한다. 운송인과 그 제3자 사이에 제1항 단서와 과 동일한	第811조(운송인의 채권·채무의 소멸) 운송인의 용선자, 송하인 또는 수하인에 대한 채권 및 채무는 그 청구원인의 여하에 불구하고 운송인이 수하인에게 운송물을 인도한 날 또는 인도할 날부터 1년 내에 재판상 청구가 없으면 소멸한다. 그러나 이 기간은 당사자의 합의에 의하여 연장할 수 있다.	○ 조문위치변경 ○ 제 2 장 제 1 절에 속하는 규정은 모두 개품운송에 관한 것이므로 제 1 항에서 "용선자" 표시 삭제

취지의 약정이 있는 경우에도 또한 같다. ③ 제2항의 경우에 있어서 재판상 청구를 받은 운송인이 그로부터 3개월 이내에 그 제3자에 대하여 소송고지를 하면 3개월의 기간은 그 재판이 확정 그 밖의 종료된 때부터 기산한다.		
제815조(준용규정) 제134조, 제136조부터 제140조까지의 규정은 이 절에서 정한 운송인에 준용한다.	제812조(준용규정) 제134조, 제136조 내지 제140조의 규정은 운송인에 준용한다.	○ 조문위치변경 및 체계변경에 따른 문구수정
제816조(복합운송인의 책임) ① 운송인이 인수한 운송에 해상 이외의 운송구간이 포함된 경우, 운송인은 손해가 발생한 운송구간에 적용될 법에 따라 책임을 진다. ② 어느 운송구간에서 손해가 발생하였는지 불분명한 경우 및 손해의 발생이 성질상 특정한 지역으로 한정되지 아니하는 경우에는 운송인은 운송거리가 가장 긴 구간에 적용되는 법에 따라 책임을 진다. 다만, 운송거리가 같거나 가장 긴 구간을 정할 수 없는 경우에는 운임이 가장 비싼 구간에 적용되는 법에 따라 책임을 진다.	신설	○ 제2항의 손해구간불명손해는 법원이 사후적으로 정한다는 것이 입법예고안이었으나, 국회에서 심의를 거치면서 운송거리가 기준이 되었음.
	(법무부 국회제출안) 제817조(적용범위) 이 절의 규정은 운송물의 수령지·선적지·양륙지 그 밖의 어느 한 곳이 대한민국인 경우에 있어서 운송인의 의무 또는 책임을 감경 또는 면제하는 것을 내용으로 하는 특약은 개품운송계약의 준거법에 관계 없이 이 절의 규정에 의하여 허용되지 아니하는 범위 내에서는 무효이다.	○ 국회심의과정에서 삭제됨.
제2절 해상여객운송	제2절 여객운송	
제817조(해상여객운송계약의 의의)	신설	

해상여객운송계약은 운송인이 특정한 여객을 출발지에서 도착지까지 해상에서 선박으로 운송할 것을 인수하고, 이에 대하여 상대방이 운임을 지급하기로 약정함으로써 그 효력이 생긴다.		
제818조(기명식의 선표) 기명식의 선표는 이를 타인에게 양도하지 못한다.	제821조(기명식의 선표) 기명식의 선표는 이를 타인에게 양도하지 못한다.	○ 조문위치변경
제819조(식사·거처제공의무 등) ① 여객의 항해중의 식사는 다른 약정이 없으면 운송인의 부담으로 한다. ② 항해의 중도에 선박을 수선하는 경우에는 운송인은 그 수선 중 여객에게 상당한 거처와 식사를 제공하여야 한다. 다만, 여객의 권리를 해하지 아니하는 범위 내에서 상륙항까지의 운송의 편의를 제공한 때에는 그러하지 아니하다. ③ 제2항의 경우에 여객은 항해의 비율에 따른 운임을 지급하고 계약을 해지할 수 있다.	제822조(식사제공의무) 여객의 항해중의 식사는 다른 약정이 없으면 운송인의 부담으로 한다. 제823조(선박수선중의 거처식사제공의무) ① 항해의 중도에서 선박을 수선하는 경우에는 운송인은 그 수선중 여객에게 상당한 거처와 식사를 제공하여야 한다. 그러나 여객의 권리를 해하지 아니하는 범위 내에서 상륙항까지의 운송의 편의를 제공한 때에는 그러하지 아니하다. ② 제1항의 경우에 여객은 항해의 비율에 따른 운임을 지급하고 계약을 해지할 수 있다.	○ 조문위치변경 ○ 현행 제822조 및 제833조를 통합하여 규정
제820조(수하물 무임운송의무) 여객이 계약에 의하여 선내에서 휴대할 수 있는 수하물에 대하여는 운송인은 다른 약정이 없으면 별도로 운임을 청구하지 못한다.	제824조(수하물무임운송의무) 여객이 계약에 의하여 선내에서 휴대할 수 있는 수하물에 대하여는 운송인은 다른 약정이 없으면 따로 운임을 청구하지 못한다.	○ 조문위치변경
제821조(승선지체와 선장의 발항권) ① 여객이 승선시기까지 승선하지 아니한 때에는 선장은 즉시 발항할 수 있다. 항해중도의 정박항에서도 또한 같다. ② 제1항의 경우에는 여객은 운임의 전액을 지급하여야 한다.	제825조(승선지체와 선장의 발항권) ① 여객이 승선시기까지 승선하지 아니한 때에는 선장은 즉시 발항할 수 있다. 항해중도의 정박항에서도 이와 같다. ② 제1항의 경우에는 여객은 운임의 전액을 지급하여야 한다.	○ 조문위치변경
제822조(여객의 계약해제와 운임) 여객이 발항 전에 계약을 해제하는 경	제826조(여객의 계약해제와 운임) 여객이 발항 전에 계약을 해제하는 경	○ 조문위치변경

우에는 운임의 반액을 지급하고, 발항 후에 계약을 해제하는 경우에는 운임의 전액을 지급하여야 한다.	우에는 운임의 반액을 지급하고, 발항 후에 계약을 해제하는 경우에는 운임의 전액을 지급하여야 한다.	
제823조(법정사유에 의한 해제) 여객이 발항 전에 사망·질병이나 기타의 불가항력으로 인하여 항해할 수 없게 된 때에는 운송인은 운임의 10분의 3을 청구할 수 있고, 발항 후에 그 사유가 생긴 때에는 운송인의 선택으로 운임의 10분의 3 또는 운송의 비율에 따른 운임을 청구할 수 있다.	제827조(법정사유에 의한 해제) 여객이 발항 전에 사망·질병 기타의 불가항력으로 인하여 항해할 수 없게 된 때에는 운송인은 운임의 10분의 3을 청구할 수 있고, 발항 후에 그 사유가 생긴 때에는 운송인의 선택으로 운임의 10분의 3 또는 운송의 비율에 따른 운임을 청구할 수 있다.	○ 조문위치변경
제824조(사망한 여객의 수하물처분의무) 여객이 사망한 때에는 선장은 그 상속인에게 가장 이익이 되는 방법으로 사망자가 휴대한 수하물을 처분하여야 한다.	제828조(사망한 여객의 수하물처분의무) 여객이 사망한 때에는 선장은 그 상속인에게 가장 이익이 되는 방법으로 사망자가 휴대한 수하물을 처분하여야 한다.	○ 조문위치변경
제825조(법정종료사유) 운송계약은 제810조 제1항 제1호 부터제3호까지의 사유로 인하여 종료한다. 그 사유가 항해의 중도에서 생긴 때에는 여객은 운송의 비율에 따른 운임을 지급하여야 한다.	제829조(법정종료사유) 운송계약은 제807조 제1항 제1호 내지 제3호의 사유로 인하여 종료한다. 그 사유가 항해의 중도에서 생긴 때에는 여객은 운송의 비율에 따른 운임을 지급하여야 한다.	○ 조문위치변경
제826조(준용규정) ① 제148조, 제794조· 제799조 제1항 및 제809조는 해상여객운송에 준용한다. ② 제134조·제136조·제149조 제2항·제794조부터 제801조까지·제804조·제807조·제809조·제811조 및 제814조는 운송인이 위탁을 받은 여객의 수하물의 운송에 준용한다. ③ 제150조, 제797조 제1항·제4항, 제798조, 제799조 제1항, 제809조 및 제814조는 운송인이 위탁을 받지 아니한 여객의 수하물에 준용한다.	제830조(준용규정) ① 제148조, 제787조, 제790조 제1항과 제806조의 규정은 해상여객운송에 준용한다. ② 제134조, 제136조, 제149조 제2항, 제787조 내지 제791조의 2, 제800조, 제800조의 2, 제806조, 제808조와 제811조의 규정은 운송인이 위탁을 받은 여객의 수하물의 운송에 준용한다. ③ 제150조, 제789조의 2 제1항과 제4항, 제789조의 3, 제790조 제1항, 제806조와 제811조의 규정은 운송인이 위탁을 받지 아니한 여객의 수하물에 준용한다.	○ 조문위치변경

삭제	제831조(동전) 여객운송을 하기 위하여 용선계약을 체결한 경우에는 운송인과 용선자의 관계에는 제781조, 제782조 제1항, 제783조, 제784조, 제786조, 제787조, 제790조 제1항, 제791조, 제792조 내지 제797조, 제802조, 제807조, 제808조와 제811조의 규정을 준용한다.	○ 현행 제831조는 여객운송을 목적으로 하는 항해용선계약에 관한 것으로 체제개편에 따라 이를 삭제하고, 별도로 개정안 제827조 제2항에서 규정
제3절 항해용선		○ 전체조문체계 변경, 제목신설
제827조(항해용선계약의 의의) ① 항해용선계약은 특정한 항해를 할 목적으로 선박소유자가 용선자에게 선원이 승무하고 항해장비를 갖춘 선박의 전부 또는 일부를 물건의 운송에 제공하기로 약정하고, 용선자가 이에 대하여 운임을 지급하기로 약정함으로써 그 효력이 생긴다. ② 이 절의 규정은 그 성질에 반하지 아니하는 한 여객운송을 목적으로 하는 항해용선계약에도 준용한다. ③ 선박소유자가 일정한 기간 동안 용선자에게 선박을 제공할 의무를 지지만 항해를 단위로 운임을 계산하여 지급하기로 약정한 경우에도 그 성질에 반하지 아니하는 한 이 절의 규정을 준용한다.	신설	
제828조(용선계약서) 용선계약의 당사자는 상대방의 청구에 의하여 용선계약서를 교부하여야 한다.	제781조(용선계약과 운송계약서) 용선계약의 당사자는 상대방의 청구에 의하여 운송계약서를 교부하여야 한다.	○ 조문위치변경 ○ 체계변경에 따른 자구수정
제829조(선적준비완료의 통지, 선적기간) ① 선박소유자는 운송물을 선적함에 필요한 준비가 완료된 때에는 지체없이 용선자에게 그 통지를 발송하여야 한다.	제782조(용선계약과 선적준비완료의 통지, 선적기간) ① 용선계약을 체결한 경우에 운송인은 운송물을 선적함에 필요한 준비가 완료된 때에는 지체없이 용선자에게 그 통지를 발송하여야 한다.	○ 조문위치변경 ○ 제2장 제2절에 속하는 규정은 모두 항해용선에 관한 것이므로 중복을 피

② 운송물을 선적할 기간의 약정이 있는 경우에는 그 기간은 제1항의 통지가 오전에 있은 때에는 그 날의 오후 1시부터 기산하고, 오후에 있은 때에는 다음 날 오전 6시부터 기산한다. 이 기간에는 불가항력으로 인하여 선적할 수 없는 날과 그 항의 관습상 선적작업을 하지 아니하는 날을 산입하지 아니한다. ③ 제2항의 기간을 경과한 후 운송물을 선적한 때에는 선박소유자는 상당한 보수를 청구할 수 있다.	② 운송물을 선적할 기간의 약정이 있는 경우에는 그 기간은 제1항의 통지가 오전에 있은 때에는 그 날의 오후 1시부터 기산하고, 오후에 있은 때에는 다음 날 오전 6시부터 기산한다. 이 기간에는 불가항력으로 인하여 선적할 수 없는 날과 그 항의 관습상 선적작업을 하지 아니하는 날을 산입하지 아니한다. ③ 제2항의 기간을 경과한 후 운송물을 선적한 때에는 운송인은 상당한 보수를 청구할 수 있다.	하기 위해 제목에서 "용선계약"이란 표시 및 제1항에 "용선계약을 체결한 경우" 라는 규정을 삭제 ○ 운송인을 선박소유자로 변경하여 의미를 분명히함
第830조(제3자가 선적인인 경우의 통지·선적) 용선자 이외의 제3자가 운송물을 선적할 경우에 선장이 그 제3자를 확지할 수 없거나 그 제3자가 운송물을 선적하지 아니한 때에는 선장은 지체없이 용선자에게 그 통지를 발송하여야 한다. 이 경우에 선적기간 이내에 한하여 용선자가 운송물을 선적할 수 있다.	第783조(제3자가 선적인인 경우의 통지·선적) 용선자 이외의 제3자가 운송물을 선적할 경우에 선장이 그 제3자를 확지할 수 없거나 그 제3자가 운송물을 선적하지 아니한 때에는 선장은 지체없이 용선자에게 그 통지를 발송하여야 한다. 이 경우에는 선적기간 내에 한하여 용선자가 운송물을 선적할 수 있다.	○ 조문위치변경
第831조(용선자의 발항청구권, 선장의 발항권) ① 용선자는 운송물의 전부를 선적하지 아니한 경우에도 선장에게 발항을 청구할 수 있다. ② 선적기간의 경과 후에는 용선자가 운송물의 전부를 선적하지 아니한 경우에도 선장은 즉시 발항할 수 있다. ③ 제1항 및 제2항의 경우에 용선자는 운임의 전액과 운송물의 전부를 선적하지 아니함으로 인하여 생긴 비용을 지급하고, 또한 선박소유자의 청구가 있는 때에는 상당한 담보를 제공하여야 한다.	第784조(용선자의 발항청구권, 선장의 발항권) ① 용선자는 운송물의 전부를 선적하지 아니한 경우에도 선장에게 발항을 청구할 수 있다. ② 선적기간의 경과 후에는 용선자가 운송물의 전부를 선적하지 아니한 경우에도 선장은 즉시 발항할 수 있다. ③ 제1항과 제2항의 경우에는 용선자는 운임의 전액과 운송물의 전부를 선적하지 아니함으로 인하여 생긴 비용을 지급하고, 또 운송인의 청구가 있는 때에는 상당한 담보를 제공하여야 한다.	○ 조문위치변경 ○ '운송인'을 '선박소유자'로 하여 의미를 분명히 함.
第832조(전부용선의 발항 전의 계약해제 등) ① 발항 전에는 전부용선	第792조(전부용선의 발항 전의 계약해제 등) ① 발항 전에는 전부용선	○ 조문위치변경

자는 운임의 반액을 지급하고 계약을 해제할 수 있다. ② 왕복항해의 용선계약인 경우에 전부용선자가 그 회항 전에 계약을 해지하는 때에는 운임의 3분의 2를 지급하여야 한다. ③ 선박이 다른 항에서 선적항에 항행하여야 할 경우에 전부용선자가 선적항에서 발항하기 전에 계약을 해지하는 때에도 제 2 항과 같다.	자는 운임의 반액을 지급하고 계약을 해제할 수 있다. ② 왕복항해의 용선계약인 경우에 전부용선자가 그 회항 전에 계약을 해지하는 때에는 운임의 3분의 2를 지급하여야 한다. ③ 선박이 타항에서 선적항에 항행하여야 할 경우에 전부용선자가 선적항에서 발항하기 전에 계약을 해지하는 때에도 제 2 항과 같다.	
第833條(일부용선과 발항 전의 계약해제 등) ① 일부용선자나 송하인은 다른 용선자와 송하인 전원과 공동으로 하는 경우에 한하여 제832조의 해제 또는 해지를 할 수 있다. ② 제 1 항의 경우 외에는 일부용선자나 송하인이 발항 전에 계약을 해제 또는 해지한 때에도 운임의 전액을 지급하여야 한다. ③ 발항 전이라도 일부용선자나 송하인이 운송물의 전부 또는 일부를 선적한 경우에는 다른 용선자와 송하인의 동의를 얻지 아니하면 계약을 해제 또는 해지하지 못한다.	第793條(일부용선과 발항 전의 계약해제 등) ① 일부용선자나 송하인은 다른 용선자와 송하인 전원과 공동으로 하는 경우에 한하여 제792조의 해제 또는 해지를 할 수 있다. ② 제 1 항의 경우 외에는 일부용선자나 송하인이 발항 전에 계약을 해제 또는 해지를 한 때에도 운임의 전액을 지급하여야 한다. ③ 발항 전이라도 일부용선자나 송하인이 운송물의 전부 또는 일부를 선적한 경우에는 다른 용선자와 송하인의 동의를 얻지 아니하면 계약을 해제 또는 해지하지 못한다.	○ 조문위치변경
第834條(부수비용·체당금 등의 지급의무) ① 용선자나 송하인이 제832조와 제833조 제 1 항의 규정에 따라 계약을 해제 또는 해지를 한 때에도 부수비용과 체당금을 지급할 책임을 면하지 못한다. ② 제832조 제 2 항과 제 3 항의 경우에는 용선자나 송하인은 제 1 항에 게기한 것 외에도 운송물의 가액에 따라 공동해손 또는 해난구조로 인하여 부담할 금액을 지급하여야 한다.	第794條(부수비용·체당금 등의 지급의무) ① 용선자나 송하인이 제792조와 전조 제 1 항의 규정에 따라 계약을 해제 또는 해지를 한 때에도 부수비용과 체당금을 지급할 책임을 면하지 못한다. ② 제792조 제 2 항과 제 3 항의 경우에는 용선자나 송하인은 제 1 항에 게기한 것 외에도 운송물의 가액에 따라 공동해손 또는 해양사고구조로 인하여 부담할 금액을 지급하여야 한다.	○ 조문위치변경
第835條(선적·양륙비용의 부담) 제833조와 제834조의 경우에 운송물	第795條(선적·양륙비용의 부담) 제793조와 제794조의 경우에 운송물	○ 조문위치변경

의 전부 또는 일부를 선적한 때에는 그 선적과 양륙의 비용은 용선자 또는 송하인이 부담한다.	의 전부 또는 일부를 선적한 때에는 그 선적과 양륙의 비용은 용선자 또는 송하인이 부담한다.	
제836조(선적기간 내의 불선적의 효과) 용선자가 선적기간 내에 운송물의 선적을 하지 아니한 때에는 계약을 해제 또는 해지한 것으로 본다.	제796조(선적기간 내의 불선적의 효과) 용선자가 선적기간 내에 운송물의 선적을 하지 아니한 때에는 계약을 해제 또는 해지한 것으로 본다.	○ 조문위치변경
제837조(발항 후의 계약해지) 발항 후에는 용선자나 송하인은 운임의 전액, 체당금·체선료와 공동해손 또는 해난구조의 부담액을 지급하고, 그 양륙하기 위하여 생긴 손해를 배상하거나 이에 대한 상당한 담보를 제공하지 아니하면 계약을 해지하지 못한다.	제797조(발항 후의 계약해지) 발항 후에는 용선자나 송하인은 운임의 전액, 체당금·정박료와 공동해손 또는 해양사고구조의 부담액을 지급하고, 그 양륙하기 위하여 생긴 손해를 배상하거나 이에 대한 상당한 담보를 제공하지 아니하면 계약을 해지하지 못한다.	○ 조문위치변경 ○ 현행 조문상 '해양사고구조'를 '해난구조'로 용어 수정함에 따라 '해양사고구조료'를 '해난구조료'로 수정함.
제838조(운송물의 양륙) ① 운송물을 양륙함에 필요한 준비가 완료된 때에는 선장은 지체없이 수하인에게 그 통지를 발송하여야 한다. ② 제829조 제2항은 운송물의 양륙기간의 계산에 준용한다. ③ 제2항의 양륙기간을 경과한 후 운송물을 양륙한 때에는 선박소유자는 상당한 보수를 청구할 수 있다.	제798조(용선의 경우와 운송물의 양륙) ① 용선계약을 체결한 경우에 운송물을 양륙함에 필요한 준비가 완료된 때에는 선장은 지체없이 수하인에게 그 통지를 발송하여야 한다. ② 제782조 제2항의 규정은 운송물의 양륙기간의 계산에 준용한다. ③ 제2항의 기간을 경과한 후 운송물을 양륙한 때에는 운송인은 상당한 보수를 청구할 수 있다.	○ 조문위치변경 ○ 제2장 제2절에 속하는 규정은 모두 항해용선에 관한 것이므로 중복을 피하기 위해 제목에서 "용선계약"이란 표시 및 제1항에 "용선계약을 체결한 경우"라는 규정을 삭제
제839조(선박소유자의 책임경감금지) ① 제794조에 반하여 이 절에서 정한 선박소유자의 의무 또는 책임을 경감 또는 면제하는 당사자 사이의 특약은 효력이 없다. 운송물에 관한 보험의 이익을 선박소유자에게 양도하는 약정 또는 이와 유사한 약정도 또한 같다. ② 제799조 제2항은 제1항의 경우에 준용한다.	신설	

제840조(선박소유자의 채권·채무의 소멸) ① 선박소유자의 용선자 또는 수하인에 대한 채권 및 채무는 그 청구원인의 여하에 불구하고 선박소유자가 운송물을 인도한 날 또는 인도할 날부터 2년 내에 재판상 청구가 없으면 소멸한다. 이 경우 제814조 제1항 단서를 이 경우에 준용한다. ② 제1항의 기간을 단축하는 선박소유자와 용선자의 약정은 이를 운송계약에 명시적으로 기재하지 아니하면 그 효력이 없다.	제811조(운송인의 채권·채무의 소멸) 운송인의 용선자, 송하인 또는 수하인에 대한 채권 및 채무는 그 청구원인의 여하에 불구하고 운송인이 수하인에게 운송물을 인도한 날 또는 인도할 날부터 1년 내에 재판상 청구가 없으면 소멸한다. 그러나 이 기간은 당사자의 합의에 의하여 연장할 수 있다.	○ 조문위치변경
제841조(준용규정) ① 제134조, 제136조, 제137조, 제140조, 제793조 내지 제797조, 제798조 제1항 부터 제3항까지, 제800조, 제801조, 제803조, 제804조 제1항 부터 제4항까지, 제805조 내지 제808조와 제810조부터 제813조까지의 규정은 항해용선계약에 준용한다. ② 제1항에 따라 제806조의 운임을 계산함에 있어 제829조 제2항의 선적기간 또는 제838조 제2항의 양륙기간이 경과한 후에 운송물을 선적 또는 양륙한 경우에는 경과 후의 선적 또는 양륙 기간은 이를 그에 산입하지 아니하고, 제829 제3항 및 제839조 제3항에 따라 별도로 보수를 정한다.	신설	
제4절 정기용선		○ 전체조문체계변경, 제목신설
제842조(정기용선계약의 의의) 정기용선계약은 선박소유자가 용선자에게 선원이 승무하고 항해장비를 갖춘 선박을 일정한 기간 동안 항해에 사용하게 할 것을 약정하고, 용선자가 이에 대하여 기간으로 정한 용선료를 지급하기로 약정함으로써	제812조의 2(정기용선계약의 의의) 정기용선계약은 선박소유자 또는 임차인이 용선자에게 선원이 승무하고 항해장비를 갖춘 선박을 일정한 기간 동안 항해에 사용하게 할 것을 약정하고, 용선자가 이에 대하여 기간으로 정한 용선료를 지급할	○ 조문위치변경

그 효력이 생긴다.	것을 약정함으로써 그 효력이 생긴다.	
第843条(정기용선자의 선장지휘권) ① 정기용선자는 약정한 범위 안의 선박의 사용을 위하여 선장을 지휘할 권리가 있다. ② 선장·해원, 기타의 선박사용인이 정기용선자의 정당한 지시에 위반하여 정기용선자에게 손해가 발생한 경우에는 선박소유자가 이를 배상할 책임이 있다.	第812조의 3(정기용선자의 선장지휘권) ① 정기용선자는 약정한 범위 안의 선박의 사용을 위하여 선장을 지휘할 권리가 있다. ② 선장·해원 기타의 선박사용인이 정기용선자의 정당한 지시에 위반하여 정기용선자에게 손해가 발생한 경우에는 선박소유자가 이를 배상할 책임이 있다.	○ 조문위치변경
第844条(선박소유자의 운송물유치권 및 경매권) ① 제807조 제2항과 제808조는 정기용선자가 선박소유자에게 용선료·체당금, 그 밖에 이와 유사한 정기용선계약에 의한 채무를 이행하지 아니하는 경우에 준용한다. 다만, 선박소유자는 정기용선자가 발행한 선하증권을 선의로 취득한 제3자에게 대항하지 못한다. ② 제1항에 따른 선박소유자의 운송물에 대한 권리는 정기용선자가 운송물에 관하여 약정한 용선료 또는 운임의 범위를 넘어서 이를 행사하지 못한다.	第812조의 4(선박소유자의 운송물유치권 및 경매권) ① 제800조 제2항과 제804조의 규정은 정기용선자가 선박소유자에게 용선료, 체당금 기타 이와 유사한 정기용선계약에 의한 채무를 이행하지 아니하는 경우에 준용한다. 그러나 선박소유자는 정기용선자가 발행한 선하증권을 선의로 취득한 제3자에게 대항하지 못한다. ② 제1항의 규정에 의한 선박소유자의 운송물에 대한 권리는 정기용선자가 운송물에 관하여 약정한 용선료 또는 운임의 범위를 넘어서 이를 행사하지 못한다.	○ 조문위치변경
第845条(용선료의 연체와 계약해지 등) ① 정기용선자가 용선료를 약정기일에 지급하지 아니한 때에는 선박소유자는 계약을 해제 또는 해지할 수 있다. ② 정기용선자가 제3자와 운송계약을 체결하여 운송물을 선적한 후 선박의 항해 중에 선박소유자가 제1항에 따라 계약을 해제 또는 해지한 때에는 선박소유자는 적하이해관계인에 대하여 정기용선자와 동일한 운송의무가 있다. ③ 선박소유자가 제2항에 따른 계	第812조의 5(용선료의 연체와 계약해지 등) ① 정기용선자가 용선료를 약정기일에 지급하지 아니한 때에는 선박소유자는 계약을 해제 또는 해지할 수 있다. ② 정기용선자가 제3자와 운송계약을 체결하여 운송물을 선적한 후 선박의 항해중에 선박소유자가 제1항의 규정에 의하여 계약을 해제 또는 해지한 때에는 선박소유자는 적하이해관계인에 대하여 정기용선자와 동일한 운송의무가 있다. ③ 선박소유자가 제2항의 규정에	○ 조문위치변경

약의 해제 또는 해지 및 운송계속의 뜻을 적하이해관계인에게 서면으로 통지를 한 때에는 선박소유자의 정기용선자에 대한 용선료·체당금, 그 밖에 이와 유사한 정기용선계약상의 채권을 담보하기 위하여 정기용선자가 적하이해관계인에 대하여 가지는 용선료 또는 운임의 채권을 목적으로 질권을 설정한 것으로 본다. ④ 제1항 부터 제3항까지의 규정은 선박소유자 또는 적하이해관계인의 정기용선자에 대한 손해배상청구에 영향을 미치지 아니한다.	의한 계약의 해제 또는 해지 및 운송계속의 뜻을 적하이해관계인에게 서면에 의한 통지를 한 때에는 선박소유자의 정기용선자에 대한 용선료, 체당금 기타 이와 유사한 정기용선계약상의 채권을 담보하기 위하여 정기용선자가 적하이해관계인에 대하여 가지는 용선료 또는 운임의 채권을 목적으로 질권을 설정한 것으로 본다. ④ 제1항 내지 제3항의 규정은 선박소유자 또는 적하이해관계인의 정기용선자에 대한 손해배상청구에 영향을 미치지 아니한다.	
第846조(정기용선계약상의 채권의 소멸) ① 정기용선계약에 관하여 발생한 당사자 사이의 채권은 선박이 선박소유자에게 반환된 날부터 2년 이내에 재판상 청구가 없으면 소멸한다. 이 경우 제814조 제1항 단서를 준용한다. ② 제840조 제2항은 제1항의 경우에 준용한다.	제812조의 6(정기용선계약상의 채권의 소멸) 정기용선계약에 관하여 발생한 당사자간의 채권은 선박이 선박소유자에게 반환된 날부터 1년내에 재판상 청구가 없으면 소멸한다. 그러나 제811조 단서의 규정은 이 경우에 준용한다.	○ 조문위치변경
제5절 선체용선		○ 전체조문체계변경, 제목신설 및 용어변경
第847조(선체용선계약의 의의) ① 선체용선계약은 용선자의 관리·지배하에 선박을 운항할 목적으로 선박소유자가 용선자에게 선박을 제공할 것을 약정하고 용선자가 이에 따른 용선료를 지급하기로 약정함으로써 그 효력이 생긴다. ② 선박소유자가 선장 그 밖의 해원을 공급할 의무를 지는 경우에도 용선자의 관리·지배 하에서 해원이 선박을 운항하는 것을 목적으로 하면 이를 선체용선계약으로 본다.	신설	

제848조(법적 성질) ① 선체용선계약은 그 성질에 반하지 아니하는 한 「민법」상 임대차에 관한규정을 준용한다. ② 용선기간이 종료된 후에 용선자가 선박을 매수 또는 인수할 권리를 가지는 경우 및 금융의 담보를 목적으로 채권자를 선박소유자로 하여 선체용선계약을 체결한 경우에도 용선기간 중에는 당사자 사이에서는 이 절의 규정에 따라 권리와 의무가 있다.	신설	
제849조(선체용선자의 등기청구권, 등기의 효력) ① 선체용선자는 선박소유자에 대하여 선체용선등기에 협력할 것을 청구할 수 있다. ② 선체용선을 등기한 때에는 그 때부터 제3자에 대하여 효력이 생긴다.	제765조(선박임차인의 등기청구권, 등기의 효력) ① 선박임차인은 선박소유자에 대하여 임대차등기에 협력할 것을 청구할 수 있다. ② 선박임대차를 등기한 때에는 그 때로부터 제3자에 대하여 효력이 생긴다.	○ 조문위치변경 ○ 선박임대차를 '나용선'으로 규정함에 따라 용어수정
제850조(선체용선과 제3자에 대한 법률관계) ① 선체용선자가 상행위 그 밖의 영리를 목적으로 선박을 항해에 사용하는 경우에는 그 이용에 관한 사항에는 제3자에 대하여 선박소유자와 동일한 권리의무가 있다. ② 제1항의 경우에 선박의 이용에 관하여 생긴 우선특권은 선박소유자에 대하여도 그 효력이 있다. 그러나 우선특권자가 그 이용의 계약에 반함을 안 때에는 그러하지 아니하다.	제766조(선박임차와 제3자에 대한 법률관계) ① 선박임차인이 상행위 기타 영리를 목적으로 선박을 항해에 사용하는 경우에는 그 이용에 관한 사항에는 제3자에 대하여 선박소유자와 동일한 권리의무가 있다. ② 제1항의 경우에 선박의 이용에 관하여 생긴 우선특권은 선박소유자에 대하여도 그 효력이 있다. 그러나 우선특권자가 그 이용의 계약에 반함을 안 때에는 그러하지 아니한다. <개정 1991. 12. 31>	○ 조문위치변경 ○ 선박임대차를 '나용선'으로 규정함에 따라 용어수정
제851조(선체용선계약상의 채권의 소멸) ① 선체용선계약에 관하여 발생한 당사자 사이의 채권은 선박이 선박소유자에게 반환된 날부터 2년 이내에 재판상 청구가 없으면 소멸한다. 이 경우 제814조 제1항 단서를 준용한다.	신설	

② 제840조 제2항은 제1항의 경우에 준용한다.		
제6절 운송증서	제2관 선하증권	○ 전체조문체계 변경, 제목신설
제852조(선하증권의 발행) ① 운송인은 운송물을 수령한 후 송하인의 청구에 의하여 1통 또는 수통의 선하증권을 교부하여야 한다. ② 운송인은 운송물을 선적한 후 송하인의 청구에 의하여 1통 또는 수통의 선적선하증권을 교부하거나 제1항의 선하증권에 선적의 뜻을 표시하여야 한다. ③ 운송인은 선장 또는 기타의 대리인에게 선하증권의 교부 또는 제2항의 표시를 위임할 수 있다.	제813조(선하증권의 발행) ① 운송인은 운송물을 수령한 후 용선자 또는 송하인의 청구에 의하여 1통 또는 수통의 선하증권을 교부하여야 한다. ② 운송인은 운송물을 선적한 후 용선자 또는 송하인의 청구에 의하여 1통 또는 수통의 「선적」 선하증권을 교부하거나 제1항의 선하증권에 선적의 뜻을 표시하여야 한다. ③ 운송인은 선장 또는 기타의 대리인에게 선하증권의 교부 또는 제2항의 표시를 위임할 수 있다.	○ 조문위치변경 ○ 제1항 및 제2항에서 "용선자" 표시 삭제
제853조(선하증권의 기재사항) ① 선하증권에는 다음의 사항을 기재하고, 운송인이 기명날인 또는 서명하여야 한다. 1. 선박의 명칭·국적과 톤수 2. 송하인이 서면으로 통지한 운송물의 종류·중량 또는 용적, 포장의 종별·갯수와 기호 3. 운송물의 외관상태 4. 용선자 또는 송하인의 성명·상호 5. 수하인 또는 통지수령인의 성명·상호 6. 선적항 7. 양륙항 8. 운임 9. 발행지와 그 발행연월일 10. 수통의 선하증권을 발행한 때에는 그 수 11. 운송인의 성명 또는 상호	제814조(선하증권의 기재사항) ① 선하증권에는 다음의 사항을 기재하고, 운송인이 기명날인 또는 서명하여야 한다. 1. 선박의 명칭·국적과 톤수 2. 송하인이 서면으로 통지한 운송물의 종류·중량 또는 용적, 포장의 종별·갯수와 기호 3. 운송물의 외관상태 4. 용선자 또는 송하인의 성명 또는 상호 5. 수하인 또는 통지수령인의 성명 또는 상호 6. 선적항 7. 양륙항 8. 운임 9. 발행지와 그 발행연월일 10. 수통의 선하증권을 발행한 때에는 그 수	○ 조문위치변경 ○ 기재사항에 11.호 운송인의 성명 또는 상호, 12. 운송인의 주된 영업소 소재지 추가 ○ 제4항에서 "용선자" 표시 삭제

12. 운송인의 주된 영업소소재지 ② 제1항 제2호의 기재사항 중 운송물의 중량·용적·개수 또는 기호가 운송인이 실제로 수령한 운송물을 정확하게 표시하고 있지 아니하다고 의심할 만한 상당한 이유가 있는 때 또는 이를 확인할 적당한 방법이 없는 때에는 그 기재를 생략할 수 있다. ③ 송하인은 제1항 제2호의 기재사항이 정확함을 운송인에게 담보한 것으로 본다. ④ 운송인이 선하증권에 기재된 통지수령인에게 운송물에 관한 통지를 한 때에는 송하인 및 선하증권소지인과 그 밖의 수하인에게 통지한 것으로 본다.	② 제1항 제2호의 기재사항 중 운송물의 중량·용적·갯수 또는 기호가 운송인이 실제로 수령한 운송물을 정확하게 표시하고 있지 아니하다고 의심할 만한 상당한 이유가 있는 때, 또는 이를 확인할 적당한 방법이 없는 때에는 그 기재를 생략할 수 있다. ③ 송하인은 제1항 제2호의 기재사항이 정확함을 운송인에게 담보한 것으로 본다. ④ 운송인이 선하증권에 기재된 통지수령인에게 운송물에 관한 통지를 한 때에는 용선자 또는 송하인 및 선하증권소지인 기타 수하인에게 통지한 것으로 본다.		
第854조(선하증권기재의 효력) ① 제855조 제1항의 규정에 따라 선하증권이 발행된 경우, 운송인과 송하인 사이에 선하증권에 기재된 대로 개품운송계약이 체결되고 운송물을 수령 또는 선적한 것으로 추정한다. ② 제1항의 선하증권을 선의로 취득한 소지인에 대하여 운송인은 선하증권에 기재된 대로 운송물을 수령 혹은 선적한 것으로 보고 선하증권에 기재된 바에 따라 운송인으로서 책임을 진다.	第814조의 2(선하증권기재의 효력) 제814조 제1항의 규정에 따라서 선하증권이 발행된 경우에는 운송인이 그 증권에 기재된 대로 운송물을 수령 또는 선적한 것으로 추정한다. 그러나 운송인은 선하증권을 선의로 취득한 제3자에게 대항하지 못한다.	○ 조문위치 삭제	
第855조(용선계약과 선하증권) ① 용선자의 청구가 있는 경우 선박소유자는 운송물을 수령한 후에 제852조 및 제853조에 따라 선하증권을 발행한다. ② 제1항에 따라 선하증권이 발행된 경우 선박소유자는 선하증권에 기재된 대로 운송물을 수령 또는 선적한 것으로 추정한다.	신설		

③ 제3자가 선의로 제1항의 선하증권을 취득한 경우 선박소유자는 제854조 제2항에 따라 운송인으로서 권리와 의무가 있다. 용선자의 청구에 따라 선박소유자가 제3자에게 선하증권을 발행한 경우에도 또한 같다. ④ 제3항의 경우에 그 제3자는 제833조 부터 제835조까지 및 제837조에 따른 송하인으로 본다. ④ 제3항의 경우 제799조를 위반하여 운송인으로서의 의무와 책임을 감경 또는 면제하는 특약을 하지 못한다.		
제856조(등본의 교부) 선하증권의 교부를 받은 용선자 또는 송하인은 발행자의 청구가 있는 때에는 선하증권의 등본에 기명날인 또는 서명하여 교부하여야 한다.	제815조(등본의 교부) 선하증권의 교부를 받은 용선자 또는 송하인은 발행자의 청구가 있는 때에는 선하증권의 등본에 기명날인 또는 서명하여 교부하여야 한다.	○ 조문위치변경
제857조(수통의 선하증권과 양륙항에 있어서의 운송물의 인도) ① 양륙항에서 수통의 선하증권 중 1통을 소지한 자가 운송물의 인도를 청구하는 경우에도 선장은 그 인도를 거부하지 못한다. ② 제1항의 규정에 의하여 수통의 선하증권 중 1통의 소지인이 운송물의 인도를 받은 때에는 다른 선하증권은 그 효력을 잃는다.	제816조(수통의 선하증권과 양륙항에 있어서의 운송물의 인도) ① 양륙항에서 수통의 선하증권 중 1통을 소지한 자가 운송물의 인도를 청구하는 경우에도 선장은 그 인도를 거부하지 못한다. ② 제1항의 규정에 의하여 수통의 선하증권 중 1통의 소지인이 운송물의 인도를 받은 때에는 다른 선하증권은 그 효력을 잃는다.	○ 조문위치변경
제858조(수통의 선하증권과 양륙항 외에서의 운송물의 인도) 양륙항 외에서는 선장은 선하증권의 각 통의 반환을 받지 아니하면 운송물을 인도하지 못한다.	제817조(수통의 선하증권과 양륙항 외에서의 운송물의 인도) 양륙항 외에서는 선장은 선하증권의 각 통의 반환을 받지 아니하면 운송물을 인도하지 못한다.	○ 조문위치변경
제859조(2인 이상 소지인에 의한 운송물인도청구와 공탁) ① 2인 이상의 선하증권소지인이 운송물의 인도를 청구한 때에는 선장은 지체없이 운송물을 공탁하고 각 청구자에	제818조(2인 이상의 소지인에 의한 운송물인도청구와 공탁) ① 2인 이상의 선하증권소지인이 운송물의 인도를 청구한 때에는 선장은 지체없이 운송물을 공탁하고, 각 청구자	○ 조문위치변경

게 그 통지를 발송하여야 한다. ② 선장이 제857조 제1항에 따라 운송물의 일부를 인도한 후 다른 소지인이 운송물의 인도를 청구한 경우에도 그 인도하지 아니한 운송물에 대하여는 제1항과 같다.	에게 그 통지를 발송하여야 한다. ② 선장이 제816조 제1항의 규정에 의하여 운송물의 일부를 인도한 후 다른 소지인이 운송물의 인도를 청구한 경우에도 그 인도하지 아니한 운송물에 대하여는 제1항과 같다.	
제860조(수인의 선하증권소지인의 순위) ① 제859조에 따라 공탁한 운송물에 대하여는 수인의 선하증권소지인에게 공통되는 전 소지인으로부터 먼저 교부를 받은 증권소지인의 권리가 다른 소지인의 권리에 우선한다. ② 격지자에 대하여 발송한 선하증권은 그 발송한 때를 교부받은 때로 본다.	제819조(수인의 선하증권소지인의 순위) ① 제818조의 규정에 의하여 공탁한 운송물에 대하여는 수인의 선하증권소지인에게 공통되는 전자로부터 먼저 교부를 받은 증권소지인의 권리가 다른 소지인의 권리에 우선한다. ② 격지자에 대하여 발송한 선하증권은 그 발송한 때를 교부받은 때로 본다.	○ 조문위치변경
제861조(준용규정) 제129조·제130조·제132조 및 제133조는 제852조 및 제855조의 선하증권에 준용한다.	제820조(준용규정) 제129조, 제130조, 제132조와 제133조의 규정은 선하증권에 준용한다.	○ 조문위치변경
제862조(전자선하증권) ① 제852조 또는 제855조의 선하증권을 발행하는 대신에 송하인 또는 용선자의 동의를 얻어 법무부장관이 지정하는 등록기관에 등록을 하는 방식으로 전자선하증권을 발행할 수 있다. 이 경우 전자선하증권은 제852조 및 제855조의 선하증권과 동일한 법적 효력을 갖는다. ② 전자선하증권에는 제853조 제1항 각 호의 정보가 포함되어야 하고, 운송인이 전자서명을 하여 송신하고 용선자 또는 송하인이 이를 수신하여야 그 효력이 생긴다. ③ 전자선하증권의 권리자는 배서의 뜻을 기재한 전자문서를 작성한 다음 전자선하증권을 첨부하여 지정된 등록기관을 통하여 상대방에	신설	

게 송신하는 방식으로 그 권리를 양도할 수 있다. ④ 제3항에서 정한 방식에 따라 배서의 뜻을 기재한 전자문서를 상대방이 수신하면 제852조 및 제855조의 선하증권을 배서하여 교부한 것과 동일한 효력이 있고, 제2항 및 제3항의 전자문서를 수신한 권리자는 제852조 및 제855조의 선하증권을 교부받은 소지인과 동일한 권리를 취득한다. ⑤ 전자선하증권의 등록기관의 지정요건, 발행 및 배서의 전자적인 방식, 운송물의 구체적인 수령절차 그 밖에 필요한 사항은 대통령령으로 정한다.			
제863조(해상화물운송장의 발행) ① 운송인은 용선자 또는 송하인의 청구가 있으면 제852조 또는 제855조의 선하증권을 발행하는 대신 해상화물운송장을 발행할 수 있다. 해상화물운송장은 당사자 사이의 합의에 따라 전자식으로도 발행할 수 있다. ② 해상화물운송장에는 해상화물운송장임을 표시하는 외에 제853조 제1항 각 호 사항을 기재하고 운송인이 기명날인 또는 서명하여야 한다. ③ 제854조 제2항 및 제4항은 이를 해상화물운송장에 준용한다.	신설		
제864조(해상화물운송장의 효력) ① 제863조 제1항의 규정에 따라 해상화물운송장이 발행된 경우 운송인이 그 운송장에 기재된 대로 운송물을 수령 또는 선적한 것으로 추정한다. ② 운송인이 운송물을 인도함에 있어 해상화물운송장에 기재된 수	신설		

하인 또는 그 대리인이라고 믿을 만한 정당한 사유가 있는 때에는 수령인이 권리자가 아니라고 하더라도 운송인은 그 책임을 면한다.		
제3장 해상위험		○ 전체조문체계 변경, 제목신설
제1절 공동해손	제5장 공동해손	
제865조(공동해손의 요건) 선박과 적하의 공동위험을 면하기 위한 선장의 선박 또는 적하에 대한 처분으로 인하여 생긴 손해 또는 비용은 공동해손으로 한다.	제832조(공동해손의 요건) 선박과 적하의 공동위험을 면하기 위한 선장의 선박 또는 적하에 대한 처분으로 인하여 생긴 손해 또는 비용은 공동해손으로 한다.	○ 조문위치변경
제866조(공동해손의 분담) 공동해손은 그 위험을 면한 선박 또는 적하의 가액과 운임의 반액과 공동해손의 액과의 비율에 따라 각 이해관계인이 이를 분담한다.	제833조(공동해손의 분담) 공동해손은 그 위험을 면한 선박 또는 적하의 가액과 운임의 반액과 공동해손의 액과의 비율에 따라 각 이해관계인이 이를 분담한다.	○ 조문위치변경
제867조(공동해손분담액의 산정) 공동해손의 분담액을 정함에 있어서는 선박의 가액은 도달의 때와 곳의 가액으로 하고, 적하의 가액은 양륙의 때와 곳의 가액으로 한다. 다만, 적하에 관하여는 그 가액 중에서 멸실로 인하여 지급을 면하게 된 운임 기타의 비용을 공제하여야 한다.	제834조(공동해손분담액의 산정) 공동해손의 분담액을 정함에 있어서는 선박의 가액은 도달의 때와 곳의 가액으로 하고, 적하의 가액은 양륙의 때와 곳의 가액으로 한다. 그러나 적하에 관하여는 그 가액 중에서 멸실로 인하여 지급을 면하게 된 운임 기타의 비용을 공제하여야 한다.	○ 조문위치변경
제868조(공동해손분담자의 유한책임) 제866조 및 제867조에 따라 공동해손의 분담책임이 있는 자는 선박이 도달하거나 적하를 인도한 때에 현존하는 가액의 한도에서 책임을 진다.	제835조(공동해손분담자의 유한책임) 제833조와 제834조의 규정에 의하여 공동해손의 분담책임이 있는 자는 선박이 도달하거나 적하를 인도한 때에 현존하는 가액의 한도에서 그 책임을 진다.	○ 조문위치변경
제869조(공동해손의 손해액산정) 공동해손의 액을 정함에 있어서는 선박의 가액은 도달의 때와 곳의 가액으로 하고, 적하의 가액은 양륙의 때와 곳의 가액으로 한다. 다만, 적하에 관하여는 그 손실로 인하여 지급을 면하게 된 모든 비용을 공	제836조(공동해손의 손해액산정) 공동해손의 액을 정함에 있어서는 선박의 가액은 도달의 때와 곳의 가액으로 하고, 적하의 가액은 양륙의 때와 곳의 가액으로 한다. 그러나 적하에 관하여는 그 손실로 인하여 지급을 면하게 된 모든 비용을 공	○ 조문위치변경

제하여야 한다.	제하여야 한다.	
제870조(책임 있는 자에 대한 구상권) 선박과 적하의 공동위험이 선박 또는 적하의 하자나 그 밖의 과실 있는 행위로 인하여 생긴 경우에는 공동해손의 분담자는 그 책임이 있는 자에 대하여 구상권을 행사할 수 있다.	제837조(책임 있는 자에 대한 구상권) 선박과 적하의 공동위험이 선박 또는 적하의 하자나 기타 과실 있는 행위로 인하여 생긴 경우에는 공동해손의 분담자는 그 책임이 있는 자에 대하여 구상권을 행사할 수 있다.	○ 조문위치변경
제871조(공동해손분담 제외) 선박에 비치한 무기, 선원의 급료, 선원과 여객의 식량·의류는 보존된 경우에도 그 가액을 공동해손의 분담에 산입하지 아니하고, 손실된 경우에는 그 가액을 공동해손의 액에 산입한다.	제838조(공동해손분담 제외) 선박에 비치한 무기, 선원의 급료, 선원과 여객의 식량과 의류는 보존된 경우에도 그 가액을 공동해손의 분담에 산입하지 아니하고, 손실된 경우에는 그 가액을 공동해손의 액에 산입한다.	○ 조문위치변경
제872조(공동해손분담청구에서의 제외) ① 속구목록에 기재하지 아니한 속구, 선하증권 그 밖의 적하의 가격을 정할 수 있는 서류 없이 선적한 하물 또는 종류와 가액을 명시하지 아니한 화폐나 유가증권 기타의 고가물은 보존된 경우에는 그 가액을 공동해손의 분담에 산입하고, 손실된 경우에는 그 가액을 공동해손의 액에 산입하지 아니한다. ② 갑판에 적재한 하물에 대하여도 제1항과 같다. <u>다만, 갑판에 선적하는 것이 관습상 허용되는 경우와 그 항해가 연안항행에 해당되는 경우에는 그러하지 아니하다.</u>	제839조(공동해손분담청구에서의 제외) ① 속구목록에 기재하지 아니한 속구, 선하증권 기타 적하의 가격을 정할 수 있는 서류 없이 선적한 하물 또는 종류와 가액을 명시하지 아니한 화폐나 유가증권 기타의 고가물은 보존된 경우에는 그 가액을 공동해손의 분담에 산입하고, 손실된 경우에는 그 가액을 공동해손의 액에 산입하지 아니한다. ② 갑판에 적재한 하물에 대하여도 제1항과 같다. 그러나 연안항행의 경우에는 그러하지 아니하다.	○ 조문위치변경
제873조(적하가격의 부실기재와 공동해손) ① 선하증권 그 밖에 적하의 가격을 정할 수 있는 서류에 적하의 실가보다 고액을 기재한 경우에 그 하물이 보존된 때에는 그 기재액에 의하여 공동해손의 분담액을 정하고, 적하의 실가보다 저액을 기재한 경우에 그 하물이 손실된 때에는 그 기재액을 공동해손의 액	제840조(적하가액의 부실기재와 공동해손) ① 선하증권 기타 적하의 가격을 정할 수 있는 서류에 적하의 실가보다 고액을 기재한 경우에 그 하물이 보존된 때에는 그 기재액에 의하여 공동해손의 분담액을 정하고, 적하의 실가보다 저액을 기재한 경우에 그 하물이 손실된 때에는 그 기재액을 공동해손의 액으	○ 조문위치변경

으로 한다. ② 제1항은 적하의 가격에 영향을 미칠 사항에 관하여 허위의 기재를 한 경우에 준용한다.	로 한다. ② 제 1 항의 규정은 적하의 가격에 영향을 미칠 사항에 관하여 허위의 기재를 한 경우에 준용한다.	
제874조(공동해손인 손해의 회복) 선박소유자·용선자·송하인 기타의 이해관계인이 공동해손의 액을 분담한 후 선박·속구 또는 적하의 전부나 일부가 소유자에게 복귀된 때에는 그 소유자는 공동해손의 상금으로 받은 금액에서 구조료와 일부손실로 인한 손해액을 공제하고 그 잔액을 반환하여야 한다.	제841조(공동해손인 손해의 회복) 선박소유자·용선자·송하인 기타의 이해관계인이 공동해손의 액을 분담한 후 선박, 속구 또는 적하의 전부나 일부가 소유자에게 복귀된 때에는 그 소유자는 공동해손의 상금으로 받은 금액에서 구조료와 일부손실로 인한 손해액을 공제하고, 그 잔액을 반환하여야 한다.	○ 조문위치변경
제875조(공동해손 채권의 소멸) 공동해손으로 인하여 생긴 채권 및 제870조에 의한 구상채권은 그 계산이 종료한 날부터 1년 이내에 재판상 청구가 없으면 소멸한다. 이 경우 제814조 제1항 단서의 규정을 준용한다.	제842조(공동해손채권의 소멸) 공동해손으로 인하여 생긴 채권 및 제837조에 의한 구상채권은 그 계산이 종료한 날부터 1년 내에 재판상 청구가 없으면 소멸한다. 그러나 제811조 단서의 규정은 이 경우에 준용한다.	○ 조문위치변경
제 2 절 선박충돌	제 6 장 선박충돌	○ 전체조문체계 변경에 따른 수정
제876조(선박충돌에의 적용법규) ① 항해선 상호 간 또는 항해선과 내수항행선 간의 충돌이 있은 경우에 선박 또는 선박 내에 있는 물건이나 사람에 관하여 생긴 손해의 배상에 대하여는 어떠한 수면에서 충돌한 때라도 이 절의 규정을 적용한다. ② 이 절에서 "선박의 충돌"이라 함은 2척 이상의 선박이 그 운용상 작위 또는 부작위로 선박 상호간에 다른 선박 또는 선박 내에 있는 사람 또는 물건에 손해를 생기게 하는 것을 말하며, 직접적인 접촉의 유무를 묻지 아니한다.	제843조(선박충돌에의 적용법규) 항해선 상호간 또는 항해선과 내수항행선 간의 충돌이 있은 경우에 선박 또는 선박 내에 있는 물건이나 사람에 관하여 생긴 손해의 배상에 대하여는 어떠한 수면에서 충돌한 때라도 이 장의 규정을 적용한다.	○ 조문위치변경 ○ 제2항에서 간접충돌을 추가함
제877조(불가항력으로 인한 충돌) 선박의 충돌이 불가항력으로 인하	제844조(불가항력으로 인한 충돌) 선박의 충돌이 불가항력으로 인하	○ 조문위치변경

여 발생하거나 충돌의 원인이 명백하지 아니한 때에는 피해자는 충돌로 인한 손해의 배상을 청구하지 못한다.	여 발생하거나 충돌의 원인이 명백하지 아니한 때에는 피해자는 충돌로 인한 손해의 배상을 청구하지 못한다.	
第878조(일방의 과실로 인한 충돌) 선박의 충돌이 일방의 선원의 과실로 인하여 발생한 때에는 그 일방의 선박소유자는 피해자에 대하여 충돌로 인한 손해를 배상할 책임이 있다.	第845조(일방의 과실로 인한 충돌) 선박의 충돌이 일방의 선원의 과실로 인하여 발생한 때에는 그 일방의 선박소유자는 피해자에 대하여 충돌로 인한 손해를 배상할 책임이 있다.	○ 조문위치변경
第879조(쌍방의 과실로 인한 충돌) ① 선박의 충돌이 쌍방의 선원의 과실로 인하여 발생한 때에는 쌍방의 과실의 경중에 따라 각 선박소유자가 손해배상의 책임을 분담한다. 이 경우 그 과실의 경중을 판정할 수 없는 때에는 손해배상의 책임을 균분하여 부담한다. ② 제1항의 경우에 제3자의 사상에 대한 손해배상은 쌍방의 선박소유자가 연대하여 그 책임을 진다.	第846조(쌍방의 과실로 인한 충돌) ① 선박의 충돌이 쌍방의 선원의 과실로 인하여 발생한 때에는 쌍방의 과실의 경중에 따라 각 선박소유자가 손해배상의 책임을 분담한다. 그 과실의 경중을 판정할 수 없는 때에는 손해배상의 책임을 균분하여 부담한다. ② 제1항의 경우에 제3자의 사상에 대한 손해배상은 쌍방의 선박소유자가 연대하여 그 책임을 진다.	○ 조문위치변경
第880조(도선사의 과실로 인한 충돌) 선박의 충돌이 도선사의 과실로 인하여 발생한 경우에도 선박소유자는 제878조 및 제879조를 준용하여 손해를 배상할 책임이 있다.	第847조(도선사의 과실로 인한 충돌) 선박의 충돌이 도선사의 과실로 인하여 발생한 경우에도 선박소유자는 제845조와 제846조의 규정에 의하여 손해를 배상할 책임이 있다.	○ 조문위치변경
第881조(선박충돌채권의 소멸) 선박의 충돌로 인하여 생긴 손해배상의 청구권은 그 충돌이 있은 날부터 2년이내에 재판상 청구가 없으면 소멸한다. 이 경우 제814조 제1항 단서를 준용한다.	第848조(선박충돌채권의 소멸) 선박의 충돌로 인하여 생긴 손해배상의 청구권은 그 충돌이 있은 날부터 2년내에 재판상 청구가 없으면 소멸한다. 그러나 제811조 단서의 규정은 이 경우에 준용한다.	○ 조문위치변경
제3절 해난구조	제7장 해양사고구조	○ 조문체계변경, 용어수정
第882조(해난구조의 요건) 항해선 또는 그 적하 그 밖의 물건이 어떠한 수면에서 위난에 조우한 경우	第849조(해양사고구조의 요건) 항해선 또는 그 적하 기타의 물건이 어떠한 수면에서 위난에 조우한 경우	○ 조문위치변경 ○ 현행조문상 '해양사고구조'를

에 의무 없이 이를 구조한 자는 그 결과에 대하여 상당한 보수를 청구할 수 있다. 항해선과 내수항행선간의 구조의 경우에도 또한 같다.	에는 의무 없이 이를 구조한 자는 결과에 대하여 상당한 보수를 청구할 수 있다. 항해선과 내수항행선간의 구조도 같다.	'해난구조'로 용어 수정함에 따라 '해양사고구조료'를 '해난구조료'로 수정함.
제883조(보수의 결정) 구조의 보수에 관한 약정이 없는 경우에 그 액에 대하여 당사자 사이에 합의가 성립하지 아니한 때에는 법원은 당사자의 청구에 의하여 구조된 선박·재산의 가액, 위난의 정도, 구조자의 노력과 비용, 구조자나 그 장비가 조우했던 위험의 정도, 구조의 효과, 환경손해방지를 위한 노력 그 밖의 제반사정을 참작하여 그 액을 정한다.	제850조(구조료의 결정) 구조의 보수에 관한 약정이 없는 경우에 그 액에 대하여 당사자간에 합의가 성립하지 아니한 때에는 법원은 당사자의 청구에 의하여 위난의 정도, 구조의 노력, 비용과 구조의 효과, 환경손해방지를 위한 노력 기타 제반사정을 참작하여 그 액을 정한다.	○ 조문위치변경
제884조(보수의 한도) ① 구조의 보수액은 다른 약정이 없으면 구조된 목적물의 가액을 초과하지 못한다. ② 선순위의 우선특권이 있는 때에는 구조의 보수액은 그 우선특권자의 채권액을 공제한 잔액을 초과하지 못한다.	제852조(구조료의 한도) ① 구조의 보수액은 다른 약정이 없으면 구조된 목적물의 가액을 초과하지 못한다. ② 선순위의 우선특권이 있을 때에는 구조의 보수액은 그 우선특권자의 채권액을 공제한 잔액을 초과하지 못한다.	○ 조문위치변경 ○ 구조료를 보수로 변경
제885조(환경손해방지작업에 대한 특별보상) ① 선박 또는 그 적하로 인하여 환경손해가 발생할 우려가 있는 경우에 손해의 경감 또는 방지의 효과를 수반하는 구조작업에 종사한 구조자는 구조의 성공 여부 및 제884조와 상관없이 구조에 소요된 비용을 특별보상으로 청구할 수 있다. ② 제1항에서 "비용"이란 구조작업에 실제로 지출한 합리적인 비용 및 사용된 장비와 인원에 대한 정당한 보수를 말한다. ③ 구조자는 발생할 환경손해가 구조작업으로 인하여 실제로 감경 또	신설	1989년 해난구조협약 제14조를 수용함.

는 방지된 때에는 보상의 증액을 청구할 수 있고, 법원은 제883조의 사정을 참작하여 증액 여부 및 그 금액을 정한다. 이 경우 증액된다 하더라도 구조료는 제1항의 비용의 배액을 초과할 수 없다. ④ 구조자의 고의 또는 과실로 인하여 손해의 감경 또는 방지에 지장을 가져 온 경우 법원은 제1항 및 제3항에서 정한 금액을 감액 혹은 부인할 수 있다. ⑤ 하나의 구조작업을 시행한 구조자가 제1항부터 제4항까지의 규정에서 정한 특별보상을 청구하는 것 외에 제882조에서 정한 보수도 청구할 수 있는 경우 그중 큰 금액을 구조료로 청구할 수 있다.		
제886조(구조료의 지급의무) 선박소유자와 그 밖에 구조된 재산의 권리자는 그 구조된 선박 또는 재산의 가액에 비례하여 구조에 대한 보수를 지급하고 특별보상을 하는 등 구조료를 지급할 의무가 있다.	신설	
제887조(구조에 관한 약정) ① 당사자가 미리 구조계약을 하고 그 계약에 따라 구조가 이루어진 경우에도 그 성질에 반하지 아니하는 한 구조계약에서 정하지 아니한 사항은 이 절에서 정한 바에 따른다. ② 해난 당시에 구조료의 금액에 대해 약정을 한 경우에도 그 금액이 현저하게 부당한 때에는 법원은 제883조의 사정을 참작하여 그 금액을 증감할 수 있다.	신설 제851조(약정구조료의 변경청구) 해양사고 당시에 구조의 보수액에 관한 약정을 한 경우에도 그 액이 현저하게 부당한 때에는 법원은 제850조의 사정을 참작하여 그 액을 증감할 수 있다.	○ 제1항은 계약구조에도 본절이 임의규정으로 적용될 가능성을 열어둠. ○ 제2항은 현행 제851조를 조문위치변경하여 규정함.
제888조(공동구조자간의 구조료분배) ① 수인이 공동으로 구조에 종사한 경우에 그 구조료의 분배비율에 관하여는 제883조를 준용한다.	제853조(공동구조자간의 구조료분배) ① 수인이 공동으로 구조에 종사한 경우에 그 보수액분배의 비율에 관하여는 제850조의 규정을 준	○ 조문위치변경

② 인명의 구조에 종사한 자도 제1항에 따라 구조료의 분배를 받을 수 있다.	용한다. ② 인명의 구조에 종사한 자도 제1항의 규정에 따라 구조의 보수액의 분배를 받을 수 있다.	
제889조(1선박 내부의 구조료분배) ① 선박이 구조에 종사하여 그 구조료를 받은 경우에는 먼저 선박의 손해액과 구조에 들어간 비용을 선박소유자에게 지급하고 잔액을 절반하여 선장과 해원에게 지급하여야 한다. ② 제1항에 따라 해원에게 지급할 구조료의 분배는 선장이 각 해원의 노력, 그 효과와 사정을 참작하여 그 항해의 종료 전에 분배안을 작성하여 해원에게 고시하여야 한다.	제854조(1선박내부의 구조료분배) ① 선박이 구조에 종사하여 그 보수를 받은 경우에는 먼저 선박의 손해액과 구조에 요한 비용을 선박소유자에게 지급하고 그 잔액을 절반하여 선장과 해원에게 지급하여야 한다. ② 제1항의 규정에 의하여 해원에게 지급할 보수액의 분배는 선장이 각 해원의 노력, 그 효과와 사정을 참작하여 그 항해의 종료 전에 분배안을 작성하여 해원에게 고시하여야 한다.	○ 조문위치변경
제890조(예선의 구조의 경우) 예선의 본선 또는 그 적하에 대한 구조에 관하여는 예선계약의 이행으로 볼 수 없는 특수한 노력을 제공한 경우가 아니면 구조료를 청구하지 못한다.	제855조(예선의 구조의 경우) 예선의 본선 또는 그 적하에 대한 구조에 관하여는 예선계약의 이행으로 볼 수 없는 특수한 노력을 제공한 경우가 아니면 구조의 보수를 청구하지 못한다.	○ 조문위치변경
제891조(동일소유자에 속한 선박간의 보수) 동일소유자에 속한 선박의 상호간에 있어서도 구조에 종사한 자는 상당한 구조료를 청구할 수 있다.	제856조(동일소유자에 속한 선박간의 보수) 동일소유자에 속한 선박 상호간에 있어서는 구조에 종사한 자는 상당한 보수를 청구할 수 있다.	○ 조문위치변경
제892조(구조료청구권 없는 자) 다음의 자는 구조료를 청구하지 못한다. 1. 구조받은 선박에 종사하는 자 2. 고의 또는 과실로 인하여 해난사고를 야기한 자 3. 정당한 거부에 불구하고 구조를 강행한 자 4. 구조된 물건을 은닉하거나 정당한 이유 없이 처분한 자	제857조(구조료청구권 없는 자) 다음의 자는 구조의 보수를 청구하지 못한다. 1. 구조받은 선박에 종사하는 자 2. 고의 또는 과실로 인하여 해양사고를 야기한 자 3. 정당한 거부에 불구하고 구조를 강행한 자 4. 구조된 물건을 은닉하거나 정당한 사유 없이 처분한 자	○ 조문위치변경

第893조(구조자의 우선특권) ① 구조에 종사한 자의 구조료채권은 구조된 적하에 대하여 우선특권이 있다. 다만, 채무자가 그 적하를 제 3 취득자에게 인도한 후에는 그 적하에 대하여 이 권리를 행사하지 못한다. ② 제 1 항의 우선특권에는 그 성질에 반하지 아니하는 한 제777조의 우선특권에 관한 규정을 준용한다.	第858조(구조자의 우선특권) ① 구조에 종사한 자의 보수채권은 구조된 적하에 대하여 우선특권이 있다. 그러나 채무자가 그 적하를 제 3 취득자에게 인도한 후에는 그 적하에 대하여 이 권리를 행사하지 못한다. ② 제 1 항의 우선특권에는 선박채권자의 우선특권에 관한 규정을 준용한다.	○ 조문위치변경
第894조(구조료지급에 관한 선장의 권한) ① 선장은 구조료를 지급할 채무자에 갈음하여 그 지급에 관한 재판상 또는 재판 외의 모든 행위를 할 권한이 있다. ② 선장은 그 구조료에 관한 소송의 당사자가 될 수 있고, 그 확정판결은 구조료의 채무자에 대하여도 효력이 있다.	第859조(구조료지급에 관한 선장의 권한) ① 선장은 보수를 지급할 채무자에 갈음하여 그 지급에 관한 재판상 또는 재판 외의 모든 행위를 할 권한이 있다. ② 선장은 그 보수에 관한 소송의 당사자가 될 수 있고, 그 확정판결은 구조의 보수액의 채무자에 대하여도 효력이 있다.	○ 조문위치변경
第895조(구조료청구권의 소멸) 구조료청구권은 구조가 완료된 날부터 2년 이내에 재판상 청구가 없으면 소멸한다. 이 경우 제814조 제1항 단서를 준용한다.	第860조(구조료청구권의 소멸) 구조에 대한 보수의 청구권은 구조가 완료한 날부터 2 년 내에 재판상 청구가 없으면 소멸한다. 그러나 제811조 단서의 규정은 이 경우에 준용한다.	○ 조문위치변경

부 칙

제 1 조(시행일) 이 법은 공포 후 1년이 경과한 날부터 시행한다. 다만, 제797조제1항의 개정규정 중 중량 1킬로그램당 2 계산단위의 금액 부분은 공포 후 3년이 경과한 날부터 시행한다.

제 2 조(운송장에 관한 경과조치) 이 법 시행 당시 종전의 규정에 의하여 발행된 운송장은 제126조의 개정규정에 의하여 발행된 화물명세서로 본다.

제 3 조(손해배상에 관한 경과조치) 이 법 시행 전에 발생한 사고 그 밖의 손해배상의 원인으로 인하여 생긴 손해에 관한 채권에는 제5편의 개정규정에 불구하고 종전의 규정에 의한다.

제 4 조(책임한도액에 관한 경과조치) 이 법 시행 후 3년간 발생한 사고에 대한 제770조제1항제1호의 개정규정에 따른 선박소유자의 책임한도에 관하여는 그 선박의 선박검사증서에 기재된 여객의 정원에 8만7천500 계산단위를 곱하여 얻은 금액을 그 책임한도액으로 한다.

제 5 조(운송인 등의 채권·채무에 관한 경과조치) ① 이 법 시행 전에 운송인 또는 선박소유자가 개품운송계약·항해용선계약 또는 정기용선계약을 체결한 경우에 용선자·송하인 또는 수하인에 대한 채권·채무의 소멸에 관하여는 제814조제2항·제840조 및 제846조의 개정규정에 불구하고 종전의 규정에 의한다.

② 이 법 시행 전에 선박소유자가 선박임대차계약을 체결한 경우에 있어서 당사자간 채권의 소멸에 관하여는 제851조의 개정규정에 불구하고 종전의 규정에 의한다.

제 6 조(선박임대차계약에 관한 경과조치) 이 법 시행 전에 체결된 선박임대차계약은 이 법 시행과 동시에 제847조의 개정규정에 의한 선체용선계약의 효력이 있는 것으로 본다.

제 7 조(선하증권에 관한 경과조치) 이 법 시행 당시 종전의 규정에 의하여 발행된 선하증권은 제853조제1항의 개정규정에 적합한 선하증권으로 본다.

제 8 조(다른 법률과의 관계) 이 법 시행 당시 다른 법률에서 종전의 「상법」 규정을 인용한 경우에 이 법 중 그에 해당하는 규정이 있을 때에는 종전의 규정에 갈음하여 이 법의 해당조항을 인용한 것으로 본다.

제 9 조(다른 법률의 개정) ① 민사집행법 일부를 다음과 같이 개정한다.

제185조제3항 중 "상법 제760조"를 "상법 제764조"로 한다,

② 非訟事件節次法 일부를 다음과 같이 개정한다.

제72조제5항 중 "同法 第804條第1項"을 "동법 제808조제1항"으로 한다.

③ 船舶所有者등의責任制限節次에관한法律 일부를 다음과 같이 개정한다.

제1조 중 "商法 第746條 내지 第752條의2"를 "상법 제769조 내지 제776조"로 한다.

제10조 중 "商法 第747條第1項"을 "상법 제770조제1항"으로 한다.

제11조제1항 중 "商法 第747條第1項 各號와 第4項"을 "상법 제770조제1항 각호와 제4항"으로 하고, 동조 제2항 중 "商法 第747條第5項"을 "상법 제770조제5항"으로 한다.

제17조제1호 중 "商法 第752條第1項"을 "상법 제776조제1항"으로 한다.

제18조제1호 중 "商法 第747條第1項"을 "상법 제770조제1항"으로 하고, 동조 제2호 중 "商法 第746條 但書 또는 第748條"를 "상법 제769조 단서 또는 제773조"로 한다.

제31조제1항 중 "商法 第747條第1項"을 "상법 제770조제1항"으로 한다.

제43조제1항제4호 중 "商法 第747條第1項"을 "상법 제770조제1항"으로 한다.

제53조 중 "商法 第747條第1項"을 "상법 제770조제1항"으로 한다.

제56조 중 "商法 第747條第1項"을 "상법 제770조제1항"으로 한다.

제57조제2항 중 "商法 第747條第1項"을 "상법 제770조제1항"으로 한다.

제66조제2항 중 "商法 第747條第1項"을 "상법 제770조제1항"으로 한다.

④ 原子力損害賠償法 일부를 다음과 같이 개정한다.

제3조제4항 중 "商法 제746조 내지 제748조·第842條 및 第848條"를 "상법 제769조, 제770조, 제773조, 제875조 및 제881조"로 한다.

⑤ 유류오염손해배상 보장법 일부를 다음과 같이 개정한다.

제41조 중 "商法 第747條第1項"을 "상법 제770조제1항"으로 하고, 동조 "商法 第747條第1項 各號와 第4項"을 "상법 제770조제1항 각호와 제4항"으로 하며, 동조 "商法 第752條第1項 "을 "상법 제776조제1항"으로 한다.

제43조제2항 중 "商法 第861條第1項第4號"를 "상법 제777조제1항제4호"로 하고, 동조 제3항 중 "商法 第861條 내지 第870條"를 "상법 제777조 내지 제786조"로 한다.

부록2: 표준 나용선 계약서(Barecon)

1. Shipbroker	THE BALTIC AND INTERNATIONAL MARITIME COUNCIL (BIMCO) STANDARD BAREBOAT CHARTER CODE NAME: "BARECON 89" PART I 2. Place and date
3. Owners/Place of business	4. Bareboat charterers (Charterers)/Place of business
5. Vessel's name, Call Sign and Flag (Cl. 9(c))	
6. Type of Vessel	7. GRT/NRT
8. When/Where built	9. Total DWT (abt.) in metric tons on summer freeboard
10. Class (Cl. 9)	11. Date of last special survey by the Vessel's classification society
12. Further particulars of Vessel (also indicate minimum number of months' validity of class certificates agreed acc. to Cl. 14)	

First issued by
The Baltic and International Maritime Council (BIMCO), Copenhagen
in 1974 as "Barecon 'A'" and "Barecon 'B'"
Revised and amalgamated 1989

13. Port or Place of delivery (Cl. 2)	14. Time for delivery (Cl. 3)	15. Cancelling date (Cl. 4)
	16. Port or Place of redelivery (Cl. 14)	
17. Running days' notice if other than stated in Cl. 3	18. Frequency of dry-docking if other than stated in Cl. 9(f)	
19. Trading Limits (Cl. 5)		
20. Charter period	21. Charter hire (Cl. 10)	
22. Rate of interest payable acc. to Cl. 10(f) and, if applicable, acc. to PART IV	23. Currency and method of payment (Cl. 10)	

(continued)

"BARECON 89" Standard Bareboat Charter

PART I

24. Place of payment; also state beneficiary and bank account (Cl. 10)	25. Bank guarantee/bond (sum and place) (Cl. 22) (optional)
26. Mortgage(s), if any, (state whether Cl. 11(a) or (b) applies; if 11(b) applies state date of Deed(s) of Covenant and name of Mortgagee(s)/Place of business) (Cl. 11)	27. Insurance (marine and war risks) (state value acc. to Cl. 12(f) or, if applicable, acc. to Cl. 13(k)) (also state if Cl. 13 applies)
28. Additional insurance cover, if any, for Owners' account limited to (Cl. 12(b)) or, if applicable, (Cl. 13(g))	29. Additional insurance cover, if any, for Charterers' account limited to (Cl. 12(b)) or, if applicable, (Cl. 13(g))
30. Latent defects (only to be filled in if period other than stated in Cl. 2)	31. War cancellation (indicate countries agreed) (Cl. 24)
32. Brokerage commission and to whom payable (Cl. 25)	
33. Law and arbitration (state 26.1., 26.2., or 26.3. of Cl. 26 as agreed; if 26.3. agreed, also state place of arbitration) (Cl. 26)	34. Number of additional clauses covering special provisions, if agreed

35. Newbuilding Vessel (indicate with "yes" or "no" whether Part III applies) (optional)	36. Name and place of Builders (only to be filled in if Part III applies)
37. Vessel's Yard Building No. (only to be filled in if Part III applies)	38. Date of Building Contract (only to be filled in if Part III applies)
39. Hire/Purchase agreement (indicate with "yes" or "no" whether Part IV applies) (optional)	40. Bareboat Charter Registry (indicate with "yes" or "no" whether Part V applies) (optional)
41. Flag and Country of the Bareboat Charter Registry (only to be filled in if Part V applies)	42. Country of the Underlying Registry (only to be filled in if Part V applies)

PREAMBLE. – It is mutually agreed that this Contract shall be performed subject to the conditions contained in this Charter which shall include PART I and PART II. In the event of a conflict of conditions, the provisions of PART I shall prevail over those of PART II to the extent of such conflict but no further. It is further mutually agreed that PART III and/or PART IV and/or PART V shall only apply and shall only form part of this Charter if expressly agreed and stated in the Boxes 35, 39 and 40. If PART III and/or PART IV and/or PART V apply, it is further mutually agreed that in the event of a conflict of conditions, the provisions of PART I and PART II shall prevail over those of PART III and/or PART IV and/or PART V to the extent of such conflict but no further.

Signature (Owners)	Signature (Charterers)

Printed and sold by Fr. G. Knudtzons Bogtrykkeri A/S, 55 Toldbodgade, DK-1253 Copenhagen K, Telefax +45 33 93 11 84
by authority of The Baltic and International Maritime Council (BIMCO), Copenhagen

PART II
"BARECON 89" Standard Bareboat Charter

1. Definitions

In this Charter, the following terms shall have the meanings hereby assigned to them:

"The Owners" shall mean the person or company registered as Owners of the Vessel.

"The Charterers" shall mean the Bareboat charterers and shall not be construed to mean a time charterer or a voyage charterer.

2. Delivery *(not applicable to newbuilding vessels)*

The Vessel shall be delivered and taken over by the Charterers at the port or place indicated in Box 13, in such ready berth as the Charterers may direct.

The Owners shall before and at the time of delivery exercise due diligence to make the Vessel seaworthy and in every respect ready in hull, machinery and equipment for service under this Charter. The Vessel shall be properly documented at time of delivery.

The delivery to the Charterers of the Vessel and the taking over of the Vessel by the Charterers shall constitute a full performance by the Owners of all the Owners' obligations under Clause 2, and thereafter the Charterers shall not be entitled to make or assert any claim against the Owners on account of any conditions, representations or warranties expressed or implied with respect to the Vessel but the Owners shall be responsible for repairs or renewals occasioned by latent defects in the Vessel, her machinery or appurtenances, existing at the time of delivery under the Charter, provided such defects have manifested themselves within 18 months after delivery unless otherwise provided in Box 30.

3. Time for Delivery *(not applicable to newbuilding vessels)*

The Vessel to be delivered not before the date indicated in Box 14 unless with the Charterers' consent.

Unless otherwise agreed in Box 17, the Owners to give the Charterers not less than 30 running days' preliminary and not less than 14 days' definite notice of the date on which the Vessel is expected to be ready for delivery.

The Owners to keep the Charterers closely advised of possible changes in the Vessel's position.

4. Cancelling *(not applicable to newbuilding vessels)*

Should the Vessel not be delivered latest by the cancelling date indicated in Box 15, the Charterers to have the option of cancelling this Charter without prejudice to any claim the Charterers may otherwise have on the Owners under the Charter.

If it appears that the Vessel will be delayed beyond the cancelling date, the Owners shall, as soon as they are in a position to state with reasonable certainty the day on which the Vessel should be ready, give notice thereof to the Charterers asking whether they will exercise their option of cancelling, and the option must then be declared within one hundred and sixty-eight (168) hours of the receipt by the Charterers of such notice. If the Charterers do not then exercise their option of cancelling, the seventh day after the readiness date stated in the Owners' notice shall be regarded as a new cancelling date for the purpose of this Clause.

8. Inventories and Consumable Oil and Stores

A complete inventory of the Vessel's entire equipment, outfit, appliances and of all consumable stores on board the Vessel shall be made by the Charterers in conjunction with the Owners on delivery and again on redelivery of the Vessel. The Charterers and the Owners, respectively, shall at the time of delivery and redelivery take over and pay for all bunkers, lubricating oil, water and unbroached provisions, paints, oils, ropes and other consumable stores in the said Vessel at the then current market prices at the ports of delivery and redelivery, respectively.

9. Maintenance and Operation

(a) The Vessel shall during the Charter period be in the full possession and at the absolute disposal for all purposes of the Charterers and under their complete control in every respect. The Charterers shall maintain the Vessel, her machinery, boilers, appurtenances and spare parts in a good state of repair, in efficient operating condition and in accordance with good commercial maintenance practice and, except as provided for in Clause 13 (I), they shall keep the Vessel with unexpired classification of the class indicated in Box 10 and with other required certificates in force at all times.

The Charterers to take immediate steps to have the necessary repairs done within a reasonable time failing which the Owners shall have the right of withdrawing the Vessel from the service of the Charterers without noting any protest and without prejudice to any claim the Owners may otherwise have against the Charterers under the Charter.

Unless otherwise agreed, in the event of any improvement, structural changes or expensive new equipment becoming necessary for the continued operation of the Vessel by reason of new class requirements or by compulsory legislation costing more than 5 per cent. of the Vessel's marine insurance value as stated in Box 27, then the extent, if any, to which the rate of hire shall be varied and the ratio in which the cost of compliance shall be shared between the parties concerned in order to achieve a reasonable distribution thereof as between the Owners and the Charterers having regard, inter alia, to the length of the period remaining under the Charter, shall in the absence of agreement, be referred to arbitration according to Clause 26.

The Charterers are required to establish and maintain financial security or responsibility in respect of oil or other pollution damage as required by any government, including Federal, state or municipal or other divison or authority thereof, to enable the Vessel, without penalty or charge, lawfully to enter, remain at, or leave any port, place, territorial or contiguous waters of any country, state or municipality in performance of this Charter without any delay. This obligation shall apply whether or not such requirements have been lawfully imposed by such government or division or authority thereof. The Charterers shall make and maintain all arrangements by bond or otherwise as may be necessary to satisfy such requirements at the Charterers' sole expense and the Charterers shall indemnify the Owners against all consequences whatsoever (including loss of time) for any failure or inability to do so.

TOVALOP SCHEME. *(Applicable to oil tank vessels only).* – The Charterers are required to enter the Vessel under the **TOVALOP SCHEME** or under any similar compulsory scheme upon delivery under this Charter and to maintain her so during the currency of this Charter.

(b) The Charterers shall at their own expense and by their own procurement man, victual, navigate, operate, supply, fuel and repair the Vessel whenever

5. Trading Limits

The Vessel shall be employed in lawful trades for the carriage of suitable lawful merchandise within the trading limits indicated in Box 19.

The Charterers undertake not to employ the Vessel or suffer the Vessel to be employed otherwise than in conformity with the terms of the instruments of insurance (including any warranties expressed or implied therein) without first obtaining the consent to such employment of the Insurers and complying with such requirements as to extra premium or otherwise as the Insurers may prescribe. If required, the Charterers shall keep the Owners and the Mortgagees advised of the intended employment of the Vessel.

The Charterers also undertake not to employ the Vessel or suffer her employment in any trade or business which is forbidden by the law of any country to which the Vessel may sail or is otherwise illicit or in carrying illicit or prohibited goods or in any manner whatsoever which may render her liable to condemnation, destruction, seizure or confiscation.

Notwithstanding any other provisions contained in this Charter it is agreed that nuclear fuels or radioactive products or waste are specifically excluded from the cargo permitted to be loaded or carried under this Charter. This exclusion does not apply to radio-isotopes used or intended to be used for any industrial, commercial, agricultural, medical or scientific purposes provided the Owners' prior approval has been obtained to loading thereof.

6. Surveys *(not applicable to newbuilding vessels)*

Survey on Delivery and Redelivery. – The Owners and Charterers shall each appoint surveyors for the purpose of determining and agreeing in writing the condition of the Vessel at the time of delivery and redelivery hereunder. The Owners shall bear all expenses of the On-Survey including loss of time, if any, and the Charterers shall bear all expenses of the Off-Survey including loss of time, if any, at the rate of hire per day or pro rata, also including in each case the cost of any docking and undocking, if required, in connection herewith.

7. Inspection

Inspection. – The Owners shall have the right at any time to inspect or survey the Vessel or instruct a duly authorised surveyor to carry out such survey on their behalf to ascertain the condition of the Vessel and satisfy themselves that the Vessel is being properly repaired and maintained. Inspection or survey in dry-dock shall be made only when the Vessel shall be in dry-dock for the Charterers' purpose. However, the Owners shall have the right to require the Vessel to be dry-docked for inspection if the Charterers are not docking her at normal classification intervals. The fees for such inspection or survey shall in the event of the Vessel being found to be in the condition provided in Clause 9 of this Charter be payable by the Owners and shall be paid by the Charterers only in the event of the Vessel being found to require repairs or maintenance in order to achieve the condition so provided. All time taken in respect of inspection, survey or repairs shall count as time on hire and shall form part of the Charter period.

The Charterers shall also permit the Owners to inspect the Vessel's log books whenever requested and shall whenever required by the Owners furnish them with full information regarding any casualties or other accidents or damage to the Vessel. For the purpose of this Clause, the Charterers shall keep the Owners advised of the intended employment of the Vessel.

required during the Charter period and they shall pay all charges and expenses of every kind and nature whatsoever incidental to their use and operation of the Vessel under this Charter, including any foreign general municipality and/or state taxes. The Master, officers and crew of the Vessel shall be the servants of the Charterers for all purposes whatsoever, even if for any reason appointed by the Owners.

Charterers shall comply with the regulations regarding officers and crew in force in the country of the Vessel's flag or any other applicable law.

(c) During the currency of this Charter, the Vessel shall retain her present name as indicated in Box 5 and shall remain under and fly the flag as indicated in Box 5. Provided, however, that the Charterers shall have the liberty to paint the Vessel in their own colours, install and display their funnel insignia and fly their own house flag. Painting and re-painting, instalment and re-instalment to be for the Charterers' account and time used thereby to count as time on hire.

(d) The Charterers shall make no structural changes in the Vessel or changes in the machinery, boilers, appurtenances or spare parts thereof without in each instance first securing the Owners' approval thereof. If the Owners so agree, the Charterers shall, if the Owners so require, restore the Vessel to its former condition before the termination of the Charter.

(e) The Charterers shall have the use of all outfit, equipment, and appliances on board the Vessel at the time of delivery, provided the same or their substantial equivalent shall be returned to the Owners on redelivery in the same good order and condition as when received, ordinary wear and tear excepted. The Charterers shall from time to time during the Charter period replace such items of equipment as shall be so damaged or worn as to be unfit for use. The Charterers are to procure that all repairs to or replacement of any damaged, worn or lost parts or equipment be effected in such manner (both as regards workmanship and quality of materials) as not to diminish the value of the Vessel. The Charterers have the right to fit additional equipment at their expense and risk but the Charterers shall remove such equipment at the end of the period if requested by the Owners.

Any equipment including radio equipment on hire on the Vessel at time of delivery shall be kept and maintained by the Charterers and the Charterers shall assume the obligations and liabilities of the Owners under any lease contracts in connection therewith and shall reimburse the Owners for all expenses incurred in connection therewith, also for any new equipment required in order to comply with radio regulations.

(f) The Charterers shall dry-dock the Vessel and clean and paint her underwater parts whenever the same may be necessary, but not less than once in every eighteen calendar months after delivery unless otherwise agreed in Box 18.

10. Hire

(a) The Charterers shall pay to the Owners for the hire of the Vessel at the lump sum per calendar month as indicated in Box 21 commencing on and from the date and hour of her delivery to the Charterers and at and after the agreed lump sum for any part of a month. Hire to continue until the date and hour when the Vessel is redelivered by the Charterers to her Owners.

(b) Payment of Hire, except for the first and last month's Hire, if sub-clause (c) of this Clause is applicable, shall be made in cash without discount every month in advance on the first day of each month in the currency and in the manner indicated in Box 23 and at the place mentioned in Box 24.

PART II
"BARECON 89" Standard Bareboat Charter

(c) Payment of Hire for the first and last month's Hire if less than a full month shall be calculated proportionally according to the number of days in the particular calendar month and advance payment to be effected accordingly.

(d) Should the Vessel be lost or missing, Hire to cease from the date and time when she was lost or last heard of. Any Hire paid in advance to be adjusted accordingly.

(e) Time shall be of the essence in relation to payment of Hire hereunder. In default of payment beyond a period of seven running days, the Owners shall have the right to withdraw the Vessel from the service of the Charterers without noting any protest and without interference by any court or any other formality whatsoever, and shall, without prejudice to any other claim the Owners may otherwise have against the Charterers under the Charter, be entitled to damages in respect of all costs and losses incurred as a result of the Charterers' default and the ensuing withdrawal of the Vessel.

(f) Any delay in payment of Hire shall entitle the Owners to an interest at the rate per annum as agreed in Box 22. If Box 22 has not been filled in the current market rate in the country where the Owners have their Principal Place of Business shall apply.

11. Mortgage

*) (a) Owners warrant that they have not effected any mortgage of the Vessel.

*) (b) The Vessel chartered under this Charter is financed by a mortgage according to the Deed(s) of Covenant annexed to this Charter and as stated in Box 26. By their counter-signature on the Deed(s) of Covenant, the Charterers undertake to have acquainted themselves with all terms, conditions and provisions of the said Deed(s) of Covenant. The Charterers undertake that they will comply with all such instructions or directions in regard to the employment, insurances, repairs and maintenance of the Vessel, etc., as laid down in the Deed(s) of Covenant or as may be directed from time to time during the currency of the Charter by the Mortgagee(s) in conformity with the Deed(s) of Covenant.

(c) The Owners warrant that they have not effected any mortgage(s) other than stated in Box 26 and that they will not effect any other mortgage(s) without the prior consent of the Charterers.

*) *(<u>Optional</u>, Clauses 11 (a) and 11 (b) are alternatives; indicate alternative agreed in Box 26).*

12. Insurance and Repairs

(a) During the Charter period the Vessel shall be kept insured by the Charterers at their expense against marine, war and Protection and Indemnity risks in such form as the Owners shall in writing approve, which approval shall not be unreasonably withheld. Such marine, war and P. and I. insurances shall be arranged by the Charterers to protect the interests of both the Owners and the Charterers and mortgagees (if any), and the Charterers shall be at liberty to protect under such insurances the interests of any managers they may appoint. All insurance policies shall be in the joint names of the Owners and the Charterers as their interests may appear.

If the Charterers fail to arrange and keep any of the the insurances provided for under the provisions of sub-clause (a) above in the manner described therein, the Owners shall notify the Charterers whereupon the Charterers shall rectify the position within seven running days, failing which Owners shall have the right to withdraw the Vessel from the service of the Charterers without prejudice to any claim the Owners may otherwise have against the Charterers.

(b) If the conditions of the above insurances permit additional insurance to be placed by the parties such cover shall be limited to the amount for each party set out in Box 28 and Box 29, respectively. The Owners or the Charterers as the case may be shall immediately furnish the other party with particulars of any additional insurance effected, including copies of any cover notes or policies and the written consent of the Insurers of any such required insurance in any case where the consent of such Insurers is necessary.

Charterers at their expense against Protection and Indemnity risks in such form as the Owners shall in writing approve which approval shall not be unreasonably withheld. If the Charterers fail to arrange and keep any of the insurances provided for under the provisions of sub-clause (b) in the manner described therein, the Owners shall notify the Charterers whereupon the Charterers shall rectify the position within seven running days, failing which the Owners shall have the right to withdraw the Vessel from the service of the Charterers without prejudice to any claim the Owners may otherwise have against the Charterers.

(c) In the event that any act or negligence of the Charterers shall vitiate any of the insurance herein provided, the Charterers shall pay to the Owners all losses and indemnify the Owners against all claims and demands which would otherwise have been covered by such insurance.

(d) The Charterers shall, subject to the approval of the Owners or Owners' Underwriters, effect all insured repairs, and the Charterers shall undertake settlement of all miscellaneous expenses in connection with such repairs as well as all insured charges, expenses and liabilities, to the extent of coverage under the insurances provided for under the provisions of sub-clause (a) of this Clause. The Charterers to be secured reimbursement through the Owners' Underwriters for such expenditures upon presentation of accounts.

(e) The Charterers to remain responsible for and to effect repairs and settlement of costs and expenses incurred thereby in respect of all other repairs not covered by the insurances and/or not exceeding any possible franchise(s) or deductibles provided for in the insurances.

(f) All time used for repairs under the provisions of sub-clause (d) and (e) of this Clause and for repairs of latent defects according to Clause 2 above, including any deviation, shall count as time on hire and shall form part of the Charter period.

The Owners shall not be responsible for any expenses as are incident to the use and operation of the Vessel for such time as may be required to make such repairs.

(g) If the conditions of the above insurances permit additional insurance to be placed by the parties such cover shall be limited to the amount for each party set out in Box 28 and Box 29, respectively. The Owners or the Charterers as the case may be shall immediately furnish the other party with particulars of any additional insurance effected, including copies of any cover notes or policies and the written consent of the Insurers of any such required insurance in any case where the consent of such Insurers is necessary.

(h) Should the Vessel become an actual, constructive, compromised or agreed total loss under the insurances required under sub-clause (a) of this Clause, all insurance payments for such loss shall be paid to the Owners, who shall distribute the moneys between themselves and the Charterers according to their respective interests.

(i) If the Vessel becomes an actual, constructive, compromised or agreed total loss under the insurances arranged by the Owners in accordance with sub-clause (a) of this Clause, this Charter shall terminate as of the date of such loss.

(j) The Charterers shall upon the request of the Owners, promptly execute such documents as may be required to enable the Owners to abandon the Vessel to Insurers and claim a constructive total loss.

(k) For the purpose of insurance coverage against marine and war risks under the provisions of sub-clause (a) of this Clause, the value of the Vessel is the sum indicated in Box 27.

(l) Notwithstanding anything contained in Clause 9 (a), it is agreed that under

The Charterers shall, subject to the approval of the Owners and the Underwriters, effect all insured repairs and shall undertake settlement of all costs in connection with such repairs as well as insured charges, expenses and liabilities (reimbursement to be secured by the Charterers from the Underwriters) to the extent of coverage under the insurances herein provided for.

The Charterers also to remain responsible for and to effect repairs and settlement of costs and expenses incurred thereby in respect of all other repairs not covered by the insurances and/or not exceeding any possible franchise(s) or deductibles provided for in the insurances.

All time used for repairs under the provisions of sub-clause (a) of this Clause and for repairs of latent defects according to Clause 2 above including any deviation shall count as time on hire and shall form part of the Charter period.

(b) If the conditions of the above insurances permit additional insurance to be placed by the parties, such cover shall be limited to the amount for each party set out in Box 28 and Box 29, respectively. The Owners or the Charterers as the case may be shall immediately furnish the other party with particulars of any additional insurance effected, including copies of any cover notes or policies and the written consent of the insurers of any such required insurance in any case where the consent of such insurers is necessary.

(c) Should the Vessel become an actual, constructive, compromised or agreed total loss under the insurances required under sub-clause (a) of Clause 12, all insurance payments for such loss shall be paid to the Mortgagee, if any, in the manner described in the Deed(s) of Covenant, who shall distribute the moneys between themselves, the Owners and the Charterers according to their respective interests. The Charterers undertake to notify the Owners and the Mortgagee, if any, of any occurrences in consequence of which the Vessel is likely to become a Total Loss as defined in this Clause.

(d) If the Vessel becomes an actual, constructive, compromised or agreed total loss under the insurances arranged by the Charterers in accordance with sub-clause (a) of this Clause, this Charter shall terminate as of the date of such loss.

(e) The Owners shall upon the request of the Charterers, promptly execute such documents as may be required to enable the Charterers to abandon the Vessel to insurers and claim a constructive total loss.

(f) For the purpose of insurance coverage against marine and war risks under the provisions of sub-clause (a) of this Clause, the value of the Vessel is the sum indicated in Box 27.

13. Insurance, Repairs and Classification

(Optional, only to apply if expressly agreed and stated in Box 27, in which event Clause 12 shall be considered deleted).

(a) During the Charter period the Vessel shall be kept insured by the Owners at their expense against marine and war risks under the form of policy or policies attached hereto. The Owners and/or insurers shall not have any right of recovery or subrogation against the Charterers on account of loss of or any damage to the Vessel or her machinery or appurtenances covered by such insurance, or on account of payments made to discharge claims against or liabilities of the Vessel or the Owners covered by such insurance. All insurance policies shall be in the joint names of the Owners and the Charterers as their interests may appear.

(b) During the Charter period the Vessel shall be kept insured by the the provisions of Clause 13, if applicable, the Owners shall keep the Vessel with unexpired classification in force at all times during the Charter period.

14. Redelivery

The Charterers shall at the expiration of the Charter period redeliver the Vessel at a safe and ice-free port or place as indicated in Box 16. The Charterers shall give the Owners not less than 30 running days' preliminary and not less than 14 days' definite notice of expected date, range of ports of redelivery or port or place of redelivery. Any changes thereafter in Vessel's position shall be notified immediately to the Owners.

Should the Vessel be ordered on a voyage by which the Charter period may be exceeded the Charterers to have the use of the Vessel to enable them to complete the voyage, provided it could be reasonably calculated that the voyage would allow redelivery about the time fixed for the termination of the Charter.

The Vessel shall be redelivered to the Owners in the same or as good structure, state, condition and class as that in which she was delivered, fair wear and tear not affecting class excepted.

The Vessel upon redelivery shall have her survey cycles up to date and class certificates valid for at least the number of months agreed in Box 12.

15. Non-Lien and Indemnity

The Charterers will not suffer, nor permit to be continued, any lien or encumbrance incurred by them or their agents, which might have priority over the title and interest of the Owners in the Vessel.

The Charterers further agree to fasten to the Vessel in a conspicuous place and to keep so fastened during the Charter period a notice reading as follows:-

"This Vessel is the property of (name of Owners). It is under charter to (name of Charterers) and by the terms of the Charter Party neither the Charterers nor the Master have any right, power or authority to create, incur or permit to be imposed on the Vessel any lien whatsoever."

The Charterers shall indemnify and hold the Owners harmless against any lien of whatsoever nature arising upon the Vessel during the Charter period while she is under the control of the Charterers, and against any claims against the Owners arising out of or in relation to the operation of the Vessel by the Charterers. Should the Vessel be arrested by reason of claims or liens arising out of her operation hereunder by the Charterers, the Charterers shall at their own expense take all reasonable steps to secure that within a reasonable time the Vessel is released and at their own expense put up bail to secure release of the Vessel.

16. Lien

The Owners to have a lien upon all cargoes and sub-freights belonging to the Charterers and any Bill of Lading freight for all claims under this Charter, and the Charterers to have a lien on the Vessel for all moneys paid in advance and not earned.

17. Salvage

All salvage and towage performed by the Vessel shall be for the Charterers' benefit and the cost of repairing damage occasioned thereby shall be borne by the Charterers.

PART II
"BARECON 89" Standard Bareboat Charter

18. Wreck Removal

In the event of the Vessel becoming a wreck or obstruction to navigation the Charterers shall indemnify the Owners against any sums whatsoever which the Owners shall become liable to pay and shall pay in consequence of the Vessel becoming a wreck or obstruction to navigation.

19. General Average

General Average, if any, shall be adjusted according to the York-Antwerp Rules 1974 or any subsequent modification thereof current at the time of the casualty.

The Charter Hire not to contribute to General Average.

20. Assignment and Sub-Demise

The Charterers shall not assign this Charter nor sub-demise the Vessel except with the prior consent in writing of the Owners which shall not be unreasonably withheld and subject to such terms and conditions as the Owners shall approve.

21. Bills of Lading

The Charterers are to procure that all Bills of Lading issued for carriage of goods under this Charter shall contain a Paramount Clause incorporating any legislation relating to Carrier's liability for cargo compulsorily applicable in the trade; if no such legislation exists, the Bills of Lading shall incorporate the British Carriage of Goods by Sea Act. The Bills of Lading shall also contain the amended New Jason Clause and the Both-to-Blame Collision Clause.

The Charterers agree to indemnify the Owners against all consequences or liabilities arising from the Master, officers or agents signing Bills of Lading or other documents.

22. Bank Guarantee

The Charterers undertake to furnish, before delivery of the Vessel, a first class bank guarantee or bond in the sum and at the place as indicated in Box 25 as guarantee for full performance of their obligations under this Charter.

(Optional, only to apply if Box 25 filled in).

24. War

(a) The Vessel unless the consent of the Owners be first obtained not to be ordered nor continue to any place or on any voyage nor be used on any service which will bring her within a zone which is dangerous as the result of any actual or threatened act of war, war, hostilities, warlike operations, acts of piracy or of hostility or malicious damage against this or any other vessel or its cargo by any person, body or State whatsoever, revolution, civil war, civil commotion or the operation of international law, nor be exposed in any way to any risks or penalties whatsoever consequent upon the imposition of Sanctions, nor carry any goods that may in any way expose her to any risks of seizure, capture, penalties or any other interference of any kind whatsoever by the belligerent or fighting powers or parties or by any Government or Ruler.

(b) The Vessel to have liberty to comply with any orders or directions as to departure, arrival, routes, ports of call, stoppages, destination, delivery or in any other wise whatsoever given by the Government of the nation under whose flag the Vessel sails or any other Government or any person (or body) acting or purporting to act with the authority of such Government or by any committee or person having under the terms of the war risks insurance on the Vessel the right to give any such orders or directions.

(c) In the event of outbreak of war (whether there be a declaration of war or not) between any two or more of the countries as stated in Box 31, both the Owners and the Charterers shall have the right to cancel this Charter, whereupon the Charterers shall redeliver the Vessel to the Owners in accordance with Clause 14, if she has cargo on board after discharge thereof at destination, or if debarred under this Clause from reaching or entering it at a near open and safe port as directed by the Owners, or if she has no cargo on board, at the port at which she then is or if at sea at a near open and safe port as directed by the Owners. In all cases hire shall continue to be paid in accordance with Clause 10 and except as aforesaid all other provisions of this Charter shall apply until redelivery.

25. Commission

The Owners to pay a commission at the rate indicated in Box 32 to the Brokers named in Box 32 on any Hire paid under the Charter but in no case less than is necessary to cover the actual expenses of the Brokers and a reasonable fee for their work. If the full Hire is not paid owing to breach of Charter by either of the parties the party liable therefor to indemnify the Brokers against their loss of commission.

Should the parties agree to cancel the Charter, the Owners to indemnify the Brokers against any loss of commission but in such case the commission not to exceed the brokerage on one year's Hire.

23. Requisition/Acquisition

(a) In the event of the Requisition for Hire of the Vessel by any governmental or other competent authority (hereinafter referred to as "Requisition for Hire") irrespective of the date during the Charter period when "Requisition for Hire" may occur and irrespective of the length thereof and whether or not it be for an indefinite or a limited period of time, and irrespective of whether it may or will remain in force for the remainder of the Charter period, this Charter shall not be deemed thereby or thereupon to be frustrated or otherwise terminated and the Charterers shall continue to pay the stipulated hire in the manner provided by this Charter until the time when the Charter would have terminated pursuant to any of the provisions hereof always provided however that in the event of "Requisition for Hire" any Requisition Hire or compensation received or receivable by the Owners shall be payable to the Charterers during the remainder of the Charter period or the period of the "Requisition for Hire" whichever be the shorter.

The Hire under this Charter shall be payable to the Owners from the same time as the Requisition Hire is payable to the Charterers.

(b) In the event of the Owners being deprived of their ownership in the Vessel by any Compulsory Acquisition of the Vessel or requisition for title by any governmental or other competent authority (hereinafter referred to as "Compulsory Acquisition"), then, irrespective of the date during the Charter period when "Compulsory Acquisition" may occur, this Charter shall be deemed terminated as of the date of such "Compulsory Acquisition". In such event Charter Hire to be considered as earned and to be paid up to the date and time of such "Compulsory Acquisition".

26. Law and Arbitration

*) 26.1. This Charter shall be governed by English law and any dispute arising out of this Charter shall be referred to arbitration in London, one arbitrator being appointed by each party, in accordance with the Arbitration Acts 1950 and 1979 or any statutory modification or re-enactment thereof for the time being in force. On the receipt by one party of the nomination in writing of the other party's arbitrator, that party shall appoint their arbitrator within fourteen days, failing which the decision of the single Arbitrator appointed shall apply. If two Arbitrators properly appointed shall not agree they shall appoint an umpire whose decision shall be final.

*) 26.2. Should any dispute arise out of this Charter, the matter in dispute shall be referred to three persons at New York, one to be appointed by each of the parties hereto, and the third by the two so chosen; their decision or that of any two of them shall be final, and for purpose of enforcing any award, this agreement may be made a rule of the Court.

The arbitrators shall be members of the Society of Maritime Arbitrators, Inc. of New York and the proceedings shall be conducted in accordance with the rules of the Society.

*) 26.3. Any dispute arising out of this Charter shall be referred to arbitration at the place indicated in Box 33, subject to the law and procedures applicable there.

26.4. If Box 33 in Part I is not filled in, sub-clause 26.1. of this Clause shall apply.

*) *26.1., 26.2. and 26.3. are alternatives; indicate alternative agreed in Box 33.*

"BARECON 89" Standard Bareboat Charter

OPTIONAL PART

PART III
PROVISIONS TO APPLY FOR NEWBUILDING VESSELS ONLY

(Optional, only to apply if expressly agreed and stated in Box 35)

Specifications and Building Contract

(a) The Vessel shall be constructed in accordance with the Building Contract (hereafter called "the Building Contract") as annexed to this Charter, made between the Builders and the Owners and in accordance with the specifications and plans annexed thereto, such Building Contract, specifications and plans having been counter-signed as approved by the Charterers.

(b) No change shall be made in the Building Contract or in the specifications or plans of the Vessel as approved by the Charterers as aforesaid, without the Charterers' consent.

(c) The Charterers shall have the right to send their representative to the Builders' Yard to inspect the Vessel during the course of her construction to satisfy themselves that construction is in accordance with such approved specifications and plans as referred to under sub-clause (a) of this Clause.

(d) The Vessel shall be built in accordance with the Building Contract and shall be of the description set out therein provided nevertheless that the Charterers shall be bound to accept the Vessel from the Owners on the date of delivery by the Builders as having been completed and constructed in accordance with the Building Contract and the Charterers undertake that after having so accepted the Vessel they will not thereafter raise any claims against the Owners in respect of the Vessel's performance or specification or defects if any except that in respect of any repair or replacement of any defects which appear within the first 12 months from delivery the Owners shall use their best endeavours to recover any expenditure incurred in remedying such defects from the Builders, but shall only be liable to the Charterers to the extent the Owners have a valid claim against the Builders under the guarantee clause of the Building Contract (a copy whereof has been supplied to the Charterers) provided that the Charterers shall be bound to accept such sums as the Owners are able to recover under this clause and shall make no claim upon the Owners for any difference between the amounts so recovered and the actual expenditure incurred on repairs or replacements or for any loss of time incurred thereby.

Time and Place of Delivery

(a) Subject to the Vessel having completed her acceptance trials including trials of cargo equipment in accordance with the Building Contract and specifications to the satisfaction of the Charterers, the Owners shall give and the Charterers shall take delivery of the Vessel afloat when ready for delivery at the Builders' Yard or some other safe and readily accessible dock, wharf or place as may be agreed between the parties hereto and the Builders. Under the Building Contract the Builders have estimated that the Vessel will be ready for delivery to the Owners as therein provided but the delivery date for the purpose of this Charter shall be the date when the Vessel is in fact ready for delivery by the Builders after completion of trials whether that be before or after as indicated in the Building Contract. Notwithstanding the foregoing, the Charterers shall not be obliged to take delivery of the Vessel until she has been classed and documented as provided in this Charter and free for transfer to the flag she has to fly. Subject as aforesaid the Charterers shall not be entitled to refuse acceptance of delivery of the Vessel and upon and after such acceptance the Charterers shall not be entitled to make any claim against the Owners in respect of any conditions, representations or warranties, whether express or implied, as to the seaworthiness of the Vessel or in respect of delay in delivery or otherwise howsoever.

(b) If for any reason other than a default by the Owners under the Building Contract, the Builders become entitled under that Contract not to deliver the Vessel to the Owners, the Owners shall upon giving to the Charterers written notice of Builders becoming so entitled, be excused from giving delivery of the Vessel to the Charterers and upon receipt of such notice by the Charterers this Charter shall cease to have effect.

(c) If for any reason the Owners become entitled under the Building Contract to reject the Vessel the Owners shall, before exercising such right of rejection, consult the Charterers and thereupon

i) if the Charterers do not wish to take delivery of the Vessel they shall inform the Owners within seven (7) days by notice in writing and upon receipt by the Owners of such notice this Charter shall cease to have effect; or

ii) if the Charterers wish to take delivery of the Vessel they may by notice in writing within seven (7) days require the Owners to negotiate with the Builders as to the terms on which delivery should be taken and/or refrain from exercising their right to rejection and upon receipt of such notice the Owners shall commence such negotiations and/or take delivery of the Vessel from the Builders and deliver her to the Charterers;

iii) in no circumstances shall the Charterers be entitled to reject the Vessel unless the Owners are able to reject the Vessel from the Builders;

iv) if this Charter terminates under sub-clause (b) or (c) of this Clause, the Owners shall thereafter not be liable to the Charterers for any claim under or arising out of this Charter or its termination.

Guarantee Works

If not otherwise agreed, the Owners authorize the Charterers to arrange for the guarantee works to be performed in accordance with the building contract terms, and hire to continue during the period of guarantee works. The Charterers have to advise the Owners about the performance to the extent the Owners may request.

Name of Vessel

The name of the Vessel shall be mutually agreed between the Owners and the Charterers and the Vessel shall be painted in the colours, display the funnel insignia and fly the house flag as required by the Charterers.

Survey on Redelivery

The Owners and the Charterers shall appoint surveyors for the purpose of determining and agreeing in writing the condition of the Vessel at the time of re-delivery.

Without prejudice to Clause 14 (Part II), the Charterers shall bear all survey expenses and all other costs, if any, including the cost of docking and undocking, if required, as well as all repair costs incurred.

The Charterers shall also bear all loss of time spent in connection with any docking and undocking as well as repairs, which shall be paid at the rate of Hire per day or pro rata.

PART IV
HIRE/PURCHASE AGREEMENT

(Optional, only to apply if expressly agreed and stated in Box 39)

On expiration of this Charter and provided the Charterers have fulfilled their obligations according to Part I and II as well as Part III, if applicable, it is agreed, that on payment of the last month's hire instalment as per Clause 10 the Charterers have purchased the Vessel with everything belonging to her and the Vessel is fully paid for.

If the payment of the instalment due is delayed for less than 7 running days or for reason beyond the Charterers' control, the right of withdrawal under the terms of Clause 10(e) of Part II shall not be exercised. However, any delay in payment of the instalment due shall entitle the Owners to an interest at the rate per annum as agreed in Box 22. If Box 22 has not been filled in the current market rate in the country where the Owners have their Principal Place of Business shall apply.

In the following paragraphs the Owners are referred to as the Sellers and the Charterers as the Buyers.

The Vessel shall be delivered by the Sellers and taken over by the Buyers on expiration of the Charter.

The Sellers guarantee that the Vessel, at the time of delivery, is free from all encumbrances and maritime liens or any debts whatsoever other than those arising from anything done or not done by the Buyers or any existing mortgage agreed not to be paid off by the time of delivery. Should any claims, which have been incurred prior to the time of delivery be made against the Vessel, the Sellers hereby undertake to indemnify the Buyers against all consequences of such claims to the extent it can be proved that the Sellers are responsible for such claims. Any taxes, notarial, consular and other charges and expenses connected with the purchase and registration under Buyers' flag, shall be for Buyers' account. Any taxes, consular and other charges and expenses connected with closing of the Sellers' register, shall be for Sellers' account.

In exchange for payment of the last month's hire instalment the Sellers shall furnish the Buyers with a Bill of Sale duly attested and legalized, together with a certificate setting out the registered encumbrances, if any. On delivery of the Vessel the Sellers shall provide for deletion of the Vessel from the Ship's Register and deliver a certificate of deletion to the Buyers.

The Sellers shall, at the time of delivery, hand to the Buyers all classification certificates (for hull, engines, anchors, chains, etc.), as well as all plans which may be in Sellers' possession.

The Wireless Installation and Nautical Instruments, unless on hire, shall be included in the sale without any extra payment.

The Vessel with everything belonging to her shall be at Sellers' risk and expense until she is delivered to the Buyers, subject to the conditions of this Contract and the Vessel with everything belonging to her shall be delivered and taken over as she is at the time of delivery, after which the Sellers shall have no responsibility for possible faults or deficiencies of any description.

The Buyers undertake to pay for the repatriation of the Captain, officers and other personnel if appointed by the Sellers to the port where the Vessel entered the Bareboat Charter as per Clause 2 (Part II) or to pay the equivalent cost for their journey to any other place.

PART V
PROVISIONS TO APPLY FOR VESSELS REGISTERED IN A BAREBOAT CHARTER REGISTRY

(Optional, only to apply if expressly agreed and stated in Box 40)

Definitions

For the purpose of this PART V, the following terms shall have the meanings hereby assigned to them:

"The Bareboat Charter Registry" shall mean the registry of the State whose flag the Vessel will fly and in which the Charterers are registered as the bareboat charterers during the period of the Bareboat Charter.

"The Underlying Registry" shall mean the registry of the State in which the Owners of the Vessel are registered as Owners and to which jurisdiction and control of the Vessel will revert upon termination of the Bareboat Charter Registration.

Mortgage

The Vessel chartered under this Charter is financed by a mortgage and the provisions of Clause 11 (b) (Part II) shall apply.

Termination of Charter by Default

If the Vessel chartered under this Charter is registered in a Bareboat Charter Registry as stated in Box 41, and if the Owners shall default in the payment of any amounts due under the mortgage(s) specified in Box 26, the Charterers shall, if so required by the mortgagee, direct the Owners to re-register the Vessel in the Underlying Registry as shown in Box 42.

In the event of the Vessel being deleted from the Bareboat Charter Registry as stated in Box 41, due to a default by the Owners in the payment of any amounts due under the mortgage(s), the Charterers shall have the right to terminate this Charter forthwith and without prejudice to any other claim they may have against the Owners under this Charter.

부록3: 표준 정기용선 계약서(NYPE)

3-1 1946년 NYPE

The New York Produce Exchange Form
"NYPE"

Time Charter

GOVERNMENT FORM

Approved by the New York Produce Exchange

November 6th, 1913—Amended October 20th, 1921; August 6th, 1931; October 3rd, 1946

This Charter Party, made and concluded in .... day of .... 19.....

Between ....

Owners of the good .... { Steamship / Motorship } .... of ....

of .... tons gross register, and .... tons net register, having engines of .... indicated horse power and with hull, machinery and equipment in a thoroughly efficient state, and classed ....

at .... of about .... cubic feet bale capacity, and about .... tons of 2240 lbs. deadweight capacity (cargo and bunkers, including fresh water and stores not exceeding one and one-half percent of ship's deadweight capacity, allowing a minimum of fifty tons) on a draft of .... feet .... inches on .... Summer freeboard, inclusive of permanent bunkers, which are of the capacity of about .... tons of fuel, and capable of steaming, fully laden, under good weather conditions about .... knots on a consumption of about .... tons of best Welsh coal—best grade fuel oil—best grade Diesel oil, now ....

.... and .... Charterers of the City of ....

Witnesseth, That the said Owners agree to let, and the said Charterers agree to hire the said vessel, from the time of delivery, for about ....

.... within below mentioned trading limits.

Charterers to have liberty to sublet the vessel for all or any part of the time covered by this Charter, but Charterers remaining responsible for the fulfillment of this Charter Party.

Vessel to be placed at the disposal of the Charterers, at ....

....

in such dock or at such wharf or place (where she may safely lie, always afloat, at all times of tide, except as otherwise provided in clause No. 6), as the Charterers may direct. If such dock, wharf or place be not available time to count as provided for in clause No. 5. Vessel on her delivery to be ready to receive cargo with clean-swept holds and tight, staunch, strong and in every way fitted for the service, having water ballast, winches and donkey boiler with sufficient steam power, or if not equipped with donkey boiler, then other power sufficient to run all the winches at one and the same time (and with full complement of officers, seamen, engineers and firemen for a vessel of her tonnage), to be employed, in carrying lawful merchandise, including petroleum or its products, in proper containers, excluding ....

(vessel is not to be employed in the carriage of Live Stock, but Charterers are to have the privilege of shipping a small number on deck at their risk, all necessary fittings and other requirements to be for account of Charterers), in such lawful trades, between safe port and/or ports in British North America, and/or United States of America, and/or West Indies, and/or Central America, and/or Caribbean Sea, and/or Gulf of Mexico, and/or Mexico, and/or South America .... and/or Europe and/or Africa, and/or Asia, and/or Australia, and/or Tasmania, and/or New Zealand, but excluding Magdalena River, River St. Lawrence between October 31st and May 15th, Hudson Bay and all unsafe ports; also excluding, when out of season, White Sea, Black Sea and the Baltic,

....

....

....

as the Charterers or their Agents shall direct, on the following conditions:

1. That the Owners shall provide and pay for all provisions, wages and consular shipping and discharging fees of the Crew; shall pay for the insurance of the vessel, also for all the cabin, deck, engine-room and other necessary stores, including boiler water and maintain her class and keep the vessel in a thoroughly efficient state in hull, machinery and equipment for and during the service.

2. That the Charterers shall provide and pay for all the fuel except as otherwise agreed, Port Charges, Pilotages, Agencies, Commissions, Consular Charges (except those pertaining to the Crew) and all other usual expenses except those before stated, but when the vessel puts into a port for causes for which vessel is responsible, then all such charges incurred shall be paid by the Owners. Fumigations ordered because of illness of the crew to be for Owners account. Fumigations ordered because of cargoes carried or ports visited while vessel is employed under this charter to be for Charterers account. All other fumigations to be for Charterers account after vessel has been on charter for a continuous period of six months or more.

Charterers are to provide necessary dunnage and shifting boards, also any extra fittings requisite for a special trade or unusual cargo, but Owners to allow them the use of any dunnage and shifting boards already aboard vessel. Charterers to have the privilege of using shifting boards for dunnage, they making good any damage thereto.

3. That the Charterers, at the port of delivery, and the Owners, at the port of re-delivery, shall take over and pay for all fuel remaining on board the vessel at the current prices in the respective ports, the vessel to be delivered with not less than .... tons and not more than ....tons and to be re-delivered with not less than........................tons and not more than........................tons.

4. That the Charterers shall pay for the use and hire of the said Vessel at the rate of ....United States Currency per ton on vessel's total deadweight carrying capacity, including bunkers and stores, on.......................................summer freeboard, per Calendar Month, commencing on and from the day of her delivery, as aforesaid, and at and after the same rate for any part of a month; hire to continue until the hour of the day of her re-delivery in like good order and condition, ordinary wear and tear excepted, to the Owners (unless lost) at ....unless otherwise mutually agreed. Charterers are to give Owners not less than........................days notice of vessel's expected date of re-delivery, and probable port.

5. Payment of said hire to be made in New York in cash in United States Currency, semi-monthly in advance, and for the last half month or part of same the approximate amount of hire, and should same not cover the actual time, hire is to be paid for the balance day by day, as it becomes due, if so required by Owners, unless bank guarantee or deposit is made by the Charterers, otherwise failing the punctual and regular payment of the hire, or bank guarantee, or on any breach of this Charter Party, the Owners shall be at liberty to withdraw the vessel from the service of the Charterers, without prejudice to any claim they (the Owners) may otherwise have on the Charterers. Time to count from 7 a.m. on the working day following that on which written notice of readiness has been given to Charterers or their Agents before 4 p.m., but if required by Charterers, they to have the privilege of using vessel at once, such time used to count as hire.

Cash for vessel's ordinary disbursements at any port may be advanced as required by the Captain, by the Charterers or their Agents, subject to 2½% commission and such advances shall be deducted from the hire. The Charterers, however, shall in no way be responsible for the application of such advances.

6. That the cargo or cargoes be laden and/or discharged in any dock or at any wharf or place that Charterers or their Agents may direct, provided the vessel can safely lie always afloat at any time of tide, except at such places where it is customary for similar size vessels to safely lie aground.

7. That the whole reach of the Vessel's Hold, Decks, and usual places of loading (not more than she can reasonably stow and carry), also accommodations for Supercargo, if carried, shall be at the Charterers' disposal, reserving only proper and sufficient space for Ship's officers, crew, tackle, apparel, furniture, provisions, stores and fuel. Charterers have the privilege of passengers as far as accommodations allow, Charterers paying Owners .... per day per passenger for accommodations and meals. However, it is agreed that in case any fines or extra expenses are incurred in the consequence of the carriage of passengers, Charterers are to bear such risk and expense.

8. That the Captain shall prosecute his voyages with the utmost despatch, and shall render all customary assistance with ship's crew and boats. The Captain (although appointed by the Owners), shall be under the orders and directions of the Charterers as regards employment and agency; and Charterers are to load, stow, and trim the cargo at their expense under the supervision of the Captain, who is to sign Bills of Lading for cargo as presented, in conformity with Mate's or Tally Clerk's receipts.

9. That if the Charterers shall have reason to be dissatisfied with the conduct of the Captain, Officers, or Engineers, the Owners shall on receiving particulars of the complaint, investigate the same, and, if necessary, make a change in the appointments.

10. That the Charterers shall have permission to appoint a Supercargo, who shall accompany the vessel and see that voyages are prosecuted

with the utmost despatch. He is to be furnished with free accommodation, and same fare as provided for Captain's table, Charterers paying at the rate of $1.00 per day. Owners to victual Pilots and Customs Officers, and also, when authorized by Charterers or their Agents, to victual Tally Clerks, Stevedore's Foreman, etc., Charterers paying at the current rate per meal, for all such victualling.

11. That the Charterers shall furnish the Captain from time to time with all requisite instructions and sailing directions, in writing, and the Captain shall keep a full and correct Log of the voyage or voyages, which are to be patent to the Charterers or their Agents, and furnish the Charterers, their Agents or Supercargo, when required, with a true copy of daily Logs, showing the course of the vessel and distance run and the consumption of fuel.

12. That the Captain shall use diligence in caring for the ventilation of the cargo.

13. That the Charterers shall have the option of continuing this charter for a further period of ....

....

on giving written notice thereof to the Owners or their Agents ....days previous to the expiration of the first-named term, or any declared option.

14. That if required by Charterers, time not to commence before .... and should vessel not have given written notice of readiness on or before .... but not later than 4 p.m. Charterers or their Agents to have the option of cancelling this Charter at any time not later than the day of vessel's readiness.

15. That in the event of the loss of time from deficiency of men or stores, fire, breakdown or damages to hull, machinery or equipment, grounding, detention by average accidents to ship or cargo, drydocking for the purpose of examination or painting bottom, or by any other cause preventing the full working of the vessel, the payment of hire shall cease for the time thereby lost; and if upon the voyage the speed be reduced by defect in or breakdown of any part of her hull, machinery or equipment, the time so lost, and the cost of any extra fuel consumed in consequence thereof, and all extra expenses shall be deducted from the hire.

16. That should the Vessel be lost, money paid in advance and not earned (reckoning from the date of loss or being last heard of) shall be returned to the Charterers at once. The act of God, enemies, fire, restraint of Princes, Rulers and People, and all dangers and accidents of the Seas, Rivers, Machinery, Boilers and Steam Navigation, and errors of Navigation throughout this Charter Party, always mutually excepted.

The vessel shall have the liberty to sail with or without pilots, to tow and to be towed, to assist vessels in distress, and to deviate for the purpose of saving life and property.

17. That should any dispute arise between Owners and the Charterers, the matter in dispute shall be referred to three persons at New York, one to be appointed by each of the parties hereto, and the third by the two so chosen; their decision or that of any two of them, shall be final, and for the purpose of enforcing any award, this agreement may be made a rule of the Court. The Arbitrators shall be commercial men.

18. That the Owners shall have a lien upon all cargoes, and all sub-freights for any amounts due under this Charter, including General Average contributions, and the Charterers to have a lien on the Ship for all monies paid in advance and not earned, and any overpaid hire or excess deposit to be returned at once. Charterers will not suffer, nor permit to be continued, any lien or encumbrance incurred by them or their agents, which might have priority over the title and interest of the owners in the vessel.

19. That all derelicts and salvage shall be for Owners' and Charterers' equal benefit after deducting Owners' and Charterers' expenses and Crew's proportion. General Average shall be adjusted, stated and settled, according to Rules 1 to 15, inclusive, 17 to 22, inclusive, and Rule F of York-Antwerp Rules 1924, at such port or place in the United States as may be selected by the carrier, and as to matters not provided for by these Rules, according to the laws and usages at the port of New York. In such adjustment disbursements in foreign currencies shall be exchanged into United States money at the rate prevailing on the dates made and allowances for damage to cargo claimed in foreign currency shall be converted at the rate prevailing on the last day of discharge at the port or place of final discharge of such damaged cargo from the ship. Average agreement or bond and such additional security, as may be required by the carrier, must be furnished before delivery of the goods. Such cash deposit as the carrier or his agents may deem sufficient as additional security for the contribution of the goods and for any salvage and special charges thereon, shall, if required, be made by the goods, shippers, consignees or owners of the goods to the carrier before delivery. Such deposit shall, at the option of the carrier, be payable in United States money and be remitted to the adjuster. When so remitted the deposit shall be held in a special account at the place of adjustment in the name of the adjuster pending settlement of the General Average and refunds or credit balances, if any, shall be paid in United States money.

In the event of accident, danger, damage, or disaster, before or after commencement of the voyage resulting from any cause whatsoever, whether due to negligence or not, for which, or for the consequence of which, the carrier is not responsible, by statute, contract, or otherwise, the goods, the shipper and the consignee, jointly and severally, shall contribute with the carrier in general average to the payment of any sacrifices, losses, or expenses of a general average nature that may be made or incurred, and shall pay salvage and special charges incurred in respect of the goods. If a salving ship is owned or operated by the carrier, salvage shall be paid for as fully and in the same manner as if such salving ship or ships belonged to strangers.

Provisions as to General Average in accordance with the above are to be included in all bills of lading issued hereunder.

20. Fuel used by the vessel while off hire, also for cooking, condensing water, or for grates and stoves to be agreed to as to quantity, and the cost of replacing same, to be allowed by Owners.

21. That as the vessel may be from time to time employed in tropical waters during the term of this Charter, Vessel is to be docked at a convenient place, bottom cleaned and painted whenever Charterers and Captain think necessary, at least once in every six months, reckoning from time of last painting, and payment of the hire to be suspended until she is again in proper state for the service.

....

....

22. Owners shall maintain the gear of the ship as fitted, providing gear (for all derricks) capable of handling lifts up to three tons, also providing ropes, falls, slings and blocks. If vessel is fitted with derricks capable of handling heavier lifts, Owners are to provide necessary gear for same, otherwise equipment and gear for heavier lifts shall be for Charterers' account. Owners also to provide on the vessel lanterns and oil for night work, and vessel to give use of electric light when so fitted, but any additional lights over those on board to be at Charterers' expense. The Charterers to have the use of any gear on board the vessel.

23. Vessel to work night and day, if required by Charterers, and all winches to be at Charterers' disposal during loading and discharging; steamer to provide one winchman per hatch to work winches day and night, as required, Charterers agreeing to pay officers, engineers, winchmen, deck hands and donkeymen for overtime work done in accordance with the working hours and rates stated in the ship's articles. If the rules of the port, or labor unions, prevent crew from driving winches, shore Winchmen to be paid by Charterers. In the event of a disabled winch or winches, or insufficient power to operate winches, Owners to pay for shore engine, or engines, in lieu thereof, if required, and pay any loss of time occasioned thereby.

24. It is also mutually agreed that this Charter is subject to all the terms and provisions of and all the exemptions from liability contained in the Act of Congress of the United States approved on the 13th day of February, 1893, and entitled "An Act relating to Navigation of Vessels, etc.," in respect of all cargo shipped under this charter to or from the United States of America. It is further subject to the following clauses, both of which are to be included in all bills of lading issued hereunder:

U.S.A. Clause Paramount

This bill of lading shall have effect subject to the provisions of the Carriage of Goods by Sea Act of the United States, approved April 16, 1936, which shall be deemed to be incorporated herein, and nothing herein contained shall be deemed a surrender by the carrier of any of its rights or immunities or an increase of any of its responsibilities or liabilities under said Act. If any term of this bill of lading be repugnant to said Act to any extent, such term shall be void to that extent, but no further.

Both-to-Blame Collision Clause

If the ship comes into collision with another ship as a result of the negligence of the other ship and any act, neglect or default of the Master, mariner, pilot or the servants of the Carrier in the navigation or in the management of the ship, the owners of the goods carried hereunder will indemnify the Carrier against all loss or liability to the other or non-carrying ship or her owners in so far as such loss or liability represents loss of, or damage to, or any claim whatsoever of the owners of said goods, paid or payable by the other or non-carrying ship or her owners to the owners of said goods and set off, recouped or recovered by the other or non-carrying ship or her owners as part of their claim against the carrying ship or carrier.

25. The vessel shall not be required to enter any ice-bound port, or any port where lights or light-ships have been or are about to be withdrawn by reason of ice, or where there is risk that in the ordinary course of things the vessel will not be able on account of ice to safely enter the port or to get out after having completed loading or discharging.

26. Nothing herein stated is to be construed as a demise of the vessel to the Time Charterers. The owners to remain responsible for the navigation of the vessel, insurance, crew, and all other matters, same as when trading for their own account.

27. A commission of 2½ per cent is payable by the Vessel and Owners to

....

on hire earned and paid under this Charter, and also upon any continuation or extension of this Charter.

28. An address commission of 2½ per cent payable to .... on the hire earned and paid under this Charter.

By cable authority from

The original Charter Party in our possession.

BROKERS.

As..For Owners

3-2 1993년 NYPE

Code Name: **"NYPE 93"**
Recommended by:
The Baltic and International Maritime Council (BIMCO)
The Federation of National Associations of
Ship Brokers and Agents (FONASBA)

TIME CHARTER©

New York Produce Exchange Form
Issued by the Association of Ship Brokers and Agents (U.S.A.), Inc.

November 6th, 1913 - Amended October 20th, 1921; August 6th, 1931; October 3rd, 1946;
Revised June 12th, 1981; September 14th 1993.

THIS CHARTER PARTY, made and concluded in ....
this ....day of..............................19..............................

Between..............................
....
Owners of the Vessel described below, and..............................
....
....
Charterers.

Description of Vessel

Name .... Flag .... Built ....(year).
Port and number of Registry ....
Classed..............................in..............................
Deadweight..............................long*/metric* tons (cargo and bunkers, including freshwater and stores not exceeding .... long*/metric* tons) on a salt water draft of .... on summer freeboard.
Capacity .... cubic feet grain..............................cubic feet bale space.
Tonnage.............................. GT/GRT.
Speed about .... knots, fully laden, in good weather conditions up to and including maximum Force .... on the Beaufort wind scale, on a consumption of about .... long*/metric* tons of..............................

** Delete as appropriate.*
For further description see Appendix "A" (if applicable)

1. **Duration**

The Owners agree to let and the Charterers agree to hire the Vessel from the time of delivery for a period of..............................
....
....
..............................within below mentioned trading limits.

2. **Delivery**

The Vessel shall be placed at the disposal of the Charterers at .... The Vessel on her delivery shall be ready to receive cargo with clean-swept holds and tight, staunch, strong and in every way fitted for ordinary cargo service, having water ballast and with sufficient power to operate all cargo-handling gear simultaneously.

The Owners shall give the Charterers not less than ....days notice of expected date of delivery.

3. **On-Off Hire Survey**

Prior to delivery and redelivery the parties shall, unless otherwise agreed, each appoint surveyors, for their respective accounts, who shall not later than at first loading port/last discharging port respectively, conduct joint on-hire/off-hire surveys, for the purpose of ascertaining quantity of bunkers on board and the condition of the Vessel. A single report shall be prepared on each occasion and signed by each surveyor, without prejudice to his right to file a separate report setting forth items upon which the surveyors cannot agree. If either party fails to have a representative attend the survey and sign the joint survey report, such party shall nevertheless be bound for all purposes by the findings in any report prepared by the other party. On-hire survey shall be on Charterers' time and off-hire survey on Owners' time.

4. **Dangerous Cargo/Cargo Exclusions**

(a) The Vessel shall be employed in carrying lawful merchandise excluding any goods of a dangerous, injurious, flammable or corrosive nature unless carried in accordance with the requirements or recommendations of the competent authorities of the country of the Vessel's registry and of ports of shipment and discharge and of any intermediate countries or ports through whose waters the Vessel must pass. Without prejudice to the generality of the foregoing, in addition the following are specifically excluded: livestock of any description, arms, ammunition, explosives, nuclear and radioactive materials, ...

(b) If IMO-classified cargo is agreed to be carried, the amount of such cargo shall be limited to .... tons and the Charterers shall provide the Master with any evidence he may reasonably require to show that the cargo is packaged, labelled, loaded and stowed in accordance with IMO regulations, failing which the Master is entitled to refuse such cargo or, if already loaded, to unload it at the Charterers' risk and expense.

5. Trading Limits

The Vessel shall be employed in such lawful trades between safe ports and safe places within...excluding ....as the Charterers shall direct.

6. Owners to Provide

The Owners shall provide and pay for the insurance of the Vessel, except as otherwise provided, and for all provisions, cabin, deck, engine-room and other necessary stores, including boiler water; shall pay for wages, consular shipping and discharging fees of the crew and charges for port services pertaining to the crew; shall maintain the Vessel's class and keep her in a thoroughly efficient state in hull, machinery and equipment for and during the service, and have a full complement of officers and crew.

7. Charterers to Provide

The Charterers, while the Vessel is on hire, shall provide and pay for all the bunkers except as otherwise agreed; shall pay for port charges (including compulsory watchmen and cargo watchmen and compulsory garbage disposal), all communication expenses pertaining to the Charterers' business at cost, pilotages, towages, agencies, commissions, consular charges (except those pertaining to individual crew members or flag of the Vessel), and all other usual expenses except those stated in Clause 6, but when the Vessel puts into a port for causes for which the Vessel is responsible (other than by stress of weather), then all such charges incurred shall be paid by the Owners. Fumigations ordered because of illness of the crew shall be for the Owners' account. Fumigations ordered because of cargoes carried or ports visited while the Vessel is employed under this Charter Party shall be for the Charterers' account. All other fumigations shall be for the Charterers'account after the Vessel has been on charter for a continuous period of six months or more.

The Charterers shall provide and pay for necessary dunnage and also any extra fittings requisite for a special trade or unusual cargo, but the Owners shall allow them the use of any dunnage already aboard the Vessel. Prior to redelivery the Charterers shall remove their dunnage and fittings at their cost and in their time.

8. Performance of Voyages

(a) The Master shall perform the voyages with due despatch, and shall render all customary assistance with the Vessel's crew. The Master shall be conversant with the English language and (although appointed by the Owners) shall be under the orders and directions of the Charterers as regards employment and agency; and the Charterers shall perform all cargo handling, including but not limited to loading, stowing, trimming, lashing, securing, dunnaging, unlashing, discharging, and tallying, at their risk and expense, under the supervision of the Master.

(b) If the Charterers shall have reasonable cause to be dissatisfied with the conduct of the Master or officers, the Owners shall, on receiving particulars of the complaint, investigate the same, and, if necessary, make a change in the appointments.

9. Bunkers

(a) The Charterers on delivery, and the Owners on redelivery, shall take over and pay for all fuel and diesel oil remaining on board the Vessel as hereunder. The Vessel shall be delivered with: .... long*/metric* tons of fuel oil at the price of .... per ton; ....tons of diesel oil at the price of .... per ton. The vessel shall be redelivered with: .... tons of fuel oil at the price of.................................... per ton; .... tons of diesel oil at the price of .... per ton.

* *Same tons apply throughout this clause.*

(b) The Charterers shall supply bunkers of a quality suitable for burning in the Vessel's engines and auxiliaries and which conform to the specification(s) as set out in Appendix A.

The Owners reserve their right to make a claim against the Charterers for any damage to the main engines or the auxiliaries caused by the use of unsuitable fuels or fuels not complying with the agreed specification(s). Additionally, if bunker fuels supplied do not conform with the mutually agreed specification(s) or otherwise prove unsuitable for burning in the Vessel's engines or auxiliaries, the Owners shall not be held responsible for any reduction in the Vessel's speed performance and/or increased bunker consumption, nor for any time lost and any other consequences.

10. Rate of Hire/Redelivery Areas and Notices

The Charterers shall pay for the use and hire of the said Vessel at the rate of $.................................. U.S. currency, daily, **or** $................................ U.S. currency per ton on the Vessel's total deadweight carrying capacity, including bunkers and stores, on .... summer freeboard, per 30 days, commencing on and from the day of her delivery, as aforesaid, and at and after the same rate for any part of a month; hire shall continue until the hour of the day of her redelivery in like good order and condition, ordinary wear and tear excepted, to the Owners (unless Vessel lost) at.................................. .... unless otherwise mutually agreed.

The Charterers shall give the Owners not less than .... days notice of the Vessel's expected date and probable port of redelivery.

For the purpose of hire calculations, the times of delivery, redelivery or termination of charter shall be adjusted to GMT.

11. Hire Payment

(a) *Payment*

Payment of Hire shall be made so as to be received by the Owners or their designated payee in ...., viz.. ....in

.... currency, or in United States Currency, in funds available to the Owners on the due date, 15 days in advance, and for the last month or part of same the approximate amount of hire, and should same not cover the actual time, hire shall be paid for the balance day by day as it becomes due, if so required by the Owners. Failing the punctual and regular payment of the hire, or on any fundamental breach whatsoever of this Charter Party, the Owners shall be at liberty to withdraw the Vessel from the service of the Charterers without prejudice to any claims they (the Owners) may otherwise have on the Charterers.

At any time after the expiry of the grace period provided in Sub-clause 11 (b) hereunder and while the hire is outstanding, the Owners shall, without prejudice to the liberty to withdraw, be entitled to withhold the performance of any and all of their obligations hereunder and shall have no responsibility whatsoever for any consequences thereof, in respect of which the Charterers hereby indemnify the Owners, and hire shall continue to accrue and any extra expenses resulting from such withholding shall be for the Charterers' account.

(b) *Grace Period*

Where there is failure to make punctual and regular payment of hire due to oversight, negligence, errors or omissions on the part of the Charterers or their bankers, the Charterers shall be given by the Owners .... clear banking days (as recognized at the agreed place of payment) written notice to rectify the failure, and when so rectified within those .... days following the Owners' notice, the payment shall stand as regular and punctual.

Failure by the Charterers to pay the hire within .... days of their receiving the Owners' notice as provided herein, shall entitle the Owners to withdraw as set forth in Sub-clause 11 (a) above.

(c) *Last Hire Payment*

Should the Vessel be on her voyage towards port of redelivery at the time the last and/or the penultimate payment of hire is/are due, said payment(s) is/are to be made for such length of time as the Owners and the Charterers may agree upon as being the estimated time necessary to complete the voyage, and taking into account bunkers actually on board, to be taken over by the Owners and estimated disbursements for the Owners' account before redelivery. Should same not cover the actual time, hire is to be paid for the balance, day by day, as it becomes due. When the Vessel has been redelivered, any difference is to be refunded by the Owners or paid by the Charterers, as the case may be.

(d) *Cash Advances*

Cash for the Vessel's ordinary disbursements at any port may be advanced by the Charterers, as required by the Owners, subject to 2½ percent commission and such advances shall be deducted from the hire. The Charterers, however, shall in no way be responsible for the application of such advances.

12. **Berths**

The Vessel shall be loaded and discharged in any safe dock or at any safe berth or safe place that Charterers or their agents may direct, provided the Vessel can safely enter, lie and depart always afloat at any time of tide.

13. Spaces Available

(a) The whole reach of the Vessel's holds, decks, and other cargo spaces (not more than she can reasonably and safely stow and carry), also accommodations for supercargo, if carried, shall be at the Charterers' disposal, reserving only proper and sufficient space for the Vessel's officers, crew, tackle, apparel, furniture, provisions, stores and fuel.

(b) In the event of deck cargo being carried, the Owners are to be and are hereby indemnified by the Charterers for any loss and/or damage and/or liability of whatsoever nature caused to the Vessel as a result of the carriage of deck cargo and which would not have arisen had deck cargo not been loaded.

14. Supercargo and Meals

The Charterers are entitled to appoint a supercargo, who shall accompany the Vessel at the Charterers' risk and see that voyages are performed with due despatch. He is to be furnished with free accommodation and same fare as provided for the Master's table, the Charterers paying at the rate of .... per day. The Owners shall victual pilots and customs officers, and also, when authorized by the Charterers or their agents, shall victual tally clerks, stevedore's foreman, etc., Charterers paying at the rate of .... per meal for all such victualling.

15. Sailing Orders and Logs

The Charterers shall furnish the Master from time to time with all requisite instructions and sailing directions, in writing, in the English language, and the Master shall keep full and correct deck and engine logs of the voyage or voyages, which are to be patent to the Charterers or their agents, and furnish the Charterers, their agents or supercargo, when required, with a true copy of such deck and engine logs, showing the course of the Vessel, distance run and the consumption of bunkers. Any log extracts required by the Charterers shall be in the English language.

16. Delivery/Cancelling

If required by the Charterers, time shall not commence before .... and should the Vessel not be ready for delivery on or before.......................................but not later than...........hours, the Charterers shall have the option of cancelling this Charter Party.

Extension of Cancelling

If the Owners warrant that, despite the exercise of due diligence by them, the Vessel will not be ready for delivery by the cancelling date, and provided the Owners are able to state with reasonable certainty the date on which the Vessel will be ready, they may, at the earliest seven days before the Vessel is expected to sail for the port or place of delivery, require the Charterers to declare whether or not they will cancel the Charter Party. Should the Charterers elect not to cancel, or should they fail to reply within two days or by the cancelling date, whichever shall first occur, then the seventh day after the expected date of readiness for delivery as notified by the Owners shall replace the original cancelling date. Should the Vessel be further delayed, the Owners shall be entitled to require further declarations of the Charterers in accordance with this Clause.

17. **Off Hire**

In the event of loss of time from deficiency and/or default and/or strike of officers or crew, or deficiency of stores, fire, breakdown of, or damages to hull, machinery or equipment, grounding, detention by the arrest of the Vessel, (unless such arrest is caused by events for which the Charterers, their servants, agents or subcontractors are responsible), or detention by average accidents to the Vessel or cargo unless resulting from inherent vice, quality or defect of the cargo, drydocking for the purpose of examination or painting bottom, or by any other similar cause preventing the full working of the Vessel, the payment of hire and overtime, if any, shall cease for the time thereby lost. Should the Vessel deviate or put back during a voyage, contrary to the orders or directions of the Charterers, for any reason other than accident to the cargo or where permitted in lines 257 to 258 hereunder, the hire is to be suspended from the time of her deviating or putting back until she is again in the same or equidistant position from the destination and the voyage resumed therefrom. All bunkers used by the Vessel while off hire shall be for the Owners' account. In the event of the Vessel being driven into port or to anchorage through stress of weather, trading to shallow harbors or to rivers or ports with bars, any detention of the Vessel and/or expenses resulting from such detention shall be for the Charterers' account. If upon the voyage the speed be reduced by defect in, or breakdown of, any part of her hull, machinery or equipment, the time so lost, and the cost of any extra bunkers consumed in consequence thereof, and all extra proven expenses may be deducted from the hire.

18. **Sublet**

Unless otherwise agreed, the Charterers shall have the liberty to sublet the Vessel for all or any part of the time covered by this Charter Party, but the Charterers remain responsible for the fulfillment of this Charter Party.

19. **Drydocking**

The Vessel was last drydocked ....

*(a) The Owners shall have the option to place the Vessel in drydock during the currency of this Charter at a convenient time and place, to be mutually agreed upon between the Owners and the Charterers, for bottom cleaning and painting and/or repair as required by class or dictated by circumstances.

*(b) Except in case of emergency no drydocking shall take place during the currency of this Charter Party.

* *Delete as appropriate*

20. **Total Loss**

Should the Vessel be lost, money paid in advance and not earned (reckoning from the date of loss or being last heard of) shall be returned to the Charterers at once.

21. **Exceptions**

The act of God, enemies, fire, restraint of princes, rulers and people, and all dangers and accidents of the seas, rivers, machinery, boilers, and navigation, and errors of navigation throughout this Charter, always mutually excepted.

22. Liberties

The Vessel shall have the liberty to sail with or without pilots, to tow and to be towed, to assist vessels in distress, and to deviate for the purpose of saving life and property.

23. Liens

The Owners shall have a lien upon all cargoes and all sub-freights and/or sub-hire for any amounts due under this Charter Party, including general average contributions, and the Charterers shall have a lien on the Vessel for all monies paid in advance and not earned, and any overpaid hire or excess deposit to be returned at once.

The Charterers will not directly or indirectly suffer, nor permit to be continued, any lien or encumbrance, which might have priority over the title and interest of the Owners in the Vessel. The Charterers undertake that during the period of this Charter Party, they will not procure any supplies or necessaries or services, including any port expenses and bunkers, on the credit of the Owners or in the Owners' time.

24. Salvage

All derelicts and salvage shall be for the Owners' and the Charterers' equal benefit after deducting Owners' and Charterers' expenses and crew's proportion.

25. General Average

General average shall be adjusted according to York-Antwerp Rules 1974, as amended 1990, or any subsequent modification thereof, in .... and settled in .... currency.

The Charterers shall procure that all bills of lading issued during the currency of the Charter Party will contain a provision to the effect that general average shall be adjusted according to York-Antwerp Rules 1974, as amended 1990, or any subsequent modification thereof and will include the "New Jason Clause" as per Clause 31.

Time charter hire shall not contribute to general average.

26. Navigation

Nothing herein stated is to be construed as a demise of the Vessel to the Time Charterers. The Owners shall remain responsible for the navigation of the Vessel, acts of pilots and tug boats, insurance, crew, and all other matters, same as when trading for their own account.

27. Cargo Claims

Cargo claims as between the Owners and the Charterers shall be settled in accordance with the Inter-Club New York Produce Exchange Agreement of February 1970, as amended May, 1984, or any subsequent modification or replacement thereof.

28. **Cargo Gear and Lights**

The Owners shall maintain the cargo handling gear of the Vessel which is as follows:..........................

....

....

....

providing gear (for all derricks or cranes) capable of lifting capacity as described. The Owners shall also provide on the Vessel for night work lights as on board, but all additional lights over those on board shall be at the Charterers' expense. The Charterers shall have the use of any gear on board the Vessel. If required by the Charterers, the Vessel shall work night and day and all cargo handling gear shall be at the Charterers' disposal during loading and discharging. In the event of disabled cargo handling gear, or insufficient power to operate the same, the Vessel is to be considered to be off hire to the extent that time is actually lost to the Charterers and the Owners to pay stevedore stand-by charges occasioned thereby, unless such disablement or insufficiency of power is caused by the Charterers' stevedores. If required by the Charterers, the Owners shall bear the cost of hiring shore gear in lieu thereof, in which case the Vessel shall remain on hire.

29. **Crew Overtime**

In lieu of any overtime payments to officers and crew for work ordered by the Charterers or their agents, the Charterers shall pay the Owners, concurrently with the hire ....per month or pro rata.

30. **Bills of Lading**

(a) The Master shall sign the bills of lading or waybills for cargo as presented in conformity with mates or tally clerk's receipts. However, the Charterers may sign bills of lading or waybills on behalf of the Master, with the Owner's prior written authority, always in conformity with mates or tally clerk's receipts.

(b) All bills of lading or waybills shall be without prejudice to this Charter Party and the Charterers shall indemnify the Owners against all consequences or liabilities which may arise from any inconsistency between this Charter Party and any bills of lading or waybills signed by the Charterers or by the Master at their request.

(c) Bills of lading covering deck cargo shall be claused: "Shipped on deck at Charterers', Shippers' and Receivers' risk, expense and responsibility, without liability on the part of the Vessel, or her Owners for any loss, damage, expense or delay howsoever caused."

31. **Protective Clauses**

This Charter Party is subject to the following clauses all of which are also to be included in all bills of lading or waybills issued hereunder:

(a) CLAUSE PARAMOUNT

"This bill of lading shall have effect subject to the provisions of the Carriage of Goods by Sea Act of the United States, the Hague Rules, or the Hague-Visby Rules, as applicable, or such other similar national legislation as may mandatorily apply by virtue of origin or destination of the bills of lading, which shall be deemed to be incorporated herein and nothing herein contained shall be deemed a surrender by the carrier of any of its rights or immunities or an increase of any of its responsibilities or liabilities under said applicable Act. If any term of this bill of lading be repugnant to said applicable Act to any extent, such term shall be void to that extent, but no further."

and

(b) BOTH-TO-BLAME COLLISION CLAUSE
"If the ship comes into collision with another ship as a result of the negligence of the other ship and any act, neglect or default of the master, mariner, pilot or the servants of the carrier in the navigation or in the management of the ship, the owners of the goods carried hereunder will indemnify the carrier against all loss or liability to the other or non-carrying ship or her owners insofar as such loss or liability represents loss of, or damage to, or any claim whatsoever of the owners of said goods, paid or payable by the other or non-carrying ship or her owners to the owners of said goods and set off, recouped or recovered by the other or non-carrying ship or her owners as part of their claim against the carrying ship or carrier.

The foregoing provisions shall also apply where the owners, operators or those in charge of any ships or objects other than, or in addition to, the colliding ships or objects are at fault in respect to a collision or contact."

and

(c) NEW JASON CLAUSE
"In the event of accident, danger, damage or disaster before or after the commencement of the voyage resulting from any cause whatsoever, whether due to negligence or not, for which, or for the consequences of which, the carrier is not responsible, by statute, contract, or otherwise, the goods, shippers, consignees, or owners of the goods shall contribute with the carrier in general average to the payment of any sacrifices, losses, or expenses of a general average nature that may be made or incurred, and shall pay salvage and special charges incurred in respect of the goods.

If a salving ship is owned or operated by the carrier, salvage shall be paid for as fully as if salving ship or ships belonged to strangers. Such deposit as the carrier or his agents may deem sufficient to cover the estimated contribution of the goods and any salvage and special charges thereon shall, if required, be made by the goods, shippers, consignees or owners of the goods to the carrier before delivery."

and

(d) U.S. TRADE - DRUG CLAUSE
"In pursuance of the provisions of the U.S. Anti Drug Abuse Act 1986 or any re-enactment thereof, the Charterers warrant to exercise the highest degree of care and diligence in preventing unmanifested narcotic drugs and marijuana to be loaded or concealed on board the Vessel.

Non-compliance with the provisions of this clause shall amount to breach of warranty for consequences of which the Charterers shall be liable and shall hold the Owners, the Master and the crew of the Vessel harmless and shall keep them indemnified against all claims whatsoever which may arise and be made against them individually or jointly. Furthermore, all time lost and all expenses incurred, including fines, as a result of the Charterers' breach of the provisions of this clause shall be for the Charterer's account and the Vessel shall remain on hire.

Should the Vessel be arrested as a result of the Charterers' non-compliance with the provisions of this clause, the Charterers shall at their expense take all reasonable steps to secure that within a reasonable time the Vessel is released and at their expense put up the bails to secure release of the Vessel.

The Owners shall remain responsible for all time lost and all expenses incurred, including fines, in the event that unmanifested narcotic drugs and marijuana are found in the possession or effects of the Vessel's personnel."

and

(e) WAR CLAUSES

"(i) No contraband of war shall be shipped. The Vessel shall not be required, without the consent of the Owners, which shall not be unreasonably withheld, to enter any port or zone which is involved in a state of war, warlike operations, or hostilities, civil strife, insurrection or piracy whether there be a declaration of war or not, where the Vessel, cargo or crew might reasonably be expected to be subject to capture, seizure or arrest, or to a hostile act by a belligerent power (the term "power" meaning any de jure or de facto authority or any purported governmental organization maintaining naval, military or air forces).

(ii) If such consent is given by the Owners, the Charterers will pay the provable additional cost of insuring the Vessel against hull war risks in an amount equal to the value under her ordinary hull policy but not exceeding a valuation of... In addition, the Owners may purchase and the Charterers will pay for war risk insurance on ancillary risks such as loss of hire, freight disbursements, total loss, blocking and trapping, etc. If such insurance is not obtainable commercially or through a government program, the Vessel shall not be required to enter or remain at any such port or zone.

(iii) In the event of the existence of the conditions described in (i) subsequent to the date of this Charter, or while the Vessel is on hire under this Charter, the Charterers shall, in respect of voyages to any such port or zone assume the provable additional cost of wages and insurance properly incurred in connection with master, officers and crew as a consequence of such war, warlike operations or hostilities.

(iv) Any war bonus to officers and crew due to the Vessel's trading or cargo carried shall be for the Charterers' account."

32. War Cancellation

In the event of the outbreak of war (whether there be a declaration of war or not) between any two or more of the following countries:..
....
....
....
either the Owners or the Charterers may cancel this Charter Party. Whereupon, the Charterers shall redeliver the Vessel to the Owners in accordance with Clause 10; if she has cargo on board, after discharge thereof at destination, or, if debarred under this Clause from reaching or entering it, at a near open and safe port as directed by the Owners; or, if she has no cargo on board, at the port at which she then is; or, if at sea, at a near open and safe port as directed by the Owners. In all cases hire shall continue to be paid in accordance with Clause 11 and except as aforesaid all other provisions of this Charter Party shall apply until redelivery.

33. Ice

The Vessel shall not be required to enter or remain in any icebound port or area, nor any port or area where lights or lightships have been or are about to be withdrawn by reason of ice, nor where there is risk that in the ordinary course of things the Vessel will not be able on account of ice to safely enter and remain in the port or area or to get out after having completed loading or discharging. Subject to the Owners' prior approval the Vessel is to follow ice-breakers when reasonably required with regard to her size, construction and ice class.

34. Requisition

Should the Vessel be requisitioned by the government of the Vessel's flag during the period of this Charter Party, the Vessel shall be deemed to be off hire during the period of such requisition, and any hire paid by the said government in respect of such requisition period shall be retained by the Owners. The period during which the Vessel is on requisition to the said government shall count as part of the period provided for in this Charter Party.

If the period of requisition exceeds .... months, either party shall have the option of cancelling this Charter Party and no consequential claim may be made by either party.

35. Stevedore Damage

Notwithstanding anything contained herein to the contrary, the Charterers shall pay for any and all damage to the Vessel caused by stevedores provided the Master has notified the Charterers and/or their agents in writing as soon as practical but not later than 48 hours after any damage is discovered. Such notice to specify the damage in detail and to invite Charterers to appoint a surveyor to assess the extent of such damage.

(a) In case of any and all damage(s) affecting the Vessel's seaworthiness and/or the safety of the crew and/or affecting the trading capabilities of the Vessel, the Charterers shall immediately arrange for repairs of such damage(s) at their expense and the Vessel is to remain on hire until such repairs are completed and if required passed by the Vessel's classification society.

(b) Any and all damage(s) not described under point (a) above shall be repaired at the Charterers' option, before or after redelivery concurrently with the Owners' work. In such case no hire and/or expenses will be paid to the Owners except and insofar as the time and/or the expenses required for the repairs for which the Charterers are responsible, exceed the time and/or expenses necessary to carry out the Owners' work.

36. Cleaning of Holds

The Charterers shall provide and pay extra for sweeping and/or washing and/or cleaning of holds between voyages and/or between cargoes provided such work can be undertaken by the crew and is permitted by local regulations, at the rate of............................... per hold.

In connection with any such operation, the Owners shall not be responsible if the Vessel's holds are not accepted or passed by the port or any other authority. The Charterers shall have the option to re-deliver the Vessel with unclean/unswept holds against a lumpsum payment of......................in lieu of cleaning.

37. Taxes

Charterers to pay all local, State, National taxes and/or dues assessed on the Vessel or the Owners resulting from the Charterers' orders herein, whether assessed during or after the currency of this Charter Party including any taxes and/or dues on cargo and/or freights and/or sub-freights and/or hire (excluding taxes levied by the country of the flag of the Vessel or the Owners).

38. Charterers' Colors

The Charterers shall have the privilege of flying their own house flag and painting the Vessel with their own markings. The Vessel shall be repainted in the Owners' colors before termination of the Charter Party. Cost and time of painting, maintaining and repainting those changes effected by the Charterers shall be for the Charterers' account.

39. Laid Up Returns

The Charterers shall have the benefit of any return insurance premium receivable by the Owners from their underwriters as and when received from underwriters by reason of the Vessel being in port for a minimum period of 30 days if on full hire for this period or pro rata for the time actually on hire.

40. Documentation

The Owners shall provide any documentation relating to the Vessel that may be required to permit the Vessel to trade within the agreed trade limits, including, but not limited to certificates of financial responsibility for oil pollution, provided such oil pollution certificates are obtainable from the Owners' P & I club, valid international tonnage certificate, Suez and Panama tonnage certificates, valid certificate of registry and certificates relating to the strength and/or serviceability of the Vessel's gear.

41. Stowaways

(a) (i) The Charterers warrant to exercise due care and diligence in preventing stowaways in gaining access to the Vessel by means of secreting away in the goods and/or containers shipped by the Charterers.

(ii) If, despite the exercise of due care and diligence by the Charterers, stowaways have gained access to the Vessel by means of secreting away in the goods and/or containers shipped by the Charterers, this shall amount to breach of charter for the consequences of which the Charterers shall be liable and shall hold the Owners harmless and shall keep them indemnified against all claims whatsoever which may arise and be made against them. Furthermore, all time lost and all expenses whatsoever and howsoever incurred, including fines, shall be for the Charterers' account and the Vessel shall remain on hire.

(iii) Should the Vessel be arrested as a result of the Charterers' breach of charter according to sub-clause (a)(ii) above, the Charterers shall take all reasonable steps to secure that, within a reasonable time, the Vessel is released and at their expense put up bail to secure release of the Vessel.

(b) (i) If, despite the exercise of due care and diligence by the Owners, stowaways have gained access to the Vessel by means other than secreting away in the goods and/or containers shipped by the Charterers, all time lost and all expenses whatsoever and howsoever incurred, including fines, shall be for the Owners' account and the Vessel shall be off hire.

(ii) Should the Vessel be arrested as a result of stowaways having gained access to the Vessel by means other than secreting away in the goods and/or containers shipped by the Charterers, the Owners shall take all reasonable steps to secure that, within a reasonable time, the Vessel is released and at their expense put up bail to secure release of the Vessel.

42. Smuggling

In the event of smuggling by the Master, Officers and/or crew, the Owners shall bear the cost of any fines, taxes, or imposts levied and the Vessel shall be off hire for any time lost as a result thereof.

43. Commissions

A commission of...................... percent is payable by the Vessel and the Owners to.........................
....
....
....
on hire earned and paid under this Charter, and also upon any continuation or extension of this Charter.

44. Address Commission

An address commission of .... percent is payable to..
....
....
....on hire earned and paid under this Charter.

45. Arbitration

(a) NEW YORK

All disputes arising out of this contract shall be arbitrated at New York in the following manner, and subject to U.S. Law:

One Arbitrator is to be appointed by each of the parties hereto and a third by the two so chosen. Their decision or that of any two of them shall be final, and for the purpose of enforcing any award, this agreement may be made a rule of the court. The Arbitrators shall be commercial men, conversant with shipping matters. Such Arbitration is to be conducted in accordance with the rules of the Society of Maritime Arbitrators Inc.

For disputes where the total amount claimed by either party does not exceed US $ ....** the arbitration shall be conducted in accordance with the Shortened Arbitration Procedure of the Society of Maritime Arbitrators Inc.

(b) LONDON

All disputes arising out of this contract shall be arbitrated at London and, unless the parties agree forthwith on a single Arbitrator, be referred to the final arbitrament of two Arbitrators carrying on business in London who shall be members of the Baltic Mercantile & Shipping Exchange and engaged in Shipping, one to be appointed by each of the parties, with power to such Arbitrators to appoint an Umpire. No award shall be questioned or invalidated on the ground that any of the Arbitrators is not qualified as above, unless objection to his action be taken before the award is made. Any dispute arising hereunder shall be governed by English Law.

For disputes where the total amount claimed by either party does not exceed US $ ....** the arbitration shall be conducted in accordance with the Small Claims Procedure of the London Maritime Arbitrators Association.

** Delete para (a) or (b) as appropriate*

*** Where no figure is supplied in the blank space this provision only shall be void but the other provisions of this clause shall have full force and remain in effect.*

If mutually agreed, clauses .... to ...., both inclusive, as attached hereto are fully incorporated in this Charter Party.

부록4: 표준 항해용선 계약서(Gencon)

1. Shipbroker	RECOMMENDED THE BALTIC AND INTERNATIONAL MARITIME COUNCIL UNIFORM GENERAL CHARTER (AS REVISED 1922, 1976 and 1994) (To be used for trades for which no specially approved form is in force) CODE NAME: "GENCON" Part I
	2. Place and date
3. Owners/Place of business (Cl. 1)	4. Charterers/Place of business (Cl. 1)
5. Vessel's name (Cl. 1)	6. GT/NT (Cl. 1)
7. DWT all told on summer load line in metric tons (abt.) (Cl. 1)	8. Present position (Cl. 1)
9. Expected ready to load (abt.) (Cl. 1)	
10. Loading port or place (Cl. 1)	11. Discharging port or place (Cl. 1)
12. Cargo (also state quantity and margin in Owners' option, if agreed; if full and complete cargo not agreed state "part cargo" (Cl. 1)	
13. Freight rate (also state whether freight prepaid or payable on delivery) (Cl. 4)	14. Freight payment (state currency and method of payment; also beneficiary and bank account) (Cl. 4)

15. State if vessel's cargo handling gear shall not be used (Cl. 5)	16. Laytime (if separate laytime for load. and disch. is agreed, fill in a) and b). If total laytime for load. and disch., fill in c) only) (Cl. 6)
17. Shippers/Place of business (Cl. 6)	(a) Laytime for loading
18. Agents (loading) (Cl. 6)	(b) Laytime for discharging
19. Agents (discharging) (Cl. 6)	(c) Total laytime for loading and discharging
20. Demurrage rate and manner payable (loading and discharging) (Cl. 7)	21. Cancelling date (Cl. 9)
	22. General Average to be adjusted at (Cl. 12)
23. Freight Tax (state if for the Owners' account (Cl .13 (c))	24. Brokerage commission and to whom payable (Cl. 15)
25. Law and Arbitration (state 19 (a), 19 (b) or 19 (c) of Cl. 19; if 19 (c) agreed also state Place of Arbitration) (if not filled in 19 (a) shall apply) (Cl. 19)	
(a) State maximum amount for small claims/shortened arbitration (Cl. 19)	26. Additional clauses covering special provisions, if agreed

It is mutually agreed that this Contract shall be performed subject to the conditions contained in this Charter Party which shall include **Part I as well as Part II**. In the event of a conflict of conditions, the provisions of Part I shall prevail over those of Part II to the extent of such conflict.

Signature (Owners)	Signature (Charterers)

Printed and sold by Fr. G. Knudtzon Ltd., 55 Toldbodgade, DK-1253 Copenhagen K, Telefax +45 33 93 11 84
by authority of The Baltic and International Maritime Council (BIMCO), Copenhagen

PART II
"Gencon" Charter (As Revised 1922, 1976 and 1994)

1. It is agreed between the party mentioned in Box 3 as the Owners of the Vessel named in Box 5, of the GT/NT indicated in Box 6 and carrying about the number of metric tons of deadweight capacity all told on summer loadline stated in Box 7, now in position as stated in Box 8 and expected ready to load under this Charter Party about the date indicated in Box 9, and the party mentioned as the Charterers in Box 4 that:

The said Vessel shall, as soon as her prior commitments have been completed, proceed to the loading port(s) or place(s) stated in Box 10 or so near thereto as she may safely get and lie always afloat, and there load a full and complete cargo (if shipment of deck cargo agreed same to be at the Charterers' risk and responsibility) as stated in Box 12, which the Charterers bind themselves to ship, and being so loaded the Vessel shall proceed to the discharging port(s) or place(s) stated in Box 11 as ordered on signing Bills of Lading, or so near thereto as she may safely get and lie always afloat, and there deliver the cargo.

2. Owners' Responsibility Clause

The Owners are to be responsible for loss of or damage to the goods or for delay in delivery of the goods only in case the loss, damage or delay has been caused by personal want of due diligence on the part of the Owners or their Manager to make the Vessel in all respects seaworthy and to secure that she is properly manned, equipped and supplied, or by the personal act or default of the Owners or their Manager.

And the Owners are not responsible for loss, damage or delay arising from any other cause whatsoever, even from the neglect or default of the Master or crew or some other person employed by the Owners on board or ashore for whose acts they would, but for this Clause, be responsible, or from unseaworthiness of the Vessel on loading or commencement of the voyage or at any time whatsoever.

3. Deviation Clause

The Vessel has liberty to call at any port or ports in any order, for any purpose, to sail without pilots, to tow and/or assist Vessels in all situations, and also to deviate for the purpose of saving life and/or property.

4. Payment of Freight

(a) The freight at the rate stated in Box 13 shall be paid in cash calculated on the intaken quantity of cargo.

(b) *Prepaid*. If according to Box 13 freight is to be paid on shipment, it shall be deemed earned and non-returnable, Vessel and/or cargo lost or not lost.

Neither the Owners nor their agents shall be required to sign or endorse bills of lading showing freight prepaid unless the freight due to the Owners has actually been paid.

(c) *On delivery*. If according to Box 13 freight, or part thereof, is payable at destination it shall not be deemed earned until the cargo is thus delivered. Notwithstanding the provisions under (a), if freight or part thereof is payable on delivery of the cargo the Charterers shall have the option of paying the freight on delivered weight/quantity provided such option is declared before breaking bulk and the weight/quantity can be ascertained by official weighing machine, joint draft survey or tally.

Cash for Vessel's ordinary disbursements at the port of loading to be advanced by the Charterers, if required, at highest current rate of exchange, subject to two (2) per cent to cover insurance and other expenses.

readiness at loading port to be given to the Shippers named in Box 17 or if not named, to the Charterers or their agents named in Box 18. Notice of readiness at the discharging port to be given to the Receivers or, if not known, to the Charterers or their agents named in Box 19.

If the loading/discharging berth is not available on the Vessel's arrival at or off the port of loading/discharging, the Vessel shall be entitled to give notice of readiness within ordinary office hours on arrival there, whether in free pratique or not, whether customs cleared or not. Laytime or time on demurrage shall then count as if she were in berth and in all respects ready for loading/discharging provided that the Master warrants that she is in fact ready in all respects. Time used in moving from the place of waiting to the loading/discharging berth shall not count as laytime.

If, after inspection, the Vessel is found not to be ready in all respects to load/discharge time lost after the discovery thereof until the Vessel is again ready to load/discharge shall not count as laytime.

Time used before commencement of laytime shall count.

* *Indicate alternative (a) or (b) as agreed, in Box 16.*

7. Demurrage

Demurrage at the loading and discharging port is payable by the Charterers at the rate stated in Box 20 in the manner stated in Box 20 per day or pro rata for any part of a day. Demurrage shall fall due day by day and shall be payable upon receipt of the Owners' invoice.

In the event the demurrage is not paid in accordance with the above, the Owners shall give the Charterers 96 running hours written notice to rectify the failure. If the demurrage is not paid at the expiration of this time limit and if the vessel is in or at the loading port, the Owners are entitled at any time to terminate the Charter Party and claim damages for any losses caused thereby.

8. Lien Clause

The Owners shall have a lien on the cargo and on all sub-freights payable in respect of the cargo, for freight, deadfreight, demurrage, claims for damages and for all other amounts due under this Charter Party including costs of recovering same.

9. Cancelling Clause

(a) Should the Vessel not be ready to load (whether in berth or not) on the cancelling date indicated in Box 21, the Charterers shall have the option of cancelling this Charter Party.

(b) Should the Owners anticipate that, despite the exercise of due diligence, the Vessel will not be ready to load by the cancelling date, they shall notify the Charterers thereof without delay stating the expected date of the Vessel's readiness to load and asking whether the Charterers will exercise their option of cancelling the Charter Party, or agree to a new cancelling date.

Such option must be declared by the Charterers within 48 running hours after the receipt of the Owners' notice. If the Charterers do not exercise their option of cancelling, then this Charter Party shall be deemed to be amended such that the seventh day after the new readiness date stated in the Owners' notification to the Charterers shall be the new cancelling date.

The provisions of sub-clause (b) of this Clause shall operate only once, and in case of the Vessel's further delay, the Charterers shall have the option of cancelling the Charter Party as per sub-clause (a) of this Clause.

5. Loading/Discharging

(a) Costs/Risks

The cargo shall be brought into the holds, loaded, stowed and/or trimmed, tallied, lashed and/or secured and taken from the holds and discharged by the Charterers, free of any risk, liability and expense whatsoever to the Owners. The Charterers shall provide and lay all dunnage material as required for the proper stowage and protection of the cargo on board, the Owners allowing the use of all dunnage available on board. The Charterers shall be responsible for and pay the cost of removing their dunnage after discharge of the cargo under this Charter Party and time to count until dunnage has been removed.

(b) Cargo Handling Gear

Unless the Vessel is gearless or unless it has been agreed between the parties that the Vessel's gear shall not be used and stated as such in Box 15, the Owners shall throughout the duration of loading/discharging give free use of the Vessel's cargo handling gear and of sufficient motive power to operate all such cargo handling gear. All such equipment to be in good working order. Unless caused by negligence of the stevedores, time lost by breakdown of the Vessel's cargo handling gear or motive power – pro rata the total number of cranes/winches required at that time for the loading/discharging of cargo under this Charter Party – shall not count as laytime or time on demurrage.

On request the Owners shall provide free of charge cranemen/winchmen from the crew to operate the Vessel's cargo handling gear, unless local regulations prohibit this, in which latter event shore labourers shall be for the account of the Charterers. Cranemen/winchmen shall be under the Charterers' risk and responsibility and as stevedores to be deemed as their servants but shall always work under the supervision of the Master.

(c) Stevedore Damage

The Charterers shall be responsible for damage (beyond ordinary wear and tear) to any part of the Vessel caused by Stevedores. Such damage shall be notified as soon as reasonably possible by the Master to the Charterers or their agents and to their Stevedores, failing which the Charterers shall not be held responsible. The Master shall endeavour to obtain the Stevedores' written acknowledgement of liability.

The Charterers are obliged to repair any stevedore damage prior to completion of the voyage, but must repair stevedore damage affecting the Vessel's seaworthiness or class before the Vessel sails from the port where such damage was caused or found. All additional expenses incurred shall be for the account of the Charterers and any time lost shall be for the account of and shall be paid to the Owners by the Charterers at the demurrage rate.

6. Laytime

* *(a) Separate laytime for loading and discharging*

The cargo shall be loaded within the number of running days/hours as indicated in Box 16, weather permitting, Sundays and holidays excepted, unless used, in which event time used shall count.

The cargo shall be discharged within the number of running days/hours as indicated in Box 16, weather permitting, Sundays and holidays excepted, unless used, in which event time used shall count.

* *(b) Total laytime for loading and discharging*

The cargo shall be loaded and discharged within the number of total running days/hours as indicated in Box 16, weather permitting, Sundays and holidays excepted, unless used, in which event time used shall count.

(c) Commencement of laytime (loading and discharging)

Laytime for loading and discharging shall commence at 13.00 hours, if notice of readiness is given up to and including 12.00 hours, and at 06.00 hours next working day if notice given during office hours after 12.00 hours. Notice of

10. Bills of Lading

Bills of Lading shall be presented and signed by the Master as per the "Congenbill" Bill of Lading form, Edition 1994, without prejudice to this Charter Party, or by the Owners' agents provided written authority has been given by Owners to the agents, a copy of which is to be furnished to the Charterers. The Charterers shall indemnify the Owners against all consequences or liabilities that may arise from the signing of bills of lading as presented to the extent that the terms or contents of such bills of lading impose or result in the imposition of more onerous liabilities upon the Owners than those assumed by the Owners under this Charter Party.

11. Both-to-Blame Collision Clause

If the Vessel comes into collision with another vessel as a result of the negligence of the other vessel and any act, neglect or default of the Master, Mariner, Pilot or the servants of the Owners in the navigation or in the management of the Vessel, the owners of the cargo carried hereunder will indemnify the Owners against all loss or liability to the other or non-carrying vessel or her owners in so far as such loss or liability represents loss of, or damage to, or any claim whatsoever of the owners of said cargo, paid or payable by the other or non-carrying vessel or her owners to the owners of said cargo and set-off, recouped or recovered by the other or non-carrying vessel or her owners as part of their claim against the carrying Vessel or the Owners.

The foregoing provisions shall also apply where the owners, operators or those in charge of any vessel or vessels or objects other than, or in addition to, the colliding vessels or objects are at fault in respect of a collision or contact.

12. General Average and New Jason Clause

General Average shall be adjusted in London unless otherwise agreed in Box 22 according to York-Antwerp Rules 1994 and any subsequent modification thereof. Proprietors of cargo to pay the cargo's share in the general expenses even if same have been necessitated through neglect or default of the Owners' servants (see Clause 2).

If General Average is to be adjusted in accordance with the law and practice of the United States of America, the following Clause shall apply: "In the event of accident, danger, damage or disaster before or after the commencement of the voyage, resulting from any cause whatsoever, whether due to negligence or not, for which, or for the consequence of which, the Owners are not responsible, by statute, contract or otherwise, the cargo shippers, consignees or the owners of the cargo shall contribute with the Owners in General Average to the payment of any sacrifices, losses or expenses of a General Average nature that may be made or incurred and shall pay salvage and special charges incurred in respect of the cargo. If a salving vessel is owned or operated by the Owners, salvage shall be paid for as fully as if the said salving vessel or vessels belonged to strangers. Such deposit as the Owners, or their agents, may deem sufficient to cover the estimated contribution of the goods and any salvage and special charges thereon shall, if required, be made by the cargo, shippers, consignees or owners of the goods to the Owners before delivery.".

13. Taxes and Dues Clause

(a) *On Vessel* -The Owners shall pay all dues, charges and taxes customarily levied on the Vessel, howsoever the amount thereof may be assessed.

(b) *On cargo* -The Charterers shall pay all dues, charges, duties and taxes customarily levied on the cargo, howsoever the amount thereof may be assessed.

(c) *On freight* -Unless otherwise agreed in Box 23, taxes levied on the freight shall be for the Charterers' account.

PART II
"Gencon" Charter (As Revised 1922, 1976 and 1994)

14. Agency

In every case the Owners shall appoint their own Agent both at the port of loading and the port of discharge.

15. Brokerage

A brokerage commission at the rate stated in Box 24 on the freight, dead-freight and demurrage earned is due to the party mentioned in Box 24.

In case of non-execution 1/3 of the brokerage on the estimated amount of freight to be paid by the party responsible for such non-execution to the Brokers as indemnity for the latter's expenses and work. In case of more voyages the amount of indemnity to be agreed.

16. General Strike Clause

(a) If there is a strike or lock-out affecting or preventing the actual loading of the cargo, or any part of it, when the Vessel is ready to proceed from her last port or at any time during the voyage to the port or ports of loading or after her arrival there, the Master or the Owners may ask the Charterers to declare, that they agree to reckon the laydays as if there were no strike or lock-out. Unless the Charterers have given such declaration in writing (by telegram, if necessary) within 24 hours, the Owners shall have the option of cancelling this Charter Party. If part cargo has already been loaded, the Owners must proceed with same, (freight payable on loaded quantity only) having liberty to complete with other cargo on the way for their own account.

(b) If there is a strike or lock-out affecting or preventing the actual discharging of the cargo on or after the Vessel's arrival at or off port of discharge and same has not been settled within 48 hours, the Charterers shall have the option of keeping the Vessel waiting until such strike or lock-out is at an end against paying half demurrage after expiration of the time provided for discharging until the strike or lock-out terminates and thereafter full demurrage shall be payable until the completion of discharging, or of ordering the Vessel to a safe port where she can safely discharge without risk of being detained by strike or lock-out. Such orders to be given within 48 hours after the Master or the Owners have given notice to the Charterers of the strike or lock-out affecting the discharge. On delivery of the cargo at such port, all conditions of this Charter Party and of the Bill of Lading shall apply and the Vessel shall receive the same freight as if she had discharged at the original port of destination, except that if the distance to the substituted port exceeds 100 nautical miles, the freight on the cargo delivered at the substituted port to be increased in proportion.

(c) Except for the obligations described above, neither the Charterers nor the Owners shall be responsible for the consequences of any strikes or lock-outs preventing or affecting the actual loading or discharging of the cargo.

17. War Risks ("Voywar 1993")

(1) For the purpose of this Clause, the words:

(a) The "Owners" shall include the shipowners, bareboat charterers, disponent owners, managers or other operators who are charged with the management of the Vessel, and the Master; and

(b) "War Risks" shall include any war (whether actual or threatened), act of war, civil war, hostilities, revolution, rebellion, civil commotion, warlike operations, the laying of mines (whether actual or reported), acts of piracy, acts of terrorists, acts of hostility or malicious damage, blockades (whether imposed against all Vessels or imposed selectively against

(5) The Vessel shall have liberty:-

(a) to comply with all orders, directions, recommendations or advice as to departure, arrival, routes, sailing in convoy, ports of call, stoppages, destinations, discharge of cargo, delivery or in any way whatsoever which are given by the Government of the Nation under whose flag the Vessel sails, or other Government to whose laws the Owners are subject, or any other Government which so requires, or any body or group acting with the power to compel compliance with their orders or directions;

(b) to comply with the orders, directions or recommendations of any war risks underwriters who have the authority to give the same under the terms of the war risks insurance;

(c) to comply with the terms of any resolution of the Security Council of the United Nations, any directives of the European Community, the effective orders of any other Supranational body which has the right to issue and give the same, and with national laws aimed at enforcing the same to which the Owners are subject, and to obey the orders and directions of those who are charged with their enforcement;

(d) to discharge at any other port any cargo or part thereof which may render the Vessel liable to confiscation as a contraband carrier;

(e) to call at any other port to change the crew or any part thereof or other persons on board the Vessel when there is reason to believe that they may be subject to internment, imprisonment or other sanctions;

(f) where cargo has not been loaded or has been discharged by the Owners under any provisions of this Clause, to load other cargo for the Owners' own benefit and carry it to any other port or ports whatsoever, whether backwards or forwards or in a contrary direction to the ordinary or customary route.

(6) If in compliance with any of the provisions of sub-clauses (2) to (5) of this Clause anything is done or not done, such shall not be deemed to be a deviation, but shall be considered as due fulfilment of the Contract of Carriage.

18. General Ice Clause

Port of loading

(a) In the event of the loading port being inaccessible by reason of ice when the Vessel is ready to proceed from her last port or at any time during the voyage or on the Vessel's arrival or in case frost sets in after the Vessel's arrival, the Master for fear of being frozen in is at liberty to leave without cargo, and this Charter Party shall be null and void.

(b) If during loading the Master, for fear of the Vessel being frozen in, deems it advisable to leave, he has liberty to do so with what cargo he has on board and to proceed to any other port or ports with option of completing cargo for the Owners' benefit for any port or ports including port of discharge. Any part cargo thus loaded under this Charter Party to be forwarded to destination at the Vessel's expense but against payment of freight, provided that no extra expenses be thereby caused to the Charterers, freight being paid on quantity delivered (in proportion if lumpsum), all other conditions as per this Charter Party.

(c) In case of more than one loading port, and if one or more of the ports are closed by ice, the Master or the Owners to be at liberty either to load the part cargo at the open port and fill up elsewhere for their own account as under section (b) or to declare the Charter Party null and void unless the Charterers agree to load full cargo at the open port.

Vessels of certain flags or ownership, or against certain cargoes or crews or otherwise howsoever), by any person, body, terrorist or political group, or the Government of any state whatsoever, which, in the reasonable judgement of the Master and/or the Owners, may be dangerous or are likely to be or to become dangerous to the Vessel, her cargo, crew or other persons on board the Vessel.

(2) If at any time before the Vessel commences loading, it appears that, in the reasonable judgement of the Master and/or the Owners, performance of the Contract of Carriage, or any part of it, may expose, or is likely to expose, the Vessel, her cargo, crew or other persons on board the Vessel to War Risks, the Owners may give notice to the Charterers cancelling this Contract of Carriage, or may refuse to perform such part of it as may expose, or may be likely to expose, the Vessel, her cargo, crew or other persons on board the Vessel to War Risks; provided always that if this Contract of Carriage provides that loading or discharging is to take place within a range of ports, and at the port or ports nominated by the Charterers the Vessel, her cargo, crew, or other persons onboard the Vessel may be exposed, or may be likely to be exposed, to War Risks, the Owners shall first require the Charterers to nominate any other safe port which lies within the range for loading or discharging, and may only cancel this Contract of Carriage if the Charterers shall not have nominated such safe port or ports within 48 hours of receipt of notice of such requirement.

(3) The Owners shall not be required to continue to load cargo for any voyage, or to sign Bills of Lading for any port or place, or to proceed or continue on any voyage, or on any part thereof, or to proceed through any canal or waterway, or to proceed to or remain at any port or place whatsoever, where it appears, either after the loading of the cargo commences, or at any stage of the voyage thereafter before the discharge of the cargo is completed, that, in the reasonable judgement of the Master and/or the Owners, the Vessel, her cargo (or any part thereof), crew or other persons on board the Vessel (or any one or more of them) may be, or are likely to be, exposed to War Risks. If it should so appear, the Owners may by notice request the Charterers to nominate a safe port for the discharge of the cargo or any part thereof, and if within 48 hours of the receipt of such notice, the Charterers shall not have nominated such a port, the Owners may discharge the cargo at any safe port of their choice (including the port of loading) in complete fulfilment of the Contract of Carriage. The Owners shall be entitled to recover from the Charterers the extra expenses of such discharge and, if the discharge takes place at any port other than the loading port, to receive the full freight as though the cargo had been carried to the discharging port and if the extra distance exceeds 100 miles, to additional freight which shall be the same percentage of the freight contracted for as the percentage which the extra distance represents to the distance of the normal and customary route, the Owners having a lien on the cargo for such expenses and freight.

(4) If at any stage of the voyage after the loading of the cargo commences, it appears that, in the reasonable judgement of the Master and/or the Owners, the Vessel, her cargo, crew or other persons on board the Vessel may be, or are likely to be, exposed to War Risks on any part of the route (including any canal or waterway) which is normally and customarily used in a voyage of the nature contracted for, and there is another longer route to the discharging port, the Owners shall give notice to the Charterers that this route will be taken. In this event the Owners shall be entitled, if the total extra distance exceeds 100 miles, to additional freight which shall be the same percentage of the freight contracted for as the percentage which the extra distance represents to the distance of the normal and customary route.

Port of discharge

(a) Should ice prevent the Vessel from reaching port of discharge the Charterers shall have the option of keeping the Vessel waiting until the re-opening of navigation and paying demurrage or of ordering the Vessel to a safe and immediately accessible port where she can safely discharge without risk of detention by ice. Such orders to be given within 48 hours after the Master or the Owners have given notice to the Charterers of the impossibility of reaching port of destination.

(b) If during discharging the Master for fear of the Vessel being frozen in deems it advisable to leave, he has liberty to do so with what cargo he has on board and to proceed to the nearest accessible port where she can safely discharge.

(c) On delivery of the cargo at such port, all conditions of the Bill of Lading shall apply and the Vessel shall receive the same freight as if she had discharged at the original port of destination, except that if the distance of the substituted port exceeds 100 nautical miles, the freight on the cargo delivered at the substituted port to be increased in proportion.

19. Law and Arbitration

* (a) This Charter Party shall be governed by and construed in accordance with English law and any dispute arising out of this Charter Party shall be referred to arbitration in London in accordance with the Arbitration Acts 1950 and 1979 or any statutory modification or re-enactment thereof for the time being in force. Unless the parties agree upon a sole arbitrator, one arbitrator shall be appointed by each party and the arbitrators so appointed shall appoint a third arbitrator, the decision of the three-man tribunal thus constituted or any two of them, shall be final. On the receipt by one party of the nomination in writing of the other party's arbitrator, that party shall appoint their arbitrator within fourteen days, failing which the decision of the single arbitrator appointed shall be final.

For disputes where the total amount claimed by either party does not exceed the amount stated in Box 25** the arbitration shall be conducted in accordance with the Small Claims Procedure of the London Maritime Arbitrators Association.

* (b) This Charter Party shall be governed by and construed in accordance with Title 9 of the United States Code and the Maritime Law of the United States and should any dispute arise out of this Charter Party, the matter in dispute shall be referred to three persons at New York, one to be appointed by each of the parties hereto, and the third by the two so chosen; their decision or that of any two of them shall be final, and for purpose of enforcing any award, this agreement may be made a rule of the Court. The proceedings shall be conducted in accordance with the rules of the Society of Maritime Arbitrators, Inc..

For disputes where the total amount claimed by either party does not exceed the amount stated in Box 25** the arbitration shall be conducted in accordance with the Shortened Arbitration Procedure of the Society of Maritime Arbitrators, Inc..

* (c) Any dispute arising out of this Charter Party shall be referred to arbitration at the place indicated in Box 25, subject to the procedures applicable there. The laws of the place indicated in Box 25 shall govern this Charter Party.

(d) If Box 25 in Part I is not filled in, sub-clause (a) of this Clause shall apply.

* *(a), (b) and (c) are alternatives; indicate alternative agreed in Box 25.*

** *Where no figure is supplied in Box 25 in Part I, this provision only shall be void but the other provisions of this Clause shall have full force and remain in effect.*

부록5: 표준 선하증권

5-1 CONLINEBILL

LINER BILL OF LADING

(Liner terms approved by The Baltic and International Maritime Conference)

Code Name: "CONLINEBILL"

Amended January 1st, 1950, August 1st, 1952, January 1st, 1973, July 1st, 1974. August 1st, 1976, January 1st, 1978.

1. Definition.
Wherever the term "Merchant" is used in this Bill of Lading, it shall be deemed to include the Shipper, the Receiver, the Consignee, the Holder of the Bill of Lading and the Owner of the cargo.

2. General Paramount Clause.
The Hague Rules contained in the International Convention for the Unification of certain rules relating to Bills of Lading, dated Brussels the 25th August 1924 as enacted in the country of shipment shall apply to this contract. When no such enactment is in force in the country of shipment, the corresponding legislation of the country of destination shall apply, but in respect of shipments to which no such enactments are compulsorily applicable, the terms of the said Convention shall apply.
Trades where Hague-Visby Rules apply.
In trades where the International Brussels Convention 1924 as amended by the Protocol signed at Brussels on February 23rd 1968 – The Hague-Visby Rules – apply compulsorily, the provisions of the respective legislation shall be considered incorporated in this Bill of Lading. The Carrier takes all reservations possible under such applicable legislation, relating to the period before loading and after discharging and while the goods are in the charge of another Carrier, and to deck cargo and live animals.

3. Jurisdiction.
Any dispute arising under this Bill of Lading shall be decided in the country where the carrier has his principal place of business, and the law of such country shall apply except as provided elsewhere herein.

4. Period of Responsibility.
The Carrier or his Agent shall not be liable for loss of or damage to the goods during the period before loading and after discharge from the vessel, howsoever such loss or damage arises.

5. The Scope of Voyage.
As the vessel is engaged in liner service the intended voyage shall not be limited to the direct route but shall be deemed to include any proceeding or returning to or stopping or slowing down at or off any ports or places for any reasonable purpose connected with the service including maintenance of vessel and crew.

6. Substitution of Vessel, Transhipment and Forwarding.
Whether expressly arranged beforehand or otherwise, the Carrier shall be at liberty to carry the goods to their port of destination by the said or other vessel or vessels either belonging to the Carrier or others, or

hours before the vessel's arrival there. In the absence of such declaration the Carrier may elect to discharge at the first or any other optional port and the contract of carriage shall then be considered as having been fulfilled. Any option can be exercised for the total quantity under this Bill of Lading only.

11. Freight and Charges.
(a) Prepayable freight, whether actually paid or not, shall be considered as fully earned upon loading and non-returnable in any event. The Carrier's claim for any charges under this contract shall be considered definitely payable in like manner as soon as the charges have been incurred.
Interest at 5 per cent., shall run from the date when freight and charges are due.
(b) The Merchant shall be liable for expenses of fumigation and of gathering and sorting loose cargo and of weighing onboard and expenses incurred in repairing damage to and replacing of packing due to excepted causes and for all expenses caused by extra handling of the cargo for any of the aforementioned reasons.
(c) Any dues, duties, taxes and charges which under any denomination may be levied on any basis such as amount of freight, weight of cargo or tonnage of the vessel shall be paid by the Merchant.
(d) The Merchant shall be liable for all fines and/or losses which the Carrier, vessel or cargo may incur through non-observance of Custom House and/or import or export regulations.
(e) The Carrier is entitled in case of incorrect declaration of contents, weights, measurements or value of the goods to claim double the amount of freight which would have been due if such declaration had been correctly given. For the purpose of ascertaining the actual facts, the Carrier reserves the right to obtain from the Merchant the original invoice and to have the contents inspected and the weight, measurement or value verified.

12. Lien.
The Carrier shall have a lien for any amount due under this contract and costs of recovering same and shall be entitled to sell the goods privately or by auction to cover any claims.

13. Delay.
The Carrier shall not be responsible for any loss sustained by the Merchant through delay of the goods unless caused by the Carrier's personal gross negligence.

14. General Average and Salvage.
General Average to be adjusted at any port or place at Carrier's

discharge the cargo at port of loading or any other safe and convenient port.
(d) The discharge under the provisions of this clause of any cargo for which a Bill of Lading has been issued shall be deemed due fulfilment of the contract. If in connection with the exercise of any liberty under this clause any extra expenses are incurred, they shall be paid by the Merchant in addition to the freight, together with return freight if any and a reasonable compensation for any extra services rendered to the goods.
(e) If any situation referred to in this clause may be anticipated, or if for any such reason the vessel cannot safely and without delay reach or enter the loading port or must undergo repairs, the Carrier may cancel the contract before the Bill of Lading is issued.
(f) The Merchant shall be informed if possible.

17. Identity of Carrier.
The Contract evidenced by this Bill of Lading is between the Merchant and the Owner of the vessel named herein (or substitute) and it is therefore agreed that said Shipowner only shall be liable for any damage or loss due to any breach or non-performance of any obligation arising out of the contract of carriage, whether or not relating to the vessel's seaworthiness. If, despite the foregoing, it is adjudged that any other is the Carrier and/or bailee of the goods shipped hereunder, all limitations of, and exonerations from, liability provided for by law or by this Bill of Lading shall be available to such other.
It is further understood and agreed that as the Line, Company or Agents who has executed this Bill of Lading for and on behalf of the Master is not a principal in the transaction, said Line, Company or Agents shall not be under any liability arising out of the contract of carriage, nor as Carrier nor bailee of the goods.

18. Exemptions and Immunities of all servants and agents of the Carrier.
It is hereby expressly agreed that no servant or agent of the Carrier (including every independent contractor from time to time employed by the Carrier) shall in any circumstances whatsoever be under any liability whatsoever to the Merchant for any loss, damage or delay arising or resulting directly or indirectly from any act, neglect or default on his part while acting in the course of or in connection with his employment and, but without prejudice to the generality of the foregoing provisions in this clause, every exemption, limitation, condition and liberty herein contained and every right, exemption from liability, defence and immunity of whatsoever nature applicable to the Carrier or to which the Carrier is entitled hereunder shall also be

by other means of transport, proceeding either directly or indirectly to such port and to carry the goods or part of them beyond their port of destination, and to tranship, land and store the goods either on shore or afloat and reship and forward the same at Carrier's expense but at Merchant's risk. When the ultimate destination at which the Carrier may have engaged to deliver the goods is other than the vessel's port of discharge, the Carrier acts as Forwarding Agent only.
The responsibility of the Carrier shall be limited to the part of the transport performed by him on vessels under his management and no claim will be acknowledged by the Carrier for damage or loss arising during any other part of the transport even though the freight for the whole transport has been collected by him.

7. Lighterage.
Any lightering in or off ports of loading or ports of discharge to be for the account of the Merchant.

8. Loading, Discharging and Delivery
of the cargo shall be arranged by the Carrier's Agent unless otherwise agreed.
Landing, storing and delivery shall be for the Merchant's account.
Loading and discharging may commence without previous notice.
The Merchant or his Assign shall tender the goods when the vessel is ready to load and as fast as the vessel can receive and – but only if required by the Carrier – also outside ordinary working hours notwithstanding any custom of the port. Otherwise the Carrier shall be relieved of any obligation to load such cargo and the vessel may leave the port without further notice and deadfreight is to be paid.
The Merchant or his Assign shall take delivery of the goods and continue to receive the goods as fast as the vessel can deliver and – but only if required by the Carrier – also outside ordinary working hours notwithstanding any custom of the port. Otherwise the Carrier shall be at liberty to discharge the goods and any discharge to be deemed a true fulfilment of the contract, or alternatively to act under Clause 16.
The Merchant shall bear all overtime charges in connection with tendering and taking delivery of the goods as above.
If the goods are not applied for within a reasonable time, the Carrier may sell the same privately or by auction.
The Merchant shall accept his reasonable proportion of unidentified loose cargo.

9. Live Animals and Deck Cargo
shall be carried subject to the Hague Rules as referred to in Clause 2 hereof with the exception that notwithstanding anything contained in Clause 19 the Carrier shall not be liable for any loss or damage resulting from any act, neglect or default of his servants in the management of such animals and deck cargo.

10. Options.
The port of discharge for optional cargo must be declared to the vessel's Agents at the first of the optional ports not later than 48

option and to be settled according to the York–Antwerp Rules 1974. In the event of accident, danger, damage or disaster before or after commencement of the voyage resulting from any cause whatsoever, whether due to negligence or not, for which or for the consequence of which the Carrier is not responsible by statute, contract or otherwise, the Merchant shall contribute with the Carrier in General Average to the payment of any sacrifice, losses or expenses of a General Average nature that may be made or incurred, and shall pay salvage and special charges incurred in respect of the goods. If a salving vessel is owned or operated by the Carrier, salvage shall be paid for as fully as if the salving vessel or vessels belonged to strangers.

15. Both-to-Blame Collision Clause. (This clause to remain in effect even if unenforcible in the Courts of the United States of America.)
If the vessel comes into collision with another vessel as a result of the negligence of the other vessel and any act, negligence or default of the Master, Mariner Pilot or the servants of the Carrier in the navigation or in the management of the vessel, the Merchant will indemnify the Carrier against all loss or liability to the other or non-carrying vessel or her Owner in so far as such loss or liability represents loss of or damage to or any claim whatsoever of the owner of the said goods paid or payable by the other or non-carrying vessel or her Owner to the owner of said cargo and set-off, or recouped or recovered by the other or non-carrying vessel or her Owner as part of his claim against the carrying vessel or Carrier. The foregoing provisions shall also apply where the Owner, operator or those in charge of any vessel or vessels or objects other than, or in addition to, the colliding vessels or objects are at fault in respect of a collision or contact.

16. Government directions, War, Epidemics, Ice, Strikes, etc.
(a) The Master and the Carrier shall have liberty to comply with any order or directions or recommendations in connection with the transport under this contract given by any Government or Authority, or anybody acting or purporting to act on behalf of such Government or Authority, or having under the terms of the insurance on the vessel the right to give such orders or directions or recommendations.
(b) Should it appear that the performance of the transport would expose the vessel or any goods onboard to risk of seizure or damage or delay, resulting from war, warlike operations, blockade, riots, civil commotions or piracy, or any person onboard to the risk of loss of life or freedom, or that any such risk has increased, the Master may discharge the cargo at port of loading or any other safe and convenient port.
(c) Should it appear that epidemics, quarantine, ice – labour troubles, labour obstructions, strikes, lock-outs, any of which onboard or on shore – difficulties in loading or discharging would prevent the vessel from leaving the port of loading or reaching or entering the port of discharge or there discharging in the usual manner and leaving again, all of which safely and without delay, the Master may

available and shall extend to protect every such servant or agent of the Carrier acting as aforesaid and for the purpose of all the foregoing provisions of this clause the Carrier is or shall be deemed to be acting as agent or trustee on behalf of and for the benefit of all persons who are or might be his servants or agents from time to time (including independent contractors as aforesaid) and all such persons shall to this extent be or be deemed to be parties to the contract evidenced by this Bill of Lading.
The Carrier shall be entitled to be paid by the Merchant on demand any sum recovered or recoverable by the Merchant or any other from such servant or agent of the Carrier for any such loss, damage or delay or otherwise.

19. Optional Stowage. Unitization.
(a) Goods may be stowed by the Carrier as received, or, at Carrier's option, by means of containers, or similar articles of transport used to consolidate goods.
(b) Containers, trailers and transportable tanks, whether stowed by the Carrier or received by him in a stowed condition from the Merchant, may be carried on or under deck without notice to the Merchant.
(c) The Carrier's liability for cargo stowed as aforesaid shall be governed by the Hague Rules as defined above notwithstanding the fact that the goods are being carried on deck and the goods shall contribute to general average and shall receive compensation in general average.

ADDITIONAL CLAUSES
(To be added if required in the contemplated trade).

A. Demurrage.
The Carrier shall be paid demurrage at the daily rate per ton of the vessel's gross register tonnage as indicated on Page 2 if the vessel is not loaded or discharged with the dispatch set out in Clause 8, any delay in waiting for berth at or off port to count. Provided that if the delay is due to causes beyond the control of the Merchant, 24 hours shall be deducted from the time on demurrage.
Each Merchant shall be liable towards the Carrier for a proportionate part of the total demurrage due, based upon the total freight on the goods to be loaded or discharged at the port in question.
No Merchant shall be liable in demurrage for any delay arisen only in connection with goods belonging to other Merchants.
The demurrage in respect of each parcel shall not exceed its freight. (This Clause shall only apply if the Demurrage Box on Page 2 is filled in).

B. U.S. Trade. Period of Responsibility.
In case the Contract evidenced by this Bill of Lading is subject to the U.S. Carriage of Goods by Sea Act, then the provisions stated in said Act shall govern before loading and after discharge and throughout the entire time the goods are in the Carrier's custody.

Page 2

LINER BILL OF LADING

B/L No.

Reference No.

Shipper

Consignee

Notify address

Pre-carriage by*	Place of receipt by pre-carrier*
Vessel	Port of loading
Port of discharge	Place of delivery by on-carrier*

Marks and Nos.	Number and kind of packages; description of goods	Gross weight	Measurement

Particulars furnished by the Merchant

Freight details, charges etc.	**SHIPPED** on board in apparent good order and condition, weight, measure, marks, numbers, quality, contents and value unknown, for carriage to the Port of Discharge or so near thereunto as the Vessel may safely get and lie always afloat, to be delivered in the like good order and condition at the aforesaid Port unto Consignees or their Assigns, they paying freight as indicated to the left plus other charges incurred in accordance with the provisions contained in this Bill of Lading. In accepting this Bill of Lading the Merchant expressly accepts and agrees to all its stipulations on both pages, whether written, printed, stamped or otherwise incorporated, as fully as if they were all signed by the Merchant. One original Bill of Lading must be surrendered duly endorsed in exchange for the goods or delivery order. I N W I T N E S S whereof the Master of the said Vessel has signed the number of original Bills of Lading stated below, all of this tenor and date, one of which being accomplished, the others to stand void.
Daily demurrage rate (additional Clause A)	

Freight payable at	Place and date of issue
Number of original Bs/L	Signature

* Applicable only when document used as a Through Bill of Lading

Printed and sold
by Fr. G. Knudtzon, Ltd., 55, Toldbodgade, Copenhagen,
by authority of The Baltic and International Maritime Conference.
(BIMCO), Copenhagen.

5-2 CONGENBILL

BILL OF LADING

TO BE USED WITH CHARTER-PARTIES
CODE NAME: "CONGENBILL"
EDITION 1994
ADOPTED BY
THE BALTIC AND INTERNATIONAL MARITIME COUNCIL (BIMCO)

Conditions of Carriage

(1) All terms and conditions, liberties and exceptions of the Charter Party, dated as overleaf, including the Law and Arbitration Clause, are herewith incorporated.

(2) **General Paramount Clause.**

(a) The Hague Rules contained in the International Convention for the Unification of certain rules relating to Bills of Lading, dated Brussels the 25th August 1924 as enacted in the country of shipment, shall apply to this Bill of Lading. When no such enactment is in force in the country of shipment, the corresponding legislation of the country of destination shall apply, but in respect of shipments to which no such enactments are compulsorily applicable, the terms of the said Convention shall apply.

(b) *Trades where Hague-Visby Rules apply.*
In trades where the International Brussels Convention 1924 as amended by the Protocol signed at Brussels on February 23rd 1968 – the Hague-Visby Rules – apply compulsorily, the provisions of the respective legislation shall apply to this Bill of Lading.

(c) The Carrier shall in no case be responsible for loss of or damage to the cargo, howsoever arising prior to loading into and after discharge from the Vessel or while the cargo is in the charge of another Carrier, nor in respect of deck cargo or live animals.

(3) **General Average.**
General Average shall be adjusted, stated and settled according to York-Antwerp Rules 1994, or any subsequent modification thereof, in London unless another place is agreed in the Charter Party.
Cargo's contribution to General Average shall be paid to the Carrier even when such average is the result of a fault, neglect or error of the Master, Pilot or Crew. The Charterers, Shippers and Consignees expressly renounce the Belgian Commercial Code, Part II, Art. 148.

(4) **New Jason Clause.**
In the event of accident, danger, damage or disaster before or after the commencement of the voyage, resulting from any cause whatsoever, whether due to negligence or not, for which, or for the consequence of which, the Carrier is not responsible, by statute, contract or otherwise, the cargo, shippers, consignees or the owners of the cargo shall contribute with the Carrier in General Average to the payment of any sacrifices, losses or expenses of a General Average nature that may be made or incurred and shall pay salvage and special charges incurred in respect of the cargo. If a salving vessel is owned or operated by the Carrier, salvage shall be paid for as fully as if the said salving vessel or vessels belonged to strangers. Such deposit as the Carrier, or his agents, may deem sufficient to cover the estimated contribution of the goods and any salvage and special charges thereon shall, if required, be made by the cargo, shippers, consignees or owners of the goods to the Carrier before delivery.

(5) **Both-to-Blame Collision Clause.**
If the Vessel comes into collision with another vessel as a result of the negligence of the other vessel and any act, neglect or default of the Master, Mariner, Pilot or the servants of the Carrier in the navigation or in the management of the Vessel, the owners of the cargo carried hereunder will indemnify the Carrier against all loss or liability to the other or non-carrying vessel or her owners in so far as such loss or liability represents loss of, or damage to, or any claim whatsoever of the owners of said cargo, paid or payable by the other or non-carrying vessel or her owners to the owners of said cargo and set-off, recouped or recovered by the other or non-carrying vessel or her owners as part of their claim against the carrying Vessel or the Carrier.
The foregoing provisions shall also apply where the owners, operators or those in charge of any vessel or vessels or objects other than, or in addition to, the colliding vessels or objects are at fault in respect of a collision or contact.

For particulars of cargo, freight,
destination, etc., see overleaf.

Page 2

CODE NAME: "CONGENBILL". EDITION 1994

Shipper

BILL OF LADING

TO BE USED WITH CHARTER-PARTIES

B/L No.

Reference No.

Consignee

Notify address

Vessel

Port of loading

Port of discharge

Shipper's description of goods

Gross weight

(of which on deck at Shipper's risk; the Carrier not being responsible for loss or damage howsoever arising)

Freight payable as per
CHARTER-PARTY dated ....

FREIGHT ADVANCE.
Received on account of freight:

....

Time used for loading .... days .... hours.

SHIPPED at the Port of Loading in apparent good order and condition on board the Vessel for carriage to the Port of Discharge or so near thereto as she may safely get the goods specified above.

Weight, measure, quality, quantity, condition, contents and value unknown.

IN WITNESS whereof the Master or Agent of the said Vessel has signed the number of Bills of Lading indicated below all of this tenor and date, any one of which being accomplished the others shall be void.

FOR CONDITIONS OF CARRIAGE SEE OVERLEAF

Freight payable at	Place and date of issue
Number of original Bs/L	Signature

Printed and sold by
Fr. G. Knudtzons Bogtrykkeri A/S, 55 Toldbodgade, DK-1253 Copenhagen K,
Telefax +45 33 93 11 84
by authority of The Baltic and International Maritime Council
(BIMCO), Copenhagen.

부록6: 선하증권에 관한 통일조약

6-1 헤이그 규칙

International Convention for the Unification of Certain Rules of Law Relating to Bills Of Lading and Protocol of Signature, 1924 ("Hague Rules")

Comité Maritime International

Brussels, August 25, 1924[1]

51 Stat. 233, TS 931, 120 L.N.T.S. 155

Article 1

In this Convention the following words are employed with the meanings set out below:

(a) "Carrier" includes the owner or the charterer who enters into a contract of carriage with a shipper.

(b) "Contract of carriage" applies only to contracts of carriage covered by a bill of lading or any similar document of title, in so far as such document relates to the carriage of goods by sea, including any bill of lading or any similar document as aforesaid issued under or pursuant to a charter party from the moment at which such bill of lading or similar document of title regulates the relations between a carrier and a holder of the same.

(c) "Goods" includes goods, wares, merchandise and articles of every kind whatsoever except live animals and cargo which by the contract of carriage is stated as being carried on deck and is so carried.

(d) "Ship" means any vessel used for the carriage of goods by sea.

(e) "Carriage of goods" covers the period from the time when the goods are loaded on to the time they are discharged from the ship.

Article 2

Subject to the provisions of Article 6, under every contract of carriage of goods by sea the carrier, in relation to the loading, handling, stowage, carriage, custody, care and discharge of such goods, shall be subject to the responsibilities and liabilities, and entitled to the rights and immunities hereinafter set forth.

Article 3

1. The carrier shall be bound before and at the beginning of the voyage to exercise due diligence to:

(a) Make the ship seaworthy;

(b) Properly man, equip and supply the ship;

(c) Make the holds, refrigerating and cool chambers, and all other parts of the ship in which goods are carried, fit and safe for their reception, carriage and preservation.

2. Subject to the provisions of Article 4, the carrier shall properly and carefully load, handle, stow, carry, keep, care for, and discharge the goods carried.

---

[1] Entered into force on June 2, 1931.

3. After receiving the goods into his charge the carrier or the Master or agent of the carrier shall, on demand of the shipper, issue to the shipper a bill of lading showing among other things:

(a) The leading marks necessary for identification of the goods as the same are furnished in writing by the shipper before the loading of such goods starts, provided such marks are stamped or otherwise shown clearly upon the goods if uncovered, or on the cases or coverings in which such goods are contained, in such a manner as should ordinarily remain legible until the end of the voyage;

(b) Either the number of packages or pieces, or the quantity, or weight, as the case may be, as furnished in writing by the shipper;

(c) The apparent order and condition of the goods.

Provided that no carrier, Master or agent of the carrier shall be bound to state or show in the bill of lading any marks, number, quantity, or weight which he has reasonable ground for suspecting not accurately to represent the goods actually received, or which he has had no reasonable means of checking.

4. Such a bill of lading shall be *prima facie* evidence of the receipt by the carrier of the goods as therein described in accordance with § 3, a, b, and c.

5. The shipper shall be deemed to have guaranteed to the carrier the accuracy at the time of shipment of the marks, number, quantity and weight, as furnished by him, and the shipper shall indemnify the carrier against all loss, damages and expenses arising or resulting from inaccuracies in such particulars. The right of the carrier to such indemnity shall in no way limit his responsibility and liability under the contract of carriage to any person other than the shipper.

6. Unless notice of loss or damage and the general nature of such loss or damage be given in writing to the carrier or his agent at the port of discharge before or at the time of the removal of the goods into the custody of the person entitled to delivery thereof under the contract of carriage, or, if the loss or damage be not apparent, within three days, such removal shall be *prima facie* evidence of the delivery by the carrier of the goods as described in the bill of lading.

If the loss or damage is not apparent, the notice must be given within three days of the delivery of the goods.

The notice in writing need not be given if the state of the goods has, at the time of their receipt, been the subject of joint survey or inspection.

In any event the carrier and the ship shall be discharged from all liability in respect of loss or damage unless suit is brought within one year after delivery of the goods or the date when the goods should have been delivered.

In the case of any actual or apprehended loss or damage the carrier and the receiver shall give all reasonable facilities to each other for inspecting and tallying the goods.

7. After the goods are loaded the bill of lading to be issued by the carrier, Master, or agent of the carrier, to the shipper shall, if the shipper so demands, be a [shipped] bill of lading, provided that if the shipper shall have previously taken up any document of title to such goods, he shall surrender the same as against the issue of the [shipped] bill of lading, but at the option of the carrier such document of title may be noted at the port of shipment by the carrier, Master, or agent with the name or names of the ship

or ships upon which the goods have been shipped and the date or dates of shipment, and when so noted, if it shows the particulars mentioned in § 3 of Article 3, shall for the purpose of this Article be deemed to constitute a [shipped] bill of lading.

8. Any clause, covenant, or agreement in a contract of carriage relieving the carrier or the ship from liability for loss or damage to, or in connection with, goods arising, from negligence, fault, or failure in the duties and obligations provided in this Article or lessening such liability otherwise than as provided in this Convention, shall be null and void and of no effect. A benefit of insurance in favour of the carrier or similar clause shall be deemed to be a clause relieving the carrier from liability.

ARTICLE 4

1. Neither the carrier nor the ship shall be liable for loss or damage arising or resulting from unseaworthiness unless caused by want of due diligence on the part of the carrier to make the ship seaworthy and to secure that the ship is properly manned, equipped and supplied, and to make the holds, refrigerating and cool chambers and all other parts of the ship in which goods are carried fit and safe for their reception, carriage and preservation in accordance with the provisions of § 1 of Article 3. Whenever loss or damage has resulted from unseaworthiness the burden of proving the exercise of due diligence shall be on the carrier or other person claiming exemption under this Article.

2. Neither the carrier nor the ship shall be responsible for loss or damage arising or resulting from:

(a) Act, neglect, or default of the Master, mariner, pilot, or the servants of the carrier in the navigation or in the management of the ship;

(b) Fire, unless caused by the actual fault or privity of the carrier;

(c) Perils, dangers and accidents of the sea or other navigable waters;

(d) Act of God;

(e) Act of war;

(f) Act of public enemies;

(g) Arrest or restraint of princes, rulers or people, or seizure under legal process;

(h) Quarantine restrictions;

(i) Act or omission of the shipper or owner of the goods, his agent or representative;

(j) Strikes or lockouts or stoppage or restraint of labour from whatever cause, whether partial or general;

(k) Riots and civil commotions;

(l) Saving or attempting to save life or property at sea;

(m) Wastage in bulk or weight or any other loss or damage arising from inherent defect, quality or vice of the goods;

(n) Insufficiency of packing;

(o) Insufficiency or inadequacy of marks;

(p) Latent defects not discoverable by due diligence;

(q) Any other cause arising without the actual fault or privity of the carrier, or without the actual fault or neglect of the agents or servants of the carrier, but the burden of proof shall be on the person claiming the benefit of this exception to show that neither the actual fault or privity of the carrier nor the fault or neglect of the agents or servants of the carrier contributed to the loss or damage.

3. The shipper shall not be responsible for loss or damage sustained by the carrier or the ship arising or resulting from any cause without the act, fault or neglect of the shipper, his agents or his servants.

4. Any deviation in saving or attempting to save life or property at sea or any reasonable deviation shall not be deemed to be an infringement or breach of this Convention or of the contract of carriage, and the carrier shall not be liable for any loss or damage resulting therefrom.

5. Neither the carrier nor the ship shall in any event be or become liable for any loss or damage to or in connection with goods in an amount exceeding 100 pounds sterling per package or unit, or the equivalent of that sum in other currency unless the nature and value of such goods have been declared by the shipper before shipment and inserted in the bill of lading.

This declaration if embodied in the bill of lading shall be *prima facie* evidence, but shall not be binding or conclusive on the carrier.

By agreement between the carrier, Master or agent of the carrier and the shipper another maximum amount than that mentioned in this paragraph may be fixed, provided that such maximum shall not be less than the figure above named.

Neither the carrier nor the ship shall be responsible in any event for loss or damage to, or in connection with, goods if the nature or value thereof has been knowingly misstated by the shipper in the bill of lading.

6. Goods of an inflammable, explosive or dangerous nature to the shipment whereof the carrier, Master or agent of the carrier has not consented with knowledge of their nature and character, may at any time before discharge be landed at any place, or destroyed or rendered innocuous by the carrier without compensation, and the shipper of such goods shall be liable for all damage and expenses directly or indirectly arising out of or resulting from such shipment. If any such goods shipped with such knowledge and consent shall become a danger to the ship or cargo, they may in like manner be landed at any place, or destroyed or rendered innocuous by the carrier without liability on the part of the carrier except to general average, if any.

Article 5

A carrier shall be at liberty to surrender in whole or in part all or any of his rights and immunities or to increase any of his responsibilities and obligations under this Convention, provided such surrender or increase shall be embodied in the bill of lading issued to the shipper.

The provisions of this Convention shall not be applicable to charter parties, but if bills of lading are issued in the case of a ship under a charter party they shall comply with the terms of this Convention. Nothing in these rules shall be held to prevent the insertion in a bill of lading of any lawful provision regarding general average.

Article 6

Notwithstanding the provisions of the preceding Articles, a carrier, Master or agent of the carrier and a shipper shall in regard to any particular goods be at liberty to enter into any agreement in any terms as to the responsibility and liability of the carrier for such goods, and as to the rights and immunities of the carrier in respect of such goods, or his obligation as to seaworthiness, so far as this stipulation is not contrary to public policy, or the care or diligence of his servants or agents in regard to the loading, handling, stowage, carriage, custody, care and discharge of the goods carried by sea, provided that in this case no bill of lading has been or shall be issued and that the terms agreed shall be embodied in a receipt which shall be a non-negotiable document and shall be marked as such.

Any agreement so entered into shall have full legal effect:

Provided that this Article shall not apply to ordinary commercial shipments made in the ordinary course of trade, but only to other shipments where the character or condition of the property to be carried or the circumstances, terms and conditions under which the carriage is to be performed are such as reasonably to justify a special agreement.

Article 7

Nothing herein contained shall prevent a carrier or a shipper from entering into any agreement, stipulation, condition, reservation or exemption as to the responsibility and liability of the carrier or the ship for the loss or damage to, or in connection with, the custody and care and handling of goods prior to the loading on, and subsequent to, the discharge from the ship on which the goods are carried by sea.

Article 8

The provisions of this Convention shall not affect the rights and obligations of the carrier under any statute for the time being in force relating to the limitation of the liability of owners of sea-going vessels.

Article 9

The monetary units mentioned in this Convention are to be taken to be gold value.

Those contracting States in which the pound sterling is not a monetary unit reserve to themselves the right of translating the sums indicated in this Convention in terms of pound sterling into terms of their own monetary system in round figures.

The national laws may reserve to the debtor the right of discharging his debt in national currency according to the rate of exchange prevailing on the day of the arrival of the ship at the port of discharge of the goods concerned.

Article 10

The provisions of this Convention shall apply to all bills of lading issued in any of the contracting States.

Article 11

After an interval of not more than two years from the day on which the Convention is signed, the Belgian Government shall place itself in communication with the governments of the High Contracting Parties which have declared themselves prepared to ratify the Convention, with a view to deciding whether it shall be put into force. The ratifications shall be deposited at Brussels at a date to be fixed by agreement between the said governments. The first deposit of ratifications shall be recorded in a procès-verbal signed by the representatives of the Powers which take part therein and by the Belgian Minister for Foreign Affairs.

The subsequent deposits of ratifications shall be made by means of a written notification, addressed to the Belgian Government and accompanied by the instrument of ratification.

A duly certified copy of the procès-verbal relating to the first deposit of ratifications, of the notifications referred to in the previous paragraph, and also of the instruments of ratification accompanying them, shall be immediately sent by the Belgian Government through the diplomatic channel to the Powers who have signed this Convention or who had [*sic.*] acceded to it. In the cases contemplate in the preceding paragraph the said Government shall inform them at the same time of the date on which it received the notification.

Article 12

Nonsignatory States may accede to the Present Convention whether or not they have been represented at the International Conference at Brussels.

A state which desires to accede shall notify its intention in writing to the Belgian Government, forwarding to it the document of accession, which shall be deposited in the archives of said Government.

The Belgian Government shall immediately forward to all the states which have signed or acceded to the Convention a duly certified copy of the notification and of the act of accession, mentioning the date on which it received the notification.

Article 13

The High Contracting Parties may at the time of signature, ratification or accession declare that their acceptance of the present Convention does not include any or all of the self-governing dominions, or of the colonies, overseas possessions, protectorates or territories under their sovereignty or authority, and they may subsequently accede separately on behalf of any self-governing dominion, colony, overseas possession, protectorate or territory excluded in their declaration. They may also denounce the Convention separately in accordance with its provisions in respect of any self-governing dominion, or any colony, overseas possession, protectorate or territory under their sovereignty or authority.

Article 14

The present Convention shall take effect, in the case of the states which have taken part in the first deposit of ratifications, one year after the date of the procès-verbal recording such deposit. As respects the states which ratify subsequently or which accede, and also in cases in which the Convention is subsequently put into effect in accordance with Article 13, it shall take effect six months after the notifications specified in paragraph 2 of Article 11, and paragraph 2 of Article 12, have been received by the Belgian Government.

Article 15

In the event of one of the contracting States wishing to denounce the present Convention, the denunciation shall be notified in writing to the Belgian Government, which shall immediately communicate a duly certified copy of the notification to all the other States, informing them of the date on which it was received.

The denunciation shall only operate in respect of the State which made the notification, and on the expiry of one year after the notification has reached the Belgian Government.

Article 16

Any one of the Contracting States shall have the right to call for a fresh conference with a view to considering possible amendments.

A state which would exercise this right should notify its intention to the other states through the Belgian Government, which would make arrangements for convening the conference.

Done at Brussels, in a single copy, August 25, 1924.

Protocol of Signature

At the time of signing the International Convention for the Unification of Certain Rules of Law Relating to Bills of Lading the Plenipotentiaries whose signatures appear below have adopted this Protocol, which will have the same force and the same value as if its provisions were inserted in the text of the Convention to which it relates.

The High Contracting Parties may give effect to this Convention either by giving it the force of law or by including in their national legislation in a form appropriate to that legislation the rules adopted under this Convention.

They may reserve the right:

1. To prescribe that in the cases referred to in paragraph 2 (c) to (p) of Article 4 the holder of a bill of lading shall be entitled to establish responsibility for loss or damage arising from the personal fault of the carrier or the fault of his servants which are not covered by paragraph (a).

2. To apply Article 6 in so far as the national coasting trade is concerned to all classes of goods without taking account of the restriction set out in the last paragraph of that Article.

Done at Brussels, in a single copy, August 25, 1924.

Note: The original French text is the only authentic text of this Convention.

6-2 비스비 규칙

Protocol to Amend the International Convention for the Unification of Certain Rules of Law Relating to Bills of Lading, 1924 ("Visby Amendments")

Comité Maritime International

Brussels, February 23, 1968[1]

[PREAMBLE OMITTED]

ARTICLE 1

1. In Article 3, paragraph 4, shall be added:

"However, proof to the contrary shall not be admissible when the bill of lading has been transferred to a third party acting in good faith."

2. In Article 3, paragraph 6, sub-paragraph 4 shall be deleted and replaced by:

"Subject to paragraph 6 *bis* the carrier and the ship shall in any event be discharged from all liability whatsoever in respect of the goods, unless suit is brought within one year of their delivery or of the date when they should have been delivered. This period may, however, be extended if the parties so agree after the cause of action has arisen."

3. In Article 3, after paragraph 6, shall be added the following paragraph 6 *bis*:

"An action for indemnity against a third person may be brought even after the expiration of the year provided for in the preceding paragraph if brought within the time allowed by the law of the Court seized of the case. However, the time allowed shall be not less than three months, commencing from the day when the person bringing such action for indemnity has settled the claim or has been served with process in the action against himself."

ARTICLE 2

Article 4, paragraph 5, shall be deleted and replaced by the following:

"(a) Unless the nature and value of such goods have been declared by the shipper before shipment and inserted in the bill of lading, neither the carrier nor the ship shall in any event be or become liable for any loss or damage to or in connection with the goods in an amount exceeding the equivalent of 10,000 francs per package or unit or 30 francs per kilo of gross weight of the goods lost or damaged, whichever is the higher.

(b) The total amount recoverable shall be calculated by reference to the value of such goods at the place and time at which the goods are discharged from the ship in accordance with the contract or should have been so discharged.

The value of the goods shall be fixed according to the commodity exchange price, or, if there be no such price, according to the current market price, or, if there be

[1] Entered into force on June 23, 1977.

no commodity exchange price or current market price, by reference to the normal value of goods of the same kind and quality.

(c) Where a container, pallet or similar article of transport is used to consolidate goods, the number of packages or units enumerated in the bill of lading as packed in such article of transport shall be deemed the number of packages or units for the purpose of this paragraph as far as these packages or units are concerned. Except as aforesaid such article of transport shall be considered the package or unit.

(d) A franc means a unit consisting of 65.5 milligrammes of gold of millesimal fineness 900′. The date of conversion of the sum awarded into national currencies shall be governed by the law of the Court seized of the case.

(e) Neither the carrier nor the ship shall be entitled to the benefit of the limitation of liability provided for in this paragraph if it is proved that the damage resulted from an act or omission of the carrier done with intent to cause damage, or recklessly and with knowledge that damage would probably result.

(f) The declaration mentioned in sub-paragraph *a)* of this paragraph, if embodied in the bill of lading, shall be *prima facie* evidence, but shall not be binding or conclusive on the carrier.

(g) By agreement between the carrier, Master or agent of the carrier and the shipper other maximum amounts than those mentioned in sub-paragraph *a)* of this paragraph may be fixed, provided that no maximum amount so fixed shall be less than the appropriate maximum mentioned in that sub-paragraph.

(h) Neither the carrier nor the ship shall be responsible in any event for loss or damage to, or in connection with, goods if the nature or value thereof has been knowingly mis-stated by the shipper in the bill of lading."

ARTICLE 3

Between Articles 4 and 5 of the Convention shall be inserted the following Article 4 *bis*:

"1. The defences and limits of liability provided for in this Convention shall apply in any action against the carrier in respect of loss or damage to goods covered by a contract of carriage whether the action be founded in contract or in tort.

2. If such an action is brought against a servant or agent of the carrier[2] (such servant or agent not being an independent contractor), such servant or agent shall be entitled to avail himself of the defences and limits of liability which the carrier is entitled to invoke under this Convention.

3. The aggregate of the amounts recoverable from the carrier, and such servants and agents, shall in no case exceed the limit provided for in this Convention.

4. Nevertheless, a servant or agent of the carrier shall not be entitled to avail himself of the provisions of this Article, if it is proved that the damage resulted from an act or omission of the servant or agent done with intent to cause damage or recklessly and with knowledge that damage would probably result."

---

[2] Editor's Note: The French text reads: "un préposé du transporteur" and does not include the parentheses or the terms within the parentheses.

ARTICLE 4

Article 9 of the Convention shall be deleted and replaced by the following:

"This Convention shall not affect the provisions of any international Convention or national law governing liability for nuclear damage."

ARTICLE 5

Article 10 of the Convention shall be deleted and replaced by the following:

"The provisions of this Convention shall apply to every bill of lading relating to the carriage of goods between ports in two different States if:

(a) the bill of lading is issued in a Contracting State, or

(b) the carriage is from a port in a Contracting State, or

(c) the contract contained in or evidenced by the bill of lading provides that the rules of this Convention or legislation of any State giving effect to them are to govern the contract, whatever may be the nationality of the ship, the carrier, the shipper, the consignee, or any other interested person.

Each Contracting State shall apply the provisions of this Convention to the bills of lading mentioned above.

This Article shall not prevent a Contracting State from applying the Rules of this Convention to bills of lading not included in the preceding paragraphs."

ARTICLE 6

As between the Parties to this Protocol the Convention and the Protocol shall be read and interpreted together as one single instrument.

A Party to this Protocol shall have no duty to apply the provisions of this Protocol to bills of lading issued in a State which is a Party to the Convention but which is not a Party to this Protocol.

ARTICLE 7

As between the Parties to this Protocol, denunciation by any of them of the Convention in accordance with Article 15 thereof, shall not be construed in any way as a denunciation of the Convention as amended by this Protocol.

ARTICLE 8

Any dispute between two or more Contracting Parties concerning the interpretation or application of the Convention which cannot be settled by negotiation, shall, at the request of one of them, be submitted to arbitration. If within six months from the date of the request for arbitration the Parties are unable to agree on the organization of the arbitration, any one of those Parties may refer the dispute to the International Court of Justice by request in conformity with the Statute of the Court.

ARTICLE 9

1. Each Contracting Party may at the time of signature or ratification of this Protocol or accession thereto, declare that it does not consider itself bound by Article 8 of this Protocol. The other Contracting Parties shall not be bound by this Article with respect to any Contracting Party having made such a reservation.

2. Any Contracting Party having made a reservation in accordance with paragraph 1 may at any time withdraw this reservation by notification to the Belgian Government.

Article 10

This Protocol shall be open for signature by the States which have ratified the Convention or which have adhered thereto before the [*sic.*] 23 February 1968, and by any State represented at the Twelfth Session (1967 — 1968) of the Diplomatic Conference on Maritime Law.

Article 11

Ratification of this Protocol by any State which is not a Party to the Convention shall have the effect of accession to the Convention.

Article 12

Accession to this Protocol shall have the effect of accession to the Convention.

Article 13

1. This Protocol shall come into force three months after the date of the deposit of ten instruments of ratification or accession, of which at least five shall have been deposited by States that have each a tonnage equal or superior to one million gross tons of tonnage.

2. For each State which ratifies this Protocol or accedes thereto after the date of deposit of the instrument of ratification or accession determining the coming into force such as is stipulated in paragraph 1 of this Article, this Protocol shall come into force three months after the deposit of its instrument of ratification or accession.

Article 14

1. Any Contracting State may denounce this Protocol by notification to the Belgian Government.

2. This denunciation shall have the effect of denunciation of the Convention.

3. The denunciation shall take effect one year after the date on which the notification has been received by the Belgian Government.

Article 15

1. Any Contracting State may at the time of signature, ratification or accession or at any time thereafter declare by written notification to the Belgian Government which among the territories under its sovereignty or for whose international relations it is responsible, are those to which the present Protocol applies.

The Protocol shall three months after the date of the receipt of such notification by the Belgian Government extend to the territories named therein, but not before the date of the coming into force of the Protocol in respect of such State.

2. This extension also shall apply to the Convention if the latter is not yet applicable to those territories.

3. Any Contracting State which has made a declaration under paragraph 1 of this Article may at any time thereafter declare by notification given to the Belgian Government that the Protocol shall cease to extend to such territory. This denunciation shall take effect

one year after the date on which notification thereof has been received by the Belgian Government; it shall also apply to the Convention.

Article 16

The Contracting Parties may give effect to this Protocol either by giving it the force of law or by including in their national legislation in a form appropriate to that legislation the rules adopted under this Protocol.

Article 17

The Belgian Government shall notify the States represented at the Twelfth Session (1967 — 1968) of the Diplomatic Conference on Maritime Law, the acceding States to this Protocol, and the States Parties to the Convention, of the following:

1. The signatures, ratifications and accessions received in accordance with Articles 10, 11 and 12.

2. The date on which the present Protocol will come into force in accordance with Article 13.

3. The notifications with regard to the territorial application in accordance with Article 15.

4. The denunciations received in accordance with Article 14.

Done at Brussels, this 23rd day of February 1968, in the French and English languages, both texts being equally authentic, in a single copy, which shall remain deposited in the archives of the Belgian Government, which shall issue certified copies.

6-3 SDR 의정서

Protocol Amending the International Convention for the Unification of Certain Rules of Law Relating to Bills of Lading, 1924 ("SDR Protocol")

Comité Maritime International

Brussels, December 21, 1979 [1]

[PREAMBLE OMITTED]

ARTICLE I

For the purpose of this Protocol, "Convention" means the International Convention for the Unification of Certain Rules of Law Relating to Bills of Lading and its Protocol of Signature, done at Brussels on 25th August 1924, as amended by the Protocol, done at Brussels on 23rd February, 1968.

ARTICLE II

1. Article 4, paragraph 5, a) of the Convention is replaced by the following:

"a) Unless the nature and value of such goods have been declared by the shipper before shipment and inserted in the bill of lading, neither the carrier nor the ship shall in any event be or become liable for any loss or damage to or in connection with the goods in an amount exceeding 666.67 units of account per package or unit or 2 units of account per kilogramme of gross weight of the goods lost or damaged, whichever is the higher."

2. Article 4, paragraph 5, d) of the Convention is replaced by the following:

"d) The unit of account mentioned in this Article is the Special Drawing Right as defined by the International Monetary Fund. The amounts mentioned in sub-paragraph a) of this paragraph shall be converted into national currency on the basis of the value of that currency on a date to be determined by the law of the Court seized of the case. The value of the national currency, in terms of the Special Drawing Right, of a State which is a member of the International Monetary Fund, shall be calculated in accordance with the method of valuation applied by the International Monetary Fund in effect at the date in question for its operations and transactions. The value of the national currency, in terms of the Special Drawing Right, of a State which is not a member of the International Monetary Fund, shall be calculated in a manner determined by that State. Nevertheless, a State which is not a member of the International Monetary Fund and whose law does not permit the application of the provisions of the preceding sentences may, at the time of ratification of the Protocol of 1979 or accession thereto or at any time thereafter, declare that the limits of liability provided for in this Convention to be applied in its territory shall be fixed as follows:

---

[1] Entered into force on February 14, 1984.

"(i) in respect of the amount of 666.67 units of account mentioned in sub-paragraph a) of paragraph 5 of this Article, 10,000 monetary units;

"(ii) in respect of the amount of 2 units of account mentioned in sub-paragraph a) of paragraph 5 of this Article, 30 monetary units.

"The monetary unit referred to in the preceding sentence corresponds to 65.5 milligrammes of gold of millesimal fineness 900'. The conversion of the amounts specified in that sentence into the national currency shall be made according to the law of the State concerned. The calculation and the conversion mentioned in the preceding sentences shall be made in such a manner as to express in the national currency of the State as far as possible the same real value for the amounts in sub-paragraph a) of paragraph 5 of this Article as is expressed there in units of account. States shall communicate to the depositary the manner of calculation or the result of the conversion as the case may be, when depositing an instrument of ratification of the Protocol of 1979 or of accession thereto and whenever there is a change in either."

Article III

Any dispute between two or more Contracting Parties concerning the interpretation or application of the present Protocol, which cannot be settled through negotiation, shall, at the request of one of them, be submitted to arbitration. If within six months from the date of the request for arbitration the Parties are unable to agree on the organisation of the arbitration, any one of those Parties may refer the dispute to the International Court of Justice by request in conformity with the Statute of the Court.

Article IV

1. Each Contracting Party may at the time of signature or ratification of this Protocol or of accession thereto, declare that it does not consider itself bound by Article III.

2. Any Contracting Party having made a reservation in accordance with paragraph (1) may at any time withdraw this reservation by notification to the Belgian Government.

Article V

This Protocol shall be open for signature by the States which have signed the Convention of 25 August 1924 or the Protocol of 23 February 1968 or which are Parties to the Convention.

Article VI

1. This Protocol shall be ratified.

2. Ratification of this Protocol by any State which is not a Party to the Convention shall have the effect of ratification of the Convention.

3. The instruments of ratification shall be deposited with the Belgian Government.

Article VII

1. States not referred to in Article V may accede to this Protocol.

2. Accession to this Protocol shall have the effect of accession to the Convention.

3. The instruments of accession shall be deposited with the Belgian Government.

Article VIII

1. This Protocol shall come into force three months after the date of the deposit of five instruments of ratification or accession.

2. For each State which ratifies this Protocol or accedes thereto after the fifth deposit, this Protocol shall come into force three months after the deposit of its instrument of ratification or accession.

Article IX

1. Any Contracting Party may denounce this Protocol by notification to the Belgian Government.

2. The denunciation shall take effect one year after the date on which the notification has been received by the Belgian Government.

Article X

1. Each State may at the time of signature, ratification or accession or at any time thereafter declare by written notification to the Belgian Government which among the territories for whose international relations it is responsible, are those to which the present Protocol applies. The Protocol shall three months after the date of the receipt of such notification by the Belgian Government extend to the territories named therein, but not before the date of the coming into force of the Protocol in respect of such State.

2. This extension also shall apply to the Convention if the latter is not yet applicable to these territories.

3. Any Contracting Party which has made a declaration under paragraph (1) of this Article may at any time thereafter declare by notification given to the Belgian Government that the Protocol shall cease to extend to such territories. This denunciation shall take effect one year after the date on which notification thereof has been received by the Belgian Government.

Article XI

The Belgian Government shall notify the signatory and acceding States of the following:

1. The signatures, ratifications and accessions received in accordance with Articles V, VI and VII.

2. The date on which the present Protocol will come into force in accordance with Article VIII.

3. The notifications with regard to the territorial application in accordance with Article X.

4. The declarations and communications made in accordance with Article II.

5. The declarations made in accordance with Article IV.

6. The denunciations received in accordance with Article IX.

Done at Brussels, this 21st day of December 1979, in the French and English languages, both texts being equally authentic, in a single copy, which shall remain deposited in the archives of the Belgian Government, which shall issue certified copies.

6-4 함부르크 규칙

United Nations Convention on the Carriage Of Goods By Sea, 1978 ("Hamburg Rules")

United Nations Commission on International Trade Law (UNCITRAL)

Hamburg, March 31, 1978[1]

[PREAMBLE OMITTED]

PART I. GENERAL PROVISIONS

ARTICLE 1
Definitions

In this Convention:

1. "Carrier" means any person by whom or in whose name a contract of carriage of goods by sea has been concluded with a shipper.

2. "Actual carrier" means any person to whom the performance of the carriage of the goods, or of part of the carriage, has been entrusted by the carrier, and includes any other person to whom such performance has been entrusted.

3. "Shipper" means any person by whom or in whose name or on whose behalf a contract of carriage of goods by sea has been concluded with a carrier, or any person by whom or in whose name or on whose behalf the goods are actually delivered to the carrier in relation to the contract of carriage by sea.

4. "Consignee" means the person entitled to take delivery of the goods.

5. "Goods" includes live animals; where the goods are consolidated in a container, pallet or similar article of transport or where they are packed, "goods" includes such article of transport or packaging if supplied by the shipper.

6. "Contract of carriage by sea" means any contract whereby the carrier undertakes against payment of freight to carry goods by sea from one port to another; however, a contract which involves carriage by sea and also carriage by some other means is deemed to be a contract of carriage by sea for the purpose of this Convention only in so far as it relates to the carriage by sea.

7. "Bill of lading" means a document which evidences a contract of carriage by sea and the taking over or loading of the goods by the carrier, and by which the carrier undertakes to deliver the goods against surrender of the document. A provision in the document that the goods are to be delivered to the order of a named person, or to order, or to bearer, constitutes such an undertaking.

8. "Writing" includes, *inter alia,* telegram and telex.

---

[1] Entered into force on November 1, 1992.

Article 2
Scope of Application

1. The provisions of this Convention are applicable to all contracts of carriage by sea between two different States, if:

(a) the port of loading as provided for in the contract of carriage by sea is located in a Contracting State, or

(b) the port of discharge as provided for in the contract of carriage by sea is located in a Contracting State, or

(c) one of the optional ports of discharge provided for in the contract of carriage by sea is the actual port of discharge and such port is located in a Contracting State, or

(d) the bill of lading or other document evidencing the contract of carriage by sea is issued in a Contracting State, or

(e) the bill of lading or other document evidencing the contract of carriage by sea provides that the provisions of this Convention or the legislation of any State giving effect to them are to govern the contract.

2. The provisions of this Convention are applicable without regard to the nationality of the ship, the carrier, the actual carrier, the shipper, the consignee or any other interested person.

3. The provisions of this Convention are not applicable to charter-parties. However, where a bill of lading is issued pursuant to a charter-party, the provisions of the Convention apply to such a bill of lading if it governs the relation between the carrier and the holder of the bill of lading, not being the charterer.

4. If a contract provides for future carriage of goods in a series of shipments during an agreed period, the provisions of this Convention apply to each shipment. However, where a shipment is made under a charter-party, the provisions of paragraph 3 of this Article apply.

Article 3
Interpretation of the Convention.

In the interpretation and application of the provisions of this Convention regard shall be had to its international character and to the need to promote uniformity.

Part II. Liability of the Carrier

Article 4
Period of Responsibility

1. The responsibility of the carrier for the goods under this Convention covers the period during which the carrier is in charge of the goods at the port of loading, during the carriage and at the port of discharge.

2. For the purpose of paragraph 1 of this Article, the carrier is deemed to be in charge of the goods

(a) from the time he has taken over the goods from:

(i) the shipper, or a person acting on his behalf; or

(ii) an authority or other third party to whom, pursuant to law or regulations applicable at the port of loading, the goods must be handed over for shipment;

(b) until the time he has delivered the goods:

(i) by handing over the goods to the consignee; or

(ii) in cases where the consignee does not receive the goods from the carrier, by placing them at the disposal of the consignee in accordance with the contract or with the law or with the usage of the particular trade, applicable at the port of discharge; or

(iii) by handing over the goods to an authority or other third party to whom, pursuant to law or regulations applicable at the port of discharge, the goods must be handed over.

3. In paragraphs 1 and 2 of this Article, reference to the carrier or to the consignee means, in addition to the carrier or the consignee, the servants or agents, respectively of the carrier or the consignee.

Article 5
Basis of Liability

1. The carrier is liable for loss resulting from loss of or damage to the goods, as well as from delay in delivery, if the occurrence which caused the loss, damage or delay took place while the goods were in his charge as defined in Article 4, unless the carrier proves that he, his servants or agents took all measures that could reasonably be required to avoid the occurrence and its consequences.

2. Delay in delivery occurs when the goods have not been delivered at the port of discharge provided for in the contract of carriage by sea within the time expressly agreed upon or, in the absence of such agreement, within the time which it would be reasonable to require of a diligent carrier, having regard to the circumstances of the case.

3. The person entitled to make a claim for the loss of goods may treat the goods as lost if they have not been delivered as required by Article 4 within 60 consecutive days following the expiry of the time for delivery according to paragraph 2 of this Article.

4. (a) The carrier is liable

(i) for loss of or damage to the goods or delay in delivery caused by fire, if the claimant proves that the fire arose from fault or neglect on the part of the carrier, his servants or agents;

(ii) for such loss, damage or delay in delivery which is proved by the claimant to have resulted from the fault or neglect of the carrier, his servants or agents, in taking all measures that could reasonably be required to put out the fire and avoid or mitigate its consequences.

(b) In case of fire on board the ship affecting the goods, if the claimant or the carrier so desires, a survey in accordance with shipping practices must be held into the cause and circumstances of the fire, and a copy of the surveyor's report shall be made available on demand to the carrier and the claimant.

5. With respect to live animals, the carrier is not liable for loss, damage or delay in delivery resulting from any special risks inherent in that kind of carriage. If the carrier

proves that he has complied with any special instructions given to him by the shipper respecting the animals and that, in the circumstances of the case, the loss, damage or delay in delivery could be attributed to such risks, it is presumed that the loss, damage or delay in delivery was so caused, unless there is proof that all or a part of the loss, damage or delay in delivery resulted from fault or neglect on the part of the carrier, his servants or agents.

6. The carrier is not liable, except in general average, where loss, damage or delay in delivery resulted from measures to save life or from reasonable measures to save property at sea.

7. Where fault or neglect on the part of the carrier, his servants or agents combines with another cause to produce loss, damage, or delay in delivery the carrier is liable only to the extent that the loss, damage or delay in delivery is attributable to such fault or neglect, provided that the carrier proves the amount of the loss, damage or delay in delivery not attributable thereto.

ARTICLE 6
Limits of Liability

1. (a) The liability of the carrier for loss resulting from loss of or damage of goods according to the provision of Article 5 is limited to an amount equivalent to 835 units of account per package or other shipping unit or 2.5 units of account per kilogramme of gross weight of the goods lost or damaged, whichever is the higher.

(b) The liability of the carrier for delay in delivery according to the provisions of Article 5 is limited to an amount equivalent to two and a half times the freight payable for the goods delayed, but not exceeding the total freight payable under the contract of carriage of goods by sea.

(c) In no case shall the aggregate liability of the carrier, under both subparagraphs (a) and (b) of this paragraph, exceed the limitation which would be established under subparagraph (a) of this paragraph for total loss of the goods with respect to which such liability was incurred.

2. For the purpose of calculating which amount is the higher in accordance with paragraph 1 (a) of this Article, the following rules apply:

(a) Where a container, pallet or similar article of transport is used to consolidate goods, the package or other shipping units enumerated in the bill of lading, if issued, or otherwise in any other document evidencing the contract of carriage by sea, as packed in such article of transport are deemed packages or shipping units. Except as aforesaid the goods in such article of transport are deemed one shipping unit.

(b) In cases where the article of transport itself has been lost or damaged, that article of transport, if now owned or otherwise supplied by the carrier, is considered one separate shipping unit.

3. Unit of account means the unit of account mentioned in Article 26.

4. By agreement between the carrier and the shipper, limits of liability exceeding those provided for in paragraph 1 may be fixed.

ARTICLE 7
Application to Non-Contractual Claims

1. The defences and limits of liability provided for in this Convention apply in any action against the carrier in respect of loss or damage to the goods covered by the contract of carriage by sea, as well as of delay in delivery whether the action is founded in contract, in tort or otherwise.

2. If such an action is brought against a servant or agent of the carrier, such servant or agent, if he proves that he acted within the scope of his employment, is entitled to avail himself of the defences and limits of liability which the carrier is entitled to invoke under this Convention.

3. Except as provided in Article 8, the aggregate of the amounts recoverable from the carrier and from any persons referred to in paragraph 2 of this Article shall not exceed the limits of liability provided for in this Convention.

ARTICLE 8
Loss of Right to Limit Responsibility

1. The carrier is not entitled to the benefit of the limitation of liability provided for in Article 6 if it is proved that the loss, damage or delay in delivery resulted from an act or omission of the carrier done with the intent to cause such loss, damage or delay, or recklessly and with knowledge that such loss, damage or delay would probably result.

2. Notwithstanding the provisions of paragraph 2 of Article 7, a servant or agent of the carrier is not entitled to the benefit of the limitation of liability provided for in Article 6 if it is proved that the loss, damage or delay in delivery resulted from an act or omission of such servant or agent, done with the intent to cause such loss, damage or delay, or recklessly and with knowledge that such loss, damage or delay would probably result.

ARTICLE 9
Deck Cargo

1. The carrier is entitled to carry the goods on deck only if such carriage is in accordance with an agreement with the shipper or with the usage of the particular trade or is required by statutory rules or regulations.

2. If the carrier and the shipper have agreed that the goods shall or may be carried on deck, the carrier must insert in the bill of lading or other document evidencing the contract of carriage by sea a statement to that effect. In the absence of such a statement the carrier has the burden of proving that an agreement for carriage on deck has been entered into; however, the carrier is not entitled to invoke such an agreement against a third party, including a consignee, who has acquired the bill of lading in good faith.

3. Where the goods have been carried on deck contrary to the provisions of paragraph 1 of this Article or where the carrier may not under paragraph 2 of this Article invoke an agreement for carriage on deck, the carrier, notwithstanding the provisions of paragraph 1 of Article 5, is liable for loss of or damage to the goods, as well as for delay in delivery, resulting solely from the carriage on deck, and the extent of his liability is to be determined in accordance with the provisions of Article 6 or Article 8 of this Convention, as the case may be.

4. Carriage of goods on deck contrary to express agreement for carriage under deck is deemed to be an act or omission of the carrier within the meaning of Article 8.

Article 10

Liability of the Carrier and Actual Carrier

1. Where the performance of the carriage or part thereof has been entrusted to an actual carrier, whether or not in pursuance of a liberty under the contract of carriage by sea to do so, the carrier nevertheless remains responsible for the entire carriage according to the provisions of this Convention. The carrier is responsible, in relation to the carriage performed by the actual carrier, for the acts and omissions of the actual carrier and of his servants and agents acting within the scope of their employment.

2. All the provisions of this Convention governing the responsibility of the carrier also apply to the responsibility of the actual carrier for the carriage performed by him. The provisions of paragraphs 2 and 3 and Article 7 and paragraph 2 of Article 8 apply if an action is brought against a servant or agent of the actual carrier.

3. Any special agreement under which the carrier assumes obligations not imposed by this Convention or waives rights conferred by this Convention affects the actual carrier only if agreed to by him expressly and in writing. Whether or not the actual carrier has so agreed, the carrier nevertheless remains bound by the obligations or waivers resulting from such special agreement.

4. Where and to the extent that both the carrier and the actual carrier are liable, their liability is joint and several.

5. The aggregate of the amounts recoverable from the carrier, the actual carrier and their servants and agents shall not exceed the limits of liability provided for in this Convention.

6. Nothing in this Article shall prejudice any right of recourse as between the carrier and the actual carrier.

Article 11

Through Carriage

1. Notwithstanding the provisions of paragraph 1 of Article 10, where a contract of carriage by sea provides explicitly that a specified part of the carriage covered by the said contract is to be performed by a named person other than the carrier, the contract may also provide that the carrier is not liable for loss, damage or delay in delivery caused by an occurrence which takes place while the goods are in the charge of the actual carrier during such part of the carriage. Nevertheless, any stipulation limiting or excluding such liability is without effect if no judicial proceedings can be instituted against the actual carrier in a Court competent under paragraph 1 or 2 of Article 21. The burden of proving that any loss, damage or delay in delivery has been caused by such an occurrence rests upon the carrier.

2. The actual carrier is responsible in accordance with the provisions of paragraph 2 of Article 10 for loss, damage or delay in delivery caused by an occurrence which takes place while the goods are in his charge.

Part III. Liability of the Shipper

Article 12
General Rule

The shipper is not liable for loss sustained by the carrier or the actual carrier, or for damage sustained by the ship, unless such loss or damage was caused by the fault or neglect of the shipper, his servants or agents. Nor is any servant or agent of the shipper liable for such loss or damage unless the loss or damage was caused by fault or neglect on his part.

Article 13
Special Rules on Dangerous Goods

1. The shipper must mark or label in a suitable manner dangerous goods as dangerous.

2. Where the shipper hands over dangerous goods to the carrier or an actual carrier, as the case may be, the shipper must inform him of the dangerous character of the goods and, if necessary, of the precautions to be taken. If the shipper fails to do so and such carrier or actual carrier does not otherwise have knowledge of their dangerous character:

(a) the shipper is liable to the carrier and any actual carrier for the loss resulting from the shipment of such goods, and

(b) the goods may at any time be unloaded, destroyed or rendered innocuous, as the circumstances may require, without payment of compensation.

3. The provisions of paragraph 2 of this Article may not be invoked by any person if during the carriage he has taken the goods in his charge with knowledge of their dangerous character.

4. If, in cases where the provisions of paragraph 2, subparagraph (b), of this Article do not apply or may not be invoked, dangerous goods become an actual danger to life or property, they may be unloaded, destroyed or rendered innocuous, as the circumstances may require, without payment of compensation except where there is an obligation to contribute in general average or where the carrier is liable in accordance with the provisions of Article 5.

Part IV. Transport Documents

Article 14
Issue of Bill of Lading

1. When the carrier or the actual carrier takes the goods in his charge, the carrier must, on demand of the shipper, issue to the shipper a bill of lading.

2. The bill of lading may be signed by a person having authority from the carrier. A bill of lading signed by the Master of the ship carrying the goods is deemed to have been signed on behalf of the carrier.

3. The signature on the bill of lading may be in handwriting, printed in facsimile, perforated, stamped, in symbols, or made by any other mechanical or electronic means, if not inconsistent with the law of the country where the bill of lading issued.

ARTICLE 15
Contents of Bill of Lading

1. The bill of lading must include, *inter alia,* the following particulars:

(a) the general nature of the goods, the leading marks necessary for identification of the goods, an express statement, if applicable, as to the dangerous character of the goods, the number of packages or pieces, and the weight of the goods or their quantity otherwise expressed, all such particulars as furnished by the shipper;

(b) the apparent condition of the goods;

(c) the name and principal place of business of the carrier;

(d) the name of the shipper;

(e) the consignee if named by the shipper;

(f) the port of loading under the contract of carriage by sea and the date on which the goods were taken over by the carrier at the port of loading;

(g) the port of discharge under the contract of carriage by sea;

(h) the number of originals of the bill of lading, if more than one;

(i) the place of issuance of the bill of lading;

(j) the signature of the carrier or a person acting on his behalf;

(k) the freight to the extent payable by the consignee or other indication that freight is payable to him;

(l) the statement referred to in paragraph 3 of Article 23;

(m) the statement, if applicable, that the goods shall or may be carried on deck;

(n) the date or the period of delivery of the goods at the port of discharge if expressly agreed upon between the parties; and

(o) any increased limit or limits of liability where agreed in accordance with paragraph 4 of Article 6.

2. After the goods have been loaded on board, if the shipper so demands the carrier must issue to the shipper a "shipped" bill of lading which, in addition to the particulars required under paragraph 1 of this Article, must state that the goods are on board a named ship or ships, and the date or dates of loading. If the carrier has previously issued to the shipper a bill of lading or other document of title with respect to any of such goods, on request of the carrier, the shipper must surrender such document in exchange for a "shipped" bill of lading. The carrier may amend any previously issued document in order to meet the shipper's demand for a "shipped" bill of lading if, as amended, such document includes all the information required to be contained in a "shipped" bill of lading.

3. The absence in the bill of lading of one or more particulars referred to in this Article does not affect the legal character of the document as a bill of lading provided that it nevertheless meets the requirements set out in paragraph 7 of Article 1.

ARTICLE 16
Bills of Lading: Reservations and Evidentiary Effect

1. If the bill of lading contains particulars concerning the general nature, leading marks, number of packages or pieces, weight or quantity of the goods which the carrier or other

person issuing the bill of lading on his behalf knows or has reasonable grounds to suspect do not accurately represent the goods actually taken over or, where a "shipped" bill of lading is issued, loaded, or if he had no reasonable means of checking such particulars, the carrier or such other person must insert in the bill of lading a reservation specifying these inaccuracies, grounds of suspicion or the absence of reasonable means of checking.

2. If the carrier or other person issuing the bill of lading on his behalf fails to note on the bill of lading the apparent condition of the goods, he is deemed to have noted on the bill of lading that the goods were in apparent good condition.

3. Except for particulars in respect of which and to the extent to which a reservation permitted under paragraph 1 of this Article has been entered:

(a) the bill of lading is *prima facie* evidence of the taking over or, where a "shipped" bill of lading is issued, loading, by the carrier of the goods as described in the bill of lading; and

(b) proof to the contrary by the carrier is not admissible if the bill of lading has been transferred to a third party, including a consignee, who in good faith has acted in reliance on the description of the goods therein.

4. A bill of lading which does not, as provided in paragraph 1, subparagraph (k) of Article 15, set forth the freight or otherwise indicate that freight is payable by the consignee or does not set forth demurrage incurred at the port of loading payable by the consignee, is *prima facie* evidence that no freight or such demurrage is payable by him. However, proof to the contrary by the carrier is not admissible when the bill of lading has been transferred to a third party, including a consignee, who in good faith has acted in reliance on the absence in the bill of lading of any such indication.

ARTICLE 17
Guarantees by the Shipper

1. The shipper is deemed to have guaranteed to the carrier the accuracy of particulars relating to the general nature of the goods, their marks, number, weight and quantity as furnished by him for insertion in the bill of lading. The shipper must indemnify the carrier against the loss resulting from inaccuracies in such particulars. The shipper remains liable even if the bill of lading has been transferred by him. The right of the carrier to such indemnity in no way limits his liability under the contract of carriage by sea to any person other than the shipper.

2. Any letter of guarantee or agreement by which the shipper undertakes to indemnify the carrier against loss resulting from the issuance of the bill of lading by the carrier, or by a person acting on his behalf, without entering a reservation relating to particulars furnished by the shipper for insertion in the bill of lading, or to the apparent condition of the goods, is void and of no effect as against any third party, including a consignee, to whom the bill of lading has been transferred.

3. Such letter of guarantee or agreement is valid as against the shipper unless the carrier or the person acting on his behalf, by omitting the reservation referred to in paragraph 2 of this Article, intends to defraud a third party, including a consignee, who acts in reliance on the description of the goods in the bill of lading. In the latter case, if the reservation omitted relates to particulars furnished by the shipper for insertion in the bill

of lading, the carrier has no right of indemnity from the shipper pursuant to paragraph 1 of this Article.

4. In the case of intended fraud referred to in paragraph 3 of this Article the carrier is liable, without the benefit of the limitation of liability provided for in this Convention, for the loss incurred by a third party, including a consignee, because he has acted in reliance on the description of the goods in the bill of lading.

Article 18
Documents other than Bills of Lading

Where a carrier issues a document other than a bill of lading to evidence the receipt of the goods to be carried, such a document is *prima facie* evidence of the conclusion of the contract of carriage by sea and the taking over by the carrier of the goods as therein described.

Part V. Claims and Actions.

Article 19
Notice of Loss, Damage or Delay

1. Unless notice of loss or damage, specifying the general nature of such loss or damage, is given in writing by the consignee to the carrier not later than the working day after the day when the goods were handed over to the consignee, such handing over is *prima facie* evidence of the delivery by the carrier of the goods as described in the document of transport or, if no such document has been issued, in good condition.

2. Where the loss damage is not apparent, the provisions of paragraph 1 of this Article apply correspondingly if notice in writing is not given within 15 consecutive days after the day when the goods were handed over to the consignee.

3. If the state of the goods at the time they were handed over to the consignee has been the subject of a joint survey or inspection by the parties, notice in writing need not be given of loss or damage ascertained during such survey or inspection.

4. In the case of any actual or apprehended loss or damage the carrier and the consignee must give all reasonable facilities to each other for inspecting and tallying the goods.

5. No compensation shall be payable for loss resulting from delay in delivery unless a notice has been given in writing to the carrier within 60 consecutive days after the day when the goods were handed over to the consignee.

6. If the goods have been delivered by an actual carrier, any notice given under this Article to him shall have the same effect as if it had been given to the carrier, and any notice given to the carrier shall have effect as if given to such actual carrier.

7. Unless notice of loss or damage, specifying the general nature of the loss or damage, is given in writing by the carrier or actual carrier to the shipper not later than 90 consecutive days after the occurrence of such loss or damage or after the delivery of the goods in accordance with paragraph 2 of Article 4, whichever is later, the failure to give such notice is *prima facie* evidence that the carrier or the actual carrier has sustained no loss or damage due to the fault or neglect of the shipper, his servants or agents.

8. For the purpose of this Article, notice given to a person acting on the carrier's or the actual carrier's behalf, including the Master or the officer in charge of the ship, or to a person acting on the shipper's behalf is deemed to have been [given] to the carrier, to the actual carrier or the shipper, respectively.

ARTICLE 20
Limitation of Actions

1. Any action relating to carriage of goods under this Convention is time–barred if judicial or arbitral proceedings have not been instituted within a period of two years.

2. The limitation period commences on the day on which the carrier has delivered the goods or part thereof or, in cases where no goods have been delivered, on the last day on which the goods should have been delivered.

3. The day on which the limitation period commences is not included in the period.

4. The person against whom a claim is made may at any time during the running of the limitation period extend that period by a declaration in writing to the claimant. This period may be further extended by another declaration or declarations.

5. An action for indemnity by a person held liable may be instituted even after the expiration of the limitation period provided for in the preceding paragraphs if instituted within the time allowed by the law of the State where proceedings are instituted. However, the time allowed shall not be less than 90 days commencing from the day when the person instituting such action for indemnity has settled the claim or has been served with process in the action against himself.

ARTICLE 21
Jurisdiction

1. In judicial proceedings relating to carriage of goods under this Convention the plaintiff, at his option, may institute an action in a Court which, according to the law of the State where the Court is situated, is competent and within the jurisdiction of which is situated one of the following places:

(a) the principal place of business or, in the absence thereof, the habitual residence of the defendant; or

(b) the place where the contract was made provided that the defendant has there a place of business, branch or agency through which the contract was made; or

(c) the port of loading or the port of discharge; or

(d) any additional place designated for that purpose in the contract of carriage by sea.

2. (a) Not withstanding the preceding provisions of this Article, an action may be instituted in the Courts of any port or place in a Contracting State at which the carrying vessel or any other vessel of the same ownership may have been arrested in accordance with applicable rules of the law of that State and of international law. However, in such a case, at the petition of the defendant, the claimant must remove the action, at his choice, to one of the jurisdictions referred to in paragraph 1 of this Article for the determination of the claim, but before such removal the defendant must furnish security sufficient to ensure payment of any judgement that may subsequently be awarded to the claimant in the action.

(b) All questions relating to the sufficiency or otherwise of the security shall be determined by the Court of the port or place of the arrest.

3. No judicial proceedings relating to carriage of goods under this Convention may be instituted in a place not specified in paragraph 1 or 2 of this Article. The provisions of this paragraph do not constitute an obstacle to the jurisdiction of the Contracting States for provisional or protective measures.

4. (a) Where an action has been instituted in a Court competent under paragraph 1 or 2 of this Article or where judgement has been delivered by such a Court, no new action may be started between the same parties on the same grounds unless the judgement of the Court before which the first action was instituted is not enforceable in the country in which the new proceedings are instituted;

(b) for the purpose of this Article, the institution of measures with a view to obtaining enforcement of a judgement is not to be considered as the starting of a new action:

(c) for the purpose of this Article, the removal of an action to a different Court within the same country, or to a Court in another country, in accordance with paragraph 2 (a) of this Article, is not to be considered as the starting of a new action.

5. Notwithstanding the provisions of the preceding paragraphs, an agreement made by the parties, after a claim under the contract of carriage by sea has arisen, which designates the place where the claimant may institute an action, is effective.

Article 22
Arbitration

1. Subject to the provisions of this Article, parties may provide by agreement evidenced in writing that any dispute that may arise relating to carriage of goods under this Convention shall be referred to arbitration.

2. Where a charter-party contains a provision that disputes arising thereunder shall be referred to arbitration and a bill of lading issued pursuant to the charter-party does not contain a special annotation providing that such provision shall be binding upon the holder of the bill of lading, the carrier may not invoke such provision as against a holder having acquired the bill of lading in good faith.

3. The arbitration proceedings shall, at the option of the claimant, be instituted at one of the following places:

(a) a place in a State within whose territory is situated:

(i) the principal place of business of the defendant or, in the absence thereof, the habitual residence of the defendant; or

(ii) the place where the contract was made, provided that the defendant has there a place of business, branch or agency through which the contract was made; or

(iii) the port of loading or the port of discharge; or

(b) any place designated for that purpose in the arbitration clause or agreement.

4. The arbitrator or arbitration tribunal shall apply the rules of this Convention.

5. The provisions of paragraphs 3 and 4 of this Article are deemed to be part of every arbitration clause or agreement, and any term of such clause or agreement which is inconsistent therewith is null and void.

6. Nothing in this Article affects the validity of an agreement relating to arbitration made by the parties after the claim under the contract of carriage by sea has arisen.

PART VI. SUPPLEMENTARY PROVISIONS.

ARTICLE 23
Contractual Stipulations

1. Any stipulation in a contract of carriage by sea, in a bill of lading, or in any other document evidencing the contract of carriage by sea is null and void to the extent that it derogates, directly or indirectly, from the provisions of this Convention. The nullity of such a stipulation does not affect the validity of the other provisions of the contract or document of which it forms a part. A clause assigning benefit of insurance of the goods in favour of the carrier, or any similar clause, is null and void.

2. Notwithstanding the provisions of paragraph 1 of this Article, a carrier may increase his responsibilities and obligations under this Convention.

3. Where a bill of lading or any other document evidencing the contract of carriage by sea is issued, it must contain a statement that the carriage is subject to the provisions of this Convention which nullify any stipulation derogating therefrom to the detriment of the shipper or the consignee.

4. Where the claimant in respect of the goods has incurred loss as a result of a stipulation which is null and void by virtue of the present Article, or as a result of the omission of the statement referred to in paragraph 3 of this Article, the carrier must pay compensation to the extent required in order to give the claimant compensation in accordance with the provisions of this Convention for any loss of or damage to the goods as well as for delay in delivery. The carrier must, in addition, pay compensation for costs incurred by the claimant for the purpose of exercising his right, provided that costs incurred in the action where the foregoing provision is invoked are to be determined in accordance with the law of the State where proceedings are instituted.

ARTICLE 24
General Average

1. Nothing in this Convention shall prevent the application of provisions in the contract of carriage by sea or national law regarding the adjustment of general average.

2. With the exception of Article 20, the provisions of this Convention relating to the liability of the carrier for loss of or damage to the goods also determine whether the consignee may refuse contribution in general average and the liability of the carrier to indemnify the consignee in respect of any such contribution made or any salvage paid.

ARTICLE 25
Other Conventions

1. This Convention does not modify the rights or duties of the carrier, the actual carrier and their servants and agents, provided for in international conventions or national law relating to the limitation of liability of owners of seagoing ships.

2. The provisions of Articles 21 and 22 of this Convention do not prevent the application of the mandatory provisions of any other multilateral convention already in

force at the date of this Convention relating to matters dealt with in the said Articles, provided that the dispute arises exclusively between parties having their principal place of business in States members of such other convention. However, this paragraph does not affect the application of paragraph 4 of Article 22 of this Convention.

3. No liability shall arise under the provisions of this Convention for damage caused by a nuclear incident if the operator of a nuclear installation is liable for such damage:

(a) under either the Paris Convention of 29 July 1960 on Third Party Liability in the Field of Nuclear Energy as amended by the Additional Protocol of 28 January 1964 or the Vienna Convention of 21 May 1963 on Civil Liability for Nuclear Damage, or

(b) by virtue of national law governing the liability for such damage, provided that such law is in all respects as favourable to persons who may suffer damage as either the Paris or Vienna Conventions.

4. No liability shall arise under the provisions of this Convention for any loss of or damage to or delay in delivery of luggage for which the carrier is responsible under any international convention or national law relating to the carriage of passengers and their luggage by sea.

5. Nothing contained in this Convention prevents a Contracting State from applying any other international convention which is already in force at the date of this Convention and which applies mandatorily to contracts of carriage of goods primarily by a mode of transport other than transport by sea. This provision also applies to any subsequent revision or amendment of such international convention.

ARTICLE 26
Unit of Account

1. The unit of account referred to in Article 6 of this Convention is the Special Drawing Right as defined by the International Monetary Fund. The amounts mentioned in Article 6 are to be converted into the national currency of a State according to the value of such currency at the date of judgement or the date agreed upon by the parties. The value of a national currency, in terms of the Special Drawing Right, of a Contracting State which is a member of the International Monetary Fund is to be calculated in accordance with the method of valuation applied by the International Monetary Fund in effect at the date in question for its operation and transactions. The value of a national currency in terms of the Special Drawing Right of a Contracting State which is not a member of the International Monetary Fund is to be calculated in a manner determined by that State.

2. Nevertheless, those States which are not members of the International Monetary Fund and whose law does not permit the application of the provisions of paragraph 1 of this Article may, at the time of signature, or at the time of ratification, acceptance, approval or accession or at any time thereafter, declare that the limits of liability provided for in this Convention to be applied in their territories shall be fixed as:

12,500 monetary units per package or other shipping unit or 37.5 monetary units per kilogramme of gross weight of the goods.

3. The monetary unit referred to in paragraph 2 of this Article corresponds to sixty-five and a half milligrammes of gold of millesimal fineness nine hundred. The conversion

of the amounts referred to in paragraph 2 into the national currency is to be made according to the law of the State concerned.

4. The calculation mentioned in the last sentence of paragraph 1 and the conversion mentioned in paragraph 3 of this Article is to be made in such a manner as to express in the national currency of the Contracting State as far as possible the same real value for the amounts in Article 6 as is expressed there in units of account. Contracting States must communicate to the depositary the manner of calculation pursuant to paragraph 1 of this Article, or the result of the conversion mentioned in paragraph 3 of this Article, as the case may be, at the time of signature or when depositing their instruments of ratification, acceptance, approval or accession, or when availing themselves of the option provided for in paragraph 2 of this Article and whenever there is a change in the manner of such calculation or in the result of such conversion.

PART VII. FINAL CLAUSES.

ARTICLE 27
Depositary

The Secretary-General of the United Nations is hereby designated as the depositary of this Convention.

ARTICLE 28
Signature, Ratification, Acceptance, Approval, Accession

1. This Convention is open for signature by all States until 30 April 1979 at the Headquarters of the United Nations, New York.

2. This Convention is subject to ratification, acceptance or approval by the signatory States.

3. After 30 April 1979, this Convention will be open for accession by all States which are not signatory States.

4. Instruments of ratification, acceptance, approval and accession are to be deposited with the Secretary-General of the United Nations.

ARTICLE 29
Reservations

No reservations may be made to this Convention.

ARTICLE 30
Entry Into Force

1. This Convention enters into force on the first day of the month following the expiration of one year from the date of deposit of the 20th instrument of ratification, acceptance, approval or accession.

2. For each State which becomes Contracting State to this Convention after the date of the deposit of the 20th instrument of ratification, acceptance, approval or accession, this Convention enters into force on the first day of the month following the expiration of one year after the deposit of the appropriate instrument on behalf of that State.

3. Each Contracting State shall apply the provisions of this Convention to contracts of carriage by sea concluded on or after the date of the entry into force of this Convention in respect of that State.

Article 31
Denunciation of Other Conventions

1. Upon becoming a Contracting State to this Convention, any State party to the International Convention for the Unification of Certain Rules Relating to Bills of Lading signed at Brussels on 25 August 1924 (1924 Convention) must notify the Government of Belgium as the depositary of the 1924 Convention of its denunciation of the said Convention with a declaration that the denunciation is to take effect as from the date when this Convention enters into force in respect of that State.

2. Upon the entry into force of this Convention under paragraph 1 of Article 30, the depositary of this Convention must notify the Government of Belgium as the depositary of the 1924 Convention of the date of such entry into force, and of the names of the Contracting States in respect of which the Convention has entered into force.

3. The provisions of paragraphs 1 and 2 of this Article apply correspondingly in respect of States parties to the Protocol signed on 23 February 1968 to amend the International Convention for the Unification of Certain Rules relating to Bills of Lading signed at Brussels on 25 August 1924.

4. Notwithstanding Article 2 of this Convention, for the purposes of paragraph 1 of this Article, a Contracting State may, if it deems it desirable, defer the denunciation of the 1924 Convention and of the 1924 Convention as modified by the 1968 Protocol for a maximum period of five years from the entry into force of this Convention. It will then notify the Government of Belgium of its intention. During this transitory period, it must apply to the Contracting States this Convention to the exclusion of any other one.

Article 32
Revision and Amendment

1. At the request of not less than one-third of the Contracting States to this Convention, the depositary shall convene a conference of the Contracting States for revising or amending it.

2. Any instrument of ratification, acceptance, approval or accession deposited after the entry into force of an amendment to this Convention, is deemed to apply to the Convention as amended.

Article 33
Revision of the Limitation Amounts and Unit of Account or Monetary Unit

1. Notwithstanding the provisions of Article 32, a conference only for the purpose of altering the amount specified in Article 6 and paragraph 2 of Article 26, or of substituting either or both of the units defined in paragraphs 1 and 3 of Article 26 by other units is to be convened by the depositary in accordance with paragraph 2 of this Article. An alteration of the amounts shall be made only because of a significant change in their real value.

2. A revision conference is to be convened by the depositary when not less than one-fourth of the Contracting States so request.

3. Any decision by the conference must be taken by a two-thirds majority of the participating States. The amendment is communicated by the depositary to all the Contracting States for acceptance and to all the States signatories of the Convention for information.

4. Any amendment adopted enters into force on the first day of the month following one year after its acceptance by two-thirds of the Contracting States. Acceptance is to be effected by the deposit of a formal instrument to that effect, with the depositary.

5. After entry into force of an amendment a Contracting State which has accepted the amendment is entitled to apply the Convention as amended in its relations with Contracting States which have not within six months after the adoption of the amendment notified the depositary that they are not bound by the amendment.

6. Any instrument of ratification, acceptance, approval or accession deposited after the entry into force of an amendment to this Convention, is deemed to apply to the Convention as amended.

ARTICLE 34
Denunciation

1. A Contracting State may denounce this Convention at any time by means of a notification in writing addressed to the depositary.

2. The denunciation takes effect on the first day of the month following the expiration of one year after the notification is received by the depositary. Where a longer period is specified in the notification, the denunciation takes effect upon the expiration of such longer period after the notification is received by the depositary.

DONE AT HAMBURG, this thirty-first day of March one thousand nine hundred and seventy-eight, in a single original, of which the Arabic, Chinese, English, French, Russian and Spanish texts are equally authentic.

ANNEX
Common Understanding Adopted by the United Nations Conference on the Carriage of Goods by Sea

It is the common understanding that the liability of the carrier under this Convention is based on the principle of presumed fault or neglect. This means that, as a rule, the burden of proof rests on the carrier but, with respect to certain cases, the provisions of the Convention modify this rule.

부록7: 선주책임제한조약

7-1 1976년 선주책임제한조약

International Convention on Limitation of Liability for Maritime Claims, 1976 (with attachment)

Comité Maritime International
International Maritime Organization

London, November 19, 1976[1]

[PREAMBLE OMITTED]

CHAPTER I. THE RIGHT OF LIMITATION

ARTICLE 1
Persons entitled to limit liability

1. Shipowners and salvors, as hereinafter defined, may limit their liability in accordance with the rules of this Convention for claims set out in Article 2.

2. The term "shipowner" shall mean the owner, charterer, manager and operator of a seagoing ship.

3. Salvor shall mean any person rendering services in direct connection with salvage operations. Salvage operations shall also include operations referred to in Article 2, paragraph 1(d), (e) and (f).

4. If any claims set out in Article 2 are made against any person for whose act, neglect or default the shipowner or salvor is responsible, such person shall be entitled to avail himself of the limitation of liability provided for in this Convention.

5. In this Convention the liability of a shipowner shall include liability in an action brought against the vessel herself.

6. An insurer of liability for claims subject to limitation in accordance with the rules of this Convention shall be entitled to the benefits of this Convention to the same extent as the assured himself.

7. The act of invoking limitation of liability shall not constitute an admission of liability.

ARTICLE 2
Claims subject to limitation

1. Subject to Articles 3 and 4 the following claims, whatever the basis of liability may be, shall be subject to limitation of liability:

(a) claims in respect of loss of life or personal injury or loss of or damage to property (including damage to harbour works, basins and waterways and aids to navigation), occurring on board or in direct connection with the operation of the ship or with salvage operations, and consequential loss resulting therefrom;

[1] Entered into force on December 1, 1986.

(b) claims in respect of loss resulting from delay in the carriage by sea of cargo, passengers or their luggage;

(c) claims in respect of other loss resulting from infringement of rights other than contractual rights, occurring in direct connection with the operation of the ship or salvage operations;

(d) claims in respect of the raising, removal, destruction or the rendering harmless of a ship which is sunk, wrecked or abandoned, including anything that is or has been on board such ship;

(e) claims in respect of the removal, destruction or the rendering harmless of the cargo of the ship;

(f) claims of a person other than the person liable in respect of measures taken in order to avert or minimize loss for which the person liable may limit his liability in accordance with this Convention, and further loss caused by such measures.

2. Claims set out in paragraph 1 shall be subject to limitation of liability even if brought by way of recourse or for indemnity under a contract or otherwise. However, claims set out under paragraph 1(d), (e) and (f) shall not be subject to limitation of liability to the extent that they relate to remuneration under a contract with the person liable.

ARTICLE 3
Claims excepted from limitation

The rules of this Convention shall not apply to:

(a) claims for salvage or contribution in general average;

(b) claims for oil pollution damage within the meaning of the International Convention on Civil Liability for Oil Pollution Damage, dated 29 November 1969 or of any amendment or Protocol thereto which is in force;

(c) claims subject to any international convention or national legislation governing or prohibiting limitation of liability for nuclear damage;

(d) claims against the shipowner of a nuclear ship for nuclear damage;

(e) claims by servants of the shipowner or salvor whose duties are connected with the ship or the salvage operations, including claims of their heirs, dependants or other persons entitled to make such claims, if under the law governing the contract of service between the shipowner or salvor and such servants the shipowner or salvor is not entitled to limit his liability in respect of such claims, or if he is by such law only permitted to limit his liability to an amount greater than that provided for in Article 6.

ARTICLE 4
Conduct barring limitation

A person shall not be entitled to limit his liability if it is proved that the loss resulted from his personal act or omission, committed with the intent to cause such loss, or recklessly and with knowledge that such loss would probably result.

ARTICLE 5
Counterclaims

Where a person entitled to limitation of liability under the rules of this Convention has a claim against the claimant arising out of the same occurrence, their respective claims shall be set off against each other and the provisions of this Convention shall only apply to the balance, if any.

CHAPTER II. LIMITS OF LIABILITY

ARTICLE 6
The general limits

1. The limits of liability for claims other than those mentioned in Article 7, arising on any distinct occasion, shall be calculated as follows:

(a) in respect of claims for loss of life or personal injury,

(i) 333,000 Units of Account for a ship with a tonnage not exceeding 500 tons,

(ii) for a ship with a tonnage in excess thereof, the following amount in addition to that mentioned in (i):

for each ton from 501 to 3,000 tons, 500 Units of Account;

for each ton from 3,001 to 30,000 tons, 333 Units of Account;

for each ton from 30,001 to 70,000 tons, 250 Units of Account; and

for each ton in excess of 70,000 tons, 167 Units of Account,

(b) in respect of any other claims,

(i) 167,000 Units of Account for a ship with a tonnage not exceeding 500 tons,

(ii) for a ship with a tonnage in excess thereof the following amount in addition to that mentioned in (i):

for each ton from 501 to 30,000 tons, 167 Units of Account;

for each ton from 30,001 to 70,000 tons, 125 Units of Account; and

for each ton in excess of 70,000 tons, 83 Units of Account.

2. Where the amount calculated in accordance with paragraph 1(a) is insufficient to pay the claims mentioned therein in full, the amount calculated in accordance with paragraph 1(b) shall be available for payment of the unpaid balance of claims under paragraph 1(a) and such unpaid balance shall rank rateably with claims mentioned under paragraph 1(b).

3. However, without prejudice to the right of claims for loss of life or personal injury according to paragraph 2, a State Party may provide in its national law that claims in respect of damage to harbour works, basins and waterways and aids to navigation shall have such priority over other claims under paragraph 1(b) as is provided by that law.

4. The limits of liability for any salvor not operating from any ship or for any salvor operating solely on the ship to, or in respect of which he is rendering salvage services, shall be calculated according to a tonnage of 1,500 tons.

5. For the purpose of this Convention the ship's tonnage shall be the gross tonnage calculated in accordance with the tonnage measurement rules contained in Annex 1 of the International Convention on Tonnage Measurement of Ships, 1969.

ARTICLE 7
The limit for passenger claims

1. In respect of claims arising on any distinct occasion for loss of life or personal injury to passengers of a ship, the limit of liability of the shipowner thereof shall be an amount

of 46,666 Units of Account multiplied by the number of passengers which the ship is authorized to carry according to the ship's certificate, but not exceeding 25 million Units of Account.

2. For the purpose of this Article "claims for loss of life or personal injury to passengers of a ship" shall mean any such claims brought by or on behalf of any person carried in that ship:

(a) under a contract of passenger carriage, or

(b) who, with the consent of the carrier, is accompanying a vehicle or live animals which are covered by a contract for the carriage of goods.

Article 8
Unit of Account

1. The Unit of Account referred to in Article 6 and 7 is the Special Drawing Right as defined by the International Monetary Fund. The amounts mentioned in Articles 6 and 7 shall be converted into the national currency of the State in which limitation is sought, according to the value of that currency at the date the limitation fund shall have been constituted, payment is made, or security is given which under the law of that State is equivalent to such payment. The value of a national currency in terms of the Special Drawing Right, of a State Party which is a member of the International Monetary Fund, shall be calculated in accordance with the method of valuation applied by the International Monetary Fund in effect at the date in question for its operations and transactions. The value of a national currency in terms of the Special Drawing Right, of a State Party which is not a member of the International Monetary Fund, shall be calculated in a manner determined by that State Party.

2. Nevertheless, those States which are not members of the International Monetary Fund and whose law does not permit the application of the provisions of paragraph 1 may, at the time of signature without reservation as to ratification, acceptance or approval or at the time of ratification, acceptance, approval or accession or at any time thereafter, declare that the limits of liability provided for in this Convention to be applied in their territories shall be fixed as follows:

(a) in respect of Article 6, paragraph 1(a) at an amount of:

(i) 5 million monetary units for a ship with a tonnage not exceeding 500 tons;

(ii) for a ship with a tonnage in excess thereof, the following amount in addition to that mentioned in (i):

for each ton from 501 to 3,000 tons, 7,500 monetary units;

for each ton from 3,001 to 30,000 tons, 5,000 monetary units;

for each ton from 30,001 to 70,000 tons, 3,750 monetary units; and

for each ton in excess of 70,000 tons, 2,500 monetary units; and

(b) in respect of Article 6, paragraph 1(b), at an amount of:

(i) 2.5 million monetary units for a ship with a tonnage not exceeding 500 tons;

(ii) for a ship with a tonnage in excess thereof, the following amount in addition to that mentioned in (i):

for each ton from 501 to 30,000 tons, 2,500 monetary units;

for each ton from 30,001 to 70,000 tons, 1,850 monetary units; and

for each ton in excess of 70,000 tons, 1,250 monetary units; and

(c) in respect of Article 7, paragraph 1, at an amount of 700,000 monetary units multiplied by the number of passengers which the ship is authorized to carry according to its certificate, but not exceeding 375 million monetary units.

Paragraphs 2 and 3 of Article 6 apply correspondingly to sub-paragraphs (a) and (b) of this paragraph.

3. The monetary unit referred to in paragraph 2 corresponds to sixty-five and a half milligrammes of gold of millesimal fineness nine hundred. The conversion of the amounts referred to in paragraph 2 into the national currency shall be made according to the law of the State concerned.

4. The calculation mentioned in the last sentence of paragraph 1 and the conversion mentioned in paragraph 3 shall be made in such a manner as to express in the national currency of the State Party as far as possible the same real value for the amounts in Articles 6 and 7 as is expressed there in units of account. States Parties shall communicate to the depositary the manner of calculation pursuant to paragraph 1, or the result of the conversion in paragraph 3, as the case may be, at the time of the signature without reservation as to ratification, acceptance or approval, or when depositing an instrument referred to in Article 16 and whenever there is a change in either.

ARTICLE 9

Aggregation of claims

1. The limits of liability determined in accordance with Article 6 shall apply to the aggregate of all claims which arise on any distinct occasion:

(a) against the person or persons mentioned in paragraph 2 of Article 1 and any person for whose act, neglect or default he or they are responsible; or

(b) against the shipowner of a ship rendering salvage services from that ship and the salvor or salvors operating from such ship and any person for whose act, neglect or default he or they are responsible; or

(c) against the salvor or salvors who are not operating from a ship or who are operating solely on the ship to, or in respect of which, the salvage services are rendered and any person for whose act, neglect or default he or they are responsible.

2. The limits of liability determined in accordance with Article 7 shall apply to the aggregate of all claims subject thereto which may arise on any distinct occasion against the person or persons mentioned in paragraph 2 of Article 1 in respect of the ship referred to in Article 7 and any person for whose act, neglect or default he or they are responsible.

ARTICLE 10

Limitation of liability without constitution of a limitation fund

1. Limitation of liability may be invoked notwithstanding that a limitation fund as mentioned in Article 11 has not been constituted. However, a State Party may provide in its national law that, where an action is brought in its Courts to enforce a claim subject to limitation, a person liable may only invoke the right to limit if a limitation fund has been constituted in accordance with the provisions of this Convention or is constituted when the right to limit liability is invoked.

2. If limitation of liability is invoked without the constitution of a limitation fund, the provisions of Article 12 shall apply correspondingly.

3. Questions of procedure arising under the rules of this Article shall be decided in accordance with the national law of the State Party in which action is brought.

CHAPTER III. THE LIMITATION FUND

ARTICLE 11
Constitution of the fund

1. Any person alleged to be liable may constitute a fund with the Court or other competent authority in any State Party in which legal proceedings are instituted in respect of claims subject to limitation. The fund shall be constituted in the sum of such of the amounts set out in Articles 6 and 7 as are applicable to claims for which that person may be liable, together with interest thereon from the date of the occurrence giving rise to the liability until the date of the constitution of the fund. Any fund thus constituted shall be available only for the payment of claims in respect of which limitation of liability can be invoked.

2. A fund may be constituted, either by depositing the sum, or by producing a guarantee acceptable under the legislation of the State Party where the fund is constituted and considered to be adequate by the Court or other competent authority.

3. A fund constituted by one of the persons mentioned in paragraph 1(a), (b) or (c) or paragraph 2 of Article 9 or his insurer shall be deemed constituted by all persons mentioned in paragraph 1(a), (b) or (c) or paragraph 2, respectively.

ARTICLE 12
Distribution of the fund

1. Subject to the provisions of paragraphs 1, 2 and 3 of Article 6 and of Article 7, the fund shall be distributed among the claimants in proportion to their established claims against the fund.

2. If, before the fund is distributed, the person liable, or his insurer, has settled a claim against the fund such person shall, up to the amount he has paid, acquire by subrogation the rights which the person so compensated would have enjoyed under this Convention.

3. The right of subrogation provided for in paragraph 2 may also be exercised by persons other than those therein mentioned in respect of any amount of compensation which they may have paid, but only to the extent that such subrogation is permitted under the applicable national law.

4. Where the person liable or any other person establishes that he may be compelled to pay, at a later date, in whole or in part any such amount of compensation with regard to which such person would have enjoyed a right of subrogation pursuant to paragraphs 2 and 3 had the compensation been paid before the fund was distributed, the Court or other competent authority of the State where the fund has been constituted may order that a sufficient sum shall be provisionally set aside to enable such person at such later date to enforce his claim against the fund.

Article 13
Bar to other actions

1. Where a limitation fund has been constituted in accordance with Article 11, any person having made a claim against the fund shall be barred from exercising any right in respect of such claim against any other assets of a person by or on behalf of whom the fund has been constituted.

2. After a limitation fund has been constituted in accordance with Article 11, any ship or other property, belonging to a person on behalf of whom the fund has been constituted, which has been arrested or attached within the jurisdiction of a State Party for a claim which may be raised against the fund, or any security given, may be released by order of the Court or other competent authority of such State. However, such release shall always be ordered if the limitation fund has been constituted:

(a) at the port where the occurrence took place, or, if it took place out of port, at the first port of call thereafter; or

(b) at the port of disembarkation in respect of claims for loss of life or personal injury; or

(c) at the port of discharge in respect of damage to cargo; or

(d) in the State where the arrest is made.

3. The rules of paragraphs 1 and 2 shall apply only if the claimant may bring a claim against the limitation fund before the Court administering that fund and the fund is actually available and freely transferable in respect of that claim.

Article 14
Governing law

Subject to the provisions of this Chapter the rules relating to the constitution and distribution of a limitation fund, and all rules of procedure in connection therewith, shall be governed by the law of the State Party in which the fund is constituted.

Chapter IV. Scope of Application

Article 15

1. This Convention shall apply whenever any person referred to in Article 1 seeks to limit his liability before the Court of a State Party or seeks to procure the release of a ship or other property or the discharge of any security given within the jurisdiction of any such State. Nevertheless, each State Party may exclude wholly or partially from the application of this Convention any person referred to in Article 1 who at the time when the rules of this Convention are invoked before the Courts of that State does not have his habitual residence in a State Party or does not have his principal place of business in a State Party or any ship in relation to which the right of limitation is invoked or whose release is sought and which does not at the time specified above fly the flag of a State Party.

2. A State Party may regulate by specific provisions of national law the system of limitation of liability to be applied to vessels which are:

(a) according to the law of that State, ships intended for navigation on inland waterways;

(b) ships of less than 300 tons.

A State Party which makes use of the option provided for in this paragraph shall inform the depositary of the limits of liability adopted in its national legislation or of the fact that there are none.

3. A State Party may regulate by specific provisions of national law the system of limitation of liability to be applied to claims arising in cases in which interests of persons who are nationals of other States Parties are in no way involved.

4. The Courts of a State Party shall not apply this Convention to ships constructed for, or adapted to, and engaged in, drilling:

(a) when that State has established under its national legislation a higher limit of liability than that otherwise provided for in Article 6; or

(b) when that State has become party to an international convention regulating the system of liability in respect of such ships.

In a case to which sub-paragraph (a) applies that State Party shall inform the depositary accordingly.

5. This Convention shall not apply to:

(a) air-cushion vehicles;

(b) floating platforms constructed for the purpose of exploring or exploiting the natural resources of the sea-bed or the subsoil thereof.

Chapter V. Final Clauses

Article 16
Signature, Ratification and Accession

1. This Convention shall be open for signature by all States at the Headquarters of the Inter-Governmental Maritime Consultative Organization (hereinafter referred to as "the Organization") from 1 February 1977 until 31 December 1977 and shall thereafter remain open for accession.

2. All States may become parties to this Convention by:

(a) signature without reservation as to ratification, acceptance or approval; or

(b) signature subject to ratification, acceptance or approval followed by ratification, acceptance or approval; or

(c) accession.

3. Ratification, acceptance, approval or accession shall be effected by the deposit of a formal instrument to that effect with the Secretary-General of the Organization (hereinafter referred to as "the Secretary-General").

Article 17
Entry into Force

1. This Convention shall enter into force on the first day of the month following one year after the date on which twelve States have either signed it without reservation as

to ratification, acceptance or approval or have deposited the requisite instruments of ratification, acceptance, approval or accession.

2. For a State which deposits an instrument of ratification, acceptance, approval or accession, or signs without reservation as to ratification, acceptance or approval, in respect of this Convention after the requirements for entry into force have been met but prior to the date of entry into force, the ratification, acceptance, approval or accession or the signature without reservation as to ratification, acceptance or approval, shall take effect on the date of entry into force of the Convention or on the first day of the month following the ninetieth day after the date of the signature or the deposit of the instrument, whichever is the later date.

3. For any State which subsequently becomes a Party to this Convention, the Convention shall enter into force on the first day of the month following the expiration of ninety days after the date when such State deposited its instrument.

4. In respect of the relations between States which ratify, accept, or approve this Convention or accede to it, this Convention shall replace and abrogate the International Convention relating to the Limitation of the Liability of Owners of Seagoing Ships, done at Brussels on 10 October 1957, and the International Convention for the Unification of certain Rules relating to the Limitation of Liability of the Owners of Sea-going Vessels, signed at Brussels on 25 August 1924.

Article 18
Reservations

1. Any State may, at the time of signature, ratification, acceptance, approval or accession, reserve the right to exclude the application of Article 2 paragraph 1(d) and (e). No other reservations shall be admissible to the substantive provisions of this Convention.

2. Reservations made at the time of signature are subject to confirmation upon ratification, acceptance or approval.

3. Any State which has made a reservation to this Convention may withdraw it at any time by means of a notification addressed to the Secretary-General. Such withdrawal shall take effect to the date the notification is received. If the notification states that the withdrawal of a reservation is to take effect on a date specified therein, and such date is later than the date the notification is received by the Secretary-General, the withdrawal shall take effect on such later date.

Article 19
Denunciation

1. This Convention may be denounced by a State Party at any time after one year from the date on which the Convention entered into force for that Party.

2. Denunciation shall be effected by the deposit of an instrument with the Secretary-General.

3. Denunciation shall take effect on the first day of the month following the expiration of one year after the date of deposit of the instrument, or after such longer period as may be specified in the instrument.

ARTICLE 20
Revision and Amendment

1. A Conference for the purpose of revising or amending this Convention may be convened by the Organization.

2. The Organization shall convene a Conference of the States Parties to this Convention for revising or amending it at the request of not less than one-third of the Parties.

3. After the date of the entry into force of an amendment to this Convention, any instrument of ratification, acceptance, approval or accession deposited shall be deemed to apply to the Convention as amended, unless a contrary intention is expressed in the instrument.

ARTICLE 21
Revision of the Limitation Amounts and of [the] Unit of Account or Monetary Unit

1. Notwithstanding the provisions of Article 20, a Conference only for the purposes of altering the amounts specified in Articles 6 and 7 and in Article 8, paragraph 2, or of substituting either or both of the Units defined in Article 8, paragraphs 1 and 2, by other units shall be convened by the Organization in accordance with paragraphs 2 and 3 of this Article. An alteration of the amounts shall be made only because of a significant change in their real value.

2. The Organization shall convene such a Conference at the request of not less than one fourth of the States Parties.

3. A decision to alter the amounts or to substitute the Units by other units of account shall be taken by a two-third majority of the States Parties present and voting in such Conference.

4. Any State depositing its instrument of ratification, acceptance, approval or accession to the Convention, after entry into force of an amendment, shall apply the Convention as amended.

ARTICLE 22
Depositary

1. This Convention shall be deposited with the Secretary-General.

2. The Secretary-General shall:

(a) transmit certified true copies of this Convention to all States which were invited to attend the Conference on Limitation of Liability for Maritime Claims and to any other States which accede to this Convention;

(b) inform all States which have signed or acceded to this Convention of:

- (i) each new signature and each deposit of an instrument and any reservation thereto together with the date thereof;
- (ii) the date of entry into force of this Convention or any amendment thereto;
- (iii) any denunciation of this Convention and the date on which it takes effect;
- (iv) any amendment adopted in conformity with Articles 20 or 21;
- (v) any communication called for by any Article of this Convention.

3. Upon entry into force of this Convention, a certified true copy thereof shall be transmitted by the Secretary-General to the Secretariat of the United Nations for registration and publication in accordance with Article 102 of the Charter of the United Nations.

ARTICLE 23
Languages

This Convention is established in a single original in the English, French, Russian and Spanish languages, each text being equally authentic.

DONE AT LONDON this nineteenth day of November one thousand nine hundred and seventy-six.

7-2 1996년 의정서

Protocol of 1996 to Amend the Convention on Limitation of Liability for Maritime Claims, 1976

International Maritime Organization

London, May 2, 1996

Article 1

For the purposes of this Protocol:

1. "Convention" means the Convention on Limitation of Liability for Maritime Claims, 1976.
2. "Organization" means the International Maritime Organization.
3. "Secretary-General" means the Secretary-General of the Organization.

Article 2

Article 3, subparagraph (a) of the Convention is replaced by the following text:

(a) claims for salvage, including, if applicable, any claim for special compensation under Article 14 of the International Convention on Salvage 1989, as amended, or contribution in general average;

Article 3

Article 6, paragraph 1 of the Convention is replaced by the following text:

1 The limits of liability for claims other than those mentioned in Article 7, arising on any distinct occasion, shall be calculated as follows:

(a) in respect of claims for loss of life or personal injury,

(i) 2 million Units of Account for a ship with a tonnage not exceeding 2,000 tons,

(ii) for a ship with a tonnage in excess thereof the following amount in addition to that mentioned in (i):

for each ton from 2,001 to 30,000 tons, 800 Units of Account;

for each ton from 30,001 to 70,000 tons, 600 Units of Account; and

for each ton in excess of 70,000 tons, 400 Units of Account,

(b) in respect of any other claims,

(i) 1 million Units of Account for a ship with a tonnage not exceeding 2,000 tons,

(ii) for a ship with a tonnage in excess thereof the following amount in addition to that mentioned in (i):

for each ton from 2,001 to 30,000 tons, 400 Units of Account;

for each ton from 30,001 to 70,000 tons, 300 Units of Account; and

for each ton in excess of 70,000 tons, 200 Units of Account.

Article 4

Article 7, paragraph 1 of the Convention is replaced by the following text:

1. In respect of claims arising on any distinct occasion for loss of life or personal injury to passengers of a ship, the limit of liability of the shipowner thereof shall be an amount of 175,000 Units of Account multiplied by the number of passengers which the ship is authorized to carry according to the ship's certificate.

Article 5

Article 8, paragraph 2 of the Convention is replaced by the following text:

2. Nevertheless, those States which are not members of the International Monetary Fund and whose law does not permit the application of the provisions of paragraph I may, at the time of signature without reservation as to ratification, acceptance or approval or at the time of ratification, acceptance, approval or accession or at any time thereafter, declare that the limits of liability provided for in this Convention to be applied in their territories shall be fixed as follows:

(a) in respect of Article 6, paragraph 1(a), at an amount of:

(i) 30 million monetary units for a ship with a tonnage not exceeding 2,000 tons;

(ii) for a ship with a tonnage in excess thereof the following amount in addition to that mentioned in (i):

for each ton from 2,001 to 30,000 tons, 12,000 monetary units;

for each ton from 30,001 to 70,000 tons, 9,000 monetary units; and

for each ton in excess of 70,000 tons, 6,000 monetary units; and

(b) in respect of Article 6, paragraph 1(b), at an amount of:

(i) 15 million monetary units for a ship with a tonnage not exceeding 2,000 tons;

(ii) for a ship with a tonnage in excess thereof the following amount in addition to that mentioned in (i):

for each ton from 2,001 to 30,000 tons, 6,000 monetary units;

for each ton from 30,001 to 70,000 tons, 4,500 monetary units; and

for each ton in excess of 70,000 tons, 3,000 monetary units; and

(c) in respect of Article 7, paragraph 1, at an amount of 2,625,000 monetary units multiplied by the number of passengers which the ship is authorized to carry according to its certificate.

Paragraphs 2 and 3 of Article 6 apply correspondingly to subparagraphs (a) and (b) of this paragraph.

Article 6

The following text is added as paragraph 3bis in Article 15 of the Convention:

3*bis* Notwithstanding the limit of liability prescribed in paragraph 1 of Article 7, a State Party may regulate by specific provisions of national law the system of liability to be applied to claims for loss of life or personal injury to passengers of a ship, provided that the limit of liability is not lower than that prescribed in paragraph 1 of Article 7. A State Party which makes use of the option provided for in this paragraph shall inform the Secretary-General of the limits of liability adopted or of the fact that there are none.

ARTICLE 7

Article 18, paragraph 1 of the Convention is replaced by the following text:

1. Any State may, at the time of signature, ratification, acceptance, approval or accession, or at any time thereafter, reserve the right:

(a) to exclude the application of Article 2, paragraphs 1(d) and (e);

(b) to exclude claims for damage within the meaning of the International Convention on Liability and Compensation for Damage in Connection with the Carriage of Hazardous and Noxious Substances by Sea, 1996 or of any amendment or protocol thereto.

No other reservations shall be admissible to the substantive provisions of this Convention.

ARTICLE 8
Amendment of limits

1. Upon the request of at least one half but in no case less than six, of the States Parties to this Protocol, any proposal to amend the limits specified in Article 6, paragraph 1, Article 7, paragraph 1 and Article 8, paragraph 2 of the Convention as amended by this Protocol shall be circulated by the Secretary-General to all Members of the Organization and to all Contracting States.

2. Any amendment proposed and circulated as above shall be submitted to the Legal Committee of the Organization (the Legal Committee) for consideration at a date at least six months after the date of its circulation.

3. All Contracting States to the Convention as amended by this Protocol, whether or not Members of the Organization, shall be entitled to participate in the proceedings of the Legal Committee for the consideration and adoption of amendments.

4. Amendments shall be adopted by a two-thirds majority of the Contracting States to the Convention as amended by this Protocol present and voting in the Legal Committee expanded as provided for in paragraph 3, on condition that at least one half of the Contracting States to the Convention as amended by this Protocol shall be present at the time of voting.

5. When acting on a proposal to amend the limits, the Legal Committee shall take into account the experience of incidents and, in particular, the amount of damage resulting therefrom, changes in the monetary values and the effect of the proposed amendment on the cost of insurance.

6.(a) No amendment of the limits under this Article may be considered less than five years from the date on which this Protocol was opened for signature nor less than five years from the date of entry into force of a previous amendment under this Article.

(b) No limit may be increased so as to exceed an amount which corresponds to the limit laid down in the Convention as amended by this Protocol increased by six per cent per year calculated on a compound basis from the date on which this Protocol was opened for signature.

(c) No limit may be increased so as to exceed an amount which corresponds to the limit laid down in the Convention as amended by this Protocol multiplied by three.

7. Any amendment adopted in accordance with paragraph 4 shall be notified by the Organization to all Contracting States. The amendment shall be deemed to have been accepted at the end of a period of eighteen months after the date of notification, unless within that period not less than one-fourth of the States that were Contracting States at the time of the adoption of the amendment have communicated to the Secretary-General that they do not accept the amendment, in which case the amendment is rejected and shall have no effect.

8. An amendment deemed to have been accepted in accordance with paragraph 7 shall enter into force eighteen months after its acceptance.

9. All Contracting States shall be bound by the amendment, unless they denounce this Protocol in accordance with paragraphs 1 and 2 of Article 12 at least six months before the amendment enters into force. Such denunciation shall take effect when the amendment enters into force.

10. When an amendment has been adopted but the eighteen-month period for its acceptance has not yet expired, a State which becomes a Contracting State during that period shall be bound by the amendment if it enters into force. A State which becomes a Contracting State after that period shall be bound by an amendment which has been accepted in accordance with paragraph 7. In the cases referred to in this paragraph, a State becomes bound by an amendment when that amendment enters into force, or when this Protocol enters into force for that State, if later.

ARTICLE 9

1. The Convention and this Protocol shall, as between the Parties to this Protocol, be read and interpreted together as one single instrument.

2. A State which is Party to this Protocol but not a Party to the Convention shall be bound by the provisions of the Convention as amended by this Protocol in relation to other States Parties hereto, but shall not be bound by the provisions of the Convention in relation to States Parties only to the Convention.

3. The Convention as amended by this Protocol shall apply only to claims arising out of occurrences which take place after the entry into force for each State of this Protocol.

4. Nothing in this Protocol shall affect the obligations of a State which is a Party both to the Convention and to this Protocol with respect to a State which is a Party to the Convention but not a Party to this Protocol.

FINAL CLAUSES

ARTICLE 10

Signature, Ratification, Acceptance, Approval and Accession

1. This protocol shall be open for signature at the Headquarters of the Organization from 1 October 1996 to 30 September 1997 by all States.

2. Any State may express its consent to be bound by this Protocol by:
   (a) signature without reservation as to ratification, acceptance or approval; or
   (b) signature subject to ratification, acceptance or approval followed by ratification, acceptance or approval; or
   (c) accession.

3. Ratification, acceptance approval or accession shall be effected by the deposit of an instrument to that effect with the Secretary-General.

4. Any instrument of ratification, acceptance, approval or accession deposited after the entry into force of an amendment to the Convention as amended by this Protocol shall be deemed to apply to the Convention so amended, as modified by such amendment.

ARTICLE 11
Entry into force

1. This Protocol shall enter into force ninety days following the date on which ten States have expressed their consent to be bound by it.

2. For any State which expresses its consent to be bound by this Protocol after the conditions in paragraph 1 for entry into force have been met, this Protocol shall enter into force ninety days following the date of expression of such consent.

ARTICLE 12
Denunciation

1. This Protocol may be denounced by any State Party at any time after the date on which it enters into force for that State Party.

2. Denunciation shall be effected by the deposit of an instrument of denunciation with the Secretary-General.

3. A denunciation shall take effect twelve months, or such longer period as may be specified in the instrument of denunciation, after its deposit with the Secretary-General.

4. As between the States Parties to this Protocol, denunciation by any of them of the Convention in accordance with Article 19 thereof shall not be construed in any way as a denunciation of the Convention as amended by this Protocol.

ARTICLE 13
Revision and Amendment

1. A Conference for the purpose of revising or amending this Protocol may be convened by the Organization.

2. The Organization shall convene a Conference of Contracting States to this Protocol for revising or amending it at the request of not less than one-third of the Contracting Parties.

ARTICLE 14
Depositary

1. This Protocol and any amendments accepted under Article 8 shall be deposited with the Secretary-General.

2. The Secretary-General shall:
   (a) inform all States which have signed or acceded to this Protocol of:
      (i) each new signature or deposit of an instrument together with the date thereof;
      (ii) each declaration and communication under Article 8, paragraph 2 of the Convention as amended by this Protocol, and Article 8, paragraph 4 of the Convention;

(iii) the date of entry into force of this Protocol;

(iv) any proposal to amend [the] limits which has been made in accordance with Article 8, paragraph 1;

(v) any amendment which has been adopted in accordance with Article 8, paragraph 4;

(vi) any amendment deemed to have been accepted under Article 8, paragraph 7, together with the date on which that amendment shall enter into force in accordance with paragraphs 8 and 9 of that Article;

(vii) the deposit of any instrument of denunciation of this Protocol together with the date of the deposit and the date on which it takes effect;

(b) transmit certified true copies of this Protocol to all Signatory States and to all States which accede to this Protocol.

3. As soon as this Protocol enters into force, the text shall be transmitted by the Secretary-General to the Secretariat of the United Nations for registration and publication in accordance with Article 102 of the Charter of the United Nations.

ARTICLE 15
Languages

This Protocol is established in a single original in the Arabic, Chinese, English, French, Russian and Spanish languages, each text being equally authentic.

DONE AT LONDON this second day of May one thousand nine hundred and ninety-six.

부록8: 2008년 로테르담 규칙의 주요내용

2008년도에 UN을 통과[1]하여 현재 발표를 기다리는 로테르담 규칙의 중요한 내용은 아래와 같다.

1. 적용범위

(1) 원칙적 개품운송에의 적용

헤이그비스비 규칙은 선하증권이 발행된 경우에만 적용된다. 로테르담 규칙은 선하증권의 발행을 전제로 하는 것이 아니라 정기선 운송계약을 적용대상으로 한다. 대체로 개품운송에서 선하증권, 해상화물운송장 등이 발행된 경우에 적용될 것이다. 항해용선계약에서 선하증권이 발행된 경우에도 적용된다(제5조 및 제6조).

(2) 복합운송에도 일부적용

헤이그비스비 규칙은 복합운송에는 적용되지 않는다. 해상운송이 반드시 포함된 복합운송에도 로테르담 규칙이 적용된다(제26조). 손해구간이 확인된 경우에는 그 구간에 적용되는 법이 적용되고, 불명일 경우에는 로테르담 규칙이 적용되어 예측가능성을 부여한다.

2. 운송인의 의무와 책임의 강화

(1) 운송인의 책임기간과 범위의 확장

헤이그비스비 규칙에서는 운송인의 의무는 선적과 양륙으로 한정되었다. 그런데, 로테르담 규칙하에서는 수령과 인도도 포함되게 되었다(제12조). 이는 우리 상법과 같은 입장이다.

(2) 감항능력주의의무의 강화

운송인은 발항시뿐만 아니라 항해 중에도 계속하여 감항능력주의의무를 행사하여야 한다(제14조). 이는 헤이그비스비 규칙이나 우리 상법이 운송인의 의무는 발항당시로 한정되는 것과 다른 점이다.

(3) 항해과실면책제도의 폐지 및 화재과실면책의 약간의 수정

헤이그비스비 규칙과 우리 상법에 존재하는 항해과실면책제도는 로트르담 규칙하에서는 레함부르크 규칙과 동일하게 폐지되게 되었다(제17조 제3항). 화재면책제도도 약간의 변화

---

1) 로테르담 규칙의 성립과정에 대한 자세한 한국해법학회지 2004년부터 2009년까지를 참고 바람. 구체적인 조약의 내용은 김인현, 해상법연구II, 809면 이하를 참고 바람.

가 있었다(제17조 f호). 헤이그비스비 규칙과 우리 상법에서는 운송인의 고의와 과실이 있어도 운송인은 면책되었지만 로테르담 규칙하에서는 운송인도 고의 과실이 없어야 한다. 그러나, 이에 대한 입증책임은 화주가 부담하게 됨으로써 현재와 유사한 효과일 것으로 생각된다.

(4) 운송인의 포장당 책임제한액의 상향조정

헤이그비스비 규칙과 우리상법에서 운송인의 포장당책임제한액은 포장당 666.67SDR 혹은 2SDR/kg 중에서 큰 금액이다. 그런데 로테르담 규칙하에서는 운송인의 포장당 책임은 포장당 875SDR 혹은 3SDR/kg으로 인상되었다(제59조 제1항).

3. 화주의 의무와 책임의 강화

(1) 송하인의 의무와 책임규정

헤이그비스비 규칙하에서는 송하인의 의무와 책임은 극히 제한적으로 기술되었었다. 이에 반하여 로테르담 규칙에서는 송하인은 운송에 관한 사항을 운송인에게 통지할 의무가 부과되었고 과실책임을 부담한다(제27, 제28조, 제29조 및 제30조). 또한 위험물에 대하여도 위험사항을 운송인에게 통지할 의무를 부담하고 무과실책임을 부담하게 되었다(제32조). 이러한 점은 우리 상법과 큰 차이가 나는 점이다.

(2) 송하인의 의무와 책임의 강제규정 적용

헤이그비스비 규칙과 우리 상법은 개품운송에서 화주는 경제적인 약자로서 보호의 대상으로 보았다. 그러나, 콘테이너 운송에서 운송인이 그 내용을 알기 어려운 점 그리고 협상력이 우위에 있는 대량화주의 출현을 반영하여 화주도 강행적인 의무와 책임을 부담하는 것으로 변경되었다. 로테르담 규칙에서는 송하인에게도 일정한 의무와 책임을 부과하고 이를 변경하는 약정을 무효로 하고 있다(제79조 제2항). 운송인의 경우에도 이러한 규정이 적용되는 것은 물론이다(제79조 제1항).

4. 독립계약자

헤이그비스비 규칙하에서는 독립계약자는 히말라야조항의 범위에서 명시적으로 삭제되어 있다. 로테르담 규칙하에서는 독립계약자도 히말라야조항의 범위에 속하게 되었다. 즉, 독립계약자도 본 규칙에서 제공하는 운송인의 면책과 책임제한등의 이익을 향유할 수 있다(제1조 제7호, 제19조 제1항). 이에 상응하여 독립계약자는 운송인과 동일한 의무와 책임을 부담한다(제19조 제1항). 운송인과 독립계약자는 연대책임을 부담한다(제20조).

5. 운송물인도제도

헤이그비스비 규칙은 운송물 인도에 대한 구체적인 규정을 가지고 있지 않다. 로테르담 규칙하에서는 운송물 인도제도를 통일적으로 해결하고자 시도하였다. 수하인이 약속된 장소에 나타나지 않으면 운송인은 이를 미인도(undelivered cargo)로 취급하여 자신이 직접 창고에 입고하여 매도등 처리할 수 있는 권한을 부여하였다(제48조 제2항). 그리고 미인도가 된 운송물에 대하여는 운송인의 책임이 감경된다(제48조 제3항).

6. 전속적 관할합의

선하증권의 전속적 관할합의의 효력은 각국마다 다르다. 헤이그비스비 규칙과 우리 상법은 이에 대한 규정이 없다. 로테르담 규칙은 함부르크 규칙과 미국 COGSA 개정안의 영향으로 전속적 합의관할은 송하인이 선택 가능한 5가지의 연결점의 하나에 포함되도록 효력이 축소되었다(제66조). 이는 전속적 관할합의의 부합 계약성이 파악되어 송하인을 보호하기 위한 조치로서 마련되었다. 선주국들의 입장이 고려되어 관할의 장 적용을 선언한 경우에만 위와 같은 효력이 그 국가에 미친다(제74조).

7. 계약자유의 원칙의 도입

(1) 대량정기운송계약(Volume contract)

대량정기화물의 경우에는 화주와 운송인의 협상력이 대등하다고 보아 본 조약의 강행규정의 적용을 벗어날 수 있도록 하였다(제80조).

(2) FIO 조항

선적, 양륙, 적부에 대하여 운송인과 송하인은 별도의 계약을 체결하여 송하인이 이러한 작업을 하는 약정(Free In and Out)은 허용하도록 되었다(제13조 제2항).

부록9: 선박우선특권을 이용한 임의경매신청

Ⅰ. 사실의 경과

1999. 7. 26 제72 영광호와 제101 대양캐리어호가 충돌하여 제72 영광호가 침몰하면서 제72 영광호에 승선 중이던 선장을 포함함 선원 8명이 사망 또는 실종되었다. 이에 제72 영광호의 선주와 선원들의 유족들은 물적 손해와 인적손해에 대한 손해배상을 구하기 위하여 제101 대양캐리어호를 압류하여 임의경매하려는 계획을 세웠다. 그런데 제101 대양캐리어호는 사고 후인 1999. 11. 25.에 소유자가 채무자인 원선주인 유한회사 대양해운에서 유한회사 대성해운으로 변경되었다. 이와 같은 사안에서 제72 영광호 측에서는 아래와 같은 선박임의경매신청을 하였다.

Ⅱ. 선박 임의경매 신청서 요약

채권자 : 甲외 17명

채무자 : 유한회사 DY해운, 대표이사 을

소유자 : 유한회사 DS해운

경매할 선박의 표시 : 생략

청구채권 : 선박우선특권있는 별지목록 기재 손해배상채권 금15억원

신청취지 : "채권자의 채무자에 대한 위 청구채권의 변제에 충당하기 위하여 별지목록 기재 선박에 대한 임의경매절차를 개시하고, 채권자를 위하여 이를 압류한다. 소유자는 별지목록 기재선박을 광양항에 정박하여야 한다. 집행관은 별지목록 기재 각 선박의 국적증서 및 항행에 필요한 서류를 위 선박의 선장으로부터 수취하여 법원에 제출하여야 한다"라는 재판을 구합니다.

신청이유 :

1. 당사자

채권자들은 제72 영광호의 선주 및 선원들의 유족들이고, 채무자는 제101 대양캐리어가 제72 영광호와 충돌하였을 당시의 소유자인 국내유한회사이고, 소유자는 1999. 11. 25. 채무자로부터 제101 대양캐리어호를 매수하여 소유권을 이전받은 현재의 소유자인 유한회사입니다.

2. 선박충돌 사고로 인한 손해배상 청구권의 발생

1999. 7. 26. 1845경 전남 완도군 완도읍 메에루암 남동 2마일 해상에서 채권자 갑 소유의

어선 제72 영광호(이하 "이 사건 어선")와 채무자 소유였던 모래운반선 제101 대양캐리어호(이하 "이 사건 운반선")가 충돌하여, 이 사건 어선이 침몰하고 동 어선에 승선 중이던 선장 丙을 포함한 선원 8명이 사망 또는 실종되는 사고(이하 "이 사건 사고")가 발생하였습니다. 동 사고는 자선 우현전방에서 항해중인 이 사건 어선을 발견한 이 사건 운반선이 피항의무가 있는 피항선(被航船)으로서 마땅히 감속 및 대각도 변침조치를 취하여 피항할 의무가 있음에도 그러한 피항조치를 취하지 않은 과실로 자선의 선수 우현부위로 이 사건 어선의 좌현 선미부분을 들이받아 발생한 것입니다. 결국 이 사건 사고는 이 사건 운반선을 조종하던 선장 병의 과실로 인하여 발생한 것으로, 그 사용자인 채무자가 그로 인한 모든 손해를 배상하여야 할 것입니다.

3. 손해의 범위

이 사건 충돌사고로 인하여 채권자들이 입은 손해는 크게, 첫째, 선원의 사망 및 실종으로 인한 손해, 둘째, 선체침몰로 인하여 발생한 재산손해로 구별할 수 있습니다(이하 생략).

가. 선원의 사망, 실종으로 인한 손해

(1) 선장 丙의 사망으로 인한 유족의 손해

(가) 일실소득

생년원일 : 1958년 8월 19일

월 평균소득 2,180,000원

잔여노동월수 228개월(정년 만60세로)

호프만 계수 160.0357

산식 2,180,000 × 160.0357 × 2/3 = 232,585,508원

(나) 위자료

금 40,000,000

(다) 합계

금 272,585,508원

(라) 청구금액

이 사건 충돌사고가 피항선인 이 사건 운반선이 피항 동작을 취하지 않은 과실로 인하여 발생한 것은 사실이지만 선박충돌의 경우 일방과실로 인정되는 예는 많지 않은 점을 감안하여 이 사건 어선을 조선한 망 丙의 과실을 10% 정도에 해당하는 것으로 인정하고 과실비율만큼 청구액을 감축하면 청구금액은 금 245,326,957원입니다.

유족들의 상속지분별 청구금액은 다음과 같습니다. 처는 위금액에 3/9를, 자 3인은 각각 위 금액에 2/9를 곱한 금액이 상속지분입니다.

(2) 기타 생략

나. 선체 침몰로 인하여 발생한 재산손해

이 사건 어선의 침몰로 인하여 어선의 선주 甲이 입은 재산상 손해는 금 513,285,720원입니다. 동 금액에 대하여 앞서와 같이 10%의 과실비율 만큼의 청구를 감축하면 결국 청구금액은 금461,957,148원입니다.

4. 선박우선특권

우리 상법 제861조(개정상법 제777조) 제1항 제4호에 의하면 선박의 충돌로 인한 손해에 대한 배상채권은 선박저당권과 질권에 우선하는 선박우선특권이 인정되는 채권입니다. 그러므로, 이 사건 사고후인 1999. 11. 25. 소유자에게 이 사건 선박을 매도하여 소유자가 변경되었다고 하더라도 선박우선특권에 기하여 이 사건 운반선을 임의경매할 수 있다는 사실에는 변함이 없습니다(채무자와 소유자의 주소가 동일한 것으로 미루어 채무자는 채권자들의 손해배상청구에 기한 강제집행을 면탈하려는 의도하에 소유권을 가장 양도한 것으로 추측되나, 선박우선특권의 특수성 때문에 이러한 시도는 무용한 것이 되었습니다).

5. 결론

이에 채권자들은 위 청구채권을 변제받기 위하여 위 선박우선특권에 터잡아 신청취지 기재와 같은 경매개시결정, 정박명령 및 국적증서 등의 인도명령을 구하는 바입니다.

Ⅲ. 결정문

이에 대하여 광주지방법원 순천지원은 1999. 12. 15. 아래와 같이 결정하였다.

사건 99타경 46079 선박임의경매

채 권 자 : 갑외 17인

채 무 자 : 유한회사 DY해운 대표이사 乙

소 유 자 : 유한회사 DS해운

주 문 : 별지 기재 선박에 대하여 경매절차를 개시하고 채권자를 위하여 이를 압류한다. 위 선박은 광양항에 정박하여야 한다. 당원소속 집행관은 위 선박의 선박국적증서 기타 항행에 필요한 문서를 수취하여 이 법원에 제출하여야 한다.

청구금액 : 돈 1,479,983,173원 및 위 돈에 대한 지연이자금

이 유 : 위 채권에 대한 담보권의 실행을 위하여 1999. 12. 7 채권자가 한 신청은 이유 있으므로 주문과 같이 결정한다.

1999. 12. 15

부록10: 1996년 의정서에 따른 책임제한액

1996년 의정서에 따른 책임제한액

	인적손해	물적손해	총책임제한기금
2000톤 미만	2,000,000SDR	1,000,000SDR	3,000,000SDR
2,000-30,000톤	2,000,000SDR+ (T−2,000)×800 SDR	1,000,000SDR+ (T−2,000)×400 SDR	3,000,000SDR+ (T−2,000)×1200SDR
30,001-70,000톤	24,400,000SDR+ (T−30,000)×600SDR	12,200,000SDR+ (T−30,000)×300SDR	36,600,000SDR+ (T−30,000)×900SDR
70,000 이상	48,400,000SDR+ (T−70,000)×400SDR	24,200,000SDR+ (T−70,000)SDR×200SDR	72,600,000SDR+ (T−70,000)×600SDR

여객 선박검사증서에 기재된 여객정원당 175,000SDR

1996년 의정서에 2012년 인상액을 반영함

	인적손해	물적손해	총책임제한기금
2000톤 미만	3,020,000SDR	1,510,000SDR	4,530,000SDR
2,000-30,000톤	3,020,000SDR+ (T−2,000)×1,208 SDR	1,510,000SDR+ (T−2,000)×604SDR	4,530,000SDR+ (T−2,000)×1,812SDR
30,001-70,000톤	36,844,000SDR+ (T−30,000)×906SDR	18,422,000SDR+ (T−30,000)×453SDR	55,266,000SDR+ (T−30,000)×1,359SDR
70,000 이상	73,084,000SDR+ (T−70,000)×604SDR	36,542,000SDR+ (T−70,000)SDR×302SDR	109,626,000SDR+ (T−70,000)×906SDR

여객 선박검사증서에 기재된 여객정원당 175,000SDR

부록11: 선하증권과 해상화물운송장 샘플

HANJIN SHIPPING BILL OF LADING

SHIPPER/EXPORTER(COMPLETE NAME AND ADDRESS)	BOOKING NO. (DOCUMENT NO.) EXPORT DEC
	EXPORT REFERENCES
CONSIGNEE(COMPLETE NAME AND ADDRESS/NON-NEGOTIABLE UNLESS CONSIGNED TO ORDER)	FORWARDING AGENT REFERENCES(COMPLETE NAME AND ADDRESS)
NOTIFY PARTY(COMPLETE MAILING ADDRESS)	POINT AND COUNTRY OF ORIGIN
	ALSO NOTIFY(NAME AND FULL ADDRESS)/DOMESTIC ROUTING
PIER OR PLACE OF RECEIPT * / PRE-CARRIAGE BY *	
VESSEL VOY (FLAG) / PORT OF LOADING	TYPE OF MOVE / CONTAINERIZED(Vessel only) ☐ Yes ☐ No
PORT OF DISCHARGE / PLACE OF DELIVERY (BY ON CARRIER) *	FINAL DESTINATION(FOR THE MERCHANT' S REFERENCE ONLY)

PARTICULARS FURNISHED BY SHIPPER

CONTAINER NO. SEAL NO MARKS & NOS.	NO OF PKGS. OR CONTAINERS	H M * *	KIND OF PACKAGES:DESCRIPTION OF GOODS	TOTAL GROSS WEIGHT KGS (POUNDS)	TOTAL MEASUREMENT CBM(CFT)
			ORIGINAL VOID		

Optional Declared Value for increased freight charges to avoid Package Limitation: US $ ____________

TOTAL NO. OF PACKAGES OR CONTAINERS(IN WORDS)

FREIGHT AND CHARGES	RATED AS	RATE	PER	PREPAID	COLLECT

Date

BY ____________

PLACE OF B(s)/L ISSUE

NO.OF ORIGINAL B(s)/L SIGNED

DATE OF B(s)/L ISSUE

BILL OF LADING NO.

TOTAL

AT

RECEIVED by the Carrier from the Shipper in apparent good order and condition unless otherwise indicated herein, the Goods, or the container(s) or package(s) said to contain the cargo herein mentioned, to be carried subject to all the terms and conditions provided for on the face and back of this Bill of Lading by the Vessel named herein or any substitute at the Carrier' s option and/or other means of transport, from the place of receipt or the port of loading to the port of discharge or the place of delivery shown herein and there to be delivered to Consignee or on-carrier on payment of all charges due thereon.

If REQUIRED by the Carrier, this Bill of Lading duly endorsed must be surrendered in exchange for the Goods or delivery order None of the terms of this Bill of Lading can be waived by or for the Carrier except by written waiver signed by a duly authorized agent of the Carrier.

IN ACCEPTING THIS BILL OF LADING the Merchant agrees to be bound by all the stipulations, exceptions, terms and conditions on the face and back hereof, whether written, typed, stamped or printed, as fully as if signed by the Merchant any local customs or privilege to the contrary notwithstanding.

IN WITNESS WHEREOF, the undersigned, on behalf of **Hanjin Shipping Co., Ltd.** the master and the owner of the Vessel has signed the number of Bill(s) of Lading stated above all of the same tenor and date, one of which being accomplished, the others to stand void. (Terms of Bill of Lading Continued on Back Hereof).

* Applicable only when used for multimodal or through transportation. * * Check "HM" column if hazardous material.

HANJIN SHIPPING CO.,LTD.

As Carrier

BY ____________

1. DEFINITIONS

When used in this Bill of Lading

(a) "Bill of Lading" means this contract of carriage for the Goods made between Carrier and Merchant, effective for all modes of transport from place of receipt to place of delivery.

(b) "Carrier" means Hanjin Shipping Co., Ltd., its vessel, agents and subcontractors at all stages of carriage; in context of Multimodal Transportation, "Ocean Carrier" means Hanjin Shipping Co., Ltd., the Vessel, her owner, operator and charterers and the agents and subcontractors of each; "Inland Carrier" means any barge line vessel, trucker or railroad with custody of the Goods under this Bill of Lading, and agents and subcontractors of each.

(c) "Goods" means the cargo as described on the face of this Bill of Lading and trailers, containers and transportable tanks when delivered to the Carrier by the Merchant containing the cargo.

(d) "Multimodal Transportation" means carriage of the Goods under this Bill of Lading by the Ocean Carrier and one or more Inland Carriers for a single freight charge to the Merchant.

(e) "Laden on board" means physically laden on board the first means of transport operated in the service of the Carrier.

(f) "Merchant" means any actual or previous holder of this Bill of Lading and shall include shipper, consignor, consignee, owner and receiver of the Goods, and their agents.

(g) "Package" means the single largest unit of Goods (e.g, container, pallet, box, bale) delivered by Merchant to Carrier for carriage pursuant to the terms of this Bill of Lading.

(h) "Particulars" is that description of the Goods provided by the Merchant to the Carrier, and shall include all manner of description, marks, numbers, weight, measure, nature and value of the items constituting the Goods.

(i) "Subcontractor" identifies all interests engaged in owning, operating or chartering the vessel, lighterers, feeder line, stevedores, terminal operators, warehousemen, truckers, railroads, and the agents of each of them, and all other persons or legal entities performing services pursuant to contract with Ocean or Inland Carriers with respect to the Goods.

(j) "Vessel" means the vessel named in this Bill of Lading, and includes all assisting or substitute vessels, lighters or other conveyances.

N.B. The plural shall include the singular, and the singular shall include the plural throughout this Bill of Lading : the headings are for information purposes only. Any mention in this Bill of Lading of parties to be notified of the arrival of the Goods is solely for information, and failure to give such notification shall not involve the Carrier in any liability nor relieve the Merchant of any obligation.

2. CLAUSE PARAMOUNT

(a) This Bill of Lading shall have effect subject to the International Convention for the Unification of Certain Rules relating to Bills of Lading, dated at Brussels 25 August 1924 (The Hague Rules) as enacted in the country of shipment, unless the protocol, dated Brussels 23 February 1968 (The Hague-Visby Rules) or the United States Carriage of Goods by Sea Act, 1936 (U.S. COGSA, 46 U.S.C. Appendix 1300-1315) apply compulsorily.

(b) When no such enactments are in force in the country of shipment, the corresponding Hague Rules, Hague-Visby Rules or U.S. COGSA legislation (Hague/Visby/COGSA legislation) of the country of destination shall apply, but in respect of shipments to which no such enactments are compulsorily applicable, the terms of the Hague Rules shall apply.

(c) The applicable Hague/Visby/COGSA legislation shall govern throughout the time when the Goods are in the actual or constructive custody of the Carrier. The Carrier takes all reservation possible under the Hague/Visby/COGSA legislation relating to the period before loading and after discharging and while the Goods are in the charge of another Carrier, and to deck cargo and live animals.

3. LITIGATION AND CLAIM

(a) Disputes arising under the Bill of Lading shall be determined at the option of the Merchant by the courts and in accordance with the law (including choice of law) at

(i) the Carrier's principal place of business, (being Seoul, Korea, except for actions under U.S. COGSA, where the Carrier's principal place of business Shall be New York, New York); or

(ii) the place of receipt of the Goods by the Carrier, or the port of discharge.

(b) No proceedings may be brought before other tribunals by the Merchant unless Merchant and Carrier shall have agreed in advance in writing in both the choice of another tribunal and the law to be applied. Carrier may sue Merchant wherever Merchant or Goods are found.

(c) Suit shall not be deemed brought against the Carrier until jurisdiction shall have been obtained of the Carrier by service of summons.

(d) Claims for loss of or damage to the Goods may be filed at the offices of the Carrier or their agent at the port of discharge; claims must be filed and suits commenced within the applicable Hague/Visby/COGSA periods, unless the Merchant claims these rules are inapplicable and loss or damage occurred in the custody of the Inland Carrier, when claims must be filed, and suits commenced, within the time limits provided by law or tariff applicable to the Inland Carrier.

(e) Nothing in this Bill of Lading, expressed or implied, shall operate to limit or deprive the Carrier of any statutory protection or exemption or limitation of liability authorized by any applicable laws, statutes or regulations whether the action is founded in contract, in tort, or otherwise.

4. RESPONSIBILITY

(a) The Carrier shall be responsible for and shall enjoy the immunities and limitation against loss or damage pursuant to the applicable Hague/Visby/COGSA legislation for all periods when the Goods are in the actual or constructive custody of the Carrier.

(b) Where it is forbidden by law to extend Hague/Visby/COGSA legislation to the inland part of the Multimodal Transportation contract, the Carrier shall not be responsible for loss or damage to the Goods while the Goods are in the custody of the Inland Carrier in excess of the scope for which the Inland Carrier would have assumed the responsibility subject to its tariff.

(c) If, despite the terms herein, no legal regime clearly applies to the period of inland carriage, the Carrier and Inland Carrier shall not, in any circumstances, be liable for that part of any claim for damages caused by acts of God, acts or restraint of authority, inherent vice of the Goods, wrongful act or neglect of the Merchant, strike or stoppage of labor of any kind or extent, insufficient or defective packaging or marking or numbering of the Goods or Packages, or any cause, event or consequence which the Carrier could not avoid or prevent by reasonable diligence; nor for any other cause excluded by tariff.

(d) In context of Multimodal Transportation, where the Merchant or Carrier cannot establish in whose custody loss or damage occurred to Goods delivered to the Carrier in actual good condition, it shall be deemed, as between the Merchant and any Carrier, that the loss or damage occurred onboard the Vessel while in the custody of the Ocean Carrier.

(e) The Carrier shall not be responsible for loss of or damage to the Goods occurring before receipt of the Goods by the Carrier at the place of receipt or after delivery by the Carrier at the place of delivery.

(f) Where damage is alleged to the contents of any Package delivered by the Carrier without notation for external damage, it shall in all circumstances be a prerequisite to Carrier's liability that the Merchant shall first demonstrate its delivery of the contents of the Package in actual good condition at the Carrier's place of receipt.

(g) The Carrier shall not be responsible for any loss of or damage to live animals arising or resulting from any cause whatsoever.

(h) In respect of Goods carried on deck and identified on this Bill of Lading to be so carried, all risks of loss or damage from perils inherent in or incident to the custody or carriage of such Goods on deck shall be borne exclusively by the Merchant without recourse to the Carrier.

5. TARIFF

Where a public tariff has been filed by Carrier, Ocean Carrier or Inland carrier governing all or part of the period of carriage, the terms of this Bill of Lading may, to some extent, be modified by the terms of that tariff and by documents referenced therein, such as uniform inland Bills of Lading. To the extent of any actual inconsistency between tariff and this Bill of Lading, the terms of this Bill of Lading shall control to the fullest extent permitted by law.

6. SUB-CONTRACTING AND ADDITIONAL INSTRUCTIONS

(a) The Carrier shall be entitled to sub-contract on any terms the whole or any part of the handling, storage or carriage of the Goods and any and all duties whatsoever undertaken by the Carrier in relation to the Goods. Every servant, agent and sub-contractor (including all interests engaged in the owning or chartering of the Vessel, stevedores, warehousemen, and other independent contractors) and the agents of each shall have the benefit of all provisions herein for the benefit of the Carrier as if the provisions were expressly for their benefit; and in entering into this contract of carriage, the Carrier does so not only on his own behalf but also as agent for all such servants, agents and sub-contractors to the fullest extent permitted by the law applicable to Himalaya Clauses.

(b) Where the Carrier arranges alternative inland transportation as agent for the Merchant, the Merchant's rights and liabilities shall be governed by the law or contract applicable to the inland carriage, without further liability of the Carrier as a carrier.

7. LIBERTIES

(a) The Carrier shall make commercially reasonable efforts to carry the Goods expeditiously to the place of delivery, but the Carrier does not warrant any specific route, vessel, method of transport or delivery date, and shall have liberty to perform the carriage in any commercially reasonable manner and by any reasonable means, methods and routes including the right to transship Goods using other Carriers, conveyances or containers. The Carrier shall always have liberty to comply with directions, howsoever given, of any government, national or local authority.

(b) At any stage in the carriage, the Goods may, at the Carrier's absolute discretion, be carried as a single shipment or as several shipments on any means of transport, whether owned or operated by the Carrier or not.

(c) The Carrier shall make commercially reasonable efforts to complete the carriage and to deliver the Goods at the place designated for delivery, but does not guarantee such delivery and shall be excused from all consequences of nondelivery at such place, (and shall remain entitled to full freight and charges and his lien,) if such delivery is commercially unfeasible, or would delay or imperil the interests of the Carrier or the Goods, the Goods of others or the general enterprise.

(d) In particular, the Carrier is excused from full performance of the contract of carriage by the existence or apprehension of war, declared or undeclared, hostilities, warlike or belligerent acts or operations, riots, civil commotions, boycotts or other disturbances; epidemics or diseases, quarantine, sanitary or similar regulations or restrictions; shortage, absence or obstacles of labor or facilities for loading, discharge, delivery or handling of the Goods; strikes, lockouts or other labor troubles, whether partial or general, and whether or not involving employees of the Carrier, his agents or sub-contractors; congestion of ports, berths, freight stations or terminals; closure of, obstacle in or danger to any canal, waterway, land route or railroad; ice, landslide, earthquake or other natural effects creating obstacles to carriage. This list is descriptive and not exhaustive, and the existence of any of these similar conditions prior to receipt of the Goods shall not constitute waiver of the Carrier's rights.

(e) If the Goods are unclaimed during a reasonable time or whenever, in the Carrier's opinion, the Goods will deteriorate, decay or diminish in value, the Carrier may sell, abandon or otherwise dispose of such Goods at the risk and expense of the Merchant and Goods.

(f) If, in the Carrier's opinion, good cause exists to fear danger, injury, loss, delay or disadvantage to the Carrier, the Goods, the Goods of others or to the general enterprise, the Carrier shall be entitled to dispose of the Goods in such way as the Carrier may deem advisable, or to cancel the contract of carriage without compensation and to require the Merchant to take prompt delivery of the Goods. Such actions by the Carrier shall constitute complete and final delivery and full performance of this contract, and the Carrier shall thereafter be freed from any responsibility for the Goods.

(g) Any action taken by the Carrier pursuant to this clause for the intended benefit of the Vessel, the Goods, the Goods of others or the general enterprise shall fall within the contractual carriage, and such action or delay resulting therefrom shall not constitute a deviation at law, and the Carrier shall be entitled to the full benefit of all privileges, rights and immunities contained in the Bill of Lading.

8. CONTAINERS

(a) On any Vessel or other mode of transportation designed to carry containers, the Carrier has the right to carry Goods in containers in any area designed for such carriage. Such carriage of the Goods shall constitute "under deck" stowage for all purposes, including Hague/Visby/COGSA regulations and General Average.

(b) Where the Goods are not already packed into containers at the time of receipt, the Carrier shall be at liberty to pack and carry them in any type of container.

(c) The Merchant shall indemnify the Carrier against any loss of or damage to the Carrier's container or other equipment while in the possession or control of the Merchant, his agents or sub-contractors engaged by or on behalf of the Merchant.

(d) The Carrier shall in no event be liable for and the Merchant shall indemnify and hold the Carrier harmless from and against any loss of or damage to property of other persons or injuries to other persons caused by the Carrier's container or the contents thereof during handling by, or while in the possession or control of, the Merchant, his agents or sub-contractors.

(e) If any container is delivered sealed by the Merchant to the Carrier, this Bill of Lading is evidence of the receipt only of the number of containers shown on the Bill of Lading, and the condition and any particulars of the contents are unknown to the Carrier; and the Merchant warrants that the containers and contents thereof are suitable for handling and carriage. In the event of breach of this warranty, the Carrier shall not be responsible for any loss of or damage to or in connection with the Goods and the Merchant shall be liable for loss of or damage to any other property, or for personal injury or the consequences of any other accidents or events whatsoever. If such containers are delivered by the Carrier with seals intact, such delivery shall be full and complete performance of the Carrier's obligation hereunder and the Carrier shall not be liable for any loss of or damage to the contents of the containers.

(f) The Carrier does not undertake to carry the Goods in refrigerated, heated, insulated, ventilated or any other special containers, unless special arrangements for the carriage of such containers have been agreed to in writing between the Carrier and the Merchant and special freight has been paid. The Carrier does not accept responsibility for the function of special containers supplied by or on behalf of the Merchant. The Carrier does not guarantee the maintenance of any temperature inside any container.

9. FREIGHT

(a) Freight shall be payable at any lawful rate agreed with the Merchant, and will be calculated on the basis of the Particulars furnished by the Merchant; but the Carrier may at any time open, examine, weigh, measure and value the Goods and Packages to determine the accuracy of the Merchant's Particulars. If it is determined by the Carrier that the freight or charges should be higher, the Carrier may collect the additional amount from the Merchant who shall also be liable for all expenses associated with recalculation of freight or charges.

(b) Full freight and all advance charges shall be considered completely earned on receipt of the Goods by the Carrier, whether the Vessel or the Goods be damaged, lost or not lost, or the journey frustrated or abandoned. All freight and charges shall be paid in full without any offset, counterclaim or deduction, and shall be paid in the currency named in this Bill of Lading.

(c) Each Merchant shall be severally liable to the Carrier for the payment of all freight, charges and other amounts due the Carrier.

10. MERCHANT'S RESPONSIBILITY

(a) Each Merchant shall be responsible for any failure to perform any Merchant's obligations under any of the terms of this Bill of Lading; and each shall indemnify the Carrier against and hold it harmless upon written demand from all liability, loss, damages and expense which the Carrier may sustain or incur arising or resulting from any such failure of performance by the Merchant or any of them. The responsibility of each Merchant shall not be diminished by the existence of any lien claim on the Goods.

(b) Any reference on the face of the Bill of Lading to any particulars of the Goods is furnished by the Merchant, and the Carrier shall not be responsible for the accuracy thereof. The Merchant warrants to the Carrier that the particulars furnished by him are correct.

(c) Each Merchant warrants that equipment, whether owned or leased by the Carrier, would be returned to the Carrier within a reasonable time stipulated in the applicable tariff and further promises and agrees to pay equipment detention charges stipulated in the applicable tariff including the costs and expenses of recovering the same in case of failure to do so.

11. LIEN

(a) The Carrier shall have a lien on the Goods, for all freight, dead freight, demurrage and the costs and expenses of recovering the same and any other sums whatsoever payable by the Merchant under this Bill of Lading or any other Bill of Lading between Carrier and Merchant and may enforce this lien, by all available means, including public or private sale. The net proceeds of any such sale, after first deducting all costs and expenses in executing the lien shall be applied towards the settlement of the amounts due the Carrier. If on sale of the Goods, the proceeds fail to cover the amount due and the cost and expenses incurred, the Carrier shall be entitled to recover the deficit from the Merchant.

(b) The Carrier shall have a lien on the Goods for all expenses and charges incurred in protecting or caring for the Goods, whether the Goods be damaged or not, and for any payment or liability of whatsoever nature incurred by the Carrier in connection with the Goods, including legal fees incurred through attachments or interpleader or other proceedings in respect of the Goods.

12. DANGEROUS GOODS, CONTRABAND

(a) The Carrier undertakes to carry Goods of a hazardous, injurious or dangerous nature only upon the Carrier's written acceptance of a prior written application by the Merchant for the carriage of such Goods.

(b) The Merchant shall ensure that the nature of dangerous Goods is distinctly and permanently marked and manifested on the outside of the packages and containers, and shall submit all documents or certificates required by any applicable statutes or regulations.

(c) Whenever Goods are discovered to be contraband or prohibited by any applicable laws or regulations, the Carrier shall be entitled to have such Goods rendered innocuous, thrown overboard or discharged or otherwise disposed of at the Carrier's discretion without compensation.

13. DELIVERY

(a) The Carrier shall have the right to deliver the Goods at any time at any place designated by the Carrier within the geographic limits of the place of delivery.

(b) In any case the Carrier's responsibility shall cease when the Goods have been delivered to the Merchant, its agent or subcontractors or otherwise according to law at the place designated by the Carrier. Delivery of the Goods to the custody of Customs or any other authorities shall always constitute final discharge of the Carrier's responsibility hereunder.

(c) For Goods received by the Carrier in containers the Carrier shall only be responsible for delivery of the total number of containers shown on the face of the Bill of Lading, and shall not be required to unpack the containers.

(d) Where the Goods have been packed into containers by the Carrier, the Carrier shall unpack the containers and deliver the contents thereof and shall not be required to deliver the Goods in containers.

(e) The Carrier shall not be liable for failure to deliver in accordance with marks unless the Goods or Packages shall have been clearly, legibly and permanently marked.

14. NOTICE OF CLAIM AND TIME FOR SUIT

(a) Unless notice of loss or damage and the general nature of such loss or damage be given in writing to the Carrier or his agent at the place of delivery at the time of delivery, such removal shall be evidence of the delivery by the Carrier of the Goods as described in the Bill of Lading. If the loss or damage be not apparent, the notice must be given in writing to the Carrier within three days after delivery.

(b) In any event and however founded the Carrier shall be discharged from all liability unless suit is brought within one year after the delivery of the Goods or the date when the Goods should have been delivered.

(c) Where the Merchant contests the general application of Hague/Visby/COGSA legislation, proof that damage actually occurred in the care, custody or control of the Inland Carrier, and that claim or suit were not timely made within the time limits provided by law and tariff applicable to the Inland Carrier shall create an absolute defense to the liability of the Ocean Carrier.

15. DAMAGES

(a) In no event shall the Carrier be liable for more than the contract value to the Merchant of the damaged or lost items at the place and time they were or should have been delivered to the Merchant. Where permitted by law, the Carrier's liability hereunder shall not exceed the Merchant's net invoice cost, freight and insurance premiums, if paid.

(b) In no event shall the Carrier be responsible for consequential damages, for lost profits, for non-compensatory damages, for exemplary damages, or for damages of any kind arising from delay, loss of market, depreciation or damages payable by the Merchant to any third party.

16. LIMITATION OF DAMAGES

(a) Damages shall, in all events, be limited in accordance with the applicable Hague/Visby/COGSA legislation.

(b) Unless the nature and value of the Goods have been declared in writing by the Merchant before shipment and inserted in this Bill of Lading, and ad valorem freight regulated in the applicable tariff paid in advance;

(i) Where Hague Rules apply, the Carrier shall in no event be liable for loss or damage in an amount exceeding the minimum allowable limit per package or unit in the applicable version of the Hague Rules.

(ii) Where U.S. COGSA applies, the Carrier shall in no event be or become liable for any loss or damage to or in connection with the Goods in an amount exceeding U.S. dollars 500 per package or, in case of Goods not shipped in packages, per customary freight unit.

17. GENERAL AVERAGE AND SPECIAL CHARGES

(a) General Average to be adjusted, stated and settled at any port or place at the Carrier's option, according to the York-Antwerp Rules 1974 as amended 1994 (or as amended 1990 at the discretion of the Carrier) and in the currency selected by the adjuster, who shall be appointed by the Carrier.

(b) Average agreement, non-separation agreement, deposit or bond shall be furnished by the Merchant to the Carrier before delivery of Goods subject to claims for contribution in General Average.

(c) The Amended Jason Clause as approved by the Baltic and International Maritime Conference (BIMCO) is incorporated here by this reference.

(d) The Both-to-Blame Collision Clause as adopted by BIMCO is incorporated here by this reference.

(e) In case of special charges or expenditures unforeseen by the terms of this Bill of Lading, and not compensable in General Average, the Merchant shall reimburse the Carrier for all such special charges and expenditures that might be applicable to the Goods.

18. DEVIATION

No reasonable or customary action taken by the Carrier during the carriage of the Goods shall constitute a deviation, and in particular, no action taken by the Carrier pursuant to the Liberties Clause above shall constitute a deviation if it was taken for the intended benefit of the Vessel, the Goods, the Goods of others or the general enterprise. It shall be prerequisite to the Merchant's claim for damages on account of deviation that the Merchant's insurance shall first have been cancelled on account of the alleged deviation. No deviation shall oust the right to limit liability or damages, and the Carrier shall always be entitled to the full benefit of all privileges, rights and immunities contained in this Bill of Lading and any incorporated tariffs.

19. SEVERABILITY OF TERMS

(a) The terms of this Bill of Lading are severable, and if any part or term is declared invalid or unenforceable, the validity or enforceability of any other part or term shall not be affected.

(b) In particular, if any term of this Bill of Lading is held to be repugnant to the applicable Hague/Visby/COGSA legislation or to any tariff to any extent, such term shall be void to that extent but no further.

HANJIN SHIPPING NON-NEGOTIABLE WAYBILL

SHIPPER/EXPORTER(COMPLETE NAME AND ADDRESS)	BOOKING NO. (DOCUMENT NO.) EXPORT DEC EXPORT REFERENCES
CONSIGNEE(COMPLETE NAME AND ADDRESS)	FORWARDING AGENT REFERENCES(COMPLETE NAME AND ADDRESS)
NOTIFY PARTY(COMPLETE MAILING ADDRESS)	POINT AND COUNTRY OF ORIGIN ALSO NOTIFY(NAME AND FULL ADDRESS)/DOMESTIC ROUTING
PIER OR PLACE OF RECEIPT * / PRE-CARRIAGE BY *	
VESSEL VOY (FLAG) / PORT OF LOADING	TYPE OF MOVE / CONTAINERIZED(Vessel only) ☐ Yes ☐ No
PORT OF DISCHARGE / PLACE OF DELIVERY (BY ON CARRIER) *	FINAL DESTINATION(FOR THE MERCHANT' S REFERENCE ONLY)

PARTICULARS FURNISHED BY SHIPPER

CONTAINER NO. SEAL NO MARKS & NOS.	NO OF PKGS. OR CONTAINERS	H M **	KIND OF PACKAGES:DESCRIPTION OF GOODS	TOTAL GROSS WEIGHT KGS (POUNDS)	TOTAL MEASUREMENT CBM(CFT)

NON-NEGOTIABLE

Optional Declared Value for increased freight charges to avoid Package Limitation: US$ ____________

TOTAL NO. OF PACKAGES OR CONTAINERS(IN WORDS)

FREIGHT AND CHARGES	RATED AS	RATE	PER	PREPAID	COLLECT
			TOTAL		
			AT		

Date

BY ____________________

PLACE OF WAYBILL ISSUE

NO.OF WAYBILL SIGNED

DATE OF WAYBILL ISSUE

WAYBILL NO.

Received in apparent good order and condition except as otherwise noted-weight, measure, marks, quality, contents and value unknown-the total number of Container(s) or package(s) or units enumerated for carriage from the place of receipt to the place of delivery subject to the terms hereof. Delivery will be made to the Consignee named, or his authorized agents, on production of proof of identity at the place of delivery. The Carrier to exercise due care ensuring that delivery is made to the proper party. However, in case of incorrect delivery, no responsibility will be accepted unless due to fault or neglect on the part of the Carrier. Should the Consignee require delivery elsewhere than at the place of delivery as shown above, then written instruction must be given by the Consignee to the Carrier or his agent. Should delivery be required to be made to a party other than that named as Consignee autho rization must be given in writing by the Shipper to the Carrier or his agent.
In witness whereof, the undersigned, on behalf of **Hanjin Shipping Co., Ltd.** as the Carrier, has signed the number of Waybill(s) stated above, the same tenor and date.

* Applicable only when used for **multimodal** or through transportation. ** Check "HM" column if hazardous material.

HANJIN SHIPPING CO., LTD.

As Carrier

BY ____________________

CONDITIONS OF CARRIAGE

(1) This Waybill, which is not a document of title to the Goods, is subject to the terms and conditions, liberties and exceptions of the Carrier's standard bill of lading and tariff, copies of which may be obtained from the Carrier's office and those of his authorized agents, and to the provisions set out below.

(2) Paramount Clause

(a) This Waybill is not a bill of lading and no bill of lading will be issued. However, it is agreed that the Hague Rules contained in the International Convention for the Unification of certain rules relating to Bills of Lading, dated Brussels the 25th August 1924 as enacted in the country of shipment shall apply to this Waybill. When no such enactment is in force in the country of shipment, the corresponding legislation of the country of destination shall apply, but in respect of shipments to which no such enactments are compulsorily applicable, the terms of the said Convention shall apply in exactly the same way.

(b) Trades where Hague – Visby Rules apply.
In trades where the International Brussels Convention 1924 as amended by the Protocol signed at Brussels on February 23rd 1968 – the Hague-Visby Rules-apply compulsorily, the provisions of the respective legislation shall also apply to this Waybill.

(c) The Carrier shall in no case be responsible for loss of or damage to the Goods howsoever arising before receipt of the Goods by the Carrier at the place of receipt or after delivery by the Carrier at the place of delivery.

(d) It is agreed that whenever the Brussels Convention and the Brussels Protocol or statutes incorporating same use the words 'Bill of Lading' they shall be read and interpreted as meaning 'Waybill'.

(3) The Consignee by presenting this Waybill and/or requesting delivery of the Goods further undertakes all liabilities of the Shipper hereunder such undertaking being additional and without prejudice to the Shipper's own liability.

(4) Unless instructed to the contrary by the Shipper, the Carrier will, subject to the aforesaid terms and conditions, process cargo claims with the Consignee named in this Waybill. Such settlement, if any, shall be a complete discharge of the Carrier's liability to the Shipper. The Shipper accepts the said standard conditions on his own behalf on behalf of the Consignee and the owner of the Goods and warrants that he has authority to do so.

Shipper	B/L No.
JSR TRADING CO., LTD. JAPAN	PLIJP4B00911

pantos LOGISTICS

PANTOS LOGISTICS JAPAN INC.

Freight Network System

Consignee

Notify party

DRAFT

Pre-carriage by	Place of receipt OSAKA CY	Party to contact for cargo release
Ocean vessel Voy.No.	Port of loading OSAKA, JAPAN	
Port of discharge BUSAN, KOREA	Place of delivery BUSAN CY	Final Destinations for the Merchant's Reference Only BUSAN CY

Container No. Seal No.	Mark and Numbers	Number of containers or packages	Kind of packages: Description of goods	Gross Weight	Measurement
			SAID TO CONTAIN	KGS 2,900.000	CBM(M3) 4.032
FREIGHT COLLECT			BULK / BULK <200 CANS>		

Merchant's Declared Value(Sea Clause 12 (2)):

Note : The Merchant's attention is called to the fact that according to Clause 12 to 13 of this Bill of Lading the liability of the Carrier is in most cases, limited in respect of loss of or damage to the Goods.

Freight and charges

Total No. of containers or packages (in words) SAY : TWO HUNDRED (200) CANS ONLY.

Revenue tons	Rate	Per	Prepaid	Collect
FREIGHT COLLECT	AS ARRANGED			

Ex. Rate	Freight Prepaid at	Freight payable at	Place and date of issue
108.91		DESTINATION	CHUO-KU/TOKYO,JAPAN FEB/02/2020
@ ¥	Total prepaid in Yen	No. of orginal B(s)/L ONE(1)	PANTOS LOGISTICS JAPAN INC.

Laden on board the vessel OSAKA. JAPAN

Date	Signaure

참고문헌

	약 어
곽윤직, 민법총칙(박영사, 1996)	곽윤직(민법총칙)
곽윤직, 채권각론(박영사, 1992)	곽윤직(채권각론)
곽윤직, 물권법(박영사, 2000)	곽윤직(물권법)
권창영, 선원법 해설(법문사, 2016)	권창영
김성태, 보험법강론(법문사, 2001)	김성태
김인현, 해상법연구(삼우사, 2002)	김인현(해상법)
김인현, 해상법연구Ⅱ(삼우사, 2008)	김인현(해상법Ⅱ)
김인현, 선원의 법적책임과 보호(효성출판사, 2001)	김인현(선원)
김인현, 해상교통법강의(다솜출판사, 제2판, 2002)	김인현(교통법)
김인현, 선박충돌과 항법(효성출판사, 2001)	김인현(선박충돌)
김인현·권오정, 해상보험법(법문사, 2020)	김인현·권오정
김정호, 상법강의(하)(법문사, 2005)	김정호
박용섭, 해상법(형설출판사, 1998)	박용섭
배병태, 주석해상법(한국사법행정학회, 1981)	배병태
심재두, 해상운송법(길안사, 1997)	심재두
서돈각·정완용, 상법(하)(법문사, 1996)	서돈각·정완용
서헌제, 콘테이너복합운송인의 책임법리(삼지원, 1986)	서헌제
석광현, 국제사법해설(박영사, 2013)	석광현
손주찬, 상법(하)(박영사, 1996)	손주찬
송상현·김현, 해상법원론(박영사, 2015)	송상현·김현
이기수·최병규·김인현, 보험·해상법(박영사, 2015)	이기수 외
이균성, 해상법대계(KMI, 2010)	이균성
임동철, 해상법·국제운송법연구(진성사, 1990)	임동철
양승규, 보험법(삼지원, 1999)	양승규
정찬형, 상법(상)(박영사, 2016)	정찬형(상)
정찬형, 상법(하)(박영사, 2017)	정찬형(하)
정동윤, 상법(상)(법문사, 2012)	정동윤(상)
정동윤, 상법(하)(법문사, 2008)	정동윤(하)
채이식, 상법(상)(박영사, 1996)	채이식(상)
채이식, 상법(하)(박영사, 2003)	채이식(하)
채이식, 상법Ⅳ(박영사, 2001)	채이식
최기원, 해상법(박영사, 2002)	최기원
최종현, 해상법상론(박영사, 2014)	최종현
최준선, 보험법·해상법(삼영사, 2010)	최준선
호문혁, 민사소송법(법문사, 2006)	호문혁
주석상법(Ⅷ)(사법행정학회, 2015)	주석상법

田重誠二, 海商法詳論(頸草書房, 1985)	田重
中村眞澄, 海上運送責任の諸問題(成文堂, 1998)	中村
中村眞澄・箱井崇央, 海商法(成文堂, 2013)	中村・箱井
村田治美, 體系海商法(成山堂書店, 1990)	村田
戸田修三・中村眞登, 國際海上物品運送法(青林書院, 1997)	戸田・中村
落合誠一, 運送責任の基礎理論(弘文堂, 1994)	落合(1)
______, 運送法の課題と展開(弘文堂, 1994)	落合(2)
福井淡, 「圖說海上衝突豫防法」(海文堂, 1999)	福井
Carver, Carriage by Sea, Stevens & Sons, 1982	Carver
Chai, Lee Sik, Introduction to Korean Maritime Law, Korea University, 1999	Chai
Cooke, VOYAGE CHARTERS, LLP, 1993	Cooke
Richardson, Combined Transport Documents, LLP, 2000	Richardson
Schoenbaum, ADMARALTY AND MARITIME LAW, 1987	Schoenbaum
Scrutton, SCRUTTON on Charterparties and Bill of Lading, Sweet & Maxwell, 1984	Scrutton
Tetley, MARINE CARGO CLAIMS, BLAIS, 1988	Tetley
Wilson, CARRIAGE OF GOODS BY SEA, PITMAN, 2004	Wilson
Wilford, TIME CHARTERS, LLP, 1995	Wilford

판례색인

사항색인

ㄱ

ㄴ

ㄷ

ㄹ

ㅁ

ㅂ

ㅅ

ㅇ

ㅈ

ㅊ

ㅋ

ㅌ

ㅍ

ㅎ

〔저자 약력〕

경북 영해고등학교, 한국해양대학교 항해학과 졸업(1982)
고려대학교 법학사, 법학석사 및 법학박사, University of Texas at Austin(LLM)
싱가포르 국립대학 및 동경대학 방문교수
일본 산코기센(Sanko Line) 항해사 및 선장, 김&장 법률사무소 선장(해사자문역)
국립목포해양대학교·부산대학교 법대 조교수 및 부교수
한국해법학회 회장, 법무부 상법개정위원
로테르담 규칙 제정(UNCITRAL) 한국대표단, IMO 법률위원회 및 IOPC FUND 한국대표단
제5기, 6기 해양수산부 정책자문위원장
인천항만공사 항만위원, 대우조선해양 사외이사 겸 감사위원장
현) 고려대학교 법학전문대학원 교수(상법/해상법), 동 해상법연구센터 소장
선박건조금융법연구회 회장, 수산해양레저법정책연구회 회장
제8기 해양수산부 정책자문위원장, 대법원 전문심리위원
중앙해양안전심판원 재결평석위원회 위원장
갑종 선장면허(1급항해사) 보유(2024년까지 유효)
대한상사중재원·싱가포르해사중재(SCMA) 중재인

〈저 서〉

바다, 저자와의 대화 Ⅰ, Ⅱ, Ⅲ(법문사, 2020, 2021, 2023, 공저)
선박건조·금융법 연구 Ⅰ, Ⅱ(법문사, 2016, 2023, 공저)
선장 김인현 교수의 해운산업 깊이읽기 Ⅰ, Ⅱ, Ⅲ, Ⅳ(법문사, 2020, 2021, 2022, 2023)
해상보험법(제2판, 법문사, 2021), 해상교통법(제6판, 삼우사, 2023)
선박충돌법(제2판, 법문사, 2016), 보험해상법(제9판, 박영사, 2015, 공저)

〈수필집〉

선장교수의 고향사랑(범우사, 2020), 바다와 나(범우사, 2018)

海 商 法[제7판]

2003년 8월 12일 초판 발행
2007년 9월 12일 제2판 발행
2011년 4월 20일 제3판 발행
2015년 7월 10일 제4판 발행
2018년 6월 5일 제5판 발행
2020년 11월 30일 제6판 발행
2023년 11월 20일 제7판 1쇄 발행

저 자 金 仁 顯

발행인 裵 孝 善

발행처 도서출판 法 文 社

주 소 10881 경기도 파주시 회동길 37-29
등 록 1957년 12월 12일/제2-76호(윤)
전 화 (031)955-6500~6 FAX (031)955-6525
E-mail (영업) bms@bobmunsa.co.kr
(편집) edit66@bobmunsa.co.kr
홈페이지 http://www.bobmunsa.co.kr

조 판 성 지 이 디 피

정가 41,000원 ISBN 978-89-18-91444-2